吉林大學古籍研究所建所

紀念論文集

30周年

吉林大學古籍研究所　編

上海古籍出版社

圖書在版編目(CIP)數據

吉林大學古籍研究所建所三十周年紀念論文集／吉林大學古籍研究所編.—上海：上海古籍出版社，2014.11

ISBN 978-7-5325-7325-7

Ⅰ.①吉… Ⅱ.①吉… Ⅲ.①古籍研究—中國—文集②考古—中國—文集 Ⅳ.①G256.1-53②K87-53

中國版本圖書館 CIP 數據核字(2014)第 159253 號

吉林大學古籍研究所建所三十周年紀念論文集
吉林大學古籍研究所　編
上海世紀出版股份有限公司
上海古籍出版社　出版
(上海瑞金二路 272 號　郵政編碼 200020)
(1) 網址:www.guji.com.cn
(2) E-mail:guji1@guji.com.cn
(3) 易文網網址:www.ewen.co
上海世紀出版股份有限公司發行中心發行經銷　浙江臨安曙光印刷有限公司印刷
開本 787×1092　1/16　印張 43　插頁 2　字數 966,000
2014 年 11 月第 1 版　2014 年 11 月第 1 次印刷
ISBN 978-7-5325-7325-7
K·1888　定價:248.00 元
如有質量問題,請與承印公司聯繫

目　　録

説殷卜辭中關於"同呂"的兩條冶鑄史料

蔣玉斌

（南開大學文學院）

提　要：商代的青銅冶鑄業發達，但相關卜辭較少，學者常引的是林澐先生《商代卜辭中的冶鑄史料》指出的兩條卜辭。本文認爲《戰後京津新獲甲骨集》1029 之"同呂"指熔合銅料塊，屬於精煉青銅時熔化粗銅的程序。又考釋了《甲骨文合集》4961"△其同"，提出△爲加注"虎"聲的"呂"字，該辭與"同呂"辭都是珍貴的冶鑄史料。

關鍵詞：商代　冶鑄　史料　卜辭　同呂

商代的青銅冶鑄業發達，但卜辭中的有關記載却比較少見。林澐師 1973 年發表了《商代卜辭中的冶鑄史料》[①]一文，曾指出兩條有關青銅冶鑄的卜辭，並作有很好的研究。這兩條卜辭是：

(1) 王其鑄黃呂，奠血，惠今日乙未利。　　　　《英》2567＝《合》41866［黃類］

(2) 丁亥卜，大［貞］：……其鑄黃呂……作同，利，惠……　《合》29687［何類][②]

上揭兩辭已成爲學者論述商代冶鑄業時常引的資料。甲骨文中還有没有其他與冶鑄有關的史料？這是值得注意的。本文試論有關"同呂"的兩條卜辭，認爲它們也是商代青銅冶鑄的反映。恰當與否，尚請方家指正。

一

卜辭有：

---

① 燕耘：《商代卜辭中的冶鑄史料》，《考古》1973 年第 5 期；收入《林澐學術文集》，中國大百科全書出版社，1998 年，第44—45 頁。

② 辭(1)"鑄"字的考釋見中國社會科學院考古研究所編輯《甲骨文編》，中華書局，1965 年，第 527 頁。辭(2)"鑄"字的考釋見姚孝遂主編、肖丁副主編《殷墟甲骨刻辭類纂》，中華書局，1989 年，第 1035 頁；裘錫圭《殷墟甲骨文字考釋（七篇）》之"7. 釋'注'"（《湖北大學學報（哲學社會科學版）》1990 年第 1 期，後收入《裘錫圭學術文集·甲骨文卷》，復旦大學出版社，2012 年，第 358—361 頁）。

圖一 《京》1029

(3) ……貞：同呂。

《戰後京津新獲甲骨集》1029［典賓］（圖一）

"呂"在甲骨文中常指所謂"金餅"，是鑄造銅器所需的備用銅料塊。文首所引兩辭中"黃呂"即黃色銅料（參林先生文）；《合》5723"馬呂"有可能指馬方所產的銅[1]；《合》3823"賜籩呂"，所賞賜的大概就是用以鑄籩的銅料。

"同"字原作 🔲。殷墟甲骨文中的這種形體，過去多被當作"凡"字。近年來，學者越來越清楚地認識到，古文字"凡"、"同"有明顯區別，"凡"作 🔲、🔲、🔲，"同"作 🔲、🔲（或加口旁作 🔲、🔲、🔲）。"同"字初文左右對稱；"凡"則不相對稱，外側兩筆中往往有一筆（常是右筆）被寫得較長，或有意後撇，或在其上另加一斜筆，形成了鮮明的區別性特徵。2009 年在西安發現了據傳出自山西的一件西周早期的"瓠"，該器自名曰 🔲（銅—同），使學者知道以往稱"瓠"的青銅酒器應該叫作"同"，而 🔲 本是竹筒之類的象形，可能是"筒"和"箭"的本字[2]。可見"同"之左右對稱的寫法實是對竹筒或筒形器剖面形狀的準確反映。有關"凡"、"同"之辨，最近王子楊先生作有很好的綜述與研究（下簡稱"王文"）[3]，可參看。總之，(3)辭中這個字是"同"而不是"凡"。

本辭中"同呂"指熔合銅料塊，"同"當訓爲熔合（在這個意義上後世寫作"銅"字）。"同"有熔合義，張世超先生《釋"銅"》一文有很好的研究。《說文·十四上·金部》："銅，赤金也。"這是古書中"銅"的常見意義。睡虎地秦簡《金布律》有"縣、都官以七月糞公器不可繕者，有久識者磨蚩之，其金及鐵器入以爲銅"。張先生指出，"其金及鐵器入以爲銅"意即"將廢舊銅、鐵器交公，作爲金屬料"；"銅"之古義爲"合金"或金屬之總稱。而這一古義可從語源上予以證明："'同'本有合、和、聚等義"，"在金屬方面說，則熔不同金屬爲一體，或統稱各種金屬爲'銅'。"張文並舉《越絕書·寶劍》"寶劍者，金錫和銅而不離"，指出"銅"正是用其古義"熔合"[4]。這些觀點都是極富啓發性的。

在西周金文中，"同"表會同、會合之例多見，如天亡簋"王同四方"、令方尊方彝"同卿事寮"、不其簋"戎大同"等，傳世的先秦文獻中例證更多，此不贅舉。甲骨文"同"也有會同、會合之義。例如王子楊先生已舉過的：

① 裘錫圭：《釋"求"》，原載《古文字研究》第 15 輯，中華書局，1986 年；收入《裘錫圭學術文集·甲骨文卷》，第 282—283 頁。
② 吳鎮烽：《內史亳豐同的初步研究》，《考古與文物》2010 年第 2 期；王占奎：《讀金隨札——內史亳同》，《考古與文物》2010 年第 2 期。
③ 王子楊：《甲骨文舊釋"凡"之字絕大多數當釋爲"同"——兼談"凡"、"同"之別》，《出土文獻與古文字研究》第五輯，上海古籍出版社，2013 年，第 6—30 頁；又同作者《甲骨文字形類組差異現象研究》，中西書局，2013 年，第 198—230 頁。
④ 張世超：《釋"銅"》，《古籍整理研究學刊》1989 年第 2 期。

(4a) 呼𤔲同龍在(士)①。　　　　　　　　　　　　　　　　　　《合》371 正

(4b) 呼殻比在(士)力。

(4c) 弖(勿)呼殻比在(士)力。　　　　　　　　　　　　　　　　　　　　《合》371 反

命令不同人員相互聯合或輔助。

又如:

(5a) 甲辰卜,賓貞:呼同丘。

(5b) 貞:惠偁呼同丘。

　　　　　　《醉古集》347=《合》10171 正+《合》14293 正+《乙補》6530

(6a) 己酉卜,賓貞:呼比丘、偁。

(6b) 己酉卜,賓貞:弖(勿)卒呼比丘、偁。　　　　　　　　　　　　　　《合》8591

　　兩組卜辭干支相連(己酉爲甲辰後六日),事件相關,也是分別貞問所命令人員間"同"或"比"的配合情況(參上引王文)。

　　以上都是比較明顯的"同"表會同的例子,所會合的對象是人。青銅冶鑄中需要熔合銅料,即將銅料會合、會同,故亦得稱"同"。

　　根據學者對古代冶鑄過程的研究,銅的冶煉大致有三個程序:選礦、初煉、精煉。用煉爐煉出銅液,放出來後凝固,即得到粗銅,是爲冶鑄銅器所需備用的銅料。"這種粗銅一般仍含有較多的雜質,所以還需要再精煉才能鑄器"。精煉"與熔化粗銅、配置青銅爲同一過程,即將粗銅放入熔銅設備内進行提煉。經過提煉後,雜質進一步減少,使銅質更爲純淨"②。那麼,(3)辭"同呂"指的是將銅礦石等冶煉熔合成備用的銅料塊("呂"是"同"的目的),還是將準備好的銅料塊熔合("呂"是"同"的對象)以鑄造銅器呢? 考察上引"同"表示人的會合之例,它後面的賓語都是會同的對象。以此律之,"同呂"當指將銅料塊熔合,屬於精煉時熔化粗銅的程序。

　　《京》1029 卜辭在字體上屬於典賓類,契刻自然流暢,應無僞刻嫌疑。如上述討論不誤,實是一條難得的冶鑄史料,還可把"同"表示熔合金屬的用法上推到甲骨文。但作爲甲骨集成性著録的《合》、《合補》均未收録該片,不能不讓人感到遺憾。

二

卜辭又有:

(7) 丙申卜,賓貞:[字]其同。

　　《合》4961[典賓](圖二)

"其"上一字右從"呂",左側字形看似奇詭,

圖二　《合》4961

──────────

① 林澐:《王、士同源及相關問題》,《容庚先生百年誕辰紀念文集(古文字研究專號)》,廣東人民出版社,1998 年;又《盡心集(張政烺先生八十慶壽論文集)》,中國社會科學出版社,1996 年;又收入《林澐學術文集》,第 26 頁。

② 朱鳳瀚:《中國青銅器綜論》,上海古籍出版社,2009 年,第 681 頁。

舊皆不釋。細辨左旁，實應爲虎頭曲身形。《合》所用拓片大概拓得較實，字形中尾稍與軀幹略有黏連（《山東省博物館珍藏甲骨墨拓集》0974 略同）。不過在舊著録《殷虛書契前編》6.54.5 中該字作 ，尚可看出尾稍與軀幹間的空隙。據此，該字左旁似可摹作 。

這種虎頭曲身形當如何看待？甲骨文有 （《合》18312）、（《合》15401、14885），學者已將第一形隸釋爲"虓"，將第二形隸定爲从"宀"从"虎"①，即認爲虎頭曲身形爲"虎"之異體，其説可從。《合》29266 上有田獵地名作 ，右旁亦从虎頭曲身形。該地名在無名類、何類卜辭中多次出現，絕大多數都寫作 ②，从常見的"虎"形，更可顯示虎頭曲身形與"虎"形相當③。兩相比較，前者應該就是"虎"之簡化寫法，具體來説是將虎的軀幹、尾部寫成一條曲綫，而略去了對虎足的描摹。

綜上，(7) 辭"其"上一字可隸定爲"䖒"。古文字中从"虎（或省作虍）"聲之字與从"呂"聲之字讀音相通。林澐先生在論述甲骨文"黃呂"即金文"黃鏞"時，已經指出：

　　春秋初年有曾伯霥簠，銘文中説："余擇其吉金黃鏞，余用自作旅簠。"金文中的黃鏞，就是甲骨文中提到的"黃呂"。因爲，古代从盧聲的字，和从呂聲之字讀音相通。《説文》指出，虜字古代又寫作臚，而《左傳·定公四年》記"鑪金初官於子期氏"，據《經典釋文》所説，鑪字一本作鑢。《玉篇》中把鋁、鑪當做一字。郭璞注《方言》時説"鋁音慮"。文獻記載中春秋時代的莒國，金文中寫作簠或簝。這些都是很好的證明。曾伯霥簠銘提到用黃鏞鑄簠，而上舉兩條卜辭中，一條説"鑄黃呂"，另一條則是用黃呂作盤。是完全一致的。④

"呂"聲與"盧"聲音近通用，而"盧"字則"从甾、虍聲"（《説文·十二下·甾部》）。可見"呂"聲、"虎"聲亦有音近通用的密切關係。(7) 辭的"䖒"當是加注"虎"聲的"呂"字。

"䖒（呂）其同（銅）"是問銅料塊要熔合吧，它與 (3) 辭一樣，反映的也是精煉時熔化粗銅的程序。這也應看作一條珍貴的冶鑄史料。

---

① 參看《殷墟甲骨刻辭類纂》字表 1688、1687 號；劉釗、洪颺、張新俊：《新甲骨文編》，福建人民出版社，2009 年，第 61、298 頁；李宗焜編著：《甲骨文字編》，中華書局，2012 年，第 602、600 頁。

② 參《新甲骨文編》，第 928—929 頁；《甲骨文字編》，第 601 頁。

③ 附帶談談甲骨文工具書中幾個看似具有虎頭曲身形部件的字形。a.《殷墟甲骨刻辭類纂》字表 2813 號爲 。按：該字本作 （《合》18588），李宗焜先生《殷墟甲骨文字表》（北京大學博士研究生學位論文，指導教師：裘錫圭教授，1995 年）第 349 頁已指出實乃"婐"字。b. 甲骨文又有一個田獵地名用字从"虎"从"田"作 。《甲骨文字編》收入 2027 號（第 601 頁），並列有 、 兩種異體。按此二形中前者出自《合》29319，核驗該片較清晰的舊著録《安明》1958，實作 ；後者出自《合》29320，核驗該片較清晰的照片 R27672（中研院歷史語言研究所"考古資料數字典藏系統"http://ndweb.iis.sinica.edu.tw。亦可參舊著録《甲》390），實作 ，虎形中象後足的斜筆均依稀可見。上述有關形體都不是本文要討論的虎頭曲身形。

④ 林澐：《林澐學術文集》，第 44—45 頁。

甲骨文"長"字字形的重新整理

崎川隆

（吉林大學古籍研究所）

提　要：甲骨文中的"長"字異體較多，在以往研究中經常與"老"、"微"、"微"等字相混。本文通過對新出商代金文中所見"長"字異體的分析和比較指出：在以往甲骨文研究中通常被釋作"老"字的"㐱"、"㐱"、"㐱"、"㐱"等字形其實有可能均爲"長"字的異體。

關鍵詞：甲骨文　商代金文　文字考釋　長字　老字　殷墟花東54號墓

在以往甲骨文研究中，爲大家公認的"長"字很少，似乎只有如下兩例：

A1.　（字形）《合》27641　　　　A2.　（字形）《合》28195

這兩例分別屬於無名組和何組，均象手持棍子的側立人形，象頭髮的兩條筆畫在頭頂部向後平行轉折，其字形與西周金文中常見的"長"字結構基本一致①。在早期的甲骨文研究中，"長"字字形往往與"微"、"髟"、"老"等文字相混②。但後來林澐撰寫幾篇文章指出，甲骨、金文中"長"字和"微"、"髟"等字之間存在較明顯的形體區別，以往研究中常被釋爲"長"字的（字形）、（字形）等字形其實並不是"長"字，而應是"髟"字或者"微"字③。林先生的看法很有道理，目前已經得到了學界廣泛的認可④。如此以來，在殷墟甲骨文中能確定的"長"字就只有如上所舉的兩例了。不過，林先生還指出：如下B1、B2等屬於"甲種子卜辭"的字形也有可能是"長"字的一種

---

①　可參容庚《金文編》，中華書局，1985年，第665頁。

②　參松丸道雄、高嶋謙一編《甲骨文字字釋綜覽》，東京大學出版會，1994年，第485、486頁。

③　林澐：《釋史墙盤銘中的"逖虘髟"》，《陝西歷史博物館館刊》第一輯，三秦出版社，1994年（後收入《林澐學術文集》，中國大百科全書出版社，1998年，第174—183頁）；《說飄風》，《于省吾教授百年誕辰紀念文集》，吉林大學出版社，1996年，第7—11頁（後收入《林澐學術文集》，第30—34頁）。

④　參《字形總表》、《新甲骨文編》、《甲骨文字編》等新近出版的甲骨文工具書的"長"字字頭。

異體①。

B1. 《合》22247　　　　　　B2. 《合》22246

但由於這兩例在字形結構上與 A1、A2 以及西周金文中常見的字形有一定的區別,目前似乎未能得到學界廣泛的認可②。

近年來,我們通過對安陽殷墟花園莊東地 54 號墓新出土"亞長"銘青銅器的研究得知,在殷墟文化二期晚段(即相當於武丁晚期)的銅器銘文中所見的"長"字多作如表 1 所示的兩種形體③:

表 1

1.(M54:255)　2.(M54:256)　3.(M54:581,筆者摹本)　4.(M54:129)　5.(M54:195)　6.(M54:88)　7.(M54:256)　8.(M54:86)　9.(M54:191)　10.(M54:261)　11.(M54:262B)　12.(M54:393)　13.(M54:195)　14、15.(M54:183)　16.(M54:138)　17、18.(M54:457)　19.(M54:43)　20.(M54:240)　21.(M54:154)　22.(M54:157)　23.(M54:84)

字形 C1 象頭髮的筆畫在頭後部曲卷,呈卷髮形。字形 C2 象頭髮的筆畫用兩條方筆或彎曲線畫出,在頭後部轉折下垂,呈馬尾形。這兩種字形在以往古文字材料中從未出現過,就字形 C2 而言,其基本結構與以往材料中可以確定的"長"字字形基本相同,我們可以肯定是一種"長"字的異體。而字形 C2 和字形 C1 出現在同一座墓葬同時出土的一套銅器上,辭例也完全相同。因此,我們認爲這兩種字形都可以看作"長"字的異體④。

觀察這兩種新發現的"長"字異體不難發現其中的字形 C2 上部象頭髮的筆畫作轉折下垂,其形狀與林先生曾經指出的字形 B1、B2 相當接近。而且它們的年代均屬於武丁

---

① 林澐:《説飄風》。
② 如《字形總表》、《校釋總集》、《新甲骨文編》、《甲骨文字編》、《摹釋全編》等新近出版的甲骨文工具書和研究論著均不采納此説。
③ 參中國社會科學院考古研究所《安陽殷墟花園莊東地商代墓葬》,科學出版社,2007 年;崎川隆:《介紹一件日本收藏的"亞長"銘銅鉞》,《古文字研究》第 29 輯,中華書局,2012 年;崎川隆:《泉屋博古館所藏の亞長銘銅鉞について》,《泉屋博古館紀要》第 29 卷,2013 年,第 55—64 頁。
④ 崎川隆:《介紹一件日本收藏的"亞長"銘銅鉞》。

晚期,相差不遠。因此,我們認爲林先生所指出的這兩字形也完全可以看成"長"字的一種異體。

　　如果以上的理解没有錯誤,那麼我們似可將賓組甲骨文所見的如下幾種字形也看作"長"字的異體①:

　　　　D1. 《合》13545　　　　　　　　D2. 《合》13546

　　　　E1. 《合》17055 正　　　　　　　E2. 《合》17055 反

這些字形分別出現於如下四條卜辭中(該字形在辭例中以△代表):

　　(1) 辛丑卜,賓貞:△(D1)宗。一。　　　　　　　　　　　　　　(《合》13545 正)②

　　(2)〔辛〕丑卜,賓貞:△(D2)宗。　　　　　　　　　　　　　　(《合》13546)③

　　(3) 丙午卜,㱿貞:呼師往見有師。王☒曰:惟△(E1)惟人,途邁若。☒卜惟

其旬,二旬又八日　　壬申,師夕　　　。　　　　　　　　　　　(《合》17055 正)④

　　(4) 王占曰:惟△(E2)惟人,途邁☒。兹卜惟其旬,……。　(《合》17055 反)⑤

其中(1)和(2)分別見於不同骨版的骨頂部和骨扇部,其辭例和字體完全相同,疑是一版之折。(3)和(4)見於同一骨版的正反面,在卜辭中字形 E1、E2 的用法是完全相同的。從字體特徵的角度來看,這些甲骨片均屬於"典賓類"字體⑥,其年代大致相當於武丁晚期。在這四條卜辭中分別兩次出現的兩種字形(即 D1、D2、E1、E2),在以往研究中從來没有被釋爲"長"字,尤其對字形 D1、D2 來說,至今還没有人做過釋讀(詳見表 2)。對於字形 E1、E2,早期學者多釋爲"老"⑦,但由於其字形上部形狀與甲骨文中常見的"老(考)"字有明顯的區別,在辭例上也未見任何決定性的根據。因此,近幾年來的釋讀研究均已不信從此說,將其

---

① 除此之外,甲骨文中還有 (甲.3484)、 (懷.753)等較接近於"長"字的字形,但由於它們上部筆畫都向上轉折,與"長"字字形之間的差別較大,我們很難確定這些字形是否"長"字。在此暫時存疑。

② 又收錄於《續存》上 334(拓本)以及《北大藏》2090(彩色照片、拓本)。

③ 又收錄於《遺寶》7-7(黑白照片)以及《京人》763(拓本)。

④ 又收錄於《北美》1(彩色照片、拓本)以及《懷》959(拓本)。

⑤ 又收錄於《北美》1 背(彩色照片、拓本)以及《懷》959b(拓本)。

⑥ 可參黄天樹《殷墟王卜辭的分類與斷代》,科學出版社,2007 年;崎川隆:《賓組甲骨文分類研究》,上海人民出版社,2011 年等。

⑦ 如李棪《北美所見甲骨選粹考釋》,《香港中文大學中國文化研究所學報》第三卷第二期,1970 年;金祥恒:《加拿大多倫多大學安達黎奧博物館所藏一片牛胛骨刻辭考釋》,《中國文字》第 38 册,1970 年;史景成:《加拿大安省皇家博物館所藏一片胛骨的刻辭考釋》,《中國文字》第 46 册,1972 年;許進雄:《懷特氏等收藏甲骨文集》(*Oracle Bone from the White and Other Collections*),皇家安大略博物館,1979 年,第 49 頁第 959 片考釋等。

當作疑難字看待①。現在,我們通過對這些字形的仔細觀察可以知道,這兩種字形均象長頭髮的側立人形,其上部筆畫均在頭頂部轉折下垂,個別字形手持棍子,其字形與 B1、B2、C2 等同時期甲骨、金文中出現的"長"字字形相當接近。因此,我們認爲字形 D1、D2 和 E1、E2 也都可以看作"長"字的異體。

表 2

字形 釋讀論著		A A1　A2	B B1　B2	D D1　D2	E E1　E2
工具書	甲骨文編(1965)	長(1133)	未釋(附録 4459)	未釋(附録 4293)	未收
	卜辭綜類(1971)	長(第 11 頁)	收入字頭(第 11 頁)	未釋(第 12 頁)	未收
	摹釋總集(1988)	長	未釋	未釋	老
	刻辭類纂(1989)	長(0037)	未釋(0051)	未釋(0051)	老、考(0039)
	甲骨文字典(1989)	長(第 1041 頁)	未收	未釋(第 962 頁)	未收
	甲骨文字詁林(1996)	長(0037)	未收	未釋(0051)	未收
	合集釋文(1999)	長	未釋	未釋	老
	字形總表(2001)	長(0041)	未收	未釋(0042)	未釋(0043)
	校釋總集(2007)	長	未釋	未釋	老
	新甲骨文編(2009)	長(第 526 頁)	未收	未釋(附録 0015)	未釋(附録 0010)
	摹釋全編(2010)	長	未釋	未釋	未釋
	甲骨文字編(2012)	長(0100)	未釋(0101)	未釋(0101)	未釋(0102)
考釋論著	李　棪(1970)				老
	金祥恒(1970)				老
	史景成(1972)				老
	許進雄(1979)				老
	林　澐(1996)	長	長		
	北大藏(2008)			未釋(字形 D1)	

表中字形來源:A1. 合 27641　A2. 合 28195　B1. 合 22247　　B2. 合 22246
　　　　　　D1. 合 13545　D2. 合 13546　E1. 合 17055 正　E2. 合 17055 反

最後,我們將上文討論中所取得的各種"長"字字形按年代順序進行排列,同時與商周古文字中常見的"長"字字形進行比較,以總結出甲骨文"長"字的各種字形特徵及其演變過程。

───────────────

① 如《字形總表》、《新甲骨文編》、《摹釋全編》、《甲骨文字編》等。

如表 3 所示,目前最早的"長"字出現於花園莊東地 54 號墓所出的銅器銘文、賓組典賓類甲骨文、甲種子卜辭等武丁晚期的材料中。其次爲何組和無名組甲骨文,然後有屬於殷墟文化四期的玉璋朱書文字以及商末周初長子口墓所出銅器銘文的例子①,最後出現西周金文中常見的字形②。從字形特徵的角度來看,早期字形的上部筆畫均作 α 或 β 型,不見 γ 型。但從何組和無名組甲骨文開始 α、β 兩型就不見了,替之出現 γ 型。此後,到了西周時期,γ 型就成爲主流,一直沿用到春秋時期。

通過以上的字形整理,我們弄清了商周古文字中"長"字字形的演變過程,同時對已有材料中最早的"長"字字形取得了新的認識。這或許爲"長"字原義的探索及其演變過程的復原提供一些有意義的線索。

表 3

頭部筆畫　　　　資料來源	α 型	β 型		γ 型
殷墟 M54（殷墟二期晚段）	1　2	3　4	5　6　7	
泉屋藏銅鉞（殷墟二期晚段）	8			
甲骨文（賓組典賓類）		9　10	11	
甲骨文（子卜辭）		12　13		
甲骨文（何組、無名組）				14　15
殷墟劉家莊 M1046（殷墟四期）				16

---

① 可參孟憲武《殷墟戚家莊東 269 號墓的發掘與研究》,《安陽殷墟考古學研究》,中州古籍出版社,2003 年,第 40—42 頁、彩版二〇-1;河南省文物考古研究所、周口市文化局編:《鹿邑太清宮長子口墓》,中州古籍出版社,2000 年,第 127—130 頁、彩版六〇-2 等。

② 參容庚《金文編》。

續　表

頭部筆畫＼資料來源	α型	β型	γ型
長子口墓（西周早期）			17　18　19　20　21　22
其他西周金文			23　24　25　26　27　28　29　30

　　1. M54：256　2. M54：255　3. M54：183　4. M54：195　5. M54：475　6. M54：43　7. M54：240　8. 泉屋鉞(正反)　9. 合 13545　10. 合 13546　11. 合 17055 正反　12. 合 22247　13. 合 22246　14. 合 27641　15. 合 28195　16. M1046：118　17. M1－13　18. M1－129　19. M1－29　20. M1－199　21. M1－124　22. M1－137　23.《考古與文物》2010－4　24. 集成 16－1075　25. 集成 4－2348　26. 集成 10－5431　27. 集成 4－1968　28. 新收 636　29. 集成 15－9455　30. 集成 8－4237

【引書簡稱】

一、甲骨金文資料著録書

遺寶·································梅原末治：《河南安陽遺寶》，小林寫真製版印刷所，1940 年。

續存·································胡厚宣：《甲骨續存》，群聯出版社，1955 年。

京人·································貝塚茂樹、伊藤道治：《京都大學人文科學研究所藏甲骨文字》，京都大學人文科學研究所，1959 年。

北美·································李棪：《北美所見甲骨選粹考釋》，《香港中文大學中國文化研究所學報》第三卷第二期，1970 年。

懷　·································許進雄：《懷特氏等收藏甲骨文集》(*Oracle Bone from the White and Other Collections*)，皇家安大略博物館，1979 年。

合　·································郭沫若主編：《甲骨文合集》，中華書局，1982 年。

集成·································中國社會科學院考古研究所：《殷周金文集成》，中華書局，1994 年。

新收·································鍾柏生、陳昭容、黃銘崇、袁國華：《新收殷周青銅器銘文暨器影彙編》，藝文印書館，2006 年。

北大藏·······························李鍾淑、葛英會：《北京大學珍藏甲骨文字》，上海古籍出版社，2008 年。

二、工具書

甲骨文編·····························中國科學院考古研究所：《甲骨文編》，中華書局，1964 年。

卜辭綜類……………………… 島邦男：《殷墟卜辭綜類》（增訂版），汲古書院，1971 年。

摹釋總集……………………… 姚孝遂主編：《殷墟甲骨刻辭摹釋總集》，中華書局，1988 年。

刻辭類纂……………………… 姚孝遂主編：《殷墟甲骨刻辭類纂》，中華書局，1989 年。

甲骨文字典…………………… 徐中舒主編：《甲骨文字典》，四川辭書出版社，1989 年。

甲骨文字詁林………………… 于省吾主編：《甲骨文字詁林》，中華書局，1996 年。

合集釋文……………………… 胡厚宣主編：《甲骨文合集釋文》，中國社會科學出版
社，1999 年。

字形總表……………………… 沈建華、曹錦炎編著：《新編甲骨文字形總表》，中文大
學出版社，2001 年。

校釋總集……………………… 曹錦炎、沈建華：《甲骨文校釋總集》，上海辭書出版
社，2007 年。

新甲骨文編…………………… 劉釗、洪颺、張新俊編纂：《新甲骨文編》，福建人民出
版社，2009 年。

摹釋全編……………………… 陳年福撰：《殷墟甲骨文摹釋全編》，線裝書局，2010 年。

甲骨文字編…………………… 李宗焜編著：《甲骨文字編》，中華書局，2012 年。

華孟子鼎等兩器部分銘文重釋

林 澐

（吉林大學邊疆考古研究中心）

提 要： 本文是在中國古文字研究會第十九屆年會開幕式上的主體發言，對沂水紀王崮所出兩件銅器的部分銘文作重新考釋：一、作鼎者"華孟子"應是春秋早期宋國子姓華氏之長女，宋國文字與齊魯同系。二、"中叚氏婦中子"是嫁到中叚氏爲婦的子姓女子，排行老二。三、鑒自名"濫盂"表明盂是鑒的前身。器主名鷚提示西周金文忠習見的虩很可能以息爲聲符，當釋爲"總"，可能即"蔥"的本字。

關鍵詞： 華孟子 中子 濫盂 鷚

2012 年 1 月，在山東沂水縣紀王崮頂發現了一座有墓道的春秋古墓，隨葬大批青銅器，其中兩件銅器上已發現有銘文。其一爲鼎，銘文 5 行 25 字（2 字重文）：

> 華孟子作中
> 叚氏婦中子
> 滕寶鼎其眉
> 壽萬年無疆
> 子=孫=保用亯

另一爲盂，銘文 7 行 36 字（2 字重文）

> 佳王正月初吉
> 丁亥邞伯厚之孫
> 稟君季鷚自
> 作濫盂用祀用
> 饗其萬年無
> 疆子=孫=永寶
> 是尚

這兩器銘文引起學界普遍重視。4 月 18 日琅琊網上發布了華孟子鼎的清晰銘文後，月有量（網名）於 4 月 19 日即在復旦大學出土文獻與古文字研究中心網站的"學術討論"中發表了

《華孟子新説》,該文正確釋出作器者爲"華孟子",但顯然沒有意識到這是一個很典型的女名,而對趙平安在武漢大學簡帛網上發表的一篇論文中提到過的,上博簡(五)中齊桓公同車而馳的"芊倗子"可讀爲"華孟子"——即《齊太公世家》中提到的齊桓公夫人之一的"宋華子",提出異議。月有暈認爲從鼎銘來看,華孟子應是宋華子之父,因爲嫁女給齊桓公,所以和齊桓公關係親近,能和他同車而馳。當天,孟蓬生就和他展開討論。指出:"宋國爲子姓,華氏爲宋國公族,按慣例男性一般不應稱爲'華孟子'。""從這一點看,趙説應該是正確的。"問道(吉林大學古籍研究所博士生孫剛的網名)指出所勝之女明言嫁給中叚氏而不是齊侯,因而認爲鼎銘中的華孟子即上博簡中的"芊倗子",也就是宋華子。又據張弦濟南(網名)提出該器"保"字從"玉",是齊系文字特點,從而認爲"此器很可能是'華孟子'爲其娘家人做的媵器,其性質和蘇夫人爲其侄作媵盤相類"。隨後的討論中,淄瀧和金縢(均網名)都認爲從該鼎的器形和字體來看,鼎銘中的華孟子不一定是齊桓公夫人。徐伯鴻則提出中叚氏可能和郍瑕有關。河南大學的張新俊,在未知復旦大學網站上討論的情況下,於 9 月 18 日在武漢大學的簡帛網上發表了《華孟子鼎小考》,文中對本文下文要提到的王恩田和任相宏、邱波兩文中考釋華孟子鼎的不確之處進行討論,仍同意趙平安對上博簡"芊倗子"即華孟子、宋華子的意見。他因銘文中"年"字加"土"旁,"保"字加"玉"旁和"壽"(網文中誤作"鑄")字頭部的寫法都有齊國文字的特點,認定此鼎是齊器,故認爲這是作爲姐姐的"孟子"爲妹妹"中子"所作媵器。而且認爲華孟子作器應在她得寵於齊桓公之時,即桓公亡年(公元前 643 年)之前。

　　在山東本地,琅琊網在 4 月 23 日發布了記者何金洧等《考古專家王恩田解讀銘文:墓主人爲華孟子女婿》一文,介紹了王恩田對該銘的釋讀。王恩田也把器主釋爲華孟子,大概是因爲金文中子姓女名很少見,所以他和月有暈一樣也沒有意識到華孟子應是女性,而只是説華孟子可能是山東的貴族,但有待考證。王恩田認爲此鼎是華孟子爲二女兒做的陪嫁品,"女婿叫中叚氏",並引《禮記·檀弓》"合葬非古也",判定"這座古墓不可能是中叚氏和中子的合葬墓"。《大衆日報》5 月 15 日第 11 版有卞文超等《紀王崮春秋古墓主人猜想》一文,綜合介紹了當時山東各方面對該墓主人的看法。一是根據清代《沂水縣志》所載"紀王崮,……相傳紀侯去國居此","相傳爲紀子大夫棄國棲此,故名";一是根據張學海、蘇兆慶等人的看法,認爲從墓葬形制和隨葬器物來看,應屬莒國墓葬。其次就是王恩田根據鼎銘認爲墓主是華孟子之婿中叚氏。另外還報導了山東大學教授任相宏的意見——認爲華孟子應改釋爲"芈孟子",應是楚國貴族。後來,任相宏在《中國文物報》8 月 17 日第 7 版發表了和邱波合作的《山東沂水天上王城出土芈孟子鼎、黧君季愊盂銘考略》,認爲芈孟子是女性,但還是沒認識到"孟子"的"子"是女子的姓。而是根據《禮記·喪服》鄭玄注"凡言子者,可以兼男女",認定"芈孟子"就是楚國公室的長女。因爲這樣就可以和那件有銘的盂發生聯繫,從而推定芈孟子就是江芈。《左傳·文公元年》:"潘崇曰:享江芈而勿敬也。"杜預注:"江芈,成王妹。"因而,這鼎就可解釋爲已嫁到江國的芈孟子爲女兒中子作的陪嫁。這件器物出土於紀王崮頂的墓中,"中子"就應該是嫁到了紀國而成爲紀侯夫人。這樣就解釋通了爲何有楚國人名和江國人名的銅器都出土在紀王崮。但山東大學的方輝教授在《中國文物報》9 月 24 日第 6 版發表了《華孟子鼎銘小議》,力主華孟子之"華"不能改釋爲"芈"。但他也同樣沒有意識到華孟子的子是女子的姓,華氏是宋國很有名的氏,却用華季益鼎(集成 5·2547)來證明有華國存在。又用《左傳》成公二年齊師敗績之役,有"華不注"(山)和"華泉"的地名,《漢書·地理志》泰山郡下有華縣,推測華國應在今濟南至泰安一帶,則離紀王崮不遠。

另一件有銘銅盂的局部器形和銘文,在 4 月 17 日晚的 CCTV4 中國新聞中播出。4 月 20 日就有苦行僧(劉雲的網名)在復旦大學出土文獻與古文字研究中心網站的"學術討論"中發表了《山東近出青銅器銘文中的一個字》,討論了該銘中器主之名字,認爲"該字的左旁很有可能與'恩'古音相同或相近,這或許可以作爲解讀'覭'及相關諸字的語音線索。陳(劍)先生將'覭'及相關諸字大都讀爲具有總括之義的'兼',單就文意來説,大都很通順,沿此思路,或可將大部分'覭'及相關諸字讀爲同樣具有總括之義的'總',個別的或可讀爲'從'"。劉雲的這一意見有人贊成,有人反對。反對者如海天(蘇建洲的網名)認爲"'恩'也有可能是義符,表示心智聰慧之意";須臾高(網名)認爲該字左上角應从"北";王寧認爲該字"左邊所从的當是'芣'之初文,本義是馬帚這種植物,可以用來作掃帚的,有的地方叫'鐵掃帚'";月曉則贊成陳漢平在《屠龍絶緒》中對此字分析爲从向外張開的手形,認爲就是《説文》中訓"治"的"罪"字。贊成者如徐伯鴻,認爲左上角是表示蔥韭一類植物的韭形,覭字則可讀"揔"。

徐伯鴻還在自己新浪網的博客中發表過一篇《山東沂水春秋墓出土的江國銅鑒盂銘釋文》,此文對銅盂銘文進行了通釋。時間標明爲 4 月 21 日,但和他同一日在前述復旦網上參加討論从"恩"之字時發表的全銘釋文有好幾處不一致,明顯是在復旦網上和網友討論後修改過的。如君上一字原釋"播",經水根(吉林大學古籍所研究生章水根的網名)提醒,才改釋爲訓"治"的"稟"。作器者的名字也是在討論後才明確以"恩"爲聲符的,所以全文改定應在 5 月16 日以後。

8 月 17 日任相宏、邱波的文章也對銅盂全銘作了釋文,他們沒有讀過復旦網上的討論,釋文略有不同,江伯之名,據原銘在"厚"字右邊加了"欠"旁。這是對的。作器者名因不識"恩"旁而只根據心形隸定爲"忄"旁。而且他們根據銘文中有"江伯"字樣,就認爲該器是江國之器,從而推定"墓主是來自江國的紀侯夫人"。其實,早在 6 月 1 日徐伯鴻就在自己的博客中發表了一篇《説山東沂水春秋墓出土的邟白厚之孫稟君季恩銅鑒盂不是江國之器》,正確指出這件銅盂從器形紋飾來看,和智君子鑒相近,應是春秋晚期之器。《春秋》文公四年(公元前 623 年):"秋,楚人滅江。"江國被滅是在春秋中期,所以春秋晚期的作器者自稱江伯之孫,"自是不忘古國先祖,也是爲了光揚門楣"。

根據以上各家對華孟子鼎等兩器銘文的考釋,我覺得還有三個問題可以作進一步討論。值此盛會,正好就教於各位同行。

第一點,是華孟子的身份問題。

多位考釋者對華孟子男女不辨,是因爲周代金文中子姓女子的名字很少見。我在釋讀棗莊市東江小邾國墓地出土銅器時①,曾指出兩件簠銘中的"魯酉子安母"、"子皇女(母)"都是子姓女子之名。《殷周金文集成》中有兩件子姓女名的銘文,都可以明確是宋國的女子,即"宋眉

---

① 林澐:《棗莊市東江墓地青銅器銘文部分人名的考釋》,《古文字研究》第 26 輯,中華書局,2006 年。

父作豐子媵鬲”（集成 3·601）、“有殷天乙唐孫宋公䜌作其妹句敔夫人季子媵匜”（集成 9·4589、4590）。現在發現了鼎銘中的“華孟子”，爲宋國的子姓女子又添一佳證。

宋國的華氏是顯赫的公族，《左傳·隱公八年》正義：“案《世本》：‘宋督是戴公之孫，好父説之子，華父是督之字。’”此人是宋國的太宰，在魯桓公二年（公元前 710 年）因司馬孔父嘉的妻子美貌，便殺了孔父嘉而奪其妻，“（宋殤）公怒，督懼，遂弑殤公。……召莊公于鄭而立之”（《左傳·桓公二年》），從而把持了朝政，而且重賄鄰國國君來鞏固自己的地位。到宋閔公時，南宮長萬作亂弑君，宋督也被殺。此年爲魯莊公十二年（公元前 682 年）。他的後人以他的字爲氏，即所謂“諸侯以字爲謚，因以爲族”（《左傳·隱公八年》衆仲論姓氏語），“孫以王父字爲氏也”（《公羊傳·成公十五年》）。宋督本人直到被殺仍被稱爲“太宰督”。但是既然趙平安考證出《左傳·僖公十三年》齊桓公三夫人之一的“宋華子”，也就是上博簡中的“芉（華）倗（孟）子”，那這個在桓公生前已稱宋華子或華孟子的女子，足證在公元前 643 年（桓公亡年）之前，華氏已經成立。《春秋·桓公二年》記載在宋督弑殤公後，“公會齊侯、陳侯、鄭伯于稷，以成宋亂”，而《左傳》則解釋爲“爲賂故，立華氏也”。則很可能在宋督生前，他的孫輩就已經以他的字立了氏也未可知。他的孫子華耦在文公十五年（公元前 612 年）出使魯國，《春秋》記作“宋司馬華孫來盟”，在魯國國君宴請時，他很客氣地説：“君之先臣督，得罪於宋殤公，名在諸侯之策，臣承其祀，其敢辱君？”這都確證華氏確是“以王父字爲氏”。當然，《廣韻》專用於西嶽華山的“崋”字下載“宋戴公子考父食采於崋，後氏焉”。鄭樵《通志·氏族略》亦用此説，但這是晚出的説法，顯然不如先秦記載可靠。

華耦之後，宋國見於《左傳》的還有華元（右師）、華喜（司徒）、華弱、華閲（右師）、華臣（司徒）、華吳、華合比（右師）、華亥（右師）、華定、華費遂（大司馬）、華登、華豋、華牼（少司寇）、華貙（少司馬）、華多僚（禦士）、華登、華妵、華豹，所任官職可由《世本》補充一些。直到魯昭公二十二年（公元前 520 年），向、華兩族據南里叛宋失敗，華亥才率族人奔楚，失去了華氏在宋國幾乎世襲右師的地位。

華孟子所鑄爲中子陪嫁的鼎，是紀王崮春秋古墓中最大的鼎，很符合華氏在宋國的顯赫地位。有人根據鼎的形制和紋飾判定爲西周晚期器，如果考慮到子姓是宋國國姓，華氏在春秋初年才成立，是把鼎的年代定得太早了。實際上，春秋早期和西周晚期的銅器在形制上和紋飾上都沒有明顯的差別，這件鼎應以定在春秋早期爲是。但是，一定要把鑄鼎的女子考定爲齊桓公的夫人，似乎有些穿鑿。因爲華氏是一個從春秋早期到春秋中期在宋國一直很顯赫的大族，無論何支的長女都可以稱“華孟子”，因此也無法肯定此華孟子一定是上博簡中的“芉（華）倗（孟）子”。而且，既然“孟子”和“中子”都是子姓女子，她們之間只能是姑侄或姐妹關係。如果像孫剛設想的，是已經嫁到齊國的華孟子爲娘家人作的陪嫁，這種跨國作媵器的設想似乎很難證明。就孫剛所舉的“蘇甫（夫）人作嬭（姪）妃襄媵盤”（集成 16·10080）來分析，由於有不少銅器銘文可證明蘇氏是妃姓，所以這個蘇甫（夫）人假若是女性，也可能是出嫁後又回到娘家住的女子（這種情況在春秋時代並不少見），但無法證明是出嫁至異國而爲侄女作媵器。而張新俊設想是華孟子在齊國爲妹妹作媵器，似乎也是跨國作媵器，同樣很難證明。何況，如果此鼎真是齊桓公的寵姬在得寵時所作，則桓公晚年已進入春秋中期，當時鼎的形制和紋飾也發生了變化,就不是華孟子鼎這樣的了。

　　張新俊和孫剛都設想跨國作媵器,是因爲他們都認爲子姓女子的母國爲宋國,而鼎銘文字如"年"加"土"旁、"保"加"玉"旁以及"壽"字頭部的寫法都有齊系文字的特點,可見鼎是在齊國所鑄。其實這種思路似乎受成見束縛,即宋國文字一定不屬齊系。其實,宋國是一個上承殷商的文化古國,地理上又鄰近魯國,春秋早期和魯國關係密切,在文字上理應和齊、魯接近才對。但何琳儀《戰國文字通論》並未舉出確證,只籠統説了一句"其文字風格也屬楚系",就把春秋晚期到戰國的不多的宋國銅器銘文都劃歸楚系①。以致新出的孫剛《齊文字編》②也只是"以齊、魯兩國器物爲主,兼及杞、邾、曹、滕、薛、郱、莒、費、郳、邙等國",没有考慮宋國文字的實際情況。現在春秋早期的華孟子鼎出土,提供了春秋早期宋國銅器文字的實例,我們爲什麼不可以由此改變觀點,認識到春秋早期的宋國文字和齊魯文字關係密切,而一定要把它定爲齊器呢?

　　所以,我覺得這件鼎還是應該看作宋國的華氏家族爲"中子"出嫁所作之器,而華孟子作爲長女在華氏主事,特別是婚嫁之類的家事,是完全有可能的。

　　第二點,是"中叚氏婦中子"如何理解?

　　張新俊舉芮公鬲銘"内(芮)公作鑄京氏婦叔姬媵鬲"(集成1·711)、"内公作鑄京仲氏婦叔姬媵鬲"(集成1·744)來説明"中叚氏婦中子"的結構,是很對的。可是他却同意任相宏、邱波的意見,"中叚爲中子之男,中子爲中叚之婦,兩人爲夫妻關係,中子爲受器者",這就不對了。而且張新俊又舉了"齊侯作皇氏孟姬寶盤"(集成6·10123)、"毛叔媵彪氏孟姬寶盤"(集成16·10145),認爲也是"某氏+受器者"的格式,"皇氏"、"彪氏"和"中叚氏"相當,"乃所嫁之女的配偶",更是完全不對(而且,齊侯非姬姓,爲皇氏孟姬作器不可能是媵器。張文所引顯然有誤)。

　　其實,比較少見的有"婦"字的嫁女之銘,前面的"某氏婦"和後面的女名可看作同位成分,起説明後面女名的作用,所以應該合在一起都是指受器者。而没有"婦"字的嫁女之銘,前面的"某氏"是説明女子所嫁的去向,與後面的女名是一個合成詞,完全可以省去"氏"字,變成"楚王媵邡(江)仲嬭南龢鐘"(集成1·72)、"蘇冶妊作虢妃魚母媵"(集成4·2526)這一類格式。所以有"氏"的銘文,只是强調它的前面是一個氏名,並不因爲加了"氏"就獨立成爲所嫁之女的配偶。因此,"中叚"也只是中子所嫁之氏名,而不是人名,無論"中叚"或"中叚氏"都不應理解爲中子配偶之名。

　　關於"中叚氏"這個氏名,各家考釋大多把"中"理解爲"仲",表示排行。當然,典籍中有"叔孫氏"、"季孫氏"這樣的氏名,所以把"中"理解爲"仲"是可行的。但實際還有另一種可能:銅器銘文有"中白(伯)作親(辛)姬緣人朕(媵)壺"(集成15·9667、15·9668);而出於中氏而嫁到辛家的女子自作銅器,其銘爲"辛中姬皇母作尊鼎"(集成5·2582、5·2583),可見周代確有中氏存在。"中叚氏"則可能是中氏住在叚地的一個分支,因而産生的復合氏名。

①　何琳儀:《戰國文字通論(訂補)》,江蘇教育出版社,2003年,第171—172頁。

②　孫剛:《齊文字編》,福建人民出版社,2010年,第1頁。

　　至於"中子"一名的"中",如果也理解爲她所嫁的氏名,則前文已經説明她是"中叚氏婦",若再次强調她是嫁到中氏去的,似過分重複了。所以還是理解爲排行老二比較妥當。

　　第三點,銅鑒盂作器者之名。

　　此器名"濫盂",濫通鑒,如《墨子·節葬下》"几梴壺濫"、《吕氏春秋·節喪》"鐘鼎壺濫"。且器形確同於智君子鑒,可證西周流行的盂,確爲春秋晚期出現的鑒之前身。鑒字從水,可能是强調其爲盛水器。傳世之齊侯盂自銘"盥盂"(集成 16·10283),但口徑已達 75 釐米,實際是鑒了①。

　　銅盂作器者自稱"邛(江)白(伯)厚之孫稟君鬻",其中"厚"字比一般寫法多一個"欠",這爲我在《説厚》②一文中指出𠂤爲"原始的厚字"提供了一個旁證,這個欠旁,可以看作𠂤→𠂤之省,所以可以視爲厚的異體字。"稟君"之"稟",從偏旁構成來看,完全同於楚公豪鐘銘中"鐘"前一字的寫法,從宀從女從泉。西周鐘銘中常自稱"大𤯎鐘",此"𤯎"字寫法多變,可參看《金文形義通解》卷六𤯎字條,而《古文字譜系疏證》第 3946—3951 頁所收更全。然而多變之中都存在"宀"這個聲符,即《禮記·月令》、《國語·周語》中的"林鐘"。師兑鐘(集成 1·141)該字作從米從宀,無疑即"稟"字之異構;柞鐘(集成 1·133—136)則又加"金"旁;兮仲鐘(集成 1·66—68、70)則作"稟"加"金"旁,而同銘之兮仲鐘又有作"金"旁加"宀"(集成 1·65)和"金"旁加"𤯎"(集成 1·69)者。至於盂銘之"鬻"爲何從泉,《金文形義通解》解釋説:"泉者,古象聲字鬻所從也。"③未必可信。章水根釋爲"凜",也只是可備一説。但把該字讀爲和宀、𤯎同音的稟,是没有問題的。徐伯鴻認爲:"《廣雅·釋言》'廩,治也','稟君'就是治理民衆的君長或部族首領。"然而,王念孫《廣雅疏證》指出,廩或稟"諸書皆無訓爲治者,治蓋給字之訛,……《漢書·文帝紀》'吏稟當受鬻者',師古注云:'稟,給也。'《蘇武傳》'廩食不至',注云:'無人給飲之。'"可見徐伯鴻的解釋是不可靠的。其實還是解釋爲江國國君的後裔到稟地爲君,即采邑主之類,更符合金文的通例。

　　此鑒盂作器者名字爲鬻,是金文中首次出現的。很清楚是從韭、從井、從恩的字。這對於西周金文中常見的也是從韭、從井的覸字的釋讀,提供了一條全新的思路。恩字在金文中多見,先秦時代從恩聲之字已發現的有《古文字譜系疏證》第 1220 頁所收的蒽、鍃、總。還有甲骨文中的𠂤(前 2·44·7,即合集 37784),與金文中的𠂤(戊寅鼎,集成 5·2594)當爲一字,看來也是以恩爲聲符的④。所以,我們很自然地會想到,鬻字可以省略局部形體而加上聲符恩,變成形聲字。如此,便可從恩來考慮鬻字的讀音,就像𠂤字省略局部形體加上聲符"昔"作𠂤,最後保留末形和聲符"昔"作"耤"。所以,我完全贊成劉雲和徐伯鴻把恩看作聲符,而推

①　朱鳳瀚:《中國青銅器綜論》,上海古籍出版社,2009 年,第 310—311 頁,圖三·八九之 8。

②　林澐:《説厚》,《簡帛》第五輯,上海古籍出版社,2010 年,第 99—108 頁。

③　張世超等:《金文形義通解》,中文出版社,1996 年,第 1432 頁。

④　裘錫圭先生已指出集成 2594 上那字從"恩"聲,參看其《釋古文字中的有些"恩"字和從"恩"、"兜"之字》,《出土文獻與古文字研究》第二輯,復旦大學出版社,2008 年,第 9—10 頁。

論覴字讀成總或揔(《説文》無揔字,《集韻·董韻》:"總(按:總的異體字),《説文》:'聚束也。'或从手。"可見揔是總的後起異體字)。因爲從西周金文使用覴字的文句來看,讀成總字而用作動詞"總管、統領"或形容詞、副詞"全面、統統",都非常通順、暢達,優於過去任何一種釋讀。

　　不過,我還想提出一個大膽而不太成熟的設想:這個長期困擾我們的覴字,是否就是蔥——即蔥的本字呢? 徐伯鴻在他的博文中已經強調了蔥和韭是同一類植物,所以用韭作爲義符來造蔥字是完全合理的。《説文》中有韭部,所收虈、韯、蘠都是韭類植物,可爲佐證。至於韭形下加井形,應該是因爲大蔥定植後,進入生長旺期時需經常澆水,所以用園圃中之井以強調之,也就像甲骨文黍字,用禾形之下加水形,以強調這種作物需水的特點。古代韭、蔥兩種植物常常並舉,如《山海經·北山經》:"北單之山,無草木,多蔥韭。"《雲夢秦律》:"菜羹,給之蔥韭。"《漢書·循吏傳·龔遂》:"(遂)勸民務農桑,令口種一樹榆、百本虈、六十本蔥、一畦韭。"因此,用韭形加井形會蔥之意是沒有問題的,從 [字] 形變成省略一部分義符而附加聲符的 [字],再到換一個一般類符"艸"造的形聲字 [字],恰如 [字] 字省略一部分義符而附加聲符的 [字]、[字],再到換一個一般性類符"金"造的形聲字 [字],是相同的演變模式。

　　只是覴字旁邊的人形是表示什麼意思,還不能解釋。所以只能作爲一個設想,供大家討論。

　　　　　　　　　　　　　　　　　　　　　2012 年 10 月 9 日於劍橋園

宗人鼎銘文小考

曹錦炎

（浙江大學文化遺産研究院）

提　要：近見一件未曾著錄的《宗人鼎》，作器者伯或父是凡姬的夫君，可能是供職於周廷的貴族，凡姬是宗婦；凡姬將原屬爲己所作的銅鼎改用爲宗廟祭享之器，宗人爲此專門作銘記事。從文字及書體風格看，這是一件西周中期時銅器。

關鍵字：凡姬　宗人　青銅鼎　西周中期

因機緣所得，近獲藏友惠贈一件青銅鼎的照片及拓本（圖一、二），鼎内腹有銘文數十字。鼎之出土地點、時間不詳，從文字内容及書體看，應爲西周中期時器。今作小考，以求正於同好。

圖一　照片

銘文鑄於鼎腹内側，上距口沿較近，全篇文字分9行，除末行爲9字（含重文二）外，皆爲每行8字，共計74字。下面先寫出釋文，再作討論。

圖二　拓本

佳(唯)王三月初吉丁亥，
白(伯)或父乍(作)凡姬□宫
寶障(尊)鼎。凡姬乃親于
宗人曰：“用爲女(汝)帝(嫡)彝
器。”宗人其用朝夕亯(享)
考(孝)于敢(敵)宗室，肇學前
文人，秉德其井(型)，用夙
夜于帝(嫡)宗室。宗人其
邁(萬)年子₌(子子)孫₌(孫孫)永寶用。

唯王三月初吉丁亥

鑄器的日子。銘稱“唯王三月”，指曆法用周正。“初吉”，即“初干吉日”，時段名，每月上旬的任何一天，都可以稱之爲“初吉”。

伯或父作凡姬□宮寶尊鼎

伯或父，人名，作器者。從銘文看，他是爲凡姬的“□宮”而作鼎。從銘文上下文義及青銅器銘文通例分析，伯或父當是凡姬的夫君，但不清楚是周邦哪個封國之人，也不排除其是供職於朝廷之貴族的可能性。

凡姬，人名。凡，國名；姬，姓。古代男子稱氏、女子稱姓，從銘文分析，“凡姬”是姬姓的凡國女子，但不清楚其夫家的姓氏。青銅器銘文稱女子之名時往往省略私名，如“秦嬴”、“蔡姬”之例，此處同。

凡國爲周公後嗣所封，《左傳·僖公二十四年》記富辰諫王曰：“昔周公弔二叔之不咸，故封建親戚以蕃屏周。管、蔡、郕、霍、魯、衛、毛、聃、郜、雍、曹、滕、畢、原、酆、郇，文之昭也。邢、晉、應、韓,武之穆也。凡、蔣、邢、茅、胙、祭,周公之胤也。"杜預注:"胤,嗣也。"銘文稱"凡姬",合於文獻。金文中稱"凡姬",舊僅見於《殷周金文集成》①908"彊伯乍凡姬用甌",陝西寶鷄市出土,與此鼎銘的"凡姬"不是同一人。

凡國之君"凡伯",《春秋》經文只一見(隱公七年):"冬,天王使凡伯來聘。戎伐凡伯于楚丘以歸。"《春秋》以及三傳"凡伯"不再見。楊伯峻注:"凡,本國名,周公之後。僖二十四年《傳》'凡、蔣、邢、茅、胙、祭,周公之胤'是也。凡伯蓋世爲周王室卿士而食邑於凡。《詩·大雅·板》序云'《板》,凡伯刺厲王也',此爲厲王時之凡伯;《詩·大雅·瞻仰》與《召旻》序俱云:'凡伯刺幽王大壞也。'此爲幽王時之凡伯。此凡伯當係此二人之後代。據《方輿紀要》及《春秋大事表》,凡城在今河南省輝縣西南二十里。"②

□宮,宮室名。古代"宮"爲房屋的通稱,《説文》:"宮,室也。"《爾雅·釋宮》:"宮謂之室,室謂之宮。"《易·困》:"入于其宮不見其妻,不詳也。""宮"前一字不釋,待考。

從全篇銘文分析,伯或父當爲宗族之長,文獻稱之爲"宗子",六年琱生簋稱"宗君"(《集成》4293),而凡姬應是其妻,身份當爲"宗婦"。宗婦膷嫛簋銘文云:"王子剌公之宗婦膷嫛爲宗彝蠶彝。"(《集成》4076～4087)作器者膷嫛的身份亦是宗婦,可以參考。

凡姬乃親于宗人曰:用爲汝嫡彝器

乃,虛辭,"於是"的意思。親,親自。宗人,此處指同宗之人。同祖曰"宗",直系爲大宗。侯馬盟書"納室"類文書,常作:"□自今以往,敢不率此明(盟)質之言,而尚敢或內(納)室者,而或聞宗人兄弟或內(納)室者,而弗執弗獻,不(丕)顯岳公大冢明亟視之,麻(滅)夷非(彼)是(氏)。"③文書中"宗人兄弟"連言,同宗之人的意思説得很清楚,可以作爲鼎銘參看。女,讀爲"汝",即你、你們,青銅器銘文與典籍用法習見。帝,讀爲"嫡",西周金文有稱"帝考"(仲師父鼎《集成》2743、2744,窒鼎《集成》2705,窒簋《集成》4097)、"啻考"(買簋《集成》4129),裘錫圭先生正確指出,"帝考"應讀作"嫡考","嫡庶的'嫡'經典多作'適',不論是'嫡'或'適',都是從'啻'聲的,'啻'又是從'帝'聲的④。彝,《説文》謂"宗廟之常器",本銘"彝器",亦指宗廟之常設祭器,具體而言,是指伯或父原爲凡姬所作之鼎。"用爲汝嫡彝器",凡姬説於宗人的話語,承上句而來。以下皆是宗人的話語⑤。

以上兩句大意是,伯或父爲凡姬做了□室的"寶尊鼎",凡姬於是親自對宗人説,將這件鼎用作你們嫡室宗廟裏的常用祭器,即強調改變此鼎的用途。由此可知,凡伯當即宗君(即族長),即凡姬的丈夫。

宗人其用朝夕享孝于敵宗室

朝夕,早晚,猶言"天天"、"時時"。《尚書·説命上》:"朝夕納誨,以輔台德。"《詩·小雅·

① 中國社會科學院考古研究所:《殷周金文集成》,中華書局,2007年。以下簡稱《集成》。
② 楊伯峻:《春秋左傳注》(修訂本),中華書局,2009年,第53頁。
③ 山西省文物工作委員會:《侯馬盟書》,文物出版社,1976年,第39—40頁。所引釋文爲造字方便不按嚴格隸定,其中"質"、"岳"字從最新觀點釋讀。
④ 裘錫圭:《關於商代的宗族組織與貴族和平民兩個階級的初步研究》,《文史》第十七輯,中華書局,1983年。
⑤ 這也是我定器名爲"宗人鼎"而不稱"凡姬鼎"的緣故。

北山》：“偕偕士子，朝夕從事。”亯，祭獻鬼神。《説文》：“亯，獻也。……《孝經》曰：‘祭則鬼亯之。’”字今作“享”。考，通“孝”，青銅器銘文習見。《説文》：“孝，善事父母者。”銘文此處“孝”義同“享”，《詩·大雅·載見》：“以孝以享。”馬瑞辰《通釋》：“《爾雅·釋詁》：‘享，孝也。’《釋名》引《孝經説》曰：‘孝，畜也。畜，養也。’《廣雅》：‘亯，養也。’《謚法解》云：‘協時肇享曰孝。’是孝與享同義。故享祀亦曰孝祀。《楚茨》詩‘苾芬孝祀’是也。致享亦曰致孝，《論語》‘而致孝乎鬼神’是也。”①説得非常清楚，“享孝”即祭祀之意。

宗室，宗廟，《詩·召南·采蘋》：“于以奠之，宗室牖下。”毛傳：“宗室，大宗之廟也。”敔，即“敔”之本字，叔尸鐘（《集成》272～285）銘文曰“爲女（汝）敔（敔）寮（僚）”、“眔（暨）乃敔（敔）寮（僚）”，可證。敔宗室，即“敔”氏這一宗族的宗廟。“敔”若非前人生稱之名，則有可能爲謚字，後世子孫以其字爲氏，先秦文獻其例多見。

本句相近的詞例亦可以參見其他青銅器銘文，如“用朝夕享考（孝）宗室”（《集成》3964～3970），或作：“用夙夜享於宗室”（《集成》3995），“夙夜”猶言“朝夕”，意思仍然一樣。

肇學前文人，秉德其型，用夙夜于嫡宗室

肇，語氣詞，青銅器銘文常見，文獻寫作“肇”，今通行寫作“肇”。學，學習。“文人”，有文德之人，稱“前文人”乃指其前人即其先輩。“前文人”西周銅器銘文常見，可參見有關著作檢索②。秉，操持。“秉德”亦見《尚書·君奭》：“王人罔不秉德。”孔傳：“自湯至武丁，其王人無不持德立業。”井人鐘：“妄不敢弗帥用文且（祖）皇考穆穆秉德。”井，讀爲“型”，典型、榜樣、表率之意，文獻多作“刑”。《尚書·文侯之命》：“汝肇刑（型）文武，用會紹乃辟，追孝于前文人。”與這兩句銘文可以互相參看。

“夙夜”，亦即“朝夕”。《詩·大雅·韓奕》：“夙夜匪解，虔共爾位。”師望鼎：“虔夙夜出内（入）王命。”本銘的“帝宗室”，讀爲“嫡宗室”（見上文），指嫡系，即直系親屬的宗室，也就是大宗。旅居美國的范季融先生藏有一件西周早期的晉伯卣，銘文云：“晉伯作旅啻宗寶彝，其萬年永用。”“啻宗”也當讀爲“嫡宗”③，與本銘的“嫡宗室”意思相同。

此句是説，宗人學習他們有文德的先輩，以之爲榜樣，秉持德行，日日夜夜用事（服務）於他們的嫡系宗室。

宗人其萬年子子孫孫永寶用

“邁年”讀爲“萬年”，青銅器銘文習見。以下銘文爲常見套話，意思是祈望宗人世世代代的子子孫孫永遠視此鼎爲寶貝來用。

本篇銘文雖然新見詞彙甚少，但其所載爲宗婦將原屬爲己所作之鼎改用爲宗廟祭享之器，宗人專門爲此作銘記事，内容尚屬首見。特別是銘文有意識地强調嫡庶觀念，這對瞭解西周時期的宗法制度有一定的幫助。

---

① 馬瑞辰：《毛詩傳箋通釋》，中華書局，1989 年。

② 張亞初：《殷周金文集成引得》，中華書局，2001 年，第 462 頁“前”字條。

③ 《首陽吉金——胡盈瑩、范季融藏中國古代青銅器》，上海古籍出版社，2008 年，第 92 頁；宋華强：《由楚簡“北子”、“北宗”説到甲骨金文“丁宗”、“啻宗”》，《簡帛》第四輯，上海古籍出版社，2009 年。

金文"鑄"、"盜"諸字補說

張世超

（東北師範大學文學院）

　　提　要：本文在學界對古文字"鑄"字討論的基礎上，進一步論定後世"盜"字即來源於古時假借"鑄"字寫詞後的形訛分化，並指出《説文》中"弱"、"屎"、"禿"等字形的來源均屬同類現象。

　　關鍵字：鑄　盜　弱　屎　禿　訛變

　　蔣玉斌先生發表於《古文字研究》第 29 輯上的《釋西周春秋金文中的"討"》一文①，對五祀𢼸鐘上舊釋爲"貓"的字作了很好的分析和討論，改釋爲"鑄"，證據堅確，推論環節細緻，讀後很受啟發。受益之餘，感覺尚有未盡之意，故草此小文，以與蔣先生及關心此問題的同仁相榷。

　　蔣文在討論金文相關字形時，引用了 1978 年陝西寶雞太公廟出土的秦公鐘、鎛銘文中的一個字形，爲了討論方便，我們將其轉引於下②：

　　蔣先生認爲，用殷墟甲骨文、周代殷𣪴、五祀𢼸鐘銘中可確釋爲"鑄"的字形與上揭太公廟鐘、鎛銘文中從"火"的字形比較，"能很清楚地發現他們之間遞相嬗變的關係"③。因其從"火"，字中"皿"上所從也與"水"有別，故其字與石鼓文"籃"字所從、碧落碑"盜"字古文並非同字。這種辨析對於明確古"鑄"字形來説十分重要，然而應當指出的是，上引太公廟鐘、鎛 5 個字形恰恰也是從古"鑄"字形向後來的"盜"演變的中間環節。

　　《説文》卷八："盜，私利物也。從次，次，欲皿者。"④段氏據《韻會》將後半句校改爲"從次

---

①　下文簡稱"蔣文"。

②　以下各字分別見於《集成》鐘 262、265，鎛 267.2、268.2、269.2。

③　蔣玉斌：《釋西周春秋金文中的"討"》，《古文字研究》第 29 輯，中華書局，2012 年，第 278 頁。

④　《説文解字》，中華書局影印本，1979 年，第 181 頁。

皿,次,欲也,欲皿爲盜"①。"次"、"皿"會意爲"盜",這種説法是有問題的。"次"不等於"欲",《徐箋》曰:"垂次其皿,欲私其物也。此取其意則可,《韻會》直云'欲皿爲盜',則字不從欲也,不當率改許書。"②其實,以古文字構字常規看,徐灝之説仍很迂曲。

　　根據上述古文字材料,後世之"盜"字即來自古"鑄"字之訛形。最初是以"鑄"字借寫"盜竊"之"盜"。至戰國時,"鑄"之通行體秦系文字作 A 形,楚系文字作 B 形,齊系文字作 C 形或 D 形,均與早期字形相遠,於是那個源自早期字形,經訛變上部似從"水"從"欠"的字形便專用於表"盜竊"之"盜"了。古音"鑄",章母幽部,"盜",定母宵部,聲皆舌音,韻部旁轉,讀音是很近的。在現代東北方言裏,"鑄造"之"鑄"音[tau],與"盜"同音,正是古音的遺留③。"鑄"從"壽"聲,從"壽"聲之"禱"、"搗"二字今讀與"盜"字同音而不同調,另有"幬"字,今讀與"盜"完全相同,亦是"鑄"、"盜"二字古音相通的遺迹。

A. 睡虎地秦簡日　　　B. 楚王酓忎鼎　　　C. 庚壺　　　D. 鑄公盨
書甲一三背　　　　《集成》2794.2　　　《集成》9733　　《總集》2960

　　《説文》中有些字形,並非皆如許慎所言——皆來自古人爲其本義的設計,而是假借以後產生了訛變異體,與原字形有別,遂被規定表示相應的詞義了。這一類字如遵循許慎的思路去解釋其構形之義,便會愈求愈晦,如入五里霧中。例如,楚文字中有"溺"作如下字形:

　　以上見包山簡。

　　以上見郭店簡。

　　這些字形來源於甲骨文的🐾(尿)。假借爲"沉溺"之"溺"後,又增從"休"。不過在楚文字中,原來的🐾形已訛變得類似於"勿",所從之"人"或類似"弓",或類似"尸"。

　　下面再略舉幾例。

　　1.《説文·彡部》:"弱,橈也,上象橈曲,彡象毛氂橈弱也。弱物並,故從二弓。"

　　實際上,上述楚簡"溺"字中所含🐾字中"人"形訛變如"弓"則如"弓",同化字內之"人"則

①　段玉裁:《説文解字注》,上海古籍出版社影印經韻樓本,1981 年,第 414 頁。
②　徐灝:《説文解字注箋》(續修四庫全書版)卷八。
③　參孫常叙《漢語詞彙》,商務印書館,2006 年,第 502 頁。

成爲"溺",去掉"水"即爲"弱"之來源。

2.《説文・尾部》:"尿,人小便也,从尾从水。"

實際上,上述楚簡"溺"字左部所从之"人"訛變如"尸",右部所从類似"勿"形之字("尿"字初文𣲗的訛形)訛爲"尾"字的倒毛形,整個字便成爲"从尾从水"了①。

3.《説文・禿部》:"禿,無髮也。从人,上象禾粟之形,取其聲……王育説,蒼頡出,見禿人伏禾中,因以制字,未知其審。"

實際上,"禿"並無本字,乃假"秀"爲之,"秀"本从"弓"、"休"省聲,爲"挎"之本字,義爲抽弓,後所从之"弓"訛如"乃"。"禿"、"秀"二字古音相近,"禿",透母屋部;从"秀"聲之"透"透母侯部。聲爲同紐,韻爲對轉②。"秀"假爲"禿"後,字下所从之"弓"又訛如"人","禿"便似乎與"秀"無關了。

"盜"字與"鑄"字的情況,與此類似。

從古文字材料看,"盜"字假"鑄"爲之,經訛變後獨立爲專表"盜竊"的"盜"字。這種情況首先發生在秦國,除石鼓文中之"籃"字外,睡虎地秦簡中頻見"盜"字。《老子》19章"絶巧棄利,盜賊無有",57章"法令滋章,盜賊多有",兩處文字分別見於郭店楚簡之第1、第31簡,文中"盜"字皆作"頪"③。可見,當年楚文字中是以"頪"爲"盜"的。

2013年4月29日

---

① 拙文《釋"溺"及相關諸字》,第三屆中國文字發展論壇——古漢字研究與漢字書寫學術研討會論文。

② 詳拙文《"采"、"秀"音義新探》,《古文字研究》第28輯,中華書局,2010年,第510頁。2010年北京古文字學研討會上,筆者在會上宣讀此文,"禿"假"秀"爲之,蒙孟蓬生先生會下提示。

③ 荆門市博物館:《郭店楚墓竹簡》,文物出版社,1998年,第111、113頁。

小邾國青銅器銘文補釋(外兩篇)*

周寶宏

（天津師範大學文學院）

提　要: 本文共三則,一是《小邾國青銅器銘文補釋》,論證了" "字當釋作"夆",而不當釋爲"奏"、"華"等字。並認爲秦妊、華妊、夆妊應來自妊姓國的三位夫人,也許來自妊姓薛國。秦、華、夆都是私名,與國族或地名無關。二是《射壺銘文補釋》,對射壺銘文斷句、字詞提出了一些新看法。三是《說金文"妥(綏)福"》,考釋了"妥福"的用法。

關鍵詞: 考釋　小邾國青銅器銘文　射壺銘文　妥福

一、小邾國青銅器銘文補釋

《小邾國遺珍》①有下列幾件青銅器銘文:

1. 邾君慶壺(2號墓同出一對,銘文相同):邾君慶乍(作)秦妊醴壺,其萬年眉壽,永寶用。(38頁)

2. 倪慶鬲:(2號墓同出4件,銘文相同):兒(倪)慶乍(作)秦妊羞鬲,其永寶用。(41頁)

3. 倪慶鬲(2件,銘文相同):兒(倪)慶乍(作)秦妊羞鬲,其永寶用。(61頁)

4. 倪慶匜鼎(3號墓出土1件):兒(倪)慶乍(作)秦妊也(匜)鼎,其永寶用。(69頁)

5. 邾君慶壺(4件,被盜賣到澳門,後被購回):邾君慶作秦妊醴壺,其萬年眉壽,永寶用。(85、87、89、91頁)

6. 邾慶鬲(2件,銘文相同,被盜賣到澳門、香港,後被追回):邾慶作華妊羞鬲。(107頁)

7. 邾秦妊鬲(2件,銘文相同,被盜賣到澳門、香港,後被追回):邾華妊作羞鬲。(109、110頁)

---

*　本文是教育部人文社會科學研究2009年度項目《西周青銅器銘文考釋》(項目批准號09YJA740084)和2011年度國家社會科學基金項目《西周青銅重器銘文集釋(西周早期)》(項目批准號11BYY091)的中期成果。

① 《小邾國遺珍》,中國文史出版社,2006年。

8. 邾慶匜（1 件，盜賣期間被查獲）：邾慶作 妊簠，其萬年子子孫孫永寶用享。（112 頁）

9. 邾慶匜（1 件，盜賣期間被查獲）：邾慶作 妊匜，其永寶用。（113 頁）

10. 邾慶簠（2 件，盜賣期間被查獲、器蓋對銘）：邾慶乍（作） 妊簠，其萬年子子孫孫永寶用。（115 頁）

11. 邾慶簠：同上。（116 頁）

12. 邾慶壺（1 件，盜賣期間被查獲）：邾慶乍（作） 妊簠，其萬年子子孫孫永寶用享。（118 頁）。

周按：上引銘文中有"秦妊"（1—5）、"華妊"（6、7）、"妊"（8—12）諸稱呼，諸多學者皆釋爲"秦妊"，見《小邾國文化》①所收有關論文和《小邾國遺珍》一書。這顯然是不可信的，不知他們是沒有認真思考這三個字形，還是有他們的依據而將三個字形皆釋爲"秦"字，但是都沒有做出任何解釋。也許他們只看到了這三個字形都有"妊"字，又認爲都是邾君慶之夫人，因此將她們當作同一個人，故而皆釋爲"秦"字。

2012 年 10 月在復旦大學出土文獻與古文字研究中心舉辦的第十九屆中國古文字學年會上，蘇影宣讀《釋邾慶簠中的"華"》一文，根據上引 7 例秦妊鬲銘文中的"華"字寫法和春秋金文鼄鎛"華"字的寫法等，認爲 形是上引"華"字形體"省略下部""于"的省變形體，因而認定 也是華字。

蘇文提到《海岱古族古國吉金文集》釋爲"奏"，蘇文加以否定。其實李學勤先生《小邾墓地及其青銅器研究》一文已釋""爲"奏"、釋""爲"華"：

還有邾慶爲另兩個妊姓女子華妊、奏妊作的器物，書中誤爲"秦妊"。前者有四件鬲，兩件（《小邾國遺珍》106—107）銘作：邾慶作華妊羞鬲。又兩件（《小邾國遺珍》108—110 頁）銘作：邾華妊作羞鬲。……奏妊也有兩件方壺（《小邾國遺珍》117—118 頁）：邾慶作奏妊匜，其萬年子子孫孫永寶用享。華妊、奏妊大約是邾慶夫人秦妊來嫁時陪媵的娣，也是邾慶的配偶。②

周按：李學勤先生說明了秦妊、華妊、妊三位妊姓女子的關係，是對的，其中釋"華"也是對的，只是將 釋爲"奏"，恐有可商。其實這個形體跟金文中的夆字和夆旁的寫法最爲接近，見《金文編》夆字（706—707 頁）和餴字（357 頁）下，因此應釋爲"夆"。秦、華、夆在小邾國銅器中是三位妊姓女子的名字，三個名字皆有"好"義，釋"奏"則無義。此外，現已知的邾君慶

① 棗莊市山亭區政協編：《小邾國文化》，中國文史出版社，2006 年。
② 李學勤：《小邾墓地及其青銅器研究》，見《東嶽論叢》2007 年第 2 期；又見李學勤《文物中的古文明》，商務印書館，2008 年，第 311 頁。

的三位夫人的銅器,只有兩件鬲是華妊爲自己作器——"郑華妊作羞鬲",其餘皆由郑君慶給她們製作。"郑華妊作羞鬲"不能理解爲郑君慶爲華妊作羞鬲,只能理解成華妊爲自己作羞鬲。如果説華妊是作爲秦妊的陪嫁者,那她有實力或權力爲自己製作青銅器麽? 反過來説,她能爲自己製作青銅器,能是個陪嫁者嗎? 這很值得懷疑。也許華妊就是正夫人,而秦妊、桒妊是陪嫁者;也許是秦、華、桒三位妊姓婦人是不同時期嫁給郑君慶做夫人的。

一些學者認爲秦妊來自魯國秦地,但魯國秦地爲何是妊姓? 不可解。秦妊、華妊、桒妊應是來自妊姓國的三位夫人,也許來自妊姓薛國。秦、華、桒都是私名,與國族或地名無關。

要之, 字應是桒字,其字與華字形體相差很遠,況且又有華姓之華,很難説 是 字之省變。

二、射壺銘文補釋

朱鳳瀚先生《射壺銘文考釋》一文公布了新近發現的射壺銘文[1],釋文如下:

> 佳(惟)九月初吉甲
> 寅,皇君尹叔命
> 射嗣貯,乃事東(董)
> 遣(徵)其工,乃事述。
> ……

朱先生解釋説:

> 尹叔"命射嗣貯",即是命令射主管貯事。"貯"字本意是指集聚、貯藏。……是儲藏貨物可稱"貯",貯貨物自然是爲了出賣。將貯解釋作商品買賣與交換行爲,在西周金文中基本上可以講通。本銘中尹叔令射"嗣貯",即是命之掌管與"貯"有關的事業,即主管其宗族之商業。

在"注"中説:

> "貯"也可以引申爲進行"貯"這一行爲的處所,即商鋪、貨棧,如頌鼎"令女(汝)官嗣成周貯廿家"、善夫山鼎"用作憲司貯"之"貯"。

朱先生又解釋下兩句銘文説:

> 下文繼言"乃事東(董)遣(徵)其工","乃事"即"你的職事","乃"是以尹叔言於射的口吻所云。"東"讀作"董","董"之意即《爾雅·釋詁》所云"督正也";遣讀作"徵",在這裏是查詢、審查的意思。"董徵"相當於"董察",即是督察。師毀簋銘文記伯龢父命師毀"飤嗣我西隔東隔僕駁(馭)百工牧臣妾,東(董)栽(裁)內外"(《集成》

①　朱鳳瀚:《射壺銘文考釋》,《古文字研究》第 28 輯,中華書局,2010 年,第 224 頁。

4311)，所言"董裁"與本銘"董徵"義近。"乃事東(董)遒(徵)其工"即"你的職事是督察與貯有關的工作"。

"乃事述"中之"述"在此當讀爲"循"，《儀禮·士喪禮》"不述命"，鄭玄注："述，循也。""乃事述"即是言"你的職事要遵循以上所指示的(即以上所曰"乃事東(董)遒(徵)其工")去做"。……"述"在此也可能當讀如《詩·邶風·日月》"報我不述"之"述"。毛傳："述，循也。"鄭玄箋："不循，不循禮也。"朱熹《詩集傳》釋此"述"爲"循義理"。如此，則本銘"乃事述"，大意即是言"你的所爲要循義理"，亦即遵守規矩。

朱先生意釋上引幾句銘文如下：

在九月初吉甲寅日，皇君尹叔命令射司理貯事，説："你的職事是審察有關貯的工作。你的行爲要遵守規矩。"

周按：上引朱先生的考釋很有道理，也多有證據，可備一説。但是，將"東徵"讀爲"董徵"，訓"工"爲"工作"，金文中並無其例，似不妥。解"乃事述"爲"你的所爲要遵守規矩"也不很通順，若按字面的意思理解成"你的職事要遵守規矩"，又顯然不通。因此可以换個角度理解這幾句銘文，也許更能符合原銘文之義。首先將銘文斷讀如下：

佳(唯)九月初吉甲
寅，皇君尹叔命
射嗣貯，乃事東
徵，其工乃事。述
追念于蔡君子
興用天子之寵，
弋(式)篾射曆，賜……

"遒"，朱先生釋爲"徵"，極是，這個字形習見於西周金文(見《金文編》附録1178頁068號)。裘錫圭先生《古文字釋讀三則》[1]釋爲遒(徵)，林澐先生《釋史墻盤銘中的"遊盧彭"》[2]一文贊成裘釋，因此釋爲"徵"字無疑。"東徵"之"東"當訓爲方位名詞作狀語，即向東徵召(某人)或徵求(某物)。《詩經·豳風·破斧》："周公東征，四周是皇。""貯"當指儲藏貨物以待賣。"尹叔命射司貯"顯然是指尹叔命令射管理經商而儲藏貨物，那麼"東徵"也應該是到尹叔所在地之東部或東方地區徵求貨物，以便充實貨物而賣出。至於"徵"字用爲徵求之人，也見於西周金文，裘錫圭先生在《古文字釋讀三則》中説：

現在我們可以回到克鼎"井遒匋人"一語的解釋上來了……金文"遒"字的確往往同作族名。但是從克鼎銘文下緊接就説"錫汝井人奔於量"來看，前面"錫汝井遒匋人飄"這句話裏的"井遒匋人"，似乎不大可能是指井人、遒人、匋人這三種人而言

---

① 裘錫圭：《古文字釋讀三則》，《古文字論集》，中華書局，1992年，第395頁。
② 林澐：《釋史墻盤銘中的"遊盧彭"》，《林澐學術文集》，中國大百科全書出版社，1998年，第174—183頁。

的。這裏的"遉"字更可能跟"井宇匍田"的"宇"字一樣，是用爲動詞的。《周禮·地官·縣正》"各掌其縣之政令徵比"，鄭玄注："徵，徵召也。"克鼎"遉"字似應讀爲徵召之"徵"。"井徵匍人"就是井族所徵發的匍人。

周按：根據上引裘錫圭先生對"遉"及其在大克鼎銘文中用爲"徵召"之義用法的考釋，可以確認訓射壺"徵"爲徵召之義，比釋其爲審查、查詢之義更爲有據和通順。

"乃事東徵，其工乃事"之"乃事東徵"意爲你的職事是到東方去徵購貨物，而"其工乃事"，意爲使你的職事成功，即把你的任務辦成功了。工，當通爲"功"，在西周金文中也有用例。而"其"字是表示"希望"之意的副詞。

述，通作遂。《詩經·邶風·泉水》："問我諸姑，遂及伯姊。"《小雅·大田》："雨我公田，遂及我私。"《魯頌·閟宮》："奄有龜蒙，遂荒大東。"《左傳·僖公四年》："春，齊侯以諸侯之師侵蔡，蔡潰，遂伐楚。"杜預注："遂，兩義之辭也。""遂"字的這種用法相當於"於是就"。西周金文中習見"述"用爲傳世典籍的"遂"，但不用於"於是"之義，只有戰國中山王銅器銘文才使用"述"如"遂"，用爲"於是就"之義。在射壺銘文裏將"述"聯下句讀爲"述（遂）追念于蔡君子興用天尹之寵，弋（式）蔑射曆，易（賜）之金"，訓"遂"爲"於是就"是非常通順的。

朱先生定射壺的年代爲西周末年，用"述"字如傳世典籍的"遂"訓爲"於是就"，與《小雅》、《魯頌》用"遂"爲"於是就"的時代相近。

三、説金文"妥（綏）福"

平頂山應國墓地出土有應侯再盨，其銘文爲"應侯再肇乍（作）乎不（丕）顯文考釐公陴（尊）彝，用妥（綏）朋友用寧多福……"①，其中"用寧多福"，西周金文僅此一見，多釋作"用妥（綏）多福"。對於"妥（綏）福"辭例中的"妥"字，一般根據《詩經》毛傳訓爲"安"，但"安福"之義，後世無此説法，進一步追究"安福"爲何義，總感覺不通。因此對《詩經》"綏福"之辭，有學者另尋別的解釋，馬瑞辰《毛詩傳箋通釋》、林義光《詩經通解》皆認爲綏通借爲遺，是賜給之義。對於西周金文中的"妥（綏）福"之辭，也不訓爲"安"，而訓爲"降下"、"降予"之義。

陳初生《金文常用字典》②（1030 頁）妥字條説：

> 下垂，引申爲降下。蔡姞簋："蔡姞乍（作）皇兄尹叔尊鬲彝，尹叔用妥多福於皇考德尹惠姬。"《禮記·曲禮下》："執天子之器則上衡，國君則平衡，大夫則綏之，士則提之。"注："綏，讀曰妥，妥之謂下於心。"《詩·周頌·載見》"綏以多福"，又《離》"綏我眉壽"，綏皆當讀曰妥，舊訓安，疑非是。

張世超等《金文形義通解》妥字條下説③：

①　應侯再盨拓本見《平頂山應國墓地》上册，大象出版社，2012 年，第 578—579 頁。
②　陳初生：《金文常用字典》，山西人民出版社，1987 年，第 1030 頁。
③　張世超等：《金文形義通解》下册，［日］中文出版社，1996 年，第 2886 頁。

降、降予……典籍作"綏"、"按"、"墮"、"隋"。彧鼎："用穆穆夙夜尊享孝妥福。"……

上引兩部金文字典關於"妥福"訓爲降福，其實來源於徐中舒《金文嘏辭釋例》[①]：

降者自上而下之謂，金文之言降者，如："先王其嚴在上；……降余多福……"（宗周鐘）、"先王其嚴在帝左右……降福無疆"（ 狄鐘）、"皇考嚴在上，翼在下……降旅多福"（虢叔旅鐘）、"皇考其嚴在上，……降余魯多福亡疆……"（士父鐘）……周人祀祖配天，"在上"，"在帝左右"，故得云降。……"王子剌公之宗婦都娶爲宗彝鬻彝，永寶，用降大福……"[宗婦簋（匜、簠同）]。此云用降大福，承宗彝鬻彝而言，用降者當指天言，與前舉諸器皆認爲祖先所降者不同。按《詩》言降福，多以爲祖先之事（亦有以爲天者），如……《豐年》云："烝畀祖妣，……降福孔皆。"《閟宮》云："是生后稷，降之百福。"又云："……皇皇后帝，皇祖后稷……降福既多……"凡此降福，皆以爲祖先之事。

金文妥用於祝嘏語中，有與旂匄對文者，如："蔡姞作皇兄尹叔尊鬻彝，尹叔用妥多福于皇考德尹惠姬，用旂匄眉壽綽綰……"（蔡姞簋）……此妥字《詩》皆作綏。《雝》"綏我眉壽，介以繁祉"，綏介對文，綏於妥同，介與匄同。《載見》"綏以多福"，亦與"用妥多福"語同。毛鄭傳箋綏皆訓安，而此兩處均無釋。陳奐《毛詩傳疏》於《雝》則釋爲按，而於《載見》則詮其義曰："天予以多福。"蓋綏於此，似以釋予爲安，然徧查舊詁皆無此訓。案此妥字，當讀如《士虞禮》"祝命佐食隋祭"之隋。鄭注："下祭曰隋，隋之言猶墮下也。……今文墮爲綏……"按妥墮古同聲字，同屬透母魚部，《茗泲漁隱叢話》曰"西北方言以墮爲妥"，故得相通。墮有墮下之意，墮下猶言降。

周按：訓"妥多福"之妥（綏）爲降下，賜予，確實比訓爲"安"讓人容易理解，很通暢，但是持此説者如徐中舒先生所舉出的證據畢竟太單薄，甚至有些牽強，因此很難取信於人。

應侯再盨銘文"用寧多福"之寧，與常見之"妥（綏）多福"之妥（綏）字，不應是通假字關係，而是同義詞或近義詞的關係，這説明，可以用"寧"字之義來理解或解釋"妥（綏）多福"之"妥（綏）"字之義。查古籍和商周金文中的"寧"字，多用爲安寧及與之相關的引申義，未見用爲降下、降予之義，也不可能與"墮"之類的表示降下之義的字通假。據此可知"妥（綏）多福"之妥（綏）還是按毛傳、鄭箋的説法訓爲"安"，與"寧"字的用法相同。妥（綏）、寧在此詞例中應是留止、留住之義，與按、定、安定之義相近。妥（綏）字在西周金文中如沈子它簋"妥（綏）吾考"、麥尊"用受德、妥（綏）多友"、鄭井叔鐘"鄭井叔作靈鐘，用妥（綏）神裹（懷）"，此類句子中的"綏"字公認爲"安、安撫"之類的意思，可證"妥（綏）多福"應該是安多福之義。對比上引"降多福"（上引徐中舒先生文中所引例句）、"妥（綏）多福"二者的上下語言環境，可知，"降多福"多用於鐘銘，皆由先祖先考之神靈高高在上給予下界子孫的降予，而"妥（綏）多福"多是還健在的製作銅器者向祖先等神靈祭祀時表示的，也就是説"降多福"的主語是先祖先考，"寧多福"的主

---

① 徐中舒：《徐中舒歷史論文選輯》上冊，中華書局，1988年，第512—517頁。

語是作器者,二者用法不同,因此也不能用"降多福"來理解"寧多福"。

瘋簋銘文:"作祖考簋,其盨大神,大神妥(綏)多福。"瘋鐘銘文:"敢作文人大寶協龢鐘,用追孝盨祀,邵(昭)各樂大神。大神其陟降,嚴祐龏妥(綏)厚多福。"此兩句"妥(綏)多福"的主語雖爲"大神"(先祖先考之神靈),但訓爲"留下多福"可通。

當然,"妥(綏)多福"也許有當時的特定含義,我們現在還未完全理解,但訓爲降下多福,於訓詁無據,可商。

兩周金文中的敬類動詞 *

——兼與先秦傳世文獻比較

武振玉

（吉林大學文學院）

提　要：兩周金文中有"敬、恭、虔、嚴、謹、寅、慎、翼、恤、祇"10 個敬類動詞，總出現頻次爲 160 次；先秦傳世文獻中有"敬、恭、尊、慎、謹、祇、恪、欽、虔、嚴、寅、翼、恤"13 個敬類動詞，總出現頻次爲 777 次。其中"敬"、"恭"二詞在金文和傳世文獻中均居前兩位，不同的是傳世文獻中"尊"比較多見但金文不見。句法功能方面，二者均以不帶賓語爲主，但傳世文獻中不帶賓語的比例明顯高於金文。不帶賓語的形式中，金文此類動詞以充當狀語爲主，傳世文獻則多作謂語。帶賓語的形式中，金文此類動詞的賓語基本都是抽象名詞，而傳世文獻此類動詞的賓語雖也以抽象名詞爲主，但指人名詞的比例亦很高，且指稱範圍廣泛。就抽象名詞賓語而言，金文依次爲祭祀、天命、德、職事類，而傳世文獻中最多見的是禮制禮法類名詞，其次是德和天命，據此可在一定程度上窺見先秦時期的社會價值觀念。

關鍵詞：兩周金文　先秦傳世文獻　敬類動詞　詞義　句法功能

　　心理動詞是古今漢語動詞中的一個特殊類別，除了詞義比較抽象，出現頻率較高外，該類動詞與社會民族文化心理亦有着較爲密切的關係。與現代漢語心理動詞研究已經取得了較爲豐碩的成果相比，古漢語心理動詞的研究則相對薄弱。本文以兩周金文和先秦傳世文獻中的敬類動詞爲研究對象，力求在窮盡調查和全面梳理的基礎上，展現該時期此類動詞的分布情況，探討此類動詞在二者中的同異差別，同時通過此類動詞窺見先秦時期的某些社會價值觀念。

　　恭：兩周金文中有 29 例[1]，帶賓語的 15 例，賓語分別爲純$_2$[2]、明德、命$_4$、天命$_2$、天常、盟祀$_2$、鬼神、侯、朋友；不帶賓語的 14 例，或充當謂語（11 例），或充當狀語（3 例）。先秦傳世文

---

* 國家社科基金後期資助項目：兩周金文動詞詞彙研究（批准號 12FYY010）；吉林大學繁榮發展哲學社會科學行動計劃創新團隊建設項目：漢字與中國古代文化（2012FRTD06）。

① 金文語料調查範圍爲華東師範大學中國文字研究與應用中心《金文引得》（殷商西周卷，廣西教育出版社，2001 年；春秋戰國卷，廣西教育出版社，2002 年）；劉雨、盧岩編著：《近出殷周金文集錄》（中華書局，2002 年）；劉雨、嚴志斌編著：《近出殷周金文集錄二編》（中華書局，2010 年）。另補充了見於各期刊的新見器。

② 各詞右小角的數字爲出現頻率。下同。

獻中表"敬"義的"恭"凡 105 例[①]，帶賓語的 14 例，賓語分別爲明神$_3$、明德、明刑、天命、父命、上下、爾位$_3$、農、教、厥兄；不帶賓語的 91 例，出現在謂語部分的 74 例，充當狀語的 10 例，充當定語的 7 例。兩相比較可以看出：句法功能方面，金文中的"恭"帶賓語和不帶賓語相差不多，而先秦傳世文獻中，"恭"不帶賓語的遠多於帶賓語的；詞義上，金文中的"恭"動詞性還比較强，而傳世文獻中的"恭"已明顯開始抽象化（如出現於主賓語部分，已轉爲抽象名詞）。但在帶賓語的形式中，二者表現出共性，即賓語均以抽象名詞爲主（如明德、天命、神等）。

　　敬：兩周金文中有 50 例，不帶賓語的（34 例）多於帶賓語的（16 例）。不帶賓語的形式中，"敬"主要充當狀語（25 例），其次是充當謂語（8 例），偶爾出現在賓語部分（1 例）。帶賓語的形式中，賓語基本爲抽象名詞（盟祀$_4$、禋盟、祗祀、朕祀$_2$、德、尸事$_3$、命$_2$），只有 2 例爲指人名詞。先秦傳世文獻中"敬"凡 421 例。不帶賓語的（273 例）遠多於帶賓語的（148 例）。不帶賓語的形式中，"敬"主要充當謂語（166 例），其次是充當狀語（95 例），偶爾出現在定語部分（12 例）。帶賓語的形式中，賓語主要爲指人名詞（80 例），其次是抽象名詞（66 例），如德$_9$、爾儀、威儀$_5$、天威、天之休$_2$、天常、明神$_2$、鬼神$_2$、鬼、上帝山川鬼神、祭祀$_2$、宗廟、社稷$_2$、之（指社$_2$）、祓除、粢盛、其事$_2$、君事、教、王命$_2$、命、父命、文$_4$、義$_2$、分$_2$、禮節、舊法、節、終、始$_2$、容、日、時$_2$、法令、其實、所安、此（指事）、學、名等；其他名詞很少見。兩相比較可見兩者的共同之處有：句法功能上均以不帶賓語爲主，且不帶賓語的均爲帶賓語數量的 2 倍左右；不帶賓語的形式中，皆以充當謂語爲主；帶賓語的形式中，抽象名詞賓語均占重要地位。不同之處有：不帶賓語的形式中，金文中"敬"充當狀語的比例較高（接近三分之一），而傳世文獻中"敬"充當狀語的比例沒有金文高（不到四分之一）；帶賓語的形式中，金文"敬"的賓語基本都是抽象名詞，而傳世文獻中"敬"的賓語爲指人名詞的多於抽象名詞；同是抽象名詞賓語，金文中此類賓語主要爲"祀$_8$"，其次是"事$_3$"，傳世文獻中主要爲"德$_9$"，其次有鬼神$_5$、天休$_2$、天威、天常、宗廟、社稷$_2$、祭祀$_2$等，還有命$_4$、文$_4$、義$_2$、事$_2$、禮、節、法$_2$、分$_2$、教、學等。範圍明顯較金文廣。

　　虔：兩周金文中凡 24 例，不帶賓語的（15 例）多於帶賓語的（9 例）。不帶賓語的形式中，"虔"主要充當狀語（11 例），少數充當謂語（4 例）。帶賓語的形式中，除 1 例爲指人名詞外，餘皆爲抽象名詞（朕祀$_3$、盟祀$_2$、尸事$_2$、命$_2$）。先秦傳世文獻中"虔"11 見，亦是不帶賓語的（7 例）多於帶賓語的（4 例）。不帶賓語的形式中，"虔"充當謂語（2 例）、狀語（2 例）和出現在主賓語部分（3 例）相差不多。帶賓語的形式中，賓語亦主要爲抽象名詞（如爾位、君命、天刑、宗祝）。兩相比較可見：二者均是不帶賓語的多於帶賓語的，不帶賓語的形式中，金文中"虔"主要作謂語，而傳世文獻中具體功能則比較分散；帶賓語的形式中，二者均以抽象名詞爲主，但具體的抽象名詞賓語略有差異。

　　寅：兩周金文 7 見，不帶賓語（4 例）和帶賓語（3 例）相差不多。不帶賓語的形式中，作謂語和充當狀語各 2 例；帶賓語的形式中，賓語皆爲抽象名詞（天命、鬼神、烝祀）。先秦傳世文獻中僅《尚書》6 見，不帶賓語的（5 例：狀語 3 例、謂語 2 例）多於帶賓語的（1 例：天命）。

---

① 　先秦傳世文獻的語料調查範圍爲：《今文尚書》、《詩經》、《周易》、《周禮》、《儀禮》、《論語》、《老子》、《孟子》、《墨子》、《莊子》、《荀子》、《韓非子》、《左傳》、《國語》、《戰國策》、《晏子春秋》、《呂氏春秋》。

祇：兩周金文 5 見，帶賓語（2 例）和不帶賓語（3 例）相差不多。不帶賓語的 3 例中有 2 例充當狀語，1 例作謂語。帶賓語的形式中，賓語皆爲抽象名詞（烝祇、祷祇）。先秦傳世文獻中"祇"18 見，不帶賓語的（12 例）多於帶賓語的（6 例）。不帶賓語的形式中，"祇"主要作謂語（7 例），其次是充當狀語（5 例）；帶賓語的形式中，賓語亦主要爲抽象名詞（上帝、六德、厥敘₂、德₂）。

嚴①：兩周金文 18 見，句法形式以不帶賓語爲主（15 例），其中又主要是充當狀語（13 例），且形式單一，只有"嚴在上"一種形式。帶賓語的形式中（3 例），賓語皆爲抽象名詞（天命₂、裡眔）。先秦傳世文獻中，"嚴"主要爲"威嚴"、"嚴酷"義，表"敬"義的很有限（5 例）。帶賓語時（3 例），賓語皆爲抽象名詞（六德、天命、天威）；不帶賓語的皆作謂語（2 例）。前者如：日嚴祇敬六德，亮采有邦（《尚書·皋陶謨》）；後者如：天命降監，下民有嚴。不僭不濫，不敢怠遑（《詩經·商頌·殷武》）。

翼：兩周金文 6 見，皆不帶賓語（充當狀語），除 1 例"翼受明德"外，餘皆爲"翼在下"形式（與"嚴在上"對用）。先秦傳世文獻中，"翼"除用爲名詞外，作動詞主要爲"輔翼"義，表"敬"義的唯《詩經》1 見：有嚴有翼，共武之服。共武之服，以定王國（《小雅·六月》）。

謹：兩周金文表"敬"義的"謹"8 見，全部帶賓語且均爲抽象名詞（夷俗、經德、先王明祀、大命₅）。先秦傳世文獻中，"謹"主要爲"謹慎"義，含"敬"義的"謹"約 21 例。句法形式以不帶賓語爲主（18 例），且以充當狀語爲主（15 例），帶賓語的賓語均爲抽象名詞（天命、庠序之教₂）。

慎②：兩周金文表"敬"義的"慎"7 見，全部帶賓語且賓語皆爲"厥德"。先秦傳世文獻中，"慎"主要爲"慎重、謹慎"義，含"敬"義的約 29 例，帶賓語的（18 例）多於不帶賓語的（11 例）。帶賓語的形式中，賓語多數爲抽象名詞（如威儀₃、五典、德₂、道₂、禮義、終₄、祭祀₂、習俗），偶爾爲指人名詞（2 例）。不帶賓語的形式中，作謂語（7 例）多於作狀語（4 例）。

恤：兩周金文中表"敬"義的"恤"6 見，皆帶賓語且賓語皆爲抽象名詞（事₄、祀₂）。先秦傳世文獻中，"恤"基本爲"顧念"、"憐憫"義，唯《尚書》"自成湯至於帝乙，罔不明德恤祀"（《多士》）和"上下勤恤"（《召誥》）中的"恤"可視爲"敬"義。

總括上述各詞及其用法，可得結論如下：

---

① 關於兩周金文中"嚴"和"異（翼）"的討論，可參看唐鈺明《據金文解讀〈尚書〉二例》（《著名中年語言學家自選集》，安徽教育出版社，2002 年，第 145—146 頁）、王冠英《説"嚴在上，異在下"》（《中國歷史博物館館刊》1992 年總第 18—19 期，第 114—116 頁）、王人聰《西周金文"嚴在上"解——並述周人的祖先神觀念》（《考古》1998 年第 1 期，第 72—74 頁轉第 81 頁）、王冠英《再説金文套語"嚴在上，異在下"》（《中國歷史文物》2003 年第 2 期，第 56—59 頁）、潘玉坤《金文"嚴在上，異在下"與"敬乃夙夜"試解》（《故宮博物院院刊》2003 年第 5 期，第 70 頁）、劉志基《也説"嚴在上，翼在下"之"翼"》（《考古與文物》2005 年《古文字論集三》）、陳劍《金文"彖"字考釋》（《甲骨金文考釋論集》，線裝書局，2007 年，第 253—254 頁）、張德良《金文套辭"嚴在上，異在下"淺析》（《齊魯學刊》2009 年第 1 期）。

② 關於金文"慎"的討論，可參看陳偉武《舊釋"折"及從"折"之字平議——兼論"慎德"和"慎終"問題》（《古文字研究》第 22 輯，中華書局，2000 年，第 251—256 頁）；陳劍《説慎》（《簡帛研究》2001 年上，廣西師範大學出版社，2001 年，第 207 頁）；陳美蘭《談"慎"字的考釋及典籍中四個"慎"字的誤字》（《中國文字》新 29 期，臺北藝文印書館，2003 年，第 119—132 頁）。

一、兩周金文中凡有 10 個此類動詞,總出現頻次爲 160 次。出現頻率依次爲敬$_{50}$、恭$_{29}$、虔$_{24}$、嚴$_{18}$、謹$_8$、寅$_7$、慎$_7$、翼$_6$、恤$_6$、祗$_5$。總體出現時間爲西早 8 例、西中 18 例、西中或西晚 2 例、西晚 60 例、春秋 51 例、戰國 23 例。概而言之,西周時期有 86 例,東周時期有 74 例,雖然後者略少於前者,但以東周時期器物明顯少於西周時期而言,此類動詞在東周時期的出現頻率實際上是很高的,由此可見此類動詞總體出現時間偏晚。具體而言,“嚴、翼、謹、慎”多見於西晚,“敬、虔”多見於西晚和春秋,“恭、恤”多見於春秋,“寅、祗”多見於戰國。先秦傳世文獻中,此類動詞有 13 個,總出現頻次爲 777 次。依次爲敬$_{421}$、恭$_{105}$、尊$_{124}$、慎$_{29}$、謹$_{21}$、祗$_{18}$、恪$_{15}$、欽$_{15}$、虔$_{11}$、嚴$_5$(含儼)、寅$_6$、恤$_2$、翼$_1$。各典籍的分布情況爲:《尚書》104 例、《詩經》36 例、《周易》9 例、《周禮》8 例、《儀禮》10 例、《論語》32 例、《老子》2 例、《孟子》58 例、《墨子》43 例、《莊子》27 例、《荀子》111 例、《韓非子》36 例、《左傳》102 例、《國語》68 例、《戰國策》52 例、《晏子春秋》16 例、《呂氏春秋》63 例。出現頻率低的各詞在典籍中的分布亦有限,如“欽、寅、恤”只見於《尚書》,“嚴”只見於《尚書》、《詩經》,“翼”只見於《詩經》,“虔”只見於《詩經》、《左傳》、《國語》;“恪”只見於《尚書》、《詩經》、《左傳》、《國語》;“祗”只見於《尚書》、《詩經》、《左傳》、《韓非子》、《呂氏春秋》;出現頻率越高的詞在典籍中的分布亦越廣泛。兩相比較可以看出:第一、傳世文獻中多出了“尊、恪、欽”三詞,其中“尊”的出現頻率較高,分布亦廣;但“恪”和“欽”的出現頻率均不高。第二、“敬”、“恭”二詞均是主要的此類動詞,金文中“敬”占總量的三分之一,傳世文獻中接近總數的一半;金文中“恭”約占五分之一多,傳世文獻中約占七分之一多。

二、句法功能方面,兩周金文中此類動詞不帶賓語的(89 例)多於帶賓語的(69 例),不帶賓語的形式中,充當狀語的(62 例)明顯多於作謂語的(27 例)。在充當狀語的形式中,此類動詞所修飾的主要爲奉事類動詞[如用事$_3$、事$_4$、雍、辟、享、秉、保、屏、配、順、勿廢(朕令)$_9$、出納(王命)、薦、惠、卹$_2$],或與修身有關的動詞(如乂、明$_3$)。先秦傳世文獻中,此類動詞不帶賓語的(447 例)亦多於帶賓語的(320 例)。不帶賓語的形式中,作謂語最多見(291 例),其次是充當狀語(137 例),還有少量出現在定語部分(19 例)。兩相比較可以看出:二者均以不帶賓語爲主,但傳世文獻中不帶賓語的比例高於金文;同時金文中以充當狀語爲主,而傳世文獻多作謂語。

三、帶賓語的形式中,金文中此類動詞的賓語基本都是抽象名詞(指人名詞只 3 見),如祀$_{15}$(盟祀$_8$、禋盟、祎祀、朕祀$_3$、烝祀、祭祀盟祀),命$_{13}$(天命$_5$、命$_8$),德$_9$(明德、德、經德、厥德$_6$),事$_5$(尸事$_4$、禼事),純$_2$、天常、鬼神、夷俗①。而傳世文獻中,此類動詞的賓語雖也以抽象名詞爲主(171 例),但指人名詞的數量已明顯增多(143 例),且指稱的範圍很廣泛,如民、衆、百姓$_4$、人$_6$、主、二君、君$_6$、寡、公$_2$、鄉人、之$_{31}$(指人)、上$_4$、下、老、老人、長$_3$、士$_2$、貴$_8$、賢士、賢良$_2$、賢良之人、尊$_2$(指人)、貴寵、有德、師$_{10}$、子$_4$、父、叔父$_4$、誰$_2$、兄$_3$、弟$_3$、先妣之嗣$_2$、親$_3$、親昵、使、吾、我、故(指人)、諸侯、曾侯、夫人$_3$等。就抽象名詞賓語而言,金文依次爲祭祀、大命、德、職事。而傳世文獻中最多見的是禮制禮法類名詞(如賢$_{25}$、聖、義$_2$、文$_4$、道$_2$、分$_2$、禮義、禮

---

① 因此類動詞多同義連用形式,故多有兩個甚至三個動詞帶一個賓語的情況。本文據賓語的出現次數統計,故賓語的實際數量少於帶賓語的心理動詞的數量。

節、禮、法、法令、舊法、五典、明刑、節、王命$_2$、君命$_3$、命、父命$_2$、農$_2$、教$_4$、學、敘$_2$、習俗），其次是祭祀及對象［如天$_8$、明神$_5$、鬼神$_2$、鬼、上帝、上帝山川鬼神、上下、宗廟、社稷$_5$、之（指社$_2$）、祭祀$_4$、社稷五祀、祀、袚除、粢盛］，再次是德（如德$_{18}$、明德、道德）和天命類名詞（如天命$_5$、天威$_2$、天刑、天常、天之休$_2$）。兩相比較可以看出：對祭祀、德、天命的敬重，是金文和傳世文獻的共同點，只是傳世文獻因爲内容的關係，所敬的對象明顯廣泛。

四、形式上，此類動詞多同義連用，金文有嚴恭寅$_3$、虔恭$_2$、恭寅、敬恭、嚴恭、虔敬$_5$、敬卹、嚴敬$_2$、祗敬、虔恤$_2$、祗寅、寅祗；傳世文獻有恭敬$_{22}$（或應視爲復合詞）、敬恭$_6$、虔恭、恭恪$_2$、恪恭、敬慎$_5$、尊敬$_3$、祗敬$_2$、嚴祗敬、恪謹、嚴恭寅、敬恪、恭祗、謹敬。可以看出，二者均以“恭”和“敬”爲主要成員。此外，傳世文獻中還有此類動詞對用的情況，如“恭、敬”，“尊、敬”，“敬、恪”，“敬、慎”，“謹、慎”，“嚴、翼”，“祗、恭”的對用等；金文中則只有“嚴”和“翼”有明顯的對用用法。

五、心理動詞與一個時代的社會趨勢、社會價值、民族文化心理有着較爲密切的關係。敬類動詞及其賓語，就在一定程度上反映了特定時代對誠敬信念的追求。兩周金文和先秦傳世文獻中所表現出的對祭祀、天命、德的敬重就是當時社會歷史背景下的必然傾向；而金文中對職事的敬重，到傳世文獻中則擴大到對禮制禮法和人的敬重，體現了社會觀念的變化和發展。

史頌器銘"瀆蘇滿"新解

何景成

（吉林大學中國古文字研究中心）

提　要： 史頌器銘文記載周王命令史頌"瀆蘇濶"。關於這句話的含義，歷來有不少看法。新近公布的清華簡（三）多次出現"滿"字古文形體，其字形與"濶"字右部頗爲接近，"滿"之古文很可能即由此字形演變而成。因此，"濶"可釋爲"滿"。"瀆蘇滿"是説作溝瀆以疏通蘇地漫溢之水。

關鍵詞： 史頌簋　金文　滿

　　史頌器是西周晚期重要的銅器銘文資料，包括鼎、簋、簠、盤、匜等器物①。其中鼎、簋上的銘文相同，釋文如下：

　　　　唯三年五月丁巳，王在宗周，令史頌瀆蘇濶，友里君、百姓，帥堣蓥于成周。休有成事。蘇賓章、馬四匹、吉金，用作肆彝。頌其萬年無疆，日將天子顯令，子子孫孫永寶用。（《集成》4232.1）

　　除"瀆蘇濶"一語外，各家對銘文的考釋並無太多分歧。本文擬結合新近公布的清華簡（三）的資料，討論"瀆蘇濶"這句話的含義。

　　所謂的"瀆蘇濶"中，對"蘇"字的考釋大家没有爭議，我們先把爭議較大的"瀆"和"濶"的字形原篆分别列於表一、表二中：

表一　瀆

集成 2787	集成 2788	集成 4229.2	集成 4230	集成 4231

---

① 　參看馬承源主編《商周青銅器銘文選》（三），文物出版社，1988年，第300—302頁。

續　表

| 集成 4232.1 | 集成 4232.2 | 集成 4233 | 集成 4234 | 集成 4236.1 | 集成 4236.2 |

表二　瀆

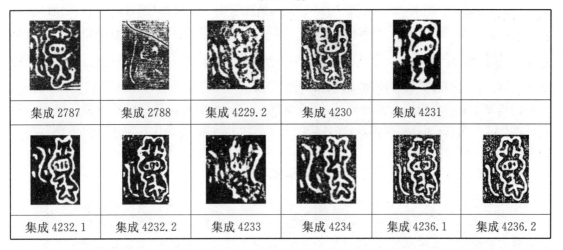

| 集成 2787 | 集成 2788 | 集成 4229.2 | 集成 4230 | 集成 4231 | |
| 集成 4232.1 | 集成 4232.2 | 集成 4233 | 集成 4234 | 集成 4236.1 | 集成 4236.2 |

　　上引"價"字諸形,有從"言"和從"又"的差別,但基本構件相同(即字形的右上部分)。對於這個基本構件,主要有釋"奇"和"省"兩種説法,持前説者如劉心源、高田忠周、郭沫若、劉釗、趙平安、陳劍等先生①,持後説者如《商周青銅器銘文選》(三)所作釋文②,王輝先生在《商周金文》一書中亦持這一看法③。經劉釗、趙平安、陳劍等先生的討論,這兩説中,釋爲"奇"的説法應是可信的。

　　關於"瀆"字,郭沫若認爲:"此字不識,右旁奇文亦見齊侯盤,此字是從〓得聲,抑從〓會意,所未能明也。"④《商周青銅器銘文選》(三)也認爲此字不識,當是動詞(300 頁)。張亞初讀爲"姻"⑤。郭沫若所提到的齊侯盤(集成 10283)之字作"〓",《奇觚室吉金文述》認爲當是

① 參看李孝定等編著《金文詁林附録》,(香港) 中文大學出版社,1977 年,第 1396—1404 頁。劉釗:《釋"價"及相關諸字》,《中國文字》新 28 期,臺北藝文印書館,2002 年,第 123—132 頁;收入氏著《古文字考釋叢稿》,嶽麓書社,2005 年,第 226—237 頁。趙平安:《釋古文字資料中的"奇"及相關諸字——從郭店楚簡談起》,《中國文字研究》第二輯,廣西教育出版社,2001 年,第 78—85 頁。陳劍:《釋造》,《出土文獻與古文字研究》第一輯,復旦大學出版社,2006 年;收入氏著《甲骨金文考釋論集》,線裝書局,2007 年,第 127—176 頁。
② 馬承源主編:《商周青銅器銘文選》(三),文物出版社,1988 年,第 300—301 頁。
③ 王輝:《商周金文》,文物出版社,2006 年,第 237 頁。
④ 郭沫若:《兩周金文辭大系圖録考釋》,科學出版社,2002 年,第 160 頁。
⑤ 中國社會科學院考古研究所編:《殷周金文集成釋文》,香港中文大學中國文化研究所出版,2001 年。

"薦"字(卷三・二九)。郭沫若認爲:"今[象形字]字亦正作奇獸形,周遭有回文者,蓋象其能騰雲駕霧之意,所謂能'日行千里'者也。是則[象形字]蓋即虞之初文矣。"(449 頁)

　　近年來,對此字研究最值得注意的是李學勤先生的看法。李先生將此字隸定爲"灂",認爲:"灂字多以爲'灃',也使文句無法讀通,該字右側於'薦'外施以環筆,在古文字中只有'因'字相近,'因'即'茵'的初文,所以圖是'薦'字。上海博物館藏楚簡《容成氏》云'戊午之日,涉於孟瀗','瀗'乃'津'字。這爲史頌器銘的釋讀提供了證據。銘文的'蘇津'是蘇國的津渡,實際就是孟津。"①孫剛博士贊同李學勤先生的看法,並補充説:"《清華三・説命中》篇簡文有'若大旱,汝作淫雨。若圓水,如作舟'。'圓'李學勤括注指出'圓'當爲'圖(即津字)'之訛(景成按:引自李學勤《新整理清華簡六種概述》,《文物》2012 年 8 期),其説可信,這也證明李學勤先生讀'[字形]'爲'津'的意見是正確的,'[字形]'右部所從即是'圓(薦)'字。齊侯盂銘文'[字形]'字與之相較,顯然也應釋爲'圓',即爲'薦'字的表意初文。"②

　　孫剛博士所引李學勤先生的觀點,在清華簡(三)一書中有較爲詳細的説明。該書注釋説:"圓"與《汗簡》古文"滿"字相似,實爲"圖"字之訛。上博簡《容成氏》"孟津"作"孟瀗",西周史頌鼎、簋"津"字作"灂"③。

　　《説命中》的"圓"字見表三 A1 形。孫合肥先生認爲:

　　　　此字形在《清華大學藏戰國竹簡(三)》共有三處。另兩處見於《芮良夫毖》:簡4、簡 9(景成按:見表三 A2、A3)。此字在《説命中》中整理者讀爲"津",我們認爲這樣理解簡文可能不是很恰切。《芮良夫毖》中的字形整理者釋爲"滿",從形體上看此三處形體没有差別,都應釋"滿"。此處的"滿"當與前面的"旱"相對應,應表水之"盈溢"之義。《説文・水部》:"滿,盈溢也。"《大戴禮記・用兵》:"霜雪大滿。"王聘珍解詁:"滿,盈溢也。"《玉篇・水部》:"滿,盈也。溢也。"《廣韻・緩韻》:"滿,盈也。"而《芮良夫毖》出現的兩處簡文,也可爲此處的釋義提供旁證。《芮良夫毖》簡 4:圓(滿)溫(盈)、康戲而不智壴(薦)告。注釋:圓,"滿"之古文。溫,"盈"之異體。簡8～9:忎(恐)不和【簡 8】均(均),屯員(圓)圓(滿)溢(溢),日余(予)未均。【簡 9】注釋:《易・比》"有孚盈缶",李鼎祚《集解》引虞翻曰:"屯者,盈也。"《廣雅・釋詁一》:"屯,滿也。"《呂氏春秋・審時》"其粟圓而薄糠",高誘注:"圓,豐滿也。"屯、圓、滿、溢,義近連用。《呂氏春秋・季春紀》:"水泉東流,日夜不休。上不竭,下不滿水。"高誘注:"水從上流而東,不竭盡也。下至海,受而不滿溢也。"

　　　　若此,《説命中》的"A1"也是"滿"之古文,無需認爲是"圖"字之訛,而轉讀爲"津"。此二句簡文應讀爲:若天罩(旱),女(汝)复(作)㤿(淫)雨。若圓(滿)水,女

① 李學勤:《頌器的分合及其年代的推定》,《古文字研究》第 26 輯,中華書局,2006 年,第 160—164 頁。
② 孫剛:《東周齊系題銘研究》,吉林大學博士學位論文(指導教師:馮勝君教授),2012 年,第 369—370 頁。
③ 李學勤主編:《清華大學藏戰國竹簡(叁)》,中西書局,2012 年,第 127 頁。

（汝）复（作）舟。①

表三 圓

A1.《説命中》簡5	A2.《芮良夫毖》簡4	A3.《芮良夫毖》簡9

侯乃峰先生贊同將《説命中》的"圓"改釋爲"滿"，但認爲："'滿'或當讀爲'漫'，訓爲'蹚過、渡越'。傳本'若濟巨川，用汝作舟楫'與'若漫水，汝作舟'對應，其中'漫'可對應'濟'，都含有'渡越'之義。"②

我們認爲上引孫、侯兩位先生的意見是合理的。《説命》中的"圓"字應該和《芮良夫毖》中的"圓"字一樣，統一看作"滿"的古文，釋爲"滿"。"圓"字見於戰國璽印文字，前人已經根據《汗簡》、《古文四聲韻》將之釋爲"滿"（古文寫法參看表四）。李春桃博士在《傳抄古文綜合研究》一文中作過總結：

古文可隸定爲"圓"。或説从口馬聲，"馬"是明母魚部字，"滿"是明母元部字，兩者雙聲，此假借爲"滿"，古璽印文字中有从口从馬之字，應釋爲"滿"（《注釋》239頁）。又古陶文也有相關之字，于省吾據上錄古文釋爲"滿"（參于省吾《于省吾著作集・雙劍誃殷契駢枝三編》342頁，中華書局，2009年）。但也應注意"馬"、"滿"二字的韻部並不十分密合，形體中"馬"旁爲聲符的觀點並不能做實，我們暫將此條附於"萬"字聲系下。③

表四

汗簡④	古文四聲韻⑤	古文四聲韻	古文四聲韻	古文四聲韻

以上列舉了學者對史頌器""字和清華簡資料中"圓"字的考釋意見。我們認爲李學勤先生將兩者聯繫在一起的看法是很有見地的。但是其認爲""字从"鹰"的意見，我們不能

---

① 孫合肥：《讀〈清華大學藏戰國竹簡（三）〉札記》，簡帛網，2013年1月9日。http：//www. bsm. org. cn/show_article. php？ id＝1795。

② 侯乃峰：《讀清華簡三〈説命〉脞録》，簡帛網，2013年1月16日。http：//www. bsm. org. cn/show_article. php？ id＝1816＃_edn7。

③ 李春桃：《傳抄古文綜合研究》下編，吉林大學博士學位論文（指導教師：吳振武教授），2012年，第693頁。

④ 《汗簡・古文四聲韻》，中華書局，2010年，第19頁。

⑤ 《汗簡・古文四聲韻》，第102頁。

認同。

　　從字形分析，""字所从之動物形（下文用"△"表示），應該和表五所列的甲骨文、金文諸字爲一字。其特點是動物頭部類似角的部位作""形，而"廌"則作""形（參看表六），兩者區別明顯。而且從古文字資料來看，"廌"和"△"在甲骨文中便均已出現，一直延續到戰國時期，可知各有其發展脈絡。

表五

《集成》11356	《保利藏金》273 頁	《程訓義古璽印集存》1—127	《金文編》附錄下 194	《圖像集成》04548	史密簋
《合集》150 正	《合集》14801	《合集》903 反	《合集》150 正		

表六　甲骨、金文中的"廌"和从"廌"之字

合 5658 反	合 28420	花東 34	花東 132	花東 149	花東 237
4288.2	4289.1	2836	597	3634	容成氏 51

　　甲骨文中的△字，于省吾先生釋爲"莧"。《説文》："莧，山羊細角者，从兔足，苜聲。讀若丸。寬字从此。"于先生説：

　　　　《説文繫傳》謂莧"俗作羱"。按典籍以羱爲莧。《爾雅·釋獸》的"羱如羊"郭注："羱羊似吴羊而大角，角橢，出西方。"郝懿行《爾雅義疏》："今羱羊出甘肅，有二種，大者重百斤，角大盤環，郭注所説是也；小者角細長，説文所説是也。"……總之，《説文》

謂"莧""讀若丸",與猼音近字通。①

《説文》謂"寬"字從"莧",史密簋有字作""形,研究者多釋爲"寬"②。該字形"宀"下部的形體即與莧相近。三體石經載"寬"字古文作"","宀"下部的形體亦與莧相近。吳鎮烽先生編著的《商周青銅器銘文暨圖像集成》04548 號器,有銘文作表五所録之形。該字右半部分的動物形象與金文中的"莧"字類似,差別在於頭部類似角的部分多出兩筆短畫,這兩筆短劃可能是飾筆;且頭部多出象馬鬃毛形的"彡"形。此字左半部分可能爲"芇"字,張家山漢簡《引書》有"㑇"字,與此相近。"芇"爲明母元部字,莧爲匣母元部字,二者韻部相同,聲母分屬牙喉音和脣音,上古音的研究者指出,上古音確實存在牙喉音和脣音相通之例③。《戰國秦漢簡牘古書通假字彙纂》第 773 頁列"[緩與緩]"通假的例子,前者屬明母元部,後者屬匣母元部,這都説明"芇"可與"莧"通。

可見,于先生將甲骨文的莧字釋爲"莧"的意見,是可信從的。

由以上的字形分析可知,""所從的"莧",應釋爲"莧"。該字可隸定作"澴"。其所從的"圓"字,見於上引齊侯盤。故"澴"可分析爲從水圓聲之字。清華簡以及傳抄古文中"圜"很有可能即由"圓"字演變而來,即"圓"字在形體演變中,所從的"莧"被簡省成"馬"形。上文討論的從"芇"得聲的金文"莧"字的字形,似可爲這種省變提供參照。該字若省略去頭部似角狀的筆畫,則與金文中的"馬"字無異(《金文編》675 頁)。以這一形體作爲參考,將"圜"字所從的"馬"視作"莧"形之簡省,應該是有依據的。

"圜"字傳抄古文以爲是"滿"字古文,該字形出現在清華簡《芮良夫毖》和《説命中》簡文中。在《芮良夫毖》中,該字釋讀爲"滿",文從字順。在《説命中》簡文中,李先生將該字釋爲"津",恐怕更多是出於與傳世文獻類似語句相對應的考慮。《國語・楚語上》載類似語句作:"若津水,用女作舟。若天旱,用女作霖雨。"韋昭注"若津水"爲"喻遭津水"。此處"津水"之"津"恐當釋爲"溢、充盈"(參看《漢語大字典》第 1617 頁,"津"字第 9 條義項④),與"滿"的含義相近。孫合肥先生對這句話的解釋可能更準確。由此可見,傳抄古文對"圜"是"滿"之古文的記載,有戰國文字資料的印證,是可信的。

根據上面的討論,史頌器銘文"價蘇澴"之"澴"當分析爲從水從滿之古文,亦當釋爲"滿"。《説文》:"滿,盈溢也。"與"漫"相通,是指水之漫溢。"蘇滿"是説蘇地的水漫溢。"價"當讀爲"瀆"。在此作動詞用,有疏通之義。上博九《舉治王天下・禹王天下》簡 30:"疏川起谷,以瀆天下。"整理者注釋:"瀆,《爾雅・釋水》:'水注川曰谿,注谿曰谷,注谷曰溝,注溝曰澮,注澮曰瀆。'《釋名・釋水》:'瀆,獨也。各獨出其所,而入海也。''瀆'用作動詞。"銀雀山漢簡《三

① 于省吾:《甲骨文字釋林》,中華書局,1979 年,第 331—333 頁。

② 參看張懋鎔《安康出土的史密簋及其意義》,收入氏著《古文字與青銅器論集》,科學出版社,2002 年,第 24—33 頁。

③ 參看姚萱《殷墟花園莊東地甲骨卜辭的初步研究》,綫裝書局,2006 年,第 109 頁。

④ 該義項云:"溢;充盈。多疊用。《莊子・庚桑楚》:'汝自洒濯,熟哉鬱鬱乎! 然而其中津津乎猶有惡也。'《素問・生氣通天論》:'肝氣以津,脾氣乃絶。'張景岳注:'津,溢也。'"

十時》簡 1738"不可瀆溝漆（洫）波（陂）池"，"瀆"作疏通講，用法亦類似①。

　　簡文"瀆"的用法與史頌器"價（瀆）蘇㵘"的用法類似，是説作溝瀆以疏通蘇地漫溢之水。因此，史頌器銘文主要是記載周王命令史頌前往疏導蘇地水漫之事，安撫當地的里君、百姓。

---

① 　參看楊安《〈銀雀山漢墓竹簡·佚書叢殘〉集釋》，吉林大學碩士學位論文（指導教師：何景成），2013 年，第 263 頁。

西周金文中的飲至禮

李　剛

（遼寧大學文學院）

摘　要：有關飲至禮的記載不見於禮書，但多次見於《左傳》。近年公布的清華簡《郘夜》記載武王勘黎歸來在文王太室行飲至禮，通過考察西周青銅器銘文，我們發現塱方鼎銘文內容亦與飲至禮有關，而鄂侯馭方鼎所記則爲燕禮非飲至禮。

關鍵詞：飲至禮　郘夜　塱方鼎　鄂侯馭方鼎

2009 年 8 月 3 日，李學勤先生在《光明日報》公布了清華簡《郘夜》的部分内容，簡文首句爲"武王八年，征伐郘，大戡之。還，乃飲至於文大（太）室"。李先生説：

　　武王出師戡者，得勝歸周，在"文大室"即文王宗廟進行了"飲至"的典禮。"飲至"意在慶功，如《左傳》桓公二年云："凡公行，告於宗廟；反行，飲至，舍爵、策勳焉，禮也。"楊伯峻先生《春秋左傳注》解釋説，師返，於宗廟"祭告後，合群臣飲酒，謂之飲至"，並説明"舍爵"是"設置酒杯，猶言飲酒"，都與簡文相合。①

其後陳致發表《清華簡所見古飲至禮及〈耆夜〉中古佚詩試解》②，伏俊璉、冷江山兩位先生發表《清華簡〈郘夜〉與西周時期的"飲至"典禮》、《西周早期的"飲至"典禮與獻酬賦詩》二文，討論簡文中的飲至禮③。

簡文"飲至於文太室"指西周時代的飲至禮無疑。飲至禮雖不見於禮書，但多次見於《左傳》，如《左傳·隱公五年》："三年而治兵，入而振旅。歸而飲至，以數軍實。昭文章，明貴賤，辨等列，順少長，習威儀也。"《左傳·桓公二年》："凡公行，告於宗廟；反行，飲至、舍爵、策勳焉，禮也。"《郘夜》簡所記載的飲至禮除飲酒外還有賦詩，但簡文未提及策勳，這是與《左傳》的記載稍有不同。

---

① 李學勤：《簡介清華簡〈郘夜〉》，《光明日報》2009 年 8 月 3 日。
② 陳致：《清華簡所見古飲至禮及〈耆夜〉中古佚詩試解》，《出土文獻》（第一輯），中西書局，2010 年。
③ 伏俊璉、冷江山：《清華簡〈耆夜〉與西周時期的"飲至"典禮》，《西北師大學報》（哲學社會科學版）2011 年第 1 期；《西周早期的"飲至"典禮與獻酬賦詩》，《中國社會科學報》2011 年 3 月 1 日。

西周金文中亦有飲至禮的記載，成王時期青銅器塱方鼎（集成 02739）即是與飲至禮有關的最早文獻。

塱方鼎銘文云：

> 佳（唯）周公於征伐東尸（夷），豐白（伯）、尃（薄）古（姑），咸戈。公歸禀于周廟，
> 戊辰，畬（飲）秦畬（飲），公賞塱貝百朋，用乍（作）障（尊）鼎。

塱方鼎最早著録於吳其昌的《金文曆朔疏證》，吳氏認爲此器中的“周公征伐東夷”即文獻中的“周公東征”，遂定此器爲成王器①。

鼎銘“公歸禀于周廟，戊辰，畬（飲）秦畬（飲）”中禀字寫作🐾，陳夢家未釋，僅指出是祭名②。譚戒甫釋禀爲釁之本字，其義指“在神前殺以薦血”③。唐蘭指出禀字“本意當是捕獲鳥用以祭祀之義”，其字“應讀爲獲”。“獲于周廟”應是向祖先報告俘獲的祭祀④。按，禀字上部經 180 度旋轉爲🐾形，唐蘭釋獲至確。

“公歸禀（獲）于周廟”一句中“歸禀（獲）”可有兩種讀法，“歸”字屬上讀則“獲”字作動詞用，指獻俘；若“歸”字屬下讀，則歸當讀爲饋，《左傳·閔公二年》“歸公乘馬”，杜預注“歸，遺也。”兩種讀法都不影響文義，“公歸禀于周廟”指周公東征歸來獻俘獲於宗廟，《左傳·隱公五年》傳：“三年而治兵，入而振旅。歸而飲至，以數軍實。”杜預注：“飲于廟以數車徒器械及所獲也。”杜注正與此同。

陳夢家釋“飲秦飲”中第二“飲”字爲酒漿，秦飲是酒名⑤。譚戒甫讀“飲秦飲”爲“飲臻飲”，訓臻爲至，推測“飲臻飲”和春秋時期的“飲至”相同⑥。唐蘭先生謂“秦飲當是秦地的清酒”⑦，李學勤先生將“飲臻飲”三字釋爲“飲畬”二字，謂：“譚戒甫先生指出就是飲至，是很對的，周原甲骨文也有‘畬秦’，‘秦’也當如譚説讀作訓‘至’的‘臻’。”⑧

按，從塱方鼎拓片看，將“秦飲”二字釋爲“畬”字不妥，拓片中“秦飲”明顯占據兩個字的位置。飲作爲名詞有酒漿義，《周禮·天官·膳夫》“膳夫掌王之食飲膳羞”，鄭玄注：“飲，酒漿也。”飲作爲動詞有啜義，《楚辭·離騷》“朝飲木蘭之墜露兮”，洪興祖補注：“飲，啜也。”本銘中“飲秦飲”中第一個飲應訓爲“啜”，第二個飲當訓爲“酒漿”，“秦飲”當爲一種酒名。此語法結構與《孟子·梁惠王上》“狗彘食人食而不知檢”中“食人食”相同。

除塱方鼎外，西周金文中還有沒有與飲至禮相關的記載呢？陳致先生認爲噩侯鼎（集成02810，亦稱鄂侯馭方鼎）銘文亦與西周“飲至”禮有關，噩侯鼎銘曰：

① 吳其昌：《金文曆朔疏證》，北京圖書館出版社影印本，2004 年，第 110—111 頁。
② 陳夢家：《西周銅器斷代》，中華書局，2004 年，第 19 頁。
③ 譚戒甫：《西周塱鼎銘研究》，《考古》1963 年第 12 期。
④ 唐蘭：《西周青銅器銘文分代史徵》，中華書局，1986 年，第 43 頁。
⑤ 陳夢家：《西周銅器斷代》，第 19 頁。
⑥ 譚戒甫：《西周塱鼎銘研究》。
⑦ 唐蘭：《西周青銅器銘文分代史徵》，第 44 頁。
⑧ 李學勤：《清華簡九篇綜述》，《文物》2010 年第 5 期。

王南征,伐角、僪(遹),唯還自征,才(在)矿,噩(鄂)侯馭方内(納)壺于王,乃祼之,馭方客(侑)王,王休宴,乃射,馭方佮王射,馭方休闌,王宴,咸會(飲),王親(親)易(錫)馭方玉五殼(瑴),馬三(四)匹,矢五束,馭方拜手稽首,敢對揚天子不(丕)顯休責,用乍(作)尊鼎,其邁(萬)年永寶用。

陳致先生説“西周中期懿王時期(889 B. C.—873 B. C.)的噩侯馭方鼎(集成 2810)銘文也講述了周天子南征淮夷,歸途中經過噩侯馭方的領地,乃與噩侯馭方舉行飲至之禮”①。

陳夢家先生認爲:

此鼎述周王還自南征,中途勞其從行的鄂侯,行息燕或燕射之禮,畢致酬幣。可分爲三部分:(1) 燕禮,(2) 射禮,(3) 酬幣。

此鼎先燕後射,同於長甶盉。《禮記·射義》曰:“古者諸侯之射也,必先行燕禮,卿大夫之射也,必先行鄉飲酒之禮。”其實先燕後射乃是燕射的兩部分而已。《射義》孔疏曰:“凡天子諸侯及卿大夫禮射有三:一爲大射,是將祭擇士之射;二爲賓射,諸侯來朝,天子入而與之射也,或諸侯相朝而與之射也;三爲燕射,謂息燕而與之射。”《考工記·梓人》曰“張獸侯則王以息燕”,注云:“息者休農息老物也,燕謂勞使臣若與群臣閒暇飲酒而射。”息燕或燕射乃是與群臣飲酒而射,先燕後射,均與此器合。②

陳夢家先生所説至確,噩侯鼎記載的是燕射禮而非飲至禮。

《左傳·隱公五年》:“三年而治兵,入而振旅。歸而飲至,以數軍實。”孔穎達疏曰:“桓二年傳例曰,凡公行反行飲至,彼飲至在廟,知此言飲至亦飲於廟也。”通過與《䛱夜》和墻方鼎的比較,我們可知飲至禮必在宗廟舉行。噩侯鼎記載王南征歸來,在“矿”地舉行典禮,雖然學者對“矿”的地望還有不同意見,但可以肯定的是,此地絕不是周王室宗廟所在,陳致先生亦認爲舉行這次典禮的地方是“噩侯馭方的領地”。

最後我們討論一下飲至禮的性質及其與燕禮的區別。

《䛱夜》和墻方鼎記載的都是西周早期之事,可見飲至禮至少在西周初期已經形成。

《左傳·桓公二年》:“凡公行,告于宗廟;反行,飲至、舍爵、策勳焉,禮也。”孔穎達疏曰:“凡公行者,或朝或會或盟或伐,皆是也。孝子之事親也,出必告,反必面,事死如事生,故出必告廟,反必面至。”《左傳》記載的是春秋時期的飲至禮,由《䛱夜》和墻方鼎看周天子亦行飲至禮。

飲至禮與燕禮相比主要有兩點不同:一、飲至禮一定是“公行歸來”所舉行的典禮,所謂“公行”指“或朝或會或盟或伐”;二、飲至禮必在周王或諸侯的宗廟舉行。

---

① 陳致:《清華簡所見古飲至禮及〈耆夜〉中古佚詩試解》,《出土文獻》(第一輯),中西書局,2010 年。
② 陳夢家:《西周銅器斷代》,第 218 頁。

遹簋銘文中的"爵"字補釋

周忠兵

（吉林大學古籍研究所）

提　要：文章通過詳細的字形分析，對遹簋銘文中一個没有定論的文字進行了考釋，認爲其从斗（升）从樵，在銘文中可讀爲"爵"。

關鍵詞：遹簋　爵　補釋

遹簋銘文中有一字，其字形（以下以○代替）與辭例如下：

佳（唯）六月既生霸，穆穆王才（在）蒡京，乎（呼）潹（漁）于大池。王卿（饗）酉（酒），遹御亡（無）遣（愬①）。穆穆王親（親）易（賜）遹○。……《集成》4207 遹簋）

從其所在辭例可知○爲一種賞賜品，對其的釋讀，除去缺釋②和摹録原形外③，主要有以下幾種意見：

A. 認爲此字从隹、从米、从干，此類觀點又可細分爲幾類：

1. 只將之隸定，不再作進一步分析。如"雜"④、"犨"⑤、"餠"⑥、"犨"⑦。

2. 將之隸定爲"餠"，認爲"從字形構造看，从隹，或是鳥屬"⑧。或將之隸定爲"雜"，認爲

---

① 遣可讀爲愬，參看聞一多《古典新義》，《聞一多全集》二，三聯書店，1982 年，第 589 頁。

② 羅振玉：《貞松堂集古遺文》（1930 年石印本），劉慶柱、段志洪、馮時主編：《金文文獻集成》第 24 册，綫裝書局，2005 年，第 117 頁。

③ 羅福頤：《三代吉金文存釋文》8.14，問學社，1983 年。

④ 于省吾：《雙劍誃吉金文選》上 3·10（大業印刷局，1932 年），《于省吾著作集·雙劍誃吉金文選》，中華書局，2009 年，第 189 頁。

⑤ 容庚：《善齋彝器圖録》（1936 年燕京大學哈佛燕京學社影印本），《金文文獻集成》第 20 册，第 483 頁。

⑥ 商周金文數字化處理系統 5435 號遹簋釋文。

⑦ 臺灣故宫博物院編輯委員會編輯：《故宫西周金文録》，2001 年，第 226 頁。

⑧ 馬承源主編：《商周青銅器銘文選》（三），文物出版社，1988 年，第 105 頁。

"字當爲鳥名,究是何字,未可遽定"①。

3. 將之隸定爲"鵻",認爲以聲求之近鴻雁之"雁",也作"鴈"②。

4. 將之隸定爲"鵻",認爲"當从隹羋聲,羋是秤之別體……鵻當即鞾字……此銘遹在王舉行饗酒禮時,侍王飲食,所以穆王親自賞給他鞾雉,這是王賜的膳食"③。

B. 將之隸定爲"鼾",認爲"从隹从干,誼象以干獲鳥也",賜鼾即"賜以所獲得之鳥"④。

C. 將之隸定爲"鸒",認爲"字从鼌羋聲,其聲符疑是《説文》之罙,音如米。其字應是鼌類之禽,或即是鼌而加聲符者……《爾雅・釋鳥》:'鷱,沈鼌。'"⑤。

D. 將之隸定爲"糚",認爲从隹料聲,或从斗粞聲⑥。

E. 將之釋讀爲"爵",可細分爲:

1. 釋爲"雀",讀爲"爵"⑦。

2. 將之隸定爲"鵻","疑是雀之古字,用爲酒尊之爵"⑧。

3. 將之直接釋爲"爵"⑨。

我們先來分析一下以上這些不同的釋讀意見。A 類觀點將此字分析爲从隹、米、干。B 類觀點將之分析爲从隹从干會意。○除去隹、米之外的部分作"",將之與表一所列"干"字的相關字形對比,不難發現兩者在字形上存在較大差異:""字豎筆頂端的筆畫爲圓弧形,而"干"字豎筆頂端的筆畫爲兩斜筆,兩者的筆勢並不相同。故將""釋爲"干"應不正確。而將""與表二所列从斗或升⑩的字對比,可發現它們豎筆頂端的筆畫皆爲圓弧形,只是""中的圓弧形筆畫與豎筆的接觸點與表二中斗(升)的相關字形略有差異而已。故可知""應釋爲斗(或升)。因○並不从"干",所以基於此類字形分析的 A、B 兩大類釋讀意見皆不正確。

---

① 此爲李孝定先生觀點,參看周法高、李孝定、張日昇編著《金文詁林附録》,香港中文大學,1977 年,第 1662 頁。

② 白川靜:《金文通釋》(據 1962—1984 年日本白鶴美術館本影印),《金文文獻集成》第 44 册,第 253 頁。

③ 參看唐蘭《西周青銅器銘文分代史徵》,中華書局,1986 年,第 364 頁。

④ 吳其昌:《金文曆朔疏證》(1934 年武漢大學從書本影印),《金文文獻集成》第 38 册,第 73 頁。

⑤ 陳夢家:《西周銅器斷代》,中華書局,2004 年,第 145 頁。中國社會科學院考古研究所編:《殷周金文集成釋文》(第三卷,香港中文大學中國文化研究所出版,2001 年,第 335 頁)對此字采用與陳夢家先生相同的隸定。

⑥ 張政烺著,朱鳳瀚等整理:《張政烺批注〈兩周金文辭大系考釋〉》,中華書局,2011 年,上册第 133 頁,下册第 44 頁。另殷周金文暨青銅器資料庫所作釋文也將之隸定爲从隹、米、斗,參看 http://app. sinica. edu. tw/bronze/rubbing. php? 04207。

⑦ 吳闓生:《吉金文録》3.6 下,南宫邢氏(贊廷)刻本,1933 年。

⑧ 郭沫若:《兩周金文辭大系考釋》,日本東京文求堂書店,1935 年,第 55 頁。

⑨ 張政烺,朱鳳瀚等整理:《張政烺批注〈兩周金文辭大系考釋〉》,上册第 133—134 頁,下册第 44 頁;張亞初編著:《殷周金文集成引得》,中華書局,2001 年,第 77 頁。另中國社會科學院考古研究所編《殷周金文集成》(修訂增補本)所附釋文同,中華書局,2007 年,第 2405 頁。

⑩ 古文字中斗、升字形常混同,參看于省吾《甲骨文字釋林》,中華書局,1979 年,第 37 頁。

表一

《集成》4468 師克盨	《集成》9621 成周邦父壺	《集成》4167 虖簋

表二

《集成》4404 伯大師釐盨	《集成》4443 眞伯子宛父盨	《集成》249 瘨鐘	《集成》10283 齊侯匜

　　C 類觀點將○隸定爲"鵻",認爲此字左側爲鳥,右側的举爲聲符,讀音與米近,整個○是指某種鳥禽。首先,認爲此字從鳥可能是將○除去米、斗以外的部分看作"鳥"。但這樣一種分析並不正確,所謂"鳥"從表三 a 所錄清晰照片①看,拆分不出隹、伏兩部分。其左側的小斜畫是因其右側有"米"旁而將本在右側的小斜畫寫在了左側,且與同篇銘文中的"隹"(字形參看表三 b)相比,還省去一小斜筆。將之與西周金文中的"鳥"字字形②(參看表三 c)對比,可看出兩者差別明顯,故將之視爲"鳥"並不正確。其次,認爲○右側的"举"與"米"聲音相近也缺乏證據。故 C 類觀點也不可信。

表三

		鳥		爵	
	a	b	c. 《集成》3913 再簋		d. 《集成》4269 縣改簋

　　D 類觀點由張政烺先生提出,但從其相關論著中的論述可知他對○的釋讀並無確定的想法。他提出幾種可能:其一將之隸定爲"糭",懷疑○中的""不是"干"而是"斗",並認爲糭可分析爲從隹料聲,或從斗糭聲。並將○與甲骨文中從升從隹的""③繫聯;其二將之直接釋爲"爵";其三認爲此字"果從干,當是雁字"④。雖說張先生已懷疑○所從非干而是斗,但並不肯定,故他又認爲若○從干則可讀爲雁。且張先生將○隸定爲"糭"後,對糭的分析提出兩種

① 　照片采自《故宮西周金文錄》,第 86 頁。
② 　更多"鳥"字字形參看董蓮池編著《新金文編》,作家出版社,2011 年,第 372 頁。
③ 　此字摹本采自李宗焜編著《甲骨文字編》,中華書局,2012 年,第 636 頁。
④ 　張政烺著,朱鳳瀚等整理:《張政烺批注〈兩周金文辭大系考釋〉》,上冊第 133—134 頁,下冊第 44 頁。

可能：其一認爲其從隹料聲，其一認爲其從斗粗聲。我們認爲其後一種對○的構形分析正確。可惜因未指出粗爲何字，故未能説明○到底爲何字。此外，張先生將○與甲骨文字"〓"繫聯，也不正確。至於張先生將○直接釋爲"爵"，與 E 類釋讀意見同，以下我們放在一起分析。

E 類釋讀意見將○釋讀爲"爵"，其中或先將之釋爲"雀"，或懷疑其爲"雀"之古字。都是先將○看作"雀"，然後再讀爲"爵"。正如李孝定先生所説，雀從小、隹作"▨"形，而○從米、隹，兩者構形有别，故不得將○釋爲"雀"[①]。因而在此基礎上再將之讀爲"爵"也就失去依據了。至於直接將○釋爲"爵"，因在相關論著中，有關作者可能由於體例的限制並未對其觀點作詳細論證，我們無法得知其釋讀依據。但我們認爲，將○釋爲"爵"可能是正確的，只是它是"爵"的一種異體，其構形與象形類"爵"（字形參看表三 d）並不相同。以下，我們對此作詳細分析。

○可分爲"▨"（以下以 A 代替）、"▨"（以下以 B 代替）兩部分。其中 B 我們上面分析過其應爲斗（升）。斗（升）在古文字構形中多作義符，如表二所列的"𥂎"、"敦"、"盂"，因它們皆爲容器，故加上斗（升）表示這些器物的容器義[②]。所以，○中的 B 也應爲義符。

至於○中的 A 其實也不難釋讀。它從隹從米，若嚴格隸定可作"粗"。金文"糗"的一種異體正從隹從米，相關字形參看表四 a、b。其中表四 b"糗"除去累加的義符"食"外的部分作上隹下米形，只是其所從的米略有變化，這種米的變體在"稻"（或從稻）字所從的米字字形中也可見到（相關字形參看表五 b）。可知將表四 b"隹"下的字符看作"米"沒有問題。A 從隹從米，且米形位於隹之下，其構形與表四 b 所代表的"糗"除去"食"以外的部分完全一致。故將 A 釋爲"糗"應無問題。

表四

a.《集成》4628 伯公父盨[③]	b.《新收》41 𥅆叔免父盨

表五

a.《集成》3945 觴姬簋	b.《集成》4579 史免盨

---

① 李孝定先生觀點參看《金文詁林附録》，第 1661 頁。

② 表二中的"敦"從文字構形看應也與𥂎、盂等一致，是爲器物"敦"而造的，只是它在瘋鐘銘中用爲敦厚之"敦"。對這種加"斗（升）"的文字，其中"斗（升）"在構形中的作用的解釋可參看張世超、孫淩安、金國泰、馬如森撰著《金文形義通解》，中文出版社，1996 年，第 1219—1220、1242 頁。

③ 此類器物的命名參看高明《盨、簋考辨》，《文物》1982 年第 6 期。

通過以上分析，可知〇從"糕"從"斗(升)"，其中的"斗(升)"爲義符，"糕"應爲聲符。〇在遹簋銘文中爲一種賞賜品，因其從隹，故多位學者認爲它可能指某種鳥。現在知道〇中的"隹"並不能單獨拆分出來，而應與米放在一起釋爲"糕"，在〇中爲聲符。〇中的義符"斗(升)"，應也與"盨"、"盂"等字中的"斗(升)"一樣，是爲説明〇與容器有關。所以，對〇的釋讀需從這兩方面考慮：其一讀音與糕近，其二意義與容器有關。糕字從焦聲，焦聲字可與爵相通，如《楚辭‧招魂》"稻粢穱麥，挐黃粱些"，其中的"穱"即糕字①。〇從斗(升)糕聲，從其構形看，很可能就是"爵"字的一種異體，它與象形類"爵"②的發展脈絡可能並不相同。

　　〇在遹簋中爲賞賜品，在傳世文獻和出土文獻中皆有賞賜爵的例子。如《詩經‧邶風‧簡兮》"公言賜爵"，史獸鼎(《集成》2778)銘云"賜豕？鼎一、爵一"。可見，將遹簋銘中的〇釋爲"爵"，從其文字構形和文意看皆合適。

　　最後，附帶説一下一個與〇構形相似的"量"字。此字見於近年新出的霸伯簋，其字形(參看表六，以下以△代替)和相關辭例如下：

表六

《通鑒》5220 霸伯簋	a	b

　　　用昌(幬)二百，丹二△，虎皮一。　　　　　　　　　　　　　　(霸伯簋)

　　已有學者指出，銘文中的△可釋爲"量"，"丹二量"可與庚贏卣(《集成》5426)銘中的"丹一管"合觀，其中的"量"也用作容量單位③。學者們或將△直接釋爲"量"④，或將之釋爲"糧"，再括注爲"量"⑤。似多未對△的構形作細緻分析。△除去構成"糧"⑥的部件日、東、米外，剩餘部分作表六 a 形。此部分有學者認爲是"又"⑦，可能並不正確。將之與同篇銘文中的"又"(字形參看表六 b)相比，不難看出兩者不同。表六 a 所代表的文字字形中的豎筆並不穿過左側的圓弧形，應是"斗"字。故整個△可隸定爲"斞"，從斗糧聲。因"斞"在銘文中用爲容量單位，故加上"斗"表示此字與容器相關。其構形與遹簋銘中的"爵"一致，可類比。

---

① 更多"焦"與"爵"相通的例子，參看張儒、劉毓慶著《漢字通用聲素研究》，山西古籍出版社，2002 年，第 988 頁。

② 象形類"爵"字字形參看《新金文編》第 642 頁。

③ 參看黃錦前、張新俊《霸伯簋銘文小議》，簡帛網 http：//www.bsm.org.cn/show_article.php? id＝1470。

④ 同上注。

⑤ 參看商周金文資料通鑒 5220 號的釋文，還可參看吳鎮烽編著《商周青銅器銘文暨圖像集成》第 11 册，第 252 頁。

⑥ 此類"糧"的釋讀，參看裘錫圭《西周糧田考》，載張永山主編《胡厚宣先生紀念文集》，科學出版社，1998 年，第 221 頁。

⑦ 參看謝明文《商代金文的整理與研究》，復旦大學出土文獻與古文字研究中心博士學位論文(指導教師：裘錫圭教授)，2012 年，第 122 頁。

金文和古書中的"幅"及相關問題小議*

湯志彪

（東北師範大學歷史文化學院）

摘　要：金文中的"邪幅"就是古書中的"行縢"。"高卣"銘文也見此詞，並且據"高卣"銘文可知，古代有一種"邪幅"是"縹"色的。

關鍵詞：金文　邪幅　高卣　行縢　縹

《殷周金文集成》（下文簡稱《集成》）5431 著録一件"高卣"，楊樹達、唐蘭、張亞初、陳劍等先生已作了精彩的考釋，現在各家研究的基礎上，將我們要討論的銘文重新釋寫於下：

> 隹（唯）十又二月，……釐尹易（賜）臣△㹝。揚尹休，高對。作父丙寶尊彝。（此標點參考唐蘭、陳劍先生的意見，詳下文）

△字原作①：

㹝

對於"釐尹易（賜）臣△㹝揚尹休高對作父丙寶尊彝"一句，楊樹達先生斷作"尹易（賜）臣雀。㹝揚尹休高，對作父丙寶尊彝"，陳劍先生非之，他指出，"揚尹休高"很難講通，金文中也沒有類似的例子。另外，如果將"高"字屬下讀，解釋爲器主之名，則"釐尹賜臣△㹝"當作一句讀，"㹝"也只能解釋爲一種賞賜物品。在此，陳先生還引了伍仕謙先生的觀點爲證②。

陳劍先生已經指出，"△"只能理解爲賞賜的物品。按此説法，此銘文中的"㹝"有可能讀作"幅"或"偪"。但他在文章最後又説："如果'△'釋作'雀'確實可信，則似可解釋爲'幅'或'偪'的顏色，即古書常見的'雀弁'之雀，係'雀頭色'即赤黑色。不過，'△'字字形與'雀'有距

＊　本文獲得 2013 年度教育部人文社會科學研究青年基金項目"晉系文字整理與研究"（項目批准號 13YJC740085）資助。

① 爲行文方便，下文均用△符號表示。

② 陳劍：《西周金文牙㹝小考》，《語言》第 4 卷，首都師範大學出版社，2003 年，第 188—191 頁。下文所引陳劍先生意見均出自此文，如無特別説明，不再一一注明。

離，也有不少人釋爲'隹少'兩字。由於在斷句和文字釋讀上都存在以上種種疑問，看來此銘的'燹'字還有待進一步研究。"

唐蘭先生也認爲"鼇"字屬上讀，作"尹易（賜）臣△、燹，揚尹休，高對。作父丙寶尊彝"。他把"△"隸作"隻"，釋作"雦"，認爲此字本身是指一種工雀，是一種比麻雀還小的小鳥①。但在銘文中却用作人名，所以在其注解裏，把"尹易（賜）臣隻、燹"解釋作"尹賞賜了臣（高級奴隸），叫作隻和燹"②。張亞初先生把"尹易（賜）臣△燹"點讀作"尹賜臣唯小燹"③。

按，若把"△"看作"人名"，金文無先例。其次，"臣"在此不是賞賜的奴隸，而是器主的自稱。金文器主自稱"臣"或"小臣"之例習見，如"臣諫簋"（《集成》4237）"令臣諫……臣諫……"、"小臣缶方鼎"（《集成》2653）"王賜小臣缶渪積五年，缶用作享大子乙家祀尊"。楚簡也有以"臣"和"小臣"作自稱之例④。典籍中以"臣"作自稱的例子更是常見。《左傳·襄公十年》："若專賜臣，是臣興諸侯以自封也，其何罪大焉。敢以死請。"《漢書·衛綰傳》："先帝賜臣劍凡六，不敢奉詔。"據此，"高卣"銘文中的"臣"當是器主自稱。

由此可知，銘文當如陳劍先生那樣斷句。而陳先生所認爲的"銘文中的'燹'有可能讀作'幅'或'偪'"的觀點，在形音義方面以及文獻例證方面均能坐實，故其觀點當可信從。然而陳劍先生所謂"'△'就只能理解爲賞賜的物品"的説法則可商。△字與"雀"字並不相同，這一點陳劍先生也已經指出來了，目前所見的古文字中，"雀"字從未作此形的。"雀"字字形可參看"亞雀父己卣"（《集成》5162）及《戰國文字編》"雀"字條⑤。但是陳劍先生所認爲的這個詞語是"'雀弁'之雀，係'雀頭色'即赤黑色"是表示"幅"或"偪"的顏色的意思則極具啟發性。

在此，筆者提出一個不成熟的看法，以供讀者諸君和學界同好參考。

正如陳劍先生所言，"△"字有不少人釋爲"隹少"兩字，上引張亞初先生即持這一觀點。金文中有類似的上下兩字挨得很近的例子。如"父丁"作"🔲"形、"父乙"作"🔲"形者常見，又比如《近出殷周金文集錄》⑥347號器"焂戒鼎"的"輨伯"兩字作"🔲"形。然而，張新俊先生在審閱本文後指出，金文中尚未見到在"賞賜"一詞後緊跟的人名和賞賜物品之間添加"隹"字之例。因此，將"△"字看作一個字還是比較穩妥的辦法，但"△"並非賞賜物品。

我們認爲，銘文中的"△"當從"隹""少"聲。"少"在此或可讀作"繰"。"少"、"小"一字分化。"肖"從"小"聲，新出"四十三年逨鼎"有"不少隹死"之語，對於"不少"一語，裘錫圭先生讀作"不肖"，甚是⑦。典籍中"肖"字與從"肖"聲的字可與從"喿"聲的字相通⑧。因此，"少"讀作

---

① 唐蘭：《高卣蓋》，《西周青銅器銘文分代史徵》，中華書局，1986年，第134頁。下文所引陳劍先生意見均出自此文，如無特別説明，不再一一注明。
② 唐蘭：《高卣蓋》，《西周青銅器銘文分代史徵》，第133頁。
③ 張亞初：《殷周金文集成引得》，中華書局，2001年，第108頁。
④ 參看羅新慧《説新蔡楚簡中的禱辭》，《中國歷史文物》2007年第1期。
⑤ 湯餘惠主編：《戰國文字編》，福建人民出版社，2001年，第233頁。
⑥ 劉雨：《近出殷周金文集錄》，中華書局，2002年。
⑦ 裘錫圭：《讀逨器銘文札記三則》，《文物》2003年第6期。
⑧ 高亨、董治安：《古字通假會典》，齊魯書社，1989年，第800—801頁。

"繰"在字音上是沒有問題的。

《説文》："繰，帛如紺色。"《廣雅》："繰，青也。"《廣韻·晧韻》："紺色曰繰。"《集韻·晧韻》："繰，紺色。"可見，"繰"是布帛的一種顏色。《漢語大詞典》認爲"繰"字有兩個意思，一個爲"天青色"；一個爲"深青透紅之色"[1]。當可信從。

據此，"△㷋"即"繰幅"，是指用"天青色"或者"深青透紅之色"的布帛製作的"幅"或"偪"。此處的"繰幅"也可與典籍中的"雀弁"相參照。

蒙張新俊先生私下見告，此字確當從"隹"從"少"聲，但是字也可能讀作"沙"[2]。這一觀點也是值得考慮的。

下面我們看一下金文和古書中的"幅"。"師克盨"（《集成》4467、4468）、"十三年瘣壺"（《集成》9723、9724）、"史密簋"（《考古與文物》1989 年第 3 期第 9 頁）、"晉侯㸒馬方壺"（《文物》1995 年第 7 期第 7 頁圖 5）、"晉侯㸒馬壺"（《文物》1995 年第 7 期第 14 頁圖 15：1）諸器物銘文中均有"牙㷋"一詞，陳劍先生一併讀作"邪幅"，可信。這些"幅"還見於古書，陳劍先生作了很好的歸納整理，在此不再贅言。《詩經·小雅·采菽》："赤芾在股，邪幅在下。"鄭箋："邪幅，如今行縢也。逼束其脛，自足至膝，故曰在下。"《左傳·桓公二年》："衮、冕、黻、珽、帶、裳、幅、舄、衡、紞、紘、綖、昭其度也。"杜預注："幅，若今行縢也。"這種"幅"在古書中又稱爲"偪"。《禮記·內則》："偪，屨、著綦。"鄭注："偪，行縢。"《釋名·釋衣服》："偪，所以自偪束，今謂之行縢，言以裹腳可以跳騰輕便也。"

"幅"就是古代的裹腿布。可惜的是，除陳劍先生外，尚無學者對這種"幅"作詳細的論述。同時，因爲布帛容易腐朽，所以考古也尚未發現這種"幅"，但是在漢代壁畫裏却刻畫出了"幅"的形狀（圖一、二）[3]：

圖一　河北望都漢墓出土壁畫

① 漢語大詞典編輯委員會、漢語大詞典編纂處：《漢語大詞典》（第九卷），漢語大詞典出版社，1992 年，第 776 頁。
② 周忠兵先生私下指出，《甲骨文合集》33154 有一個上從"隹"下從"少"的字，與此可能是一個字，但是該字是否從"少"聲，尚待證明。
③ 姚鑒：《河北望都縣漢墓的墓室結構和壁畫》，《文物參考資料》1954 年第 12 期。

圖二　壁畫局部人物

　　從這些壁畫中,可以看到"幅"是邪纏着小腿的。這種邪纏着小腿的"幅"可作爲陳劍先生所説的"邪幅"的最好注腳。

　　從漢墓壁畫可知,"邪幅"是纏繞在侍從腿上的。雖然在先秦文獻對這種"幅"並没有太多的記載,但通過觀察壁畫,我們懷疑先秦"幅"的形狀與漢墓壁畫應該不會相差太大。然而可惜的是,先秦秦漢注疏家均未對這種"幅"的質地和顏色作過多的描述。

　　漢代的"行縢",孫機先生曾在《漢代物質文化資料圖説》一書中提過①,《中國衣冠服飾大辭典》則有比較詳細的論述:"纏裹小腿的布帛,制爲長條,斜纏於脛,上達於膝,下及於跗,以男子所着爲多,不論尊卑,均可着之。通常用於出行。其制始於商周。初稱'邪幅',省稱'幅';漢代以後改稱行縢,取行走跳騰輕便之意。"②據此我們知道,所謂的"邪幅",與我們俗話説的"綁腿"類似。

　　古代絲織業和布帛業很發達,田野考古有不少相關的例證。

　　二里頭文化時期已經有紡織品:"我國紡織業的起源很早,到了二里頭文化時期已能生產多種紡織品。在二里頭遺址已屢屢發現紡織品的實物或其痕迹,主要見於銅器和玉器上,即銅器和玉器作爲隨葬品入葬時,有用紡織品將其包裹起來的習慣,因此,墓葬中出土的銅器和玉器上往往都有紡織品或紡織品脱落後遺留的痕迹。"③

　　隨着社會的發展,商代的絲織、塗染業有了長足發展:"殷墟出土的殷代絲織品,可確知的有絲質和麻質兩種。……絲織品大多黏附於銅器上,均係殘片。如 1950 年武官大墓出土的三件銅戈上皆有絹帛遺迹,據研究,其中有的是采用高級紡織技術織成的菱形花紋和暗花綢(即綺或'文綺')和絢麗的刺繡。婦好墓出土的 50 餘件銅禮器表面都粘有絲織品殘片,有的是單層,有的則爲多層,……據初步鑒定,大致有五種:(1)絲織品,以平紋絹居多。(2)用朱砂塗染的平紋絲(絹)織物。(3)單經雙緯(即後世的縑)和雙經雙緯織品也各有一例。(4)回

①　孫機:《漢代物質文化資料圖説》,文物出版社,1991 年,第 256 頁。

②　周汛、高春明:《中國衣冠服飾大辭典》,上海書畫出版社,1996 年,第 275 頁。

③　楊錫璋、商煒主編,中國社會科學院考古研究所編:《中國考古學——夏商卷》,中國社會科學出版社,2003 年,第 119—120 頁。

紋綺僅見到一例,花紋呈菱形。(5)紗羅組織的大孔羅也有發現。"①一些墓葬中包裹器物的紡織品也已經表明當時人們已經會塗染工藝。"婦好墓銅器表面的絲織物至少包括 5 個品種。即平紋絹、經朱砂染色的平紋絹、經重平組織的縑類織物、回形紋綺、羅類織物"②。

到了西周,絲織、塗染業越顯發達,"西周的紡織品遺物或遺痕,往往在大小貴族墓中發現。例如陝西涇陽高家堡西周早期墓葬中曾經發現了麻布。河南濬縣辛村第 1 號墓的槨頂上也發現了麻布數片;又在第 60 號墓的銅尊口上發現了凝鏽的絲質細絹紋痕;在第 24、28 號墓中並發現了玉蠶。洛陽東郊擺駕路口第 2 號墓二層臺四角,殘留有布質畫幔痕,皆畫有幾何形圖案紋,呈現黑、白、紅、黃四色,係用柔毛筆繪製而成"③。西周墓葬甚至發現有顏色的刺繡。刺繡"有很鮮豔的朱紅和石黃兩種顏色",這些顏色"大概是在刺繡以後畫(平塗)上去的"④。

據此,可知商周時期的絲織、塗染業已經如此發達,那麼,布帛製作的"幅"或"偪"具有"繰"色就不足為奇了。

此外,考慮到在金文中這種物品是用在上級對下級的賞賜場合的,因此,這種"幅"或"偪"應該不是一般的布。我們懷疑"高卣"及上引金文中的"邪幅(偪)"當是《說文》所言的一種塗染有"繰"色的"帛"所製成的。周王賞賜大臣或者大臣賞賜屬下以"行縢",從另一個側面證明了《中國衣冠服飾大辭典》的"不論尊卑,均可着之"所言不虛。

綜上所述,上文所引"師克盨"、"十三年瘋壺"、"史密簋"、"晉侯僰馬方壺"、"晉侯僰馬壺"等器物上的"牙僰(邪幅)"只是告訴我們這種"幅"或"偪"是邪着纏繞在小腿上的,漢儒注疏典籍時也僅僅籠統地說"幅"或"偪"是用布帛所製,未明確告訴我們這些"邪幅"的顏色,這個缺憾一直延續至今。"高卣"中的"繰僰"可以填補這方面的空白:古代的"行縢",有一種是用"繰"這種顏色的布帛所製成。

附記:文章草成後,蒙周忠兵、張新俊先生審閱並提出寶貴修改意見,特此致謝。

---

① 中國社會科學院考古研究所編:《殷墟的發現與研究》,科學出版社,1994 年,第 414 頁。
② 楊錫璋、商煒主編,中國社會科學院考古研究所編:《中國考古學——夏商卷》,第 420 頁。
③ 北京大學歷史系考古教研室商周組編:《商周考古》,文物出版社,1979 年,第 174 頁。
④ 北京大學歷史系考古教研室商周組編:《商周考古》,第 176 頁。

仲嬭董鼎銘文補釋

黃錦前

（河南大學歷史文化學院）

　　提　要：本文通過字形分析，認爲仲嬭董鼎銘文自名“△沱”的“△”應即“彙”字，並由新拍攝的清晰銘文照片予以驗證。“彙沱”當如張世超所說，應即文獻中的“彙駝”，東周時期楚系鼎名的“沰盜”、“礴駞”、“礴盜”、“宕鉈”等，皆應作如是解。

　　關鍵詞：仲嬭董鼎　彙沱　彙駝

　　現藏於上海博物館的仲嬭董鼎①，其銘文曰：

　　　　唯正月初吉乙亥，樊季氏孫仲嬭董用②其吉金自作△沱。

這裏要討論的是其自名的“沱”前一字（釋文中用△表示），其原篆蓋銘與器銘分別作：

過去學者對此字有不同的隸釋意見，如郭沫若《樊季氏孫中嬭鼎跋》（1947 年）釋作“石”③，張亞初先生釋作“礴”④，劉彬徽、陳佩芬等先生釋作“嗇”⑤。諦審之，其形體與古文字中的“嗇”

————————————

①　集成 5.2624 稱作樊季氏孫仲鼎。參見郭若愚《郭沫若佚文〈樊季氏鼎跋〉小記》，《上海博物館集刊》第五期，上海古籍出版社，1990 年，第 103—106 頁；又輯入氏著《智龕金石書畫論集》，上海古籍出版社，2007 年，第 70—73 頁。陳佩芬：《夏商周青銅器研究》（東周篇），上海古籍出版社，2004 年，第 297—299 頁。

②　“董”、“用”二字之釋從陳佩芬《夏商周青銅器研究》（東周篇），上海古籍出版社，2004 年，第 298 頁。

③　郭氏據將鼎銘的自名釋作“石池”，云：“古鼎銘有自名石池者，如《大師鐘伯侵鼎》即其例。此石字稍泐，但固無可疑也。”參見郭沫若《樊季氏孫中嬭鼎跋》，載《金文叢考補錄》（《郭沫若全集·考古編》第六卷），科學出版社，2002 年，第 56—57 頁；郭若愚：《郭沫若佚文〈樊季氏鼎跋〉小記》。

④　張亞初：《殷周金文集成引得》，中華書局，2001 年，第 43 頁。

⑤　劉彬徽：《楚系青銅器研究》，湖北教育出版社，1995 年，第 303 頁；陳佩芬：《夏商周青銅器研究》（東周篇），第 298 頁。

字寫法不類①，釋作"嗇"顯然不妥；釋作"石"或"碏"雖有一定字形依據（從"石"），但亦與文字形體差別較大，故亦不可信。

該字蓋銘、器銘字形雖皆不清晰，但其輪廓仍較清楚，蓋銘外部應是囊形，中間筆畫稍殘，器銘囊形中間從石，兩相對照看，該字應從囊從石，其形體與秦文字中的"橐"字下列寫法近似：

《秦印文字彙編》②第 114 頁

（橐） 睡虎地秦簡《秦律雜抄》簡 16③

（橐） 睡虎地秦簡《爲吏之道》簡 18④

因此，此字應該就是"橐"字。

最近，我們的這一推測終於得到了驗證。蒙上海博物館青銅部主任周亞先生相助，我們得以看到該字的清晰照片，其字蓋銘和器銘分別作：

該字從囊，與下列楚文字中的"葡"、"鞴"等字的相關部分寫法類似：

葡：曾侯乙 5　　曾侯乙 8　　曾侯乙 19　　曾侯乙 26　　曾侯乙 62⑤

鞴：Ⅰ型：曾侯乙 1　　曾侯乙 8　　曾侯乙 23　　曾侯乙 105

　　Ⅱ型：天星觀遣策　　天星觀遣策　　天星觀遣策　　天星觀遣策

　　　　　天星觀遣策　　望山 M2：8　　望山 M2：9

　　Ⅲ型：天星觀遣策　　天星觀遣策　　天星觀遣策　　天星觀遣策⑥

李守奎先生《楚文字編》於此二字條下分別曰："葡即箙之初文，外加囊形，會箙意。"⑦"从囊之

---

① 有關"嗇"字的寫法請參見高明、塗白奎《古文字類編》（增訂本），上海古籍出版社，2008 年，第 1284 頁。

② 許雄志主編：《秦印文字彙編》，河南美術出版社，2001 年。

③ 睡虎地秦墓竹簡整理小組：《睡虎地秦墓竹簡》，文物出版社，1990 年，圖版四四。

④ 睡虎地秦墓竹簡整理小組：《睡虎地秦墓竹簡》，圖版八二。

⑤ 參見李守奎《楚文字編》，華東師大出版社，2003 年，第 278 頁。

⑥ 李守奎：《楚文字編》，第 333 頁。

⑦ 李守奎：《楚文字編》，第 278 頁。

象形，長聲，與籭字結構相同。”①上古囊橐無底，內盛物品後一般用繩索在兩端捆紮，則“籭”、“韅”等字上部所從，應是象繩索糾結之形。後因字形簡化，或囊變成有底，遂省其底部繩索糾結之狀②。上引“橐”、“籭”及“韅”字Ⅰ型各寫法，在其囊形外頸部皆有一半環結構，應是用以佩掛的環紐。

關於其上部象繩索糾結之狀，又可由古文字中的“專”字的構形說之。古文字中的“專”字相關寫法有：

“專”本“轉”之初文，會以手轉動紡磚紡織之意。除去人手部分，乃象古紡磚糾合繩索之形，下部所從象繩索挽結貌；上三歧出之畫，乃多股麻枲糾結狀。

另外，該字與古文字中的“函”字構形亦有所關聯。函字的相關寫法主要有：

從相關字形來看，函應是用竹木類硬質材料⑤或皮革⑥等製作的箭囊或箭袋，亦爲盛矢之籭。其上部可能如裘錫圭先生所云，應有蓋一類東西⑦，因而無上引“橐”、“籭”、“韅”等字上部所從象繩索糾結之形，故字形無上三歧出之畫。不過在其囊形外頸部，亦多有半環結構。

從這些盛矢之籭或函在外頸部都有半環結構（上引“函”字部分寫法無此結構，如花東106，應係減省而致）來看，“籭”、“函”應同爲囊橐之屬。故李孝定先生云，乃囊橐之象形字，函亦囊橐之屬也，與同意⑧，其說應是正確的。但由上文分析，可知與，或“籭”與“函”

①　李守奎：《楚文字編》，第333頁。

②　“囊”及从“囊”之字無下部三歧出之畫的寫法在古文字中出現得較早，如賓組卜辭的“橐”字不少即寫成（合集11586），有的省去其上部三歧出之畫，寫作（合集14347）。更多的字例請參見劉釗、洪颺、張新俊《新甲骨文編》，福建人民出版社，2009年，第371—372頁。該書將其隸定爲“橐”，《古文字類編》（增訂本）將其隸定爲“橐”［高明、塗白奎：《古文字類編》（增訂本），第1427頁］，以後者較準確。

③　有關字形請參見劉釗、洪颺、張新俊《新甲骨文編》，第188—189頁。

④　有關字形請參見劉釗、洪颺、張新俊《新甲骨文編》，第406頁。

⑤　沈文倬：《說籭》，《浙江大學學報》（人文社會科學版）2006年第3期，第176—177頁。

⑥　白於藍：《曾侯乙墓竹簡考釋（四篇）》，《中國文字》新30期，臺北藝文印書館，2005年，第193—202頁；季旭昇：《說文新證》，福建人民出版社，2010年，第577頁。

⑦　裘錫圭：《說“辧函”——兼釋甲骨文“櫓”字》，《華學》第一期，中山大學出版社，1995年，第61頁；後收入氏著《學術文化隨筆》，中國青年出版社，1999年，第283—288頁。

⑧　李孝定：《甲骨文字集釋》（中研院歷史語言研究所專刊之五十），中研院歷史語言研究所，1970年，第2297頁。

所从之橐橐形上部，其寫法稍有差異，即前者上有三歧出之畫，而後者則無。

通過以上分析，可知鼎銘"橐"字可以分析爲从橐石聲。《説文》："橐，橐也。从橐省石聲。"應據改①。"橐"也可能本有"橐"音，以前就讀作"橐"，爲象形字，後增聲符"石"，乃成形聲字。

"橐"既从石得聲，則與"石"、"沰"、"硾"等古音皆相近。因此，"橐沱"很可能如張世超先生所説，即文獻中的"橐駝"②。其説在具體問題上雖小有舛誤，但基本論點應該是可以成立的。又湖北江陵望山 2 號墓出土有人騎駱駝形燈座③，可證楚地在東周確已知道北方產的駱駝，此亦可以作爲"石沱"即"橐駝"的旁證④。因此，"石沱"當如張文所説，應即文獻中的"橐駝"。東周時期楚系鼎名的"沰盗"、"硾駝"、"硾盗"、"宕鉈"等，皆應作如是解⑤。

"石沱"在文獻中除上引張文所述寫作"橐他"、"橐駝"、"橐它"、"橐駞"等外，還有"橐佗"（亦作"橐佗"）、"橐駞"、"橐馳"、"橐駚"等不同的寫法，如《漢書·匈奴傳上》："其畜之多則馬、牛、羊，其奇畜則橐佗……驒騱。"《史記·匈奴列傳》："其畜之所多則馬、牛、羊，其奇畜則橐駚、驢、騾、駃騠。"還可以單書作"橐"，如《漢書·百官公卿表上》："又牧橐、昆蹏令丞皆屬焉。"顏師古注引應劭曰："橐，橐佗。""橐駝"古注一般都訓作駱駝，但其作爲鼎名，其所表達的意思，是否如張文所説，因鼎"腹體深長，鼓腹圜底，形如橐袋"，而名之曰"硾駝"，可能還需要作進一步深入的思考⑥。

以上通過對仲嬭董鼎銘文自名"橐"字的重新討論，基本解決了以往學界關於"石沱"訓釋問題的種種爭論；同時，對該字的確釋，使得我們對於古代盛矢之"箙"或"函"在古文字中的構形及演變過程的認識也就更加明晰了⑦，因而具有重要的意義。

附記：本文在寫作過程中得到周亞、涂白奎二位先生的幫助，謹致謝忱！

---

① 有關"橐"的形體分析可參見裘錫圭《文字學概要》，商務印書館，1988 年，第 164—165 頁。張世超云，《説文》"橐"、"橐"等字从"橐"省，據古文字材料，它們都从"束"（張世超：《"硾駝""橐駝"考》，《江漢考古》1992 年第 2 期，第 64 頁，注釋4）。

② 張世超：《"硾駝""橐駝"考》，第 63—64 頁。以下簡稱"張文"。

③ 湖北省文物考古研究所：《江陵望山沙塚楚墓》，文物出版社，1996 年，彩版五。

④ 此蒙林澐師告知。

⑤ 詳參拙文《"硾駝"新證——兼説其與"駚"、"駻"、"鐈"的關係》，待刊。

⑥ 後世的文獻中有"橐駝"一詞（亦作"橐駝"、"橐駚"），如唐柳宗元《種樹郭橐駝傳》述一善於植樹者，駝背，人因號之曰"橐駝"。結合上引早期文獻來看，其説也還是有一定道理的。

⑦ 詳參拙文《新蔡楚簡甲三 324"箙"字補説》，待刊。

對客豐愆鼎的補充説明*

程鵬萬

（東北師範大學文學院）

摘　要：本文是對安徽壽縣朱家集出土的客豐愆鼎的著録、收藏情況的補充説明。《殷周金文集成》等著録的四張客豐愆鼎銘並非四件鼎的拓本，其中《殷周金文集成》1803、1806 是一件鼎的蓋、器銘文。《殷周金文集成》1804 原藏安徽省博物館，現藏淮南市博物館。

關鍵詞：豐愆鼎、淮南市博物館

　　我們曾對安徽壽縣朱家集出土的有銘青銅器做過整理調查①。由於没有進行實地的調研，銅器中客豐愆鼎的具體情況，我們没有能夠完全調查清楚。2010 年，《淮南市博物館文物集珍》刊布了淮南市博物館所藏客豐愆鼎②。這件鼎的刊布對於理清客豐愆鼎的實際收藏及相關情況非常重要，因此在這裏我們對客豐愆鼎作一些補充説明。

　　目前已知客豐愆鼎共四張拓本［即《殷周金文集成》③（簡稱"集成"）1803（三代 2.35.3④）、1804（三代 2.35.2）、1805（三代 2.35.4）、1806（三代 2.36.1），參看圖一］。根據李零的調查研究，這四張拓本不是四件鼎的銘文，而是三件鼎上的銘文，其中集成 1803、1806 是一件鼎的蓋與器銘文。我們將李零的調查結果抄在下面（"愆"字李零文中作"愬"）：

　　客豐愆鼎　　形制：環鈕，細高足，素　　收藏：前安圖（19—21 之一）——安博
　　　　　　　　　　　　　　　　　　　　　　著録：三 2.35.4（器），蓋銘未著録。

　　客豐愆鼎　　形制：同上，大小相似　　　收藏：前安圖（19—21 之一）——安博
　　　　　　　　　　　　　　　　　　　　　　著録：《安博》八三 2.36.1（蓋）、2.35.3（器）。

---

*　　本文得到東北師範大學哲學社會科學校内青年基金項目（中央高校基本科研業務費專項基金資助，項目編號 11QN063）、2010 年度教育部人文社會科學研究青年基金項目"楚系典型銅器群銘文整理研究（項目批准號 10YJC770011）"及 2012 年國家社科基金青年項目"楚系金文研究史"（批准號 12CYY033）的資助。

① 　程鵬萬：《安徽壽縣朱家集出土青銅器銘文集釋》，黑龍江人民出版社，2009 年，第 15 頁。
② 　淮南市博物館編著：《淮南市博物館文物集珍》，文物出版社，2010 年。
③ 　中國社會科學院考古研究所：《殷周金文集成》1—18 册，中華書局，1984—1994 年。
④ 　羅振玉：《三代吉金文存》，簡稱"三代"，羅氏百爵齋印本，1936 年。

客豐愆鼎　形制：未見　　　收藏：前安圖(19—21 之一)——？
　　　　　　　　　　　　　　著録：三 2.35.2(?)，另一銘未著録。

客豐愆鼎　形制：同上，大小相似　收藏：安博(後收)未
　　　　　　　　　　　　　　　著録(蓋銘愆作"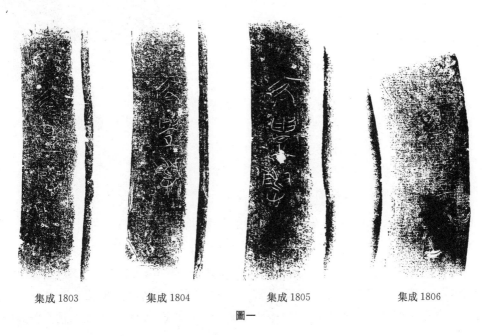"）。①

集成 1803　　　集成 1804　　　集成 1805　　　集成 1806

圖一

根據李零調查，客豐愆鼎共四件，一件係安徽博物館後來入藏，銘文没有發表。其他三件客豐愆鼎係安徽壽縣朱家集楚王墓 1933 年被盜掘之後，由安徽省政府收繳，並交由當時的省立圖書館保存整理的銅器。我們現在看到的銘文拓本，就是這三件鼎的銘文。這三件客豐愆鼎，朱拜石《安徽省立圖書館藏壽縣出土楚器簡明表》有記載，當時被稱爲"佫鑄盥"鼎，編號爲19—21②。

曹淑琴、殷瑋璋 1987 年發表整理朱家集出土青銅器的論文《壽縣朱家集銅器群研究》，根據《三代吉金文存》刊布的四張拓本，認爲有四件"客鑄鼎"(引者按：即"客豐愆鼎")③，是據拓本做出的錯誤推論。其實，1986 年出版《殷周金文集成》第四册"鼎類銘文説明"對集成 1803(三代2.53.3)和集成 1806(三代2.36.1)兩件拓本的相關情況已有説明："或以爲三代2.53.3與2.36.1爲一器，器蓋同名。"

本來根據朱拜石與李零的論文，我們知道這四件客豐愆鼎都應該收藏在安徽省博物館。但從李零的調查來看，集成 1804(三 2.35.2)當時已經不在安徽省博物館。這與後來吳長青的調查一致。吳長青的調查結果是安博現藏客豐愆同銘鼎共 3 件，即編號爲 LDMa：18

① 李零：《論東周時期的楚國典型銅器群》，《古文字研究》第 19 輯，中華書局，1992 年，第 166 頁。
② 朱拜石：《安徽省立圖書館藏壽縣出土楚器簡明表》，《學風》五卷七期，1935 年。
③ 曹淑琴、殷瑋璋：《壽縣朱家集銅器群研究》，《考古學文化論集》，文物出版社，1987 年，第 206 頁。

（圖二）、LDMa：19、LDMb：3 的三件小口鼎：

圖二　　LDMa：18

　　　　LDMa：18、LDMa：19、LDMb：3：（鼎）蓋邊爲三個環飾。

　　　　LDMa：18：銘文 6 字，呈順時針刻於蓋邊緣和器腹上部右後方，内容相同，即"客鑄盥"。

　　　　LDMa：19：同上。

　　　　LDMb：3：同 LDMa：19，即"客鑄盥"。鼎有蓋，腹部有銘文 3 字。

　　　　LDMa：18：通高 33.8、口徑 29.6、壁厚 0.4，重 11.125 千克。

　　　　LDMa：19：通高 34.8、口徑 29.9、壁厚 0.3，重 7.68 千克。

　　　　LDMb：3：通高 34.5、口徑 29.7、壁厚 0.4，重 10.99 千克。①

　　其中 LDMa：18、LDMa：19 是朱拜石記録的編號爲 19—21 的三件小鼎中的二件，而 LDMb：3 即李零所述"安博（後收）未著録（蓋銘愙作"𤔲"）"的那件鼎。

　　朱拜石記録的編號爲 19—21 的三件小鼎中的另外一件（集成 1804），最近被公布出來。2010 年《淮南市博物館文物集珍》36 頁著録了一件朱家集的小鼎（圖三），通高 35.5、口徑 29.4、腹徑 34.5 釐米，重 11 800 克②，刊布的銘文（圖四）與集成 1804 一致。我們曾經根據吳

圖三

圖四

---

① 吳長青：《壽縣李三孤堆楚國大墓出土銅器的初步研究——以安徽省博物館藏該墓青銅器爲中心》，北京大學考古文博學院碩士學位論文（指導教師：孫華教授），2005 年，第 13、14、68、69、75 頁。

② 吳鎮烽編著：《商周青銅器銘文暨圖像集成》第 2 册，上海古籍出版社，2012 年，第 347 頁，編號 01099，即集成 1804。其描述鼎的自然情況爲"通高 33、口徑 29.5 釐米，重 11.15 千克"，與《淮南市博物館文物集珍》不同。

長青的調查"子口小鼎中 LDMa：25 被壽縣博物館借走、LDMa：26 被淮南博物館借走"①，推測"這 2 件中也許有'客豊悆'鼎"②，現在可以落實了。

綜上，客豊悆鼎，現在已知四件，其中三件爲當年盜掘被收繳之物，一件爲安博後收。其中三件現爲安徽博物院（安徽博物館現改名爲安徽博物院）收藏，一件（集成 1804 即 LDMa：26）現爲淮南市博物館收藏。刊布的拓本中集成 1805 爲一鼎的器銘，蓋銘未發表；集成 1806 與集成 1803 是一鼎蓋、器銘文③；集成 1804 係鼎的腹銘，刻在口沿。具體情況可以看下表：

客豊悆鼎安徽博物館編號	收　　藏	拓本發表情況
LDMa：18（圖二）	安徽博物院	蓋銘：集成 1803（三代 2.53.3） 器銘：集成 1806（三代 2.36.1）
LDMa：19	安徽博物院	蓋銘：未發表 器銘：集成 1805（三代 2.35.4）
LDMa：26（圖三）	淮南市博物館	器銘：集成 1804（三代 2.35.2）
LDMb：3	安徽博物院	未發表

陳治軍《安徽出土青銅器銘文研究》④156 頁刊布了兩張客豊悆鼎銘照片，編號 130 客豊鼎 1（圖五）。書中記載該鼎的自然情況是"高 33、口徑 29.5、腹部深17.5、腹部圍 105.3、耳高 9、足高 21.5 釐米，重 10.99 千克"，與吳長青論文所述"LDMb：3 通高 34.5、口徑 29.7、壁厚 0.4，重 10.99 千克"稍有差入，但重量一致，應是同一件鼎。所以，陳治軍認爲"130 客豊鼎 1"係李零所説"安博（後收）未著録"的那件鼎。但從銘文照片看，他的看法並不正確。陳治軍已指出"130 客豊鼎 1"的腹部銘文與集成 1803 同。但他認爲蓋銘屬於未著録的銘文，不確。我們將發表的客豊悆鼎銘與蓋銘照片作對比，可知"130 客豊鼎 1"的蓋銘即集成 1806。"130 客豊鼎 1"的兩張銘文照片實際就是集成 1803 與 1806，與之對應的青銅鼎即吳長青文中所記 LDMa：18。

蓋部照片　　　　　腹部照片

圖五

我們曾根據劉彬徽、劉長武《楚系金文彙編》⑤，將著録於該書 465 頁的客豊悆鼎器形圖與集成 1805 拓本對應，是不正確的。從青銅器照片上的器銘看，銅器器形圖所對應拓本應該是

① 吳長青：《壽縣李三孤堆楚國大墓出土銅器的初步研究——以安徽省博物館藏該墓青銅器爲中心》，第 13 頁。

② 程鵬萬：《安徽壽縣朱家集出土青銅器銘文集釋》，第 15 頁。

③ 崔恒升也指出集成 1806 與集成 1803 是一鼎的蓋、器銘文。參看崔恒升《安徽出土金文訂補》，黃山書社，1998 年，第28 頁。

④ 陳治軍：《安徽出土青銅器銘文研究》，黃山書社，2012 年。

⑤ 劉彬徽、劉長武：《楚系金文彙編》，湖北教育出版社，2009 年。

集成 1803，吴鎮烽《商周青銅器銘文暨圖像集成》345 頁將之與集成 1803 對應是正確的。

　　另外，吴鎮烽《商周青銅器銘文暨圖像集成》346 頁編號 01098 的拓本有誤。其説"著録"爲三代 2.36.1（即集成 1806），但 346 頁編號 01098 的拓本與該書 345 頁 01097（集成 1803）是同一張拓本，顯係誤植。該書 346 頁編號 01098 的拓本所對應的青銅器圖像也係誤植。346 頁編號 01098 的青銅器的圖像是該書第 3 卷 437 頁編號 01770 鑄客鼎的器形圖。該書 347 頁説明編號 01099 鼎收藏在安徽省博物館，不確，01099 即集成 1804，我們知道這件鼎現藏淮南市博物館。

宋建安高平范氏家族墓地所出古文磚誌跋

吴振武

（吉林大學古籍研究所）

提　要：本文重新校釋了 1958 年河南方城北宋范氏家族墓地所出古文磚誌。除糾正若干舊釋錯誤外，特別拈出磚誌與傳抄古文中以"吾"爲"我"這一"同義換讀"情況。

關鍵詞：古文磚誌　同義換讀

李君春桃博士於傳鈔古文素有專攻，近撰《鄭州黃崗寺北宋紀年壁畫墓所出古文墓誌銘簡論》一文，考釋鄭州黃崗寺新出北宋賈正之妻蔡氏墓誌，所論皆精確不磨。因余索觀，李君附示 1958 年河南方城北宋范氏家族墓地所出古文磚誌並北大李零教授多年前所作釋文①。案方城范氏墓地所出，另有小篆及楷書磚誌若干，雖年份不同，亦可資對讀。對讀之下，知李釋多有舛誤。若"亦既愛子"，實爲"亦既念子"。念字作 ，見於《古文四聲韻》及《集篆古文韻海》。"勒銘于兹，追告後人"，實爲"勒銘于兹，目（以）告後人"。"告"前一字雖頗似追字所從，然此處若云追告，則甚不辭。又據小篆誌文，可知范氏有子五人，名致君、致明、致虚、致祥、致厚。古文磚誌首列致 ，次致虚，再次致厚。作致 者，李氏釋爲致盅，顯與五子之名不合。觀 字下從皿，疑當釋爲盟。盟、明古通，致盟即致明也。又"我築孔艱，我植孔勤"，二"我"字小篆及楷書磚誌皆無異寫，而古文磚誌則易前一"我"字爲"吾"作 。李氏於二"我"字均釋爲"吾"，其誤自不待言。以《古文四聲韻》以"孰"（塾）爲"誰"例之，知此處"吾"字實當釋爲"我"，《集篆古文韻海》"我"字下正收有此類"吾"字，可爲其證。此即所謂"同義換讀"，猶如滬人呼路名"瑞金二路"、"石門二路"之"二路"爲"兩路"也。而同字歧寫，固書手求奇求變所宜有耳。又小篆誌文末云"泣血銘"，而古文誌文則云" 泣血書銘"。"泣"前一字，李氏闕釋，然觀其輪廓及此處應有之文例，當是"䭫"字古文。《説文·首部》："䭫，䭫首也。"（采段注説）文獻多作"稽"。"稽首泣血"，亦舊時哀辭訃聞所習

---

①　李零：《鑠古鑄今》，三聯書店，2007 年，第 105 頁。

見之套語。此處但書一"詣"字而不作"詣首"，或因誌文位置所限也。閑覽臆斷，質諸春桃博士，不知以爲然否？

2013 年 4 月 9 日於長春半戈堂

附：校定古文磚誌釋文

人孰無親，亦既念子。哀我人斯，負土封此。

毋戕我宮，毋斧我松。吾（我）築孔艱，我植孔勤。

勒銘于兹，以告後人。有宋宣和改元［十］一

月，爲故贈太子太師范公之配榮國夫人

彊氏之墓。男致盟（明）、致虛、致厚詣泣血書銘。

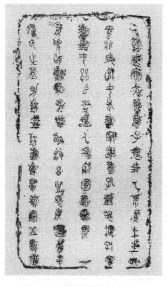

古文磚誌

小篆磚誌

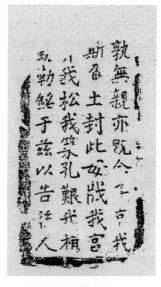

楷書磚誌

清華簡《繫年》"武陽"考 *

吳良寶

（吉林大學古籍研究所）

提　要： 清華簡《繫年》中"武陽"的地望，整理者推定在今山東陽穀縣一帶值得商榷。從當時的國際形勢及楚、齊兩國的疆域變遷來看，這個"武陽"可能在今河南許昌市一帶。相應地，齊師援楚抵達的"喦"應即《左傳》哀公十二年的"喦"，地在今河南杞縣、通許一帶。

關鍵字： 清華簡　武陽　地望考訂

清華簡《繫年》①第二十三章簡文云，戰國初期楚聲王時"率宋公以城犫關，真武陽"，悼王時"魯陽公率師救武陽，與晉師戰於武陽之城下"，楚國魯陽公、平夜君、陽城君戰死，齊國援軍行至喦地，得知楚國戰敗而還師。這些内容多數不見於傳世文獻記載，史料價值比較重要。

整理者已對該章簡文中的多數地名作有注釋，本文認爲"武陽"、"喦"等地名的地望還可以進一步斟酌。爲討論方便，先將整理者的意見轉引於下：

> 武陽，《水經注》中武陽同名異地多處，簡文武陽尚難確指，從所述戰爭形勢看，地在今山東陽穀西的可能性較大。《水經·河水注》之武陽："河水又東，逕武陽縣東、范縣西而東北流也。又東北過東阿縣北。"第二種可能是《水經注》中提到的"武陽關"，在今河南舞陽西，參看《中國歷史地圖集》三五至三六。諸祖耿《戰國策集注彙考》卷二十二云：舞陽"史作武陽，以音近通用也"。然此時的主戰場在宋、衛等國境，舞陽關緊鄰方城，此時應尚屬相對安全的後方，楚人在出擊遠方前，却在後方預先防禦，亦有可疑。——第 197 頁注釋[三]

> 魯陽公率師救武陽，與晉師戰於武陽之城下，楚師大敗，包山簡之"魯陽公後城鄭之歲"當與此有關。前一次城鄭在簡文中悼王即位第二年，此次城鄭是悼王五年

---

* 本文是吉林大學基本科研業務費項目"新見戰國文字地名資料研究"（2014PT002）、"戰國至秦、西漢初縣級政區沿革研究"（2014JQ006）的成果之一。

① 清華大學出土文獻與保護中心編、李學勤主編：《清華大學藏戰國竹書（貳）》，中西書局，2011 年。以下引用該書時，均不再單獨出注。釋文采用寬式，不作嚴格隸定。

之後。若此,武陽當距鄭地不遠。——第 200 頁注釋[二五]

　　"喦"應當是楚邑。《説文》:"喦,多言也,从品相連。《春秋傳》曰'次於喦北',讀與'轟'同。"《春秋》僖公元年:"齊師、宋師、曹師次於轟北,救邢。"朱駿聲《説文通訓定聲》以爲"喦"即《左傳》昭公二十年"聊、攝以東"之"攝",在今山東聊城轟城,參看楊伯峻《春秋左傳注》。喦距離武陽不遠,甲戌晉、楚在武陽開戰,丙子齊師至喦,知楚兵敗,中間相隔僅一日,齊師遂還。如喦地考釋不誤,則武陽在今山東境內更有可能。——第 200 頁注釋[三一]

　　春秋戰國之際,楚國進一步向中原地區推進,而晉國的韓、魏兩家也積極地南下擴張,逐步侵奪鄭、宋的土地。據《戰國策》、《史記》等書,楚國與韓、魏之間在汝水、潁水上游開始了正面的對抗。簡文涉及的魯陽(今河南魯山縣)、平夜(今河南平輿縣北)、陽城(今河南漯河東)等地都位於楚國的北疆,並非偶然。本文認爲,需要在此國際形勢與背景下推考簡文中的武陽等地名。

　　整理者認爲楚國的舞陽緊鄰方城,屬於較爲安全的後方,因而主張晉、楚交戰地的武陽可能是在今山東陽穀一帶。今按,《繫年》第七章説前 633 年楚成王"圍宋伐齊,戍穀,居緡"(類似內容也見於《左傳·僖公二十七年》),穀、緡分別在今山東平陰西南、金鄉縣,但楚國隨即退回方城之內,其疆域並未擴張至今山東境內。戰國初期楚國的勢力雖然一度進抵山東省的泗

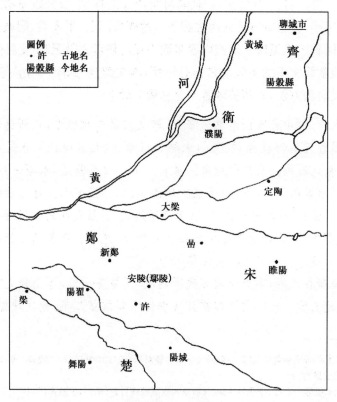

簡文相關地名示意圖

水上游及沭、沂中游地區，即楚惠王四十四年(前445年)的滅杞(今山東新泰境内[①])、楚簡王元年(前431年)的北伐滅莒(今山東莒縣)，但隨後不久，越國在魯東南擴張勢力，先後滅滕(前415年)、滅郯(前414年)、滅繒(前404年)，迫使楚國勢力退回泗水下游[②]。《史記·田敬仲完世家》載，姜齊宣公四十三年(前413年)齊伐魏，毁黄城(今山東冠縣南)、圍陽狐(今河北大名北)，四十九年伐衛取毌丘(今山東曹縣西南)，五十一年齊廩丘(今山東鄄城東北)叛於趙。又，《驫羌鐘》(《集成》1·157)銘文記載，前404年三晉"征秦迮齊，入長城，先會於平陰"，齊國的秦邑在今河南范縣東[③]。可見，戰國早期今山東陽穀縣一帶多數時間裏屬於齊國。换句話説，暫時没有可靠資料能證明該地此時歸屬楚國。因此，將楚聲王(前407—前402年在位)時楚國所寘的武陽推定在山東陽穀一帶很可疑。

今按，上古音"武"在明母、魚部，"鄦"在曉母、魚部，二字古音相近，傳世文獻、古文字資料中也有二者相通假的例證[④]，頗疑簡文的"武陽"可讀爲"鄦陽"。楚文字中"許"字作"鄦"(官璽、仰天湖1)、"䛁"(《包山》12、清華簡《楚居》91)、"鄦"(《集成》11045戈)、"郚"(《包山》129)[⑤]，有从無聲、亡聲的多種異體。戰國文字中的地名或不止一種寫法，楚文字中還可以舉出"魯昜"(《包山》2)或作"遊昜"(《曾乙》195)，"坪夜"(《曾乙》67、《璽彙》0102)在包山簡中又可寫作"坪栾"(簡240)、"坪虽(夏)"(簡206)、"坪㢊"(138號簡)等[⑥]。因此，楚簡"武陽"可作"鄦陽"並無特别之處。

簡文"武陽"不直接見於記載，可能在楚國"鄦(許，今許昌市東)"地一帶[⑦]。今河南許昌一帶是春秋早中期的許國舊地，後爲鄭國所占。春戰之際楚國在今河南汝州、禹州、臨潁、西華一線與鄭、宋接壤，許昌東的舊許之地正處於邊界上。韓、魏爲阻止楚國北進，在這一帶與楚國展開激烈的爭奪(據《左傳》，前468年荀瑶就已經伐取鄭國的桐丘，桐丘與舊許相鄰)。如果將簡文"武陽"推定在今山東陽穀，就脱離了當時韓、魏與楚爭奪的主戰場；而且如此一來，楚國不僅需要越過宋、衛兩國，在齊國土地上築城而招致韓、魏圍攻，此外還需要齊國的軍事援助，這些顯然都難以解釋。

簡文"武陽"如果確在河南許昌一帶，那麼整理者所推測的"嵒"是楚邑、齊師所至的"嵒"是今山東聊城北的聶地也就不可信了。《左傳》哀公十二年載"宋、鄭之間有隙地"，"及宋平、元之族自蕭奔鄭，鄭人爲之城嵒、戈、錫"，"十二月，鄭罕達救嵒"，其地在今河南杞縣、通許一

---

① 王恩田：《從考古材料看楚滅杞國》，《江漢考古》1988年第2期，第86—92頁；何浩：《戰國時期楚滅國考述》，《楚滅國考》，武漢出版社，1989年，第269—274頁。

② 陳偉：《楚"東國"地理研究》，武漢大學出版社，1992年，第123—125頁。

③ 吴其昌：《驫羌鐘補考》，《"國立"北平圖書館館刊》第5卷6號，1931年；趙平安：《山東秦國考》，《華學》第七輯，中山大學出版社，2004年，第117、118頁。

④ 高亨編纂、董治安整理：《古字通假會典》，齊魯書社，1989年，第926、927頁；王輝編著：《古文字通假字典》，中華書局，2008年，第126頁。

⑤ 周波：《戰國文字中的"許"縣和"許"氏》，《古文字研究》第28輯，中華書局，2010年，第353、354頁。

⑥ 何琳儀：《包山竹簡選釋》，《江漢考古》1993年第4期，第60、61頁。

⑦ 承復旦大學出土文獻與古文字研究中心周波博士提示，簡文"武(許)陽"可能就是"許"，一如"葉"之與"葉陽"(《史記·魏世家》與《戰國縱横家書》朱己謂魏王)、"藺"之與"藺陽"(《史記·六國年表》周赧王二年欄)。這種可能性不能排除。

帶。韓、魏與楚在許昌一帶作戰,援楚的齊軍走到今杞縣的嵒地,聽到楚人戰敗就回撤了。據《史記·田敬仲完世家》,戰國早期齊國的西境一度延伸至今山東曹縣西南的貫丘,且長期穩定在今山東菏澤市一帶。將嵒改定在河南杞縣、通許一帶,齊人救楚抵達宋國境內的嵒地,這也與當時齊、宋兩國的疆界形勢相符合。

引書簡稱

《集成》——《殷周金文集成》(1—18 冊),中國社會科學院考古研究所編,中華書局,1984—1994 年。

《璽彙》——《古璽彙編》,羅福頤主編,文物出版社,1981 年。

《包山》——《包山楚簡》,湖北省荊沙鐵路考古隊編,文物出版社,1991 年。

《曾乙》——《曾侯乙墓》(上、下),湖北省博物館編,文物出版社,1988 年。

齊系兵器銘文考釋兩則 *

孫　剛　李　瑶

（哈爾濱師範大學文學院）

提　要：《殷周金文集成》著録的 11087、11086、11038 號戈銘拓本中，舊釋爲"翼"或"召"的意見並不可信，經與《周金文存》一書著録的拓本相參證，我們認爲相關形體都應改釋爲"翼"，《殷周金文集成》11088 號戈銘文的相關形體我們也一併進行了討論。此外，我們還討論了薛國故城所出的所謂"薛公子戈"銘文釋讀問題。

關鍵詞：翼　陳子翼　郑郭公

一、釋　"翼"

《殷周金文集成》（下文簡稱《集成》）11087 著録一件齊戈銘文拓本（圖一）：

圖一　《集成》11087

＊　本文爲國家社科基金後期資助項目"東周齊系題銘釋文校釋與研究"（13FZS001）、哈爾濱師範大學博士科研啟動項目"東周齊系題銘與齊國史研究"（項目批准號 SGB2014－09）的階段性成果。

戈銘第三字“”劉體智《小校經閣金石文字拓本》10.39 釋爲“翼”，黃盛璋先生《燕、齊兵器研究》一文所作釋文爲“陳子翼造戈”①，亦釋爲“翼”。鄒安《周金文存》6.26.2 釋爲“召”，董珊先生在《戰國題銘與工官制度》一文中，引述此戈銘文時釋文作“陳子召郜戟”②，將“”亦釋爲“召”。按，古文字中“翼”（異）、“召”二字分別作如下形體：

“翼”：

中山王𧊒方壺（集成 9735·4）　　曾侯乙簡 62　　曾侯乙簡 20

齊國陶文中的“異”作：

陶録 2.751.3　　　陶録 2.750.3

“召”：

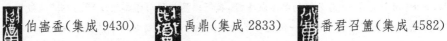伯𢽁盂（集成 9430）　　禹鼎（集成 2833）　　番君召簠（集成 4582）

戈銘“”與以上所列形體存在較爲明顯的差別，舊釋“翼”或“召”的意見值得重新考慮。據《集成·戈戟類銘文説明》所記，《集成》11087 所録齊戈又著録於《周金文存》6.26.2，現將該書所著録拓本轉録如下（圖二）：

《周金文存》6.26.2　　　　《集成》11087

圖二

兩相參照，可以發現《周金文存》所録拓本更爲清晰，該形體《周金》作“”，下部所從顯然即戰國文字中常見的“與”字：

---

①　黃盛璋：《燕、齊兵器研究》，《古文字研究》第 19 輯，中華書局，1992 年，第 40 頁。
②　董珊：《戰國題銘與工官制度》，北京大學博士學位論文，2002 年，第 200 頁。

 包山 107　　　 包山 126　　　 郭店老甲 23

 陶彙 3.816　　 貨系 2480　　　（）集成 10385

在"與"下部加"口"的寫法又見於齊陶文"與"、"愬"，與戈銘寫法相合：

與： 陶錄 2.99.3　　　　　 陶錄 2.435.1

愬： 陶錄 2.618.2　　　　 陶錄 2.618.4

對照"　"上部形體，可知舊釋"翼"雖不確，但將上部看作是"羽"無疑是可信的，據此《集成》11087 中的"　"（　）應改釋爲"翼"。需要指出的是，《集成》11086、《集成》11038 所錄戈銘有如下形體：

　　　　　《集成》11086　　　　　　　　　　《集成》11038

黃盛璋先生在《燕、齊兵器研究》一文中，釋"　"爲"選"①，張亞初《殷周金文集成引得》將前者亦釋爲"翼"②，後者缺釋。董珊先生在《戰國題銘與工官制度》一文中也將二者釋爲"召"③。我們認爲，將上列兩形體與《集成》11087 中的"　"（　）相對照，上列兩形體也應該釋爲"翼"，"　"下部所從"與"字右部雖略有缺筆，但整體結構仍可辨識，"　"下部所從與上列戰國文字中的"與"中部相同，只是有所省略而已。由此可見，《集成》11038、11086、11087 所著錄的三件戈銘，都是"陳子翼"所造。

　　此外，《集成》11088 所錄另一件齊戈銘文也值得注意（圖三）：

圖三　《集成》11088

---

①　黃盛璋：《燕、齊兵器研究》，第 40 頁。
②　張亞初：《殷周金文集成引得》，中華書局，2001 年，第 166 頁。
③　董珊：《戰國題銘與工官制度》，第 200 頁。

此戈銘文羅振玉《貞松堂集古遺文》①卷 12.4.1 釋文作"君子友□□□",黄盛璋先生《燕、齊兵器研究》②一文釋作"君子羽□造戟",《金文總集》7470 號稱此戟爲"君子友戈",王獻唐《國史金石志稿》釋作"君子友羿造鈛"③,《殷周金文集成釋文》釋作"君子友與造戟"④,張亞初《殷周金文集成引得》釋作"君子翮造戟(戟)"⑤,何琳儀先生《戰國古文字典》釋作"君子友䢅造戟"⑥,董珊先生在《戰國題銘與工官制度》一文中釋此戟銘文爲"君(?)子召造戟"⑦,張振謙先生釋作"公子友興造戟"⑧,我們曾將戟銘釋爲"君子友與(召)造戟(戟)"⑨。以上意見中,大多將首字釋爲"君",惟張振謙釋爲"公",此外董珊先生對釋"君"的意見持懷疑的態度。戈銘"〔圖〕"或看成兩個字釋爲"友□"、"羽□"、"友羿"、"友與"、"友䢅"、"友興"、"友與(召)",或看作一個字釋爲"翮"、"召"。按,由戈銘"造"、"戟"的書寫方向來看,戈銘應爲反書,此戈吳鎮烽主編《商周金文通鑒》(1.0)編爲 16498 號,所錄拓本較爲清楚,我們轉錄如下,並調整了文字方向(圖四):

圖四　據《通鑒》16498 翻轉

據此拓本可見首字釋爲"君"毫無問題。舊據反向的拓本釋戈銘"〔圖〕"爲"興"或"召",現在看來並不可信。該字上部黄盛璋、張亞初認爲是"羽"完全是正確的,下部何琳儀、《集成釋文》釋爲"與"也是可信的,類似寫法的"與"見於戰國文字中:

①　羅振玉:《貞松堂集古遺文》,石印本,1930 年。
②　黄盛璋:《燕、齊兵器研究》,第 42 頁。
③　王獻唐:《國史金石志稿》,青島出版社,2004 年,第 2659 頁。
④　中國社會科學院考古研究所:《殷周金文集成釋文》(卷六),香港中文大學出版社,2001 年,第 395 頁。
⑤　張亞初:《殷周金文集成引得》,第 166 頁。
⑥　何琳儀:《戰國古文字典:戰國文字聲系》,中華書局,1998 年,第 541 頁。
⑦　董珊:《戰國題銘與工官制度》,第 201 頁。
⑧　張振謙:《齊系文字研究》(卷中),安徽大學博士學位論文,2008 年,第 88 頁。
⑨　孫剛:《齊文字編》,福建人民出版社,2010 年,第 26 頁。

　　　　　包山 153　　　　　　　上博一·緇衣 12　　　　　上博二·容成氏 27

　　　　　上博二·魯邦大旱 2　　　上博五·弟子問 11

將兩説相結合，我們認爲戈銘"　"也應釋爲"翼"，此戈銘文應釋爲"君子翼造戈（戟）"。

二、釋"郳郭公"戈

　　1978 年 10 月至 12 月，山東薛國故城調查隊對薛國故城遺址進行了鑽探，在 2 號墓地發掘了 9 座東周時期墓葬。M2 中出土有銘戈一件（M2∶27）（圖五）：

《近出》1164　　　　　　翻轉

圖五

《發掘報告》釋戈銘爲"薛郭公子〔商微〕戈"①。首字"　"《發掘報告》釋爲"薛"，《新收》②1129 號、《山東金文集成》③775.2 號釋文亦作"薛"，《近出殷周金文集録》1164 號釋文作"郳"④。第四字"　"有些殘泐，《近出》1164、《新收》1129、《山東金文集成》775.2 等皆釋爲"子"。第五字"　"，《發掘報告》釋爲"商"，《新收》1129、《山東金文集成》775.2 釋文從之，《近出》1164 釋作"畺"。戈銘"　"，《發掘報告》釋爲"微"，《新收》1129、《山東金文集成》775.2 釋

①　宫衍興，解華英，胡新立：《薛國故城勘查和墓葬發掘報告》，《考古學報》1991 年第 4 期，第 470 頁。
②　鍾柏生，陳昭容，黄銘崇，袁國華：《新收殷周青銅器銘文暨器影彙編》，臺北藝文印書館，2006 年，第 801 頁。
③　山東省博物館：《山東金文集成》，齊魯書社，2007 年，第 775 頁。
④　劉雨，盧岩：《近出殷周金文集録》（第四册），中華書局，2002 年，第 191 頁。

文同。《近出》1164 釋爲"巟",《商周金文通鑒》(1.0 版)17050 號釋爲"夷"。

按戈銘末字"戈"從書寫方向來看無疑是反書,據此我們對戈銘進行了翻轉(圖五),發現戈銘方向皆爲反書,且上文所引述的釋讀意見皆有未安之處。首字本應作"",舊釋"薛"、"郯"皆不可信,很明顯應釋爲"鄰"。第四字本作"",從殘存筆畫來看,釋此字爲"子"並不可信,疑應釋爲"陳"。""釋爲"商"顯然不確,《近出》1164 釋爲"冒"可從。""舊皆看作一個字,其實這種看法很可能是有問題的。我們認爲""應看作"止、元"兩個字,上部""即"止"字,在此讀爲"之",下部""即常見的"元",與此戈銘文較爲接近的如《集成》11066 的"與戈"(圖六):

圖六　《集成》11066

銘文爲"與乍(作)止(之)元戈",也是以"止"爲"之",二者在格式上完全相同,都稱"止(之)元戈"。據此,戈銘應釋作"鄰郭公□(陳?)冒止(之)元戈"。薛國故城在戰國中期曾爲田嬰、孟嘗君田文父子的封地,田嬰曾被封爲"靖郭君",《史記·孟嘗君列傳》:"孟嘗君名文,姓田氏。文之父曰靖郭君田嬰。田嬰者,齊威王少子,而齊宣王庶弟也。……田嬰相齊十一年,宣王卒,湣王即位。即位三年,而封田嬰於薛。"《戰國策·齊策》"齊將封田嬰于薛"章、"靖郭君將城薛"章也有相類的記載,只不過認爲封薛之世爲齊威王時期,與《史記索隱》引《竹書紀年》所記之事相同,應以《竹書紀年》爲準。戈銘"鄰郭公"其性質與"靖郭君"相類,其身份應爲地方的封君,其名爲"陳(?)冒",也應是齊國貴族封於薛者。薛被滅於何時史書無明確記載,閻若璩《四書釋地》"齊滅薛"下記"齊湣王三年封田嬰於薛,即薛亡之歲矣",認爲薛亡於齊湣王時期。雷學淇《竹書紀年義證》卷三十八"邾遷於薛"條謂:

> 春秋時齊侵薛之西境謂之舒州,即《史記·齊世家》之徐州也,實爲田氏之邑。戰國時齊更東侵至於郭,郭乃濟上之邑,近薛城而界於魯、宋者,《左傳》莊十一年"公敗宋師于郭"即此,此靖郭君田嬰之封邑也。是時薛因齊人逼處復遷居下邳,《楚世家》所謂"鄒、費、郯、邳是也",至是年以下邳封成侯騶忌,邳仍遷於奚仲所居之薛城,

　　統薛、郭之地而皆被以徐州之名,以爲田忌之食邑,使檀子守之,而薛乃自此日替矣。

可見,在春秋時期齊國已經將自己的觸手伸入薛境,至遲戰國中期薛城及郭已經封給田嬰作爲封邑。由戈銘"鄣郭公□(陳?)䵼止(之)元戈"及其時代來看,在春秋末至戰國早期,郭及薛故城已經處於齊國的勢力範圍,並已經有封君存在,後來才徙封給田嬰,"鄣郭公□(陳?)䵼"應是比田嬰更早的薛地封君。

讀清華三《赤鵠之集湯之屋》札記

馮勝君

（吉林大學古籍研究所）

提　要：本文對清華三《赤鵠之集湯之屋》篇的一些字詞做了重新疏解，認爲簡文“瘃疾”原來應該寫作“瘃=”，當讀爲“心疾”；“盦蟲”之“盦”當訓爲“癢”，“蟲”當理解爲螫痛；“小臣乃痳而寢於路”之“痳”當讀爲瘻痹之“瘻”；“巫烏乃嚃少臣之胸渭”，當讀爲“巫烏乃嚃少臣之胸（軀），渭（遂）”。

關鍵詞：心疾　瘻痹　遂

清華三《赤鵠之集湯之屋》有如下一段簡文：

> 巫鴉乃言曰：“帝命二黃它（蛇）與二白兔尻（處）句（后）之帰（寢）室【7】之棟，亓（其）下舍句（后）疾，是由（使）句（后）瘃疾而不智（知）人。█帝命句（后）土爲二莜（陵）屯，共尻（處）句（后）之牀下，亓（其）【8】上卜（刺）句（后）之體，是思（使）句（后）之身盦蟲，不可亙（極）于笒（席）。”█衆鴉乃往，巫鴉乃歜（嚃/啄）①少臣之胸渭，少臣乃记（起）而行，至于夏句（后）。

上引簡文中“瘃疾”，整理者謂：“瘃，讀爲疾速之‘疾’，下一‘疾’字則指疾病。”②按：此説非是，對照簡文下面所説夏后的另一病症“盦蟲”可知（有關“盦蟲”的討論，詳下文），“瘃疾”當指某一具體病症，而非泛指疾病而言。我們懷疑“瘃疾”原作“瘃=”，即“瘃”字下原有合文或重文符號，在傳抄過程中，“瘃=”被誤讀爲“瘃疾”。如果這種推測成立，則“瘃=”當看作“心疾”的合文，這句簡文當釋寫作“是由（使）句（后）瘃疾〈瘃=（心疾）〉而不智（知）人”。“心疾”一詞典籍習見，如《左傳·昭公元年》：“晦淫惑疾，明淫心疾。”杜注：“思慮煩多，勞成心疾。”《左傳·襄公三年》：“楚人以是咎子重，子重病之，遂遇心疾而卒。”杜注：“憂恚故成心

---

①　“歜”原篆作𪚨，整理者隸定作“歜”。網友鳲鳩認爲“該字是否可能左邊是‘蜀’字（壞字？訛字？），讀‘嚃’、‘啄’等字？”簡帛論壇，“《清華（叁）》〈赤鵠之集湯之屋〉初讀”第 48 樓，http：//www. bsm. org. cn/bbs/read. php？tid＝3051&fpage＝2&page＝5。

②　李學勤主編：《清華大學藏戰國竹簡（叁）》下册，中西書局，2012 年，第 169 頁，注釋 19。

疾。"《韓非子·十過》："令人召司馬子反,司馬子反辭以心疾。"古人認爲心臟職司思考,如《孟子·告子上》："心之官則思。"《荀子·解蔽》："心者,形之君也,而神明之主也。"《素問·靈蘭秘典論》："心者,君主之官也,神明出焉。"如心有疾則神明惑亂,嚴重者或至不省人事。如《普濟方·心臟門》："鎮心丹,治心氣不足,病苦驚悸不知人。"故簡文"是由(使)句(后)悆疾〈悆=(心疾)〉而不智(知)人",是說令夏后心生疾病,甚至一度出現人事不省的症狀。

上引簡文提到的夏后另一病症"疐蓸",整理者認爲:

> "疐",讀爲"疴",《説文》:"病也。"蓸,即"蘁"字,《廣雅·釋詁二》:"痛也。"上博簡《容成氏》第三十三簡有"疐匰",應與此同義。《説文》另有從若省的"羞"字,云"螫也"。①

按:整理者認爲《容成氏》簡文中的"疐匰"與本簡"疐蓸"同義,非是。《容成氏》相關簡文作"所曰聖人,丌(其)生賜(易)棄(養)也,丌(其)死賜(易)牀(葬)。送(去)疐匰,是以爲名"。疐匰,整理者李零先生讀爲"苛慝",解釋爲繁苛暴虐,並引《左傳·昭公十三年》"苛慝不作"爲證,非常正確。而本簡"疐蓸"指夏后病症而言,不可能與《容成氏》"疐(苛)匰(慝)"同義。另外整理者將本簡之"疐"讀爲"疴",訓爲病,"蓸"訓爲痛,文義均嫌泛而不切。按:"疐"或可讀爲"苛","苛"一方面可泛指疾病,如《呂氏春秋·審時》"身無苛殃",高誘注:"苛,病。"另一方面"苛"又可特指因疥瘡引起的瘙癢,如《禮記·內則》:"疾痛苛癢,而敬抑搔之。"鄭玄注:"苛,疥也。"陸德明《釋文》:"疥,音界,《説文》云'瘙瘍也'。""瘙瘍"即瘙癢(《禮記·曲禮上》"身有瘍則浴",《釋文》:"瘍,或作痒。")。《禮記》"苛癢"同義連文,亦可證"苛"有"癢(痒)"義。苛、疥音義皆近(苛、芥音義亦相近,是平行的語言現象),當是關係密切的親屬詞。

蓸,整理者據《廣雅》訓爲"痛"。按螫、蓸、蘁本爲一字異體,《説文》:"蓸,螫也。從虫,若省聲。"本簡及郭店《老子甲》33號簡"蓸"均作"蓸",所從聲符"若"不省。《漢書·田儋傳》:"蝮蘁手則斬手,蘁足則斬足。"顏師古注引應劭曰:"蘁,螫也。"《廣韻·鐸韻》脞小韻:"蘁,螫也。亦作蓸。"又《藥韻》皂小韻:"蘁,蟲行毒。""蓸"在上引《老子甲》簡文中亦讀爲"螫"。段玉裁《説文解字注》:"蘁、螫蓋本一字,若聲、赦聲同部也。"由此可見,"蓸(蘁)"本指蛇蝎等毒蟲的螫咬,引申爲由此導致的螫痛、刺痛。《廣雅》訓"蓸"爲痛,是詞義的進一步泛化與擴大化。本簡"疐蓸"指由陵屯這種尖鋭之物上刺夏后之體而導致的病痛,則將"疐"讀爲"苛",訓爲瘙癢;將"蓸(蘁)"解釋爲刺痛,無疑是十分貼合簡文文義的。

整理者將上引簡文中"亟(極)",訓爲至,亦非確詁。按"極"較爲常見的義項爲頂點、到達、極致、盡頭②,由這些義項進一步引申,即有"停止"、"止息"之義。《漢書·成帝紀》"方今世俗奢僭罔極",顏師古注:"極,止也。"《文選·班固〈兩都賦序〉》"以極衆人之所眩曜",張銑注:

---

① 李學勤:《清華大學藏戰國竹簡(叁)》,第169頁,注釋22。
② 參看《漢語大字典》"極"字條。

"極,猶止也。"簡文"不可噁(極)于筈(席)",即不可止息、安處於席。這正是身體瘙癢、刺痛所導致的後果。

簡文"巫鶯乃歇(喝/啄)少臣之胸渭",整理者讀"胸"爲"喉",讀"渭"爲"胃"①,均不可信。首先看"渭"讀"胃"存在的問題,《説文》:"胃,穀府也。"《後漢書·馬融傳》"先王所以平和府藏",李賢注:"胃者,五穀之府也。"《素問·陰陽別論》"胃脘之陽也",王冰注:"胃爲水穀之海。"遍檢典籍,"胃"在用作身體部位時,均指作爲內臟的胃。而"巫鶯"顯然不可能啄到小臣的內臟"胃",故簡文"渭"不宜讀爲"胃"。我們在本文初稿中同意整理者將"胸"讀爲"喉"的意見,並懷疑"渭"當讀爲"喙","喙"既可指鳥嘴,也可指人嘴。如《莊子·秋水》:"今吾無所開吾喙,敢問其方。"還説了這樣一段話:

> 從簡文文義來看,喉與嘴均爲人體暴露於外的器官,以鳥嘴啄之,自然較易將昏迷之小臣喚醒,這也是"渭"讀"喙"優於讀"胃"之處。

陳劍先生看過小文後指出:"兄大作末謂'將昏迷之小臣喚醒',略嫌不夠準確——小臣寢於地尚能'視',且能聽到'巫烏'與'衆烏'之對話,係並未失去意識而是因某種原因不能説話、行動。"②按:陳劍先生對文義的理解非常準確,我完全同意。順着這一思路,我們嘗試對相關簡文提出如下新的解釋。

簡文前面説小臣私自與商湯的妻子將赤鵠之羹分食,商湯大怒。接下來的故事在簡文中是這樣記載的:

> 少(小)臣愳(懼),乃逃于夏。湯乃▨之,少(小)臣乃疒而帰(寢)【5】於迳(路),視而不能言。

簡文中"▨"字稍殘,從上下文義來看,無疑應該是"詛祝"③的意思。小臣被詛祝之後,"乃疒而帰(寢)【5】於迳(路),視而不能言"。整理者謂:

> 疒,讀爲"眛",《説文》:"目不明。"段玉裁注以爲"眛"字當从末,由簡文知其非是。《左傳》僖公二十四年"目不別五色之章爲眛",字作"眛"。或説"疒"讀爲"寐",《説文》:"臥也。"

按無論將"疒"讀爲"眛"或"寐",於文義均有未安。正如陳劍先生指出的,小臣此時的狀態是"並未失去意識而是因某種原因不能説話、行動",而"眛"或"寐"顯然沒有這方面的意思。特別是"疒"讀爲"眛",訓爲"目不明",與後文説小臣"視而不能言"相矛盾。"疒"所表示的詞,應該具有不能自由言語、行動(類似"中風"症狀)的含義。從音、義兩方面考慮,我們認爲"疒"或

① 李學勤:《清華大學藏戰國竹簡(叁)》,第169頁,注釋24。
② 2013年4月17日陳劍先生致筆者的郵件。
③ 詛祝,《漢語大詞典》解釋爲"祈求鬼神加禍於敵對的人"。引《尚書·無逸》:"民否則厥心違怨,否則厥口詛祝。"孔疏:"詛祝,謂告神明令加殃咎也;以言告神謂之祝,請神加殃謂之詛。"

許可以讀爲"痿"。"痿"從"委"聲，從"委"聲之字上古音或歸爲影紐歌部①，或歸爲影紐微部②。清代以來的古音學家，多將從"委"聲之字歸入脂微部③，當可信。"疢"從"未"聲，從"未"聲之字上古音多在明紐物部，但聲紐亦有屬喉牙者，如"沬"即曉紐物部字，與"沬"關係密切的"頮"、"頼"爲曉紐微部字，"釁"爲曉紐文部字，均與影紐微部的"委"聲字讀音相近。即使"疢"讀爲明紐，亦可與從"委"聲之字相通。例如《説文》："巍，高也。從嵬委聲。""巍（魏）"從"委"聲，但可與"微"相通。《史記・殷本紀》"帝乙長子曰微子啟"，司馬貞《索引》："《孔子家語》云'微'或作'魏'。"又《魯周公世家》"是爲魏公"，裴駰《集解》引徐廣曰："《世本》作微公。""微"即明紐微部字，與"疢"讀音相近。從"委"聲的"魏"與"微"相通，而"微"聲、"未"聲之字又均與"眉"聲字相通。如《列子・力命》"鬼媚不能欺"，殷敬順《釋文》："媚，或作魅。"金文中"眉壽"之"眉"，從形體上看，應該就是"沬"的表意初文。《儀禮・少牢饋食禮》"眉壽萬年"，鄭注："古文眉爲微。"《春秋・莊公二十八年》"冬，築郿"，《公羊傳》、《穀梁傳》"郿"均作"微"。以上通假現象説明從"未"聲的"疢"，可讀爲從"委"聲的"痿"。《説文》："痿，痹也。"《漢書・昌邑王劉賀傳》："疾痿，行步不便。"顏師古注："痿，風痹疾也。"《素問・痿論》："黃帝問曰：'五藏使人痿何也？'"王冰注："痿，謂痿弱無力以運動。"《史記・韓信盧綰列傳》："僕之思歸，如痿人不忘起，盲者不忘視也，勢不可耳。"從上引書證可知，"痿"是痿痹而不能行動之義，與枯萎之"萎"、委頓之"委"當是一組同源詞。結合後文説小臣"視而不能言"，則其症狀較之單純的痿痹不能行更爲嚴重，而是類似所謂"中風"。中風的症狀一般爲麻痹癱瘓、言語不清，這與簡文講小臣僵卧於路，"視而不能言"的情形十分吻合。

簡文接下來講衆鳥欲食小臣（緣小臣已動彈不得，無法反抗之故），被巫烏勸止。巫烏對衆鳥説夏后有疾，並詳述夏后之疾的症狀及緣由。於是"衆鵟乃往，巫鵟乃歇（嚼/啄）少臣之胸渭，少臣乃迟（起）而行"。簡文"巫鵟乃歇（嚼/啄）少臣之胸渭"應該是説巫烏解除了小臣身體痿痹不能行的症狀，故而"小臣乃起而行"。我們懷疑"胸"當讀爲"軀"。典籍中從"句"得聲之字常與從"區"得聲之字相通，如《莊子・駢拇》"呴俞仁義"，《經典釋文》"呴，本又作傴"；《戰國策・燕策》"天下服德，因驅韓、魏以攻齊"，《戰國縱橫家書・謂燕王章》"驅"作"迥"。類似的例證還有不少，可參看《漢字通用聲素研究》"區"字條所收諸例④。《説文》："軀，體也。"徐鍇《繫傳》："泛言曰身，舉四體曰軀，軀猶區域也。"《荀子・勸學》："口耳之間則四寸耳，曷足以美七尺之軀哉！"簡文中的"渭"，陳劍先生疑讀爲"潰"：

> 我總想把"渭"讀爲"潰"（以"渭"爲"潰"前已兩見於《楚居》）、單作一字讀，即巫烏啄小臣之"胸"而使之"潰"，然後小臣遂能起而行。⑤

但"潰爛"意與小臣起而行之間的因果關係仍嫌不夠顯豁。我們認爲"渭"或可讀爲"遂"。清

---

① 郭錫良：《漢字古音手册》（增訂本），商務印書館，2010年。
② 唐作藩：《上古音手册》，江蘇人民出版社，1982年；陳復華、何九盈：《古韻通曉》，中國社會科學出版社，1987年。
③ 參看《古韻通曉》第73頁"委"字欄，除嚴可均外，其他古音學家均將從"委"聲之字歸入脂微部。張儒、劉毓慶編著的《漢字通用聲素研究》（山西古籍出版社，2002年）一書所收錄的與"委"聲相通之字，亦多在微部。
④ 張儒、劉毓慶：《漢字通用聲素研究》，第290頁。
⑤ 2013年4月17日陳劍先生致筆者的郵件。

華簡《楚居》以"渭"爲"潰"（3 號簡及 8 號簡），已見上引陳説。而典籍中"貴"聲常可與"遂"聲相通，如《詩·小雅·小旻》"是用不潰于成"，毛傳："潰，遂也。"清儒馬瑞辰、陳奐、段玉裁等皆謂"潰"與"遂"爲音近通假①。《詩·小雅·角弓》"莫肯下遺"，《荀子·非相》引"遺"作"隧"；《説文》"旞"，或體作"旐"。《玉篇·辵部》："遂，稱也。"《廣韻·至韻》遂小韻："遂，從志也。""遂"義爲從心所欲，身體如不能從心所欲，即"不遂"。《金匱要略·中風》："夫風之爲病，當半身不遂，或但臂不遂者。"簡文"巫烏乃啄少臣之胸（軀），渭（遂），少臣乃起而行"，是説小臣的身體經巫烏啄後，由痿痹不起（即"不遂"）而活動自如（即"遂"），故能起身而行。"渭（遂）"作一字讀，承前省略"小臣之胸"，如果我們讀"渭"爲"遂"可信的話，"胸"似只能讀爲"軀"，無法再作別解。

　　根據以上所論，相關簡文可釋寫如下：

　　　　少（小）臣思（懼），乃逃于夏。湯乃 ▨ 之，少（小）臣乃痵（痿）而帚（寢）【5】於逄（路），視而不能言。……巫鴋（烏）乃歔（喝/啄）少臣之胸（軀），渭（遂），少臣乃记（起）而行。

如此釋讀，似尚能做到簡文前後文義貫通，毫無窒礙。

　　附記：小文寫作過程中，多次得到陳劍先生的指教，作者十分感謝！

---

①　參看宗福邦等《故訓匯纂》，商務印書館，2003 年，第 1321 頁，"潰"字條。

《上博八·顔淵問於孔子》
"敬有△"試解*

洪　颺
（遼寧師範大學文學院）

提　要：《上海博物館藏戰國楚竹書（八）》中的《顔淵問於孔子》是一篇儒家佚籍，風格與《論語》近似，相關內容雖不見記載，但是個別文句見於傳世古書。以此爲出發點，參照《論語》等儒家經籍，依據相關辭例和內容，我們認爲簡文"敬有囧而【先】有司"一句中的"敬有囧"應該讀作"敬有餘"。"囧"字形問題尚不能落實，推測或爲一訛字。

關鍵詞：上博八　敬有囧　出土文獻與傳世文獻對讀

裘錫圭先生在《考古發現的秦漢文字資料對於校讀古籍的重要性》一文中就考古發現的古代文字資料與傳世古籍的關係總結了大致四種情況，其中第二種情況是：

> 二者雖非一書但有密切的關係，或者其中一種出自另一種，或者二者同出一源。二者僅有個別段落或文句屬於這種關係的，以及二者同記一事的，可以附入此類。①

又在《中國古典學重建中應注意的問題》中説：

> 在釋讀簡帛佚籍時，必須隨時翻看有關古書，必須不怕麻煩地利用索引書籍和電腦做大量的檢索工作，盡最大努力去尋找傳世古書中可以跟簡文對照的語句。②

《上海博物館藏戰國楚竹書（八）》中的《顔淵問於孔子》篇，是一篇儒家佚籍，經整理者的初步整理，復旦和吉大古文字聯合讀書會的重新編聯，已基本可以通讀，但是在個別詞句的理解上還有未安。

簡文所記爲顔淵向孔子請教"內事"、"內教"與"至明"三個問題，屬對話體，風格與《論語》

---

* 本文是作者主持國家社科基金一般項目"近出簡帛文獻與傳世文獻對讀視域下的字詞整理與研究"階段性成果（項目編號 14BYY107）。

① 裘錫圭：《考古發現的秦漢文字資料對於校讀古籍的重要性》，《中國出土古文獻十講》，復旦大學出版社，2004 年，第96 頁。

② 裘錫圭：《中國古典學重建中應該注意的問題》，《中國出土古文獻十講》，第 8 頁。

近似，相關内容不見記載，但是個别文句見於傳世古書，所以參照《論語》等儒家經籍有助於理解簡文。在比較全面閱讀《論語》的基礎上，我們嘗試對簡文"敬有△"作出解釋。爲方便理解，録部分簡文如下（釋文采用寬式）：

　　□。顔淵問於孔子曰："敢問君子之内事也有道乎？"孔子曰："有。"顔淵："敢問何如？"孔子曰："敬有▨（用△代替）而【先】有司，老老而慈幼，豫絞而收貧，禄不足則請，有餘則辭。敬有▨，所以爲樂也；先【又（有）】司，所以得情；老老而慈幼，所以處仁也；豫絞而收貧，所以取親也；禄不足則請，有餘則辭，所以▨信也。蓋君子之内事也如此矣。"

這段話主要是孔子回答顔淵"内事之道"。先總説，然後是逐項解釋。

簡文"内事"一詞見於傳世典籍：

　　凡内事有達於外官者，世婦掌之。（《周禮·春官·宗伯》）

　　外事以剛日，内事以柔日。（《禮記·曲禮上》）

　　君天下曰天子，朝諸侯，分職授政任功，曰予一人。踐阼，臨祭祀。内事曰孝王某；外事曰嗣王某。（《禮記·曲禮下》）

"内事"指宗廟祭祀[①]。在該簡文的相關研究中，除陳偉先生把"内事"讀爲"入仕"[②]，其餘皆認爲指宗廟祭祀、朝廷宫内之事[③]。"敬"字整理者、讀書會皆隸定爲"敬"，且如字讀，正確可從。另外有"儆"、"羞"、"柔"、"苟"[④]等説，此不論。

　　傳世典籍和出土文獻中屢見"先有司"的説法，如《論語·子路》："仲弓爲季氏宰，問政。子曰：'先有司，赦小過，舉賢才。'"《上海博物館藏戰國楚竹書三·仲弓》："老老慈幼，先有司，舉賢才，宥過赦罪。"《論語集釋》引王肅曰："先有司，言爲政當先任有司，而後責其事。"相繼有學者依據既有的辭例"宥過赦罪"、"赦小過"等將簡文△字釋爲"禍"，讀爲"過"，讀此句爲"敬宥過"；此外還有讀"敬宥裡"、"苟有荒"[⑤]的。下面談一點我們對"敬有△"的認識。

　　"敬"字是先秦儒家經籍中的高頻字，僅在《論語》裏就出現 22 次，用法比較多。有跟宗廟祭祀有關的，如敬天地、敬鬼神；跟人有關的，如敬君王、敬父母等；還有跟事有關的，如敬事

---

① 王夢鷗注譯：《禮記今注今譯》，新世界出版社，2011 年，第 23、31 頁。

② 陳偉：《〈顔淵問於孔子〉内事、内教二章校讀》，武漢大學簡帛研究中心網站，2011 年 7 月 22 日，http：//www. bsm. org. cn/show_article. php？id＝1521。

③ 馬承源主編：《上海博物館藏戰國楚竹書（八）》，上海古籍出版社，2011 年，第 140 頁。

④ 陳偉先生讀爲"儆"，參見氏著《〈顔淵問於孔子〉内事、内教二章校讀》；蘇建洲、單育辰先生讀爲"羞"，參見單文《占畢隨録之十五》，復旦大學出土文獻與古文字研究中心網站，2011 年 7 月 22 日，http：//www. gwz. fudan. edu. cn/SrcShow. asp？Src_ID＝1606；黃傑先生讀爲"柔"。蘇説、黃説皆見其在讀書會文後之回復，見復旦吉大古文字讀書會《上博八〈顔淵問於孔子〉校讀》，復旦大學出土文獻與古文字研究中心網站，2011 年 7 月 17 日，http：//www. gwz. fudan. edu. cn/SrcShow. asp？Src_ID＝1592。黃人二先生讀爲"苟"，説見《讀〈上海博物館藏戰國楚竹書（八）·顔淵問於孔子〉書後》，武漢大學簡帛研究中心網站，2011 年 7 月 26 日，http：//www. bsm. org. cn/show_article. php？id＝1529。

⑤ 説見黃人二《讀〈上海博物館藏戰國楚竹書（八）·顔淵問於孔子〉書後》。

等。其中跟宗廟祭祀有關的,列舉如下:

> 子張曰:"士見危致命,見得思義,祭思敬,喪思哀,其可已矣。"子張曰:"執德不弘,通道不篤,焉能爲有? 焉能爲亡?"(《論語·子張》)

> 樊遲問知。子曰:"務民之義,敬鬼神而遠之,可謂知矣。"問仁。曰:"仁者先難而後獲,可謂仁矣。"(《論語·雍也》)

> 子曰:"道千乘之國:敬事而信,節用而愛人,使民以時。"(《論語·學而》)

又《論語·八佾》:

> 祭如在,祭神如神在。子曰:"吾不與祭,如不祭。"

《論語集注》引程子曰:"祭,祭先祖也。祭神,祭外神也。祭先主於孝,祭神主於敬。"大意是如果孔子不能親臨祭祀,讓別人代替,別人不敬,還不如不祭。

《論語·學而》:

> 曾子曰:"慎終追遠,民德歸厚矣。"

《論語集注》卷一:"慎終者,喪盡其禮。追遠者,祭盡其誠。"孔安國注解釋爲"祭盡其敬"。這些都是說祭祀的時候要充滿敬意。

"敬"和"仁"、"義"等一樣,是儒家所提倡的行爲準則。從文獻記載看,古人對"内事"要"敬",還強調對"祭祀"、"祭禮"要"敬有餘",如:

> 子路曰:"吾聞諸夫子:喪禮,與其哀不足而禮有餘也,不若禮不足而哀有餘也;祭禮,與其敬不足而禮有餘也,不若禮不足而敬有餘也。"(《禮記·檀弓上》)

> 林放問禮之本。子曰:"大哉問! 禮,與其奢也,寧儉;喪,與其易也,寧戚。"(《論語·八佾》)

宋代朱熹《論語集注》卷二引范氏(按,即范祖禹)説:"夫祭與其敬不足而禮有餘也,不若禮不足而敬有餘也;喪與其哀不足而禮有餘也,不若禮不足而哀有餘也。"

據此,我們推測簡文"敬有△"可以讀爲"敬有餘"。"敬有餘"、"先有司"分別是"内事之道"的不同的兩個方面,要充滿敬意,也要先做好自己。從文本本身來看,簡文"禄不足則請,有餘則辭",其中"有餘"或即"敬有餘"之省。簡文這種省略的情況並不罕見,同篇"先有司"作"【先】有司",又作"先【又(有)】司",可證。"禄"對"敬","不足"對"有餘","請"對"辭",是非常嚴格的對仗關係。傳世典籍有與簡文大致相同的内容:

> 子曰:"事君,敬其事而後其食。"(《論語·衛靈公》)

敬其事,即敬事,古代常用語。事君,要先把事情辦好,然後再談俸禄問題①。

簡文"敬有△",△字整理者隸定爲"征",讀爲"正";讀書會謂此説待考。我們根據相關

---

① 李零:《喪家狗——我讀〈論語〉》,山西人民出版社,2007年,第282頁。

辭例和内容推測"△"字應該讀爲"餘",但是該寫法與同篇明確無疑的"余"字（字下加撇爲飾筆）寫法不類。檢楚簡文字"余"或从"余"之字,無一作此者。或者"△"爲"余"字之訛寫。同篇簡文訛寫情況也不罕見,讀書會就疑或爲"明"之訛寫。"得青＝"當讀爲"得情","青"下"＝"係誤衍①。總之,"△"字的字形問題最終尚不能落實,還需要進一步的材料發現和研究。

---

① 　復旦吉大古文字讀書會：《上博八〈顔淵問於孔子〉校讀》。

夕陽坡楚簡中的"越濩君"新釋

張新俊

（河南大學文學院）

　　摘　要：湖南常德西陽坡楚簡中有"越涌君贏迣（將）其眾以逋（歸）楚之歲"，學者曾經對"涌"的地望進行過考察。本文認爲所謂"涌"字，其實乃"濩"（濩）字，"越濩君"很有可能就是文獻記載的越君尊。此外，本文還對郭店簡《尊德義》中相關的字句做了新的解釋。

　　關鍵詞：西陽坡楚簡　涌　濩　尊德義

　　1983 年冬，湖南省常德市德山夕陽坡 2 號楚墓出土了兩枚竹簡，1 號簡容 32 字，2 號簡容 22 字，共 54 字。竹簡内容上下銜接，簡文如下：

　　　　越涌君贏迣（將）其眾以逋（歸）楚之歲，酓（荆）尿之月己丑之日，王尻（處）於菣（戚）郢之游宫，士尹昭王【簡 1】之步（上）與忽（悼）折王之愳（威）偖让尹鄝逯以王命賜舒方禦歲慅。【簡 2】

簡文因爲涉及戰國晚期楚、越兩國的關係，所以竹簡自出土伊始就引起了學術界的廣泛關注。就筆者陋見所及，有楊啟乾、劉彬徽、何琳儀、李學勤等多位先生先後對這兩枚竹簡做過研究①，可以參看。本文首先所要討論的，是簡文中舊釋作"涌"的字。

　　最早把"越"後一字釋作"涌"的，是楊啟乾先生。他認爲簡文中的"涌君當是楚國封涌水地區的封君"。楊文還對歷史上"涌"的地望做了如下探討：

　　　　《説文》："涌，騰也。从水，甬聲。一曰涌水在楚國。"段注："《左傳》莊公十八年闈敖遊涌而逸，楚子殺之。杜曰：涌水在南郡華容縣。華容今湖北荆州府監利縣地，涌水在今江陵府東南，自監利縣流入夏水支流也。《水經》曰：'江水，又東南當

①　楊啟乾：《常德市德山夕陽坡二號墓竹簡初探》，湖南省楚史研究會編：《楚史與楚文化研究》，《求索》雜誌社，1987 年。劉彬徽：《常德夕陽坡楚簡考釋》，《早期文明與楚文化研究》，嶽麓書社，2001 年，第 215—218 頁。何琳儀：《舒方新證》，《安徽史學》1999 年第 4 期，第 15—16 頁；又載《古籍研究》2001 年第 1 期。李學勤：《越涌君贏將其衆以歸楚之歲考》，《古文字研究》第 25 輯，中華書局，2004 年，第 311—313 頁；李文又以《德山夕陽坡 2 號墓簡》爲題，收入氏著《文物中的古文明》，商務印書館，2008 年，第 457—60 頁。

華容縣南,涌水入焉。'酈云:'水自夏水南通於江,謂之涌口。'"

受楊先生此説影響,何浩先生在《楚國封君封邑地望續考》一文中,以楊文"涌君"應是"楚國涌地的封君"爲出發點,進一步考證涌君的封地應在今鍾祥西北的古涌水一帶①。

楊説顯然是有問題的。正如劉彬徽先生所指出的:

> 楊文認爲"此涌君當是楚國封涌水地區的封君"。然此記事爲"遅其衆以歸楚之歲",若爲楚國封君,似無需再有"歸楚"之舉,可考慮另作解釋。此處之"越"字,當指越國。

何琳儀先生認爲"越"後一字當釋作"涌",讀"甬",並解釋如下:

> 揆以戰國楚、越二國形勢,劉説頗有理致,惜未能確指其地望。今按:"涌"應讀"甬"。《左傳·哀公二十二年》:"越滅吳,請是吳王居甬東。"注:"甬東,越地。會稽句章縣東海中洲也。"《史記·吳太伯世家》:"勾踐欲遷吳王於甬東。"集解"賈逵曰:涌東,越東鄙甬江東也。韋昭曰,句章東海口外洲也。"江永曰:"《匯纂》句章,今浙江寧波府慈溪、鎮海二縣地。海中洲即舟山,今之定海縣也。縣東三十里有翁山,一名翁洲,即《春秋》之用東。"②錢穆曰:"甬江在浙江鄞縣東北二里,東入鎮海縣界爲大浹江,至縣東入海曰大浹口……《春秋》所謂甬東當指今鄞、鎮海二縣境海中洲,即舟山。"③總之,楚簡中"涌"應讀"甬",即甬江之東的"甬東",在今浙江定海東之翁山。"越涌君"即楚國越地甬東之封君。其率衆歸順楚國的年代,應如劉文所云"在楚威王於公元前333年大敗越以後"。

滕壬生先生在《楚系簡帛文字編》中把此字隸定作"澷",無説④。持此意見者還有李學勤先生。他解釋説:

> 簡中的"涌君","涌"字原增从"又"。……
>
> 越涌君之"涌",我認爲可考的,即文獻中的越地甬。
>
> ……
>
> 從這些材料可知,越國之地有甬,因有甬江,故簡文从"水"作"涌"。甬與句章相連,可能當時句章即屬於甬,故《左傳》稱"甬東",《國語》稱"甬、句東"。

李先生進一步論定簡文中的"越涌君將其衆以歸楚之歲"乃楚懷王二十二年(前307年),簡文所言的越歸楚,亦即《戰國策·楚策一》、《史記·甘茂傳》所載楚納句章之事。大概是受何、李先生此説的影響,也有學者將簡首三字逕釋作"越甬君"⑤。以上幾種觀點,雖然在具體的文字

① 何浩:《楚國封君封邑地望續考》,《江漢考古》1991年第4期。
② 原注:江永:《春秋地名考實》,引《皇清經解》第257頁,上海書店1988年版。
③ 原注:錢穆:《史記地名考》第592頁,三民(臺灣)書店,1984年版。
④ 滕壬生:《楚系簡帛文字編》,湖北教育出版社,1995年,第812頁;又《楚系簡帛文字編(增訂本)》,湖北教育出版社,2008年,第947頁。
⑤ 胡平生、李天虹:《長江流域出土簡牘與研究》,湖北教育出版社,2004年,第184—185頁。

隸定上略有不同,但把它看作是從"甬"得聲的字,則是大家的共識。再者,《左傳》、《國語》等典籍中有屬於越地的"甬",正好可以與簡文相聯繫,學者考證其地望大致在今天浙江省的定海、慈溪一帶,這個結論似乎已經沒有多少異議①。

我們認爲以上的解釋恐怕都是有問題的。過去由於常德夕陽坡楚墓的發掘簡報一直未能發表,大家所依據的簡文多是摹本,或者説是受楊啓幹先生釋"涌"的影響,未能加以詳辨。最近幾年,這兩枚竹簡的照片始克公布,並先後著録於日本每日新聞社、每日書道會編輯發行的《古代中國の文字と至寳(湖南省出土古代文物展)》②、《簡帛書法研究》③、《沅水下游楚墓》等書④。其中以前者圖版最爲清晰,從而使我們有機會對這兩枚竹簡重新加以探討。在此先把簡文中舊釋作"涌"的字,移録於下:

A1《文物展》圖録

A2《早期文明與楚文化研究》摹本

A3《楚系簡帛文字編》摹本

A右邊所從的部分,初看的確與"甬"有些接近,這也正是過去學術界把它釋作"涌"的主要原因。不過,比較一下便不難發現,A右邊所從與"甬"的區別其實也很明顯。可以與楚文字中常見的"甬"字做一個比較:

不難看出,"甬"字從"凵",而A字從"",二者顯非一字。況且在目前所見到數量衆多的楚文字中,"甬"字從"又"形者,未有一見⑤。所以,我們認爲A字並非從"甬",過去的學者釋作"涌"或"甬"等均不可信。當然學界以往對於所謂的"甬"之地望的考證,也便失去了着落。

我們認爲A字右邊所從的,與楚文字中的"朕"字形體最爲接近,兹舉數例如下:

① 陳偉主編:《楚地出土戰國簡册(十四種)》,經濟科學出版社,2009年,第477—478頁;吳良寳:《戰國楚簡地名輯證》,武漢大學出版社,2010年,第32—36頁;孟文鏞:《越國史稿》,中國社會科學出版社,2010年,第302—304頁。
② 每日新聞社、每日書道會編輯發行:《古代中國の文字と至寳(湖南省出土古代文物展)》,2004年9月7日—10月24日サントリ美術館展覽圖録,第67頁第34號。又復旦大學出土文獻與古文字研究中心網站 http://www.gwz.fudan.edu.cn/ShowPost.asp?ThreadID=3920。本文采用圖片爲網友一上示三王提供。
③ 張瀟東:《20世紀新出土簡牘暨簡牘書署制度綜論》附圖三,載中國藝術研究院中國書法院書法史論叢書·文集《簡帛書法研究》,榮寳齋出版社,2009年,第45頁。此蒙李春桃先生告知。
④ 湖南省常德市文物局等編著:《沅水下游楚墓》,文物出版社,2010年,第715—716頁,圖版二一四、彩版一五。
⑤ 李守奎編著:《楚文字編》,華東師範大學出版社,2003年,第435—436頁。

天星觀　　包山 94　　曹沫之陣 62　　昭王毀室 7

如果説它與"膲"有所區別的話,在於 A 所從的"隹"形與楚文字中常見的"隹"形稍有不同,作:

不過這種寫法的"隹"形,在楚文字中也可以見到。例如:

老子甲 17　　老子甲 37　　五行 42

郭店·緇衣 28　　天星觀　　集脰鼎

所以按照我們的理解,A 應該是一個从水、膲聲的字,可以隸定作"瀙",很可能就是"瀙"字的異體。"越瀙君贏將其衆以歸楚之歲"是楚簡中典型的紀年方式①。劉彬徽先生説:

> 據《史記·勾踐世家》載:"楚威王興兵而伐之,大敗越,殺王無疆,盡故取吳地之浙江,北破齊於徐州,而越以此散,諸族子爭立,或爲王,或爲君,濱於江南海上,服朝於楚。"這個"越涌君"可能就是這類"或爲王,或爲君"的越地某個小君長,在楚國威逼之下,只得歸附楚國。

簡文既然説"越瀙君贏將其衆以歸楚",其時代上限應當是在公元前 333 年楚威王大敗越國之後。如果再作進一步的考察,我們發現簡文表述格式與鄂君啟節驚人一致。列表比較如下:

	紀　　年	紀月	紀日	地點
夕陽坡	越瀙君贏將其衆以歸楚之歲	荆尿之月	己丑之日	王尻于戚郢之游宫
鄂君啟節	大司馬昭陽敗晉師於襄陵之歲	夏尿之月	乙亥之日	王尻于戚郢之游宫

尤其是"王尻于戚郢之游宫"一句完全相同。鄂君啟節的製作年代是楚懷王七年(前 322 年),據此可以推測夕陽坡楚簡"越瀙君贏將其衆以歸楚之歲"也應當是楚懷王在位期間的紀年。楚懷王熊槐的在位年代爲公元前 328 年至公元前 299 年。公元前 299 年,楚懷王入秦被扣,其子楚頃襄王繼位。所以夕陽坡竹簡的年代,其下限不會超出懷王之世。李學勤先生據楚簡紀年推定爲公元前 307 年,正在這個範圍之內。漢袁康《越絶書·外傳記地傳》:

> 越王夫鐔以上至無餘,久遠,世不可紀也。夫鐔子允常。允常子句踐,大霸稱

---

① 關於戰國楚簡中的紀年方式,可以參看吳良寶《戰國楚簡地名輯證》第一章第二節,武漢大學出版社,2010 年,第 11—36 頁。

王,徙琅玡,都也。句踐子與夷,時霸。與夷子子翁,時霸。子翁子不揚,時霸。不揚
子無疆,時霸,伐楚,威王滅無疆。無疆子之侯,竊自立爲君長。之侯子尊,時君長。
尊子親,失衆,楚伐之,走南山。親以上至句踐,凡八君,都琅琊二百二十四歲。無疆
以上霸,稱王;之侯以下微弱,稱君長。

戰國晚期越國的世系比較混亂,史書的記載出入很大。若《越絕書・外傳記地傳》的記載可
信,也許可以與夕陽坡楚簡聯繫起來。越王自無疆之前,都是稱王的,《越絕書》言"時霸",大
概是得到諸侯認可的。"之侯竊自立爲君長",可見並没有得到普遍承認,但之侯之子尊"時君
長",可見尊的君長地位,是有合法來源的。尊之後不見有稱君的記載,這樣一來,能被楚稱作
"越灋君",也只剩下之侯子尊這一位了。因此,我們推測夕陽坡楚簡中的"越灋君",很有可能
就是文獻記載的越君尊。

據夕陽坡楚簡,"越灋君"的名字叫"贏"。"贏"字在楚文字中多見①,"贏"從"㒼"得聲,傳
世及出土文獻中"㒼"聲與"畾"聲之字多可相通②,所以我們懷疑夕陽坡楚簡之"贏"字可以讀
作"罍",與"尊"是一名一字的關係。

下面談談郭店簡《尊德義》中一個可能與"灋"相關的字。該篇1號簡有如下一段文字:

尊德義,明乎人倫,可以爲君。B忿繎,改忌勝,爲人上者之務也。

自郭店簡發表之後,學術界對"B忿繎"的理解,見仁見智。"忿繎"一詞,或讀爲"憤懣",
或讀爲"忿戾",讀作"忿悁",或讀作"忿懔"等,可以參看單育辰先生在《郭店〈尊德義〉〈成之聞
之〉〈六德〉三篇整理與研究》一文中所引③。目前一般都傾向於讀作"忿戾"。在清華簡《楚居》
中,1號簡說"季繎初降於騩山","繎"字的寫法與郭店簡相同,清華簡的整理者指出,"季繎"即
文獻中楚人的祖先"季連"④,是"繎"、"連"相通的直接證據。上博簡《武王踐阼》簡9"惡危=
忿連",或讀爲"忿戾"⑤,可信。由此也可以證明,李零先生把《尊德義》簡1中的"忿繎"讀作
"忿戾",可從。

"改忌勝"一詞,李零、陳偉、劉釗、顔世鉉、范麗梅、白於藍、劉桓等多位學者都曾做過研
究,各種觀點可以參看單育辰先生在《郭店〈尊德義〉〈成之聞之〉〈六德〉三篇整理與研究》中所
引。或讀"忌勝",或讀"期勝",諸家多引睡虎地秦簡《爲吏之道》"毋復期勝,毋以忿怒決"、《荀
子・性惡》"不恤是非,不論曲直,以期勝人爲意"等爲證,已無疑義。簡文中的"改"字,我們傾
向於陳偉先生釋爲"已",訓作"止、去"的意見。睡虎地秦簡的整理者曾經把"毋復期勝"解釋

① 李守奎編著:《楚文字編》,第24頁;李守奎、孫偉龍、曲冰編:《上海博物館藏戰國楚竹書一~五文字編》,作家出版社,
2007年,第231頁。
② 高亨纂著、董治安整理:《古字通假會典》,齊魯書社,1989年,第672頁;白於藍編著:《戰國秦漢簡帛古書通假字彙
纂》,福建人民出版社,2012年,第298—299頁。
③ 單育辰:《郭店〈尊德義〉〈成之聞之〉〈六德〉三篇整理與研究》第三章,吉林大學博士後研究報告,2013年,第22—
24頁。
④ 清華大學出土文獻研究與保護中心編、李學勤主編:《清華大學藏戰國竹簡(壹)》,中西書局,2011年,第182頁。
⑤ 復旦大學出土文獻與古文字研究中心研究生讀書會(劉嬌執筆):《〈上博七・武王踐阼〉校讀》,《出土文獻與古文字研
究》第三輯,復旦大學出版社,2010年,第261頁。

爲"不要一味想壓過別人"①,郭店簡"已期勝",也可以理解成"消除一味壓過別人的欲望"。

目前爭議比較大的,是"忿纞"前的 B 字,原篆如下:

郭店簡的整理者隸定作"滩"②,這種隸定方式贊同者有之。如《郭店楚簡文字編》、《郭店楚簡研究·第一卷·文字編》、《戰國文字編》等③。有不少學者在此隸定基礎上,提出新解。例如顔世鉉先生讀作"摧"或"推",意爲"排"④。劉釗先生讀爲"推",意思爲排除⑤。陳劍先生讀作"淮",訓爲"綏"⑥。范麗梅先生讀作"懲"⑦。我們認爲 B 形與"脽"相近而有別。例如上博簡《昭王毀室》簡有不少"脽"字:

簡6　　簡6　　簡7　　簡9　　簡10

此字又見於著名的鄂君啓節、陶文等⑧,它們與 B 上部所從有顯然不同。具體説來,表現在:(1) B 從"丹",而"脽"是從"肉"的。以往就存在有把"丹"、"肉"二形弄混的例子。例如上博簡中的"獲"字,或者寫作:

周易20　　　　曹沬之陣20

這兩個字都是從"禾"、"膗"聲,《上海博物館藏戰國楚竹書(一~五)文字編》隸定作"穱",顯然是不正確的⑨。(2) B 所從的"十"形在"佳"形的翼部,而"脽"則在爪部。可見,郭店簡整理者的隸定是不可信的。

廣瀨薰雄把 B 釋作"淮",並且從字形上作了分析:

　　"佳"的左邊有"丹"形的筆畫,這當是飾筆。作這種字形的"佳"不少。如《語叢四》1 號簡"舊"作 ,《昭王與龔之脽》7 號簡"獲"作 。疑此處淮讀爲推,意爲排

①　睡虎地秦簡整理小組:《睡虎地秦墓竹簡》,文物出版社,2001 年,第 168 頁。
②　荆門市博物館:《郭店楚墓竹簡》,文物出版社,1998 年,第 173 頁。
③　張守中、張小滄、郝建文撰集:《郭店楚簡文字編》,文物出版社,2000 年,第 159 頁;張光裕主編:《郭店楚簡研究·第一卷·文字編》,藝文印書館,1999 年,第 276 頁;湯餘惠主編:《戰國文字編》,福建人民出版社,2005 年,第 760 頁。
④　顔世鉉:《郭店楚簡淺釋》,《張以仁先生七秩壽慶論文集》,臺灣學生書局,1999 年,第 393 頁。
⑤　劉釗:《郭店楚簡校釋》,福建人民出版社,2003 年,第 124—125 頁。
⑥　陳劍:《郭店〈尊德義〉和〈成之聞之〉的簡背數字與其簡序關係的考察》,武漢大學簡帛研究中心編:《簡帛》第二輯,上海古籍出版社,2007 年,第 209—225 頁。
⑦　范麗梅:《楚簡文字零釋》,《臺大中文學報》第二十六期,2007 年,第 67—88 頁。後發表於復旦大學出土文獻與古文字網站,2010 年 7 月 21 日。
⑧　湯餘惠主編:《戰國文字編》,第 259 頁。
⑨　李守奎、孫偉龍、曲冰編:《上海博物館藏戰國楚竹書(一~一五)文字編》,第 359 頁。

除。《詩·大雅·雲漢》"旱既太甚,則不可推",鄭注云:"推,去也。"①

根據我們的考察,楚文字中那些从"𦥑"的字,一般都是魚部字。例如"獲"、"矍"等②,罕見有其他韻部的字。郭店簡《語叢四》簡 1 中的"舊"从"丹",可以看作偶然誤書。所以廣瀨薰雄認爲"隹"左邊"丹"形是飾筆的觀點,也是靠不住的。如果把 B 字釋作"淮",同樣需要把 B 上部看成是"隹"之誤書。因此,我們認爲把 B 字讀作"摧"、"推"、"排"、"淮"等意見,恐怕都不太妥當。

此外還有不少學者提出新解,例如顏世鉉先生後來認爲此字與《説文》"津"字古文形近,釋作"津",讀爲"盡"③,《楚文字編》、《楚系簡帛文字編》均把此字收録在"津"字下,大概是受顏説的影響④。但《説文》"津"字古文是从"舟"⑤,而 B 並非从"舟"。所以有學者懷疑 B 所从的"月"形,可能是"舟"之訛,疑可隸作"䑤",即"津"字之古文,讀爲"盡",訓作"毀壞"⑥。顧史考先生認爲該字从舟、隹、水並不誤,但他釋爲"濟"⑦,則不可信。陳偉先生認爲 B 字有"終止、阻遏"之義是正確的,但他認爲 B 似可釋爲"濉",爲"雎水"之名本字,讀作"沮"⑧,恐不可信。因爲從新蔡楚簡來看,楚文字中表示"雎水"的詞都用从水、疋聲的"沘"字來表示⑨。或有學者認爲此字从"丬",隸定作"漿"⑩。塗宗流、劉祖信先生則認爲"矢"从"水"从"雎","雎"亦聲,疑借爲"捶"⑪。以上説法恐怕都難以令人信服。

按照我們的理解,B 所从的"十"形,也許可以看作"又"之變體。如郭店簡中的"專"字,一般寫作:

老子甲 12　　尊德義 35　　成之聞之 27

或者寫作:

忠信之道 8　　語叢一 28　　語叢一 82

又如"發"字:

---

① 廣瀨薰雄:《郭店楚簡〈尊德義〉和〈成之聞之〉的簡背數字補論》,簡帛網,2008 年 2 月 19 日。

② 滕壬生編著:《楚系簡帛文字編》(增訂本),第 499 頁。

③ 顏世鉉:《郭店楚簡散論(三)》,《大陸雜誌》第 101 卷第 2 期,2000 年,第 78 頁。

④ 李守奎:《楚文字編》,第 639 頁;滕壬生:《楚系簡帛文字編》(增訂本),第 944 頁。

⑤ 張富海:《漢人所謂古文研究》,線裝書局,2007 年,第 147 頁。

⑥ 陳秀玉:《〈郭店·尊德性〉"津"字小札》,簡帛研究網,2008 年 2 月 28 日,http://www. jianbo. org/admin3/2008/chenxiuyu001. htm。

⑦ 顧史考:《讀〈尊德義〉札記》,《第四屆國際中國古文字學研討會論文集》,香港中文大學,2003 年,第 221 頁。

⑧ 陳偉:《郭店楚竹書別釋》,第 136 頁。

⑨ 張新俊、張勝波編著:《新蔡葛陵楚簡文字編》,巴蜀書社,2008 年,第 184 頁。

⑩ 施謝捷:《郭店楚墓竹簡釋文》(未刊稿)。

⑪ 塗宗流、劉祖信:《郭店楚簡先秦儒家佚書校釋》,臺灣萬卷樓圖書有限公司,2001 年。此説轉引自單育辰《郭店〈尊德義〉〈成之聞之〉〈六德〉三篇整理與研究》第三章,第 24 頁。

老子甲 7　　　老子丙 3

在璽印文字中或者寫作：

璽匯 2529

若此説可以成立，則 B 可以看作是從水、朓聲的字，與我們前面討論的夕陽坡楚簡中的 A 乃一字異體。《尊德義》簡中"B 忿戾，改期勝"，前者言忿，後者言欲。這樣的結構，很容易讓人聯想到著名的秦郝氏箴言印。澳門收藏家蕭春源先生珍秦齋藏有一枚秦半通姓名私印，文曰"郝氏"，在印的四側有錯銀箴言 6 字①：

　　毋思忿，罙（深）冥欲。

　　董珊先生曾經對此印進行過考釋，董文認爲此六字箴言相當於《易·損》象傳中的"懲欲窒忿"，也就是説不要想忿怒的事情，要深藏自己的欲望②。王輝、程學華先生《秦文字集證》在同意董説的基礎上，又提出另外一種讀法：

　　不過從語序上説，似亦可讀作"毋思欲，深冥忿"，即深藏忿怒，制止、遏制私欲。……"深冥"作深藏解，也是制止之義。欲常與思相連，所以我們才考慮這樣讀，其實兩種讀法含義並無根本不同。睡虎地秦簡《爲吏之道》："嚴剛毋暴，廉而毋刖（劌），毋復期勝，毋以忿怒夬（決）。"大意與"深冥忿"近。又云："反赦（索？）其身，止欲去願。"整理小組注："願，《方言》：'欲思也。'止欲去願，遏制私欲。""止欲去願"大意與"毋思欲"近。③

王、程兩位先生的意見是很有道理的。文獻中有很多地方都把忿與欲相提並論，如《大戴禮記·武王踐阼》：

　　杖之銘曰：惡乎危？於忿疐。惡乎失道，於嗜欲。惡乎相忘？於富貴。

上博簡《武王踐阼》：

　　枳（枝——杖）銘唯曰："惡危＝（危？危）于忿連（戾），惡失道，失道于嗜欲。惡相忘？相忘于富貴。"

《韓詩外傳》卷九第十九章有如下一段話：

　　脩身不可不慎也。嗜欲侈則行虧，讒毀行則害成。患生於忿怒，禍起於纖微。污辱難湔灑，敗失不復追。不深念遠慮，後悔何益？微幸者，伐性之斧也。嗜欲者，

①　相關著録，可以參看王輝、程學華《秦文字集證》，藝文印書館，1999 年，圖版 171.574。
②　董珊：《秦郝氏印箴言款考釋——〈易·損〉"懲欲窒忿"新證》，《考古與文物》1999 年第 3 期，第 87—88 頁。
③　王輝、程學華：《秦文字集證》，藝文印書館，1999 年，第 277 頁。

逐禍之馬也。讒誕者,趨禍之路也。毀於人者,困窮之舍也。是故君子去徼幸,節嗜欲,務忠信,無毀於一人,則名聲常存,稱爲君子矣。

相似的文字還見於《説苑・敬慎》:

修身正行,不可以不慎。嗜欲使行虧,讒諛亂正心,衆口使意回。憂患生於所忽,禍起於細微,污辱難湔灑,敗事不可復追,不深念遠慮,後悔當幾何。夫徼幸者,伐性之斧也;嗜欲者,逐禍之馬也;讒諛者,窮辱之舍也;取虐於人者,趨禍之路也。故曰:"去徼幸,務忠信,節嗜欲,無取虐於人,則稱爲君子,名聲常存。"

正因爲"忿"、"欲"經常給人帶來"危"、"失道"等負面的效果,所以對君子或者從政者來説,都是要加以抑制、節制的。睡虎地秦簡《爲吏之道》説"毋復期勝,毋以忿怒夬(決)"、"止欲去願",嶽麓書院藏秦簡《爲吏治官及黔首》簡40正中欄"厭忿止欲"[1],《易・損》象傳"懲欲窒忿",所表達的含義都十分接近。回過頭來重新審視學界對《尊德義》簡"B忿戾,改期勝"的解釋,不難發現,把B理解成"排除"、"去"、"終止"等義,從文意上説是有一定道理的。只是在對B字形體的分析和具體的釋讀方面,仁智互見,莫衷一是。

其實,早在1999年郭店簡資料公布伊始,李零先生在《郭店楚簡校讀記》中提出過一種觀點,長時間没有引起大家的重視。李文説:

第一字,原釋"灘",從照片看似是"瀵"字的省體,這裏讀爲"去"("去"是溪母魚部字,"瀵"是匣母鐸部字,讀音相近);……這兩句話似指去除或改變民性中的暴戾忿睢[2]。

經過前面的討論,我們認爲B可以看成是从水、膭聲的字。現在看來,李零先生説它是"瀵"字省體的説法也許是正確的。李零先生把它讀作"去",從音韻上説是可以成立的。

我們懷疑B字又可以讀作"却"。"却",《説文》:"節欲也。"《廣韻・藥韻》:"節也。"郭店簡《尊德義》中的"却忿戾"也就是節制憤怒的意思,與秦印"深冥忿"意思相當。

---

[1] 整理者訓"厭"爲"壓制、抑制",可從。參看朱漢民、陳松長主編《嶽麓書院藏秦簡(壹)》,上海辭書出版社,2010年,第126頁。

[2] 李零:《郭店楚簡校讀記(增訂本)》,中國人民大學出版社,2007年,第183—184頁。

《君子爲禮》、《弟子問》札記二則 *

李松儒

（吉林大學文學院）

提　要：本文從字迹角度將上博五《弟子問》簡 3 歸入《君子爲禮》中，將它與《君子爲禮》簡 7、簡 8 綴合，綴合後所成的完簡與《君子爲禮》簡 5、簡 6 進行編聯；又從字迹角度分析，認爲《弟子問》簡 24 不屬於該篇，它與港簡 7 的字迹風格十分相似，很有可能屬於同一篇文獻。

關鍵詞：弟子問　君子爲禮　字迹　編聯

一

　　上博五《君子爲禮》與《弟子問》的簡文内容都是記録孔子與其弟子之間的問答，兩篇字迹除在運筆特徵上略有差别外，其書寫風格十分相近①。所以，整理者在整理《弟子問》時，出現了一例將《君子爲禮》所屬簡混入的情況。

　　所謂的運筆特徵是指書寫文字筆畫時，起筆、行筆、收筆過程中的動作特徵。文字是由基本筆畫構成的，運筆是構成筆迹的重要因素，它是書寫習慣的主體特徵，是書寫動作的習慣反映，具有較强的穩定性，具有區别於其他書寫者字迹或同一書寫者不同時期所寫字迹的作用。

　　黃武智先生按文義將《弟子問》簡 3 歸入《君子爲禮》中，但没有詳細論證②。蘇建洲先生從文字書寫角度也將《弟子問》簡 3 歸入《君子爲禮》中，做了一些論證，但未進行編聯③。下面我們試從字迹的角度對其做進一步的説明。經比對，我們認爲《弟子問》簡 3 具備與《君子爲禮》字迹同一性的特徵。先看該簡與《君子爲禮》、《弟子問》其他簡的字迹比較。如下表（圖片

---

*　本文受到"中國博士後科學基金第 53 批面上"資助（資助編號 2013M530969）與"吉林大學基本科研業務費"資助（資助編號 2012BS057）。

①　在本文中我們暫不討論《君子爲禮》與《弟子問》是否爲同一抄手所寫的問題，因爲同一抄手在不同時間段内所寫字迹也存在差異，有關兩篇抄手問題筆者將會在博士學位論文《戰國簡帛字迹研究——以上博簡爲中心》（未刊稿）中做詳細分析。

②　黃武智：《上博楚簡"禮記類"文獻研究》，（高雄）中山大學博士學位論文（指導教師：徐漢昌、鮑國順），2009 年。

③　蘇建洲：《〈上博五·弟子問〉研究》（未刊稿）。此文承蘇建洲先生惠賜。

右側的數字指簡的序號）：

	毋	"又"符	"子"符
弟子問（簡 3）			
君子爲禮	7	7	3
弟子問	8	14	1

　　由上表可見，《弟子問》簡 3 與《君子爲禮》的運筆特徵是一致的，而與《弟子問》其他簡運筆特徵有別。在《君子爲禮》中，簡 1、簡 2 的書寫用筆較其他簡更嚴謹，如"子"字在簡 1、簡 2 中作　，在其他簡中作　，同一"子"字的豎畫書寫力度不同。這也許是因爲該抄手在書寫前兩支簡時較謹慎，因而筆畫到位。《弟子問》全篇字迹風格統一，文字筆畫的書寫都很合乎法度，但是與《弟子問》相較，《君子爲禮》要比《弟子問》的運筆力度弱，導致了在一些較長的豎畫上書寫略顯彎曲或收筆處略向上挑。如上文提到的"子"字，在《君子爲禮》中豎畫多作　；在《弟子問》中作　。在其他字的比較當中也是同樣的情況。再如，《君子爲禮》中"毋"字在左側豎畫作　、　兩形，在《弟子問》中左側豎畫僅作　一種寫法，這些都是由兩篇書寫時的運筆差異造成的。

　　經我們考察，《弟子問》簡 3 與《弟子問》其他簡的字迹特徵不合，却符合《君子爲禮》諸簡的這一運筆特徵。

　　再看《弟子問》的形制，整理者言簡 2 爲完簡，經馮勝君師測得該篇簡頂端與第一契口間距離爲 9.3 釐米①。簡 3 整理者言"竹簡上段平齊"②，經我們測量，竹簡頂端與第一契口間距離爲 10.4 釐米，應是簡首。這與《弟子問》其他簡的形制相差很大，可是却與《君子爲禮》"第一契口距頂端爲 10.5 釐米"的形制是一致的③。所以，無論從字迹還是竹簡形制角度上看，《弟子問》簡 3 都該歸入《君子爲禮》中④。

---

① 馮勝君：《郭店簡與上博簡對比研究》，綫裝書局，2007 年，第 40 頁。
② 張光裕：《弟子問釋文》，《上海博物館藏戰國楚竹書（五）》，上海古籍出版社，2005 年，第 269 頁。
③ 張光裕：《君子爲禮釋文》，《上海博物館藏戰國楚竹書（五）》，第 253 頁。
④ 張昊先生曾對《弟子問》簡 3 形制進行考察，認爲該簡應該從《弟子問》中剔出，不過張昊先生未將該簡歸入《君子爲禮》中。參看張昊《上博簡（五）〈君子爲禮〉與〈弟子問〉研究》，武漢大學碩士學位論文（指導教師：楊華教授），2007 年，第 29 頁。

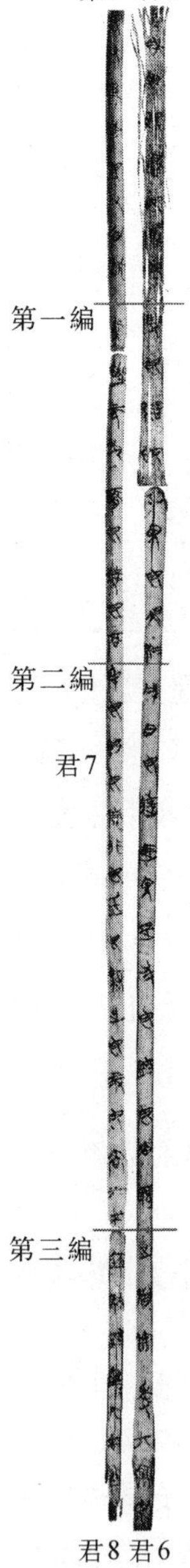

弟 3 君 5

第一編

第二編

君 7

第三編

君 8 君 6

圖一

此外，陳劍先生已將《君子爲禮》簡 7 與《君子爲禮》簡 8 進行了拼合①，《弟子問》簡 3 與《君子爲禮》簡 7、簡 8 三枚簡的長度分別是：12、32、10.5 釐米，我們將其相加後的結果爲 54.5 釐米，正是整理者所介紹的"54.1 釐米至 54.5 釐米之間"②。

劉洪濤先生按照形制與辭例將《君子爲禮》簡 5 與《君子爲禮》簡 6 進行了拼合③，整理者指出簡 5"長 17.5 釐米，上端平齊，下端殘"，簡 6"長 37.2 釐米，上端殘，下端平齊"。不過，簡 6 經我們測量應爲 36.8 釐米。如果按照我們的測量結果計算，這兩枚簡相加後爲 54.3 釐米，也是符合該篇竹簡"54.1 釐米至 54.5 釐米之間"這一形制特徵的。

經過這樣的復原，我們就得到了《君子爲禮》中兩支完整的簡，即君 5＋君 6 與弟 3＋君 7＋君 8（圖一）。從文義看，這兩枚簡似可連讀，我們試將這些簡進行連讀，得到下面的釋文：

☐ 忢（怒）。凡色毋憂，毋佻，毋作，毋諑（摇）。毋【君 5】俔視、毋側睍，凡目毋遊，正視是求。毋欠、毋去（呿），聲之僣（疾）徐，稱其衆寡。【君 6】毋有柔教，毋有首獸，植（直）【弟 3】頸④而秀。肩毋發（拔）、毋𢼒，身毋偓、毋倩（傾），行毋垤（蹶）、毋敫（摇），足毋偏、毋高，其在【君 7】庭則欲濟濟，其在堂則【君 8】⑤

從這段話可見，這些簡中都含有"毋……"的辭例，都是要求人的臉色、説話、行爲等方面需要注意的事項。簡文中"凡目毋遊，正視是求"與"毋有首獸，直頸而秀"都是某一句話中的最後一小句，並且相鄰。其中"遊"、"求"、"獸"、"秀"都押幽部韻。前小句中押"遊"、"求"，與後小句中押"獸"、"秀"這種押韻方式正可以相比。所以，無論從文義還是用韻上看，這些編聯都是合理的。

需要指出的是，《弟子問》簡 3 下端碴口作 ▨ ，而《君子爲禮》簡 7 上端碴口作 ▨ ，兩相比較大致相合，但將這兩段進行拼合後碴口不能完全密合（見下圖）。並且《君子爲禮》簡 5 下端碴口作 ▨ ，簡 6 上端碴口作 ▨ ，從兩枚簡的碴口上看，似乎難以拼合（圖二）。這是由於竹簡飽水過程中，各向收縮不均衡，乾燥後容易發生收縮、裂開、折斷、變形等變化，再加上竹簡殘損，都會造成竹簡殘損而邊緣不能密合。這樣的情況在脱水後的飽水簡中是常見的，如《民之父母氏》簡 3、《景公虐》簡 1、《天子建州》甲本（下簡稱天甲）簡 5 等（圖二）。所以，在復

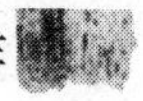

---

① 陳劍：《談談〈上博（五）〉的竹簡分篇、拼合與編聯問題》，"簡帛"網，2006 年 2 月 19 日。

② 張光裕：《君子爲 禮釋文》，《上海博物館藏戰國楚竹書（五）》，第 253 頁。

③ 劉洪濤：《談上海博物館藏戰國竹書〈君子爲禮〉的拼合問題》，"簡帛"網，2006 年 9 月 6 日。

④ "頸"字從何有祖先生釋，参看何有祖《上博五〈君子爲禮〉試讀》，"簡帛"網。

⑤ 釋文參照單育辰《楚地戰國簡帛與傳世文獻對讀之研究》，吉林大學博士學位論文（指導教師：吴振武），2010 年，第282 頁。

原竹簡時，對於這樣的殘損邊緣就不能完全依賴碴口相合的原則了。

弟3＋君7　　君5＋君6　　民之父母3　　景公虐1　　天甲5

圖二

二

《弟子問》簡24字迹涣漫嚴重，上存三字，整理者釋文爲"女安（焉）能也"。按照整理者所言，考察原簡圖片，只能依稀看到"安"（　）、"也"（　）兩字。不過從這兩個模糊的字也可以看出它們的運筆特徵與《弟子問》其他簡是有差異的。如上文所講，運筆特徵在區別不同抄手、或者同一抄手不同時期完成的字迹方面是起着重要作用的。《弟子問》簡24"安"字雖然可以辨認出，但是筆畫形態已經無法進行具體分析，只有"也"字是具備字迹的分析比較條件的。《弟子問》簡24中"也"字作：

"也"字在《弟子問》其他簡中作（圖三）：

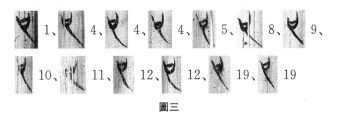

1、　4、　4、　4、　5、　8、　9、
10、　11、　12、　12、　19、　19

圖三

《弟子問》中文字筆畫書寫都很平直，運筆力度均匀有力，疾鋒而出，收筆時迅速提筆，造成筆畫末端出鋒。如"也"字豎彎畫末端，在《弟子問》其他簡中作　。而簡24中"也"在運筆過程中都是缺乏力度的，並且出現了轉折，收筆時也有停頓，如其豎彎畫末端作　。這個豎彎畫所反映出的運筆特徵與《弟子問》整篇字迹的特徵差異很大，所以，筆者建議把簡24從《弟子問》中剔除。

此外，何有祖先生曾根據香港中文大學藏戰國簡的第7號簡（以下稱港簡7）中含有"也，此之胃"的句式也見於《弟子問》第11號簡，將其歸入《弟子問》中，並遥綴於《弟子問》簡11後[1]。此外，

---

[1]　何有祖：《試論香港中文大學藏戰國簡第7號簡的歸屬》，"簡帛"網，2010年6月18日。

何先生從字迹角度,將港簡 7 與《弟子問》簡 11 做了對比,其對比如下:

弟子問 11						
港簡 7						

他認爲"女、之、也、此、君等字筆迹基本相同"①,所以把港簡 7 歸入《弟子問》中。這裏我們也通過字迹對比來考察何先生的意見。先將它們對比如下:

弟子問	8	12	1	4	4	11
港簡 7						

由上表對比可知,港簡 7 與《弟子問》從字迹特徵上看,是有一定的相似性,但在具體細節上,還有一些差異。港簡 7 的字迹在運筆過程中都缺乏力度,尤其是對豎畫、長彎畫的書寫。如上文所述,"也"字豎彎畫末端,在《弟子問》其他簡中作 ，而在港簡 7 中運筆時有轉折,收筆也有停頓,作 ，這與《弟子問》其他簡的運筆特徵是明顯不同的。所以,港簡 7 與《弟子問》其他簡字迹差異也較爲明顯,何有祖先生將其歸入《弟子問》中的説法可商。我們認爲,該簡不應屬於《弟子問》一篇②。

《弟子問》簡 24 中"也"字作 與港簡 7"也"字作 ,兩者在"口"畫與下面豎彎畫寫法及運筆特徵方面都很相似,這種寫法尚不見於已公布的上博簡其他篇中,所以,《弟子問》簡 24 與港簡 7 很有可能是屬於同一篇的竹簡。由於《弟子問》簡 24 僅存 3 個文字,可以比較的字迹太少,現在無法確定它們的歸屬,期望在將來發表的材料中,能夠找到更多的線索使它們重新有所歸屬。

---

① 何有祖:《試論香港中文大學藏戰國簡第 7 號簡的歸屬》。
② 蘇建洲先生也從"也"字字迹書寫角度出發,認爲港簡 7 不能歸入《君子爲禮》中。參看蘇建洲《〈上博五·弟子問〉研究》(未刊稿)。

包山楚簡姓氏補考

朱曉雪

（華僑大學文學院）

　　摘　要：包山楚簡中記載了大量人名，爲姓氏研究提供了難得的資料。但除常見姓氏外，還有一些姓氏的釋讀没有得到解决。本文根據新發表的清華大學藏戰國楚簡對包山楚簡中鄁、邰、壈、郉等姓氏的讀法進行了補充説明，此外還對徐、舒、余三個易混的姓氏作了論證。

　　關鍵詞：楚簡　姓氏　鄁　邰　壈　郉　余

一

　　包山 91 號簡有"鄁"氏，整理者隸定爲"邰"①，林澐改釋爲"鄁"②，何琳儀將"鄁"讀爲"指"，並指出齊太公之後有指氏③，陳偉主編《十四種》讀爲"稽"，爲皇帝臣大山稽之後④。

　　按：清華簡《耆夜》1 號簡記載"武王八年征伐鄁"，整理者指出"鄁"古書作"黎"或"耆"⑤。包山簡"鄁"作爲姓氏亦可讀作"黎"。《元和姓纂》"黎"條："周時侯國。《風俗通》云，九黎之後。《尚書》西伯勘黎。亦見《毛詩》。《左傳》，齊大夫黎彌且。字亦作犂。"⑥

二

　　包山簡"壈"氏多見，李零認爲"壈"與"場"爲一字，讀爲"唐"⑦。巫雪如指出陽國見閔公二年《經》："齊人遷陽。"楊伯峻謂其故城在山東省沂水縣西南。陽爲姬姓國，包山楚簡中壈氏或

①　湖北省荆沙鐵路考古隊：《包山楚簡》，文物出版社，1991 年，第 23 頁。

②　林澐：《讀包山楚簡札記七則》，《江漢考古》1992 年第 4 期，第 83—85 頁。

③　何琳儀：《戰國古文字典》，中華書局，1998 年，第 1290 頁。

④　陳偉主編：《楚地出土戰國簡册[十四種]》，經濟科學出版社，2009 年，第 43 頁。

⑤　李學勤主編：《清華大學藏戰國竹簡(壹)》，中西書局，2010 年，第 151 頁。

⑥　(唐)林寶：《元和姓纂》，中華書局，2008 年，第 318 頁。

⑦　李零：《包山楚簡研究(文書類)》，《李零自選集》，廣西師範大學出版社，1998 年，第 131—147 頁。

即此陽國之後①。何琳儀指出周景王封少子於陽樊，後裔避周亂適燕，陽氏因邑命氏②。

　　按：包山簡中从"昜"的姓氏有兩種形體，一作 ，一作 。巫雪如、許全勝均認爲 、 二字可能分別表示兩個不同的姓氏③。 在簡文中多作姓氏，而不作名字， 即可以作爲姓氏，也可以作爲名字，但作爲名字要多於作爲姓氏，簡 103 的"卲郚"即文獻中的"昭陽"，"郚"應讀爲"陽"，而"塦"則如李零所説讀爲"唐"。"唐"氏還有不从"土"的寫法，如《古璽彙編》作 （編號 2305—2317）。再如《左傳·定公五年》"子期、子蒲滅唐"的"唐"，清華簡《繫年》105 號簡寫作""。

三

　　包山簡中有姓氏字作 （68 號簡）、（130 號簡）、（221、222 號簡），張新俊認爲 可以隸定作"羿"，與 爲一字之異體，讀作"龔"④。李守奎同意張新俊的意見，並進一步指出，包山 68 號簡"羿倉"與 19 號簡的"龔倉"可能是同一人的異寫，"羿"字的基本聲符當是"幵"，説是龔氏異寫，大致不誤⑤。

　　按：將 隸定作"羿"，可從。但簡 68"倉"受期者爲鄦君之故州加公，而簡 19"龔倉"的受貤者是鄢地正婁，二者爲同一人的可能性不大，所以 應不是龔氏異寫。清華簡《繫年》112 號簡有 字，整理者讀爲"鞏"⑥，包山簡 也應讀爲"鞏"。《元和姓纂》"鞏"條："《左傳》，周卿士鞏簡公，晉鞏朔。漢侍中鞏攸。"⑦ 與 、 爲一字之異體，但還存在一種可能， 可讀爲"任"，清華簡《繫年》119 號簡 ，整理者隸定爲"邘"，讀作"任"⑧。《元和姓纂》"任"條："黃帝廿五子，十二人各以德爲姓，一爲任氏，六代至奚仲，封薛。魏有任座，秦有任鄙。漢御史大夫、廣阿侯任敖，武帝任安。"⑨至於 、 是否爲一字，尚待探討。

　　此外還要談到"龔"氏，李守奎指出楚之公族多以先王之謚爲氏，如莊氏楚簡作"臧"、景氏楚簡作"競"、昭氏楚簡作"卲"，楚之龔氏當讀爲"共"，亦是公族之一，爲楚共王之後。韻書或

① 巫雪如：《包山楚簡姓氏研究》，臺灣大學碩士學位論文，1996 年，第 135—136 頁。
② 何琳儀：《戰國古文字典》，第 667 頁。
③ 巫雪如：《包山楚簡姓氏研究》，第 136 頁；許全勝：《包山楚簡姓氏譜》，北京大學碩士學位論文，1997 年，第 15 頁。
④ 張新俊：《上博楚簡文字研究》，吉林大學博士學位論文，2005 年，第 65—66 頁。
⑤ 李守奎：《包山楚簡姓氏用字考釋》，《簡帛》第六輯，上海古籍出版社，2011 年，第 225—232 頁。
⑥ 李學勤主編：《清華大學藏戰國竹簡（貳）》，中西書局，2011 年，第 188 頁。
⑦ （唐）林寶：《元和姓纂》，第 811 頁。
⑧ 李學勤主編：《清華大學藏戰國竹簡（貳）》，第 193 頁。
⑨ （唐）林寶：《元和姓纂》，第 745 頁。

姓氏書中有共氏，也有龔氏，但未必和楚簡中的龏（共）氏有關係，同一姓氏常常有不同的來源①，此説可從。另外，包山 188 號簡還有"郏"氏，亦可讀爲"共"，但與龏氏（即共氏）來源應不同。

<h1 style="text-align:center">四</h1>

楚簡中"舒"、"徐"二氏較易區分。"舒"氏楚簡中多寫作"㝥"或"𩁹"（"𩁹"在楚簡中除了常用作"舒"外，還可以用作"舍"，如包山 145 號簡，字形作 ）。"徐"在青銅器及楚簡中多寫作"郐"，如清華簡《繫年》98 號簡"徐國"之"徐"作"郐"。作爲姓氏，包山 172 號簡有"郐快"，不從邑的寫法見 174 號簡"余爲"（"郐"也有用作"舒"的例子，見清華簡《繫年》74 號簡"謹郐"即文獻中的"徵舒"）。

包山 120 號簡有" 獧"，學者對 字的釋讀意見較不統一。整理者隸定爲"舍"②；劉釗認爲字從"余"、從"甘"，應釋爲"舍"，在簡文中應讀作余姓之"余"③；何琳儀認爲"舍"即"舍"，《路史》"微子後有舍氏"④；劉信芳認爲"舍"讀如"余"，乃余氏之別枝⑤，後來意見稍作更改，認爲字從余從甘，讀與"舍"通，作爲姓氏，即後世"余"字⑥；巫雪如認爲舍字讀作余，則亦當爲"徐"字⑦；許全勝認爲舍氏以讀爲舍氏爲宜⑧；李守奎認爲簡文 下的 當是在"○"中加橫，是"乘隙加點"的繁化現象，字可隸作"舍"。"舍"釋爲"舒"從字形上説比較合理，也更符合姓氏的地望分布。新蔡又出"舒"字封泥（字形作 ），亦可互爲參證⑨。

總結起來， 字作爲姓氏有"舒"、"余"、"舍"、"佘"等意見。從字形上看，應是從"余"從"日"。在包山簡中"余"多作 （166 號簡），下部没有"口"形或"日"形，並且多作爲人名。而"舍"作 （133 號簡），從"口"形多可寫作從"日"，因此我們同意將 字釋爲"舍"的意見。作爲姓氏，讀爲"舍"或"余"的可能性都有，但讀爲"余"的可能性較大，清華簡《繫年》7 號簡" 臣"即文獻中的"余臣"。此外，包山 5 號簡"忩以"之"忩"也應讀爲"余"。

---

① 李守奎：《包山楚簡姓氏用字考釋》，《簡帛》第六輯，第 225—232 頁。
② 湖北省荆沙鐵路考古隊：《包山楚簡》，文物出版社，1991 年，第 25 頁。字表又隸爲"舍"，見圖版一四五。
③ 劉釗：《包山楚簡文字考釋》，《東方文化》1998 年第 1，2 期合刊，第 47—70 頁。
④ 何琳儀：《包山楚簡選釋》，《江漢考古》1993 年第 4 期，第 55—63 頁。
⑤ 劉信芳：《包山楚簡近似之字辨析》，《考古與文物》1996 年第 2 期，第 78—86 轉 69 頁。
⑥ 劉信芳：《包山楚簡解詁》，藝文印書館，2003 年，第 109 頁。
⑦ 巫雪如：《包山楚簡姓氏研究》，第 48 頁。
⑧ 許全勝：《包山楚簡姓氏譜》，第 35 頁。
⑨ 李守奎：《包山楚簡姓氏用字考釋》，《簡帛》第六輯，第 225—232 頁。

簡書的合編與分卷*

——以上博、郭店等出土簡册爲中心

劉傳賓

（天津師範大學文學院）

提　要：簡書的編寫比較複雜，有的是一篇文章編寫爲一册；有的是幾篇文章抄寫在一起，編連成册；有的則是一篇文章分爲數册編寫。本文以上博、郭店等出土簡册爲中心，系統闡述簡書中這種複雜的編寫情況。

關鍵詞：竹簡　合編　分卷

　　"簡書合編與分卷"涉及"篇"與"卷"的關係問題，在正式討論之前，我們首先要辨明這兩個概念。"篇"與"卷"皆爲古書的單位，前人多從書寫載體的差異將二者區別開來。如章學誠《文史通義·篇卷》云："大約篇從竹簡，卷從縑帛，因物定名，無他義也。"①王國維《簡牘檢署考》曰："云'卷'而不云'篇'，則其書當爲縑帛而非簡策。"②程千帆《校讎廣義·目録篇》云："文字的體裁先是竹簡，所以稱篇；然後用帛，所以稱卷。"③錢存訓亦認爲"篇"爲簡册的單位，"卷"是縑帛和紙卷的單位④。

　　上述觀點恐怕是不正確的。從考古實物資料來看，帛書大多是折疊存放的，如長沙馬王堆漢墓帛書出土時便是如此⑤。而竹簡却多是收卷存放，如睡虎地秦簡《編年記》出土時雖然編綸朽爛，但根據竹簡出土的位置圖與簡文内容，可知原簡册是編爲一卷存放的（圖一、二）⑥。再如張家山漢簡《奏讞書》出土時編綸亦朽爛，據《張家山漢墓竹簡（二四七號墓）》一書所附

＊　本課題得到國家社科基金項目"郭店、上博古竹書字詞研究"資助（批准號13CYY046）。

① 章學誠：《文史通義·篇卷》，上海書店，1988年，第88頁。

② 胡平生、馬月華：《簡牘檢署考校注》，上海古籍出版社，2004年，第49頁。

③ 程千帆：《校讎廣義·目録篇》，河北教育出版社，1988年，第65頁。

④ 錢存訓：《書於竹帛——中國古代的文字記録》，上海書店出版社，2006年，第77—78頁。

⑤ 湖南省博物館、湖南省文物考古研究所編著：《長沙馬王堆二、三號漢墓——第一卷：田野考古發掘報告》，文物出版社，2004年，第87頁。

⑥ 《雲夢睡虎地秦墓》編寫組：《雲夢睡虎地秦墓》，文物出版社，1981年，第14頁。

《竹簡出土位置示意圖》（E1 是末簡，E197 是首簡）可知，原簡册也是捆卷後存放的（圖三）①。由此可見，"篇"與"卷"的區別並非由書寫載體來決定的。

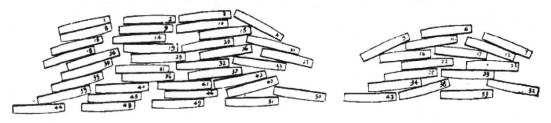

圖一　《編年記》竹簡出土位置示意圖

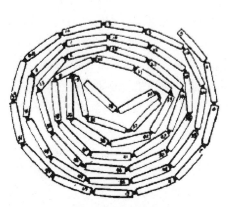

圖二　《編年記》復原圖

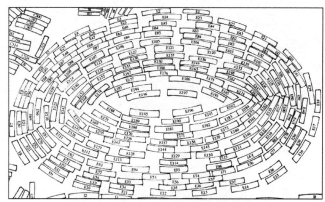

圖三　《奏讞書》竹簡出土位置示意圖

　　《説文》云："篇，書也。"朱駿聲《説文通訓定聲》曰："篇，謂書於簡册可編者也。"余嘉錫先生在《目錄學發微》一書中進一步闡述曰："古之經典，書於簡策，而編之以韋若絲，名之爲篇。"②爲便於收藏和攜帶，需將寫有文字的簡册卷起來。"卷"之得名大概源於竹書"收卷"，李零先生指出"以其可以舒卷"③；勞榦先生認爲"簡編則爲册，卷則爲卷"④。"篇"與"卷"最初既可以作爲簡册的計量單位，表示簡册編連的起訖，又可以作爲文章的計量單位，表示文章内容的起訖。後來二者各有所側重："篇"漸漸失去表示簡册編連的起訖、作爲簡册的計量單位的功能，而逐步變爲僅表示文章内容的起訖的計量單位；卷則逐步變爲僅表示簡册編連起訖的計量單位。

　　有關竹簡中"篇"與"卷"的區別及對應關係問題，陳夢家先生曾經在《由實物所見漢代簡册制度》一文中辨析得十分清楚。他指出："卷與篇的分别，在於篇是一個篇題或一個内容起訖完整者……；卷是册，則指編册成卷，可以包含短章若干篇，可以包含長篇的半篇，可以相當一篇。"又說："大凡卷與篇的分别，在篇以其内容自成一單位，而卷以其所用若干簡數而可以

①　張家山二四七號漢墓竹簡整理小組編：《張家山漢墓竹簡（二四七號墓）》，文物出版社，2001 年，第 322 頁。

②　余嘉錫：《目錄學發微》，中國人民大學出版社，2004 年，第 30 頁。

③　李零：《簡帛古書與學術源流》，三聯書店，2004 年，第 116 頁。

④　勞榦：《居延漢簡考釋·考證之部》，中研院歷史語言研究所專刊之 21，1944 年，第 74 頁。

編卷成一册者爲單位。"①内容完整的一篇文章本應該單獨抄寫在簡册上,卷成一卷收藏。但實際情況並非如此,陳氏所論其實包含了三個方面的内容:一是"合編",即一卷"包含短章若干篇";二是"分卷",即將本應爲一卷的長篇的内容分爲若干卷;三是"篇、卷相當",戰國竹書"篇"和"卷"在多數情況下是統一的,即一篇爲一卷。下面我們以上博、郭店等出土簡册爲對象,系統討論一下竹簡中"合編"與"分卷"的問題。

　　李學勤先生在《對古書的反思》一文中談過"合編成卷"的問題,指出"馬王堆帛書《老子》乙本,以《老子》兩篇同《五行》、《九主》、《明君》、《德聖》四篇抄在一起,成了一卷書",同時又指出傳世典籍中也有相同的情形②。然"卷之起不始於帛書、紙本"③,而始於簡册,陳夢家辨之甚明。所以李學勤所謂"合編成卷"對於竹簡而言,指的是多篇簡文合編成一册的情況。

　　戰國竹簡中存在合編成卷的情況,可以確定的例子,如上博簡中《平王問鄭壽》與《平王與王子木》篇是合抄在一起的④,前一篇的尾句(按:準確地説是簡文的最後一個字)與後一篇的首句抄在了同一支簡上,爲表示區別,中間空了三字左右的距離。上博簡《舉治王天下(五篇)》共三十五簡,該卷竹書有五篇文章連續抄寫,分别是《古公見太公望》、《文王訪之於尚父舉治》、《堯王天下》、《舜王天下》、《禹王天下》,篇與篇之間以墨節爲界⑤。再如上博簡《李頌》篇,共有簡 3 支,"由於第一支簡爲本卷册最後一支,正面抄寫滿後,因爲已經没有抄寫餘地,所以只好再從背面接抄文字,而第二、第三支簡亦即爲全卷倒數第二、第三支簡的的背面(其正面抄寫的是另一篇文章)"⑥。這也可以看成是合編成卷的例子,但是抄寫的方式比較特殊。

　　另外,上博簡《孔子詩論》(存簡 29 枚)、《子羔》(存簡 14 枚⑦)、《魯邦大旱》(存簡 6 枚)三篇,也可能合編爲一卷。馬承源先生在《竹書〈孔子詩論〉兼及詩的有關資料(摘要)》一文中指出:"從書法、形狀及編線契刻等方面來看,本篇(《孔子詩論》)和《子羔》、《魯邦大旱》兩篇爲同一人手迹,這三篇原來可能屬於同一卷。"⑧上博簡第二册出版後,又在《魯邦大旱》的"説明"中説:該篇"長度和文字書法與上博竹書《孔子詩論》及《子羔》完全一致,可能屬於同一編的不同内容"⑨。李零先生進一步認爲這三篇其實是一篇,以"子羔"爲篇題:

　　　　這篇簡文,原本是由六章構成(簡文殘缺,就現有簡文看,至少有六章),章與章有墨釘爲隔(有一個章號殘去),接鈔連寫,而不是三篇合鈔。因爲簡文分篇,多以篇

① 陳夢家:《漢簡綴述》,中華書局,1980 年,第 304—307 頁。
② 李學勤:《對古書的反思》,《李學勤集》,黑龍江教育出版社,1989 年,第 44 頁。
③ 陳夢家:《漢簡綴述》,第 305 頁。
④ 沈培:《〈上博(六)〉中〈平王問鄭壽〉和〈平王與王子木〉應是連續抄寫的兩篇》,武漢大學簡帛研究中心網站(http://www.bsm.org.cn/show_article.php? id=611),2007 年 7 月 12 日。
⑤ 馬承源主編:《上海博物館藏戰國楚竹書(九)》,上海古籍出版社,2012 年,第 191 頁。
⑥ 曹錦炎:《上海博物館藏戰國竹書〈楚辭〉》,《文物》2010 年第 2 期,第 60 頁。
⑦ 按:陳劍先生認爲簡 6 和簡 2 可以拼合成一枚完簡;李學勤先生設想該篇約爲 12 枚簡(存 11 枚,缺 1 枚),除了贊同簡 6 和簡 2 拼合外,還將簡 3 與簡 4 拼合,簡 10 插入簡 11 中間。參閲陳劍《〈子羔〉、〈從政〉篇的竹簡拼合與編連問題小議》,《文物》2003 年第 5 期,第 56—59 頁;李學勤:《〈子羔〉等簡並非一卷》,《文物中的古文明》,商務印書館,2008 年,第 359—361 頁。
⑧ 馬承源:《竹書〈孔子詩論〉兼及詩的有關資料(摘要)》,《新出簡帛研究》,文物出版社,2004 年,第 1 頁。按:馮勝君先生(《郭店簡與上博簡對比研究》,線裝書局,2007 年,第 252 頁)亦認爲"《孔子詩論》、《子羔》、《魯邦大旱》三篇簡文從字體上看應該是同一個書手所抄寫"。
⑨ 馬承源主編:《上海博物館藏戰國楚竹書(二)》,上海古籍出版社,2002 年,第 203 頁。

號作結,另行鈔寫,和這種情況是不太一樣的。①

除引文外,李零先生又指出這三篇簡文内容相關,"顯然都是圍繞同一個人物——孔子"進行的;由此三篇簡文可以編爲一篇,順序是《子羔》、《孔子詩論》、《魯邦大旱》。後來李零先生在《上博楚簡三篇校讀記》中又重申這一意見②。

李學勤先生反對這種意見,認爲"出於一手的簡,不一定合爲一卷"。他指出三篇竹簡折斷的位置不同③,而且"如果聯排,《魯邦大旱》必須在前面,那麼標題爲什麼取自後面的《子羔》"? 所以"《子羔》、《魯邦大旱》與《詩論》雖爲同人抄寫,却不是編爲一卷,不能作一部書看待"④。陳劍先生也不同意將三篇編爲一篇,認爲"三篇内容無關",而且《子羔》篇題乃拈此篇中的兩字爲之,"顯然跟另兩篇無關",所以"有研究者主張的合爲一篇之説也難以成立"⑤。

綜上所述,從形制、字迹、内容等方面來判斷,《孔子詩論》、《子羔》、《魯邦大旱》三篇是存在合編的可能性的。但是李學勤先生的疑問不是没有道理的,編連在一起的竹簡其折斷的位置也應該大體相同,而《孔子詩論》篇竹簡折斷位置却與《子羔》、《魯邦大旱》兩篇明顯不同。所以,這三篇原來是否合編爲一卷,還有待於進一步研究。

類似的情況,再如李零先生認爲上博二《民之父母》(存簡 14 枚)、上博七《武王踐阼》(存簡 15 枚)與其他兩種尚未發表的竹書爲合抄;劉洪濤先生綜合考察竹書形制、書體及保存狀況等方面,也認爲《民之父母》與《武王踐阼》原來可能合編爲一卷⑥。上博二《昔者君老》(存簡 4 枚)與上博四《内禮》(存簡 11 枚),李零先生懷疑二者爲同一卷。上博五《君子爲禮》(存簡 16 枚)與《弟子問》(存簡 25 枚),張光裕先生在整理這兩篇竹簡時指出二者内容性質相類,多屬孔門弟子與夫子之間答問,然殘缺仍多,彼此之間難以依序編連;其從契口位置、文字書寫風格及特徵等方面出發,將簡文分爲兩類⑦。李零先生則認爲這部分簡文還與其他三種尚未發表的竹書合抄⑧。

郭店竹簡中有許多組竹簡形制、甚至字迹完全相同,從理論上來説是存在合編的可能性的。

---

① 李零:《參加"新出簡帛國際學術研討會"的幾點感想》,簡帛研究網站(http://www.jianbo.org/Wssf/Liling3-01.htm;http://www.jianbo.org/Wssf/Liling3-02.htm),2000 年 11 月 16 日。按:李零先生又説:簡文六章,不只中間三章有"孔子"(即我釋爲"孔子",裘先生釋爲"卜子"的那個人),一頭一尾也有。它的第一章和第二章,是子羔問於"孔子",馬先生叫《子羔》;第三、四、五章,是"孔子"自陳,馬先生叫《孔子詩論》;第六章,是魯哀公問於"孔子",馬先生叫《魯邦大旱》。它們顯然都是圍繞同一個人物。

② 李零:《上博楚簡三篇校讀記》,中國人民大學出版社,2007 年,第 5—10 頁。

③ 按:李學勤先生指出"《孔子詩論》大多數簡的折斷是在爲編繩刻出的契口處,而且相鄰的簡折損的樣子每每相似","《子羔》簡的折斷多在簡上端契口之下二三字處,及中腰契口之下四五字處","《魯邦大旱》共 6 支簡,4 支都斷在中腰契口之下四字處"。從中可以看出,《子羔》與《魯邦大旱》兩篇竹簡折斷的位置基本相近。

④ 李學勤:《〈子羔〉等篇並非一卷》,《文物中的古文明》,商務印書館,2008 年,第 359—361 頁。

⑤ 參閱陳劍在復旦大學所作的"簡帛古書拼綴雜談"講座稿本(2010 年 6 月 28 日),講座簡介參閱復旦大學出土文獻與古文字研究中心網站(http://www.gwz.fudan.edu.cn/srcShow_NewsStyle.asp? Src_ID=1203),2010 年 6 月 30 日。

⑥ 劉洪濤:《〈民之父母〉、〈武王踐阼〉合編一卷説》,復旦大學出土文獻與古文字研究中心網站(http://www.gwz.fudan.edu.cn/SrcShow.asp? Src_ID=614),2009 年 1 月 5 日。

⑦ 馬承源主編:《上海博物館藏戰國楚竹書(五)》,上海古籍出版社,2005 年,第 253 頁。

⑧ 李零:《喪家狗:我讀〈論語〉》(修訂版),山西人民出版社,2007 年,第 46 頁。按:此處引用李零先生的意見皆出於此書。

《老子丙》(存簡 14 枚)與《太一生水》(存簡 14 枚)兩篇形制、字迹完全相同,整理者指出
"其形制及書體均與《老子》丙相同,原來可能與《老子》丙合編一册"①;李零先生也認爲這兩篇
可能同抄於一卷②。也有一些學者認爲郭店竹簡《太一生水》及丙組《老子》不是合抄的兩篇文
獻,而是内容連貫的一篇文獻③。如果這種意見屬實,則《老子丙》與《太一生水》兩篇不能看作
合編的例子。

《魯穆公問子思》(存簡 8 枚)與《窮達以時》(存簡 15 枚)兩篇形制、字迹完全相同,"應該
是同一抄手在同一時期内書寫的"④;二者内容有一定聯繫,李學勤先生甚至認爲這兩篇可能
是一篇中的兩章⑤;馮勝君先生認爲這兩篇在理論上存在合編的可能性⑥。

《緇衣》(存簡 47 枚)與《五行》(存簡 50 枚)兩篇竹簡形制相同,簡文同屬一種文字風格⑦。
李零先生認爲這兩篇可能同抄於一卷⑧。

《成之聞之》(存簡 40 枚)、《尊德義》(存簡 39 枚)、《性自命出》(存簡 67 枚)、《六德》(存簡
49 枚)四篇形制、字迹完全相同,"應該是出自同一抄手之筆"⑨。李零先生認爲這四篇是"形
制相同、内容相關的一組簡文,原來可能是抄於同一卷"⑩。陳劍先生通過考察《尊德義》、《成
之聞之》篇簡背數字,認爲如果《尊德義》、《成之聞之》、《六德》三篇簡文編聯在一起,恰好與簡
背所記清點竹簡數量的數字相吻合⑪。但是四篇共計存簡 195 枚,恐不適於編爲一編,這一問
題我們在下面會有討論。

從郭店簡和上博簡反映的情況來看,存在合編可能性的例子有不少。因爲從理論上説,
内容不同的文獻,只要抄寫的竹簡形制相同,就有可能編連在一起。但是能夠確定的例子却
很少,這是因爲竹簡出土時編繩多已朽爛,無從窺探簡册原貌。不同篇的簡文合編爲一卷,除
了内容上的聯繫,"篇幅的大小"也是需要考慮的一個方面。即少量竹簡編爲一卷存放過於繁
瑣,故合數篇而爲一卷。如上文所説的《李頌》篇,簡文内容完整,但僅有三枚竹簡組成,不宜
單獨編寫存放,故與其他篇簡文合抄,編爲一卷。

這些合編的竹簡是怎樣編連在一起的?以目前出土的材料來判斷,大概有兩種編連方
式:一種是連編成卷,即先將各篇簡文分别編爲一編,然後再將各編連編爲一卷。如居延漢

---

① 荆門市博物館:《郭店楚墓竹簡》,文物出版社,1998 年,第 125 頁。
② 李零:《郭店楚簡校讀記(增訂本)》,北京大學出版社,2002 年,第 78 頁。
③ 邢文:《論郭店〈老子〉與今本〈老子〉不屬一系——楚簡〈太一生水〉及其意義》,《中國哲學》第 20 輯,遼寧教育出版社,
2000 年,第 165—186 頁;崔仁義:《荆門郭店楚簡〈老子〉研究》,科學出版社,1998 年,第 36—39 頁;艾蘭(董嵐譯):
《郭店楚簡新見老子道德經與中國古代宇宙觀》,《新出簡帛研究——新出簡帛國際學術研討會文集》,文物出版社,
2004 年,第 232—237 頁。
④ 李松儒:《郭店楚墓竹簡字迹研究》,吉林大學碩士學位論文,2006 年,第 44 頁。
⑤ 李學勤:《天人之分》,《中國傳統哲學新論——朱伯崑教授七十五壽辰紀念文集》,九洲圖書出版社,1999 年,第 239—244 頁。
⑥ 參閲馮勝君《出土材料所見先秦古書的載體以及構成和傳布方式》,"先秦文本與思想"國際學術研討會,臺灣大學,
2010 年 8 月 7—8 日。
⑦ 李松儒:《郭店楚墓竹簡字迹研究》,吉林大學碩士學位論文,2006 年,第 35 頁。
⑧ 李零:《郭店楚簡校讀記(增訂本)》,北京大學出版社,2002 年,第 32 頁。
⑨ 李松儒:《郭店楚墓竹簡字迹研究》,第 75 頁。
⑩ 李零:《郭店楚簡校讀記》,《道家文化研究》第 17 輯,三聯書店,1999 年,第 504 頁。
⑪ 陳劍:《郭店簡〈尊德義〉和〈成之聞之〉的簡背數字與其簡序關係的考察》,《簡帛》第二輯,上海古籍出版社,2007 年,第 224 頁。

簡中的永元器物簿（圖四）：

圖四

永元器物簿共包括了永元五年二月至永元七年六月兩年時間內的五個"編"（一份文書爲"一編"）的文書，陳夢家先生對其編連情況做了研究，指出：

> 居延出土永元器物簿，其制稍異。它是先寫後編，而且是以數篇（編）即五個月的五個兵器簿重編而成的。在第三和第五簿之末皆附以白簡。由其所用的繩編，尚可識辨第四、第五編（篇）是一次編的，白簡附在最後一簡。第一編（篇）是一次編的，其末簡繩尾扣在第二編的首簡。第二和第三編是兩次編的，第二編的繩尾扣在第三編的首簡。而第三編末了的白簡的繩尾扣在第四編的首簡這種編結法和《儀禮》長篇不同，但它和《詩》三百篇或有可能相似。[1]

永元器物簿保持完整，從中我們不僅可以看到多份文書合編在一起的情況，還可以看到具體的編連方式。

睡虎地 M11 所出秦簡《語書》共有 14 枚竹簡[2]，內容是秦王政二十六年（公元前 227 年）四月初二南郡郡守騰頒發給本郡各縣、道的一篇文告。睡虎地秦墓竹簡整理者在説明中説：

> 文書共有十四支簡，文字分爲前後兩段。這十四支簡簡長和筆體一致，但後段的六支簡簡首組痕比前八支簡位置略低，似乎原來是分開編的。後段有"發書，移書曹"等語，文意與前段呼應，可能是前段的附件。原有標題在最後一支簡的背面。[3]

整理者認爲《語書》14 枚竹簡"似乎原來是分開編的"，這種説法不夠確切。程鵬萬先生指出："《語書》這 14 枚文書竹簡應該是編聯在一起的，編聯方式與永元器物簿的編聯方式一致。首先將 1～8 簡、9～14 簡各自編爲一册，而後將 1～8 簡的左側的餘繩直接繫在第 9 簡上，《語書》是將兩個小簡册編在一起的一篇文書。"[4]如果這一意見屬實，則説明不同形制的簡册也可以合編成一卷。

① 陳夢家：《漢簡綴述》，第 306 頁。

② 按：《語書》編號 15 爲第 1 簡背，編號 16 的簡爲一枚簡的側面，與睡虎地秦簡《日書》乙本的 262 號簡重出。參閲程鵬萬《簡牘帛書格式研究》，吉林大學博士學位論文，2006 年，第 34 頁注 2。

③ 睡虎地秦墓竹簡整理小組編：《睡虎地秦墓竹簡》，文物出版社，1978 年，第 14 頁。

④ 程鵬萬：《簡牘帛書格式研究》，第 35 頁。

　　另一種方式則是統一編連,指的是合編的各篇竹簡打破篇的界限,並不單獨分爲幾個小的簡册,而是統一加以編連。統一編連一般竹簡的形制應該相同。如上博簡《平王問鄭壽》前6枚簡①與《平王與王子木》(存6枚簡②)兩篇竹簡形制相同,而且内容接續連抄,前者的尾句與後者的首句抄在了同一支簡上③。像這兩篇簡文,最有可能的編連方式就是統一編連。再如上文所說的上博簡《李頌》篇所在的簡册也可看作統一編連。從編連方式來説,該簡册應是"先編後寫"的,《李頌》篇接抄於前一篇簡文之後,因簡支不足,遂抄寫於簡册之後。若是"先寫後編"似乎没有將正文寫在簡背的必要,再增補兩支竹簡即可。此外,郭店簡《六德》篇第26號簡墨節上面有"道宗止"三字,裘錫圭先生、陳偉先生"疑'道宗'即以上一篇的篇名,'止'即此篇至此完了之意"④。倘若如此,則《六德》篇又是接續連抄的一個例證。但這一問題存在爭議,如林清源先生不同意將"道宗止"三字看作篇題⑤;周鳳五先生認爲"道宗"二字應該是"章名而非篇題"⑥。

　　對比"連編成卷"與"統一編連"這兩種編連方式可知,前者存在時間上先後問題:永元器物簿每一個月記爲一編,然後將這些編再合編在一起;《語書》9～14簡的内容或許是在前文書寫編連後的一個補充,故而單獨編爲一册後又與1～8簡合編起來。這樣看來,這種由不同的簡册合編在一起的編連方式存在歷時性的差異。前文指出《老子丙》及《太一生水》存在合編的可能性,李松儒先生指出《老子》三篇及《太一生水》篇字迹具有歷時性的差異,"是由同一抄手在不同時期内書寫完成的"⑦。如果這一意見屬實,不知道《老子丙》及《太一生水》兩篇是否也是分編後再合編。統一編連一般要求簡文是在同一時間内抄寫的,否則無法進行⑧。如前文所述,郭店簡《魯穆公問子思》與《窮達以時》兩篇形制、字迹完全相同,而且是由同一抄手在

①　按:《平王問鄭壽》共收入7枚竹簡,前6枚簡均長33釐米,字體一致、内容連貫;簡7長33.2釐米,其字體與内容亦皆與此篇無關。綜合這些因素,簡7當不屬於本篇,沈培先生認爲該簡應該從本篇剔出。"復旦吉大古文字專業研究生聯合讀書會"認爲此簡接於上博八《志書乃言》簡4之後,但究竟屬於哪一篇,還有待進一步研究。參閲沈培《〈上博(六)〉中〈平王問鄭壽〉和〈平王與王子木〉應是連續抄寫的兩篇》,武漢大學簡帛研究中心網站(http://www.bsm.org.cn/show_article.php? id=611),2007年7月12日;修改稿載《簡帛》第六輯,上海古籍出版社,2011年,第303—306頁。復旦吉大古文字專業研究生聯合讀書會:《上博八〈王居〉、〈志書乃言〉校讀》,復旦大學出土文獻與古文字研究中心網站(http://www.gwz.fudan.edu.cn/SrcShow.asp? Src_ID=1595),2011年7月17日。

②　按:《平王與王子木》原收入5枚竹簡,上博八公布後,沈培等學者指出《志書乃言》簡8字體、性質與《平王與王子木》篇一致,可接於該篇簡4之後,連讀爲"王子不得君楚邦,或(又)不得【平王與王子木4】臣楚邦【志書乃言8】",前後文義正好相對。參閲沈培《〈上博(六)〉與〈上博(八)〉竹簡相互編聯之一例》,待刊稿;復旦吉大古文字專業研究生聯合讀書會:《上博八〈王居〉、〈志書乃言〉校讀》,復旦大學出土文獻與古文字研究中心網站(http://www.gwz.fudan.edu.cn/SrcShow.asp? Src_ID=1595),2011年7月17日。

③　沈培:《〈上博(六)〉中〈平王問鄭壽〉和〈平王與王子木〉應是連續抄寫的兩篇》,武漢大學簡帛研究中心網站(http://www.bsm.org.cn/show_article.php? id=611),2007年7月12日;修改稿載《簡帛》第六輯,第303—306頁。

④　荆門市博物館:《郭店楚墓竹簡》,文物出版社,1998年,第189頁注[十五]裘按;陳偉:《郭店竹書别釋》,湖北教育出版社,2003年,第122—123頁。

⑤　林清源:《簡牘帛書標題格式研究》,臺北藝文印書館,2004年,第96頁。

⑥　周鳳五:《郭店竹簡的形式特徵及其分類意義》,《郭店楚簡國際學術研討會論文集》,湖北人民出版社,2000年,第55頁。

⑦　李松儒:《郭店楚墓竹簡字迹研究》,第41頁。按:丁四新也有相同的意見,他通過考察《老子》甲、乙、丙三篇的異文現象,把《老子》甲、乙、丙三組區别爲三個時期三種不同的抄本,並認爲《老子》甲、乙、丙三本呈時間的先後關係(參閲丁四新《郭店楚墓竹簡思想研究》,東方出版社,2000年,第9頁)。

⑧　按:理論上還存在拆除具有歷時性差異的各篇原來的編綸而重新進行"統一編連"這種情況。

同一時期内書寫的,所以這兩篇竹簡存在統一編連爲一卷的可能性。但是這種對比得出的結論也不是絕對的。如永元器物簿第四、五兩簿雖有歷時性的差異,但却是統一編連的,不同於其他幾簿。而對於同一時期抄寫的簡册而言,似乎也可以先將各篇分別編爲一編,然後再連編成一卷。

在統一編連這種情況下,對於寫於同一卷的不同篇之間的格式,理論上存在三種可能性:第一種是接續抄寫,即後一篇首句與前一篇尾句抄在同一支簡,這在上博簡《平王問鄭壽》與《平王與王子木》的抄寫上有很好的體現。第二種是換簡抄寫,即後一篇首句不接續前一篇尾句後抄寫,而是另起一支簡進行抄寫,比如"永元器物簿"第四、五兩編即是如此。第三種是前一篇與後一篇之間以空白簡隔開。這種情況需要仔細討論一下。出土竹簡中往往伴有空白簡,如郭店竹簡共計 805 枚,其中有字簡 731 枚①(按:包括竹簡殘片 27 片),無字簡 74 枚。包山二號楚墓中空白簡所占比重更大,出土了 448 枚竹簡,其中有字簡 278 枚,無字簡 170 枚②。這些空白簡在簡册中的位置和作用是什麼?《武威醫簡》"摹本釋文注釋"第一頁的第一類簡發表兩枚空白簡,整理者説:"右二簡是空白簡,應是册首的'扉頁',或稱'贅簡'。"③贊成此觀點者頗多,如查啟森先生認爲:"編簡成策的時候,策的開頭有兩根正面不寫字的簡,稱爲'贅簡'或'首簡'(如武威旱灘坡醫簡),做爲保護以下的有字竹簡的,這就是後世書籍扉頁的起源。"④李零則認爲空白簡應贅在簡册後面,他説"古書連綴成篇,篇尾或有贅簡,如同帛書和紙書的空白⑤。空白簡應贅在簡册後面這種情況,可以從出土實物中得到印證,如上舉"永元器物簿"第五簿末簡即爲空白簡。對於"先編後寫"的簡册來説,一篇内容寫完,不再接抄其他篇,是有可能出現空白簡的情況的。但是從簡上殘留的絲線痕迹來看,郭店簡絕大部分篇章都存在編綸處寫有文字的現象,馮勝君先生、李天虹先生都已指出其爲"先寫後編"⑥。包山簡裏有的文字,據整理者介紹,是在剥開殘存絲線後才發現的,可證竹簡的編連是在文字書寫完成後進行的⑦。先寫後編竹簡,從理論上來説,在一篇簡文後面似乎没有太多理由贅加許多空白簡。那麼這些空白簡有没有可能位於簡册中間呢?對於同一篇簡文(按:指不可再繼續分篇)而言,這種情況是不存在的。那麼這些空白簡有没有可能是用於合編的簡册中篇與篇之間以示分篇呢? 恐怕這種可能性是不能排除的。但是由於出土的戰國簡册編繩都已朽爛,竹簡散亂,無法得到實物證據。當然,理論上還有可能存在編連完成而尚未書寫的簡册,但是以這種簡册隨葬似乎並無必要。在連編成卷的情況下,編

① 湖北省荊門市博物館:《荊門郭店一號楚墓》,《文物》1997 年第 7 期,第 35—48 頁;荊門市博物館:《郭店楚墓竹簡·前言》,文物出版社,1998 年。按:後來在竹簡養護中又發現一枚有字簡,參閱龍永芳《湖北荊門發現一枚遺漏的"郭店楚簡"》,《中國文物報》2002 年 5 月 3 日。

② 湖北省荊沙鐵路考古隊:《包山楚簡》,文物出版社,1991 年,第 3 頁。

③ 甘肅省博物館、武威縣文化館:《武威漢代醫簡》,文物出版社,1975 年。

④ 查啟森:《介紹有關書史研究資料的新發現與新觀點》,《中國書史教學參考文選》,書目文獻出版社,1987 年,第275 頁。

⑤ 李零:《簡帛古書與學術源流》,三聯書店,2004 年,第 119 頁。

⑥ 馮勝君:《郭店簡與上博簡對比研究·形制篇》,線裝書局,2007 年,第 2—14 頁;李天虹:《〈性自命出〉的編聯及分篇》,《清華簡帛研究》第 1 輯,清華大學思想文化研究所,2000 年,第 196—197 頁。

⑦ 李天虹:《〈性自命出〉的編聯及分篇》,第 197 頁。

與編之間似乎也有以空白簡間隔的情況,如上舉永元器物簿第三簿與第四簿之間即是如
此。學者或懷疑這是"利用空白簡以示分篇",其實這種情況比較特殊,嚴格來説,空白簡位
於第三簿末,是這一編的末簡,未必就是爲了與第四簿分開。否則第一簿與第二簿之間、第
二簿與第三簿之間似也應該加空白簡。

　　我們再來討論一下分卷的情況。當一篇簡文内容較長時,需要的簡支數量就會相對多一
些,如果編連成一卷則不利於查閲。在這種情況下,就會考慮將一篇簡文分爲幾卷單獨編寫。
如陳夢家先生曾舉例説,《儀禮》中《士喪》、《少牢》兩篇長達六千字以上,以六十字爲一簡,需
用百簡以上,編連成册,翻檢有所不便,因而分爲兩卷①。

　　那麽卷長要多長才合適呢? 上引陳夢家先生意見似乎主張卷長不宜過百簡,否則翻檢不
便。李零先生曾討論説:

　　　　出土竹木簡,完册比較少見(只有居延漢簡中的《永元兵物簿》等少數幾件),故
　　學者於卷長不太留心。古人所説的"卷"和"篇"概念不完全一樣。"篇"是按内容起
　　訖自爲長短,而"卷"則是竹簡編聯成册的一種長度規格。古人著書,可以一篇一卷
　　(長篇還可再分上下),也可以數篇合鈔,本無所謂長短。但向、歆校書,這個問題就
　　很突出,長則一書數卷,短則數書一卷,卷與卷的分量比較接近,才便於上架庋藏。
　　"批量化"導致"規格化"。當然,漢代的"卷"有多長,恐怕只能以握持之便定其大概,
　　實際上也不是固定的(今之卷、册仍如此)。②

從論述中可以看出,李零先生並没有給出最大卷長的確定數字,而是提出應"以握持之便定其
大概"。這不是一個固定的概念,而是因人的生理差異而變化的。

　　邢義田先生也曾以"永元器物簿"爲對象,從"實證"的角度對極限卷長作了推論:

　　　　從實用角度看,百簡左右編聯爲一篇,已可説是合宜長度的極限。我們曾以七
　　十七簡的永元器物簿復製品作持握實驗。一人兩手持簡册展讀,兩手伸開能握的簡
　　册長度頂多不過百簡左右;再長,即不便完全展開,或必須收卷一部分。永元器物簿
　　册由七十七枚簡構成,全長九十公分。不論置於几案或手持展讀,都還算方便。迄
　　今在墓葬以外,還不曾出土比它更長的實用簡册,應該不是偶然。③

邢義田先生從復製實物簡册持握實驗中得出結論,認爲簡册應便於手持展讀,極限長度爲"百
簡左右"。如果以"77 簡的永元器物簿長 90 釐米"這一資料推算,極限卷長約爲 117 釐米
左右。

　　上述討論是以漢簡爲研究對象的,受其影響,一些學者認爲戰國簡册的最大卷長亦爲百
簡左右。這個結論恐怕還需要斟酌。最大卷長爲"百簡左右"這個結論是以漢簡爲據得出的,

---

①　陳夢家:《漢簡綴述》,第 306 頁。
②　李零:《簡帛古書與學術源流》,三聯書店,2004 年,第 119 頁。
③　邢義田:《漢代簡牘的體積、重量和使用——以中研院史語所藏居延漢簡爲例》,《古今論衡》2007 年第 17 卷,第 64—
　　101 頁。

有相應的適用對象,並非對所有簡册都適宜。盲目地認爲簡册的極限長度爲百簡左右,其實是誤以個別現象爲普遍現象,抹殺了不同時代、不同材質簡册之間的差異。以永元器物簿爲例,其材質爲木簡,單簡寬度約爲 1 釐米,厚度約爲 0.2～0.3 釐米。而戰國簡册以"竹簡"爲主,以上博、郭店竹簡爲例,其寬度約爲 0.5～0.7 釐米,厚度約爲 0.1～0.2 釐米。所以在簡支數量相同的情況下,"竹簡册"的卷長一定比"木簡册"的小;收卷後"竹簡册"的體積也一定比"木簡册"要小。這樣,本不易握持的"木簡册"若替換爲"竹簡册",恐怕就變得易於握持了。孫沛陽先生曾在《上博藏楚竹書〈周易〉的復原與卦序研究》一文中嘗試復原由 140 多枚竹簡組成的簡册,其實驗以寬度爲 0.6 釐米,厚度爲 0.11～0.12 釐米的硬紙板代替竹簡,結果所得到的簡册收卷後其橫切面直徑爲 5.3 釐米左右①(圖五)。

圖五

所以竹簡册相對於木簡册而言,更利於展讀和收藏。至於爲什麼竹、木簡的形制會有如此的不同,除了時代所造成的差異外,恐怕在一定程度上還受到自身材質的局限:即竹簡韌性更好一些,所以可以略窄、薄;而木簡相對容易折斷,所以要相對寬、厚一些。

那麼戰國簡册最多可以編連多少簡支呢？雖然邢義田先生所謂百簡的數量不適於戰國簡册,但是據此所得出的展卷的長度還是十分具有參考價值的。以漢簡資料爲參考:極限卷長約爲 117 釐米,編連百簡,單簡寬度約爲 1 釐米,則簡間距平均約爲 0.17(17/99)釐米。在不考慮編繩差異以及簡册經歷歲月發生性狀變化所導致的簡間距偏差等情況下,以寬度爲0.6釐米的簡支來推算,那麼易於展讀的戰國簡册編連的簡支最多爲 152 枚左右。

在上述討論的基礎上,我們可以對戰國竹簡的"卷長"做一番考察。以郭店竹簡爲例,可

---

① 孫沛陽:《上博藏楚竹書〈周易〉的復原與卦序研究》,復旦大學出土文獻與古文字研究中心網站(http://www.gwz. fudan.edu.cn/srcshow.asp? src_id=1288),2010 年 10 月 16 日。按:"直徑 5.3 釐米左右"這個資料是根據孫文中所列簡册復原圖測算出來的,恐有誤差,但不會太大。

以確定的最小的"卷"①爲《忠信之道》篇,有 9 枚竹簡;最大的"卷"爲《語叢一》篇,有 112 枚竹簡②。郭店簡單簡寬度約爲 0.5～0.7 釐米,由此推算,最短簡册"卷長"不超過 10 釐米,最長的簡册"卷長"約爲 70 釐米左右。按照這個統計數字,則郭店簡中所有的簡册都符合握持的標準。但是像《語叢一》篇這樣包含較多簡支的簡文,從理論上來說存在分卷的可能性。從已公布的上博簡來看,其"卷長"並未超出郭店簡的範疇,所以這裏就不再討論了。

　　我們也可以對前文所談到的合編成卷的例子做一下檢查。《成之聞之》、《尊德義》、《性自命出》、《六德》四篇簡文形制完全相同,李零先生等曾懷疑四篇簡文"原本可能是抄於同一卷"。從理論上說,這種可能性是存在的。但四篇簡文編連在一起後共計 195 枚簡,已經超出適於展讀的簡册所應編連的簡支數量。如按陳劍先生意見將《尊德義》、《成之聞之》、《六德》三篇簡文編連在一起,則這一卷共包含 128 枚竹簡,理論上是存在合編的可能性的。若此説正確,那麼這一簡册將超過永元器物簿,成爲我們現在所能見到的最長的簡册。但這種意見也存在一定的危險性。《尊德義》簡 11、簡 12、簡 15、簡 28,及《成之聞之》簡 13 背面的數字分別爲"百八"、"百四"、"百一"、"百"、"七十二",是否是對簡的清點計數恐怕還需要進一步討論。若以對簡的清點計數而言,這些數字似乎間隔過密了。另外,郭店《緇衣》、《五行》兩篇共計 97 枚竹簡,也符合合編標準。但原簡册是否合編,現無從考據。

　　最後,我們來談一下《性自命出》篇的分合問題。李天虹先生曾對《性自命出》篇竹簡的抄寫和容字情況做過説明:"一～三五號簡,字體較爲粗放,字之間架較爲疏闊,每簡平均所書字數較少。……三六～六七號簡,字體較爲秀麗,字之間架相對緊密,每簡平均所書字數較多。"③雖然由此得出的分篇結論並不可信,但這種研究方法很有意義。通過進一步研究我們發現,李天虹先生所謂"三六～六七號簡每簡平均所書字數較多"的情況具體集中於 36 號簡至 49 號簡之間。《性自命出》篇滿寫簡最多容 30 字,計 1 枚,爲簡 49;其次容 27 字,計兩枚,爲簡 37、45;再次容 26 字,計 1 枚,爲簡 39;容 25 字的簡計 7 枚,這一部分占了 4 枚,即簡 40、43、46、47;剩下幾枚簡計容 24 字的 4 枚、容 23 字的 1 枚。除了 36 號簡至 49 號簡以外,其餘竹簡共計 53 枚,最多容 24 字,計 10 枚;最少容 20 字,計 1 枚,爲簡 34;其次容 21 字,計兩枚,爲簡 17、26;容 23 字的簡支最爲常見,計 22 枚。從我們的統計數字來看,36 至 49 號簡簡文抄寫更爲緊湊,與 1 至 35 號簡、50 至 67 號簡明顯不同。上博簡中有《性情論》一篇,可以與《性自命出》對應。湊巧的是,相當於《性自命出》第 36 至 49 號簡之間的内容,在上博簡中是簡文的最後一個部分。所以,《性自命出》第 36 至 49 號簡内容應該單獨作爲一個部分來看待,整篇簡文分爲三個部分,以往將第 1 至 49 號簡看作一個部分可能是有問題的。

　　《性自命出》篇分爲三個部分,各部分簡文單獨抄寫,陳偉先生認爲"這三部分簡書分作三篇的可能性更大一些"。與之相對應的《性情論》三個部分接續連抄,二者不同。由此,陳偉先生認爲"我們今天稱作《性自命出》或者《性情論》的文本,在戰國時大約既有分編單行的,也有

---

① 　按:前文説過《魯穆公問子思》篇與《窮達以時》篇存在合編的可能性,所以我們沒有把《魯穆公問子思》篇當作郭店簡中最小的"卷"。

② 　按:從簡文的内容來推斷,《語叢一》實際包含的竹簡數量很可能要多於現存的 112 枚。

③ 　李天虹:《郭店竹簡〈性自命出〉研究》,湖北教育出版社,2003 年,第 11—12 頁。

合於一編的"①。陳偉先生所說的"分作三篇"中的"篇",指的是簡册編邊的計量單位,並非是文章内容的單位。因爲所謂的"三篇"準確地說是一篇文章的三個部分,並非是首尾完整的三篇不同的文章。如果這三個部分確如陳偉先生所言存在單行的可能性,那也只能説是一種"分卷"行爲。但是從竹簡形制來説,三個部分完全相同,具備編爲一卷的條件;從簡支數量來説,三個部分共計 67 枚竹簡,適宜編爲一卷;從内容上來説,上博簡《性情論》三個部分接續連抄,無任何分卷迹象。所以,從目前研究的情況來看,没有什麽證據可以證明《性自命出》篇的三個部分是分編單行的。

　　簡書出土時多數編綸已朽爛,無法得見竹簡原來的編連狀況。上文的討論,其實是嘗試復原簡册以探討簡書的編寫形式。雖然不免有許多推測,但是這些都是以簡書自身所呈現信息和學者的研究爲基礎進行的,並非毫無根據。

---

① 　陳偉:《郭店竹書别釋》,湖北教育出版社,2003 年,第 176 頁。

戰國古文形體辨僞(六篇)[*]

李春桃

（吉林大學古籍研究所）

提　要：《汗簡》、《古文四聲韻》二書收録了大量傳抄古文形體，是研究戰國文字的重要材料，但二書中存在一些僞造或後拼合的形體，這些形體顯然並非戰國古文。本文便以舉例形式對一些有問題的古文進行辨析，以引起學界注意。

關鍵詞：傳抄古文　戰國文字　辨僞

　　古文是指經過人們輾轉傳寫而得以保存的戰國文字材料，或稱之爲戰國古文。宋代成書的《汗簡》、《古文四聲韻》是保存古文形體的重要書籍，兩書共收録萬餘形體，且極具參考價值，因此也經常爲戰國文字研究者所引用。但兩者成書於宋代，距戰國乃至漢代已千餘年，受材料影響當時的學者古文研究水平有限，所以會收録一些僞造的古文形體，甚至會拼合偏旁而重新組成古文，致使二書中包含一些僞古文形體，現舉數例加以辨析以引起注意，使學者能夠更合理地使用二書中的古文材料。

一

　　《古文四聲韻》中"被"字古文作①：

　　㪿 四4·4天②

上録第一形㪿原書釋文誤作"被"，其左部所從的"示"旁是"衣"旁的形近訛體。而此古文竟

---

*　本文受到中國博士後科學基金第五十四批面上資助(資助編號 2013M541279)、中國博士後科學基金第七批特別資助(資助編號 2014T70278)。

①　郭忠恕、夏竦輯，李零、劉新光整理：《汗簡·古文四聲韻》，中華書局，1983 年。

②　本文引用傳抄古文的格式爲：輯録書籍名稱/書籍卷數/頁數/出處，如"㪿四4·4天"，指該形見於《古文四聲韻》卷四4頁(原影印頁數)，出自天臺經僮。至於出處均用簡稱，詳見文後所附出處簡稱表。

也寫成从示作![字形]，顯然是據已經訛誤的楷書形體回改而成的篆文，是後人僞造的形體，非戰國古文。與此相關的“褐”字古文作：

![字形] 四5·11老

“褐”本从衣、曷聲。從形體上看，上録古文从示、从![字形]，應係後人僞造。“示”、“衣”在隸楷階段相似，所以作僞者誤“衣”爲“示”，又回改成篆文，與上面“被”字古文情況相同。

再説右部形體，在古文系統中![字形]代表“蜀”旁。如下列“蜀”或从蜀之字的古文作：

蜀：![字形]汗6·72林　![字形]四5·6林

濁：![字形]汗5·61　![字形]四5·7朱　![字形]四5·7老

燭：![字形]汗4·55義　![字形]四5·6義

趨：![字形]四5·6楊　![字形]四5·6荀

戰國文字中“蜀”字作：

![字形]《皇門》10　![字形]《周易》40　![字形]《璽匯》3302　![字形]《老子甲》21

古文體系中“蜀”旁![字形]形與戰國文字寫法基本相同，但“褐”字古文寫作从蜀較爲奇怪。這是因爲“蜀”、“曷”二旁寫法相似，導致古文中經常訛混，如“歇”字下收古文作![字形]，是涉“歠”而誤①。作僞者可能是見到“歇”字古文作![字形]，以爲左部是“曷”字古文寫法，故以“衣”字古文（實爲示旁）和“曷”字古文（實爲蜀旁）僞造了![字形]形。殊不知，無論該形左部的“示”還是右部的“蜀”，都不是“褐”字所从，據此可判斷此爲僞造形體，並非六國古文。

二

“脆”字古文作：

![字形]四4·14老　![字形]四4·14老

---

① 相混之例又如“濁”下收古文作![字形]，是“渴”字。以上例子一併參筆者學位論文《傳抄古文綜合研究》，吉林大學博士學位論文(指導教師：吳振武)，2012年，第80、82頁。

與此相關的"危"字古文作：

汗 4·51 尚　　 四 1·17 孝　　 四 1·17 尚

形上部從肉，下部從"危"字古文；形左部從"危"字古文，右部從肉（稍訛）。表面看來古文並無不妥，實則不然，其實"脆"應是"脃"字的後出俗體。《説文》："脃，小耎易斷也。從肉、從絶省。"（小徐本作"從肉、絶省聲"）從《説文》的分析可以看出"脃"本從色（絶的省體），並不從危。後世俗書中"色"、"危"旁相近，所以"脃"又誤寫作"脆"，後者是前者的俗字，如《玉篇·肉部》"脆，同脃，俗"是其例。段玉裁注《説文》"脃"字時云"作脆者，誤也"[1]，朱駿聲云"俗誤作脆"[2]，亦可佐證。"脆"形出現時間較晚，並非先秦古文字，所以、二形是後人把"肉"旁和"危"字古文組合到一起僞造而成，並非戰國古文。

三

"盜"字古文作：

汗 5·68 李　　 四 4·29 籀　　 陰

從形體上看，古文從門從戈，爲"閟"字，鄭珍指出"閟"是"閈"字之誤，云："'閈'讀若縣，……'次'、'縣'同音，其書'次'誤爲'盜'，郭不能識別爾。"[3]該説可信，但仍需細加分析。"閈"本從鬥，隸楷階段"鬥"與"門"形體相近，所以"閈"經常訛成"閟"，如大徐本《説文》："戉，……從廣、閟省聲。讀若環。"小徐本中"閟"作"閈"。"閈"與"戉"讀音相近，可知大徐本中的"閟"是"閈"的誤字，訛誤情況與古文相同。

"鬥"與"門"在先秦古文字中寫法區别明顯，兩者在隸楷階段形體才變得相近，上録古文從門，不從鬥，可知該形是據"閟"字回改而成的篆形，整理者見到的"閈"字已經訛成"閟"，該形出現時代較晚，恐非六國文字。

四

"筆"字古文作：

四 5·8 義

---

① 段玉裁：《説文解字注》，江蘇廣陵古籍刻印社，1998年，第176頁。
② 朱駿聲：《説文解字通訓定聲》，中華書局，1998年，第666頁。
③ 鄭珍：《汗簡箋正》，《鄭珍集·小學》，貴州人民出版社，2002年，第929頁。

該形下部形體怪異,與常見的"筆"字寫法不同,似未見合理解釋。我們認爲此形係後人僞造而成。解決此形的關鍵是找到古文下部形體來源,該形從月、從三橫、從佳。值得注意的是,"津"字古文作:

四 1・31 説　四 1・31 崔

該形從舟、從水、從佳,可隸定成"雔"。翏生盨銘文中"津"字作(《集成 4459.1》),應是承此金文而來,形體可信。篆文"津"字作,已經變成從水、聿聲的形聲字。以下部和相比,兩者無疑十分接近,前者所從的"月"應是"舟"旁所訛(兩旁在古文中經常相混),前者的三個橫畫是"水"旁橫置,可見"筆"字古文下部從雔。但"筆"與"津"兩者讀音不近,爲何前者下部會寫成後者呢?"筆"(筆)下部從聿,"聿"本是"筆"的象形初文。"津"字篆文作,本從聿,但楷書階段"聿"被簡省作"聿",這就使"津"字也變成從聿。作僞者不知"津"字構形來源,誤以爲其和"筆"(筆)所從相同,便把"筆"字下部改成"津"字古文雔,所以荒謬造出形。

五

"矜"字古文作:

汗 6・76 石　四 2・28 石

《説文》:"矜,矛柄也。從矛、今聲。"分析"矜"從今得聲,上録形體也從"今"字古文(第二形稍訛)。但是從早期文字形體看《説文》的分析不可信,段玉裁注"矜"字時據漢石經、漢碑中"矜"字寫法以及《詩經》中"矜"字用韻,指出"矜"字本當從"令"得聲[1]。朱駿聲也認爲"矜"從令得聲,並謂"從今者,誤字"[2],可信。不但漢代文字"矜"字從令,張富海先生已經指出郭店簡《老子甲》"矜"字作(7 號簡),從命得聲,"命"、"令"古爲一字[3]。其説是。另外詛楚文中"矜"字亦從令作,可見從先秦到漢代,"矜"字都是從令(或命)得聲,從今的"矜"字出現較晚,《説文》對"矜"字分析有誤,相應地,由古文"矛"和古文"今"兩部分組成,屬於後人僞造形體,並非六國文字。

六

"盜"字古文或作:

---

① 段玉裁:《説文解字注》,第 719 頁。
② 朱駿聲:《説文解字通訓定聲》,第 846 頁。
③ 張富海:《漢人所謂古文研究》,線裝書局,2008 年,第 176 頁。

釜 四 4・29 籀

形體上部所从爲"岁"旁,"資"字古文或从岁得聲作:

資 四 1・17 義　　**資** 四 1・17 汗

上部所从"岁"旁與盗字古文相似,所以"盗"字古文可隸定成"盉"。但"盗"本从次作,"盗"與"岁"讀音相隔較遠,"盗"本不應从岁。那麼古文"盉"形該如何解釋呢? 我們懷疑該形體中的"岁"旁是涉"次"形而誤。

"盗"字在秦漢文字中所从的"次"形經常訛成"次"形:

盜 睡虎地秦簡《封診式》簡 17

盜 龍崗秦簡 121

簡文二形上部都訛成从次。單獨成字時"次"和"次"也有相混情況。上博簡《周易・旅》六二"旅既次,懷其",與形相應之字今本《周易》作"資",帛書本作"茨",阜陽漢簡作"次"。

陳劍先生把釋成"次",並讀爲"羡",同時指出這些"次"以及从"次"之字都是秦漢時期"次"字之誤①。此說可信,這是"次"(旁)和"次"(旁)互訛的例子。從音理及通假規律看,"次"、"岁"讀音相近,兩聲系字常可通用,例子極多,如"次"以"岁"爲古文,又上錄"資"字古文从岁得聲,均是其例。所以猜想此古文的整理者所見的"盗"寫作从次,但其不明緣由(次旁是次旁之訛),誤以爲"盗"字从次聲,又把"次"換成了讀音相近的"岁",於是造出"盉"形。

"次"與"次"二字在六國文字中寫法區別明顯,本不易相混,但是秦漢文字中二形相近,容易混淆,古文形體"盉"便涉此而誤造。

古文出處簡稱表:

汗——汗簡
四——古文四聲韻
天——天臺經幢
老——古老子
林——林罕集字
朱——朱育集字
義——義雲章

---

①　陳劍:《上博竹書〈周易〉異文選釋》,《出土簡帛文獻與古代學術國際研討會會議論文集》,臺北政治大學,2005 年;後經修訂刊於《文史》2006 年第 4 期,本文據後者。

楊——楊氏阡銘

荀——荀邑集字

尚——古尚書

孝——古孝經

李——李商隱字略

說——説文

籀——籀韻

崔——崔希裕纂古

石——石經

雲——雲臺碑

龍崗秦簡再整理校記

李天虹　曹方向

（武漢大學簡帛研究中心）

　　提　要：本文對龍崗秦簡 33、77—83、103—110、121、126—127、205 號的編聯或釋字提出一些不同看法。如認爲簡 33 原釋“當”的字，其實是一個從“鹿”的字，是一種動物名稱；簡 106 下當與簡 110 遙綴，簡 110 下與簡 108 綴合；簡 126 原釋“二”的字，應該是一個標識符號和“一”字的誤釋。

　　關鍵詞：龍崗秦簡　編聯綴合　釋讀

　　1989 年，湖北省雲夢縣龍崗墓地六號墓出土一批秦代法律簡。其内容較爲獨特，以禁苑事務爲核心①。簡文書寫風格統一，當出自一人之手②。1994 年，湖北省文物考古研究所等單位首次公布這批簡的全部圖版、初步釋文和注釋，具體負責竹簡整理的是劉信芳先生和梁柱先生③。其後，劉、梁兩位先生對竹簡繼續進行整理，同時結合其他學者的研究，於 1997 年出版《雲夢龍崗秦簡》（以下簡稱《雲夢》）一書，其成果在初步整理的基礎上前進一大步④。1995 年至 1997 年，由中國文物研究所（現爲“中國文化遺産研究院”）胡平生先生主持，湖北省考古研究所李天虹、劉國勝兩位參與，對龍崗秦簡重新進行整理。整理成果《龍崗秦簡》（以下簡稱《龍崗》）於 2001 年出版⑤。這次整理的特點是藉助紅外線儀器釋讀簡文，在竹簡編連綴合、釋文、注釋等方面都有不少改進。

　　龍崗秦簡保存狀況不好，殘斷嚴重，不少文字漫漶，《雲夢》、《龍崗》所公布的圖版（兩書所用照片的底版相同）文字多有不清晰者。尤其《龍崗》一書，儘管後出，但是圖版墨色較重，部分字迹因墨色重而模糊，反不如《雲夢》清晰。因此，對龍崗簡做進一步的文本研究比較困難。《雲夢》、《龍崗》出版已歷十多年，竹簡編綴、文字釋讀方面新的研究成果並不多見。

---

①　中國文物研究所、湖北省文物考古研究所：《龍崗秦簡》，中華書局，2001 年，第 7 頁。

②　劉信芳、梁柱《雲夢龍崗秦簡》（科學出版社，1997 年，第 11 頁）、中國文物研究所與湖北省文物考古研究所《龍崗秦簡》（中華書局，2001 年，第 4 頁）都指出了這一點。

③　湖北省文物考古研究所、孝感地區博物館、雲夢縣博物館：《雲夢龍崗 6 號秦墓及出土簡牘》，《考古學集刊》第 8 集，科學出版社，1994 年。

④　劉信芳、梁柱：《雲夢龍崗秦簡》。下引此書不再出注。

⑤　中國文物研究所、湖北省文物考古研究所：《龍崗秦簡》。下引此書不再出注。

　　2008 年，在湖北省博物館、考古所的支持下，武漢大學簡帛研究中心"秦簡牘的綜合整理與研究"（教育部哲學社科重大課題攻關項目）子課題"龍崗秦簡再整理"課題組，利用更爲先進的紅外儀器，對收藏於湖北省博物館的龍崗簡進行檢察和拍攝。總體來説，在字迹的清晰度上，此次拍攝的紅外照片往往優於過去的常規照片，有的在常規照片上很模糊甚至看不到的文字，在紅外照片中得以比較清晰地顯現。但是由於出土時間較長，竹簡經過脱水處理，現存部分簡的形狀發生改變，一些墨迹有脱失，紅外照片也存在局限。

　　此次再整理，我們依據的圖像資料有兩種：其一即紅外照片，其二是常規照片，也就是《雲夢》、《龍崗》所公布圖版的底版（本文引用時稱之爲圖版）。目前整理已經大體結束，在竹簡編連綴合、文字釋讀上取得一些進展，某些相關律文的内涵亦可由此重新認識或者得到進一步詮釋。2011 年，曹方向發表《龍崗秦簡文字補釋》一文[①]，是此次整理的一項階段性成果。本文擬擇要介紹近期我們在整理工作中的新認識（受字數限制，原文有删節，擬另文發表），敬請大家指正。

　　首先説明：本文每條校記起始處所列竹簡釋文，以《龍崗》爲底本。《雲夢》的意見與《龍崗》不同但是與本文討論無關時不予涉及。釋文末尾附兩個簡號，第一個是《龍崗》編號，第二個是《雲夢》與之相對應的編號，以便讀者核閲。正文他處的簡號，從《龍崗》。

（一）鹿一、麂一、麇一、麀一、狐二，當（？）完爲城旦舂，不□□☑ 33/2

　　所謂"當"字，《雲夢》未釋。該字紅外照片作 ，筆畫殘泐較多，但殘存筆畫與"當"字不符。簡 101"當"字作 ，可參。本簡"麀"字作 。兩相比照，該字上部與"麀"所從"鹿"旁比較接近。那麼，該字很可能也是一個從"鹿"的字，也是一種動物名稱。之下一字，原簡大部殘缺，據文例應是一數目字。

　　根據圖版，《雲夢》、《龍崗》以兩段殘片綴合而成本簡，綴合處在我們所説的大部殘缺的數目字處，並把數目字的殘筆看作下段首字"完"的筆畫。可是拼接處茬口不能吻合，上段殘筆與下段"完"字筆畫也不能相合（附圖 1）。簡 42"完"字作 ，可資對比。因此，這裏的拼接值得懷疑。據《雲夢》介紹，龍崗完整簡長 28 釐米，三道編繩，天頭、地尾各長 1 釐米，第二道編繩居中。那麼第二道編繩距第一、第三道編繩均長 13 釐米。按照原整理者的綴合，本簡第三道編繩已殘缺，第二道編繩在"爲"字處，但是"爲"字上距第一道編繩只有 12 釐米，也與龍崗簡形制不符。這進一步説明，兩段殘片的綴合有誤，應當分置。這樣，原綴合而形成的法律條文也就不復存在。

　　這裏的釋文可修訂爲：

　　　鹿一、麂一、麇一、麀一、狐二、麿□☑ 33.1/2.1
　　　☑完爲城旦舂，不□□☑ 33.2/2.2

---

① 　曹方向：《龍崗秦簡文字補釋》，《簡帛》第六輯，上海古籍出版社，2011 年。

（二）黔首犬入禁苑中而不追獸及捕☑ 77/48 ☑者勿□☑ 78/48 ☑殺；其追獸☑ 79/48 ☑及捕☑ 80/48 ☑獸者，81/48 殺之；河禁所殺犬，皆完入公；其☑ 82/49 ☑它禁苑，食其肉而入其皮。83/49

77—81 屬於同一支簡，基本完整，《雲夢》根據睡虎地《秦律十八種·田律》（簡 6—7）綴合，下與簡 82、83 連讀，並在簡 77"捕"字下補"獸"、簡 78"勿"字下補"敢"字。睡虎地《田律》相關文字作："百姓犬入禁苑中而不追獸及捕獸者，勿敢殺；其追獸及捕獸者，殺之。河禁所殺犬，皆完入公；其他禁苑殺者，食其肉而入皮。"①説明《雲夢》、《龍崗》對簡 77—81 的綴合、補字及其與簡 82 的連讀均可信。但是觀察圖版，他們對簡 82 的處理存在可商之處。

簡 82 首端完整，下部在"完"字處有折斷，"完"字大半殘去。據睡虎地秦簡，"完"字之下當爲"入公其"三字，再下與簡 83 連讀。也就是説，可以肯定簡 82 的上段（下文以 82.1 表示）與簡 83 屬於同一支簡。《雲夢》在簡 82.1 與簡 83 之間綴連兩段殘片。兩殘片一短一長，圖版上短片在前，僅殘存一個字的若干筆畫，長片在後；摹本上長片在前並與 82.1 拼接在一起。《龍崗》將《雲夢》所綴短片去除，將長片（下文以 82.2 表示）與 82.1 拼接。兩者並將 82.2 上的文字釋讀爲"入公其"。不過無論從簡的茬口，還是從殘存筆畫看，這種綴連和釋讀都不可靠。

簡 82.2 首字大半殘去，所存筆畫，圖版作 ▓，《雲夢》、《龍崗》都認爲可上與簡 82.1"完"字拼合。其實此殘筆與"完"字下部差别很大，對比上條所舉簡 42 的"完"字即知。拼合後的形體也不成字（附圖 2）。同片第二、三兩字殘泐嚴重，字形輪廓與"人"、"公"均不類。只有第四字殘存筆畫作 ▓，與"其"有相似之處，但也不能肯定就是"其"字。

因此，《雲夢》、《龍崗》對簡 82 的拼接有誤，簡 82.1、82.2 應分置，82.1 可下與簡 83 遥綴，82.2 當從這段簡文中剔除，其釋文也應重新考慮。這段釋文當修訂爲：

> 黔首犬入禁苑中而不追獸及捕【獸】77/48.1 者勿【敢】78/48.2 殺；其追獸 79/48.3 及捕 80/48.4 獸者，81/48.5 殺之；河禁所殺犬，皆完 82.1/49.1【入公；其】它禁苑，食其肉而入其皮。83/49.3
> ☑□□□□☑ 82.2/49.2

（三）諸馬、牛到所，毋敢穿穽及置它機，敢穿穽及置它【機】能害☑ 103/83.1 ☑人馬、牛者☑ 104/83.2 ☑雖未有 105/83.3 殺傷殹（也），貲二甲；殺傷馬☑ 106/84 ☑與爲盜☑ 107/204 ☑【殺】人，黥爲城 108/58 旦舂；傷人，贖耐。109/59.1

103—105 是一枚基本完整的簡，係《雲夢》據張家山漢簡《二年律令·田律》（簡 251—252）綴合；《龍崗》在此基礎上綴合、編連簡 106—109，其中簡 106、109 首端完整，108 尾端完

---

① 本文所引用睡虎地秦簡資料均出自睡虎地秦墓竹簡整理小組《睡虎地秦墓竹簡》，文物出版社，1990 年。下不再注。

整,109"耐"字後留白。

"敢穿窬及置它"諸字下原有重文符號,《雲夢》在第一個"它"字下斷讀。趙平安先生認爲第一個"它"指穿窬以外的捕獸設施,即下文的"它機";前面説"它",後面説"它機",這種前後互足的形式,秦簡中不乏其例①。《龍崗》則以爲"機"字也應有重文符號,因此在第一個"它"字下出"機"字,在第二個"它"字下補"機"字。張家山漢律中這段文字僅"穿窬及"三字下有重文符號,原整理者斷讀作:"諸馬牛到所,皆毋敢穿窬,穿窬及〈及〉置它機能害人②、馬牛者,雖未有殺傷也,耐爲隸臣妾。殺傷馬牛,與盜同法。殺人,棄市。傷人,完爲城旦舂。"認爲"及"下重文符號衍③。彭浩、陳偉、工藤元男等先生所作釋讀本則以爲"置它機"三字下脱重文符號,將重文符號處斷讀爲"皆毋敢穿窬及【置它機】,穿窬及置它機能害人、馬牛者",其注釋云,判斷"置它機"三字脱重文符號的根據是龍崗簡④。但是如前所述,龍崗簡"機"字下無重文符號。綜合考慮,關於重文符號的處理,《雲夢》和張家山漢簡原整理者的斷讀似更爲穩妥。

窬、機都是捕獸設施。《龍崗》將"人馬牛"斷讀作"人馬、牛",解釋作"他人的馬牛"。張家山漢簡整理者斷讀爲"人、馬牛"。從下文看,對捕獸設施造成殺傷的懲罰,是將馬牛與人分開規定的,可見簡文"人馬牛"意指"人與馬牛",張家山漢簡整理者的斷讀正確。

所謂簡 107 起始處的"與"字,《雲夢》釋爲"典"。此字紅外照片作 ▨,左邊缺損,但右邊殘存筆畫顯然不類"典"。簡 196、239"典"字分別作 ▨、▨(兩形均稍有殘損),可參。龍崗簡"與"字多見,如簡 4 作 ▨、簡 223 作 ▨,右邊"爪"旁的斜筆自右向左傾斜,正好與此字右邊的斜筆方向相反,所以此字也不可能是"與"。龍崗簡"租"字也很常見,如簡 141 作 ▨,簡 142 作 ▨。兩相比照,可知此字右邊筆畫與"租"所從"且"旁形體吻合,當可肯定此字是一個从"且"的字,亦或就是"租"字。那麼,簡 107 的内容恐與這段律文無關,《龍崗》將其與簡 106、108 的拼接值得懷疑⑤。

將龍崗簡和張家山簡所記這段律文的内容加以對比,也可以佐證這裏的拼接不很可靠。律文共記四種"殺傷"情況下的懲罰措施,其中"未有殺傷"、"殺人"、"傷人"三種情況下的定罪,龍崗秦律分別是"貲二甲"、"黥爲城旦舂"、"贖耐",張家山漢律與之不同,分別是"耐爲隸臣妾"、"棄市"、"完爲城旦舂",均重於秦律。由此推測"殺傷馬牛"的定罪,龍崗秦律大概也不同於張家山漢律。而按照《龍崗》的拼接和釋文,兩處記載中的這段律文對於"殺傷馬牛"的定罪似乎一致。

---

① 趙平安:《雲夢龍崗秦簡釋文注釋訂補》,《江漢考古》1999 年第 3 期。

② 按,"能"在這裏的用法或同"而"。

③ 本文引用張家山漢簡資料,除特別説明者外,均出自張家山二四七號漢墓竹簡整理小組《張家山漢墓竹簡(二四七號墓)》,文物出版社,2001 年。下不再注。

④ 彭浩、陳偉、工藤元男:《二年律令與奏讞書——張家山二四七號漢墓出土法律文獻釋讀》,上海古籍出版社,2007 年,第 192 頁。

⑤ 參看曹方向《龍崗秦簡文字補釋》。

因此，簡 107 應當從這段律文中剔除。

簡 108“殺人”，《雲夢》誤釋爲“必入”。“殺”字原簡僅存“殳”旁下半，紅外照片作

。與簡 106“殺”字對比，再參以文義，可知《龍崗》所釋可信。簡 110 是一段殘片，現

存三個字，原釋文作“馬牛殺”，“殺”字形體殘存大半，僅缺失右下部，作。頗疑簡 110

與 108 可以綴合。綴接處茬口未能密合，但是簡端大體形狀相符，尤其是筆畫，大體合成

一個完整的“殺”字（附圖 3，圖版；附圖 4，紅外照片）。簡 97“殺”字作、簡 106 作，

可相參證。

這樣，簡 110 下與 108 綴合，106 則可下與 110 遙綴，亦即大體可以肯定簡 106、110、108

屬於同一枚簡，106 與 110 中間殘去數字，有關殺傷馬牛的懲罰規定就在殘去的文字中。龍崗

簡下半多殘斷，保存較好的上半，大都書寫 11—13 字，並以 12 字居多，整簡一般應在 24 字左

右。簡 106、110、108 現存 16 字，則簡 106 與 110 之間殘去 8 字左右。

綜上，這段簡文可重新拼合、釋讀爲：

　　　諸馬牛到所，毋敢穿窬及置它，敢穿窬及置它機能害 103/83.1 人、馬牛者 104/

　　83.2 雖未有 105/83.3 殺傷殹（也），貲二甲；殺傷馬 106/84【牛，……】馬牛；殺 110/

　　99 人，黥爲城 108/58 旦舂；傷人，贖耐。109/59.1

　　　　☑租（？）爲盜☑ 107/204

（四） 盜徙封，侵食冢廬，贖耐；□□宗廟壖（壒）☑ 121/156

所謂“廬”，《龍崗》認爲是建在田間或墓地的房舍，“侵食冢廬”指侵占他人墳地。劉國勝

先生釋爲“廟”，指出該字殘泐，但殘畫與廬字不符，據下文“廟”字可知應釋爲“廟”。“侵食冢、

廟”是説非法破壞墳冢和祠廟。《漢書·張安世傳》：“賜塋杜東，將作穿復土，起冢祠堂。”《漢

書·張禹傳》：“禹年老，自治冢塋，起祠室。”由此可知墳冢與祠廟有關聯①。“宗廟壖”，《龍崗》

謂是宗廟墻垣外的空地②。劉國勝先生將所謂“宗”釋爲“冢”。

本簡紅外照片大體優於圖版，兩相參照，可知劉國勝先生對“廟”、“冢”的釋讀可信。劉先生

説發表較早，《雲夢》已經采納，但是可能因爲未做具體的字形分析，所以没有得到足夠關注③，我

---

①　劉國勝：《雲夢龍崗簡牘考釋補正及其相關問題的探討》，《江漢考古》1997 年第 1 期。

②　胡平生先生對“廬”、“宗”的釋讀最早發表於氏作《雲夢龍崗秦簡考釋校證》，《簡牘學研究》第 1 輯，甘肅人民出版社，
　　1997 年。

③　如楊振紅先生《龍崗秦簡諸“田”、“租”簡釋義補正》即采《龍崗》釋文，參《簡帛研究二〇〇四》，廣西師範大學出版
　　社，2006 年，第 97 頁。因爲龍崗簡文多不清晰，竹簡整理者的意見對學者的影響往往更大。如《考古學集刊》發
　　表的釋文將第一個“冢”釋“家”讀爲“稼”（第 116 頁），上舉劉國勝、胡平生先生文早已指出其非。龍崗簡文的
　　“宀”旁與本簡“冢”字上部差别明顯，簡 44“守”字作，本文第（一）條所舉簡 42“完”字，均可爲證。可是張金光
　　先生《秦制研究》（上海古籍出版社，2004 年，第 48、53 頁）仍從其説將“冢”釋讀爲“稼”，謂“侵食稼”是指侵食官
　　田之稼，與簡文本義相去甚遠。

們在這裏試就字形做進一步申説。

《龍崗》釋"廡"之字,紅外照片作▨,與同簡下文"廟"字▨對比,所從"广"、"卓"尚依稀可辨。《龍崗》釋"宗"之字,圖版作▨,字形殘泐比較嚴重,但仍可看出整體輪廓與同簡上一"冢"字▨、簡124"冢"字▨大體相符,且其上部右側尾端筆畫是直筆,顯然與"宗"所從"宀"形有別。簡44"守"字作▨、簡199"宦"字作▨,可資爲證。

那麽,本簡釋文可修訂作:

> 盗徙封,侵食冢廟,贖耐。□□冢廟奭(壖)☑ 121/156

本簡下半部分涉及"冢廟壖"。簡27、28都提到禁苑有壖,規定壖中及去壖廿里内的野獸不得獵取。"壖",古亦作"堧"。胡平生先生就其有詳細考證,指出"壖"本指城邊或河邊的空地,後特指宫殿、宗廟、禁苑等皇家禁地的墙垣外專設的空地,作爲"隔離地帶"①。其説基本可信。簡文"冢廟"相連,"廟"或即建於冢地的祠廟。除劉國勝先生所舉兩例外,宋司馬光《文潞公家廟碑》也有相關記述,其云:"先王之制,自天子至於官師皆有廟……(及秦)尊君卑臣,於是天子之外,無敢營宗廟者。漢世公卿貴人多建祠堂於墓所,在都邑則鮮焉。"②"冢廟壖"一語的結構尚可討論。除胡先生提到的廟壖外③,傳世文獻記載中,冢地亦有壖,也有被侵占的事例。如《漢書·李廣傳》載:"李蔡以丞相坐詔賜冢地陽陵當得二十畝,蔡盗取三頃,頗賣得四十餘萬,又盗取神道外壖地一畝葬其中,當下獄,自殺。"《武帝紀》記此事説:"五年春三月甲午,丞相李蔡有罪,自殺。"顏師古注引文穎曰:"李廣從弟,坐侵陵堧地。"

（五）盗田二町,當遺三程者,□□□□□□□☑ 126/108
一町,當遺二程者,而□□□□□□□☑ 127/110

《雲夢》指出,《左傳》襄公二十五年"町原防",杜預注:"堤防間地,不得方正如井田,别爲小頃町。"孔疏引賈逵云:"原防之地,九夫爲町,三町而當一井也。"《龍崗》云秦代町的面積已不得而知,或疑即"畛"。又疑"盗田"在這裏指申報的田地面積少於實有的田地面積,等於是"盗田"。"程"指"程租",是國家規定的每個單位面積土地應當繳納田租的定量。簡126大意是:(少報土地面積而)盗占田地二町,相當於逃漏田租三個份額的人……南玉泉先生認爲"盗田"指盗種田地,簡127也是就盗田而言。簡文意思是:百姓盗種田地二町,相當於遺漏三程的租賦數額;盗種田地一町,相當於遺漏二程的租賦數額。町是面積較小的、固定的田畝單位,是正式的阡陌之田以外需根據田畝的實際產量確定租賦標準的田地。同是町田,似非按統一的租賦數額繳納,這是因爲田畝的產量與土地的品質緊密相關,是

---

① 除《龍崗》的考證外,可參胡平生《雲夢龍崗秦簡〈禁苑律〉中的"奭"(壖)字及相關制度》,《江漢考古》1991年第2期。

② 司馬光:《文潞公家廟碑文》,呂祖謙、齊治平點校:《宋文鑒》第七十六卷,中華書局,1992年,第1098頁。

③ 如《史記·漢興以來諸侯王年表》載臨江閔王劉榮"坐侵廟壖垣爲宫,自殺"。

“相地而衰征”的反映①。張金光先生疏解簡文説：盗田“二町當遺三程者”即言盗田二町與遺漏三程之物事相當論處。照此，一町可當一程半，然簡 127 却説“一町當遺二程者”，是重罰也②。上述學者都認爲“町”是固定的田畝單位。彭浩先生則懷疑簡文町指地塊，不是指某一固定面積的土地③。

簡 126 所謂“二”字，圖版作 ，下面一筆確實是橫畫之殘，上面的一筆形狀却有異，似是一完整的點畫。紅外照片作 ，點畫之形更爲明顯，而且此筆與下面橫筆的間隔也較大。同簡“三”字作 ，簡 127“二”字作 、簡 128“二”字作 ，橫畫的間距都比較緊湊。因此，應該可以肯定此筆是點畫，在簡文裏下起句讀的作用；下面的一筆才是字，乃“一”字殘文。龍崗簡重文符號多見，都是寫作兩個點畫。簡 10、34、152 各有一句讀符號④，相當於句號或逗號，均作勾形，如簡 152 作 。這裏的點畫，大體相當於冒號，釋文應在“田”字下點斷。

簡 127 由兩段殘片綴合而成，拼接處在“而”下第三字，但是兩段殘片的茬口不能吻合，也難以斷定下段文字與上段相連，我們認爲將兩段殘片分置更爲穩妥，兹暫以 127.1、127.2 表示。“而”下第二字，紅外照片作 ，左旁從“言”，右旁頗似“作”字之殘，當即“詐（詐）”字。龍崗簡“詐”字均從“作”，如簡 4 作 、簡 12 作 ⑤。

127.2 殘損較爲嚴重，現存五字。首字紅外照片作 ，上部殘泐，簡面有污漬；下部也有殘，不過現存筆畫 與“其”字下部相當一致，恐即“其”字。簡 34“其”字作 、簡 199 作 ，可參。“其”字之下圖版作 ，當是“一”字，“一”字下有重文符號。最後一字作 ，左邊筆畫殘泐較多，但是跟上舉諸“詐”字相比，大體也可以肯定是“詐（詐）”字。

那麼，簡 126、127 的釋文可修訂爲：

盗田：一町當遺三程者，□□□……☑ 126/108

一町當遺二程者，而□詐（詐）□☑ 127.1/110.1

☑其一=□⑥□詐（詐）☑ 127.2/110.2

---

① 南玉泉：《龍崗秦律所見程田制度及其相關問題》，《簡帛研究二〇〇一》，廣西師範大學出版社，2001 年。

② 張金光：《秦制研究》，第 60 頁。

③ 這個觀點是彭浩先生電告筆者的。彭先生還認爲長沙走馬樓吴簡中的“町”也是指大小不一的地塊。今按，楊伯峻注《左傳》襄公二十五年“町”：“此作動詞，謂畫分爲小塊田地。”

④ 簡 251“治”字下也有符號，究竟是一畫還是兩畫不能判定。原簡殘斷，僅存三字，亦不能確定如何斷讀。

⑤ 簡 126 文例與 127.1 類同，其“者”下第三字紅外照片作 ，左邊很像是“言”旁之殘，或者也是“詐（詐）”字。

⑥ 此字圖版作 ，或許也是一個帶重文符號的字，疑不能定。

　　126 與 127.1 文例、文義一致，兩者應相毗連，《龍崗》將兩者前後連排是正確的。根據修訂後的釋文，這兩簡字面含義可能是："盜田"一町相當於"遺三程"或一町相當於"遺二程"的，如果再有詐偽行爲，當如何進行懲罰。此可參簡 128："詐一程若二程……"

　　所"盜田"一町，既有相當於"遺三程"的，也有相當於"遺二程"的。由此反觀學者對"町"或文義的詮釋，南玉泉先生、彭浩先生的説法很值得重視。根據兩位學者的觀點，"遺程"份額不同產生的原因，可以有兩種解釋。其一，固定的單位面積町，不同於正規阡陌之田，因土地品質、產量等因素的不同而租賦標準有異，所以"盜田"一町，可能相當於"遺三程"，也可能相當於"遺二程"。其二，町田面積本不固定，大小不一，因此"盜田"一町，既可相當於"遺三程"，也可相當於"遺二程"。兩種解釋分歧的關鍵之一，在於"町"是不是一個數額固定的田畝單位。我們覺得，按南先生的意見，面積固定的町有不同的租賦標準，亦即"程"，那麼簡文表明：發生"盜田"時，法律規定不是依町的"程"進行懲罰①，而是要換算成阡陌之田的"程"來進行懲罰，這似乎不是很合情理。而且即便是正規的阡陌之田，租賦標準恐也應視具體情況而定，也不是完全相同。兩相比照，彭浩先生的意見似乎更爲中肯。就這兩支簡而言，"程"的數額必定相同，田地面積大小不一，"程"的份額自然不一。

（六）史□貲各一盾;盜(?)……☑ 205/45

　　《雲夢》將"史□"釋爲"□入關"三字。所謂"史"字，紅外照片作![字]。簡 152"令史"之"史"作![字]。兩相比照，可知兩字形體有別，舊釋有誤。此字當釋爲"夬"，簡 204"夬"字作![字]，可參。趙平安先生曾對秦漢簡帛文字中"史"、"夬"二字做過對比分析，指出，"史"的上半部分作![符]，"夬"的上半部分作![符]，二字區別明顯②。此字寫法正好符合"夬"字的這一特點。除此例外，龍崗簡還有三例"夬"字，分別見於簡 202、204、279，前兩例可以肯定用作"決獄"之"決"，後一例大概也與"決獄"有關③。本簡"夬"恐怕也是用作"決"。"夬"下一字，紅外照片作![字]，疑是"之"字殘文。簡 179"之"字作![字]，可參。"之"字後當點逗號。

　　所謂"盜"，《雲夢》釋爲"没"，並在"盾"字之後標逗號。此字紅外照片作![字]，簡 218"盜"字作![字]，簡 58"没"字作![字]、簡 147"没"字作![字]。對比可知此字右部尤其是右上部與"没"字寫法一致，《雲夢》的釋字和句讀可從。

---

① 或者町的"程"不是獨立存在的，本就是依附阡陌之田的"程"而存在。
② 趙平安：《雲夢龍崗秦簡釋文注釋訂補》，《江漢考古》1999 年第 3 期。
③ 參看趙平安《雲夢龍崗秦簡釋文注釋訂補》。

附圖1 附圖2 附圖3 附圖4

《里耶秦簡》(壹)所見廩給問題 *

沈 剛

（吉林大學古籍研究所）

提 要：《里耶秦簡》(壹)中材料顯示，秦代國家糧食廩給按性別、年齡、勞動强度，以月爲單位配給。此外尚有臨時調撥。倉是主要廩給機構，屬鄉、司空和田官也承擔部分廩給職能。參與其中的吏員有倉嗇夫、佐、史、廩人、令史等。糧食廩給對象嚴格限制爲政府服務人員，包括官吏、刑徒、屯戍者等。

關鍵詞：《里耶秦簡》 廩給 倉

在傳統農業社會中，糧食的生産是整個社會得以存在的基本前提，也是民衆賴以生存的主要生業。正因爲如此，國家對糧食問題也格外重視，將其作爲控制社會的重要手段，並因此對糧食生産、儲存等各個環節都做出明確的制度規定。處於中央集權制度確立期的秦漢時代，統治者也將糧食問題置諸國家法律的高度，以專門條文予以明確。在糧食倉儲、校驗等方面，以《睡虎地秦墓竹簡》爲主的秦漢法律文獻中，均有詳細的記載。關於這一點，已有多位學者作了專門的梳理和闡發①。對倉儲糧食的廩給問題，這些成果也依據秦代出土資料做了敘述。新近公布的《里耶秦簡》(壹)作爲縣級的檔案文書，也有一些有關國家糧倉廩給糧食的記録。因爲它和睡虎地簡材料性質不同，記載重心相異，因而針對秦代糧食廩給問題可以提供一些新的認識。而目前所見僅有胡平生先生對不同身份人口的日食口糧數提出疑問②。因而本文以里耶秦簡的記載爲中心，系統梳理秦代縣域政權範圍内倉的廩給問題，以期補充或印證先前的研究結論。

一、廩給數額與形式

倉作爲國家主要的糧食出納機構，其支出糧食的目的是保障國家服務人員或從事公務活

---

* 本文爲國家社科基金項目(12BZS023)和吉林大學社科基金項目成果(2012FRLX04)。

① 如盧鷹《秦倉政研究》，《人文雜志》1989 年第 2 期；李孔懷：《秦律中反映的秦代糧食管理問題》，《復旦學報》1990 年第 4期；康大鵬：《雲夢簡中所見的秦國倉廩制度》，《北大史學》第二輯，北京大學出版社，1994 年；蔡萬進：《秦國糧食經濟》，大象出版社，2009 年。

② 胡平生：《讀〈里耶秦簡〉(壹)筆記》，中國文化遺産研究院編：《出土文獻研究》第十一輯，中西書局，2012 年。

動的吏員的食糧供給，以此保證國家機構能夠正常運轉。這種供給通常是以定額形式給付。關於隸臣妾的糧食供給情況，《睡虎地秦墓竹簡·秦律十八種·倉律》有載：

> 隸臣妾其從事公，隸臣月禾二石，隸妾一石半；其不從事，勿稟。小城旦、隸臣作者，月禾一石半石；未能作者，月禾一石。小妾、春作者，月禾一石二斗半斗；未能作者，月禾一石。嬰兒之毋（無）母者各半石；雖有母而與其母冗居公者，亦稟之，禾月半石。隸臣田者，以二月月稟二石半石，到九月盡而止其半石。春，月一石半石。隸臣、城旦高不盈六尺五寸，隸妾、春高不盈六尺二寸，皆爲小；高五尺二寸，皆作之。

《倉律》爲秦簡自命名，也就是説在法律層面，糧食支出皆歸倉來管理。從具體内容看，這條律文是對刑徒領取口糧數額從性别、年齡、勞動强度等角度作出的規定。它是以“月”爲單位的定量供應，即所謂“月食”。如果違反月食供給數量，也有相應的懲處措施，如《睡虎地秦墓竹簡·秦律十八種·倉律》：“城旦爲安事而益其食，以犯令律論吏主者。”睡虎地秦簡所體現出的對特定身份人口定量供應口糧原則，在里耶秦簡中也有所反映，比如對大隸妾的口糧供應[1]：

> 粟米一石二斗半斗。　　卅一年三月丙寅，倉武、佐敬、稟人援出稟大隸妾□。
> 令史尚監。　　8-760
> 徑膚粟米一石二斗少半斗。　　·卅一年十二月戊戌，倉妃、史感、稟人援出稟大隸妾援。
> 令史朝視平。　　8-762
> 粟米一石二斗少半斗。　　·卅一年三月癸丑，倉守武、史感、稟人援出稟大隸妾並。
> 令史狂視平。感手。　　8-763
> 徑膚粟米一石二斗少半斗。　　卅一年十一月丙辰，倉守妃、史感、稟人援出稟大隸妾始。
> 令史偏視平。　　感手。　　8-766
> 徑膚粟米一石二斗半斗。　　卅一年二月辛卯，倉守武、史感、稟人堂出▨
> 令史狂視平。　　▨　　8-800
> 徑膚粟米一石二斗半斗。　　卅一年二月己丑，倉守武、史感、稟人堂出稟隸妾援。
> 令史狂視平。感手。　　8-2249

從廩給數量看，這裏將“一石二斗少半斗”作爲（大）隸妾的口糧標準，和《倉律》隸臣妾“從公事”稟“一石半”不同。對這種差異我們可以從兩個角度來尋求答案：首先是看“粟”和“禾”

---

① 陳偉主編：《里耶秦簡校釋》（第一卷），武漢大學出版社，2012年。本書所引里耶秦簡簡文，皆來源於此，不再出注。

之間是否有區別。古人解釋中並沒有明確的答案,如"禾"爲"穀之總名"①、"黍稷之屬也"等②;"粟"爲"嘉穀實也","即稷"(《説文·卤部》)③,甚至認爲兩者是一種糧食。兩者的交集只有一條材料,《廣雅·釋草》:"粟,禾之實也。"不過考慮到禾也有作爲禾稼總稱的含義,所以可以認爲"粟"單指禾稈上的果實部分。我們只好再回到秦代簡牘文本,《睡虎地秦墓竹簡·秦律十八種·倉律》:"爲粟廿斗,春爲米十斗;十斗粲,毀(毇)米六斗大半斗。麥十斗,爲麴三斗。"按照整理小組的意見,在"爲粟廿斗"接上一支簡"稻禾一石",全句爲"稻禾一石爲粟廿斗",整理小組解釋説:"句中的石係重量單位,即秦斤一百二十斤,與上下文石爲容量單位有別。粟,此處指未脱殼的稻粒。"也就是説,兩者實同而名異。在里耶秦簡中,"禾"通常作爲一個糧食的泛稱出現,如"倉曹計録"中有"禾稼計"(8-481),還有券書名爲"倉曹當計禾稼出入券"(8-776)。粟則多出現在廩給口糧的語境中。其區別大概僅在於此。也就是説,從糧食名稱角度入手無解。因而我們需要從另外一個角度,即廩食者身份與勞動強度入手。我們將前述《倉律》這段話中不同等次廩食標準所對應的廩給對象製成表格如下:

表1　廩給數額表

廩給數量	二石半石	二石	一石半	一石二斗半	一石	半石
廩給對象	隸臣田(二至九月)	隸臣從事公	隸妾從事公	小妾、春作者	小城旦、隸臣未能作者	嬰兒之母(無)母
			小城旦、隸臣作者	隸妾作者	小妾、春未能作者	嬰兒母冗居公
			春田	小城旦、隸臣未能作者	隸妾未能作者	

按:楷體部分爲筆者擬構

從這個廩食數額分布表觀察,它以五斗和二斗半爲級差分布。不過,這段話記載廩給對象也有缺環。以我們上面列舉里耶簡中的廩給對象——隸妾爲例,隸妾作者、未能作者的標準就未列出,從隸臣直接到小(隸)妾。在這個排列次序中,我們覺得這可能會有省寫,廩給一石二斗半的標準可能是隸妾作者的標準,因爲小妾、春涵蓋了成年與未成年、不同身份女性勞動者特徵,隸妾自然也包含在内,所以未逐一列出。同樣,因爲小城旦、春、小妾、隸臣"未能作"的標準都是一石,我們推測,隸妾未能作者的標準同樣也是一石。當然,這個推測也不是沒有問題:所有未能作者都廩食一石就意味着成年男性和未成年女性是一個標準,而他們在勞作時所創造的勞動價值,至少男性和女性是不同的,爲什麼會出現這種情形呢? 我們想這有兩種可能,一是從政府角度出發,所有不能給政府創造價值者,只保障其基本的生存條件。但這種理解顯然不能圓滿地解決前面的疑問。還有一種可能,"小城旦、隸臣未能作者月禾一

---

① 朱右曾:《逸周書集訓校釋·佚文》,《皇清經解續編》,上海書店影印本,1988年。

② 朱右曾:《逸周書集訓校釋·時訓》,《皇清經解續編》。

③ 朱右曾:《逸周書集訓校釋·佚文》,《皇清經解續編》。

石”後面脱寫了“二斗半”,而越過了一個級差。作爲隨葬品而埋藏在墓中的行政文書,書寫並不嚴格,這種情況習見①。秦簡中錯抄之誤亦有,比如我們前面列舉的“爲粟廿斗,舂爲米十斗……”那條簡文即是。作爲國家直接控制的人口,里耶簡中頻繁出現給隸妾一石二斗半是其勞作的標準,而其日常口糧還是要由國家供給,只是減少數量。就如《倉律》中關於隸臣的口糧規定:從事田作月二石半石,其他月份和“從事公”皆爲二石。另外,在里耶秦秦簡中也有廩食兩石的記録:“粟二石。卅三年九月戊辰乙酉,倉是、佐襄、稟人藍出貸更☐(8-1660+8-1827)。”後面殘斷部分大約是更戍,亦可看出兩石作爲廩食的一個等級在此時還是存在的。這從一個角度説明按一定級差確定糧食發放標準的推論可以成立。

按月定額配給糧食要根據需要隨時調整,可以數月結算,但平均到每個月依然是上述之定額:

　　　逕稽粟三石七斗少半升。　　•卅一年十二月甲申,倉妃、史感、稟人窯出稟冗作大女子鐵十月、十一月、十二月食。

　　　令史犴視平。　感手。　　8-1239+8-1334

冗作大女子,即成年女子十月至十二月三個月廩食,共三石七斗少半升,平均到每月,其定額和上述隸妾相仿。對照圖版,雖然釋文無誤,但是我們懷疑“升”可能是書手訛寫成“斗”,因爲在里耶秦簡中,升寫作“多”,斗寫作“多”,二者形近,只差一筆。這一猜測若能成立,則和隸妾月廩食量完全吻合。

在按月定量配給食量之外,還有臨時調撥口糧的形式。如:

　　　稻三石泰半斗。　　卅一年七月辛亥朔己卯,啟陵鄉守帶、佐取、稟人☐出稟佐蒲、就七月各廿三日食。

　　　令史氣視平。取。　　8-1550

這是給佐兩人二十三天的口糧,不足月,計日廩食,顯然是臨時所爲。這種臨時廩給形式多樣,還有單人跨月計算:

　　　粟米三石七斗少半斗。　　卅二年八月乙巳朔壬戌,貳春鄉守福、佐敢、稟人秌出以稟隸臣周十月、六月廿六日食。

　　　令史兼視平。　敢手。　　8-2247

臨時性廩給的計算方式通常是以人日均口糧數乘以每人次廩食天數,如下簡:

　　　逕稽粟米一石九斗五升六分升五。　　卅一年正月甲寅朔丁巳,守增、佐得出以食春、小城旦涓等冊七人,積卅七日,日四斗六分升一。

　　　令史☐視平。　　得手。　　8-212+8-426+8-1632

① 邢義田:《從出土資料看秦漢聚落形態和鄉里行政》,載氏著《治國安邦:法制、行政與軍事》,中華書局,2011 年,第318—319 頁。

校釋者經計算："出食共計 47 * 25/6 升＝195 又 5/6 升，即一九斗五升六分升五。"①正好和總數吻合。與此相類的還有一支比較完整的簡：

> 粟米一石六斗二升半升。卅一年正月甲寅朔壬午，啟陵鄉守尚、佐㝎、稟人小出
> 稟大隸妾□、京、窋、茝、並、□人、樂宿、韓歐毋正月食，積卅九日，日三升泰半升，令
> 史氣視平。　　8－925＋8－2195

它和簡 426＋212＋1632 形式較爲一致，校釋者對此也做過計算："出食共計 39 * 25/6 升＝162.5 升，即一石六斗二升半升。"②不過，這一計算有些問題，校釋者假定每人每日的標準和上簡一樣，是四升六分升一，然而這支簡卻明確說是"日三升泰半升"，這樣，計算結果就不吻合。並且，即使人均日標準爲四升六分升一，而領取口糧的人數爲 8 人，也不能被 39 天整除，又因爲這些人身份相同，唯一的可能是她們每人需要支取口糧的天數不同，累積到一起是 39 天。另外，我們還要注意到，臨時廩給的發放人也不僅僅是倉吏，也有縣或司空的吏，個中原因我們後面還要說明。這種廩給方式，和這些人臨時調撥執行勤務有關。居延漢簡有這樣的例子：

> 始建國二年十月癸巳朔乙卯城倉丞□移甲溝候官令史鄣卒周仁等卅一人省作
> 府以府
> 記廩城倉用粟百卅六石令史□曰卒馮喜等十四人廩五月盡八月皆遣不當▨
> 居延倉丞　　尉史崇發行事□□　　　　　　　　　EPT4：48 A、B③

所謂"省"，就是臨時抽調到某處的意思。從簡文看，是説這些卒本來應該以本隧爲單位領取月食，但因爲臨時到都尉府或太守府執行勤務，按就近原則，所以要從城倉領取，但爲避免重複，故向城倉發放了這道文書。上述里耶簡不定期發放糧食似可以與此相類比。

二、廩給機構、吏員及其程序

糧食是秦代國家統治的重要物質基礎，所以對於糧食的支出，秦代國家通過嚴格的程序加以保障。在里耶秦簡的糧食支出記錄中，首先是由多種吏員參與其間，我們僅舉一條記載完整的標準文書爲例：

> 粟米五斗。　　卅一年五月癸酉，倉是、史感、稟人堂出稟隸妾嬰兒揄。
> 令史尚視平。　　感手。　　8－1540

這裏所記吏員有倉某、史、稟人、令史等幾種。對於這些職官，校釋者在簡 8－145 下有解釋：倉，倉嗇夫的省稱。史，從事文書事務的吏。稟人，在引證《周禮·地官·廩人》、《孟子·萬章下》以及睡虎地秦簡《秦律十八種·效律》材料後，認爲是管理穀物的收藏和出納。視平，

---

① 陳偉主編：《里耶秦簡校釋》(第一卷)，武漢大學出版社，2012 年，第 115 頁。
② 陳偉主編：《里耶秦簡校釋》(第一卷)，第 250 頁。
③ 甘肅省文物考古研究所等編：《居延新簡——甲渠候官與第四隧》，文物出版社，1990 年。

或省作"視"、或省作"平",同樣場合有時也用"監"字,疑"視"或"視平"與"監"字含義類似,指督看,以保證公平①。對倉中出廩職官的這些解讀,當無問題,可從。簡言之,在廩給過程中,有倉嗇夫主管,史記録,稟人負責執行。不過,除此以外,還需要強調的是,在秦代爲縣廷所屬的令史,並非專主某項具體工作的官吏。一縣之中當有令史若干人,從事各種具體工作。睡虎地秦簡《倉律》中有令史參與清點糧食的規定②。而從令史的權力看,也有舉劾違法、失職官吏等③。由此看來,這種廩給方式的目的在於用縣廷的官吏參與糧食發放過程的監督,保護國家資財。

有時史由倉佐替換,如前揭簡 8 - 760:據《睡虎地秦墓竹簡·秦律十八種·效律》,"其廥禾若干石,倉嗇夫某、佐某、史某、稟人某。"佐、史都是倉中的吏員,在其中至少要二選一,和倉的主管者以及稟人共同負責糧食的支出。這時倉佐取代了史的書記職能,如簡 8 - 781 + 8 - 1102:

> 卅一年六月壬午朔丁亥,田官守敬、佐郃、稟人娷出賚罰戍簪嫋壞(褢)德中
> 里悍。
> 　　　令史逐視平。　　郃手。

我們還發現了一個現象,佐除了和倉嗇夫搭配外,還和縣廷所屬機構及屬鄉搭配,並且比例很高,我們統計,倉佐和倉嗇夫組合 8 次,和司空組合 3 次;與田官組合 5 次;與啟陵鄉、貳春鄉組合 8 次,也就是說和倉嗇夫以外組合出納糧食共有 16 次,似可說明倉佐除了完成本倉工作外,還要代表倉嗇夫和其他部門配合完成糧食支出工作。而單純作爲書記官的"史"則無一和其他部門組合的例證。

另外,這種形式還有一種變體,即令史視平移到出倉記録前面:

> 丙廥粟米二石。　　令史扁視平。
> 卅一年十月乙酉,倉守妃、佐富、稟人援出稟屯戍士五(伍)孱陵咸陰敝臣。富
> 手。　　8 - 1545
> 粟米八升少半升。　　令史逐視平。☑
> 卅一年四月辛卯,貳春鄉守氏夫、佐吾出食舂白粲□等。☑　　8 - 1335

從內容看,與常見的廩給格式基本一致。不過,聯繫到廩給數額,却能發現它們都有一定的特殊性:皆非月食,即並非按照規定以月爲單位領取固定數額糧食。第一例是"屯戍士五"共兩人,後兩例則是鄉領取一組刑徒的口糧,也是臨時領取。但是目前所見材料過少,不同書寫格式所表現出來的涵義,尚不清楚。不過從廩給形式的差異看,能否認爲前面一種格式中,因爲多爲月食,是倉按照程序定期廩給相關人員的定額糧食,令史不需要認真查驗,只要具名則可。後一種因爲數量不定,所以要強調令史在其中的監督職能。

---

① 陳偉主編:《里耶秦簡校釋》(第一卷),第 39—40 頁。

② 高恒:《秦簡牘中的職官及其有關問題》,載氏著《秦漢簡牘中法制文書輯考》,社會科學文獻出版社,2008 年。

③ 劉曉滿:《秦漢令史考》,《南都學壇》2011 年第 4 期。

里耶秦簡中所見糧食廩給的職官和機構除了專司的倉中職官外,如前所述,一些相關機構和屬鄉職官亦間或出現,如關於屬鄉廩給記錄,如:

粟米一石四斗半斗。　　卅一年正月甲寅朔壬午,啟陵鄉守尚、佐最稟【人】☒
　令史尚視平。　　　☒　8-1241
卅一年三月癸酉,貳春鄉守氏夫、佐壬出粟米八升食舂央芻等二☒
　令史扁視平。　　☒　8-1576

同樣的簡還有 8-925、8-1550、8-2247、8-816、8-1595 等。從上述幾支簡看,鄉級單位廩給糧食多是臨時性的,並且對象多爲刑徒。之所以如此,我們認爲,這和鄉的職能有關。鄉作爲一級行政機構,除了鄉嗇夫等基本的吏員外,並沒有所屬機構,因而也就沒有日常廩給對象。如果需要鄉承擔額外的義務,他們則需要向縣廷及其下屬機構借調相關吏員,比如遷陵縣的屬鄉有"求羽"義務:

二月辛未,都鄉守舍徒薄(簿)☒
受倉隸妾三人,司空城☒
凡六人。捕羽,宜、委、□☒(正)
二月辛未旦,佐初□☒(背)　8-142

屬鄉負責求羽似乎不是由其全權負責,而是協助司空進行:

卅年十月辛卯朔乙未,貳春鄉守綽敢告司空主,主令鬼薪軫、小城旦乾人爲貳春捕鳥及羽。羽皆已備,今已以甲午屬司空佐田,可定薄(簿)。敢告主。(正)
十月辛丑,隸臣良朱以來。/死半　邛手(背)　8-1515

簡文中有"爲貳春捕鳥及羽",説明爲貳春鄉勞作的刑徒,主管部門還是司空,並且,這項工作完畢,貳春鄉守綽還要將其歸還給司空。因而無法提供月食。這還只是吏員控制許可權方面的規定,而最根本的原因是他們沒有管理倉儲糧食的權力。我們從前舉簡 8-212+8-426+8-1632 司空廩給文書就看得更明顯(此外殘簡還有 8-575、8-1406、8-474+2075 等):司空是掌管刑徒的機構,負責刑徒的勞作和管理,所以他們發放的對象主要是刑徒,然而在不多的簡文中仍未發現有月食的迹象。我們還要注意到"出以食"一詞,和倉、屬鄉等機構使用"出稟"不同,這似乎暗示着支出方式也有區別,司空是從倉領取後重新分配,至少在文書形式上需要如此表示。其原因在於他們並沒有可以直接掌握的土地收穫物,而這和鄉擁有自己的公田不同。而這一點,鄉和田官很相似:

徑厱粟米四石。　　卅一年七月辛亥朔朔日,田官守敬、佐壬、稟人娙出稟罰戍公卒襄城武宜都胅、長利士五(伍)虒。
　令史逐視平。　　壬手。　8-2246
徑厱粟米一石八斗泰半。　　卅一年七月辛亥朔癸酉,田官守敬、佐壬、稟人荅出稟屯戍簪裹襄完里黑,士五(伍)胸忍松塗增六月食,各九斗半斗。令史逐視平。
敦長簪裹襄壞(裹)德中里悍出。　　壬手。　8-1574+8-1787

徑㕔粟米一石九斗少半斗。　　卅一年正月甲寅朔丙辰，田官守敬、佐壬、稟人顯出稟貣士五（伍）巫中陵免將。

令史扁視平。　　壬手。　　8－764

從記錄的廩給數量看，都不符合月食的等級，因而可以判定爲臨時廩給。但無一例外都使用“出稟”，而不是“出以食”，這是因爲秦代的田官是掌管國有土地的機構。另外，從這幾例看，田官所廩給的對象有“罰戍公卒”、“居貲士五”等受到處罰的平民，以及其他普通百姓，却沒有刑徒，這可能和上述鄉使用刑徒一樣，他們隸屬於司空，所以口糧支出也是由司空負責。

我們再觀察廩給相關人員的任職情況。前面談過，倉負責糧食的日常支出，在支出過程中通常由倉嗇夫、史（或佐）、稟人經手，以及令史視平組合而成。除了稟人由刑徒等充作役力外，其他吏員任職情況怎樣呢？我們以簡中出現頻率較高的秦始皇卅一年月度統計爲例，列表如下：

表 2　遷陵縣卅一年倉吏任職月度分布表

	正月	二月	三月	四月	五月	六月	七月	八月	九月	十月	十一月	十二月
倉嗇夫			武				是	是	是			妃
守倉	武	武	武							妃	妃	
史	感	感	感		感		感	感	感	感		
令史	尚、犴、扁	犴	尚、犴、扁		尚	逐	尚、氣	悍		扁	偏	朝、悍、扁
佐	冣、得、壬		壬敬	吾		合	冣、壬			富		

按：因爲令史在司空、鄉等支出口糧時也要視平，故一併統計。

我們觀察上表可以發現，倉嗇夫的任免比較頻繁，但是前後相替的順序比較清楚，由武、是、妃三人更替，並且武和妃在任真職之前，還有至少兩個月的守官階段，是雖然沒有守官記錄，但在此之前的四、五、六三個月空缺，可能這是守官階段。倉嗇夫可以作爲守官，説明他們是秦代國家有秩級的職官，因而要遵循一定的任官程序。史的任職較爲簡單，整個卅一年皆爲感，大概他們的遷免和倉嗇夫等官吏不同。作爲胥吏，其工作性質或許與稟人差不多，區別在於史從事文書工作，稟人則是體力勞動。令史的排列則無規律，原因在於，擔負監督職責的令史，他們是縣廷的官員，員額較多，監督倉糧支出，只是他們的日常職責之一，所以一旦有此類任務，隨機派出即可，因而排列次序亦無規律可言。倉佐出現的人數較多，並且還有幾位倉佐並存的情形。這大約與倉的吏員設置有關係。按《睡虎地秦墓竹簡·秦律十八種·倉律》：“入禾倉，萬石一積而比黎之爲户。縣嗇夫若丞及倉、鄉相雜以印之，而遺倉嗇夫及離邑倉佐主稟者各一户以氣（餼）。”注釋小組曰：“離，附屬，離邑即屬邑，指鄉。”也就是説各鄉設倉佐，全縣只有一位倉嗇夫。目前所見，遷陵縣有都鄉、貳春和啟陵三鄉，所以倉嗇夫人數少於倉佐，倉佐的月度排列亦無規律。

還應當注意的是,在發放口糧之前還需要有申請的程序。在睡虎地秦簡中,有這樣一條律文:

> 縣上食者籍及它費大(太)倉,與計偕。都官以計時讎食者籍。①

也就是說縣級政權要定期上報需要公家提供口糧的人員,由中央來進行批准。這條律文反映的是中央和縣級政權之間的關係,規定了一個總原則。縣級政權在日常行政過程中,也要有事先申報的程序。見下面這支簡:

> 卅六年六月丁亥朔甲辰,田官守敬敢言之:疏書日食牘北(背)上,敢言之(正)
>
> 城旦、鬼薪十八人。
>
> 小城旦十人。
>
> 舂廿二人。
>
> 小舂三人。
>
> 隸妾居貲三人。
>
> 戊申,水下五刻,佐壬以來。/尚半。　　逐手。(背)　8-1566

這是田官向遷陵縣呈送的文書,其內容是將所屬刑徒等需要廩食縣官的名單臚列下來,但並未列出需要廩給的數量。這是因為需要上級機構核實這些人數以及按照相應標準應該發放的糧食數量。也就是說,秦代政府廩食的程序分為事先申請和批准後發放。這一規定也為漢代所繼承,李天虹先生曾將居延漢簡廩名籍分為呈報和發放兩類②。

三、廩 給 對 象

如前所述,糧食供給是古代國家保證政權能夠正常運轉的物質基礎之一。所以在里耶秦簡的記錄中,對糧食廩給有嚴格的程序要求。秦代國家對糧食廩給的重視,還表現在將發放對象嚴格限定為政府服務人員。除了前面列舉的刑徒,尚包括官吏、屯戍者等。我依次對其進行列舉、分析如下:

1. 官吏

> ☑月庚戌,倉是、史感、稟人堂出稟庫佐處☑
>
> ☑　令史悍視平。　　☑　8-1063
>
> ☑八月丙戌,倉是、史感、稟人堂出稟令史旌☑
>
> ☑令史悍視平。　　☑　8-1031

官吏的廩給當也是按月定量供應,從下面兩支簡可以看出:

> ☑五月乙卯,倉是、史感、稟人援出稟遷陵丞昌。·四月、五月食。

---

① 睡虎地秦墓竹簡整理小組:《睡虎地秦墓竹簡·秦律十八種·倉律》,文物出版社,1990年,釋文第28頁。
② 李天虹:《居延漢簡簿籍分類研究》,科學出版社,2003年,第62—64頁。

　　　　☑令史尚視平。　　感手。　　8－2245

　　　　☑稟人廉出稟鄉夫七月食。

　　　　☑　　却手。　　8－1238

　　簡8－2245兩個月一起計算，或許是特例，簡8－1238中鄉夫，其他文獻未見，在同批公布的里耶簡中，有這樣一支簡：☑鄉夫、佐、稟人嬟出稟屯☑（8－1710），比照前面的鄉廩食記錄中鄉夫和鄉某的位置，二者一致，鄉夫可能就是鄉嗇夫的省稱，或者鄉嗇夫名夫，後者的可能性更大。作爲政府的吏員，他們由國家按月供給口糧。可惜因爲殘缺，我們無法知道其標準。在居延漢簡中，各級吏員也是由國家供給糧食，有吏廩食名籍。這也可以作爲一個旁證。但是，如果官吏因事出差，則有時由沿途行政機構供給口糧：

　　　　元年月年庚子朔丁未，倉守陽敢言之：獄佐辨、平、士吏賀具獄，縣官食盡甲寅，謁告過所縣鄉以次續食。雨留，不能決投宿齋。來復傳。零陽田能自食。當騰期卅日。敢言之。/七月戊申，零陽襲移過所縣鄉。/齗手。/七月庚子朔癸亥，遷陵守丞固告倉嗇夫：以律令從事。/嘉手。（正）

　　　　遷陵食辨、平盡己巳旦□□□□遷陵。

　　　　七月癸亥旦，士五（伍）臂以來。/嘉發。（背）　　5－1

　　這種臨時廩給和定期供給的接續，也要通過倉予以證明，以保證在不同機構之間不能重複領取。在《睡虎地秦墓竹簡·秦律十八種·倉律》中也能找到相關法律條文相印證：

　　　　宦者、都官吏、都官人有事上爲將，令縣貣（貸）之，輒移其稟縣，稟縣以減其稟。已稟者，移居縣責之。　　倉

　　　　月食者已致稟而公使有傳食，及告歸盡月不來者，止其後朔食，而以其來日致其食；有秩吏不止。　　倉

　　這説明秦代的法律規定在現實行政實踐中得到了執行。

2. 罰戍、居貲、冗作

　　這幾種身份和刑徒不同，他們是因爲某種原因受到政府懲罰，但是罪行輕微，或者與政府僅發生債務關係，需要以勞作或徭役的形式來補償。

　　罰戍，是指因某種過錯受到戍邊處罰的人。《睡虎地秦墓竹簡·秦律雜抄》：“不當稟軍中而稟者，皆貲二甲，法（廢）；非吏殹（也），戍二歲；徒食、敦（屯）長、僕射弗告，貲戍一歲；令、尉、士吏弗得，貲一甲。軍人買（賣）稟稟所及過縣，貲戍二歲；同車食、敦（屯）長、僕射弗告，戍一歲。”居貲，秦律中習見，是指“雖本非刑罪之人，但他必定是觸犯一定律條者，其照律被判爲經濟懲罰類的‘貲罪’，因爲無錢抵繳，而以勞役代償之。這種人的身份是自由的，不同於刑徒。”[1]冗作是在規定的徭役之外，爲贖罪或代人贖罪而服勞役[2]。他們的口糧亦需要從倉中

①　張金光：《秦制研究》，上海古籍出版社，2004年，第565頁。

②　安忠義：《秦漢簡牘中的作刑》，《魯東大學學報》2010年第6期。

支取：

　　　　粟米一石九斗少半斗。　　卅三十月甲辰朔壬戌，發弩繹、尉史過出貸罰戍士五
(伍)醴陽同□祿　廿

　　　　令史兼視平。　過手。　　8-761

　　　　☑□出貸居貲士五(伍)巫南就路五月乙亥以盡辛巳七日食

　　　　☑　缺手。　　8-1014

　　　　☑朔朔日，田官守敬、佐壬、稟人娙出稟居貲士五江陵東就斐☑

　　　　☑史逐視平。　☑　　8-1328

　　　　徑膚粟三石七斗少半升。　　•卅一年十二月甲申，倉妃、史感、稟人窯出稟冗作
大女子鐵十月、十一月、十二月食。

　　　　令史狃視平。　感手。　　8-1239＋8-1334

3. 包括屯戍、更卒等之內的服役者

根據張金光先生和楊振紅先生新近對秦代徭役制度的研究，這是秦代兩類不同的徭役類
型，一爲月更，一爲屯戍①。這在里耶簡中也得到了印證。對於這些普通的服役者，他們同樣
也需要國家供給糧食：

　　　　丙膚粟米二石。　　令史扁視平。

　　　　卅一年十月乙酉，倉守妃、佐富、稟人援出稟屯戍士五(伍)孱陵咸陰敞臣。富
手。　　8-1545

　　　　☑佐富、稟人出稟屯戍☑　　8-81

　　　　☑□出貸吏以戍卒士五(伍)涪陵戲里去死十一月食。

　　　　☑　尉史□出。　狗手。　　8-1094

　　　　☑□稟人忠出貸更卒士五(伍)城父蒙里□☑

　　　　☑　令史却視平☑　　8-1024

　　　　☑貸更戍☑　　8-1505

　　　　☑人忠出貸更戍士五(伍)城父陽鄭得☑　　8-850

　　　　☑稟人忠出貸更戍城父士五陽糧八月九月　　8-980

　　　　☑【人】忠出貸更戍士五(伍)城父中里簡　　8-1000

　　　　粟米二石。卅三年九月戊辰乙酉，倉是、佐襄、稟人藍出貸【更】　　8-1660＋
8-1827

　　在上述第二、三類廩給者中，除了有“出稟”外，還有“出貸”這種形式。“出貸”即“出貸”、
“出借”，這是因爲他們爲國家服役者，身份獨立，均注明籍貫，和國家之間構成一種對等的契
約關係，因而除了正常供應口糧外，也可以和國家發生借貸關係。秦代的刑徒，其身份完全屬

---

① 張金光：《論秦徭役制中的幾個法定概念》，《山東大學學報》2004 年第 3 期；楊振紅：《徭、戍爲秦漢正卒基本義務說》，
《中華文史論叢》2010 年第 1 期。

於國家,所以無論他們創造的勞動價值,還是維持其生存的消耗,都完全歸屬國家,因而他們就毋須和國家發生經濟關係。

　　秦代國家對糧食的廩給有如此繁密的規定,從表面看,目的是保護國有財富。但如果換一個角度考量,配給口糧也可以認爲是國家向其吏民交換勞動的籌碼,而相應的制度規定,則可以看作是契約。在農業社會裏,通過掌握基本生存資源來控制臣民,是保障國家機器正常運轉的一種手段。

嶽麓書院藏秦簡《徭律》補説 *

朱紅林

（吉林大學古籍研究所）

　　摘　要：嶽麓秦簡《徭律》中規定，徭役徵發要以券書爲憑證，上面記録服役者的家貲情況，在農忙時節徵用民力時，即以家貲多少爲先後。通過與睡虎地秦簡的比較研究，我們認爲徭役券書上還記録着服役者的服役情況，作爲是否完成本次徭役的憑證以及下次服役的依據而存在。另外，秦朝政府對於服役者家中臨時出現喪事等特殊情況予以人性化處理，允許奔喪，事後補償所耽誤的徭役。

　　關鍵詞：嶽麓秦簡　睡虎地秦簡　徭律　憑證

　　陳松長先生最近在《出土文獻研究》第十一輯上公布了兩條嶽麓書院藏秦簡的新材料。其一爲：

　　　　1241《繇（徭）律》曰：歲興繇（徭），徒人爲三尺券一，書其厚焉。節（即）發繇（徭），鄉嗇夫必身與典，以券行之。田時先行富 1242 有賢人，以閒時行貧者，皆月券書其行月及所爲日數，而署其都發及縣請（情）。其當行而病及不存，1238 遣歸葬。告縣，縣令給日。繇（徭）發，親父母、泰父母、妻子死，遣歸葬。已葬，輒聶（攝）以平其繇（徭）①。

這條材料所記載的内容是此前睡虎地秦簡《徭律》和張家山漢簡《二年律令・徭律》中所未見到的，對於研究秦代徭役制度有很大的幫助。陳先生對其中的關鍵語句進行了較好的解讀和分析。下面在陳先生研究的基礎上，試談幾點不成熟的看法，敬請專家批評指正。

一

　　"三尺券"之"尺"，陳松長先生疑爲"辨"之誤②。三辨券，即分爲三份的券，服役者持有一

---

　*　國家社科基金項目"出土簡牘所見戰國秦漢之際的經濟立法研究"（編號：09CZS009）階段性成果；教育部新世紀優秀人才支援計劃項目"新出秦簡與秦代的法制建設"（編號 NCET－10－0450）階段性成果；吉林大學 985 工程階段性成果。
　①　陳松長：《嶽麓書院藏秦簡中的徭律例説》，《出土文獻研究》第十一輯，中西書局，2012 年，第 163 頁。
　②　陳松長：《嶽麓書院藏秦簡中的徭律例説》，《出土文獻研究》第十一輯，第 164 頁。

份,另兩份當爲官府持有,分別保存在戍所管理部門和服役者原籍所在地管理部門。"月券書其行月及所爲日數",就是説官府在券書上按月記録服役者每人每月服役内容及天數。"月券書"即每月在券上書寫。這裏的"券"就是前面所説的三辨券之券。這種券書在服役者服役期滿後,役所管理部門會發給他一份,作爲服役期滿的憑證。睡虎地秦簡《秦律雜抄·敦(屯)表律》載:"冗募歸,辭曰日已備,致未來,不如辭,貲日四月居邊。"整理小組注:"致,文券,參看《秦律十八種》中的《田律》'乘馬服牛稟'條注〔四〕。據簡文,應募到邊境服役的軍士期滿回鄉,照例邊境有關方面應送來證明的文券。"①冗募者所應當持有的"致"與嶽麓簡所謂興繇的三辨券,屬於同一類性質的東西,是由戍所主管部門負責填寫的服役期滿憑證。李均明先生説:"'致'是一種將己方的意圖告知他方,他方可作爲辦事依據的文書形式,其性質猶今之'通知書'一類。"②所以雖然冗募者回到家鄉後向當地官府説他已經服役期滿,但當地官府並未接到相關的文書通知,他自己又拿不出憑證,所以最終還是被當地官府處罰。

《周禮》一書中記載有戰國時期國家徵發繇役的文書檔案。《周禮·天官·小宰》以官府之八成經邦治,"一曰聽政役以比居",鄭司農注:"政謂軍政也。役謂發兵起徒役也。比居謂伍籍也。比地爲伍,因内政寄軍令,以伍籍發軍起役者,平而無遺脱也。"孫詒讓曰:"伍籍謂每地人民可任力役者之姓名。"③官府據此徵發兵役繇役,服役情況也許就記録在伍籍之上,當然也可能另立券書。不管怎樣,《周禮》中提到的"比居"這種券書,其性質作用當與秦簡所載服役券書關係密切,值得聯繫起來考慮。

服役券上記載服役者服役的月份及服役天數,這些資料都要定期匯總上報,這種匯總簿籍,里耶簡 8—488 稱之爲"繇計"④,《周禮》稱爲"役要"。《周禮·地官·鄉師》曰:"大役,則帥民徒而至,治其政令;既役,則受州里之役要,以考司空之辟,以逆其役事。"鄭玄注:"而至,至作部曲也。既,已也。役要,所遣民徒之數。辟,功作章程。逆,猶鈎考也。"鄭司農注:"辟,法也。"⑤在一次繇役工程完畢之後,鄉師將從主持工程建設的部門那裏接收到本鄉服役人員的役要,上面記録着服役者在這次繇役工程中的工作時日及具體表現,然後根據司空之辟,也就是有關服繇的相關管理規定,對本次服役者的表現進行考核。這裏的"役要"應當就是睡虎地秦簡中記録那位冗募者服役情況的"致",或者説嶽麓簡《繇律》所謂的三辨券。

秦代編户齊民每人每年服役有一個總的日數規定,年終的時候官府會對此進行考核。達不到標準的恐怕要受到處罰,並補償落下的服役天數。睡虎地秦簡《秦律十八種·司空律》:"百姓有母及同牲(生)爲隸妾,非適(謫)罪殹(也)而欲爲冗邊五歲,毋賞(償)興日,以免一人爲庶人,許之。""興日"即這位爲母戍邊者本人五年來應服繇戍的天數。爲親人贖罪而服役戍邊是法律所允許的,但是不能因此而耽誤本人應承擔的繇戍義務。《秦律雜抄·除吏律》:"駕

---

① 　睡虎地秦墓竹簡整理小組:《睡虎地秦墓竹簡》,文物出版社,1990 年,第 88 頁。

② 　李均明:《秦漢簡牘文書分類輯解》,文物出版社,2009 年,第 61 頁。

③ 　孫詒讓:《周禮正義》,中華書局,1987 年,第 167、169 頁。

④ 　陳偉主編:《里耶秦簡牘校釋》(第一卷),武漢大學出版社,2012 年,第 167 頁。

⑤ 　孫詒讓:《周禮正義》,第 820 頁。

驂除四歲,不能駕御,貲教者一盾;免,賞(償)四歲縣(徭)戍。"爲長官駕車者按照法律是免除徭役的,但任命四年仍不能勝任,因而被免除職務,並且償還四年來應服的徭戍義務。這都表明,秦朝每年每人徭戍是有一個相對固定天數的。

服役者是否如期服役及服役期間有否逃亡情況,都被詳細記録在本人的服役檔案中。睡虎地秦簡《封診式》:"亡自出。鄉某爰書:男子甲自詣,辭曰:'士五(伍),居某里,以乃二月不識日去亡,毋(無)它坐,今來自出。'問之□名事定,以二月丙子將陽亡,三月中逋築宮廿日,四年三月丁未籍一亡五月十日,毋(無)它坐,莫覆問。以甲獻典乙相診,今令乙將之詣論,敢言之。"這是一篇逃亡者自首的法律文書。他已經忘記自己是哪天開始逃亡了,故曰"以乃二月不識日去亡"。接下來的"以二月丙子將陽亡"作了回答,"二月丙子"顯然是官府的記録,這種記録可能就是嶽麓簡1242所謂"月券書"所記的内容,因爲官府針對每位服役者都設有單獨的月度券書記録,所以他哪個月開始逃亡,記載很明確。"三月中逋築宮廿日,四年三月丁未籍一亡五月十日"也屬於"月券書"上記載的内容。《封診式》的另一篇文書也記録了與逃亡有關的問題:"覆。敢告某縣主:男子某辭曰'士五(伍),居某縣某里,去亡'。可定名事里,所坐論云可(何),可(何)罪赦,【或】覆問毋(無)有,幾籍亡,亡及逋事各幾可(何)日,遣識者當騰,騰皆爲報,敢告主。"睡虎地秦簡整理小組注:"覆,《考工記·弓人》注:'猶察也。'《華嚴經音義》引《珠叢》:'重審察也。'《史記·六國年表》秦始皇三十四年有'覆獄故失'。"①官府覆核逃亡者逃亡過多少次,一共耽誤了多少服役的日期,這種信息就要到有關這個人服役的券書中去找。張家山漢簡《亡律》:"吏民亡,盈卒歲,耐;不盈卒歲,黥(繫)城旦舂;公士、公士妻以上作官府,皆償亡日。其自出殹(也),笞五十。給逋事,皆籍亡日,軵數盈卒歲而得,亦耐之。"可見漢初制度與秦一樣,逃亡者在被拿獲之後,除受到應有的處罰外,都要補足逃亡期間應服的徭戍義務。而要做到這一點,相關的徭役檔案記録是必不可少的。

除對轄區内逃避徭役者進行處罰外,縣級部門要定期向上級彙報徭役徵發情況。張家山漢簡《二年律令·徭律》:"都吏及令、丞時案不如律者論之,而歲上繇(徭)員及行繇(徭)數二千石官。""上繇(徭)員及行繇(徭)數"也是上徭計的例證,即地方官吏每年向上級彙報徭役徵發的次數及人數。

二

"書其厚焉",陳松長先生認爲:"'厚',或可釋爲財物多少。《韓非子·有度》:'毁國之厚,以利其家,臣不謂智。'厚即財富之義。《漢書·晁錯傳》:'塞下之民,禄利不厚,不可使久居危難之地。'厚猶豐厚富足之義。'書其厚焉',當是在券上記録其財物多少的意思。"②其説甚是,但他没有進一步探討這樣做的原因。

---

① 睡虎地秦墓竹簡整理小組:《睡虎地秦墓竹簡》,文物出版社,1990年,第148頁。
② 陳松長:《嶽麓書院藏秦簡中的徭律例説》,《出土文獻研究》第十一輯,第164頁。

秦國的徭役徵發有一個大致的徵發原則。里耶簡[16]5 正：

> 廿七年二月丙子朔庚寅，洞庭守禮謂縣嗇夫卒史嘉、叚（假）卒史谷、屬尉，令曰：傳送委輸，① 必先悉行城旦舂、隸臣妾、居貲、贖責（債），急事不可留，乃興縣（徭）。② 今洞庭兵輸内史及巴、南郡、蒼梧，輸甲兵當傳者多節傳之，必先悉行乘城卒、隸臣妾、城旦舂、鬼薪、白粲、居貲、贖責（債）、司寇、隱官、踐更縣者。田時殹（也），不欲興黔首。嘉、谷、尉各謹案所部縣卒、徒隸、居貲、贖債、司寇、隱官、踐更縣者簿，有可令傳甲兵，縣弗令傳之而興黔首，[興黔首]可省少弗省少而多興者，輒劾移縣，[縣]亟以律令具論，當坐者言名史泰守府。嘉、谷、尉在所縣上書，嘉、谷、尉令人日夜端行。它如律令。

從上面這篇文告可以看出，首先徵發的是不需要請示上級的人群，包括刑徒、居貲贖債者、乘城卒及踐更縣者等。根據睡虎地秦簡《徭律》的規定，動用這部分人是不需要請示上級的。《徭律》："縣毋敢壞更公舍官府及廷，其有欲壞更殹（也），必澅之。欲以城旦舂益爲公舍官府及補繕之，爲之，勿澅。"里耶簡[16]5 中①是陳述有關徭役徵發的法令，②是根據①的精神采取的具體措施，在原來提到徵發人群的前後，分別增加了乘城卒及司寇、隱官、踐更縣者。乘城卒爲軍隊士卒，在大規模的工程建設特別是軍事工程中，經常組織軍隊士卒參加，這種活動屬於軍事活動的一部分，由軍方直接組織，一般不用請示地方行政組織。司寇、隱官屬於輕度犯罪的刑徒及免罪釋放人員，他們的地位比較接近平民，但仍然受到歧視，所以這類人的徵發大概也不需要請示上級。踐更縣者指的是本來就正在縣中服役的人員，所以調動這類人去從事某種徭役，理所應當，當然也無需請示上級了。

其次，經請示上級批准，可臨時徵發百姓。在這情況下，家庭財產的多少，成爲徭役徵發的依據之一。財産多者先徵，財産少者後徵。秦朝政府主張農忙時節儘量少興民力，故里耶簡[16]5 說"田時殹（也），不欲興黔首"，又說"[興黔首]可省少弗省少而多興者，輒劾移縣"。一旦有急事，非徵不可，也要以貧富論先後，所以嶽麓簡《徭律》說"田時先行富有賢人，以閒時行貧者"。這種情況也可以在文獻中得到印證。《周禮·地官·小司徒》："乃頒比法於六鄉之大夫，使各登其鄉之衆寡、六畜、車輦，辨其物，以歲時入其數，以施政教，行徵令。""比法"即"校數户口財物之法"，"徵令"即賦稅徭役徵發的命令。賈公彦曰："謂辨其家中財物多少，以歲之四時具録其數，入小司徒。""以施政教，行徵令"，孫詒讓曰："謂考其數以施政治教法，徵令亦謂宣布法令，通晐徵役徵賦二義言之，詳《宰夫》疏。"①登記民户人口財產的目的之一就是爲了行徵令，具體的做法當與里耶簡所載相似。張家山漢簡《二年律令·徭律》中也記載了漢初徭役徵發的有關規定。《徭律》："發傳送，縣官車牛不足，令大夫以下有訾（貲）者，以貲共出車牛及益，令其毋訾（貲）者與共出牛食、約、載具。吏及宦皇帝者不與給傳送。"這應該是一條關於徭役徵發順序的法律。有貲與否，成爲了是否出車牛的一個標準，這點與嶽麓簡《徭律》是相通的。《二年律令·徭律》又曰："興□□□□爲□□□□及發縣（徭）戍不以次，若擅興

---

① 孫詒讓：《周禮正義》，第 774—775 頁。

車牛,及繇(徭)不當繇(徭)使者,罰金各四兩。""發繇戍不以次"如何如何,也進一步證明漢初的徭役徵發順序是有規矩可循,並以制度爲保障的,"繇不當繇使者"是説官吏破壞了徵發徭役次序的行爲,所以要受到處罰。

三

簡1241與簡1242的編聯應該没有問題,但感覺到簡1242與簡1238的編聯則有些不妥。陳松長先生對此就有疑慮。後告知確當另屬。即便如此,簡1238無疑與徭役管理制度有關,仍有討論的價值。

簡1242"病及不存"都没有涉及死,"不存"是不在崗位的意思。睡虎地秦簡《秦律十八種·置吏律》:"官嗇夫節(即)不存,令君子毋(無)害者若令史守官,毋令官佐、史守。"《内史雜》:"除佐必當壯以上,毋除士五(伍)新傅。苑嗇夫不存,縣爲置守,如廄律。"《法律答問》:"賊入甲室,賊傷甲,甲號寇,其四鄰、典、老皆出不存,不聞號寇,問當論不當? 審不存,不當論;典、老雖不存,當論。"這三個例子中的"不存"皆爲不在崗位之義,而不是死亡的意思。所以簡1238開頭即言"遣歸葬",與前面的"其當行而病及不存"相連接,中間是存在着缺環的,但二者的先後順序應該没有問題。

簡1238的開頭爲"遣歸葬。告縣,縣令給日"。經請教陳松長先生,"給"乃"拾"之誤釋。秦律有時是很有人道主義精神的。睡虎地秦簡《秦律十八種·司空律》:"居貲贖責(債)者歸田農,種時、治苗時各二旬。"居貲贖債者在居作期間尚可放假二十日以歸農,喪葬是古人大事,服役者在服役過程中,家中有人死亡,官府給假歸家辦理喪事更是理所當然的事。那麽服役者在服役過程中意外死亡,官府如何處理呢?《漢書·高帝紀下》記漢高祖八年,"令士卒從軍死者爲槥,歸其縣,縣給衣衾棺葬具,祠以少牢,長吏視葬"。臣瓚曰:"初以槥致其屍於家,縣官更給棺衣更斂之也。《金布令》曰'不幸死,死所爲槥,傳歸所居縣,賜以衣棺'也。"[①]漢高祖的這項制度雖然是針對服役軍人的,但如果我們結合嶽麓秦簡《徭律》看,漢初的制度很可能是有所本的。而張家山漢簡《二年律令·賜律》的有關規定恐怕就是對高祖之令的法律化。《賜律》曰:"二千石吏不起病者,賜衣襦、棺及官衣常(裳)。郡尉,賜衣、棺及官常(裳)。千石至六百石吏死官者,居縣賜棺及官衣。五百石以下至丞、尉死官者,居縣賜棺。"這兩條律文説的是給官吏死於公事者的。那麽下面的這條材料則很可能就是針對服役平民而言的。《賜律》曰:"一室二殍在堂,縣官給一棺;三殍在當(堂),給二棺。"《賜律》還規定説,如果受賜者願意要錢的話,可以按不同標準賜錢:"賜棺享(槨)而欲受齎(資)者,卿以上予棺錢級千、享(槨)級六百;五大夫以下棺錢級六百、享(槨)級三百;毋爵者棺錢三百。"臣瓚所引《金布令》的内容應當也是《賜律》内容的進一步演化。

睡虎地秦簡《徭律》:"禦中發徵,乏弗行,貲二甲。失期三日到五日,誶;六日到旬,貲一盾;過旬,貲一甲。其得毆(也),及詣。""乏弗行"之後是具體的處罰及補救措施。同理,里耶

---

① 班固:《漢書》,中華書局,1962年,第65頁。

簡 1242"其當行而病及不存"之後,應當會明確提到官府有針對性的處理措施。

"已葬,輒聶(攝)以平其繇(徭)"。"聶(攝)",陳松長先生説:"張家山漢簡《徭律》中寫作聶,讀爲攝,解釋爲'拘捕'。據張家山漢簡和文義判斷,這裏也許是漏掉了一個'勿'字。'平',寬恕,免除。《荀子·富國》:'輕田野之税,平關市之征,省商賈之數。'楊倞注:'平猶除也。'這句話的意思大致是,歸葬以後,就不要再拘捕,並以歸葬的原因而免其徭役。"①筆者認爲,嶽麓簡此處的"聶(攝)"字可理解爲徵召,而不一定非理解爲拘捕,"聶(攝)"字之前不存在漏字的可能,"平"字也不應該解釋爲免除,《左傳》中"平"有"成"的含義,理解爲補償更恰當。因爲服役者在服役期間家中有喪事,國家法律允許歸家辦理喪事,並給予一定的假期,當然不可能事後去抓捕回家辦理喪事的人了。既然如此,再在法律上説一句不抓捕他們,顯然重複多餘,這對於嚴謹的法律條文來説是不應出現的。另外,張家山漢簡《徭律》中的"攝"解釋爲拘捕,也未必恰當。因爲律文的主要意思是針對應服徭役者生病達一年或因他事已被司法部門拘繫者,這類人在本年確實無法應徵服役,因此免除本年的徭役。律文之所以强調"病盈卒歲",一是表明服役者病情嚴重,二是在本年内確實沒有時間去補償徭役了。而且如果應服役者已被官府拘繫,下文也沒有必要再説"勿攝"了。因此,筆者認爲張家山漢簡《徭律》中的"攝"也是徵召服役的意思。

服役者辦完喪事,國家就會把他們召回去補償原來耽誤了的服役時間。睡虎地秦簡中幾次出現補償服役時間的記載。

其一,《秦律十八種·司空律》:"百姓有母及同牲(生)爲隸妾,非適(謫)罪殹(也)而欲爲冗邊五歲,毋賞(償)興日,以免一人爲庶人,許之。"如果有人想以服軍役的形式免除其母親或同生爲隸妾者,可以到邊境戍邊五年,且不能以此抵償五年内這個戍邊者本身應服的徭役,這種情況下允許贖免。也就是説,這個人爲了贖免他的親人在邊境戍邊五年,但他本人作爲國家的編户齊民在這五年内是有不少徭戍義務的,不能因爲他已經戍邊五年,就算這五年内已經服過徭役、軍役了。這五年内應服的徭役他在此後的時間内要加以補償。

其二,《秦律雜抄·除吏律》:"駕驂除四歲,不能駕御,貲教者一盾;免,賞(償)四歲繇(徭)戍。"官府已經任命的駕車者本來是免除徭戍義務的,但如果這個駕車者四年内都不能很好地勝任駕車任務,就要免除其駕車職務,並且補償其駕車期間應服的徭戍義務。

其三,《秦律十八種·司空律》:"居貲贖責(債)者,或欲籍(藉)人與並居之,許之,毋除繇(徭)戍。"居貲贖債者如果想借他人和他一起居作,這種情況是允許的,但不能免除這些幫忙者本身應服的徭戍義務,他們事後要進行補償。

其四,《法律答問》:"隸臣妾毄(繫)城旦舂,去亡,已奔,未論而自出,當治(笞)五十,備毄(繫)日。"隸臣妾毄(繫)城旦舂者,如果繫日未備而逃亡,在未被發現之前又主動自首,除了笞打五十下之外,還要補償完繫城旦舂的日期。

綜上所述,嶽麓書院藏秦簡《徭律》的這條簡文,爲我們瞭解秦國或秦代的徭役法律提供

---

① 陳松長:《嶽麓書院藏秦簡中的徭律例説》,《出土文獻研究》第十一輯,第 165 頁。

了如下的新信息：一是徭役徵發有專門的券書記録作爲憑證，這與睡虎地秦簡及《周禮》中的相關記載可相互印證補充；二是臨時徵用民力，有一定的指導原則，以保證充足的農業勞動力，先富後貧的做法，體現了秦律中的人道主義思想，這是睡虎地秦簡中所未見到的；同時，以百姓家貲貧富作爲徵發民力的依據之一，也印證了《周禮》中相關記載確非虛言。

讀秦陶、秦印小札（六則）＊

方 勇

（吉林師範大學文學院）

提 要：秦陶文"咸郖里頠"中"頠"字應改釋爲"頯"；秦陶文"折里雖"的"折"字應釋爲"祟（奈）"；秦印"公孫昆"之"昆"字應改釋爲"鼠"；秦印"妾□"，缺釋字應釋爲"娛"；《秦印文字彙編》附錄收有從衣從吊之字，它可能爲"牵"字誤字；秦印中兩個被釋成"白"的字應釋爲"占"。

關鍵詞：秦陶文 秦璽印 頯 祟 鼠

　　此篇小文是筆者在學習秦陶文及秦印時，隨文所作札記中的幾則，今不揣淺陋，呈於方家學者面前，以供批評。

一

　　單曉偉先生在《秦陶文考釋五則》一文中曾經討論了以下一方秦陶文印①：

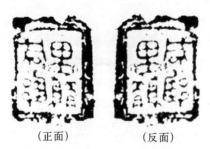

（正面）　　　　　（反面）

　　此印文原釋爲"咸郖里□"，其中"里"字後面之字未釋，《陶文字典》將其放入附錄中，並加

＊　基金項目：2013 年度教育部人文社會科學研究青年基金項目"秦簡牘醫學文獻的整理與研究"（13YJC770011）；教育部2008 年度哲學社會科學重大攻關項目"秦簡牘綜合整理與研究"（08JZD0036）；2013 年度吉林省社會科學基金項目（博士扶持項目）《秦簡牘醫學文獻的綜合整理與研究》（2013BS21）。

①　單曉偉：《中國歷史文物》2010 年第 3 期，第 75—76 頁。此陶文見於王恩田先生主編的《陶文圖錄》一書，編號6·54·1，齊魯書社，2006 年，第 1900 頁。

按語説：“陳介祺謂似願。”①單先生認爲釋“願”於字形不合，並將其改釋爲“顝”字，認爲是“項”字異體，爲人名用字。

按，此字當釋爲“顝”。單曉偉先生將其作黑底白文書處理，爲  形，此形右側爲“頁”形，單先生已經論述，其説可信。其左側形應爲“骨”字，“骨”在秦簡文字中作如下形②：

 睡答簡七五　　　睡封簡三五　　　睡日甲簡三〇背叁

通過比較可見，　　形左側並非“肯”字，其最上面的一筆不作“工”字上部一橫的形狀，而是兩頭垂折，整個字形和上舉的“骨”字的　　形一致，故此，我們將　　形隸定爲“顝”字，此字形又見於秦封宗邑瓦書銘文，作　　形，亦爲人名用字③。但此“顝”人名非上舉陶印中的人名。《説文》曰：“顝，大頭也。從頁骨聲，讀若魁。”段注云：“《廣雅》曰：‘顝，大也。’《思玄賦》：‘顝羈旅而無友。’舊注：‘顝，獨也。’此與《九辨》‘塊獨守此無澤’之塊同，皆於音求之。《玉篇》引《蒼頡》云：‘相抵觸。’《廣雅》云‘醜也’皆引伸之義。”朱駿聲《説文通訓定聲》：“按今俗凡言大曰魁首，當作此顝字。”可見，“顝”字本義爲大頭，後引申爲醜義。另外，古人往往有根據被命名人的生理特點來進行命名的慣例，這是古人“不以隱疾”命名原則的反證，如典籍中有晉成公黑臀、魯成公黑肱、周桓公黑肩等，此外古文字資料中還有場羊鼻、屈子赤目等④。據此，“顝”之命名也應同理。

二

秦陶文中有以下一方陶文印⑤：

---

① 王恩田：《陶文字典》，齊魯書社，2007 年，第 418 頁。

② 方勇：《秦簡牘文字彙編》，吉林大學博士學位論文（指導教師：吳振武），2010 年，第 89 頁。

③ 郭子直：《戰國秦封宗邑瓦書銘文新釋》，《古文字研究》第 14 輯，中華書局，1986 年，第 177—195 頁；袁仲一：《秦代陶文》，三秦出版社，1987 年，第 446 頁。

④ 劉釗：《古文字中的人名資料》，《古文字考釋叢稿》，嶽麓書社，2005 年，第 369 頁。

⑤ 王恩田：《陶文圖録》，第 2173 頁。

　　其中的  字,《秦代陶文》及《秦陶文新編》釋爲“祉”①,《陶文圖録》及《陶文字典》釋爲
“折”②。

　　按,此字形於“祉”及“折”字形皆不類,故釋字不確。因“祟”在秦簡文字中通常作如
下形③:

　　放馬灘秦簡《日書》乙種第二七六簡有“祟”字作 形,其形上部明顯从“出”形,其和上舉
睡虎地秦簡《日書》乙二一六簡壹的“祟”字同形。

　　另外,孔家坡漢簡中的“祟”字有作如下形者:

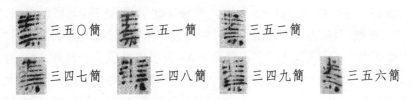

對於以上孔家坡漢簡的“祟”字,陳劍先生認爲:

　　　　其形下部是“奈”,上方是“木”形(有的也可看作已近於“出”形),係“奈”(或
　　“祟”)與“奈”兩種寫法之“糅合”。“奈”、“奈”、“祟”三形本爲一字,現在研究者對其
　　間關係的認識已經是很清楚的了。⑤

按,陳劍先生的意見至確。通過和上舉秦漢簡中的“祟”字進行比較,可見,秦陶文中的“祟”
應爲“祟”字,爲秦里名,“祟里離”是指祟里名叫離的陶工。

　　　　　　　　　　　　　　　三

　　《秦印文字彙編》收有一個字形,作如下形⑥:

①　袁仲一:《秦代陶文》,第 447 頁;袁仲一:《秦陶文新編》,文物出版社,2009 年,第 554 頁。
②　王恩田:《陶文字典》,第 308 頁。
③　方勇:《秦簡牘文字彙編》,第 5 頁。
④　甘肅省文物考古研究所:《天水放馬灘秦簡》,中華書局,2009 年,圖版第 44 頁。
⑤　陳劍:《孔家坡漢簡的“祟”字》,復旦大學出土文獻與古文字研究中心網站,2011 年 11 月 8 日。另可參看林澐《讀包山
　　楚簡札記七則》,《江漢考古》1992 年第 4 期,第 83—85 頁。
⑥　許雄志主編:《秦印文字彙編》,河南美術出版社,2001 年,第 288 頁。

該書編者將其隸定爲"皀"字,並釋印文爲"公孫皀"。按,很明顯此字爲人名,但隸定爲"皀"字恐不確。我們認爲此字應爲"鼠"字。因秦簡中的"鼠"作如下形①:

　放日甲簡七三貳　　睡律簡七三　　睡日甲簡四〇正　　關簡三七一

　　通過比較,形尤其是和關沮秦簡三七一簡的 形最近,唯有不同的是 形的最右下一筆是朝左撇,並和中間部分小短橫相連,秦簡字形的那一筆皆朝右,但這不影響我們對它的考釋。"公孫鼠"即復姓公孫,名爲鼠。上引劉釗先生的文章曾經很好地歸納了古文字材料中的人名用字,他提到了諸如"审生狗、妾盧豚、程豬子、劉狗彘、苟狗子、司馬狗"等例子,這些都是以賤物命名的②。如我們所釋不誤,則"公孫鼠"正可以爲其説添加一例證。

四

　　《秦印文字彙編》附録收有一字形如下③:

　　其印文爲"妾□",編著者將上舉字形按照不識文書處理,用"□"符號代替。按,此字形左側似爲"女"字旁(此形所在的印面稍有殘泐),右側字形作 ,應是"冥"字。天水放馬灘秦簡《日書》乙 272 簡:"藍賓:聽殹,別顝上事殹,外壄(野)某(謀?)殹。貞在藍賓,唐虞始欣,帝(帝)堯乃韋(圍)九州,以政(正)下黔首,斬伐冥=(冥冥),殺劉牢=(牢牢-寥寥)。"其中的"冥"字,《書法》圖版作 。整理者釋此字爲"寔",《書法》釋爲"安"。程少軒先生博士論文引陳劍先生的意見,將其釋爲"冥",且程少軒先生摹本作 形④。

────────────

① 方勇:《秦簡牘文字彙編》,第 240 頁。
② 劉釗:《古文字中的人名資料》,《古文字考釋叢稿》,第 369 頁。
③ 許雄志主編:《秦印文字彙編》,第 308 頁。
④ 程少軒:《放馬灘簡式占古佚書研究》,復旦大學博士學位論文(指導教師:裘錫圭),2011 年,第 127、128 頁。

按，陳劍先生釋“冥”的意見至確。“冥”在馬王堆帛書中作 、、 諸形①，《漢印文字徵補遺》卷十三收錄“螟”字 形所从“冥”旁②，可與此簡文的“冥”字互證。但是需要説明的是，程少軒先生的摹本似值得商榷，雖然《書法》上所載的 形比《天水放馬灘秦墓竹簡》上的圖片清楚一些，但是我們認爲“冥”字中間的偏旁還應是“日”旁，而不是類似“囧”形的偏旁，其摹本應爲 形。

綜上，通過比較可見，上舉 形應爲“冥”字，尤其是漢印中的“螟”字所从冥旁和 形幾乎一模一樣。由此，我們將 隸定爲“㜱”字。《説文》：“㜱，嬰㜱也。从女。冥聲。一曰㜱㜱、小人兒。”《集韻·青韻》：“㜱，好兒。”無論其義是“小人兒”還是“好兒”，它在上舉秦印文中都可能爲人名用字。

五

《秦印文字彙編》附録收有一字形如下③：

編著者未釋。我們認爲此字應爲“袤”。因關沮秦簡三四〇簡有如下內容④：

> 禹步三，汲井，以左手袤〈牽〉縮，令可下免甖（甕）。

其中所謂的“袤〈牽〉”字，作 形，我們曾經考證此字形从衣从弔旁，而不从矛旁，所以應隸定爲“袤”形，並懷疑秦簡中的“牽”所从的“矛”旁有可能是甲骨文和小篆的“牽”字所从“玄”旁下部的“么”形的訛形。整理者把它讀爲“牽”，應該是能説得通的，並且從簡文的具體語境上來看，釋爲“牽”也是較爲合理的⑤。

通過和上舉的 比較， 形也應是从衣从弔旁的“袤”字。《説文·衣部》收錄了一個“裞”字，其曰：“棺中縑裏。从衣从弔。”“袤”形和“裞”形可能是同形的關係。當然，它最有可

---

① 陳松長：《馬王堆簡帛文字編》，文物出版社，2001年，第279頁。

② 羅福頤：《漢印文字徵補遺》，文物出版社，1982年，第4頁。

③ 許雄志主編：《秦印文字彙編》，第302頁。

④ 湖北省荆州市周梁玉橋遺址博物館編：《關沮秦漢墓簡牘》，中華書局，2001年，第51頁。

⑤ 方勇：《讀關沮秦簡札記四則》，《中國國家博物館館刊》2012年第12期，第74、75頁。此外，劉釗先生《馬王堆漢墓帛文字考釋》(《古文字考釋叢稿》，第333頁)一文認爲馬王堆漢墓帛書和睡虎地秦簡中的“牽”字經常寫成从“麥”从“牛”的結構。其説可從，“袤”或是“麥”的進一步訛形。

能和關沮秦簡的字形一樣，爲"牽"字誤字。

六

《秦印文字彙編》正編"白"字欄內收録了兩個字形如下①：

它們的印文分別爲"白更"、"白菔"。只要和同篇收録的"白"字其他的  諸字形進行比較，就會發現上舉兩個所謂"白"字形右上角不封口，和"白"字區別比較明顯。另外，秦簡中的"白"字通常作如下形②：

 放志簡五　　睡日乙簡一七四　　關簡二〇六　　里簡 J1(16)

6 正

和璽印中的"白"字一樣，它們没有右上部作開口形狀的，所以將上舉兩個字形釋爲"白"字，不確。它應是"占"字，秦簡中的"占"作如下形③：

 睡編簡二三貳　　睡雜簡三二　　睡封簡一一

睡日甲簡四四背貳　　關簡二四一　　關簡二四二

另外，"占"在馬王堆漢墓帛書中作如下形④：

通過比較，諸形應是"占"字。據竇學田先生研究⑤：

"占"爲現行較罕見姓氏。今天津之武清，河北之景縣、內蒙古之烏海，山東之平度，山西之太原，湖北之監利，安徽之涇縣，關東之新會、澄海、高要、高志、高明，雲南至隴川等地均有分布。《鄭通志》、《續通志》之《氏族略》亦俱收載。鄭樵注云："陳子

---

① 許雄志主編：《秦印文字彙編》，第 152 頁。
② 方勇：《秦簡牘文字彙編》，第 188 頁。
③ 方勇：《秦簡牘文字彙編》，第 74 頁。
④ 陳松長編著：《馬王堆簡帛文字編》，文物出版社，2001 年，第 131 頁。
⑤ 竇學田：《中華古今姓氏大辭典》，警官教育出版社，1997 年，第 796 頁。

占之後，以王父字爲氏。"子占，春秋時齊大夫陳公子完之裔孫，名書字子占。陳乃舜後，故此當以字爲氏，係出嬀姓。或稱出自田氏。

可見，"占"氏來源較早。同時，這也應該很容易講通"占更"、"占葩"兩方印文的内容。

附記：小文曾蒙劉洪濤先生審閲指正，在此表示感謝！

《王杖十簡》"本二年"、"山東復"考 *

白於藍

（華南師範大學中國文字研究與應用中心）

摘　要：甘肅省武威縣磨咀子出土的《王杖十簡》是研究漢代養老、尊老制度的重要資料，學術界對簡文中的"本二年"和"山東復"作出過不少的解釋。本文在此基礎上進行分析和考辨，認爲"本二年"是指漢文帝二年，"山東復"是指漢高祖劉邦於十二年免除山東豐、沛之地的賦役。

關鍵詞：王杖十簡　本二年　山東復

1959 年秋，甘肅省武威縣磨咀子第十八號墓中出土木簡 10 枚，記有兩條詔書和一則案例，内容涉及漢代高年授王杖以及養老之事，史學界稱其爲《王杖十簡》。該批木簡爲研究漢代養老、尊老制度提供了十分重要的實物資料。筆者此文，擬就簡文中的"本二年"和"山東復"做一點簡單考證。不當之處，敬請方家批評指正。

一、本　二　年

爲論述方便，先將簡文抄録如下：

制　詔丞相、御史：高皇帝以來至本二年，勝（朕）甚哀老小。高年受王杖，上有鳩，使百姓望見之，【3】比於節。有敢妄罵詈毆之者，比逆不道。得出入官府郎（廊）第、行馳道旁道。市賣，復毋所與，【4】如山東復。有旁人養謹者常養扶持，復除之。明在蘭臺石室之中。王杖不鮮明，【5】得更繕治之。河平元年，汝南西陵縣昌里先年七十受王杖，頹部游徼吳賞使從者【6】毆擊先，用訴，地大守上讞。廷尉報：罪名【7】明白，賞當棄市。【8】

制　詔御史曰：年七十受王杖者比六百石，入官廷不趨，犯罪耐以上，毋二尺告劾。有敢徵召侵辱【1】者，比大逆不道。建始二年九月甲辰下。【2】

---

* 　基金項目：教育部人文社會科學重點研究基地"十二五"基地重大項目《甲骨文語料庫建設》（11JJD740001）；2010 年國家社科基金重大項目《出土古文獻語料庫建設研究》（10&ZD118）。

蘭臺令第卅三,御史令第冊三,尚書令滅受在金。【10】

孝平皇帝元始五年幼伯生,永平十五年受王杖。【9】①

關於以上兩條詔書和一則案例之年代,第二條詔書之"建始二年"即漢成帝建始二年,案例之"河平元年"即漢成帝河平元年。此兩處因均有明確記年,故關於其具體年代,學界並無異議。但是,第一條詔書的年代並不明確,僅記有"高皇帝以來至本二年",未見明確記年,學界僅能對所記之"本二年"加以推測,考古研究所編輯室認爲是在漢成帝建始二年②,陳直、郭沫若認爲是在漢成帝河平二年③,陳夢家認爲是在漢哀帝建平二年④。

1981年,武威縣文物管理委員會在進行文物調查時,又徵集到一份在磨咀子漢墓出土的《王杖詔書令》,這是繼《王杖十簡》以後的又一次王杖簡册的重大發現。《王杖詔書令》共計木簡26枚,内中有如下一段文字:

高皇帝以來至本始二年,朕甚哀憐耆老。高年賜王杖,上有鳩,使百姓望見之,比於節。吏民有敢罵詈毆辱者,逆不道;得出入官府節〈郎(廊)〉第,行馳道中;列肆賈市,毋租,比山東復。

比較可知,以上這段文字與《王杖十簡》第一條詔書的文字略有出入,但内容大體相當。文字方面的差異,最重要的一點即《王杖十簡》之"本二年"在《王杖詔書令》中作"本始二年","本始"爲漢宣帝之年號,學術界據此一致認爲"本始二年"即漢宣帝本始二年,而《王杖十簡》之"本二年"當爲"本始二年"之誤,即《王杖十簡》中漏寫了"始"字⑤。到目前爲止,學界並無異議。

筆者認爲,將上引兩處簡文之"本二年"和"本始二年"定爲漢宣帝本始二年仍有可商,理由有三:

首先,就材料學來講,孤證不立。僅據《王杖詔書令》之"本始二年"即認爲《王杖十簡》之"本二年"有誤,有失草率。因爲我們既不能排除《王杖詔書令》"本始二年"之"始"爲衍文的可能,亦不能排除在特定的語境下"本二年"與"本始二年"原本就語義相當的可能。

其次,查檢相關史料,亦找不出漢宣帝在本始二年及相鄰數年下達過任何針對養老問題

①　簡文編號爲原整理者考古研究所編輯室《武威磨咀子漢墓出土王杖十簡釋文》(《考古》1960年第9期)中的編號,簡文編排次序采用崔永東《〈王杖十簡〉與〈王杖詔書令册〉法律思想研究——兼及"不道"罪考辨》(《法律研究》1999年第2期)的看法。

②　簡文編號爲原整理者考古研究所編輯室《武威磨咀子漢墓出土王杖十簡釋文》(《考古》1960年第9期)中的編號。

③　陳直:《甘肅武威磨咀子漢墓出土王杖十簡通考》,《考古》1961年第3期;郭沫若:《武威"王杖十簡"商兑》,《考古學報》1965年第2期。

④　中國科學院考古研究所、甘肅省博物館:《武威漢簡》,文物出版社,1964年,第144頁。

⑤　武威縣博物館:《武威新出土王杖詔令册》,《漢簡研究文集》,甘肅人民出版社,1984年;崔永東:《〈王杖十簡〉與〈王杖詔書令册〉法律思想研究——兼及"不道"罪考辨》,《法律研究》1999年第2期;臧知非:《"王杖詔書"與漢代養老制度》,《史林》2002年第2期;郝樹聲:《武威"王杖"簡新考》,《簡牘學研究》第四輯,甘肅人民出版社,2004年;魏燕利:《漢代"王杖制"新探》,《許昌學院學報》2005年第1期;朱紅林:《漢代"七十賜杖"制度及相關問題考辨——張家山漢簡〈傅律〉初探》,《東南文化》2006年第4期;郭浩:《漢代王杖制度若干問題考辨》,《史學集刊》2008年第3期;李明曉:《武威漢簡〈王杖十簡〉與〈王杖詔書令册〉注釋》,簡帛研究網,2010年5月28日。

的詔令,甚至找不到有關養老問題的任何記述。

再次,若此詔書確爲漢宣帝本始二年所下,則"高皇帝以來至本(或本始)二年,勝(朕)甚哀老小"這句話就顯得十分奇特。據史籍記載,漢高祖劉邦於公元前195年過世,而漢宣帝劉詢則出生於公元前91年,兩人相距一百多年。可見漢宣帝並未親歷漢高祖劉邦時事,因此詔書中采取這樣的表述就顯得不合常理。這就如同新中國出生的人說自己清朝以來到現在如何如何一樣,顯然不合語言邏輯。前面提到考古研究所編輯室認爲"本二年"是在漢成帝建始二年,陳直和郭沫若認爲是在漢成帝河平二年,陳夢家認爲是在漢哀帝建平二年。按,漢成帝與漢哀帝距離漢高祖劉邦的時代更遠,自然更不可信。換句話說,由"高皇帝以來至本(或本始)二年,勝(朕)甚哀老小"可知,此詔書下達之人必爲親歷過漢高祖時事之人。

筆者認爲,上引兩處簡文之"本二年"和"本始二年"實指漢文帝二年。理由有二:

首先,漢文帝劉恒爲"高祖中子",於高祖十一年春"立爲代王,都中都"①。其本人曾親歷過高祖劉邦時事,故在其詔書中出現"高皇帝以來至本二年,勝(朕)甚哀老小"之類的語句本不足爲怪。

其次,漢文帝向來體恤民情,重視養老。而且尤爲重要的是,據《漢書·文帝紀》記載,漢文帝在元年三月曾下達過專針對養老問題的詔令:

> 詔曰:"方春和時,草木群生之物皆有以自樂,而吾百姓鰥寡孤獨窮困之人或阽於死亡,而莫之省憂。爲民父母將何如?其議所以振貸之。"又曰:"老者非帛不暖,非肉不飽。今歲首,不時使人存問長老,又無布帛酒肉之賜,將何以佐天下子孫孝養其親?今聞吏稟當受鬻者,或以陳粟,豈稱養老之意哉!具爲令。"有司請令縣道,年八十已上,賜米人月一石,肉二十斤,酒五斗。其九十已上,又賜帛人二匹,絮三斤。賜物及當稟鬻米者,長吏閱視,丞若尉致。不滿九十,嗇夫、令史致。二千石遣都吏循行,不稱者督之。刑者及罪有耐以上,不用此令。

據上引《漢書·文帝紀》所記,漢文帝在所下詔令中不僅對養老問題十分重視,對當時官吏在奉養老人方面所存在的不足和弊端加以斥責,而且還"具爲令"②,使養老形成條例制度,令各級官吏加以具體落實。從這一點上來看,將《王杖十簡》詔書之"本二年"看作是漢文帝二年也是十分合適的,漢文帝完全有可能在第二年即下達該詔書,並在全國範圍內施行。

關於《王杖十簡》之"高皇帝以來至本二年"這句話,陳夢家認爲"係指高祖以至今帝即位二年"③,這一看法應當是可信的。《王杖詔書令》"本始二年"之"始"字。筆者認爲可有兩種解釋。第一種解釋即"始"爲誤增之衍文,即此漢文帝二年所下之詔書,後代抄手已經不明其確切年代,而"本始"又爲漢宣帝之年號,故誤增"始"字。據前引《王杖十簡》簡文,杖主幼伯是於

---

①　《史記·孝文本紀》。

②　顏師古注:"使其備爲條制。"

③　中國科學院考古研究所、甘肅省博物館:《武威漢簡》,文物出版社,1964年,第144頁。

東漢明帝永平十五年受王杖，此時距離漢文帝二年已有 250 年之久。《王杖詔書令》與《王杖十簡》同出一墓地①，二者抄寫時間應當不會相距太遠，故不排除"本始二年"之"始"字爲後代誤增之可能。第二種解釋是"本始二年"之"始"似可讀作"嗣"。"始"從"台"聲，典籍中台及從台聲之字與嗣字常可互通。《後漢書·班固傳》："有於德不台淵穆之讓。"李賢《注》引《音義》曰："台，讀曰嗣。"《集韻·志韻》："嗣，古作台。"《詩·鄭風·子衿》："子寧不嗣音。"陸德明《釋文》："嗣，《韓詩》作詒。詒，寄也。"《史記·五帝本紀》："舜讓於德不懌。"司馬貞《索引》"古文作'不嗣'，今文作'不怡'。怡即懌也。"可見"始"當可讀作"嗣"。《説文》："嗣，諸侯嗣國也。"《爾雅·釋詁上》："嗣，繼也。"《國語·鄭語》："武其嗣乎？"韋昭《注》："嗣，繼也。"《荀子·哀公》："若天之嗣。"楊倞《注》："嗣，繼也。"故"本始(嗣)二年"似可理解爲本人繼位二年，與"本二年"語義相仿。

與《王杖十簡》比較，《王杖詔書令》書寫草率，錯誤較多。如《王杖十簡》"得出入官府郎(廊)第"之"郎"字，在《王杖詔書令》中寫作"節"。研究者指出"節"當爲"郎"之誤字，讀作"廊"②。再如《王杖十簡》有"建始二年九月甲辰下"語，而《王杖詔書令》有"建始元年九月甲辰下"語，研究者指出"據二十史朔閏表，成帝建始元年九月辛酉朔，無甲辰日，疑'甲辰'或爲誤寫，或'元年'爲'二年'誤，同王杖十簡"③。另外，《王杖詔書令》之"吏民有敢罵詈毆辱者，逆不道"，對比《王杖十簡》之"有敢妄罵詈毆之者，比逆不道"，可知《王杖詔書令》漏寫了"比"字，似乎也漏寫了"之"字。以上諸例可以看出，《王杖詔書令》抄寫問題較多，故前面的兩種解釋似以第一種的可能性較大。

綜上所述，《王杖十簡》之"本二年"以及《王杖詔書令》之"本始二年"均當指漢文帝二年，亦即前引第一條詔書的具體下達之年。

二、山 東 復

關於《王杖十簡》之"市賣，復毋所與，如山東復。有旁人養謹者常養扶持，復除之"這段話，過去學者多有解説。禮堂認爲"復毋所與"即免除賦税。"市賣復毋所與"是聽民出賣此項復除優待權。"如山東復有旁人養謹者，常養扶持復除之"，這是説在山東有一種辦法，旁人扶養老人得到復除，買者可以和它相同，但買者必須常扶養才可得到復除，否則便亦無效④。陳夢家認爲"市賣復毋所與"謂"復毋所與"之特權可以出賣轉讓於他人也。"復毋所與"與"復除"乃指賦役、縣役之豁免。此詔准許"復毋所與"特權可以市賣，但需遵受一定條件。此條件即"如山東"云云所述。蓋在山東地區曾有一種特殊律令，凡非親屬(即旁人)而能養謹老人者，得享復除之權……華山以東地區多水旱災，或因此而有變通之特例，即非直系子孫而供養

---

① 李均明、何雙全：《散見簡牘合輯》，文物出版社，1990 年，第 15 頁。
② 郝樹聲：《武威"王杖"簡新考》，《簡牘學研究》第四輯，甘肅人民出版社，2004 年。
③ 武威縣博物館：《武威新出土王杖詔令册》，《漢簡研究文集》，甘肅人民出版社，1984 年。
④ 禮堂：《王杖十簡補釋》，《考古》1961 年第 5 期。

受鬻法之老人者,亦得復除之①。郭沫若認爲"市賣復毋所與"是指"復毋所與"的特權也可以"市賣",這是自漢武帝以來所開創出的斂錢的途徑之一②。陳直將"市賣"上讀,與"行馳道旁"連爲一句,認爲"行馳道旁市賣"是指凡授王杖者,准許在馳道旁道行路,並准許有所買賣。"復毋所與",復謂復其身,即一家皆免除算賦也。與讀爲豫,謂終身不豫徭役之事也,爲兩漢時公牘中之術語。"如山東復有旁人養謹者,常養扶持,復除之"之"旁人"是指繼承子,非親生子而言,能孝養老人者,亦免除繇役之事。西漢人之山東,指華山以東地帶,範圍極爲廣泛③。

《漢書·高帝紀上》:"蜀漢民給軍事勞苦,復勿租稅二歲。"顔師古注:"復者,除其賦役也。"《後漢書·光武帝紀》:"詔復濟陽二年徭役。"李賢注引《前書音義》:"復謂除其賦役也。"上引諸家對"復"、"復除"以及"復毋所與"的解釋都是正確的。但是,由於斷句上存在問題,兼之材料所限,以上諸家對整段文字的説解均存在不同程度的失當之處,或將"市賣"與"復毋所與"連讀,解釋爲"復毋所與"之特權可出讓轉賣他人;或將"市賣"上讀,與"行馳道旁"連讀,解釋爲准許在馳道旁道行路,並准許有所買賣。均有失允當。至於對"山東復"的説解,因斷句有誤,基本上都是在牽强附會。前引有學者認爲"西漢人之山東,指華山以東地帶",亦不十分準確。錢大昕《十駕齋養新録·山東》:"然漢時亦有稱齊魯爲山東者,如《酷吏傳》:'御史大夫宏曰:臣居山東爲小吏時,寧成爲濟南都尉。'《儒林傳》:'伏生教齊魯之間,學者由此頗能言《尚書》,山東大師亡不涉《尚書》以教。'則齊魯之號'山東',非無因矣。"④可見,漢時亦稱古齊魯之地爲"山東"。另外,華山以東地域遼闊,相當於大半個中國,在如此廣闊的地域推行某項政策,却失載於史册,而且何以此項政令單在華山以東施行,華山以西却未見推行,令人十分費解。

《王杖詔書令》發現以後,學界意識到與《王杖十簡》"市賣,復毋所與,如山東復"對應的文字在《王杖詔書令》作"列肆賈市,毋租,比山東復"。同時,《王杖詔書令》中還有如下一段文字:

> 制　詔御史:年七十以上,人所尊敬也。非首、殺傷人,毋告劾也,毋所坐。年八十以上,生日久乎?[男子]年六十以上,毋子男爲鯤(鰥);女子年六十以上,毋子男爲寡。賈市,毋租,比山東復。復人有養謹者扶持。明著令。蘭臺令第册二。

內中亦有"賈市,毋租,比山東復"。通過對三段文字比較研究,武威縣博物館將《王杖十簡》的這段文字斷句爲"市賣,復毋所與,如山東復"。顯然是正確的。但是在對"山東復"的解釋上,武威縣博物館認爲"比山東復"者,指市買不收租税,如"山東"之免除賦役一樣從事⑤。對"山東"的具體含義未作解釋。崔永東仍從舊説,將"山東"解釋爲"華山以東地區",將"市賣,復毋所與,如山東復"翻譯爲若做生意,免徵商品税,就如同對待入關的"山東"(華山以東地區)人

---

① 中國科學院考古研究所、甘肅省博物館:《武威漢簡》,文物出版社,1964年,第144頁。
② 郭沫若:《武威"王杖十簡"商兑》,《考古學報》1965年第2期。
③ 陳直:《甘肅武威磨咀子漢墓出土王杖十簡通考》,《考古》1961年第3期。
④ 錢大昕:《十駕齋養新録》,《嘉定錢大昕全集》第七册,江蘇古籍出版社,1997年,第289頁。
⑤ 武威縣博物館:《武威新出土王杖詔令册》,《漢簡研究文集》,甘肅人民出版社,1984年。

一樣①。臧知非將"市賣，復毋所與，如山東復"翻譯爲經商不徵市税，像當年追隨漢高祖打天下又定居於關中的關東吏民那樣終身免除賦役。並認爲這兒的"比山東復"的山東是一個特殊的人群，即隨劉邦入關反秦打天下定居關中的山東吏民……簡文"比山東復"即比照這些入蜀漢關中之山東士卒，免除賦役②。按，崔、臧二位的説法並不可取。將"山東復"之"山東"解釋爲跟隨劉邦入關的"山東"人，有增字解經之嫌。

《史記·高祖本紀》記載，漢高祖於十二年冬擊敗鯨布之後，過沛，謂沛父兄曰："遊子悲故鄉。吾雖都關中，萬歲後吾魂魄猶樂思沛。且朕自沛公以誅暴逆，遂有天下，其以沛爲朕湯沐邑。復其民，世世無有所與。"以致"沛父兄諸母故人日樂飲極歡，道舊故爲笑樂"。十餘日之後，並將豐之賦役一同免除。《史記·高祖本紀》："沛父兄皆頓首曰：'沛幸得復，豐未得，唯陛下哀憐之。'高祖曰：'豐吾所生長，極不忘耳。吾特爲其以雍齒故反我爲魏。'沛父兄固請，乃並復豐，比沛。"郝樹聲認爲"漢代的山東指華山或崤山以東的廣大地區，而簡文中的山東主要指劉邦的家鄉豐、沛一帶……所謂'比山東復'者，謂王杖者可比照劉邦當年對家鄉的免除其徭役賦税"③。但此説似乎在學界並未形成大的影響，故時至今日，仍有不少學者堅持崔、臧二位先生的説法④。

筆者認爲，郝樹聲的説法可信。"山東復"應是當時一件人所共知的大事，所以才會在詔書中屢有出現，並且被作爲養老政策制定時的一種重要參照，同時在各級地方官吏施行過程中也不會引起不必要的誤解。《論衡·辨祟》："高祖始起，豐、沛俱復。"與《史記·高祖本紀》所記當爲一事。簡文所謂"山東復"即指此事，即漢高祖劉邦於十二年免除山東豐、沛之地的賦役。

《後漢書·光武帝紀》："(建武)六年春正月丙辰，改春陵鄉爲章陵縣。世世復徭役，比豐、沛，無有所豫。"⑤《後漢書·孝桓帝紀》："(永康元年)復博陵、河間二郡，比豐、沛。"《後漢書·孝靈帝紀》："(光和六年二月)復長陵縣，比豐、沛。"以上諸文與《王杖十簡》之"市賣，復毋所與，如山東復"以及《王杖詔書令》"列肆賈市，毋租，比山東復"、"賈市，毋租，比山東復"正可參照，唯將簡文之"山東"換爲"豐、沛"而已。此亦可爲"山東復"就是指免除豐、沛賦役添一佐證。漢高祖劉邦免除豐、沛之地賦役爲天下人所共知，影響深遠，故會爲漢文帝二年對"高年受王杖"者免除租賦時所比較，亦爲光武帝等東漢諸帝免除章陵等縣賦役時所參照。

綜上所述，簡文"市賣，復毋所與，如山東復"是説("高年受王杖"之人)經商不收租税，就如同免除豐、沛賦役一樣。

---

① 崔永東：《〈王杖十簡〉與〈王杖詔書令册〉法律思想研究——兼及"不道"罪考辨》，《法律研究》1999 年第 2 期。

② 臧知非：《"王杖詔書"與漢代養老制度》，《史林》2002 年第 2 期。

③ 郝樹聲：《武威"王杖"簡新考》，《簡牘學研究》第四輯，甘肅人民出版社，2004 年。

④ 劉華：《秦漢社會保障問題研究》，江西師範大學碩士學位論文，2005 年，第 22 頁；尹怡朋：《秦漢養老政策研究》，山東師範大學碩士學位論文，2006 年，第 26 頁；李明曉：《武威漢簡〈王杖十簡〉與〈王杖詔書令册〉注釋》，簡帛研究網，2010 年 5 月 28 日；呂文靜：《論兩漢時期的尊老養老傳統》，山東師範大學碩士學位論文，2012 年，第 31 頁。

⑤ 李賢注："高祖〔豐〕沛〔豐〕邑人，故代代復，今比之也。"

定州八角廊簡《文子》復原

張固也

（華中師範大學歷史文獻所）

提　要：定州八角廊漢簡《文子》僅存二百七十七枚殘簡，二千多字，時賢以爲只是全書的一小部分。本文依據竹簡本釋文及今本"重應"諸章，參考周秦諸子相關論述，復原出包括三卷九篇三十六章六千多字的竹簡本。其篇章結構極其嚴整，不存在整篇整章亡佚的可能性，必即《漢志》九篇之完本。今本除重應諸章外，確爲東漢以後人僞造。

關鍵詞：漢簡　文子　復原

【説明】恭逢吉林大學古籍研究所成立三十周年，又值河北定州八角廊漢簡出土四十周年，謹就其中的《文子》提出一份復原意見，以資雙重紀念。篇幅所限，不能詳述復原理由，略作如下四點説明：

1. 定簡形制蠡測：每卷前有一支篇題簡。每章另起一簡書寫。章題高於正文簡兩個字格，下有黑點占兩個字格。每支正文簡滿寫爲三十個字，個別簡多出一二個字。章末小計該章字數，每篇末章小計下寫篇題及該篇字數。

2. 復原依據：以定簡《文子》釋文及今本《文子·道德》篇"重應"諸章爲主要依據，以周秦諸子爲參考依據，而今本襲自《淮南子》的篇章僅作次要參考。

3. 復原結果：定簡《文子》原分上中下三卷，每卷三篇，全書九篇三十六章六千四百五十四字。它的各個篇章之間結構嚴整，説明僅有零星殘損，不存在整篇整章亡佚的可能性，必即《漢志》九篇之完本。

4. 復原符號：釋文原用符號有四：簡文中不辨字迹者以方框（□）表示，未能校對的簡文加方括號（〔　〕），簡文中腰有綴絲線紋者加二道線（‖），簡尾完整者加一道線（｜）。今將不辨字迹處補出者仍加方框，去除原釋文的方括號，另加在新補文字前後。復原擬定爲簡尾者加一斜線（/）。

2465《文子》上：《經》、《聖 知 》、《明王》。

［聽］1024 道［·］平王曰："聽 ［道奈何］？"2336 文子曰："學 ［問不精，聽道不深。凡聽

者,將以/達知也,將以致功也,將以成行也。不精不明,不深不達。故上學以神聽,中學以心聽,下學以]/2482 耳 聽。故以耳聽者,學在皮膚;以心聽‖[者],0756 學在肌肉;以 神 聽者,[學在骨髓。故聽之]/2500 不深者知不遠,而不能盡其功,不能[成其行。凡聽之理,虛心清靜,損氣無盛,無/思無慮,目無妄視,耳無苟聽,專精積蓄,内意盈並,既以得之,必固守之,必長久/之]。"[百五十一字]

[天]2219 道[·]平王曰:"請問天道?"文子曰:"天之[道者,原]0581 產於有。始於弱而成於强,始於柔而/[成於剛,始]2331 於短而成於長,始(原脱"於"字)寡而成於衆,始[於易而成於難,始於細而成於大。/故十圍之木,始於拱把;百仞]1178 之高,始於足下;千方之群,始於寡强,[此天之道也。/由是]0595 觀之,難事,道於易也;大事,道於細也。0696 不道始於弱細者,未之有也。"百一十八字。

0689 法天道[·]平王曰:"人法天道奈何?"文子曰:0871"聖人法於天道,卑者以自下[也,退者/以自後也,斂者以自小也,損者以自少也]。0912 卑、退、斂、損,所以法天也。"平王曰:"[卑、退、斂、/損何如?"文子曰:"卑則尊,退則先,斂則廣,損則大,此天道之所成也]。"[八十五字]

2439 道產·平王曰:"道之於人也,亦有所不 宜 ‖[乎?"文]0722 子曰:"道產之,德畜之;道有博,[德有/厚。臣]0741 聞之傳曰:'道者博[施,而德者厚行。'夫道者,德之]1181 元也,百事之根,[禍福之門,/萬物待之而]0792 生,待之而成,待[之而清,待之而寧。夫道者,無爲無形,内以修身,外/以治人,功成事立,與天爲鄰,無爲而無不爲,莫知其情(精),莫知其真,其中有信。天]/0590 子有道,則天下皆服,長有 0629 其 社稷;公侯[有]2218 道,則人民和睦,長有其國;士庶有 道 ,/[則全其] 0619 身,葆其親。必强大有道,不戰[而能]2462 克 ;弱小有道,則不静得識;舉事有[道],/0625 則功成得福。是以君臣之間有道,則[忠惠;父子]2445 間有道,則慈孝;士庶間有道,則/[相愛。是故有道則和,無道則苛也。由是觀]1179 之,道之於人也,[無所不宜也。夫道者],/0937 盂 小行之,小得福;大行之,大得福;[盡行之,天下服。天下服,則萬民懷之矣;萬民/懷之],0929 則帝王之功成矣。故帝者,天下之[適也;王]0990 者,天(原脱"下之"二字)往也。天下不適不往, 不可 /[謂帝王]0798 矣。是故帝王者不得人不成,得人 失 [道而能守者],0809 佳(唯)未嘗之有[也]。夫失/道者,强淩弱],1194、1195 徒暴 寡 ,廣奢驕溢(溢),謾裾陵降,見餘[自顯自明,執雄堅强,作難結怨],/2437 爲兵始,爲亂首。小人行之,身受大殃;大人行[之,國家滅亡。淺及其身,深及子孫。/夫罪莫大於無道,怨莫深於無德,天道然也]。"[四百七字]

[德畜·平王曰:"何謂德?"文子曰:"畜之養之,遂之長之,兼利無擇,與天地合,此之謂/德也。"平王曰:"何謂仁?"文子曰:"爲上則不矜其功,爲下則不羞其病,大而不矜,小/而不偷,兼愛無私,久而不衰,此之謂仁也。"平王曰:"何謂義?"文子曰:"爲上則輔細]/0582 弱 ,爲下則守節,循道寬緩,窮[不易操,達不肆意,一度順理,不私枉撓,此之謂義/也。"平王曰:"何謂

禮]？”2360 文子曰：“[爲上則恭嚴，爲下]0615 則敬愛，損退、辭讓、守 柔 ，服之以[雌，/立於不敢，設於不能，此之謂禮也。”平王曰：“修此四者何如？”文子曰：“修其德則下/從令，修其仁則下不爭，修其義則下平正，修其禮則下尊敬，四者既修，國家安/寧。故]2466 生者道也，養 者 [德也，愛者仁也，正者義也，敬者禮也。不畜不養，不能遂長]；/0600 不慈不愛，不能成遂；不正[不匡，不能久長；不敬不寵，不能貴重。故德者民之所/貴也，仁者民之所懷也，義者民]2259 之所畏也，禮者民之所 敬 也。此四[者，文之順也，/聖人之所以禦萬物也，是謂四經]。0909 四 經者，聖知之道。王也不可不[修。”平王曰：“/不修四經奈何？”文]0716 子曰：“君子之驕奢不施，謂之無德；[不] 0874 兹（慈），謂之無仁；淫[暴，謂之/無義]；0591 踰節，謂之無禮。無德者則下怨，無[仁]0895、0960 則下諍，無義則下暴，無禮則下亂。四/[經]0811 不 立，謂之無道，而國不[亡者，未之有也]。”[四百六字][《經》凡千一百六十七字]

　　[聖] 0896、1193 知[•]平王曰：“何謂聖知？”文子曰：“聞而知之，聖也；[見而知之，知也。臣竊聞傳曰：‘聖/者聞禍福所生]1200 而知擇道，知者見禍福[成]0765 形而知擇行。’故聞而知之，聖也；[見而/知之，知也。平王曰：“何以知禍福可聞而]0904 知 之 見 而知之乎？”文子曰：“未生者可[聞/而] 0834 知也，成形者可見而 0803 知也。故聖者聞‖0711 未生，知者見成[形；聞未生故知禍福所/生，見成形故知禍福之門。聞未生，聖也；先見成形，知也；無聞見者愚迷]。”[百四十七字]

　　2444 禍福[•]平王曰：“何謂禍福？”曰：“[禍福]0984 者， 道 得失之謂也。故斯人得失者，[國家安危存/亡之所系也。古之天子王侯，有得]2339 天下者，有失其國者，故其所道者 異 ，[則其禍/福得失亦不同。”平王曰：“何謂所道者異？”文子曰：“人主好惡不同，各行所欲，而安/危異焉。故]1739 耆欲者，0204 禍福得失之樞；而[王知者，安危存亡之機，王者不可不慎察/也。”[百二十一字]

　　[死生•平王曰：“禍福莫大乎死生，請問死生之道。”文]0868 子曰：“臣聞道者，萬物以[之而/生，莫知其德；萬物以之而死，莫之能怨。君子達乎死生之分，生而不説，死而不/惡，知終始之不可故也。”平王曰：“何謂也？”文]0822 子 曰：“此不生而喜 化 ，不 死 而 惡 [生也。/臣聞黄帝之言曰：‘形有靡而神不化，以不化乘化，其變無窮。’其生也天行，人不/覺喜，所以不德；其死也物化]，1843 人不敢惡，所以無怨。而容 貌 以[文之，死不示人惡，/生不]2366 示 人喜。故 聖 者毋 言 毋行。過喜則 貪 生 ，[過惡則懼死，是惑乎利害存亡矣]。”[百八十字]

　　[王知•平王曰：“何謂王知？”文]2390 子 曰：“王知者，先王行成敗功，謂之[禍福，王者必先知]/2214 之 。”平王曰：“吾未明也。”文子曰：“古 之 [天子以下，至於王侯，行成者必有盛德，敗功/者必]0952 有殆德。王若知[之，修道而行德，功成而得福，則國家之幸也。”[八十五字]

　　[致功•平]0743 王曰：“請問[王者之功，奚以致]0565 之也？”文子曰：“臣聞傳曰：‘致功

之道，［清静無／爲］，2438 以養其神。'故功成名遂，與天地欿育 14‖宵，以致［其功。"平王曰：
"清静無爲奈何？"文／子曰："血氣者，人之神，不可不謹養。故王者安精養神，清静無爲，則血
氣和平；／血氣和］0962 平，則息津湯下；息津湯下，則 耳目説（悦）樂 ；耳目説（悦）樂，則
以聽無不聞，以［視／無不見。故能達其知，以成其行，以致其功］。0766 此功者，天道之所成。
聽聖人，守道 要 ，／0754 順 其 善，致其功。 王者之 功，不以［道無以致之也］。"［百六十四字］
［《聖知》凡七百一字］

    ［道立・平］2262 王曰："吾聞古聖立天下，以道立天下，［爲之］0564 奈 何？"文子曰："執
一無爲。"平王曰："／［何謂也？"文子曰："因天地，與之變化。天］0870 地，大器也，不可執，不可
爲，爲者敗，執者失。／0593 是以聖王執一者，見小也；無爲者，［守静］0908 也。見小故能成其
大功，守静 故 ［能爲天］／0775 下正。"平王曰："見小守静奈何？"文子曰："［聖王處大，則滿而不
溢也；居高，則貴而無／驕也。處大不溢，故能大而不衰］0806 也。大而不衰者，所以長守 天
［下也。居上不驕，故／能］0864 高而不危。高而不危者，所以長守民［也。富］2327 有天下，貴
爲天子，富貴不離其身，／［禄及子孫，古之王道具於此矣］。"［百九十三字］

    ［德美・平王曰："吾欲執一無失，請問何謂一？"］2246 文子曰："一者，萬物之始也。"平王
曰："何／［謂］0607 萬物？"文子曰："萬物者，天地之謂也。"［平王］2240 曰："何謂萬物，何謂天
地？"文子曰："王者／［不］0856 可 臣於物，不可生知 道 。［故執天地之道，以君萬物。是以王
者以天地爲品也，／以萬物爲資也。功德至大，勢名至貴，二德之美，與天地配。"平王曰："王者
功名之／0588 美，壹至於此之大耶？"文子曰："然。能［因天地之性，萬物自正而天下贍，功名
自廣］。"［百五十字］

    ［功名・平］0919 王曰："王天下者宅 2475 於天地之間，［以何爲功名耶？"文子曰："王者天
之生也，／0574 地之守也，故王者以天地爲功［名。王者所］2288 以君 萬物也，國家［之主也，
故王者以萬／物爲功名。"平王曰："功名能久乎？"文子曰："君］2322‖子自愛也，小人自氣也。
［天子王侯以天／下一國爲家，以萬物爲畜，自氣則志驕，大者用兵侵小，小者倨傲凌下，用心
奢／廣，譬猶飄風暴雨，不可長久。是以聖人以道鎮之，執一無爲，而不損沖氣，見小／守柔，退
而勿有。法於江海，爲天下溪谷，其德乃足，無爲以成其大，窪下以成其／廣］。0916 江海以此
道爲百谷王，故能久長，功［名不滅。王者權任至重，自愛，則能成其／貴；弗强，則能成其王；無
爲，則功名自化而能長久］。"［二百三十一字］［《明王》凡五百七十四字］

    ［《文子》中：《守道》、《用兵》、《爲政》。］

    ［聞道・平王曰："王者知道，足以爲明王］0740 乎？"文子曰："不然。臣［聞傳曰：'知之者
不如好／0976 之者'。"平王曰："善。好乎道，吾未嘗聞道也。［何曰］0993 道哉乎？"文子曰：
"其稟 受 不［竭，視之］／2472 非見，聽之不聞，2481 毋形毋聲。萬物 待 ［之］2469 而生，待之而
成。［聖人所由］2446 之道也，故命曰／［道］。2503 夫受之 傳 之，行 之用之，可 ［王矣。"平王

曰:"吾學道於]2504 子,子可而從[之,可乎?"文子]/2391 辭曰:"道者,先聖人之傳也。天王不齋,不能[得]0892 之。天王若能得其道,而勿廢,傳之後嗣|,0925 盡行之,帝王之道也。"[百六十字]

[象天道‧平王曰:"今吾]2377 已聞道矣。請問 1184‖(釋文標一闕字符,疑誤)天之道何如?"文子曰:"難言於天之 2265 道。"平王/[曰]:2404"何故難言?"文子曰:"臣竊聞傳曰:'不[可得而聞也。'蓋天道遠,人道邇,非所及也,/聖]0873 人亦難言也,非君子之所聞也。"平王曰:0585"胡象於天道?"文子曰:"天之道,高[始於]0899 下,先始於後,大始於小,多始於少。[故高者抑之,下者舉之,有餘者損之,不足者/與]之。天之道,損有餘而補不足]。"[百三十二字]

[人道‧平王曰:"道惟此乎?"文子曰:"道惟在]2470 乎是。"平王曰:"吾不能盡學道,能強學人/0918 道,請問人道。"文子[曰:"人道法於天道也。持]0926 大者,損有(又)損之;持高者,下有(又)下之。"[平]/0813 王曰:"何謂損有(又)損之、下有(又)下之?"文[子曰:"處大,損以自小,故大而不衰;居高,卑以/自下,故高而不危。此所謂損又損之、下又下之也。]1068 損而下,其君子者,能有此[德]。"/0890 平王曰:"吾爲天子,位於公侯之上也,吾[焉能]0755 損而下乎?"文子曰:"不然。王[者知天/下之不可上,故損而下。"平王曰:"君下於臣,可]1061 乎?"文子對曰:"我自有立(位),何下之有? /[損而下者,所以長守天下也]。"[百九十一字]

[師徒之道‧平王曰:"王者能自爲取師,以救其過]1198 失,可以無罪矣。請問師徒之道。"/[文子]1145 曰:"王者以友爲佐,以師[爲輔也]。0749 古之仁者取人,百[里,舉呂望而諸侯歸之];/2329 七十里,舉伊尹而天下歸之。故聖人之治天[下也,立輔弼,設師保,匡邪諫非,舉/無過事]0571 矣,故王道成。聞忠而陳其所欲言,[無]1841 所不得言焉,言而得之,則其人[尊/爲帝王之師矣]。1157 夫以文王之賢,輔[以呂望],0753 始成聖王君子;成[湯之賢,師於伊尹,/方爲帝王天]2359 子。是以聖人周征誰舉過,[其賢師良友,仁足以得衆,德足以懷遠,/信足]0198 以壹異,知足以知權,彊(强)足以蜀(獨)立,節足[以守義,是謂師徒之道也]。"[二百七字]/[《守道》凡六百九十一字]

[兵道]2419‧平王曰:"王者幾道乎?"文子曰:"王者一道。"[平]0829 王曰:"古者有 0850 以道王者,有以兵/[王者,何]2210 以一道也?"文子曰:"古之以道王者‖,[用德];1035 以兵王者,0723 亦用德,用德則不[重用/兵]。2385 故王道唯德乎!臣故曰一道。"平王[曰:"王者雖]0573 一道,昃其不行,奈何之?"文子曰:"/[德之衰]0914 也,兵之門。天地之間,物[萬不同]2312 也。其用之也,物異。"平王曰:"其用之異何?"[文子曰:"凡用兵有五:有爲義,有應敵,有行忿,有貪利,有恃衆。其名又有五:一曰義/兵,二曰應兵,三曰忿兵,四曰貪兵,五曰

驕兵。誅暴救弱者，謂之義兵；敵來加己，/不得已而用之者，謂之應兵，爭小故，不勝其心者，謂之忿兵；利人土地，欲人財/貨］0572 者，謂之貪兵；恃其國家之大，矜其人民［之］2217 衆，欲見賢於適者，謂之驕兵。義兵/［王，應兵勝，忿兵敗，貪兵死，驕兵滅，是謂兵］0887‖道。"平王曰："此天道也。"［二百六十五字］

　　［義兵·平王曰："夫兵者，伐滅鄰國，誅殺人］2389 君，何可謂德？"文子曰："不然。夫教人［以道，/導之以德而不聽，即臨之以威武；臨之不從，則制之以兵革。臣］0451 聞所爲立君［者，/以禁暴亂也。今乘萬民之力，反爲殘賊］。0633 言則分爭，鳳［瑞不降；行則寇］2502 雠，龍慶［不/至］。0651 其民皆灑灑然，甚者懷其離心。惟 2379 其失道生君不死，六畜不蕃，人民不［滋。兵/誠義，以誅暴君而振弱民］1773 兮，何而德加［於此］？"［百三十七字］

　　［王天下·平王曰："義兵者，誠王天下之］2278 道也。然議（義）兵誅暴救弱，不足禁會，［爲之奈/何？"文子曰："王天下者，得天下之歡心。"平王曰："得其歡心奈何？"文子曰："若江海即/是也，淡兮其無味，用之不可既，先小而後大。夫欲上人者，必以其言下之；欲先/人者，必以其身後之。王者下之後之，民皆］0251 歡愉，而無憂者，2353 故天孰不樂。則天下/0699 百姓，百國之君，皆歡然思欲愛，［進其仁義，而無奇氣。居上而民不重，居前而衆/不害，天下樂推而不厭。雖絕國殊俗，蛸飛蠕動，莫］0587 不親隨。是以國家之昌而功名/［之盛，無之而不通，無往而不遂，故爲天下貴］。"［百九十八字］《用兵》凡六百字］

　　［爲政］0885［·］平王曰："爲正（政）奈何？"文子曰："禦之以道，養 0707 之以德，勿視以賢，勿加以力，請以行此 /2205 四言。"平王曰："禦 2220 之以道奈何？"文子曰："［損而執一，無處可利，無見可欲，方而不割，/廉而不劌，無矜無伐，是謂禦之以道。禦之以道則民自附，養之以德則民自服］，/2324 毋視以賢則民自足，毋加以力則民自［樸。無視以賢者，儉也；無加以力者，不敢/也。四者誠修，正道幾矣。故禦之以道］，0876 可以治國。不禦以道，則民離散；不養［以德］，/0826 則民倍（背）反（叛）；視之賢，則民疾諍；加之以‖［力］，0898 則民苟兆（逃）。民離散，則國勢衰；民倍（背）［反，則/上無威；民疾諍，則輕爲非；民苟兆（逃），則］0886 上位危。"平王曰："行此四者何如？"文子［曰："下/以聚之，賂以取之，儉以自全，不敢自安。政］2485 事既理，則禍亂不起，［此］1182 治國之道也。"/［二百四十二字］

　　［以人］0772 爲本［·］平王曰："天地之間物幾，獨人者爲［貴耶？"文］1018 子曰："天地之間，［號物之數/謂之萬，殊形而異類，人處其］2371 一。故天形其物各不同，能文其辨［者，惟人。天地之/間］，1171 莫貴乎人也。"平王曰："諸物幾，［莫能文其辨乎？"文子曰："天生萬物，不能辨物也；/地能載人，不能治人也。宇中萬物生人之屬，待聖人然後分也。禽獸有父子而/無父子之親，有牝牡而無男女之別。人道莫不有辨，莫大乎父子之親、君臣之/義。故君臣之與百姓，轉相爲本，如循環無端。善爲政者］，0635 反本教約而國富，故聖/［者以人爲本也］。"［百八十六字］

　　[富國・]1176 平王曰："請問富國之道。"文子曰："臣聞善爲政者]，0818 令遠者來，令近者 悦。"平王/[曰："悦近而來遠，是教民懷惠而望賞也。則天子]2486 不得意焉。賞則虛府 庫，毋 蓄[積，/國安能富耶？其言殆可廢也。"文子]2209 曰："不可 法（廢）。此言甚淺，用之甚隧，行之 甚[易。天/子必先富其民，而後能]1002 懷來 遠者。"曰："未富[奈何？"文子曰："其]1196 民未 富者，則 天子 亦/0830 必 不能富，不能貴。天[子毋繁刑]，0583 而民毋維；毋多積，而民毋病；毋好味，[而民無饑；/毋好服，而民無寒。夫如是，則百姓皆愛其上，人歸之如流水矣]。"[百七十四字]

　　[上威・平王曰："何謂上無威？"文子曰："天子]0735 無爲信，不足以 威 其心，故謂[上無威也。"/平王曰："何謂信？"文子曰]：2326"未嘗不然謂之信。[夫信者]，0645 如四時之 順 受，・如風雨之[時]/0883 降 也。外各物耳，世而適過，是則不必[信。"平王曰："必信何如？"文子曰："天子賞罰必/信，令]0907 出 則行下，行下則畏其威，下畏其威則不[輕爲非。是以令行禁止，以禦群/臣百姓]，0724 國無有賢不肖，無 不 盡其能。[農粟]，1827 ‖ 工器，左右 忠諫，不 失其職。"[百四十六字]

　　[不敢・平王曰："何謂不敢自安？"文子曰]：2215"不敢者，所以自 又（佑）也。天子居中央者，[是以]/2242 不敢作驕暴之人，不敢起比臣之爭。[故古]0211 之 天子執（設）明堂 於 中央，天子 中立而 ‖[聽朝，設四佐以自輔。門墉有堯舜之容，桀紂之象，而各有善惡之狀，興廢之誡/焉。故天子不敢]，0773 毋驕於臣，毋敬不肖，毋賢[小人，是以不下堂而天下治，國家安/寧]。"[百二十一字]

　　[無爭・平王曰："政平而不幹，民敬讓]0865 而無諍（爭）心，亦可得耶？"文子曰："等[之以禮，立之/以義]，0222 足以 其 所欲。聖人 長史（使）民嗜欲 ‖ 足，以[虛其心而實其腹，弱其志而强其骨]。/0846 欲足則貞廉，貞廉則無 諍 心，無 諍 心則 [不輕爲]0674 非，而 令患害 不生，禍亂不起。"[八十九字]/[《爲政》凡九百五十八字]

　　[《文子》下：《道德》、《仁義》、《教化》。]

　　[道德・平王曰："王者之立天下也，何以治]2201 之？"文子曰："用道德，[非道德無以治天下]。"/2255 平王曰："子以道德治天下。夫上世之王，[繼嗣因業，未必皆有道德，亦有無道，各/没其世而無禍敗者，何道以然？"文子曰]：2376"觀之古之天子以下，至於王侯，無 不皆/0877 欲自活也，其活各有簿（薄）厚，人生亦有賢[不肖，天下時有亡國破家，無道德之故/也。夙夜不懈，常恐危亡；縱欲怠惰，其亡無]2252 時。使桀紂修道德，湯武唯（雖）賢，毋（無）所建/[其功也。夫道德者，所]2213 以相生養，所以 2206 相畜長也，相 親[愛也，相敬貴也]。"[百七十六字]

　　2204 用道[·平王曰：“何謂用道？”文子曰：“夫天子]1007 行道，所以立[天下，是謂用道也。用道則/天下治]0717 矣。故有道者立天下，則天下治；2273 毋道以立天下者，天下亂。故曰[有道而/立之者]0695 治矣，毋道而立之者則亂。故治亂[之本，在於主道。國治者主有道，國亂/者主]0780 無道。”平王曰：“請問無道之過。”文子曰：1812“無道之[主，驕奢淫暴，信用讒佞，賞罰/失]1180 中，是謂上章下塞，忠臣死傷，萬民[離散，國家滅亡]。”[百四十字]

　　2482 修德[·平王曰：“天下不寧，王道廢絕，民不]2341 知所親，不知所信。今余何修何昭，使民/[知所親、知所信乎]？”1858 其對曰：“所曰修者，[王者慎修其德，仁愛百姓，使近者親其善。/所曰昭者，王者日新其德，昭知天下，使遠者慕其]2397 德。”平王曰：“不修德、[不昭德者/何如]？”文子曰：“人主不修德而好佚欲，亡其身而失其國者]，0647 是殆德也；人主不[昭/德，不足以懷其民]0631 者，是殆德也。[王]0747 者殆 德，則士女[去之矣]。”[百四十二字]

　　[修務·平王曰：“古聖用道德治天下，政成而]0978 王。嗣後[之君，離先聖之道，廢先聖之/德，終至無道、殆德，而士女去之，何爲其]0613 ‖ 然也？何失於人乎？以此觀之，道德[其不/足用乎]？”文子曰：“不然。古之聖王受命於]2216 天，道德之行也，自天地分畔至今，未[嘗/廢也]；0902 道德之力也，夫宿其夜取務循之，後 1015 之王者，期於此矣。[臣聞之傳曰：‘姑務/修德以待時乎。’此言修]0614 務 從時也。由是觀之，人主若能修[道德，以繼先聖之後，/必爲天地宗廟社稷之主，故]2211 曰主哉乎！是故聖王務修道德，[恭敬辭讓，除怨無/爭，以相逆也，則不失於人，而天下治矣]。”[百九十五字]《道德》凡六百五十三字]

　　[仁義·平王曰]：1086“王者無道如此而咸存，以子之事[觀之，其何以無禍害]1054也？”文子曰：“/[聾蟲雖愚，不害其所愛。誠使天下之民皆懷仁愛之心，禍災何由生乎！無道而/無禍害者，仁未絕，義未滅也。仁雖未絕，義雖未滅，諸侯以輕其上矣。諸侯輕上，/則]2212 朝請不恭，而不從令，不集。”平王[曰：“仁絕、義]0567 取者，奈何之？”文子曰：“仁絕、義取者，/2321 諸侯倍（背）反（叛），衆人力正，强乘弱，大陵小，以[攻擊爲業，災害生，禍亂作，其亡無日，何/期無禍也]？”[百五十四字]

　　[用仁·平王曰：“何謂用]2364 仁？”文子曰：“今夫禦以道者，下之也者，[仁以愛人，貴而不驕]，/0920 是謂用仁[者也。仁者，以之象道也，而艱於行也。王者道]0836 純，則不矜其[賢，不驕於人。/有行仁者如是，兼愛無私，正平無偏，豈非君子耶]？”0917 平王曰：“用仁何如？”文子曰：“君子/1828 正 平而先，知人 0208 理事，故必仁且[義矣。仁義] 0617 者，禮之實也，文之質也，君子之道也。”/[平王曰：“何謂仁絕？”文子曰：“人主自貴]，0940 以矜其賢，則驕，則禦下不以道，養養則[不/以德，萬民怨爭，上下不仁，是謂仁絕。1097 人主]不仁者，雖立不能安其[位，其亡無日/矣]。”[百八十三字]

　　[用義·]2501 平王曰：“何謂用義？”文子曰：“[今夫養以德者，賂之也者，民]1188 之所

義，唯［恐不濟］，/0584 輔細弱，公正而不以私爲己故［而］2436 枉撓，是謂用義 2236 者 也。義者，以之象德也，而艱｜［於行也。王者德厚，則言必當義，行必中理］，0852‖有行義者如是，［無私而欲足，豈非君/子］0869 耶？”平王曰：“用義何如？”文子曰：“君子 欲 2356 足佳（唯）生義，義［唯生利，利以平民也。”平王/曰：“何謂義取？”文子曰：“德無恒］0379 而義可極，所必不可隨，所立不可 久。失 0759 義而兄，［君/臣之］1816 間，言不當義，行［不中理，上下］2373 不義，是胃（謂）［義取。義取］0624 者必殘亡，德義在人者/［其國昌］。”［百八十三字］［《仁義》凡五百二十字］

　　［主賢·平］0880 王曰：“人主唯（雖）賢，而曹（遭）淫暴之世，以一［人］0837 之權，欲化久亂之民，其庸能［乎？”/文子曰］：1172、0820“然。臣聞之，王者蓋匡邪民以爲正，振亂世以爲治，化淫敗以爲樸，淳 德/［復生，天下安寧，要在一人。人主者，民］2208 之師也；上者，下之義法也。［上美之，則下食之。/上有道］0575 德，則下有仁義，下有仁義則治矣。［上毋］2248 道德，則下毋仁義之心，下毋仁義之/［心］，0901 則有淫暴之世矣 。”平王曰：“何謂 上 ［有道德？吾欲爲有道之君，何以成之？”文子］/0737 曰：“積怨成亡，積德成王，積［石成山，積水成海］，2315 天之道也，不積而成者寡矣。臣聞/0569 有道之君，天舉之，地勉之，鬼神輔［之，鳳凰翔其庭，麒麟遊其郊，蛟龍宿其沼。故/以道立天下者，天下］2442 之德也；以毋道立者，天下之賊也。以 執 六曰君，［毋道妄行，/以］0579 一人任與天下爲讎，其能久乎？此堯［舜所以昌，桀紂所以亡。”平王曰：“寡人敬/聞命矣”。］［二百七十六字］

　　［教化·平王曰：“王者之化］2461 民何如？”文子曰：“［以］2310 教化之。”平王曰：“何謂以教化之？”文子/［曰］：0694“古聖王以身先之，命曰教。”平王［曰］：0570 民 不化，爲之奈何？”文子曰：“不 化 ，人［主教之/不至，罪不在民也。先王既陳之教，身先服之，尚賢以勸之，則百姓從風矣；邪行/不從，然後俟之以刑，則民知罪矣。故愛民尊］2243 主，國家安寧，其惟化也。刑罰不足/［以移風，殺戮不足以禁奸，惟教化爲遠］2260 猷。故民之化教也，毋卑小行，則君服之甚/［微，民化之甚］1803 大 焉。己必教之，所以［化民易俗也］。”［百六十九字］

　　［淳德·平王曰：“何謂淳德］？”0992 文子曰：“聖人 0300‖積碩生淳德。淳德與（興），大惡之端以 除 ，［則世］/0815 世必無患害。”平王曰：“請問其道。”［文子曰：“臣竊聞］1805 傳曰：‘人主 終 ［日進德修業，務求］/2249 積之，乃能適之。’此言多積之謂也。堯 舜 ‖［以］1130 積 德 成王，桀紂以積怨成［亡。王者積］/2309 德而毋息，鄰國之兄於竟内乎！上有道［德之主，則下有仁義之民矣。君臣之間］/2293 有道，而上下親矣。上下親則君［尊，君尊］0712 則 鬼，鬼則服矣，是謂王德。”［百四十五字］/［《教化》凡五百九十字］

從墓葬形制看夏代葬文化中的
早期國家階級對立問題

黃也平

（吉林大學文學院）

摘　要：從形制方面看，夏代已開始有了階級對立性質的埋葬。但是，普遍出現的還是非對立性質的埋葬。這種"混合葬制"的存在說明，夏代雖然已經開始進入了奴隸社會，但其奴隸社會的制度文化尚在形成過程中。從夏代葬風俗仍在相當程度上保有了氏族文化特徵這一點來看，說明夏的奴隸社會文化是一個緩慢的生成和發展過程。至少在夏代，它還不能深刻地影響社會，也不可能完全改變葬俗中的氏族文化傳統。

關鍵詞：二里頭文化墓葬　夏代墓葬制度　階級對立　氏族社會傳統　過渡時期

在原有二里頭遺址的大型宮殿基址發掘基礎上，近年來的二里頭遺址發掘又取得了很大的收穫。根據相關報告，二里頭遺址的現存面積大約有 300 萬平方米。其中，遺址中心區由宮殿區、官營作坊區、祭祀活動區和部分貴族居住區組成，宮殿區由城垣圍成，略呈長方形。其中，東西墙的復原長度分別爲 378、359 米，南北墙的復原長度爲 295、292 米。區域的總面積爲 10.8 萬平方米[1]。在宮殿區域内，有兩組中軸線明確的大型建築基址。而且，還規劃了 4 條垂直相交略呈井字型的道路。據有關學者研究認爲：在當時二里頭遺址的夏區域，可能生活了大約 3 萬人。王妙發推測認爲，當時的人口爲 22 500～28 000 人[2]；宋鎮豪推測，人口爲 31 000 人左右[3]；王建華估計，當時人口爲 20 300 人[4]。鑒於二里頭遺址出現的早期城市規模情況，許多研究者根據氏族時代的小型化房屋推論，認爲擁有此類規模的都城和宮殿建築，當是夏代已進入奴隸社會的主要證據之一。

從國家的初步形成來看，夏朝的確立，確實意味着階級化的奴隸制國家已然開始成形。但問題是：作爲早期國家形態，雖然階級已經逐漸成爲了一種社會現實，而且階級化的制度

---

①　中國社會科學院考古研究所二里頭工作隊：《河南偃師市二里頭遺址 4 號夯基址發掘簡報》，《考古》2004 年第 11 期。

②　參見王妙發《黃河流域聚落論稿：從史前聚落到早期城市》，知識出版社，1999 年。

③　參見宋鎮豪《夏商社會生活史》，中國社會科學出版社，1994 年。

④　王建華：《黃河中下游地區史前人口研究》，山東大學博士學位論文，2005 年。

也開始漸次凸顯出來，但是在社會文化的層面上，階級的對立，階級的衝突，是否會如後來的商代墓葬表現得那樣明確和明顯呢？我以爲，恐怕不會。

一、大型宮殿基址與葬文化上的"不失舊物"

關於二里頭遺址中的大型宮殿基址所顯示出來的社會文化意義，相關研究的認識基本上是統一的。例如，李民、張文彬撰文説："在古代，私有制的出現是在社會大分工的基礎上，隨着交換的産生和發展而産生的。從而'也就産生了第一次社會大分裂，即分裂爲兩個階級：主人和奴隸，剝削者和被剝削者'①。二里頭遺址房基和墓葬的發掘情況，正反映了私有制的出現必然産生的階級分化。房基有的長達9—10米，寬5米左右，地面堅硬，鋪有薄層料姜石面。有的居址還發現了四邊磨光的石柱礎和柱子洞。這些房子完全不同於原始公社時期的地穴或半地穴式房屋，顯然這些房址是屬於當時貴族奴隸主所占有。"②孫華先生也認爲："宮殿的出現，標誌着當時社會已跨入了階級社會的門檻，特別象二里頭遺址這座由面闊8間，進深3間的殿堂以及廊廡、圍墻、大門、庭院組成的大型宮殿，更非一般的奴隸主力所能爲，這無疑是奴隸主頭子盤踞之處。"③殷瑋璋先生亦稱"第三期遺存中發現的宮殿遺址（指二里頭），證明奴隸主與奴隸、貴族與平民的階級分野十分明顯，社會處於嚴重的對立狀態。"④

關於二里頭遺址的原有大型宮殿屬於奴隸主貴族階級所有，我無反對意見。不過我以爲，若是僅僅依據這種耗工巨大的大型宮殿基礎的存在，就認爲夏代的階級處於嚴重對立的狀態，恐怕也嫌過分。因爲啓殺益而取天下，僅僅是在政治的最高權力上改變了父系氏族社會後期的部落聯盟形式，並未有普遍觸動夏代社會構成的廣泛的氏族組織基礎。甚至到了夏代中期，社會也沒有普遍適應奴隸制國家的"家天下"的政權形式。其傳子制與傳賢制的長期鬥爭，就是這種過渡政治的具體表現。因此在這個階段，人們在社會生活、風俗文化中保留有更多的氏族習慣是不足爲怪的。這其中有社會文化比政治文化變動滯後的因素，也有社會傳統本身的慣性原因。而這種"滯後"的社會風俗，又反證了夏代是一個過渡階段。其間，階級化的政治分野固然已經出現，但主要表現在國家權力範圍。《左傳·哀公元年》講"少康中興"是"復禹之績。祀夏配天，不失舊物"，其含義中當有此。

事實上，夏作爲中國的早期國家形式，其形成的主要基礎還是氏族社會的部落聯盟。其中最爲可能的情況是：夏作爲早期國家，在中央權力的集中方面已經初步形成了中心。但是在整個社會組織基礎方面，則應當仍然是相對要鬆散得多的部落聯盟形式。作爲國家制度的形成過程，夏代仍帶有相當多的社會過渡性質。至少從墓葬葬制的角度來看，在政治生活以外，氏族社會文化仍對夏人有着相當大的影響。特別是，這種影響可能還相當大。而這一點，

---

① 《馬恩選集》第4卷，人民出版社，1995年，第157頁。
② 李民、張文彬：《從偃師二里頭文化遺址看中國古代國家的形成和發展》，《鄭州大學學報》1975年第4期。
③ 孫華：《關於二里頭文化》，《考古》1980年第6期。
④ 見《中國大百科全書·考古學》"二里頭文化"，中國大百科全書出版社，1993年。

恰恰是常爲論者所忽略的地方。

二、二里頭文化大中型墓葬的"稀缺"說明了什麽？

　　我在研究有關夏代的考古材料時，發現了一個有意思的現象：我們在多年來的發掘中，已獲得了有關夏代擁有大型宮殿的證據。比照這種占地 1 萬平方米的基址規模（如 1 號基址約爲 10 000 平方米，2 號基址約爲 4 200 多平方米，3 號基址約爲 4 500 平方米以上），我們有理由認爲——本時期也應當有與此相適應的"奴隸主貴族"的大型墓葬才是。因爲，既然奴隸主貴族可以通過財産權力而占有了如此規模的宮殿，他在死後要求繼續享有這些財産並顯示這種權力和等級差別就是極爲自然和順理成章的。

　　現實的情況却剛好相反。

　　自從 1959 年徐旭生先生根據文獻提供的線索對"夏墟"進行實地調查，並發現了偃師二里頭遺址以來，對二里頭遺址的大規模發掘就開始了。然而時至今日，在發現了大型宮殿建築基址的二里頭遺址和其他的二里頭類型遺址和東下馮類型遺址，均未發現屬於夏代的大型"奴隸主"墓葬。據報告，二里頭文化遺存主要分布於河南省西部和山西省南部，已發現的遺存地點有百處之多。在如此廣泛的文化區域内，夏文化曾經歷了至少 430 年左右的時間[1]，僅二里頭遺址的文化層堆積就厚達 3—4 米，但却未發現有一座可與其宮殿建築規模相匹配的奴隸主大型墓葬，這實在讓人感到困惑。如果歸納起來，二里頭文化的墓葬所反映出來的情況有如下幾個：

　　第一，不僅作爲孤例的大型墓算不上大，而且中型墓也不多。據有關材料介紹，在整個圍繞夏文化進行的考古發掘中，只有二里頭遺址發現一座大一些的墓葬。作爲本時期唯一的大型墓葬，該墓的墓壙上口的長度爲 5.35 米、寬度爲 4.25 米、深度爲 6.1 米。與本時期的其他墓葬相比，這座墓比中型墓的長 2—2.6 米左右、寬 1 米左右、深 2 米左右的形制，確實大了不少。然而，我們將其與後來的商代奴隸主貴族墓葬相比較，二里頭遺址的這座墓只能算是奴隸主階級墓葬中的小型墓葬而已。其規模，只是約與殷墟的"婦好墓"相當。而若與"武官大墓"的"長 14 米、寬 12 米、深 7.2 米"的中等規模商墓相比，二里頭大墓就已是小而又小了。

　　從建築規模的角度看，據推算，二里頭宮殿的夯土基址的用土量當在 2 萬立方米以上。即使在今天，使用人工夯築，也需 10 餘萬個勞動日。考慮到當時的勞動條件，有可能要數倍於此。再加上建房所用工時，其勞動日在數十萬左右[2]。如果當時的奴隸主貴族可以强徵人力修建規模很大的宮殿建築，那麽，我們就有理由認爲：他們也會動用大量勞動力來爲自己修建墓葬。這不僅僅是因爲作爲奴隸主階級，他們有這樣的能力，而且還因爲，作爲統治階

---

[1]　《竹書紀年》說："自禹至桀十七世，有王與無王，用歲四百七十一年。"（《太平御覽》八十二引）《有關所謂"夏文化"的碳十四年代測定的初步報告》說："二里頭遺址的時代應不早於公元前 1900 年，不晚於公元前 1500 年，前後延續 300 多年或將近 400 年。"（《考古》1983 年第 10 期）夏商周斷代工程的研究認爲：夏代分期是由公元前 2070 至前 1600 年。參見楊育彬《14C 年代框架與三代考古學文化分期》，《中原文物》2001 年第 1 期。

[2]　請參閱鄒衡《夏商周考古學論文集》，科學出版社，2011 年，第 11 頁。

級,他們害怕自己死後的靈魂會喪失掉已有的階級地位而遭受苦難。所以,雖然他們不一定要靡費國力來爲自己修墓(像埃及第三王朝以後的法老王們那樣),但至少也該修建一座與其所擁有的權力和財富相適應的墓。既然他們能夠動用數十萬至上百萬人工來建築宮殿[①],其動用這人工數量的 1/10 或 1/100 來給自己修建墓葬是完全有可能的。以安陽侯家莊商王陵區的 1001 號墓爲例,該墓墓室長 18.9、寬 13.75、深 10.5 米,四面修有墓道。據計算,此墓總挖出的死土方量當在 5 100 立方米左右。郭寶鈞先生在《濬縣辛村古殘墓之清理》[②]一文中談到,一座墓室容積超過 80 立方米、羨道容積爲 70 立方米的墓壙,掘成至少需要 1 500 個工日。如果加上夯打加填,其耗工當更多。如以郭寶鈞先生的標準推算,那麼 1001 號墓僅土工一項,用工就將在 6 萬個以上。除 1001 號這樣的商王大墓外,像"武官大墓"這樣的中等規模的墓葬,土工用工也約在 2 萬個左右。而二里頭大墓的總容積不過 138 立方米左右,其用土量最多也不會超過 1 500 個。對於一個能夠調動如此規模人工的奴隸主階級,只給自己修建這樣一個小墓顯然是難以解釋的。

從考古發掘的情況看,我們儘管尚不能完全否定存在所謂夏代奴隸主貴族階級大型墓葬的可能性。但問題在於,到目前爲止的發掘中,我們的的確確只找到了這一座幾乎算不上大墓的"大墓"。作爲一個孤例,我想:我們無法由此認爲,在夏代存在着像殷墟侯家莊商王陵區那樣成批的大型奴隸主貴族墓葬。因爲在整個二里頭文化的上百個遺址地點,也只有這一座形制上略大一點的"大墓"。由於在整個二里頭文化中再沒有與二里頭大墓形制相類墓例,我認爲,在目前我們至少可以説二里頭大墓是夏代已知的最大墓葬。

從二里頭大墓的規模形制和其所處的二里頭遺址中心區域位置來看,我認爲其性質屬於奴隸主貴族階級可能不會有錯。從其墓中所殘存的漆皮礫砂、蚌飾、狗架等物推測,此墓的隨葬品原來也可能是較豐富的。所以,它與那些容身形制的普通小墓相比,階級含義是不言而喻的。只是,僅憑此一個孤證,我們很難説出夏代的階級對立十分嚴重的結論。

據統計,整個二里頭文化共發掘了大約 500 餘座墓葬。其中出土了青銅器和玉器(或是僅有其中一種)的中型墓葬僅有 20 餘座。除 3 座外,其餘均發現於二里頭遺址[③]。而且這些所謂"中型墓"規模,也僅僅是 2 米以上而已。而僅能容身的小型墓,在河南與山西的夏文化各地點中仍是占有絕對多數字置。這種小型墓普遍存在,而"大型墓"與"中型墓"顯得十分罕見的現象説明:在夏代葬文化中,階級對立的色彩還稱不上明顯。

第二點,從比較的角度看,二里頭大墓在夏文化的各地點中雖屬於大墓,不過在我國氏族社會晚期的其他文化類型中,與二里頭大墓形制相類的墓例却非少見。以早於夏代的大汶口文化爲例(其文化範圍包括河南省東部、江蘇省北部和山東省部分地區),在大汶口文化的中晚期的墓葬中出現了財產差別傾向,並形成了一些與二里頭大墓形制仿佛的大型墓葬。僅大汶口遺址一處,就有同類大型墓多座。其中,M126 長 4.5、寬 3.2 米;M60 長 4.65、寬 2.98

---

① 鄒衡先生認爲,二里頭的宮殿所耗用的人工,也可能達百萬之巨。

② 參見《田野考古報告(第一冊)》,商務印書館,1936 年。

③ 許宏、陳國梁、趙海濤:《二里頭遺址聚落形態的初步考察》,《考古》2004 年第 11 期。

米；M10 長 4.2、寬 3.2 米。這些墓在尺寸上雖略小於二里頭大墓，但它們同屬於一個"等級"範疇是没有問題的。二里頭大墓作爲已知的夏代"第一墓"，它與商代那種形制巨大的奴隸主大墓之間的差别是十分明顯的，而它與大汶口文化中的那種父系社會差别形式的墓葬，在形制上却有更多的接近。這一反差與類同的存在説明，至少在葬制度中，夏代的階級對立還不十分明顯。

第三，如果對比二里頭文化與大汶口文化、龍山文化的墓葬形制，那麼屬於夏代的大、中、小三種類型的墓葬與仍處於父系氏族時期各文化的大中小三類墓葬，彼此相似的地方極多。

以墓葬的形制而論，夏代葬文化雖然已有了以二里頭大墓爲代表的奴隸主階級的水平埋葬形式，也有那種非平民的奴隸亂葬形式，但其對立的差别程度與後來的商代比較仍處於較低的水平上。加上平民形式埋葬占有絶大比例，因此我認爲，夏代在葬文化方面還没有全面進入奴隸時代。

總之，從二里頭文化的墓葬形制和其中的隨葬品情況來看，夏代雖然已經跨進了國家的門檻，但它仍然處在一個早期國家形態中。從商代貴族墓葬的普遍人殉對比來看，夏代的奴隸制度恐怕只是處於雛形階段。其前的父系氏族社會所形成的文化傳統，應當還在夏代社會中起着很重要的作用。所以在葬文化的角度上講，夏代仍然是一個氏族社會文化向階級社會文化的過渡時期。

《竹書紀年》所述災異考

許兆昌

（吉林大學文學院）

摘　要：《竹書紀年》多述災異。根據災異的性質，可以劃分爲天象、氣象、物象三類。災異的内容，根據現有記載判斷，有的屬於實録，有的屬於以訛傳訛，有的可能背後隱藏着某種事實，但却没有用我們今天的科學語言去表述。從歷史學的角度看，這些記録都真實地再現了當時人們主觀意識中的世界圖景，對於揭示戰國時期歷史敘述及歷史觀念的特點具有重要意義。

關鍵詞：《竹書紀年》　災異　世界圖景

先秦史學作品中，《左傳》多述神異，前人評價“其失也巫”[1]。不過，在中國史學的早期發展階段，《左傳》的這一敘事特徵並非孤例，西晉時期出土的戰國晚期偏早成書的史著《竹書紀年》也記載了大量的災異現象。由於《竹書紀年》所述，往往“有駭人聽聞之紀載”[2]，如殷初伊尹篡位，太甲殺之；又如共和行政，非周召共和，而實爲共伯和攝行王政等，用於考史，極有價值，因此以往學者對於此書多述災異的特點少有關注。實際上，從史學發展的角度看，《竹書紀年》多述災異的敘事特徵對於揭示戰國時期中國史學的發展特點，有着重要的意義。今據范祥雍《古本竹書紀年輯校訂補》[3]統計，該書現存各類災異現象的記載，共56條。以范氏《輯校訂補》所輯共410條計，則所載災異接近輯本總數的14%。如果總數除去據王國維考證應屬後人隱括、注釋的12條，再除去僅用於紀年的如魏惠王“三十六年”、“一年”[4]及僅記一地

① 范寧：《春秋穀梁傳序》，見《十三經》注疏整理委員會整理、李學勤總主編《春秋穀梁傳注疏》，北京大學出版社，1999年，第11頁。

② 金毓黻：《中國史學史》，河北教育出版社，2000年，第48頁。

③ 《竹書紀年》早佚，“今本”爲僞書。王國維所輯《古本竹書紀年輯校》素稱“良本”。本文所據，即范祥雍在王著基礎上進一步增訂而成的《古本竹書紀年輯校訂補》（上海人民出版社，1957年）。方詩銘、王修齡所著《古本竹書紀年輯證》（上海古籍出版社，1981年）晚出，内容較之前著略有增加，但該書對輯文的處理與他本不同。前此各本針對多種文獻中同出《紀年》之文，往往是“據諸書引文，以文義併爲一條”，而該書則主張“各條歸各條，獨立户頭，不相合併”（見該書“序例”之四）。這種處理對於文獻異同的校訂有特殊的價值，但却帶來了引據的不便。由於本文關注的是《竹書紀年》所述内容，文字的差異在不影響文義的情況下，並無特殊意義。因此，本文凡引《竹書紀年》，均出自范氏《輯校訂補》本，個別材料則由方、王《輯證》本補充。

④ 范祥雍：《古本竹書紀年輯校訂補》，第65頁。

名或人名而無事實的如"應"、"昆吾"①、"子南彌牟"②、"宋桓侯璧兵"、"魴子"③、"衛孝襄侯"④等，則所載災異之數的比例會更高。當然，現存《竹書紀年》僅是輯本，上述資料並不具嚴格意義上的統計學意義，但它反映出《竹書紀年》多述災異的特點，却是十分直觀的。另從所記災異的時代分配看，五帝紀1條⑤，夏紀4條，商紀2條，周紀10條，晉紀24條，魏紀14條，另宋1條（時代不明），由此也可知該書多述災異，是貫通全篇的基本特徵。本文將《竹書紀年》所述災異分爲天象、氣象、物象三種，略做分類整理考述。不當之處，祈請專家指正。

一、天　象　之　異

　　農業社會出於制定曆法的需要，很早就在天文學方面取得重大發展。天象的特殊變化，自然會受到關注。天象的異動，在先民看來，具有預示災難的意義，因而成爲早期史學作品關注並記録的重要對象。在《竹書紀年》所述各類災異現象中，天文異象就是其中的重要種類。

　　《五帝紀》唯一的1條災異記載，即涉及天象：

　　　　三苗將亡，天雨血，夏有冰，地坼及泉，青龍生於廟，日夜出，晝日不出。⑥

此條災異記載中所謂"日夜出，晝日不出"，應是説太陽出現了反常的現象。雖然這種現象事實上不可能發生，因而其真實意義還有待進一步探討，但此條記載屬於天象之異，是没有問題的。至於"天雨血，夏有冰，地坼及泉、青龍生於廟"等，描述的是氣象節候及自然現象的反常，與天象之異同屬古文獻中所記災異的重要内容，下文還將述及，此處不贅。

　　《夏紀》4條災異記載中，有1條關乎天象：

　　　　天有妖孽，十日並出，其年胤甲陟。⑦

所謂"十日並出"，當然不可能實指出現十個太陽。不過，由於光的反射作用，同時出現數個太陽的影像，却並不少見，近年來也屢見媒體有此類報導。因此"十日並出"，從經驗的角度看，可能即指這種天文現象。另外，有學者認爲"十日並出"是指曆法錯亂，這也是一種合理的解釋。總之，這條記載背後的事實今天已很難確定，但它以天象變異的形式出現在歷史記録之中，這一點是可以肯定的。

---

① 范祥雍：《古本竹書紀年輯校訂補》，第72頁。
② 同上書，第73頁。
③ 同上書，第74頁。
④ 同上書，第75頁。
⑤ 有關《竹書紀年》編次的起始時代，有"五帝説"及"夏代説"兩種，迄無定論。但從内容上看，《竹書紀年》包括了五帝時期的史實，却是共識。本文所云五帝時期，是僅就史實而論，與該書編次的起始年代無關。
⑥ 范祥雍：《古本竹書紀年輯校訂補》，第8頁。
⑦ 同上書，第14頁。

現存《商紀》中2條災異記載都不關乎天象,《周紀》中的天象之異,現存2條。

第1條:

> 昭王末年,夜清,五色光貫紫微。其年,王南巡不反。①

紫微,《史記·天官書》司馬貞索隱引《春秋合誠圖》云:"大帝室,太一之精也。"②所指即北極星。在傳統天象學體系中,太一是"天神之最尊貴者"③。"五色光貫紫微",顯然是天象出現了重大異常。

第2條:

> 懿王元年,天再旦于鄭。④

《説文解字·旦部》:"旦,明也。"⑤再旦,即兩次日出。現代學者的普遍解釋是正當日出之際,出現日全食,因而出現了兩次日出的異常現象。

《晉紀》中現存3條天象之異。

第1條:

> (殤叔)二年,天一夕再啟于鄭,又有天裂,見其流水人馬。⑥

"一夕再啟",似與上文"天再旦"相關,所謂"天裂",難考其詳。

第2條:

> (惠公六年,十一月,)隕石于宋五。⑦

此條關於隕石的記載,亦見於《春秋·僖公十六年》,是當時實録。

第3條:

> 晉定公六年,漢不見于天。⑧

《詩·小雅·大東》"唯天有漢,監亦有光"毛傳:"漢,天河也。"⑨"漢不見於天",顯然是指天象出現異常。

與以下將述豐富的氣象及物象之異相比,輯本《竹書紀年》所存天象之異僅7條,內容顯得相對單薄。這可能與現存該書僅爲輯本有關——輯本的內容完全受他著的引據所限。不過,也有可能是原書所載天象之異本來就少。因爲天象的觀察要受觀測技術的限制,遠不如

---

① 范祥雍:《古本竹書紀年輯校訂補》,第25頁。
② 《史記》,中華書局,1959年,第1290頁。
③ 張守節《史記·天官書》正義引劉伯莊云。參見《史記》,第1290頁。
④ 范祥雍:《古本竹書紀年輯校訂補》,第29頁。
⑤ 段玉裁:《説文解字注》,上海古籍出版社,1981年,第308頁。
⑥ 范祥雍:《古本竹書紀年輯校訂補》,第33頁。案此條爲范祥雍所補,朱右曾《汲塚紀年存真》、王國維《古本竹書紀年輯校》及方詩銘、王修齡《古本竹書紀年輯證》均不收。
⑦ 范祥雍:《古本竹書紀年輯校訂補》,第40頁。
⑧ 同上書,第42頁。
⑨ 《十三經》注疏整理委員會整理,李學勤總主編:《毛詩正義》,北京大學出版社,1999年,第786頁。

氣象及物象觀察那麼容易。因此留下來的記録較少，也是合理的。

二、氣象之異

氣象是影響人類生活的最主要因素之一，氣象異動受到先民的關注，是很自然的。加之氣象異動又很容易爲人們所觀察或感受，因此《竹書紀年》中有關氣象異動的資料比天象異動的資料豐富很多。分類看，該書所述氣象異動主要包括兩個方面：一是節候失常，二是天氣現象逾常。

《五帝紀》中唯一1條災異記載中，也包括氣象異動的因素：“三苗將亡，天雨血，夏有冰，地坼及泉，青龍生於廟，日夜出，晝日不出。”其中的“夏有冰”，屬氣候失常，顯然是氣象的異動。至於“天雨血”，雖然“雨”本指天氣，但行文所強調的是“雨血”這一怪異的自然現象，因此應屬物象之異，下文將有述及。

《商紀》2條中有1條涉及氣象：

> （帝辛），天大曀。[1]

許慎《説文解字·日部》：“曀，天陰沈也。”[2]劉熙《釋名·釋天》：“陰而風曰曀。曀，翳也。言掩翳日光使不明也。”[3]由大風而致烏雲密布，遮天蔽日，即在今日，也會引起人們的驚懼，古人視之爲災異，是很正常的。

《周紀》中現存4條氣象之異的記載。

第1條：

> （昭王）十九年，天大曀，雉兔皆震，喪六師于漢。[4]

此條與以上《商紀》所述爲同一種氣象上的災異。“雉兔皆震”，應是由“大曀”所導致的生物反應，不是獨立的物異現象。

第2條：

> 孝王七年，冬大雨雹，牛馬死，江、漢俱凍。[5]

第3條：

> （夷王）七年冬，雨雹，大如礪。[6]

以上兩條都記録了重大的雹災，屬天氣現象逾常。

---

[1] 范祥雍：《古本竹書紀年輯校訂補》，第24頁。
[2] 段玉裁：《説文解字注》，第305頁。
[3] 《叢書集成初編》，中華書局，1985年，第7—8頁。
[4] 范祥雍：《古本竹書紀年輯校訂補》，第25頁。
[5] 同上書，第29頁。
[6] 同上書，第30頁。

第 4 條：

共和十四年，大旱，火焚其屋，伯和篡位立，秋又大旱，其年，周厲王死，宣王立。①

此條所録天氣異象爲重大旱情。

《晉紀》中現存 12 條氣象類災異，涉及節候失常、天氣現象逾常及重大旱災等。涉及節候失常的有 1 條：

晉莊伯元年，不雨雪。②

此條雖然並未指出具體的季節，但既特書“不雨雪”，應當指冬季。因爲如果是夏季不雨雪，似乎没有記録的必要。

涉及天氣現象逾常的共 4 條。

第 1 條：

（莊伯）八年，無雲而雷。十月，莊伯以曲沃叛。③

第 2 條：

（幽公）十二年，無雲而雷。④

上兩條皆記“無雲而雷”，顯屬天氣現象失常。

第 3 條：

（烈公）二十二年，國大風，晝昏，自旦至中。明年，大子喜出奔。⑤

此條與上述“天大曀”應屬同類異象。

第 4 條：

（定公）十八年，青虹見。⑥

案《爾雅·釋天》“螮蝀，虹也”邢昺疏引《音義》云：“虹雙出，色鮮盛者爲雄，雄爲虹。暗者爲雌，雌曰蜺。”⑦虹爲常見自然現象，《禮記·月令》：“季春之月，……虹始見。”⑧此文中特書“青虹見”，當屬非常現象。或者是所出時令不對，或者是謂“青虹”的顔色與正常霓虹有異。

涉及重大旱災共 7 條。

第 1 條：

---

① 范祥雍：《古本竹書紀年輯校訂補》，第 31 頁。
② 同上書，第 35 頁。
③ 同上書，第 36 頁。
④ 同上書，第 48 頁。
⑤ 同上書，第 51 頁。
⑥ 同上書，第 42 頁。
⑦ 《十三經》注疏整理委員會整理，李學勤總主編：《爾雅注疏》，北京大學出版社，1999 年，第 174 頁。
⑧ 《十三經》注疏整理委員會整理，李學勤總主編：《禮記正義》，北京大學出版社，1999 年，第 482 頁。

　　　　晉襄公六年,洛絕于洞。①

　　第 2 條:

　　　　淇絕于舊衛。②

　　第 3 條:

　　　　(定公)二十年,洛絕于周。③

　　第 4 條:

　　　　晉出公五年,澮絕于梁。④

　　第 5 條:

　　　　丹水三日絕,不流。⑤

　　第 6 條:

　　　　(出公)十二年,河絕于扈。⑥

以上 6 條,記載了淇、洛、澮、丹水及河等水道的斷流。古農業社會,河水斷流是重大氣象災害。在古人眼中,這些都屬災異現象。

　　第 7 條:

　　　　(幽公)七年,大旱,地長生鹽。⑦

此條所述,亦是旱災,與直接描述河水斷流不同,此條以"地長生鹽"描述其嚴重程度。

　　《魏紀》中現存 3 條。

　　第 1 條也是記載曀:

　　　　邯鄲四曀,室壞多死。⑧

此次出現曀,造成了重大的人員及財產損失——"室壞多死"。根據這條記載,似可進一步補釋《說文解字》及《釋名》等字中的"曀"字。出現"曀",不僅是"天陰沈"或"陰而風"那麼簡單,其風力之大,有着很强的破壞力。如果這四次"曀"是指一天內出現的天氣現象,那就只能是由强對流空氣所形成的短暫風暴。

　　第 2 條記由大雨並伴有大風所引發的水災:

---

① 范祥雍:《古本竹書紀年輯校訂補》,第 41 頁。
② 同上書,第 42 頁。
③ 同上書,第 43 頁。
④ 同上書,第 43 頁。
⑤ 同上書,第 44 頁。
⑥ 同上書,第 44 頁。
⑦ 同上書,第 47 頁。
⑧ 同上書,第 61 頁。

(今王)十年十月,大霖雨,疾風,河水溢酸棗郛。①

第 3 條記異風:

(今王)十二年,秦公孫爰帥師伐我,圍皮氏,翟章帥師救皮氏圍。疾西風。②

氣象之異中,還包括 1 條年世不明的記載:

宋大水,丹水壅不流。③(范 72)

此爲重大水災引起河道堵塞。

以上所述氣象之異,共 22 條。

三、物 象 之 異

物象泛指除上述天象、氣象之外的各種自然現象,尤其是指人們可以觀察到的動物、植物及山川河流、地形地貌等現象。這些事物構成了人類最直接的客觀外部環境,與人類生産、生活關係密切。先民們對於這些事物的異動,當然會尤爲關注。

《五帝紀》中唯一的 1 條災異記録,除天象、氣象之外,也包括了物象的因素。“三苗將亡,天雨血,夏有冰,地坼及泉,青龍生於廟,日夜出,晝日不出”中的“天雨血”、“地坼及泉”、“青龍生於廟”,都屬物異。其中“雨血”重點在“血”,突出的是物象之異,而非氣象本身有怎樣的異常(如雹大如礪、大暵或無雲而雷等),所以列在此處。

《夏紀》中所載物異共 3 條。

第 1 條:

柏杼子征于東海及三壽,得一狐九尾。④

第 2 條:

后荒即位,元年,以玄珪賓于河,命九東狩于海,獲大鳥。⑤

以上兩條皆爲動物之異。

第 3 條:

夏桀末年,社坼裂,其年爲湯所放。⑥

《説文・示部》:“社,地主也。《春秋傳》曰:‘共工之子句龍爲社神。’《周禮》二十五家爲

---

① 范祥雍:《古本竹書紀年輯校訂補》,第 69 頁。
② 同上書,第 70 頁。
③ 同上書,第 72 頁。
④ 同上書,第 12 頁。
⑤ 同上書,第 13 頁。
⑥ 同上書,第 16 頁。

社,各樹其土所宜木。"①《周禮·地官·大司徒》:"設其社稷之壝而樹之田主,各以其野之所宜木,遂以名其社與其野。"鄭玄注:"壝,壇與堳埒也。田主,田神后土田正之所依也,詩人謂之田祖。所宜木,謂若松柏栗也。"②孫詒讓云:"蓋壝者委土之名。凡委土而平築之謂之堳,於堳之上積土而高若堂謂之壇,外爲庫垣謂之堳埒。"③可知古代社壇屬委土而成,另置樹木以爲社神之所憑依。這種土木構成的儀式場所,常常成爲小動物棲息的場所。《韓非子·外儲説右上》:"君亦見夫爲社者乎? 樹木而塗之,鼠穿其間,掘穴託其中,熏之則恐焚木,灌之則恐塗地。"④因此,出現朽壞乃至坼裂是很自然的。而這在古人看來,就是某種災異現象了。同類的記載亦見於《尚書·高宗肜日》:"高宗祭成湯,有雉升鼎耳而雊。"⑤即引起商王君臣的警覺。

《商紀》中所述物象災異僅1條,且可能與氣象災異有關:

(大丁)三年,洹水一日三絶。⑥

案,河水絶流,根本原因應是旱災,上述氣象災異中已屢述及。但"一日三絶",指一日之中數次斷流,或許不僅與氣象有關,故本文置於物象之異中,以示與上述氣象災異略有差別。

《周紀》中所述物象災異共4條。

第1條:

昭王十六年,伐楚荆,涉漢,遇大兕。⑦

第2條:

(夷王)獵于桂林,得一犀牛。⑧

第3條:

(宣王)三十年,有兔舞鎬。⑨

第4條:

(宣王)三十三年,有馬化爲狐。⑩

以上4條,都屬動物異象,大兕、犀牛皆屬罕見動物,兔舞爲動物異常行爲,馬化爲狐顯然不會是事實,可能是以訛傳訛,最後被人信以爲真,古史有關災異的記載,這種現象很常見。

《晉紀》中物象災異的記載共9條。

---

① 段玉裁:《説文解字注》,第8頁。
② 《十三經》注疏整理委員會整理,李學勤總主編:《周禮注疏》,北京大學出版社,1999年,第242頁。
③ 孫詒讓:《周禮正義》,中華書局,1987年,第695頁。
④ 王先慎:《韓非子集解》,中華書局,2003年,第322頁。
⑤ 《十三經》注疏整理委員會整理,李學勤總主編:《尚書正義》,北京大學出版社,1999年,第254頁。
⑥ 范祥雍:《古本竹書紀年輯校訂補》,第23頁。
⑦ 同上書,第25頁。
⑧ 同上書,第30頁。
⑨ 同上書,第31頁。
⑩ 同上書,第32頁。

　　其中有 3 條與氣候失常有關,但所述並非氣候現象,而是氣候失常所導致的物象的變異,故列在此。第 1 條:

　　　　(文侯九年)幽王十年,九月,桃杏實。①

　　第 2 條:

　　　　(昭公)六年十二月,桃杏華。②

　　第 3 條:

　　　　(幽公)十年九月,桃杏實。③

　　上述 3 條,記錄桃、杏等果木於夏曆④九月乃至十二月結實或開花,顯屬氣候過暖而導致的物異現象。其餘諸條不能合類,一一列舉如下。

　　第 4 條:

　　　　獻公二年,周惠王居于鄭。鄭人入王府,多取玉。玉化爲蜮,射人。⑤

蜮,《説文·蟲部》:"短弧也。似鱉三足,以氣射,害人。"⑥陸德明《經典釋文》釋蜮云:"一名射工,俗呼爲水弩。在水中含沙射人。一云射人影。"⑦

　　第 5 條:

　　　　(獻公)二十五年,正月,狄人伐晉,周陽有白兔舞于市。⑧

兔舞,亦見上文《周紀》所載。

　　第 6 條:

　　　　晉惠公二年,雨金。⑨

雨金,與《五帝紀》中雨血一樣,強調的不是氣象本身之異,因而作爲物象之異列於此處。

　　第 7 條:

　　　　晉昭公元年,河水赤于龍門三里。⑩

　　第 8 條:

――――――――――

① 范祥雍:《古本竹書紀年輯校訂補》,第 34 頁。
② 同上書,第 42 頁。
③ 同上書,第 48 頁。
④ 杜預《春秋左傳注》"後序"云《竹書紀年》"皆用夏正建寅之月爲歲首"。《十三經》注疏整理委員會整理,李學勤總主編:《春秋左傳注疏》,北京大學出版社,1999 年,第 1720 頁。
⑤ 范祥雍:《古本竹書紀年輯校訂補》,第 39 頁。
⑥ 段玉裁:《説文解字注》,第 672 頁。案"弧"字原作"狐",此據段氏考述改正。
⑦ 《毛詩正義》,第 765 頁。
⑧ 范祥雍:《古本竹書紀年輯校訂補》,第 39 頁。
⑨ 同上書,第 40 頁。
⑩ 同上書,第 42 頁。

> （幽公）九年，丹水出，相反擊。①

以上兩條都是關於河流的異常現象，但是所述内容並無相關之處。

第9條：

> （定公）二十五年，西山女子化爲丈夫，與之妻，能生子。其年，鄭一女而生四十人。②

此條實述兩件與人有關的異常現象。一爲女子變性爲男子，且具有男性生殖功能；一爲一女子生四十人。後一條材料不知是説一次生四十人，還是説一生共生四十人。這兩種情況都應該考慮，因爲史書中的災異記録，很多都不是事實，不必要求都能做出科學解釋。

《魏紀》中物象之異共11條。其中3條與所雨爲異物有關。

第1條：

> （惠成王七年）雨碧于郢。③

碧，《説文解字·玉部》：“石之青美者。”④

第2條：

> （惠成王八年）雨骨于赤髀。⑤

第3條：

> （惠成王八年）雨黍于齊。⑥

另3條與地形的異常變化有關。第1條：

> （惠成王七年）地忽長十丈有餘，高尺半。⑦

第2條：

> （今王六年）齊地暴長，長丈餘，高一尺。⑧

上兩條爲地形突然隆起，所涉區域並不大，前者十丈有餘，後者僅丈餘而已。

第3條：

> （惠成王）二十五年，絳中地坼，西絶于汾。⑨

① 范祥雍：《古本竹書紀年輯校訂補》，第47頁。
② 同上書，第43頁。
③ 同上書，第58頁。
④ 段玉裁：《説文解字注》，第17頁。
⑤ 范祥雍：《古本竹書紀年輯校訂補》，第58頁。
⑥ 同上書，第58頁。
⑦ 同上書，第58頁。
⑧ 同上書，第68頁。
⑨ 同上書，第63頁。

此條爲地裂,所涉區域較前兩條要大得多。

另2條與河水有關。第1條:

> (惠成王)四年,河水赤于龍門三日。①

案,此條與上述《晉紀》中"河水赤于龍門三里"相似,差異唯在前述爲"三里",此條爲"三日","里"與"日"兩字,或有因形近而筆誤的可能。

第2條:

> (今王)九年,洛入成周,山水大出。②

此條或與水災有關,但也有可能與河道堤岸失修有關,所以沒有放在前述氣象災異之中,而是置於此處。

餘3條,1條爲動物異常:

> (惠成王十七年)有一鶴三翔于郢市。③

案,鶴翔於市,當是因爲鶴在古人心目中有特殊的文化意義,因而被視作異常而記錄下來。

1條爲人之異常:

> (今王四年)碧陽君之諸御產二龍。④

諸御,指君王身邊侍御之人。《國語・吳語》:"句踐請盟:一介嫡女,執箕箒以晐姓於王宮;一介嫡男,奉盤匜以隨諸御。"韋昭注:"御,近臣宦豎之屬。"⑤《竹書紀年》本條所謂諸御,應特指君王後宮嬪妃侍女。《莊子・德充符》:"爲天子之諸御,不爪翦,不穿耳。"王先謙集解:"御女不加修飾,使其質全。"⑥《周禮・天官・內宰》"以婦職之法教九御"孫詒讓注:"九御亦謂之諸御。"⑦

1條可能與天氣有關:

> (梁惠成王元年)晝晦。⑧

白晝而晦,可能與天氣有關,也可能與天象有關,不能確定。在不強調這一現象原因的情況下,可以視之爲物象之異,故列於此。

以上所述物象之異,共29條,加上氣象之異22條,天象之異7條,共達58條。其中有關五帝時期的1條記錄中,即包括了天象、氣象、物象三方面的內容,除去重複計算,實際爲

① 范祥雍:《古本竹書紀年輯校訂補》,第56頁。
② 同上書,第69頁。
③ 同上書,第61頁。
④ 同上書,第68頁。
⑤ 上海師範大學古籍整理組校點:《國語》,上海古籍出版社,1978年,第594頁。
⑥ 王先謙:《莊子集解》,中華書局,1987年,第52頁。
⑦ 孫詒讓:《周禮正義》,第516頁。
⑧ 范祥雍:《古本竹書紀年輯校訂補》,第55頁。

56 條。

　　《竹書紀年》所述災異,很多在今天看來都是正常的自然現象。由於無法給予合理的解釋,古人視作災異,因而録諸史策。不過,古代史家對待災異的態度,並不完全一致。有的傾向於災異會對人類社會産生直接的影響,因而往往將災異與人事結合起來記録。而有的史家態度比較客觀,傾向於獨立記載這些災異現象,不對災異與人事的關係擅作擬測。這兩種態度對傳統史學都産生了不同的影響。從這種分類的角度看,《竹書紀年》顯然具有傾向於將災異與人事結合起來記録的特點,對於傳統史學的發展産生了重要的影響。限於篇幅,容另文探討。

契約文書在西周社會的運用及其特點

王彦飛

（吉林大學教務處）

摘　要：契約這種文書類型在西周時期的經濟事務中運用得非常廣泛,已經形成了專門的術語和一定的格式,具備了一定的規範性。並對契約有了一定的保存和管理方式。契約的約束力得到了社會習俗(詛誓)和官方權威(有司)的雙重保證。

關鍵詞：金文　契約　文書

　　"契約"作爲一種處理經濟事務和行政管理事務的技術手段,在古代中國很早就被采用。《易·繫辭傳下》謂："上古結繩而治,後世聖人易之以書契。百官以治,萬民以察。"傳統上的解釋將"書契"理解成"文字",林澐結合漢代的出土實物指出"書契"的原始意義是指"正面寫字,側面刻齒以便驗對的竹木質券契"①。説明在結繩以治的時代之後,便出現了書契這種契約形式,"百官"和"萬民"均采用了這一方式來有效地處理事務。當然,《易·繫辭傳下》反映的情況屬於傳説時代,實際情況是否如此,則尚難考證。本文所要討論的主題,是運用出土的可靠材料,結合文獻記載,分析契約文書在西周時期的運用狀況,這一時期是目前所見的契約文書被較爲廣泛使用的最早階段。

　　大概成書於戰國晚期的《周禮》一書,記載了質劑、書契、約劑等不同名稱的契約類型。如《周禮·質人》："質人掌成市之貨賄：人民、車馬、兵器、珍異。凡賣儥者質劑焉。大市以質,小市以劑。掌稽市之書契,同其度量,壹其春制,巡而考之。犯禁者舉而罰之。凡治質劑者,國中一旬,郊二旬,野三旬,都三月,邦國期。期内聽,期外不聽。"鄭玄解釋説："質劑者,爲之券藏之也,大市人民、牛馬之屬用長券;小市兵器、珍異之物用短券。"《周禮》所記載的制度一般認爲反映的是先秦時期情況,上引《質人》的記載説明契約在市場交易中被廣泛地使用,"它既是交易的憑證,又是發生糾紛打官司的依據"②。戰國文獻中經常提到"左契"和"右契",如

①　林澐：《説"書契"》,收入《林澐學術文集(二)》,科學出版社,2009年,第266—269頁。

②　林澐：《説"書契"》,《林澐學術文集(二)》,第266頁。

《老子》"是以聖人執左契,不責於人",《戰國策·韓策》"操左契,而爲公責德於秦、魏之主",《禮記·曲禮》"獻粟者執右契"等,這些記載説明了《周禮》的相關記載的可靠性。

往前追溯契約使用的更早時期,由於商代的甲骨文字資料主要是關於占卜的材料,而其銅器銘文又較爲簡要。能體現契約使用情況的材料主要是西周時期的金文資料。

大致在西周中期以後,西周金文關於貴族之間涉及土田事件的記載逐漸豐富起來,其事件包括土田的交換、爭訟、轉讓等。這些銘文都是土田的獲益者所作,銘文内容詳細記載新獲土田的四至,並有史官作書或圖記録。關於這些銘文的性質,學者多稱之爲契約、約劑,是西周契約文書的具體反映。

目前所見的西周金文中,涉及土地交換的主要有 1975 年岐山董家村出土的裘衛器群(《集成》2831、2832)、師永盂(《集成》10332)、大簋(《集成》4165)、格伯簋(《集成》4262)、散氏盤(《集成》10176)和吳虎鼎(《集録》364)等器。這些涉及土田交換的西周銅器銘文基本由以下三個部分組成[1]:

1. 説明土田交換的原因

對於其原因,李學勤曾歸納爲三種:(1) 賞賜,如師永盂、大簋和吳虎鼎;(2) 交易,如衛盂、九年衛鼎、倗生簋(原稱格伯簋);(3) 賠償,如散氏盤[2]。

2. 踏勘土田四界

踏勘四界的活動在金文中有專門的術語"履",踏勘的工作基本都有王朝政府的官員參加,以起公證的作用。

3. 史官或其他人員作土田轉讓的契券

下面我們選取幾篇有代表性的銘文加以説明:

格伯簋

　　唯正月初吉癸巳王在成周,格伯妥[3]良馬乘於倗生,厥賈三十田,則析。格伯履,殹妊彶似(?)厥從。格伯安彶甸殷,厥絶零谷杜木,原谷游桑,涉東門。厥書史戬武,立章成巷。鑄保簋,用典格伯田,其萬年子子孫孫永寶用。

格伯簋記載格伯以乘馬和倗生交換土田,銘文記載格伯獲得土田的緣由、土田的田界以及參與事件的有司(書史)。銘文末尾説鑄造此簋的目的是爲了記録新獲得的土田,説明此篇銘文的性質即勒銘於宗彝的約劑。

銘文中的"則析"一詞,楊樹達認爲"析"意思是析券,"書券契而中分之,兩人各執其一,古云析也"。散氏盤銘亦記田邑授受履勘田境之事,銘末云:"厥左執縷,史正中農。"左謂左券,此又析券之確證也[4]。將"析"解釋爲"析券",很有道理。這種可分爲兩半的"券",應該即林澐

①　爲便於列印,本文所作相關金文的釋文,儘量采用通行字,不作嚴格隸定。

②　參看李學勤《西周金文中的土地轉讓》,收入《新出青銅器研究》,文物出版社,1990 年,第 106—109 頁。

③　此字從裘錫圭釋,參看裘錫圭《釋叟》,載《容庚先生百年誕辰紀念文集(古文字研究專號)》,廣東人民出版社,1998 年,第 148—155 頁。

④　楊樹達:《積微居金文説(增訂本)》,中華書局,1997 年,第 11 頁。

所考訂的"書契"。林澐在考辨"書契"一詞的本義時,結合出土實物資料,指出"書契"的形式是:"它一般是一式兩份,一方面在兩件簡牘上都寫上字,另一方面把兩者併在一起,同時在一側刻上一定數量的齒,然後由當事雙方各執其一,作爲便於驗對的憑證。"①當事人各執其一,故稱爲"析"。

散氏盤銘末"執"後的一字"綏",自孫詒讓釋爲"綏",讀作要約之"要"後,研究者如郭沫若、楊樹達等多從之。1972 年,朱德熙、裘錫圭在《戰國文字研究(六種)》一文中,在考釋楚簡"綏"字的基礎上,對散氏盤此字的原有釋讀提出疑問,認爲此字釋作綏,是否可靠很難説②。20 世紀 70 年代後半期,河北平山縣中山王器銘文的出土,使人們對"婁"字有了更進一步的認識③。在此基礎上,更多的學者指出散氏盤的那個字應該改釋爲"縷"④。"縷"在盤銘中似可讀作"鏤","鏤"在古書中多訓爲契刻之意。散氏盤的"厥左執縷"的含義可能和上引戰國文獻中的"執左契"、"操左契"相類似。

瓚攸比鼎

> 唯三十又一年三月初吉,壬辰,王在周康宫夷大室。瓚比以攸衛牧告于王曰:
> "汝受我田,牧弗能許瓚比。"王令省史南以即虢旅,迺使攸衛牧誓曰:"我弗其付瓚
> 比,其且(詛)射分田邑,則殺。"攸衛牧則誓。比作朕皇祖丁公皇考叀公尊鼎。瓚攸
> 比其萬年子子孫孫永寶用。

鼎銘記載瓚比和攸衛牧發生土田糾紛,攸衛牧不付予應給瓚比的土田,瓚比將之訴告於王。王命令虢旅處理此事,虢旅使攸衛牧發誓説要付予瓚比土田,且若破壞分田邑之事,則要被殺。銘文中虢旅使攸衛牧作的誓言,即虢旅對此項糾紛所作的判辭。瓚比作鼎記載此事的目的,主要是作爲這一土田糾紛的處理憑證。這種憑證本身即具有約劑的性質。

琱生尊

> 惟五年九月初吉,召姜以琱生幭五尋,壺兩,以君氏命曰:余老之,我僕庸土田
> 多束,弋(式)許,毋使散亡。余宕其三,汝宕其貳。其兄公,其弟乃。余甹(?)大璋,
> 報婦氏帛束、璜一。有司眔注(鑄)兩屛。琱生對揚朕宗君休,用作召公尊餿。

琱生器銘文的性質,經過學者的討論,基本明朗。主要是記載召氏公族和其支族琱生家族之間在僕庸、土田歸屬上的糾紛及其解決過程。從文中引述格伯簋、瓚攸比鼎等西周金文可以看出,西周貴族之間在發生土田等糾紛時,往往有王朝的有司參預平定糾紛並將平定結果用約劑等文書的形式記錄下來。根據這一情況,何景成認爲"有司眔注兩屛"的"屛"字,當讀爲"劑",指約劑。"兩屛"即"兩劑"。"注"應讀爲"鑄","鑄兩劑"是指鑄造雙方的約劑,因爲

---

① 林澐:《説書契》,《林澐學術文集(二)》,第 266 頁。
② 朱德熙、裘錫圭:《戰國文字考釋(六種)》,《考古學報》1972 年第 2 期。
③ 參看張政烺《中山王錯壺及鼎銘考釋》,《古文字研究》第 1 輯,中華書局,1979 年。
④ 吳振武:《古璽文編校訂》;戴家祥:《金文大字典》,第 3720 頁;陳秉新:《釋墮、殷、般及從臂諸字》,《吉林大學古籍研究所建所十五周年紀念論文集》,吉林文史出版社,1999 年,第 21 頁。

這個約劑是銘勒於彝器上，因此説成"鑄兩劑"。銘文中的"眔"，在這裏是動詞，意思是參預。"有司眔注兩犀"是説有司參預了鑄造雙方關於僕庸土田的約劑的事宜①。

在以上討論的西周有關契約文書的金文中，我們可以看到與這類契約相關的屬於有"析"、"左鏤"、"兩犀（劑）"等。

此外，西周金文記載，周王賞賜土田給臣屬時，往往是要記載土田的具體數量和位置，這種行爲稱作"典"，如善夫克盨（《集成》4465）"王令尹氏友史趛典善夫克田人"，所"典"的"田人"應該就是大克鼎（《集成》2836）銘文中王賞賜給克的"田人"。從六年琱生簋（《集成》4293）稱"今余一名典"來看，"典"又可作名詞，指記載田人的典册，"名典"是指在典册上簽名。六年琱生簋銘文在"今余一名典"前説"余（召伯虎）告慶，余以邑訊有司，余典勿敢封"。兩相對照，説明"名典"是"封典"的必要程序，只有在典册上簽上有關人員的名字，典册才能生效。這種典册也應該是土田契約中的一種。

西周金文反映，這類契約文書完成後還有可能被"謄"出副本。

裘衛盉（《集成》9456）銘末記載"幽逋、衛小子解逆者（書）其鄉"，類似的説法也見於五祀衛鼎衛（《集成》2832）和九年衛鼎（《集成》2831），前者作"衛小子者（書）其鄉，匒"，後者作"衛小子解逆者（書），其匒衛臣虎胐"。

唐蘭將"鄉"讀爲"饗"，將"匒"讀作"媵"，認爲"逆者其鄉"的意思是説"迎接的人舉行宴會"，"其鄉匒"是説"舉行宴會並送禮"②。陳公柔亦持這一看法③。李學勤將"者"讀爲"書"，"鄉"讀爲"向"，認爲"書其向"即寫下疆界的方向④。白於藍認爲"匒"應讀爲"塍"，指表示田界之埒⑤。

佣生簋銘末記有"書史䜭武"，散氏盤銘末記載史官執左券，吳虎鼎銘末有"書尹"。從這些涉及土地轉讓的銘文的格式來看，李學勤將"者其鄉"讀爲"書其向"應該是很有道理的。《説文》："書，著也，從聿者聲。"免簋（《集成》4240）銘文即以"者"爲"書"，説明"者"可以假借爲"書"。

既然"鄉"應該讀爲"向"，五祀衛鼎和九年衛鼎銘文中的"匒"則不應讀作"媵"，解釋作送禮。我們懷疑"匒"很有可能讀作"謄"，《説文》："謄，迻書也，從言朕聲。""匒"字亦從"朕"得聲。"謄"在銘文中列於"書其向"之後，其含義應是指謄寫記載土田四至的文書，作爲副本。

《周禮》一書在説明太史、內史、小宰、司會、司書、職內等官員的職掌時，經常提到對文書副本的管理，文書的副本在《周禮》中稱爲"貳"：

> 《周禮・春官・大史》：凡邦國都鄙及萬民之有約劑者藏焉，以貳六官，六官之所登。若約劑亂，則辟法，不信者刑之。

---

① 何景成：《琱生尊"有司眔注兩犀"試解》，《古文字研究》第 29 輯，中華書局，2012 年，第 333—337 頁。

② 唐蘭：《陝西省岐山縣董家村新出西周重要銅器銘辭的釋文和注釋》，收入氏著《唐蘭先生金文論集》，紫禁城出版社，1995 年，第 194—204 頁。

③ 陳公柔：《西周金文中所載〈約劑〉的研究》，載《先秦兩漢考古學論叢》，文物出版社，2005 年，第 108—121 頁。

④ 李學勤：《西周金文中的土地轉讓》。

⑤ 白於藍：《師永盂新釋》，《考古與文物》2010 年第 5 期。

《周禮·春官·内史》：執國法及國令之貳，以考政事，以逆會計。……内史掌書王命，遂貳之。

《周禮·天官·小宰》：掌邦之六典、八法、八則之貳，以逆邦國、都鄙、官府之治。執邦之九貢、九賦、九式之貳，以均財節邦用。

《周禮·天官·司會》：司會掌邦之六典、八法、八則之貳，以逆邦國都鄙官府之治。……掌國之官府、郊野、縣都之百物財用凡在書契版圖者之貳，以逆群吏之治，而聽其會計。

《周禮·天官·司書》：凡税斂，掌事者受法焉。及事成，則入要貳焉。

《周禮·天官·職内》：職内掌邦之賦入，辨其財用之物而執其總，以貳官府都鄙之財入之數，以逆邦國之賦用。凡受財者，受其貳令而書之。

這些經文中的“貳”均是指各類文書的副本。“大史”職掌條下，鄭玄注：“貳猶副也。”“内史”條下的“遂貳之”，鄭玄注：“副寫藏之。”可見，文書作爲處理經濟事務和行政管理事務的重要依據，在正本形成的同時，要謄寫出副本，以備收檔和查閲。西周册命銘文記載受册命者要“受命册以歸”，而同時王朝的政府則又保留有同樣的“命册”以備稽考，説明當時的册命文書一式至少有兩份。這樣，我們把跟在“書其向”即作文書記載土田四至後面的“匔”讀作“謄”，解釋爲謄寫文書副本，應該是可以的。

以上的討論反映，西周金文中有關土田契約的文書有了一定的專門稱謂，如“析”、“左鐻”、“兩犀”、“典”等。文書也有了一定的保存制度，如謄寫副本以備保留。而這類契約的約束力和權威性質，主要體現在契約中所載的詛誓之辭以及相關官員對契約制定過程的參預。

這類銘文同時還記載有詛誓之辭，説明破壞約劑要受到的懲罰。如瓚攸比鼎“攸衛牧誓曰：我弗其付瓚比，其且(詛)射分田邑，則殺”。散氏盤亦記載有誓詞。珵生尊在銘文末尾也有類似的詛誓之辭，即“其又(有)敢亂兹命，曰女(汝)事召人，公則明亟(殛)”。句式與瓚攸比鼎類似，董珊將這句話解釋作：“若有人敢於壞亂(君氏的)這個命令，(就)把你(壞亂這命令)的事布告召氏族人，召公就大大地明顯地懲罰(你)。”①

相關政府官員即“有司”，上文所引具有約劑性質的銘文，如格伯簋、散氏盤、五祀衛鼎，均有“有司”在場，起調解兩方貴族之間的糾紛、參預勘踏土田和協議要約的作用。格伯簋銘末記載有“書史”參預製作土田契約文書，散氏盤記載參預土田勘踏的除了有矢和散兩方面的有司外，還有王朝的官員，在銘文中稱爲“正履矢舍散田”，裘錫圭認爲“正”疑當作“正長”解。銘文記載的官職有司土、司馬、司工和宰，他們可能是公家的官吏，前三者即所謂“三有司”。五祀衛鼎記三有司和内史友帥履裘衛所得屬田，情況與此相類②。散氏盤銘文末尾亦記載有史官，即“史正中農”，應該是參預書寫有關土田契約文書的有司。記載貴族間土田轉讓的吳虎鼎銘文③，記錄參預勘踏土田的四名官員，其官職爲善夫、司工、内司土以及没有説明官職的

---

① 董珊：《侯馬、温縣盟書中“明殛視之”的句法分析》，《古文字研究》第 27 輯，中華書局，2008 年，第 357—358 頁。

② 裘錫圭：《西周銅器銘文中的“履”》，《古文字論集》，中華書局，1992 年，第 367 頁。

③ 穆曉軍：《陝西長安縣出土西周吳虎鼎》，《考古與文物》1998 年第 3 期。

"伯道",伯道是策命吴虎時的右者,與散氏盤和五祀衛鼎的職官構成相對照,其官職很有可能是司馬一類。吴虎鼎銘末記載的史官"書尹友守史",其職能和格伯簋、散氏盤的史官一樣,也應該是負責書寫土田契約文書的有司。珊生尊銘文中的"有司眔注兩犀"即有司參預了鑄造雙方關於僕庸土田的約劑。

　　從以上對西周時期的契約文書的討論可知,契約這種文書類型在西周時期的經濟事務中運用得非常廣泛,已經形成了專門的術語和一定的格式,具備了一定的規範性。契約的約束力得到了社會習俗(詛誓)和官方權威(有司)的雙重保證。

西周、春秋時期頒布令書傳播信息的方法和渠道

孫 瑞

（吉林大學文學院）

提 要：西周、春秋時期統治者爲實施統治，在發布命令傳播信息時多使用令書。令書是國家實施統治和管理的主要工具之一，承載了國家的許多重要信息。因此，西周、春秋時期統治者不但重視令書的制定和書寫，還十分重視令書的頒布和信息的傳遞，而且還能適應社會的變化，采取多種方法和渠道頒布令書傳播信息，以達到統治的目的。

關鍵詞：西周　春秋　令書　信息

令書即命令文書，是國家實施統治和管理的主要工具之一，其内容屬國家重要信息。爲了達到統治和管理的目的，就要使被統治者知曉令書的内容，西周、春秋時期統治者根據受令對象、受令人數及身份等級的不同，采取了授令、宣令、傳令和布令等多種方法及渠道向被統治者頒布令書傳播國家信息，以便被統治者按照令書所要求的事項去做。

册命禮就是西周君王爲頒布册命文書而舉行的一個重要禮儀："西周王朝舉凡繼承王位、分封諸侯、任命官職、賞賜臣下或誥誡臣下，都要隆重舉行册命禮。"[①]舉行册命禮頒布令書傳播國家信息的特點是接受信息的對象少，一般僅限一人或少數幾人。"經由這個典禮，周王對其臣屬，賞賜種種恩命，一次又一次地肯定了主從的關係"[②]。這種主從關係的確定，使王權進一步得到加强，達到鞏固統治的目的。在册命禮上進行授令要有事先預定的地點和場所，有確定參與的人員，並有規定的儀式和程序等。

在西周舉行册命禮進行授令的地點和場所，多以宗廟、朝廷爲主，但在郊外、廟門外、軍中、朝會或臣下宫室等處也進行過授令。宗廟是西周舉行册命禮進行授令時使用最多，也是最重要的場所。宗廟本是宗族安放祖先靈位的地方。《説文解字》載："宗，尊祖廟也。"[③]又載：

---

① 楊寬：《西周史》，上海人民出版社，1999 年，第 820 頁。
② 許倬雲：《西周史》，（北京）生活、讀書、新知三聯書社，1994 年，第 165 頁。
③ 許慎：《説文解字》，中國書店，1989 年，第七頁下。

"廟,尊先祖貌也。"①宗廟作爲先祖尊貌所在,故西周在宗廟辦理軍政大事,是表示對先祖的尊崇。誠如《禮記·祭統》所載:"古者明君,爵有德而禄,有功,必賜爵禄於太廟,示不敢專也。"②許倬雲也説"策命禮通常在王宮的大室或王朝的宗廟舉行","所謂大室,當即行禮所在宮室宗廟的正殿"③。不但賜爵禄的令書在宗廟頒布,任命令書的授受也大多在宗廟進行。如西周青銅器《令彝》載:"惟八月,辰在甲申,王令周公子明保尹三事四方,受卿旂(事)寮,丁亥,令矢周公宮,公令徣同卿事寮。惟十月月吉癸未,明公朝至於成周,徣令。舍三事令,(罘)及卿事寮、者(諸)尹、罘里君、罘百工、罘者(諸)侯:侯、田(甸)、男,舍四方令。"④此銘文是關於成王任命明保擔任成周卿事寮這一重要職務的令書。明保即周公之子⑤。銘文中講"周公宮"即周公宗廟,成王即在此授明保令書。到了春秋時期,雖然禮制不斷遭到破壞,但要在宗廟進行授令的制度並未改變。如《左傳》閔公二年載:"帥師者,受命於廟,受賑於社。"⑥《國語·晉語五》載:"宋人弑昭公,趙宣子請師於靈公以伐宋。……公許之。乃發令於太廟,召軍吏而戒樂正,令三軍之鐘鼓必備。"⑦不但政令、軍令的授受常在宗廟舉行,月令也主要在宗廟進行頒布。如《公羊傳》文公六年何休注:"諸侯受十二月朔政于天子,藏于太祖廟,每月朔朝廟,使大夫南面奉天子命,君北面而受之。"⑧東漢蔡邕《明堂月令論》也載:"古者諸侯朝正於天子,受月令以歸,而藏諸廟中。天子藏之於明堂。每月告朔朝廟,出而行之。"⑨以上可證宗廟是西周、春秋授受各種令書頒布國家信息的重要場所。

　　西周、春秋時期經常授令的場所還有朝廷。西周懿王時期的《卯簋》銘文載:"惟王十又一月既生霸丁亥,焚季入右卯立中廷。焚伯呼令卯曰:'䚃乃先祖考死司焚公室。昔乃祖亦既令乃父死司葊人,不淑,……今余唯令汝死司葊宮、葊人,汝毋敢不善。……'卯拜手稽首敢對焚伯休,用作寶尊簋,卯其萬年,子子孫孫永寶用。"⑩這是記録王室卿大夫榮伯册命臣下卯的令書。此"中廷"即指朝廷,臣卯在此接受大夫榮伯頒布的令書。朝廷分內朝和外朝。如《國語·魯語下》載魯公父文伯之母云:"天子及諸侯合民事於外朝,合神事於內朝;自卿以下,合官職於外朝,闔家事於內朝。"⑪所謂"外朝",即王、國君、卿大夫之"公朝";"內朝",在王與國君的路門之內;而卿大夫之內朝即其家朝。《左傳·閔公二年》載:"成季之將生也。桓公使卜楚丘卜之,曰:男也,其名曰友,在公左右;間於兩社,爲公室輔。季氏亡,則魯不昌。"⑫"在公左

① 許慎:《説文解字》,第九頁下。
② 《禮記》(十三經注疏本),中華書局,1980年,第1605頁。
③ 許倬雲:《西周史》,第168頁。
④ 郭沫若:《兩周金文辭大系圖録考釋》,上海書店出版社,1999年,第3頁。
⑤ 關於制定册命文書者,從郭沫若説定爲周成王當政時期;關於明保身份,也從郭説"周公即周公旦,明保乃魯公伯禽也"。
⑥ 《左傳》(十三經注疏本),中華書局,1980年,第1788頁。
⑦ 《國語》,上海古籍出版社,1988年,第397頁。
⑧ 《公羊傳》(十三經注疏本),中華書局,1980年,第2268頁。
⑨ 蔡邕:《明堂月令論》(全上古秦漢三國六朝本)。
⑩ 郭沫若:《兩周金文辭大系圖録考釋》,第73頁。
⑪ 《國語》,第204頁。
⑫ 《左傳》,第1787頁。

右”，言爲魯重臣。“間於兩社”，楊伯峻注曰：“諸侯之宮有三門：曰庫門，即外門；曰雉門，即中門；曰路門，即寢門。外朝在庫門之內，斷獄決訟及詢非常之處，君不常視；治朝在雉門之內，或謂之正朝，君臣日見之朝。……燕朝一曰内朝，如議論政事，君有命，臣有進言皆於内朝。雉門之外右有周社，左有亳社。間於兩社，外朝正當其地，其實亦總治朝内朝言之。治朝不但有君臣日見之朝，諸臣治官書亦在焉。”①楊注至確。由此證明，西周、春秋君臣也在朝廷決斷國家大事，包括令書的制定和令書的授受。而以下令書的頒布則並非在朝廷。《禮記•月令》載：“立春之日，天子親帥三公、九卿、諸侯、大夫，以迎春於東郊，還反，賞公卿、諸侯、大夫於朝。”②“賞”即指君主頒布賞賜令文書。關於“朝”，鄭注曰：“大寢門外。大寢門外，雉門之内，即治朝。”③《儀禮•公食大夫禮》載：“明日，賓朝服拜賜於朝。”“賜”亦指君主頒布賞賜令文書。此“朝”鄭注云：“謂大門外。”賈公彥疏：“此朝即庫門外之朝。注云大門即庫門。”④依鄭注、賈疏故此“拜賜於朝”，是在大門之外向朝廷拜賜，並非上朝拜賜。

埤地也可進行授令。埤原意如《説文解字》載：“野土也。”⑤但被清除地面後的土地也稱埤，如在郊外修整出一塊地方亦稱埤，此地可以用來授令或祭祀。《尚書•金縢》載：“（周）公乃自以爲功，爲三壇同埤。爲壇于南方北面，周公立焉，植璧秉珪，乃告太王、王季、文王。”⑥是周公在埤進行祈禱先祖的記載。既然可以在埤祭祀先祖也就可以在此授受令書。《左傳•昭公元年》載：“楚公子圍聘于鄭，且娶于公孫段氏。……鄭人惡之。使行人子羽與之言。乃館于外。既聘，將以衆逆，子産患之，使子羽辭曰：‘以敝邑褊小，不足以容從者。請埤聽命。’令尹命大宰伯州犁對曰：‘君辱貺寡大夫圍。……若野賜之，是委君貺於草莽也，是寡大夫不得列于諸卿也。……唯大夫圖之。’”⑦依春秋時禮，女婿親迎之時，要在女家祖廟接受新婦。“請埤聽命”，即子産要求築埤代豐氏（即公孫段）祖廟，要公子圍在埤地行禮，接受新婦。最後經楚國保證不襲鄭後，鄭方准他入國内迎親。此事亦間接地證明在埤也可進行授令一類的重大活動。

隨時隨地授令。《禮記•樂記》載：“武王克殷，反商，未及下車，而封黄帝之後於薊，封帝堯之後於祝，封帝舜之後於陳。下車而封夏后氏之後於杞，投殷之後於宋。”⑧武王册封黄帝、帝堯、帝舜之後的令書是在克商返回途中頒布的，册封夏、殷之後的令書是在下車後頒布的。武王册封五國之後，未固定在宗廟、朝廷、壇埤等場所，而是在克商返回的途中頒布了命令，而這種册命當時肯定是有史官記録並保存的。從中不但可以看出，武王爲穩定周初政治局勢，鞏固西周政權的急迫心情，還看出在特殊情況下授令之事也可以隨時隨地進行。

---

① 楊伯峻：《春秋左傳注》，中華書局，1981年，第263—264頁。

② 《禮記》，第1355頁。

③ 《禮記》，第1353頁。

④ 《儀禮》（十三經注疏本），中華書局，1980年，第1085頁。

⑤ 許慎：《説文解字》，第十三頁下。

⑥ 《尚書》（十三經注疏本），中華書局，1980年，第196頁。

⑦ 《左傳》，第2019頁。

⑧ 《禮記》，第1542頁。

　　册命時有參與册命的相對固定人員。授令時除授令者或授令使者以及接受令書者到場外，往往還有宣讀令書的史官，即金文中的"作册尹"或"尹氏"；還有引導受令者完成授令儀式的儐相，即金文中的"右"。授令者的身份，自然是王、諸侯或他們的使者。許倬雲説"成康之世，周王往往親命，成康以後，則由近臣内史或尹代王宣命"，還説這種"由近臣内史或尹代王宣命，也足以反映策命禮漸走向形式化的方向"[①]。至春秋時，最初參與王室授令的人員有史官、王子、尹氏等人。如《左傳·僖公二十八年》載："王命尹氏及王子虎、内史叔興父策命晉侯爲伯。"[②]公室授令時，最初國君參加，如晉獻公"賜趙夙耿、賜畢萬魏，以爲大夫"，晉文公"乃使郤縠將中軍，郤溱佐之"[③]等。至春秋後期，諸侯國的政令已由卿大夫頒布，參與授令的人員有時只有太史一人。如《左傳·襄公三十年》載：子産爲政，"伯有既死，使大史命伯石爲卿，辭。大史退，則請命焉。覆命之，又辭。如是三，乃受策入拜。子産是以惡其爲人也，使次己位"[④]。此命伯石爲卿之令，是子産所發。子産惡其爲人，故使其在自己之下。從史料看，此執行令書頒布任務的只有太史一人。關於宣讀命令人員的產生，據文獻記載可能在傳説的堯舜禹時期就有了。如《尚書·堯典》帝云："龍，……命汝作納言，夙夜出納朕命，惟允。"[⑤]"納言"即當時傳達王令的人員。《左傳·襄公十四年》引《夏書》載："遒人以木鐸徇于路。"[⑥]"遒人"，應即夏代的宣令之官；"徇"即宣令。這種宣令官，要"搖動銅口木舌的鈴於道路上巡行，負責宣布政令"[⑦]。至西周，宣令官仍沿用"納言"之名。《詩經·大雅·烝民》載："王命仲山甫，式是百辟。贊戎祖考，王躬是保。出納王命，王之喉舌。"[⑧]仲山甫是王室卿士，兼"出納王命"，替天子傳達和宣布命令。《儀禮》載："史讀書，司馬執策，立於其後。"[⑨]"讀書"就是宣讀令書；《儀禮》又載"大史述命"[⑩]，"述命"亦即宣讀王之命令。由此可見周代的宣令官，多由王室的作册、太史等一類官員充任。諸侯國家的命令一般由卿大夫宣布，至於王國、諸侯國的地方組織，則由各鄉、州的鄉長、州長來宣讀。"歲終，則會其州之政令，正歲，則讀教法如初"[⑪]，"讀法"就是宣讀國家的各種政令、軍令、法令等信息。地方基層則由黨正"各掌其黨之政令教治。及四時之孟月吉日，則屬民而讀邦法。……正歲，屬民讀法"，各族則由族師"屬民而讀邦法"[⑫]。可見，鄉長、州長、黨正、族師等職都有負責宣讀、傳播王室、諸侯國家信息及令書的任務。

　　西周、春秋時期在舉行册命禮進行授令的同時還授信物，如圭。《詩經·大雅·崧高》載

①　許倬雲：《西周史》，第 169 頁。
②　《左傳》，第 1825 頁。
③　《左傳》，第 1823 頁。
④　《左傳》，第 2013 頁。
⑤　《尚書》，第 132 頁。
⑥　《左傳》，第 1958 頁。
⑦　白鋼：《中國政治制度史》，天津人民出版社，2002 年，第 73 頁。
⑧　《詩經》（十三經注疏本），中華書局，1980 年，第 568 頁。
⑨　《儀禮》，第 1048 頁。
⑩　《儀禮》，第 1092 頁。
⑪　《周禮》（十三經注疏本），中華書局，1980 年，第 717 頁。
⑫　《周禮》，第 718 頁。

周宣王册封申伯曰：“賜爾介圭，以作爾寶。”①又《國語・吳語》載周初册封吳伯曰：“夫命圭有命，固曰吳伯，不曰吳王。”韋昭注：“命圭，受賜圭之策命。”②《史記・吳太伯世家》“集解”亦引韋昭注曰：“後武王追封爲吳伯，故曰吳太伯。”③證武王確封吳爲太伯。楊寬研究“命圭”後説“圭不僅是分封土地時的信物，又是受策命的信物”，在西周“當重要的策命頒賜時，是要同時授給‘命圭’作爲信物的”④。但關於命圭的啟用，楊寬説：“《左傳・定公四年》記載成王分封魯、衛、晉等國情況，記述賞賜物品很詳細，並未有圭，可知成王當時‘命圭’制度尚未確立。”⑤我認爲其説不確。據前《吳語》載吳始封已有“命圭”；另據《尚書・顧命》，成王去世前，舉行册封太子典禮，已用命圭和瑁作爲信物⑥；《左傳・僖公十一年》亦載：“天王使召武公、内史過賜晉侯命，受玉惰。過歸，告王曰：‘晉侯其無後乎！王賜之命，而惰於受瑞，先自棄也，其何後之有？’”⑦其中的玉、瑞皆指命圭，可證明命圭制度在西周初就已建立。不但西周以命圭作爲授令的信物，春秋時仍以命圭作爲策命信物。許倬雲對册封之外的其他信物也有過研究，説“介圭是在王與諸侯間持以爲信的玉件，信物却不限於圭”⑧。並分別對西周屬、宣時的“頌鼎”和宣王時的“善夫山鼎”進行分析，發現兩銘文中記載的“‘反入堇章’也與受策有關係”，還認爲授令時大概還有典策，如果“玉瑞與典策合舉，可能意味着對於受命者可以執策以考核其工作成績”⑨。

　　西周、春秋時期在舉行册命禮進行授令時有規定的禮儀程序。首先，在宗廟或朝廷授令時，根據授令儀式的安排，所有參與授令人員都有固定的站立位置。如發令者在中階上與中廷門相對處，北面朝南；受令者在中廷儐相右側西階下，南面朝北，與宣令史官相對；宣令史官在西階上即發令者的右側，北面朝南與受令者相對；持策史官在東階上即發令者的左側，北面朝南與儐相相對；儐相在東階下面朝北與持策史官相對⑩。如《儀禮・聘禮》載：“賓從弁堂，北面聽命，大夫東面致命。”⑪位置確定之後，就由史官或使者開始宣讀令書。史官或使者宣讀完令書後，接着將策命文書放到賞賜受令者的賞賜物品上面，再一同交與受令者。受令者必須按照儀式要求，依次完成下拜、登階、受令書、受賜物、受信物等一系列動作和程序，然後授令儀式才算結束。按授令儀式規定，受令者在進行上述動作和程序時，還要表現出恭敬之狀。如《莊子》載：“一命而僂（於音），再命而傴，三命而俯，循墙而走，孰敢不軌。”⑫“僂”、“傴”、“俯”、“循墙而走”，都是反映受令者規規矩矩的受令儀態。足見周

① 《詩經》，第 567 頁。
② 《國語》，第 613 頁。
③ 司馬遷：《史記》，中華書局，1982 年，第 1445 頁。
④ 楊寬：《西周史》，第 807 頁。
⑤ 楊寬：《西周史》，第 810 頁。
⑥ 《尚書》，第 240 頁。
⑦ 《左傳》，第 1802 頁。
⑧ 許倬雲：《西周史》，第 173 頁。
⑨ 許倬雲：《西周史》，第 174、175 頁。
⑩ 陳漢平：《西周册命制度研究》，學林出版社，1986 年。
⑪ 《儀禮》，第 1062 頁。
⑫ 《莊子集解》，上海書店出版社，1988 年，第 213 頁。

代對受令者受令時的禮儀、態度的要求甚爲嚴格。如受令者在授受令書時,表現出“惰”、“不僂”等行爲,即被視爲無禮,就要受到輿論抨擊。如《左傳》載晉惠公受玉時表現出“惰”狀,周內史過覆命周王說晉惠公是“先自棄也已。其何繼之有。禮,國之幹也;敬,禮之輿也。不敬則禮不行,禮不行則上下昏,何以長世”①,對晉惠公受令時的行爲進行了批評和抨擊。再如《尚書·費誓》載:“公曰:‘嗟,人無嘩,聽命。……汝則有常刑。’”②這是周對衆多聽令者在聽令時做出的規定,即不得大聲喧嘩,如違反則要受罰。直到戰國,時人在總結歸納官吏易犯的五項錯誤中,還提到過“受令不僂”③。可見,受令者在受令儀式中,爲避免出現意外,必須小心謹慎嚴格按照儀式規定去做,即使是君主主動提出免禮,受令者也不敢懈怠。如《國語·齊語》載“葵丘之會,天子使宰孔致胙於桓公”,並特地命令桓公可以“無下拜”,但“桓公懼,出見客,曰:‘天威不違顏咫尺,小白余敢承天子之命曰:爾無下拜。恐隕越於下,以爲天子羞。’遂下拜,升受命。賞服大輅,龍旗九旒,渠門赤旂,諸侯稱順焉”④。可見,齊桓公在接受天子命令時,雖然天子免其下拜,但桓公仍不敢不拜,唯恐被世人批評和抨擊。

　　向距離較遠的周邊地區頒布令書時,西周、春秋時期多使用傳令的方式。周在頒布令書傳播國家信息過程中逐漸形成和完善了傳令的工具和系統。如《詩經·大雅·常武》載“徐方繹騷”,鄭箋:“繹當作驛,傳驛也。”⑤說明西周時期已有傳驛出現。“驛”和“傳”皆指傳遞的工具即車馬和驛站。建立傳驛的主要目的,就是便於朝廷向邊疆和較遠地區及時傳達周代國家信息及君王命令,以及快速地回饋邊疆和較遠地區有關政治和軍事方面的各種信息於朝廷。傳驛是一項系統工程,它的出現並非易事。首先要在周邊地區建立輻射式驛站,必備衆多的車馬以便更換,挑選合格的驛傳人員,而且還要有大量的食品和物品供傳遞人員及車馬的休息和補給。所以傳驛的產生,證明周代的國家信息傳播系統在西周就已基本形成,也證明了周代國家政治、軍事和經濟實力強於商代,但西周時期尚未見諸侯之傳驛。隨着西周社會政治、軍事和經濟的發展和需要,國家信息傳播系統在春秋時期日漸發達,各諸侯國也出現了“傳”和“驛”。如《左傳》載:莊公九年,魯與齊戰於乾時,魯師敗,“公喪戎路,傳乘而歸”⑥。清洪亮吉《左傳詁》釋“傳乘”爲“驛傳”⑦。僖公三十三年,鄭商人弦高發現秦師將侵鄭,一方面以乘韋先,牛十二犒師;另一方面“使遽告于鄭”,杜注:“遽,傳車。”⑧文公十六年“楚子乘馹,會師于臨品”,杜注:“馹,傳車也。”⑨成公五年“梁山崩,晉侯以傳召伯宗”,杜注亦云:“傳,驛。”⑩

① 《左傳》,第1802頁。

② 《尚書》,第255頁。

③ 睡虎地秦墓竹簡整理小姐:《睡虎地秦墓竹簡》,文物出版社,1990年,第284頁。

④ 《國語》,第244頁。

⑤ 《詩經》,第576頁。

⑥ 《左傳》,第1766頁。

⑦ 郭鵬飛:《洪亮吉〈左傳詁〉斠正》,(香港)商務印書館有限公司,1996年,第47頁。

⑧ 《左傳》,第1833頁。

⑨ 《左傳》,第1859頁。

⑩ 《左傳》,第1901頁。

《國語·晉語五》亦記載:"以傳召伯宗。"韋注亦云:"傳,驛也。"①襄公二十八年,鄭游吉如楚,楚不接受,云:"宋之盟,君實辱。今吾子來,寡君謂吾子姑還,吾將馴奔向諸晉以告。"②昭公二年:鄭子産在鄙,聽到諸大夫謀去游氏"懼弗及,乘遽而至。"杜注:"遽,傳驛。"③哀公二十一年,哀公至齊,齊閭丘息對魯哀公説:"群臣將傳遽以告寡君,比其後也,君無乃勤!"④以上《左傳》之七條材料,一條出於魯,二條出於鄭,二條出於楚,一條出於晉,一條出於齊。充分證明春秋時列國已普遍使用驛傳頒布令書傳播國家信息並及時回饋地方政治、軍事、經濟和外交等方面的信息。

　　西周、春秋時期有時還將令書及國家信息表懸於公共場所,供人們觀看,我們稱這種公布令書的方式爲布令。據《周禮》載,"大宰"、"大司徒"、"大司馬"和"大司寇"等分別負責制定規範民衆行爲的"治象之法"、"教象之法"、"政象之法"和"刑象之法"等各種國家法令⑤。國家爲使民衆儘快知曉法令内容,采取將法令懸表於天子、諸侯宫廷外的象魏上進行傳播的方式。如大宰"乃懸治象之法于象魏",大司徒"乃懸教象之法于象魏",大司馬"乃懸政象之法于象魏",大司寇"乃懸刑象之法于象魏"。象魏即闕門,因經常在上面公布法令,爲此,春秋時人常把懸表在闕門上的法令稱作"象魏"。如《左傳》載哀公三年魯國發生火災,"季桓子御公立于象魏之外,命藏象魏,曰舊章不可忘"⑥。季桓子所命藏的象魏即魯國的舊章,亦即魯國先祖制定的法令,懸表象魏的目的就是"使萬民觀治象"之類的法令。不但國家重大法令懸表公布,即使是市場上的禁令,周代也采取表懸的方式進行公布。如《周禮》載"司暴","掌憲市之禁令,禁其鬥囂者與其暴亂者,出入相陵犯者,以屬游飲食於市者",孫怡讓云:"憲亦謂表懸之。"⑦"憲市之禁令"謂表懸公布市場禁令。無論是國家法令還是市場禁令,一經公布就必須遵守執行,否則就是犯"不從令"罪。《管子·立政》載:"憲既布,有不行憲者,謂之不從令,罪死不赦。"⑧而且懲罰"不從令"即違犯市場法令者也常采用懸表的方式。"司市"云:"市刑,小刑憲罰,中刑徇罰,大刑撲罰,其附於刑者,歸於士。"⑨此大中小三刑即市場之主要刑罰,其中小刑就采用"憲罰"即懸表公布犯罪狀的方式進行處罰。"憲"如《周禮》"小宰"注:"憲謂表懸之,若今新有法令云。"孫詒讓亦云:"此憲刑亦謂書其犯罪之狀,表懸於肆門,宣播其罰,與表懸法令同。"⑩周代爲了向廣大人群儘快公布國家的各種信息而采用的布令方式,具有閱讀對象廣泛、宣傳面大、傳播較快、收效較好的特點。關於布令方式的實行時期,有學者認爲"法律著於典籍,那却是很早就有的",並列舉了《左傳》載西周、春秋時期有"九刑"之書、周文王之

---

① 《國語》,第 406 頁。
② 《左傳》,第 1999 頁。
③ 《左傳》,第 2029 頁。
④ 《左傳》,第 2181 頁。
⑤ 《周禮》,第 645、702、834、870 頁。
⑥ 《左傳》,第 2158 頁。
⑦ 《周禮》,第 1091 頁。
⑧ 《管子》,上海書店出版社,1988 年,第 11 頁。
⑨ 《周禮》,第 735 頁。
⑩ 孫詒讓:《周禮正義》,中華書局,1987 年,第 187 頁。

法、楚文王《僕區之法》、晉文公有《被廬之法》、楚莊王有《茅門之法》、范宣子有刑書及《呂刑》
等,但這些法令"大概都是把簡要的條律記載在典籍上,以備治獄時的參考而已,並不是公布
於人民的",而法令的真正公布,即"法典、成文法的公布乃是春秋晚期的事"①。有學者持反對
意見,認爲周在文王時就開始公布法令了,如周文王有"有亡荒閲",即西周頒布的追捕罪犯法
令②。令書的公布到底始於何時,還有待於今後進一步探討和研究。

　　在周代,還有一種特殊的頒布令書傳播國家信息的方法和工具,那就是利用金鼓旌旗頒
布軍事令書傳播國家軍事信息。在嘈雜的戰場上,受區域、距離和場所的限制,宣讀軍令傳播
軍事信息都無法收到最佳效果,而"金鼓旌旗在周代行軍、作戰及部隊訓練等軍事活動中的作
用,像現代軍隊中的無線電通訊和雷達系統一樣重要",能夠收到傳播距離遠、覆蓋面廣的最
佳效果。"在戰場上,金鼓旌旗聯合使用,傳遞着進退攻守的複雜號令,士卒要掌握並熟習這
些號令"。如"軍帥只擊小鼓以行令,令鼓人擊大鼓號令三軍",爲此"周代的講武主要在農隙
間進行,中心就是操練士卒辨識金鼓旌旗發布的號令"③。

　　上述所見,在令書的頒布與國家信息的傳播上,西周、春秋時期采取了多種方法和渠道進
行,如西周時期大量使用授令並輔以宣令的方式,而春秋時期則主要是以布令和傳令爲主,這
與西周、春秋兩時期令書形成的原因有關。西周實行分封制和賞賜制,每次分封和賞賜的人
數少,因而形成的策命、賞賜、任命令書,多以授令和宣令的方式面對受令者本人進行頒布。
春秋時期由於分封制、賞賜制遭到破壞,册命和賞賜內容的令書迅速減少,而爲爭霸戰爭的需
要和維護社會秩序和邊境安全,針對邊疆和周邊地區衆民的法令文書却開始增加,所以必須
采取宣傳面大、傳播較快、收效較好的布令、傳令方法或金鼓旌旗等工具頒布令書、傳播國家
重要信息。

---

① 童書業:《春秋史》,山東大學出版社,1987年,第90頁。
② 王暉:《商周文化比較研究》,人民出版社,2000年,第153頁。
③ 陳恩林:《先秦軍事制度研究》,吉林文史出版社,1991年,第93—98頁。

淺析晉國軍隊的構成

李沁芳

（吉林省博物院）

摘　要： 晉國軍隊由以國君（公室）掌握的地區的國人爲主力的正規軍，采邑兵，以卿大夫族人、家臣、親信、奴隸等組成的私屬武裝這三部分力量組成。這三部分力量在晉國軍隊中所占的比重也處於不斷變化中，他們的力量變化反映了晉國君權和卿權鬥爭的過程，同時也反映了晉國軍權的變化過程。

關鍵詞： 晉國軍隊　國人　采邑兵　私屬武裝

晉國在春秋諸侯國中，無疑是最大放異彩的一個，是春秋五霸之一，又是稱霸時間最長的諸侯國，三家分晉後的韓、趙、魏三國一度也是戰國七雄，而晉國能長久地稱霸，其軍隊的强大是原因之一。晉國軍隊是由三部分構成的——以國君（公室）掌握的地區的國人爲主力的正規軍，采邑兵，以卿大夫族人、家臣、親信、奴隸等組成的私屬武裝。

一、第一部分兵力——以國君（公室）掌握的 地區的國人爲主力的正規軍

關於國、野，國人、野人的區分，陳恩林先生認爲“古代中國新興的奴隸主階級由於鞏固自己的統治地位的需要，很自然地把與自己血緣關係相同或相近的人民集中編制在國都四郊的村社裏，於是‘郊以内’也成爲‘國’。國中的居民，典籍中稱爲‘國人’。國人在國家事務中享有充分的政治權利，可以參加政治活動，充當政府官吏，接受學校教育。‘執干戈以衛社稷’，更是他們的基本權利和義不容辭的職責”①。在奴隸制國家裏，國人是“國家的重要支柱，是兵役的主要承擔者，所以甚至奴隸制國家社稷的存亡、國君的廢立等，都須依他們的向背爲轉移”②，“‘野’本是原始社會部落或部落聯盟之間的‘廣闊的中立地帶’。進入階級社會以後，這些中立地帶則被奴隸主階級的國家利用來安排沒有政治權利的居民，例

---

① 陳恩林：《先秦軍事制度研究》，吉林文史出版社，1991年，第6頁。

② 陳恩林：《先秦軍事制度研究》，第8頁。

如被征服者、戰俘或移民。其居民因即以‘野’命名成爲‘野人’。但是他們不享有國人的那些政治權利，專門從事農業生産，承擔國家的税務和徭役”①。可見國人和野人比起來，不僅僅是地域的區别，更是身份的象徵。不光周王畿，各諸侯國也有國野之分，因此上述内容適用於周王畿和各諸侯國。

在西周一直實行國人當兵、野人不當兵的制度，並一直延續到春秋早期。到春秋中後期，隨着生産力水平的發展和社會經濟的進步及戰爭的需要，這個制度逐漸被打破，國野的界限没有之前那麽明顯，顯著的變化就是野人也可以當兵了。這是晉國乃至春秋時代各諸侯國普遍存在的現象。

儘管隨着一些變革野人也開始當兵，但各諸侯國軍隊的主力依舊還是國人。這個國人可以理解爲由諸侯國國君直接掌握的地方的居民。這部分人中有一些是作爲公室的保護力量常年存在的，有一些是戰時集結的。因爲當時各諸侯國都是實行兵農合一的制度，因此這些居民閑時爲農、戰時爲兵，軍事訓練都是趁農隙進行的。在春秋早期，這部分人是軍隊的絶對主力，由國君掌控，國君有絶對的指揮調動權。

二、第二部分兵力——采邑兵

西周采邑制度主要是指周天子對周王畿土地的分封。周天子在王畿之外分封諸侯，在王畿之内爲公卿大夫授采邑。由於很多諸侯同時也在周王室内作爲卿大夫出現，因此這些諸侯也會被授予采邑。當時西周王畿之内的土地主要分爲公邑和采邑。公邑屬於周天子所有，由周天子直接派人進行管理，直接對周天子負責。“采邑是周天子賞賜給卿大夫的，采邑的主權掌握在周王手中，但采邑的占有權、使用權和管理權却歸采邑主”②，而且這些采邑可以世襲。到春秋前期，采邑制度也隨着政治上的變化發生了改變。這一時期采邑的賞賜由周天子對諸侯或公卿大夫的賞賜下移爲諸侯對本國卿大夫的賞賜。因爲之前周王畿内賞賜的土地多數都是由公邑中劃分出來的，隨着分出去的土地越來越多，周天子手中的土地越來越少，加上周王朝周圍犬戎等對周王畿的進攻和蠶食，周天子已經淪落到没有多餘土地可以賞賜的地步，最後還得藉助諸侯國的力量而東遷。而諸侯國有之前分封的土地，加上賞賜的采邑和在爭霸、擴張中所兼併、掠奪來的土地，二者的力量發生了根本性的變化。隨着周天子直接擁有的土地的減少，其經濟來源也隨之減少，而分出去的土地原先還給周王室納貢賦，到春秋時期由於周天子地位的下降和周王室的衰落，這些貢賦幾乎都停止了。而諸侯國在兼併擴張及爭霸中獲得的大量土地需要有人來管理，另一方面諸侯的臣下尤其是有功之人也需要犒賞，因此分封賞賜給他們采邑就成爲理所當然的辦法。

在晉國除了采邑還有很多縣，這些縣慢慢也都轉化爲采邑。據《左傳・僖公二十五年》載：

---

① 陳恩林：《先秦軍事制度研究》，第 8 頁。
② 吕文郁：《周代的采邑制度》（增訂版），社會科學文獻出版社，2006 年，第 139 頁。

> 晉侯圍原，……原降。遷原伯貫于冀。趙衰爲原大夫，狐溱爲溫大夫。

韓連琪先生認爲"晉稱縣的長官爲大夫。原大夫、溫大夫即原縣、溫縣的大夫"①。因此，這條史料應該算是晉國較早的關於縣的記載，説明最晚在晉文公時期晉國就已經開始推行縣制了。晉國國君將卿大夫分封到縣上作爲縣大夫，他們是作爲縣的管理者出現的，這些縣並不是賜給他們的采邑。"但由於晉國卿族勢力太强，國君對縣的控制又不嚴，有的縣設立之後便逐漸脱離了公室的控制而變成世襲的采邑"②。至於縣爲什麽會變爲卿大夫的采邑，這個是有原因的，也經歷了一個過程。因爲被派駐這些縣作爲管理者的人員一般來説是優先從幾大卿族或者卿族的親信中産生的，到後來卿族勢力漸强的時候，這些出自卿族的縣大夫自然是這些卿族最忠實的維護者，而卿族之外的縣大夫也會選擇對自己有利的卿族作爲依靠，而且"隨着六卿勢力的進一步增强，晉國縣的設置及縣大夫的委任之權便落入'六卿'手中"③，可見縣大夫和卿族間是互惠互利的關係。

卿大夫將縣轉化爲自己的采邑，可以説是對公室及國君力量的一種蠶食。"縣制就其實質來説，是作爲采邑制度的直接對立物而出現的一種新的政治制度。設縣是諸侯們爲了加强中央集權、遏制采邑主及其宗法勢力干擾公室的政治權力而采取的重要措施"④。可見，晉國最初置縣也是爲了加强公室的力量，用以藩屏公室的。到後期縣的存在就變成了一種形式，其實質已變爲卿大夫的采邑及勢力範圍，徹底脱離了國君掌控，不僅失去了原來藩屏公室的作用，而且進一步削弱了公室的力量，這也就失去了設縣的初衷。

采邑制度下卿大夫被分封采邑的時候，連帶封給他的還有采邑上的人民。采邑主應該向周天子或諸侯國君繳納貢賦，這其中就包括爲國家提供車馬、甲兵和財物，因此卿大夫卿族的采邑兵最初也是作爲軍賦參與到國家正規軍中的。如《左傳·昭公十六年》載，子産曰：

> 諸侯所知，立於朝而祀于家。有禄于國，有賦于軍。

杜預注曰："受禄邑。"

《左傳·襄公二十六年》載：

> 臣之禄，君實有之。……專禄以周旋，戮也。

初期，國君對采邑上的軍隊有權調動，國家遇到戰爭時，卿大夫要準備好軍賦出征，在戰爭中這支部隊由其所屬的采邑主負責指揮。《左傳》中有很多關於地方采邑兵參加戰爭的記載，如《左傳·襄公二十三年》載：

> 趙勝帥東陽之師以追之，獲晏氂。

《左傳·昭公二十二年》載：

---

① 韓連琪：《春秋戰國時代的郡縣制及其演變》，《文史哲》1986 年第 5 期，第 40 頁。
② 呂文郁：《周代的采邑制度》（增訂版），第 247 頁。
③ 同上書，第 247 頁。
④ 同上書，第 240 頁。

　　晉籍談、荀躒帥九州之戎及焦、瑕、溫、原之師，以納王于王城。

　　但隨着卿大夫勢力的加强及公室實力的衰弱，到春秋中後期，"采邑武裝的兵權已完全落到卿大夫手裏，采邑武裝成了名符其實的私家軍隊"①，徹底脱離國君，不再爲其所用，並成爲卿大夫抗衡、蠶食國君、公室的主力，也成爲了各卿族與其他卿族間鬥爭、傾軋、兼併戰爭的工具。當時部分卿大夫家族實力非常强，他們控制的采邑越來越多，由他們控制的采邑兵的軍隊也就越來越多，體現出來的如晉國郤氏的"其富半公室，其家半三軍"②。

　　到春秋晚期，晉國的采邑已經成爲了各卿之間進可攻退可守的根據地。如《左傳·襄公二十三年》載：

　　　　晉將嫁女于吴，齊侯使析歸父媵之，以藩載樂盈及其士，納諸曲沃。樂盈夜見胥午而告之。對曰："不可。天之所廢，誰能興之？子必不免。吾非愛死也，知不集也。"盈曰："雖然，因子而死，吾無悔矣。我實不天，子無咎焉。"許諾，伏之。而觴曲沃人，樂作，午言曰："今也得樂孺子何如？"對曰："得主而爲之死，猶不死也。"皆歎，有泣者。爵行，又言。皆曰："得主，何貳之有！"盈出，徧拜之。

　　關於這段史料中所指的曲沃，杜預注："樂盈邑也。"曲沃這個時候是作爲樂盈的采邑出現的。樂盈在與范氏鬥爭失敗後被放逐，又悄悄潛回自己的采邑曲沃，而曲沃人民對樂盈也表示了無比的忠誠。可見這時候采邑的人民只對采邑主負責，受采邑主統治，而不受國君支配。

　　又據《左傳·定公十三年》載：

　　　　秋七月，范氏、中行氏伐趙氏之宮。趙鞅奔晉陽，晉人圍之。

　　晉陽是趙鞅的采邑。在與范氏、中行氏的鬥爭中，趙鞅退守晉陽，免去了落敗的局面。在後來趙襄子與知氏的鬥爭中，趙氏同樣再次成功地退保晉陽，並聯合韓、魏滅掉了知氏。可見，晉陽是趙氏安全的保障。

　　這"充分説明采邑作爲卿大夫之間進行鬥爭的武裝基地，是毋庸置疑的"③，而采邑兵也就成爲了卿大夫之間鬥爭的武裝力量。

　　采邑兵的力量在某種程度上也左右了晉國的軍權所屬，春秋中後期晉國的軍隊力量基本掌握在韓、趙、魏、知、范、中行氏六個卿族手中，因此作爲晉國軍隊將佐的六卿在後期也集中出現在這六個卿族中間。

三、第三部分兵力——卿大夫私屬武裝

　　這部分人包括卿大夫的族人、家臣、親信、奴隸等，他們主要是保護卿大夫及其家族的。作爲卿大夫家族私屬的武裝力量這部分人在戰時也會隨同卿大夫出征，參與到國家軍隊中

---

① 　陳恩林：《先秦軍事制度研究》，第151頁。
② 　《國語·晉語八》。
③ 　陳恩林：《先秦軍事制度研究》，第153頁。

去。如《左傳·成公十六年》載，鄢陵之戰中，晉"欒、范以其族夾公行"。杜預注："二族强，故在公左右。"在公左右，應該是保護晉厲公的，可見其重要性及其力量之强。《左傳·宣公十二年》載邲之戰，"楚熊負羈囚知罃，知莊子以其族反之"。《左傳·宣公十七年》載晉郤克"請以其私屬"伐齊，杜預注："私屬，家衆也。"《左傳·僖公二十八年》載城濮之戰中，楚"子玉以若敖之六卒將中軍"，杜預注："六卒，子玉之宗人之兵六百人。"楚國能讓這樣一支以族人爲主力的兵力作爲中軍主力，可見春秋時期卿大夫的以族人爲主力的這部分武裝力量還是很重要的。

　　比起采邑兵來，這部分力量更爲親密，利於集結調動，能夠隨意支配，且更爲忠心，而且對於卿大夫來説用起來更爲得心應手。因爲這部分人和卿大夫在一起的時間是最多的，不像采邑，因爲有時候一個卿可能會有很多采邑，他不可能每個都親自去管理，因此一般都是委任親信來管理的，所以這些采邑上的人和這支私屬力量比起來，要相對遠一些。這部分私屬武裝是獨立於國君權力之外的，不受國君指揮，只聽從卿大夫的命令。在史料中有記載，當一個采邑被分給某人後，雖然是連帶采邑上的人民一起分配過去的，但並不是説采邑人民要無條件服從於采邑主。像晉文公從周天子那裏獲得了原地，但當時該地人民不願意歸屬於晉文公，因此還和晉文公對抗，雖然最後仍歸附了晉國，但這也説明采邑人民在某種程度上有自己的選擇。而這部分私屬武裝力量中，族人在當時宗法制下受宗主的統治，有保護宗主的義務，而其餘家臣、親信、奴隸表現得也很忠心。隨着卿大夫家族勢力的增强，家族內部所豢養的家臣及私人武裝力量也越來越多，這部分兵力的數量也決定了卿族在晉國鬥爭中的强弱，對卿大夫家族的壯大、兼併及擴張所起的作用也是不容小視的。可以説，在春秋後期，他們也是卿族發展壯大，及互相傾軋、鬥爭所利用的主力工具。在最初的時候卿大夫更爲仰仗這支私屬兵力，對采邑兵的重視應該是在後期才發展起來的，當公室衰弱到不足以對卿族形成威脅的時候，采邑兵就完全成爲卿大夫的"親兵"了。

　　晉國軍隊中的這三部分力量是在不斷變化中的。在春秋早期，第一部分人是軍隊的絕對主力，采邑兵和卿大夫私屬武裝相對少於第一部分，只在需要時參加戰爭。到春秋中後期，隨着國君權力的衰弱，國君和公室掌握的地方越來越少，因此作爲國家軍隊主力的第一部分直屬於國君的兵力也隨之減少，而采邑更多地集中在卿大夫家族手中，因此第二部分兵力越來越多，慢慢超越了第一部分的力量，也就意味着國君可直接調動的軍隊越來越少，軍權下移到卿大夫手中也是理所當然的。國家軍隊的主力都由卿族掌握，而卿族也開始大規模培養自己的私屬武裝，隨着采邑的私有化，第二種力量和第三種力量漸漸融合，慢慢成爲卿族蠶食公室的主力，成爲卿族間互相爭奪勢力的力量。這種現象和後世所説的"槍桿子裏出政權"是一樣的道理，誰手中掌握的軍隊數量多誰就有發言權，在國君和卿族之間也是如此，到後來晉國國君完全淪爲擺設，晉國權力實際集中在幾大卿族手中。正如《史記·趙世家》所説："六卿各令其子爲大夫，晉益弱，六卿皆大。"

　　晉國軍隊組成部分的力量此消彼長的變化過程也是晉國君權和卿權鬥爭的過程，同時還是晉國軍權變化的過程。因此，研究晉國軍隊的組成部分對研究晉國政權、軍權的變化有着重要意義。這三部分力量在國家對外作戰時，是齊心協力、團結一致的，但在諸侯國內部鬥爭中就出現了分化,分屬於不同的勢力範圍。從某種程度上來説,采邑制度的存在是君權下移、卿權獨大的最大影響因素。卿大夫擁有的采邑增多,隨之采邑屬民也增多,這就爲卿大夫實力的增長提供了條件,不僅經濟上收入增多,軍事力量也大爲增强,也爲卿大夫家族私人武裝的擴大提供了條件和支援。卿大夫采邑增多,他也需要人來協助其管理這些屬地,於是出現了家臣,他們紛紛被派往各地代替卿大夫管理屬地。另外,雄厚的經濟實力支撐也爲卿大夫更好地凝聚本族的勢力提供了條件。《左傳·成公十七年》郤至説的"受君之禄,是以聚黨"就很好地證明了這一點。卿大夫采邑增多,力量增强,漸漸形成尾大不掉的局面,於是春秋社會進入"禮樂征伐自卿大夫出"的時代。

《易·乾卦》匯解

陳恩林

（吉林大學古籍研究所）

提　要： 一、《易·乾卦》是易之門、易之蘊，哲理內涵十分豐富，但是各家解說頗有分歧，有待重新認識。二、本文運用象數學和義理學對比研究的方法揭示《乾》卦的內涵，對前賢之說擇善而從，有取有捨。三、匯解對《乾》之卦辭、爻辭、《彖》、《象》、《文言》諸傳的一些問題，如潛龍、六龍、保合、大和、天人合一等，都能提出獨立的看法，並對不同意見有所辯駁。

關鍵詞：《乾》卦　卦爻辭　《彖》《象》《文言》傳

本文運用《易傳》的陰陽對立統一理論與由象入理的方法，匯解《易》之《乾卦》。雖爲匯解，但不羅列全部資料，只選擇作者認爲最貼近《易》理的說法來分析《乾卦》。《乾》作爲《易》之門，《易》之蘊，含有《周易》的許多豐富內容及其原理：生命起源與原動力，《乾》的性德與自然規律的關係、與人類倫理規則的關係，乾元的"窮變，變通"，陰陽對轉循環往復論，《乾》的"陰陽鬼神"說，《乾》的人類倫理的來源與"進德修業"說，《乾》的"天人合一"思想等，都對我們深入認識《周易》的卦爻占筮體系與義理系統有重要的學術價值和學術意義。

　　乾，元亨利貞。

匯解： 尚秉和先生釋曰："《說卦》：'乾，健也。'《子夏傳》：'元，始也；亨，通也；利，和也；貞，正也。'蓋天之體以健爲用，而天之德莫大於四時。元亨利貞，即春夏秋冬，即東南西北。震元，離亨，兌利，坎貞，往來循環，不忒不窮。"又說："蓋元亨利貞，合之爲乾德，分之爲八卦之德，故即爲六十四卦之根本。"①其說甚是。這是傳統儒家之說。高亨先生注"元亨利貞"爲"大亨利占"②，是離開儒家經典易學，把《周易》重新解釋到卜筮之書的老路上去了，不可取。

　　初九，潛龍勿用。

匯解： 尚秉和先生曰："物莫神於龍，故借龍以喻陽氣。"③此發揮漢馬融"物莫大於龍，故

① 　尚秉和：《周易尚氏學》，中華書局，1991年，第15頁。
② 　高亨：《周易古經今注》，中華書局，1984年，第13—15頁。
③ 　尚秉和：《周易尚氏學》，第16頁。

取龍以喻天之陽氣”，但將“大”字改爲“神”，更符合原義。《易》之六爻：初、二爲地，初在地下，二在地上。初九是陽氣始生於地下，雖具陽德，但其氣尚弱，宜修養待時，故曰勿用。

九二，見龍在田，利見大人。

匯解：王弼注：“出潛離隱，故曰見龍，處於地上，故曰在田。”①尚秉和先生釋：“乾爲大人，二雖不當位而居中。利見者，言大人宜於此時出見也。”並批評鄭玄説“利見九五之大人”，爲非②。是正確的。

九三，君子終日乾乾，夕惕若厲，无咎。

匯解：君子，指陽氣、龍。言陽氣上升到九三之位。

孔穎達解曰：“‘九三’，陽而得位，故稱‘君子’。在憂危之地，故‘終日乾乾’，言每恒終竟此日，健健自强，勉力不有止息。‘夕惕’者，謂終竟此日後，至向夕之時，猶懷憂惕。”③

朱熹釋：“九，陽爻；三，陽位。重剛不中，居下之上，乃危地。然性體剛健，有能乾乾惕厲之象……言能憂懼如此。”④尚先生釋曰：“三居下卦之終，故曰終日、曰夕（夜）。惕，憂思也。厲，危也。憂危故無咎。”⑤三家皆將“夕惕若厲”講成憂思、憂懼，其實皆誤。吾師弟廖名春運用馬王堆《帛書易傳·二三子問》載孔子解“君子終日乾乾”曰：“此言君子務時，待時而動。”解“夕沂若，厲無咎”曰：“時終而止之以置身，置身而靜。”又《衷篇》曰：“‘君子冬日鍵鍵’，用也；‘夕沂若，厲無咎’，息也。《易》曰：‘君子冬日鍵鍵，夕沂若，厲無咎。’子曰：‘知息也，何咎之有？’”謂沂同析。析、惕兩字，古音義皆同，爲一字之異寫。並結合《淮南子·人間》解“君子終日乾乾，夕惕若厲，無咎”曰“終日乾乾，以陽動也；夕惕若厲，以陰息也。因日而動，因夜以息，唯有道者能行之。”此是《易》九三爻辭之確解，實爲不刊之論⑥。廖説以堅實的材料突破前儒之解，誠可嘉也。

九四，或躍在淵，无咎。

匯解：代表陽氣的龍上升到九四之位。尚氏易釋曰：“《易林》、九家、荀爽皆以乾爲江河，故乾亦爲淵。”⑦謂龍已進入淵，其説可取。“或躍在淵”，因九四也是“多懼”之位，龍又以陽居陰位，不中不正，應對“或躍”與不躍，慎重考慮，方保躍而無咎。

九五，飛龍在天，利見大人。

匯解：朱熹曰：“剛健中正，以居尊位，如以聖人之德，居聖人之位，故其象如此。”⑧尚氏易

① 《周易正義》（十三經注疏），北京大學出版社，2000年，第3頁。
② 尚秉和：《周易尚氏學》，第16頁。
③ 《周易正義》，第5頁。
④ 朱熹：《周易本義》，中國書店，1984年，第15頁。
⑤ 尚秉和：《周易尚氏學》，第16頁。
⑥ 廖名春：《周易經傳與易學史新論》，齊魯書社，2001年，第4—7頁。
⑦ 尚秉和：《周易尚氏學》，第16頁。
⑧ 朱熹：《周易本義》，第15頁。

釋曰:"五於三才爲天位,又爲天子位,貴而得中,故曰:'飛龍在天。'大人於此,居極尊之位,履萬物之上。""故亦曰利見大人。"①兩説相較,以尚説爲優長。

上九,亢龍有悔。

匯解:尚氏易曰:"王肅注'窮高曰亢',上九居乾卦之極,故曰窮;在六爻之上,故曰亢。高則易危,窮則事盡,故有悔。"②也較其他解釋爲優長。

用九,群龍无首,吉。

匯解:朱熹釋:"用九,言凡筮得陽爻者,皆用九而不用七,蓋諸卦百九十二陽爻之通例也。""蓋六陽皆變,剛而能柔,吉之道也。"③這是學術界通説。尚氏有不同看法,謂"《易》之本爲六、七、八、九。七九陽,六八陰。今遇陽故以只言九,不言七。則《周易》以九爲用","用者,動也,變也。言遇九則動,遇七則不動","見群龍無首吉者,申遇九則變之義也。九何以必變,陽之數,九爲極多,故曰群。陽極反陰,乃天地自然之理。乾爲首……變坤則無首"。兩説相較,以朱説爲長。尚氏説"用九"只是九變七不動,是誤説,七也動,不過不是轉變爲陰,而是進爲九,亦陽。故占筮時,不用七。"用九"者,是説乾卦,爲純陽之卦,變到上九時,全部六爻皆成九了,已没有七。故朱説"用九"是"六陽皆變"。若如尚氏所説《乾卦》言遇九動,遇七不動,《乾》六爻中有七有九,變後不會全是坤卦。那麼,怎樣實現陰陽對轉呢?《乾》卦爲六爻皆九,才能發展到陽極,上九之極者,乃乾之終也。説明乾爲全陽之卦,至此終。其他諸卦中上九之爻多矣,但卦體有陰有陽,所以不能轉化爲坤!乾諸爻皆變,成坤,坤卦無龍,故曰"群龍無首吉",因爲坤以柔濟剛,能完成乾、坤對轉。

象曰:大哉乾元,萬物資始,乃統天。

匯解:《繫辭》曰:"象者,材也。"材通財,又通裁。故《象傳》是孔子師徒裁度卦辭義藴的。舊説"象"是文王所繫之辭,誤。自太公、揚子雲、班固,皆以爲孔作。是正確的。

"資"字,鄭玄《儀禮·喪服》注:"資,取也。"荀爽曰:"六十四卦,萬一千五百二十篇,皆受始於乾,冊取始於乾。"《易·繫辭上》曰:"兩編之策,萬有一千五百二十,當萬物之數也。"④荀爽是《易》象數學大家,講萬物受於陽,取於陽,是可信的。鄭、荀皆謂"資"作"取"解。可見"資始"是萬物皆取乾元之陽氣以爲生命之開始。

朱熹曰:"此專以天道明乾義。又,析元、亨、利、貞爲四德,以發明之。而此一節,首釋元義也。"⑤尚氏易曰:"統,領也。統天者,言乾元之德統領萬物,總治一切。"⑥三説各有優長,統而言之,可以詮釋這段話了。

---

① 尚秉和:《周易尚氏學》,第16頁。
② 同上書,第17頁。
③ 朱熹:《周易本義》,第15頁。
④ 李鼎祚:《周易集解》卷一,商務印書館,1947年。
⑤ 朱熹:《周易本義》,第15頁。
⑥ 尚秉和:《周易尚氏學》,第18頁。

雲行雨施，品物流形。

匯解：尚氏易釋曰：“此釋亨義，於時爲夏。乾交坤成坎。坎爲雲爲雨，故曰‘雲行雨施’。坤爲品物。乾入坤，故曰流形。乾施坤受，和而爲雨，品物潤澤，萬物潔齊，相見乎離，亨之義也。”①尚氏釋“亨”全用易象，此説源於虞翻，又有所發揮，説出了“亨”的義蘊，較他説爲優。

大明終始，六位時成，時乘六龍以禦天。

匯解：尚氏易曰：“此釋利義，於時爲秋。乾爲日，故爲大明。”六位者，乾之六爻所居之初、二、三、四、五、上也。時成者變化也。乾六位變化有三層含義：其一，天道之變，陽氣依六位次序由弱到强與窮而後復元。即經歷潛、見、惕、躍、飛、亢之發展過程，而後實現陽極反陰，乾變成坤，這是天道的自然規律。其二，地道之變，地道受天之施，孕育萬物，物逢春而生，入夏而繁茂，至秋而凝斂，歸冬而收藏。這是地道受乾元支配，進行四時有序的運動。其三，人道之變，人秉受天地和氣而生，始生即受龍德，因未成熟而潛伏，經歷見、惕、躍、飛、亢幾個“進德修業”的發展，成爲居天位的大人。亢者，陽極而變陰。這是人道的正常發展規律。大人乘此六龍之陽以駕馭天道。朱熹釋曰“言聖人大明天道之終始，則見卦之六位，各以時成，而乘此六陽以行天道，是乃聖人之元亨也”②，符合傳意。尚氏易釋曰“六陽爲子寅辰午申戌”③，即復、泰、夬、姤、否、剥六卦。明顯背離《乾·彖傳》所講六陽乃《乾》之六陽之説。尚説源於《易緯·乾鑿度》，但《乾鑿度》所説乃六陽卦，並非乾之“六龍”。其説實誤。

乾道變化，各正性命，保命太和，乃利貞。

匯解：朱熹釋曰：“物所受爲性，天所賦爲命。太和，陰陽會合，沖合之氣也。各正者得於有生之初。保合者，全於已生之後。此言乾道變化，無所不利而萬物各得保其性命以自全，以釋利貞之義也。”④朱釋“性、命”與“保合”是“乾道變化，無所不利而萬物各得其性命以自全，以釋利貞之義也”，是正確的，但有不足。尚氏易棄朱説而不用，講此段文字是“釋貞義，於時爲冬”⑤，丢了“利”字，則誤。

《象傳》此段是講“利貞”之內涵。“保合”者實天地自然之和合，即天地合德，日月合明，四時合序，鬼神合其吉凶，萬物隨自然變化各正性命。正性者，正物所受天授的獨立個性，是一物與另一物相區別的標誌。正命者，正天所賦的質的規定性，即物的生長規律。物各有自己的生長規律，違之者必導致凶。

“太和”則不然，它講的不是“陰陽會合，沖和之氣”，而是指人與天地自然之道和合。正如《乾·文言》釋“九五”爻曰：“夫大人者，與天地合其德，與日月合其明，與四時合其序，與鬼神合其吉凶。先天而天弗違，後天而奉天時。”聖人是人類德行修養最高的代表，它與天地自然

---

① 尚秉和：《周易尚氏學》，第18—19頁。
② 朱熹：《周易本義》，第16頁。
③ 尚秉和：《周易尚氏學》，第19頁。
④ 朱熹：《周易本義》，第16頁。
⑤ 尚秉和：《周易尚氏學》，第19頁。

之道合德，就是"人道"與"天道、地道"三才之道合德。這就是"天人合一"，故曰"太和"。

　　　　首出庶物，萬國咸寧。

　　匯解：朱熹曰此元亨利貞"四德之所以循環無端也"。"首出"謂"元之者，物之始生"，這是對的。但説"孔子之意，蓋以此卦爲聖人得天位，行天道，而致太平之占也"[①]，則把《易傳》闡述《易》之義理講回到占筮方向去了，不可從。

　　尚氏易釋曰："首出庶物，元也，言又復始也。"説《易》之乾元，周而復始，生生萬物不止，是正確的。但説"萬國咸寧"是"言如聖君當陽首出，萬邦有慶"，則不確切。聖君是經過"潛、見、惕、躍、飛"的艱苦修養德業鍛煉出來的，非始初就有聖人。《乾·九五》爻才見聖人，是其顯證。

　　自"大明終始"至"萬國咸寧"一段，是《彖傳》對乾卦的總結：論天地人之道的變化特點，聖人乘龍馭天的條件，萬物各正性命之實質，"保合太和"之内涵。最後講聖人以人道與天道結合的方式以"治天下"，故"萬國咸寧"，天下大治。上述所論都是爲聖人實現"天人合一"的理想服務的。《易》之《彖傳》、《文言傳》、《繫辭傳》、《説卦傳》一致强調"天人合一"。説明"天人合一"是《周易》一書的本質特點之一，是人類追求的理想社會之"最高境界"。

　　　　《象》曰：天行健，君子以自强不息。

　　匯解：象是物的形象。《繫辭下》云："易也者，象也，象物之形也。"象分大小，大象乃一卦之象，小象爲一爻之象。乾卦之象，《説卦傳》謂："乾，健也。"孔疏："天有純剛，故有健用。"[②]"天體之行晝夜不息"，實際上人們所見的"天行"是日行。《禮記·郊特牲》曰："郊之祭也，迎長日之至也。大報天而主日也。"孫希旦集解云："縣象著明莫大乎日月，故祭天之禮以日爲主。"[③]故大象所言"天行健"實乃日行健。從人道而言，朱熹釋曰："君子法之，不以人欲害其天德之剛，則自强而不息矣。"《易》認爲人要自强不息。自强則强，自不强則不强。

　　　　潛龍勿用，陽在下也；見龍在田，德施普也。

　　匯解：這是小象，即爻象，此爲初九之象辭。程傳曰："陽氣在下，君子處微，未可用也。"[④]胡炳文曰："《乾》初曰'陽在下'，《坤》初曰'陰始凝'。扶陽抑陰之意，已見於言辭之表。"[⑤]陽氣就是君子，陽氣處於地下，就是君子處於微位，即初九爻。乾、坤兩卦初爻對比確能看出扶陽抑陰思想。因爲《周易》認爲陽大陰小。

　　"見龍在田，德施普也"，是乾九二爻象辭。説陽氣已升到地上，即田，是出潛離隱了。所以代表陽氣的君子應該有所作爲。宋儒程頤之《易傳》釋曰："見於地上，德化及物，其施已普也。"[⑥]説君子向民衆普施德化，是正確的。

---

①　朱熹：《周易本義》，第 16 頁。

②　《周易正義》，第 11 頁。

③　孫希旦：《禮記集解》，中華書局，1989 年，第 688—689 頁。

④　李光地：《周易折中》，九州出版社，2002 年，第 603 頁。

⑤　胡炳文：《周易本義通釋》，《四庫全書》第 24 册，臺灣商務印書館，第 464 頁上右。

⑥　李光地：《周易折中》，第 603 頁。

終日乾乾,反復道也。

匯解：這是九三象辭,説君子終日健健而進德修業,與時偕行,踐履《易》之陰陽之道①。

或躍在淵,進无咎也。飛龍在天,大人造也。

匯解：九四是龍已處於江河之淵,得進退可據之地。"或",朱熹釋："可以進而不必盡也。"②是可進可不進,待機而動,故"進无咎也"。五是天之正位,龍德之人進入天位,曰"在天"。大人者,聖人也。造,朱熹釋："猶作也。"③説聖人居君位,必有一番作爲。

亢龍有悔,盈不可久也。

匯解：尚氏易曰："陽在上乾,盈。盈則必虧,故曰不可長久。"有悔者,亢龍陽氣已窮,不可進,但持盈而進,故有悔。

用九,天德不可爲首也。

匯解：孔疏曰："九是天之德也,天德剛健,當以柔和接待於下,不可更懷尊剛爲物之首。"④《易》主陰陽互濟,若只剛無柔,剛柔不能相濟,是凶之道。何況用九是陽極反陰,陰陽互變之時,故群龍皆不爲首。無首則能以柔濟剛,這是天的自然規律。故爲吉。

文言曰：元者,善之長也；亨者,嘉之會也；利者,義之和也；貞者,事之幹也。

匯解：《文言傳》僅乾坤兩卦有。先儒認爲文言乃文王之言,誤。文言是孔子及其弟子所作,是解釋卦爻辭的,涵義很深。

尚氏易引唐李鼎祚《周易集解》云："'元爲善長,故能體仁,仁主春生,東方木也；亨爲嘉會,足以合禮,禮主夏養,南方火也；利爲物宜,是以合義,義主秋成,西方金也；貞爲事幹,以配於智,智主冬藏,北方水也。'李氏此話,最爲透徹。與《太玄》'罔直蒙酉冥'理合,識《周易》真諦。蓋此八句,爲最古之易説。"⑤尚氏之説很有見地。李鼎祚之解確把文言這段話解釋得清清楚楚。

但是,李解"貞者事之幹","以配於智"一句,前賢則有分歧。隋何妥解曰："貞,信也。君子堅貞正,可以委於事。故《論語》曰'敬事而信',故幹事而配信也。"何説是正確的。《文言》講九二爻曰："龍德而正中者,庸言之信,庸行之謹,閑邪存其誠。"九三爻又曰："忠信,所以進德也。"是一證。《禮記·禮器》云："先王之立禮也,有本有文。忠信,禮之本也；義禮,禮之文也。無本不立,無文不行。"⑥可見先儒最重"忠信"二字。故《文言》又說："修辭立其誠所以居業也。"誠即信,守信方能居業。先儒認爲要無信這種内在的純樸忠誠,人是不能"進德修業"

---

① 李光地：《周易折中》,第603頁。
② 朱熹：《周易本義》,第12頁。
③ 同上書,第21頁。
④ 《周易正義》,第14頁。
⑤ 尚秉和：《周易尚氏學》,第22頁。
⑥ 王夫之：《周易稗疏》卷一,王先謙編：《清經解續編》,上海書局,1988年,第625頁。

的。此是二證。《孟子》雖有"仁義禮智"四端説，謂"是非之心，智之端也"。但"是非之心"乃判斷得失，分辨事非，與"足以幹事"之"信"，有較大差異，不足信據。至唐李鼎祚批評何妥堅持的古説，附和孟子四端及董仲舒"仁義禮智信"五常，力主"貞幹"釋智。宋代朱熹亦主"貞"釋"智"。從此"仁禮義信"遂被"仁禮義智"所取代。我認爲溯本窮源，仍以"貞幹"釋"信"説優長。

《文言》要求君子依乾之"元亨利貞"四德配合人倫"仁禮義信"之理，以濟天下，便會天下大治。這就是陰陽合德，"天人合一"。

初九曰"潛龍勿用"，何謂也？子曰："龍德而隱者也。不易乎世，不成乎名，遁世无悶，不見是而无悶。樂則行之，憂則違之，確乎不可拔，潛龍也。"

匯解：朱熹釋："龍德，聖人之德業，在下故隱。"①尚氏易曰："易，治也。初潛在下，與世無爭，故曰不易世，不成名。"②是正確的。尚氏又曰："遁世無悶者，言甘於隱遁；不見是而無悶者，言人不知亦不慍也。"③亦較他説爲長。違者，否也。確者，堅剛也。虞翻釋："君子弗用，隱在下位，確乎難拔，潛龍之志也。"④有人把此爻之隱與道家相聯繫，或講成儒家的亂世之隱，皆非。朱、尚、虞三家皆謂"龍德而隱"，是隱在下位，堅韌不拔。怎能説成道家出世之隱，與亂世出位之隱呢？

九二曰"見龍在田，利見大人"，何謂也？子曰："龍德而正中者也。庸言之信，庸行之謹，閑邪存其誠，善世而不伐，德博而化。《易》曰：'見龍在田，利見大人。'君德也。"

匯解：《文言》此段專釋"九二爻"之"大人"之義。尚氏易釋曰："二居下卦之中，故曰正中。"⑤得"龍德而正中"之義。孔穎達曰："庸，常也。……常言之信實，常行之謹慎。'閑邪存其誠'者，言防閑邪惡，當自存其誠實也。'善世而不伐'者，謂爲善於世，而不自伐其功。'德博而化'者，言德能廣博，而變化於世俗。初爻則全隱遁避世，二爻則漸見德行以化於世俗也。……'見龍在田'，未是君位，但云'君德'也。"⑥程傳釋："大人"居九二也謂"雖非君位，有君德也"⑦。皆得《文言》之旨。

九三曰"君子終日乾乾，夕惕若厲无咎"，何謂也？子曰："君子進德修業。忠信，所以進德也。修辭立其誠，所以居業也。知至至之，可與幾也。知終終之，可與存義也。是故居上位而不驕，在下位而不憂。故乾乾因其時而惕，雖危无咎矣。"

① 朱熹：《周易本義》，第17頁。
② 尚秉和：《周易尚氏學》，第23頁。
③ 同上注。
④ 李鼎祚：《周易集解》卷一，第10頁。
⑤ 尚秉和：《周易尚氏學》，第23頁。
⑥ 《周易正義》，第17—18頁。
⑦ 李光地：《周易折中》，第896頁。

匯解：此爻釋君德之人身處九三之危位，進德修業，因時而動。君子進德修業，首在"進德"，進德首在講"忠信"，朱熹釋曰："主乎心者，無一念不誠"是忠誠要求君子修心。次講"修業"，謂"修辭立其誠"，朱熹釋曰："修辭見於事者無一言不實也。雖有忠信之心，然非修辭立誠，則無以居之。"①這是講把修心的成果落實到辦事上，必幹出一番事業。"修業"之所以又稱"居業"，俞琰釋曰："修業者，業未成修而成之；居業，業已成則居而守之。"②

"知至至之，可與幾也。知終終之，可與存義也"，謂心知道之所在，即行而至。幾者，微也。心能先知道之幾微變化，故能參與機密之事。心知道之所終，行事能至終以爲歸宿，故可保存義理③。故居上位，因時而動，能不驕傲；居下位，因時而息，雖處危境而無咎。德行剛健無懈怠之心，待時而動，故無憂慮。

九四曰"或躍在淵，无咎"，何謂也？子曰："上下无常，非爲邪也。進退无恒，非離群也。君子進德修業，欲及時也，故无咎。"

匯解：俞琰曰："上與進釋'躍'字，下與退釋'在淵'之義。無常無恒釋'或'之義。"④邪，枉也；群，陽之同類也。君子能不枉，不離群類，上、進可"飛天"；下、退可處淵。及時進德修業，故無咎。

九五曰"飛龍在天，利見大人"，何謂也？子曰："同聲相應，同氣相求。水流濕，火就燥，雲從龍，風從虎，聖人作而萬物睹。本乎天者親上，本乎地者親下，則各從其類也。"

匯解：此釋九五爻之"聖人作而萬物睹"之理。程傳釋曰："人與聖人，類也。五以龍德升君位，人之類莫不歸仰，況同德乎。上應于下，下應於上。'同聲相應，同氣相求'也。流濕就燥，從龍從虎，皆從氣類。故聖人作而萬物皆睹。上既見下，下以見上。物，人也。古語云人物物論，謂人也。"其説得之。王夫之釋："本乎天者親上，本乎地者親下，則各從其類也。"曰："親上者，三辰也，依天而行；親下者，草木也，依地而生。若動物則得天地之中氣。依地而處，而絕於地；依天而行，則不至於天。其性本於天，其形本於地。"並批評"舊説以獸親於天，鳥親於地"之説非⑤。這就是説親於天者，是天上之星宿；親於地者，是地上之植物。而人介乎兩者之間，生於天地之中和之氣，故是天地並親者。此説也批評了宋儒以"動物親天，植物親地"的觀點。頗具卓識，信而可從。

上九曰"亢龍有悔"，何謂也？子曰："貴而無位，高而無民，賢人在下位而無輔，是以動而有悔也。"

匯解：此釋上九"亢龍"之德宜靜不宜動，動而有悔。程傳曰："九居上不當尊位，是以無

① 朱熹：《周易本義》，第 18 頁。
② 李光地：《周易折中》，第 900 頁。
③ 李光地：《周易折中》。
④ 李光地：《周易折中》，第 902 頁。
⑤ 王夫之：《周易稗疏》卷一。

民無輔,動則有悔也。"其説得之。九居天之上位,故曰"貴",居六爻之上,故曰"高"。賢人在下者,謂九二、九三、九四,三爻皆輔助天之正位的九五,故上九無輔。上九已失君位,當然無民。上九陽氣已窮,又無民、無輔,動而有悔,是必然的。

潛龍勿用,下也。

匯解:以下幾節是《文言》反復講乾六爻之義。潛龍處在下位,故不可用。

見龍在田,時舍也。

匯解:朱熹曰:"言未爲時用。"程傳釋:"隨時而至。"皆與傳義不合。尚氏易曰:"《易林·家人》之《大有》云:'仲春、孟夏,和氣所舍。'皆以舍爲發。"其説至確。所謂"時舍"者,是陽氣應時而發也。

終日乾乾,行事也。

匯解:君子進德修業之事,須時時努力,不可稍息。

或躍在淵,自試也。

匯解:龍已在淵,待時而躍。故先自試以擇時躍進。

飛龍在天,上治也。

匯解:以龍之德而居君位,居上治民。

亢龍有悔,窮之災也。

匯解:亢龍陽氣已窮,窮而圖進,必帶來災害。

乾元用九,天下治也。

匯解:朱熹曰:"言《乾》元用九,見與他卦不同。君道剛而能柔,天下無不治矣。"①其説較他説爲長。

潛龍勿用,陽氣潛藏。

匯解:程傳曰:"此以下言乾之義,方陽微潛藏之時,君子亦當晦隱,未可用也。"②講出了陽氣潛藏義蘊。

見龍在田,天下文明。

匯解:程傳曰:"龍德見於地上,則天下見其文明而化之。"③這從人事上説,是對的。另一義是陽氣升到地上,萬物奮發,故曰文明。此講自然規律。

_____

① 朱熹:《周易本義》,第 18 頁。
② 李光地:《周易折中》,第 905 頁。
③ 同上注。

終日乾乾,與時偕行。

匯解:程傳:"隨時而進也。"①君子居陽位,德行剛健,故應隨時而進。

或躍在淵,乾道乃革。

匯解:俞琰曰:"革者,變也。下乾已終,上乾方始,猶天道更端之時也。"其説得之。

飛龍在天,乃位乎天德。

匯解:朱熹曰:"天德即天位也。蓋唯有是德,乃宜居位,故以名之。"②説龍德之人居天德之位。其解至確。

亢龍有悔,與時偕極。

匯解:程傳曰:"時既極,則處時亦極矣。"③其説得之。上九爲爻時之終,是極。亢龍是陽氣之極。極爻處於極位,是"與時偕極也"。

乾元用九,乃見天則。

匯解:朱熹釋:"剛而能柔,乃見天則。"④陰陽互變,乾坤對轉,這是天的自然法則。亦是聖人依天道"用九"之德。

乾元者,始而亨者也。

匯解:朱熹曰:"始則必亨,理勢然也"。⑤ 元亨利貞是乾卦四德,四德循環是天之規律。故説元始必發展到亨通,所以是"理勢然也"。

利貞者,性情也。

匯解:俞琰曰:"性言其靜也,情言其動也。物之動極而至於收斂而歸藏,則復其本體之象,又將爲來春動而發用之地。故曰:'利貞者性情也。'"⑥其説可從。尚氏易亦曰:"利貞者性情,即謂陰之凝陽,變化合和,乃天地固有之性情。感之極正也。"⑦兩説内容相近,足可釋"利貞,性情"。

乾始以美利利天下,不言所利,大矣哉。

匯解:程傳曰:"乾道之始,能使庶物生成,天下蒙其美利。而不言所利者,蓋無所不利,非可指名也,故贊其利之大曰大矣哉!"⑧是對的。

---

① 李光地:《周易折中》,第 905 頁。
② 朱熹:《周易本義》,第 19 頁。
③ 李光地:《周易折中》,第 906 頁。
④ 朱熹:《周易本義》,第 19 頁。
⑤ 同上注。
⑥ 李光地:《周易折中》,第 909 頁。
⑦ 高亨:《周易古經今注》,第 27 頁。
⑧ 李光地:《周易折中》,第 909 頁。

虞翻釋曰:"美利謂雲行雨施,品物流行,故利天下。"又釋"不言所利,大矣哉"曰:"天何言哉!四時行焉,百物生焉,故利者大也。"

虞翻從象數學角度指出"美利"是天道自然行爲。"不言所利"也是天道之自然。從自然之道看出乾道偉大,亦是合理的。

> 大哉乾乎,剛健中正,純粹精也。

匯解:這是再次讚揚乾德之偉大。朱熹曰:"純者,不雜於陰柔。'粹'者,不雜於邪惡。"①喬中和曰:"'剛'者,元也。'健'者,亨也,'中'者,利也。'正'者,貞也。元亨利貞,實以體之'剛健中正'也,一爻之情,六爻之情也。"②此兩説可釋乾德之義。

> 六爻發揮,旁通情也。

匯解:朱熹曰:"旁通,猶言曲盡。意爲曲盡《乾》之性德者。"③這是誤説。蔡清曰:"六爻發揮,只是起下文時乘六龍之意。蓋上文每條俱是乾字發端,一則曰'乾元',二則曰'乾始',三則曰'大哉乎乾',至此更端曰'六爻發揮',可見只是爲'時乘六龍'設矣。"④陸績曰:"乾六爻發揮變動,旁通於坤。"⑤尚氏易發揮説:"言六爻變動遇九六即變動也。……其所以能旁通之故,則仍陰陽相求相感故有之理。"⑥我認爲陸、尚解"旁通"謂乾遇九六即變是有道理的,這符合易的陰陽互變規律。六爻發揮是從"乾卦"的全體説的,是説待六爻發揮既盡,上九便向陰轉化,乾變成了坤。而蔡説"六爻發揮只爲時乘六龍設矣"。雖有一定道理,但並不準確。

> 時乘六龍以禦天,雲行雨施,天下平也。

匯解:朱熹曰:言聖人"時乘六龍以禦天",則如天之"雲行雨施,而天下平"⑦。朱説簡練明白。"禦天者",駕馭天道;"天下平"者,遵行天之法則以治民,故"天下平"。

> 君子以成德爲行,日可見之行也。潛之爲言也,隱而未見,行而未成。是以君子
> 弗用也。

匯解:此講初九之爻已經成德,爲何不用。文中之"日",俞樾認爲是'曰'字之訛⑧。其説可從。朱熹曰:"成德,已成之德業。初九固成德,但其行未可見爾。"其説是對的。蔡清曰:"蓋初九時乎潛也。潛之爲言也,隱而未見。隱而未見,則行猶未成,是以君子亦當如之而未動。"其説亦對。意爲初九雖有德,但時逢"潛"時,隱晦不見,其行未見,還須磨煉,故不能用事。

---

① 朱熹:《周易本義》,第19頁。
② 李光地:《周易折中》,第909頁。
③ 朱熹:《周易本義》,第19頁。
④ 李光地:《周易折中》,第909頁。
⑤ 李鼎祚:《周易集解》卷一。
⑥ 尚秉和:《周易尚氏學》,第27—28頁。
⑦ 朱熹:《周易本義》,第19頁。
⑧ 尚秉和:《周易尚氏學》,第28頁。

君子學以聚之，問以辯之，寬以居之，仁以行之。《易》曰："見龍在田，利見大人。"君德也。

匯解： 此專講九二君德的表現。朱熹曰："蓋由四者以成大人之德，再言君德，以深明九二之爲大人也。"①是對的。大人的君德就是"學聚、問辨、寬居、仁行"。

九三，重剛而不中，上不在天，下不在田。故乾乾因其時而惕，雖危无咎矣。

匯解： 程傳曰："三'重剛'，剛之盛也。過中而居下之上，上未及至於天，而已離於田，危懼之地也，因時處順，乾乾兢惕以防危，故雖危而不至於咎。"②其解甚明。

九四，重剛而不中，上不在天，下不在田，中不在人，故或之，或之者，疑之也，故无咎。

匯解： 此解"九四或躍"之義。王夫之釋："在淵者伏而未躍也，躍則出於淵矣。"③《繫辭傳》謂《易》六爻是"兼三才而兩之"。兩之者，初、二爲地，三、四爲人，五、上爲天。二、三、五，爲地、人、天之正位。一、四、上，爲地、人、天之兼位。四在人之兼位，故曰四上不在天，下不在田，中不在人，是危懼之位。或之者，是"疑之"。說四處危位，遇事當慎重處理，則無咎。

夫大人者，與天地合其德，與日月合其明，與四時合其序，與鬼神合其吉凶。先天而天弗違，後天而奉天時。天且弗違，而況于人乎！況于鬼神乎！

匯解： 九五爻是乾卦之主，是乾卦之德的最高代表。故《文言》即釋九五之"大人"德行。程傳云："大人與天地，日月，四時，鬼神合者，合乎道也。天地者，道也；鬼神者，造化之迹也。聖先於天而天同之，後於天而能順天者，合於道而已。合於道，則人與鬼神豈能違也。"④是對的。

這裏講的道有三層意思：其一，天道；其二，地道。至於鬼神之道，不過是天陽、地陰之道結合而出現的各種自然現象而已。故屬於天地之道一類。其三，人道。上文，我曾講過，《象傳》之"保合"，即天地、自然之合；"太和"則是人道與天地、自然之道合。聖人能以人道合於天道，治理天下達到大治，其根源就是遵行天道，不違自然規律，而達到"天人合一"的崇高境界。

亢之爲言也，知進而不知退，知存而不知亡，知得而不知喪。

匯解： 此《文言》釋九五之亢極有悔之義。孔穎達釋曰："言此上九所以亢極有悔者，正由有此三事。若能三事備知，雖居上位，不至於亢也。"⑤其說正確。意爲亢龍不知進退、存亡、得喪之陰陽變化之理，故招致有悔。

其惟聖人乎！知進退存亡而不失其正者，其惟聖人乎！

---

① 朱熹：《周易本義》。
② 李光地：《周易折中》，第912頁。
③ 王夫之：《周易稗疏》卷一。
④ 李光地：《周易折中》，第914頁。
⑤ 《周易正義》，第28頁。

　　匯解：李鼎祚曰："再稱聖人者，歎美用九之君，能知進退存亡而不失其正，故得大明終始，萬國咸寧。"知正者，誠如朱熹所説是"知其理勢如是，而處之以道"①。兩人所説的"用九之君"與"知其理如是"者，就是聖人。聖人能知天道，能知人道而不失其正，亦知"天人合一"之道，得"萬國咸寧"之功，惟有聖人哪！

---

①　李鼎祚：《周易集解》卷一。

"仁內義外"與"仁義內在"

李景林

（北京師範大學哲學與社會學學院）

　　摘　要：郭簡《六德》篇講"仁內義外"，孟子則批評告子"仁內義外說"，而主仁義內在。學者疑之，至有據此否定郭簡思想屬思孟學派者。本文指出：《六德》篇與告子的"仁內義外說"，名詞相同，但內涵迥異。郭簡《六德》篇的"仁內義外說"，講家族內、外治理方法的區別；告子所持"仁內義外說"，則是由人的情感生活與道德普遍性之割裂，而引生一人性"白板論"。《六德》篇"仁內義外說"所言治道，表達了儒家的一貫思想，亦爲孟子所肯定。但告子"仁內義外說"所表述的人性論，則與儒家尤其思孟一系的核心思想相抵觸，故爲孟子所駁斥。孟子與告子有關"仁內義外說"的論辯，凸顯了孟子人性論的根本特色和精神實質。孟子仁義內在於人的實存和情感生活的性善論，爲《六德》篇"仁內義外說"所表達的儒家治道，奠定了堅實的理論基礎。二者本無矛盾，不能據此而將《六德》乃至郭店儒簡排拒於思孟學派之外。

　　關鍵詞：仁內義外　仁義內在　門內之治　門外之治　仁義　六德

一、小　序

　　《孟子·告子上》記載有孟子對於告子"仁內義外說"的駁論，《墨子·經說下》亦有從邏輯的角度對"仁內義外說"的批評①。而郭店簡的《六德》篇則主張"仁內義外"說。這說明，在戰國時期，"仁內義外"應是一個相當流行的觀念。同時，孟子和郭店簡對於"仁內義外"，前者否定，後者肯定，在提法上正好相反。這亦引發了學者不少的疑問。一個主流的看法，是認爲孟子的"仁義內在說"與郭店簡的"仁內義外說"在理論上存在矛盾。據此，有的學者認爲，不能把郭典儒家簡的思想歸屬於思孟學派。我覺得，這種看法，失之表面，未能把握住問題的實質。

　　2005 年 10 月 27 日，由杜維明教授提議，北京大學儒學研究中心和山東大學儒學研究中

---

① 《墨子·經說下》："仁愛也；義利也。愛利，此也；所愛所利，彼也。愛利不相爲內外，所愛利亦不相爲外內。其爲仁內也、義外也，舉愛與所利也，是狂舉也。"

心主辦,在北京大學哲學系召開了一個題爲"郭店竹簡與思孟學派"的小型座談會。"仁内義外"的問題在座談會上引起了熱烈的討論,大家的意見也不一致。在會上,我就這一問題談了一點自己的看法:

　　　"仁内義外"的問題……我們不能光從字面上看,要看看内容。從内容上看的話,《六德》篇的"仁内義外"説和孟子説的一點也不矛盾。因爲《六德》篇講的是治理家庭和治理社會的原則上的不同。"門内之治恩掩義",治理家庭的主導原則是親情;"門外之治義斷恩",治理社會的主導原則是義務。從這個意義上講,孟子並不能反對"仁内義外",但是孟子又批評告子的"仁内義外"。這就是我剛才講的問題,在情感裏面,你有没有普遍的道德性的東西。告子講的仁的含義和孟子、儒家講的仁的含義是不一樣的。他的仁的含義就是指個人的喜好。從這個意義上講,仁也是"外",因爲我們看《告子上》篇前面的討論,告子認爲仁和義都在外頭,都在人性的外頭。那麽孟子批判告子的義外説的核心點是説,你不要説在情感中就没有義的内容。另外,他批評"仁内義外"説時反問:"長者義乎,長之者義乎?""長之者義乎",就是情感問題了。我尊敬長者,這是義,不是説那個"長"是義。孟子批評告子"仁内義外"説,認爲在情感中就有道德的規定在内。但是如果是從社會倫理和家庭倫理怎麽處理的角度看,孟子肯定是不會反對"義外"的。不能只從文字上看,它是兩個層面的東西。如果從這兩個層面來看,它是不矛盾的。①

　　這一問題很重要,它涉及如何理解思孟學派及其思想内容的問題。上面一段話,基本上表現了我對這一問題的觀點。但它作爲座談會的發言,是根據當時的情境而發,意思表達得尚不夠完全。我覺得需要再作進一步的申論。

二、"門内之治"與"門外之治"

　　郭店簡《六德》篇講"仁内義外",完全是從社會倫理關係的角度立義。我們先來看《六德篇》的説法:

　　　仁,内也;義,外也;禮樂,共也。内立父子夫,外立君臣婦也。疏斬布經杖,爲父也,爲君亦然。疏衰齊牡麻經,爲昆弟也,爲妻亦然。袒免,爲宗族也,爲朋友亦然。爲父絶君,不爲君絶父。爲昆弟絶妻,不爲妻絶昆弟。爲宗族疾朋友,不爲朋友疾宗族。人有六德,三親不斷。門内之治恩掩義,門外之治義斬恩。②

　　《六德》篇講到"六位"、"六職"、"六德"。"六位"即夫婦、父子、君臣;"六職"即"率人者"和"從人者"、"使人者"和"事人者"、"教者"和"學者";"六德"即聖智、仁義、忠信。"六位"、"六

---

① 《中國思想史研究通訊》總第八輯,2005年,第21頁。

② 本文所引郭店簡《六德》篇文字,出自李零《郭店楚簡校讀記》(該書改題《六德》爲《六位》),北京大學出版社,2002年。下例此,不再出注。

職”、“六德”之間的關係是：“既有夫六位也，以任此［六職］也。六職既分，以裕六德。”可見，在
《六德》篇中，“六位”、“六職”、“六德”三者，乃以“六位”爲重心①。

　　所以，《六德》篇在講到“六德”時，亦是用聖、智、仁、義、忠、信來規定處某“位”者之道德責
任。《六德》篇説：“義者，君德也”；“忠者，臣德也”；“智也者，夫德也”；“信也者，夫德也”；“聖
也者，父德也”；“仁者，子德也”。很顯然，這裏的義、忠、智、信、聖、仁，都是根據社會倫理之分
位，對其道德責任所做的一種説明。我們要注意，這種説明有其特定的角度，比如，《六德》講
“義者，君德也”，其實“義”並不限定於“君德”，而“君德”也可以從其他角度來解釋，亦並不限
於“義”。《禮記·大學》裏也説過：“爲人君，止於仁；爲人臣，止於敬；爲人子，止於孝；爲人父，
止於慈；與國人交，止於信。”《大學》所言仁、敬、孝、慈、信諸德，其講法與此相類，亦是對君臣、
父子、朋友等倫理分位之道德責任的説明。這些説明都有自己的角度，是一種權説，不可視爲
定論。《六德》篇所注重者，是社會每一分子在各自分位上盡其道德之責，由此達到社會倫理
秩序之和諧的問題。《六德》篇説：“父聖子仁，夫智婦信，君義臣忠。聖生仁，智率信，義使忠。
故夫夫、婦婦、父父、子子、君君、臣臣，此六者各行其職，而讒諂蔑由作也。君子言信言爾，言
誠言爾，設外内皆得也。”講的就是這個意思。

　　由此可見，《六德》篇的着重點，並不在於有關“德”的内涵和本質的探討，而在於如何處理
和協調夫婦、父子、君臣“六位”的關係。其所言“聖、智、仁、義、忠、信”諸德，都是對具體的社
會倫理分位道德責任的説明，是權説，而非定論。這與孟子在界定人性善時所説的“仁義禮
智”，與《五行》篇在講到天人合德時所講的“仁義禮智聖”五行，根本就不是同一層次的問題。
《六德》篇本身對這一點就有很清楚的認識。《六德》篇在强調社會每一分子應各安其位，各行
其相應的道德之責這一點之後，接着講：“道不可體也，能守一曲焉，可以䛼其惡，是以斷讒
速。”這個所守的“一曲”，就是指人在其作爲夫、婦、父、子、君、臣具體社會角色和分位上所行
的道德職責，也就是作爲“六德”的“聖、智、仁、義、忠、信”。這與孟子在人性論和《五行》篇在
天德論上所講的“仁、義、禮、智、聖”相比，只能説是“能守一曲焉”，而孟子和《五行》篇所言諸
德，則是“不可體”的“道”。二者有内在的聯繫，却不可以混淆。

　　這樣我們再來看《六德》篇所言“仁内義外”，其意義便很清楚了。“仁，内也；義，外也”，指
的就是“門内之治恩掩義，門外之治義斬恩”，亦即治理家族内和家族外的方法和原則應有所
不同。“内”指的就是“門内”，即家族内；“外”指的就是“門外”，即家族外。“仁、義”是從“治”，
即治理的方法角度談問題。“仁内”的“仁”，乃指“恩”，即親情或親親言，而不是孟子所言人性
善那種人的價值本原意義上的“仁”。“義外”的“義”指“尊尊”言，用今語説，這是義務的問題，
不是感情的問題。“恩掩義”的“掩”字用得好，是説治理家族内部事務，並非無“尊”的問題，但
其主導原則應是“恩”，即親親。“斬”和“掩”語氣不同，“義斬恩”是説治理社會，不要在親情上
糾纏不清，一定要快刀斬亂麻，堅決用義務原則來處理。今天有人説儒家公德與私德、公領域
與私領域不分，説儒家强調“親親”，是現代社會腐敗的根源，實在是對儒家思想的曲解。“禮

① 　李零先生在《郭店楚簡校讀記》中，因此篇“以‘六位’爲主”，而改題爲《六位》，是很有道理的。但他認爲“六位”對“六
　　德”，是一個“派生”的關係（見該書第130頁），則有可商量處。

樂,共也",是説治理家族内外,"禮、樂"都是適用的。

在倫理層面,或者説在治理的方法、原則上區分内、外,這是儒家一貫的思想。儒家講親親和尊尊,一方面强調二者的聯繫,同時又强調在治理方法上要把二者區分開來。《禮記・喪服四制》説:"門内之治恩揜義,門外之治義斷恩。資於事父以事君而敬同。貴貴尊尊,義之大者也。故爲君亦斬衰三年,以義制者也……資於事父以事母而愛同。天無二日,土無二王,國無二君,家無二尊,以一治之也。"《孝經・士章》説:"資於事父以事母而愛同;資於事父以事君而敬同。故母取其愛,而君取其敬,兼之者父也。故以孝事君則忠,以敬事長則順。"《喪服四制》的説法與《六德》篇的角度完全一致。《六德》篇講"門内之治恩掩義,門外之治義斬恩",講"内、外"的關係,是就喪服舉例而言。《喪服四制》和《孝經・士章》則揭示出"父"的兼具"親親"與"貴貴尊尊"這一特徵,從理論上更清楚地説明了這内與外的内在聯繫和區別。"父親"這個角色,兼具有"愛"、"親親"與"敬"、"尊尊"這兩面,所以,社會倫理可以從家族倫理中推出,社會倫理應以家族倫理爲本原。由此我們可以看到内和外的内在關聯性。但是,我們處理内和外的問題時,其所用的方法和原則却應有所不同。參之以《喪服四制》的説法,我們更可以清楚地看到,《六德》所謂"仁内"的"仁",指的就是"愛"、"恩"、"親親"的血緣親情;"義外"的"義",指的就是"尊尊"、"貴貴"的社會義務,其内涵與孟子所論人性本原意義上的"仁義"是不同的。處理家族倫理與社會倫理,其治法不同,這個不同,用當時流行的觀念説,就叫作"仁内義外"。在這一點上,儒家的態度是一貫的。

我們可以看到,這一意義和層面上的"仁内義外説",在《孟子》一書中,是完全得到肯定的。我們來看《孟子》中的兩條材料:

《離婁上》説:

> 公孫丑曰:"君子之不教子,何也?"孟子曰:"勢不行也。教者必以正,以正不行,繼之以怒。繼之以怒,則反夷矣:夫子教我以正,夫子未出於正也。則是父子相夷也。父子相夷,則惡矣。古者易子而教之。父子之間不責善,責善則離,離則不祥莫大焉。"

《離婁下》説得更清楚明確:

> 責善,朋友之道也。父子責善,賊恩之大者。

"古者易子而教",其實"易子而教"在今天也是一個普遍的現象。在現實中,我們經常看到,父親是教師却不能教自己的子女,而要請家庭教師,這是現代版的"易子而教"。爲什麼這樣?孟子用"父子之間不責善"對這一點作了很好的解釋。

這裏所謂"父子不責善","責善,朋友之道也",講的正是"門内之治恩掩義,門外之治義斬恩"的治理原則。前引《六德》篇討論"仁内義外"的那段文字説:"内立父子夫,外立君臣婦也。疏斬布絰杖,爲父也,爲君亦然。疏衰齊牡麻絰,爲昆弟也,爲妻亦然。袒免,爲宗族也,爲朋友亦然。"這是舉例子來解釋"仁内義外",説明"内"和"外"的關係。宗族和朋友,是一"内"一"外"。這就是説,"朋友"屬於家族倫理之外的社會倫理。"責善",講的是義務、責任,而不是"恩"、"愛"、"親親"的感情。這正屬於"門外之治義斬恩"的範疇。而"父子責善",却是錯誤地使用社會的"義"的原則,來處理家内之事。所以孟子説:"責善,朋友之道也。父子責善,賊恩之大者。""責善",是"朋友之道",用今天的話説,就是處理社會倫理的方法。拿這種方法來處理父子亦即家族倫理的問題,其結果,乃"賊恩之大者",必會嚴重地傷害父子親情。"責善則離,離則不祥莫大焉"。"離",就是家族倫理關係遭到破壞。

由此看來,在處理家族倫理和社會倫理這種"内"和"外"的方法和原則這一層面上,《六德》篇所謂的"仁内義外説",孟子是完全認同的。

三、仁義内在與人的情感實存

下面我們來討論孟子對告子"仁内義外"説的批評。

孟子對告子"仁内義外"説的駁論,出現在《孟子·告子上》篇的第四、第五兩章。《告子上》的前六章,都涉及孟子與告子的辯論。而這些辯論都是在人性論的論域内進行的。由此,我們知道,孟子所批駁告子的,是在人性論意義上的"仁内義外"説,其與前述《六德》篇的論域是不同的。

《告子上》第一章討論仁義與人性的關係,這與我們所探討的問題關係很密切。其文曰:

告子曰:"性猶杞柳也,義猶桮棬也。以人性爲仁義,猶以杞柳爲桮棬。"孟子曰:"子能順杞柳之性而以爲桮棬乎?將戕賊杞柳而後以爲桮棬也?如將戕賊杞柳而以爲桮棬,則亦將戕賊人以爲仁義與?率天下之人而禍仁義者,必子之言夫。"

這一章討論的關鍵點,是仁義是否内在於人性。告子的辯論用比喻的方法提出論點:"仁義"在人性中没有根據。也就是説,仁義外在於人性。孟子的觀點正與此相反:仁義内在於人性。這裏提出的論點,是下面討論"仁内義外"問題的理論前提。

《告子上》第四、五兩章都涉及"仁内義外"的論辯,但第四章已基本上把問題交代清楚了。爲了論述的方便,我們把第四章抄録於下:

告子曰:"食色,性也。仁,内也;義,外也,非内也。"

孟子曰:"何以謂仁内義外也?"

曰:"彼長而我長之,非有長於我也;猶彼白而我白之,從其白於外也,故謂之外也。"

曰:"異於白馬之白也,無以異於白人之白也;不識長馬之長也,無以異於長人之長歟?且謂長者義乎?長之者義乎?"

曰:"吾弟則愛之,秦人之弟則不愛也,是以我爲悦者也,故謂之内。長楚人之長,亦長吾之長,是以長爲悦者也,故謂之外也。"

曰:"耆秦人之炙,無以異於耆吾炙,夫物則亦有然者也,然則耆炙亦有外歟?"

依前引《告子上》第一章,在人性論上,告子持仁義皆在性外之説,而在這裏却又講"仁内義外",這是否自相矛盾?我們細繹第四章的論辯,可以看到,這裏的"仁内"之"仁",與第一章所論仁義皆在性外之"仁",其涵義並不相同。第一章所言"仁",與"義"一樣,都是指普遍的道德原則而言。而在這裏,告子主張"仁内義外"説,這個"仁"字,則僅僅是指一種自然的愛悦之情,而其所謂"義",則是具有客觀意義的普遍原則。按照告子的觀點,人的愛悦情感主觀而内在,道德的原則("義")却是客觀而外在,二者並無實質性的聯繫。告子"人性無分於善不善"或"性無善無不善"的判斷,即據此而有。所以,孟子對告子的批駁,實質上是人的情感生活中是否内在地、先天地具有普遍的道德原則的問題,而非仁、義何者在"内"的問題。

孟子主張仁義内在於人性,而"非由外鑠我也"。"内在"和"外在",是一個籠統的説法。實質上,孟子主張仁義内在於人性,並非把人性抽象地等同於仁義。依《告子上》首章那個比喻的説法,我們只能"順杞柳之性而以爲桮棬",而不能"戕賊杞柳而後以爲桮棬"。這個比喻的涵義,在《告子上》第四、五章對"仁内義外"的討論中得到了深入和具體的展開。告子借用當時流行的"仁内義外"的提法,所表達的仍是《告子上》首章仁義外在於人性的觀念。不過,在這裏,"仁"被狹義地理解爲主觀的愛悦之情,而與"義"作爲客觀的原則相對峙。這樣,仁義是否内在於人性的的問題,就被告子的"仁内義外"説引向了這樣一個實質性討論:作爲普遍原則的"義",是否先天地、内在地爲人的情感生活所本具。這是問題的關鍵所在,我們絶不可把告子的"仁内義外"之"仁"與仁義内在之"仁"兩個不同的概念混同起來。

今人論孟子的人性論,有一個流行的看法,即認爲孟子以人與動物有一個相同的生物本性,而人與動物的區別,則在於其仁義理智所標誌的道德性。這其實是一個似是而非的觀點。説人與動物的區別在於道德性,這固然不錯。但如果認爲人與動物有一個相同的生物本性,那就等於説,人的實存,是一個無任何先天道德規定性的"白板",仁義理智諸德,要由"外鑠"而來。而這却正是孟子所要批駁的告子的人性論觀念,而絶非孟子的思想。告子講"性無善無不善",其根據即在於這個人與動物有相同生物本性的"白板"論。與此相反,孟子講人性善,其根據亦正在於把仁義理智看作人的實存之先天、内在的規定。

在《告子上》第四章,告子提出"仁内義外"的辯題之前,首言"食色性也",而下文孟子與告子的辯論,却只談"仁内義外",而未直接討論"食色性也"的問題。這一點極應注意。關於"食色性也"與"仁内義外"的關係,歷來注解似都未能講清楚。朱注説:"告子以人之知覺運動者爲性,故言人之甘食悦色者即其性。故仁愛之心生於内,而事物之宜由乎外。"[1]朱子的解釋,雖然涉及了二者的關係,但講得很含糊。這個含糊,是因爲他把二者看作互不相干的兩碼事。所以,《朱子語類》卷五十九記載他的一段話裏中説:"告子謂仁愛之心自我而出,故謂之内;食色之可甘可悦,由彼有此,而後甘之悦之,故謂之外。又云:上面'食色性也'自是一截,下面'仁内義外'自是一截。故孟子辨告子,只謂:'何以謂仁内義外也?'"[2]説"食色性也"講的是"甘食悦色"即性,這是對的。但説"食色性也"和"仁内義外"是各不相關的"兩截",却是錯誤的。對這個"食色性也",孟子並不否認,因爲孟子也講"形色天性也"。不過我們要注意,孟子

---

① 朱熹:《四書章句集注》,中華書局,1983 年,第 326 頁。
② 黎靖德編:《朱子語類》,中華書局,1986 年,第 1379 頁。

這話的全文是：“形色天性也，唯聖人然後可以踐形。”①朱子注：“踐，如踐言之踐。”②這個解釋很貼切。這“踐”字，是實現的意思。只有“聖人”或道德人格完成的的人，才真正能夠把這“形色”作爲人的“天性”所本有、固有的意義和價值實現出來。這就肯定了《告子上》首章的討論中孟子所强調的仁義内在於人性的觀念。不過，這裏明確地指出了，這個“内在”就是内在於人的“形色”實存。所以，“食色性也”是孟子和告子所共許的一個命題，也是他們下面討論“仁内義外”問題的一個前提。而《告子上》第四、五章對“仁内義外”的討論，已經包涵了“食色性也”亦即“甘食悦色”的問題在内。因爲圍繞“仁内義外”這一命題，孟子和告子所辯論的，正是這個“甘食悦色”的“内”中是否具有“義”的普遍性規定的問題。

其實，孟子對告子“仁内義外説”的批駁，邏輯很簡單，也很清楚。告子論證“仁内義外”，其根據是，“長”和“白”一類概念一樣，都爲大家所共同認可，所以是客觀而普遍的；而人的愛悦之情（即告子所謂“仁”），却是内在的、主觀的。孟子的論辯，則强調人的道德判斷、道德意識與事實判斷具有根本性的區别。孟子質問告子：“白馬之白也，無以異於白人之白也；不識長馬之長也，無以異於長人之長歟？且謂長者義乎？長之者義乎？”孟子的意思是，長幼差别，固然與一個有關事實的判斷相關，但“義”的内涵，却並不在“長”，而在於“敬長”之心、“敬長”之情。“長者義乎？長之者義乎？”認定一個“長”，可以説這“長”的根據在“外”，這是一個有關事實的判斷。很顯然，我們“長馬”，即認定一匹馬“爲長”，但却不會由此而“長之”。這和“長人”不同，就人而言，我們能夠因認定一“長者”從而“長之”。“義”的意義就在於這個“長之”，即“敬長”之心、“敬長”之情，這是一個關乎道德價值的判斷。從這個意義上説，“義”在“内”而不在“外”。“義”既爲普遍客觀之“宜”，同時又發端於人的内在的情感生活（“敬”、“以長爲悦”）。那麽，我們就有理由認爲，普遍的道德原則乃内在於人的情感生活，因而爲人所本有、所固有。

由此看來，告子的“仁内義外説”，其核心是强調人的情感與道德普遍性的相互外在，由此證成其人性的“白板論”。這與前述郭簡《六德》篇的“仁内義外説”，雖使用的名詞相同，但在内涵和論域上，却有根本區别。孟子批評告子的“仁内義外説”，與《六德》篇的思想並不矛盾。

四、仁義内在與人性本善

孟子與告子有關“仁内義外”的論辯，凸顯了孟子人性思想的一個重要特點，就是據道德内在於人的實存而言“性善”。這對於我們理解孟子的人性學説的實質大有裨益。這是這一論辯的重要價值所在。但因是辯論，故其論證受到辯題的限制，而不能有全面的展開。我想藉此對孟子人性論的這一特點略作進一步的説明。

從孟子與告子有關“仁内義外”的辯論中，我們知道，孟子言人性，不是僅以“仁義”來規定人的本質，而是進一步强調：仁義爲人的形色和情感所本有。爲明瞭這一點，我們可以看以

---

① 《孟子·盡心上》。
② 朱熹：《四書章句集注》，第360頁。

下兩條材料：

《孟子·告子上》：

> 孟子曰："乃若其情，則可以爲善矣，乃所謂善也。若夫爲不善，非才之罪也。惻隱之心，人皆有之；羞惡之心，人皆有之；恭敬之心，人皆有之；是非之心，人皆有之。惻隱之心，仁也；羞惡之心，義也；恭敬之心，禮也；是非之心，智也。仁義禮智，非由外鑠我也，我固有之也，弗思耳矣。故曰：求則得之，舍則失之。或相倍蓰而無算者，不能盡其才者也。"

《孟子·離婁上》：

> 孟子曰："仁之實，事親是也；義之實，從兄是也；智之實，知斯二者弗去是也；禮之實，節文斯二者是也；樂之實，樂斯二者。樂則生矣，生則惡可已也。惡可已，則不知足之蹈之手之舞之。"

上引第一條材料，在《告子上》第六章，是緊接着討論"仁內義外"的一章，從中可以明顯地看到它與前五章所討論的問題在意義上的關聯。這一章的核心是講人性本善。而人性本善的意義是說，"仁義理智""非由外鑠我"，而爲我所"固有"者。這個"固有"，即落實到"情"上來講。"乃若其情，則可以爲善矣，乃所謂善也"，講的就是這個意思。有人說"乃若其情"的"情"字要理解爲"實"，而不是情感之"情"，這個説法是不對的。"情"字固然亦可訓"實"，但我們確定其確切的涵義，應根據上下文來作判斷。下文的"惻隱之心"等四端，講的就是這個"情"的內容。另外，《公孫丑》上篇論"四端"，其核心內容就是講人有"不忍惻隱之心"，更説明這"情"字確然是情感之義。

孟子論人性善，既講"仁義理智"爲人所固有，又講仁義內在，其間確切的關係，在我們所引的第二條材料中有很明確的表述。孟子在這裏講"仁、義、智、禮、樂"五個概念，其核心是"仁、義"。仁、義的實存表現，就是親親、敬長之情。其餘智、禮、樂三者，皆依止於仁、義而有，而發生其作用。所謂智、禮、樂"之實"，在於"知斯二者弗去"、"節文斯二者"、"樂斯二者"，講的就是這個意思。這裏應説明的是，《孟子》既講到"仁義理智聖"，這裏又講"仁義智禮樂"。郭簡和帛書的《五行》篇皆以"金聲玉振"，即"樂"的始與成來喻聖德成就，《孟子》亦以"金聲玉振"來譬況孔子爲"聖"之集大成者。儒家認爲至樂可以感通天人，這與聖人的成就亦是相通的①。"樂"的作用是直接感動人的情感，儒學之所以總以聖德與"樂"相聯屬，就是因爲聖人的成就，最終要落實到情感生活的完滿。這説明，無論是"仁義理智"四德所標誌的善性，還是"仁義理智聖"的最高成就②，皆以親情爲其內在的基礎。《孟子·盡心上》説："人之所不學而能者，其良能也；所不慮而知者，其良知也。孩提之童，無不知愛其親也；及其長也，無不知敬

---

① 參閱李景林《教化的哲學》第四章第三節。黑龍江人民出版社，2006年，第221—222頁。

② 結合《孟子》和《五行》篇我們知道，"仁義理智"標誌的是"善"和人道，而"仁義理智聖"標誌的是"聖德"和天道。孟子以"仁義理智"四德內在於"情"言人性善，講的是人的成就的形上學前提和基礎，而"仁義理智聖"所標誌的天人合德，則是人所能達到的最高成就。二者有着內在的聯繫。

其兄也。親親仁也，敬長義也，無他，達之天下也。"這裏，孟子據人皆有親親敬長之情而言仁義，並肯定人本具先天的良知良能，這與其將智、禮、樂統歸於仁義及親親之情的思理是一致的。當然，親親敬長之情需要推擴而"達之天下"，方是實現了的"仁義"。但是，仁義已先天潛在地爲此"情"所具有，對孟子來說却是毋庸置疑的。孟子以人性本善，其理由端在於此。

孟子言人性善，不僅講"情"，亦講"才"。前引第一條材料，就有兩處講到"才"："若夫爲不善，非才之罪也"，"或相倍蓰而無算者，不能盡其才者也"。這"才"與"情"是何關係，不能不略作説明。簡言之，此"才"與後儒在氣質上言才性的"才"不同。後儒講才性，是着眼於個體現實的差異性。而孟子所謂"才"，則是指人同作爲人的實存基礎，注重在通性而非個體差異。《告子上》篇中孟子又講："富歲子弟多賴，凶歲子弟多暴，非天之降才爾殊也，其所以陷溺其心者然也。"也説明了這一點。我以爲，孟子的"才"這個觀念，所標示的是人的實存的整體。《告子上》"牛山之木"章的一段話，清楚地表明了這一點：

> 雖存乎人者，豈無仁義之心哉！其所以放其良心者，亦猶斧斤之於木也。旦旦而伐之，可以爲美乎？其日夜之所息，平旦之氣，其好惡與人相近也者幾希，則其旦晝之所爲，有梏亡之矣。梏之反覆，則其夜氣不足以存；夜氣不足以存，則其違禽獸不遠矣。人見其禽獸也，而以爲未嘗有才焉者，是豈人之情也哉！

此章論到了良心、仁義之心、好惡之情、氣（夜氣或平旦之氣）以及"才"之間的複雜關係。在這裏，"氣"是一個關鍵性的概念。本章所謂"平旦之氣"或者"夜氣"，不可理解爲一種特殊意義的"氣"，而是指人在不受外在不良環境影響下所自然形成的一種存在性的力量。所以，這"氣"正是人的本然之"氣"。"夜氣"與"平旦之氣"是同一個"氣"，就"日夜之所息"講，可稱作"夜氣"；從平旦之表現言，亦可叫作"平旦之氣"。這個"平旦之氣"的自然表現，就是"與人相近也幾希"的"好惡"之情。而這個顯現在此"好惡"上的那點與人相近的"幾希"，則正是人的"良心"或"仁義之心"。那我們現在來看這個"才"。這個"才"，實質上恰是承載上述這一切的一個存在的整體和基礎。我們細繹"夜氣不足以存，則其違禽獸不遠矣。人見其禽獸也，而以爲未嘗有才焉者，是豈人之情也哉"這句話，就不難得出這個結論。孟子這裏所謂"才"，是落實到"氣"這一端來講的，所以，我們可以説這"才"是標示人實存的整體的一個觀念。然而，人作爲一個實存的個體，其與人與物的交接，必表現爲"情"。"其日夜之所息，平旦之氣，其好惡與人相近也者幾希"，説的正是這個意思。

至此，我們就可以明瞭，孟子論人性的特點，是揭示出仁義先天地爲人的實存所固有，而非由乎"外鑠"。所謂"天之降才"不殊，所謂"形色天性"，講的就是這層道理。但人與人物相接，必見之於"情"，故其言人性善，則多從仁義内在於"情"立論。這兩個層面，是内在貫通的。因此，就教化而言，吾人必經"通情"而"達理"，而"變化氣質"，而"踐形"，方能最終臻於天人合德之聖境。孟子所凸顯出的這個人性論的基本思路，正是今人所謂儒家文化"内在超越"文化路向的根本理論依據。

綜上所述，郭簡《六德》篇的"仁内義外説"，説的是家族内外治理方法上的區別；告子所持

“仁内義外説”，則是由人的情感生活與道德普遍性之割裂，而引發一人性“白板論”。二者在理論内容上根本無關。《六德》篇“仁内義外説”所言治道，表達了儒家的一貫思想，亦爲孟子所肯定。但告子“仁内義外説”所表述的人性論，則與儒家尤其思孟一系的核心思想相抵觸，故孟子以爲其必率天下“禍仁義”而掊擊之。孟子與告子有關“仁内義外説”的論辯，凸顯了孟子人性論的根本特色和精神實質，這是這一論辯的重要價值所在。孟子“仁義内在”於人的實存和情感生活的性善論，爲《六德》篇“仁内義外説”所表達的儒家治道，奠定了堅實的理論基礎。二者圓融無礙，本無矛盾。因之更不能據此而將《六德》乃至郭店儒簡排拒於思孟學派之外。

鄒衍的社會歷史觀及其影響

葛志毅　　張　爽

（大連大學中國古代文化研究中心）

提　要：鄒衍思想成就着重表現於社會歷史觀方面，五德終始與大九洲說在歷史時空意識的構建上，於古代幾乎可謂空前絕後。由於當時及後世鮮有真正的知音解者，故被目爲怪迂，且一誤於方士的比附曲解，再誤於漢代神秘化趨向的陰陽五行儒學之中。這種思想的宏碩淵深，既成就其偉大，同時也使之成爲一位古今最少被人理解的孤獨思想家。

關鍵詞：五德始終　大九洲　同類相動　洪範五行　曆譜牒

鄒衍是戰國末出現的一位有關宇宙社會歷史的思想奇才，但因限於資料原因，對其學說思想意義的理解發掘，至今仍極爲不足。此文欲在與相關學說思想的參考比證中，並就心得所見，胸臆所及，重做探討，以供同志參考。

一、戰國時關於世界起源及其存在形式的睿智思索

春秋戰國時代，因突破性的社會發展，人們的理性思維水平有前所未有的提高，對宇宙和社會的探索思考也達到空前深度，如對於天地萬物起源及其存在運行奧秘，提出諸多天才的質疑猜想。這在諸子中尤多反映，如屈原《天問》就是一篇宏大瑰麗的文字，其中多有關於宇宙及人類社會起源發展的質詢，如曰："曰遂古之初，誰傳道之？上下未形，何由考之？冥昭瞢闇，誰能極之？馮翼惟像，何以識之？明明闇闇，惟時何爲？陰陽三合，何本何化？圜則九重，孰營度之？惟茲何功？孰初作之？斡維焉繫？天極焉加？八柱何當？東南何虧？九天之際，安放安屬？隅隈多有，誰知其數？天何所沓？十二焉分？日月安屬？列星安陳？"這是對宇宙天地來源及其結構形態所提出的質詢追問；這裏不僅由現存的宇宙天地結構追問到其形成之前的存在狀態，而且對人們關於這些問題認識本身的形成來源也進行懷疑性質詢，從而表現出探尋世界存在終極性原因的深刻思索維度。類似深刻思想，還可舉《莊子·天運》，其曰："天其運乎？地其處乎？日月其爭於所乎？孰主張是？孰維綱是？孰居無事，推而行是？意者其有機緘而不得已邪？意者其運轉而不能自止邪？雲者爲雨乎？雨者爲雲乎？孰隆施是？

孰居無事淫樂而勸是？風起北方，一西一東，有上彷徨，孰噓吸是？孰居無事而披拂是？敢問何故？”同樣是對宇宙天地的存在秩序及其運行方式進行了探根尋底式的質詢追問。《莊子·天下》亦曰：“南方有倚人焉曰黃繚，問天地所以不墜不陷，風雨雷霆之故。”其所問實際可包括在《天問》《天運》所陳問題範疇之內。《列子·天瑞》及《湯問》所述杞人憂天及小兒辯日的兩則故事，同樣反映出對宇宙天地及其結構問題的深刻思索①。《呂氏春秋·有始》曰：“天地萬物，一人之身也，此之謂大同。衆耳目鼻口也，衆五穀寒暑也，此之謂衆異，則萬物備也。天斟萬物，聖人覽焉，以觀其類。解在乎天地之所以形，雷電之所以生，陰陽材物之精，人民禽獸之所安平。”此顯然以天地萬物同異及其變化演生狀況，作爲自己探究目的，以求解世界存在之謎。在出土戰國楚簡中，亦可見相類内容，即對宇宙天地、人生社會提出諸多質疑性探索問題，以解讀開啓世界奧秘，其言與上引《天問》《莊子》可媲美，從而同樣反映出戰國時代理性思維的高度和深度。如《凡物流形（甲）》有曰：“凡物流形，奚得而成？流形成體，奚得而不死？既成既生，奚呱而鳴？既拔既根，奚後之奚先？陰陽之居，奚得而固？水火之和，奚得而不厚？”又曰：“天孰高與？地孰遠與？孰爲天？孰爲地？孰爲雷？孰爲電？土奚得而平？水奚得而清？卉木奚得而生？”②正是春秋戰國時代這種澎湃的理性思潮，摧生出鄒衍那樣天才的社會歷史思想體系。還應指出的是，在上引《天問》《有始》及楚簡《凡物流形》中，俱提及天地萬物創始生生過程中發揮着重要作用的陰陽概念③，陰陽五行乃陰陽家據以構造其學說體系的核心性元素，鄒衍是陰陽家代表，其思想體系中最具代表性的内容是五德終始説；鄒衍又是戰國諸子中歷史思想最成體系規模者，他提出的一套歷史思想，也對後世留下極其深廣的影響。

二、鄒衍的社會歷史觀

　　《史記·孟荀傳》曰：“乃深觀陰陽消息而作怪迂之變，《終始大聖》之篇十餘萬言。其語閎大不經，必先驗小物，推而大之，至於無垠。”即鄒衍以陰陽五行變化思想爲本，善作比附推理，演繹引申，其説亦因此流於怪誕宏肆，往往超出人情常理之外，唯其所論不乏善可陳。首先，其歷史時間觀念向前大爲延伸。《孟荀傳》稱他“先序今以上至黃帝……推而遠之，至天地未生，窈冥不可考而原也……稱引天地剖判以來”，即他要從“天地未生”、“天地剖判”以來的宇宙原初狀態追溯人類歷史的由來，故有人認爲後世從“天地開闢”寫起的史書，顯然由他受到啓發。關於“天地剖判”又見於《韓非子·解老》：“唯夫與天地之剖判也俱生，至天地之消散也不死不衰者，謂常。”所謂“天地之剖判”與《天問》“上下未形”之義恰相反，實開天闢地説之濫

---

① 《論衡·説日》對小兒辯日問題的詮解甚好。
② 馬承源主編：《上海博物館藏戰國楚竹書（七）》，上海古籍出版社，2008年，第223、226、244、246頁。
③ 郭店簡《太一生水》有認爲乃道家文獻，誠然。其曰“天道貴弱，削成者以益生者，伐於强”，“道亦其字也”云云，皆近於老子。但其以天地、陰陽、四時、寒熱、濕燥之氣爲萬物發生之原，這是陰陽家思想框架，又以“陰陽所不能成”與“天不能殺”、“地不能埋”並言，特別强調了陰陽的地位與作用，其陰陽家説的性質不容低估。《太一生水》亦爲先秦出土文獻中有代表性的宇宙發生論。

觴,古代認爲天地萬物的生成,乃由元氣剖判所致。馬王堆帛書《十大經·觀》曰:"無晦無明,未有陰陽。陰陽未定,吾未有以明。今始判爲兩,分爲陰陽,離爲四[時]。"此乃由陰陽四時的剖判追溯天地萬物始生過程。一般多用陰陽二氣的清濁升降解釋天地的形成。如:

> 《淮南子·天文》:"氣有涯垠,清陽者薄靡而爲天,重濁者凝滯而爲地。清妙之合專易,重濁之凝竭難,故天先成而地後定。"
>
> 《河圖括地象》:"易有太極,是生兩儀,兩儀未分,其氣混沌。清濁既分,伏(浮)者爲天,偃者爲地。"

一氣剖判而爲天地以漢人所言爲詳,但考之記載,實應爲先秦舊説。如:

> 郭店簡《太一生水》:"下,土也,而謂之地;上,氣也,而謂之天。"
>
> 《大戴禮記·少間》:"先清而後濁,天地已。"
>
> 《文子·九守》:"天地未形,窈窈冥冥,渾而爲一,寂然清澄,重濁爲地,精微爲天。"
>
> 《太平御覽》卷十七引《禮記·樂記》佚文:"萬物懷任交易,變化始起。先有太初,然後有太始,形兆既成,名曰太素。渾沌相連,視之不見,聽之不聞,然後剖判。清濁既分,精耀出布,庶物生。"①

據《呂氏春秋·應同》言五德之氣及《史記》"稱引天地剖判以來",似不得謂鄒衍與天地開闢的元氣剖判説無關。

其次,他又提出"大九州"説的空間地理觀,他認爲中國不過是當時天下的八十一分之一,世界有大海環繞其外。《史記·孟荀傳》:"以爲儒者所謂中國者,於天下乃八十一分居其一耳。中國名曰赤縣神州,赤縣神州內自有九州,禹之序九州是也,不得爲州數。中國外如赤縣神州者九,乃所謂九州也,於是有裨海環之,人民禽獸莫能相通者,如一區中者,乃爲一州,如此者九,乃有大瀛海環其外,天地之際焉。"其大九州説反映出,當時人已猜測到在"中國"之外的地理形勢極其遼闊,並試圖超越"中國"本土去構造世界歷史的廣大空間,從而也超越《書·堯典》及《禹貢》以來的天下之中、四海之內的"天下國"狹隘觀念,另外從陸海相間的宏大框架,想像大海環繞洲陸的世界地理格局。此應爲出自東方濱海地區的天才地理猜測。

《史記·孟荀傳》引鄒衍大九州説,只是未列出其具體名目,但肯定與《書·禹貢》九州名目有異。《淮南子·地形》亦載九州,其名目迥異於《禹貢》及《呂氏春秋·有始覽》、《爾雅·釋地》、《周官·職方氏》的記載。如果説以《禹貢》爲代表的四者九州名目雖間有出入,但大體相近,而《地形》九州名目則與四者絕異。《地形》曰:"東南神州曰農土,正南次州曰沃土,西南戎

---

① 漢代《易緯乾鑿度》説天地之生爲四個階段,首爲太易,其次才是此太初、太始、太素。有可能《易緯》利用了《樂記》佚文成説,但又首列太易在太初之上而顯示易道之更爲盛大根本。當然太易的提出,與《樂記》佚文"萬物懷任交易"的説法有關,但太易概念與易道聯繫更大。《孝經鈎命決》有所謂"五運",即太易、太初、太始、太素、太極,即太易概念已被認同固定下來。《易緯》此説又見於《列子·天瑞》,文字大同,但《易緯》僅曰"清輕者上爲天,濁重者下爲地"而止,《列子》此下又有曰:"沖和氣者爲人。"此可見學術思想資料在傳衍過程中的衍變,但却足證《樂記》佚文應較其餘二者爲早出的可能,當爲先秦舊説。《列子》爲漢晉人掇拾舊説追撰,另文詳之。

州曰滔土,正西弇州曰並土,正中冀州曰中土,西北台州曰肥土,正北沛州曰成土,東北薄州曰隱土,正東陽州曰申土。"楊樹達指出,此文九州自冀州與《禹貢》九州偶同外,餘皆與《禹貢》違異,蓋即鄒衍所謂大九州也;首舉東南神州,即《史記·孟荀傳》所謂中國名曰赤縣神州者也;《論衡·難歲》云:"鄒衍論之,以爲九州之内五千里,竟合爲一州,在東南位,名曰赤縣州。"以赤縣州在東南,與此文合①。因《地形》所載乃大九州之名,故與《禹貢》九州名目互異。《地形》大九州又見載於《河圖括地象》,朱彝尊曰:"按《河圖括地象》其言雖誇,然大抵本鄒衍大九州之説。"②亦相當於肯定了《地形》所載乃鄒衍大九州之名。謂《地形》與《河圖括地象》所載乃鄒衍大九州,可證以《帝王世紀》,《帝王世紀》曰:"自神農以上有大九州:柱州、迎州、神州之等,黄帝以來,德不及遠,惟於神州之内分九州。"按《河圖括地象》謂"東南神州"、"正南迎州"、"西北柱州"與《帝王世紀》所言合③。此大九州説未必出自鄒衍,疑鄒衍亦前有所承而推衍整齊傳述之。又按俞正燮謂地圓説乃古代蓋地説,至周末著於讖緯;鄒衍之大九州、大瀛海之説,亦爲古代蓋地説,所説與讖緯《河圖》相合,乃追述古初,本於黄帝④。按,如俞説,不是讖緯地理説上承鄒衍,而是鄒衍大九州説上承其前的讖緯地理説。考讖緯之説未必起於漢代,其説很可能在春秋戰國之際已有若干端緒陸續引出。又有學者據《地形》所言地理知識有見於《尸子》者,於是認爲《地形》有關"九山"、"九塞"等地理記載出於《尸子》。汪繼培指出:"《淮南子·地形訓》云:'水圓折者有珠,方折者有玉,清水有黄金,龍淵有玉英。'又云:'北極有不釋之冰。'其説皆本《尸子》。章懷太子注《後漢書》,謂《尸子》書二十篇,十九篇陳道德仁義之紀,一篇言九州險阻,水泉所起,《地形》之文當在此篇。准是以求,則《地形訓》九山、九塞、九藪及水泉諸説,必皆仍用《尸子》可知。"⑤按,《後漢書》卷七十八《宦者傳·呂强傳》李賢注謂《尸子》二十篇,其一專言"九州險阻,水泉所起",汪繼培據之謂《地形》中的地理記載出於《尸子》。其言頗有啓發性,只是他未注意到《尸子》中與九州有關的地理記載,《尸子》曰:"赤縣州者,實爲昆侖之墟,其東則鹵水,島山,左右蓬萊。玉經之草生焉,食其一實而醉卧三百歲而後寤。"⑥是即大九州中的赤縣州。尸子爲商鞅之客,年輩在鄒衍之前⑦,若《地形》諸地理記載確本《尸子》,《地形》所述大九州説爲鄒衍所本,那麽,可證鄒衍大九州説乃前有所承,非其所自創可明;同時説明鄒衍的地理觀念之形成,乃有一定的社會思想文化基礎。

再次,鄒衍又提出循環史觀的模式,即五德終始説。在他之前,孟子曾提出"五百年必有王者興",試圖爲社會歷史的發展概括出時間上的循環周期。但孟子概括的時間周期數字太具體,很難應驗不差,鄒衍五德説則進一步抽象化。他把歷史王朝的轉移次第,概括爲土、木、

① 楊樹達:《積微居小學述林》,中華書局,1983年,第244—245頁。

② 朱彝尊:《經義考》,中華書局,1998年,第1331頁。

③ 此《帝王世紀》據馬驌《繹史》所引,中華書局,2002年,第一册,第41頁。《河圖括地象》,見安居香山、中村璋八輯《緯書集成》下册,河北人民出版社,1994年,第1089—1090頁。

④ 俞正燮:《蓋地論》、《蓋地海論》,載《俞正燮全集》第一册,黄山書社,2005年,第443—449頁。

⑤ 汪繼培:《尸子序》,載其所輯《尸子》,上海古籍出版社,1991年,第1頁。

⑥ 尸佼著,汪繼培輯:《尸子》,上海人民出版社,1991年,第17頁。

⑦ 參《史記·孟荀傳》集解引劉向《别録》。

金、火、水五行相勝的循環。五行即五德，與每一德相應，各有其服色制度，如黃帝土德，"其色尚黃，其事則土"之類。與五德轉移相應，當某一新王朝即將建立時，天必昭示某種符瑞，如"黃帝之時，天先見大螾大螻"，以示"土氣勝"，是爲土德。夏禹之時，天先見草木秋冬不殺，是木氣勝，木德。湯時天先見金刃生於水，是金氣勝，金德；文王時天先見火，赤烏銜丹書集於周社，火氣勝，火德①。獲某德興起的王朝皆有如此天祥應之，即《史記·孟荀傳》所謂"五德轉移，治各有宜，而符應若兹"。漢代陰陽五行災異說與鄒衍之說有相當聯繫。但按《呂氏春秋·應同》的闡釋，所謂"某氣勝"的五德感應之氣，不是天命神道所示祥瑞，而是在講同氣類間相互感應的自然效應。按，"應同"即同類感應之義，這是《應同》的主旨，故《應同》曰："類固相召，氣同則合，聲比則應。鼓宮則宮動，鼓角則角動，平地注水水流濕，均薪施火火就燥。山雲草莽，水雲魚麗，旱雲煙火，雨雲水波，無不類其所生以示人。故以龍致雨，以形逐影。師之所處，必生荆楚。禍福之所自來，眾人以爲命，安知其所。"這是按鄒衍五德說闡釋物類同者自然感應之義，進而商榷批判天命說。論者有曰："此言禍福之來，皆由氣類召合，各有其故，而眾人昧然不知，以爲有命。此正糾駁天命之說也……陰陽家言天數，不言天命。"②按，陰陽家"言天數，不言天命"頗值得玩味。因爲漢代天變災異說顯然與戰國以來的陰陽家說有一定聯繫，故漢代表現爲天變災異性質的天人感應說原本不得全然視爲天命神道感應範疇，它本具有自然感應的内涵。唯漢儒有意借天命警懼人君，這在董仲舒尤爲明顯，其中已雜有墨子"天志"思想影響的背景，由此導致漢代天人感應說具有鮮明的天命說性質。但若從《應同》所闡述的陰陽說主旨看，其所載鄒衍五德說與天人感應說間有重大差異，《應同》所謂五德說下的"凡帝王者之將興也，天必先見祥乎下民"，所謂"天"有類自然之天，似非全然有意志的神格之天。《應同》下文又云："成齊類同皆有合，故堯爲善而眾善至，桀爲非而眾非來。《商箴》云'天降災布祥，並有其職'，以言禍福人或召之也。"此乃申說與"同類相召"相近之"物之從同"義，雖亦曰"天降災布祥"，"天"亦非有意志的神格之天才是。但這裏陰陽家說出現的最大錯誤，是誤以爲作爲客體自然之天與社會主體有意識之人乃同質同類，陰陽家把二者關係等同起來，一視同仁，使其在理論上遇到最大麻煩；同時因二者不能通解通說，致使其自然唯物論不徹底，當其試圖向社會人事領域推廣時，成爲悖論。戰國陰陽家說後與漢代神秘的天人感應說合流，此乃一重要原因。《史記·孟荀傳》謂鄒衍"深觀陰陽消息而作怪迂之變"，即把變化的本質原因歸結爲"陰陽消息"，而非神鬼或天帝意志。那麼，所謂"五德終始，治各有宜，而符應若兹"，亦非如漢代災異說一樣的天命神道性質的天人感應說，而是氣類同者相感應的陰陽家自然天道說。《應同》下文又引黃帝曰"芒芒昧昧，因天之威，與元同氣"，此"元氣"說乃陰陽家黃帝言③。察其實，漢代天人感應說主要發端於董仲舒說《春秋》災異，其說本出於伏生以來的《洪範五行傳》，與鄒衍陰陽五行說亦有聯繫，但相比之下，伏生說在漢代影響相對大得多，遂使五德終始亦受到影響，並使戰國陰陽家說亦被巫鬼化、神道化進而合流。察董仲舒亦說

---

① 《呂氏春秋·應同》。
② 陳奇猷：《呂氏春秋集釋》第二册，學林出版社，1984 年，第 685 頁。
③ 參陳奇猷《呂氏春秋集釋》第二册，第 686—687 頁注【二七】。

同類相動乃自然之理,但最後還是歸結爲"無形使有形",並引入天道概念。《春秋繁露·同類相動》:"故氣同則合,聲比則應,其驗皎然也。試調琴瑟而錯之,鼓其宮則他宮應之,鼓其商則他商應之,五音比而自鳴,非有神,其數然也。美事召美類,惡事召惡類,類之相應而起也……帝王之將興也,其美祥亦先見;其將亡也,妖孽亦先見,物固以類相召也……非獨陰陽之氣可以類進退也,雖不祥禍福所從生,亦由是也。無非已先起之,而物以類應之而動者也……故琴瑟報彈其宮,他宮自鳴而應之,此物之以類動者也。其動以聲而無形,人不見其動之形,則謂之自鳴也。又相動無形,則謂之自然,其實非自然也,有使之然者矣。物固有實使之,其使之無形。《尚書大傳》言:'周將興之時,有大赤鳥銜穀之種,而集王屋之上者,武王喜,諸大夫皆喜。周公曰:'茂哉,茂哉,天之見此以勸之也。'"若將此《同類相動》與《應同》相校,二文從文字到立意主旨極爲相近,董仲舒接受鄒衍陰陽説思想的影響痕迹極爲明顯。董仲舒這裏以"同類相動"説自然事物間的同類感應現象,並謂之"非有神,其數然也",甚爲正確。但由自然事物轉向人事禍福時仍援此理説之,則未免牽强附會的失誤,其所謂"陰陽之氣可以類進退"與"不祥禍福所從生"之間是不能用"亦猶是也"作爲同類相推的;因爲一乃自然事物,一乃社會人事,二者不同質,不同類,因而相互間不能通同類推。董仲舒又進一步提出説:"相動無形,則謂之自然,其實非自然也,有使之然者矣。物固有實使之,其使之無形。"即因無法深入自然與人事的各自內部分別説明之,又自行否定了同類相動的自然之理,試圖引入"無形"的神秘力量加以説明,這就爲全能上帝的蒞臨留下空間,所以他只好轉而求助於伏生《五行傳》神秘的天人感應説爲助,從而掉入自家設下的悖論陷阱。

前言董仲舒天變災異説乃爲警懼人君,實受墨子"天志"説影響,故其所謂天又是賞善罰惡的上帝。《漢書·董仲舒傳》曰:"夫仁誼禮智信五常之道,王者所當修飭也。五者修飭,故受天之祐而享鬼神之靈。"故董仲舒一面講同類相動乃自然之理,但爲限制人君,又講無形使有形,謂天乃主賞善罰惡的上帝,從而在社會人事領域陷入天道神秘論,顯現出其天變災異説受自《洪範五行傳》的本色。董仲舒倡言天人感應,其根據又建立在天人同類,同類相動的觀念基礎上,《春秋繁露·爲人者天》有曰:"人之人本於天,天亦人之曾祖父也。此人之所以上類天也。"但這裏錯就錯在天人並非同類,社會之人與自然之物亦非同質,所以不能以同類相動之理詮解天人感應。況且古代陰陽五行之學並非完全合理的自然物理論,在涉及天地宇宙本原時,往往無法徹底予以説明;再轉移到社會人事領域時,更無從正確解釋之,於是不得不給神秘思想留下空隙。"無形使有形",所謂"無形"不是純粹的自然之道,需要而又不得已時,只好引入"天帝"以代"無形"的內涵相濟。綜之,戰國陰陽家本有天道自然論的性質,基本不以天帝鬼神意志解釋事物變化,一切説以"天地之變,陰陽之化","天地合而萬物生,陰陽接而變化起"[1],即認爲天地陰陽自然因素相互作用才是宇宙萬物生化演變的根本原因。隨着漢代陰陽五行之學的進一步整合成形,當其深入到形而上領域及社會人事領域時,便出現融入天命神道論的傾向,鄒衍以來的天道自然陰陽説因此發生質變。

復次,五帝説的形成及其最終被人們廣泛接受,應與鄒衍五德説影響有莫大關係。《揚子

---

[1]　分別見《荀子》之《天論》、《禮論》。

法言·重黎》:"或問'黄帝終始',曰:'托也。'"是鄒衍乃假借黄帝之名宣傳其五德終始説,故黄帝聲名大著,必與鄒衍的宣傳有相當關係。儒家五帝説以黄帝爲首,其次是顓頊、帝嚳、堯、舜。鄒衍五德説雖亦以黄帝爲首,但接下去却是夏、商、周,無黄帝之次的四帝。相關記載如《管子·輕重戊》,在黄帝之後僅只有虞,其下即接夏商周,此現象頗值得關注。按鄒衍從黄帝數起,據其五德終始次序可排出黄帝土、夏木、殷金、周火、秦水之朝代相承次序,因而其五德説中容不下顓頊等四帝的位置,這似乎反映出五帝説體系形成並被人們普遍接受,其間應經歷一個過程,儒家五帝説是陸續逐漸排定形成的。如孔子刪《書》,斷自唐虞,此乃從堯舜講起。《禮記·樂記》言武王克商,封黄帝之後,帝堯之後,帝舜之後及夏后氏與殷後,是於堯舜之上增置一黄帝。《周官·春官·大司樂》記"以樂舞教國子",鄭玄注説以黄帝、堯、舜、夏、商、周六代樂舞。《周官》中雖見"五帝"概念,但據此樂舞所見,僅黄帝及堯、舜,但較之鄒衍已多出堯、舜二帝,與《樂記》合。《莊子·天下》述古樂亦是黄帝、堯、舜、禹、湯及文、武之序,與《大司樂》鄭注合。他如《莊子·天道》列數古之王天下者,亦僅曰黄帝、堯、舜。至《法言·問道》猶唯言黄帝、堯、舜,則乃係早期舊説的習慣影響。至《大戴禮記·五帝德》則五帝員額齊備。黄帝影響之擴大,固然與鄒衍的影響有關,但如審視以黄帝爲首的五帝名目的規範排列記載,至少在春秋時代展禽所述"國之祀典"中已可見到,至孔子述《五帝德》及《帝系》二篇,五帝概念已明確無疑地被提出,所以祀典中的五帝被廣泛承認和接受,實亦有一個過程①。即便如此,漢代緯書《尚書璇璣鈐》仍有曰:"帝嚳以上,樸略難得,唐虞以來,煥炳可法。"此所言與先秦記載所見相合,其所言實相當於對堯舜以上增加黄帝、顓頊、帝嚳三人五帝譜系的形成,進行辯解。《漢書·司馬遷傳贊》亦曰:孔子"上[斷]唐堯,下訖秦穆,唐虞以前雖有遺文,其語不經,故言黄帝、顓頊之事未可明也。"②亦認爲堯舜以上事難明。這樣,鄒衍五德説中的五帝雖僅黄帝一人,但五德終始的框架對以黄帝爲首的五帝説之確立,應該起到很大作用,此後司馬遷立《五帝本紀》不能説與之完全無關③。所以,鄒衍五德終始説的提出,在古史理論與古史體系建設上的意義,可謂無法估量。

三、鄒衍學説的社會歷史影響

鄒衍的最大學術貢獻是提出了五德終始説,此顯然是欲爲社會歷史的發展歸納出一套邏輯法則。此法則雖然不過是循環論,但它畢竟代表了當時邏輯抽象的歷史思維水平。其最大特點是要把人類社會及其歷史説成是可以理解的,其發展有次第法則可尋,絶非淩亂無章。它在當時影響極大,如鄒衍預言代周火而王者應爲水德,秦朝建立後即據以自命爲水德,是後武帝改制,定漢爲土德,即承五德終始之運而來。其對後世影響亦極大,如歷代皇帝自稱"奉天承運",所謂"運"即紹承"五德之運"而來。五德終始説標誌着史學思想發展里程碑式的高

---

① 參拙文《讖緯思潮與三皇五帝史統的構擬》,《管子學刊》2007年第4期。
② 《大戴禮記·武王踐阼》記武王問師尚父曰:"黄帝、顓頊之道存乎? 意亦忽不可得見與?"可與此互證。
③ 《史記·五帝本紀》及《封禪書》俱云黄帝土德,與《吕氏春秋·應同》所記同,乃鄒衍之説爲司馬遷所本。

度,古代的社會演化理論,也始終以它爲基本模式,繼三統説之後,五德終始説以新的形式推動了歷史循環論的盛行。三統説見於《逸周書・周月》,無疑具有陰陽家言的色彩。五德終始作爲陰陽家言,與三統説之間又肯定存有淵源聯繫,二者在戰國秦漢之際因陰陽家説盛倡於世而一度大行①。陰陽家以陰陽四時之大順爲教令,決定了該説的循環論性質。《易・繫辭下》有曰"日往而月來,月往則日來……寒往則暑來,暑往則寒來",可作爲陰陽家以陰陽四時自然變化爲據的歷史循環論思想的比證説明。陰陽家之外,歷史循環論幾爲戰國諸子的共識。如《孟子・滕文公下》:"天下之生久矣,一治一亂。"《荀子・賦》:"千歲必反,古之常也。"《荀子・王制》:"始則終,終則始,若環之無端。"荀子終始循環概念可與鄒衍五德終始概念相比較,《史記・樂書》曰"終始象四時",是陰陽四時循環在鄒衍歷史觀上留下了深刻影響。自戰國諸子之後,循環史觀幾成爲古代史學思想中無法逾越的定式,鄒衍是其作爲一種理論運用於歷史的最主要倡導者。

五德終始説作爲一種史學觀念,其意義及影響頗值得深入探討。鄒衍著作,據《史記・孟荀傳》有《終始大聖》及《主運》,《封禪書》記有《終始五德之運》及《主運》。按《主運》應爲《五運》之訛,《五運》即《終始五德之運》;按《鹽鐵論・論鄒》所言,《終始五德之運》又可稱《大聖終始之運》。這樣,鄒衍上述著作實可歸併爲一種,即《終始五德之運》,其餘諸稱皆傳聞異名。《終始五德之運》應即《漢書・藝文志》諸子略陰陽家的《鄒子終始》五十六篇,此外還著録有《鄒子》四十九篇。是鄒衍之説以"終始五德之運"爲主,影響亦較大,故秦帝采之定國運水德,燕齊方士爭傳之,漢初公孫臣及張蒼亦傳其學而論秦漢德運②。《史記・孟荀傳》記齊三鄒子之鄒奭"亦頗采鄒衍之術以紀文",《漢書・藝文志》諸子略陰陽家著録《鄒奭子》十二篇,著録《公檮生終始》十四篇,下自注:"傳鄒奭《始終書》。"凡此皆可見鄒衍學説在當時及其前後的影響。鄒衍又號"談天衍",《史記・孟荀傳》集解引劉向《別録》曰:"鄒衍之所言,五德終始,天地廣大,盡言天事,故曰談天。"所謂"天事"亦應包括天文歷法内容,鄒衍通曉天文歷法,如"終始"與"天行"有關,《易・蠱・象》曰:"終則有始,天行也。"按《左傳》記載,終始概念本身即爲與天文歷法有關的概念,漢代有治"終始歷"者,"終始歷"應出於鄒衍③。《晉書・束晳傳》記魏襄王墓中竹書《大歷》二篇,"鄒子談天類也",《漢書・藝文志》數術略五行類有《天歷大歷》十八卷,楊樹達以爲即《大歷》二篇④。由於二者篇卷數相差懸殊,似非一書,但二者内容性質可能相類,皆應與天文歷法有關,其説與鄒衍或有某種關聯。相關的是,鄒衍五德終始説與"歷譜牒"有關聯,是即所謂"歷譜牒終始五德之傳"。

《史記・三代世表》曰:"余讀《牒記》,黄帝以來皆有年數,稽其歷譜牒終始五德之傳。"《十二諸侯年表》曰"太史公讀《春秋》歷譜牒"、"漢相張蒼歷譜五德",《索隱》曰:"案,張蒼著《終始五德傳》也。"所謂"歷譜牒"應是歷法與譜牒的結合,以歷法年時解説王公傳世的譜牒體系。

① 葛志毅:《先秦兩漢的制度與文化》,黑龍江教育出版社,1998 年,第 269—279 頁。

② 《史記・封禪書》。

③ 葛志毅:《先秦兩漢的制度與文化》,第 277 頁。

④ 楊樹達:《漢書窺管》,上海古籍出版社,1984 年,第 246 頁。

終始五德之傳與曆譜牒結合，應是用時間的循環輪轉，構擬歷史演變的往復循環規律，即試圖從曆法角度結合星占方法解釋歷史世運和傳法世系。《十二諸侯年表》又曰"各往往捃摭《春秋》之文以著書……曆人取其年月，數家隆於神運，譜牒獨記世謚"，此乃從《春秋》學引申出的各個分支學科，與試圖探究歷史世運的輪轉時序相關，其中"數家隆於神運"主要應指鄒衍的五德終始之運。大約鄒衍五德終始說與譜牒及曆法結合，形成"曆譜牒終始五德之傳"的歷史化曆譜學；它以王公譜牒與曆法年時的流轉結合起來，按五德之運的法則，探究古今世運歷史的輪回循環規律，亦即形成歷史化的曆譜學。《漢書·藝文志》數術略有"曆譜"類，曰："曆譜者，序四時之位，正分至之節，會日月五星之辰，以考寒暑殺生之實。故聖王必正曆數，以定三統服色之制。又以探知五星日月之會，凶厄之患，吉隆之喜，其術皆出焉。此聖人知命之術也。"是曆譜不獨可以知自然之四時寒暑，年節日月，同時又兼具對王朝運代及其吉凶禍福的星占預卜，而這些都被認爲與王朝歷史的盛衰興亡密切相關，是即所謂知天命、知天道之術。按曆法年時的往復流轉爲社會歷史擬定出一個可以預期的演變代換規律，是人們最大的期盼，三統說、五德終始說這樣的循環論，恰恰適應了人們掌握歷史運代規律的期盼。察其根源，在於天文星占極易導致循環論認識有關。"曆譜牒"就是如此被歷史化的曆譜學，故其與五德終始說結合爲"曆譜牒終始五德之傳"。如果發掘其背後的支撐因素，就在於曆法性質的往復循環式的時間觀。有學者在敘述瑪雅人循環往復的時間觀時，如此說道，時間是個輪回環轉的圓圈，時間輪回圈中的各個點位各自不具有唯一性，當特定的時間單位循環回來重現時，那些從前與之聯繫的事件就仿佛被疊映再現了；此時有着彼時的影子，今天同構於過去[1]。中國古代的三統說與五德終始說背後，就存在着相似的循環往復時間觀。爲規範對歷史的預言形式，不僅利用了這種時間觀，而且五德終始說又與譜牒及曆法結合，形成具有歷史哲學化的"曆譜牒終始五德之傳"。這應該是對鄒衍歷史觀的發展，也是在古代歷史哲學體系中有代表性的歷史思想。

由五德終始說可知歷史循環論的自然哲學根據是五行循環屬性，而且若進而把五行的循環論置於中國思想史的大背景下分析，中國古代循環論絕非簡單刻板的循環論。古人認爲五行循環有如四時相代，是一種內在生化機制表現出來的世界永駐的持續性發展演化秩序，其更大意義在於它已成爲社會人事活動的參照借鑒，它啓發人們應以自己的自覺努力把握永續常存的社會宇宙歷史生命。《禮記·禮運》："播五行於四時，和而後月生也。是以三五而盈，三五而缺。五行之動，迭相竭也。五行四時十二月，還相爲本也。"是五行乃四時循環之本，循環乃五行的根本屬性，五行、四時循環是一個相互關聯的永續過程。《禮運》又曰："故聖人作則……五行以爲質……五行以爲質，故事可復也。"孔疏："五行周而復始，運回無窮，爲教法則此，則事必不絕，故云可復。"[2]是古人不僅認爲循環是五行根本屬性，尤強調它是人事必須效法的準則，用以保證世界發展的經久持續，永不間斷。因此一般講，古代循環論絕非簡單刻板的循環論，而是如大化流行不已的持續發展論，在一定意義上講，它避免了直線發展論的局

---

① 林大雄：《失落的文明：瑪雅》，華東師範大學出版社，2001年，第29頁。
② (清)阮元校刻：《十三經注疏》下册，中華書局，1980年，第1425頁。

限。《易》稱貞下起元，剝極必復，視宇宙天地爲生生不已的持續過程。因爲乾道健旺，大化流行，萬有生生不已，化變相續，世界因此成爲繼續永在的生化演變過程，從而給人以"周而復始，運回無窮"、"事必不絕，故云可復"的啟示，表現出中國古代關於宇宙萬有自具運行生機，世界因得以永續不絕的積極信念。必須認識到，此循環論乃宇宙永續發展的有機流化論，絕非簡單刻板的循環論。五德終始說在中國思想史上的啟發意義，理應在此。

　　鄒衍乃陰陽五行思想總其成者，如五行相生、五行相克思想皆與鄒衍有關。只是他以相勝說解釋社會歷史，即五德終始說；用相生說解釋四時運行相代，即陰陽五行月令體系。至劉歆作《世經》，改用相生說解釋王朝歷史的循環相代，於是相生說獨大，無論自然與社會的變化，主要用五行相生解釋之，這是世界生生不已，宇宙乃大化流行的易道生機論的強大影響所致。鄒衍既爲陰陽五行思想之集大成者，又促成陰陽家與儒家之融合①，漢初以董仲舒爲代表，集中反映了鄒衍學說之深入影響，並通過董仲舒提出陰陽五行化的儒學思想體系。《呂氏春秋》十二紀是陰陽家說，在鄒衍前後隨陰陽家與儒家之合流，十二紀被儒家引入《禮記》且以《月令》名篇。《漢書·禮樂志》載《郊祀歌》十九章，其三《青陽》、四《朱明》、五《西顥》、六《玄冥》，並謂乃"鄒子樂"，王先謙謂乃四時迎氣樂歌②。《月令》十二月乃四時五行相生的體系，此四時迎氣樂歌與《月令》體系相應，故《月令》體系顯與鄒衍有相當關係③。漢代盛行的《洪範五行傳》之學亦可見鄒衍的影響。《漢書·藝文志》數術略曰："五行者，五常之形氣也。《書》云'初一曰五行，次二曰羞用五事'，言進用五事以順五行也……其法亦起五德終始。"是可證漢代《洪範五行傳》之學包括鄒衍學說的影響因素。《大戴禮記·曾子天圓》曰："陽之精氣曰神，陰之精氣曰靈。神靈者，品物之本也，而禮樂仁義之祖也，而善否治亂之所興作也……聖人立五禮以爲民望，制五衰以別親疏，和五聲之樂以導民氣，合五味之調以察民情，正五色之位，成五穀之名，序五牲之先後貴賤……此之謂品物之本，禮樂之祖，善否治亂之所由興作也。"是乃以陰陽五行之義作爲萬物之本、禮義之祖、善否治亂之原，可證陰陽五行在儒家的意義之重要。鄒衍乃出入於儒家與陰陽家的人物，他更加發展了陰陽五行之義；漢儒在很大程度上吸納了陰陽五行因素並以之豐富發展了自己的思想體系，董仲舒可爲代表。在一定意義上可以說，董仲舒乃繼承鄒衍的陰陽五行化儒學的傳人。

　　《書·洪範》是較早提出五行思維模式的文獻記載之一，其九疇第一疇即金木水火土五行，提出五行思維模式的框架基礎，由此提出五行思維模式的自然哲學根據；此後任何與五行思維模式相關的事物概念背後的具體支撐因素，就是金木水火土五行體系，並成爲不言自明的前提。《洪範》九疇第一疇之下緊接第二疇"五事"，此乃五行模式在人事上的聯繫推衍，《漢書·藝文志》數術略"《書》云：'初一曰五行，次二曰羞用五事。'言進用五事以順五行也"，可以爲證。以下各疇所見如五紀、卜五、庶徵五、休徵五、咎徵五、五福等，皆乃五行思維模式下

① 《史記·孟荀傳》"鄒衍睹有國者益淫侈，不能尚德若《大雅》'整之于身，施及黎庶'矣"，又曰："然其要歸，必止乎仁義節儉，君臣上下六親之施，始也濫耳。"鄒衍雖倡陰陽五行思想，但其術以儒爲本。又可參《鹽鐵論·論儒》。

② （清）王先謙：《漢書補注》上冊，中華書局，1983年，第485頁。

③ 葛志毅：《譚史齋論稿續編》，黑龍江人民出版社，2004年，第335頁。

的事物概念。其中休徵五即"五事"中的"肅乂晢謀聖",更證明五行思維模式相互的聯繫相通性,説明五行思維模式派生出的事物概念間,有着共同的框架基礎,亦即金木水火土五行自身爲總根①。據此有人認爲簡帛《五行》中的五行僅指仁義禮智聖五德行,尚未與金木水火土五行形成比附、配合關係,在認識上極爲不妥,因爲仁義禮智聖五德行背後的形上根據就是金木水火土五行②。

　　與簡帛《五行》中仁義禮智聖之説稍異,文獻記載中多稱仁義禮智信,一般稱五常,又稱五性,與金木水火土五行相配。如《太玄·玄數》以仁義禮智信爲五性,分别與木金火水土相配。《白虎通》卷八《性情》曰:"五性者何謂? 仁義禮智信也……故人生而應八卦之體,得五氣以爲常,仁義禮智信也。"按"五氣"指金木水火土五行之氣,"常"即仁義禮智信五常。據下文所言,仁義禮智信分别配木金水火土,與上言《太玄》合。鄭玄在《禮記·中庸》注提出"性命"説,其曰:"天命,謂天所命生人者也,是謂性命。木神則仁,金神則義,火神則禮,水神則信,土神則知。"即以仁義禮智信五性配合金木水火土五行。以之與《太玄》及《白虎通》相校,唯鄭玄以水配信,以土配智相異,其餘皆同,但三者共同之處在皆以五性與五行相配則不異。鄒衍稱金木水火土爲五德,德即行。《周官·地官·師氏》鄭注:"德行,内外之稱,在心爲德,施之爲行。"此可與簡帛《五行》相證,是五德即五行。德又即性,故金木水火土五德應即仁義禮智信五性,此乃陰陽家説儒學化的結果與標誌,也與鄒衍出入於陰陽家與儒家的思想本質相合。前文言五行説成立的根本在金木水火土五元素,其向人事的推衍即反映爲仁義禮智信五常,又曰五性,又即五德,上引《太玄》、《白虎通》及鄭玄俱以二者相配可爲證明。故由此推之,思孟五行説必以金木水火土五行與仁義禮智聖五行相涵容。上引鄭玄《中庸》注又被説爲出於子思遺説③,因此更可以説,那種認爲思孟五行僅指仁義禮智聖而與金木水火土無關之説,於義難通④。總之,一定要充分認識五行觀念在各方面的深入影響;鄒衍之所以能提出五德終始説,歸根結底是因爲五行作爲當時自然哲學概念基礎的强大輻射影響作用,並被當時廣泛認同接受。

　　鄒衍以陰陽五行説見長,亦對漢代思想留下極大影響,此外,他與戰國以來的神仙方士及讖緯諸説亦頗有關係。首先鄒衍行事在史傳中居然被作爲方士記載下來。據云:"《方士傳》言鄒衍在燕,燕有穀,地美而寒,不生五穀。鄒子居之,吹律而温氣至而黍生,今名黍穀。"⑤是鄒衍被記爲十足的方士。其實這種看法主要與未能正確認識鄒衍思想實質真相的淺見誤解所致。故其學被曲解爲神仙方士之説。察《史記·封禪書》:"自齊威、宣之時,鄒子之徒論著終始五德之運,及秦帝而齊人奏之,故始皇采用之。而宋毋忌、正伯僑、充尚、羡門高,最後皆

① 由於金木水火土五行受到推重,由此五行抽象出的"五"也成爲概念構成範式中的常用詞,這是衆多以"五"爲概念構成詞彙出現的重要原因之一。當然,這是"五行"概念的强大影響所致,其背後仍往往可見金木水火土五行的影子。

② 葛志毅《簡帛〈五行〉與子思之學考辨》,載《譚史齋論稿續編》,黑龍江人民出版社,2004年。

③ 章太炎:《章太炎全集》(一),上海人民出版社,1980年,第169頁。

④ 此又可參葛志毅《簡帛〈五行〉與子思之學考辨》。

⑤ 鄧駿捷校補《七略别録佚文·七略佚文》,上海古籍出版社,2008年,第57頁。其書第139頁又載《七略》佚文引《方士傳》鄒衍事一則。

燕人，爲方仙道，形解銷化，依於鬼神之事。鄒衍以陰陽主運顯於諸侯，而燕齊海上之方士，傳其術不能通，然則怪迂阿諛苟合之徒自此興，不可勝數也。自威、宣、燕昭使人入海求蓬萊、方丈、瀛洲，此三神山者……諸仙人及不死之藥皆在焉……世主莫不甘心焉。及至秦始皇並天下……使人乃齎童男女，入海求之……冀遇海中三神山之奇藥。"鄒衍見重於帝王諸侯的主要原因，乃其五德終始説在政治上有助於國家德運名號的制定，此與方士無關。方士爲攀附世主，迎合其神仙長生的欲望，於是勉強比附鄒衍的大九州説及大瀛海説，以利用其與海上仙山及不死藥的聯繫，鄒衍之説由此被方士神仙家所曲解，如記載上有所謂淮南枕中鴻寶苑秘書"鄒衍重道延命方"①，此顯係鄒衍被方士神仙化的結果。錢穆曾考《史記》載鄒衍事有誤，定其赴齊往燕當在齊王建、燕王喜時，"絶不與齊宣、燕昭相涉。史公云云，蓋誤於燕齊方士之説耳。若僅言齊王建、燕王喜，亡國之君，不足以歆動始皇之心也"②。如錢氏所言，則鄒衍主要成爲方士宣傳利用的手段對象，致使其人其説受到歪曲誤導，因而不利於其學術思想的正面傳播，方士的攀附牽引終使鄒衍學説被竄改變質。

　　《史記・三代世表》褚先生補引《黃帝終始傳》，據書名可知其與鄒衍應有某種關係，其內容則被説爲與讖緯有關，如《索隱》曰："蓋謂五行讖緯之説，若今童謠言。"其實鄒衍與讖緯相關的最主要原因，不在此童謠預言之類，而是因其五德終始説中的天降符應祥瑞與河洛讖緯中的圖書符命相類，這才是問題關鍵所在。河洛讖緯傳説至少可追溯至春秋時③，此應爲鄒衍所知，於是仿效之遂作五德終始符應説，如秦既采用其説以水德自命，又更命"河曰德水"，猶可考見五德終始符應與河洛讖緯的聯繫，故讖緯之起定在鄒衍之前。有學者謂讖緯出於鄒衍，曰："鄒衍爲方士魁首，秦漢間方士胥爲鄒之傳人；作《讖緯》者方士，其書由於方士所依託之《河圖洛書》衍變而出，內容與鄒衍之學説一一切合……然則《讖緯》爲書，雖直接原於'海上燕齊方士'，謂間接出於鄒衍，或鄒衍學説之化身變象，無不可也。"④按鄒衍本身不是方士，而是方士的攀附牽引使其人其説被方士化。鄒衍更非讖緯的肇始者，其學説還可能承繼了其前讖緯的某些內容，如前文所言其大九州之説即有此可能。讖作爲預言出現應較早，最晚也應在春秋之前；緯作爲輔經之書，其較多出現且漸成規模，應與漢武尊儒有關，但其中亦應包括孔子前後直至武帝尊儒時的若干説經資料。讖緯中大量見天文星占資料，鄒衍且長於此道，故鄒衍縱非讖緯的開創者，但以他出入於儒家及陰陽家的特殊身份及其學説思想特徵看，他作爲讖緯之學發展中的承前啟後之人，留下的影響必不會很小，讖緯中可見鄒衍遺説亦無足怪⑤。

　　讖緯之外，鄒衍的影響至少在漢代之後、下及魏晉六朝也若隱若現地發生着。魯迅在論及現存所謂漢人小説時指出："蓋無一真出於漢人，晉以來，文人方士，皆有僞作……文人好逞狡獪……方士則意在自神其教，故往往託古籍以炫人；晉以後之託漢，亦猶漢人之依託黃帝伊

① 《漢書・楚元王傳》。
② 錢穆：《先秦諸子繫年》下册，中華書局，1985 年，第 439 頁。
③ 葛志毅：《河洛讖緯與劉歆》，《文史哲》2008 年第 3 期。
④ 陳槃：《古讖緯研討及其書録解題》，(臺灣)"國立編譯館"，1981 年，第 131 頁。
⑤ 可參上引陳槃文。

尹矣。此群書中，有稱東方朔班固撰者各二，郭憲劉歆撰者各一，大抵言荒外之事則云東方朔郭憲，關涉漢事則云劉歆班固，而大旨不離乎神仙。"①按此云方士依託古籍以自神其教，大抵言荒外事及神仙，頗值得注意，因爲其中可見鄒衍的影子，其影響下及兩晉六朝。其中如《神異經》、《十洲記》模仿《山海經》兼言神仙，《漢武洞冥記》言神仙道術及遠方怪異之事，顯見鄒衍影響無疑。察此諸書既託於東方朔、郭憲及劉歆、班固，必與漢事相關，尤其漢武開邊通西域及求神仙諸事，皆可作爲此諸書的依託背景。漢武行事頗與秦始皇相類，而秦始皇則通過燕齊海上方士受到過鄒衍的影響②。此外就《神異經》、《十洲記》自身内容言，形式上雖可見與《山海經》相類者，但恰於此時出現，則使人不能不想到鄒衍洲陸瀛海説的影響。尤其《十洲記》謂漢武聞西王母説八方巨海之中有所謂十洲，更易於使人聯想其大九州、大瀛海之説。總之可以説，鄒衍之説藉助秦始皇，繼則通過漢武帝增強了在其後的潛在影響。此外，明代胡應麟指出，鄒衍學説在佛教傳入中國的過程中，亦發揮出影響。他認爲，佛教真正傳入中國是在東漢明帝之後，但在此前中國已産生與之相類似的學説，即所謂"余嘗讀戰國諸子書，竊謂西方之説大略已具斯時"，他舉出道家老子、墨子及列子、莊子之説以爲比證説明，其中包括鄒衍，其曰："鄒氏之言，曰九州曰瀛海，則佛之大千微塵也，須彌阿耨也。"此乃佛教傳入中國後，在進行中西文化反思對比時，關於戰國諸子自身所具對應價值的看法，其中包括對鄒衍學説的分析。他又説："蓋釋氏未至中華，而其立教之規大都已具於戰國數子矣。至六朝南北盛演諸經，一時能文之士盡取諸家之説潤色而張大之，而世外閎深傑異之觀遂盡入於瞿曇之門户，而猶以爲未足，又取釋氏之説而竄合之，不亦泰甚矣哉。"③按其所言，鄒衍學説後又融入中國化的佛學思想之内。對此他不甚贊同，自是正統儒家的態度，但所言則不乏啟發意義。

　　鄒衍學説閎肆瑰偉，因而很難爲人理解甚而是對其指斥曲解。故一誤於戰國方士尚有情可原，至一些學者亦因無法理解而詆毁之，則因其睿智奇偉之説難得知音解者而然。如漢代號稱博學的揚雄謂"衍無知於天地之間"，"鄒衍迂而不信"④，那麼，如此只能認爲揚雄的學問器識淺隘拘執，難睹至道，或者用一句俗話謂之歷史局限性吧。後世對鄒衍的認識理解亦鮮有其人，因此今日實有必要盡可能爲鄒衍思想發覆表微。

---

① 魯迅：《中國小説史略》，人民出版社，1976 年，第 19 頁。

② 《鹽鐵論》議漢武帝政治，其《論儒》及《論鄒》多言鄒衍；《散不足》則言"及秦始皇覽怪迂，信機祥，使盧生求羨門高，徐市等入海求不死之藥"，乃言秦始皇禮方士而接聞鄒衍之説，"覽怪迂，信機祥"即鄒衍之説，參《史記·孟荀傳》及《曆書》、《封禪書》。此皆可爲漢武帝直接或間接受鄒衍影響之旁證。

③ （明）胡應麟：《少室山房筆叢》，上海古籍出版社，2001 年，第 270 頁。

④ 分別見《法言》之《問道》、《五百》。

孔子思想的核心及其現實意義

楊　軍

（吉林大學文學院歷史系）

　　摘　要：孔子思想的核心用一句話概括就是對仁學的實踐，也就是强調人應該扮演好自己的角色。孔子的所有思想都貫穿着這一核心，圍繞這一點展開。雖然孔子對士階層角色要求的論述已經顯得過時，但其要求人扮演好自己角色的思想核心對於今天我們建設和諧社會仍具有重要的現實意義。

　　關鍵詞：孔子思想　核心　忠恕　角色

　　孔子曾反復對學生講"吾道一以貫之"①、"予一以貫之"②，强調自己的思想有一個核心，但從現有的記載中我們找不到孔子對自己思想核心的説明。研究者對孔子思想的核心究竟是什麽分歧很大，有的認爲是"仁"，有的認爲是"禮"，有的認爲是"和"③，也有的認爲是由仁、義、禮構成的整體結構④。還有的認爲孔子的思想有兩個核心，一個是"時"，由"時"發展爲"中"、"和"；另一個是"仁"，由"仁"發展爲義"、"禮"⑤。本文試談談個人對此問題的理解，求教於方家。

一

　　研究者都要涉及的一段資料，是《論語·里仁》中記載的孔子與曾參的一段對話：

　　　　子曰："參乎！吾道一以貫之。"曾子曰："唯。"子出，門人問曰："何謂也?"曾子曰："夫子之道，忠恕而已矣！"

　　孔子提示曾參，自己的思想"一以貫之"，在曾參表示理解後，孔子未再作解釋，以至"門

---

①　朱熹：《論語集注》，齊魯書社，1992 年，第 34 頁。
②　朱熹：《論語集注》，第 154 頁。
③　張勁：《也論孔子思想核心》，《浙江大學學報》1992 年第 2 期。
④　田耕滋：《孔子的思想核心是一個整體結構》，《孔子研究》1990 年第 3 期。
⑤　金景芳：《孔子思想有兩個核心》，《史學集刊》1999 年第 4 期。

人"不知所云。這説明孔子相信曾參能夠正確理解。換言之,孔子與曾參的上述對話能夠寫入《論語》,證明曾參對孔子思想核心的理解至少在當時是得到孔門弟子的認同的。曾子以"忠恕"二字解釋孔子"吾道一以貫之"的"道",證明孔子所説的"一"不是指一個字,而是指一句話。孔子是説自己的思想核心可以濃縮爲一句話,而不是一個字。

《論語·衛靈公》中有兩段孔子與子貢的對話值得引起我們的注意:

> 子曰:"賜也,女以予爲多學而識之者與?"對曰:"然,非與?"曰:"非也,予一以貫之。"

> 子貢問曰:"有一言而可以終身行之者乎?"子曰:"其恕乎! 己所不欲,勿施於人。"

這兩段對話在《論語》中並不連屬,肯定不是同一次的對話。但這兩段對話至少可以説明,孔子不僅曾啓發學生們,自己的思想存在一個核心,可以用一句話來概括,而且有的學生曾經就這個方面向孔子請教。從孔子回答子貢的話來看,曾參是基於孔子以往與門弟子的談話,而將孔子思想的核心理解爲"忠恕"。

在孔子與子貢的對話中,孔子進一步將"恕"解釋爲"己所不欲,勿施於人",這句話也見於《論語·顏淵》中孔子與仲弓的對話:

> 仲弓問仁。子曰:"出門如見大賓,使民如承大祭。己所不欲,勿施於人。在邦無怨,在家無怨。"

在這段對話中,孔子是用"己所不欲,勿施於人"來解釋"仁"。"己所不欲,勿施於人"的另一種表述方式就是"己欲立而立人,己欲達而達人",這句話見於《論語·雍也》孔子與冉求的對話中,孔子也是用來解釋"仁":

> 子貢曰:"如有博施於民而能濟衆,何如? 可謂仁乎?"子曰:"何事於仁,必也聖乎! 堯、舜其猶病諸! 夫仁者,己欲立而立人,己欲達而達人。能近取譬,可謂仁之方也已。"

很明顯,孔子認爲,"己欲立而立人,己欲達而達人","己所不欲,勿施於人",都是"仁"的具體表現,也就是説,曾參所説的"恕",是"仁"這種品質的具體表現。

曾參用來解釋孔子思想核心的另一個字"忠",在《論語》中有兩處類似的表述。一處見於《論語·子路》,孔子説:"居處恭,執事敬,與人忠。雖之夷狄,不可棄也。"另一處見於《論語·衛靈公》,孔子説:"言忠信,行篤敬,雖蠻貊之邦行矣。"需要强調的是,前者是孔子對"樊遲問仁"的答覆,後者是孔子對"子張問行"的答覆。由此可見,曾參所説的"忠",也是"仁"這種品質的具體表現。所謂"忠恕",就是對"仁"的實踐。

"忠恕"雖然是"仁"的外在表現,但與仁並不是一回事,具有"忠恕"的外在形式,並不一定意味着同時具有了"仁"這種内在品質。這一點在《論語·公冶長》中有明確的表述:

> 子張問曰:"令尹子文三仕爲令尹,無喜色;三已之,無愠色。舊令尹之政,必以告新令尹。何如?"子曰:"忠矣。"曰:"仁矣乎?"曰:"未知,焉得仁?"

　　孔子及其門弟子都非常重視對其學説的實踐。冉求曾經對孔子説："非不説子之道，力不足也。"表示自己在實踐孔子的學説方面有點力不從心，而孔子的答覆是："力不足者，中道而廢，今女畫。"①這方面最典型的例子是子路，"子路有聞，未之能行，唯恐有聞"②。因此，曾參用"忠恕"來闡釋孔子思想的核心，而不是用"仁"這一在孔子的學説中更常出現的概念，是爲了强調孔子思想的核心不僅僅是"仁"的學説，更重要的是對"仁"的學説的實踐。

　　孔子説過"仁者人也"③，"仁"的學説就是如何做人的道理。這一點在《論語・顏淵》中有更爲詳細的闡述：

　　　　顏淵問仁。子曰："克己復禮爲仁。一日克己復禮，天下歸仁焉。爲仁由己，而由人乎哉?"顏淵曰："請問其目?"子曰："非禮勿視，非禮勿聽，非禮勿言，非禮勿動。"顏淵曰："回雖不敏，請事斯語矣。"

　　要實踐"仁"，就要克制自己的私欲、按照"禮"的要求行動。所謂"禮"，就是做人的行爲規範。實踐"仁"，就是要努力按照社會對人的行爲規範的要求"視"、"聽"、"言"、"動"，換言之，就是按照社會的要求扮演好"人"這一角色。

　　綜上，孔子思想的核心用一句話概括，就是對"仁"的學説的實踐，也就是人應該怎樣扮演好自己的角色。

二

　　孔子的全部學説都是圍繞着上述核心展開的。從這個角度入手，我們發現孔子的全部學説可以分爲三個層面。

　　第一個層面的内容是講如何扮演好"人"這個角色。這個"人"既指抽象的人，也指社會的人。前者是從哲學的意義上討論人之所以爲人，即人性包括哪些内容；後者是從社會學的意義上討論社會和文化對人的强制性，即社會對人的道德規範要求都包括哪些内容。在孔子看來，實踐"仁"的學説，扮演好自己的角色，首要的一步是從普遍意義上實踐人性的基本要求和社會對人的基本要求。只有做到這一點，才真正是一個"人"，否則就是不恥於人類的禽獸。對此，《禮記・曲禮》的表述是正確的：

　　　　人而無禮，雖能言，不亦禽獸之心乎！夫唯禽獸無禮，故父子聚麀，是故聖人作，爲禮以教人，使人以有禮，知自別於禽獸。

　　孔子學説中對"仁"的論述基本都屬於這個層面，我們可以稱之爲孔子的"仁學"。

　　第二個層面的内容是講社會對特殊階層的角色要求。孔子非常明確地認識到，不同的社

---

① 朱熹：《論語集注》，第 54 頁。
② 朱熹：《論語集注》，第 43 頁。
③ 孔穎達：《禮記正義》（十三經注疏本），上海古籍出版社，1990 年，第 885 頁。

會階層存在不同的行爲規範。由於孔子自己的社會身份屬於在春秋戰國時代新興起的士階層,他的社會交往基本没有超出士階層的圈子,他的學生雖然有不少來自士階層之外,但孔子對學生的培養從本質上講就是在塑造士,因此,在孔子的學説中,對士這一社會階層的角色要求講得最多。對其他社會階層的行爲規範孔子很少涉及,比較典型的事例是樊遲問稼被孔子斥爲"小人",而後孔子説:"上好禮,則民莫敢不敬;上好義,則民莫敢不服;上好信,則民莫敢不用情。"①顯然,孔子認爲其他社會階層的行爲規範在很大程度上出自統治階層的引導,因此,最重要的是確立統治階層的行爲規範。

孔子反復强調,作爲士階層的人要按照"禮"這種社會對士階層的行爲規範的要求來行動,這樣做才是扮演好自己的角色。這個層面我們可以稱之爲孔子的"禮學"。發揮士階層行爲規範作用的"禮"的破壞,意味着社會對特定階層評價標準的混亂,即不再存在確定的角色要求,在這種情況下,人無法知道社會對自己的角色要求是什麽,扮演好自己的角色自然也就無從談起,因此,孔子才要積極地維護"禮"。過去我們對孔子"克己復禮"思想的評價基本是負面的,從明確角色要求以便人可以按照社會的要求扮演好自己的角色這一角度出發,孔子的這一思想也還是具有積極意義的。

第三個層面的内容是講個人如何扮演好自己的角色。孔子認爲,扮演好自己的角色就是按照與自己社會身份相符的行爲規範的要求去行動。在孔子看來,人生最重要的角色有五種:"天下之達道五,所以行之者三。曰:君臣也,父子也,夫婦也,昆弟也,朋友之交也,五者天下之達道也。"②所謂"父慈,子孝,兄良,弟弟,夫義,婦聽,長惠,幼順,君仁,臣忠"③,就是孔子總結的社會對這些角色的要求,具有相應的社會身份的人按照社會對這些角色的要求來行動,就是扮演好了自己的角色。從這個意義上理解,"君君、臣臣、父父、子子"④,就是國君要按照社會對國君的要求來行動,臣子要按照社會對臣子的要求來行動,父親按社會對父親的要求行動,兒子按社會對兒子的要求行動。

在孔子看來,執政者的首要任務就是提倡全社會的人都按照自己的社會身份扮演好自己的角色,要實現這一點,就必須首先確定不同人的社會身份,以及社會對這些身份的角色要求,這也就是孔子將"正名"⑤作爲從政首要任務的原因。這個層面我們可以稱之爲孔子的"政學"。

仁學是孔子學説的思想基礎,禮學、政學都是仁學在社會層面和政治層面的實踐,而將三者貫穿在一起的正是人應該如何扮演好自己的角色這一問題。古人所説的"修身齊家治國平天下",貫穿其中的核心就是一句話:扮演好自己的角色。《詩經·大雅·思齊》曰:"刑于寡妻,至于兄弟,以御于家邦。"首先扮演好自己的角色,就是"修身";以身作則,感召家人都扮演好自己的角色,就是"齊家";將此理念用於從政,就是"治國平天下"。應該説,古人對孔子學

---

① 朱熹:《論語集注》,第 129 頁。
② 孔穎達:《禮記正義》(十三經注疏本),第 885 頁。
③ 同上書,第 430 頁。
④ 朱熹:《論語集注》,第 121 頁。
⑤ 同上書,第 128 頁。

說的理解與運用是準確地把握住了孔子思想的核心。

　　由於不同社會、不同時代的社會階層並不一致，社會對各階層的要求也不盡相同，因此，在今天看來，孔子對士階層角色要求的闡釋，某些內容顯然已經過時了。可是，對仁學的實踐作爲孔子思想的核心，突出强調人應該扮演好自己的角色，這是具有超時代意義的。構建和諧社會雖然需要從多方面着手努力，但社會中的每個人都扮演好自己的角色，即按社會對自己所屬身份的行爲規範的要求去行動，顯然是實現社會和諧的重要環節。從這個角度來看，孔子思想的核心內容對於我們建設和諧社會也是具有指導意義的，作爲中國傳統文化精華之一的孔子的思想，在現時代也仍舊具有其生命力。

試論公儀休及其與子思學派的關係 *

孫德華

（長春師範大學歷史文化學院）

　　摘　要：子思學派是戰國早期的儒家派別，在孔孟之間的儒學傳承中起過重要作用。可惜的是，除了子思、子上二人以外，學界對其人員構成的研究頗不深入。通過對相關史籍的鈎稽考索，發現公儀休與子思同朝爲官，並與之爲友，且二者在思想上有頗多相似之處，他極可能爲子思學派之成員。因此，可以把公儀休納入子思學派的研究中來。

　　關鍵詞：戰國儒家　公儀休　子思　子思學派

　　子思學派是由孔子之孫孔伋在戰國初期創立的重要儒家派別，在孔孟之間的儒學傳承中起着不可替代的作用。可惜的是，學術界對於這一派別的成員有哪些，除了子思及子思之子子上以外，尚不能達成共識。本文通過對史料的鈎稽考索，發現公儀休與子思同爲魯國人，與子思同朝爲官，且與之爲友，而且在思想上，公儀休與子思有頗多相似之處。因此，我們認爲考察公儀休的思想狀況有助於對子思思想的把握，應當把他納入到子思學派的考察對象中來。

一、公儀休其人考

　　公儀休，《孟子·告子下》作“公儀子”，《孔叢子·公儀》作“公儀僣”①，晉皇甫謐《高士傳》卷中作“公儀潛”。“休”與“僣”、“僣”與“潛”都是因字形相近而互爲假借，當指同一人。戰國時人淳于髡云：“魯繆公之時，公儀子爲政，子柳、子思爲臣，魯之削也滋甚。若是乎賢者之無

---

*　基金項目：吉林省社會科學基金項目（2014B229）；長師大社科合字［2013］第 004 號。

① 有關《孔叢子》的史料價值，前人多有論述，分別見蒙文通《古學甄微》，巴蜀書社，1987 年，第 233 頁；李學勤：《竹簡〈家語〉與漢魏孔氏家學》，《孔子研究》1987 年第 2 期；黃懷信：《孔叢子》的時代與作者》，《西北師範大學學報》1987 年第 1 期。李健勝先生亦曾注意到《孔叢子》中的史料價值，但同時亦作了辨僞的工作，見其《〈孔叢子〉所載子思言行辨析》，李健勝：《子思研究》，陝西師範大學出版社，2009 年，第 89—106 頁。因此，不能簡單地視《孔叢子》爲僞書而棄之不用，對其史料價值應重視利用。

益於國也！"《孟子·告子下》）朱熹注："公儀子，名休，爲魯相。"①可見，公儀子即公儀休，與子思同朝爲魯穆公的臣子，並且作過魯國的相。《史記·循吏列傳》載："公儀休者，魯博士也。"可見，公儀休又做過魯國的博士。《孔叢子·公儀》曰："魯人有公儀僭者，砥節礪行，恬於榮利，不事諸侯，子思與之友。"②《高士傳》卷中亦云："公儀潛者，魯人也，子思與之友。"顯然，這裏的公儀僭和公儀潛爲同一人，是子思的好友。

按，"僭"有奸詐狡猾之意，又可通"僭"，有僭越之意，似乎"僭"和"僭"都不適合作人名。公儀子應名"休"，字"潛"，"休"有"潛"意，"潛"亦有"休"意，名字正相應。《禮記·檀弓上》有"公儀仲子"，《釋文》："公儀，氏；仲子，字。魯之同姓也，其名則未聞。"③魯是姬姓國，故公儀氏也爲姬姓。

綜合以上材料，我們認爲，公儀休、公儀僭、公儀潛爲同一人，他是魯國人，姓姬，名休，字潛，公儀是其氏，與子思同朝爲官，做過魯國的博士和相，與子思爲友。有關公儀休的具體生卒年代已不可考，但可以肯定的是他是與魯穆公和子思同時期的人物，生活的年代大約在戰國的前期。《孔叢子·公儀》載：

> 魯人有公儀僭者，砥節礪行，樂道好古，恬于榮利，不事諸侯，子思與之友。穆公因數思欲以爲相，謂子思曰："公儀子必輔寡人，三分魯國而與之一。子其言之。"子思對曰："如君之言，則公儀子愈所以不至也。君若饑渴待賢，納用其謀，雖蔬食水飲，伋願在下風。今徒以高官厚禄，釣餌君子，無信用之意，公儀子之智若魚鳥可也，不然，則彼將終身不躡乎君之庭矣。且臣不佞，又不任爲君操竿下釣，以傷守節之士也。"

《高士傳》卷中云：

> 公儀潛者，魯人也，與子思爲友。穆公因數思而致命，欲以爲相。子思曰："公儀子此所以不至也。君若飲渴待賢，納用其謀，雖疏食飲水，伋亦願在下風。如以高官厚禄爲釣餌，而無信用之心，公儀子智若魚者可也，不爾則不踰君之庭。且臣不佞，又不能爲君操竿下釣，以傷守節之士。"

《孔叢子》舊題孔鮒撰，其成書大約在秦末，至遲不晚於漢初。因此，晉皇甫謐的《高士傳》中有關公儀休的材料應來源於《孔叢子》。從這兩條史料來看，不但公儀休是子思的朋友，並且子思特別瞭解公儀休的爲人，所以當魯穆公説出那番話之後，子思則認爲"如君之言，則公儀子愈所以不至也"，"今徒以高官厚禄，釣餌君子，無信用之意，公儀子之智若魚鳥可也，不然，則彼將終身不躡乎君之庭矣"（《孔叢子·公儀》）。可見，公儀休之所以做了魯國的相，正是賴於子思對魯穆公的合理舉薦。公儀休與子思爲友，又同朝爲官，子思非常瞭解他。可以説，公儀休

---

① （宋）朱熹：《四書章句集注》，中華書局，1983 年，第 342 頁。
② 見中華書局影印子匯本。"僭"，注云："數本皆作潛。"見《孔叢子》，中華書局，1985 年，第 49 頁。按，四庫本作"僭"，上海古籍出版社影印杭州葉氏藏明翻刻宋本作"休"，見《孔叢子》，上海古籍出版社，1990 年，第 24 頁。可見僭、潛、休應指同一人。宋咸注"疑爲公儀休之昆弟"，非也。
③ （清）孫希旦：《禮記集解》，中華書局，1989 年，第 163 頁。

不但是子思的好友,而且同爲魯穆公的臣子,與子思在思想上也有一些相似的地方。因此,考察公儀休的思想狀況有助於我們瞭解子思思想。

二、公儀休與子思學派的關係

公儀休的思想與子思有許多相似的地方,這應該與他們同朝爲官,又互相爲友有關,想必他們之間有許多的交往,相互切磋論學應是常有之事。有關公儀休的思想狀況,從現存史料來看,我們可以歸納出與子思相關的兩個相似點,即講究爲官之道和不與民爭利,下面分述之。

1. 講究爲官之道

（1）公儀休之"辭魚"

公儀休的"辭魚",實際上體現了他的爲官之道,很有教育意義。公儀休"辭魚",最早出於戰國後期的《韓非子》:

> 治强生於法,弱亂生於阿,君明於此,則正賞罰而非仁下也。爵禄生於功,誅罰生於罪,臣明於此,則盡死力而非忠君也。君通於不仁,臣通於不忠,則可以王矣。昭襄知主情,而不發五苑;田鮪知臣情,故教田章;而公儀辭魚。(《韓非子·外儲説右下》)

這裏的"公儀"即指公儀休。韓非子把公儀休辭魚的舉動看作是"臣通於不忠"的典型,這裏的"不忠"是"非忠君"之意。在韓非子看來,要想有爵禄必須通過立功來獲得,而犯罪則會受到誅罰,那麽,爲了得到爵禄避免受誅罰,則臣子必須"盡死力",但這麽做的目的並不是爲了"忠君"。韓非之説的對與錯暫且不論,實際上古時君臣的利益是相統一的,有所謂"富國,家自富;利君,身自利也"①。《韓詩外傳》卷三則載:

> 公儀休相魯而嗜魚,一國人獻魚而不受。其弟諫曰:"嗜魚不受,何也?"曰:"夫欲嗜魚,故不受也。受魚而免於相,則不能自給魚;無受而不免於相,長自給於魚。"此明於魚爲己者也。故老子曰:"後其身而身先,外其身而身存。非以其無私乎? 故能成其私。"詩曰:"思無邪。"此之謂也。

這裏説得很清楚,公儀休辭魚的目的是"長自給於魚",説白了是爲了自己的長遠利益考慮,而自己的長遠利益是與國君緊密聯繫在一起的。公儀休講了一個很辯證的道理,認爲做了大官就不能接受別人賄賂的魚,因爲自己的俸禄足以買魚吃;如果接受了賄賂,自己就會丟官,官丟了國君就不會發俸禄給自己,没有了俸禄就没法去買魚吃了。他結論是如果想長久地吃魚,就不要接受別人賄賂的魚,以免丟官之後無魚吃。這正説明了公儀休是多麽的"通於不忠"。此外,在《淮南子·道應》中亦載有其事:

---

① 陳奇猷:《韓非子新校注》,上海古籍出版社,2000年,第804頁。

公儀休相魯，而嗜魚。一國獻魚，公儀子弗受。其弟子諫曰："夫子嗜魚，弗受，何也？"答曰："夫唯嗜魚，故弗受。夫受魚而免於相，雖嗜魚，不能自給魚。毋受魚而不免於相，則能長自給魚。"此明於爲人爲己者也。故老子曰："後其身而身先，外其身而身存。非以其無私邪？故能成其私。"

有關公儀休拒魚的事，又見於西漢司馬遷之《史記·循吏列傳》：

客有遺相魚者，相不受。客曰："聞君嗜魚，遺君魚，何故不受也？"相曰："以嗜魚，故不受也。今爲相，能自給魚。今受魚而免，誰復給我魚者？吾故不受也。"

這裏的"相"顯然指的是爲魯國相的公儀休。可見，司馬遷是相信公儀休辭魚之事的，否則不會記入《史記》。

可見，公儀休辭魚的事迹最早見於成書於戰國後期的《韓非子》。之後，又見於《韓詩外傳》、《淮南子》和《史記》等古籍，此三書皆爲西漢人之著作，可見公儀休辭魚是西漢時人之共識。三書中雖然在細節上不盡相同，如與公儀休對話者在《韓詩外傳》和《淮南子》中作"弟"，而在《史記》中則作"客"，不知司馬遷有何據，但其主體皆爲公儀休辭魚之事迹。

（2）子思之"辭酒脯"諸事

以上討論了公儀休"辭魚"的事迹。實際上，在生活中，子思也曾多次拒絕別人送的東西，如"辭酒脯"、"辭車馬"、"辭狐裘"、"辭鼎肉"。《孔叢子·公儀》載：

子思居貧，其友有饋之粟者，受二車焉。或獻樽酒束修，子思弗爲當也。或曰："子取人粟而辭吾酒脯，是辭少而取多也。於義則無名，於分則不全，而子行之，何也？"子思曰："然！伋不幸而貧於財，至乃困乏，將恐絕先人之祀，夫以受粟爲周之也。酒脯則所以飲宴也，方乏於食，而乃飲宴，非義也。吾豈以爲分哉？度義而行也。"或者擔其酒脯以歸。

子思"辭酒脯"而取粟"二車"，在別人看來是"辭少而取多也"，是既無名也無分的。而在子思看來，取粟是爲了不"絕先人之祀"，而酒脯則是用來宴飲，如果取酒脯就是不義的，他的行爲準則是"度義而行"，即按照合乎義的規定行事。據《孔叢子·公儀》載，齊國的閭丘溫欲叛齊歸魯，魯穆公要求子思接納閭丘溫，子思即以"伋雖能之，義所不爲也"爲由而拒絕了。劉向《說苑·立節》載：

子思居於衛，縕袍無表，二旬而九食，田子方聞之，使人遺狐白之裘，恐其不受，因謂之曰："吾假人，遂忘之；吾與人也，如棄之。"子思辭而不受，子方曰："我有子無，何故不受？"子思曰："伋聞之，妄與不如棄物於溝壑，伋雖貧也，不忍以身爲溝壑，是以不敢當也。"

這裏説子思在衛國的時候，"縕袍無表，二旬而九食"，合於《孔叢子·公儀》中所説的"子思居貧"之狀態。田子方瞭解到這種情況，便派人送給子思狐裘，擔心子思不接受則説"吾假人，遂忘之；吾與人也，如棄之"。而在子思看來，田子方的做法就是"妄與"，"妄與不如棄物於溝壑"，子思認爲受到了侮辱，故"辭狐裘"，拒絕了田子方送的狐裘。《孔叢子·抗志》亦載：

　　　　衛公子交饋馬四乘於子思,曰:"交不敢以此求先生之歡,而辱先生之潔也,先生
久降於鄙土,蓋爲賓主之餼焉。"子思曰:"伋寄命以來,度身以服衛之衣,量腹以食衛
之粟矣,又且朝夕受酒脯及祭燔之賜。衣食已優,意氣已定,以無行志,未敢當車馬
之贶。禮雖有爵賜人,不踰父兄,今重違公子之盛旨,則有失禮之僭焉,若何?"公子
曰:"交已言於君矣。"答曰:"不可。爲人子者三賜不及車馬。"公子曰:"我未之聞也,
謹受教。"

這裏,《孔叢子·抗志》記載的是子思"辭車馬"的事迹。對此子思找出了兩點理由,第一,"度
身以服衛之衣,量腹以食衛之粟","且朝夕受酒脯及祭燔之賜"。可見,此時的子思已衣食無
憂,與《孔叢子·公儀》"子思居貧"、《説苑》"緼袍無表,二旬而九食"的情況大不相同,那時情
形應該是子思初到衛國不久的境遇,而此時應該是子思在衛國待了一段時期以後的情形。第
二,公子交賜子思車馬超出了禮制的規定,是不合乎禮的。因此,子思拒絶了公子交所賜的車
馬。按,在此子思皆合於《孔叢子·公儀》中的"度義而行"的行爲準則,即説他找出的"辭車
馬"的兩點理由完全是自己"度義而行"的結果,與其一貫的行爲準則並不矛盾。以上材料前
後呼應,其史料來源應該是有所本的。

　　此外,《孟子·萬章下》載:

　　　　繆公之於子思也,亟問,亟饋鼎肉。子思不悦。於卒也,摽使者出諸大門之外,
北面稽首再拜而不受,曰:"今而後知君之犬馬畜伋。"

記載了子思辭魯穆公所賜"鼎肉"的事迹。"辭鼎肉"即子思所標榜的"抗志"的體現。《孔叢
子·抗志》載:

　　　　曾申謂子思曰:"屈己以伸道乎? 抗志以貧賤乎?"子思曰:"道伸,吾所願也。今
天下王侯,其孰能哉? 與屈己以富貴,不若抗志以貧賤。屈己則制於人,抗志則不愧
於道。"

在這裏子思説得很明白,"屈己以富貴",不如"抗志"以"不愧於道"。"道"即"義","抗志"亦合
於子思"度義而行"的宗旨。

　　(3) 公儀休"辭魚"與子思"辭酒脯"諸事之比較
　　公儀休的"辭魚"與子思"辭酒脯"諸事有相同也有不同的地方。
　　首先,在形式上是相同的,都是拒絶別人贈與的物品。但在内容上却是不同的,公儀休拒
絶的是別人送的魚,子思拒絶的是別人贈與的"酒脯"、"鼎肉"、"狐裘"、"車馬"等,包括吃的、
穿的、用的,在内容上比公儀休豐富得多。
　　其次,二者在拒絶的原因上或有不同,但在目的上具有一致性。公儀子的"辭魚"並不是
説明他不吃魚,而是爲了能夠長久地吃魚。體現的是他的爲官之道,或者説是爲臣之道。子
思"辭酒脯"諸事也不是説明他不吃或不用這些東西,而是因爲這些東西不符合"禮"或"義",
但如果這些東西的贈與者爲國君(賜車馬),或者贈與者在時間地點上不同(比如地點在魯國
或者在子思境遇稍好的時候),那麽子思是不會拒絶的。在某種意義上説,子思拒絶接受這些

東西,也是爲自己的長遠利益來考慮,《孔叢子·抗志》中的事例恰好可以説明這問題:

> 子思居衛,衛人釣於河,得鰥魚焉,其大盈車。子思問之,曰:"鰥魚,魚之難得者
> 也。子如何得之?"對曰:"吾始下釣,垂一魴之餌,鰥過而弗視也。更以豚之半體,則
> 吞之矣。"子思喟然曰:"鰥難得,貪以死餌。士雖懷道,貪以死禄矣。"

在這裏子思舉了一個很形象的例子,他把士比作鰥魚,把財禄比作魚餌,鰥魚因魚餌而死,士因貪圖財禄而死。按,這裏的"禄"不僅僅指俸禄,而是泛指一切財物。與"義"相比,任何財物都不算什麼,如果接受的財物不符合"義"的規定,那麼子思便會斷然拒絶,在他看來只有"度義而行"才能立於不敗之地,這與公儀休的"毋受魚而不免於相,則能長自給魚"在目的上何其相似!(《淮南子·道應》)

最後,公儀休的"辭魚"與子思"辭酒脯"諸事客觀上都表現出二者的高尚氣節。公儀休的辭魚,雖然《韓詩外傳》、《淮南子》、《史記》等古籍的作者都點明其目的是不被免官而能"長自給魚",但客觀上體現出了公儀休的廉潔形象。與公儀休一樣,子思的"辭酒脯"諸事也體現出子思廉潔合義的一面。

2. 不與民爭利

(1) 公儀休之"拔葵"、"燔機"

有關公儀休不與民爭利的事迹,見於《史記》和《漢書》。《史記·循吏列傳》載:

> 食茹而美,拔其園葵而棄之。見其家織布好,而疾出其家婦,燔其機,云"欲令農
> 士工女安所讎其貨乎"?

説的是公儀休拔掉自家院子的葵、不讓妻子織布的事迹。《説文》云:"葵,葵菜也。"可見,這裏的葵是一種蔬菜,是一種類似於白菜的蔬菜。《詩·豳風·七月》有"七月亨葵及菽",《周禮·醢人》有"其實葵菹",《儀禮·士虞禮》有"夏用葵"。可見,葵是我國古代重要的蔬菜之一。公儀休的"拔葵"、"燔機"爲的是不與民爭利,因爲做官的有足夠的俸禄去買這些東西,如果自己能夠生産這些東西,那麼那些靠賣這些東西的商人就沒飯吃了,用司馬遷的話説就是"使食禄者不得與下民爭利,受大者不得取小"(《史記·循吏列傳》)。《漢書·董仲舒列傳》則載:

> 故受禄之家,食禄而已,不與民爭業,然後利可均布,而民可家足。此上天之理,
> 而亦太古之道,天子之所宜法以爲制,大夫之所當循以爲行也。故公儀子相魯,之其
> 家見織帛,怒而出其妻,食於舍而茹葵,愠而拔其葵,曰:"吾已食禄,又奪園夫紅女利
> 虖!"古之賢人君子在列位者皆如是,是故下高其行而從其教,民化其廉而不貪鄙。

這裏的公儀子,顏師古注是公儀休,從其事迹來看,也顯然是《史記》中所記載的公儀休。《漢書·王莽傳》説:"昔令尹子文朝不及夕,魯公儀子不茹園葵。"顏師古注:"公儀子,魯國公儀休也,拔其園葵,不奪園夫之利。"也顯然是對公儀休的同一事件的記載。《藝文類聚》卷四六引《典略》曰:"公儀休者,魯博士也,爲魯相。無所變更,百官自正。使食禄者,不得與下爭利。"可見,不但是公儀休自己不與民爭利,而是以身作則地號召統治者們不與民爭利。《説苑》卷七記載了這樣一個故事:

> 公儀休相魯，魯君死，左右請閉門，公儀休曰："止！池源吾不稅，蒙山吾不賦，苛令吾不布，吾已閉心矣！何閉於門哉？"

可見，公儀休爲相時沒有苛捐雜稅，沒有嚴酷的法令，可以說公儀休是"君子坦蕩蕩"的（《論語·述而》），根本不需要通過"閉門"來躲避災難的。

(2) 子思之"利民"

公儀休的"拔葵"、"燔機"的事迹體現出其不與民爭利的政治主張。與公儀休一樣，子思也有許多"利民"的主張。《孔叢子·公儀》載：

> 穆公問子思曰："吾國可興乎？"子思曰："可。"公曰："爲之奈何。"對曰："苟君與大夫慕周公、伯禽之治，行其政化，開公家之惠，杜私門之利，結恩百姓，修禮鄰國，其興也勃矣。"

魯穆公問子思怎麼樣才能治理好國家，子思提出三條建議，第一，學習周公和伯禽即魯國祖上的治國之方，這是要求統治者提高自身的統治經驗。第二，"開公家之惠，杜私門之利"，以"結恩百姓"，所謂得民心者得天下，這屬於國家的內政。第三，"修禮鄰國"，即搞好與鄰國的關係，這是國家的外政。"開公家之惠，杜私門之利"即"利民"之策，子思把利民之策當作興國安邦中很關鍵的內容，可見其對百姓的重視。《孔叢子·雜訓》云：

> 孟軻問牧民何先，子思曰："先利之。"曰："君子之所以教民，亦有仁義而已矣，何必曰利？"子思曰："仁義固所以利之也，上不仁則下不得其所，上不義則下樂爲亂也，此爲不利大矣。故《易》曰：'利者，義之和也。'又曰：'利用安身，以崇德也。'此皆利之大者也。"①

孟子請教統治百姓的辦法，子思說"先利之"，即先使百姓得利，體現出子思利民的思想主張。按，孟軻"受業子思之門人"（《史記·孟子荀卿列傳》），不及見子思。但此條所記內容與子思思想是相符的。如何利民呢？《孔叢子·雜訓》載：

> 魯穆公訪於子思："曰寡人不德②，嗣先君之業三年矣，未知所以爲令名者，且欲掩先君之惡，以揚先君之善，使談者有述焉，爲之若何？願先生教之也。"子思答曰："以伋所聞，舜禹之于其父，非勿欲也。以爲私情之細不如公義之大，故弗敢私之云耳。責以虛飾之教，又非伋所得言。"公曰："思之可以利民者。"子思曰："顧有惠百姓之心，則莫如一切除非法之事也。毀不居之室以賜窮民，奪嬖寵之禄以賑困匱，無令人有悲怨，而後世有聞見，抑亦可乎③。"公曰："諾。"

子思認爲，利民有四種具體的方法，第一，"除非法之事"，即按照禮法辦事，或者對無法可依之事設定立法而規避之。《後漢書·袁紹傳》李賢注引曰："兔走於街，百人追之，貪人具存，人莫

---

① 相似的記載又見於晁公武《郡齋讀書志》卷十、馬端臨《文獻通考》卷二百八，其文大同小異。
② "德"，原作"得"，據叢刊本改。
③ "乎"，原本無，據叢刊本補。

之非者,以兔爲未定分也。積兔滿市,過不能顧,非不欲兔也,分定之後,雖鄙不爭。"李賢云:"《子思子》《商君書》並載,其詞略同。"這條被黄以周輯出納入《子思子》的佚文表明①,子思不但提出了"除非法之事"的主張,還參與了具體方案的制定。第二,"毁不居之室以賜窮民",讓老百姓有地方住。第三,"奪嬖寵之禄以賑困匱",把君王寵倖之人的俸禄拿出來救濟窮人,這樣就使得他們有飯吃有衣穿。第四,使百姓没有悲傷埋怨的事。如果做到這四點就可以做到真正的利民了。

　　(3) 公儀休"拔葵"、"燔機"與子思"利民"之比較

　　公儀休"拔葵"、"燔機"表現出公儀休個人處事風格或者説個人修養理念,其目的是不與民爭利,上升到政治的高度亦可以説是體現出公儀休的治國思想,這是公儀休的思想特點。有關公儀休的治國思想,還有值得一説的地方。上文引告子語:"魯繆公之時,公儀子爲政,子柳、子思爲臣,魯之削也滋甚。若是乎賢者之無益於國也!"見於《孟子·告子下》,又見於《鹽鐵論·相刺》。《鹽鐵論·相刺》云:"昔魯穆公之時,公儀爲相,子思、子柳爲之卿,然北削於齊,以泗爲境,南畏楚人,西賓秦國。"可見,公儀休、子思當官時,魯國的國勢並不强盛,反而很削弱:北面割地與齊國,僅以泗水爲界;南面,懼怕楚國的勢力;東面,則受大海的阻隔。可以説,當時的魯國是四面受敵,國勢越來越衰弱,所以告子得出的結論是"賢者之無益於國也"。對此,孟子的回答是:"虞不用百里奚而亡,秦穆公用之而霸。不用賢則亡,削何可得與?"《孟子·告子下》意思是説,不用公儀休和子思這些賢人當政,魯國早就亡國了,連國勢削弱也不可得的。《説苑》卷十三有則材料,可以説明魯國是如何"南畏楚人"的:

　　　　楚成王贊諸屬諸侯,使魯君爲僕,魯君致大夫而謀曰:"我雖小,亦周之建國也。今成王以我爲僕,可乎?"大夫皆曰:"不可。"公儀休曰:"不可不聽楚王,身死國亡,君之臣乃君之有也;爲民,臣也!"魯君遂爲僕。

從這則材料中可以體現出,公儀休的外交政策是很軟弱的,但就魯國當時的國勢而言,要想生存只能對大國妥協忍讓,不能逞匹夫之勇。從這一點來説,"畏楚國"的確是不得已的選擇。當年的越王勾踐臥薪嚐膽,爲吴王夫差牽馬爲僕,不是一個道理嘛!

　　可見,子思的"利民"主張體現出儒家一貫的仁的主張,這也是子思的思想特點之一。從這點上看,公儀休與子思是一致的。

三、結　　論

　　通過以上論述可知,公儀休姓姬,名休,字潛,公儀是其氏,他是魯國人,做過魯國的博士和相,與子思同朝爲官,且與子思爲友。他在内政上主張不與民爭利,在外交上主張妥協,以保存自己的實力,與子思的思想相似。在人格上,他與子思一樣,也是個人格高尚的人,因此受到子思的尊重,也受到魯穆公的重用。公儀休"辭魚"、"拔葵"、"燔機"的事迹,對我們今天

① (清) 黄以周:《子思子》,《續修四庫全書》第 932 册,上海古籍出版社,2002 年,第 100 頁。

來説還是很有警示和教育意義的。如果當政者有公儀休"辭魚"的精神,我想在我們的官僚體系中一定會減少索賄、受賄等腐敗情況的發生。如果能做到公儀休的"拔葵"、"燔機",當政者就不會與民爭利,就會減少官與民之間的經濟糾紛。用公儀休的事例來加强我們的官僚體系建設,相信一定會取得顯著的成績。

綜上所述,我們似可得出如下結論:第一,公儀休與子思有過交往,且與之友。第二,在思想上,公儀休與子思非常相似,且對當今社會具有借鑒意義。基於以上兩點原因,我們認爲應當把公儀休納入到子思學派成員的考察範圍中來。

淺談"聖"在孔孟之間的發展

孫希國

(華中師範大學歷史文化學院;遼東學院思政部)

提　要：子思把"聖"作爲儒家的道德科目,孟子則把"聖"看成人的道德修養所能達到的最高境界。從《論語》到簡帛《五行》篇"經"文、"説"文、最後到《孟子》,"聖"呈現了從難以企及到人人皆可爲"聖"的發展脈絡。反映了孔孟之間的儒學爲適應時代的發展而做出的改變以及思孟學派的儒者爲儒學的發展所做出的努力。

關鍵詞：帛書　楚簡　五行　思孟學派

1973 年 12 月,長沙馬王堆漢墓出土的帛書《五行》篇,大多數學者認爲其是子思、孟子一派儒家的作品。在帛書中,仁、義、禮、智、聖五種被稱爲"德之行",另外還有仁、義、禮、智"四行"之説,龐樸先生經過研究認爲思孟學派的"五行"説是指仁、義、禮、智、聖五種德行[①]。

1993 年 10 月,湖北荆門郭店楚墓出土了大批戰國時期的楚國竹簡,其中也有《五行》一篇。竹簡《五行》篇首標題即"五行",其内容與帛書《五行》篇"經"文大同小異。直接證明了龐樸先生先前關於思孟"五行"的論述。

龐樸先生認爲郭店楚簡中《六德》篇的人倫道德,《五行》篇中'四行'所討論的社會道德,以及《五行》篇中'五行'所討論的宇宙道德……所披露的三層道德論,是早期儒家特別是思孟學派的道德理論"[②]。劉信芳先生則認爲簡帛《五行》篇"是經過精心構思,體系完備的認識論學説"[③],並認爲"《五行》中仁討論的是主體與客體的關係問題,義、禮討論的是行(實踐)的問題,知討論的是認識規律的問題,聖討論的是能否知天道、天德,也就是能否認識真理的問題"[④]。梁濤、陳來、李景林、廖名春等學者對簡帛《五行》篇所闡述的天道觀、人性論以及君子修身的途徑、法則都有詳細的論述,已使我們對子思、孟子的學説體系有了深層次的瞭解。這些對我們進一步考察思孟學派的形成和發展以及子思與孟子之間儒家思想的演變提供了極

---

① 龐樸:《思孟五行新考》,《文史》第七輯,中華書局,1979 年。
② 龐樸:《三重道德——漫説郭店楚簡之六》,《尋根》1999 年第 6 期。
③ 劉信芳:《簡帛五行解詁》,藝文印書館,2000 年,第 284 頁。
④ 劉信芳:《簡帛五行解詁》,第 286 頁。

大的幫助。然而要全面揭示思孟"五行"學説的思想體系,我們認爲還要有許多路要走,這裏僅就思、孟對"聖"這一德目的創造性發展作一簡述。

一、《論語》中的"聖"

《五行》篇是以聰爲聖,以明爲智,在先秦典籍中很少有以聰明來解釋聖智的。在《論語》中,"智"與"聖"也並不是儒家的德目,如:

> 《論語·顏淵》:(樊遲)問知。子曰:"知人。"
>
> 《論語·述而》:子曰:"聖人,吾不得而見之矣;得見君子者,斯可矣。"

《論語》中的"智",也是一種認知世界的能力,而"聖"則是標示人的一種境界,孔子也從未把"聖"與"智"放在一起討論,把"智"和"聖"作爲儒家的道德科目,是子思對儒家學説的新發展。

爲了把人們的倫理行爲都容納到仁的定義當中,孔子賦予仁或者説是君子之道豐富的層次:

> 《論語·憲問》:子路問君子。子曰:"修己以敬。"曰:"如斯而已乎?"曰:"修己以安人。"曰:"如斯而已乎?"曰:"修己以安百姓。修己以安百姓,堯舜其猶病諸!"

這段對話包含了仁的從低到高的三個層次,其中最後一個層次實際上就是"聖"。《論語》中論述"聖"的地方還有如:

> 《論語·述而》:子曰:"若聖與仁,則吾豈敢?"
>
> 《論語·述而》:子曰:"聖人,吾不得而見之矣;得見君子者,斯可矣。"
>
> 《論語·雍也》:子貢曰:"如有博施於民而能濟衆,何如? 可謂仁乎?"子曰:"何事於仁,必也聖乎! 堯舜其猶病諸! 夫仁者,己欲立而立人,己欲達而達人。能近取譬,可謂仁之方也已。"
>
> 《大戴禮記·哀公問五義》:哀公曰:"善! 敢問:何如可謂聖人矣?"孔子對曰:"所謂聖人者,知通乎大道,應變而不窮,能測萬物之情性者也。大道者,所以變化而凝成萬物者也。情性也者,所以理然、不然、取、舍者也。故其事大,配乎天地,參乎日月,雜於雲蜺,總要萬物,穆穆純純,其莫之能循;若天之司,莫之能職;百姓淡然,不知其善。若此,則可謂聖人矣。"

聖人之知與大道相通,其行爲自然可以像神靈一樣變幻莫測,這顯然是常人無法效仿與遵循的。"聖"這一層次,在孔子的眼裏連堯舜都做不到,顯然是很難達到的。楊伯峻先生因此説:"'仁'並不是孔子所認爲的最高境界,'聖'才是最高境界。"[1]

---

[1] 楊伯峻:《論語譯注》,中華書局,1980年,第16頁。

二、簡帛《五行》篇中的"聖"

簡帛《五行》篇"經"文：

> 見而知之，智也。聞而知之，聖也。
> 聞而知之，聖也。聖人知天道也。知而行之，義也。行之而時，德也。見賢人，明也。見而知之，智也。知而安之，仁也。安而敬之，禮也。聖知，禮樂之所由生也，五行之所和也。

在《論語》中，孔子不奢望見到聖人，認爲能見到有操守的君子就可以了，聖人和君子代表了修養層次不同的人群。在簡帛《五行》篇"經"文裏，"聖"的地位比《論語》中的"聖"有所降低，它與"仁"、"義"、"禮"、"智"並存，成爲五種德行之一，雖然它的地位要較其他幾種德行重要。在簡帛《五行》篇中，聖人和君子幾乎是處於同等地位的，"聖"比之《論語》中之"聖"也有明顯的不同，就是它與"天道"相聯繫，有了實質的内容。

簡帛《五行》篇"經"文：

> 金聲而玉振之，有德者也。金聲，善也。玉言，聖也。善，人道也；德，天道也。唯有德者，然後能金聲而玉振之。

在帛書《五行》篇"説"文第 304—305 行：

> 大成也者，金聲玉振之也。唯金聲而玉振之者，然後己仁而以人仁，己義而以人義。大成至矣，神耳矣！人以爲弗可爲也，無由至焉耳，而不然。

帛書《五行》篇"説"文第 337—338 行：

> 舜有仁，我亦有仁，而不如舜之仁，不積也。舜有義，而我亦有義，而不如舜之義，不積也。譬比之而知吾所以不如舜，進耳。

帛書《五行》篇"説"文中認爲，要成爲金聲而玉振之、集大成的有德者，雖然很難，但並不是無法實現的。文中舉了舜的例子，認爲平凡人在仁、義等方面不如舜，是因爲沒有進取、積累，只要進取、積累，就可以達到舜的程度。這一套工夫論，對孟子產生了很大的影響。

三、《孟子》中人格化的"聖"

《孟子·離婁下》：舜人也，我亦人也。舜爲法於天下，可傳於後世，我由未免爲鄉人也，是則可憂也。憂之如何？如舜而已矣。

《孟子·告子下》：曹交問曰："人皆可以爲堯舜，有諸？"孟子曰："然。"

《孟子·告子上》：故凡同類者，舉相似也，何獨至於人而疑之？聖人與我同類者。

孟子直接把舜拉下聖人的神壇，把舜等同於凡人，認爲人人皆可爲堯舜。同時，在孟子眼裏，湯、文王、孔子、伯夷、伊尹、柳下惠等都成爲聖人。

《孟子·公孫丑下》：五百年必有王者興，其間必有名世者。

《孟子·盡心下》：孟子曰：“由堯舜至於湯，五百有餘歲，若禹、皋陶，則見而知之；若湯，則聞而知之。由湯至於文王，五百有餘歲，若伊尹、萊朱則見而知之；若文王，則聞而知之。由文王至於孔子，五百有餘歲，若太公望、散宜生，則見而知之；若孔子，則聞而知之。由孔子而來至於今，百有餘歲，去聖人之世，若此其未遠也；近聖人之居，若此其甚也，然而無有乎爾，則亦無有乎爾。”

《孟子·萬章下》：孟子曰：“伯夷，聖之清者也；伊尹，聖之任者也；柳下惠，聖之和者也；孔子，聖之時者也。”

當然，我們不可否認，孟子眼中的聖人仍然是很難達到的，五百年才出一個。但是，畢竟在孟子那裏，“聖人”已經是活生生的人了。簡帛《五行》篇經文：“唯有德者，然後能金聲而玉振之”，“君子集大成”。《孟子·萬章下》：“孔子之謂集大成。集大成也者，金聲而玉振之也。”在孟子筆下，“集大成”、“金聲而玉振之”的“有德者”，就是孔子。

不僅如此，孟子還對聖、凡兩類人的生理特徵和心理特徵進行了深刻的剖析：

《孟子·離婁上》：孟子曰：“規矩，方員之至也；聖人，人倫之至也。”

在《孟子》中“聖人”的境界不再高不可攀，張羽博士認爲到了孟子之時，“‘聖’並不高於仁義禮智，其天道亦與人道無別……實際上是把‘聖’平凡化了”①。

《孟子·告子上》：口之於味也，有同耆焉；耳之於聲也，有同聽焉；目之於色也，有同美焉。至於心，獨無所同然乎？心之所同然者何也？謂理也，義也。聖人先得我心之所同然耳。

孟子所強調的是聖、凡之間的“同”與“同然”。李亞彬説：“一方面，聖人與‘我’即一般人有共同的生理欲望；另一方面，在對道德的追求方面，聖凡也是相同的。”②

由此我們可以看出，從《論語》到簡帛《五行》篇“經”文，再到帛書《五行》篇“説”文，最後到《孟子》，“聖”的地位從難以企及到人人皆可爲“聖”，呈現了逐漸降低的發展脈絡。它反映了孔孟之間儒學在發展的過程中爲適應時代的發展而不斷做出改變，反映了孔子之後思孟學派的儒者爲儒學的發展所做出的努力。

《孟子·盡心下》：孟子曰：“仁之於父子也，義之於君臣也，禮之於賓主也，智之於賢者也，聖人之於天道也。”

---

① 張羽：《郭店儒家簡心性思想研究》，吉林大學博士學位論文，2003 年，第 51—52 頁。

② 李亞彬：《道德哲學之維——孟子荀子人性論比較研究》，人民出版社，2007 年，第 36 頁。

這裏的"聖人之於天道也"一句，龐樸先生取《中庸集注》中朱熹之注："或曰：'人'衍字。"認爲這句話原本應是"聖之於天道也"①。其實，這裏的"聖人"之"人"字不必爲衍字，也可以證明《孟子》一書中有仁、義、禮、智、聖五行。在《孟子》書中，"仁、義、禮、智"才是具體的德目，如：

　　《孟子·告子上》：仁義禮智，非由外鑠我也，我固有之也，弗思耳矣。

　　《孟子·盡心上》：仁義禮智根於心。

而"聖"在《孟子》一書中，已經完全人格化了，孟子談"聖"，基本上都是具體到人本身，即"聖人"。即使單獨談"聖"，也是把"聖"和具體人物對舉，比如上文所引的"伯夷，聖之清者也；伊尹，聖之任者也；柳下惠，聖之和者也；孔子，聖之時者也"。還有如：

　　《孟子·盡心下》：孟子曰："聖人，百世之師也，伯夷、柳下惠是也。"

李景林先生説："《五行》篇所言聖、德，並不在善和仁義禮智四行之外。毋寧説，仁義禮智之完成推至極致，即所謂聖、所謂德。"②這句話對我們的啟發很大。在孟子那裏，"聖"不再是具體的一種德目，而是人的道德修養所能達到的最高境界，達到這種境界的人被稱爲"聖人"。這也是《孟子》一書與簡帛《五行》篇的不同之處，是孟子對"五行"説的新發展。孟子顯然是部分采用了簡帛《五行》篇的内容，然而更爲側重簡帛《五行》篇所言的善與人道。

陶磊先生認爲："《五行》對聖人的理解與孔子一致。簡帛《五行》説'聖人知天道也'，知天道就是聖人。又説'聞而知之，聖也'，帛書《五行》、《説》云'聞之而知其天之道也'。顯然，儒家對聖德主要是從對天道的認知能力的角度來理解的，孟子講的'聖人之於天道也'，説的正是這種觀點。"③李鋭先生在討論孟子的聖人觀問題時也説："這説明孟子對於《五行》有所修正，應該是認爲人人皆性善，可以爲善，但不必能成聖成王……筆者個人意見以爲'聖'後有'人'字可能更符合孟子本人的意思。"④

李存山先生説："孟子雖然講了'聖人之於天道也'，但在孟子的思想中並不高於'仁義禮智'，其天道亦與人道（人性）無别。孟子對'聖人'的界定是'人倫之至也'。孔子不居'聖'，但孟子引子貢曰：'仁且智，夫子即聖矣。'孔子認爲，'聖'的境界，'堯舜其猶病諸'；而孟子把伯夷、伊尹、柳下惠和孔子都稱爲'古聖人'。孟子實際上把孔子認爲高不可攀的'聖'給平凡化了。這與《五行》篇的善（四行、人道）與德（五行、天道）之分可以説是迥異其趣。"⑤（孟子云："人皆可爲堯舜。"）

孔子認爲"聖"這一道德層次"堯舜其猶病諸"，處於極高的位置。但到了孟子那裏已經有

① 龐樸：《竹帛〈五行〉篇與思孟"五行"説》，載陳福濱主編《本世紀出土思想文獻與中國古典哲學研究論文集》（上册），臺灣輔仁大學出版社，1999年，第56—57頁。

② 李景林：《教養的本原——哲學突破期的儒家心性論》，遼寧人民出版社，1998年，第201頁。

③ 陶磊：《思孟五行考辨（下）》，簡帛研究網，http://www.jianbo.org/admin3/list.asp? id＝1548，2006年11月24日。

④ 李鋭：《仁義禮智聖五行的思想淵源》，《齊魯學刊》2005年第6期。

⑤ 李存山：《從簡本〈五行〉到帛書〈五行〉》，載武漢大學中國文化研究院編《郭店楚簡國際學術研討會論文集》，湖北人民出版社，2000年，第245頁。

所降低,他説"人人皆可爲堯舜"。孟子時代,教化與修身的外在環境更惡劣。孟子的性善論和聖地位的降低,目的是以此來降低教化與修身的難度。子思重神秘天道的理論色彩,在孟子那裏已經淡化了許多。儒家由孔子發其端,經歷了以曾子、子思等儒家學者孜孜不倦的理論探索,到孟子時代,已經完成了理論體系的建構。

四、結　論

荀子批評子思"案往舊造説,謂之五行",子思在先秦儒家衆多的道德科目中有所揚棄,選取了"仁、義、禮、智、聖"五個德目作爲五種"德之行",是對早期儒家思想道德體系的一次總結,也是早期儒家思想道德體系的一次飛躍。

從《論語》到簡帛《五行》篇"經"文,再到帛書《五行》篇"説"文,最後到《孟子》,"聖"的地位從難以企及到人人皆可爲"聖",呈現了逐漸降低的發展脈絡。在孟子那裏,"聖"已經人格化了,不再是具體的一種德目,而是人的道德修養所能達到的最高境界,達到這種境界的人被稱爲"聖人"。它反映了孔孟之間儒學在發展的過程中爲適應時代的發展而不斷做出改變,反映了孔子之後思孟學派的儒者爲儒學的發展所做出的努力。

墨家與《管子》經濟倫理
思想比較研究

薛柏成

（吉林師範大學中國思想文化研究所）

提　要: 在墨子經濟倫理思想中，"兼相愛，交相利"是基礎，貴義是全部道德要求，非攻是外部保障，"賴力自强"是內在要求，而節用、節葬、非樂則是具體措施；在《管子》經濟倫理思想中，"禮義廉恥"是思想核心，"人性趨利"是哲學基礎，"倉廪實而知禮節"是物質保障，人本主義是其道德要求。把墨家經濟倫理思想的平民經濟倫理的個體實踐方式與《管子》經濟倫理思想的群體管理模式有機結合，發揮國家的指導整合及宏觀調控作用，注重平民利益的有序合法取得，應能更好地解決當今社會的諸多矛盾。

關鍵詞: 墨子　《管子》　經濟倫理思想

墨家與《管子》經濟倫理思想均體現了中國古代義利並重的功利主義價值觀，墨家代表的是一種平民文化，其經濟倫理思想中的義利統一、以愛生利極具普世意義，而其小農及手工業生産者思想中的空想性、落後性亦頗值得注意；《管子》代表的是一種精英文化，其經濟倫理思想中的人本主義、國之四維思想很有超時代意義，而其經濟中的工具理性、性惡論等也值得注意。梳理與解構墨家與《管子》經濟倫理思想，把二者的普世價值合理對接，對當代處理經濟建設與發展中的諸多問題應有很多啓示。

一、墨家經濟倫理思想的認識

墨家經濟倫理思想主要貫穿於《墨子·兼愛》、《墨子·非攻》、《墨子·節用》、《墨子·節葬》、《墨子·非樂》、《墨子·非命》、《墨子·貴義》等篇章之中，體現了中國古代義利並重的功利主義價值觀，其觀點既相互獨立，又彼此聯繫，相輔相成，形成一個完整的思想體系，是傳統經濟倫理思想中的寶貴財富。

(一)"兼相愛，交相利"——墨子經濟倫理的思想基礎

墨家經濟倫理思想的基礎是"兼愛"，墨家其他經濟倫理思想學說無不以"兼愛"爲出發點

展開："姑嘗本原若衆利之所自生。此胡自生？此自惡人賊人生與？即必曰：'非然也。'必曰：'從愛人利人生。'分名乎天下，愛人而利人者，別與？兼與？即必曰：'兼也。'然即之交兼者，果生天下之大利者與？是故子墨子曰：'兼是也。'"（《墨子·兼愛下》），"今天下之君子，忠實欲天下之富，而惡其貧；欲天下之治，而惡其亂，當兼相愛、交相利。此聖王之法，天下之治道也，不可不務爲也"（《墨子·兼愛中》）。在墨家看來，"兼愛"思想内涵之一是愛無差等，強調愛人超越血緣（宗法制），超越階級階層，主張一切人皆應兼相愛；内涵之二是在道德範疇中要對等互助互利，即墨子所云的"兼相愛，交相利"，"夫愛人者，人必從而愛之；利人者，人必從而利之；惡人者，人必從而惡之；害人者，人必從而害之"（《墨子·兼愛中》）。墨子從人們趨利避害的本性角度，強調利己的實現存在於利人之中，所以要實踐兼愛，"以兼相愛，交相利"之法來取代"別相惡，交相賊"。在這裏，倫理層面的"兼相愛"最終落實到現實層面上的"交相利"，這是一種平民式的對等互報原則理想，也正是小生產勞動者的交換關係觀念的擴大化，兼愛是目的，交利是手段："然則兼相愛交相利之法將奈何哉？子墨子言：'視人之國若視其國，視人之家若視其家，視人之身若視其身。'"（《墨子·兼愛中》）墨家認爲"兼愛"就是"仁"、就是"義"，而"義"就是"利"："義，利也。"（《墨子·經上》）因此，"兼愛"也就是"利"，"兼愛"是包括了"利"的内容的："兼即仁矣，義矣。雖然，豈可爲哉？"（《墨子·兼愛下》）

在這裏兼愛是目的，交利是手段。但是從墨家的整個思想體系和精神實質看，墨家究竟是把"愛"當成最終的目的，還是把"利"當成最後的目的，這就需要從墨家學派所代表的階層利益來考慮，墨家學派是代表小生產者的利益的，那麼很實際的"利"必然是他們的最終目的。這是由當時社會矛盾的尖銳化和社會局勢的不安定性，以及平民生存環境的艱難等實際狀況決定的。按墨子的設想，如果"兼相愛"、"交相利"方法能夠普遍地實現，那麼出現的局面便是："天下之人皆相愛，強不執弱，衆不劫寡，富不侮貧，貴不敖賤，詐不欺愚。"（《墨子·兼愛中》）從平民的角度看，"弱、寡、貧、賤、愚"正是平民的相對現實的情況，而如果天下之人皆能實行"兼相愛、交相利"之法，那麼很現實的平民的利益將會得到切實的保障，即有利於平民。這是墨子作爲小生産者對社會財富平均化的一種理想化期待。

（二）貴義——墨子經濟倫理思想的道德要求

墨家經濟倫理思想的道德要求是義，因爲墨子認爲："義，利也。"（《墨子·經説上》）即"義"是"利"，也就是説，墨子以利人、利民爲義，認爲義與利是合一的，一方面把"重利"即"利人"、"利天下"看作是"貴義"的内容、目的和標準：天下有義則生，無義則死；有義則富，無義則貧；有義則治，無義則亂（《墨子·天志》）。正是在這個意義上，他認爲"天下莫貴於義"。

另一方面，又把"貴義"作爲達到"利人"、"利天下"的手段。凡是"利人"、"利天下"的行爲，就是"義"，凡是"虧人自利"、"害人"、"害天下"的行爲就是"不義"。因此，墨子提出了一條行爲準則："利人乎即爲，不利人即止"，做到"有力以助人，有財以分人，有道以教人"，可見墨子不是把"利"理解爲一己之私利，而是把它理解爲他人之利、天下百姓之利；不是把"義"理解爲脱離實際利益的道德教條，而是理解爲"利人"、"利天下"的道德至善追求。所以墨子在經濟生活中君子人格的倫理標準是"君子之道也：貧則見廉，富則見義，生則見愛，死則見哀；四行者不可虛假，反之身者也"（《墨子·修身》）。

（三）非攻——墨子經濟倫理思想的外部保障

墨家認爲，戰爭是破壞經濟的主要因素：國家發政，奪民之用，廢民之利，若此甚衆。然而何爲爲之？曰："我貪伐勝之名，及得之利，故爲之。"子墨子言曰："計其所自勝，無所可用也；計其所得，反不如所喪者之多。""今不嘗觀其說好攻伐之國？若使中興師，君子，庶人也必且數千，徒倍十萬，然後足以師而動矣。久者數歲，速者數月。是上不暇聽治，士不暇治其官府，農夫不暇稼穡，婦人不暇紡績織紝。則是國家失卒，而百姓易務也。"

爲了興天下百姓之利，必須要"非攻"，以獲得一個外部保障，而墨子"非攻"的倫理基礎是兼愛學說，把兼愛的學說應用到經濟關係的處理上，必然得出"非攻"的結論。"非攻"以維護廣大人民群衆的根本利益爲出發點，代表了在戰爭中飽受摧殘的下層人民趨利避害的要求，是人民的理論。"非攻"對大國和強國，尤其對好戰的君王的對經濟的破壞是一個約束，對小國與弱國興利則是一個保護。

（四）"賴力自強"——墨子經濟倫理思想的内在要求

"賴力自強"源於墨家的"非命"思想，它是針對儒家的天命思想提出的，墨家對儒家的天命思想做了批判。由於戰國時代小生產者階層的力量是逐漸壯大的，他們在政治和經濟上呈現上升的勢頭，"非命"的思想反映了他們希望用自己的努力勞動來改變命運，從而實現更好的生活理想。在客觀上來說，"非命"思想是小生產者階層勢力發展壯大之後對人生觀的深刻思考。"賴力自強"思想是"非命"思想的自然延伸，墨子強調勞動特別是物質生產的勞動在社會生活中具有重要的地位，認爲只有這樣才能使小生產者在激蕩的社會中能夠吃飽穿暖。墨子的"力"、"強"思想也包括統治者在内，認爲他們早朝晏退，努力工作才能夠治理好國家。所以對於個體的每個人來說，必須依靠自己勞動才能生存，而不是什麼命運的安排："賴其力者生，不賴其力者不生……民無仰則君無養，民無食則不可事。故食不可不務也，地不可不力也……"只有上上下下部努力勞動、工作，社會才能存在而不致衰敗，"今也農夫之所以蚤出暮人，強乎耕稼樹藝，多聚叔粟，而不敢怠倦者，何也？曰：彼以爲強必富，不強必貧；強必飽，不強必飢，故不敢怠倦"。當然，墨子講的"強"或"力"，也包括氏族貴族統治者在内，"今也王公大人之所以蚤朝晏退，聽獄治政，終朝均分而不敢怠倦者，何也？曰：彼以爲強必治，不強必亂；強必寧，不強必危，故不敢怠倦"（《墨子·非命下》）。

可見，"賴力自強"是墨子經濟倫理思想的内在要求，更是一種對人的主體的自覺、克服命運安排的自覺。從墨家"強力"的觀念出發，"非命"並不是否定天和鬼神，而是與其"天志"、"明鬼"觀念相結合，主觀上借"人"的主觀能動性和在客觀上利用"鬼神"的宗教權威來曲折地推行自己的經濟倫理思想，正反映了中國平民小生產者的内在矛盾。

（五）節用、節葬、非樂——墨子經濟倫理思想的具體措施

墨家"兼愛"學說在經濟上的反映可以用"節用"兩字概括。節葬、非樂都是從節用派生出

來的。把兼愛的學説應用到改善平民生活處境上，必然得出節用、薄葬的結論。

墨家"節用"思想從"兼愛"與"興天下之利"出發，認爲一切衣食住行，只求滿足服務於物質生産和滿足人民生存需要即可，其他一切便屬鋪張浪費："是故古者聖王制爲節用之法，曰：'凡天下群百工，輪、車、鞼、匏、陶、冶、梓、匠，使各從事其所能。'曰：'凡足以奉給民用，則止。'……不極五味之調，芬香之和，不致遠國珍怪異物。……古者聖王制爲衣服之法，曰：'冬服紺緅之衣，輕又暖，夏服絺綌之衣，輕且清，則止。'諸加費不加於民利者，聖王弗爲。"（《墨子·節用中》）

可見"節用"的進步意義，是爲了發展生産、增加社會財富。而且，在政治上還是"欲天下之治而惡其亂"（《墨子·辭過》）的保證。由此可知，墨子的"節用"主張，主要是積極的而不是消極的，是有進步意義的。對墨子節用學説的研究，也有一些人認爲墨子的節用學説行不通。我們認爲墨子提出節用的主張是有針對性的，是爲解決貧困的問題而提出來的，節用無論對誰而言，當然是應該肯定的。但如果過分强調，也會産生片面性。

"節葬"是"節用"之推衍，實亦"節用"題中應有之義，墨家從"節用"出發，强調"節葬"，墨子認爲厚葬久喪使人耗盡財富，疲憊精神，削弱身體，社會生産難以正常運作，會給社會造成莫大的危害："輟民之事，靡民之財"、"國家必貧，人民必寡，刑政必亂"。所以，從"節用"的總原則來看，厚葬久喪之"加費"有損於民利，可見"節葬"思想是針對"王公大人之爲葬埋"之奢，甚至是"殺殉"以葬。在當時，無疑也是進步的，這最終還是爲貫徹"兼愛"的總原則服務的。它深刻反映了墨家治國的真知灼見，也體現出珍視勞動成果的經濟觀念，飽含真理的精華。

二、《管子》經濟倫理思想的認識

《管子》一書八十六章，其中有三分之二是談論經濟問題的，《管子》經濟倫理思想就貫穿於其中，它吸收了包括墨家思想在内的先秦諸子的經濟倫理思想，形成一個獨特的倫理思想體系，是傳統經濟倫理思想中的寶貴財富。

（一）"禮義廉恥"——《管子》經濟倫理的思想核心

《管子》經濟倫理思想的基礎是"禮義廉恥"，其他經濟倫理思想學説無不以此爲出發點。在《管子》看來，禮義是治國大法，廉恥是立人大節。人不廉，則無所不取；不恥，則無所不爲。《管子》認爲"國有四維，……何謂四維？一曰禮，二曰義，三曰廉，四曰恥。禮不逾節，義不自進，廉不蔽惡，恥不從枉。故不逾節，則上位安；不自進，則民無巧詐；不蔽惡，則行自全；不從枉，則邪事不生"，又認爲"守國之度，在飾四維"，"四維張，則君令行"，"四維不張，國乃滅亡"（《管子·牧民》）。"然則禮義廉恥不立，人君無以自守也"（《管子·立政九敗解》）。《管子》把道德要求放在立國之本上，而其經濟倫理思想也當然遵循這一理念。

《管子·五輔》更爲詳盡地闡釋了這一理念：

德有六興，義有七體，禮有八經，法有五務，權有三度，所謂六興者何？曰：辟田疇，利壇宅，修樹藝，勸士民，勉稼穡，修墻屋，此謂厚其生。發伏利，輸壜積，修道途，便關市，慎將宿，此謂輸之以財。導水潦，利陂溝，決潘渚，潰泥滯，通鬱閉，慎津梁，此謂遺之以利。薄徵斂，輕征賦，弛刑罰，赦罪戾，宥小過，此謂寬其政。養長老，慈幼孤，恤鰥寡，問疾病，弔禍喪，此謂匡其急。衣凍寒，食飢渴，匡貧窶，振罷露，資乏絕，此謂賑其窮。凡此六者，德之興也……夫民必知義然後中正，中正然後和調，和調乃能處安，處安然後動威，動威乃可以戰勝而守固。故曰：義不可不行也。

日：民知義矣，而未知禮，然後飾八經以導之禮。所謂八經者何？曰：上下有義，貴賤有分，長幼有等，貧富有度。凡此八者，禮之經也。故上下無義則亂，貴賤無分則爭，長幼無等則倍，貧富無度則失。上下亂，貴賤爭，長幼倍，貧富失，而國不亂者，未之嘗聞也。是故聖王飾此八禮，以導其民。八者各得其義，則爲人君者中正而無私，爲人臣者忠信而不黨，爲人父者慈惠以教，爲人子者孝悌以肅，爲人兄者寬裕以誨，爲人弟者比順以敬，爲人夫者敦懞以固，爲人妻者勸勉以貞。夫然，則下不倍上，臣不殺君，賤不踰貴，少不陵長，遠不閒親，新不閒舊，小不加大，淫不破義。凡此八者，禮之經也。夫人必知禮然後恭敬，恭敬然後尊讓，尊讓然後少長貴賤不相踰越，少長貴賤不相踰越，故亂不生而患不作。故曰：禮不可不謹也。

上文"興德"須由統治者主導通過"厚其生"、"輸之以財"、"遺之以利"、"寬其政"、"匡其急"、"賑其窮"等手段，去厚生遺利於百姓，這是《管子》經濟倫理思想給統治者規定的倫理義務；而對百姓也要導之以義，"養親戚"、"事君上"、"行禮節"、"辟刑僇"、"備飢饉"、"備禍亂"、"備寇戎"。通過統治者"興德"和百姓"興義"，以達到"爲人君者中正而無私，爲人臣者忠信而不黨，爲人父者慈惠以教，爲人子者孝悌以肅，爲人兄者寬裕以誨，爲人弟者比順以敬，爲人夫者敦懞以固，爲人妻者勸勉以貞"，這樣才能使國富民強。

當然《管子》經濟倫理思想還需要輔以"禮法並用"，在《法禁》、《重令》、《任法》等篇中，都強調法的重要性。它指出，立法的是君上，執法的是臣下，遵守法令的是老百姓。爲了達到天下大治，必須"君臣上下貴賤皆發焉"（《任法》）。意思是，君臣上下不分貴賤都要遵從法令。管仲學派認爲，禮與法二者並不是對立的，而是相輔相成的。法是指國君掌握刑賞大權以維護封建等級制度的統治術，禮則是指依賴於人們的宗法道德自覺地維護封建等級制度的統治術。

（二）"人性趨利"——《管子》經濟倫理思想的哲學基礎

人性的"趨利避害"是《管子》經濟倫理思想的哲學基礎。在人性論上主張人性"自利"、"趨利避害"，並把這種"自利"、"趨利避害"的本性作爲闡釋其功利主義的出發點。《管子·禁藏》載："凡人之情，見利莫能勿就，見害莫能勿避。其商人通賈，倍道兼行，夜以續日，千里而不遠者，利在前也；漁人之入海，海深萬仞，就彼逆流，乘危百里，宿夜不出者，利在水也。故利之所在，雖千仞之山，無所不上，深源之下，無所不入焉。""民，利之則來，害之則去。民之從利也，如水之走下，於四方無擇也"（《形勢解》），而這種"趨利避害"的本性是人之常情，人之常軌，是所有人的共性，"得所欲則樂，逢所惡則憂，此貴賤之所同也"（《禁藏》）。

《管子》在對待人的"自利"欲望上認爲不僅不應加以節制，而且還要加以滿足和張揚。因而治理國家、強國富民的根本要務就在於因勢利導，用利益作杠杆，調動各方面的積極因素。《管子·侈靡》篇説："百姓無寶，以利爲首，一上一下，唯利所處。"它主張"以天下之財，利天下之人"（《霸言》），對人要"圉之以害，牽之以利"（《禁藏》）。所謂"名主之道，立民所欲，以求其功"（《明法解》）、"功利不盡舉，則國貧疏遠"（《版法解》）。人性既是唯利的，執政者只要善於引導，牽之以利，滿足人民謀生的各種願望，給人民以物質利益，就能驅民盡力爲封建國家效勞。

這種哲學基礎導致了在經濟上的功利主義價值觀，也是其法家思想的一個重要體現，它淡化了國家所肩負的教化民衆的責任，在中國歷史上產生了較多消極影響。

（三）"倉廩實而知禮節"——《管子》經濟倫理思想的物質保障

《管子·牧民》中認爲："凡有地牧民者，務在四時，守在倉廩。國多財，則遠者來；地辟舉，則民留處；倉廩實，則知禮節；衣食足，則知榮辱。"把人們物質利益的滿足視爲提高社會道德水平的必要條件，它還進一步論述了利益對道德的決定作用，在《樞言》篇中指出"愛之、利之、益之、安之，四者道之出"，以此爲依據很自然地從對人的自然欲望的合理性的功利判斷中推出價值判斷。它指出："欲知者知之，欲利者利之，欲勇者勇之，欲貴者貴之。彼欲貴，我貴之，人謂我有禮。彼欲勇，我勇之，人謂我恭。彼欲利，我利之，人謂我仁。"（《樞言》）《管子》充分認識到了社會道德對經濟的依賴關係，一個國家的經濟實力的強弱對社會道德的提高具有很大的意義，這在客觀上有積極意義，《管子》經濟倫理思想之"禮義廉恥"必須要有國家的"倉廩實"，百姓的"衣食足"才能實現，這仍是受了其功利主義價值觀的影響，但《管子》並沒有認識到它僅是必要條件，實際上也淡化了國家所肩負的教化民衆的責任，是有偏頗的。

（四）人本主義——《管子》經濟倫理思想的道德要求

"以人爲本"四個字最早出現在《管子·霸言》中："夫霸王之所始也，以人爲本。本理則國固，本亂則國危。"與此類似的管子言論還有"人者，身之本也；身者，治之本也"（《管子·權修》）、"王者以百姓爲天"（《韓詩外傳》）、"齊國百姓，公（指齊桓公）之本也"（《管子·霸形》）。《管子》把"人本主義"作爲統治者政治、經濟倫理思想的道德要求。它説，"政之所興，在順民心；政之所廢，在逆民心"，"民惡憂勞，我佚樂之；民惡貧賤，我富貴之；民惡危墜，我存安之；民惡滅絕，我生育之"（《牧民》）。這裏其實就是把民的價值放到了突出的地位，民的需要、民的好惡成爲重要的價值判斷的依據。從當政的角度來看，要能鞏固政權，就必須首先滿足人們的物質欲望以及經濟利益。它説："從其四欲，則遠者自親；行其四惡，則近者叛之。故知予之爲取者，政之寶也。"這裏的"四欲"指的是上面所説的"佚樂"、"富貴"、"存安"、"生育"；"四惡"指的是"憂勞"、"貧賤"、"危墜"、"滅絕"。《管子》民本思想的基本內容主要是愛民、利民、富民、惠民。《管子·版法解》篇指出："凡衆者愛之則親；利之則至。是故明君設利以致之，明愛以親之。徒利而不愛，則衆至而不親；徒愛而不利，則衆親而不至。"所以，愛民必須與利民並行，才能取得良好的政治效果。《管子·治國》篇説："凡治國之道，必先富民。民富則易治也，民貧則難治也。奚以知其然也？民富則安鄉重家，安鄉重家則敬上畏罪，敬上畏罪則易治也；民貧則危鄉輕家，危鄉輕家則敢凌上犯禁，凌上犯禁則難治也。故治國常富，而亂國常貧。"這裏是從安民、鞏固統治秩序的角度來論述富民問題的。富民是手段,富國才是目的。《管子·入國》篇論述執政者對老、幼、病、獨"行九惠之教",《管子·乘馬數》篇用以工代販的辦法幫助農民克服災荒造成的困難,這些都是惠政措施。《管子》治國,關心全域,重視社會救濟工作。要確保國家安寧,任何社會和國家都應該關心這些社會問題。

三、墨子與《管子》經濟倫理思想的比較及當代啟示

墨子與《管子》經濟倫理思想的比較在今天提出來,是因爲在當前"精英文化"與"平民文化"的衝突中有全新的普適性内容,墨家經濟倫理思想是一種平民經濟倫理的個體實踐方式,《管子》經濟倫理思想則是一種精英經濟倫理群體管理模式,墨子與《管子》經濟倫理思想的比較在當前"精英文化"與"平民文化"的經濟衝突中有全新的普適性内容。

墨家與《管子》經濟倫理思想均體現了中國古代義利並重的功利主義價值觀,墨家代表的是小農及手工業生產者的利益,其功利主義的出發點是"兼相愛,交相利",貴義是道德要求,非攻是外部保障,"賴力自強"是内在要求,節用、節葬、非樂是具體措施,在經濟倫理行爲上講節流,其價值目標是興天下之利,墨家兼愛在階級社會雖然有一定的空想性,但更多地表現出人民性、合理性和進步性。作爲功利範疇的稱謂,利在墨子那裏主要是指利益、益處、互利,似乎並無特異之處。但是,一旦將利與愛聯繫起來,使利成爲愛的助力、謀利等,那麼利就獲得了非同尋常的意味。墨子既不片面宣揚自愛自利,也不斷然否定自愛自利,而是講求"兼"、"相"、"交",提倡同類項之間(君臣、父子、家國等)的互攝、協調,這才是"兼相愛、交相利"的精要。同時,"兼相愛"並不否定自愛,而是把自愛與相愛結合起來。"交相利"也不是鄙視自利,而是力求使自利與互利兩不偏廢。"夫愛人者,人必從而愛之;利人者,人必從而利之"(《墨子·兼愛》)。在這種愛的相互義務性關係中,天下才能實現和諧、富足。從而,利不是狹隘的自私、計較、得失,不是應該任意貶低、排拒、批判的對象,而是可以藉助、肯定、擁有的現實利益,具有更爲開闊的胸襟與氣勢,而這正是我們今天經濟發展所需要的。墨家代表廣大平民階層的利益,其宗旨在於使飢者得食,寒者得衣,勞者得息。這些都是站在平民的立場上,依准兼愛的整體性原則,凡此主張的實行,皆可以提高人民生活水平。墨子從人類必須依靠勞動生產才能生存的觀點出發,把生產狀況的好壞、物質財富的豐富提高到了内政、外交、軍事等取得成功的基礎的地位,具有保護勞動力、改革政治、發展生產的進步意義。

《管子》經濟倫理思想上承墨家經濟倫理思想,代表的是封建地主制國家統治階級上層的利益,其功利主義的出發點是人性趨利的人性論,重農重商,並把物質利益的滿足視爲提高社會道德水平的必要條件。也非常強調義的作用,價值目標就是要達到富國強兵的目的,在經濟倫理行爲上重開源。墨家代表的是一種平民文化,其經濟倫理思想中的義利統一、以愛生利極具普世意義,而其小農及手工業生產者思想中的空想性、落後性值得注意;《管子》代表的是一種精英文化,其經濟倫理思想中的人本主義、國之四維思想亦很有超時代意義,《管子》人本主義作爲其經濟倫理思想的道德要求,重視安民,認爲執政者必須爲人民提供足以生存的社會條件,順民心,從民欲,給人民以物質實惠,這樣才能國泰民安,這種思想極具現實意義。

而其經濟中的工具理性、性惡論等值得注意。梳理與解構墨家與《管子》經濟倫理思想,把二者的普世價值合理對接,對當代處理經濟建設與發展中的諸多問題應有很多啟示,把墨家經濟倫理思想的平民經濟倫理的個體實踐方式與《管子》經濟倫理思想的群體管理模式有機結合,發揮國家的指導整合及宏觀調控作用,注重平民利益的有序合法取得,應能更好地解決當今社會的諸多矛盾。

參考文獻:

[1] 孫詒讓:《墨子閒詁》,中華書局,2001 年。

[2] 李山譯注:《管子》,中華書局,2009 年。

[3] 薛柏成:《墨家思想新探》,黑龍江人民出版社,2007 年。

[4] 薛柏成:《墨子講讀》,華東師範大學出版社,2011 年。

論以預言推斷《左傳》成書年代

陳　劍

（東北師範大學古籍研究所）

　　摘　要：預言謂事情將要發生而預先説出。在春秋時代普遍存在着各種預言。《左傳》中的預言有其來源，不是隨意編造的。預言可能發生，也可能不發生，特別是關係到作者身後事的預言，無論應驗與否都不能推斷作者是否聞見。作者記録這樣的預言可能僅僅是因爲他相信這些預言必然發生。以預言驗與不驗作爲斷代是危險的。我們無法從《左傳》中没有驗辭的預言來推斷其記録時間，但是可以從有驗辭的預言中確定作者時代上限。從没有驗辭的預言中看到作者所處時代的情況，由此可以推測《左傳》最後成書的大致時代可能是前 425 年—前 403 年間。

　　關鍵詞：預言　《左傳》　成書年代

　　以預言推斷《左傳》成書年代是一種常用的研究方法，爲學者廣泛接受和使用，然而對此方法的内在邏輯問題缺乏必要的反省，本文擬對此加以重新思考，並對《左傳》成書年代作出推斷。

一

　　自司馬遷以來皆普遍以爲《左傳》的作者是與孔子同時代的左丘明，因此《左傳》成書年代自然在春秋晚期。自中唐啖助、趙匡始懷疑《左傳》非左丘明作，由此而及，《左傳》的成書年代也就成爲一個問題。在對《左傳》成書年代的考察中，一種重要的方法就是從《左傳》中的預言來推斷其成書上下限。據筆者所知，最早以使用這種方法的是南宋的朱熹。《朱子語類》卷八十三《春秋·綱領》："《左傳》是後來人做，爲見陳氏有齊，所以言'八世之後，莫之與京'！見三家分晉，所以言'公侯子孫，必復其始'。"①

　　20 世紀以來，此種方法大行其道，被稱爲最令人信服的方式②。民國七年（1918），日人新

---

① （宋）黎靖德編：《朱子語類》，中華書局，1986 年，第 2152 頁。
② 趙伯雄：《〈左傳〉的作者與時代》，《春秋學史》，山東教育出版社，2002 年，第 13 頁。

城新藏以歲星記事推斷《左傳》的著作年代,以《左傳》預言應驗與否佐證其説,這應當是 20 世紀最早的明確應用此方法的論文①。但是該文以天文學方法爲主,僅僅以此種方法作旁證來使用,論證較弱,還没有成爲一種主要的方法。1927 年,衛聚賢在《古史研究》第二編"左傳的研究"中以此作爲討論《左傳》著作年代的最重要的方法②。同年,梁啓超在《古書真僞及其年代》的講演中引用了衛聚賢的研究成果③,並且主要集中於以《左傳》預言斷成書年代部分。此後學者討論《左傳》成書年代問題,都程度不同地使用了此種方法,如劉汝霖、錢穆、洪業、顧頡剛、蔣伯潛、朱東潤、徐中舒、童書業、楊伯峻、胡念貽、王和、牛鴻恩、趙伯雄、黃覺弘等④,其中尤以楊伯峻《春秋左傳注・前言》中對《左傳》預言的討論影響最大⑤。

　　諸家討論共涉及《左傳》中 13 段 19 個預言。具列如下:

  1. 莊公二十二年,陳公子完後代陳有國。

  2. 閔公二年,畢萬之後必大。

  3. 閔公二年,季氏亡,則魯不昌。

  4. 僖公三十一年,衛國三百年。

  5. 文公六年,秦不復東征。

  6. 宣公三年,周世三十,年七百。

  7. 襄公二十七年,子展後亡。

  8. 襄公二十九年,晉國萃于趙、韓、魏三族。

  9. 襄公二十九年,鄭先亡、齊未可量。

  10. 襄公二十九年,鄭罕氏、宋樂氏得國。

  11. 昭公四年,國氏先亡、蔡及曹、滕其先亡、鄭先衛亡。

  12. 昭公二十八年,魏長有後于晉國。

  13. 定公九年,趙氏世有亂預言。

涉及重要的戰國史事有:田氏代齊、三家分晉,季氏結局,周亡、衛亡、鄭亡、蔡亡、曹亡、滕亡,國氏亡、罕氏得鄭、樂氏得宋,趙氏治亂。

① ［日］新城新藏:《由歲星之記事論〈左傳〉〈國語〉之著作年代及干支紀念法之發達》,《藝文志》,1918 年。收入《東洋天文學史研究》,中華學藝社,1933 年。
② 衛聚賢:《古史研究》,新月書店,1927 年,第 77—98 頁。
③ 梁啓超:《左氏傳》,《古書真僞及其年代》,北京出版社,1927 年,第 5071 頁。
④ 劉汝霖:《中國學術編年方法》,《漢晉學術編年》,中華書局,1932 年;錢穆:《吳起傳左氏春秋考》,《先秦諸子繫年》,商務印書館,1935 年;洪業:《春秋經傳引得序》,《洪業論學集》,中華書局,1981 年(原作在 1937 年);顧頡剛:《春秋三傳及國語之綜合研究》,《顧頡剛古史論文集》,中華書局,2011 年(原作在 1945 年);蔣伯潛:《春秋經傳解題下》,《十三經概論》,上海古籍出版社,1944 年;朱東潤:《左傳選》前言,上海古籍出版社,1955 年;徐中舒:《左傳的作者及其成書年代》,《左傳選》,中華書局,1962 年;童書業:《春秋左傳研究》,中華書局,2006 年(原作在 1965 年);楊伯峻:《〈左傳〉成書年代論述》,《文史》第六輯,中華書局,1979 年(後作爲《春秋左傳注》前言);胡念貽:《〈左傳〉的真僞和寫作時代問題考辨》,《文史》第十一輯,中華書局,1981 年;王和:《論〈左傳〉預言》,《史學月刊》1984 年第 6 期;陳茂同:《〈左傳〉的作者及其成書的年代問題——兼與楊伯峻商榷》,《廈門大學學報》(哲學社會科學版)1984 年第 1 期;黃覺弘:《〈左傳〉成書上下限推考》,《南昌大學學報》(人文社會科學版)2006 年第 1 期。
⑤ 楊伯峻:《春秋左傳注》,中華書局,1990 年。

　　諸家在以《左傳》中預言推斷其成書年代基本原則上基本没有異議，其中楊伯峻的表述具有代表性，即："預言被證實的，是作者所親見的；預言不靈驗的，是作者所未及聞見的，由此可以測定《左傳》成書年代。"①

　　諸家不同之處在於對一些預言的理解有較大差異，以至於有完全相反的情况。如莊公二十二年"陳公子完後代陳有國"的預言：

> 　　初，懿氏卜妻敬仲。其妻占之，曰："吉。是謂'鳳皇于飛，和鳴鏘鏘。有媯之後，將育于姜。五世其昌，並于正卿。八世之後，莫之與京'。"……（陳厲公）生敬仲，其少也，周史有以《周易》見陳侯者，陳侯使筮之，遇觀之否，曰："是謂'觀國之光，利用賓于王'。此其代陳有國乎？"……及陳之初亡也，陳桓子始大於齊；其後亡也，成子得政。

楊伯峻以爲："八世之後，莫之與京"即下文所説的"成子得政"，作者没有見到田氏代齊——陳成子曾孫太公和立爲齊侯②。對該預言，趙伯雄有完全相反的認識，他認爲"八世之後，莫之與京"，就是暗指田氏代齊，因爲預言中有説陳敬仲的後代將"代陳有國"的話，分明是説田氏將取代姜氏成爲齊國的君主③。在其他的預言中，如作者是否看到魏斯爲侯，衛國何時算亡國，周朝何時算結束，都有相差甚遠的理解。由此對於《左傳》成書的上下限也就出現了多種看法。

二

　　深入討論《左傳》預言問題之前，我們應當首先明確"預言"的性質。預言謂事情將要發生而預先説出。至於所預言的事情，則可能發生，也可能不發生。有的預言有依據，有的無依據；有的依據可靠，有的依據不可靠。無論如何，預言形式上都表現爲對尚未發生的事情的判斷。各個時代普遍都存在預言，古代自不必説，即使當下我們仍然能看到眾多預言，比如，某人説明天股票會漲跌，政治局勢會如何變化，經濟會有多快地增長，這些都是對尚未發生的事情做預測，都可以歸入預言中。這些預言有些可能應驗，有些可能不應驗，無論應驗與否都不能否認：人類確實有預言未來的欲望，預言作爲現實生活中的一部分而存在。

　　正是由於預言的普遍存在，在描述歷史情况時，必然要或多或少地涉及這部分内容。例如，朝鮮戰爭前夕，美國蘭德公司預測"中國將出兵朝鮮"。作爲歷史的一個細節，這個預言在很多關於朝鮮戰爭的敘述中被提到。古代情况與此類似，雖然古代預言未必有科學的依據和龐大資料的支援，但是作爲當時歷史情况的一部分，進入歷史敘述是完全可以理解的。進入歷史敘述與預言是否準確没有直接關係，只要預言在當時普遍存在，就會進入歷史敘述。

---

① 楊伯峻：《春秋左傳注·前言》，第 38 頁。
② 楊伯峻：《春秋左傳注·前言》，第 38—39 頁。
③ 趙伯雄：《春秋學史》，第 14 頁。

　　《左傳》中有大量的預言，而且大多奇准無比，因此使人懷疑這種預言的真實性。但是從一些迹象上看，預言在春秋時代普遍存在，並非《左傳》作者所編造。此點前人已經指出①，如僖公五年：

　　　　八月甲午，晉侯圍上陽。問于卜偃曰："吾其濟乎?"對曰："克之。"公曰："何時?"
　　對曰："……其九月、十月之交乎! ……"冬，十二月丙子，朔，晉滅虢。

其中九月十月之交是用夏正，冬十二月丙子朔是用周正，二者所説是同一時間。晉用夏正，《左傳》用周正，行文時没有改動原文，所以才會出現時間看起來不協調的情況。由此可見卜偃的預言是取自晉國舊有史料。類似的例子還有《左傳》僖公十五年史蘇之占，襄公十八年巫皋預言。都可以説明預言在當時即存在，《左傳》作者不過引用之而已。

　　這裏再補充兩條證據。《左傳·定公十五年》：

　　　　春，邾隱公來朝，子貢觀焉。邾子執玉高，其容仰；公受玉卑，其容俯。子貢曰：
　　"以禮觀之，二君者皆有死亡焉。"……夏五月壬申，公薨。仲尼曰："賜不幸言而中，
　　是使賜多言者也。"

子貢預言在春，應驗在夏。孔子至少在夏應驗之前就知道子貢的預言，所以才會説"賜不幸言而中"。可見，子貢的預言確實是先事而發，不是事後補作，預言確實曾存在過。又，《銀雀山漢簡·吳問》也可以説明預言的存在：

　　　　吳王問孫子曰："六將軍分守晉國之地，孰先亡? 孰固成?"孫子曰："范、中行是
　　(氏)先亡。""孰爲之次?""智是(氏)爲次。""孰爲之次?""韓、巍(魏)爲次。趙毋失其
　　故法，晉國歸焉。"

此雖爲漢簡，而其成篇時代則較爲久遠，當在春秋晚期至戰國早期，其時晉國形式尚未明朗，所以作者才會預言韓、魏之亡，而趙氏得晉國。正是因爲這個預言不准，也就排除了它是後人據結局補作的可能。因此，這個預言必定在三家未分晉的時候就有，並爲時人所知，而且流傳到後代。

　　上舉兩個預言是兩類預言的代表，具有相當的代表性。子貢是據失禮而預言，類似預言多見於《左傳》，如隱公七年：

　　　　(陳五父)及鄭伯盟，歃如忘。泄伯預言："五父必不免，不賴盟矣。"

襄公三十一年：

　　　　穆叔至自會。見孟孝伯，語之曰："趙孟將死，其語偷，不似民主。"

昭公十一年：

　　　　單子會韓宣子于戚，視下言徐。叔向曰："單子其將死乎!"

────────────

① 　王和：《論〈左傳〉預言》，《史學月刊》1984 年第 6 期。

《吳問》則是預言政治形勢的走向，此類預言在《左傳》中也很多，如隱公四年：

> 公問於衆仲曰：“衛州吁其成乎？”對曰：“臣聞以德和民，不聞以亂。……（州吁）必不免矣。”

文公六年：

> 秦伯任好卒，以子車氏之三子奄息、仲行、鍼虎爲殉，……君子是以知秦不復東征預言。

昭公三年：

> 晏子曰：“此季世也，吾弗知齊其爲陳氏矣。公棄其民，而歸於陳氏。”

與此兩類類似的預言還有很多，不贅舉。雖然這些預言大多無法確定其預言的時間是否在事件發生之前，但是從子貢和孫子的預言情況可以推測，此類預言應當事前作出，不是後來補充。換言之，在春秋時期確實存在預言的風氣。

既然春秋預言是一種實際存在的歷史情況，其進入歷史敘述就絲毫不奇怪了。如上舉《吳問》篇即孫子預言，傳世文獻中記孔子預言，都是對春秋時期的預言風氣的記錄。史家修史以之爲素材，預言即進入歷史敘述中。

《左傳》著作者修史態度嚴肅，取材多信，已爲諸家廣泛承認。儘管我們今天已經無法確知《左傳》中預言的原始情況，但是我們可以確定《左傳》中的預言自有其來源，不是隨意編造的。

既明《左傳》預言的性質，再來看“以預言判斷《左傳》成書”的原則，則其不安之處就顯而易見了。楊伯峻以爲，預言被證實的，是作者所親見的；預言不靈驗的，是作者所未及聞見的，由此可以測定《左傳》的成書年代。既然是預言，則可能發生，也可能不發生，特別是關係到作者身後事的預言，無論應驗與否都不能推斷作者是否聞見。作者記錄這樣的預言可能僅僅是因爲他相信這些預言必然發生，未必是真的看到其結果。因此，以預言驗與不驗作爲斷代是危險的。

歷史事實比較複雜，不容易看清楚，我們可以簡化爲一個較爲理想的例證。假設：“某乙”在“文本 w”上記錄了“某甲”的 4 個預言，文本記錄分爲兩個部分，即在先的預見，稱爲“前辭”，以及在後的結果，稱爲“驗辭”。

元年某日某甲預言：

> 前辭一，二年 1 日將發生 a 事件；
> 前辭二，二年 2 日將發生 b 事件；
> 前辭三，二年 3 日將發生 c 事件；
> 前辭四，二年 4 日將發生 d 事件。

> 驗辭一，二年 1 日確實發生 a 事件；
> 驗辭二，二年 2 日確實發生 b 事件。

這個文本,沒有記録 3、4 日是否發生 c 事件或 d 事件。假如我們知道事實結果:

　　　二年 1 日確實發生 a 事件;

　　　二年 2 日確實發生 b 事件。

　　　二年 3 日確實發生 c 事件;

　　　二年 4 日没有發生 d 事件。

　　那麽是否可以説:1. 因爲文本 w 記録了 3 日將發生 c 事件,而事實上 3 日確實發生了 c 事件,所以文本 w 的記録者某乙看到了 3 日發生了 c 事件麽? 2.因爲文本 w 記録了 4 日將發生 d 事件,而事實上 4 日没有發生了 d 事件,所以文本 w 的記録者某乙没有看到 4 日發生 d 事件麽? 這兩個推論都是不能成立的。假設文本記録者某乙在 2 日亡故,那麽他没有見到 3 日發生的 c 事件,然而他的預言仍然可以應驗,因爲預言與結果之間有或然性,有可能言中。同樣道理,4 日將發生 d 事件的預言與結果也没有必然聯繫,没有言中也是正常的。預言是對未來的預測,在記録者亡故之後,同樣可能應驗或不應驗,二者並無必然關係,因此不能從結果逆知預言記録者的記録時間。所以"以預言論《左傳》的成書年代"的基本原則在邏輯上不能成立。

　　這裏需要特别討論下《左傳》敘事方式對預言應驗的影響。《左傳》對於預言的記録不同於普通的記録,是一種敘事的手法,往往是已知其結果,而在前預爲鋪墊,以爲後事之張本,達到渲染氣氛,突出主題的作用。《四庫全書總目提要》所説"《左傳》載預斷禍福,無不徵驗,蓋不免從後傅合之",是有道理的。從形式上來看,即先敘述"前辭",並在後文中相關處敘述結果作爲"驗辭"。《左傳》中的絕大多數預言都可以找到"驗辭",其例不勝枚舉,不具。但是也存在一小部分的没有驗辭的預言,比如衛"卜年三百",周"卜世三十,卜年七百"之類,超出了《左傳》的敘事範圍,無法敘述驗辭。用來討論《左傳》成書年代的預言很多都屬於没有驗辭的預言。在上文所述的例證中,不能通過預言"應驗與否"來推定預言者的記録年代,却可以從"驗辭"中確定。上例中"某乙"記録了"前辭二,二年 2 日將發生 b 事件",並且記録了"驗辭二,二年 2 日確實發生 b 事件",某乙必定在二年 2 日之時尚在。"某乙"只記録了"前辭三,二年 3 日將發生 c 事件",但是没有記録相關的驗辭,則我們無法確定"某乙"在二年 3 日是否在世,有可能某乙已經在二年 2 日去世,没有看到 c 事件的發生,因而没有記載相關的驗辭。保險的推斷是:文本 w 記録的時間不會早於 2 日,其他任何進一步的推測都是危險的。

　　具體到《左傳》而言,我們無法從没有驗辭的預言來推斷其記録時間,只能從那些有驗辭的預言記録中去探尋。《左傳》的作者記録的那些没有驗辭的預言,或者僅僅是因爲作者相信他們是正確的。這些預言既可能應驗,也可能不應驗,因爲預言具有預測性,與結果没有必然聯繫。只要我們確定了驗辭的時間,就可以保守但保險地確定《左傳》的成書年代。換言之,我們只能從《左傳》傳文中去尋找成書年代,而不是到戰國時期去尋找與預言對應的史實。

<h1 style="text-align:center">三</h1>

　　上文涉及的預言，有些有驗辭，有些則没有驗辭。具列如下，爲便於行文，與前文列舉的順序稍有變動。

　　1. 陳公子完後代陳有國的預言。《左傳》原文見上，不贅引。這個預言有明確的驗辭，即卜筮之後的一段話："及陳之初亡也，陳桓子始大于齊；其後亡也，成子得政。"據《史記》陳氏世系：陳完生孟夷，孟夷生湣孟莊，湣孟莊生文子須無，文子須無生桓子無宇，桓子無宇生武子開與釐子乞，乞生成子常。陳完是一世，據血緣世代陳成子是第七世，據在位世代是第八世。從"成子得政"這個驗辭看，《左傳》的"八世之後"由在位世代計算而來。魯哀公十七年（前481年），陳成子弑齊簡公，權力始穩固，可以算作"成子得政"。

　　2. 齊未可量。襄公二十九年：

　　　　（季札）請觀於周樂。使工……爲之歌鄭，曰："……是其先亡乎！"爲之歌齊，曰："美哉，泱泱乎！大風也哉！表東海者，其大公乎！國未可量也。"

季札所説太公是姜齊的始祖太公望，《左傳》預言不能認爲是後作的，應當是春秋時期的材料，季札不會知道後來還有田齊，因此這段預言的指向應當視爲泛指表東海的齊國。所謂國未可量，與同一段落中説鄭"先亡"相對應，直譯是不知道能多久，潛臺詞是很久很久。《左傳》記事範圍中鄭國尚未亡，自然不能從中找到很久很久之後的齊國結局。所以這個預言可以視作無驗辭。

　　3. 畢萬之後爲諸侯的預言。閔公元年：

　　　　晉侯……滅魏。還，……賜畢萬魏，以爲大夫。……卜偃曰："畢萬之後必大。萬，盈數也；魏，大名也。以是始賞，天啟之矣。天子曰兆民，諸侯曰萬民。今名之大，以從盈數，其必有衆。"初，畢萬筮仕於晉，遇屯之比。辛廖占之，曰："吉。屯固、比入，吉孰大焉？其必蕃昌。震爲土，車從馬，足居之，兄長之，母覆之，衆歸之，六體不易，合而能固，安而能殺，公侯之卦也。公侯之子孫，必復其始。"

要知道這個預言是否有驗辭，必須要明確預言所指向的目標。卜偃的預言只是模糊地説"畢萬之後必大"，"其必有衆"，只是在"諸侯曰萬民"的解釋中含糊地提到了"諸侯"一詞。辛廖的預言説"公侯之卦也。公侯之子孫，必復其始"，意思非常明確，指出魏當爲諸侯。綜合而言，這段預言的指向是魏爲諸侯。《左傳》没有提到魏爲侯，因此這個預言在《左傳》中没有驗辭。

　　4. 晉國萃於三族。襄公二十九年：

　　　　（季札）適晉，説趙文子、韓宣子、魏獻子，曰："晉國其萃於三族乎！"

《左傳》末尾處提到三家喪智伯："悼之四年，……知伯不悛，趙襄子由是惎知伯，遂喪之。知伯貪而愎，故韓、魏反而喪之。"此處是因悼公四年趙襄子忌恨智伯而記智伯之亡，三家亡智伯又在魯悼公十五年（前453年）。此可以視作季札預言的驗辭。

5. 魏子長有後於晉國。昭公二十八年孔子曰：

　　魏子之舉也義，其命也忠，其長有後於晉國乎！

這個預言有無驗辭，關鍵在於怎樣才算"長有後"。昭公二十八年（前 514 年）去哀公二十七年（前 468 年）計 46 年，去三家滅智伯（前 453 年）計 61 年。據《世本》"獻子荼，荼生簡子取，取生襄子多，多生桓子駒"①，是三傳、四世。《論語·季氏》："孔子曰：'自大夫出，五世希不失矣。'"孔子以爲大夫掌權傳到五世是很少有的，則五世在孔子看來是並不算久。如此，則魏氏在《左傳》結束的時候傳四世 61 年，實在算不上"長有後"。因此，這個預言是沒有驗辭。

6. 秦不東征。《左傳·文公六年》：

　　秦伯任好卒，以子車氏之三子奄息、仲行、鍼虎爲殉，皆秦之良也。……君子曰："秦穆之不爲盟主也宜哉！……"君子是以知秦之不復東征也。

秦穆公卒後，秦晉之間有多次征伐。如文公九年："秦人伐晉，取武城。"文公十二年："秦伯伐晉，取羈馬。"在《左傳》作者看來，這些征伐都不是東征。其所謂東征，蓋指如秦穆公一樣，越晉而東，征伐中原諸國，爲諸侯盟主的意思，不是指征伐晉國。《左傳》中確實沒有記載這些事情，因此，這個預言可以視作有驗辭。

7. 周亡。《左傳·宣公三年》：

　　成王定鼎于郟鄏，卜世三十，卜年七百，天所命也。

周亡於前 256 年，遠在《左傳》敘事年代之後，沒有驗辭。

8. 衛亡。《左傳·僖公三十一年》：

　　冬，狄圍衛，十有二月，衛遷于帝丘，卜曰三百年。

衛亡於前 209 年秦二世時。此預言《左傳》無驗辭。

9. 蔡、曹、滕、鄭之亡。《左傳·昭公四年》（前 538 年）：

　　渾罕曰："姬在列者，蔡及曹、滕其先亡乎，偪而無禮。鄭先衛亡，偪而無法。"

又，襄公二十九年：

　　（季札）請觀於周樂。使工……爲之歌鄭曰："美哉！其細已甚，民弗堪也。是其先亡乎！"

蔡滅於昭公十一年（前 531 年），而昭公十三年復封，戰國初（前 447 年）蔡覆滅於楚。哀公八年（前 487 年）曹亡於宋。前 414 年滕亡於越，可能之後又復國，孟子時尚在。前 375 年鄭亡於韓。蔡、曹於《左傳》有明確驗辭。滕、鄭於《左傳》無驗辭。

---

① 《史記》載魏獻子生魏侈，魏侈之孫曰魏桓子，桓子滅智伯。世系不同，蓋有脫誤。

10. 季氏亡,魯不昌。《左傳·閔公二年》:

　　成季之將生也,桓公使卜楚丘之父卜之,曰:"男也,其名曰友,在公之右;間于兩

社,爲公室輔。季氏亡,則魯不昌。"又筮之,遇大有之乾。曰:"同復于父,敬如君

所。"及生,有文在其手曰"友",遂以命之。

"季氏亡",《史記》作"季友亡"。《史記·魯世家》:"季友之將生也,……'季友亡,則魯不昌'。
及生,……號爲成季。其後爲季氏。"《左傳》服虔注:"季友出奔,魯弑二君。"則《左傳》所謂季
氏,是指季友一人,非指季友之後人。《史記》避免二者混淆,故而前文指季友一人時稱其名
"季友",後文指季友後人時稱"季氏"。且占卜之時,季友尚未出生,以後來之"季氏"稱呼他,
則時間錯亂,非當時人口吻。因此,"季氏亡,則魯不昌"預言是指季友出奔,魯國動亂。如此,
則在《左傳》中有明確的驗辭。《左傳·莊公三十二年》:"共仲使圉人犖賊子般于黨氏。成季
奔陳。立閔公。"閔公二年:"共仲使卜齮賊公于武闈。成季以僖公適邾。"魯兩君被弑,季氏兩
次出奔,魯國內亂甚劇;季友以僖公回國,國內始安定。以論《左傳》成書者往往以爲"季氏亡,
則魯不昌"是指季氏與魯升降,從上文的分析來看,這是不正確的理解。

11. 國氏先亡,罕氏、印氏後亡。《左傳·襄公二十七年》:

　　(趙)文子曰:"其餘皆數世之主也。子展其後亡者也,在上不忘降。印氏其次

也,樂而不荒。樂以安民,不淫以使之,後亡,不亦可乎!"

昭公四年:

　　鄭子產作丘賦,國人謗之……渾罕曰:"國氏其先亡乎!"

國氏即子產之族,子產之後見於記載者僅一人,即子產之子國參(字子思)。分見於昭公三十
二年《春秋》經,哀公五年、哀公七年、哀公二十七年傳。則國參在哀公二十七年尚在,知國氏
此時未亡。所以《左傳》於此國氏先亡預言無驗辭。罕氏即子展之族,罕氏在春秋晚期一直掌
鄭國之政,未亡,所以於子展後亡預言無驗辭。印氏即印段之族,其後人有印癸(字子柳),僅
見於昭公十六年,則印氏後亡也沒有相關驗辭。

12. 罕氏、樂氏得國。《左傳·襄公二十九年》:

　　于是鄭饑,……子皮以子展之命餼國人粟。……宋亦饑,……司城氏貸而不書,

爲大夫之無者貸。……叔向聞之,曰:"鄭之罕,宋之樂,其後亡者也,二者皆得國乎!

民之歸也。施而不德,樂氏加焉,其以宋升降乎!"

或以爲:得國爲國君①。非是。《左傳·昭公三十二年》:"魯文公薨……魯君于是乎失國,政
在季氏,于此君也四公矣。民不知君,何以得國?"前文言"魯君失國,政在季氏",後文言"何以
得國",可知其意是魯君失國,季氏得國。得國,指政之所在,不一定爲國君。罕氏得國,《左
傳》有明確的驗辭。即襄公二十九年所說"故罕氏常掌國政,以爲上卿"。

───────────

① 牛鴻恩:《論〈左傳〉的成書年代》,《首都師範大學學報(社會科學版)》1994 年第 5 期。

樂氏得國，也有驗辭。樂氏在"貸而不書"的樂喜之後，常爲卿，見於傳者有樂祁犁（樂喜孫）爲司城，樂輓（樂喜孫）爲大司寇，樂筏（樂祁犁孫）爲司城，樂朱鉏（樂輓子）爲大司寇。蓋樂氏世職司城、司寇。宋國的六卿制度以右師爲第一，司城爲第五，司寇第六①，應當算是下位，算不得得國。直到哀公二十六年，在平定大尹之亂中，司城樂筏起到主導作用，此後"司城爲上卿"，這裏所謂上卿，當與罕氏爲上卿之意相同，指司城取得了政權的主導地位，可以視作是"樂氏得國"的驗辭。

13. 趙氏世有亂。《左傳·定公九年》：

> （陽虎）奔宋，遂奔晉，適趙氏。仲尼曰："趙氏其世有亂乎！"

所謂"世有亂"，學者多解爲累世有亂。揣《左傳》之意，當指收容陽虎的趙簡子之世有亂。定公十三年，趙氏與范氏、中行氏攻殺，趙簡子奔於晉陽。後荀氏、韓氏、魏氏得國人之力而逐范氏、中行氏。定公十四年，荀氏以董安于始亂爲由，要求將其處死。董安于曰："我死而晉國寧，趙氏定，將焉用生？"……乃縊而死。……知伯從趙孟盟，而後趙氏定。此段言董安于自殺的結果是"趙氏定"，則未死的時候是"趙氏亂"，是指定公十三年趙氏與范氏、中行氏相互攻殺之亂。傳文前後相協調，正可以視作孔子預言的驗辭。

這裏一共討論了 13 處、19 個預言②。其中凡有驗辭 9 個，無驗辭 10 個。有驗辭的預言多涉及戰國史事，或准或不准。各家依據各自標準，往往同一個預言的結果大相徑庭。然而，這些都不重要。預言在當時普遍流行，而預言是對未來的預測，所以這些預言是當時人對未來的預測。既然是預測，就有准有不准，都是可能的。我們知道，《左傳》靈驗如神的預言是已知結果，而揀選對應的預言，以爲後文張本，後復有驗辭與前文呼應。沒有驗辭，就無法體現他的靈驗，而《左傳》作者記錄這些沒有驗辭的預言，又爲了什麼呢？我想，原因只能是他相信這些預言是能夠應驗的。作者記錄預言本身可以視爲作者對時代未來走向的預測。

四

雖然我們不能通過《左傳》預言應驗與否來確定《左傳》的成書時代，但是可以從有驗辭的預言中確定作者時代的上限。從沒有驗辭的預言中瞭解作者所處時代的情況，從而推知其可能的時代。驗辭不會超出《左傳》本身，也就是《左傳》所記的最後一件事——三家滅智伯，即公元前 453 年。然而正如顧炎武所説，《左傳》可能非一人而作，一時而成，所以這些只能是最後一個作者的年限。

---

① 楊伯峻：《春秋左傳注》，第 1729 頁。

② 論者多以季札論"魏爲明主"爲預言。襄公二十九年："（季札）請觀于周樂。使工……爲之歌魏，曰：'美哉，渢渢乎！大而婉，險而易行，以德輔此，則明主也。'"按，《詩經》之魏是西周分封的姬姓魏國，閔公元年即爲晉獻公所滅，其時爲晉國魏氏所有，季札蓋感歎魏地險易，如遇明主則可以有所作爲。此如今人説："吉林省條件很好，有精明的人則可以大有前途。"所謂預言是指尚未發生的事情預先説出來。這裏沒有説將來會發生什麼，所以不能算是預言。

沒有驗辭的預言是作者相信它會實現，所以這些預言從一個側面反映了作者所處的時代。作者當時的情況大概是：晉公室大勢已去，三家爲諸侯的局面已經清晰。齊國的“國際地位”比較穩固，秦國沒有東征迹象。周室、衛國衰微，而去亡國有一段距離。滕、鄭岌岌可危。鄭國內部國氏形勢不樂觀，印氏、罕氏相對比較穩固。

這裏需要特別説下涉及三家爲諸侯局面的“畢萬之後爲諸侯”的預言。這個預言顯得比較奇怪，因爲它雖然沒有驗辭，但出奇地明晰且準確，讓人不能無疑。是不是作者看到了三家爲諸侯呢？衞聚賢以爲著者未及見魏斯爲侯：

> 按卜辭説“公侯之子孫，必復其始”，是著者尚未見及畢萬的子孫爲侯，而已斷定其有爲侯的可能了①。

衞氏所説有一定道理。此外，我們知道《國語》跟《左傳》的關係比較緊密，《國語》記事年限對考察《左傳》的成書有一定參考意義，《國語·晉語》最後一件事是三家亡智伯，與《左傳》同。如果作者見到三家爲諸侯這樣驚天動地的大事，並且在傳中前文已經提及，而後面沒有驗辭，豈不是很奇怪的事？《史記·魏世家》引用此卦時候只有前段，沒有“震爲土……公侯之子孫，必復其始”一段。太史公著《史記》不取《左傳》者，蓋皆別有所據。或者辛廖之卦只有“吉。屯固、比入，吉孰大焉？其必蕃昌”這一部分，後部分“公侯之子孫，必復其始”可能是後人欲魏氏稱侯，對舊時卦辭的新解釋，以起到搖旗呐喊，製造聲勢的作用，如王莽欲篡位，而先造讖緯一樣。《左傳》作者之時三家爲諸侯局面已經比較明顯，作者堅信其事必成，故一併錄入傳中。而太史公尚知道二者是不同時代的材料，故只取舊卦，不錄新辭。總之，這條預言不能説明《左傳》作者見到了魏斯爲侯。

由以上分析可以推測《左傳》最後成書的大致時代：魏斯爲侯在公元前 403 年，作者可能是公元前 403 年之前的人。《左傳》、《國語》屢次稱趙襄子，襄是謚號，趙襄子卒於前 425 年。則其成書可能於前 425—前 403 年間吧？

孔子卒於前 479 年，前 403 年去孔子之卒 76 年，相隔大約兩代人的時間。孔子弟子中，年紀較小者有可能在這個時間範圍內活動，魏文侯曾以子夏爲師可以爲證。最後我們再來看《史記·十二諸侯年表第二》序：

> 魯君子左丘明懼弟子人人異端，各安其意，失其真，故因孔子史記具論其語，成《左氏春秋》。

《左傳》之作在孔子弟子人人異端之後，則異端之時大概是七十子時代晚期。這與上文的推測大體吻合。

綜上所述，預言謂事情將要發生而預先説出。在春秋時代普遍存在者各種預言。《左傳》中的預言有其來源，不是隨意編造的。預言可能發生，也可能不發生，特別是關係到作者身後事的預言，無論應驗與否都不能據此推斷作者是否聞見。作者記録這樣的預言可能僅僅是因

---

① 衞聚賢：《古史研究》，第 91 頁。

爲他相信這些預言必然會發生。因此,以預言驗與不驗作爲斷代是危險的。我們無法從《左傳》中没有驗辭的預言來推斷其記録時間,但是可以從有驗辭的預言中確定作者時代的上限。從没有驗辭的預言中看到作者所處時代的情況,由此可以推測《左傳》最後成書的大致時代可能是公元前 425—前 403 年之間。

荀子學術思想變遷考 *

張　錚

（吉林大學行政學院）

摘　要：思想史的研究往往會拘泥於原始文獻的真僞及可靠性，其實每一個思想家都有其思想變遷的過程，本文以《荀子》書中涉及先秦諸子評論的篇章和其他先秦子書所見評論諸子的篇章進行綜合的比較考證，結合史書所記荀子個人事迹，認爲這些不同的評論諸子的篇章所反映的不同標準，正說明《荀子》一書體現了荀子前後兩期的學術思想的不同，而荀子所論諸子也是從不同角度出發的。

關鍵詞：荀子　思想　變遷

思想史的研究往往會拘泥於原始文獻的真僞及可靠程度的考證，這一問題自然是必要的。學者們研究某一位思想家的思想，往往發現以該思想家爲創作者的著作，會發現不同思想傾向性的文字。據此，以"古史辨派"爲代表的學者就認爲該書爲僞書，不可信。而著名的文獻學家余嘉錫先生則爲我們提供了另一種思路，他指出古代著作大多經後人整理，或由後人附益和增飾。李零先生在此基礎上，指出："古書從思想醞釀，到口授筆録，到整齊章句，到分篇定名，到結集成書，是一個長過程。它是在學派內部的傳習過程中經衆人之手陸續完成，往往因所聞所録各異，加以整理方式的不同，形成各種傳本，有時還附以各種參考資料和心得體會，老師的東西和學生的東西並不能分得那麼清楚。"①

但是，我們認爲，分析一個思想家的作品，自然不能忽視這樣一種可能：該學者的作品自然由後學來整理，但是其思想隨着環境的變化等因素，也會發生變化，反映其前後不同時期的思想的作品，自然也會出現差異。最近，我們通過研讀《荀子》這部書，認爲書中的若干篇章，當可作爲我進行分析的樣品。《荀子》書中對於戰國學術和思想學説進行評析的，主要集中於《非十二子》、《天論》與《解蔽》等篇。

＊　基金項目：教育部人文社會科學研究青年項目（10YJC810059）階段性成果，受到吉林大學"211"三期工程項目資助，吉林大學 985 三期平臺"社會公正與政府治理哲學社會科學創新基地"資助。

①　李零：《出土發現與古書年代的再認識》，《李零自選集》，廣西師範大學出版社，1996 年，第 30 頁。

一

　　戰國中後期，諸子百家都力圖對上古以降的學術思想進行整合，並力圖在天下推行自己的學說，因而出現了一些帶有學術批評傾向的作品，諸如《莊子·天下篇》、《尸子·廣澤篇》等。這些篇章的作者，均是站在各自所主張的思想學説角度，對與自己不同主張的諸子思想學術進行了評價，雖然有的不失有主觀之嫌，但是它們的出現，一方面使戰國學術總結思潮出現了先驅，另一方面也爲後世研究諸子學説的學者保留了諸子學説的一些原始資料。這些也都反映了戰國中晚期開始的一種學術總結思潮①。綜覽先秦文獻，評論先秦諸子的作品除了《莊子·天下》、《尸子·廣澤》等篇外，還有《荀子》書中的《非十二子》諸篇以及《呂氏春秋·不二》等篇。《莊子·天下》、《尸子·廣澤》等篇可以看作是《荀子》之前較爲集中地評價當時學術人物的作品。在《荀子》之後，《呂氏春秋·不二》篇也評價了當時的諸子。

　　細讀《荀子》中三篇及其他評論諸子的文字，我們發現《荀子》書中荀況在對這些諸子評論的分類標準存在着差異，而對比其他文獻也存在這樣的問題。

《莊子·天下》	墨翟、禽滑釐		宋鈃、尹文	彭蒙、田駢、慎到		關尹、老聃		莊周	惠施、桓團、公孫龍
《尸子·廣澤》	墨子		孔子	皇子		田子		列子	料子
《荀子·非十二子》	它囂、魏牟		陳仲、史鰌	墨翟、宋鈃		慎到、田駢		惠施、鄧析	子思、孟軻
《荀子·天論》	慎子		老子	墨子		宋子			
《荀子·解蔽》	墨子		宋子	慎子		申子		惠子	莊子
《呂氏春秋·不二》	老聃	孔子	墨翟	關尹	子列子	陳駢	陽朱	孫臏	王廖	兒良
《韓詩外傳》	它囂、魏牟		陳仲、史鰌	墨翟、宋鈃		慎到、田駢		惠施、鄧析	

　　通過上表，我們發現在這些篇中，荀子評價諸子的分類標準有如下特點：

　　第一，《非十二子》中"它囂、魏牟"、"陳仲、史鰌"，不見於其他評論諸子的篇章，而針對他們的考證歷來有不同説法。

　　第二，《非十二子》中荀子將"墨翟、宋鈃"分爲一類，而在《天論》、《解蔽》以及其他子書中沒有這樣的分類。

　　第三，《非十二子》中有評論同爲儒家傑出人物"子思、孟軻"的文字，而《韓詩外傳》中則無。

　　第四，儘管《莊子·天下》提及的桓團、公孫龍等人、《呂氏春秋·不二》中所提及的王廖、兒良、孫臏、陽朱、子列子等人都在其他篇章中未曾出現，但是經過學者們的考證，皆爲先秦時

① 盧鍾鋒：《先秦諸子的學術史研究及其特點》，《河北學刊》1989 年第 2 期，第 102 頁。

期的思想家①。

下面,我們針對上述情況進行逐個分析:

1. 荀子評價"它囂、魏牟"、"陳仲、史鰌"相關問題的考證

在《非十二子》中,荀子首列的是"它囂、魏牟",評說他們的思想特點是:"縱情性,安恣睢,禽獸行,不足以合文通治。"這是荀子對他們的學說和社會影響的評價。我們可以知道,這兩人的學說特點,主要是"縱情性"。蒙文通先生依據《管子・立政九敗解》中對"全生"的解釋,考證"它囂、魏牟"爲楊朱之支派中主張"縱情性"一系的學者②。楊朱之學在孟子之時,與墨學、儒學三家並立,所謂"聖王不作,諸侯放恣,楊朱、墨翟之言盈天下。天下之言不歸楊,則歸墨"③。而蒙文通先生謂楊朱爲北方道家,孟子謂"楊氏爲我,是爲無君",所以,此二人的學說確實屬於"爲我"的楊朱學派。

它囂,楊倞注:"它囂,未詳何時代人。《世本》:'楚平王孫有田公它成。'豈同族乎!"根據先秦文獻的記載,並沒有關於他的論述。基本上今人研究"荀學"者都以其人已不可考。《韓詩外傳・卷四》中有《非十子》一章,分別爲"范雎、魏牟、田文、莊周、慎到、田駢、墨翟、宋銒、鄧析、惠施",這與《荀子・非十二子》大致相同,不同之處在於少了"子思、孟軻",而"它囂和陳仲、史鰌"也是不同的。金德健曾經考證"它囂"即"范雎"④。我們認爲這是不確的,因爲根據《強國篇》所言,荀子對范雎並沒有太多的類似《非十二子》中的指摘,所以我們認爲,文獻無徵,還是不能確定。

魏牟,《漢志》謂爲道家,錢穆考證魏牟爲墨徒⑤;韋政通先生以爲《戰國策》中趙公子牟就是魏牟,認爲他雖然與公孫龍善,但是他真正嚮往的是道家不謀富貴的隱逸生活。而荀子把公孫牟納入十二子中的目的,不是因爲他是屬於哪一派的學者,而是由於他是名重一時的貴公子,其言行對世人有很大的影響而已⑥。

金德健先生認爲,此二人一爲秦相的范雎,一爲縱橫之徒的善於論辯的魏牟(公孫龍亦曾經向此人問學)。我們認爲該說不確。由此,蒙文通之說似可信從。

"陳仲、史鰌",荀子謂:"忍情性,綦溪利跂,苟以分異人爲高,不足以合大衆,明大分,然而其持之有故,其言之成理,足以欺惑愚衆。"由荀子的描述,我們可以知道這二者的學說特點主要是"忍情性"。蒙文通先生考證其爲楊朱支派中"自貴"一系的學者⑦。

楊注謂:"陳仲,齊人,處於陵,不食兄禄,辭富貴,爲人灌園,號曰於陵仲子。"大體此說依據於《孟子・滕文公下》。而孟子書中還稱他曾經"辟兄離母,三日不食"等事迹,而孟子書中則是稱讚他這一特立獨行的事迹,稱"齊國之士"必以他爲"楷模"。根據《孟子》、《韓非子》等書的記載,我們可以知道他雖然出身貴族,但仍能"不恃人而食",是難能可貴的。

---

① 參見張豐乾編《莊子天下篇注疏四種》、陳奇猷《呂氏春秋新教釋》等書的考證。

② 參見蒙文通《楊朱學派考》,《先秦諸子與理學》,廣西師範大學出版社,2006年,第110—111頁。

③ 楊伯峻:《孟子・滕文公下》,《孟子譯注》,中華書局,1960年。

④ 參見金德健《先秦諸子雜考》,中州書畫社,1982年,第176—178頁。

⑤ 參見錢穆《先秦諸子繫年》第一百四十六《魏牟考》,商務印書館,2002年,第514—518頁。

⑥ 參見韋政通《荀子與古代哲學》,臺灣商務印書館,1997年,第249—253頁。

⑦ 參見蒙文通《楊朱學派考》,《先秦諸子與理學》,第111—112頁。

史鰌,《論語》中曾經提到過他。錢穆《先秦諸子繫年》曰:"據《左傳》定十三年,公叔文子與史鰌語,則二人乃同僚。襄公二十九年,季札至衞,已與蘧瑗、史鰌、公叔發相交。時孔子僅八歲,史鰌當已在强仕之年矣。"可證,此人爲春秋時人。所以,錢穆認爲《荀子》提及此人,必是由於此人在戰國之時比較有聲響①。莊子曾經對此人進行過抨擊,大概是由於其曾經出身貴族(《呂氏春秋·召類篇》高誘注其爲"衞之大夫")。

此二人在學術上並無太大的影響或者創見,但是由於他們都在戰國時期,都背叛了自己的出身(貴族身份)②,對社會有一定影響,所以荀子也把他們納入到了批判的範圍。蒙文通先生的考證有其道理,但是我們現在無法論證其説的可靠性,因爲戰國晚期的楊朱學派已經没落,因而大家没有過多地提及他們的學術代表人物和學説。

2. 荀子評"墨翟、宋鈃"相關問題的考證

墨翟、宋鈃,荀子批評他們:"不知壹天下建國家之稱,上功用,大儉約,而僈差等,曾不足以容辨異,縣君臣;然而其持之有故,其言之成理,足以欺惑愚衆。"可見在荀子心目中,二者不主張有等級劃分,崇尚功利主義。

有學者根據《荀子·非十二子》認爲宋鈃屬於墨子後學,尹文和宋鈃的學説範圍都屬於墨翟的學術範疇。而《莊子·天下篇》中述及墨翟與宋鈃是兩系不同的學者,而《荀子》則將二者劃爲一系。王叔岷先生謂荀子之劃分有誤,他引述諸家之説,論證"宋鈃、尹文都不是屬於墨家後學的觀點",認爲《漢志》中所存宋鈃屬於小説家,而《尹文子》則歸入名家。總之,儘管宋、尹二人之崇儉、非鬥與墨氏相近,但師承迥異,他們是不能與墨子劃爲一系的③。

荀子在《非十二子》中將二者劃在一起,不能謂之錯誤,只是其著作此篇的目的與他篇不同,是出於政治學説的目的,主要是攻擊二人的主張迷惑了當時的社會,不同於荀子的政治主張(以"禮"來壹天下而建立國家④)。荀子主張"類",認爲社會中有一定的等級差別和秩序。因墨翟、宋鈃在此篇中有這樣的共性,故而被放在一起了。

《天論》、《解蔽》篇中又有評價二者的文字。《天論》篇云:

> 墨子有見於齊,無見於畸。宋子有見於少,無見於多。……有齊而無畸,則政令不施,有少而無多,則群衆不化。書曰:無有作好,遵王之道;無有作惡,遵王之路。此之謂也。

在這裏墨子與宋鈃是不同的,荀子攻擊墨子"有齊而無畸,則政令不施",即梁啟超所謂:"墨子兼愛尚同、以絕對的平等爲至道,不知物之不齊,物之情也。"⑤王遽常認爲此"畸同奇,奇謂其不齊也。墨子尚同、兼愛,故曰見齊而不見畸"⑥。荀子攻擊宋鈃"有少而無多,則群衆不

---

① 參見錢穆《蘧瑗史鰌考》,《先秦諸子繫年》,第 34 頁。
② 參見金德健《先秦諸子雜考》,第 147—150 頁。
③ 參見王叔岷《莊子校詮》下册,中華書局,2007 年,第 1319—1320 頁。
④ 參見韋政通《荀子與古代哲學》,臺灣商務印書館,1997 年,第 259 頁。
⑤ 轉引自王天海《荀子校釋》下册,上海古籍出版社,2005 年,第 701 頁。
⑥ 王遽常:《諸子學派要詮》,上海書店·中華書局,1987 年,第 112 頁。

化”,梁啓超謂:“宋子僅見欲寡的一面,而不見欲多的一面也。”[1]王蘧常認爲《正論》篇曾經説“子宋子曰:人之情欲寡,而以己之情爲欲多,是過也”,並引馮友蘭説認爲宋鈃是講人類的本性欲少而不欲多。而享用的時候則是無法享用過多的,因此是要人享受時適可而止[2]。

荀子未把墨子和宋鈃歸爲一類,他從墨翟、宋鈃的學説中與己不同,易迷惑世人的觀點進行了抨擊。

《解蔽》篇云:

> 墨子蔽於用而不知文,宋子蔽於欲而不知得,……故由用謂之道,盡利矣;由欲謂之道,盡嗛矣;……此數具者,皆道之一隅也。

此處,荀子謂“墨子蔽於用而不知文”,楊注謂:“欲使上下勤力,股無胈,脛無毛,而不知貴賤等級之文飾也。”梁啓超認爲:“墨子尚功用,其論善惡專以有用無用爲標準。”王天海則解釋爲:“用者,實用也,文者,禮樂之文飾也。”王説可謂最切要害,荀子批評的是墨子只重功用而忽視了儒家所提倡的“禮樂”文明。

此處,荀子謂宋子爲“蔽於欲而不知得”,楊倞注:“宋子以人之情欲寡不欲多,但任其所欲則自治也,蔽於此説而不知得欲之道也。”[3]

需要説明的是,《荀子》一書中還有對墨翟、宋鈃進行評價的文字。《禮論》篇云:

> 故人一之於禮義,則兩得之矣;一之於情性,則兩喪之矣。故儒者將使人兩得之者也,墨者將使人兩喪之者也,是儒墨之分也。

荀子是主張“性惡説”的,而解決“性惡”的關鍵則是“化性起僞”,此舉可以使得“生禮義”。所以,荀子在此篇中批評了墨翟爲代表的墨家學説忽視“禮義”,而重“性情”。

韋政通先生引《正論》、《禮論》篇批評墨子的文字,認爲荀子主要在那兩處攻擊墨子的節喪學説。此外,韋政通先生認爲《王霸》篇中荀子批評了墨子的文句,並非是完全的批評之語[4]。

而在《莊子·天下》篇中所提及的墨翟、宋鈃也不是一個系統的人物。該篇云:

> 不侈於後世,不靡於萬物,不暉於數度,以繩墨自矯,而備世之急。古之道術有在於是者,墨翟、禽滑離,聞其風而説之。
>
> 不累於俗,不飾於物,不苟於人,不忮於衆,願天下之安寧以活民命,人我之養,畢足而止,以此白心。古之道術有在於是者,宋鈃、尹文聞其風而悦之。……以禁攻寢兵爲外,以情欲寡淺爲內。其小大精粗,其行適至是而止。

莊子此篇對墨翟、宋鈃的學説內容進行了歸納,並對他們的學術進行了批評。莊子批評了墨子的“非樂”、“節用”、“節喪”等學説,認爲墨子是不愛人也不愛己,而宋鈃的學説則是以

---

① 轉引自王天海《荀子校釋》下册,第701頁。
② 王蘧常:《諸子學派要詮》,第112—113頁。
③ 轉引自王天海《荀子校釋》下册,第842頁。
④ 參見韋政通《荀子與古代哲學》,第263—265頁。

“禁攻、情欲”爲主。

《荀子》一書成書是一個比較長的過程。其在齊國稷下和長期定居楚國蘭陵的作品有着不同的側重點,我們曾經提出荀子在齊國時擔任的學術職務,屬於“士”的身份,而在楚國曾經擔任過蘭陵令,屬於“吏”的身份。因此,在其著作中也是能夠體現出這一特色的。

《天論》、《解蔽》、《正論》、《禮論》、《王霸》等篇,是屬於荀子在稷下時期的作品,而《非十二子》則是其在楚地蘭陵時期的作品①。我們從荀子論述墨翟、宋銒的學説時,《非十二子》屬於一個方式,將二者劃在一起,主要是從政治思想的角度來批評二者的説法。而其他諸篇涉及二者的,則是零散地攻擊了二者的學説,這是有明顯的區别的。

3. 荀子評“子思、孟軻”相關問題的考證

子思、孟軻,是儒家思孟學派的代表人物。《漢志》記載,《子思》二十三篇(殘),名伋,孔子之孫,爲魯繆公師。《隋書·音樂志》注引沈約説:“《中庸》、《表記》、《坊記》、《緇衣》皆取《子思子》。”此四篇皆存於小戴《禮記》中。孟子,鄒人,嘗授業於子思門人。《漢書·藝文志》中有《孟子》十一篇,存七篇。

荀子評價他們:“略法先王而不知其統,猶然而材劇志大,聞見雜博。案往舊造説,謂之五行,其僻違而無類,幽隱而無説,閉約而無解。案飾其辭而祗敬之,曰:此真先君子之言也。子思唱之,孟軻和之,世俗之溝猶瞀儒,嚾嚾然不知其所非也,遂受而傳之,以爲仲尼、子弓爲兹厚於後世,是則子思、孟軻之罪也。”此處,是荀子在後世屢遭詬病的原因之一。此處,荀子抨擊他們是最爲有力的,謂他們不知先王之“統”。此“統”,楊注謂爲“綱紀也”,而今人王天海先生認爲此處之“統”,應爲先王之傳統也②。王蘧常則認爲此處不知統,是由於此二人之言論不知統於禮也。荀子以禮爲經緯蹊徑,故其於孟子也,也是由於孟子不知道先王之統在於禮義也③。

臺灣大學龍宇純先生謂荀子非子思、孟軻之條,主要是三點:

一爲“略法先王而不知其統”,結合《荀子·性惡》篇可知,荀子之意,以聖王禮義皆因人之性惡而起;如性善,則無用乎禮義,亦無用乎聖王。一爲“案往舊造説”,以仁義禮智誠爲天性所本有,此自子思始創,而孟軻述之。一爲“僻違而無類,幽隱而無説,閉約而無解”,荀子在《性惡篇》中謂“今孟子曰人之性善,無辨合符驗,坐而言之,起而不可設,張而不可施行,豈不過甚矣哉!故性善則去聖王、息禮義矣;性惡則聖王、貴禮義矣”。荀子既譏性善説之爲無辨合符驗,又闡明聖王、禮義與性惡之密切關係,則此文無異爲“僻違而無類,幽隱而無説,閉約而無解”三語之注脚矣④。

荀子在此篇論此二者,與《儒效篇》所批之“俗儒”比較相似。可知,《非十二子》之宗旨也是與《儒效》篇相近的,而廖先生所推測這兩篇成書之年代,也是大體屬於荀子晚年的作品。

---

① 參見廖名春《荀子新探》,臺灣文津出版社,1994 年,第 76—87 頁。
② 王天海:《荀子校釋》上册,第 208 頁。
③ 王蘧常:《諸子學派要詮》,第 80—81 頁。
④ 參見龍宇純《荀子論集》,臺灣學生書局,1987 年,第 101—103 頁。

二

通過上述考證,我們大體可以知道:

1.《天論》、《解蔽》與《莊子·天下》、《尸子·廣澤》、《呂氏春秋·不二》諸篇都是以學術角度出發,評論先秦學術的重要文獻

《莊子·天下》篇是學術界公認的以純粹辨鏡源流、考察學術流變的立場出發的文獻。其整體而言,就是對莊子之世的學術發展情況進行了梳理。這是《非十二子》篇與《天下》①篇作者所立足點之不同。金德健先生曾經論證了《荀子·解蔽》與《尸子·廣澤》篇的主旨相通,進而又論證了《尸子·廣澤》與《呂氏春秋·不二》篇主旨相通,又謂《尸子·廣澤》有綜合的傾向②。因此,我們看待《荀子》書中從學術角度,綜合批評百家思想的篇章應該還是從《解蔽》篇爲主來考察。

2.《非十二子》是荀子從政治角度出發,批判對戰國晚期社會當時有重要影響人物行爲、學説的篇章

《荀子》一書之著書目的,是爲了應對當時的影響社會和學術發展的學説。有人謂從《荀子》首章而言,荀子之學是屬於政治哲學系統的。因此,此《非十二子》一篇的著書目的就是爲了荀子的政治思想服務的。《荀子》一書中,其《非十二子》開篇即云:

> 假今之世,飾邪説,文姦言,以梟亂天下,譎宇嵬瑣,使天下混然不知是非治亂之
>
> 所存者有人矣。

則説明了荀子作此篇的目的,就是應對的影響天下的邪説奸言的。

韋政通總結《非十二子》一篇的荀子評價諸子的標準,認爲荀子非十二子是本於一非常凸出的政治意識,而此意識中所含的内容即"禮義之統"。因此,我們判斷荀子評論諸子所持的標準,是一"足以完成治道的禮義之統"③。所以,荀子《非十二子》篇的目的不純粹是學術的角度,而是以政治的角度去出發的。

3. 荀子在齊國稷下學宫時期和楚國蘭陵時期思想發生了變化

荀子一生最爲重要的經歷主要是在齊國稷下擔任祭酒和在楚國蘭陵擔任"蘭陵令"的職務。而這前後兩個時期,荀子又經歷了先秦時期最大的變革期,其思想必然有所變化。

首先,荀子個人具備了"士、吏"兩種身份的變化,這些對荀子本人的思想必然有所影響。

余英時先生謂:"自'道術將爲天下裂'以後,古代禮樂傳統輾轉流散於士階層之手,於是

---

① 《天下》篇的作者問題,歷來爭議頗多。呂文郁師謂《莊子》一書,大體屬於莊子的作品,個別篇章混入後學的東西,因此,我們就以《天下》篇作者來代替莊子的説法。參見呂文郁《春秋戰國文化史》,東方文化出版中心,2007年,第140頁。

② 參見金德健《先秦諸子雜考》,中州書畫社,1982年,第161—169頁。

③ 韋政通:《荀子與古代哲學》,第281頁。

知識分子主觀方面的構成條件便具備了。"①戰國時期的"士",幾乎凡是擁有一德一藝者皆可稱之。而這裏的"士"所强調者,已是道藝的分類,而不再是等級的分類了②。閻步克先生指出戰國時期的主要表現爲"士、吏"的分化和官師分離,主要則是在齊國稷下學宮之後的事情。稷下學宮的學者們,是由齊王聚集一批學者,集中在一起,可以議論齊國的政治和學術,具有"大夫"的虚銜,通過這些人爲齊王收納名士。這些人是屬於"士";而秦國則是以"吏"爲師,通過吏治的學習來達到其培養的目的。這些也是荀子所具備的。在戰國諸子中,只有荀子擔任過實際的地方官員,處理過地方政務,具備"吏"的身份;而他又恰恰擔任過齊國稷下學宮的"祭酒",按照余英時、閻步克先生的説法,是屬於只議政而不參與管理的"士"。

其次,戰國末期發生的重大歷史事件和思想學説發展情況對荀子的思想有重要影響。《史記·孟子荀卿列傳》中就説荀子著書目的之一"不遂大道而營於巫祝,信機祥",他所抨擊的就是陰陽家和民間的迷信思想。傅斯年就曾經指出:"儒家的歷來的死敵有三:墨家、黄老、陰陽。而儒家與陰陽學説的大戰,儒雖幾乎被陰陽所吞。"③因此,在荀子前期的作品中應該看不到荀子對"思孟"等儒家人物的抨擊。

據廖名春先生研究,可知《天論》、《解蔽》等篇屬於荀子在稷下學宮時擔任祭酒時的作品,《非十二子》則是荀子在定居楚國蘭陵時的作品④。這一結論,對我們極具啓發意義,在荀子人生的經歷中,定居楚國是一個改變其思想的重要事件,自此,荀子的學術思想和關注點發生了前後不同的變化。

當然,也有學者據《非十二子》篇,認爲荀子評判諸子學説,往往是從兩方面着眼:"其一是以儒家之仁義、禮義爲標準;其二是以邏輯思維爲尺度,二者既有區別,又有聯繫。"⑤我們承認這是荀子評價諸子的基本着眼點和學術評判標準,但不是僅僅從《非十二子》,其他諸篇亦然。

總的説來,一個思想家的思想演進軌迹,是可以在其作品中找到線索的。章太炎在批評清代經今文學家劉逢禄的時候,説劉氏研究古代文獻時"讀書而不知論世",這無疑也是我們研究思想家思想演變時需要注意的。

---

①　余英時:《士與中國文化》第二《道統與政統之間》,上海人民出版社,1987年,第97頁。

②　參見閻步克《士大夫政治演生史稿》,北京大學出版社,1996年,第126—127頁。

③　傅斯年:《戰國子家敍論》,《傅斯年全集》第二册,聯經出版事業公司,1980年,第108頁。

④　參見廖名春《荀子新探》,第76—87頁。

⑤　孔繁:《荀子評傳》,南京大學出版社,1997年,第265—266頁。

《商君書》爵制思想探討

歐陽鳳蓮

（廣西科技大學）

摘　要：關於爵制的闡述是《商君書》的重要組成部分。本文從設立爵位的重要性、原則、爵位的種類、等級、賜予標準以及論定爵位的程序等方面重點論述了商鞅學派的爵制思想，發現《商君書》中所體現的爵稱爲十六級，與後來的二十等爵存在着差別。商鞅學派通過爵制樹立了一種和以往截然不同的秩序體系，使以往以血緣關係爲紐帶的政治體制遭到瓦解，適應新社會形勢的新的君主專制體制建立起來。

關鍵詞：商君書　商鞅學派　爵制　秩序體係

商鞅之爵制不等於後世流傳秦漢之際的二十等爵制，這是學術界今日公認的事實①。爵制由西周以後五等爵逐漸向新的軍功爵制轉變，在各國都經歷了一個漫長的過程。對秦國來説，商鞅爵制改革是一個重要的轉折，但具體的變革内容在《史記》等史書中所記頗略，遠没有後來的二十等爵制清晰。《商君書》與爵制相關的部分主要體現在《境内》中，但全書涉及爵制的多達十五篇，詳細規定了軍功授爵與賞賜的具體辦法以及攻城與野戰的立功標準、考核辦法及懲罰措施，大致反映了商鞅及其學派關於軍功授爵的思想。

一、設立爵位的重要性

從《商君書》來看，爵類似指揮棒的性質，由國君掌握以指導民衆的趨向以及國家的走向。

---

① 雖然早期一些學者引《漢書・百官公卿表序》來直接説明商鞅改二十等爵制，例如李亞農《李亞農史論集》，上海人民出版社，1962 年，第 1043—1047 頁；林劍鳴：《秦史稿》，上海人民出版社，1981 年，第 184 頁；漆俠：《二十等爵制與封建制度》，《求實集》，天津人民出版社，1982 年，第 40 頁等。但後來經學者研究，已經基本達成共識，即商鞅時制定的爵制到後世二十等爵制有一個逐漸發展的過程，參見高敏《從雲夢秦簡看秦的賜爵制度》，載於《雲夢秦簡初探》，河南人民出版社，1979 年，第 174 頁；高敏：《秦的賜爵制度試探》，載於《秦漢史論集》，中州書畫社，1982 年，第 9—11 頁；胡大貴：《商鞅制爵二十級獻疑》，《史學集刊》1985 年第 1 期；西嶋定生著，武尚清譯：《中國古代帝國的形成與結構——二十等爵制研究》，中華書局，2004 年，第 106—107 頁；董平均：《出土秦律漢律所見封君食邑制度研究》，黑龍江人民出版社，2007 年，第 45 頁。

因此，它也是國家富强的根基所在，等同於建立一個秩序①。在早期國家階段，它可以列貴賤、分等級，在列國征戰的特殊時期，它又能成爲一種激勵人民耕戰的機制。如《商君書》云：

> 古者未有君臣上下之時，民亂而不治。是以聖人列貴賤，制爵位，立名號，以别君臣上下之義。……明王之治天下也，緣法而治，按功而賞。凡民之所疾戰不避死者，以求爵禄也。明君之治國也，士有斬首、捕虜之功，必其爵足榮也，禄足食也。農不離廛者，足以養二親，治軍事。故軍士死節，而農民不偷也。（《君臣》）②

> 夫刑者，所以禁邪也；而賞者，所以助禁也。羞辱勞苦者，民之所惡也；顯榮佚樂者，民之所務也。故其國刑不可惡，而爵禄不足務也，此亡國之兆也。……故刑戮者所以止奸也，而官爵者所以勸功也。（《算地》）③

爲什麽爵位能達到這樣的效果？這就要從人性的角度來考慮，“人君而有好惡；故民可治也。人君不可以不審好惡；好惡者，賞罰之本也”。知道了人性的好惡，國家自然就可以加以有針對性的引導。“夫人情好爵禄而惡刑罰，人君設二者以禦民之志，而立所欲焉。夫民力盡而爵隨之，功立而賞隨之，人君能使其民信於此明如日月，則兵無敵矣”（《商君書·錯法》）④，“民，辱則貴爵，弱則尊官，貧則重賞。以刑治民，則樂用；以賞戰民，則輕死”（《商君書·弱民》）⑤。由於人民好爵禄而惡刑罰，因此國君就用爵禄來使人民“盡其力”，以引導他們實現國家“兵無敵”的目的。

二、設立爵位的原則

爵位的設立固然重要，但有了爵位之後國家也不一定能富强，“人君有爵行而兵弱者，有禄行而國貧者，有法立而治亂者，此三者，國之患也”⑥。有些國家有了爵禄，甚至有了法令，依然會出現“兵弱”、“國貧”、“治亂”等現象，這是由於國君對臣子的賞賜過於輕濫所導致的。“明主不濫富貴其臣。所謂富者，非粟米珠玉也。所謂貴者，非爵位官職也。廢法作私，爵禄之，富貴[濫也]”，顯然“廢法作私”，没有固定而明晰的原則是其“治亂”的原因所在，只要國君認識到這一點，制定了相應的原則，那麽事情就能得到解決。“凡人主德行非出人也，知非出人也，勇力非過人也。然民雖有聖知，弗敢我謀；勇力弗敢我殺；雖衆不敢勝其主。雖民至億萬之數，縣重賞而民不敢爭，行罰而民不敢怨者，法也”，如果認識不到這點，國家就會削弱，甚至會滅亡。“國亂者，民多私義；兵弱者，民多私勇。則削國之所以取爵禄者多塗。亡國之欲，賤爵輕禄，不作而食，不戰而榮，無爵而尊，無禄而富，無官而長，此之謂奸民”（以上皆出自《商君

---

① 例如西嶋定生《中國古代帝國的形成與結構——二十等爵制研究》第 51 頁提出的那樣，秦漢時期的二十等爵制即皇帝與人民間一個具體的秩序結構。

② 《商君書》，中華書局，2009 年，第 185 頁。

③ 《商君書》，第 74 頁。

④ 《商君書》，第 95—96 頁。

⑤ 《商君書》，第 172 頁。

⑥ 《商君書》，第 97 頁。

書·畫策》)。由此可見如何設定爵位,即明確設立爵位的原則,比單純地設立爵位更爲重要。而這在《商君書》關於爵制的論述中占了很大的一部分。

《錯法》對此有深刻的論述,其文云:"明主之所貴,惟爵其實而榮顯之。不榮則民不急;列位不顯,則民不事爵。爵易得也,則民不貴上爵。列爵禄賞不道其門,則民不以死爭位矣。"①這段話明確說明了立爵必須注意的幾個原則:爵實,即把爵位授予有實際功勞的人;榮顯,即讓他們光榮尊貴;難得,即爵位授予的輕重必須得當;道明,爵位俸禄和賞賜出於正當的門路,即建立一個固定而公正明晰的制度。下面我們結合《商君書》,對這幾個方面略加論述。

首先,爵位的授予必須有一個固定而公正明晰的制度,即"道明"。這樣才能使爵位顯得尊貴,才能使人民盡力,達到爵位授予應起的作用。《壹言》有言:"秉權而立,垂法而治,以得奸於上,而官無不(否);賞罰斷,而器用有度。若此,則國制明而民力竭,上爵尊而倫徒舉。"②它的意思是,賞賜刑罰果斷,而器物都有一定的制度,這樣國家法度就會明確,人民就會盡力,朝廷爵位就顯得尊貴,各層次的人們就都振作了。

商鞅學派認爲,爵位對於一個國家是非常重要的:"行賞而兵强者,爵禄之謂也;爵禄者,兵之實也。"但一個固定明晰的制度更爲重要,能否建立這樣一個制度,是關乎到國家的富强甚至存亡的大事,"是故人君之出爵禄也,道明;道明則國日强;道幽則國日削。故爵禄之所道,存亡之機也。夫削國亡主,非無爵禄也,其所道過也。三王五霸,其所道不過爵禄,而功相萬者,其所道明也"。雖然把三王五霸成功的原因歸功於爵禄的"道明"過於偏頗,但也足以説明商鞅學派對爵制授予原則之一——"道明"的推崇,他們認爲只有采取這樣的措施,人民才能盡力,國家才能富强。"是以明君之使其臣也,用必出於其勞,賞必加於其功。功賞明,則民競於功。爲國而能使其民盡力以競於功,則兵必强矣"③。

第二,"爵實",即依據實際功勞來評定爵位的授予。這點在書中多有論述,也是商鞅變法的重要内容。《史記·商君列傳》載"有功者顯榮,無功者雖富無所芬華"可證。《商君書》中關於"爵實"的論述不少,如:

> 百都之尊爵厚禄以自伐。……授官予爵出禄不以功,是無當也。(《靳令》)④
> 國以功授官予爵,此謂以盛知謀,以盛勇戰。以盛知謀,以盛勇戰,其國必無敵。
> 國以功授官予爵,則治省言寡;此謂以法去法,以言去言。國以六虱授官予爵,則治煩言生;此謂以治致治,以言致言,則君務於説言,官亂於治邪。(《靳令》)
> 效功而取官爵,雖有辯言,不得以相先也,此謂以數治。(《靳令》)
> 授官予爵,不以其勞,則忠臣不進。行賞賦禄,不稱其功,則戰士不用。(《修權》)

---

① 《商君書》,第 95 頁。
② 《商君書》,第 91 頁。
③ 《商君書》,第 94 頁。
④ 因爲《商君書·靳令》篇的文字和《韓非子·飭令》篇基本相同,因此很多人都懷疑此文非商君所作,甚至後人采自《韓非子》,誤,此篇應爲商君所作,見高亨《商君書注譯》,清華大學出版社,2011 年,第 10 頁。又陳奇猷所論更詳,可爲定論,見其《韓非子集釋》,上海人民出版社,1974 年,第 1124—1125 頁注一。

聖人以功授官予爵，故賢者不憂。(《賞刑》)

以上材料從不同的側面論述了以功授爵對於國家統治的重大影響。那麽，"功"的具體内容指什麽呢？ 依《史記·秦本紀》的記載，商鞅變法時"内務耕稼，外勸戰死之賞罰"①，又《史記·商君列傳》："有軍功者，各以率受上爵；爲私鬥者，各以輕重被刑大小。僇力本業，耕織致粟帛多者復其身，事末利及怠而貧者，舉以爲收孥。宗室非有軍功論，不得爲屬籍。"②即强調耕和戰，並把此二者作爲以功授爵的具體内容，但是事實上主要是以軍功對象爲主。

在《商君書》中，經常强調"壹爵"與"壹賞"，"所謂壹賞者，利禄官爵摶出於兵，無有異施也"(《賞刑》)③，"賞壹則爵尊，爵尊則賞能利矣"(《立本》)④，"夫民之從事死制也，以上之設榮名、置賞罰之明也，不用辯説私門而功立矣，故民之喜農而樂戰也"(《壹言》)⑤。可見，"壹"指的是"壹於農戰"。同時，作者還認爲，"農戰"是與學"詩、書"、"巧言虛道"的"説者"相對應的。更有甚者，在《農戰》中，作者還把"詩、書、禮、樂、善、修、仁、廉、辯、慧"這十種常人看來美好的事物當作必須禁絶的東西，認爲"國有十者，上無使守戰。國以十者治，敵至必削，不至必貧。國去此十者，敵不敢至；雖至，必却；興兵而伐，必取；按兵不伐，必富"(《農戰》)⑥。同時需要限制的還有"靡事商賈"、"爲技藝"這些與"農戰"無關的行爲。而要想達到壹於農戰的目的，關鍵在"壹"，那麽禁詩書禮樂、抑工商技藝之士就是情理之中的事。如若不然，國家就會"削"，就會"粟少"、"兵弱"，《農戰》對此多有論述：

凡人主之所以勸民者，官爵也；國之所以興者，農戰也。今民求官爵，皆不以農戰，而以巧言虛道，此謂勞民。勞民者，其國必無力。無力者，其國必削。

善爲國者，其教民也，皆作壹而得官爵，是故[不作壹]，不官無爵⑦。……今境内之民皆曰："農戰可避，而官爵可得也。"是故豪傑皆可變業，務學《詩》、《書》，……上可以得顯，下可以求官爵；要靡事商賈，爲技藝，皆以避農戰。具備，國之危也。民以此爲教者，其國必削。

善爲國者，倉廩雖滿，不偷於農；國大民衆，不淫於言，則民樸壹。民樸壹，則官爵不可巧而取也。不可巧取，則奸不生。奸不生則主不惑。今境内之民及處官爵者，見朝廷之可以巧言辯説取官爵也，故官爵不可得而常也。是故進則曲主，退則慮私所以實其私，然則下賣權矣。夫曲主慮私，非國利也，而爲之者，以其爵禄也。下賣權，非忠臣也，而爲之者，以末貨也。……豪傑務學《詩》、《書》，隨從外權；要靡事商賈，爲技藝，皆以避農戰。民以此爲教，則粟焉得無少，而兵焉得無弱也。

---

① (漢) 司馬遷：《史記》，中華書局，1963 年，第 203 頁。

② (漢) 司馬遷：《史記》，第 2230 頁。

③ 《商君書》，第 138 頁。

④ 《商君書》，第 105 頁。

⑤ 《商君書》，第 88 頁。

⑥ 《商君書》，第 32 頁。

⑦ 此句不通，高亨《商君書新箋》中稱"是故"下脱"不作壹"三字，即言人民不壹于農戰，則不得爲官，不得有爵也，見《商君書注譯》第 218 頁。蔣禮鴻《商君書錐指》稱"是故"下脱"非疾農力戰"五字，意同，見《商君書錐指》第 20 頁。

　　君修賞罰以輔壹教,是以其教有所常,而政有成也。王者得治民之至要,故不待賞賜而民親上,不待爵禄而民從事,不待刑罰而民致死。國危主憂,説者成伍,無益於安危也。①

　　之所以强調"壹於農戰",是因爲"利出一空者,其國無敵;利出二空者,其國半利;利出十空者,其國不守"(《靳令》)②,"賞壹則爵尊,爵尊則賞能利矣"(《立本》)③,"壹賞則兵無敵,壹刑則令行,壹教則下聽上"(《賞刑》)④。"爵尊"則"榮顯",而"賞壹"自然就是"道明",因此,"壹於農戰"是商鞅變法的重要内容,也是其建立爵制原則的基礎所在,這點在《商君書》中體現得淋漓盡致。

　　第三,爵位授予不能輕濫,必須輕重得當,"上下稱平",一旦輕重失度,則"國立爵而民羞之,設刑而民樂之,此蓋法術之患也"。因此"君子操權一正以立術,立官貴爵以稱之,論勞舉功以任之,則是上下之稱平。上下之稱平,則臣得盡其力,而主得專其柄"(《算地》)⑤。

　　這個度到底怎麽把握,書中並没有明言,只是稱"爵易得也,則民不貴上爵"(《錯法》)⑥,顯然,"難得"方顯得爵位的貴重,"爵重"才能激勵人們對其的追捧,才能更好地引導人民向國君希望的方向發展。秦國的"爵重",在《徠民》中可以隱約看到:

　　臣竊以王吏之明爲過見,此其所以弱不奪三晉民者,愛爵而重複也。其説曰:"三晉之所以弱者,其民務樂而復爵輕也。秦之所以强者,其民務苦而復爵重也。今多爵而久復,是釋秦之所以强,而爲三晉之所以弱也。"此王吏重爵愛復之説也,而臣竊以爲不然。⑦

　　王行此十年之内,諸侯將無異民,而王何爲愛爵而重複乎!

　　此外,在戰國時代,説客們多遊説諸侯,常藉此國的勢力,求得彼國的官爵,"是故豪傑皆可變業,務學《詩》、《書》,隨從外權,上可以得顯,下可以求官爵"(《農戰》)⑧。由於商鞅學派主張壹於農戰,因此杜絶人們以"言説"求官爵,也反對依靠外權獲得爵位。"無以外權爵任與官,則民不貴學問,又不賤農"(《墾令》)⑨,即國君不因爲别國的勢力給人以爵位和官職。因爲如果迫於國外壓力而輕易賞賜官爵,就會造成嚴重的後果:"隨從外權,要靡事商賈,爲技藝,

---

① 《商君書》,第 27—39 頁。

② 《商君書》,第 117—118 頁。

③ 《商君書》,第 105 頁。

④ 《商君書》,第 138 頁。

⑤ 《商君書》,第 74—75 頁。

⑥ 《商君書》,第 95 頁。

⑦ 關於《徠民》篇的成書時間,文中有"今三晉不勝秦四世矣","周軍之勝、華軍之勝、長平之勝"等語,可知此篇定作於長平之戰後不久,距商鞅亡約 80 年(前 337—前 260)。見高亨《商君書注譯》,第 116 頁;張林祥:《〈商君書〉的成書與思想研究》,人民出版社,2008 年,第 94—95 頁;西嶋定生:《中國古代帝國的形成與結構——二十等爵制研究》,第 488 頁。因此,由此可以推知商鞅之時其爵可能也重。

⑧ 《商君書》,第 27 頁。

⑨ 《商君書》,第 12 頁。

皆以避農戰。……具備，國之危也。民以此爲教者，其國必削。"《農戰》①這也從另一個側面反映出當時確實存在利用外權求爵的事實。

至於"榮顯"，從爵位授予的具體規定上可以看到，"能得甲首一者，賞爵一級，益田一頃，益宅九畝，除庶子一人，乃得入兵官之吏"《境内》②。爵位與田宅、仕途相聯繫，自然會大大激發人們追求的熱情。另外，有爵者還會獲得相關的特權，這點將在下面專門論述。

三、授 爵 的 種 類

概括來説，《商君書》中的爵位大概可分爲武爵、粟爵和民爵三類。武爵即軍功爵，這點很好理解，畢竟"有軍功者，各以率受上爵"《史記·商君列傳》③，商鞅爵制改革即以軍功爲基礎的。粟爵，即納粟拜爵，知道了授予爵制"壹於農戰"的原則，我們對它也很好理解。書中就明確地提到了這兩個方面"興兵而伐，則武爵武任，必勝；按兵而農，粟爵粟任，則國富"《去強》④。武爵是提高人們作戰的積極性，而粟爵同樣解決了糧食這個問題，這兩個問題在當時情況下一旦得到解決，國家自然就會富強。

相對於武爵，粟爵在《史記》中記載更少，但在《商君書》中却有一些文字："富者廢之以爵，不淫；淫者廢之以刑，而務農。"《壹言》⑤即《靳令》云"民有餘糧，使民以粟出官爵，官爵必以其力，則農不怠"，也就是用爵位來削減他們的財富。這樣做還可以解決人民富裕後不爲國家效力的問題。"民貧則力富，力富則淫，淫則有虱。故民富而不用，則使民以食出［爵］，官爵必以其力，則農不偷"《弱民》⑥，但是傳世文獻中未見有秦人因粟獲爵的記載，抑或是因爲此措施在當時推行不廣之緣故？

至於民爵，則是在一些情況下的特殊產物，往往是爲了讓廣大百姓更好地貫徹君主的政策所導致，這在漢代極爲常見⑦，而在秦時，尤其在商鞅變法前後則所見不多。《商君書》中僅見過一例，也是在戰國後期時候。"臣竊以王吏之明爲過見，此其所以弱不奪三晉民者，愛爵而重複也。其説曰：'三晉之所以弱者，其民務樂而復爵輕也。秦之所以強者，其民務苦而復爵重也。今多爵而久復，是釋秦之所以強，而爲三晉之所以弱也。'此王吏重爵愛復之説也，而臣竊以爲不然"《徠民》⑧。西嶋定生認爲此篇主張賜民以爵，以引三晉之民，即"民爵賜予"⑨。這是招徠人民耕種土地、增加秦國人口的一個重要舉措，與武爵、粟爵不同，並非常制。可與《史記·白起列傳》昭襄王四十七年條，即長平之戰那年對照："秦王聞趙食道絶，王自之

---

① 《商君書》。

② 《商君書》，第 165 頁。

③ （漢）司馬遷：《史記》，第 2230 頁。

④ 《商君書》，第 51 頁。

⑤ 《商君書》，第 89—90 頁。

⑥ 《商君書》，第 170 頁。

⑦ 高敏：《論兩漢賜爵制度的歷史演變》，《秦漢史論集》，第 33—57 頁。

⑧ 《商君書》，第 128 頁。

⑨ 西嶋定生：《中國古代帝國的形成與結構——二十等爵制研究》，第 486—489 頁。

河内,賜民爵各一級。發年十五以上,悉詣長平,遮絕趙救及糧食。"①這則是國家非常時期的召集令。如此就可以在武爵、粟爵之外充分調動人們的積極性,同時能應付一些不尋常的事件,起到很好的補充作用。只是這種民爵賜予畢竟不占主體,史書所記載秦歷史上所見寥寥②。

四、爵位的等級

與爵位相關的具體內容基本都體現在《境內》中,其中與爵位的等級有關的有以下兩段:

> 其有爵者乞無爵者以爲庶子,級乞一人。其無役事也,其庶子役其大夫月六日;其役事也,隨而養之軍。爵自一級已下至小夫,命曰校、徒、操,出公爵。自二級已上至不更,命曰卒。

> 能攻城圍邑,斬首八千已上,則盈論;野戰,斬首二千,則盈論。吏自操及校以上,大將盡賞。行間之吏也,故爵公士也,就爲上造也。故爵上造,就爲簪褭。[故爵簪褭],就爲不更。故爵[不更,就]爲大夫。爵吏而爲縣尉,則賜虜六,加五千六百。爵大夫而爲國尉,就爲[官]大夫。故爵[官]大夫,就爲公大夫。[故爵公大夫],就爲公乘。[故爵公乘],就爲五大夫,則稅邑三百家。故爵五大夫,[就爲大庶長。故爵大庶長,就爲左更。故爵三更也,就爲大良造]③。皆有賜邑三百家,有賜稅三百家。爵五大夫,有稅邑六百家者,受客。大將、御、參皆賜爵三級。故客卿相,盈論,就正卿。④

《境內》基本算是商鞅的作品,即當時法令的草案,那麼這些實際內容可看作商鞅變法時的具體內容。《境內》雖文字淺白,但內容分合竄脫現象比較嚴重,所以比較難讀,對於第一段的斷句問題,歷來爭論頗大。因爲如何斷句涉及一級以下是否有爵、是否有軍爵和公爵之別等問題。綜合來看,前人觀點主要有三:

一是以高亨先生爲代表,斷軍爵、公爵爲句,認爲"軍爵"和"公爵"是並列的兩種爵制,公爵是相對軍爵而言,如行政官吏的爵位與不任官職的人的爵位等是,只有軍爵不在其內⑤。因此其斷爲:

> 其役事也,隨而養之。軍爵自一級已下至小夫,命曰校徒操士。公爵,自二級已上至不更,命曰卒。

---

① (漢) 司馬遷:《史記》,第 2334 頁。
② 僅見於秦始皇四年、十年、二十七(《年表》作二十八)年、三十六年四次,詳見《史記·秦始皇本紀》及《六國年表》。
③ 大庶長之稱,實"左右庶長"之合稱,高亨《商君書注譯》第 150 頁注 38 稱"大"字可能爲"左右"二字合寫而誤,蔣禮鴻《商君書錐指》第 118—119 頁該文下注稱左右庶長合稱爲大庶長,二者意同。又三更原文作四更,誤,即左更、中更、右更也,同見上二書。
④ 《商君書》,第 161—163 頁。
⑤ 高亨:《商君書注譯》,第 146—147 頁。另俞樾《諸子平議》、王時潤《商君書斠詮》、高敏《秦的賜爵制度試探》(載於《秦漢史論集》,第 33—57 頁)、董平均《出土秦律漢律所見封君食邑制度研究》第 62—65 頁亦主是說。

二是以蔣禮鴻先生爲代表,將"爵"字單斷,認爲無"軍爵"、"公爵"之分,其斷爲:

　　　　其無役事也,其庶子役其大夫,月六日;其役事也,隨而養之軍。爵自一級已下
至小夫,命曰校、徒、操、公士。爵自二級已上至不更命曰卒。①

"士"原文作"出",二者均采納俞樾的觀點:"出字當作士,古書士、出字多誤。"②于鬯甚至認爲"士公"(即原文的"出公")是"公士"的倒誤,蔣禮鴻即采納這個意見。若如此,由第二段所知,"公士"是最低的一級爵,"校徒操"明顯是一級之下的,因此不能列"公士"於其後,顯然這種斷句有問題。

　　第三種觀點以朱師轍先生爲代表,他們認爲,"出"字無錯,無"軍爵"、"公爵"之分,這是因爲在相關的史書記載中,甚至包括出土的秦簡中並無此區分③。本文即采納此種斷法。

　　但在"校徒操"的身份判定上,則有了分歧。朱紹侯先生認爲一級以下仍有三等爵④,分別對應校、徒、操三級,但據下文看來,"校徒操"是和"卒"相對應,很難説是類似的爵等。因此,大多數學者則認爲"校徒操"是軍中地位較低者,只是具體仍有分歧。因爲下文有"吏自操及校以上大將盡賞行間之吏也"這樣的説法,我們更傾向於"由高到低排列的軍中小吏"這一觀點⑤,因其與文章無關,這裏不準備詳細分辨其中的區別。

　　第二段雖然文字亦有脱漏,但相對而言,其記載的爵制則比較清楚,歷來爭議主要集中在"客卿"與"正卿"是否爲爵位的問題上。另,若爲爵位,又是否在商鞅制定的爵等內?

　　關於"客卿"與"正卿"是否爲爵位的問題,歷來有兩種看法。一種認爲二者爲官稱或官階,非爵位。持這一觀點者往往引用《資治通鑑》胡注:"秦有客卿之官,以待諸侯來者,其位爲卿而以客禮待之也。"⑥這種説法比較清楚,客卿是各諸侯國爲吸引他國士人而專設的一級官名,之所以成爲客卿,還由於没有被看作是本國的正式官員。而正卿則是對客卿而言,客卿立功後,則遷爲正卿,遷正卿是以正式賜爵來表示的。正卿非爵稱也非官名,而是一種官階⑦。第二種觀點則認爲,二者均爲爵稱⑧。從上下文來看,二者雖不見於後世之二十等爵制,亦往往與官、爵等混稱⑨,我們贊同第一種意見,認爲客卿並不是爵稱,那麼它自然就不在商鞅制定

---

① 蔣禮鴻:《商君書錐指》,第114頁,于鬯:《香草續校書》、張覺:《商君書全譯》。

② (清)俞樾:《諸子平議》,中華書局,1954年,第402頁。

③ 朱師轍:《商君書解詁定本》;李零:《〈商君書〉中的土地人口政策與爵制》(載《李零自選集》,廣西師範大學出版社,1998年);仝衛敏:《〈商君書〉研究》,第141—143頁;胡大貴,朱紹侯:《商鞅變法與秦國早期軍功爵制》均主此説。其中仝衛敏《〈商君書〉研究》所論最詳。

④ 朱紹侯:《商鞅變法與秦國早期軍功爵制》,《零陵學院學報》2004年第5期。

⑤ 李零:《〈商君書〉中的土地人口政策與爵制》,第189頁;仝衛敏:《〈商君書〉研究》,第143頁。

⑥ (宋)司馬光:《資治通鑑》,中華書局,1956年,第68頁。

⑦ 馬非百:《秦集史》,中華書局,1982年,第941頁;胡大貴:《商鞅制爵二十級獻疑》,《史學集刊》1985年第1期;仝衛敏:《〈商君書〉研究》,第143—144頁。

⑧ 朱紹侯:《軍功爵制研究》,上海人民出版社,1980年,第39頁;朱紹侯:《商鞅變法與秦國早期軍功爵制》;孟繁峰:《論客卿》,《史學集刊》1987年第3期;高敏:《秦的賜爵制度試探》,第11頁;董平均:《出土秦律漢律所見封君食邑制度研究》,第65—66頁。

⑨ 《秦始皇本紀》九年條《正義》引《説苑》"立焦茅爲傅,又爵之上卿",可見爲"卿"爲爵稱,但同書二十八年條把"丞相王綰、卿李斯、卿王戊、五大夫趙嬰"並列,官名和爵稱相混,《史記·蒙恬列傳》"事秦昭王,官至上卿",又爲官稱,可見頗爲混亂。

的爵等内,但授予客卿的這一制度,却是秦仕進制度的一種,爲商鞅軍功爵制的有利補充①。

綜上所述,我們可以簡單地將《商君書》中所載爵稱整理如下表:

級別	《漢書·百官公卿表》	《商君書·境内》	補　充
一	公士	公士	爵自一級已下至小夫,命曰校、徒、操。
二	上造	上造	自二級已上至不更,命曰卒。
三	簪裊	簪裊	
四	不更	不更	
五	大夫	大夫	
六	官大夫	[官]大夫	
七	公大夫	公大夫	
八	公乘	公乘	
九	五大夫	五大夫	
十	左庶長	大庶長(左右庶長)	
十一	右庶長		
十二	左更	左更	
十三	中更	四更(三更)	
十四	右更		
十五	少上造		
十六	大上造	大良造	
十七	駟車庶長		
十八	大庶長		
十九	關内侯		
二十	徹侯		

由上表可看出,商鞅時大約爵級爲十六,和後來二十等爵還是有一定差別的。

五、爵位的賜予標準

除了爵位的等級外,依照爵位的設立原則,《境内》還記載了爵位的具體賜予標準。

首先,最基本、也是最簡單的個人賞爵標準是:

　　能得甲首一者,賞爵一級,益田一頃,益宅九畝,除庶子一人,乃得人兵官之吏。

---

① 黃留珠:《秦客卿制度簡論》,《史學集刊》1984 年第 3 期。

即根據首級，尤其是甲首（即披甲的士兵，對方的精鋭力量或高級士兵）來判定爵位的賜予。這一點，《韓非子·定法》有記載："商君之法曰：'斬一首者爵一級，欲爲官者，爲五十石之官。斬二首者爵二級，欲爲官者，爲百石之官。官爵之遷與斬首之功相稱也。'"

　　但是，軍隊作戰單憑個人的勇猛是無法取勝的，肯定需要群體的協作，那麼簡單地用首級個數就無法衡量將士的功勞，甚至會出現爭搶現象，從而影響軍隊的戰力。爲了更好地發揮軍隊的群體力量，書中給出了相應的軍隊計功法案：

> 其戰也，五人來簿爲伍；一人羽［兆（即逃）］而輕（剄）其四人①。能人得一首則復。五［十］人一屯長②，百人一將。其戰，百將屯長不得斬首；得三十三首以上，盈論，百將、屯長賜爵一級。五百主，短兵五十人。二五百主，將之主，短兵百。千石之令，短兵百人。八百之令，短兵八十人。七百之令，短兵七十人。六百之令，短兵六十人。國封尉，短兵千人。將，短兵四千人。戰及死吏，而剄短兵；能一首，則優。（《境内》）

這則條例不僅規定了同一伍中一人逃亡要處罰其他四人，而且制定了"百將屯長不得斬首"③、"（將官）戰及死事，而剄短兵"這種嚴酷的制度，以保證隊伍隨時有明確的指揮，從而發揮出最大的戰鬥力。從中我們能看出條例的制定者對群體協作的重視。

　　對於整體的作戰，例如"攻城"、"野戰"，以及具體的賞賜，書中也有相應的規定：

> 其攻城圍邑也，國司空訾其城之廣厚之數；國尉分地，以徒校分積尺而攻之，爲期，曰："先己者當爲最啟；後己者訾爲最殿；再訾則廢。"内通則積薪，積薪則燔柱。陷隊之士，面十八人。陷隊之士知疾鬥，不得斬首隊五人，則陷隊之士，人賜爵一級。死，則一人後；不能死之，千人環規，諫黥劓於城下。（《境内》）

另外，對於攻城、野戰時軍隊所必須殺敵的數量及完成任務後的賜爵問題，《境内》也有詳細的規定：攻城時的任務是八千，而野戰則爲二千，完成任務不僅免於處罰，官吏自"操士"、"校徒"至大將，都有賞賜，已有爵位爲"公士"的，升爲"上造"；已有爵位爲"上造"的，升爲"簪裊"，低爵者依此遞增一級。如原有官職爲小吏，則改任縣尉，並賜給 6 個奴隸，外加五千六百錢。爵位從大夫開始，其賞格有所增加：舊爵是"大夫"的，升爲"官大夫"，並掌管一種政務；舊爵是"官大夫"的，升爲"公大夫"；舊爵是"公大夫"的，升爲"公乘"；舊爵是"公乘"的，升爲"五大夫"，並食稅三百家；舊爵的五大夫、大庶長、左更各遞升一級，並賞賜封邑三百户、食稅三百家，同時允許養客；大將、御、參皆賜爵三級，原來爲客卿身份的，拜爲正卿。

　　從上述材料我們可以看出，在商鞅的爵制評定中，"尚首級之功"，軍功仍然是最重要的衡

---

① 高亨：《商君書新箋》，見《商君書譯注》，第237—238頁。
② 此處原文脱"十"字，因這裏與百人之將並列的"屯"應是五十人的編制，而非五人。見楊寬《戰國史》，上海人民出版社，2003年，第251頁下注。又李零《〈商君書〉中的土地人口政策與爵制》，第190頁。
③ 高亨認爲此句應斷爲"不得首，斬"，即百將屯長不得敵人之首級，則處以斬刑也，參見氏著《商君書新箋》、《商君書注譯》，第238頁；朱師轍則認爲"百將屯長貴在指揮，故不得斬首"，見氏著《商君書解詁定本》。余認爲百將屯長不得親自斬首也，若忙於斬首貪功，則無從指揮，故有此規定，後又定"得三十三首"則盈論，應是基於同樣的考慮。

量標準,這與當時的列國征戰形勢也是相一致的。只是規定得更爲詳細,賞賜更爲豐厚,懲罰措施也極爲嚴厲,這樣自然會使"民勇於公戰",從而爲秦國的强盛奠定了基礎。

六、爵位論定的程序

立功之後自然就進入爵位論定的具體程序中來。按照《商君書》中的內容,大概可分勞、論、賜(賜爵、賜田宅、財物等)三個程序。

首先是"勞",即擺功勞,具體來説即"驗首":"以戰故,暴首三,乃校三日,將軍以不疑致士大夫勞爵。"《境内》①即在戰争結束後,把斬獲的敵人首級陳列出來,由大家校檢三天,這樣也可以順便解決戰争中爭首級之類的糾紛問題。秦簡《封診式》中就記載了兩則"驗首"的事情,其中一件甲、丙二人爭首之事最爲典型:

> □□ □□某爰書:某里士五(伍)甲、公士鄭才(在)某里曰丙共詣斬首一,各告曰:"甲、丙戰刑(邢)丘城,此甲、丙得首殹(也),甲、丙相與爭,來詣之。"・診首發,其右角痏一所,袤五寸,深到骨,類劍迹;其頭所不齊然。以書讞首曰:"有失伍及遲不來者,遣來識戲次。"②

軍中負責驗首之人對首級的毛髮、傷痕以及頸部的刀口都一一進行相應的檢驗,最後還用文書來徵求掉隊和遲到的部隊其他成員來辨認。可見其認真程度以及對爵位判定的重視。

接着就是"論",即論定功勞大小。檢驗完首級,就開始對功勞進行評定。《境内》規定:"[夫勞爵,其縣過三日有不致士大夫勞爵,罷]其縣四尉,訾由丞尉。"③即在軍中驗罷斬首數目後,其結果要提供給士卒籍貫所在縣,由當地縣根據規定給予相應的爵位。"論"必須迅速,不得超過三日,否則就要免去縣中四個尉官④。

最後則是"賜",即在論定爵位後賜予獲爵者相應的各種待遇及特權。這也是立爵"榮顯"原則的體現。其獲得特權的多少是與爵級掛鈎的。具體有以下幾個方面:

1. 獲得田宅及爲其服務的庶子。《境内》云"能得爵首一者,賞爵一級,益田一頃,益宅九畝,除庶子一人","其有爵者乞無爵者以爲庶子,級乞一人。其無役事也,其庶子役其大夫月六日;其役事也,隨而養之軍"。

2. 可以獲得減、免刑罰的權利。"其獄法:高爵訾下爵級。高爵能,無給有爵人隸僕。爵自二級以上,有刑罪則貶。爵自一級以下,有刑罪則已。小夫死"⑤。很明顯,高爵的人對低爵

---

① 《商君書》,第165頁。
② 睡虎地秦墓竹簡整理小組:《睡虎地秦墓竹簡・封診式》,文物出版社,1978年,第257—258頁。
③ 《商君書》,第165頁。
④ 與之類似,後世二十等爵制的身份形成最終也要在地方的縣甚至"里"中進行。見西嶋定生《中國古代帝國的形成與結構——二十等爵制研究》,第349—367頁。
⑤ 《商君書・境内》"小夫死"三字高亨斷在下句,即"小夫死,以上至大夫,其官級一等,其墓樹級一樹",蔣禮鴻稱"貶、已、死,三者刑罪之差次",將之斷爲上句,見氏著《商君書錐指》,第120頁。又自上文見"小夫"爲一級爵之下兵士之稱呼,對"大夫"而言,指無爵的庶子(李零説),那麼自然就不可能有墓樹的特權。

的有審判權,高爵若是犯罪,則可以免去給他人作"隸僕",而到了一級,犯罪就取消他的爵位,至於沒有爵位的"小夫",則"死"。"貶、已、死",等級分明。

3. 可以爲官。《境内》載:"能得爵首一者,……乃得人兵官之吏。"更清晰的是《韓非子·定法》:"商君之法曰:'斬一首者爵一級,欲爲官者,爲五十石之官。斬二首者爵二級,欲爲官者,爲百石之官。官爵之遷與斬首之功相稱也。'"具體情況雖然不一定與《韓非子》中記載的那樣,但"爵吏而爲縣尉"、"爵大夫而爲國治",在當時已經有"官爵合一"的特徵①,有爵者至少具備了做官這個資格,這是可以想到的。

4. 死後可以"墓樹",即根據爵位高低,決定墳上樹木的數量。這是對有爵者的一種表彰。《境内》:"以上至大夫,其官級一等,其墓樹級一樹。"根據墓上樹木的多少來表示爵位的高低,顯然是一種榮譽的象徵。

綜上,爵位帶來的好處有:可以獲得田宅財物等實際利益,政治上可以爲官、法律上可以免刑,死後還可以獲得封樹這樣榮譽性的象徵。商鞅學派如此重視爵位的目的只有一個,那就是千方百計地誘導人們"壹於耕戰",如此,國家就能富强。目的明確而方法有效,這也是商鞅變法取得成功的一個重要原因。

七、爵位的承襲與轉移

爵位可以被繼承和轉移。爵位的獲得者一旦身故,他的爵位及相關特權可以由其子孫繼承,如《境内》云:"陷隊之士知疾鬥,而得斬首隊五人,則陷隊之士,人賜爵一級。死,則一人後。"這樣就免除了其後顧之憂,使得士兵可以捨身拼死。這一原則在秦簡《法律答問》中也有體現:"可(何)謂'後子'? 官其男爲爵後,及臣邦君長所置爲後大(太)子,皆爲'後子'。"②從"官其男爲爵後"(經官方認可其子爲爵位的繼承人),就可以看出爵位繼承的存在。

在某種情況下,爵位可以轉移給他人,那就是因爲揭發他人的罪過而得到被告發者之爵位。"同官之人,知而訐之上者,自免於罪。無貴賤,屍襲其官長之官爵田禄"《賞刑》③,就是說周邊的人如果知道並揭發了犯罪之人的罪過,不僅他所犯的罪可以赦免,而且可以接替那個官長的官爵、土地和俸禄。這種情況其實是重賞的體現,用重賞來鼓勵告姦,如此則形成了一種廣泛的監督體制,最大程度上避免官員犯錯的可能。《史記·商君列傳》載"告姦者與斬敵首同賞"則是同樣的道理,正因如此,秦國才能達到"道不拾遺,山無盜賊,家給人足。民勇於公戰,怯於私鬥,鄉邑大治"④的地步。

商鞅關於爵制的改革有其非凡的意義,"無軍功者雖宗室不得有秩爵,雖富者亦不得芬華。而舊日之庶人微賤者,但有軍功,即可拜官授爵。於是貴賤之分,不復根據門第之高低,

① 高敏:《秦的賜爵制度試探》,第 16 頁;朱紹侯:《商鞅變法與秦國早期軍功爵制》,第 72 頁;西嶋定生:《中國古代帝國的形成與結構——二十等爵制研究》,第 72 頁。
② 睡虎地秦墓竹簡整理小組:《睡虎地秦墓竹簡·法律問答》,第 182 頁。
③ 《商君書》,第 142 頁。
④ (漢)司馬遷:《史記》,第 2231 頁。

而以有無軍功相區別。此誠社會制度之一大變動矣"。這在上述《商君書》爵制思想中也有體現，比如説立爵重要性是從使國家富强角度出發的，其原則、升遷乃至轉移無一不是樹立了一種和以往截然不同的秩序體系。而在這種新的體系中，國君至高無上，庶民可以通過耕戰獲得昭顯自己地位和財富的爵位，獲得政治地位的上升，"宗室非有軍功論，不得爲屬籍"，以往以血緣關係爲紐帶的政治體制遭到瓦解，適應新社會形勢的新的君主專制體制建立起來，而這就成了中國二千多年傳統社會的基礎。

《周禮》"小國一軍"問題析論

李嚴冬
（遼寧大學歷史學院）

提 要：周代文獻中常見的"小國"一詞，常用來指具備一定爵位、領土和命服等級之國，與所謂的"列國"、"成國"相比是次一等的邦國，在組建軍隊的權力上存在不平等關係。《周禮·春官》與《夏官·序官》關於"小國一軍"的内容彼此矛盾。前者應該是對有關周代分封制的各類材料的追述與整合，後者則是春秋以後時代發展變化的寫照。

關鍵詞：小國一軍　成國　列國　命卿

周代文獻中所見之"小國"，一般有兩類情況：一是在某幾個邦國之間作比較，有相對大國而言稱之爲"小國"者。一是在論及周代邦國之間的等級制度時，指有一定爵位、領土、命服與之相對的國家，即將一種特定等級的邦國稱"小國"。"小國"爵等如何，文獻所載又有所不同。在《春秋》經傳和《國語》中，小國爲"伯子男"之國，與公侯之國代表的列國相對。而在《周禮》、《禮記》等禮書中，小國僅爲"子男"之國。但兩類文獻相同的是，它們都認定"小國"在等級和權利、義務上同列國（或大國）之間存在不平等關係，而且這是周代禮制的固有内容。《左傳·昭公二十三年》曰："列國之卿當小國之君，固周制也。"即其證。

邦國按一定標準有大小之分，非始自西周。《詩經·商頌·長發》追溯商人早期歷史曰"玄王桓撥，受小國是達，受大國是達"，即説商國原是從小國一步步發展爲大國的。在文獻中周人對殷商屢稱"大邦殷"（《尚書·召誥》、《顧命》），而自稱小邦、小國。這包含着方國與商王朝之間的不對等關係。而周人對不如自己的小國，則自稱大邦。如《詩經·大雅·皇矣》云："密人不恭，敢距大邦。"在周武王滅商成功之後，對與之同盟或被降服的"友邦"、"庶邦"、"萬邦"也會作出大小之别。如《尚書》之《酒誥》曰："越小大邦用喪，亦罔非酒惟辜。"《多士》曰："凡四方小大邦喪，罔非有辭于罰。"《顧命》曰："安勸大小庶邦，思夫人自亂于威儀，爾無以釗冒，貢于非幾。"直到西周後期，周人對歸服不久的淮夷地區的邦國仍籠統地稱爲"小大邦"。如宣王時器《駒父盨》銘記載駒父奉命見南淮夷，即要求"小大邦亡敢不□具逆王命"。爲便於統治，周王朝設方伯爲各地邦君之長，小國則由大國率領，接受方伯的指揮。《逸周書·世俘解》記周武王"秉黄鉞正國伯，……秉黄鉞正邦君"，《逸周書·職方氏》則記爲："凡邦國大小相維,王設其牧。"在春秋時子服景伯仍言道:"伯合諸侯,則侯帥子男以見于伯。"(《左傳·哀公十三年》)子男即指小國,是其證。

但周制與以往不同的,是細化了大、小國區分的標準,即設班爵以序邦國之等級。這便將大、小國之分與五等爵制、命服、國土疆域、軍隊規模等邦國等級要素結合起來。《左傳》所説的"列國之卿當小國之君","小國"在這裏實爲一定等級框架之内的概念。在這些標準中,小國的軍隊數量也是極爲重要的一個方面。《周禮》一書中記載邦國等級的内容十分詳盡。但對於小國是否可建一軍,却似乎顯得前後矛盾。在《周禮》中小國是子男之國,子男又是無"命卿"之國。這一點同《國語》所見情況相同。《周語·魯語下》記載魯國叔孫豹論伯子男(小國)"有大夫無卿,帥賦以從諸侯"。也認爲小國無命卿,在西周時没有"軍"級建制的軍隊,只能"帥賦"隨同諸侯出戰。但《周禮·夏官·序官》則説"小國一軍,軍將皆命卿"。似乎《周禮》又認定小國當有一軍。對這些似乎前後矛盾的内容應該如何理解,本文略作分析如下。

一

"命卿"是由天子任命之卿。《禮記·王制》云:"大國三卿,皆命於天子。"鄭玄注:"命於天子者,天子選用之。"此即爲命卿之義。《周禮·夏官·序官》所見"天子之軍"和"諸侯之軍","軍將皆命卿"。可見"命卿"或職在王室,或職在諸侯,它們的區別在於等級。《春官·典命》云:

> 王之三公八命,其卿六命,……公之孤四命,以皮帛視小國之君,其卿三命,……
> 侯伯之卿大夫士亦如之,子男之卿再命。

在這裏,天子之卿與公、侯、伯之卿,乃至子男之卿的等級命數都上下有別[①]。那麼,命卿的等級爲幾命呢?《春官·大宗伯》云:

> 以九儀之命,正邦國之位,壹命受職,再命受服,三命受位。

所謂"三命受位",鄭玄注:"此列國之卿,始有列位於王,爲王之臣也。"便是説三命以上之卿才能位列王臣。周人的政治觀念中極其重視"位"這一概念,據《國語·魯語上》記孟文子曰:

> 夫位,政之建也;署,位之表也;車服,表之章也;宅,章之次也;禄,次之食也。君
> 議五者以建政,爲不易置故也。

《禮記·曲禮上》云:"夫爲人子者,三賜不及車馬。"鄭玄注:

> 三賜,三命也。凡仕者,一命而受爵,再命而受衣服,三命而受車馬。車馬而身
> 所以尊者備矣。

---

① 賈公彦《周禮·春官·大宗伯》疏云:"諸侯之卿大夫,皆得聘於天子,今於三命乃云始有列位於王爲王之臣者,以其再命以下卑,雖得聘天子,不得言位於王朝,是據列國之卿而言。故《曲禮》云'列國之大夫入於天子之國,曰某士'。注引《春秋》晉士起,亦據晉國之卿三命,而於天子稱士,與天子三命之士同稱士,即爲王臣也。"則諸侯之卿,在王室則稱士。

車馬是周代貴族重要的身份標誌，貴族接受天子的車馬之賜，説明其擁有的貴族服用之物已經基本齊備。貴族以“三命受位”，獲賜車馬，可以視爲正式達到了“王臣”的等位標準。《禮記·王制》記天子之王臣，僅有公、卿、大夫、元士四種，元士即爲《周禮》中“三命”之“上士”，也是周王用來“建政”的人物中爵命最低的一級。如《左傳·襄公二十六年》記載晉國上卿韓起聘於周，覲見周靈王時自稱“士起”，便是根據三命王臣的身份，合乎《禮記·曲禮》所云“列國之大夫入於天子之國，曰某士”的原則。又如《左傳·成公二年》記晉國鞏朔“未有職司于王室”，杜預注：“非命卿，名位不達于王室。”黃以周云：“《王制》所言命於天子，皆謂受位於王國。”①這都是説諸侯“命卿”必須是天子親命的王臣。可見，《周禮》爲命卿設定的等級下限爲“三命”。結合《典命》所記，可知天子之卿六命，當皆爲“命卿”；公、侯、伯也可設“命卿”。而子男之卿皆爲再命，名位“不達於天子”，都不是命卿。

　　與“命卿”的概念相對的，還有“成國”的概念需要説明。

　　什麼是“成國”呢？《左傳·襄公十四年》云：“成國不過半天子之軍。”杜預注：“成國，大國。”但這個解釋略顯簡單，而《周禮》則有進一步的説法。如《春官·大宗伯》云：

　　　　五命賜則，六命賜官，七命賜國。

根據《春官·典命》所記，“子男五命”，“侯伯七命”，則《大宗伯》所説的“賜國”是指侯、伯之國。相對而言，子男之國五命，只能稱“賜則”，尚不能稱“國”。即如鄭注：“玄謂則，地未成國之名。……方三百里以上爲成國。”在鄭玄看來，“成國”就是“成就爲國”的意思。命數爲七命以上是成國的政治條件，而國土爲方三百里以上是成國的物質條件。根據《大司徒》所記，《周禮》中“方三百里”之國指的是伯爵的封國。故而孫詒讓《正義》疏：“以侯伯始爲成國。”即説五等諸侯中，公、侯、伯三等才能稱爲“成國”。

　　“成國”有何特殊之處呢？這便與“命卿”有關。據前文已知，所謂“命卿”，其命數必須在“三命”以上，而據《周禮·春官·典命》可知，公之孤四命，其卿三命，“侯伯之卿大夫士如之”，而子男之卿爲再命。可見，《周禮》中的“成國”除了國土條件之外，還是可以擁有命卿之國，亦即在原則上可以組建軍隊的諸侯國。而子男之國則沒有命卿，不能稱爲“成國”。

　　回頭再看杜預所謂“成國”即“大國”的説法，亦不爲過。因爲《春秋》之例以“王者之後稱公，其餘大國稱侯，小國稱伯、子、男”②。此外，在《左傳》中還有所謂“列國”，其意也與“成國”相近。《左傳·莊公十一年》云：“且列國有凶，稱孤，禮也。”孔疏：“列國，謂大國也。”《左傳·襄公二十五年》云：“列國一同，自是以衰。”一同即百里，根據《王制》“公侯田方百里”，可知這裏的列國、大國都是和成國一樣，指的是公、侯兩級，而小國的疆土“自是以衰”，不滿百里。在禮制等級的要求下，大國之卿可與小國國君相比，而小國之卿，在本質上則是大夫。如《左傳·僖公二十九年》云：

　　　　在禮，卿不會公侯，會伯子男可也。

①　孫詒讓《周禮正義·春官·大宗伯》疏引。
②　《公羊傳·隱公五年》。

《周禮·秋官·大行人》亦云：

> 凡大國之孤，執皮帛以繼小國之君。

孤是指大國之四命之卿。根據鄭玄所説"列國之卿，始有列位於王，爲王之臣也"①，以及前引《周語·魯語下》"伯子男有大夫無卿"之論，可見《春秋》經傳、《國語》與《周禮》在"成國"與"卿"的關係問題上都是一致的。按照卿制與軍制相統一的原則，小國有大夫無命卿，與所謂的成國無論在政治等級、國土大小還是軍事地位上都判然有别。

所以説，《左傳》中把"成國"與軍隊數量聯繫在一起，不爲無因。所謂的"成國不過半天子之軍"，應該解釋爲有權組建軍隊的諸侯，其軍隊數不能超過天子軍隊的一半。而《周禮》以侯、伯爲同命數，是《周禮》特有的説法。可以認爲杜預注與《國語》、《周禮》在原則上並無相悖之處，它們都同樣認爲諸侯組建軍隊是有條件的，即必須是擁有"命卿"的成國，而無命卿的小國，在原則上被排除出在擁有軍隊的諸侯之外。

二

《周禮》中的小國所指的子男之國，根據《夏官·序官》的説法恰恰是可以建立一軍的，是《周禮》國家軍事體制中最低一級擁有建軍權的地方政權組織。子男由王之大夫出封而得國，如《春官·典命》云："王之三公八命，其卿六命，其大夫四命，及其出封，皆加一等。"《大宗伯》云"五命賜則"，鄭司農云："則者，法也。出爲子男。"《左傳·僖公九年》記秦國公孫枝曰："唯則定國。"《左傳·定公四年》分封伯禽的"册命"之辭要求"以法則周公，用即命于周，是使之職事于魯，以昭周公之明德"。説明"賜則"也是周代封國制度的重要内容，《周禮》所記不虚。但此小國與成國相比，畢竟是次一等之國。

在《周禮》中，以子男之國爲小國，是確證無疑的。《周禮·春官·典命》云：

> 公之孤四命，以皮帛視小國之君。

鄭玄注："視小國之君者，列於卿大夫之位而禮如子男也。"《周禮·秋官·大行人》云："凡大國之孤，執皮帛以繼小國之君。"也是説四命之"孤"覲見天子的班次在五命之子男之後。《周禮》以子男爲小國無疑。在其他文獻中，如《禮記·王制》云："小國不過五命。"《孟子·萬章下》云："子、男同一位。"也都認爲小國指子男。只有《春秋》經傳和《國語》將"伯"與子男同列爲小國，正如《公羊傳·桓公十一年》所云："《春秋》，伯子男一也。"但至少在以子男爲小國這一點上，也是與《周禮》一致的。

然而若談及小國是否有"命卿"，又是否可建立"一軍"，問題就較爲複雜。鄭玄在《夏官·序官》"小國一軍"注中，並沒有正面解答這一問題。而在《禮記·王制》注中，鄭玄則認爲"小國二卿皆命於其君"是闕文，根據《白虎通義·封公侯篇》引《王度計》所記"小國三卿，一卿命

---

① 《春官·大宗伯》鄭玄注。

於天子"，原文應該改爲"一卿命於天子，二卿命於其君"。可見鄭玄認爲子男之國也有一命卿。這樣便與《夏官》"小國一軍"之説可以兩相呼應。

但是，《王制》和《周禮》一樣，都認爲子男之卿命數最高爲再命，並非三命之王臣。正如孫希旦所説："子男之卿以再命爲極，而其初升者或惟一命也。"①黃以周與孫希旦説大致相同，認爲"《王制》與《周官》文若不同，義互相足"。故此，黃氏反對鄭玄對《王制》闕文的補足意見，認爲原文應是"小國之三卿皆命於其君"，又説"《大宗伯》'三命受位'，子男之卿再命，未受位於王，二卿固命於其君，一卿亦非命於天子也。……小國三卿皆未受位於天子，故叔孫穆子曰'諸侯有卿，無軍；自伯子男有大夫，無卿'"②。孫詒讓《周禮正義》也未能調和諸説，只能認爲"黃説亦通"，加以存疑。而黃氏和孫氏也都不能説清楚《周禮》"小國一軍"的問題。

顯然，《大宗伯》"三命受位"，《夏官》"小國一軍"以及《王制》等幾處經文存在矛盾。而鄭玄乃至後儒注家也沒有很好的解決辦法。若想解答這一矛盾，似乎只能從西周至春秋時期發展變遷的角度來尋求答案。

如前所述，可以擁有軍隊的"成國"，需要根據命數等級和國土大小兩方面因素來作爲判定標準。諸侯等級與國土都來自王分封，初時二者勢必是統一的，有什麼樣的命數等級和爵級，便有多大的國土和相應的軍隊。但是，諸侯之命數是較爲穩定的等級標準，其變化並不能由諸侯自專。而國土大小却是可以隨時變化的因素。大國可以變爲小國，小國也可以變爲大國。隨着社會經濟的發展，分封時那種命數等級與國土大小相統一的情況勢必會發生變化，甚至所謂大國、小國不再與命數相關，而完全依據國土大小爲標準來判定。我們可以從春秋時魯國的兩次事件來説明這一問題。《左傳·桓公十年》記載齊國犒勞伐戎救齊的諸侯軍隊説：

> 齊人饋諸侯，使魯次之。魯以周班後鄭，鄭人怒。

魯人認爲"先書齊、衛，王爵也"。根據周禮，鄭僅爲伯爵，西周晚期初封於鄭，應該是小國，列於侯國之後。但春秋初年的鄭國爲小霸，建立三軍，已具備大國之姿，故而有能力主持救齊。而魯人却仍以周代五等爵製作爲諸侯排序標準，顯然是與現實中的國家大小的實際情況有所區別。同理，《左傳·桓公十年》記載鄭大子忽云："人各有耦，齊大，非吾耦也。《詩》云：'自求多福。'在我而已，大國何爲？"也説明這一點。當時的鄭國與齊國皆稱"小霸"，都是實力對等的大國。故公子忽説齊國爲大國，應該指的是齊國爲侯爵，高於鄭國的伯爵。這也説明周代諸侯爵位等級是較爲穩定長久的，但國家大小與實力水平却並非一成不變。

反之在《左傳·成公三年》文中，魯國臧宣叔爲來魯國聘問的晉國下卿荀庚和衛國上卿孫良夫排列觀見魯成公的順序，却説：

> 次國之上卿，當大國之中，中當其下，下當其上大夫。小國之上卿，當大國之下

---

① 《周禮正義·典命》疏引。
② 黃以周：《禮書通故》第三十四卷《職官禮通故一》，中華書局，2007年，第1393頁。

卿,中當其上大夫,下當其下大夫。上下如是,古之制也。衛在晉,不得爲次國。晉
爲盟主,其將先之。

臧宣叔認爲衛國與晉國相比,僅是小國,故其上卿與晉國下卿地位相當,因晉國爲盟主,故當
以晉卿爲先。晉國、衛國爵位都是侯爵,但此時晉爲大國、衛爲小國,二者的大小關係已經與
命數無關,而完全以國土大小乃至國家強弱爲準。而此時的魯國也一反春秋初年嚴守周禮的
姿態,不再以命數高低作爲接待諸侯的禮儀標準。

魯國之外,我們還能舉出發生在鄭國外交場合的兩起事件,也很典型。《左傳・襄公二十
七年》云:

> 蔡侯入于鄭國,鄭伯享之,不敬。子産曰:"君小國,事大國,而惰傲以爲己心,將
> 得死乎?"

此時子産貶低身爲侯爵的蔡國爲小國,而自恃鄭國(伯爵)爲大國。可是在《左傳》昭公十三年
記鄭子産又換了口氣説道:

> 昔天子班貢,輕重以列,列尊貢重,周制也。卑而貢重者,甸服也。鄭伯男也,而
> 使從公侯之貢,懼弗給也。

顯然,鄭國這裏援引周禮舊制是爲了爭取本國的現實利益,故而自甘卑下,不敢與公侯同列。
而在身爲侯爵的曹侯面前,却又端起了大國身份。對於春秋時這一常見的現象,孔穎達在《左
傳正義・成公三年》疏中有一段很好的解釋:

> 古制,公爲大國,侯、伯爲次國,子、男爲小國。以土地之大小、命數爲等差也。
> 春秋之世,強陵弱,大吞小,爵雖不能自改,地則以力升降。諸侯聚會,強者爲雄;史
> 書時事,大小爲序。此事不可改易,仲尼即而用之。宋公在齊侯之下,許男在曹伯之
> 上,不復計爵之尊卑。故衛雖侯爵,猶爲小國,以地狹小故也。

孔氏所論雖然僅爲春秋時周禮崩壞之後的情況,但仍不失爲我們分析"小國一軍"問題的有效
參照。"爵雖不能自改,地則以力升降",這句話很好地説明了爵級與國土二者關係的變化趨
勢。我們知道,《周禮》中出現的"軍"級編制組織,並非西周初年所能有,其最早見於文獻者已
在春秋初年。所以《周禮》所述大國、小國之軍制,與反映周初軍制的文獻有所異同,這並不奇
怪。正如陳恩林師所説,我們應該把《國語》、《周禮》、《孟子》的矛盾之點放在歷史發展當中來
考察,"在宗周幾百年的發展變化當中,各國的經濟力量和人口都有很大發展,這就使他們(小
國)漸次躋身於'諸侯'的行列,取得了組建軍隊的權力。這應當是歷史發展的必然趨勢"[1]。
到了春秋時期,這種變化隨着王室權威的削弱和諸侯權力的膨脹則變得更加明顯,使得"軍將
皆命卿"這一建軍原則終於失去了其原有的約束力,各國軍隊數量自然也就不再受"大國三
軍,次國二軍,小國一軍"的限制,而是隨國力發展而不斷擴軍。

---

① 陳恩林:《先秦軍事制度研究》,吉林文史出版社,1991年,第67頁。

因此本文認爲,《周禮·春官》所述有關"命卿"爲王臣,其命數在三命以上,而子男没有命卿等内容,是對反映周代分封制度及其等級原則的各類材料帶有理想色彩的追述與整合。而《周禮·夏官》認爲子男躋身"成國"之列,可設一軍,則是時代發展變化的寫照。這兩類材料同時出現在禮書和其他文獻中,只能説明作者在總結和設計古代禮制時利用了多方面的信息來源。

周代家臣制成因探析

姚曉娟

（長春師範大學文學院）

摘　要：周代家臣制度確立於西周時期，作爲周代貴族家族政治中非常重要的一環，其産生與周代宗法制、分封制及在此基礎上的采邑制有着千絲萬縷的聯繫，家臣制度是西周宗法制、分封制實行的必然結果。從家臣的來源到家臣制的核心内容，再到家臣制的本質特徵無不與上述制度密切相關，家臣制與上述制度一道共同構築了周王朝鮮明的政治特色。

關鍵詞：周代　家臣制度　成因

王國維《殷周制度論》説："中國政治與文化之變革，莫劇於殷周之際。……殷周間之大變革，自其表言之，不過一姓一家之興亡與都邑之轉移；自其裏而言之，則舊制度廢而新制度興，舊文化廢而新文化興。"①由此可見，各種新制度的建立並發生作用是周革殷命後，新的社會統治秩序得以建立並完善的最明顯特徵。周代的政治制度是在吸收殷商舊制度的基礎上加以建立並完善的，但又根本有别於殷商舊有制度。宗法制和分封制是最能代表周王朝政治特色的重要制度，其目的是通過血緣關係來維繫周代各級貴族間的關係，同時調整其内部矛盾，以維護周代現有的等級秩序，進而達到鞏固統治的作用。因此可以説，宗法制和分封制是周代各種政治制度存在的基礎。從家臣制度與周代幾大政治制度的關聯入手，來分析家臣制産生的深刻原因，有利於從宏觀上把握周代社會發展的整體特點，從側面更深入地瞭解周代宗法制、分封制及采邑制對周代社會産生的影響。

一、宗法制對周代家臣來源産生了重要的影響

宗法制作爲一種以血緣遠近别親疏，明確和維繫貴族等級關係的完整制度，不僅作用於周代整個政治、經濟制度，其對人們的思想意識産生的重要影響亦不容忽視。周代的各種制度均可包含於宗法制範圍之内，具有鮮明血緣關係的烙印。分封制度亦不例外，如《左傳·昭

---

① 王國維：《殷周制度論》，《觀堂集林》卷十，河北教育出版社，2003 年，第 230 頁。

公二十八年》載："昔武王克商，光有天下，其兄弟之國者十有五人，姬姓之國者四十人，皆舉親也。"又《左傳·僖公二十四年》載："昔周公吊二叔之不咸，故封建親戚以蕃屏周。管、蔡、郕、霍、魯、衛、毛、聃、郜、雍、曹、滕、畢、原、酆、郇，文之昭也。邘、晉、應、韓，武之穆也。凡、蔣、邢、茅、胙、祭，周公之胤也。"《荀子·儒效》載周初"立七十一國，姬姓獨居五十三人，而天下不稱爲偏焉"。由此可見，分封的根據和基礎乃是宗法制，這是因爲血緣關係可以增强宗族的凝聚力，從而對國君和公室起到保護作用。正如《詩·大雅·板》所云："大邦維屏，大宗維翰，懷德維寧，宗子維城。"鄭箋："大邦，成國諸侯也；大宗，王之同姓之嫡子也；王當用公卿諸侯及宗室之貴者爲藩屏垣幹，爲輔弼，無疏遠之。"對於周初所封的異姓諸侯，王國維曾説："異姓之國，非宗法之所能統者，以婚媾甥舅之誼通之。於是天下之國，大都王之兄弟甥舅，而諸國之間，亦皆有兄弟甥舅之親，周人一統之策實存於是。"①由此可見，對於這些異姓諸侯，周統治者極力通過聯姻的方式將其納入龐大的宗法體系内，足見血緣關係對於周初政治的重要影響。正如《莊子·漁父》言："好言人之惡，謂之讒；析交離親，謂之賊。"成玄英疏："人有親情交故，輒欲離而析之，斯賊害也。"這種血緣關係的認同感不僅僅表現在人們的思想意識領域，在維護貴族家政的日常生活中亦體現得淋漓盡致。"親不在外，羈不在内"②，更是成爲家主擇臣的重要標準和依據。如果背離"親親"的原則，危險性是顯而易見的。如《左傳·昭公七年》載："單獻公棄親用羈。"杜預注："羈，寄客也。"結果單襄公、單頃公的族人殺單獻公而立單成公。又《左傳·定公元年》："周鞏簡公，棄其子弟而好用遠人。"結果是"鞏氏之群子弟賊簡公"③。再如齊崔杼"唯無咎與偃是從，父兄莫得進矣"④，結果遭亡身之厄。故《國語·周語中》有"内利親親"、"外利離親"之載。韋昭注"内利，内行七德，親親以申固其家也"，"外利，行淫僻，求利於外，不能親親，以亡其國也"。由此可見，人們對血緣關係的認同感不失爲周代宗法類家臣存在的一個重要因素，加之血緣關係有利於加强主臣關係的穩定性，故而自西周至春秋時期，宗法類家臣始終是卿大夫私家家臣的重要組成部分。

在宗法、分封制度下，"天子建國，諸侯立家，卿置側室，大夫有貳宗，士有隸子弟，庶人、工、商，各有分親，皆有等衰"⑤。杜注："側室，衆子也，得立此一官。"《左傳·襄公十四年》亦載："是故天子有公，諸侯有卿，卿置側室，大夫有貳宗，士有朋友，庶人、工、商、皂、隸、牧、圉皆有親暱，以相輔佐也。"由此可見，"除了天子分封諸侯外，諸侯也分封同姓或異姓的貴族爲大夫，大夫又立同姓或異姓的下級貴族爲家臣"⑥。事實上，宗法制在周代具體操作實踐中，主要施行於大夫階層⑦。春秋前期是諸侯立家的高潮時期，原因在於"如果沒有衆多的

① 王國維：《殷周制度論》，《觀堂集林》卷十，第 231—232 頁。

② 《左傳·昭公十一年》。

③ 楊伯峻：《春秋左傳注》，中華書局，1990 年，第 1527 頁。

④ 《左傳·襄公二十七年》。

⑤ 《左傳·桓公二年》。

⑥ 錢宗範：《周代宗法制度研究》，廣西師範大學出版社，1989 年，第 117 頁。

⑦ 金景芳：《論宗法制度》，《古史論集》，齊魯書社，1981 年，第 136 頁。

公族或親信以維護公室的統治,那就很難在激烈的兼併鬥爭中立於不敗之地"①。正如《左傳・文公七年》載:"公族,公室之枝葉也;若去之,則本根無所庇蔭矣。"諸侯的廣泛立家又促進了家臣數量的增多,及家臣組織不斷完善和壯大。側室和貳宗雖作爲大夫的同姓親屬,但他們已另立一個世家,故在宗法上他們的"家"是小宗,大夫的"家"是大宗。而在政治上,大夫是"主",他們是"陪臣"②。因此,"側室"亦指卿大夫的庶兄弟、庶子,可以對作爲宗主的卿大夫稱臣,幫助卿大夫打理宗族以及采邑的事務。這說明"西周貴族家庭中一些子弟已對其作爲宗子的父兄稱臣"③,西周中期昭、穆之際的銅器效尊、虢簋及繁卣銘文即爲明證。周代家臣主要來源是"士",按照分封制和宗法制的原則,作爲貴族最底層的士一旦離開相應的血緣關係,其身份就無法得到確認,故而他們往往以家臣的角色依附於卿大夫之家。

當然,除了宗法性家臣以外,"西周時期貴族家族中,已允許没有血緣關係的非本族成員擔任身份絕非奴隸的家族官吏,從而構成家族政治中最重要的一環"④。如前面提到的《逆鐘》、《卯簋》、《師毀簋》三器中的家臣逆、卯、師毀均屬累世服務於同一卿大夫之家的非宗法性家臣,他們與家主的關係較爲固定,甚至形成類似宗族成員之間才有的親密關係。

春秋時期非宗法性家臣的設置在更爲廣闊的領域漸次蔓延開來,這是分封宗法制實施至春秋時期,在周代貴族政治最底層——卿大夫家族政治,即家臣組織中發生變化的一個重要體現。春秋時期是一個風雲變幻的時代,土地兼併、政治鬥爭與社會變革交錯並進。此時,分封、宗法制紛紛遭到了不同程度的破壞,在此基礎上周代原有的等級秩序開始被顛覆,"《春秋》之中,弑君三十六、亡國五十二,諸侯奔走不得保其社稷者,不可勝數。察其所以,皆失其本已"⑤。隨着各國强大的世卿巨室的形成,各主要諸侯國的强宗便圍繞着土地與權力的核心展開激烈的角逐,一些强大的卿大夫之家甚至凌駕於公室之上,成爲國家政權實際的操控者,最終形成"禮樂征伐自大夫出"的局面。於是一些公子公孫之無禄者不得不接受喪田失地的客觀現實,爲了生存被迫湧入卿大夫私門而爲其家臣。

由此可見,周代卿大夫家族内宗法性家臣與非宗法性家臣數量的變化與力量的消長同宗法制度在周代的實施與破壞情況是一脈相承的。西周王朝建立之初,血緣關係對社會生活中的影響可謂舉足輕重,宗法制作爲一種以血緣遠近別親疏,明確和維繫貴族等級關係的完整制度對周代社會的穩定起到了非常重要的作用。血緣觀念深入人心,宗法性家臣的設置較爲廣泛,隨着社會生產力水平的提高,階級分化的加劇,血緣關係就日益削弱,並逐漸被政治等級關係所掩蓋,卿大夫家族非宗法性家臣數量的增多是血緣關係日漸鬆弛的集中表現。

①　呂文郁:《周代的采邑制度》(增訂版),社會科學文獻出版社,2006 年,153 頁。
②　張蔭麟:《中國史綱》(上古篇),三聯書店,1962 年,第 53—54 頁。
③　朱鳳瀚:《商周家族形態》(增訂本),天津古籍出版社,2004 年,第 314 頁。
④　朱鳳瀚:《商周家族形態》(增訂本),第 315 頁。
⑤　《史記・太史公自序》。

二、分封制對家臣制的本質特徵和
核心内容産生了重要影響

　　家臣制的本質特徵是卿大夫對所受封的領土和人民實行直接統治[①]。這一核心内容和本質特徵深受分封制、宗法制的影響，宗法制度的主要特徵是嫡長子繼承制和餘子的分封制，"天子建國，諸侯立家，卿置側室，大夫有貳宗，士有隸子弟"是其具體的實施内容，其中的建、立、置都是一種包括土地和民人等在内的資源再分配。由此可知，"周代的分封制度實質上是中國古代的一種地方分權制度"[②]，"授民授疆土"乃爲分封制度的一個主要形式。正如《左傳·定公四年》載"聃季授土，陶叔授民"，所授之民，身份駁雜，既有土著，亦有殷商移民，還有部分遷徙的周人，體現血緣關係正在被政治上的等級關係所取代。在人口數量相對稀少，並以土地爲主要生産資料的西周時代，如果說土地是西周貴族賴以生存的主要經濟來源，那麽土地上的勞動者對於這一經濟來源來説則顯得彌足珍貴。因爲他們不僅是西周貴族的直接剥削對象，更是財富和權力的象徵，這就使周代封授采地既授土、又授民的情況成爲必然。不僅卿大夫從天子、諸侯那裏得到采地和民衆，而且家臣作爲卿大夫領邑内統治機構的重要組成部分，也從卿大夫那裏得到土地及土地上的勞動者。如《不嬰簋》載："不嬰，女小子，女肇誨於戎工，易(錫)女(汝)弓一，矢束，臣五家，田十田，用迷乃事。"[③]不嬰不僅從其上司那裏得到田地的賞賜，更得到了"臣五家"。又如《伯克壺》："白大師易(賜)白克僕三十夫。"[④]《叔夷鐘》記："余易(賜)女(汝)馬車戎兵，厘僕三百又五十家。"[⑤]《𩵋鼎》記妊氏賜其家臣𩵋"乎且僕二家"。此處的"僕"乃是對奴隸或差役的一種稱謂，亦或土地上的勞動者[⑥]。卿大夫在自己的家族和采邑内通過建立龐大的家臣組織，設置家朝和邑朝並任命衆多以家臣身份充任的官吏來加強統治，"在這樣的家臣制度下，各個宗族的統治機構，首先保護的，是其本'家'的利益及其特權，要不斷加強對所屬人民的奴役和壓迫"[⑦]。"從表面上看，這些被稱爲家臣的各級官吏似乎僅僅是爲采邑主個人服務的。實際上這些官吏所掌握的是一種社會公共權力。他們的職權範圍已經遠遠超越了采邑主的家庭和宗族……這些家臣和采邑主一起對采邑的全部領土和居民實施管理和統治"[⑧]。正如恩格斯所言："官吏既然掌握着公共權力和徵稅權，他們就作爲社會機關而駕於社會之上。"[⑨]家臣制的本質特徵再次説明了分封制從等級關係的角度講乃是一種權利的再分配。

[①] 邵維國：《周代家臣制述論》，《中國史研究》1999年第3期。
[②] 吕文郁：《春秋戰國文化史》，東方出版社中心，2007年，第23頁。
[③] 郭沫若：《兩周金文辭大系圖録考釋》釋文第106頁，録編第89頁。
[④] 郭沫若：《兩周金文辭大系圖録考釋》釋文第110頁，録編第93頁。
[⑤] 郭沫若：《兩周金文辭大系圖録考釋》釋文第203頁，録編第245頁。
[⑥] 段志洪：《周代卿大夫研究》，(臺北)文津出版社，1984年，第174頁。
[⑦] 楊寬：《西周史》，上海人民出版社，2003年，第449—450頁。
[⑧] 吕文郁：《周代的采邑制度》(增訂版)，第165頁。
[⑨] 恩格斯：《家庭、私有制和國家的起源》，《馬克思恩格斯選集》第4卷，人民出版社，1972年，第167頁。

　　家臣制的核心內容是家臣對卿大夫的世代依附[①],這一家臣制的核心內容同樣受到分封制的重要影響。西周時期,家臣對家主這種牢固的人身依附關係主要來自經濟方面。《禮記·禮運》載"故天子有田以處其子孫,諸侯有國以處其子孫,大夫有采以處其子孫,是謂制度"。對土地的封授也是分封制的一個重要內容,西周社會的經濟基礎是井田制,分封制是建立在這一經濟制度上的政治制度,二者相互影響,相互支撐,成爲西周奴隸制國家興盛的重要支柱。井田制即馬克思、恩格斯所論述的農村公社或瑪律克在中國的具體表現形式[②]。馬克思說:"農村公社的孤立性,公社與公社之間的生活缺乏聯繫,保持與世隔絕的小天地。"[③]一般情況下,服務於卿大夫之家一些身居要職的家臣除了得到正常的俸祿外,還可以從家主那裏得到額外賜予的賞田,如《左傳·成公十七年》載"施氏之宰有百室之邑"。家宰是卿大夫之家臣中地位最高者,其田祿也應是最高的,可以說,家主就是家臣的衣食父母,其在經濟上對家主的依賴由此可知。嚴密的封閉性使得家臣對家主產生很強的人身依附關係,這種封建領主制下的家主與家臣的關係是比較穩定的,家臣世襲制和宗法性家臣的產生就是這種牢固人身依附關係的最典型表現。

　　西周時期"王臣公,公臣大夫,大夫臣士"[④]的層層隸屬關係使得周代等級秩序具有極強的封閉性。《國語·周語上》載:"諸侯春秋受職於王,以臨其民,大夫、士日恪位著以儆其官,庶人、工、商各守其業以共其上。"則士與大夫的職守只有等級上的差別,並無實質上的不同,即大夫的服務對象是諸侯,而士的服務對象是大夫。周代社會的各貴族階層在自己的領域內構築了堅強的堡壘。《儀禮·喪服》云:"君,至尊也。"鄭玄注:"天子諸侯卿大夫有地者皆曰君。"賈公彥疏:"卿大夫有地者皆曰君,以其有地則有臣故也。"卿大夫也不例外,如《五祀衛鼎》邦君厲爲畿內卿大夫[⑤]。卿大夫對於諸侯而言,他們是臣,對於家臣而言,他們又是君。這種多元化的君主觀是分封制的必然結果,同時這種多元化的君主觀和家主與家臣之間牢固的人身依附關係,也決定了家主才是家臣唯一的效忠對象,家臣奉行的原則是"只知其家,不知其國"。

　　春秋時期,禮崩樂壞,宗法分封制所建立的嚴密等級秩序遭到了破壞,家臣對家主的人身依附關係不斷減弱,家臣自身的流動性增強,非宗法性家臣的數量逐漸增多,德才型家臣備受青睞。尤其是在各主要諸侯國出現强家大宗掌握權柄、家臣組織不斷完善的情形下,這種變化更爲明顯。此時的卿大夫之家不僅有自己的統治區域、管理機構,還有軍隊以及象徵統治權力的宗廟和社稷,儼然已經成爲諸侯之下相對獨立的政權組織[⑥]。家臣組織作爲周代貴族組織中的最基層一環,對於卿大夫家政的影響至關重要,尤其是春秋時期,各主要諸侯國的卿大夫掌握權柄後,家臣通過他們在一定程度上對國政產生影響甚至操國之權柄,如陽虎專魯。

①　段志洪:《周代卿大夫研究》,第 174 頁。
②　金景芳:《論井田制度》,齊魯書社,1982 年。
③　《馬克思恩格斯全集》第 19 卷,人民出版社,1972 年,第 445 頁。
④　《左傳·昭公七年》。
⑤　沈長雲:《〈書·牧誓〉"友邦塚君"釋義》,《人文雜誌》1986 年第 3 期。
⑥　呂文郁:《周代的采邑制度》(增訂版),第 165 頁。

這是家臣參與國家政治核心的具體表現。

綜上，家臣制的產生與周代宗法制、分封制密切相關，家臣勢力的逐漸壯大、家臣制度不斷完善的過程，是與周代分封制度下權力下移的腳步相始終的，考察家臣制度產生與完善過程中出現的種種變化不僅可以從側面窺見宗法制、分封制在周代社會實施與破壞的整體情況，而且對於從總體上把握周代政治由集權走向分權的趨勢來説也是至關重要的。

三、采邑制度是家臣制度得以完善的有力依託

采邑作爲一種社會實體，是周代各種制度的聚合點。家臣制度的完善和壯大也要通過這個聚合點發生作用，但首要的前提必須是卿大夫所掌握的采邑數量的增多和面積的擴大，以及在此基礎上導致的卿大夫勢力的擴張。春秋中期以來，一些較大的諸侯國所封授的采邑在規模上已經遠遠超過西周時代王朝公卿大夫的采邑。除了兼併戰爭的因素外，這一切又主要得益於卿大夫對采邑的世襲及采邑内強大武裝力量的掌控。

呂文郁先生認爲采邑的授封有專門的冊命儀式，亦有冊命文書作爲法律憑證。但這種冊封不具有永久性的法律效用，一旦雙方有一方去世或者受封者遭到王的處罰，這種冊封關係就需要重新變更①。從整個西周歷史的發展過程來看，這種冊封關係的變更確實存在過，是西周初期王權强大的集中體現。如西周初期，管叔、蔡叔及文王之子豐侯因犯上作亂，蔑視王權，褻瀆王令，而被没收了采邑。文獻中記載的西周時期世卿之家也不在少數，正如王符所講"周氏、邵氏、畢氏、榮氏、單氏、尹氏、鐂氏、富氏、鞏氏、莨氏，此皆周室之世公卿家也"②。歸根結底，采邑冊封關係變更現象的出現，既是西周時期天子用來提高權威，增强對臣下控制的需要，亦是王權强化的一個表現。采邑制度的實質是西周統治集團内部政治分權的集中體現，采邑作爲公卿大夫俸禄的土地，主權雖屬周王，但使用權、管理權歸采邑主，也就是説采邑主對采地有實在的操控權。所以采邑事實上成爲采邑主的私人領地，因而典籍中才將其稱爲"私土"、"私邑"。如《左傳·襄公十六年》："子木暴虐於其私邑，邑人訴之。"《公羊傳·昭公五年》："莒牟夷以牟婁及防茲來奔。莒牟夷者何？莒大夫也。莒無大夫。此何以書？重地也。其言及防茲來奔何？不以私邑累公邑也。"徐彦疏："公邑，君邑也；私邑，臣邑也。"又《公羊傳·成公十二年》："王者無外，此其言出何？自其私土而出也。"何休注："私土者，謂其國也。"大部分的"私土"和"私邑"是可以世襲的，也正是由於采邑主累世的慘澹經營，才使得春秋時期私邑的勢力不斷膨脹，如《左傳·成公十七年》載施氏家臣之長的家宰尚且擁有"百室之邑"，其家主的勢力就可想而知了。主要的諸侯國均出現了一批執掌國命的强宗大族，如魯國的三桓，"如果没有世襲的領地，貴族們就會喪失一切權力。正因如此，在封建社會裏必然出現國中有國的現象"③。"正因爲他們有采邑作根據地，有武裝作爪牙，往往據地自雄，與諸侯

① 呂文郁：《周代的采邑制度》（增訂版），第 117 頁。
② 王符：《潛夫論·志氏姓》。
③ 趙光賢：《周代社會辨析》，人民出版社，1980 年，第 120 頁。

作對……這樣就形成封建割據更加混亂的形勢”①。無論是衛國大夫孫林父，還是晉國大夫趙鞅均是當時權傾朝野、力壓諸卿的世卿代表，二人若無累世經營的采邑作根據地，又何來衛孫林父入於戚以叛②、晉趙鞅入於晉陽以叛③的作亂行爲呢？采邑的世襲制無疑對這種大夫專國局面的形成起到了推波助瀾的作用，大夫專國局面的形成又爲其麾下的家臣組織參與國家政治提供了先決條件。

春秋時期，隨着各主要諸侯國的卿大夫采邑數量和面積的增多，一些卿大夫家族往往具有兩套家臣管理系統：一套是以家宰爲首的專門負責管理卿大夫之家族内部事務的家臣組織，另一套則以邑宰爲首專門負責管理卿大夫之采邑事務的家臣組織。一般來説，卿大夫家族和其采邑是分處兩地的，以采邑的形式封給卿大夫的大片領土往往距離國都較遠。如朱鳳瀚先生所言：“春秋時期的國都，亦是諸王公與卿大夫家族聚居之地，但卿大夫的私家采邑、土田，一般亦均在國都及其郊地以外地區。雖然春秋時諸卿大夫家族成員未必不可以居於采邑中，但其家族的主體部分仍尚居於國都中。”④如魯三桓在國界邊各有封地，魯僖公曾“賜季友汶陽之田及費”，汶邑和費邑分别在齊魯之交界和魯國東南處，而其他兩家“孟氏有成，叔氏有郈，亦皆邊於齊”⑤。卿大夫采邑與家族聚居地在空間上分離的現實，使得以邑宰爲首的家臣管理系統的設置成爲必然。

對於卿大夫來説，采邑既是財富的源泉，更是權力的象徵，故而有采邑的卿大夫非常重視對采邑的經營。從邑宰的人選到采邑經濟的管理無不使卿大夫們煞費苦心，卿大夫采邑勢力的强大也充分體現了邑宰們的智慧和才幹。采邑在邑宰的治理下，往往成爲鞏固卿大夫權勢的堅强後盾。如董安于被稱爲“簡主之才臣也，世治晉陽”⑥。董安于將晉陽治理得有聲有色，深爲晉國其他卿族忌憚，梁嬰父就曾預言：“不殺安于，使終爲政於趙氏，趙氏必得晉國。”⑦

采邑内的家臣組織不僅完備，且具有相當的獨立性。這主要是由於采邑距離卿大夫的居所較遠，在處理采邑一些實際問題上，卿大夫難免會鞭長莫及，這就使得邑宰在處理采邑内部的具體事務上，往往具有一定的自主權。但是隨着邑宰勢力的不斷强大，野心的不斷膨脹，這種獨立性就成爲邑宰叛亂的罪惡之源，邑宰由於掌握私家采邑的政治、經濟、軍事大權，到了春秋後期由於其主客觀因素，終於釀成邑宰屢叛的政治現象⑧。在魯國的幾次家臣叛亂中，以邑宰據邑叛亂的次數最多。如南蒯據費邑叛季氏；公山不狃據費邑叛季氏；孟孫氏之成宰公孫宿之叛等。采邑正是他們叛亂的資本，采邑武裝則爲其提供强大的軍事後盾，這些叛亂實爲魯國卿大夫之采邑尾大不掉弊端的集中體現。

綜上，春秋時期采邑不僅是卿大夫的私家領地，更是采邑内家臣組織發揮效用、參與國

① 趙光賢：《周代社會辨析》，第 121 頁。
② 《左傳·襄公二十六年》。
③ 《左傳·定公十三年》。
④ 朱鳳瀚：《商周家族形態》（增訂本），第 380 頁。
⑤ 童書業：《春秋左傳研究》，中華書局，2006 年，第 331 頁。
⑥ 《戰國策·趙策一》。
⑦ 《左傳·定公十四年》。
⑧ 謝乃和：《春秋時期的家臣職官系統及其職司》，《史學集刊》2008 年第 4 期。

家政治的前沿陣地。采邑制度實爲家臣制度在春秋時期得以完善的有力依託，家臣制是采邑制的直接附屬物。家臣制的産生、發展及衰亡與采邑制是同步的，隨着采邑制逐步被縣制和封君制所取代，家臣便失去了犯上作亂的根據地，家臣制的衰落也就成爲不可避免的歷史趨勢。

"白徒"考

王連龍

（吉林大學古籍研究所）

提　要： 春秋時期存在"白徒罪"，這種罪名根據犯罪者勞役内容所命名，即犯"白徒罪"者没身爲"白徒"，"白徒"爲獲罪没身服勞役的奴隸，以其身穿白素服飾而得名。"白徒"既被用以表示罪名，也被用來稱呼犯該罪之人。進入戰國後，"白徒"逐漸爲其他罪名替代，因"白徒"經常被兵家喻爲無戰鬥力者，故其名仍見載於戰國文獻。

關鍵詞： 白徒　白徒罪　罪犯奴隸　勞役　喻説

　　"白徒"屢見於先秦典籍及出土文獻，其義衆説紛紜，莫衷一是。觀古今諸説，大致有三：其一，"白衣之徒"説。此説爲高誘注《吕氏春秋·決勝》篇所提出，今人晁福林先生持相類觀點[①]。其二，"不練之徒"説。《漢書·鄒陽傳》顔師古注："白徒言素非軍旅之人。"後尹知章注《管子·七法》明確提出"白徒謂不練之卒，無武藝"。此説影響甚廣，于省吾、陳奇猷、馬非百、李學勤、李零、楊朝明諸先生均主此説[②]。其三，"刑徒"説。當今學者中，張全民、何有祖兩位先生主張"白徒"爲"刑徒"[③]。筆者反復研讀先秦典籍及出土文獻中的"白徒"[④]，認爲以上諸説彼此抵牾，故有必要對"白徒"進行重新闡釋。

一

　　"白徒"之名始見於何時，已不可詳考。按，張家山漢簡《奏讞書》載有"異時魯法"："盜一

---

①　晁福林：《試論春秋戰國時期奴隸制的若干問題》，《北京師範大學學報》1996 年第 6 期，第 6 頁，注①。

②　于省吾：《雙劍誃諸子新證》，中華書局，1962 年，第 323 頁；陳奇猷：《吕氏春秋校釋（上）》，學林出版社，1984 年，第 456 頁；馬非百：《管子輕重篇新詮》（下），中華書局，1979 年，第 708 頁；李學勤：《〈奏讞書〉解説》（下），《文物》1995 年第 3 期；馬承源主編：《上海博物館藏戰國楚竹書（四）》，上海古籍出版社，2004 年，第 264 頁；楊朝明：《漢簡〈奏讞書〉"柳下季治獄"及其價值》，《曲阜師大報》2008 年 3 月 12 日。

③　張全民：《"白徒"初探》，《社會科學戰線》1997 年第 5 期；何有祖：《上博楚竹書（四）札記》，簡帛研究網 2005 年 4 月 15 日。

④　《管子·地員》云："付山白徒十四施，九十八尺，而至於泉，中陵十五施，百五尺，而至於泉。"王紹蘭、張佩倫以此"白徒"爲"白土"。故不在統計範圍之内。

錢到廿,罰金一兩;過廿到百,罰金二兩;過百到二百,爲白徒;過二百到千,完爲倡。有(又)曰:諸以縣官事訑(詑)其上者,以白徒罪論之;有白徒罪二者,駕(加)其罪一等。"①文後還記載了柳下季據"魯法"爲魯君審理盜竊案的事迹。柳下季即柳下惠,據《左傳》、《國語》所載相關事迹,其大體生活於魯莊公至魯文公之間。是可知,就目前文獻所見,"白徒"最初見於春秋早期魯國刑罰體系中。

"白徒"見於法律條文,屬於罪名當無疑義,簡文中"白徒罪"即明證。然"白徒罪"何以命名,從其字面意義上很難得到確證。值得注意的是,"魯法"於"白徒罪"下還列有"倡"罪,二者同爲罪名,只是受贓的細數略有不同。所以,我們可以根據"倡"罪來推證"白徒罪"的命名。

按,"倡"於先秦文獻習見,多與"俳"、"優"、"樂"連文。《管子·立政九敗解》有"優倡侏儒起而議國事"之文,《戰國策·齊策》"和樂倡優侏儒之笑不乏",鮑彪注:"倡優,倡樂也。侏儒,矮小人。"《説文》亦謂:"倡,樂也。"是倡者,泛指古之舞樂雜戲之徒。春秋時期倡優身份卑微,主要以奴隸及罪人充之。《左傳·襄公二十八年》嘗祭中,"陳氏、鮑氏之圉人爲優"。杜預注:"養馬曰圉。"圉人即從事畜牧的奴隸。又《穀梁傳·魯定公十年》載,"頰谷之會,……齊人使優施舞于魯君之幕下",孔子以"笑君者罪當死"之名,誅殺倡優,首足異門而出。可見,作爲奴隸的倡優,生命沒有任何保障。而且,與其奴隸身份相一致的是,這一時期的倡優還經常作爲賂贈之物而見載於史籍。如《論語·微子》載季桓子受齊人女樂而三日不朝,孔子因此辭官去魯。《國語·晉語》、《左傳·昭公二十八年》亦有相類記載,均可爲證。關於罪人充倡,《呂氏春秋·精通》有條史料特別值得關注,其載:"鍾子期夜聞擊磬者而悲,使人召而問之曰:'子何擊磬之悲也?'答曰:'臣之父不幸而殺人,不得生;臣之母得生,而爲公家爲酒;臣之身得生,而爲公家擊磬。臣不覩臣之母三年矣。昔爲舍氏覩臣之母,量所以贖之則無有,而身固公家之財也。是固悲也。'"擊磬者因父殺人,與母受牽連而獲罪,其母"爲公家爲酒",其本人爲公家擊磬。《周禮·天官·敍官》云:"酒人:女酒三十人。"注:"女酒,女奴曉酒者。"是擊磬者之母爲釀酒的奴隸,擊磬者則爲倡優之徒,二者均爲獲罪没身的官府奴隸。此可力證春秋時期,獲罪者可没身爲"倡"。由"倡"罪的命名可知,魯法中的"倡"是根據犯罪者勞役内容命名的罪名,即犯"倡"罪者没身爲"倡"。

顯然,與"倡"相當的"白徒"亦爲同類。也就是説,"白徒"既被用以表示罪名,也被用來稱呼犯該罪之人。戰國時期,這種根據勞役内容命名罪名的方式獲得了更爲充分的發展。如秦律中多見"城旦"、"舂"、"鬼薪"、"白粲"、"司寇"等罪名,據衛宏《漢舊儀》及應劭《漢書》注所載,這些刑罰名稱最初都是以勞役内容根據命名的。

關於"白徒"的身份,張家山漢簡云:"白徒者,當今隸臣妾。"②是在漢代的觀念中,"白徒"與"隸臣妾"身份相同。故竹簡整理者注謂:"白徒,魯國刑徒名。"③上舉張全民、何有祖及楊朝

---

① 張家山二四七號漢墓竹簡整理小組:《張家山漢墓竹簡[二四七號墓]》,文物出版社,2001年,第226頁。

② 張家山二四七號漢墓竹簡整理小組:《張家山漢墓竹簡[二四七號墓]》,第226頁。

③ 張家山二四七號漢墓竹簡整理小組:《張家山漢墓竹簡[二四七號墓]》,第227頁。

明①等學者之説即由此而來。目前看,這種提法尚欠穩妥。漢承秦制,秦律中"隸臣妾"習見。然"隸臣妾"是刑徒還是奴隸,學術界存在較大的爭議②。就"刑徒"概念本身而言,也涉及一個時間跨度問題。根據吳榮曾先生研究,"刑徒"是"有期限地被囚禁並從事勞役","刑徒制始於戰國"③,即"刑徒"是戰國秦漢時期始見的有刑期的罪犯。那麼,以戰國時期的"刑徒"來概括春秋早期的"白徒",顯然是不嚴謹的。而且我們知道,商周時期奴隸的一個主要來源是罪犯,即所謂罪人收奴制。《尚書》中《甘誓》、《湯誓》諸篇有"孥戮汝"之語,《周禮・秋官・司厲》亦載"司厲掌盜賊……,其奴,男子入於罪隸,女子入於舂槀",鄭司農云:"謂坐爲盜賊而爲奴者,輸於罪隸、舂人、槀人之官也。"是身犯刑罪者,本人及其家屬都要没身爲奴。即鄭玄所云"今之爲奴婢,古之罪人也"。加之,上文已證"倡"的奴隸身份,我們認爲"白徒"應屬於罪犯奴隸的範疇。

二

經過上文的考證可以知道,春秋時期存在"白徒罪",犯"白徒罪"者没身爲"白徒","白徒"即獲罪没身服勞役的奴隸。然春秋時期人們何以稱呼這種罪犯奴隸爲"白徒",是個值得探討的問題。

"徒"指刑罪之人,這没有疑問。至於"白",我們認爲其當指罪犯奴隸的服飾而言。先秦文獻中"白"字多見,在其衆多詞義中,"白"訓爲"素"尤爲值得注意。如《易・賁卦》云:"白賁,无咎。"注云:"處飾之終,飾終反素,故在其質素,不勞文飾而'无咎'也。"李鼎祚集解引干寶云:"白,素也。"用白而不是用彩來文飾,故無咎。即《雜卦》"賁無色也",重在質素。《説文・白部》朱駿聲《説文通訓定聲》亦云:"白,皆空素之意。"所以,當"白"用以形容服飾時,多爲製作粗糙無文飾之謂。

在我國古代社會,服飾有着嚴格的等級制度,高低貴賤尊卑的等級秩序禁止逾越。即《後漢書・輿服志》所謂:"夫禮服之興也,所以報功章德,尊仁尚賢,故禮尊尊貴貴,不得相逾,所以爲禮也;非其人不得服其服,所以順禮也。"而上文提到的那種製作粗糙無文的服飾,就是作爲標誌犯罪者身份的刑罰形式而存在。《尚書大傳》載:"唐虞之象刑,上刑赭衣不純,中刑雜屨,下刑墨幪,以居州里,而民恥之。"鄭玄注:"純,緣也。時人尚德義,犯刑但易之衣服,自爲大恥。"純,緣也,謂衣領袂口之飾。"不純",是指罪人的囚服直接用粗麻裁接而成,不繡邊以示素,故異於常人之服。《周禮・秋官・司圜》亦云:"司圜掌收教罷民,凡害人者,弗使冠飾而加明刑焉。""飾",即文飾。《詩・鄭風・羔裘》"羔裘豹飾",王先謙三家

---

① 楊朝明先生主張"白徒"指未經過軍事訓練之人,與漢代的"隸臣妾"的共同點就是他們的"官奴隸身份",應當屬於有期徒刑一類,即降低了原來的社會地位或政治身份。見楊朝明《漢簡〈奏讞書〉"柳下季治獄"及其價值》。

② 關於"隸臣妾"的身份,目前學術界大體有兩種觀點:一種觀點認爲"隸臣妾"是奴隸或官奴隸,持此種觀點的學者有高恒(《秦律"隸臣妾"問題探討》,《文物》1977年第7期)、高敏(《關於秦律中的"隸臣妾"問題質疑》,《睡虎地秦簡初探》,萬卷樓圖書有限公司,2000年)、宮長爲、宋敏(《"隸臣妾"是秦的官奴隸》,《中國史研究》1982年第1期);另一種觀點認爲"隸臣妾"是刑徒,以林劍鳴(《"隸臣妾"辨》,《中國史研究》1980年第2期)爲代表。

③ 吳榮曾:《胥靡試探——論戰國時的刑徒制》,《中國史研究》1980年第3期,第80頁。

義集疏引姚氏《識名解》云："凡緣領、緣袖、緣履皆謂之飾。"是刑罪之人身着無邊飾之囚服，以版牘書其罪狀與姓名著於背，爲其身份標誌。相類記載還有《禮記·玉藻》，其云："垂緌五寸，惰遊之士也。玄冠縞武，不齒之服也。"此"惰遊之士"和"不齒"相連，當與《周禮》坐嘉石之罷民爲同類。"武"指冠卷而言，"玄冠縞武"，即黑繪冠配以白素冠卷。此亦爲刑罪之人所服。

上文所言通過强迫犯罪者穿上粗糙無文的服飾以示懲罰的文獻記載，還可得到出土實物的印證。1937年殷墟第十五次發掘於小屯 H358、第五號墓出土的三件帶枷男女陶俑像，身着圓領、衣裳連屬的帶袖連衣裙式衣服，質地白素無文飾，製作粗糙，這些陶俑被認爲是罪犯或奴隸像[1]。1983—1984年四川成都方池街出土青石圓雕人像。雙腿彎曲作跪狀，雙手交叉於身後，作被捆縛狀。頭髮由中間分開，向左右披下，身上無衣飾紋樣。有學者推斷其爲商代羌人奴隸形象[2]。廣漢三星堆遺址一號祭祀坑出土的青銅跪坐人像，上身穿右衽長袖短衣，腰部繫帶兩周，下身穿犢鼻褌，衣服素面無文飾，身份低下[3]。據推斷，應該是奴隸或戰俘。解放初，河南洛陽東郊西周初期墓中出土一件奴隸形象玉人，頭部有特殊裝飾，身着短衣短裳，服飾白素無文[4]。而與這些罪犯奴隸成鮮明對比的是，時代相近的奴隸主貴族人像則衣飾華麗，神態倨傲。如侯家莊陵墓 HPKM1004 發現的大理石圓雕跪坐殘人像，"身着大領衣，衣長蓋臀，右衽，腰束寬頻，下身外着裙，長似過膝。脛繫裹腿，足穿翹尖之鞋。衣之領口、襟緣、下緣、袖口緣有似刺繡之花邊，腰帶上亦有刺繡之緣。裙似百褶，亦有繡紋"。衣飾回紋、方勝紋等。此當爲一貴族男子形象[5]。據説1943年出於安陽四盤磨的另一件坐食者石塑像，箕踞而坐，頭戴平頂圓帽，身穿無紐對襟衣，衣上有花紋[6]。20世紀以來這類貴族人像出土很多，皆身着華麗彩飾之服[7]。這種服飾的鮮明反差可以證明，商周時期罪犯或奴隸服飾的特點是質地粗糙無文飾，即所謂白素之服。進入戰國後，這種質地粗糙無文飾的囚衣形成定制。《秦律·司空律》云："城旦春衣赤衣，冒赤氈，枸櫝欙杕之。"[8]即規定城旦春身穿紅色麻衣，頭戴紅巾，繫黑索套鐵鉗。

據此，我們有理由認爲，"白徒"是因罪犯奴隸身穿質地粗糙無文飾的白素之服而得名。

---

① 北京大學歷史系考古教研室商周組編：《商周考古》，文物出版社，1979年，第123頁。
② 吳怡：《成都方池街出土石雕人像及相關問題》，《四川文物》1988年第6期；石志廉：《商石雕羌人像》，《中國文物報》1989年8月11日。
③ 四川省文物管理委員會、四川省文物考古研究所、四川省廣漢縣文物局：《廣漢三星堆遺址一號祭祀坑發掘簡報》，《文物》1987年第10期。
④ 傅永魁：《洛陽東郊西周墓發掘簡報》，《考古》1959年第4期。
⑤ 梁思永、高去尋：《侯家莊》第五本《第1004號大墓》，中研院歷史語言研究所，1970年，第41頁，又圖19，圖版三柒、三玖：1。
⑥ 陳仁濤：《金匱論古初集》，（香港）亞洲石印局，1952年，第1，2頁。
⑦ 相關資料可參看中國社會科學院考古研究所編著《殷墟婦好墓》，文物出版社，1985年；中國社會科學院考古研究所編著：《殷墟玉器》，文物出版社，1982年；楊伯達主編：《中國美術全集·玉器》，文物出版社，1989年；韓建武、乾旭：《商代玉人像》，《文博》增刊第二號《玉器研究專刊》，1993年。
⑧ 睡虎地秦墓竹簡整理小組：《睡虎地秦墓竹簡》，文物出版社，1990年，第51—52頁。

三

　　“白徒罪”既然是根據犯罪者勞役内容命名的罪名，則“白徒”當從事一定的體力勞動。關於“白徒”所役内容，可參證《上海博物館藏戰國楚竹書》（四）《曹沫之陳》及《管子》諸篇相關記載。二者所載内容與張家山漢簡《奏讞書》“異時魯法”年代相近①，前者甚至國別相同，故三者所載“白徒”内涵一致。

　　《曹沫之陳》記載了春秋時期魯莊公與曹沫關於軍事問題的討論。其 32 號簡云：“諜人來告，曰其將帥盡傷，載連皆栽，曰將 𣂏 行。乃□白徒： 𣂏 食葷兵，各載爾藏，既戰將量，爲之。”②言諜人來告，敵軍傷亡慘重，輜重之車損失殆盡，準備撤退③。己方將帥命“白徒”保管好自己負責的糧食、兵器等物資，戰鬥開始以後，將去掠奪敵人的輜重④。 𣂏 ，李零先生以爲似擔負而行⑤。葷，《説文・車部》云：“大車，駕馬也。”《周禮・地官・鄉師》云：“大軍旅會同，正治其徒役與其葷輦，戮其犯命者。”鄭玄注：“輦，駕馬，所以載任器也，止以爲蕃營。”是葷用於運載行軍作戰之輜重。如此，簡文説得很清楚，將帥關注的是敵我雙方的輜重問題，命令的對象是負責輜重者，即“白徒”。如果説此處的“白徒”是士兵，則白徒既要保管好己方的輜重，又要參加戰鬥，甚至還要奪取敵方的輜重，這顯然是説不通的。所以説，簡文中“白徒”只能是從事軍事輜重運輸等活動的雜役者。另外，《管子》部分篇章中也提及“白徒”。如《輕重戊》云“君其率白徒之卒鑄莊山之金以爲幣”，又云“令左司馬伯公將白徒而鑄錢於莊山”，是此“白徒”亦從事冶鐵鑄金等役事，與上文所見“白徒”一樣，均爲服勞役者。至於《管子・乘馬》中的“白徒”，則需要説明一下。其文作“一乘者，四馬也。一馬其甲七，其蔽五。四乘，其甲二十有八，其蔽二十。白徒三十人奉車兩，器制也”，言方六里所出軍賦之事。按，方一里，九夫之田，方六里則爲五十四夫之田。《周禮・地官・小司徒》云：“凡起徒役，毋過家一人，以其餘爲羨。”顯然，五十四夫之田不可能出白徒三十人。也就是説，此“白徒”非爲方六里所出。其實仔細分析其文，可以看出，從“一馬其甲七”至“其蔽二十”實爲一乘馬所需甲、蔽之數。去其文，則爲一乘四馬，白徒三十人，此乃軍事卒旅之制。

---

①　據廖名春先生考證，《曹沫之陳》的成書的上限，不會超過魯莊公十年（公元前 684 年），其成書的下限，不會晚於齊宣、潘王的時代（公元前 319—前 284 年）。見廖名春《楚竹書〈曹沫之陣〉與〈慎子〉佚文》，簡帛研究網 2005 年 2 月 12 日。

②　馬承源主編：《上海博物館藏戰國楚竹書（四）》，第 264 頁。

③　“載連”指服務於軍事活動的運輸工具，即輜重之車。詳見拙文《上博楚竹書（四）〈曹劌之陣〉“載連”釋義》，《古代文明》2009 年第 2 期。

④　董珊先生認爲“量”當讀爲“掠”，頗有創見，本文從其説。見董珊《〈曹沫之陣〉中的四種“復戰”之道》，簡帛研究網 2007 年 6 月 4 日。

⑤　馬承源主編：《上海博物館藏戰國楚竹書（四）》，第 264 頁。另外，近來有學者主張 𣂏 當讀作“早”。參見陳劍《上博竹書〈曹沫之陣〉新編釋文（稿）》，簡帛研究網 2005 年 2 月 12 日；陳斯鵬：《上海博物館藏戰國楚簡〈曹劌之陣〉釋文校理稿》，孔子 2000 網 2005 年 2 月 20 日；李鋭：《〈曹劌之陣〉重編釋文》，簡帛研究網 2005 年 2 月 25 日；白於藍：《上博簡〈曹沫之陳〉釋文新編》，簡帛研究網 2005 年 4 月 10 日；單育辰：《〈曹沫之陣〉新編及釋文》，簡帛網 2007 年 6 月 3 日。

"白徒三十人"即《司馬法》所云"革車一乘，士十人，徒二十人"①。所謂"徒二十人"，是步卒十五人加廝養五人，清代學者江永、金榜早有確論②。所以，《管子·乘馬》中的"白徒"當爲軍中廝養者。

按，先秦時期運輸、建築、冶煉等勞役多由罪犯奴隸充之③。《釋名·釋車》載："胡奴車，東胡以罪没入官爲奴者引之，殷所制也。""胡奴車"即《司馬法》所謂"周曰輜輦"④，是商代輦車以犯罪没身的奴隸爲牽引。商周相因，此制當爲周代所沿襲。《詩·小雅·車攻》、《爾雅·釋訓》即謂"徒御不驚"，均稱拉輦者爲"徒"。又《周禮·地官·牛人》載："凡會同、軍旅、行役，共其兵軍之牛與其牽彷，以載公任器。"賈公彦認爲："兵車駕四馬之外，别有兩轅駕牛以載任器者，亦謂之爲兵車。"《考工記》載車人有"大車"，直轅駕牛，與輪人兵車曲輈駕馬有異，是證賈説不誤。"任器"者，用器也，泛指軍旅行役所用，與"𤔲食輦兵"之"食"、"兵"爲同類。"牽彷"，鄭玄注："在轅外挽牛也。人御之，居其前曰牽，居其旁曰彷。"是"牽彷"者即兵事中運輸輜重的勞力。關於"牽彷"者的身份，《牛人》未有明示。然據《周禮·秋官·罪隸》所載："凡封國若家，牛助，爲牽彷。"是知"牽彷"者爲罪隸。這些罪隸也就是《周禮·秋官·司厲》"司厲掌盜賊……，其奴，男子入於罪隸，女子入於舂槀"者。顯然，《曹沫之陳》、《管子》中的"白徒"與《牛人》中的"牽彷"者所事相類，均因罪罰爲奴而爲官家提供勞役。這也與上文所證"白徒"屬罪犯奴隸範疇的結論相印證。

"白徒"類罪隸從事勞役，這是西周以來的刑罰傳統。《周禮·秋官·掌戮》載："墨者使守門，劓者使守關，宫者使守内，刖者使守囿，髡者使守積。"犯罪者被處以相關肉刑後，還要附加處罰各種勞役。20世紀70年代以來，西周中晚期至春秋早期刑罰題材類青銅器多有實物出土⑤，證明《周禮》所載不誣。"白徒"與這些墨者、劓者相比，雖未受肉刑，但他們從事的運輸、土木工程、冶鐵鑄金等勞役，要比一般性的守衛工作繁重得多。而且，頗具時代特徵的是，春秋時期的"白徒"依軍事編制進行管理。如《管子·輕重戊》中的"白徒"勞役時爲左司馬伯公率領，"左司馬"乃掌管軍政之要職，"白徒"爲其所轄，是"白徒"雖爲罪隸，仍需編制成"白徒之卒"。這應該與春秋時期"兵刑合一"及"兵農合一"的軍事制度有關⑥。進入戰國時期，罪隸參加生產勞動的現象更加普遍。而且，隨着稱謂的變化，"白徒"逐漸爲關東的"胥靡"及秦的"徒隸"、"城旦"、"鬼薪"、"白粲"等名稱所替代。吴榮曾先生於戰國刑徒制多有論證⑦，此不贅述。

---

① 《周禮·地官·小司徒》鄭玄注引《司馬法》，見孫詒讓《周禮正義》，中華書局，2000年，第787頁。

② 孫詒讓：《周禮正義》，第808頁。

③ 需要説明的是，先秦時期國家勞役征發亦有良民參與，然本文所探討的是服勞役的"白徒"，故良民勞役者不在討論範圍之内，筆者别有專文論述。

④ 《周禮·地官·小司徒》鄭玄注引。

⑤ 相關資料可參看王永昶《從西周銅鬲上刖刑守門奴隸來看"克己復禮"的反動本質》，《文物》1974年第7期；張崇寧：《"刖人守囿"六輪挽車》，《文物季刊》1989年第2期；項春生、李義：《寧城小黑石溝石槨墓調查清理報告》，《文物》1995年第5期。

⑥ 陳恩林：《先秦軍事制度研究》，吉林文史出版社，1991年，第114頁。

⑦ 吴榮曾：《胥靡試探——論戰國時的刑徒制》，第80頁。

四

獲罪没身爲奴隸的"白徒"，除了供官府役使之外，還可以服務於軍事活動。如上文提到《曹沫之陳》中的"白徒"，即從事軍事輜重的運輸。另外，《管子·乘馬》、《管子·七法》及《呂氏春秋·決勝》所見"白徒"亦與軍事活動有關。

從上文考證的結果來看，"白徒"爲獲罪没身的奴隸，屬於罪犯奴隸範疇。很明顯，這種身份是不能充軍的。依周制，只有國人有資格當兵，野人不能當兵，這種情況一直延續至春秋時期①。秦二世赦酈山刑徒，"授兵以擊"陳涉起義軍時，罪人充軍還爲戰時權宜之策，未形成定制。所以，"白徒"不可能指軍中没有經過軍事訓練裝備的徒兵。然而必須指出的是，作爲罪犯奴隸的"白徒"雖不能充軍，但可以從軍服勞役。《師旅鼎》銘文："師旅衆僕不從王征于方，雷吏(使)厥(厥)友弘以告于白懋父。"是臣僚奴僕有從王征伐提供役使的義務，如不服從王命，奴隸主人將被處罰。又《尚書·費誓》"馬牛其風，臣妾逋逃"，鄭玄以這些臣妾爲廝役之屬。《左傳·僖公十七年》云："男爲人臣，女爲人妾。""臣妾"，即罪犯奴隸。春秋時期，這種在軍隊中從事運輸、炊烹、供養等雜役的罪犯奴隸數量很多。《公羊傳·宣公十二年》楚莊王伐鄭，將軍子重云："夫南郢之與鄭相去數千里，諸大夫死者數人，廝役死者數百人。"何休注："艾草爲防者曰廝，汲水漿者曰役，養馬者曰扈，炊亨者曰養。"又《左傳·襄公二十三年》晉國欒氏之亂，晉軍中的奴隸斐豹以范宣子焚掉"丹書"爲條件，殺死欒氏的勇力之臣督戎。杜預認爲："蓋犯罪没爲官奴，以丹書其罪。"孔穎達云："近世《魏律》緣坐配没爲工樂雜户者，皆用赤紙爲籍，其卷以鉛爲軸，此赤古人丹書之遺法。"杜、孔之説可從。春秋末晉國趙簡子在鐵之戰前誓師云"人臣隸圉免"，宣布這些軍中罪隸可因戰功免除奴隸身份。

隨着戰爭規模的逐漸擴大，戰國時期的普遍兵役制把徵兵範圍擴大到全民，甚至婦女老弱亦在徵發之列，但軍隊中提供役使的"白徒"類奴隸數量仍然占很大比重，重要性也日益凸顯。故相應地，"白徒"類奴隸在這一時期的兵法中屢被提及。如《逸周書·大明武》攻伐"十藝"有"刑餘"，刑餘，也稱赦徒，乃赦罪而欲以戰功自贖者。《六韜·練士》"有胥靡免罪之人，欲逃其恥者，聚爲一卒，名曰幸用之士"，即此類也。另外，《墨子·備城門》"丈夫十人"、《吳子·料敵》"徒衆"及《六韜·立將》"牛豎馬洗猥養之徒"等亦爲軍隊中服勞役的奴隸。諸"白徒"類奴隸不素隸軍籍，在軍中只從事雜役，未受過正規軍事訓練，經常被喻爲無戰鬥力者。故《管子·七法》以"教卒練士"與"毆衆白徒"相比襯②，慈利竹簡古佚書零簡亦把"白徒"和"厲士"放在對立位置③。

① 金景芳：《中國奴隸社會史》，上海人民出版社，1983年，第840頁。

② 臨沂銀雀山漢墓出土竹簡《王兵》云："夫以治擊亂，以富擊貧，以能擊不能，以教士擊驅民，此十戰十勝之道。"見銀雀山漢墓竹簡整理小組《臨沂銀雀山漢墓出土〈王兵篇〉釋文》，《文物》1976年第12期。與《管子·七法》"驅衆白徒"相比，《王兵》没有"白徒"，説明戰國時期"白徒"已少見。

③ 關於此佚書零簡，整理者以之爲《國語·吳語》佚文，見張春龍《慈利簡概述》，北京大學、達慕斯大學、中國社會科學院：《新出簡帛研究——新出簡帛國際學術研討會論文集》，文物出版社，2004年，第9頁。筆者認爲慈利楚簡中有《管子》，《管子》多見"白徒"，此佚書零簡或爲《管子》佚文，見拙文《慈利竹簡古佚書殘簡考辨》，《圖書館雜誌》2009年，待刊。

"教卒練士"、"厲士"皆爲衝鋒陷陣的驍勇之士,即齊之"技擊"、魏之"武卒"、秦之"鋭士"諸類。"白徒"與之相比,强弱效果自然非常明顯。至於《吕氏春秋·決勝》云:"善用兵者,諸邊之内莫不與門,雖廝輿白徒,方數百里皆來會戰,勢使之然也。"也是强調戰爭並非僅爲兵卒之事,假設敵至"諸邊之内"①,即使没有戰鬥力的廝輿和白徒也要參加決戰。這種喻説方式在漢唐時期,甚至宋元時期還盛行。如《漢書·鄒陽傳》云"吴楚之王練諸侯之兵,驅白徒之衆",《新唐書·李憕傳》謂"常清兵皆白徒",《唐會要》卷七十二《軍雜録》更是形容天寶年間,"人至老不聞戰聲,六軍諸衛之士皆市人白徒"。顯然,這種作爲兵家恒言的"白徒"並不具備年代特徵,即它不能證明戰國時期及漢唐時期還存在"白徒",只能説明其淵源自春秋時期的"白徒"。

　　綜上所述,可以得到這樣的結論:春秋時期存在"白徒罪",這種罪名根據犯罪者勞役内容命名,即犯"白徒罪"者没身爲"白徒"。"白徒"爲獲罪没身服勞役的奴隸,因其身穿質地粗糙無文飾的白素之服得名。故"白徒"既被用以表示罪名,也被用來稱呼犯該罪之人。進入戰國,"白徒"逐漸爲其他罪名替代,因"白徒"經常爲兵家喻爲無戰鬥力者,故其名仍見載於戰國史籍。

---

① 　馬敘倫認爲"諸邊"疑當作"都鄙",見王利器《吕氏春秋注疏》,巴蜀書社,2002年,第825頁。

秦國保障軍隊對軍馬
需求問題的考察

張鶴泉

（吉林大學古籍研究所）

摘　要：戰國秦時期，秦國軍事力量强大，不斷對列國進行戰爭。因爲要進行戰爭，所以需要實行有效的後勤保障制度。其中保障爲軍隊提供充足、優良的軍馬，就是這項制度的重要内容。爲此，秦政府實行的徵集民間私馬作爲軍馬以及廣設牧苑以養公馬的做法。實際上，秦政府徵集的私馬和飼養的公馬都是軍隊所需軍馬的重要來源。

關鍵詞：秦國　保障　軍隊　軍馬　需求

一、引　　言

　　本文所説的秦國，是戰國秦。在戰國秦時期，同列國作戰成爲秦國的重要事務，因此，秦國要保證其生存以及拓展國土，就必須要有一支强大的軍隊。商鞅在秦國變法，開始使國家的軍隊逐漸强大起來，並且，軍隊的戰鬥力也超過了東方各國。《漢書》卷二三《刑罰志》："齊愍以技擊彊，魏惠以武卒奮，秦昭以鋭士勝。……若齊之技擊，得一首則受賜金。事小敵脆，則媮可用也；事鉅敵堅，則涣然離矣。是亡國之兵也。魏氏武卒，衣三屬之甲，操十二石之弩，負矢五十個，置戈其上，冠冑帶劍，贏三日之糧，日中而趨百里，中試則復其户，利其田宅。如此，則其地雖廣，其税必寡，其氣力數年而衰。是危國之兵也。秦人，其生民也陿陋，其使民也酷烈。……使其民所以要利於上者，非戰無由也。功賞相長，五甲首而隸五家，是最爲有數，故能四世有勝於天下。……故齊之技擊不可以遇魏之武卒，魏之武卒不可以直秦之鋭士。"[①]很顯然，秦國的鋭士成爲天下最强的軍隊。秦國能夠擁有强大軍隊，正是由於在商鞅變法後，實行的適合國情的獎勵耕戰的政策造成的。然而需要注意的是，秦國軍隊的强大不僅因爲士兵訓練有素，並且秦國軍隊還多兵種。當時的秦軍不僅有步兵、車兵，還有騎兵，而且，騎兵在

---

① 《漢書》，中華書局，1964 年，第 1085—1086 頁。

戰場上還是重要的突擊力量。張儀曾提到秦國軍隊的構成。他説：“秦帶甲百餘萬，車千乘，騎萬匹，虎賁之士跿跔科頭貫頤奮戟者，至不可勝計。”①並且，還對秦軍的戰馬大爲讚賞：“秦馬之良，戎兵之衆，探前趺後，蹄間三尋騰者，不可勝數。”②張儀所説，難免有誇大之詞，但秦軍的多兵種和强大的實力，却是不爭的事實。同時，張儀所論還將秦軍的强大與擁有衆多的騎兵聯繫在一起。這就是説，要使秦國的軍隊處於優勢的地位，就不能忽視對騎兵的建設。可是，要建設精鋭的騎兵，當然需要有優良的軍馬作保證。尚不限於此，由於戰國時期的戰爭已經與春秋時期不同，不僅戰爭的規模越來越大，並且持續的時間也越來越長，因而要保證贏得戰爭，就要持續不斷地使軍隊有充足的輜重補給，而輜重的運輸也需要大量的軍馬。因此，可以説能否提供數量衆多的軍馬，就成爲秦國軍隊後勤保障的一項重要事務。那麼，秦國是如何保證有效地爲軍隊提供和補充軍馬的呢？這是考察秦國軍隊後勤保障制度不可忽視的一個問題。然而，由於史料的缺乏，要比較全面説明這一問題是困難的，因而，只能依據簡牘與文獻資料，盡可能地勾勒出大致的輪廓。鑒於此，本文嘗試對秦國能夠爲軍隊提供軍馬的後勤保障的相關問題作一些探討。

二、徵集私馬以充軍馬

　　所謂私馬，就是由私人飼養的馬匹，也就是民間飼養的馬匹。秦政府能夠向民間徵集馬匹，實際是以民間養馬業的興盛爲基礎的。戰國秦時，已經具備民間養馬業發展的比較充足的條件。衆所周知，秦國的養馬業具有悠久的歷史。秦國先君“非子居犬丘，好馬及畜，善養息之。犬丘人言之周孝王，孝王召使主馬於汧、渭之間，馬大蕃息”③，可知非子是以善養馬而著稱於西陲的，也説明秦人是主要經營養馬業的部族。周孝王又因非子善養馬“邑之秦，使復續嬴氏祀，號曰秦嬴”④，使秦成爲周的附庸國。在秦建國後，這種養馬的傳統繼續沿襲下來，因而當地人們具有豐富的養馬經驗。研究者認爲，當時秦人所養馬種爲西戎良駿，大體是陝甘青一帶的馬種，還有北部的蒙古馬。在養馬技術上，實行牧養與廄養結合的方式，飼養出數量衆多的優質馬⑤。並且，秦國的自然條件也很適宜馬的生長。因此，這種自然條件以及長期積累的養馬經驗和技術，成爲民間可以從事養馬業的重要因素。事實上，當時民間從事養馬業的人數衆多。這種情況可以從雲夢秦簡的記載中透露出來。《法律答問》：“甲小未盈六尺，有馬一匹自牧之，今馬爲人敗，食人稼一石，問當論不當？不當論及賞（償）稼。”⑥這條律文正説明，秦政府是不禁止民間私人養馬的，反之，民間養馬却是一種私人的生產經營。既然將這種民間養馬的經營活動寫在法律條文中，説明民間私人養馬業已經很發展。實際上，秦國民

① 《史記》，中華書局，1963 年，第 2293 頁。

② 同上注。

③ 《史記》，第 177 頁。

④ 同上注。

⑤ 郭興文：《論秦代的養馬技術》，《農業考古》1985 年第 2 期。

⑥ 睡虎地秦墓竹簡整理小組：《睡虎地秦墓竹簡》，文物出版社，1978 年，第 213 頁。

間經營養馬業已成爲他們生産活動的重要組成部分。《秦律十八種・司空》：“百姓有貲贖責
（債）而有一臣若一妾，有一馬若一牛，而欲居者，許。”①這條律文是説，國家可以使百姓有貲贖
債，但需要有一個男或者女奴隸，有一頭馬或牛，才可以用勞役抵債。由此可見，在當時社會
中，擁有馬匹的平民家庭的數量是不少的。這種情況的出現，應該是以民間養馬業的興盛爲
前提的。

　　秦政府爲了保證民間養馬業的經營，對私人擁有的馬實行積極保護的措施。如《封
診式》：

　　　盜馬 爰書：市南街亭求盜才（在）某里曰甲縛詣男子丙，及馬一匹，騅牝右剽，緹
　覆（復）衣，帛裏莽緣領褎（袖），及復，告曰：“丙盜此馬、衣，今日見亭旁，而捕來詣。”②

由這一爰書可知，秦國是嚴格防止偷盜私人馬匹的。偷盜馬匹與偷盜其他私人物品一樣，都
要被逮捕拘押。因爲秦國重視對私人擁有馬匹的保護，當然也就更有益於民間私人養馬業的
發展。

　　秦政府所以重視私人養馬業的經營，實際是與獎勵耕戰的國策相聯繫的。秦國自商鞅變
法後，國家高度重視“耕戰”方略的實行。《商君書・慎法篇》：

　　　自此觀之，國之所以重，主之所以尊者，力也。於此二者本於力，而世主莫能致
　力者，何也？使民之所苦者無耕，危者無戰。二者，孝子難以爲其親，忠臣難以爲其
　君。今欲毆其衆民，與之孝子忠臣之所難，臣以爲非劫以刑而毆以賞莫可。而今，夫
　世俗治者，莫不釋法度而任辯慧，後功力而進仁義，民故不務耕戰。彼民不歸其力於
　耕，即食屈於内；不歸其節於戰，則兵弱於外。入而食屈於内，出而兵弱於外，雖有地
　萬里，帶甲百萬，與獨立平原一貫也。且先王能令其民蹈白刃，被矢石，其民之欲爲
　之，非好學之，所以避害。故吾教令：民之欲利者，非耕不得；避害者，非戰不免。境
　内之民，莫不先務耕戰，而後得其所樂。故地少粟多，民少兵强。能行二者於境内，
　則霸王之道畢矣。③

《慎法篇》闡發的道理，實際説明秦國的“耕”、“戰”是相聯繫的。只有將“耕”和“戰”緊密結合
在一起，才能實現“地少粟多，民少兵强”，使秦國在列國中稱雄。當然，“耕”從狹義上看，是要
多打糧食。但從廣義上看，則是使農耕與畜牧業一併發展。其中也就包括民間私人養馬業。
因爲無論是糧食，還是馬匹，都是秦國進行戰爭的物質基礎。正因爲如此，秦國特別注意對私
人種植的糧食和飼養的馬匹數量的掌握。《商君書・去强篇》：“强國知十三數：境内倉府之
數，壯男壯女之數，老弱之數，官士之數，以言説取食者之數，利民之數，馬牛芻藁之數。欲强
國，不知國十三數，地雖利，民雖衆，國愈弱至削。國無怨民曰强國。興兵而伐，則武爵武任，

①　睡虎地秦墓竹簡整理小組：《睡虎地秦墓竹簡》，第 85 頁。
②　睡虎地秦墓竹簡整理小組：《睡虎地秦墓竹簡》，第 253 頁。
③　《商君書》，中華書局，2009 年，第 198 頁。

必勝；按兵而農，粟爵粟任，則國富。”①《去强篇》指出强國的十三個數字，實際是要掌握不同類別的人口數字、糧倉的數量以及馬牛芻藁的數字。對瞭解不同類別的人口數字暫且不論，從瞭解糧倉和馬牛芻藁的數字來看，實際上，是要掌握實行統治的物質基礎。由此可見，馬的數量與糧食的數量，都是與國家的發展密切聯繫在一起的。不過，《去强篇》所説的需要掌握馬的數量，是將公馬與私馬一併加以計算的。秦政府爲了保證準確掌握全部馬匹的數量，因而，對民間飼養馬匹的數量也實行特別的統計。《效律》：“計較相繆（謬）也，自二百廿錢以下，諝官嗇夫；過二百廿錢以道二千二百錢，貲一盾；過二千二百錢，貲一甲。人户、馬牛一，貲一盾；自二以上，貲一甲。”②這一律文説明，秦國要求地方官員對馬、牛數字的核查與人口的核查都要同樣給予重視，不允許出現差錯，否則要罰以甲盾。並且，國家對地方官員錯算人口、馬牛數量視爲與錯算六百六十錢的錯誤相同。《法律答問》：“可（何）如爲‘大誤’？人户、馬牛及者（諸）貨材（財）直過六百六十錢爲‘大誤’，其他爲小。”③《效律》：“計脱實及出實多於律程，及不當出而出之，直（值）其賈（價），不盈廿二錢，除；廿二錢以到六百六十錢，貲官嗇夫一盾；過六百六十錢以上，貲官嗇夫一甲，而復責其出（也）。人户、馬牛一以上爲大誤。誤自重也，減罪一等。”④這兩條律文説明，錯算人口、馬牛的數量是被判爲“大誤”之罪。秦國采取這樣的定罪做法，顯然是將地方官掌握户口數字與掌握民間馬、牛數字視爲是同等重要的。從秦政府要求地方官員準確地掌握户口數字來看，是爲了授田、徵收賦税、徵發徭役兵役的需要。而秦政府同樣重視對民間馬、牛數字的掌握，當然，也是爲了國家實行統治的需要，其中最重要的就是要保證國家對馬的徵集。《秦律雜抄》：

　　　　薦馬五尺八寸以上，不勝任，奔摯（縶）不如令，縣司馬貲二甲，令、丞各一甲。先賦薦馬，馬備，乃粼從軍者，到軍課之，馬殿，令、丞二甲；司馬貲二甲，法（廢）。⑤

這條律文不是對公馬，而是對私馬的規定。因爲公馬爲國家苑中飼養的，秦政府對公馬設置專官管理。這裏提到的縣司馬，睡虎地秦墓竹簡整理小組認爲是掌管軍馬之官⑥。似不準確。因爲秦政府爲養公馬而設置了苑，爲苑設置了苑嗇夫及屬官。苑嗇夫直屬國家與縣的行政官分屬兩個系統，二者是不能混淆的。實際上，縣司馬是與管理私馬有關的官員。具體説來，其主要職責是徵集私馬。正如律文中所説“先賦薦馬”。所謂“薦馬”，睡虎地秦墓竹簡整理小組釋爲“供騎乘的軍馬”⑦。賦，《説文》云：“賦，斂也。”可見，“先賦薦馬”，就是先要徵集五尺八寸以上的私馬作爲軍馬。由這條律文可以看出，秦國對地方官員徵集軍馬是非常重視的。在軍馬的徵集上，建立了對徵集到的馬匹的嚴格考核制度；還規定了對徵集軍馬的地方官員違規的懲處制度。律文中提到的“令、丞”就是縣令、縣丞，當爲縣司馬的上級。這就是説，他們不

---

①　《商君書》，第51頁。
②　睡虎地秦墓竹簡整理小組：《睡虎地秦墓竹簡》，第125頁。
③　睡虎地秦墓竹簡整理小組：《睡虎地秦墓竹簡》，第242頁。
④　睡虎地秦墓竹簡整理小組：《睡虎地秦墓竹簡》，第125—126頁。
⑤　睡虎地秦墓竹簡整理小組：《睡虎地秦墓竹簡》，第132頁。
⑥　睡虎地秦墓竹簡整理小組：《睡虎地秦墓竹簡》，第125頁。
⑦　睡虎地秦墓竹簡整理小組：《睡虎地秦墓竹簡》，第132頁。

是直接經手徵集軍馬的官員,但如果徵集馬匹的品質列爲最差等次,也要受到罰甲的懲處。顯然他們作爲縣司馬的上級是負有連帶責任的。而國家對直接經手徵集軍馬的縣司法,則懲處更爲嚴厲,不但要罰二甲,還要被處以"廢"刑,就是永不敍用。可見,秦國不僅重視地方官員對民間馬匹的徵集,還制定嚴格的法律加以約束。秦國所以采取這樣的做法,當然是要將民間最好的馬匹用作軍馬,進而保證國家可以使最好的馬匹補充到軍隊中。

總之,秦政府對民間私人養馬采取鼓勵的政策,並且將民間養馬作爲國家實行"耕戰"方略的重要内容,便可使民間擁有相當數量的馬匹。秦政府還對民間馬匹的數量有準確的掌握,所以在國家需要時,就可以將這些馬匹徵集上來。由此可見,秦政府徵集的民間馬匹,應該是國家軍隊軍馬的一個重要來源。

三、精養公馬以作軍馬

秦政府爲了保證提供軍隊大量的軍馬,不僅實行了向民間徵集馬匹的做法,還實行選擇大量的公馬作爲軍馬的措施。所謂公馬,就是在國家設置廄、苑中飼養的馬匹,在秦簡中,一般都將國家直接掌握的馬匹稱爲"公馬"。例如《廄苑律》中就提道:"將牧公馬牛。"①秦政府專門設置飼養公馬的場所有"苑",也有"廄"。研究者對"苑"與"廄"的區别做了辨析,認爲廄與苑應是兩個不同的場所。從範圍上講,苑的範圍較大,廄的範圍較小。從飼養方式上講,廄是以人工飼養即圈養爲主,以放牧爲副;苑則以放牧爲主,人工飼養爲副②。儘管秦國設置的"廄"與"苑"存在差别,但是,它們也有共同點,即都是國家飼養馬匹的場所。如果從大量提供軍馬的情況來看,"苑"似乎要比"廄"更重要。因爲"苑"是以放牧爲主,且面積廣大,所以飼養的馬匹數量衆多。而"廄"以人工槽養,可以飼養的馬匹數量少,而且一些馬匹是從苑中挑選的,屬於二次飼養。由此來看,要保證可以提供大量的軍馬,就要擴大苑的經營。事實上,秦國在其境内所設的苑是很多的。馬非百先生考證:在秦國境内設置的苑有五苑、上林苑、宜春苑、甘泉苑。秦國的上林苑、甘泉苑都爲西漢所承襲③。他還指出秦國苑的存在情況:"僅以官論,關中三百,關外四百餘,咸陽之旁二百里内,已有二百七十之多。而今可考見者,合關中内外,不過二十餘處而已。"④秦政府不僅在咸陽與關中附近設置苑,也没有忽略在適宜養馬的邊郡設置苑。《史記》卷五五《留侯世家》:"留侯曰:'洛陽雖有此固,其中小,不過數百里,田地薄,四面受敵,此非用武之國也。夫關中左殽函,右隴蜀,沃野千里,南有巴蜀之饒,北有胡苑之利。……'"《正義》曰:"《博物志》云'北有胡苑之塞'。按:上郡、北地之北與胡接,可以牧養禽獸,又多致胡馬,故謂胡苑之利也。"⑤張良所説,是對秦代的情況的追述。因此,他提到的"胡苑"應該很早就開始設置,似乎與秦國設置上郡、北地郡有密切的關係。實際上,上郡、

---

① 睡虎地秦墓竹簡整理小組:《睡虎地秦墓竹簡》,第 33 頁。
② 劉雲輝:《簡論秦代廄苑制度中的若干問題》,《文博》1986 年第 6 期。
③ 馬非百:《秦集史》,中華書局,1982 年,第 547 頁。
④ 馬非百:《秦集史》,第 547 頁。
⑤ 《史記》,第 2043、2044 頁。

北地郡在秦統一之前就已經設置。后曉榮考證：公元前 304 年，秦在魏上郡的基礎上設置上郡，郡治膚施①。他還認爲：北地郡與上郡相接，秦北地郡原爲義渠戎國之地，公元前 271 年，秦攻破義渠後，設北地郡②。張良將秦邊郡設的苑，特別稱之爲"胡苑"，不僅因爲這些苑設在與北邊胡族相鄰的地方，更重要的是，苑中所養的馬的品種與關中地區也有區別。研究者認爲，當時秦人所養馬種爲西戎良駿，大體是陝甘青一帶的馬種，多屬於重挽型馬，主要用來挽駕戰車等。還有北部的蒙古馬，這種馬主要是用於騎兵的騎乘，屬騎乘型③。因此，可以説將秦邊郡所設的苑，特別稱爲"胡苑"，主要是因爲這些苑中飼養的馬是可以騎乘的北方馬。秦政府爲了發展、建設數量衆多的騎兵，保證軍隊的突擊力量，當然要在邊郡廣建這種"胡苑"。

　　由於記載的缺乏，秦國在上郡、北地郡所建"胡苑"的規模很難詳考。不過，可以依據西漢在這些地方設苑的情況作一些推斷。《漢書》卷五《景帝紀》："（中元六年）六月，匈奴入雁門，至武泉，入上郡，取苑馬。"顏師古注引如淳曰："《漢儀注》太僕牧師諸苑三十六所，分布北邊、西邊。以郎爲苑監，官奴婢三萬人，養馬三十萬匹。"④可見西漢國家設置在北邊、西邊的三十六處牧師苑養馬可達三十萬匹。據此估算，一處苑養馬可以達到萬匹左右。實際上，西漢邊郡苑的設置是從秦沿襲下來的，因而，秦在上郡、北地郡所設苑的養馬數量，大概不會與西漢有太大的差別。

　　由於秦國設置的苑是爲國家提供軍馬的重要保證，當時國家非常重視對苑的管理。據秦簡記載，秦國爲管理苑，設置了專官。《秦律十八種·内史雜》："除佐必當壯以上，毋除士五（伍）新傅。苑嗇夫不存，縣爲置守，如廐律。"⑤律文中提到的苑嗇夫，裘錫圭先生認爲：苑嗇夫顯然不是直屬於縣的，大概就是《徭律》中所説的縣所"葆"的"禁苑、公馬牛苑"的主管官員。這類苑應該是屬於都官的。都官在其縣者，可以理解爲中央或内史設在縣的範圍内的都官，也可理解爲都官設在縣的範圍内的分支機構⑥。實際苑嗇夫直屬於國家，與縣的行政官分屬兩個系統。秦政府除設置苑嗇夫之外，還爲它設置屬官。《龍崗秦簡》："禁苑嗇夫、吏數循行，垣有壞決獸道出及獸出在外，亟告縣。"⑦據此，在秦國所設苑中，有苑嗇夫，還有吏，實際吏正是苑嗇夫的屬官。《效律》："司馬令史掾苑計，計有劾，司馬令史坐之，如令史坐官計劾然。"⑧這條律文中提到的"司馬令史"應該是苑嗇夫的一種屬官，主要協助苑嗇夫管理國家的苑。當然，秦國所設苑中，不僅有管理職官，還有勞作者。《龍崗秦簡》："禁苑吏、苑人及黔首有事禁中或取其□□□□"⑨這條簡提到的"苑吏"當爲管理苑的官員；"苑人"則爲在苑中從事勞作者；"黔首"則爲臨時在苑中工作者，不是專門的苑中勞作者。這説明，秦政府不僅爲苑設置了

① 后曉榮：《秦代政區地理》，社會科學文獻出版社，2009 年，第 159 頁。
② 后曉榮：《秦代政區地理》，第 170 頁。
③ 郭興文：《論秦代的養馬技術》，《農業考古》1985 年第 2 期。
④ 《漢書》，第 150 頁。
⑤ 睡虎地秦墓竹簡整理小組：《睡虎地秦墓竹簡》，第 106 頁。
⑥ 裘錫圭：《嗇夫初探》，《古代文史研究新探》，江蘇古籍出版社，1992 年，第 436—437 頁。
⑦ 中國文物研究所、湖北省文物考古研究所：《龍崗秦簡》，中華書局，2001 年，第 89 頁。
⑧ 睡虎地秦墓竹簡整理小組：《睡虎地秦墓竹簡》，第 125 頁。
⑨ 中國文物研究所、湖北省文物考古研究所：《龍崗秦簡》，第 73 頁。

完善的官吏管理機構,還使"苑人"專門在苑中從事飼養事務。足見當時國家對苑的管理和勞作的高度重視。

秦國還制定了《廄苑律》保證對苑進行有效的管理。但雲夢秦簡中所見《廄苑律》的律文是不完全的。不過,從殘存的律文中,可以看到秦國對負責苑管理官員以及苑所在縣的官員的要求是嚴格的。《廄苑律》:"將牧公馬牛,馬[牛]死者,亟謁死所縣,縣亟診而入之,其人之其弗亟而令敗者,令以其未拜直(值)賞(償)之。"①從這條律文可知,國家要求在苑飼養的公馬、牛死亡後,要立即上報苑所在的縣,然後由縣檢驗後將已經死亡的公馬、牛上繳。秦政府采取這種做法,正是要精確掌握公馬、牛的存在狀況。由此透露出,國家是由苑嗇夫掌管苑中公馬、牛的飼養情況。而苑中公馬、牛的死亡數字,就不僅要求苑嗇夫呈報,還要求由苑所在縣的地方官員上繳死亡的馬、牛。可見秦政府的目的很明確,就是要對苑養公馬的飼養狀況做到非常準確的把握。

秦國爲了保證很好地飼養苑中的馬、牛,在秦律中,有限制外人在苑中活動的規定。《田律》:

> 邑之近皂及它禁苑者,麛時毋敢將犬以之田。百姓犬入禁苑中而不追獸及捕
> 獸者,勿敢殺;其追獸及捕獸者,殺之。呵禁所殺犬,皆完入公。其他禁苑殺者,
> 食其肉而入其皮。②

睡虎地秦墓竹簡整理小組釋"皂"爲蓄養牛馬的苑圈③。由這條律文可知,在養牛、馬之苑以及其他禁苑居住的居民,是不允許到苑中活動的,特別是在繁殖幼畜之時。相關記載還見之於《龍崗秦簡》。律文載:" 諸禁苑爲奧者,□去苑奧卅里,毋敢取奧中獸,取者其罪與盜禁中[同]□□□。"④胡平生先生將"奧"釋爲臨近某一區域、邊界的空地,也就是一條隔離帶⑤。這就是説,秦國所設苑,一般與居民區之間有隔離帶。不僅如此,秦政府還嚴格禁止到苑中偷盜。《龍崗秦簡》:"盜牧者與同罪。"⑥這裏所説的"盜牧者",應是在公馬牛牧地盜竊者。他們的行動屬於犯罪的行爲。秦政府還要防止傷害馬、牛情況的發生。《雲岡秦簡》:"諸馬、牛到所,毋敢穿穽及置它機,敢穿穽及置它機能害□□□"⑦此簡雖殘,但結合雲夢秦簡和張家山漢簡可以明確,這裏提到的"諸馬、牛",當爲國家苑中放牧的馬、牛。簡文的意思是,在放牧公馬、牛的地方,是不允許設置陷阱、機械的,以防止對馬、牛的傷害。由這些法律規定可以看出,秦政府對所設苑以及苑中所養的"公馬、牛",是特別注意保護的,盡力防止出現不利於放牧馬、牛行爲的出現。

秦政府爲了使飼養公馬、牛有好的條件,在秦律中,還對苑的修繕做了明確的規定。如

---

① 睡虎地秦墓竹簡整理小組:《睡虎地秦墓竹簡》,第33頁。
② 睡虎地秦墓竹簡整理小組:《睡虎地秦墓竹簡》,第26頁。
③ 睡虎地秦墓竹簡整理小組:《睡虎地秦墓竹簡》,第27頁。
④ 中國文物研究所、湖北省文物考古研究所:《龍崗秦簡》,第82頁。
⑤ 胡平生:《雲夢龍崗秦簡〈廄苑律〉中的"奧"字及相關制度》,《江漢考古》1991年第2期。
⑥ 中國文物研究所、湖北省文物考古研究所:《龍崗秦簡》,第109頁。
⑦ 中國文物研究所、湖北省文物考古研究所:《龍崗秦簡》,第107頁。

《徭律》：

> 縣葆禁苑、公馬牛苑，興徒以斬（塹）垣離（籬）散及補繕之，輒以效苑吏，苑吏循之。未卒歲或壞（決），令縣復興徒爲之，而勿計爲縣（徭）。卒歲而或（決）壞，過三堵以上，縣葆者補繕之；三堵以下，及雖未盈卒歲而或盜（決）道出入，令苑輒自補繕之。縣所葆禁苑之傅山、遠山，其土惡不能雨，夏有壞者，勿稍補繕，至秋毋（無）雨時而以縣（徭）爲之。①

雲夢秦簡整理小組釋律文中的"葆"爲"葆繕"。律文中的"縣"，則是苑所在縣地。據此律文可知，國家苑的塹壕、垣墻損壞，要由苑所在縣負責修繕。而苑吏則要對修繕好的塹壕、垣墻加以巡視監督。修繕苑的勞動者，主要是縣中的刑徒。在需要時，也要徵發農民修繕苑。可見對苑的修繕，成爲苑所在縣必須承擔的勞作。只有在"三堵以下，及雖未盈卒歲而或盜（決）道出入"的情況下，損壞的苑才由苑吏自行處理。秦政府的這種管理措施，實際是要使苑所在縣以及苑吏所屬人員都要參與對損壞苑的修繕，只是具體的分工不同。這種情況表明，秦政府對苑的修繕管理有一整套很完善的措施。

綜上所述，秦政府爲了保證國家對馬的需求，在全國各地方設置了衆多的苑。這些苑不僅分布在京畿附近和關中地區，就是在邊遠的北地、上郡也有苑的設置。在苑中牧養的公馬數量很多，實際上，這些公馬是保證軍隊需要的軍馬的主要來源。正因爲如此，秦政府對設置在各地方的苑的管理非常重視。爲了保證國家直接掌握各苑的情況，專門設置了苑嗇夫及下屬官員。各苑的管理機構是與縣行政官員分屬兩個不同的系統。同時，秦政府還制定了《苑廄律》以及與牧養公馬有關的法律條文，進而就使各苑的牧養事務得到更有效的管理。由此來看，秦政府能夠保證軍隊獲得充足的軍馬，當然是與制定了完善的牧養公馬的管理制度具有密不可分的關係。

---

① 睡虎地秦墓竹簡整理小組：《睡虎地秦墓竹簡》，第 77 頁。

秦國人才引進的歷史經驗

孫　赫

（西安科技大學）

　　摘　要：本文總結春秋戰國時期秦國人才引進的歷史經驗，秦國制定切合國情的選材標準，用多種方式引進人才、重用人才，並有效管理人才，多代國君連續貫徹人才引進政策，實現富國強兵，最終統一列國。

　　關鍵詞：秦國　人才引進　歷史經驗

　　秦國人才引進政策獲得巨大成功，引進人才的貢獻加速了秦國的興起、發展、强盛，及至秦國最終戰勝列國，結束春秋、戰國以來長期分裂割據的局面，建立起統一的中央集權的封建國家，引進人才都發揮了不可或缺的重要作用。縱觀秦國人才引進的全貌，可以初步總結出以下歷史經驗。

一、選才標準切合國情

　　春秋時期秦國面臨的最迫切問題是解決西戎對邊境的威脅，爲進一步向東發展勢力建立鞏固的後方。然而西戎戰鬥力强大，要徹底征服他們並非易事。並且秦國國內政局也不穩定，勢力强大的世卿貴族缺乏維護君權的意識，不僅没有成爲公室的得力保障，反而伺機挑戰公室的權威，致使秦國不能專心於征服西戎的事業。在此情況下，秦穆公打破宗法制的"親親"原則，確立了選賢任能的擇才標準，開始引進異國人才。公孫支、百里奚、蹇叔、丕豹、由余等引進人才都符合秦穆公的選才標準。他們幫助秦穆公在國內加强君權、穩定政局，在國外稱霸西戎、抗衡强晉。

　　秦穆公在《秦誓》裏精闢闡述了人才對江山社稷的重要意義、鑒别賢士的標準、理想的人才政策以及納諫的必要性，可謂人才問題專論宏篇。原文如下：

　　　　嗟！我士，聽無嘩。予誓告汝群言之首。古人有言曰："民訖自若，是多盤。"責人斯無難，惟受責俾如流，是惟艱哉！我心之憂，日月逾邁，若弗云來。惟古之謀人，則曰未就予忌；惟今之謀人，姑將以爲親。雖則云然，尚猷詢茲黃髮，則罔所愆。番番良士,旅力既愆,我尚有之。仡仡勇夫,射御不違,我尚不欲。惟截截善諞言,俾君子易辭,我皇多有之,昧昧我思之。如有一介臣,斷斷猗,無他伎,其心休休焉,其如有容。人之有技,若己有之。人之彥聖,其心好之,不啻若自其口出,是能容之。以保我子孫黎民,亦職有利哉!人之有技,冒嫉以惡之;人之彥聖而違之,俾不達,是不能容。以不能保我子孫黎民,亦曰殆哉。邦之杌隉,曰由一人。邦之榮懷,亦尚一人之慶。①

從《秦誓》中,我們可以總結出秦穆公判斷人才的標準:一要有德,有良好的道德品質,具備爲百姓社稷着想的忠心,忠於國君,這樣的人即使年邁也要聆聽他的建議;二要有才,或掌握淵博的知識,擁有準確的判斷力,或有一技之長,可爲國家所用,任用這樣的賢能之人輔佐君主治理國家,就如同君主自己具備了與他們同樣的才能;三要勇於直諫,作爲臣子,要勇於在君主面前表達自己的意見,敢於對君主的不當言行匡正規諫,這樣的人才才是國家所需,擁有這樣的諫臣是社稷之幸。

戰國初期,秦國仍落後於其他強國,當務之急是富國強兵。《史記·秦本紀》記載:七雄中秦國最落後,被其他的六個東方大國當作夷翟來看待,這讓秦孝公深感羞辱,他決心改變這一狀況,於是他"布惠,振孤寡,招戰士,明功賞",並且發出了"求賢令",招納有才能的人,爲秦國的改革獻計獻策。"求賢令"原文如下:

> 昔我繆公自岐、雍之間,修德行武,東平晉亂,以河爲界,西霸戎翟,廣地千里,天子致伯,諸侯畢賀,爲後世開業,甚光美。會往者厲、躁、簡公、出子之不寧,國家內憂,未遑外事,三晉攻奪我先君河西地,諸侯卑秦,醜莫大焉。獻公即位,鎮撫邊境,徙治櫟陽,且欲東伐,復繆公之故地,修繆公之政令。寡人思念先君之意,常痛於心。賓客群臣有能出奇計彊秦者,吾且尊官,與之分土。②

在"求賢令"中,秦孝公爲了振興秦國,公開招納賢才,標準是"能出奇計彊秦者",人才的智慧能力是首要的選擇標準,而對人才的道德品質要求淡化。富國強兵的迫切願望,使秦孝公的選人標準重才輕德。這種選人傾向一直在秦國後世的統治中占據主導地位。

秦昭王時期的范雎,是道德方面有污點的人,可是還是被重用爲丞相。《史記·范雎蔡澤列傳》載:"范雎者,魏人也……遊説諸侯,欲事魏王,家貧無以自資,乃先事魏中大夫須賈。"③期間范雎在出使齊國時,貪圖小利,私自接受齊王送的"酒肉",因此被須賈、魏齊毒打。范雎不思自己的過錯,一心想要報仇。他化名張禄入秦,向秦昭王獻計"遠交近攻",得到秦昭王重用。於是他利用職權發洩私憤:在須賈代表魏國出使秦國時,范雎對他極盡侮辱,命令"魏王,急持魏齊頭來,不然者,我且屠大樑"④。范雎還以加強軍權的名義,唆使秦昭王"廢太后,

① 《尚書·周書·秦誓》。
② 《史記》,中華書局,1959年,第202頁。
③ 《史記》,第2401頁。
④ 《史記》,第2414頁。

逐穰侯、高陵、華陽、涇陽君於關外"①。儘管范雎爲人如此,但是因爲他有軍事指揮才能,他的
"遠交近攻"策略,"實爲秦並天下之基"②,秦昭王還是封"號爲應侯",對外稱"齊桓公得管仲爲
仲父,今范君亦寡人之叔父也"③。

張儀亦是品行不端之人,《戰國策·楚策三》記載張儀在楚國遊説時,被懷疑偷了楚相的
"璧",被"掠笞數百",差點死掉。對此,張儀一直懷恨在心,當上秦國丞相後,他威脅楚相:"始
吾從若飲,我不盜而璧,若笞我,若善守汝國,我顧且盜而城。"他爲了破壞齊楚聯盟,承諾獻
"商于之地六百里"給楚懷王,但是齊楚聯盟瓦解後,只給六里,毫無誠信④。儘管張儀品行頑
劣,但是秦國的國君看重張儀的才華,還是重用爲相。《史記·張儀列傳》記載:張儀入秦後,
向秦惠文王獻連橫之策,"惠王以爲客卿,與謀伐諸侯"⑤。惠文王"十年,張儀相秦"⑥。

魏國人姚賈得到秦王嬴政的禮遇和賞識,拜爲上卿,封千户,可是韓非稱其爲"梁之大盜,
趙之逐臣"⑦。公元前233年,楚、齊、燕、代等國想聯合起來對付秦國,秦王命大臣商議,可是
群臣束手無策,這時姚賈自願出使四國解決危機,"秦王嘉其勇氣,乃資車百乘,金千斤,衣以
其衣冠,舞以其劍"⑧,授命姚賈出使四國。姚賈的出使制止了四國的聯合行動,回秦後得到重
賞。韓非對此頗爲不滿,就到秦王面前揭發姚賈:一開始攻擊姚賈用秦國財寶賄賂四國君
王,"賈以珍珠重寶,南使荆、吳,北使燕、代,三年,四國之交未必合也,而珍珠重寶盡於内。是
賈以王之權、國之寶,外自交於諸侯,願王察之。"⑨;接着又揭姚賈的老底,出身不好,品行不
端,當過强盜,是個無賴,"且梁監門子,嘗盜於梁,臣於趙而逐。取世監門子,梁之大盜,趙之
逐臣,與同知社稷之計,非所以厲群臣也"⑩。秦王召見姚賈質問,姚賈對答如流:説以財寶賄
賂四君是爲秦利益考慮,如果是"自交",他又何必回秦國;對自己的出身他也毫不隱諱,並列
舉姜太公、管仲、百里奚等名人爲例,説明一個人的出身低賤和名聲不好並不礙於效忠"明
主":"太公望齊之逐夫,朝歌之廢屠,子良之逐臣,棘津之讎不庸,文王用之而王。管仲,其鄙
人之賈人也,南陽之弊幽,魯之免囚,桓公用之而伯。百里奚,虞之乞人,傳賣以五羊之皮,穆
公相之而朝西戎。文公用中山盜,而勝於城濮。此四士者,皆有詬醜,大誹天下,明主用之,知
其可與立功。使若卞隨、務光、申屠狄,人主豈得而用哉? 故明主不取其汙,不聽其非,察其爲
己用。故可以存社稷者,雖有外誹者不聽;雖有高世之名,無咫尺之功者不賞。是以群臣莫敢
以虛願望於上。"秦王曰:"然。"⑪認可姚賈的自辯,繼續重用他。

戰國時期,各諸侯國割據混戰,秦國處在這種大動盪的社會環境中,爲了在戰爭中立於不

---

① 《史記》,第2412頁。
② 郭嵩燾:《史記札記》,商務印書館,1957年,第267頁。
③ 《史記》,第2416頁。
④ 《史記》,第2287、2288頁。
⑤ 《史記》,第2280頁。
⑥ 《史記》,第2284頁。
⑦ 張清常、王延棟:《戰國策箋注》,南開大學出版社,1993年,第201頁。
⑧ 張清常、王延棟:《戰國策箋注》,第201頁。
⑨ 張清常、王延棟:《戰國策箋注》,第201頁。
⑩ 張清常、王延棟:《戰國策箋注》,第201頁。
⑪ 張清常、王延棟:《戰國策箋注》,第202、203頁。

敗之地，擴大地盤，鞏固自己的勢力範圍，把富國強兵放在首要位置，爲了實現富國強兵的目標，用最大的誠意招攬人才，只要具備經邦治國的才幹，能爲秦國稱雄貢獻才智，就是秦國招攬的對象，至於人才的品行優劣，對他是否被秦國任用並無大的影響。

通過以上論述可以瞭解，秦國選拔引進人才一直是以本國國情爲出發點，適應不同時期的國情引進切合當時國情需要的人才。這種目的明確的人才引進是其用人政策成功的前提。

二、引進方式靈活多樣

秦國采用多種方式引進人才，爲異國人才進入秦國打開方便之門，從而使秦國得以在較廣闊的範圍內選拔引進人才。

秦臣薦舉與人才自薦相結合引進人才。秦君鼓勵大臣踴躍推薦賢能之士，薦舉有能力治理國家的人才被視爲忠君的重要表現。通過薦舉入秦的引進人才大都得到重用，如公孫支推薦百里奚，秦穆公用百里奚治國；百里奚推薦蹇叔，秦穆公任蹇叔爲上大夫參與國政；范雎推薦蔡澤，昭王用蔡澤爲秦相；呂不韋推薦甘羅，秦王政委派甘羅爲使臣出使趙國。人才還可以向秦君自薦，能力被認可便可得到重用。如商鞅、范雎都是自薦入秦的引進人才。國君徵招與任用他國派遣人才相結合。以這兩種方式入秦的引進人才，都是能力被秦君直接認可、並想方設法將其招致麾下效力的賢士。如秦穆公引進由余，昭王引進孟嘗君、樓緩、仇液；嬴政引進韓非等。

秦國靈活多樣的引進人才方式，拓寬了人才選拔渠道，即使出身社會底層與世族之外的人才，只要具備秦國需要的才能，就有機會在秦國出仕爲官。這極大地鼓勵了人才紛紛選擇到秦國施展才華，實現政治理想。秦國在吸引人才的競爭中戰勝了東方列國，爲人才引進政策的貫徹執行儲備了大量可用之才。

三、將引進人才納入國家官吏體系統一管理

秦國給予引進人才最大限度的信任，將其與本國人才一起納入國家官吏體系統一管理。

引進人才在秦國被委以重任，擔任秦國內政、外交、軍事方面的重要官職。如秦穆公時期任用來自虞國的百里奚行政治國，任命來自宋國的蹇叔爲上大夫，任命來自晉國的丕豹、公孫枝爲大夫，任命戎人由余爲大夫。不僅如此，還任用百里奚之子孟明視，蹇叔之子西乞術、白乙丙爲統兵將領。這就是說，秦穆公時期的引進人才掌控着秦國的軍政大權。秦孝公任用商鞅主持變法，並任命他爲大良造，大良造在當時的秦國是集最高行政與軍權於一身的職位。此後秦惠王至嬴政諸多秦君都曾任用引進人才爲秦相：如楚國人甘茂、屈蓋、昌平君、李斯都曾在秦國爲相，齊國人孟嘗君，趙國人樓緩、仇液，魏國人張儀、范雎、池子華、呂不韋，燕國人蔡澤，客卿壽燭，也都是曾在秦國爲相的引進人才。引進人才在秦國不僅主宰內政、外交，還統率軍隊。如孟明視、西乞術、白乙丙、商鞅、張儀、司馬錯、甘茂、客卿胡傷、客卿造、司馬靳、鄭安平、呂不韋、蒙驁、蒙武、蒙恬都擔任過秦國軍隊統帥。對引進人才的信任與重用，使他們

充分發揮自身才華幫助秦國實現富國强兵，這也是秦國人才引進的目的所在。

秦國對引進人才的有效管理還體現在重賞立功的引進人才。秦國對立功的引進人才獎以高官、顯爵，最高獎賞可以封君、封侯，得食邑。如衛鞅變法立功，封商君，食商十五邑；張儀瓦解六國針對秦國的合縱聯盟，封號武信君，食邑五；范雎獻遠交近攻之策蠶食六國，封應地，號應侯；蔡澤輔佐昭王滅東周，封綱成君；呂不韋擁立莊襄王，獲封文信侯，食藍田十二縣；等等。高官厚禄的重賞，能夠極大地滿足引進人才對政治地位和物質利益的欲求，是激勵他們爲秦國效力的最有效措施。

四、多代國君連續貫徹執行人才引進政策

秦國人才引進政策的推行，不是個别秦君偶爾爲之，而是多代國君連續貫徹執行，政策的連續性是人才引進在秦國取得顯著成效的必要保證。

秦國自穆公引進人才治理國家開始，之後又有孝公、惠王、武公、昭襄王、莊襄王、秦王政等勵精圖治的明君任用引進人才參與國政。可以説，人才引進已經成爲秦國的基本國策之一。人才引進能在秦國成爲傳統，取決於諸位秦君開明的人才思想和先進的用人政策。秦國開明的人才思想在穆公時就已定下基調，穆公重視人才，他在《秦誓》中指出重用人才能保護黎民百姓，有利於國家發展。秦國先進的用人政策在穆公時期也有了雛形，穆公主張尊賢使能，在實踐中他不拘一格任用人才，大量引進並重用異國人才。穆公之後的多位秦君都發揚了穆公的人才思想及用人政策，他們打破傳統的宗法、階級、等級、地域觀念的束縛，敞開國門，引進人才，委以重任，讓他們爲秦國的發展出力、獻策。

秦孝公頒布《求賢令》，衛鞅應招來到秦國，向孝公提出富國强兵的振興秦國之計，得到孝公重用。商鞅變法使秦國逐漸强大，成爲列國的最大威脅，於是針對秦國的合縱計劃應運而生，秦國若以此時的國力對抗列國聯合攻勢，必然弊大於利，於是秦國接下來需要瓦解列國合縱計劃。秦惠王在此國情需要之下，選中魏國來秦的張儀，因爲張儀提出用連橫瓦解合縱。秦昭王時期外戚專權，魏國來秦的范雎向昭王獻策，强公室、杜私門，得到昭王賞識。此時秦國已經瓦解列國間的合縱聯盟，下一步計劃是逐一消滅列國。范雎針對此時秦國國情向昭王獻"遠交近攻"滅列國之策，昭王采納並重用范雎。秦王政時期，對於兼併六國，秦國已經是志在必得，李斯適時提出秦國應該統一天下的宏圖偉略，切合秦國國情，被嬴政啟用。除了上述事例，秦國在戰國時期爲了實現統一大業，還選任了衆多引進人才擔任文武官員爲兼併戰爭服務。

東漢班固曾追溯過秦發展壯大的五個關鍵時期：一是"穆公稱霸以河爲竟"；二是"孝公用商君，制轅田，開阡陌，東雄諸侯"；三是"惠公初稱王，得上郡、西河"；四是"昭王開巴蜀，滅周，取九鼎"；五是"政併六國，稱皇帝"。[①] 對比賓客大規模奔秦的時間，也主要集中在穆公、孝公、惠文君、昭王及王政時期。誠然，在這一期間，也不乏秦本國人才貢獻力量，如三良、樗里

---

① 班固：《漢書·地理志下》，中華書局，1962 年版，第 1641 頁。

疾、白起等人。然而,兩相比較可以得出結論,引進人才在秦國發展、强盛、統一天下的進程中發揮了不可或缺的歷史作用。

　　歷代秦君連續貫徹執行人才引進政策還取決於他們的進取精神,他們勇於改革政治,除舊布新,致力於富國强兵,擴充勢力,他們以稱霸天下、統一列國爲政治目標。爲了實現這些宏偉藍圖,他們制定並實行了有效的用人政策,即人才引進。正是秦國多代國君相繼貫徹執行人才引進政策,使秦國由落後的弱小國家發展成統一中國的天下之主。

試論儒生對兩漢國家經濟政策的影響

禹　平

（吉林大學文學院）

　　摘　要：兩漢時代處於古典商品經濟衰落和中世自然經濟形成的轉折時期，兩漢國家統一中央集權體制的鞏固發展以及儒家思想統治地位的逐步確立，是影響社會經濟發展走勢的重要社會因素。社會經濟也是儒生社會活動的重要領域，在兩漢時期每一階段的國家經濟政策的制定與變革都有儒生參與其中，儒生是影響國家經濟政策的重要社會階層。不僅如此，不同時期儒生的經濟建議也具有不同的特點。

　　關鍵詞：兩漢時代　儒生階層　儒家思想　經濟政策

　　兩漢時代處於古典商品經濟衰落和中世自然經濟形成的轉折時期，兩漢國家統一中央集權體制的鞏固發展以及儒家思想統治地位的逐步確立，是影響社會經濟發展走勢的重要社會因素。在兩漢不同歷史時期，儒生群體與個人都能直接或間接參與國家經濟決策，對國家經濟政策有着不可忽視的影響。鑒於以往學界多從儒家經學及儒生個體思想的角度立論[①]，較少有學者從儒生階層的視角關注儒生在經濟領域的社會活動並作具體探討，本文試就此略作探析。

一、西漢時期儒生的經濟政策之議

　　西漢政權建立以後，統治者吸取秦朝速亡的教訓，在社會經濟領域采取"與民休息"的寬鬆政策，重視農業生產，放寬對工商業的限制，輕徭薄賦，以促進社會經濟的恢復發展。這就是"無爲"政治在經濟領域的體現。漢初"無爲而治"大政方針的制定，是統治者吸取歷史教訓的結果，也是儒、道諸派學者的共識。在這一方面，儒生陸賈在其中起到了重要作用。陸賈總結秦朝亡失天下的原因，發揮儒家的政治治理思想，提出了統治者應寬舒中和、節奢少作以治

---

①　前者如晉文《以經治國與漢代經濟》(《江漢論壇》1992 年第 8 期)、張濤《經學與漢代的經濟》(《北京社會科學》1996 年第 2 期)，後者如趙靖《中國經濟思想史上的一個怪胎——王莽經濟思想試剖》(《北京大學學報》1983 年第 4 期)。

理天下的"無爲"思想①。這一經濟思想的提出，奠定了漢代初期政治統治的基調，也爲以後儒家思想以及儒生群體參與國家經濟治理提供了基礎。

隨着時間的推移，西漢國家的統治也在逐步展開。與之同時，一些新出現的問題也需要漢朝政府積極應對，妥善解決，這其中就包括經濟領域不斷湧現出來的問題。西漢儒生群體對現實社會有着較爲明顯的關注，面對這些新出現的問題，他們也往往積極提供自己的意見。對於西漢儒生的經濟建言我們難以一一評述，以下我們試就一些較爲典型的個案進行探討，並由此觀察西漢儒生經濟建議的一些特點。

1. 賈誼"積貯"疏

漢文帝時，儒生賈誼曾提出過國家應加强對農業生産的重視以增加糧食積累與供應的建議，此即有名的"積貯"疏②。在這一奏疏當中，賈誼先指出糧食匱乏和財富缺失是國家和民衆之間普遍存在的問題，其情形已經十分嚴重。導致這種狀況出現的原因則是社會上背本趨末、逐利工商的趨勢，這使得農業生産受到急速的破壞。在以農爲本的儒家思想當中，這種趨勢勢必會動搖國之根本，顯然要引起統治者的重視。賈誼則建議國家應積極調整經濟政策，重視對農業生産的政策調控，這樣才能確保國家的"積貯"之需。不惟如此，賈誼更是將"積貯"之重要性提升到能確保國家實力的强盛以及國家統治的穩定的高度。應該説，賈誼的這一奏疏體現的是儒家的經濟思想，而且對於現實問題也極具針對性。

賈誼爲漢文帝時名臣，早在入仕之初，賈誼就以建策國事而深得漢文帝重視。"諸法令所更定，及列侯就國，其説皆誼發之。於是天子議以誼任公卿之位"③。可見，賈誼一直因其建言建策而爲漢文帝所看重。儘管賈誼的得寵受到朝中大臣的忌害，他本人也因此暫時受貶爲長沙王太傅，但賈誼的才學則使他能夠贏得漢文帝的賞識。賈誼後來被漢文帝召回，在重新得到重用之後，賈誼更加積極地建言獻策。在後來的《論政事疏》中，賈誼討論了防止諸侯强大、對匈奴采取强硬措施、禁止奢僭、移風易俗、太子之教育以及重視禮制教化等問題。我們可以看到，賈誼的這些討論顯示了他對現實政治、社會問題的敏鋭觀察和深刻剖析。對於賈誼以上主張積貯的建議，我們需要從其總體思想上進行考察。應該説，賈誼的以上討論是他重視社會現實問題的具體反映。賈誼對社會現實問題的觀察和分析，其最終目的是爲了促進統治者能夠采取更爲合理、有效的措施以加强國家的統治、維護社會的安定。

具體分析賈誼的"積貯"疏，我們需要從以下幾個方面進行。

首先，賈誼上此建議的原因。《漢書》卷二四《食貨志》：

> 天下既定，民亡蓋臧，自天子不能具醇駟，而將相或乘牛車。上於是約法省禁，輕田租，什五而税一，量吏禄，度官用，以賦於民。而山川園池市肆租税之入，自天子以至封君湯沐邑，皆各爲私奉養，不領於天子之經費。漕轉關東粟以給中都官，歲不

---

① 王利器：《新語校注》，中華書局，1986 年，第 59—67 頁。
② 班固：《漢書》，中華書局，1962 年，第 1127—1130 頁。
③ 班固：《漢書》，第 2222 頁。

過數十萬石。孝惠、高后之間，衣食滋殖。文帝即位，躬修儉節，思安百姓。時民近
戰國，皆背本趨末。①

以上這段材料是對西漢初期直到文帝之初漢代社會經濟發展狀況的描述。可以看到，西漢政
府采取了輕徭薄賦、量出計入的財政政策，同時也減少對民間經濟活動的監管、限制。西漢政
府采取這些措施的目的是爲了休養生息，使民衆和國家在寬鬆的經濟政策下得以恢復經濟實
力。然而，經濟政策的鬆弛雖然使國家經濟日漸好轉，但也帶來了一定的弊端。一方面，反映
了地方諸侯借機增強自身的經濟力量，所謂"山川園池市肆租稅之入，……皆各爲私奉養"。
諸侯經濟實力的增強，實際上就是對國家統治的潛在威脅，這種威脅顯然與賈誼後來討論限
制諸侯發展的原因是一脈相承的。另一方面，較爲自由的經濟政策也使得民間更願意追逐利
潤較高的工商業，這種社會取向帶來的則是農業發展的衰退，而農業的衰退直接導致國家用
度不足，所謂"漕轉關東粟以給中都官，歲不過數十萬石"，這勢必不能滿足長安日益增長的人
口的需要。綜上，漢初寬鬆的經濟政策造成了民間背本趨末的風習、諸侯經濟力量增強以及
國家用度不足等問題，這些問題不僅是經濟方面的，同時也涉及政治方面。所以，賈誼上此疏
當是從以上幾個方面考慮的。

其次，我們需要分析賈誼"積貯"疏的具體內容。從上述引文來看，賈誼希望闡明的是積
貯所具有的重要意義，而並非具體的實施積貯的措施。賈誼認爲國家需要重視糧食、財富等
的積累，這種積累包括國家和民衆公、私兩個方面。於私而言，民衆若能有充足的糧食和財富
積累，就能保證其生活安穩，他們也有能力應對饑荒和災害的威脅；於公而言，國家若財富積
累充足，便能形成對地方諸侯、外敵等的絕對優勢，這種優勢又是國家統治能夠強有力地推行
和穩定的保障。至於展開積貯的重心，賈誼認爲乃是"驅民於農"，即鼓勵民衆積極從事於
農耕。

賈誼上此建議的時間當在文帝即位之初。其時賈誼正得文帝賞識，而賈誼此疏本身又將
積貯之社會、政治和經濟意義闡述清楚，漢文帝對賈誼的奏議給予了積極的回應："感誼言，始
開籍田，躬耕以勸百姓。"②足見這一奏議對提醒統治者重視農業，及時調整經濟政策導向起到
了直接的作用。

2. 晁錯"貴粟"疏

賈誼之後，與他同時的晁錯也對糧食積貯提出了自己的看法。在向漢文帝所上的"貴粟"
疏中③，就强調農爲國本這一點而言，晁錯與賈誼並無不同。不同的是，晁錯在賈誼的建議的
基礎上，更提出了積貯糧食的具體辦法。晁錯認爲國家可通過獎授爵位的方式來鼓勵民衆將
多餘的糧食輸送於國庫，以緩解國家的糧食需求。針對其具體的內容，我們可以從以下幾方
面予以分析。

首先，根據《漢書•食貨志》之編排秩序，晁錯所上論疏要晚於賈誼。至於晁錯爲何要上

---

① 班固：《漢書》，第 1127 頁。

② 班固：《漢書》，第 1130 頁。

③ 奏疏具體內容可參看《漢書》卷二四《食貨志》。

這一論疏的原因，我們認爲或者是漢代國家對於農業的重視程度還不夠，或者是晁錯對於重視農業和利用農業有更進一步的思考。我們以下的討論或可證明，上述後一種原因與晁錯之論旨比較相合。

其次，晁錯論述了農業所産生的重要意義。"民貧，則奸邪生。貧生於不足，不足生於不農，不農則不地著，不地著則離鄉輕家，民如鳥獸，雖有高城深池，嚴法重刑，猶不能禁也"。這樣一系列言簡意賅的排比論述頗具氣勢，他闡明了國家重視農業的重要意義在於使民衆能夠擺脱貧困，安心務農，而不是四處流竄，這最終有利於國家對民衆的穩定統治。農業實際上是國之基礎。

第三，在闡述了農業生産對於民衆本身和國家統治的意義之後，晁錯緊接着闡述了當下農業生産的現狀。很顯然，晁錯並不認爲民衆的農業生産處於良好的狀態。相反，由於國家的賦斂過重以及自然災害等原因，民衆之生活實際尚處於貧窘的狀態。更進一步，晁錯將農業生産與工商業生産對比。在他看來，工商業者經營輕鬆，獲利豐厚，這不僅導致民衆的棄農逐末，也使得商人逐漸入侵農業，大肆兼并，從而導致更大的民衆流亡，農業衰敗。農業的衰敗則直接影響到國家統治的根本。

第四，晁錯也提出了改變當下農業經營現狀的辦法。晁錯之辦法則繫於其論疏之主旨，即貴粟。貴粟的辦法是"以粟爲賞罰"，即通過授予爵位、減免刑罰等方式來鼓勵商人入粟於官，來獲取這些優厚的賞賜。可見，晁錯之重視農業的辦法乃是"將計就計"，面對商人對農業的滲透和控制，晁錯不是粗暴地主張利用國家强制手段來打擊商人，而是鼓勵他們利用其雄厚的資本來經營農業，其結果乃是解決國家的農業生産的困境。我們需要指出的是，晁錯頗爲重視國家對於匈奴的防禦問題。在晁錯之本傳中，史家收録了晁錯討論利用商人入粟於邊和組織民衆進行邊疆生産的屯墾戍邊等辦法來解決國家的邊疆防禦問題[1]。晁錯之邊防策略我們在此不予討論，但需要指出的是，晁錯之"貴粟"論雖然也有提示國家應當重視農業生産的部分在內，但晁錯更多的是着眼於解決國家當下面臨的實際問題，比如商人對農業的侵蝕、國家的邊防組織問題。

晁錯的建議，不僅僅是讓統治者重本、導民務農，更是以糧食作爲調整社會利益的手段，即所謂"使民以粟爲賞罰"；並且通過實施"入粟拜爵"政策，遂行重農導向，解決邊粟不足。晁錯的建議得到漢文帝的重視並加以落實，取得了充足邊粟、減輕田租的經濟效果。

3. 董仲舒"限民名田"奏

漢武帝上臺以後，"外事四夷，內興功利"[2]，實行"有爲"的國策，造成國家財政的全面緊張。爲了籌措國用，遂任用桑弘羊、東郭咸陽和孔僅等理財專家，實行"均輸平準"、"鹽鐵官營"、"算緡"、"告緡"等國家管制經濟、摧抑私人商業資本的專利政策。這些政策雖然確保了武帝的事功，但是竭澤而漁，嚴重損害了國計民生和經濟秩序，導致民怨沸騰。針對這一局面，儒家學者對國家的經濟政策進行了尖鋭的批判。武帝時大儒董仲舒上書道：

---

① 班固：《漢書》，第 2283—2289 頁。
② 班固：《漢書》，第 1137 頁。

　　古者稅民不過什一，其求易共；使民不過三日，其力易足。民財內足以養老盡
孝，外足以事上共稅，下足以畜妻子極愛，故民說從上。至秦則不然，用商鞅之法，改
帝王之制，除井田，民得賣買，富者田連仟伯，貧者亡立錐之地。又顓川澤之利，管山
林之饒，荒淫越制，踰侈以相高；邑有人君之尊，里有公侯之富，小民安得不困？又加
月爲更卒，已復爲正，一歲屯戍，一歲力役，三十倍於古；田租口賦，鹽鐵之利，二十倍
於古。或耕豪民之田，見稅什五。故貧民常衣牛馬之衣，而食犬彘之食。重以貪暴
之吏，刑戮妄加，民愁亡聊，亡逃山林，轉爲盜賊，赭衣半道，斷獄歲以千萬數。漢興，
循而未改。古井田法雖難卒行，宜少近古，限民名田，以澹不足，塞並兼之路。鹽鐵
皆歸於民。去奴婢，除專殺之威。薄賦斂，省繇役，以寬民力。然後可善治也。①

董仲舒上述議論的主旨是要強調普通民衆所承受的負擔過重。他采取比較的辦法，使得民衆
所承受的負擔的嚴重程度能夠一目瞭然地爲統治者所知悉。當然，這一局面形成的原因是多
方面的。就國家方面而言，政府對民衆的徭役、賦稅的過度分派，對川澤山林以及鹽鐵之利壟
斷經營，顯然是導致民衆負擔過重的重要原因。此外，地方豪強借機兼併土地，侵蝕民利，也
更進一步地造成了民衆生存的困苦。儘管董仲舒的上述議論或有誇張之處，但不可否認的
是，他的議論是看到了漢代前期國家經濟與民衆生存的根本問題之所在。

　　董仲舒是漢武帝時期的大儒，對於儒家之經義自然深究，而且他也希望在現實政治當中
貫徹儒家之思想。董仲舒之經濟思想的重點當落實於他對"限民名田"的建言。漢代之名田
制本有傳世史料的記載，張家山漢簡的出土又更進一步傳遞出漢代名田制的具體細節。根據
學者的研究，漢代之名田制乃是繼承秦法，按照爵位等級占有不同數量田地的等級受田制，田
地一經授予即可長期占有，國家則對土地的買賣、轉讓、繼承等有嚴格的限制②。當然，帝國龐
大，儘管法律有着嚴格規定，但其具體的執行卻要面臨重重困難。名田制下土地的長期占有
必然導致土地私有，國家政策在基層社會的執行和監管有限，其結果便是土地兼併的趨勢逐
漸明顯。董仲舒之論疏正是針對這一長期形成的局面的討論。在董仲舒看來，普通民衆一方
面要忍受國家繁重的稅役，另一方面又要面臨地方豪強對土地的兼併。這種雙重的壓力使得
民衆賴以維繫的土地日漸削奪，最終使得民衆或者流亡無著，或者投靠豪強並忍受其盤剝。
民衆的困窘的根源來自實多，但名田制下豪強對土地的兼併當屬最爲重要的原因，所以董仲
舒建議嚴格田制，限制民衆尤其是豪強對土地的過度占有。

　　不僅如此，董仲舒也將"限民名田"之法視作上古井田制在某種程度上的恢復。在他看
來，井田制不僅是一種儒家政治制度的理想狀態，而且也具備實際意義。一方面，國家實行
"限民名田"之法，實際上就爲民衆擁有土地確立了制度保障；另一方面，這也限制了地方豪強
兼併土地的行爲。應該說，董仲舒的建議既符合儒家構想，也是針對實際經濟問題的具體舉
措。然而，董仲舒的這一建議，沒有受到漢武帝的認同，以至於出現"仲舒死後，功費愈甚，天

---

① 　班固：《漢書》，第 1137 頁。
② 　參看冷鵬飛《漢代名田蓄奴婢制度考論》，《湖南師範大學社會科學學報》1995 年第 3 期；朱紹侯：《論漢代的名田（受
　　田）制及其破壞》，《河南大學學報（社會科學版）》2004 年第 1 期。

下虛耗，人復相食"的局面①。實際上，西漢後期在官僚富商土地兼併浪潮的席卷下，大量的自耕農破產流亡或賣身爲奴，極大加劇了社會危機。在這種情況下，師丹等儒生官僚重提名田之法，有針對性地提出了"限田"建議②，試圖緩和社會危機，扭轉每況愈下的政治局面。然而，面對積重難返的土地兼併事實，董仲舒、師丹等人的限田建議便很難有效地推行。

4. 賢良、文學"鹽鐵"議

　　武帝晚年，鑒於國家出現了經濟瀕於崩潰、社會動盪不安的危機局面，遂悔征伐之事，乃封丞相爲富民侯。下詔曰："方今之務，在於力農。"③開始轉變統治方略，扭轉了國家的危局。但是，昭帝時期，在桑弘羊等的堅持下，武帝時確立的國家管制經濟政策並沒有徹底糾正。在諫大夫杜延年的建議下，秉政的大司馬大將軍霍光"舉賢良，議罷酒榷鹽鐵"④，在鹽鐵會議上，作爲儒生的賢良文學與桑弘羊一派就國家管制經濟政策的存廢、漢匈政策、儒法優長及德刑之辨等重大國政展開了激烈的辯論，其中以鹽鐵官營等國家管制經濟的政策辯爭爲核心，此即所謂鹽鐵之議。

　　賢良文學與桑弘羊的對話和討論爲汝南桓寬所整理、記錄，這也爲我們瞭解鹽鐵會議的具體狀況提供了珍貴的資料。學界對於《鹽鐵論》一書的研究也久興不輟，他們結合西漢時期的政治、經濟、思想、社會生活以及文化等現實狀況，對該書進行了全面而深入的研究。可以說，鹽鐵會議較爲全面地展現了西漢儒生對於社會政治的諸種看法，經濟思想自不例外。賢良、文學從民本的角度，認爲富國安民的根本，在於搞好農業，即所謂的"反本"、"修源"。認爲這些政策是"與民爭利"⑤，造成"國家衰耗，城郭空虛"⑥。他們提出："安民富國之道，在於反本，本立而道生。順天之理，因地之利，即不勞而功成。夫不修其源而事其流，無本以統之，雖竭精神，盡思慮，無益於治。"⑦"方今之務，在除饑寒之患，罷鹽、鐵，退權利，分土地，趣本業，養桑麻，盡地力也"⑧。總之，主張取消平準、均輸、酒榷制度，罷鹽鐵官營。顯然，賢良文學對於國家現行的經濟政策是持批判態度的。國家的壟斷性經營雖然有利於國家積累財富，也在一定程度上打擊了地方豪強和諸侯國的勢力，但這種經濟統制政策又導致了民間商業發展的窒息⑨。賢良文學發揚儒家之經濟倫理思想，他們不僅主張國家應以發展農業爲本，同時也要保持對民間社會經濟的自由發展而不是強制性的干預。

　　尤其值得提出的是，在鹽鐵會議上，賢良文學的議論不僅是對儒家思想的闡發，他們更是以國家的壟斷經營造成的對民間經濟基礎和經濟秩序的破壞作爲立論基礎。因而，賢良文學的議論不是空論道義，而是具有具體的現實關懷。比如均輸、平準之法，政府的本意是促進各

① 班固：《漢書》，第 1137 頁。
② 班固：《漢書》，第 1142 頁。
③ 班固：《漢書》，第 1138 頁。
④ 班固：《漢書》，第 2664 頁。
⑤ 王利器：《鹽鐵論校注》，中華書局，1992 年，第 1 頁。
⑥ 王利器：《鹽鐵論校注》，第 179 頁。
⑦ 王利器：《鹽鐵論校注》，第 162 頁。
⑧ 王利器：《鹽鐵論校注》，第 429 頁。
⑨ 曹端波、梁宏志：《西漢經濟政策的大辯論》，《學術探索》2005 年第 2 期，第 429 頁。

地貨物的流通,使得物價能夠保持穩定,但賢良文學就指出地方官吏和豪强往往借機搜刮民間,囤積居奇,這不僅未能達到立法的目的,反而給民衆增加了負擔①。又如鹽鐵官營之後,政府官員對於鐵器鼓鑄往往不求品質,"縣官鼓鑄鐵器,大抵多爲大器,務應員程,不給民用。民用鈍弊,割草不痛,是以農夫作劇,得獲者少"②。諸如此類,不一而舉。因此,賢良文學的議論中確實指出了國家壟斷經營的弊端,這給社會經濟的發展無疑帶來了頗爲消極的影響③。

西漢一代儒生對於國家經濟政策及其運作的建議和思考當然不止以上一些,比如漢宣帝時,由於連年災害頻發和戰事不斷的原因,導致國家財政出現危機,時爲丞相的魏相就建議國家應該及時加强儲備,以應對突發情況④。漢元帝時,儒生貢禹針對皇宮用度奢費之事發難,在進呈於元帝的奏疏中,他對齊三服官以及皇宮的日常消耗進行了較爲詳細的分析,提請統治者應倡導節儉,將皇宮日常耗用控制在合理的範圍之內⑤。總之,終西漢一代,儒生從未停止過對國家經濟政策的批評。這種批評一方面是闡述儒家的經濟倫理思想,建議統治者應重視以農業爲立國之本,保持對社會經濟的自由引導而不是壟斷經營,藏富於民而不是與民爭利;另一方面,他們的建議往往是針對具體的社會經濟問題而發,比如地方上的土地兼併,國家統制經濟對民間社會經濟的干擾和阻礙。這些建議不僅指出這些社會問題的危害,而且還有具體可行的方案。儘管他們的建議不一定完全爲統治者采納並有效推行,但這仍在一定程度上影響着統治者的決策。

二、新莽時期王莽的經濟改革

王莽是新莽政權的創立者。據《漢書・王莽傳上》載:

> 王莽字巨君,孝元皇后之弟子也。元后父及兄弟皆以元、成世封侯,居位輔政,家凡九侯、五大司馬,語在元后傳。唯莽父曼蚤死,不侯。莽群兄弟皆將軍五侯子,乘時侈靡,以輿馬聲色佚游相高,莽獨孤貧,因折節爲恭儉。受禮經,師事沛郡陳參,勤身博學,被服如儒生。事母及寡嫂,養孤兄子,行甚敕備。又外交英俊,内事諸父,曲有禮意。

王莽身受儒家禮學教育,言行舉止都具有儒生的風範。他的這一學術和生活背景,足以説明他日後當政所實行的托古改制不是心血來潮,而是有着一貫的思想背景,他是這一時期儒家在政治上的代表——典型的儒生皇帝。根據學者的觀察,王莽對儒家思想的理解和實踐符合士人階層的行爲要求,也代表了他們對現實政治改造的意圖,因此,王莽能夠順利地代漢自立,與西漢末期士人階層的思想傾向密切相關。另外,西漢末期外戚、宦官等專掌朝政,包括

---

① 王利器:《鹽鐵論校注》,第66頁。
② 王利器:《鹽鐵論校注》,第429頁。
③ 劉家貴:《重評西漢鹽鐵會議及賢良文學的經濟思想》,《中國經濟史研究》2008年第4期。
④ 班固:《漢書》,第3137頁。
⑤ 班固:《漢書》,第3069—3072頁。

儒生在内的士人階層更積極於迎合權臣,王莽就是在這一背景中登上權力的寶座。與其他權臣不同的是,王莽在打壓士人針砭時政的同時,又十分注意拉攏士人,他因此也贏得了廣大士人的支持①。正是這種政治形勢和社會思潮的雙重作用,王莽才能在取得權力的同時又與廣大士人階層形成良好的合作。

　　王莽上臺後,試圖通過托古改制扭轉西漢後期以來的社會危機。托古改制一方面是他履行與士人階層的合作的表現,同時也是他的施政綱領。我們看到,王莽試圖對國家政治的方方面面進行徹底的改革,其所擬定的改革措施也頗爲龐大。我們在此僅論述一下王莽在經濟方面的改革措施。總體而言,王莽之經濟改革主要是在土地、奴婢政策與工商管理政策方面進行了大幅度的變革。始建國六年(公元 9 年),王莽頒布了實行"王田"、"私屬"政策的法令:

　　　　更名天下田曰"王田",奴婢曰"私屬",皆不得賣買。其男口不盈八,而田過一井者,分餘田予九族鄰里鄉黨。故無田,今當受田者,如制度。②

一般認爲,王莽"王田"和"私屬"的改革的直接原因是針對西漢末期以來土地兼併和人口流亡以及淪爲奴隸日趨嚴重的現象,故其改革措施的制定中有着較爲明顯的現實因素。王莽一方面更名天下田爲王田,實際上就是宣布土地的國家所有。在此基礎上,土地在民眾中間平均分配並不得買賣,這也就是從制度上確保了國家對土地的最高處置權,從而可以限制地方豪强對土地的兼併;另一方面,改奴婢爲"私屬",這不僅是一種形式上的更換,根據學者的分析,"私屬"實際上是指"因自己爲善而被主人放免的奴的稱謂"③。由此,王莽試圖確立奴婢的自由身份,以解除主人對奴婢的人身控制。當然,由於現實社會中土地兼併趨勢已成難以遏制之態,主人對奴婢的控制已經極爲深入,王莽的"王田"和"私屬"的改革雖然有着解決現實問題的出發點,但這一制度設計却難以確實地推行。

　　頒布"王田"、"私屬"政策的次年,王莽又頒布了六筦之令:

　　　　命縣官酤酒,賣鹽鐵器,鑄錢,諸采取名山大澤眾物者稅之。又令市官收賤賣貴,賒貸予民,收息百月三。犧和置酒士,郡一人,乘傳督酒利。禁民不得挾弩鎧,徙西海。④

與此同時,他又立五均賒貸之法⑤。這些法令一方面是確立國家對社會經濟的管制,諸如釀酒、鹽鐵、鑄錢以及山林川澤的開采等都由國家專營。基本上,社會工商活動的主要部分都由國家專門管理。另一方面,王莽也通過設立五均賒貸的規定,爲市場上的經濟活動確立較爲詳細的經營規範,同時也試圖通過國家的力量穩定市場秩序,平抑物價。就其目的而言,王莽試圖通過全方位的管理以控制國家經濟的運行,故其經濟管理措施的制定也就涉及廣泛。不

---

①　于迎春:《秦漢士史》,北京大學出版社,2000 年,第 247—269 頁。
②　班固:《漢書》,第 4111 頁。
③　王愛清:《"私屬"新探》,《史學月刊》2007 年第 2 期。
④　班固:《漢書》,第 4118 頁。
⑤　班固:《漢書》,第 1180 頁。

僅如此,王莽也設立經常性的監督機構,以促進五均六管制度的有效運行。《漢書·食貨志》:"羲和置命士督五均六管,郡有數人。"監督可謂嚴密。然而,國家對工商活動的管理完全仰賴各級政府官員的具體執行,王莽又未對執行者設立有效的監督和獎懲措施,這就爲政府官員的權力尋租以及官員與地方工商豪富相互勾結以牟取利益留下了空間。因而,王莽的經濟管理措施就容易流於形式。

此外,王莽還先後數次進行貨幣改革。幣制改革的内容則包括對幣種的規定和改動、對幣值的調整。但幣制改革的次數過於頻繁,制度混亂,同時改革急於求成,不遵循貨幣的市場流通規程,完全靠强制手段予以推行①。所以,王莽的幣制改革不僅未能設計出一套合理的貨幣體系,反而因爲幣制的紊亂造成了經濟上的極大混亂。

從王莽在詔令中所指出的西漢末年土地高度集中,百姓賦役負擔沉重,奴婢與牛馬同欄等社會狀況,表明他對於所面臨的社會矛盾有比較清醒的認識,各項經濟大都具有現實的針對性。王莽的改革一直是學界較爲關注的問題。儘管也有一些論者對於王莽的改革給予較爲積極的評價,但我們應該看到,王莽的改革雖然有着儒生的人文關懷,但改革的具體措施確實過於理想化,對於現實的關照有限。因此,王莽的改革沒有充分估計到改革的複雜性和漸進性,改革措施簡單化、理想化,因此形式上轟轟烈烈,遇到阻力後不了了之,加上局勢的變化,也使其喪失了推進改革的政治環境,最終導致國滅家亡、身敗名裂的悲慘下場。王莽有其明確的儒家經濟倫理思想,在具體的經濟管理當中也能針對實際的社會經濟問題制定相關的措施,但由於他對經濟政策的運作環境缺乏瞭解,故其經濟政策和措施的推行就難以做到順利和有效。

三、東漢時期儒生有關經濟的建言

衆所周知,儒家學説是"内聖外王"之學,一方面强調"内聖",重視内在的道德修養和精神境界的提升;另一方面又注重事功,主張開物成務,强調推動社會經濟發展、經世濟民、平治天下等"外王"功業。儒家在考慮經濟事務時,首先考慮其家國本位上的倫理價值和人的尊嚴,義利兼顧,强調道德培育與經濟發展的統一,實質上是一種倫理經濟思想。東漢時期,由於儒家思想已經全面滲透到社會的方方面面,儒家經濟思想的上述特點,在統治者的施政理念及國家經濟政策層面上均有明顯的體現。

總的來看,東漢儒生經濟建策的重點是針對民生艱難與政壞官貪等有關經濟的具體事象。如明帝時,桓譚爲議郎給侍中,針對商人兼業、役財亂法上諫言道:

> 夫理國之道,舉本業而抑末利,是以先帝禁人二業,錮商賈不得宦爲吏,此所以抑並兼長廉恥也。今富商大賈,多放錢貨,中家子弟,爲之保役,趨走與臣僕等勤,收税與封君比入,是以衆人慕效,不耕而食,至乃多通侈靡,以淫耳目。今可令諸商賈

---

① 孟聚:《王莽幣制改革簡論》,《許昌師專學報》1989 年第 1 期。

自相糾告,若非身力所得,皆以臟畀告者。如此,則專役一己,不敢以貨與人,事寡力弱,必歸功田畝。田畝修,則穀入多而地力盡矣。①

東漢時期,地方上的豪族專斷地方政治、控制地方經濟,此一現象雖然在原則上與國家統治相衝突,但它實際上已經成爲一種政府不得不接受的社會常態。桓譚的上述關於豪商控制地方經濟的議論是在一封討論時政的論疏中一同談及的。桓譚指出,富商大賈利用他們豐實的財力經營土地,他們也因此迅速地控制了地方經濟,並使得民衆與他們之間建立了依附關係,富商大賈實際上成爲了地方豪強。桓譚的分析着重闡明了商人豪強控制地方社會所造成的危害。但是我們需要注意的是,桓譚建議國家設計令商賈自相糾告,此法恐對於解決商人控制地方的局面難有助益。對於"禁民二業"之事,劉般也表明了自己的看法。《後漢書》卷三九《劉般傳》:

> 郡國以官禁二業,至有田者不得漁捕。今濱江湖郡率少蠶桑,民資漁采以助口實,且以冬春閑月,不妨農事。夫漁獵之利,爲田除害,有助穀食,無關二業也。

與桓譚的出發點不同,劉般則看到禁民二業中存在的弊端,它會限制普通民衆的生產生活。所以,劉般從實際情況出發,建議國家應結合實際,對於政策靈活地加以調整。劉般的建議獲得允准,這也説明東漢儒生在促進國家經濟政策的制定和完善方面是起着積極作用的。

和帝"永初之初,連年水旱災異,郡國多被饑困"。時御史中丞儒生宗室樊準上疏曰:

> 調和陰陽,寔在儉節。朝廷雖勞心元元,事從省約,而在職之吏,尚未奉承。……今可先令太官、尚方、考功、上林池籞諸官,實減無事之物,五府調省中都官吏京師作者。如此,則化及四方,人勞省息。伏見被災之郡,百姓凋殘,恐非賑給所能勝贍,雖有其名,終無其實。可依征和元年(公元前 92 年)故事,遣使持節慰安。尤困乏者,徙置荊、揚孰郡,既省轉運之費,且令百姓各安其所。今雖有西屯之役,宜先東州之急。如遣使者與二千石隨事消息,悉留富人守其舊土,轉尤貧者過所衣食,誠父母之計也。願以臣言下公卿平議。②

樊準的議論是針對地方災害頻發的現實問題進行的。樊準主要是提供應對饑荒、災害的具體辦法:一是皇帝率先垂范,減省宮中各項用度,裁剪皇宮服侍役作人員,以此爲法鼓勵全國厲行節約;二是按照先前之故事,遣使慰問受災郡國,同時也由使節負責根據地方受災情況的賑濟和徙置災民等事務。樊準的建議具體可行,因而得到當政者的應允。《後漢書》卷三二《樊宏傳附樊準傳》:"太后從之,悉以公田賦與貧人。即擢準與議郎呂倉並守光禄大夫,準使冀州,倉使兖州。準到部,開倉稟食,慰安生業,流人咸得蘇息。"③樊準不僅提出解決災荒的具體辦法,而且也受命親自赴災區組織救濟災民,指導災民自救,最終取得良好的效果。

東漢時期儒生參與國家經濟政策的議論並不多見,但這並不意味着經濟問題不是儒生關

---

① 范曄:《後漢書》,中華書局,1965 年,第 958 頁。
② 范曄:《後漢書》,第 1127、1128 頁。
③ 范曄:《後漢書》,第 1128 頁。

注的問題。《後漢書》卷五七《劉陶傳》："時有上書言人以貨輕錢薄，故致貧困，宜改鑄大錢。事下四府群僚及太學能言之士。"建議改鑄大錢之事發生的時間當在東漢桓帝時期。漢桓帝將此動議付諸內外官僚、學士加以討論，其中就包括太學生在內。此事即可見東漢儒生參與國家經濟政策的制定和更改之一斑。至於文獻記載缺乏的原因，則與《後漢書》著者范曄的編撰意向有密切的關係。此且不論。我們需要指出的是，就文獻中可見的記載來看，東漢儒生對於國家經濟政策的制定和推行較多地繼承了西漢儒生所鼓吹的國家不宜過多干預社會經濟的觀點。就以上述桓帝時討論改鑄大錢一事爲例，劉陶就認爲解決民眾溫飽問題乃是當下之急，輕改鑄錢只能給社會經濟頻增其擾，乃是無濟於事的舉措①。另外一例就是漢章帝時朱暉對於鹽鐵官營的反對，"是時（章帝時）穀貴，縣官經用不足，朝廷憂之"②，此時即有人建議恢復鹽鐵官營之法，以解決財政危機。朱暉則認爲官營之法實際上就是與民爭利。

　　東漢儒生之所以對於國家干預社會經濟之事頻加反對，一個重要的原因就是國家對於民眾工商活動和生産活動的過度控制中存在巨大的制度漏洞，地方官吏和豪族往往會趁機從中漁利。漢明帝時，國家欲設置常平倉，劉般就清楚地指出其弊端。《後漢書》卷三九《劉般傳》："帝曾欲置常平倉，公卿議者多以爲便。般對以'常平倉外有利民之名，而內實侵刻百姓，豪右因緣爲奸，小民不能得其平，置之不便'。"這是頗有見地的看法。上述朱暉反對鹽鐵官營之法的議論中，他也將官吏會借機謀取私利作爲一條重要的反對原因。可以說，東漢儒生對於國際經濟政策的影響，不僅是考慮政策制定的積極意義，他們也頗爲注意政策背後的弊端和不利影響。

　　與西漢時相比，東漢社會發展相對平穩，國家的經濟政策沒有大的變更。但是，豪强勢力的滋長和外戚宦官專權所導致的政治腐敗，是與儒家治國理念發生衝突的不和諧因素。東漢國家從成立時起就面臨着豪强勢力膨脹的社會問題，豪强力量的滋長很大程度上削弱了東漢政權的統治力度，使其始終也沒有達到西漢强盛時期的那種强大國力；由於外戚專政所導致的政治非常態運作，從和帝時起，東漢國家就早早陷入階級矛盾、民族矛盾和統治階級內部矛盾重重交織的困頓狀態。東漢社會的這一政治經濟背景，就是東漢後期儒生黨結鄉議蓬勃興起的社會根源，也是儒生在經濟建言中常常聯繫時政的原因。

　　綜上所述，儒家是重視以民生爲本的學術流派，"國强"要以"民富"爲基礎；富民之路，要以農爲本務。這是儒家學派的基本經濟觀點。兩漢時期，儒生是影響國家經濟政策的社會階層，不僅儒生中的重要人物用個人的學術思想和價值理念在國家經濟制度與政策方面建言建策，每一時期的國家經濟政策與制度的重大變革活動，都有儒生參與其中。足見社會經濟領域也是儒生社會活動的重要方面之一。

---

① 范曄：《後漢書》，第1846頁。
② 范曄：《後漢書》，第1460頁。

論漢代地方政府對禮制的推行

黄　河　　　　　　　　張　爽

（吉林大學第二醫院）（江蘇師範大學歷史文化與旅遊學院）

　　提　要：漢代郡縣官僚系統中基本上不存在專門的禮官系統，郡守、縣令及其佐官和主要屬吏均有與其職位高低相對應的行禮職能，漢代郡縣學校系統是禮制推行的重要途徑，但其作用的大小與郡守、縣令個人對學校重視程度有很大關係。漢代地方官吏主要是郡守，他們把儒家禮制的理解與認識融入到自身的言行和行政權力，從而將禮制推行於各地。

　　關鍵詞：漢代　地方政府　禮制

　　禮制是在專制政體的塑造下形成的，具有較强政治和社會功能的意識形態。禮制由中央推行到地方、由京師推行到全國、由國家禮典進入個體家庭，變成所信奉的道德行爲規範，除皇帝、中央官僚機構的高度重視和踐行外，主要依靠的是各地的地方政府及其附屬機構。本文擬通過以漢代地方政府的官僚系統、官學系統和官吏爲對象，考察漢代禮制是如何由國家意識形態變成百姓所遵守和奉行的行爲規範這一過程的。

一、地方政府官僚系統對禮制的推行[①]

　　1. 漢代地方政府官僚系統的禮制職能。漢代地方政府官僚系統主要由郡縣官僚系統、鄉官系統構成，與中央政府官僚系統對禮儀職能的分工細密、職責明確等特點相比，由於地方政府官僚系統的行政級別、内部人員構成等因素的影響，從郡到鄉推行禮制、執掌禮儀，成爲地方各級官吏日常行政職能的一部分。就郡級官僚系統而言，郡守對一郡政務無所不統，執掌禮儀、推行禮制自然是其職能的一部分。

　　郡守以下各級官吏的禮制職能在漢碑中有較多記載。《桐柏淮源廟碑》記春秋祭祀時官屬的排列次第："延熹六年正月八日乙酉南陽太守中山盧奴□君處正好禮尊神敬祀……春，侍

---

①　地方監察官僚系統對禮制的推行，刺史制度的演變關係到漢代地方行政權的消長。本文旨不在於對其加以探討，只就其有關推行禮儀的官吏加以分析。漢代刺史主要是以郡國兩千石及豪强爲督察對象和主要職責，不得干預郡國行政，但是其屬吏仍具有推行禮制的職責。據《續漢書·百官志》載，"假佐二十五人。本注曰：……《月令》師主時節祠祀"。

祠官屬：五官掾章陵劉訢，功曹史安衆劉瑗，主薄蔡陽樂茂，户曹史宛任巽。秋，五官椽新□梁懿，公曹史酈周謙，主薄安衆鄧巖，主記史宛趙旻，户曹史宛謝綜。”①

《史晨饗孔廟後碑》：“相河南史君諱晨……建寧元年四月十一日戊子到官……日拜□孔子望見闕，觀式路雯跽，既至升堂，屏氣拜手……時長史盧江舒李謙敬讓，五官掾魯孔暘、功曹史孔淮、户曹掾薛東門、榮史文陽馬琮守廟、百石孔讚副掾孔綱。”②

《西嶽華山亭碑》：“惟光和元年……弘農大守河南河南樊君……下車之初恭肅神祀西嶽至尊詔書奉祠躬親自淫省後……郡縣官屬瀍齋無處尊卑錯……府丞渤海劉固叔，長功曹史楊儒尋先，主簿湖楊逳伯馮、供曹掾楊基伯，載史陝許禮文化，縣丞隴西彭和伯怡，左尉隴西……尋臨典者門下掾駱瑗伯先，主記史柏覽文進，户曹掾魏嘗威，長史田磐文祖，將作掾曹鑒孔明任就幼成史吳武丙昌。”③

以上碑文中所記載的官職除郡守外，還有郡守的佐官、丞、長史，屬吏有五官掾、功曹史、主簿、户曹史（掾）、主記史，縣有縣丞、長史、主記史、户曹掾。從中可知，郡縣官僚系統中基本上不存在專門的禮官系統，郡守、縣令及其佐官和主要屬吏均有與其職位高低相對應的行禮職能，但從上述漢碑記載祭祀時官職的排列順序看，五官掾均在功曹史之前，可知，五官掾雖在郡守屬吏中地位次於功曹，但在祭祀行禮時則爲郡吏之首。同時，在郡守、縣令的屬吏中，户曹的禮制職能相對多一些。據《續漢書·百官志五》本注曰：“（郡守）諸曹略如公府曹，無東西曹。”而漢代公府“户曹主民户、祠祀、農桑”，因而郡守屬吏中的户曹亦應有禮俗和祠祀的禮儀職能④。關於户曹禮慶之職，據《後漢書·李郃傳》云：“太守奇其（李郃）隱德，召署户曹史。時，大將軍竇憲納妻，天下郡國皆有禮慶，郡亦遣使。”祠祀之職則多見於漢碑。如蔡邕《伯夷叔齊碑》：“熹平五年，天下大旱，禱請名山……三府請雨使者與郡縣户曹掾史登山升祠。”⑤又如《史晨饗孔廟後碑》載，“主饗官除五官功曹，以及專事孔廟之正副掾外，即爲户曹”。

2. 就鄉官系統而言。 三老在鄉官系統中最具推行禮制的職能，《漢書·百官公卿表》云：“鄉有三老、有秩、嗇夫、遊徼。三老掌教化。”《續漢書·百官志五》云：“鄉置有秩、三老、遊徼。本注曰：三老掌教化。凡有孝子順孫，貞女義婦，讓財救患，及學士爲民法式者，皆扁表其門，以興善行。”三老的特點是有位無禄，選任的標準是能帥衆爲善，自身的垂範作用十分關鍵。《漢書·高帝紀》云：“舉民年五十以上，有修行，能帥衆爲善，置以爲三老，鄉一人。擇鄉三老一人爲縣三老，與縣令、丞、尉以事相教，復勿徭戍。”《漢書·文帝紀》亦云：“三老衆民之師……令各率其意以道民焉。”《漢書·武帝記》云：“今遣博士大等六人分循行天下，存問鰥、

---

① （宋）洪適：《隸釋·隸續》卷二，中華書局，1986 年，第 31 頁。

② （宋）洪適：《隸釋·隸續》卷一，第 24 頁。

③ （宋）洪適：《隸釋·隸續》卷二，第 27 頁。

④ 時曹，據翼奉《五行大義》引《洪範五行傳》：“時曹共政教。”又據《宋書·百官志》載：“漢制，州有月令師一人，主時節祠祀。”嚴耕望先生依碑傳不見記載認爲，時曹爲户曹兼職。安作璋、熊鐵基先生在《秦漢官制史稿》中論述也較爲含糊，因而在新史料（考古）出現之前只能存疑。

⑤ 《續漢書·五行一》注引蔡邕作《伯夷叔齊碑》，中華書局，1965 年，第 3280 頁。

寡、廢、疾，無以自振業者貸與之。諭三老、孝弟以爲民師。"由於三老的自身表率作用也使得三老也要負擔教化不善之責，武帝時遣司馬相如以檄書曉諭巴蜀民，"讓三老孝悌以下教誨不過"①。

二、地方郡縣學校系統對禮制的推行

漢初郡國本無學校，創立郡學推行教化始於景帝末年的蜀郡太守文翁。據《漢書·循吏·文翁傳》載："景帝末，爲蜀郡守，仁愛好教化。……修起學官於成都市中，招下縣子弟以爲學官弟子，……縣邑吏民見而榮之，數年，爭欲爲學官弟子，富人至出錢以求之。由是大化。"漢武帝對於文翁的做法十分欣賞，乃令天下郡國皆立學校，至西漢末年郡國已普遍建立學校。據《漢書·平帝紀》載："（元始三年）立官稷及學官：郡國曰學，縣、道、邑、侯國曰校，校、學置經師一人。"太學對禮制的推行主要是在於禮學的傳授和禮制人才的培養。而對於禮制在全國各地的教授，具體禮儀的傳授與演示，主要靠各地郡縣學校系統來加以完成。

首先，禮學的傳授與普及是郡縣學校系統的重要組成部分。就執教者而言，東漢郡國學校已經有了專門教授禮的經師，《蜀學師宋恩等題名碑》中除文學掾外，又有易掾二人、尚書掾三人、詩掾二人、禮掾二人、春秋掾一人、文學孝掾一人、孝義掾一人。就教學科目而言，禮學也是主要的教學科目。《漢書·儒林傳》云："元帝好儒，能通一經者皆復。數年，以用度不足，更爲設員千人，郡國置《五經》百石卒史。"可知，禮學自然居於其中。此外，漢代極重《孝經》，《孝經》很可能是教學科目之一，州刺史的屬吏中就有孝經師一職，王莽在西漢平帝元始三年在庠序中置孝經師各一人②。

其次，郡縣學校是禮儀傳授、演示、推行教化的重要途徑。西漢宣帝時，韓延壽剛任潁川太守時民多怨仇，他"令學校官諸生皮弁執俎，爲吏民行喪嫁娶禮。百姓尊用其教，買偶車馬下里僞教者，棄之市道"③。東漢丹陽太守李忠"以丹陽越俗不好學，嫁娶禮儀，衰於中國，乃爲起學校，習禮容，春秋鄉飲，選用明經，郡中向慕之"④。南陽太守鮑德"時郡學久廢，德乃修起橫舍，備行禮奏樂，又尊鄉三老，宴會諸儒，百姓歡者莫不勸服"⑤。

綜上所述，漢代郡縣學校系統是禮制推行的重要途徑，在一定程度上確實起到了化民導俗、教化大行的積極效果，但其作用的大小與郡守、縣令個人對學校重視程度有很大關係，這也是地方郡縣學校系統對禮制推行的一個重要特點。

---

① 《漢書·司馬相如傳》，中華書局，1962 年，第 2580 頁。
② 《漢書·平帝紀》，第 355 頁。
③ 《漢書·韓延壽傳》，第 3210 頁。
④ 《漢書·韓延壽傳》，第 3210 頁。
⑤ 《後漢書·鮑德列傳》，第 1023 頁。

三、漢代地方官吏對禮制的推行

漢代皇帝作爲最高權力的所有者，主要是通過自身的示範對禮制加以推行。與之相比，對於各地總攬一切政務的郡守、縣令等地方首長而言，他們不僅需要將禮制融入到自身的所作所爲中加以示範推行，而且受所轄各地民風、民情等諸多因素的影響，禮制的推行成爲各地官吏治理地方的一項重要手段。

1. 邊遠蠻荒之地禮制的推行成爲各地官吏移風易俗的主要手段。衛颯在建武時爲桂陽太守："郡與交州接境，頗染其俗，不知禮則。颯下車，修庠序之教，設婚姻之禮。期年間，邦俗從化。"[1]和帝時許荆爲桂陽太守，"郡濱南州，風俗脆薄，不識學義。荆爲設喪紀婚姻制度，使知禮禁。嘗行春到耒陽縣，人有蔣均者，兄弟爭財，互相言訟。荆對之歎曰：'吾荷國重任，而教化不行，咎在太守。'乃顧使吏上書陳狀，乞詣廷尉。均兄弟感悔，各求受罪。在事十二年，父老稱歌"[2]。順帝時欒巴爲桂陽太守，以"郡處南垂，不閑典訓，爲吏人定婚姻喪紀之禮"[3]。東漢建武初，任延爲九真太守"又駱越之民無嫁娶禮法，各因淫好，無適對匹，不識父子之性，夫婦之道。延乃移書屬縣，各使男年二十至五十，女年十五至四十，皆以年齒相配。其貧無禮娉，令長吏以下各省奉祿以賑助之。同時相娶者二千餘人。是歲風雨順節，穀稼豐衍"[4]。從以上史實可知，邊遠蠻荒地區的郡守推行禮制，確實收到了移風易俗的效果，這無疑有利於促使當地社會的開化進步，加強與中原王朝的精神聯繫和文化認同。但另一方面，在推行禮制的過程中，郡守的行政干預，和自身的示範作用程度不淺，説明在區域文化差別較大，特別是邊遠蠻荒之地，往往需要幾任地方官吏相繼努力的漫長過程。

2. 豪强縱橫、較爲難治之地，禮制的推行成爲地方郡守刑罰之外，維護社會秩序穩定的一項重要統治手段。西漢時期潁川郡多豪强，以難治著稱。宣帝時先是趙廣漢爲太守，采取挑撥離間、令其相互告殘的手段，妄圖達到大治，結果造成潁川郡"民多怨仇"的嚴重後果。韓延壽繼任之後，借助當地長老、學校，推行禮讓教化的方式，使得潁川一郡大治，據《漢書·韓延壽傳》載："延壽欲更改之，教以禮讓，恐百姓不從，乃歷召郡中長老爲鄉里所信向者數十人，設酒具食，親與相對，接以禮意，人人問以謠俗，民所疾苦，爲陳和睦親愛、銷除怨咎之路。長老皆以爲便，可施行，因與議定嫁娶、喪祭儀品，略依古禮，不得過法。"[5]處於衛地的東郡，《漢書·地理志下·風俗篇》云："故其俗剛武，上氣力。漢興，二千石治者亦以殺戮爲威。宣帝時韓延壽爲東郡太守，采取推行禮教的方式，承聖恩，崇禮義，尊諫爭，使其風俗大改。"再如東漢時期南陽郡爲帝鄉，多功臣、貴戚，極難治理，和帝時王暢爲太守，他先是采取剛猛、嚴刑的手段加以治理，效果並不理想。熟悉本地民情的功曹張敞奏記諫曰：

---

① 《後漢書·衛颯列傳》，第 2459 頁。
② 《後漢書·許荆列傳》，第 2472 頁。
③ 《後漢書·欒巴列傳》，第 1841 頁。
④ 《後漢書·任延列傳》，第 2462 頁。
⑤ 《漢書·韓延壽傳》，第 3210 頁。

"郡爲舊都侯甸之國,園廟出於章陵,三後生自新野,士女沾教化,黔首仰風流,自中興以來,功臣將相,繼世而隆。愚以爲懇懇用刑,不如行恩;孳孳求奸,未若禮賢。舜舉皋陶,不仁者遠。隨會爲政,晉盜奔秦。虞、芮入境,讓心自生。化人在德,不在用刑。"①王暢由此更崇寬政,慎刑減罰,以推行禮制爲主,使得南陽教化遂行。從中可見,在刑罰不能起到維護社會秩序穩定之時,推行禮制則成爲地方官吏改弦易折的首選,地方官吏對禮制的推行又有着明顯的因地因時的特點。

3. 某些地方官吏將禮制的推行作爲治理地方的指導原則和最主要手段。如秦彭在建初元年,遷山陽太守,其爲政原則是"以禮訓人、不任刑罰",將禮制的推行融於日常的行政之中。據《後漢書·循吏傳·秦彭傳》載,他"崇好儒雅,敦明庠序。每春秋饗射,輒修升降揖讓之儀。乃爲人設四誡,以定六親長幼之禮。有遵奉教化者,擢爲鄉三老,常以八月致酒肉以勸勉之。吏有過咎,罷遣而已,不加恥辱。百姓懷愛,莫有欺犯"。汝南太守何敞專用儒吏爲禮官,以禮制治理汝南,"敞疾文俗吏以苛刻求當時名譽,故在職以寬和爲政。立春日,常召督郵還府,分遣儒術大吏案行屬縣,顯孝悌有義行者。及舉冤獄,以《春秋》義斷之。是以郡中無怨聲,百姓化其恩禮。其出居者,皆歸養其父母,追行喪服,推財相讓者二百許人"②,收到了教化大行的效果。上述史實說明,秦彭、何敞推行禮制治理地方,一方面由兩人的吏道觀特徵所決定,另一方面,山陽、汝南兩郡在東漢時期是經學程度較爲普及的地區,這也爲兩人將推行禮制提供了客觀條件,從而帶有濃厚的個人色彩和地域特徵。

4. 地方官吏將禮制的推行作爲化解吏民之間矛盾的重要途徑。劉矩爲雍丘令,治民以禮讓化之,其無孝義者,皆感悟自革,在處理小民的爭訟中發揮了重要的作用。循吏童恢爲不其令,對於"吏人有犯違禁法者,輒隨方曉示,若吏稱其職,人行善事者,皆賜以酒肴之禮,以勸勵之"③,收到了一境清靜、牢獄連年無囚的大化結果。仇覽爲亭長用教化方式解決了母子的孝養糾紛,將孝道推行十鄉里:"人有陳元者,獨與母居,而母詣覽告元不孝。覽驚曰:'吾近日過舍,廬落整頓,耕耘以時。此非惡人,當是教化未及至耳。母守寡養孤,苦身投老,奈何肆忿於一朝,欲致子以不義乎?'母聞感悔,涕泣而去。覽乃親到元家,與其母子飲,因爲陳人倫孝行,譬以禍福之言。元卒成孝子。鄉邑爲之諺曰:'父母何在在我庭,化我鳲梟哺所生。'"④又據《後漢書·劉寬傳》載:"(劉寬)典歷三郡,温仁多恕,雖在倉卒,未嘗疾言遽色。常以爲'齊之以刑,民免而無恥'。吏人有過,但用蒲鞭罰之,示辱而已,……見父老慰以農里之言,少年勉以孝悌之訓。人感德興行,日有所化。"⑤可知,地方官吏以自身的表率及禮制教化的手段,化解吏民糾紛,確有刑罰不能起到的效果。但此類做法是多以地方官吏對禮制的認識和自覺反省、遵守爲基礎,因此這種做法不具備普遍性。

5. 地方官吏用行政手段對禮制的倫理性和社會性加以維護。如孔融爲北海郡守"郡人

① 《後漢書·王暢列傳》,第 1824 頁。
② 《後漢書·何敞列傳》,第 1487 頁。
③ 《後漢書·童恢列傳》,第 2482 頁。
④ 《後漢書·仇覽列傳》,第 2480 頁。
⑤ 《後漢書·劉寬傳》,第 887 頁。

甄子然、臨孝存知名早卒,融恨不及之,乃命配食縣社"①。又如陳紀因爲父服喪"積毀消瘠,殆將滅性。豫州刺史嘉其至行,表上尚書,圖像百城,以厲風俗"②。而對違禮背倫的人予以嚴厲懲處。如美陽女子向王尊"告假子不孝,曰:'兒常以我爲妻,妒笞我。'尊聞之,遣吏收捕驗問,辭服",尊於是命人取不孝子懸磔著樹,使騎吏五人張弓射殺之③。陳蕃爲樂安太守時:"民有趙宣葬親而不閉埏隧,因居其中,行服二十餘年,鄉邑稱孝,州郡數禮請之。郡內以薦蕃,蕃與相見,問其妻子,而宣五子皆服中所生。蕃大怒曰:'聖人制禮,賢者俯就,不肖企及。且祭不欲數,以其易黷故也。況及寢宿塚藏,而孕育其中,誑時惑衆,誣汙鬼神乎?'遂致其罪。"④

　　綜上所述,郡縣官僚系統中基本上不存在專門的禮官系統,郡守、縣令及其佐官和主要屬吏均有與其職位高低相對應的行禮職能,在郡守、縣令的屬吏中,户曹的禮制職能相對多一些。漢代郡縣學校系統是禮制推行的重要途徑,在一定程度上起到了化民導俗、教化大行的積極效果,但其作用的大小與郡守、縣令個人對學校重視程度有很大關係,這也是郡縣學校系統對禮制推行的一個重要特點。漢代地方官吏主要是郡守,自身具備對儒家禮制的理解與認識,因而他們通過自身的言行和行政權力,將禮制推行於各地。這不僅起到穩定社會秩序、教化大行的社會效果,而且起到了導民以禮、移風易俗、促進文化傳播、加強各地與中央政府之間的文化聯繫和精神認同,也反映出漢代各地官吏對禮制的推行帶有明顯因地、因時、因人而易的特點,是地方官吏治理各地的一種手段和途徑,具有一定的普遍性和特殊性。

---

① 《後漢書·孔融列傳》,第 2263 頁。
② 《後漢書·陳紀列傳》,第 2068 頁。
③ 《漢書·王尊傳》,第 3227 頁。
④ 《後漢書·陳蕃列傳》,第 2159—2160 頁。

徐州獅子山西漢楚王陵墓主研究述評

楊效雷　郭漢麗

（天津師範大學歷史文化學院）

提　要：根據徐州獅子山西漢楚王陵墓葬形制的早期特點、金縷玉衣、玉棺和印章等，無法徹底排除墓主爲第三代楚王劉戊的可能性；根據陵墓種種反常現象和建成陵墓所需的時長，也無法認定墓主必然不會是第二代楚王劉郢客。依據目前所掌握的資料，很難或者說根本無法確定獅子山西漢楚王陵墓主究竟是劉郢客還是劉戊，不充分考慮各種可能性，武斷地判定墓主究竟是誰，是有失輕率的。

關鍵詞：徐州獅子山　西漢　楚王陵

徐州獅子山西漢楚王陵墓主研究一直是歷史考古學界懸而未決的熱點問題。該墓位於徐州市東郊，1995 年由南京博物院和徐州漢兵馬俑博物館聯合發掘。由於早年曾遭盜掘，一些能直接證明墓主身份的證據至今尚未發現，人們只能根據其他非直接因素來推測墓主是誰。西漢時期徐州地區共有十二代楚王，墓主究竟是哪代楚王呢？學者們經長期討論，排除了第一代以及第四至第十二代楚王的可能，將焦點鎖定在第二代楚王劉郢客和第三代楚王劉戊身上。認爲墓主是第二代楚王劉郢客的主要依據是墓葬形制的早期特點、金縷玉衣、玉棺和印章等；認爲墓主是第三代楚王劉戊的主要依據是建成陵墓所需的時長，以及墓中所見種種反常現象等。本文擬對兩種觀點加以辨析，並在此基礎之上提出我們的一點淺見。

一、墓葬形制的早期特點及墓中所見種種反常現象

獅子山西漢楚王陵的總體結構采用軸對稱布局，由外墓道、內墓道、天井、耳室、甬道、側室、槨室、後室及陪葬墓等部分組成。劉照建、張浩林兩先生認爲："獅子山漢墓多處具有早期特徵，其巨大天井更是徐州楚王陵墓所僅見，是西漢豎穴崖洞墓向橫穴崖洞墓過渡的體現，具有明顯的承上啟下的特點。"[①]孟强先生通過對獅子山西漢楚王陵墓葬結構的分析，也認爲：

---

①　劉照建、張浩林：《徐州獅子山漢墓墓主考略》，《東南文化》2001 年第 7 期。

"此墓仍處於豎穴墓向橫穴式崖洞墓過渡的階段。"①

西漢早期,葬於徐州地區的楚王先後有五位。他們分別是:第一代楚王劉交(前 201—前 179 年在位)、第二代楚王劉郢客(前 178—前 175 年在位)、第三代楚王劉戊(前 174—前 154 年在位)、第四代楚王劉禮(前 153—前 151 年在位)和第五代楚王劉道(前 150—前 129 年在位)。目前,西漢時期徐州地區所發現的楚王墓共有 8 處,屬於早期的有楚王山漢墓、獅子山漢墓、駝籃山漢墓和北洞山漢墓。楚王山漢墓爲第一代楚王劉交的墓,因有《水經注》的明確記載,已爲大多數學者所公認。因此,獅子山漢墓、駝籃山漢墓和北洞山漢墓的墓主將只能在第二至第五代楚王間選擇。劉照建先生認爲,北洞山漢墓爲第四代楚王劉禮的墓,因此獅子山漢墓和駝籃山漢墓的墓主只能在第二代楚王劉郢客和第三代楚王劉戊之間選擇,又因爲獅子山漢墓早於駝籃山漢墓,所以獅子山漢墓爲第二代楚王劉郢客墓,而駝籃山漢墓爲第三代楚王劉戊墓。

劉照建先生的推理似乎沒有問題,但細察却大有疑問。首先,劉照建先生推論的前提是北洞山漢墓墓主爲第四代楚王劉禮,然而北洞山漢墓墓主也有可能是第五代楚王劉道。到目前爲止,關於北洞山漢墓的墓主,觀點不一,迄無定讞,因此,如果北洞山漢墓墓主不是第四代楚王劉禮,那麼在此基礎之上得出的獅子山漢墓的墓主是第二代楚王劉郢客的觀點,也就無法立足了。其次,獅子山漢墓未必早於駝籃山漢墓。劉照建先生判定北洞山漢墓爲第四代楚王墓、獅子山漢墓早於駝籃山漢墓的主要依據是墓葬形制的特點,但墓葬形制的變化通常要經歷一個較爲漫長的歷史時期,第四代與第五代楚王的下葬時間僅相差 22 年,第二代與第三代楚王的下葬時間也僅相差 21 年,所以劉照建先生的推理過於簡單,其結論有進一步討論之必要。獅子山漢墓與駝籃山漢墓、北洞山漢墓的形制相同點甚多,僅僅依據墓葬形制的細微差別,即排出三墓時代先後順序,其結論過於勉強,難以使人苟同。

獅子山西漢楚王陵有種種反常現象,如墓道口外巨石尚未移走、墓内塞石混亂擺放、大多數墓壁加工粗糙、一間側室與其餘側室相比進深過小、後室壁面有繼續向後開鑿的趨勢等。種種迹象表明,獅子山西漢楚王陵並未徹底完工。

不少學者認爲,獅子山西漢楚王陵的種種反常現象與第三代楚王劉戊參與"七國之亂"兵敗後自殺的生平正相吻合,進而認定墓主應爲劉戊。我們認爲,此種推理亦有疑問。正常的營建活動的確可因突然事件而中止,但突然事件不限於劉戊的兵敗自殺,同樣適用於劉郢客的突然去世,因此該墓的種種反常現象與劉戊的兵敗自殺並無必然關聯,不能據此遽然認定墓主爲第三代楚王劉戊。

二、金縷玉衣和玉棺

獅子山西漢楚王陵雖早年遭盜,但仍有大量精美文物出土,這爲探究墓主提供了重要信息。王陵隨葬品中玉器甚夥。這些玉器大致可分喪葬用玉、禮儀用玉、裝飾用玉和生活用玉四類。喪葬用玉包括玉衣、玉棺等;禮儀用玉包括玉戈、螭龍玉飾等;裝飾用玉包括人體裝飾和器物裝

---

① 孟强:《從墓葬結構談獅子山西漢墓的幾個問題》,《東南文化》2002 年第 3 期。

飾；生活用玉包括玉卮、玉高足杯、玉耳杯和玉枕等①。在漢代，以玉爲代表的殮葬組合是等級和特權的標誌。以玉衣殮葬是西漢劉氏宗族的特權，非宗室成員未經特賜不得使用。獅子山西漢楚王陵中共發現散亂的玉衣片4 000餘枚，個別玉片穿孔中尚留有金絲，經復原後，是一件奢華高貴的金縷玉衣。在清理楚王屍骨時，還發現了大量墨綠色的玉片，經復原後，是一具豪華的玉棺。奢華高貴的金縷玉衣、豪華的玉棺，再加上玉璧、玉璜、玉龍、玉沖牙，以及純金打製的金帶扣等，在西漢早期的徐州地區，究竟是第二代還是第三代楚王更有資格享用呢？

據《漢書》記載，漢文帝頗爲尊寵第二代楚王劉郢客，愛屋及烏，劉郢客之子亦受"爵比皇子"之殊遇。高后二年（前186年），劉郢客被任命爲宗正，封上邳侯。第一代楚王劉交去世後，因太子早卒，漢文帝"乃以宗正上邳侯郢客嗣"②。相反，第三代楚王劉戊在位期間，與朝廷關係甚惡。史載："王戊稍淫暴，二十年，爲薄太后服私奸，削東海、薛郡，乃與吳通謀。……二十一年春，景帝之三年也，削書到，遂應吳王反。"③根据劉郢客、劉戊與皇帝的關係，黃展岳、劉照建等先生都認爲"定獅子山爲劉戊墓疑點甚大"④。

劉戊生平與宛朐侯劉埶相似。劉埶也參加了吳楚七國之亂，漢景帝在平叛後説："楚元王子蓺與濞爲逆，朕不忍加法，除其籍，毋令汙宗室。"⑤1995年徐州發現了劉埶墓。與正常死亡的侯級墓葬相比，劉埶墓中的隨葬品明顯地數量少、品質差、級別低，未見玉衣或玉面罩出土⑥。有的學者據此認爲，參加謀反的劉姓諸侯不能以玉衣殮葬，而獅子山西漢墓中出土金縷玉衣片4 000餘枚，如果其墓主是參加了七國之亂的劉戊，從制度上講，顯然是難以解釋的，所以獅子山楚王陵的墓主不可能是第三代楚王劉戊，只能爲第二代楚王劉郢客⑦。我們認爲，劉戊墓規格較高的現象雖難以解釋，但也並非絕對無法解釋。劉戊是叛王，朝廷固然不會賜之金縷玉衣，但劉戊完全有可能自製。研究表明，西漢楚國玉器製造業發達，玉衣就是當地玉器作坊所作。況且漢代多有關於大臣在葬禮中僭越使用隨葬品並受到處罰的記載，這説明當時違反葬制禮儀規定現象不是個例。因此我們認爲，劉戊在起兵之前已經自行製成玉衣，其屬下秘密以金縷玉衣葬之，並非毫無可能。有學者曾作如下假設：劉戊死後，楚國一方面向中央政府請罪；另一方面，利用長安至楚國2 000多里之遙、消息不通之機，匆匆以王者之禮搶先一步將劉戊下葬。這種假設雖未必使人普遍認同，但應該説，可能性是存在的。

三、印章與疆域變化

在發掘獅子山楚王陵的過程中，曾經發現了200多枚印章。從印文看，印章可分三類：一類是楚國宮廷官員印，如食官監印；一類是楚國軍隊中武官官員印，如楚司馬印；第三類是楚

---

① 韋正等：《江蘇徐州市獅子山西漢墓的發掘與收穫》，《考古》1998年第8期。
② 《漢書》，中華書局，1964年，第1923頁。
③ 《漢書》，第1924頁。
④ 黃展岳：《漢代諸侯王墓論述》，《考古學報》1998年第1期；劉照建、張浩林：《徐州獅子山漢墓墓主考略》。
⑤ 《漢書》，第143頁。
⑥ 徐州博物館：《徐州西漢宛朐侯劉埶墓》，《文物》1997年第2期。
⑦ 孟强：《從墓葬結構談獅子山西漢墓的幾個問題》。

國下屬郡縣官員印,如蘭陵之印、海邑左尉、卞之右尉等。通過對第三類印章的研究,可獲知作爲墓主的楚王下葬時,楚國下屬有哪些郡縣。

據《漢書》記載,西漢時期徐州地區的第一代楚王劉交受封時"王薛郡、東海、彭城三十六縣"①。景帝二年,薄太后去世,舉國服喪,而第三代楚王劉戊竟公然在薄太后的喪期淫亂享樂。這是封建禮制絕對不能容忍的。漢景帝雖未殺劉戊,但決定削奪劉戊的勢力範圍,規定東海和薛郡不再屬楚國管轄,收歸中央管理。就在聖旨到達楚國的同時,楚王劉戊應吳王劉濞之請,參與了"七國之亂"。"七國之亂"被平定後,劉戊自殺身亡。第四代楚王劉禮襲封時,楚國疆域已没有東海郡和薛郡。

學者們通過對獅子山西漢楚王陵出土的 200 餘枚印章的逐一仔細研究,發現其中有屬於東海郡和薛郡的印章。如:"蘭陵之印"、"海邑左尉"就屬於東海郡,"文陽之印"、"卞之右尉"就屬於薛郡。劉照建先生認爲:"這説明墓主人擁有東海、薛郡,墓葬時代當在景帝二年以前。景帝二年以前下葬楚王只能是第一代或第二代,而第一代楚王葬在徐州西 10 里楚王山……因此,獅子山漢墓墓主只能是二代楚王劉郢客。如果定爲三代楚王劉戊墓,墓中出現削郡以後不屬自己屬縣的職官官印則令人費解。"②我們認爲,獅子山西漢楚王陵墓中出現削郡以後不屬自己屬縣的職官官印的確令人費解,但也並非絕對不可解,如韋正等先生便認爲:"景帝的削郡之詔最終可能未付諸實施。參考'濟北王得不坐,徙封於淄川'、'淮南王如故'的結果,漢朝廷在七國之亂後可能對王國實行了懷柔政策。"③另據原始發掘報告,獅子山西漢楚王陵中所出土的印章"絕大多數棱角完好,字劃整齊,無使用痕迹"④,因此,這些印章也有可能是楚王自鑄,留待反叛成功後使用。獅子山西漢楚王陵中出土的印章中,"楚侯之印"出土數量最多,約占總數量的二分之一。黃盛璋先生認爲:"近百方'楚侯之印'就是景帝三年楚王戊爲與吳合兵攻漢所鑄,以爲後備之用。"⑤其次,同樣出土削郡以後不屬自己屬縣的職官官印的北洞山漢墓,耿建軍先生即給出了一種能夠自圓其説的解釋⑥。諸多説法都有一定道理,恰恰説明印章與疆域變化之間的關係不能生硬比附。因此,在目前印章隨葬原因不清、性質不明的前提下,印章的發現尚不具有明確的斷代意義。

總之,在多種可能性都存在的情況下,印章中出現屬於東海、薛郡的官名,不足以否定獅子山西漢楚王陵墓主是第三代楚王劉戊。或許,印章與疆域變化之間的對應關係另有解釋。

四、建成陵墓所需時長

徐州獅子山西漢楚王陵總長 117 米,總使用面積 850 平方米,開山鑿石量達到 5 100 立方

① 《漢書》,第 1922 頁。

② 劉照建、張浩林:《徐州獅子山漢墓墓主考略》。

③ 韋正等:《徐州獅子山西漢墓發掘紀要》,《東南文化》1998 年第 3 期。

④ 孟強:《從墓葬結構談獅子山西漢墓的幾個問題》。

⑤ 黃盛璋:《徐州獅子山楚王墓墓主與出土印章問題》,《考古》2000 年第 9 期。

⑥ 耿建軍:《試析徐州西漢楚王墓出土官印及封泥的性質》,《考古》2000 年第 9 期。

米,有龐大的天井和 11 間墓室,建築規模十分宏大。不少學者認爲:以當時的生産工具和技術條件,建成這樣規模的陵墓至少也需要 10 餘年的時間,第二代楚王劉郢客在位僅 4 年,不可能建成如此規模的陵墓,因此獅子山西漢楚王陵的墓主不可能是劉郢客。

正當人們對此深信不疑之時,徐州博物館的耿建軍先生力排衆議,認爲獅子山西漢楚王陵的建成大約只需要 5 年左右的時間。他説:"獅子山漢墓露天部分的面積爲 600 平方米,容積 5 100 立方米,按照雙乳山漢墓的施工速度,約需要 6 年的時間。由於獅子山漢墓中、後段及天井已全部完工(墓壁均經過了細加工),而外墓道因被用作了塞石石料采掘場,直到墓主人下葬時仍未完工。因此,外墓道雖爲墓道的組成部分,但在施工時間上與中、内墓道並不同步,開鑿方法亦不同。由此,外墓道約 1 200 立方米的鑿石量應從原計算的 4 600 立方米中扣除,則中、内墓道及天井就剩下了 3 400 立方米。按每年 800 立方米的開鑿速度,則需要 4 年多的時間。但獅子山的石質結構較差,許多地方爲質地較軟的頁質岩,較易開鑿,因此,其每年開鑿 1 000 立方米當不成問題。墓道中後段及天井部分的開鑿時間大約需要 3 年多的時間。如果每年按 250 天的施工時間計算(扣除農忙及下雨等時間),則每天鑿石量爲 4 立方米。中墓道及天井的面積約爲 320 平方米,平均深度 11 米,平均每天下鑿深度不足 73 釐米,這個開鑿速度應該説是可以完成的。"①

不久,劉照建先生亦撰文聲援耿的觀點。劉照建先生也主要是通過與雙乳山漢墓的比較來分析建成獅子山漢墓所需的時長。雙乳山漢墓是目前所知考古發現規模最大的漢代諸侯王陵,鑿石總量在 8 800 立方米以上。劉照建先生認爲,該墓墓主爲末代濟北王劉寬。劉寬在位 11 年,故而平均每年鑿石量當在 800 立方米以上。獅子山西漢楚王陵鑿石總量在 5 100 立方米,若按雙乳山的施工進度,大約 6 年左右就可完工。考慮到獅子山楚王陵的一些特殊情況,估計不到 6 年即可完成。獅子山楚王陵的特殊情況主要體現於以下三個方面:首先,結構獨特,有一巨大天井,天井作業面大,可容納 100 人以上同時作業,大大提高了施工進度;其次,獅子山漢墓所在山體的成岩情況較差,石質鬆軟,特別是山體下部,有的硬度幾乎與硬泥相似,很容易開鑿;最後,獅子山漢墓墓室内僅有局部雕鑿平整,大多數未經進一步加工,這也會大大縮短工期②。

我們認爲,雙乳山漢墓並未最終確定墓主,以這樣一座尚有爭議的墓葬爲座標,來推斷獅子山漢墓修築時間,固然欠妥,但耿、劉二先生之論仍頗有啓發意義。到目前爲止,我們對漢代墓葬開鑿技術的發展情況並不十分清楚,況且,不同客觀條件都會導致開鑿效率的差異,因此,建成獅子山楚王陵至少也需要 10 餘年的論斷偏於主觀。總之,在建成陵墓所需時長不能確定的情況下,不能輕易斷定墓主是第二代楚王劉郢客還是第三代楚王劉戊。

五、小　　　結

綜上所述,根據徐州獅子山西漢楚王陵墓葬形制的早期特點、金縷玉衣、玉棺和印章等,

---

① 耿建軍:《徐州獅子山西漢楚王墓開鑿時間考析》,《東南文化》2000 年第 3 期。
② 劉照建、張浩林:《徐州獅子山漢墓墓主考略》。

都無法徹底排除第三代楚王劉戊爲墓主的可能性；根據陵墓種種反常現象和建成陵墓所需的時長，也無法認定墓主必然不會是第二代楚王劉郢客。依據目前所掌握的資料，很難或者說根本無法確定獅子山西漢楚王陵墓主究竟是劉郢客還是劉戊。我們在選定此題進行研究之前，也想弄清獅子山西漢楚王陵墓主究竟是誰，然而研究的結論是：蓋棺論定，爲時尚早！不充分考慮各種可能性，絕對地判定墓主究竟是誰，是有失武斷的。看來，我們只能寄希望於將來的考古新發現和相關研究的進一步深入開展。希望有一天，獅子山西漢楚王陵的墓主不再是個謎！

諸葛亮"心戰"及在南征中的運用

張應二

（中國人民解放軍工程兵學院基礎部）

摘　要：諸葛亮在平定南中叛亂過程始終貫穿着"心戰"作戰方針，並最終獲得了南征的完全勝利。在大軍開拔之前，他采納馬謖的"心戰"之策，頒發三軍，作爲南征的作戰指導方針。作戰中，諸葛亮使用多種方法，展開"攻心戰"。戰後，諸葛亮又針對南中人不信任漢人的心理，采取各種措施進行心理安撫，獲得巨大的心理效應。在平定南中叛亂中，諸葛亮牢牢控制了"心戰"的主動權。

關鍵詞：諸葛亮　南征　"心戰"

諸葛亮是中國古代心理戰大師，其心理戰的運用突出表現在南征之中。在平定南中叛亂過程中，諸葛亮始終貫穿着"心戰"作戰方針，並最終獲得了平定南中的完全勝利。在大軍開拔之前，他采納馬謖"用兵之道，攻心爲上，攻城爲下，心戰爲上，兵戰爲下"的"心戰"之策，並作《南征教》，頒賜三軍，作爲南征的作戰指導方針。作戰中，無論是首攻雍闓，再戰高定，還是七擒孟獲，或以心戰爲先，兵戰爲後；或以兵戰爲主，心戰爲輔；或以心戰爲上，兵戰爲下，始終沒有偏離戰前制定的"心戰"方針。戰後，諸葛亮又針對南中人不信任漢人的心理，以及南中人自己的心理特徵，采取各種措施進行心理安撫，也獲得了巨大的心理效應。

一、在戰爭各個階段，諸葛亮能針對 不同敵人靈活實施攻心戰術

從諸葛亮頒布全軍的"攻心"作戰方針看，諸葛亮實施"心戰"，顯然是一種以軍事實力爲後盾，以宣傳、威懾、謀略攻心等心戰手段優先使用的作戰方式，目的是攻心奪氣，盡量少用或不用武力讓叛亂者放下手中武器，如一旦攻心失效，則付諸以軍事打擊。

戰爭之初，針對雍闓有東吳撑腰高傲驕橫的心理，諸葛亮先是"撫而不討"，采用宣傳攻心方式，使其狂悖之心更加暴露。諸葛亮命令都護李嚴前後六次寫信給雍闓，曉以利害，希望他立即停止叛亂活動。雍闓果然氣焰囂張，對諸葛亮的殷殷情意、備致誠款，嚴辭拒絕，僅復一紙，說："蓋聞天無二日，土無二王，今天下鼎立，正朔有三，是以遠人惶惑，不知所歸也。"其狡

黠傲慢之情,真可謂溢於言表了。後來在永昌城下,雍闓與守城官兵呂凱等甚至展開宣傳對攻,雍闓多次給呂凱發檄文,列出種種理由,勸說呂凱投降,停止抵抗。可見叛亂分子是多麼勇悍與黠傲不馴。而守城的呂凱首先針對雍闓的軍事進攻,進行拚死抵抗,史載王伉"帥厲吏民,閉境拒闓",使得雍闓不得進入永昌郡,其次對雍闓的宣傳攻勢,進行了堅決有效的反心戰宣傳,呂凱回書給雍闓,引經據典,申明大義,勸說雍闓重新歸順蜀漢政權,呂凱說:

> 天降喪亂,姦雄乘釁,天下切齒,萬國悲悼,臣妾大小,莫不思竭筋力,肝腦塗地,以除國難。伏惟將軍世受漢恩,以爲當躬聚黨眾,率先啟行,上以報國家,下不負先人,書功竹帛,遺名千載。何期臣僕吳越,背本就末乎?昔舜勤民事,隕于蒼梧,書籍嘉之,流聲無窮。崩于江浦,何足可悲!文、武受命,成王乃平。先帝龍興,海內望風,宰臣聰睿,自天降康。而將軍不睹盛衰之紀,成敗之符,譬如野火在原,蹈履河冰,火滅冰泮,將何所依附?曩者將軍先君雍侯,造怨而封,竇融知興,歸志世祖,皆流名後葉,世歌其美。今諸葛丞相英才挺出,深睹未萌,受遺託孤,翊贊季興,與眾無忌,錄功忘瑕。將軍若能翻然改圖,易迹更步,古人不難追,鄙土何足宰哉!蓋聞楚國不恭,齊桓是責,夫差僭號,晉人不長,況臣於非主,誰肯歸之邪?竊惟古義,臣無越境之交,是以前後有來無往。重承告示,發憤忘食,故略陳所懷,惟將軍察焉。①

呂凱這一檄文,既揭露了雍闓的罪狀,又鼓舞了民心士氣,再加上他本身"威恩內著,爲郡中所信"②,因而雍闓雖然氣勢洶洶地前來進攻永昌郡,却始終未能攻下。這時,少數民族跟隨其叛亂的人數已大爲減少。《華陽國志·南中志》載:"益州夷復不從闓。"③可知諸葛亮宣傳"心戰"初顯成效。

高定造反是利用蜀之不穩,局勢危急,試圖獨霸一方。針對他剛愎強悍不怕死的心理,諸葛亮的態度是兵戰爲先,心戰爲後,用心理戰術語就是用心理脅迫的戰法,先消滅其軍事力量,在他無望時再促使投降。

據史載,越嶲(今四川西昌)高定在諸葛亮進入越嶲地區時,就分別在旄牛(今四川漢源)、定筰(今四川鹽源)、卑水(今四川昭覺附近)一帶築壘防守。三路布防方針本來很好,層層抵抗,打游擊戰,把諸葛亮拖住。哪知諸葛亮進軍卑水以後,就停止前進,實施心理干擾,結果高定竟放棄原部署全部,企圖以勇對勇。高定集結自己分散的力量,決定與諸葛亮進行決戰,同時,派人緊急告知雍闓和孟獲,立刻派兵前來馳援。諸葛亮使用離間計,借高定之手除掉雍闓。由於高定心智已亂,故很快戰敗。諸葛亮從"心戰爲上"的原則出發,認爲高定"道窮計盡,當歸首以取生",想爭取高定投降,故未予窮追。不料高定不甘心於失敗,"更殺人爲盟",糾合了二千餘人蜂擁而來,"求欲死戰"④。諸葛亮驚訝"邈蠻心異"⑤,攻心不成,只好領兵奮

---

① 《三國志》,中華書局,1964年,第1047頁。

② 《三國志》,第1047頁。

③ 常璩著、劉琳校注:《華陽國志校注》,巴蜀書社,1984年,第352頁。

④ 《北堂書鈔》卷一五八《南征表》。

⑤ 《北堂書鈔》卷一五八《地部·穴篇》。

擊,殺死高定,占據越巂郡。

諸葛亮率軍平息了越巂、牂牁兩郡叛亂後,便指揮大軍追擊最後的反抗者孟獲。這時孟獲代替雍闓成爲叛軍頭領,繼續率領叛軍頑抗。對孟獲是兵戰爲先還是心戰爲上? 諸葛亮分析,此時實行攻心戰條件最爲適宜,一來蜀軍經過前期作戰已顯示出是一支戰無不勝的無敵之師,孟獲率軍對抗最終還是死路一條;二是在强大軍事壓力和懷柔攻心下,孟獲是有可能歸順的。孟獲爲當地少數民族和漢族人所敬服,他如能歸順,就能更好地解決少數民族和蜀漢政權的關係,消除南中時常"叛亂"的根源,使蜀漢在南中地區的統治能够穩定下來。

鑒於此,諸葛亮決心以乘勝之師,運用心理威懾方法,展開攻心戰,促使孟獲歸順。諸葛亮終於上演了被後世傳爲攻心戰佳話的"七擒孟獲"。這一戰事載於《三國志·諸葛亮傳》注引《漢晉春秋》中:

> 亮至南中,所在戰捷。聞孟獲者,爲夷、漢所服,募生致之。既得,使觀於營陳之間,問曰:"此軍何如?"獲對曰:"向者不知虛實,故敗。今蒙賜觀看營陳,若只如此,即定易勝耳。"亮笑,縱使更戰,七縱七禽,而亮猶遣獲。獲止不去,曰:"公,天威也,南人不復反矣!"遂至滇池。[1]

在擒縱孟獲戰役中,諸葛亮不失時機地在敵人面前渲染軍事威力,企圖通過示形造勢,展示己方的軍威與士氣,迫使敵方喪失抵抗的意志,獲得極佳的心理戰效果,以至孟獲説出"南人不復反矣"的不戰或少戰而屈人之兵的最高目的。

孟獲投降的主要原因:一是諸葛亮擁有强大的軍事力量,孟獲無法戰勝,不得不服;二是諸葛亮對孟獲發動的心理攻勢十分有效。這種心理攻勢更多的是通過謀略攻心與心理威懾進行的,雙方鬥智鬥謀鬥勇,諸葛亮智謀高敵一籌,多次捉放孟獲,在孟獲智窮力竭、走投無路的情况下,諸葛亮再施以勸降和表示寬容,孟獲徹底屈服了,他的抵抗意志被完全摧垮。因此,我們説諸葛亮的攻心戰獲得了成功,它充分體現了諸葛亮"攻心爲上"的作戰方針。

二、在戰後重建南中過程中,諸葛亮依據少數民族的心理特點積極實施心理安撫

戰後重建南中,主要目標是通過安撫人心,保持南中穩定,這也是諸葛亮心戰組成部分。戰後,諸葛亮針對南中少數民族對漢族人的心理情感,采取多種積極措施進行心理安撫。

(一) 盡量消除夷漢間心理隔閡

諸葛亮對戰後南中夷人對漢族人的心理情感非常清楚。諸葛亮平定南中之後,蜀漢朝廷的一些官員建議諸葛亮,派人派兵加强對南中少數民族的統治。諸葛亮對此表示了異議,他説:

---

[1] 《三國志》,第 919 頁。

　　若留外人，則當留兵，兵留則無所食，一不易也；加夷新傷破，父兄死喪，留外人
而無兵者，必成禍患，二不易也；又夷累有廢殺之罪，自嫌釁重，若留外人，終不相信，
三不易也。今吾欲使不留兵，不運糧，而綱紀粗定，夷、漢粗安故耳。①

　　諸葛亮認爲，戰爭雖然結束，但夷漢之間的矛盾依然存在，戰爭中夷人父兄被殺之仇和新增添的傷痛不是輕易能忘掉的；其次，在歷史上夷漢之間就已形成很深的仇視和不信任心理，再加上一些少數民族首領對蜀漢政權的心存疑慮，如果將漢人官員置於這樣一種環境中，不僅將釀成禍患，而且將加劇彼此間相互仇視和不信任心理。那麼，此前的軍事鬥爭所取得的成果將會不復存在，更不利於蜀漢對南中的統治。既然是心理與情感上的問題，那麼就需要用攻心手段來解決，只有仇視與不信任心理問題解決了，才能確保南中長久的穩定。於是，諸葛亮制定了平定南中後"即其渠率而用之"等諸種策略。

　　"即其渠率而用之"，意思是用當地有聲望有影響的人物，在服從蜀漢中央的前提下，讓他們自己處理自己的事務。實行這一政策既是穩定南中的需要，同時也是對當地"大姓"、"夷帥"、部落首領的籠絡。前此南中的叛亂可以説都是南中上層人物的叛亂，如果能維護好南中各級政權中上層人物的政治與經濟利益不受到大的損失，讓他們虔誠地服從蜀漢統治，那麼，南中就能保持穩定，最起碼不會釀成全局性的動亂，這對蜀漢戰略目標是有益的。具體説來，其措施主要如下。

　　首先，調整行政區域，擴大郡的數量，讓更多的人擔任郡守，以滿足他們的政治欲望。爲進一步推行籠絡"大姓"②，諸葛亮又推行"部曲"制度。通過這一措施，諸葛亮滿足了一些"大姓"的政治欲望和經濟利益，改善了他們同蜀漢朝廷的關係，他們對蜀漢政權更爲誠服。

　　其次，任用少數民族首領參加蜀漢中央政權。諸葛亮重用那些忠於蜀漢政權而在當地又有很高威望的大姓首領，讓他們參加蜀漢中央政權，給以較高的政治待遇，進一步籠絡並穩定南中著姓。例如孟獲官至御史中丞；孟琰官至虎步監、輔漢將軍；李恢的姑父爨氏首領爨習任蜀漢的領軍。諸葛亮通過他們的作用和影響，加強了對南中地區的統治，從而也增強了南中地區對蜀漢政府的向心力③。

　　第三，對於基層部落，諸葛亮一方面強調要尊重他們的風俗習慣，保留各民族原有的組織，承認原來少數民族酋長的統治權力；另一方面，通過封王、賜姓、會盟等方式授予少數民族基層首領權力，以消除敵對情緒，如牂牁郡"夷帥"火濟曾因協助蜀漢軍隊"破孟獲有功"，被封爲"羅甸國王"④，成爲蜀漢王朝的忠實支持者；世代統治昆彌川（洱海地區）的龍佑那被正式封爲"酋長"，並"賜姓張氏"⑤。基層官吏受到朝廷如此器重，身價更高，地位更鞏固，當然就容易聽從朝廷的調遣，惟命是從了。另外，諸葛亮在南征過程中，曾經多次采用與少數民族首領會

① 《三國志》，第919頁。
② 南中"大姓"指的是當地的漢族大族豪強。
③ 《華陽國志》卷四《南中志（三）》。
④ 《諸葛亮集・故事》卷二《遺事篇》引《述異錄》。
⑤ 《諸葛亮集・故事》卷二《遺事篇》引《方輿紀要》。

盟的方式,明確他們的權力和義務,從而加深與蜀漢政權的從屬關係,確保南中地區的持久穩定。《滇南記游》載:"木密關有小關索嶺,上有武侯及關索祠。祠前銅馬一,乃唐時物也。古柏大數圍,有碑云:'武侯平蠻,會盟於此。'史稱亮盟南人於木密,即此。"①在雲南曲靖縣南20里處,有一座分秦山,又稱石堡山。此山"四望平原,孤峰獨立,藤蘿挂壁,鳥道縈紆。相傳諸葛武侯南征,與諸蠻會盟於此"②。通過這一系列措施,諸葛亮不僅贏得了各地少數民族上層和基層官吏的廣泛支持,而且穩定了廣大基層老百姓的心理,使他們不再感到害怕,並得到了他們的信賴和擁護。

(二) 進行深層次精神征服

諸葛亮不僅從政治上"以夷治夷",推行"部曲"制度,籠絡"大姓",化解夷漢不信任心理,而且針對南中少數民族本身所具有的心理特點,進行深層次的精神征服。

1. 詛咒盟誓,迷信夷人。根據南中少數民族信鬼神、好詛咒盟誓的習俗,諸葛亮常利用神鬼來同他們詛咒盟誓,並建立盟誓碑,通過誓言來限制夷人的反抗行爲和官吏的欺壓行爲。據《慶符縣志》記載,在慶符縣(今四川高縣西北)東5里的武侯祠內,"有諸葛武侯南征誓蠻碑"。所謂"誓蠻",即用神鬼的力量,與蠻夷詛咒發誓。因爲此誓是向神鬼而發的,蠻夷格外畏懼,所以他們恪守誓言也格外嚴格。《蠻書》卷6《雲南城鎮》記載了這樣一件事,在石城川(今雲南曲靖縣西10里)內有兩塊諸葛亮所立的碑,碑文也是諸葛亮親手撰寫。爲了使此碑受到保護,讓當地少數民族世世代代都知曉碑文內容,諸葛亮便與他們詛盟,並把誓言刻在碑背上,誓詞説:"此碑若僕,蠻爲漢奴。"蠻人爲免爲漢奴,千方百計使此碑不倒,用柱木將此碑支撐牢固。

2. 置埋銅鼓,懾服夷人。在成都武侯祠,保留着三面銅鼓,被稱爲"諸葛鼓"。銅鼓是諸葛亮在南征過程中發明的,《諸葛亮集》卷4《製作篇》引《益部談資》載:"諸葛鼓乃銅鑄,……乃孔明禽孟獲時所製。"諸葛亮製造了許多銅鼓,其大小形聲各不相同,如:有的鼓"面廣一尺七寸,高一尺八寸,邊有四獸,腰束下空旁,有四耳,花紋甚細,色澤如瓜皮,重二十餘斤,懸於水上,用梢木槌擊之,聲極圓潤"③;有的鼓"其形圓,上寬而中束,下則敞口,大約如今楂斗之倒置也。面有四水獸,四周有細花紋,其色不甚碧綠,擊之,彭彭有聲如鼓,云置水上擊之,其聲更巨"④;有的鼓圖案"奇文異狀相錯蟠,僅可辨者,雕螭刻鷺,間綴蜭蟆,其數皆四"⑤;有的鼓"旁範八卦及四蟾蜍,狀似覆盆。懸而擊之,下映以水,其聲非鐘非鼓"⑥。諸葛亮製造大小不一、形聲各異的銅鼓作何用呢? 其主要意圖與鬼神宗教有關,是試圖用南中人心中的神物——銅鼓來懾服他們。銅鼓在夷人心中具有極高地位,無論在祭祀、集會,還是在戰爭等場合,都要

---

① 《大清一統志》卷四八四《雲南曲靖府·祠廟》。
② 《大清一統志》卷四八四《雲南曲靖府·山川》。
③ 《諸葛亮集·故事》卷四《製作篇》引《益部談資》。
④ 《諸葛亮集·故事》卷四《製作篇》引《游梁雜記》。
⑤ 《諸葛亮集·故事》卷四《製作篇》引《蠻司志》。
⑥ 《諸葛亮集·故事》卷四《製作篇》引《戎州志》。

使用它,祈求它的保佑,"馬湖之夷,歲莫,百十爲群,擊銅鼓,歌舞飲灑,晝夜以爲樂,弗盡弗已"①。這説明銅鼓是他們重要的精神支柱。《諸葛亮集》卷四《製作篇》引張澍案:"巫咸作銅鼓,蓋南中所製,是武侯作銅鼓,本巫咸遺意也。"銅鼓是遠古傳説中的著名巫師巫咸所發明,具有很强的宗教迷信色彩,諸葛亮也製作銅鼓試圖通過神靈的力量曉喻南中夷人要服從蜀漢政府的統治。諸葛亮鑄銅鼓起到了很好的效果:南征結束後,諸葛亮鑒於南中夷人叛服不常,故"置銅鼓,埋鎮諸山",夷人果然"稍就帖服"②。由於"諸葛鼓"在征服南中夷人心理之事中發揮了傑出的作用,所以,它逐漸取代原先一般銅鼓在南中夷人心目中的地位,成了他們的神物。

　　3. 作畫《圖譜》,夷人心服。諸葛亮發揮自己長於作畫的特點③,爲夷人作《圖譜》,通過圖譜這樣簡單而直觀的方式向夷人宣傳教育,宣揚夷人應服從蜀漢統治的思想,消除反叛之心,實現永久的南中安定。《華陽國志·南中志(四)》記載了諸葛亮作《圖譜》:

> 先畫天地,日月,君長,城府;次畫神龍,龍生夷,及牛馬駝羊;後畫部主吏乘馬幡蓋,巡行安恤;又畫夷牽羊負酒、齎金寶詣之之象,以賜夷。夷甚重之,許致生口直。

　　這是一幅宣傳封建等級、尊卑從屬關係的圖畫,圖畫由"先畫"、"次畫"、"後畫"、"又畫"四個部分構成。諸葛亮緊緊抓住夷人善譬喻,易從直觀中接受淺顯道理的心理特徵,實施宣傳攻心戰術。總的來看,《圖譜》的主旨是:諸葛亮向夷人宣傳等級從屬思想,確認蜀漢政權與南中的關係是朝廷與郡縣的關係,南中必須服從朝廷,向中央交納金銀財富。由於整幅《圖譜》的神聖和權威性,南中夷人在對《圖譜》的頂禮膜拜中潛移默化地接受了上述思想,諸葛亮作成《圖譜》"以賜夷","夷甚重之"。最能説明問題的是南中夷人給蜀漢政權上交了大量的貢賦,解決了諸葛亮北伐後勤供應之急需。《三國志·諸葛亮傳》説:"軍資所出,國以富饒。"《華陽國志·南中志》説:"出其金、銀、丹、漆、耕牛、戰馬,給軍國之用。"據《三國志·譙周傳》所載,在南征之前十餘年中,南中地區"平常無所供爲";南征之後,南中地區才"供出官賦,取以給兵"④。南中夷人自孟獲向諸葛亮保證"南人不復反矣"後,不僅沒有再發生大規模的叛亂,而且爲蜀漢政權作出令諸葛亮都很欣慰的貢獻,這説明諸葛亮所實施的"心戰"起了不可低估的作用。

(三) 廣施仁愛

　　通過教育、宣傳及盟誓,南中諸夷敵對心理大大緩解。諸葛亮爲將"心戰"方針落實到實處,還通過當地爲政清平、愛民的好官體現其寬仁之心。如牂柯郡太守馬忠"柔遠能邇,甚垂惠愛,官至鎮南大將軍。卒後,南人爲之立祠,水旱禱之"⑤。《三國志·馬忠傳》也有相似的記

---

① 《諸葛亮集·故事》卷四《製作篇》引《邊防記》。
② 《諸葛亮集·故事》卷四《製作篇》引《邊防記》。
③ 《諸葛亮集·故事》卷四《製作篇》引《歷代名畫記》。
④ 《三國志》,第 1030 頁。
⑤ 《華陽國志》卷四《南中志(四)》。

載：馬忠在南中，“蠻夷畏而愛之。及卒，莫不自致喪庭，流涕盡哀，爲之立廟祀”。越嶲太守張
嶷，“在郡十五年，邦域安穆。屢乞求還，乃征詣成都。夷民戀慕，扶轂泣涕，過旄牛邑，邑君襁
負來迎，及追尋至蜀郡界，其督相率隨嶷朝貢者百餘人。……南土越嶲民夷聞嶷死，無不悲
泣，爲嶷立廟，四時水旱輒祀之”①。庲降都督參軍霍弋，“甚善參毗之禮，……撫和異俗，爲之
立法施教，輕重允當，夷晉安之”②。又如建寧太守李恢，建寧俞元人；雲南太守呂凱，永昌不韋
人。他們本身既是南中的土著，且長期在南中爲官，在當地早已是“恩威內著，爲郡中所信”，
治理所領，更是輕車熟路。永昌太守王伉，雖爲蜀郡人，但亦長期在南中爲官，熟悉南中情況。
這些人在南中，大多能體會並忠實地貫徹諸葛亮的“心戰”政策，在治理南中過程中，發揮了很
大的作用③。

三、在南征中，諸葛亮始終牢牢
控制了“心戰”的主動權

　　在戰場上，要取得心理戰卓有成效，一個重要原則就是實施主動進攻。諸葛亮實施的“心
戰”也體現了這一原則。對雍闓的叛亂，諸葛亮首先通過寫信的方式對他進行攻心，對雍闓的
心理宣傳即時進行心理反擊，對雍闓傳播的蠱惑人心的計謀及時將其揭穿；在與高定對決中，
諸葛亮在占絕對軍事優勢的情況下，沒有立即將高定消滅，而是不失時機地對高定開展心理
脅迫，雖然不成功，但再實施軍事打擊也不遲。對孟獲的示威造勢，更是諸葛亮主動發起的，
在誘使孟獲投降的過程中，諸葛亮不僅控制了戰場主動權，而且也控制了實施“心戰”的進程。
在軍事征服結束後，爲安撫所控制地區的民心，諸葛亮實行“三不留”政策，主動撤兵，讓夷人
治理自己。如果說，在戰役中的各種心理進攻戰法是屬於戰術層次的話，那麼，安撫民心則不
僅具有戰術性，更具有戰略性，因爲它是蜀國政治中的根本性或全局性問題。諸葛亮無論是
在戰略心戰還是在戰術心戰中，處處都體現了主動性的原則。

　　諸葛亮通過實施“心戰”作戰方式，成功地解決了南中叛亂問題，對蜀漢來說具有重要意
義，一是鞏固了蜀漢在南中的統治，實現了國內後方的安定，確保了北伐曹魏無後顧之憂。二
是南中豐富的自然資源，不斷發展的生產力爲蜀漢北伐提供了不竭的物質基礎。三是促進了
南中經濟的發展。

---

① 《三國志》，第 1054 頁。
② 《華陽國志》卷四《南中志（四）》。
③ 參見朱大渭、梁滿倉《武侯春秋》第八章《征服人心》，團結出版社，1998 年。

北朝的宗族與義邑

——以造像記爲中心的考察

邵正坤

（吉林大學古籍研究所）

提　要：北朝出現大量聚合宗族成員的義邑團體，這些團體在從事宗教信仰活動的同時，也積極開展各種社會公益事業。通過上述活動，既傳播了宗教信仰，又對地方政府職能的缺失之處有所彌補。與此同時，也增强了宗族成員之間的認同感和凝聚力。但是，其在地方社會的巨大影響，也引起了朝廷的警覺，甚至成爲國家武裝清除的對象。

關鍵詞：北朝　佛教　義邑　宗族

　　義邑是一種由僧尼與在家信徒混合組成或者僅由在家信徒組成的，多以造像活動爲中心的信仰團體。這種團體在東晉南北朝時期極爲流行，與我國民間久已存在的私社一樣，具有民間群衆團體的性質①。北朝的義邑，大多建立在地緣關係的基礎之上，除了極個別跨越州縣的聯合以外，義邑成員多屬於同一縣或同一村落的居民。共同的地域和相同的宗教信仰，成爲他們彼此之間聯結的紐帶。除地緣關係以外，我們發現，血緣關係在義邑的建構中也起着舉足輕重的作用，其突出表徵是，由造像題名來看，很多義邑中的成員都是同姓。換句話説，同一宗族的成員共同組成信仰團體，發起造像的情況所在多有，而學界對此尚鮮有專門論述。本文即結合造像記和傳世文獻材料，對此作一探討。

一、北朝時期以宗族成員爲主體的義邑

　　造像記是鐫刻在佛像的臺座、光背或石窟裏靠近佛像石壁上的銘文。它的内容繁簡不一，篇幅長短各異。大致包括造像緣起、發願文、造像者所屬的宗教團體、參與造像的人數，以及捐資者的姓名等②。造像題名爲鐫刻在佛像上的出資者的姓名，通過這種方式銘記出資人

---

① 郝春文：《東晉南北朝時期的佛教結社》，《歷史研究》1992 年第 1 期。
② 劉淑芬：《五至六世紀華北鄉村的佛教信仰》，《中研院歷史語言研究所集刊》第 63 本第 3 分册。

的功德。根據現有的造像記題名來看,很多佛教和道教造像的出資者屬於同一宗族或者以同一宗族的成員爲主體。舉例來説,龍門石窟北魏正光二年(521年)的"祖氏一族造像記",是以女性爲主的造像記。由題名可見,尼姑2人,在家信徒中男子5人,女子8人,女性以祖姓爲主。如果説這種特徵在上述造像題名中表現得還不是很明顯的話,那麼出於河北涿縣的北朝團體造像無疑能使我們看得更加明晰。宣武帝景明四年(503年)"高伏德三百人等造像記"①、"劉雄頭四百人等造像記"②,以及宣武帝正始元年(504年)"高洛周七十人等造釋迦像碑"③,造像地點皆爲幽州范陽郡當陌村,從時間上看,前後相差不過一年。其中,由高伏德領銜的三百人造像記,題名可辨識的有265人,出資人以高姓的在家信徒爲主,除此以外,亦包括其他姓氏的參加者以及7位僧尼。由劉雄頭領銜的四百人造像記,由於文字漫漶,難以統計捐資者的確切數目,但根據現有的可以辨識的題名來看,參加人仍以高氏爲主,同時亦包含少量其他姓氏。而次年(505年)由高洛周領銜的義邑,雖碑額上題爲七十人等造像記,實際上題名可辨識者爲121人,比預計的多出了51人。其參加者主要爲高氏宗族及其眷屬。有學者根據高伏德領銜的造像記推測,當陌村男性村民中至少有72%以上姓高④。而出土於河北正定的東魏興和四年(542年)李氏合邑造像碑⑤,揭示的是由李次、李顯族兄弟領導的造像活動。根據題名來看,參加這個邑義的信徒共計221人,其中寺院的比丘10人,俗衆198人。俗衆中,李姓176人,趙姓3人,馬姓2人,劉、張、邴、連、邊、周、高、董各1人,由於年深日久,碑體磨渺,還有9人姓氏無法辨識。從整體比率來看,明顯以李姓族人占壓倒多數。西魏大統十三年(547年)陽翟地區的"杜照賢造像記"共分四面,南面爲當地軍官,北面爲在前線作戰的杜氏宗族,東面爲在地方上任官的杜氏宗族,西面則是參與造像的異姓成員⑥。造像人也以杜氏宗族爲主。此外,山西芮城出土的北周天和元年(566年)二月八日的"合村長幼造像記"顯示,除了邑師與比丘以外,能夠辨識姓名的義邑成員皆姓陳⑦。以上諸例,皆是以宗族成員爲主體的造像活動,而上述例證僅僅是冰山一角,事實上,以同姓爲主的義邑遠不止此,北朝時期,至少有30%的義邑是由同一宗族的人員組成,可見其在當時的興盛程度。

二、宗族組織發起義邑團體的原因

由宗族成員組成的義邑之爲數衆多,究其原因,主要基於以下幾點。

首先,宗族聚居的現狀,決定了義邑團體的成員以宗族爲主體。十六國、北朝時期,饑饉

① "高伏德三百人等造像記"見北京魯迅博物館、上海魯迅紀念館《魯迅輯校石刻手稿》第二函第一册,上海書畫出版社,1987年,第62—63頁。

② "劉雄頭四百人等造像記"見北京圖書館金石組編《北京圖書館藏中國歷代石刻拓本彙編》,中州古籍出版社,1989年。

③ "高洛周七十人等造像記"見端方撰《陶齋藏石記》卷六,臺聯國風出版社,第8—10頁。

④ 候旭東:《北朝村民的生活世界——朝廷、州縣與村里》,商務印書館,2005年,第329頁。

⑤ 北京魯迅博物館、上海魯迅紀念館:《魯迅輯校石刻手稿》第二函第二册,第313—324頁。

⑥ "杜照賢造像記"見《北京圖書館藏中國歷代石刻拓本彙編》第6册,第15—18頁。

⑦ 北京魯迅博物館,上海魯迅紀念館:《魯迅輯校石刻手稿》第二函第五册,第969—973頁。

漸臻,戰亂迭起,個體在這種狀況下很難自存,只有彙集群體的力量,才有可能安然度過災荒和戰亂,因此,北朝的宗族,大多以聚居的形態存在。如《北史》卷三三《李靈傳》載,北魏趙郡李靈的孫子李顯甫,以豪俠知名,"集諸李數千家於殷州西山,開李魚川,方五六十里居之,顯甫爲其宗主"。河東薛氏,則"世爲强族,同姓有三千家"。而政府爲了削弱强宗大族在地方上的影響力,便於就近控制,也往往將他們整族遷徙。如十六國時前趙曾"徙秦州大姓楊、姜諸族二千餘户於長安"①。《關東風俗傳》記載,北齊的時候,政令嚴猛,"羊、必諸豪,頗被徙逐。至若瀛、冀諸劉,清河張、宋,並州王氏,濮陽侯族,諸如此輩,一宗近將萬室,煙火連接,比屋而居"。由此可見,無論是殷州西山居住的"諸李數千家",河東豪强薛氏的"三千家"同姓,還是河北地區的"一宗近將萬室",采取的都是宗族聚居形態。宗族成員世代紮根於某地,隨着時間的推移,開枝散葉,不斷繁衍,人口越來越多,乃至史家有"一宗近將萬室"之歎。在宗族聚居的情況下,若組織宗教信仰團體,發起相關的活動,其參加者,也必然以宗族成員爲先。

其次,"北土重同姓"的客觀現實,使宗族成員對發起及參與義邑團體持支持態度。宗族以父系血緣爲依託,以對於共同始祖的追溯、祭祀爲整合媒介,可以極大地激發人們的認同感與凝聚力,從而成爲吸引人們進行聚合的無形紐帶。《白虎通義》説:"宗者何謂也? 宗,尊也,爲先祖主者,宗人之所尊也。"又説:"族者何也? 族者,湊也,聚也,謂恩愛相流湊也。"由此可知,祭祀並尊奉共同的祖先,是宗族成員精神上的黏合劑,而與同姓族人居住於共同的地域,彼此之間守望相助,則成爲人們進行聚合時的首要選擇。出土造像碑中所見的許多同姓宗族聚居於同一地域的社會現象,正是這種心態的典型再現。魏晉南北朝時期,從南北對比的角度來看,北方對於宗族的重視程度,遠勝於南方,《南史》卷二五《王懿傳》載:"北土重同姓,並謂之骨肉,有遠來相投者,莫不竭力營贍養,若不至者,以爲不義,不爲鄉里所容。仲德聞王愉在江南,是太原人,乃往依之,愉禮之甚薄,因至姑熟,投桓玄。"太原王仲德本仕於前秦,符堅敗亡之後渡江而南,依照北方的習俗投奔宗人王愉,結果不爲王愉所禮遇,一怒之下,投靠桓玄,由此可見南北宗族觀念的深刻差異。這一點,從下面的事例中也可以得到很好的説明。《顏氏家訓》的作者顏之推歷仕南北,對南北方的風尚皆非常熟悉,他指出,北人"雖三二十世,猶呼爲從伯從叔",乃至"行路相逢,便定昆季",而這在南方是絶難想像的。此外,《陳書》卷九《侯瑱傳》云:"(于)慶送(侯)瑱于(侯)景,景以瑱與己同姓,託爲宗族,待之甚厚。"侯景由北入南,對雖非同宗,僅爲同姓者亦託爲宗族,並頗爲關照,北方宗族觀念之濃厚,於此可見一斑。人們在組織義邑等信仰團體時,一方面爲了籌措造像資金,另一方面,也爲了傳布教法,往往希望參加的人多多益善,由於"北土重同姓",組織者所面對的宣傳對象,首先便是自己的族人,而同宗之人,尤其是擁有共同的宗教信仰的人群,爲了表示對造像活動的支持,亦會責無旁貸地予以支持和參加。

第三,通過組織義邑信仰團體的方式,得以在當地立足,並加强在地方社會的影響力。以前文提及的造像記爲例,北魏宣武帝時幽州范陽郡當陌村的高伏德、高洛周等人造像記,是以高氏宗族爲主體的團體造像。由此我們推測,當陌村應爲高氏聚居的村落,但是這裏並非高

---

① 房玄齡:《晉書》卷一〇三《劉曜載記》,中華書局,1974 年,第 2694 頁。

氏的原始居住地。北朝的高氏以爲渤海高氏聲望最著，永嘉之亂後，中原板蕩，晉室南遷，爲躲避戰亂，很多望族離開原來的居住地，遷往他處，渤海高氏中的高瞻這一支，也在遷徙之列。據《晉書》卷一○八《慕容廆附高瞻傳》載：

> 高瞻字子前，渤海蓨人也。少而英爽有俊才，身長八尺二寸。光熙中，調補尚書郎。屬永嘉之亂，還鄉里，乃與父老議曰："今皇綱不振，兵革雲擾，此郡沃壤，憑固河海，若兵荒歲儉，必爲寇庭，非謂圖安之所。王彭祖先在幽薊，據燕代之資，兵强國富，可以託也。諸君以爲何如？"衆咸善之。乃與叔父隱率數千家北徙幽州。既而以王浚政令無恒，乃依崔毖，隨毖如遼東。

高瞻原本在朝中任職，永嘉亂後，因皇綱不振，政局不穩，所居之地土壤肥沃，又有山河之險，乃是兵家必爭之地，爲免戰火波及，與叔父高隱率領數千家北徙幽州。這數千家之衆，應大部分屬於高氏的宗人及部曲。到達幽州之後，因爲王浚政事無恒，朝令夕改，失望之餘，又依崔毖徙至遼東。高瞻家族雖然遷徙了兩次，但第二次移徙時，可能有一部分族衆因爲路途遙遠，長途跋涉損耗過大，不願隨其前往遼東，仍滯留於幽州，幽州范陽郡當陌村高氏宗族組成的邑義團體便可作如是觀。當外來宗族遷徙到一個新的地域時，因爲存在生存空間和資源的競爭，必然引起土著居民的敵意，從而引發二者之間的矛盾。"土著宗族爲維護自己的利益而采取的敵視態度和排斥行爲，對遷徙宗族來説形成了一種外部壓力，對抗這種壓力最有效的辦法就是維繫宗族的整體力量"①。通過刊石立碑的方式，建立義邑，聯繫族人，有助於加强宗族組織的"共同體"意識，並且有助於提升該宗族在地方上的地位和影響力。當然，即便是由宗族聚居的村落，亦難以完全摒除異姓的存在，這些人可能是依附於强宗大姓的部曲，也有可能是當地原有的土著居民。正因爲如此，很多由同姓主導的造像題名中，也雜有其他姓氏的參加者。而以某一姓氏爲主體的義邑團體中對於異性和土著的接納，則有利於改善二者之間的關係，消泯彼此之間的對立。

三、義邑信仰團體舉行的社會公益活動

義邑團體作爲一種宗教信仰團體，其活動也主要圍繞宗教信仰展開，一般以造像、寫經、燃燈、供養、建塔、造寺、舉辦齋會法會爲主。值得注意的是，以宗族成員爲主體的義邑所從事的活動，並不限於造像，他們進行公共建設和營辦社會福利事業。其突出的例證，如東魏孝靜帝興和四年（542年），以李次、李顯族等一百餘李姓族人所結成的義邑便是如此。"李氏合邑造像碑"題記：

> 於是□契齊心，同發洪願，即於村中造寺一嶇，僧坊四周，講堂已就，……妙悟日益，競舍□珍，重興盛福，復於村南二里大河北岸，萬路交通，水陸俱要，滄□之濱，攸攸乎伊洛之客，亦屆春温之苦，渴涉夏暑之炎燠，潛茲行流，故於路旁造石井一口，種

---

① 朱大渭，梁滿倉：《魏晉南北朝宗族組織試探》，《中國史研究》2009年第4期，第9—44頁。

樹兩十根,以息渴乏。由斯建立,退途稱善,因前生復,信心彌著,重福輕珍,復竭家
玩,次造天宮浮圖四嶇、交龍石碑像一軀。①

　　根據造像記的記載可知,這個義邑組織主要進行了以下一些活動。首先,以義邑爲依託,
發動李姓族人,出資於村中造寺一所。其次,於村南二里大河北岸,水陸交通的要衝,造石井
一口,種樹二十根,以供過往行人止渴納涼。第三,以上的興造完成之後,此義邑又出資雕鑿
三座天宮浮圖和一座交龍石碑像。像成之後,將其置於四通八達之處,即所謂"置立方處,據
村東南,□□顯□,行路過逢,人瞻來仰,府設虔恭",而這一方面起到了宣傳佛教的教理、教
義,吸引更多信衆的作用,與此同時,也提升了李氏宗族在鄉里社會的影響與地位。此外,東
魏興和二年(540年)所立"廉富率道俗等造像碑"揭示,廉富率其家族一百餘人造像一軀,並鑿
井一所②。河北定興縣北齊後主武平元年(570年)所立的《標異鄉義慈惠石柱頌》則顯示,義
邑成員不但興建寺院,而且設置義塚收斂無主枯骨,興建義堂,供應義食給遭受饑荒的民衆。
爲保證提供義食的活動能夠得以維持,當地的嚴氏宗族還爲此"義"施捨大量田地。上述這些
行爲,有的屬於純粹的宗教信仰活動,有的則是在宗教情懷的感召之下,受佛教福田思想的影
響所進行的興福積德之事③。《佛説諸德福田經》中提到七種福田:"佛告天帝:復有七法,廣
施名曰福田,行者得福,即生梵天。何謂爲七? 一者興立佛圖、僧房、堂閣;二者園果、浴池、樹
木清涼;三者常施醫藥,療救衆病;四者作堅牢船,濟度人民;五者安設橋樑,過度羸弱;六者近
道作井,渴乏得飲;七者造作圊廁,施便利處。是爲七事得梵天福。"義邑團體的上述義行,多
在《佛説諸德福田經》所規範的框架之内,可見佛教福田思想對其活動的影響。

四、以宗族成員爲核心的義邑信仰團體的影響

　　北朝時期,聚合宗族成員組成義邑等宗教信仰團體,其影響是多方面的。
　　首先,有利於造像資金的鳩集和宗教信仰的傳播。宗教信仰不僅意味着精神上的投入,
也必然伴隨着物質上的付出。這種情況,正如《洛陽伽藍記·序》所言:"王侯貴臣,棄象馬如
脱履,庶士豪家,舍資材若遺迹,於是昭提櫛比,寶塔駢羅。"宗教信仰中的很多消費項目,如造
寺、建塔、立像等,往往需要靡費大量資財,這就要求承擔者具有十分雄厚的經濟基礎。而普
通民衆,收入寡薄,經濟力量微弱,僅僅憑藉一己之力,通常難以達到預期目的。憑藉一人之
力難以完成的任務,彙聚群體的力量往往能夠迎刃而解。動員同一鄉里的宗族成員,組成義
邑團體,化整爲零,使每家分攤一定的費用,便能夠在極短的時間之内,迅速鳩集起雕佛造像、
造寺建塔所需要的資金。正因爲如此,很多邑義組織的造像題記中,都有"減削微資","共竭
家珍"、"復竭家玩"之類的記載。這樣一來,既能夠較爲圓滿地解決所需資金問題,也有利於

①　北京圖書館金石組編:《北京圖書館藏中國歷代石刻拓本彙編》第六册,第90頁。
②　"廉富等鑿井造像記"見北京魯迅博物館、上海魯迅紀念館《魯迅輯校石刻手稿》第二函第二册,第283—291頁。
③　劉淑芬:《慈悲喜舍——中古時期佛教徒的社會福利事業》,載《中古的佛教與社會》,上海古籍出版社,2008年,第
　　168—178頁。

宗教信仰活動的開展和宗教儀式的舉行。與此同時,這對於北朝佛教信仰的傳播與流布,也是一股强大的助力。

其次,有助於增强宗族成員之間的認同感和凝聚力。從宗教信仰的角度來看,中土的民衆,具有多神崇拜的特點,對此,已有多位學者進行論述。多神信仰的背景之下,社會上各階層之間的聯合,往往缺乏共同的精神支柱。佛教傳入中土以前,宗族成員精神上的聯繫,主要通過對於共同始祖的祭祀和追溯認同來實現。佛教傳入之後,於南北朝時期廣爲流播,無論是王公貴族,還是庶民百姓,都身不由己地卷入宗教信仰的洪流之内。對於佛教的信仰,使中土的民衆在多神崇拜的基礎之上,增加了新的共同性成分,這一點,對於宗族組織而言也不例外。皈依佛教之後,宗族成員除了觀念上的遠祖以外,又有了共同的信仰對象、儀式、活動以及信念。他們通過組織義邑,共同出資,鳩集人力、物力,集體參與佛事活動,一方面表達了自己的宗教情感,加强了彼此之間的聯繫,另一方面,使宗族組織在血緣和地緣紐帶之外,產生了新的聚合因素,這對於增强宗族成員之間的認同感和凝聚力大有裨益。

再次,義邑群體所從事的社會公益活動,有助於緩解矛盾,穩定社會統治秩序。北朝時期社會動盪,政權更迭頻繁,國家對於各個地方,尤其是邊遠地區的社會公益事業,往往無暇顧及。由宗族成員組成的義邑,受佛教福田思想的感召,共同出資雕佛造像之餘,還在僧侶的領導下從事一些社會公益活動,如前文提及的種植樹木爲過往行人提供休憩之所;挖掘井泉使附近居民和行旅有清水可飲;災荒和戰亂之年,接濟身處窘境、衣食無着的人;組織人衆收斂那些流離異鄉、倒斃路邊的枯骨,使其免於曝屍荒野。以上種種,對於地方政府職能缺失之處,無疑有所補苴,也有助於社會統治秩序的穩定。在某種程度上,可以説宗族組織的上述活動,成爲社會中上層和下層之間的減震器,是以朝廷往往樂見其成,而且試圖將其納入既有的統治秩序之中。據《北齊標異鄉義慈惠石柱頌》記載,爲了表彰義邑團體的諸多義行,國家還專門頒布了相關的法令,即所謂"新令普班,舊文改削,諸爲義邑,例聽縣置二百餘人,壹身免役,以彰厥美,仍復季常考列,定其進退,便蒙令公據狀判申,台依下□,具如明案"。即朝廷特意對於長期從事慈善事業的義邑團體的成員,給予每縣 200 人免除徭役的名額以資獎勵。爲了保證這些人名實相副,還制定了相應的考核條例。以上事實,正體現了國家對於義邑這種職能的利用與認肯。

第四,任何群體活動都需要組織者和領導者,宗族是以血緣關係爲基礎的社會組織,宗族領袖,在史書中常以宗豪稱之,則是這個組織的領導核心,他們往往具有雄厚的經濟和政治實力,而且在地方社會上擁有很高的威望。舉例來説,在今河北元氏縣,東魏時由趙氏兄弟發動二千餘人在凝禪寺修建三級浮圖,並設義食,施捨貧窘之人。這一舉措在鄉里社會產生了很大影響,元象二年(539 年),其鄉人中兵參軍鄭鑒與義邑二千餘人刊石勒銘,特別對此事予以追溯。銘文中提到,趙氏兄弟皆"宦敘衣冠,榮錦百里,率鄉賢道俗二千人等……詳造三級浮圖"[1]。只有在區域社會擁有較强實力及威望者,才有能力、有可能發起地方上的廣大民衆,組成義邑,建造塔、像,並設義食,施捨貧寒。宗族領袖發起義邑團體,帶領宗人和鄉黨從事各種

---

① 陸增祥:《八瓊室金石補正》卷一八,文物出版社,1985 年,第 105 頁。

宗教及世俗活動，並且成爲這個團體的組織者與領導者，既可使宗族組織凝而不散，也能獲得鄉里輿論的支持，前引中兵參軍鄭鑒等人刊石勒銘之事，即爲明證。勒石於通衢，方便來往行人的觀瞻，也便於宣傳趙氏兄弟的義行，這一舉措至少可以産生兩方面的影響：首先，使當地的民衆世世代代銘記趙氏的善行與義舉；其次，在那些到地方上巡查的官吏心中留下較爲深刻的印象。前者影響鄉間的評論，而鄉間的評論又與地方上的選舉制度直接相關，後者則使中央和地方進行選舉拔擢時有據可依。在某種程度上，可以説這爲組織者本人及其家庭成員步入仕途、介入地方社會的管理贏得了政治資本。

　　換個角度，若從官方的視角加以考量，義邑組織固然展現了潛藏於鄉里社會的生機與活力，以及民間團體强大的自組能力。但是，這種帶有宗教性質的民間社團，在它發展到一定程度時，便會成爲一種無法忽視的社會勢力，導致區域社會與中央政權之間産生離心傾向，尤其是在王朝末年，極易轉化成反政府的力量。一個顯而易見的事實是，教團組織中信衆的參與度及忠誠度越高，在地方上的影響力越大，它的政治及軍事潛力也便越大。北朝時期，的確不乏反政府勢力利用宗教結社、團聚信徒、宣傳教義、傳授秘法、組織武裝，成爲與政府對抗的武裝力量。北齊有陽平人鄭子饒，“詐依佛道，設齋會，用米麵不多，供贍甚廣，密從地藏漸出餅飯，愚人以爲神力，見信於魏、衛之間。將爲逆亂，謀泄，掩討漏逸。乃潛渡河，聚衆數千，自號長樂王，已破乘氏縣，又欲襲西兗州城”①。由於平時通過種種手段顯示“神迹”，面臨危急局面，這些人往往能夠迅速糾合人衆，組成武裝性的反叛集團，與中央政權相對抗，嚴重時，甚至會對時局産生重大影響。是故鄭子饒領導的起義雖然以失敗而告終，但對統治者的震撼却可想而知。北魏孝文帝時，孫淵在其上表中，對信徒們的聚會有過如下評議：“關右之民，自比年以來，競設齋會，假稱豪貴，以相扇惑，顯然於衆座之中，以謗朝廷，無上之心，莫此爲甚。愚謂宜速懲絶，戮其魁帥。不爾懼成黄巾、赤眉之禍。育其微萌，不芟之毫末，斧斤一加，恐蹈害者衆。”②日本學者塚本善隆則指出，根據北魏時期十件“佛教匪”的叛亂事件，可以看出在佛教信仰普及的社會，佛教教團是“佛教匪”聚結的紐帶③。臺灣學者劉淑芬也認爲，北魏太武帝滅佛的原因之一是將佛教信仰視爲團結的紐帶，北周武帝滅佛也有相同的考慮，北周滅北齊之後，縱觀全國，“從鄉村到城市都遍布着‘義邑’、‘法邑’的佛教信仰團體，從事着各種宗教活動。周武帝或有意借着全面滅佛的行動，徹底消除北齊境内人民，甚或是官民藉着佛教信仰作爲聚會、聯結的基礎”④。而這必然是統治者深感不安，無法容忍乃至必欲除之而後快的。

————————

①　郝春文：《東晉南北朝時期的佛教結社》。

②　魏收：《魏書》卷四七《盧玄傳附盧淵傳》，中華書局，1974 年，第 1048 頁。

③　塚本善隆：《北魏の佛教匪》，收入氏著《塚本善隆著作集第二卷・北朝佛教史研究》，大東出版社，1974 年，第 181 頁。

④　劉淑芬：《從民族史的角度看太武滅佛》，載《中古的佛教與社會》，第 44—45 頁。

北朝上層社會奢華之風述論①

陳志偉

（吉林大學文學院）

摘　要：北朝上層社會奢華之風昭著於史。物質的豐足集中爲奢華提供了基礎，宗室貴族極奢縱欲是其重要成因。奢華之風表現於日常生活、財婚、蓄妓、厚葬等幾方面。對社會生活產生了深刻影響，造成吏治腐敗，加劇社會矛盾，加速了王朝終結。

關鍵詞：北朝　社會生活　奢華

北魏中期以後，以上層社會爲中心的生活奢華現象在歷史上是很引人注目的。這種奢華見於日常生活的方方面面，對社會生活產生了深刻影響。

一、社會上層奢華成因分析

1. 物質上的豐足集中爲奢華之基礎

北魏統一北方，結束了十六國的割據混戰局面，安定的社會環境有利於社會生產。太武帝時，已開始吸取漢族統治階級治國經驗，勸課農桑，崇尚節儉，政府中出現了不少勤於職守的地方官吏，黃河流域的農業生產也逐步得到了恢復②。文明馮太后在位，勵精圖治，厲行節儉，打擊貪官污吏。孝文帝繼承祖母遺風，愛惜民力，生活儉樸，其改革促進了社會經濟的發展，使北方民戶大增，經濟實力不斷加强，奠定了北强南弱的基本格局。"魏累世强盛，東夷、西域貢獻不絕，又立互市以致南貨，至是府庫盈溢"③。正是由於幾代帝王的厲行節儉，發展了社會經濟，積攢了社會財富，才爲後人奢華創造了必不可少的物質條件。

北魏分裂後，東魏地區經濟發達，人口衆多。高歡扶植高澄，試圖對不法權貴稍加約束。

---

① 本文以"奢華"爲題，旨在探討梳理北朝時期社會出現的追逐享樂之風。以往人們對此類現象的稱謂很多，如奢侈、奢靡、奢汰、奢忲、奢泰、淫靡、荒淫、腐朽、糜爛等。但這些稱謂顯然都多少含有貶義，已不適合當今的歷史研究。爲確保史學研究的客觀公正，還歷史以本來面目，在研究中使用中性的、不含褒貶的詞彙，故取"奢華"以名之。

② 黎虎：《中古時代·三國兩晉南北朝時期》（下册），白壽彝：《中國通史》第五卷，上海人民出版社，1995 年，第 636 頁。

③ 《資治通鑑》卷一四九《梁紀五》"天監十八年"條。

高澄對不法權貴加以打擊,處死、黜免一大批貪贓枉法的貴族官僚。一時滿朝蕭然,頗有成效。高歡又多次清查户籍,搜括人口,以增加政府賦税收入。西魏宇文泰在經濟上積極勸課農桑,獎勵耕植。其衡量地方官吏政績的標準之一就是勸課農桑,因此地方官吏大都重視農桑生産,經濟逐漸發展,到宇文泰死之前,已經出現了一個倉廩充實的小康局面①。

北周武帝一生致力改革,在父親宇文泰勵精圖治的基礎上,實行了一系列改革措施,“所有這些改革措施,順應了歷史發展的要求,促進了生産力的解放,對當時經濟的恢復,社會的安定,起了積極的作用”②。

所以,綜觀北朝這一歷史時段,雖然戰亂給社會生産與經濟帶來一定程度的破壞,但所幸各代均有明君英主,厲行節儉,整飭吏治,恢復與發展了社會經濟,爲社會積累了一定的物質財富,從而爲少數人奢享縱樂提供了一定的便利條件。

2. 宗室貴族,倡引其風

奢華之風的盛行是少數上層鮮卑宗室貴族倡引的結果。鮮卑貴族利用自己政治經濟上的特權,聚斂財富,造成社會財富的極端不均。中原先進的文明文化,物質生活方式也讓從塞北來的鮮卑貴族大開眼界,目不暇接。“鮮卑貴族從未有過這樣豐裕的財富,也没有‘居安思危’的政治修養,統治者也没有進行道德方面的訓誡,於是整個貴族階層迅速墮落下去”③。正是在這種繁華的物質財富與生活面前,在暴發心態的驅使下,煽起了“瘋狂消費”的奢華之風。

一個更爲不可忽視的原因還在於,隨着鮮卑族進入中原,遊牧經濟向農業社會的過渡,政治漸趨穩定,戰事亦越來越少。尤其是孝文帝遷洛以後,鋭意文治漢化,重用漢族士人,更使鮮卑貴族、武人無用武之地,成爲名符其實的寄生階級。無論是留在代北,還是隨孝文帝南遷的鮮卑貴族,他們的生活都驟然出現了空白,失去了寄託。他們不像漢族士人那樣,有傳統文化的薰陶,聖賢的垂訓,可以寄情詩書,治家教子。面對漢族的文明,中原的物産,失去了以往的遊牧征戰,他們很自然地選擇了盡情享受眼前的物質財富。如此,奢華之風便以鮮卑貴族爲中心,極爲迅速地在上層社會中煽揚開來。

二、社會上層奢華表現

1. 日常生活

衣食住行乃人的基本需求與主要生活内容,上層貴族奢華之風首先即表現在日常生活中追求精美細緻,豪華講究。

（1）衣冠服乘

上層貴族衣著錦繡,極盡裝飾。如宗室元忠“愚而無智,性好衣服,遂著紅羅襦,繡作領,

---

① 黎虎:《中古時代・三國兩晉南北朝時期》,白壽彝:《中國通史》第五卷,第762頁。
② 黎虎:《中古時代・三國兩晉南北朝時期》,白壽彝:《中國通史》第五卷,第776頁。
③ 王永平:《論北魏後期的奢侈風氣——從一個側面看北魏衰亡的原因》,《學術月刊》1996年第6期。

碧綢褲,錦爲緣"①,靈太后"母臨天下,年垂不惑",仍然"過其修飾"、"盛服炫容"②。不僅在衣著上追求華麗,在出行乘從上亦追求排場闊氣。咸陽王元禧"衣被繡綺,車乘鮮麗"③,廣陽王元嘉"性好儀飾,車服鮮華,既居儀同,又任端首,出入容衛,道路榮之"④,司農張倫"最爲豪侈,齋宇光麗,服玩精奇,車馬出入,逾於邦君"⑤。

上行下效,上層貴族既極盡奢華之能事,加之以經濟發展,絲織品豐富,一些豪富階層如北魏洛陽城内那些擁資巨萬的富商大賈,也"金銀錦繡,奴婢緹衣"⑥。不僅主人衣着鮮麗,在某些家庭中,婢僕也得以盛飾華妝。

(2) 飲食日用

北朝上層社會在飲食方面竭力搜求四方珍異,鐘鳴鼎食、一擲千金者屢見不鮮,尤以宗室諸王爲最。《資治通鑒》卷一四九《梁紀五》"天監十八年"條載(此兩例《洛陽伽藍記》卷三《城南·高陽王寺》與卷四《城西·開善寺》亦記載):

> (高陽王雍)一食直錢數萬。李崇富埒於雍而性儉嗇,嘗謂人曰:"高陽一食,敵我千日。"

> 河間王琛,每欲與雍爭富,駿馬十餘匹,皆以銀爲槽,窗戶之上,玉鳳銜鈴,金龍吐旆。嘗會諸王宴飲,酒器有水精鋒,馬腦椀,赤玉卮,製作精巧,皆中國所無。又陳女樂、名馬及諸奇寶,復引諸王歷觀府庫,金錢、繒布,不可勝計。顧謂章武王融曰:"不恨我不見石崇,恨石崇不見我。"融素以富自負,歸而惋歎,臥疾三日。京兆王繼聞而省之,謂曰:"卿之貨財計不減於彼,何爲愧羨乃爾?"融曰:"始謂富於我者獨高陽耳,不意復有河間!"繼曰:"卿似袁術在淮南,不知世間復有劉備耳!"融乃笑而起。

宗室諸王攀富比貴,踵武晉何曾、石崇事迹,不以爲恥,競爲豪奢,無以復加。

其他各層官員大族,在飲食上亦各逞己能,不甘於後。王超"性豪華,能自奉養,每食必窮水陸之味"⑦,崔浩一家爲漢族士族,受儒家思想影響,在高級官僚中飲食已屬簡約,仍"衣則重錦,食則粱肉"⑧。北齊勳臣子弟韓晉明"一席之費,動至萬錢,猶恨儉率"⑨,北齊任胄"家本豐財,又多聚斂,動極豪華,賓客往來,將迎至厚"⑩,北齊元暉業"唯事飲啖,一日一羊,三日一犢"⑪。官僚、貴族以外,工商富民階層也常是"五味八珍,僕隸畢口"⑫。

---

① 《魏書》卷一九上《景穆十二王上·汝陰王天賜傳附元忠傳》。
② 《魏書》卷一九中《景穆十二王中·任城王雲傳附元順傳》。
③ 《魏書》卷二一上《獻文六王上·咸陽王元禧傳》。
④ 《魏書》卷一八《太武五王·廣陽王建傳附元嘉傳》。
⑤ 《洛陽伽藍記》卷二《城東·正始寺》。
⑥ 《洛陽伽藍記》卷四《城西·法雲寺》。
⑦ 《魏書》卷九三《王叡傳附王超傳》。
⑧ 《魏書》卷三五《崔浩傳》。
⑨ 《北齊書》卷一五《韓軌傳附韓晉明傳》。
⑩ 《北齊書》卷一九《任延敬傳附任胄傳》。
⑪ 《北齊書》卷二八《元暉業傳》。
⑫ 《洛陽伽藍記》卷四《城西·法雲寺》。

飲食上的極盡奢華與巨大需求必然刺激促進飲食業的發展,當時流傳的民諺中有"洛鯉伊魴,貴於牛羊"①,正説明了全社會已形成了對飲食名品的關注,也從側面展現了飲食業的繁榮興旺。

（3）居室宅第

居室宅第爲人類生活所必需,居住環境是物質生活奢華的另一重要表現。以皇室爲中心的社會上層廣興土木,興園造第。宣武帝於"九月丁酉,發畿内夫五萬五千人築京師三百二十坊,四旬罷"②。除此之外,還對華林園等皇家園圃進行擴建③。北齊後主高緯"自河清之後,逮於武平之末,土木之功不息,嬪嬙之選無已,徵税盡,人力殫,物産無以給其求,江海不能贍其欲"④。幼主高恒更是揮享無度,於土木興建所耗之物力可稱無以復加,濫徵民力,驅役百姓。

宗室貴族更極力追求居宅的豪奢、壯麗,大肆興造園林,"帝族王侯,外戚公主,擅山海之富,居川林之饒,爭修園宅,互相誇競。崇門豐屋,洞户連房;飛館生風,重樓起霧;高臺芳樹,家家而築;花林曲池,園園而有。莫不桃李夏緑,竹柏冬青"⑤。高陽王元雍"貴極人臣,富兼山海,居止第宅,白壁月楹,窈窕連亘,飛簷反宇,轇轕周通,……其竹林魚池,侔於禁苑,芳草如積,珍木連蔭"⑥。清河王元懌"勢傾人主,第宅豐大,逾於高陽。西北有樓,出凌雲臺,俯臨朝市,目極京師,古詩所謂'西北有高樓,上與浮雲齊'者也。樓下有儒林館、延賓堂,形制並如清暑殿,土山釣臺,冠於當世。斜峰入牖,曲沼環堂。樹響飛嚶,階叢花藥"⑦。河間王元琛"最爲豪首,常與高陽爭衡。其造文柏堂,形如徽音殿,置玉井金罐,以五色續爲繩"⑧。北海王元詳"珍麗充盈,聲色侈縱,建飾第宇,開起山池,所費巨萬矣。又於東掖門外,大路之南,驅逼細人,規占第宅"⑨。

當時宗室貴族多居洛陽城西壽丘里,俗稱王子坊,第宅園林競相爭勝。經河陰之變,諸王多遭屠戮。壽丘里之王侯第宅,多舍爲寺。"四月初八日,京師士女多至河間寺,觀其廊廡綺麗,無不歎息,以爲蓬萊仙室亦不是過。入其後園,見溝瀆蹇産,石蹬礁嶢,朱荷出池,緑萍浮水,飛梁跨閣,高樹出雲,咸皆嘖嘖,雖梁王兔苑想之不如也"⑩。從這些寺院中仍可看出當年繁華之遺迹。

其他各層官僚也競修園林,如司農張倫"最爲豪侈,齋宇光麗,服玩精奇,車馬出入,逾於邦君。園林山池之美,諸王莫及。倫造景陽山,有若自然。其中重巖復嶺,欹屼相屬。深溪洞壑,邐迤連接。高林巨樹,足使日月蔽虧;懸葛垂蘿,能令風煙出入。崎嶇石路,似壅而通;崢

① 《洛陽伽藍記》卷三《城南・龍華寺》。
② 《北史》卷四《魏本紀・世宗宣武帝》。
③ 華林園,起自魏明帝,名芳林園,齊王芳改爲華林。干寶《晉紀》:"泰始四年二月,上幸芳林園,與群臣宴,賦詩觀志。"見(北周)庾信《庾子山集注》,中華書局,1980年,第1頁。
④ 《北齊書》卷八《幼主高恒帝紀》。
⑤ 《洛陽伽藍記》卷四《城西・壽丘里》。
⑥ 《洛陽伽藍記》卷三《城南・高陽王寺》。
⑦ 《洛陽伽藍記》卷四《城西・冲覺寺》。
⑧ 《洛陽伽藍記》卷四《城西・壽丘里》。
⑨ 《魏書》卷二一上《獻文六王上・北海王詳傳》。
⑩ 《洛陽伽藍記》卷四《城西・壽丘里》。

嶸澗道，盤紆復直。是以山情野興之士，遊以忘歸"①。畢義雲"恣情驕侈，營造第宅宏壯，未幾而成"②。河陽郡公李綸興造園林，著名詩人庾信前往觀瞻，並作詩相贈③。當時的佞幸之人一旦得勢，也竭力廣增宅舍。《魏書·恩幸傳》對趙修、茹皓、寇猛、王椿、劉騰諸人營修第宅室宇的情況都有明確記載。

在這種風氣影響下，一些富商大賈也"僭制"建宅，"宅宇逾制，樓觀出雲，車馬服飾，擬於王者"④。

2. 財婚

財婚即婚姻中論資財索聘禮，婚禮上講排場競奢華的現象⑤，是奢華之風影響下的又一表現。

有關北朝財婚事例，典籍記載亦多。如北魏盧統"以父任，侍東宮。世祖以元舅陽平王杜超女，南安長公主所生妻之。車駕親自臨送，太官設供具，賜賚以千計"⑥，盧統被世祖太武帝拓跋燾賜婚，賞賚豐厚。北魏蕭寶夤"尋尚南陽長公主，賜帛一千匹，並給禮具"⑦。北齊參軍盧思道"私貸庫錢四十萬，聘太原王義女爲妻"⑧，爲湊妝奩而挪用庫款。北齊封述"一息，爲娶隴西李士元女，大輸財聘，及將成禮，猶競懸違。述忽取供養像，對士元打像作誓。士元笑曰：'封公何處常得應急像，須誓便用。'一息娶范陽盧莊之女，述又逕府訴云：'送驢乃嫌腳跛，評田則云咸薄，銅器又嫌古廢。'皆爲吝嗇所及，每致紛紜"⑨，議婚之時不顧物議討價還價。畢義雲"成婚之夕，衆儲備設，克日拜閣，明驌清路，盛列羽儀，兼差召吏二十人貴其鮮服侍從車後"⑩，婚禮排場盛大，顯富擺闊。

3. 蓄妓

上層社會奢華風起，蓄妓亦成顯貴之標識。北朝時期，王公顯貴大量蓄養美女婢妾，縱情聲色，尤其突出體現於蓄養家妓上。

宗室貴族恃財倚勢，得天獨厚。河間王元琛有"妓女三百人，盡皆國色。有婢朝雲，善吹篪，能爲《團扇歌》、隴上聲"⑪。咸陽王元禧"性驕奢，貪淫財色，姬妾數十，意尚不已，衣被繡綺，車乘鮮麗，猶遠有簡娉，以恣其情。由是昧求貨賄，奴婢千數，田業鹽鐵遍於遠近，臣吏僮隷，相繼經營"⑫。北齊清河王高岳"性華侈，尤悅酒色，歌姬舞女，陳鼎擊鐘，諸王皆不

---

① 《洛陽伽藍記》卷二《城東·正始寺》。
② 《北齊書》卷四七《畢義雲傳》。
③ 見(北周) 庾信《庾子山集注》，第 273 頁，《同會河陽公新造山池聊得寓目》。
④ 《洛陽伽藍記》卷四《城西·法雲寺》。
⑤ 陳鵬在其《中國婚姻史稿》中，將兩晉南北朝時期中婚禮中這種論資財、講排場的現象分爲"財婚"與"侈婚"兩個概念。筆者以爲，"財婚"與"侈婚"，皆由財而來，故統稱"財婚"，綜而論之。
⑥ 《魏書》卷三四《盧魯元傳附盧統傳》。
⑦ 《魏書》卷五九《蕭寶夤傳》。
⑧ 《北齊書》卷四二《袁聿修傳》。
⑨ 《北齊書》卷四三《封述傳》。
⑩ 《北齊書》卷四七《畢義雲傳》。
⑪ 《洛陽伽藍記》卷四《壽丘里·河間寺》。
⑫ 《魏書》卷二一《獻文六王上·咸陽王元禧傳》。

及也”①。

　　其他權貴富豪亦廣蓄妓妾，以適聲色之欲。元志“晚年耽好聲伎，在揚州日，侍側將百人，器服珍麗，冠於一時。及在雍州，逾尚華侈，聚斂無極，聲名遂損”②。李元護“妾妓十餘，聲色自縱。情欲既甚，支骨消削，須長二尺，一時落盡”③。北魏以後，蓄妓之風未減。北周李遷哲“妾媵至有百數”④，北周尉遲運被“授大將軍，賜以直田宅、妓樂、金帛、車馬及什物等，不可勝數”⑤，其中“妓樂”即家妓也。賜妓已成帝王常用的賞賜手段。

4. 厚葬

　　北魏宗室貴族普遍追求厚葬，其中一顯著特徵就是朝廷對王公顯貴之家的喪事大量賞賜財物，以助其隆喪。孝文帝太和二十三年（499 年）趙郡王元幹死，被賜“給東園秘器、斂服十五稱，賵帛三千匹，謚曰靈王，陪葬長陵”⑥。宣武帝時，宗室元嵩被害，“世宗爲嵩舉哀於東堂。賵絹一千匹，贈車騎將軍、領軍，謚曰剛侯”⑦。彭城王元勰死，“世宗爲舉哀於東堂，給東園第一秘器、朝服一襲、賵錢八十萬、布二千匹、蠟五百斤，大鴻臚護喪事”⑧。任城王元澄“神龜二年薨，年五十三。賵布一千二百匹、錢六十萬、蠟四百斤，給東園溫明秘器、朝服一具、衣一襲，大鴻臚監護喪事。詔百僚贈喪。贈假黃鉞、使持節、都督中外諸軍事、太傅、領太尉公；加以殊禮，備九錫，依晉大司馬、齊王攸故事，謚曰文宣王。澄之葬也，凶飾甚盛。靈太后親送郊外，停輿悲哭，哀動左右。百官會赴千餘人，莫不歔欷。當時以爲哀榮之極”⑨。元融陣亡，“肅宗爲舉哀於東堂，賜東園秘器、朝服一具、綵二千八百段”⑩。此類記載，在《魏書》中還有許多。在宗室貴族的這種影響帶動下，厚葬遂相沿成俗。

　　北魏以後，厚葬仍繼續蔓延發展。東魏孝靜帝時元孝友曾經上疏：“今人生爲皂隸，葬擬王侯，存没異途，無復節制，崇壯丘壟，盛飾祭儀，鄰里相榮，稱爲至孝。”⑪從“葬擬王侯”、“鄰里相榮”等字樣中可以看出厚葬已超出上層社會之範圍，延展至普通平民階層，成爲一個非常嚴重的社會問題。

三、社會上層奢華影響

　　興起於北魏中後期的奢華之風，持續時間既久，奢華程度驚人。其對社會所造成的影響也是深遠的、多方面的。

---

① 《北齊書》卷一三《清河王嶽傳》。
② 《魏書》卷一四《河間西元齊傳附元志傳》。
③ 《魏書》卷七一《李元護傳》。
④ 《周書》卷四四《李遷哲傳》。
⑤ 《周書》卷四〇《尉遲運傳》。
⑥ 《魏書》卷二一上《獻文六王上·趙郡王幹傳》。
⑦ 《魏書》卷一九中《景穆十二王中·任城王雲傳附元嵩傳》。
⑧ 《魏書》卷二一下《獻文六王下·彭城王勰傳》。
⑨ 《魏書》卷一九《任城王雲附元澄傳》。
⑩ 《魏書》卷一九下《景穆十二王下·章武王太洛附元融傳》。
⑪ 《魏書》卷一八《太武五王·臨淮王譚傳附元孝友傳》。

1. 聚斂攀比，貪污成風

奢侈與貪婪並生，物質條件是奢華的首要前提。以上層社會爲中心煽揚起奢華之風，影響所及，極大地促動了社會各層對財富的追逐欲望。

宗室貴族首當其衝，爲聚斂貪污之表率。咸陽王禧，身居宰輔之首，"而潛受賄賂"①，北海王詳"貪冒無厭，多所取納；公私營販，侵剝遠近"②。各層大小官吏搜求聚斂，貪污納賄。北魏趙叔隆"在郡無德政，專以貨賄爲事"③。鄭羲任職地方時，"多所受納，政以賄成"④。高聰"藉貴因權，耽於聲色，賄納之音，聞於遐邇"⑤。

北魏以後，貪污已成積重難返之勢，當權者亦無可奈何。統治者爲維持穩固自己的統治，不得不對貪污采取放縱優容態度，遂使吏治、官風進一步腐敗。

2. 加劇了各種社會矛盾，從而加速了王朝的終結

奢華的另一直接結果就是製造並擴大了社會的不平等，加劇了社會矛盾。奢華風氣的盛行蔓延，導致非生產性人口在總人口中的比例日益增大，貴族擁有大量奴婢、僮僕、妓妾，這些人脫離了生產性勞動，成爲貴族社會奢華生活的附屬物，這是對社會生產力的極大浪費。在奢華之風的侵蝕下，棄農從商者漸多，這些工商者致富後，也加入奢華的行列。

由奢華之風導致了貪污的盛行、氾濫，原本爲政清廉的官吏也被捲入貪賄濁流中，宗室貴族，漢族官僚，都以攫取財富、貪污搜刮爲目標。統治集團腐化墮落，失去生機與活力，嚴重毒化和敗壞了社會風氣。北朝各代奢華的最終結果便是激化了社會矛盾和衝突，使王朝迅速走向終結。

---

① 《魏書》卷二一上《獻文六王上·咸陽王禧傳》。
② 《魏書》卷二一上《獻文六王上·北海王詳傳》。
③ 《魏書》卷五二《趙逸傳附趙叔隆傳》。
④ 《魏書》卷五六《鄭羲傳》。
⑤ 《魏書》卷六八《高聰傳》。

《魏書·廣平王元懷傳》校補[*]

劉　軍

（吉林大學古籍研究所）

　　摘　要：廣平王元懷是北魏宣武皇帝的同母弟，見證了洛陽政局的演變和宗室政策的轉軌。這般重要的歷史人物，《魏書》其本傳却極簡略，現今僅存一殘句。校勘者歷來認爲此傳魏收原文早已亡佚，今文乃後人增補。然若細緻考查元懷與宣武帝的關係，還會發現他是太和末年奪嫡之爭的見證人和皇位的有力競爭者，兄弟二人反目成仇，演繹出人間悲劇。北魏史官懾於"國史獄"，對元懷事迹中涉及隱秘者加以刪改諱飾，魏收修史承襲其弊，才會産生如此問題。只有連綴相關史料及出土碑誌，方能粗略勾畫出元懷獨特的人生軌迹。

　　關鍵詞：魏書　元懷　宣武帝　宗室　王朝政治

　　廣平王元懷是北魏洛陽時代末期重要的政治人物，他是孝文皇子、宣武同母弟，可謂親尊莫二。然而，今本《魏書》卷二二其本傳殘闕最爲嚴重，現僅存一斷句："有魏諸王。召入華林別館，禁其出入，令四門博士董征，授以經傳。世宗崩，乃得歸。"《北史》卷一九《魏孝文六王·廣平王元懷傳》與之略同，惟句首多一"自"字，"世宗"改作"宣武"而已。據學者考證，今本《魏書》此卷抄襲《北史》，而《北史》又是魏收舊《魏書》的節録[①]。所以，有理由推斷，魏收當初修史時就沒有拿出一部完整的《廣平王元懷傳》；筆者甚至懷疑，魏收援引的北魏舊國史中有關廣平王元懷的資料曾遭到人爲損毀或塗改，令史家巧婦難爲無米之炊。這無疑給後世瞭解歷史真相帶來了困難，所幸我們可以連綴正史其他篇章裏的零星記載，並結合新近出土的石刻文獻，最大限度地恢復《廣平王元懷傳》的原貌，進而探尋元懷不同尋常的人生經歷，而最終的問題還在於揭示造成元懷文本缺漏的根源。

　　實際上，學界早已開始了類似的嘗試，最早的研究記録可以追溯到北宋，趙明誠《金石録》卷二一《後魏范陽王碑跋》利用元懷之子范陽王元誨碑辨正其謚號爲"武穆"，而非史書所載的"文穆"。降至清代，乾嘉考據之學甚盛，錢大昕《廿二史考異》卷二八《魏書一》充分注意到《廣

＊　基金項目：教育部人文社會科學規劃基金項目（11YJA770014）；吉林大學基本科研業務費科學前沿與交叉學科創新項目（2012QY046）；吉林大學"985 工程"建設基金項目資助。
①　《魏書》卷二二《孝文五王列傳》校勘記，中華書局，1974 年，第 594 頁。

平王元懷傳》存在的不尋常之處。但真正全面系統的還原工作是由羅振玉開啟的,他在《松翁近稿》"元懷墓誌跋"中采用二重證據法,根據元懷、元誨和元悌墓誌略考元懷生平履歷,隨後又作《魏書宗室傳注》及《校補》予以補充完善。不過,羅氏側重考證元懷的官爵名號和後嗣子孫,未曾觸及與之緊密相關的政治史領域。受此影響,郭玉堂《洛陽出土石刻時地記》,趙萬里《漢魏南北朝墓誌集釋》,范祥雍、周祖謨注釋《洛陽伽藍記》卷二《城東·平等寺》皆梳理文獻、史誌互證,爲整理元懷事迹做出了積極的努力。本文的研究就是在前人的基礎上,繼續拓寬學術視野,試圖找尋文獻背後的深刻內涵。

一、廣平王元懷年譜

研究的首要任務是利用零散且有限的資料爲元懷編撰比較完整的年譜。我們知道,時間敏感度匱乏是中古史書的通病,元懷在正史中同其他傳主一樣,均無明確的生卒年和主要活動時間的記録。幸好近代出土的《元懷墓誌》可以填補這一空白,誌文曰:"享年不永,春秋卅,熙平二年三月廿六丁亥薨。"元懷死於孝明帝熙平二年,即公元 517 年,時年 30 歲,由此反推他生於孝文帝太和十二年,即公元 488 年,這是推算整個年譜的時間基點。隨後進行史料編年,基本能夠探明各時段的信息。現將考證結論備舉如下:

(一)孝文帝太和十二年(488),元懷出生。《魏書》卷一三《皇后·孝文昭皇后高氏傳》、卷二二《孝文五王列傳序》及《元懷墓誌》均載,元懷與日後登基的宣武帝元恪同母,都是昭皇后高氏所生。宣武帝元恪生於太和七年(483),長元懷 6 歲。《元懷墓誌》説他是孝文帝第四子,這與《元懌墓誌》稱元懌爲第四子相悖。案:元懌死於神龜三年,享年 34 歲,則其生於 487年,長元懷 1 歲,所以元懷應爲孝文帝第五子,其上有兄元恂、元恪、元愉和元懌。造成這種偏差的原因,或許是《元懷墓誌》的作者將因謀反而被貶爲庶民的元恂排除在外。

(二)孝文帝太和十八年(494)十二月至次年二月間,北魏後宮系統在馮廢后的主持下南遷洛陽,元懷與兄元恪隨母高氏同行。孰料高氏途中暴薨於汲郡之共縣,此乃馮廢后扶植皇次子元恪,行新一輪"子貴母死"之陰謀①。元懷親睹這幕慘劇時已經 7 歲,生母的罹難及兄元恪在與後宮周旋時表露出的虛僞陰險必定給他幼小的心靈造成嚴重創傷,這也爲他的人生悲劇埋下了伏筆。

(三)據《魏書》卷七《孝文帝紀下》,太和廿一年(497)八月,元懷與元愉、元懌同時册封爲親王,元懷封廣平王,時年僅 10 歲。北魏後期自"五等開建"以來,親王開國食邑,例封二千户。廣平郡隸屬相州,當時專設內史②,以示王國與普通郡之區別。廣平乃河北富庶之地,能以此地立國顯見父皇的垂愛。

(四)宣武帝景明元年(500)至正始初年(約 505),元懷這時正值青春年華,他以親王之尊

---

① 劉軍:《試論北魏孝文帝太和末年的奪嫡之爭》,《河南師範大學學報(哲學社會科學版)》2012 年第 3 期。
② 廣平內史分見《魏書》卷三二《封懿傳附封琳傳》,第 763 頁;卷四九《崔鑒傳附崔秉傳》,第 1104 頁;卷六一《畢衆敬傳附畢聞慰傳》,第 1364 頁;卷七一《裴叔業傳附裴芬之傳》,第 1568 頁。

釋褐，起家官是正三品的侍中。遍檢史書，元懷生前首見之官職就是侍中[①]，按照北魏後期的禮法，皇子册封親王例除侍中，如文成皇子安豐王元猛，獻文皇子咸陽王元禧、趙郡王元幹、廣陵王元羽、高陽王元雍、北海王元詳和彭城王元勰，孝文皇子清河王元懌等[②]，可知此職乃親王獨享的起家官。又《元懷墓誌》載其死後贈官爲“使持節、假黄鉞、都督中外諸軍事、太師、領太尉公，侍中、王如故”。“侍中、王如故”更説明侍中與王爵是緊密相連的，元懷無疑憑此官解巾。元懷儘管年少，却能列席朝會，現場觀摩朝廷政務，這也是北魏給予宗王的特别恩遇。《元遙墓誌》載，墓主元遙“年十三，爲高祖所器，特被優引朝會，令與諸王同”[③]。元懷躋身朝堂，年少輕狂，不經意間鋒芒畢露。史載景明四年(503)，恩倖趙脩失勢，被尚書右丞元紹杖斃，元懷下朝後拜賀紹曰：“阿翁乃皇家之正直，雖朱雲、汲黯何以仰過。”[④]趙脩雖身敗名裂，但畢竟還是皇帝的心腹爪牙，元懷草率的表態將自己徹底置於皇權的對立面上。在生活方面，元懷亦不知收斂，與京兆王元愉“頗相誇尚，競慕奢麗，貪縱不法”[⑤]。實際上，侈靡之風在洛陽時代的官貴上層極爲流行，元懷自然無法免俗。《洛陽伽藍記》卷三《城南·高陽王寺》有云：“當世富貴，高陽、廣平。”能與日食數萬錢的高陽王元雍比肩，足證元懷財富之巨。僅就房産而言，除墓誌所載的乘軒里王府外，見於史籍的還有兩處：一在孝敬里，後舍爲平等寺，其“堂宇宏美，林木蕭森，平臺復道，獨顯當世”；另一在融覺寺以西，後舍爲大覺寺，這裏“北瞻芒嶺，南眺洛汭，東望宫闕，西顧旗亭”，地理位置非常優越，而且“林池飛閣，比之景明”[⑥]。宣武帝初年，元懷的驕奢淫逸也影響到王國僚佐。《魏書》卷五八《楊播傳附楊昱傳》：“(元)懷好武事，數出遊獵，(王府左常侍李)昱每規諫。正始中，以京兆、廣平二王國臣，多有縱恣，公行屬請，於是詔御史中尉崔亮窮治之。”正始中立案調查，則必於之前的景明、正始初年事發。王國事件是宣武帝整肅孝文諸王的導火索，也是元懷人生的拐點。總而言之，宣武帝初期是元懷最後的歡愉時光。

（五）正始三年(506)至永平元年(508)，元懷連同其他兄弟遭長期監禁，人身自由被剥奪。上文已述，廣平等王國官佐仰仗權勢、横行無忌，給宣武帝整治孝文諸王提供了口實。《魏書》卷六六《崔亮傳》：“侍中、廣平王懷以母弟之親，左右不遵憲法，敕（御史中尉崔）亮推治。”此事很快牽連到元懷本人，治書侍御史陽固上疏劾奏其暴虐不法之狀[⑦]，宣武帝由是“詔宿衛隊主率羽林虎賁，幽守諸王於其第”[⑧]，後來乾脆把他們“召入華林别館，禁其出入”[⑨]。此

---

① 《魏書》卷六六《崔亮傳》，第1477頁。
② 劉軍：《北魏宗室階層研究》，吉林大學博士學位論文，2009年，第114—115頁。
③ 趙超：《漢魏南北朝墓誌彙編》，天津古籍出版社，2008年，第93頁。
④ 《魏書》卷一五《昭成子孫·常山王遵傳附紹傳》，第376頁。另見同書卷九三《恩倖·趙脩傳》，但均無明確紀年。司馬光《資治通鑒》卷一四五《梁紀一》（中華書局，1956年，第4535頁）繫此事於梁武帝天監二年(503)，即北魏宣武帝景明四年。
⑤ 《魏書》卷二二《孝文五王·京兆王愉傳》，第590頁。
⑥ 分見楊衒之、范祥雍《洛陽伽藍記校注》卷二《城東·平等寺》、卷四《城西·大覺寺》，上海人民出版社，1978年，第104、234頁。
⑦ 《魏書》卷七二《陽尼傳附陽固傳》，第1603頁。
⑧ 《魏書》卷二一《獻文六王下·彭城王勰傳》，第581頁。
⑨ 《魏書》卷二二《孝文五王·廣平王懷傳》，第592頁。北魏華林園雖是皇家苑囿，但内設别館監獄，常駐禁軍，囚禁諸王於此，有監管之便利條件。參見李文才《魏晉南北朝時期的華林園》，《魏晉南北朝隋唐政治與文化論稿》，世界知識出版社，2006年，第149頁。

事發生在正始中，確切地説是正始三年（506）十一月，因爲當月甲子日宣武帝便迫不及待地"爲京兆王愉、清河王懌、廣平王懷、汝南王悦講《孝經》於式乾殿"①。人所共知，《孝經》是儒家教忠教孝之書，孝道藴含的順從精神移入"國"之場域就衍生爲對君主無條件的"忠"，宣武帝爲諸弟演説孝經，根本目的是宣示皇權的神聖不容侵犯，警誡他們謹守臣職，勿生覬覦之念。爲加速諸王的思想改造，宣武帝"令四門博士董征，授以經傳"②。《魏書》卷八四《儒林·董征傳》可與之相印證，"（董征）太和末，爲四門小學博士。後世宗詔徵入琁華宫，令孫惠蔚問以《六經》，仍詔徵教授京兆、清河、廣平、汝南四王，後特除員外散騎侍郎"，正是他教授有功，故破格提升員外散騎侍郎這一顯職。孝文諸王首先蒙恩開釋的是京兆王元愉，他於正始四年（507）外放冀州刺史③，但他旋即反叛，不久兵敗身死。元懷至遲於永平元年（508）獲釋，而非本傳所載"世宗崩，乃得歸"，因爲當年九月，他與彭城王元勰、廣陽王元嘉、清河王元懌及外戚高肇一道入宫宴飲④，而當夜元勰被密裁算是對他的震懾和警告。

（六）永平二年（509）至延昌四年（515），元懷步入成年，解禁擔當職務。永平元年（508）冀州京兆王元愉叛亂被掃平後，朝野上下對宣武帝苛禁宗室的做法頗多非議。如任城王元澄"常恐不全，乃終日昏飲，以示荒敗。所作詭越，時謂爲狂"⑤。此爲消極的抗爭。朝臣陽固鑒於"宗室大臣，相見疏薄"的事實創作《南、北二都賦》，間接加以諷諫⑥。在多重壓力下，宣武帝開始啟用孝文諸王，元懷被委以司州牧的重任，負責京畿地區的行政管理。吴廷燮《元魏方鎮年表》將此任命繫於永平二年（509），直至延昌四年（515）遷轉。在此期間，皇帝爲便於元懷履行使命，當然更主要的是搪塞社會輿論，在延昌元年（512）正月，晉其號爲驃騎大將軍、儀同三司，位居從一品，二職俱爲散階，雖無實權，却使等第威望陡然提升。元懷利用司州牧的許可權，開始向皇權策動有限的反抗，以宣洩内心的憤懣和不滿。典型事例見《魏書》卷六八《甄琛傳附甄侃傳》，帝黨人物甄琛長子甄侃"以酒色夜宿洛水亭舍，毆擊主人，爲司州所劾，……廣平王懷爲牧，與琛先不協，欲具案窮推。琛託左右以聞，世宗遣白衣吴仲安敕懷寬放，懷固執治之。久乃特旨出之。侃自此沉廢，卒於家"。又同書卷六六《崔亮傳》，爲報當年御史中尉崔亮窮治推案之仇，元懷在宫廷宴會上"恃親使忿，欲陵突亮。亮乃正色責之，即起於世宗前，脱冠請罪，遂拜辭欲出"。元懷還刻意提拔與帝黨有隙的鄭道昭和元匡爲司州中正⑦，執掌京畿士人閥閲的品評。針對皇帝的回擊至延昌四年（515）正月宣武帝大喪之日抵達頂點，元懷"欲

① 《魏書》卷八《宣武帝紀》，第 203 頁。
② 《魏書》卷二二《孝文五王·廣平王懷傳》，第 592 頁。
③ 吴廷燮：《元魏方鎮年表》，二十五史刊行委員會：《二十五史補編》第四卷，中華書局，1955 年，第 4580 頁。
④ 《魏書》卷二一《獻文六王下·彭城王勰傳》，第 582 頁。
⑤ 《魏書》卷一九《景穆十二王中·任城王雲傳附澄傳》，第 473 頁。
⑥ 《魏書》卷七二《陽尼傳附陽固傳》，第 1604 頁。
⑦ 《魏書》卷五六《鄭羲傳附鄭道昭傳》，第 1241 頁。鄭道昭所出的滎陽鄭氏與宗王勢力關係密切，宣武帝初年，鄭思和參與咸陽王元禧謀逆，鄭道昭曾坐緦親親出禁。另據同書卷一九《景穆十二王上·廣平王洛侯傳附匡傳》，元匡與宣武帝舅父尚書令高肇素來不睦，"時世宗委政於肇，朝廷傾憚，唯匡與肇抗衡。先自造棺，置於廳事，意欲輿棺詣闕，論肇罪惡，自殺切諫。肇聞而惡之"。

上殿哭大行,又須入見主上"①,意在挾持新君、淩駕群臣,此事關係重大,後文還將詳論,茲不贅述。

（七）延昌四年（515）至熙平二年（517）,元懷臨近而立之年,他終於掙脫皇兄的枷鎖,登上權力地位的巔峰。《洛陽伽藍記》卷四《城西·沖覺寺》:"延昌四年,世宗崩,（清河王）懌與高陽王雍、廣平王懷並受遺詔,輔翼孝明。"可知,元懷奉先皇遺詔輔政。延昌四年（515）二月,元懷晉升司空,與新任太傅、領太尉、高陽王元雍和司徒、清河王元懌並列三公;八月,元雍被權臣於忠廢黜,清河王元懌升任首輔大臣,元懷則遞補元懌太保、領司徒之缺,與司空、任城王元澄結成新的輔政格局②;十二月,元懷又與復出的太師元雍、太傅元懌,後父中書監、侍中胡國珍連袂"入居門下,同厘庶政"③。不過,孝明帝初期的輔政大臣徒有其表,並無實權,只能秉承强後和權臣意旨受成事而已。如議封權臣於忠常山郡開國公事④,奏增胡太后姻戚江陽王元繼食邑户數等⑤。不難看出,元懷在此過程中不過是裝點時局的擺設。以上是在公權層面,在宗室"私"的家族場域,元懷貴爲皇叔,有資格進入宗師召集的宗議,裁決皇族内部事務⑥。例如調查奏報蘭陵長公主與駙馬都尉劉輝夫妻不和一事⑦。元懷最後一次公開露面是熙平二年（517）三月廿二日癸未,與群臣商討太常寺提出的改革祭祀事宜之議案⑧。短短四天後,即三月廿六日丁亥便撒手人寰,結束了短暫的一生⑨。值得一提的是,元懷的喪禮格外隆重,其墓誌云:"追崇使持節、假黄鉞、都督中外諸軍事、太師、領太尉公,侍中、王如故。顯以殊禮,備物九錫,謚曰武穆,禮也。及葬,皇太后輿駕親臨,百官赴會。"就贈官而言,由原職太保、領司徒進階爲太師、領太尉,額外加使持節、假黄鉞和都督中外諸軍事則屬破格追贈⑩,而班授"九錫",太后攜百官臨喪更是人臣少有的榮寵。這些舉動旨在表明朝廷對元懷的褒獎,在某種意義上也是對他早年痛苦遭遇的補償。

二、廣平王元懷與宣武帝的矛盾

以上,我們編聯史料,依時間序列對廣平王元懷曲折的人生作了比較全面的回顧。從中不難發現,影響元懷一生至深者莫過其同母兄宣武帝元恪。兄弟之間相煎太急,歸根結底還是"權力"二字在作祟,現截取元懷生命中的若干片段予以説明。由此視角切入,或可在文獻學之外尋覓《魏書》元懷本傳殘破不堪的政治因素。

---

① 《魏書》卷六七《崔光傳》,第 1491 頁。
② 《魏書》卷九《孝明帝紀》,第 221—222 頁。
③ 《魏書》卷八三《外戚下·胡國珍傳》,第 1833 頁。
④ 《魏書》卷三一《于栗磾傳附於忠傳》,第 743 頁。
⑤ 《魏書》卷一六《道武七王·京兆王黎傳附繼傳》,第 402 頁。
⑥ 劉軍:《拓跋宗師考述》,《唐都學刊》2012 年第 1 期。
⑦ 《魏書》卷五九《劉昶傳附劉輝傳》,第 1312 頁。
⑧ 《魏書》卷一〇八《禮志二》,第 2762 頁。
⑨ 《魏書》卷一〇五《天象志二》載元懷死於熙平二年二月,顯誤。
⑩ ［日］窪添慶文:《關於北魏的贈官》,《文史哲》1993 年第 3 期。

　　首先，元懷是宣武帝奪嫡内幕的知情人和皇位潛在的競争者，這就注定了二人矛盾的不可調和性。我們知道，孝文帝欽定的皇儲本是林皇后所生的元恂，林皇后依"子貴母死"祖制賜死後，元恂由文明馮太后撫育，但當馮太后離世，他的撫養權被孝文帝全盤接管，而未旁落繼續執掌後宮的馮氏諸后。馮太后的侄女廢后和幽后一心想效仿姑母操縱儲君，以期未來把持朝政，目標鎖定爲皇次子元恪，在南遷路上謀害其生母高氏，並處心積慮地誣譖元恂，使元恪取而代之①。需要注意的是，年僅12歲的元恪落入馮氏魔爪，竟能不露聲色、沉着機智地與殺母仇人周旋。《魏書》卷一三《皇后·孝文昭皇后高氏傳》："世宗之爲皇太子，三日一朝（馮）幽后，后拊念慈愛有加。高祖出征，世宗入朝，必久留後宫，親視櫛沐，母道隆備。"元恪堅韌隱忍，意在利用馮氏確保既得的皇儲地位，其城府之深甚至令孝文帝慨歎："吾固疑此兒有非常志相，今果然矣。"②元恪奪嫡本屬醜惡的宫闈内幕，一旦曝光勢必辱没皇權的威嚴，甚至動摇皇位的穩固。所以，他即位後對於知情者必欲剷除而後快，皇叔咸陽王元禧、北海王元詳、彭城王元勰之死與之不無關聯③。而元懷自幼與母兄生活，元恪争位始末及其爲人的陰險刁毒他是一清二楚的，因此在劫難逃。對元恪來説，他既能聯手馮后陰謀易儲，其他孝文皇子就能如法炮製，勾結别的勢力將其推翻。同時，遊牧行國時代兄終弟及的君位繼承傳統依稀尚存，前朝獻文、孝文兩帝被逼禪讓的教訓仍歷歷在目，作爲資格對等的競争者，孝文皇子一俟時間成熟，必定重演奪位之争。而在諸皇子當中，元懷憑藉與皇帝同母的優勢繼承順位最靠前，威脅也就最大，這才是元懷倍遭猜忌的根源。宣武帝抑制元懷諸親王蓄謀已久，《魏書》卷八三《外戚下·高肇傳》："（高肇）以北海王詳位居其上，構殺之。又説世宗防衛諸王，殆同囚禁。"標誌着北魏宗室政策的重大轉變，元懷無疑是這場變故最大的犧牲品。

　　其次，正始年間的王國事件是宣武帝迫害元懷的開始。北魏王國體制較爲特殊，王以郡立國却不"之"國，王官平素在都城洛陽的王府中辦公，或隨王至外藩參贊政務。元懷身份高貴，王官必上選高門子弟，史書有傳者如王國友李郁出自趙郡李氏；郎中令穆弼出自勳臣八姓，薛崇業出自河東蜀薛，宋變、宋翻出自廣平宋氏；文學崔楷出自博陵崔氏；常侍許瑒出自高陽許氏，陰遵和出自武威陰氏，楊昱出自弘農楊氏，房悦出自清河房氏④。廣平王國屬官與元懷朝夕相處，維持君臣之義，元懷以此爲紐帶與北方士族結成黨羽，逐漸引起宣武帝的警覺，終於正始三年（506）東窗事發。《魏書》卷五六《崔辯傳附崔楷傳》："正始中，以王國官非其人，

<hr/>

① 劉軍：《試論北魏孝文帝太和末年的奪嫡之争》。
② 《魏書》卷八《宣武帝紀》，第215頁。
③ 《魏書》卷一三《皇后·孝文幽皇后傳》載，孝文帝太和末密審馮幽后："惟彭城王侍疾左右，具知其事。"孝文帝又與幽后密談於含温室，特地唤彭城王元勰、北海王元詳入坐；孝文帝駕崩後，北海王元詳奉遺詔賜死幽後；咸陽王元禧更是直言："若無遺詔，我兄弟亦當作計去之，豈可令失行婦人宰制天下，殺我輩也。"可見，太和末年禍起蕭墻，輔政宗王多親身經歷。
④ 分見《魏書》卷五三《李孝伯傳附李鬱傳》，第1178頁；卷二七《穆崇傳附穆弼傳》，第675頁；卷四二《薛辯傳附薛崇業傳》，第943頁；卷六三《宋弁傳附宋變傳》，第1418頁；卷七七《宋翻傳》，第1689頁；卷五六《崔辯傳附崔楷傳》，第1253頁；卷四六《許彦傳附許瑒傳》，第1038頁；卷五二《陰仲達傳附陰遵和傳》，第1163頁；卷五八《楊播傳附楊昱傳》，第1291頁；卷七二《房亮傳附房悦傳》，第1622頁。

多被刑戮,惟楷與楊昱以數諫獲免。"史載,當時廣平王國屬官"伏法於都市者三十餘人,其不死者悉除名爲民"①,幾乎一掃而光。經此事變,元懷的羽翼被悉數翦除,隨後只得束手就擒、引頸待戮。該案對政局造成劇烈衝擊,它與同期執行的三蕃王親疏世減之法相配合,加緊了對宗王封國的削弱和控制。

再次,宣武帝對元懷厲行"附益法",壓縮其人際網絡,使之徹底陷入孤立。宗室是北魏統治的基石,優禮宗室是北魏的既定國策,朝廷給予宗室寬裕的活動空間,對正常的社會交往不加干預,宗室結交名流賢達於是蔚然成風。如元羅"望傾四海,於時才名之士王元景、邢子才、李獎等咸爲其賓客,從遊青土"②。中山王元熙"交結偉俊,風氣甚高,名美當世,先達後進,多造其門。始熙之鎮鄴也,知友才學之士袁翻、李琰、李神俊、王誦兄弟、裴敬憲等咸餞於河梁,賦詩告別"③。臨淮王元彧"僚采成群,俊民滿席"④。元懷亦虛襟待士,以營聲譽。他曾延聘北方儒宗徐遵明到館講學⑤;禮遇狂放不羈的太原士族王瓊,贈以駿馬雕鞍的舉動更使他蜚聲海內⑥。元懷享譽士林,名望與日俱增,迫使宣武帝重拾漢代附益之法予以防限,"禁懷不通賓客者久之"⑦,主動攀附者則要遭受懲罰。如司徒東閣祭酒邢晏"世宗初,爲與廣平王懷游宴,左遷鄭縣令"⑧。散騎常侍崔休"廣平王懷數引談宴,世宗責其與諸王交遊,免官"⑨。皇帝嚴格限制宗王的交際,證明雙方關係的緊張。

第四,延昌四年(515)正月己未發生的哭喪事件是元懷向權力核心發起的最後衝擊。事情原委詳見《魏書》卷六七《崔光傳》:"帝崩後二日,廣平王懷扶疾入臨,以母弟之親,徑至太極西廡,哀慟禁內,呼侍中、黃門、領軍、二衛,云身欲上殿哭大行,又須入見主上。諸人皆愕然相視,無敢抗對者。(侍中崔)光獨攘衰振杖,引漢光武初崩,太尉趙憙橫劍當階,推下親王故事,辭色甚屬,聞者莫不稱善,壯光理義有據。懷聲淚俱止,云侍中以古事裁我,我不敢不服。於是遂還,頻遣左右致謝。"崔光抗拒元懷所引典故見《後漢書》卷二六《趙憙傳》:"及帝崩,(太尉趙)憙受遺詔,典喪禮。是時藩王皆在京師,自王莽篡亂,舊典不存,皇太子與東海王等雜止同席,憲章無序。憙乃正色,橫劍殿階,扶下諸王,以明尊卑。"漢代故事對北魏的影響力由此可見一斑。不過,二者具有本質的差別:後者是純粹的禮儀事件,太尉趙憙捍衛的是君臣間的等級秩序;前者却是詭譎的政治事變,侍中崔光粉碎的是元懷挾制新君、號令天下的不軌企圖。簡單地説,元懷與宣武帝早已恩斷義絕,臨喪時的哀慟無從談起,他用嚎哭掩飾複雜的心緒:既訴説蒙受的冤屈,又感慨世事的無常,主要還是表達對皇帝的憤恨。至於強行上殿面君顯然是要脅天子以令諸侯,算得上君臣矛盾的總清算。正因爲持有非分之想,元懷在被崔光阻過後才會"聲淚俱止",草草收場。

① 《魏書》卷五八《楊播傳附楊昱傳》,第 1291 頁。
② 《魏書》卷一六《道武七王·京兆王黎傳附羅傳》,第 408 頁。
③ 《魏書》卷一九《景穆十二王下·南安王楨傳附熙傳》,第 504 頁。
④ 《洛陽伽藍記》卷四《城西·法雲寺》,第 201 頁。
⑤ 《魏書》卷八四《儒林·徐遵明傳》,第 1855 頁。
⑥ 《魏書》卷三八《王慧龍傳附王瓊傳》,第 878 頁。
⑦ 《魏書》卷六六《崔亮傳》,第 1477 頁。
⑧ 《魏書》卷六五《邢巒傳附邢晏傳》,第 1448 頁。
⑨ 《魏書》卷六九《崔休傳》,第 1526 頁。

足見,兄弟間積怨之深,即便一方已經離世仍無法消解。

三、《魏書》元懷本傳殘闕的原因

　　如前所述,廣平王元懷始終生活在宣武帝專制皇權的陰影下,承受着權力的重壓,他的悲慘命運爲王朝政治泯滅人性作了生動的注腳。但當史官修撰國史時却面臨着由此引發的空前的政治風險,因爲元懷的不幸遭遇關乎宣武帝的施政和皇家的體面,處置不當極易招致"國史獄"。田餘慶先生敏鋭指出,北魏自道武朝鄧淵《代記》案和太武朝崔浩《國書》案後,"備而不典"、"暴揚國惡"便成爲懸在史官頭上的利劍,"當途者既貪求國史之譽,又深畏國史之毀;既不能不標榜直筆實録,又吹毛求疵於直筆實録之中"①。受此風氣薰染,北魏史官記述元懷敏感事迹及皇室内訌必然戰戰兢兢、如履薄冰。又據史書記載,負責編修宣武朝史事者有崔光、崔鴻、王遵業、房景先、許絢、封肅等②。令人驚奇的是,衆人都或多或少地與元懷有過瓜葛。崔光曾攔截元懷上殿哭喪,崔鴻則是崔光的侄子,王遵業的父親王瓊備受元懷青睞,房景先的族人房悦和許絢的堂叔許璣曾任元懷王國常侍,封肅的父親封琳是廣平王國内史。所以,他們在處理元懷一類材料時會格外審慎,以免招惹嫌疑、引火焚身。比如監領史館的崔光"撰魏史,徒有卷目,初未考正,闕略尤多";繼任的崔鴻亦畏首畏尾,即便所著《十六國春秋》"有與國初相涉,言多失體,且既未訖,迄不奏聞"③,更何況是相距不久的宣武朝事。筆者據此推斷,北魏舊國史中元懷的篇章起初空有名目,是無人觸碰的空白;後來爲應付皇差才陸續補入極端簡略且無關痛癢的綱要,儘管這樣還會有人惴惴不安,私下删改;降至北齊天保年間,魏收重修《魏書》不加詳審,全盤照抄,於是産生了本文提出的問題。進而言之,《北史》及今本《魏書》元懷本傳的殘闕並非古籍傳承過程中的散佚,其底本的原貌可能就是如此。唐宋時期的各類典籍中找不到任何與元懷相關的佚文亦可佐證這一點。由是看來,《魏書·孝文五王列傳》各篇章的修撰情況堪稱宣武政局的晴雨表,元懷是宣武帝與孝文諸王矛盾的焦點,他對皇位的威脅最大、與皇帝的關係最緊張、雙方較量最激烈、牽扯細節最隱秘、史官記載顧慮最多,故其本傳殘闕得最嚴重。從這個意義上説,《魏書》元懷本傳呈現出的怪異特點完全是權力角逐的結果,彰顯出中國古典史學的政治屬性和現實導向。

　　綜上所述,今本《魏書·廣平王元懷傳》僅剩隻言片語,武英殿本《考證》認爲這是"魏收書闕,後人所補",未必符合事實。北魏史官懾於"國史獄"而頻繁删節的可能性也不能排除。該傳的缺略具有深刻的政治内涵和現實根源,它是宣武帝排斥異己、鞏固專制皇權的必然産物,也是利益吞噬親情的歷史見證。元懷曲折坎坷的人生經歷以及他與皇帝的恩怨情仇早已湮没無聞,爬梳史料也只能勾勒出大致的輪廓,但那殘文斷句間滲透出的分明是王朝政治的斑斑血淚。

---

① 田餘慶:《拓跋史探》,生活·讀書·新知三聯書店,2011年,第230頁。
② 分見《魏書》卷六七《崔光傳》,第1491頁;同卷《崔光傳附崔鴻傳》,第1501頁;卷三八《王慧龍傳附王遵業傳》,第878頁;卷四三《房法壽傳附房景先傳》,第978頁;卷四六《許彦傳附許絢傳》,第1038頁;卷八五《文苑·封肅傳》,第1871頁。
③ 《魏書》卷六七《崔光傳附崔鴻傳》,第1502—1503頁。

略論北魏與柔然的關係及北魏對柔然社會發展的影響*

韓雪松

（吉林大学文学院）

摘　要：北魏與柔然都是南北朝時期崛起於我國北方的少數民族政權，在雙方並存的歷史時期內，對立衝突與友好往來始終相互交錯、此起彼伏。在這一歷程中，北魏作爲一個先期接受中原文化影響的少數民族政權對柔然的政治、經濟、文化形態的調整産生了很大影響，客觀上爲推動柔然社會的發展做出一定的貢獻，對促進南北朝時期北方社會的發展也起了積極的作用。

關鍵詞：北魏　柔然　少數民族　外交

在北魏政權紛繁複雜的對外關係中，北方草原的柔然是其中十分重要的一支，在雙方共存的近一個半世紀裏，對立衝突與友好往來始終相互交錯、此起彼伏。在這一歷程中，北魏作爲一個先期接受中原文化影響的少數民族政權對柔然的政治、經濟、文化形態的調整産生了很大影響，對促進南北朝時期北方的社會發展也起了積極的作用。

一、北魏與柔然曲折反復的雙邊關係

柔然是 5 到 6 世紀崛起於我國北方的一個遊牧民族，《南齊書》作"芮芮"，《魏書》、《北史》作"蠕蠕"。柔然是東胡的苗裔，始祖木骨閭，早期曾隸屬於拓跋鮮卑，西晉末年，逐步擺脱拓跋鮮卑的控制。其第四代統治者地粟袁死後，其部分爲二：長子匹候跋轄東部，居今内蒙自治區河套東北、陰山以北一帶原柔然遊牧地；次子緼紇提統西部，即今河套向西直到内蒙古額濟納旗一帶。代爲前秦所滅後，柔然曾一度依附於鐵弗匈奴劉衛辰部。北魏建立後道武帝拓跋珪向柔然發動進攻，匹候跋和緼紇提皆率部歸附北魏。北魏分化了緼紇提的部衆，將緼紇提與諸子盡遷入雲中，而允許匹候跋部繼續留居漠北草原。北魏道武帝登國九年（394），緼紇提之子曷多汗與社崙率部衆西逃，曷多汗爲長孫肥追殺，社崙投奔叔父匹候跋，後殺死匹候

---

* 基金項目：教育部人文社會科學研究一般項目（11YJA770014）；吉林大學人文學科基礎研究專項項目（2012ZZ004）。

跋,掠五原以西部落,北渡大漠而去。社崙爲躲避北魏的襲擊,勢力逐漸由漠南轉移到漠北,繼而併吞西北的匈奴餘種及周邊部落,周圍的小國亦因苦其寇抄,羈縻相附,一時其勢力所及,"西則焉耆之地,東則朝鮮之地,北則渡沙漠,窮瀚海,南則臨大磧"①。北魏道武帝天興五年(402),社崙自號"丘豆伐可汗",意爲"駕馭開張之主",在鹿渾海建立汗庭。

柔然建立後不斷對北魏北境進行寇擾和掠奪,自明元帝之世起迄於太武帝神䴥初年,幾至"無歲不驚"②,不僅劫掠北魏的大量財物、牲畜、生口,嚴重威脅北魏的北部邊境,更極大牽制了北魏的南征、東討,成爲北魏進取中原的後顧之憂。神䴥二年(429),太武帝拓跋燾欲南顧中原,爲防止與劉宋交戰時腹背受敵,決定先滅柔然,遣將率軍分東西兩路對柔然進行軍事打擊,致使柔然可汗,社崙季父之子大檀率部西走。太武帝拓跋燾率軍追至兔園水,然後分軍搜討。此戰北魏戰績輝煌,"凡所俘虜及獲畜產車廬,彌漫山澤,蓋數百萬"③。柔然則元氣大傷,政權的統治基礎幾乎毀於一旦。大檀憤恚發疾死,其子吳提繼位,號敕連可汗。神䴥四年(431),吳提爲恢復和重整國力遣使北魏,貢馬以求通好。北魏連年用兵同樣需要休養生息,故而對柔然也采取了友好的回應,"厚賓其使而遣之"④。延和三年(434)二月,吳提又娶西海公主爲妻,拓跋燾則遣使納吳提妹爲夫人,後進至左昭儀。吳提命其異母兄禿鹿傀以左右數百人送妹至北魏,並獻馬二千匹。拓跋燾亦班賜甚厚。同年八月、太延元年(435)二月,柔然又兩次遣使朝貢,雙方關係暫時進入和平的軌道。

但這種和平往來的局面沒有維持太久,西域問題再度引發雙方的矛盾。《魏書》卷一〇二《西域傳》載,道武帝拓跋珪時期,有司即上奏請通西域,拓跋珪以"漢氏不保境安人,乃遠開西域,使海內虛耗,何利之有? 今若通之,前弊復加百姓矣"爲由駁回,明元帝對交通西域也采取同樣態度,"歷太宗世,竟不招納"⑤。太武帝拓跋燾時期,北魏結束了歷時一百三十餘年的北方割據局面,統一黃河流域,成爲雄據北方的強國。西域諸國開始紛紛主動遣使朝貢。這時的北魏一方面由於在經略中原的過程中,逐漸接受漢文化的浸潤,在對外關係處理上開始采納中原王朝揚威異域、懷徠柔遠的措施;另一方面也是出於孤立柔然的戰略考慮,開始交通西域。北魏對西域的控制必然阻礙和影響柔然勢力向西域的滲透,激化雙方矛盾。太延二年(436),柔然首先"絕和犯塞"⑥,雙方使節往來中斷,兵戎相向。雙方在這一階段的軍事對抗過程中,各有勝負。柔然曾兩度逼近平城,對北魏政權造成極大威脅;北魏也多次深入柔然腹地對其進行大規模的攻擊。太平真君五年(444),吳提死,其子吐賀真即位。太平真君十年(449)北魏太武帝拓跋燾車駕北伐,與高涼王長孫那和略陽王長孫羯兒的三路攻擊,吐賀真兵敗遠遁,柔然人畜損失百餘萬,輜重散失殆盡。

文成帝即位後,希望通過"養威布德"來"懷輯中外",奉行"與時休息,靜以鎮之"的政策,

---

① 《魏書》卷一〇三《蠕蠕傳》,中華書局,1974 年,第 2291 頁。
② 《魏書》卷三五《崔浩傳》,第 817 頁。
③ 《魏書》卷三五《崔浩傳》,第 818 頁。
④ 《魏書》卷一〇三《蠕蠕傳》,第 2294 頁。
⑤ 《魏書》卷一〇二《西域傳》,第 2259 頁。
⑥ 《魏書》卷一〇三《蠕蠕傳》,第 2294 頁。

北魏的政治重心開始由武攻轉向文治,對外用兵的次數相對減少。太安四年(458)十月,文成帝北巡,欲伐柔然,"以寒雪方降,議還"。侍中、太尉尉眷諫曰:"今動大眾以威北敵,去都不遠而便旋駕,虜必疑我有内難。雖方寒雪,兵人勞苦,以經略大體,宜便前進。"①文成帝方率"騎十萬,車十五萬輛,旌旗千里,遂渡大漠"②。柔然可汗吐賀真聞訊率部遠遁,其莫弗烏朱駕頹以數千落降魏。

和平四年(464),吐賀真之子予成即位,號受羅部真可汗。皇興四年(470),予成率軍進攻北魏,獻文帝拓拔弘領兵迎戰。雙方在女水之濱相遇,獻文帝設奇兵伏擊,柔然損失慘重,"斬首五萬級,降者萬餘人,戎馬器械不可稱計"③。柔然勢力被削弱,又開始向北魏遣使請求通好。

北魏孝文帝太和九年(485)九月,柔然予成可汗死,子豆崘立,豆崘自恃驕盛,再次與北魏絕和,並於太和十一年(487)率兵進犯北魏。但這時柔然内部在對待北魏的問題上發生了分歧並出現分裂。大臣侯醫埿、石洛候多次上諫,"勸與國(北魏)通和,勿侵中國",豆崘沒有采納,"誣石洛候謀反,殺之,夷其三族"④。繼而高車首領阿伏至羅固諫不從,率十餘萬落西遷,脫離柔然的統治,至車師前部西北,建立高車國,自立爲王。太和十二年(488),柔然伊吾戍主高羔子率三千部眾以城附北魏。十三年(489),柔然別帥叱呂勒率部歸附。十五年(491),阿伏至羅滅高昌,繼而歸北魏。柔然對西域的控制鬆弛,給北魏帶來良好時機,太和十六年(492),孝文帝"親幸城北,訓誓群帥"⑤,遣陽平王頤、左射陸叡江爲都督,領軍斛律桓等十二將七萬騎討豆崘,大獲全勝。

北魏正始三年(506),柔然可漢伏圖在與北魏絕和近三十年後又開始頻繁譴使請求通和。神龜元年(518),孝明帝依漢答匈奴故事,遣使相報,雙方建立了新的外交關係。北魏孝明帝正光元年(520),柔然可汗醜奴爲其母及大臣所殺,其弟阿那瓌即位十日,被族兄俟力發示發戰敗,投歸北魏。孝明帝隆重地接待了阿那瓌並册封他爲"朔方郡公、蠕蠕王,賜以衣冕,加之輻蓋,禄從、儀衛,同於戚藩"⑥。正光二年(521),北魏又扶持阿那瓌返國復位。孝昌元年(525)春,阿那瓌率眾鎮壓破六韓拔陵起義,頻戰克捷。孝莊帝建義元年(528)四月,北魏"詔蠕蠕主阿那瓌贊拜不名,上書不稱臣"⑦。永熙三年(534),北魏分裂。此後不久柔然政權也告瓦解。

二、從雙方的戰和關係看北魏與柔然的外交策略

綜上所述,可見,在北魏與柔然並立的近一個半世紀裏,雙方之間的外交關係可以説是曲

① 《魏書》卷二六《尉眷傳》,第 657 頁。

② 《魏書》卷一○三《蠕蠕傳》,第 2295 頁。

③ 《魏書》卷一○三《蠕蠕傳》,第 2295 頁。

④ 《魏書》卷一○三《蠕蠕傳》,第 2296 頁。

⑤ 《魏書》卷四五《陸俟傳》,第 911 頁。

⑥ 《魏書》卷一○三《蠕蠕傳》,第 2299—2300 頁。

⑦ 《魏書》卷 一○《孝莊帝紀》,第 257 頁。

折反復,戰爭與和平相互交錯、此起彼伏。大致總結可以分四個階段:第一階段是北魏建國到太武帝神䴥初年。這一時期,雙方關係基本是以戰爲主,根據文獻記載統計,此間柔然侵擾北魏 29 次,北魏討伐柔然 21 次。這是因爲北魏與柔然都是我國北方的遊牧民族建立的政權,他們早期都以遊牧經濟爲主體,以掠奪和征服爲主要生存發展方式,所以在爭奪遊牧區域、控制北方諸族等問題上都不可避免地存在許多衝突。第二階段是:神䴥初年至孝文帝太和十一年(487)。這半個多世紀的時段裏,北魏與柔然的雙邊關係的主要特徵是戰爭與和平交相錯雜。雙方之間一方面戎馬不息、戰爭連綿不斷,一方面使者絡繹,此間柔然向北魏譴使 23 次。第三階段是太和十一年(487)到宣武帝正始三年(506),雙方之間再次以戰爭完全取代了和平往來。第四階段是正始三年(506)到北魏分裂,這將近二十年的時間是雙方最後的和平期。

　　從北魏與柔然近一個半世紀戰和相繼的關係史中,我們也可見柔然與北魏外交策略的差異。柔然對北魏的外交策略始終是本着靈活實用的原則,每積蓄一定力量就興兵犯塞、與北魏爭奪各控制區域,受到挫折需要修養生息時,就主動請和示好,給自己以喘息之機,然後等待時機再燃戰火。如皇興三年(469),柔然兩次遣使北魏,表面爲"貢獻",實則偵察時勢,爲次年的軍事行動做準備。至於"求通婚聘"更是全無誠意可言。延興五年(475),予成第一次向北魏求婚,獻文帝雖沒有立即應允,但回書中所言"所論婚事,今始一反,尋覽事理,未允厥中。夫男而下女,爻象所明,初婚之吉,敦崇禮娉,君子所以重人倫之本。不敬其初,令終難矣"①,表明婚事還大有反復商量的餘地。但此後,終顯祖之世,柔然雖歲貢不止,却未再次提出求婚之事。如果説這一次婚姻不成是因爲獻文帝拒絕在先給柔然以藉口,而太和二年(478)二月,予成第二次求婚於北魏,孝文帝准許其請,結果也是不了了之。在譴使數量上看,柔然譴使北魏的次數遠遠超過北魏譴使柔然之數,也表現了其外交上的靈活性和主動性。

　　北魏對柔然的策略則前後發生很大變化。從道武帝初期到太武帝神䴥二年(429)以前,北魏對柔然的策略是以進攻和反擊爲主,以防禦爲輔。神䴥二年以後,北魏對柔然的政策主要以防禦和還擊爲主、主動進攻爲輔。張金龍先生在《北魏中後期的北邊防備及北魏與柔然的戰和關係》②一文中,詳細分析這一變化的主要原因。主要是因爲北魏統治重心南移、經濟結構的變化,北魏因漢化加深農業經濟逐漸代替遊牧經濟,大漠南北的草原對北魏來講失去了原有的吸引力。民族融合加深,騎兵數量減少,野戰能力減弱等原因造成。加之,太延五年(439)北魏統一北方後,國家的統治方針、戰略重點和内政建設目標都同前期有了很大改變,北魏更希望利用和平的環境發展内政建設,所以對柔然每次戰後請和,都不計前嫌,與之通好。如獻文帝時延興五年(475),柔然可汗予成還遣使北魏"求通婚娉",儘管北魏有關部門認爲柔然數犯邊境,前後反復無常,"請絕其使,發兵討之"③,獻文帝仍認爲應當以誠相待,而没有采納群臣的建議。孝文帝即位後更是如此,他認爲"先朝屢興征伐者,以有未賓之虜。朕承

①　《魏書》卷一〇三《蠕蠕傳》,第 2296 頁。
②　張金龍:《北魏中後期的北邊防備及北魏與柔然的戰和關係》,《西北民族研究》1992 年第 2 期。
③　《魏書》卷一〇三《蠕蠕傳》,第 2296 頁。

太平之基,何爲搖動兵革? 夫兵者凶器,聖王不得已而用之"①。因此,在對待柔然的問題上,一直堅持以媾和爲主。

至於正始三年(506)至熙平二年(517),柔然前後數使請和,北魏一直不報其使,並非不欲與柔然建立和平的外交關係,而是因爲柔然一直企圖以"通和"的姿態出現在北魏,遣使聘問,不復稱臣,而且"每奉國書,鄰敵抗禮"②,與北魏希望構建的宗藩關係存在巨大分歧,因此雙方關係一度處於僵持之中,但均勢又很快被打破。熙平元年(516)柔然西破高車,擒殺其王彌俄突,焉耆、龜兹等國俱臣服於柔然,勢力頓漲,但此時的北魏卻開始了走下坡路,與柔然相抗的實力漸弱。神龜元年(518),孝明帝終於放棄了柔然執藩禮於北魏的要求,依漢答匈奴故事,遣使相報。雙方以敵國之禮建立了外交關係。這一讓步充分表露北魏政治態勢的疲軟和衰退令外交政策發生了根本性的變化,外交地位已發生逆轉。孝明帝正光元年(520),由於柔然汗內亂,柔然主阿那瓌投歸北魏,並在北魏的扶持下返國復位,北魏的宗主國身份暫時恢復。但緊接着北鎮發生兵變,孝明帝無力鎮壓,復求助於阿那瓌,阿那瓌率衆鎮壓破六韓拔陵起義,頻戰克捷。建義元年(528)四月,孝莊帝遣兼通直散騎常侍、中書舍人馮儁使阿那瓌,慰勞賞賜,並"詔蠕蠕主阿那瓌贊拜不名,上書不稱臣"。這一特殊禮遇也從一個側面表明這時的北魏與柔然的宗藩關係已近解體。

三、北魏對柔然社會發展的影響

北魏與柔然並立的一個半世紀中,除了神䴥二年(429)至太延二年(436)、正始三年(506)至永熙三年(517)兩個短暫的和平期,其餘都處於對戰狀態。長期征戰對雙方來講,都是一個實力極大消耗的過程,同時也不可避免地給雙方人民帶來沉重的災難。但北魏作爲一個先期接受中原文化影響的少數民族政權,在這一歷程中,也對柔然的政治、經濟、文化形態的調整產生了很大影響,客觀上爲推動柔然社會的發展做出了一定的貢獻,對促進南北朝時期北方社會的發展也起了積極的作用。

首先,對柔然制度建設方面的影響。木骨閭於公元 4 世紀初從拓跋鮮卑的部落聯盟中分離出來時,柔然還是一個氏族部落,車鹿會時期發展成爲拓跋鮮卑部落聯盟的一個"部帥"。5世紀初,社崘統一漠北建立汗庭後,不久又建立官制,並"學中國,立法置戰陳",建立"千人爲軍,軍置將一人;百人爲幢,幢置帥一人"的軍事編制,還制定了"先登者賜以虜獲,退懦者以石擊首殺之,或臨時捶撻"③的軍功制度,初步奠定了柔然早期奴隸制的國家體制。北魏和平五年(464),柔然可汗予成即位,建年號"永康",更是標誌着柔然社會組織和政治制度建設又發生了根本的轉變。

正光元年(520),阿那瓌由於政治動亂投奔北魏,在洛陽居住三月有餘,親身領略了中原

---

① 《魏書》卷五四《高閭傳》,第 1203 頁。
② 《北史》卷九八《蠕蠕傳》,中華書局,1974 年,第 3266 頁。
③ 《魏書》卷一〇三《蠕蠕傳》,第 2290 頁。

地區的文化氛圍,返國後,"心慕中國,立官號,僭擬王者,遂有侍中、黃門之屬"①,這是柔然對北魏政治制度模仿的明證。《北史》卷九八《蠕蠕傳》載,北魏末年,汝陽王元邃爲秦州刺史時,曾"遣其典簽齊人淳于覃使於阿那瓌"。阿那瓌留下淳于覃,"親寵任事",以之"爲秘書監、黃門郎,掌其文墨"。從劫掠財物牲畜發展到扣留北魏官員爲己用,也可以透露出柔然從單純對物質財富的追求,逐步上升到對政治制度建設的人才的需求。

其次,對柔然社會經濟結構的影響。柔然和一切遊牧民族一樣,畜牧業一直是其社會經濟的主要支柱。柔然人所飼養的牲畜主要是馬、牛、羊等。在柔然與北魏的交戰中,北魏常常一次就截獲柔然的牲畜幾十萬頭甚至幾百萬頭。神瑞元年(414),北魏與柔然之戰後,柔然"國落四散,竄伏山谷,畜產布野,無人收視","凡所俘虜及獲畜產車廬,彌漫山澤,蓋數百萬"②。柔然在與其他國家或政權建交或和親,饋贈的禮物也常常是馬匹。如天賜中,"蠕蠕社崙與(姚)興和親,送馬八千匹"③。延和三年(434),拓跋燾則納吳提妹爲夫人。吳提遣使送親至北魏,並"獻馬二千匹"④。這些都可以看出柔然畜牧業的發達與繁盛。但隨着柔然與北魏通婚、進貢、互市,柔然人開始漸漸接受一些中原文化,柔然上層社會也開始接受糧食製品。正光元年(520),阿那瓌離開洛陽返回柔然時,北魏孝明帝賞賜的禮物中,即有"新乾飯一百石,麥麴八石,糇麴五石……粟二十萬石"⑤。後來又考慮阿那瓌復國,基業草創,先無儲積,"請給朔州麻子乾飯二千斛,官駝運送",柔然也開始瞭解一些種植技術並嘗試種植一些農作物,這些作物以粟爲主。正光三年(523)十二月,阿那瓌還"上表乞粟,以爲田種",孝明帝"詔給萬石"⑥。這一切表明在北魏的影響下農耕經濟也開始滲入柔然社會,成爲柔然社會經濟的重要補充形式。

再次,柔然也在北魏的影響下開始逐漸接受中原禮儀文化。早期的柔然文化落後,沒有文字,不知書契,"將帥以羊屎粗計兵數,後頗知刻木爲記"⑦。前面提到發生在北魏正始三年(506)至熙平二年(517)的柔然與北魏間的外交禮儀之爭。柔然堅持以敵國之禮與北魏相交,所以外交文書使用代表平等外交關係的"國書"而不是藩屬國所用的"表",北魏認爲柔然藩禮不備,所以不譴使相報。此前,北魏柔然與北魏交往已近百年,至此才明確提出執敵國之禮建立外交關係,固然與這一時期雙方力量對比發生變化,柔然國勢的強大息息相關,但還有一個重要的原因就是中原文化的灌輸和影響。柔然在5世紀初還是一個早期奴隸制國家,建國以後連年征戰,依靠掠奪和征服生存發展,文化發展腳步遲緩,亦不熟諳中原典章故制。神瑞元年(414)八月北魏明元帝"詔馬邑侯元陋尋使於姚興。辛丑,譴謁者悦力延撫慰蠕蠕,於什門詔喻馮拔",從行文可見北魏與三個出使對象國的關係是不同的。"使"表現的是北魏與後秦間平等的外交關係,而"撫慰"與"詔喻",則是居高臨下之態。當時國勢並不強盛的北燕國主

① 《北史》卷九八《蠕蠕傳》,第3266頁。
② 《魏書》卷三五《崔浩傳》,第818頁。
③ 《魏書》卷二八《賀狄幹傳》,第685頁。
④ 《魏書》卷四《太武帝紀上》,第83頁。
⑤ 《魏書》卷一〇三《蠕蠕傳》,第2300頁。
⑥ 《魏書》卷一〇三《蠕蠕傳》,第2302頁。
⑦ 《魏書》卷一〇三《蠕蠕傳》,第2290頁。

馮跋對此十分排斥,拒不受"詔",與魏使於什門反復爭執最後扣留於什門 24 年之久,造成北魏與後燕外交關係長期緊張。而我們在史料中却不見當時柔然對此曾産生過强烈反映,這不排除彼時柔然對敵國之禮與宗藩之禮的差異並不敏感的原因。而隨着柔然與北魏交往的增加,中原文化也開始源源滲入柔然,柔然開始瞭解不同的禮儀形式所體現的國家關係的不同,因此開始在外交文書中使用"國書",並始終堅持絶不讓步,最終神龜元年(518)北魏孝明帝詔"朝議將依漢答匈奴故事,譴使報之"①,承認了與柔然間的平等關係。儘管這一短暫的平等關係很快因柔然内部發生政變而結束,但亦可見中原禮儀文化已開始進入柔然的社會政治生活當中。

---

① 《魏書》卷二四《張倫傳》,第 617 頁。

北魏汝南王元悦簡論

楊 龍

（吉林大學古籍研究所）

摘　要：北魏皇族宗室在社會政治上占據重要位置，對北魏政治發展也起到了重要影響，元悦可爲較典型之個案。元悦性致狂逸，對於儒學、佛教以及方術都有不同程度的接觸。元悦所歷官職大多崇重，也符合元魏宗室任職的一般特點。在北魏末年，元悦本身的政治野心和孝文帝之子的這一身份引起孝武帝的疑忌，遂引來殺身之禍。

關鍵詞：北魏　元悦　仕宦　生平

　　北魏時期的皇族宗室在國家的社會政治中占有頗爲重要的地位。由於與皇帝在血緣上的親屬關係，宗室擁有特殊的社會地位、經濟和法律特權。而就北魏政權而言，由於受其北族政治傳統的影響，宗室更在政治權力方面擁有重要而穩定的地位[1]。進而言之，宗室在職官體系當中的權高位重的職官的任職上占有十分明顯的優勢，一些學者或對北魏官僚機構總體的任職情況，或對某一類具體職官的任職情況的整理、分析，爲我們提供了頗爲可靠的證據[2]。總體說來，元魏宗室是北魏歷史上不可忽視的一股政治力量，從政治史的角度對元魏宗室進行研究就有其必要，也引起了一些學者的關注[3]。當然，元魏宗室當中可供討論的問題頗多，我們試以北魏後期汝南王元悦這一個案爲例，對元悦之政治歷程加以分析，並以元悦爲基礎

---

[1]　祝總斌先生即注意到北魏之三公、八公制度不僅是拓跋政治舊制的沿襲，而且三公等也是握有實權並通過有效的機制參與國事決策和日常行政的。參看祝總斌《兩漢魏晉南北朝宰相制度研究》，中國社會科學出版社，1990年，第232—241頁。

[2]　萬斯同對北魏中央諸職任職者的梳理，爲我們瞭解元魏宗室的任職情況提供了較爲完善的資料。也有一些學者如長部悦弘等對某類職官的任職情況進行了個別的考察。參看萬斯同《魏將相大臣年表》，二十五史刊行委員會編：《二十五史補編》，開明書店，1936年，第4489—4519頁；長部悦弘：《北魏尚書省小考》，《日本東洋文化論集》第13號，2007年，第201—254頁；長部悦弘：《北魏孝文帝代の尚書省と洛陽遷都》，《人間科學》第27號，2012年，第117—143頁。

[3]　對北魏後期宗室政治狀況的總體考察可參看濱添慶文《北魏の宗室》，收入氏著《魏晉南北朝官僚制研究》，汲古書院，2003年，第455—495頁。對宗室成員的具體研究也有一些，如陳冠穎《任城王元澄在北魏所扮演的角色》，《中國歷史學會史學集刊》第39期，2007年，第1—31頁。

對元魏宗室的一些政治活動進行分析①。不當之處，敬請方家指教。

一、元悦之生平

相對而言，傳世文獻中對北魏元氏宗室的記載較爲豐富，魏收所撰之《魏書》保留了大量有關元魏宗室的史料，而李延壽之《北史》於北魏部分大體上摘抄《魏書》等史料而成，但也補充不少爲《魏書》所無的史料，這其中自然包括元魏宗室部分。此外，出土北魏時代的元魏宗室的墓誌也有不少，這也大大豐富了相關的史料記載。就元悦而言，我們所知的關於元悦的記載主要見於正史。元悦本傳當在《魏書》卷二二，但《魏書》此卷業已亡佚，今本所見係宋人據《北史》卷一九所補。今本《魏書》元悦本傳與《北史》大體相同，其中略有文字差異。此外，《北史》卷一九元悦本傳也據《通志》等書的記載補足若干文字②。令人遺憾的是，今本《北史》和《魏書》所載元悦本傳仍多有闕略，對於元悦的個人生平及仕宦經歷難免存在語焉不詳的現象。

元悦爲孝文帝之子。孝文帝共育有七子，他們分別是：廢太子元恂、宣武帝元恪、京兆王元愉、清河王元懌、廣平王元懷、汝南王元悦和早夭之皇子元恌。除元恂和元恌之外，孝文帝諸子在宣武帝以降大多居位崇重，也擁有一定的權勢，在北魏後期的政治進程中占有頗爲重要的地位。元悦與清河王元懌同爲孝文帝羅夫人所生③。羅夫人史無其傳，北魏内入諸姓中有叱羅氏，後改爲羅氏，羅夫人正出自此族④。據元懌之孫元寶建墓誌所載，元寶建之曾祖母爲清河王太妃羅氏，祖母河南羅氏，可爲明證⑤。元悦生年卒歲不詳，他於景明四年（503）封王，而元懷等於太和二十一年（497）封王⑥，這或許可以説明元悦較其他皇子年幼。元悦於孝明帝初年始授以官職，此後一直居位崇重。到永熙元年（532），元悦爲孝武帝所殺。

若要對元悦展開研究，他的生平經歷和個人習性等方面則是我們首先需要考察的問題。北魏自孝文帝遷都洛陽以後，以元氏皇族爲中心的胡族人士更爲深入地浸染漢族文化，遂形成胡族人士漢化的一個高潮。胡族人士熱衷於文學藝術，並在思想觀念和生活方式等方面逐步接受漢族文化，這在元氏皇族當中表現尤爲明顯⑦。比如元悦之兄元愉，"好文章，頗著詩賦。時引才人宋世景、李神俊、祖瑩、邢晏、王遵業、張始均等，共申宴喜。招四方儒學賓客嚴

① 根據墓誌所示，北魏另有一樂安王元悦，係明元帝玄孫，卒於永平四年，非本文所論之汝南王元悦。墓誌録文參看趙超《漢魏南北朝墓誌彙編》，天津古籍出版社，2008 年，第 63 頁。

② 魏收：《魏書》卷二二《孝文五王·汝南王悦傳》，中華書局，1974 年，第 593 頁；李延壽：《北史》卷一九《孝文六王·汝南王悦傳》，中華書局，1974 年，第 718 頁。關於《魏書》卷二二的亡佚和補缺情況，也請參看標點本《魏書》卷二二以及《北史》卷一九的校勘記。

③ 《北史》卷一九《孝文六王傳序》，第 713 頁。

④ 《魏書》卷一一三《官氏志》，第 3009 頁。關於叱羅氏的詳細考證，參看姚薇元《北朝胡姓考》（修訂本），中華書局，2007 年，第 70—71 頁。

⑤ 元寶建墓誌録文參看趙超《漢魏南北朝墓誌彙編》，第 341 頁。

⑥ 《魏書》卷七下《孝文帝紀下》、卷八《世宗紀》，第 182、196 頁。

⑦ 參看何德章《北魏遷洛後鮮卑貴族的文士化》，《魏晉南北朝隋唐史資料》第 20 輯，2003 年，第 7—18 頁。

懷真等數十人,館而禮之"①。元愉以文學相尚,結交當時名士,這也是胡族人士漢化的一個典型事例。元懌也愛重文藻,並積極招引海内才俊,與之共事同遊②。孝文帝重視對皇子的儒學教育,這也成了北朝後期歷代皇帝相沿成習的傳統,元悦當也接受了較爲系統和深入的儒學教育。《魏書》卷八《世宗紀》:"(正始四年)十有一月甲子,帝爲京兆王愉、清河王懌、廣平王懷、汝南王悦講《孝經》於式乾殿。"③宣武帝爲諸皇弟講解《孝經》,這一行爲之象徵意義雖更大於實質意義,但也説明北魏皇族對儒學教育的重視。事實上,宣武帝也曾徵聘河北名儒董徵等爲諸皇弟教授儒經④。通過這一教育經歷,元悦也具備了一定的知識基礎和儒學修養。

　　不過,早年的儒學教育對元悦個人品行德性的影響略爲有限,優渥的社會地位使他更有機會接觸其他物事,從而出現某些不符合儒家理念的行爲,史家對此也刻意多加記敍。這不僅是如實直書,也有借此以爲申誡之意。首先,元悦之佛教信仰頗爲濃厚。他"好讀佛經"⑤,而且還曾修葺過洛陽景樂寺,並出資在大統寺修建過浮圖⑥。元悦的這些行爲可以反映出他對佛教的崇信程度。事實上,元悦佛教信仰的具體實踐,也正是北魏貴族階層佛教信仰的一個縮影。由於得到多數統治者的提倡和身體力行,佛教信仰在北魏時代呈現出一幅狂熱的狀態。以皇族爲中心的貴族階層雖不太注重佛教義理的探討,但在具體的信仰實踐方面却多有舉動,他們廣建功德,諸如塑造佛像、建造寺院、抄寫經卷等崇佛行爲,在貴族階層當中蔚爲大觀⑦。受這種社會習氣的耳濡目染,元悦熱衷於佛教信仰的根源也不難獲知。

　　研習儒家經義與崇信佛法,這在北魏時期的士族中間頗爲常見,元悦習儒信佛,這也符合士人的一般特徵。不過,元悦喜與方士來往,這却成了史家對於元悦個人生活的批判内容之一。《北史》卷一九《孝文六王·汝南王悦傳》:

　　　　有崔延夏者,以左道與悦遊,合服仙藥松尤之屬。時輕輿出采芝,宿於城外小人
　　之所。遂斷酒肉粟稻,唯食麥飯。⑧

合服仙藥松尤之類雖然也是中古道家修行的内容之一,但元悦對於此類事情的喜好顯然不能與研習教義和遵行儀範的道教信仰完全等同⑨。史家撰述之時更稱引時人觀念,以"左道"視之。北魏時期"左道"一詞所指稱的内容或較廣泛,但浸淫於巫禱方術的行爲則是其主要内容之一。《魏書》卷三六《李順傳附李肅傳》:

　　　　(李肅)初詔附侍中元暉,後以左道事侍中穆紹。常裸身被髮,畫腹銜刀,於隱屏

① 《北史》卷一九《孝文六王·京兆王愉傳》,第715頁。
② 楊衒之著、楊勇校箋:《洛陽伽藍記校箋》,中華書局,2006年,第163頁。
③ 《魏書》卷八《世宗紀》,第203頁。
④ 《魏書》卷八四《儒林·董徵傳》,第1857頁。
⑤ 《北史》卷一九《孝文六王·汝南王悦傳》,第718頁。
⑥ 楊衒之著、楊勇校箋:《洛陽伽藍記校箋》,第50、131頁。
⑦ 對北魏佛教信仰的基本特徵的分析,亦可參看湯用彤《漢魏兩晉南北朝佛教史》,北京大學出版社,2011年,第277—285頁。
⑧ 《北史》卷一九《孝文六王·汝南王悦傳》,第718頁。
⑨ 北魏道教經寇謙之改革之後,不僅去除了某些不合理的舊規,也更注重對道教戒律儀範的整理。參看陳寅恪《崔浩與寇謙之》,收入氏著《金明館叢稿初編》,三聯書店,2001年,第120—158頁。

之處爲紹求福，故紹愛之。①

李蕭爲穆紹裸身求福的行爲也爲時人以左道視之，其性質與元悦合服仙藥略爲相近。穆紹和元悦的事例亦可説明，北魏時期的貴族階層中頗有喜好這些所謂左道者。當然，這些喜好有違社會儀範，故也爲時人所詬病。

史家評價元悦之個性爲"汝南性致狂逸"②，他喜好左道只是佐證之一。元悦還喜好男色，對於妃妾動輒捶撻，以致引起靈太后的憤懑。靈太后並要求諸親王及三蕃王以上以元悦爲戒，對於各自妃妾不得肆行捶撻③。不僅如此，元悦對於骨肉親情亦顯淡薄。元悦之同母兄元懌爲元叉所害，元悦仍私佞元叉，並無仇恨之意。對於元懌之子元亶，元悦甚至肆意苛求，輕爲撻辱④。史家選取以上元悦生平當中頗爲突出的事例，其義在强調元悦之性格特徵。這些事例或許不能反映元悦生平之全部，但已經足夠體現出元悦性格乖張、不遵禮法的一面。

總體説來，作爲元魏宗室的核心成員，元悦具有接受良好的禮儀、文化教養的條件和環境，他生活中的某些行爲也符合北魏後期社會上層的一般特徵。然而，元悦特殊的身份也爲其"性致狂逸"的形成提供了條件。這一性格表現不僅爲社會禮法所批評，在某些關鍵時刻，也成爲其個人發展的劣勢。比如高歡本欲推立元悦爲帝，却因他"清狂如故，動爲罪失"⑤而打消了這一念頭。

二、元 悦 之 仕 宦

元悦雖然性致狂逸，但作爲元魏宗室重要成員的這一特殊身份使他在社會政治地位的建構上具有明顯的優勢。事實上，雖然孝文帝的改革基本上去除了政治架構中的胡族傳統，但元魏宗室對於北魏後期政治權力的掌控仍是頗爲突出的特點。就元悦而言，《北史》《魏書》之本傳中對於他所擔任的職官的記敘多有闕略，所幸正史中對其仕宦經歷還有所記載，若詳加鈎稽，我們對元悦之仕宦經歷還能形成較爲清晰的認識。

以下，先鈎稽史籍，排列元悦之仕宦經歷：

(1) 景明四年(503)六月壬午朔，封皇弟悦爲汝南王。　　　　　　《魏書•世宗紀》

(2) 熙平二年(517)二月戊申，以中書監、開府儀同三司胡國珍爲司徒公，特進、汝南王悦爲中書監、儀同三司。　　　　　　　　　　　　　　《魏書•肅宗紀》

(3) 熙平二年七月乙亥，中書監、儀同三司、汝南王悦坐殺人免官，以王還第。

《魏書•肅宗紀》

(4) 熙平三年正月乙酉，加特進、汝南王悦儀同三司。　　　《魏書•肅宗紀》

---

① 《魏書》卷三六《李順傳附李蕭傳》，第845頁。
② 《北史》卷一九"論"，第720頁。
③ 《北史》卷一九《孝文六王•汝南王悦傳》，第718頁。
④ 同上注。
⑤ 《北史》卷一九《孝文六王•汝南王悦傳》，第719頁。

　　(5) 正光元年(520)冬十月乙卯,以驃騎大將軍、儀同三司、汝南王悦爲太尉公。

《魏書·肅宗紀》

　　(6) 正光四年(523)九月,詔侍中、太尉、汝南王悦入居門下,與丞相、高陽王雍參決尚書奏事。

《魏書·肅宗紀》

　　(7) 正光四年十二月,以太尉、汝南王悦爲太保。　　　　《魏書·肅宗紀》

　　(8) 孝昌二年(526)正月,壬子,乙太保、汝南王悦領太尉。　　《魏書·肅宗紀》

　　(9) 建義元年(528)四月,汝南王悦、北海王顥、臨淮王彧,前後奔蕭衍。

《魏書·孝莊帝紀》

　　(10) 太昌元年(532)十一月,己酉,以前太尉公、汝南王悦爲侍中、大司馬、開府。十二月,丁亥,殺大司馬、汝南王悦。　　　　《魏書·出帝紀》

　　以上是正史中所見汝南王元悦的仕宦經歷。可以看到,元悦活躍於政壇的時間主要是在孝明帝時期。宣武帝之世,可能元悦年齡尚幼,未具行政能力。與此同時,宣武帝時抑壓宗室諸王,也使得元悦難有獲取權力的機會①。在孝明帝之世,雖然靈太后、外戚和宗室疏族于忠、元叉等相繼掌控大權,但孝文帝一系的諸王如元懌、元懷等也成爲這些實際掌權者常相結納的對象,所以他們也得以擔任各位高權重之職。在這一政治狀況之下,元悦以皇叔之身份參決大政自是正常。就上列元悦的任職情況來看,作爲皇帝之親屬,他歷位崇重也是不爭的事實。

　　就以上羅列元悦之仕宦情況來看,元悦於熙平二年擔任中書監,並被授以儀同三司之榮銜。此後不久,元悦因殺人免官,以王爵歸第。在獲罪居家期間,元悦仍得以相繼授予特進之榮銜及驃騎大將軍這一將軍號。根據北魏後職令所示,特進爲第二品,驃騎大將軍爲從一品②。由此可見,元悦雖然權力有所削奪,但其地位仍在逐步上升。到正光元年十月,元悦獲授太尉一職,又得以擔任掌握實權的侍中一職。以此爲基礎,他於正光四年入居門下,參決尚書奏事,同年,元悦又升任太保,並兼領太尉一職。雖然北魏後期太尉、太保等職屬於位高威重卻並無實權的榮職,但就元悦的實際仕宦情況而言,正光元年以後的數年間實際上已是其仕途的最高峰。建義元年,爾朱榮入洛陽,於河陰誅殺洛陽百官,元悦僥倖得以逃脱,遂南奔蕭梁。在梁武帝的支持之下,元悦曾組織過北伐,並於北魏孝武帝太昌元年重歸北魏朝廷,旋即被殺。

　　在元悦的仕宦進程中尤須注意的是他在正光四年"入居門下"、參決尚書奏事的經歷。北魏以親王共決庶政的機制一直存在,這應是胡族政治傳統的遺志,北魏前期之八大人制以及諸輔之制莫不如是③。孝明帝年幼即位,難以董理政事。朝中大臣遂建議由宗室輔政。《魏書》卷三一《于栗磾傳附于忠傳》:

　　　　及世宗崩,(于忠)夜中與侍中崔光遣右衛將軍侯剛,迎肅宗於東宮而即位。忠

① 窪添慶文:《北魏の宗室》,《魏晉南北朝官僚制研究》,第 455—458 頁。

② 《魏書》卷一一三《官氏志》,第 2994 頁。

③ 參看馮君實《試析北魏官制中的八座》,《史學集刊》1982 年第 4 期。這種八座之制在北朝後期仍有孑遺。參看川本芳昭《論胡族國家》,收入谷川道雄主編《魏晉南北朝隋唐史學的基本問題》,中華書局,2010 年,第 81—87 頁。

> 與門下議：以肅宗幼年，未親機政；太尉、高陽王雍屬尊望重，宜入居西柏堂，省決庶
> 政；任城王澄明德茂親，可爲尚書令，總攝百揆。①

在于忠等重臣的公推之下，元雍、元澄分掌門下省和尚書省兩個重要的權力機構，代皇帝署理政務，組成了一個臨時性的宗室輔政體制。元雍所居之西柏堂更爲重要。西柏堂爲北魏洛陽太極殿之西堂，太極殿係皇帝朝見、饗宴群臣之地。西柏堂是北魏後期門下省的機構所在，元雍居此不僅更爲接近皇帝，同時也意味着他象徵國家的最高權力②。孝明帝即位之時成立的輔政體制雖然具有臨時性，而且其實際權力有時還會受到權臣和外戚等的干擾甚至壓制，權力行使還會面對不同的政治狀況，但綜孝明帝一朝，這一宗室共決庶政的體制却經常存在，成了維護皇權的重要機制。《魏書》卷八三下《外戚下・胡國珍傳》：

> 靈太后臨朝，……尚書令、任城王澄奏，安定公屬尊望重，親賢群矚，宜出入禁
> 中，參諮大務。詔可。……國珍與太師、高陽王雍，太傅、清河王懌，太保、廣平王懷，
> 入居門下，同釐庶政。③

靈太后掌權時期，這種宗室共決庶政的體制仍舊得以運行，儘管胡國珍的加入是朝臣討好靈太后的舉動。宗室共決庶政的方式基本上體現爲諸入選宗室成員在門下省處理尚書奏事，代皇帝或按照皇帝旨意發布詔令。這也是宗室輔政的一種表現，事實上，這一體制對於北魏後期的權臣執政產生了有效的掣肘作用④。

元叉於正光四年與元雍共同居門下省參決尚書奏事，這一安排所具有的意義正應在上述北魏宗室諸王參政、輔政的制度背景下加以考察。正光四年之時，元叉之權勢正如日中天。即便如此，元叉仍不能破壞宗室大臣輔政共決的政治傳統，但又必須確保自身對核心權力的有效控制。基於此，有的學者論斷，上述元雍、元悅共決尚書奏事正是出於元叉的安排，這也是他拉攏朝臣、維護個人權勢的舉措⑤。正因爲此，元悅也達到了個人權力發展的頂峰。此後，河陰之變發生，元悅南投蕭梁，使得元悅在北魏的仕途戛然而止。雖然元悅在孝武帝時被授予大司馬等職，但爲時頗短，對其仕途之發展未能產生應有之影響。

北魏政權中任職之宗室除了轉任諸中央官職之外，一般也會數次出任地方州郡之刺史或郡守等職。在這一方面，元悅也不例外。但由於文獻記載的闕略，我們僅能憑現有資料推測其出任地方長官的情況。首先，元悅在正光四年遷爲太保之後曾出任徐州刺史⑥。在正光四年至孝昌二年之間出任徐州刺史者有元顯、元法僧二人，元顯於正光四年十一月受御史彈劾而被削奪官爵，元法僧於孝昌元年舉徐州而反⑦。因此，元悅出任徐州應該是在孝昌元年之

---

① 《魏書》卷三一《于栗磾傳附于忠傳》，第 742 頁。

② 參看祝總斌《兩漢魏晉南北朝宰相制度研究》，第 258—261 頁。

③ 《魏書》卷八三下《外戚下・胡國珍傳》，第 1833 頁。

④ 參看窪添慶文《北魏後期的政爭與決策》，《東南文化》1998 年增刊。

⑤ 張金龍先生指出，元叉在發動宮廷政變之後，爲建立個人權威，在權力決策上積極經營，培植親信，元悅、元雍等宗室就是他極力拉攏的對象。參看張金龍《北魏政治史研究》第 9 卷，甘肅教育出版社，2008 年，第 172—189 頁。

⑥ 《北史》卷一九《孝文六王・汝南王悅傳》，第 719 頁。

⑦ 吳廷燮：《元魏方鎮年表》，二十五史刊行委員會編：《二十五史補編》，開明書店，1936 年，第 4540 頁。

後。此外,元悦還擔任過司州牧。《魏書》卷八九《酷吏·酈道元傳》:

> 未幾,(道元)除安南將軍、御史中尉。道元素有嚴猛之稱。司州牧、汝南王悦嬖
> 近左右丘念,常與卧起。及選州官,多由於念。念匿於悦第,時還其家,道元收念付
> 獄。悦啟靈太后請全之,敕赦之。①

這是酈道元爲御史中尉時,在履行職權時與元悦在行政上產生的衝突。根據《北史》中相對較爲詳細的記載,酈道元是在孝昌元年征討元法僧叛亂之後就任御史中尉一職的②。因此,元悦爲司州牧大致也在此時③。

　　總的説來,元悦的仕宦主要集中在孝明帝一朝。元悦歷職中書監、太尉、侍中、太保等職,並獲授儀同三司、特進以及驃騎大將軍等榮銜,一直居位崇重,並一度獲得最高權勢。元悦所任之徐州刺史、司州牧等地方職官也是元魏宗室常居之職。雖然元悦並未像其他元魏宗室一樣在北魏政治上發揮重要作用,對北魏國家的政治進程產生至關重要的影響,但元悦在孝明帝一朝的仕宦經歷也符合元魏宗室一般的任職規律。在一定程度上,元悦的仕途也可視作元魏宗室仕宦的縮影。

三、元 悦 之 死

　　建義元年四月,爾朱榮率軍入洛陽,又發動河陰之變,屠殺洛陽官員。這次事件不僅使得洛陽元魏宗室及朝中百官殺戮殆盡,也危及身在洛陽之外的其他官員和元魏宗室④。當然,也有一批元魏宗室得以逃脱。比如元悦、元彧和元顥。元彧、元顥之所以能夠逃脱,則源於他們此時身在外州。元顥身在汲郡,而元彧正擔任東道行臺,防禦蕭梁入侵⑤。元悦能夠逃脱的原因則難以知曉。三人都南逃蕭梁以求庇護。從建義元年南逃到太昌元年北歸,元悦在蕭梁停留的時間共約四年多。元悦後來被殺,《北史》明言是爲孝武帝所殺,這其中的某些隱情却值得關注。

　　三位投靠蕭梁的元魏宗室都在其後不久要求北返,而元顥和元悦更要求北伐,並希望蕭梁提供軍事援助以成其事。蕭梁先遣元顥率軍北伐,爲孝莊帝所敗⑥。不久,元悦也請求率兵北伐。《梁書》卷三《武帝紀下》:"(中大通元年正月),甲子,魏汝南王元悦求還本國,許之。"此即元悦南投次年之事,似乎領兵北征之事是元悦之本意。不過,蕭梁政府也作出了較爲積極的回應。《梁書》卷三《武帝紀下》:"(中大通二年)六月丁巳,遣魏太保汝南王元悦還北爲魏主。庚申,以魏尚書左僕射范遵爲安北將軍、司州牧,隨元悦北討。"范遵爲元顥之舅,大抵是

① 《魏書》卷八九《酷吏·酈道元傳》,第 1925 頁。
② 《北史》卷二七《酈範傳附酈道元傳》,第 995 頁。
③ 吳廷燮列元悦任司州牧在孝昌三年。參看吳廷燮《元魏方鎮年表》,第 4535 頁。
④ 參看陳爽《河陰之變考論》,《中國社會科學院歷史研究所學刊》第 4 集,2007 年,第 309—344 頁。
⑤ 《魏書》卷一八《太武五王·臨淮王譚傳附元彧傳》、卷二一上《獻文六王·北海王詳傳附元顥傳》,第 420、564 頁。
⑥ 《魏書》卷二一上《獻文六王·北海王詳傳附元顥傳》,第 565 頁。

隨同元顥等一道南逃者。蕭梁安排的北討軍事將領的人選也顯示了某種意圖。同年八月，梁武帝"興駕幸德陽堂，設絲竹會，祖送魏主元悦"①，也説明對於這次征討，梁武帝還是比較重視的。元悦的北伐行動也得到了來自北魏境内的支援。《魏書》卷八〇《斛斯椿傳》：

> （斛斯椿）又轉征東將軍、東徐州刺史。及爾朱榮死，椿甚憂懼。時蕭衍以汝南王悦爲魏主，資其士馬，次於境上。椿聞大喜，遂率所部棄州歸悦。②

斛斯椿爲爾朱榮之黨羽，他投奔元悦的原因在於懼怕爾朱榮被誅後，自己會被作爲爾朱氏之親黨而受到牽連打壓。斛斯椿能夠歸附元悦的另一原因，則顯然是元悦的北伐是有着明顯的政治意圖的。元顥和元悦北伐之際，洛陽政權在爾朱氏的掌控之中，元悦等北伐的目的則是要推翻爾朱氏的權勢，使北魏政權重回元氏手中。在爾朱氏掌權之際，北魏國家當中仍不乏反對者，因此，元悦等以元魏宗室身份展開的北伐行動能夠贏得朝野人士的認可。

然而，元悦的軍事行動似乎並未有效進行，這是因爲高歡對元悦的有意拉攏。《魏書》卷二二《孝文五王・汝南王悦傳》：

> 及齊獻武王既誅榮，以悦高祖子，宜承大業，乃令人示意。悦既至，清狂如故，動爲罪失，不可扶持，乃止。出帝初，除大司馬。③

高歡擊敗爾朱氏之後，實際上完全掌控了洛陽政權。然而，高歡也意識到他在信都扶立的安定王元朗屬於元魏宗室疏族，不利於他進一步鞏固其權勢。北魏孝文帝改革所推行的政策措施及其積極影響已經成爲士庶共同認可之事，因而在政治上孝文帝作爲北魏權威的象徵，確立孝文帝的法統並保證其延續也就成了朝野共識④。因此，高歡便需要重新扶立一位與孝文帝血緣趨近的元魏宗室爲主。與此同時，元悦正率領梁朝軍隊北伐。高歡積極拉攏元悦，一則是元悦爲孝文帝之子，頗符合其選擇要求；一則可借此化解元悦北伐軍帶來的軍事壓力。顯然，元悦也積極迎合了高歡的意圖。

從以上元悦在爾朱榮入洛之後的活動中，我們可以看到，元悦積極策劃征討爾朱氏，這其中顯示出了元悦的政治意圖。不僅如此，種種迹象也表明，元悦也有意利用其作爲孝文帝之子的政治身份優勢。如前舉《北齊書・王昕傳》中，元悦以"帝孫帝子帝弟帝叔"自居。高歡在尋求身份合適的皇位繼承人之時，元悦也積極迎合。高歡最終因元悦"清狂如故"而放棄之，轉而扶立孝武帝元修。史籍所謂元朗以身份疏遠而請遜位，高歡等遂議立孝武帝⑤，此事之經歷並非如此簡單，其中至少還有多方選擇合適人選的過程。

根據史籍所載，元悦於孝武帝太昌元年十一月被授予侍中、大司馬、開府諸職，僅一月有

---

① 姚思廉：《梁書》卷三《武帝紀下》，中華書局，1973 年，第 74 頁。
② 《魏書》卷八〇《斛斯椿傳》，第 1773 頁。
③ 《魏書》卷二二《孝文五王・汝南王悦傳》，第 593 頁。
④ 何德章先生即分析了北魏後期孝文帝法統在帝位繼承方面的重要象徵意義。參看何德章《北魏末帝位異動與東西魏的政治走向》，《魏晉南北朝隋唐史資料》第 18 輯，2001 年。
⑤ 《魏書》卷一一《出帝紀》，第 279 頁。

餘,元悦即被殺害①。正史於元魏宗室諸王書"殺"者並不多見,元悦即爲一例。元悦被殺並非因己犯有罪過。《北史》卷一九《孝文六王·汝南王悦傳》:"孝武以廣陵頗有德望,以悦屬尊地近,内懷畏忌,故前後害之。"顯然,孝武帝對元悦等人的疑忌則是元悦被殺的直接原因。孝武帝爲孝文之孫,而廣陵王元恭爲孝文之從孫,元悦爲孝文之子。《北史》以"屬尊地近"作爲孝武帝誅殺二王的理由,大體上符合事實。一方面,元悦等人的身份和地位較孝武帝而言,確實具有優勢,而元悦更有實際的政治動作,這對孝武帝來説無疑是不可不防的潛在威脅。另一方面,孝武帝本人雖然是爲高歡扶立的近乎傀儡的皇帝,但他自身却一直試圖改變政治權力上的這種劣勢,力爭有所作爲。因此,及時清除元悦等宗室成員的威脅,鞏固其政治身份的合法性優勢,就是孝武帝必須實施的政治舉措。

由此看來,元悦被孝武帝所殺,他自身在政治上的積極經營無疑是誘因之一。與此同時,孝武帝的政治營求以及北魏末年社會政治觀念的相互激蕩,也爲元悦之死埋下了伏筆。元悦可謂北魏末年政治鬥爭的犧牲品。

四、結　語

北魏王朝是由拓跋鮮卑建立起來的政權。雖然北魏王朝維持時間僅 150 年左右,却在中國中古歷史發展進程中起到了至爲關鍵的作用。拓跋鮮卑不僅統一了北方中國,結束十六國時期的割據局面,而且較爲迅速地完成了政治文化由胡族傳統向漢族傳統的轉化。在孝文帝改革之後,北魏國家形成了一套頗爲完整的政治制度和有效運行的政治體系,以元魏宗室爲主的各個政治群體也積極參與了北魏國家的政治運作。同時,元魏宗室等也在迅速地完成其文化身份的轉化。

汝南王元悦的個人經歷應該放在這一社會政治的大背景下予以考察。元悦雖然性致狂逸,生活多有違反禮儀規範之處,但他畢竟對儒家經典有所瞭解,他的宗教信仰等方面也與一般元魏宗室及社會上層具有共同之處。當然,元悦在政治上也有着積極營求的一面,雖然其結果最終失敗。考察元悦之生平經歷,我們不僅可以對北魏宗室階層的群像有了更爲具體的瞭解,也可以借由這一具體的個案對北魏社會政治的某些側面形成更爲深刻的認識。

---

① 《魏書》卷一一《出帝紀》,第 286 頁。

北魏後宮車輦考

苗霖霖

（黑龍江省社會科學院歷史研究所）

　　摘　要：北魏後宮車輦始創於道武帝時期，孝文帝時期對後宮車輦進行了發展，至孝明帝時期，參照漢晉車輦制度，最終確定了北魏後宮所使用的車輦。北魏後宮人員，根據等級、地位乘坐不同的車輦，其中皇后的車輦有六種，從事不同活動要乘坐不同的車輦，而嬪妃則只能根據品級乘坐相應的一種車輦，這也是她們在後宮等級、地位的直接體現。

　　關鍵詞：皇后　嬪妃　等級　車輦　官員

　　在我國古代王朝中，車輦不僅是交通工具，更是一種身份的象徵，所謂"輿輦之別，蓋先王之所以列等威也"[①]。但秦漢以來的戰亂，嚴重損害了車輦制度的傳承。經過了魏晉十六國時期的動亂，北魏最終統一了我國北方地區，形成了與南方諸政權的對峙之勢。但由於北魏"居百王之末，接分崩之後，典禮之用，故有闕焉"[②]，道武帝建國之初試圖恢復車輦制度，但由於受到鮮卑族自身文化的限制，僅制定了部分車輦的名號和形制。孝文帝繼位後，對北魏車輦制度進行了豐富，並初次制定了後宮車輦制度。及至孝明帝時期，又對後宮車輦進行了改進，北魏後宮車輦制度最終完善，爲北齊、北周所繼承，並對隋唐兩朝也產生了深遠影響。

一、後宮車輦制度的確立

　　道武帝拓跋珪建立北魏後，通過不斷對外征戰，不僅增加了部落的人口和武裝，也擴展了北魏的版圖，特別是隨着進攻後燕慕容寶的獲勝，北魏的前鋒勢力已經到達中原地區。自是之後，拓跋珪涉足中原，與各胡人政權作戰，皆獲勝，北魏的疆域日益擴大，其所統轄之民族也日益複雜，已非昔日部落組織所能適應，必須要迅速實現國家的轉型，以應對國家的新變化。於是，道武帝着手進行改革，將原本的部落制國家變爲封建國家，恢復中原王朝的政治制度便

---

① 《隋書》卷一〇《禮儀志五》，中華書局，1973年，第195頁。
② 《魏書》卷一〇八《禮志四》，中華書局，1974年，第2811頁。

是其中極爲重要的一項,車輦制度便是其中之一。

道武帝天興二年(399)命禮官捃采古事,制三駕鹵簿。一曰大駕,由平城令、代尹、司隸校尉、丞相奉引,太尉陪乘,太僕御從。軍戎、大祠則乘之。二曰法駕,由平城令、代尹、太尉奉引,侍中陪乘,奉車都尉御。巡狩、小祠則乘之。三曰小駕,由平城令、大僕奉引,常侍陪乘,奉車郎御。乃游宴離宮所乘之車。由此,北魏車輦制度初步確立,但此次車輦改革只是參照漢晉制度,規定了皇帝所乘坐的車輦,對皇后、嬪妃等後宮人員所乘坐的車輦沒有具體規定。

道武帝天興年間,仿照漢晉制度,創立了後宮制度,並開始着手建造車輦,其所造車輦包括乾象輦、大樓輦、小樓輦、遊觀輦和象輦等五種,但這些車輦“雖參采古式,多違舊章”①,且並未確定在後宮中車輦的具體樣式和功用。孝文帝太和年間對道武帝所造車輦進行了第一次系統的修補,初步確定了後宮中所用的車輦,但也只是“唯備五輅,各依方色,其餘車輦,猶未能具”②。孝明帝熙平年間又“詔侍中崔光與安豐王延明、博士崔瓚采其議,大造車服”③,並根據《周禮》以及漢晉圖文記載,對北魏的車輦制度進行了較大規模的修訂,北魏後宮車輦制度至此得以完善。

道武帝時期,並未設立專門的官員負責車輦,至太武帝時期,使設侍輦郎,多由功臣、貴族擔任。根據《魏書》記載,擔任過侍輦郎的共有三人,其中尉地干由於“機悟有才藝,馳馬立射五的,時人莫能及”④,而被太武帝擢爲庫部尚書,加散騎常侍、左光禄大夫,領侍輦郎。穆崇則由於跟隨太武帝征討赫連昌時,勇冠一時,而被太武帝嘉獎,任命爲侍輦郎、殿中將軍,賜爵泥陽子。韓貌也是在隨同太武帝伐赫連昌時英勇作戰,而“以軍功賜茂爵蒲陰子,加强弩將軍,還侍輦郎”⑤。根據這些記載可以看到侍輦郎的擔任者都是有軍功者,且都是在太武帝時期任命的,太武帝以後便再無“侍輦郎”一職的任何記載。對此,《通典》記載稱“後魏、北齊則乘黃、車府令兼掌之”,似太武帝以後由乘黃、車府令主理後宮車輦事宜。

二、皇后的車輦

在我國古代王朝中,皇帝出行的儀仗分爲大駕、法駕和小駕三種,其中大駕的等級最高,是皇帝的特有儀仗,法駕的等級低於大駕,小駕等級低於法駕。在這些儀仗中,車輦更是極爲重要的一部分。皇帝會根據出行的規模以及目的,使用不同的儀仗。皇后作爲皇帝的妻子,是國家中地位最高的女性,她們“明配至尊,爲海内小君”⑥,地位僅低於皇帝,爲了凸顯她們的地位,她們的出行儀仗有法駕與小駕兩種⑦,且每種儀仗所對應的車輦也有所不同,車輦也由

---

① 《魏書》卷一〇八《禮志四》,第 2811 頁。
② 《魏書》卷一〇八《禮志五》,第 2813 頁。
③ 《隋書》卷一〇《禮儀志五》,第 195 頁。
④ 《魏書》卷二六《尉古真附尉地干傳》,第 659 頁。
⑤ 《魏書》卷五一《韓貌傳》,第 1127 頁。
⑥ 《十三經注疏》第六《禮記正義》卷五《曲禮下》注引《白虎通・嫁娶篇》,中華書局,1980 年,第 1267 頁。
⑦ 大駕儀仗是皇帝特有的,皇后作爲皇帝的妻子,地位低於皇帝,只能使用法駕和小駕儀仗。

此成爲皇后出行等級的重要體現。北魏皇后的車輦共有金根車、安車、雲母車、紺羅車、紫羅車和輦車等六種，皇后采用不同的儀仗、從事不同的活動要使用不同的車。

在我國古代社會，在"國之大事，在祀與戎"①思想的影響下，國家對祭祀活動都極爲重視，這在皇室成員參與國家祭祀時所采用的儀仗中也有所反映。道武帝時期所設的車輦中乾象輦和小樓輦都是北魏前期皇后參與國家祭祀活動所乘之車。關於此二車的形制，《魏書》卷一〇八《禮志四》載："乾象輦：羽葆，圓蓋華蟲，金雞樹羽，二十八宿，天階雲罕，山林雲氣、仙聖賢明、忠孝節義、遊龍、飛鳳、朱雀、玄武、白虎、青龍、奇禽異獸可以爲飾者皆亦圖焉。……小樓輦：斮八，衡輪色數與大樓輦同，駕牛十二。"②《通典》的記載與《魏書》略有不同。《通典》稱：乾象輦"羽葆，圓蓋，畫日月、五星、二十八宿、天街、雲蝦、山林、奇瑞、遊麟、飛鳳、朱雀、玄武、驌虞、青龍，駕二十四馬"③，而小樓輦則"駕十五馬"④。根據史書記載，東漢以來牛車逐漸爲社會各階層所重視，魏晉時期已經演變爲當時貴族的主要交通工具，北魏建立之初多沿襲漢晉風俗，其交通工具亦應多用牛車，且大都在車上繪有各種不同圖案。北魏元紹、宋孝祖等人墓中均出土了陶製的行儀鹵簿隨葬品，真實地再現了當時貴族出行工具狀況，無獨有偶，這些人的儀仗中多用牛車，正是北魏前、中期以牛車爲主要出行工具的反映。據此可推知，乾象輦、小樓輦在北魏前期亦應爲牛車，當以《魏書》記載爲是。

孝文帝雖然進行了車輦制度的改革，並初步確定了後宮車輦制度，但只是對皇后的車輦進行了系統的規定，並未明確規定後宮嬪妃的車輦。孝明帝繼位後"詔侍中崔光與安豐王延明、博士崔瓚采其議，大造車服。……自斯以後，條章粗備"⑤，經過此次改革，北魏後宮車輦也最終定型。此後，北魏的車輦大都采用蓬蓋封閉式車體，並在車上留有窗口，僅在車的牽引力和車身的繪圖及車的規模上有所區別。

其中，道武帝時期皇后助祭時所乘坐的車，由乾象輦和小樓輦改爲金根車和安車。《魏書》載皇后"法駕，則御金根車，駕四馬"⑥，《通典》亦載北魏"皇后之輅，其從祭則御金根車"⑦，可見，皇后參與祭祀活動的車有金根車和安車兩種。其中金根車是皇后采用法駕儀仗參加祭祀活動時所乘坐的車，也是皇后所乘坐車輦中等級最高的。該車自漢代以來便是皇后法駕所采用的車，北魏"孝文帝時，儀曹令李韶，更奏詳定，討論經籍"⑧而創設此車，並規定"皇后助祭郊廟，籍田先蠶，則乘之"⑨，其車體采用"重翟，羽蓋，加青交絡帷裳"⑩爲飾，僅將牽引力由漢晉時期的三馬並駕改爲了四馬並駕。

① 《春秋左傳注》成公十三年條，中華書局，1981年，第861頁。
② 《魏書》卷一〇八《禮志四》，第2811頁。
③ 《通典》卷六六《禮典·嘉禮十一》輦輿條，中華書局，1988年，第1840頁。
④ 《通典》卷六六《禮典·嘉禮十一》輦輿條，第1840頁。
⑤ 《隋書》卷一〇《禮儀志五》，第195頁。
⑥ 《魏書》卷一〇八《禮志四》，第2815頁。
⑦ 《通典》卷六五《禮典·嘉禮十》皇太后皇后車輅，第1819頁。
⑧ 《隋書》卷一〇《禮儀志五》，第195頁。
⑨ 《魏書》卷一〇八《禮志四》，第2812頁。
⑩ 《通典》卷六五《禮典·嘉禮十》皇太后皇后車輅，第1819頁。

　　安車是皇后使用小駕儀仗所使用的車，"駕三馬，以助祭"①。此外，皇后"遊行御安車，並駕三馬"②。可見，安車爲三馬並駕之車，乃皇后助祭和遊行所乘之車。

　　此外，北魏皇后所乘之車還有雲母車，雲母車又稱雲母安車，是兩晉、南朝皇后主持先蠶禮時所乘之車，北魏皇后亦"御雲母車，駕四馬，以親桑"③，只是將其由六馬並駕改爲三馬並駕。

　　皇后參與皇室成員喪葬活動時也有特定的車。《通典》卷六五《禮典·嘉禮十》皇后皇太后車輅條載：皇后"吊問御紺罽車，並駕三馬"，《魏書》卷一○八《禮志四》載：皇后"御紺罽輧車，駕三馬，以哭公主、王妃、公侯夫人"。通過對比這兩通材料我們可以發現，紺罽車與紺罽輧車不僅都是三馬並駕之車，且都是皇后參與皇室成員喪葬活動時所乘之車，而"輧"字本身就是"有帷蓋的車子"之意，由此筆者認爲二者實爲一種車。

　　除以上幾種車外，皇后出行所乘之車還有紫罽車，乃北魏皇后回家省親所乘之車。《通典》卷六五《禮典·嘉禮十》皇后皇太后車輅條載："（皇后）歸寧則御紫罽車，並駕三馬。"《魏書》卷一○八《禮志四》載："（皇后）非法駕則御紫罽輧車，駕三馬。"可見，紫罽輧車即紫罽車，爲三馬並駕之車，乃皇后出行所乘坐的車中等級較低的一種。

　　此外，皇后在"宮中出入，則御畫扇輦車"④。關於該車的形制，史書載"輦車，不言飾，明無翟總之飾，后居宮從容所乘，但漆而已"⑤。該車在東晉乃至南朝齊、梁等朝都有所采用。晉朝"羊車一名輦車，上如軺，伏兔箱，漆畫輪"⑥，南齊沿用晉制，"因制漆畫牽車，小形如輿，金塗縱容，錦衣。箱裏隱膝後戶牙蘭，轅枕後捎，幰竿代棟梁，皆金塗鉸飾"⑦。南梁有羊車"亦名輦，上如軺，小兒衣青布袴褶，五瓣髻，數人引之"⑧。可見，輦車在與北魏同時存在的南朝政權中都有所使用，而北魏建立後其國內諸制均參照兩晉、南朝而制，據此可以推知，北魏的輦車亦當爲羊車。《南齊書》的記載印證了這一推論："軺車建龍旂，尚黑。"⑨"虜主及後妃常行，乘銀鏤羊車，不施帷幔，皆偏坐垂腳轅中"⑩。根據《魏書》記載，畫扇輦車又稱"黑漆畫扇輦，與周之輦車其形相似"⑪，可見，北魏皇帝、後妃日常所乘坐的畫扇輦車是黑色的羊車，與同一時期南朝政權中輦車的形制大體相同。

三、嬪妃的車輦

　　孝文帝參照漢晉、南朝後宮制度，對北魏後宮制度進行了改革，在此次改革中，他首次根

①　《魏書》卷一○八《禮志四》，第 2815 頁。
②　《通典》卷六五《禮典·嘉禮十》皇太后皇后車輅，第 1820 頁。
③　《魏書》卷一○八《禮志四》，第 2815 頁。
④　《魏書》卷一○八《禮志四》，第 2815 頁。
⑤　《通典》卷六五《禮典·嘉禮十》皇太后皇后車輅條，第 1818 頁。
⑥　《通典》卷六四《禮典·嘉禮九》羊車條，第 1804 頁。
⑦　同上注。
⑧　《通典》卷六四《禮典·嘉禮九》羊車條，第 1805 頁。
⑨　《南齊書》卷五七《魏虜傳》，中華書局，1972 年，第 985 頁。
⑩　《南齊書》卷五七《魏虜傳》，第 985 頁。
⑪　《魏書》卷一○八《禮志四》，第 2815 頁。

據外朝官員的品級,對後宮嬪妃的品級進行了詳細的劃定,北魏後宮嬪妃也由此有了品級上的差異,這種品級的差異在她們生活的方方面面都有所體現,她們乘坐的車輦也不例外。

《唐六典》卷一二《内官宫官内侍省》内僕局條注記載:北魏"内命婦一品乘油色朱絡網車,車、牛飾用金塗及純銀"。北魏孝文帝進行後宮改革時,規定"左右昭儀位視大司馬,三夫人視三公"①。根據北魏"前職員令"②記載:大司馬、三公均官居一品,與他們官品相對的後宮嬪妃——左右昭儀、三夫人地位也相同。因此,她們的車輦也必然相同,她們所乘坐的都是油色朱絡網車。

《魏書》卷一三《皇后列傳》載:北魏後宮嬪妃"三嬪視三卿,六嬪視六卿,世婦視中大夫,御女視元士"③。根據前"職員令"④的記載:北魏前期、中期,三卿官品爲從一品下、六卿爲正二品上,中大夫爲從三品,元士爲從四品。自宣武帝開始,北魏外朝官員的官品略有變化,其中三卿與六卿合爲九卿,都官居正三品,中大夫與元士的官品仍爲從三品和從四品。根據與嬪妃相對應的外朝官官品可推知:北魏後宮嬪妃九嬪視三品,世婦視從三品。雖然在後宮中九嬪的地位高於世婦,但在車輦上,二者却没有任何區别,她們所乘坐的車都是通幰車。御女視從四品,她們所乘坐的是偏幰車。

關於北魏時期通幰車與偏幰車的形制,史書中没有明確記載,但根據《通典》卷六五《禮典·嘉禮十》公侯大夫等車輅條所載,兩晉時期的通幰車爲牛車,"如犢車,但舉其幰通覆車上,諸王三公並乘之"。由於北魏車輦制度是在"稽之《周禮》,考之漢晉,采諸圖史,驗之時事"⑤的基礎上,進行了卓有見地的分析,最終選擇沿襲漢晉車輦制度。而通幰車在西晉時期就已經出現,東晉滅亡後,該車被南朝各政權沿用,由於北魏車輦沿襲漢晉舊制,通幰車被北魏所采納也就成爲必然了。

根據史書記載,通幰車北魏二品、三品命婦所乘坐的車,而偏幰車則是北魏四品以上命婦所乘坐的車。由於北魏的車輦制度多被北齊所繼承,而在北齊"二品、三品乘卷通幰車,車牛金飾"⑥,"七品以上,乘偏幰車,車牛飾以銅"⑦。雖然在北齊乘坐偏幰車官員的品級較北魏有所降低,但該車的形制却並未發生任何改變,根據兩晉、北齊通幰車、偏幰車形制可以推知,北魏的通幰車、偏幰車與東晉、北齊一樣爲牛車,且通幰車的車身采用黄金裝飾,而偏幰車則是以黄銅裝飾車身。

此外,根據《魏書》記載,在北魏王朝中,金根車不僅是太皇太后、皇太后、皇后助祭郊廟、籍田先蠶時所乘之車,同時也是後宮其他嬪妃助祭時乘坐之車,但只能"右騑"而已。

---

① 《魏書》卷一三《皇后列傳》,第 321 頁。
② 《魏書》卷一一三《職官志》,第 2978 頁。
③ 《魏書》卷一三《皇后列傳》,第 321 頁。
④ 《魏書》卷一一三《職官志》,第 2978 頁。孝文帝以前北魏官制規定三卿官居第一品下,六卿官居第二品上,孝文帝改革官制後,三卿與六卿都官居三品,從此三卿與六嬪地位等同,合稱九嬪。
⑤ 《魏書》卷一〇八《禮志四》,第 2815 頁。
⑥ 《通典》卷六五《禮典·嘉禮》公侯大夫等車輅條,第 1826 頁。
⑦ 《通典》卷六五《禮典·嘉禮》公侯大夫等車輅條,第 1826 頁。

四、結　語

綜上所述，北魏後宮車輦制度始創於道武帝時期，發展於孝文帝時期，並最終於孝明帝時期成型。北魏王朝中，後宮人員所乘坐的車主要有金根車、安車、雲母車、紺罽車、紫罽車、輦車以及朱絡網車、通幰車、偏幰車等九種。其中前六種乃皇后所乘坐，皇后從事不同活動乘坐不同的車；朱絡網車、通幰車、偏幰車和金根車是嬪妃所乘坐的車，後宮嬪妃按照品級乘坐相應等級的車。與皇后不同的是，同一品級的嬪妃只能乘坐一種車，這也是她們地位低於皇后的直接體現。

由於史書對北魏後宮人員和相關制度記載得極爲簡略，對於專門使用於後宮的車輦、服飾等方面的内容則更是少有提及，而現今出土墓誌銘文中又少有涉及這方面内容，這對車輦制度研究製造了極大的困難。本文擬就目前所掌握的材料，對北魏後宮車輦進行一些粗略的考察，期待有新的考古材料出現，以推進北魏車輦制度的相關研究。

略論南朝佛教僧人和
世俗信徒的素食

王 萌
（内蒙古大學歷史與旅遊文化學院歷史系）

摘 要：南朝時期，佛教在社會中廣泛傳播，不同程度地影響着僧侶與世俗信徒的日常生活。就飲食方面而言，由於受到佛教信仰的影響與支配，佛教僧侶與世俗信徒中出現了規模較爲龐大的素食群體。在此基礎上，當時社會中由宗教信仰意識而形成的素食風氣逐漸盛行。不可忽視的是，當時國家開放的佛教政策，爲佛教素食的推廣建立了寬鬆的社會環境。同時由於佛教戒律本身所具有的靈活性，更進一步推動了佛教素食風氣的發展。

關鍵詞：南朝 僧侶 世俗信徒 素食

佛教自東漢傳入中國，至南朝處於盛行時期。南朝佛教文獻載："佛化被於中國，已歷四代。寺塔形像，所在千計。進可以繫心，退足以招勸。"[①]由此可見佛教對信仰者的影響。所以，佛教中"比丘、比丘尼，清信士女。常應至誠……飲食白素，不啖酒肉及以五辛"[②]，這一戒律自然要影響信仰者的日常生活，而信仰者的飲食結構隨之出現了明顯的變化。佛教僧侶與世俗信徒的飲食結構與世俗社會相比，存在明顯的不同。對於僧侶而言，素食爲其日常飲食生活的重要方式；而對於世俗信徒來説，選擇不同方式的素食是其區別於世俗社會的鮮明標誌。在此基礎上，素食群體規模逐漸龐大，素食風氣也因此形成。本文擬對南朝佛教僧侶與世俗信徒的素食風氣及其盛行的原因進行探討，懇請專家指教。

一、佛教僧人素食

南朝時期，佛教傳播處於盛行的階段。僧人逐漸增多。宋代，"釋教隆盛，篤信倍多。僧

---

① 釋僧祐：《弘明集》卷一一，《大正新修大藏經·史傳部四》，臺北財團法人佛陀教育基金會出版部，1990年，第69頁。

② （失譯）《阿彌陀鼓音聲王陀羅尼經》，《大正新修大藏經·寶積部下、涅槃部全》，第353頁。

尼三萬六千人"①。南齊時期,"僧尼三萬二千五百人"②。梁代,僅首都建康就有"僧尼十萬人"③,其他地區的僧尼"八萬二千七百餘人"④。陳代,"僧尼三萬二千人"⑤。規模較爲龐大的僧人群體成爲南朝重要的社會階層。大多數僧侶階層成員在日常飲食生活方面與世俗社會存在着明顯的區別,體現出鮮明的佛教色彩。

南朝時期有僧侶奉行源於古印度的佛教"齋食"傳統。關於"齋食",佛教文獻載古印度阿育王時期,阿育王"令國中人民悉行十善持五戒,月六齋年三長齋"⑥。佛教文獻記載,"佛言,日中三世佛食,時食若午時。日影過一發一瞬,即是非時。若比丘非時食者,波逸提……齋者,以過中不食爲體"⑦,"三長齋。佛謂提謂長者曰……俱用正月五月九月……故使持是三長齋。若佛子於六齋日年三長齋月……破齋犯戒者,犯輕垢罪"⑧。可見,源於古印度的佛教"齋食"就是指過午不食,也稱爲"持齋",是僧人必須嚴格奉行的戒律。具體奉行的時間爲每年正月、五月、九月內的固定時間,"歲三齋者,正月一日至十五日,五月一日至十五日,九月一日至十五日"⑨。關於古印度時期佛教"齋食"的飲食結構,據佛教文獻載古印度廣嚴城僧人的日常飲食,"即往市肆多買淨肉,於大鑊內加以酥油作好美粥"⑩。可見,古印度僧人的"齋食"並不一定以素食爲唯一構成。所以,佛教在漢代傳入中國後,早期佛教信徒並未被禁止食用肉類,"人雖落髮,事由類俗。衣無條葉,食通肴蔬"⑪。那麼,早期僧侶的"齋食"在飲食構成方面,也應當是葷素不忌。

關於南朝時期僧人奉行"齋食"的情況:南宋時期,"宋文帝大會沙門,親御地筵。食至良久,衆疑過中。帝曰:'始可中耳。'(法師道)生乃曰:'白日麗天,天言始中,何得非中。'遂舉箸而食,一衆從之。莫不歎其機辯"⑫。南齊時期:"永明初,魏使李道固來聘,會於寺內。(武)帝以(釋僧)鍾有德聲,敕令酬對。往復移時,言無失厝。日影小晩,鍾不食。固曰:'何以不食。'鍾曰:'古佛道法,過中不飱。'"⑬表明南朝部分僧人嚴格奉行"過午不食"這一清規,以此體現自己對佛教的虔誠。

但是,南朝時期佛教僧人在"齋食"方面與古印度僧人、中國早期佛教僧侶葷素不忌的情況相比,則大不相同。如劉宋時期太玄台寺釋玄藻尼,"精勤匪懈,誦法華經。菜食長齋"⑭。梁代淨淵尼"二十出家,戀慕膝下。不食不寢,飲水持齋。諫曉不從,終竟七日。自爾之後,蔬

① 釋法琳:《辯正論》卷三《十代奉佛上篇第三》,《大正新修大藏經·史傳部四》,第503頁。
② 釋法琳:《辯正論》卷三《十代奉佛上篇第三》,《大正新修大藏經·史傳部四》,第503頁。
③ 李延壽:《南史》卷七〇《循吏·郭祖深傳》,中華書局,1975年,第1721頁。
④ 釋法琳:《辯正論》卷三《十代奉佛上篇第三》,《大正新修大藏經·史傳部四》,第503頁。
⑤ 釋法琳:《辯正論》卷三《十代奉佛上篇第三》,《大正新修大藏經·史傳部四》,第503頁。
⑥ 釋法琳:《辯正論》卷一《三教治道篇第一上》,《大正新修大藏經·史傳部四》,第495頁。
⑦ 志磐:《佛祖統紀》卷三三《法門光顯志第十六》"持齋"條《大正新修大藏經·史傳部一》,第320頁。
⑧ 志磐:《佛祖統紀》卷三三《法門光顯志第十六》"三長齋"條,《大正新修大藏經·史傳部一》,第320頁。
⑨ 釋僧祐:《弘明集》卷一三《奉法要》,《大正新修大藏經·史傳部四》,第86頁。
⑩ 義淨譯:《根本説一切有部毗奈耶》卷一〇《妄説自得上人法學處第四之二》,《大正新修大藏經·律部二》,第679頁。
⑪ 神清撰、慧寶注:《北山錄》卷四《宗師議第七》,《大正新修大藏經·史傳部四》,第594頁。
⑫ 志磐:《佛祖統紀》卷二六《淨土立教志第十二之一》,《大正新修大藏經·史傳部一》,第266頁。
⑬ 釋慧皎:《高僧傳》卷八,《大正新修大藏經·史傳部二》,第375頁。
⑭ 釋寶唱:《比丘尼傳》卷二,《大正新修大藏經·史傳部二》,第938頁。

食長齋。戒忍精苦，不由課勵。師友嗟敬，遠近稱譽"①。梁、陳時期，吳興僧人釋慧度"聽奉誠寺辯律師，精得大義。菜食長齋，誦法華經、金剛、般若"②。壽春曲水寺僧人釋法慧，"蔬食長齋，不受嚫施。無貪無瞋，心行調善。布衣弊衲……誦法華經一部"③。這表明，南朝佛教僧人"長齋"食素已是普遍現象，當時佛教僧人將"長齋"中的過午不食與素食結合起來，並且這種結合已成爲整個僧侶階層的戒律。

南朝時期，蔬食"長齋"是僧人減少世俗欲望，靜心修行的飲食活動方式。這是所有僧人必須遵守的。所以，蔬食"長齋"這一飲食方式自然會促進素食風氣在僧人中的發展。由於受"長齋"素食的影響，當時就有衆多常年食素的僧人。如宋代廬山陵雲寺僧人釋慧安："蔬食精苦，學通經義，兼能善説。又以專戒見稱，誦經四十餘萬言。"④臨淄僧人釋普明："稟性清純，蔬食布衣。以懺誦爲業，誦法華、維摩二經。"⑤景福寺法辯尼："少出家爲景福寺慧果弟子。忠謹清慎，雅有素檢。蔽衣蔬飯，不食薰辛。"⑥齊代天柱山寺僧人釋法慧："誦法華一部。蔬食布衣，志耽人外。"⑦梁代僧人釋僧滿："蔬食苦節，博通經論。而以法華爲志，講經一百遍。"⑧陳代靈耀寺僧人釋慧勇："銳志禪誦，治身蔬菲。"⑨一些僧尼不僅謹遵佛教飲食戒律，在日常素食方面甚至還對自己做出與其他僧尼相比更苛刻、極端的事情，如南齊鹽官齊明寺僧猛尼："行己清潔，奉師恭肅。蔬糲之食，只存支命。"⑩僧猛尼對日常素食的攝入已接近維持生存的極限。以上情況的出現，表明衆多僧人堅持常年食素，是爲了約束自己的世俗欲望，進而在此基礎上靜心修行，以表示自己對佛教信仰境界的虔誠追求。因爲，是否去除包括物質欲望在內的世俗之欲，直接影響潛心修行、學佛是否得正果。"人所以不得道者，由於心神昏惑。心神所以昏惑，由於外物擾之。擾之大者其事有三：一則勢利榮名。二則妖妍靡曼。三則甘旨肥濃……甘旨肥濃爲累甚切"⑪。可見，去除世俗物質欲望，是靜心修行的關鍵因素。

佛教僧人在飲食方面不僅要不飲酒食肉，還要禁斷"五辛"。佛教文獻載："不得食五辛。言五辛者，一蔥，二薤，三韮，四蒜，五興渠。"⑫如劉宋僧人釋僧侯"年十八便蔬食禮懺，及具戒之後游方觀化……魚肉葷辛未嘗近齒"⑬，南齊僧人釋慧澄"在性貞苦，立素齋戒。魚肉葷辛，畢世未視"⑭。佛教禁止信徒食用"五辛"，是因爲"（五辛）臭穢能障聖道，食之者必招無間之業

① 釋寶唱：《比丘尼傳》卷四，《大正新修大藏經·史傳部二》，第 946—947 頁。
② 慧詳：《弘贊法華傳》卷六《頌持第六》，《大正新修大藏經·史傳部三》，第 29 頁。
③ 慧詳：《弘贊法華傳》卷七《頌持第六之二》，《大正新修大藏經·史傳部三》，第 32 頁。
④ 釋慧皎：《高僧傳》卷七《義解四》，《大正新修大藏經·史傳部二》，第 370 頁。
⑤ 釋慧皎：《高僧傳》卷十二，《大正新修大藏經·史傳部二》，第 407 頁。
⑥ 釋寶唱：《比丘尼傳》卷二，《大正新修大藏經·史傳部二》，第 940 頁。
⑦ 釋僧詳：《法華傳記》卷四《諷誦勝利第八之二》，《大正新修大藏經·史傳部三》，第 63 頁。
⑧ 釋僧詳：《法華傳記》卷二《講解感應第七之一》，《大正新修大藏經·史傳部三》，第 56 頁。
⑨ 釋道宣：《續高僧傳》卷七，《大正新修大藏經·史傳部二》，第 478 頁。
⑩ 釋寶唱：《比丘尼傳》卷三，《大正新修大藏經·史傳部二》，第 942 頁。
⑪ 釋道宣：《廣弘明集》卷二四《僧行篇第五之二》，《大正新修大藏經·史傳部四》，第 273 頁。
⑫ 法雲編：《釋義名集》，《大正新修大藏經·事匯部下、外教部全》，第 1108 頁。
⑬ 釋慧皎：《高僧傳》卷一二，《大正新修大藏經·史傳部二》，第 408 頁。
⑭ 釋道宣：《續高僧傳》卷五，《大正新修大藏經·史傳部二》，第 465 頁。

耳。今人不能戒,是不欲見聖道"①。表明佛教禁止信徒食用"五辛",同樣是出於使信徒靜心、虔誠修行、積累福德、功德圓滿的目的。

　　南朝時代,不僅佛教擁有衆多的信仰者,而且也是道教盛行的時期②。道教在飲食方面提倡去除葷腥、辟除穀物,倡導食麥、松術。如南北朝隋唐時期道教《上清修身要事經》載道教修行者修行有"十敗","第五敗勿食一切含生之肉,則元形喪始,根本亡度","第六敗勿食一切水中有生之肉,則形神犯真","第七敗勿食飛鳥肉,則氣形聲臭","第八敗勿食五辛之菜,則五臟惡臭"③。東晉南朝《上清洞真智慧觀身大戒文》載道教徒在飲食方面的修行標準,"道學不得貪世滋味","道學當念中食養神棄諸肥滋"④。所以,在佛教與道教同時發展的社會背景之下,道教的素食方式要影響到佛教僧人的素食方式。宋代僧人釋法成:"不餌五穀,唯食松脂。隱居岩穴,習禪爲務。"⑤宋代義興寺僧人釋僧慶:"家世事五斗米道。慶生而獨悟,十三出家止義興寺。淨修梵行,願求見佛。先舍三指末誓燒身,漸絕糧粒,唯服香油。"⑥釋僧慶的素食方式明顯地受到家族信仰道教傳統的影響。齊代僧人釋法光"苦行頭陀,不服綿纊。絕五穀,唯餌松葉"⑦,和在日常飲食中食素的僧人一樣,不食五穀、麥飯、松脂的僧人也是要約束自己的世俗欲望來靜心修行,體現對佛教的虔誠信仰之意。儘管當時部分僧侶吸收道教的素食方式,但是也有僧人表示反對。如宋代廣陵中寺僧尼光靜:"靜少而勵行,長而習禪思。不食甘肥,將受大戒,絕穀餌松……沙門釋法成謂曰:'服食非佛盛事。'"⑧毋庸置疑的是,部分僧人在日常飲食生活中吸收道教素食方式,在一定程度上促進了僧人中素食風氣的盛行。綜上所論,南朝時期佛教對道教飲食能夠表現出接受、與之相互融合,首先是部分佛教僧侶來自世代信奉道教的家庭,家族傳統的信仰必然會在其身上打上深深的印記。其次是道教盛行的社會環境使部分僧侶對道教所倡導的飲食方式也就不能采取抵制的態度。最重要的是,在飲食結構方面,佛教所倡導的飲食與道教所倡導的飲食在很多方面有着相似之處,而且佛教倡導素食與道教倡導素食都是出於去除世俗物質欲望、靜心修行的目的。

　　由以上所論可以看出,世俗人出家爲僧尼,對自己在飲食等方面的自覺、嚴格的約束,正是佛教對僧尼"出家離俗,高尚其志。違天屬之親,舍榮華之重。毀形好之飾,守清節之禁。研心唯理屬己,唯法投足而安,疏食而已"⑨這一去除世俗之欲要求的反映。

　　儘管當時食素的僧人是衆多的,但是應該看到,這些僧人是自覺地將佛教戒律與自己的行爲相結合,以體現對佛教的虔誠追求。既然要完全去除世俗欲望以靜心修行,這不是所有

① 志磐:《佛祖統紀》卷三三,《法門光顯志第十六》,《大正新修大藏經·史傳部一》,第322頁。
② 參看卿希泰主編《中國道教史》第一卷第4章《道教在南北朝的改造和充實》,四川人民出版社,1996年,第465—535頁。
③ 《上清修身要事經·靈書紫文仙相敗法二十八》,張繼禹主編:《中華道藏·三洞真經》第二册《洞真上清經》,華夏出版社,2004年,第377—378頁。
④ 《上清洞真智慧觀身大戒文》,張繼禹主編:《中華道藏·三洞真經》第二册《洞真上清經》,第736—737頁。
⑤ 釋慧皎:《高僧傳》卷一一,《大正新修大藏經·史傳部二》,第399頁。
⑥ 釋慧皎:《高僧傳》卷一二,《大正新修大藏經·史傳部二》,第405頁。
⑦ 釋慧皎:《高僧傳》卷一二,《大正新修大藏經·史傳部二》,第405頁。
⑧ 釋寶唱:《比丘尼傳》卷二,《大正新修大藏經·史傳部二》,第939頁。
⑨ 釋僧祐:《弘明集》卷六,《大正新修大藏經·史傳部四》,第35頁。

的僧人都能做到的。宋代，寶志大士，"或微索酒，或屢日不食，常遇食鱠者從求之"①。宋代初期，僧人懷度"度不甚持齋，飲酒啖肉。至於辛鱠，與俗不殊"②，宋代僧人釋慧通"遊歷村里，飲讌食啖，不異恒人"③。這反映出，當時一些僧人並没有因信仰佛教而去除自己的世俗物質欲望，使自己與世俗社會完全區分開來。

　　當時官員在給統治者的上書中，直言極諫，請求統治者對僧侣葷素不忌的日常飲食生活予以整頓，如宋代通直郎周朗上書孝武帝，"自釋氏流教……習慧者日替其修，束誠者月繁其過，遂至糜散錦帛，侈飾車從……置酒浹堂……今宜申嚴佛律……各爲之條……食不過蔬，衣不出布"④。面對僧侣不謹遵佛教戒律的情況，當時的統治者制定了相應政策："（梁武帝）制僧尼犯過，並依佛律行罰。"⑤這反映出當時飲酒食肉的僧人還是不少的。世俗社會對佛教僧侣葷素不忌這一行爲所持的反對態度，説明素食已成爲佛教僧侣日常飲食的唯一構成方式。

二、世俗佛教信徒素食

　　南朝時期，世俗社會中信仰佛教的人是衆多的，衆多的世俗佛教信徒也是虔誠奉行佛教戒律中有關飲食的規定。因此，世俗信徒的飲食結構與佛教在漢代傳入中國時佛教徒"每浴佛，多設酒飯"⑥這一飲食構成相比，顯示出明顯的不同。也就是説南朝世俗佛教徒中出現了衆多的素食者。但是，這些世俗佛教信徒所奉行的素食方式存在明顯的不同。

　　當時世俗佛教信徒中，有奉行"長齋"者。宋明帝"常造佛仗六金像。且食常齋，日誦般若"⑦，齊明帝"持齋，修十善，誦法華、般若二經"⑧，梁武帝"自天監中事佛，長齋，不聽音樂……不啖魚肉"⑨。其他社會階層奉行"長齋"的人也是不少的。如南齊劉虯，"精信釋氏，衣粗布衣，禮佛長齋。注法華經，自講佛義"⑩。陳代都官尚書徐孝克，"且講法華經，晚講禮傳，受業者常數百人。蔬食長齋，持菩薩戒"⑪。"陳鄱陽王、陳豫章王、陳衡陽王、陳桂陽王、陳義陽王、陳新蔡王"，"崇奉釋門，研精妙理。書經造像，受戒持齋"⑫。也就是説，這些世俗佛教信徒在正月、五月、九月這"三長齋月"規定的時間過午不食、不飲酒食肉。還有一些世俗佛教信徒的"長齋"，不僅受到佛教信仰的影響，還受到中國古代傳統禮制的影響。如梁代劉杳，

---

① 志磐：《佛祖統紀》卷三六，《大正新修大藏經・史傳部一》，第 346 頁。
② 釋慧皎：《高僧傳》卷一〇，《大正新修大藏經・史傳部二》，第 390 頁。
③ 同上書，第 393 頁。
④ 《宋書》卷八二《周朗傳》，中華書局，1974 年，第 2100 頁。
⑤ 志磐：《佛祖統紀》卷三七《法運通塞志第十七之四》，《大正新修大藏經・史傳部一》，第 348 頁。
⑥ 《三國志》卷四九《吳書・笮融傳》，中華書局，1959 年，第 1185 頁。
⑦ 釋覺岸、寶洲：《釋氏稽古略》卷二，《大正新修大藏經・史傳部一》，第 792 頁。
⑧ 同上書，第 794 頁。
⑨ 同上書，第 800 頁。
⑩ 《南齊書》卷五四《高逸・劉虯傳》，中華書局，1972 年，第 939 頁。
⑪ 志磐：《佛祖統紀》卷三七《法運通塞志第十七之四》，《大正新修大藏經・史傳部一》，第 353 頁。
⑫ 釋法琳：《辯正論》卷三《十代奉佛上篇第三》，《大正新修大藏經・史傳部四》，第 504 頁。

"睹釋氏經教,常行慈忍。天監十七年,自居母憂,便長斷腥膻,持齋蔬食"①。

　　南朝的世俗佛教信徒還有奉行"六齋"者。如宋代宗室,"宋臨川王義慶,宋彭城王義康,宋南譙王義宣,宋臨川嗣王道規,宋建安王休仁","每月六齋"②。南齊武帝,"造千金像,寫一切經。持六淨齋,口誦波若"③。南齊明帝,"寫一切經,造千金像。口誦般若,常傳法華經……身持六齋"④,"六齋"就是指每個月中六個固定的齋戒日,"一月六日齋,月八日一齋、十四日一齋、十五日一齋、二十三日一齋、二十九日一齋、三十日一齋"⑤。具體奉行方式爲:"凡齋日皆當魚肉不飱,迎中而食。既中之後,甘香美味一不得嘗。洗心念道,歸命三尊。悔過自責,行四等心。遠離房室,不著六欲。"⑥可見,世俗佛教徒在"六齋"日,不僅要食素,而且還要過午不食。世俗佛教徒在"六齋"日通過選擇素食來嚴格約束與限制世俗欲望,靜心修行,體現對佛教信仰的虔誠。

　　南朝世俗佛教徒還有奉行"八齋"者。"八齋",亦稱"八關齋戒"、"八齋戒"、"八戒齋"、"八戒"⑦。統治者中就有積極奉行"八關齋"者,"孝建元年,(宋孝武帝)世祖率群臣並於中興寺八關齋"⑧。南齊武帝經常在華林園奉行"八關齋","永明元年,敕朝臣華林八關齋"⑨。這反映出,統治者不僅自己奉行"八關齋",而且還在朝廷官員中積極推行"八關齋"。

　　朝廷官員中也有積極奉行"八關齋"者,如宋代宗室,"宋臨川王義慶、宋彭城王義康、宋南譙王義宣、宋臨川嗣王道規、宋建安王休仁","每月六齋,自持八戒"⑩。

　　"八關齋"在民間也是較爲盛行的,如宋代,廣陵郡"村舍,有李家八關齋"⑪。

　　關於"八關齋",佛教文獻記載,"第一戒者。盡一日一夜持……無有殺意,慈念衆生……如清淨戒以一心習","第二戒者。盡一日一夜持……無貪取意,思念布施……不望與却慳貪意","第三戒者。一日一夜持……無婬意,不念房室。修治梵行。不爲邪欲,心不貪色","第四戒者。一日一夜持……無妄語意,思念至誠,安定徐言。不爲僞詐心口相應","第五戒者。一日一夜持……不飲酒不醉,不迷亂不失志。去放逸意","第六戒者。一日一夜持……無求安意。不著華香,不傅脂粉。不爲歌舞倡樂","第七戒者。一日一夜持……無求安意。不臥好床,卑床草席。捐除睡臥,思念經道","第八戒者。一日一夜持……奉法時食,食少節身,過日中後不復食"⑫。由此可見,"八關齋"就是要求世俗佛教徒在"一日一夜"這個時間中去除世俗生活中的八種欲望。和"六齋"一樣,"八關齋"也是要求世俗佛教

①　《梁書》卷五〇《文學下·劉杳傳》,中華書局,1973年,第717頁。
②　釋法琳:《辯正論》卷三《十代奉佛上篇第三》,《大正新修大藏經·史傳部四》,第504頁。
③　慧詳:《弘贊法華傳》卷九,《大正新修大藏經·史傳部三》,第40頁。
④　釋法琳:《辯正論》卷三《十代奉佛上篇第三》,《大正新修大藏經·史傳部四》,第503頁。
⑤　(失譯)《優陂夷墮舍迦經》,《大正新修大藏經·阿含部上》,第912頁。
⑥　釋僧祐:《弘明集》卷一三《奉法要》,《大正新修大藏經·史傳部四》,第86頁。
⑦　嚴耀中:《佛教戒律與中國社會》第二九章《八關齋戒與中古時代的門閥》,上海古籍出版社,2007年,第469頁。
⑧　《宋書》卷八九《袁粲傳》,第2229頁。
⑨　《南齊書》卷二五《張敬兒傳》,中華書局,1972年,第474頁。
⑩　釋法琳:《辯正論》卷三《十代奉佛上篇第三》,《大正新修大藏經·史傳部四》,第504頁。
⑪　釋慧皎:《高僧傳》卷一〇,《大正新修大藏經·史傳部二》,第390頁。
⑫　支謙譯:《佛說齋經》,《大正新修大藏經·阿含部上》,第911頁。

徒定期食素、過午不食。關於奉行"八關齋"的時間，佛教文獻記載，"佛法齋者，道弟子月六齋之日受八戒"①。這説明奉行"六齋"、"八關齋"的時間應是一致的。這從宋代宗室"每月六齋，自持八戒"便可見。世俗信徒奉行"六齋"、"八關齋"，雖然只是定期食素。但是，同樣反映出對佛教信仰的虔誠。

南朝時期還有部分世俗佛教信徒堅持常年食素，官員之中就有衆多常年素食者。宋文帝時期，會稽太守孟顗，"傾心挹德，贊助成功。翼蔬食澗飲三十餘年"②。南齊時期，受到高帝、武帝"賞遇"的周顒，"長於佛理"，"清貧寡欲，終日長蔬食"③。梁武帝時期，中書侍郎裴子野，"末年深信釋氏，持其教戒，終身飯麥食蔬"④。梁代吏部尚書到溉，"家居蔬食，朝夕從僧禮誦"⑤。梁代中護軍將軍周簡子周舍，"受持佛戒，回向釋門。絶彼膻腥，甘兹蔬素"⑥。陳代官員王固，"終身不茹葷。夜則坐禪，晝誦佛典"⑦。這些崇信佛教的官員常年食素，目的是通過約束自己的世俗物質欲望，以達到"回向釋門"的目的，體現了對虔誠信仰境界的追求。

當時的平民中也有因信仰佛教而常年食素者。如宋代豫章郡周續之，"入廬山事沙門釋慧遠……以爲身不可遣，餘累宜絶，遂終身不娶妻，布衣蔬食"⑧。周續之的"餘累宜絶"、長年食素，正是爲擺脱世俗之欲的干擾、靜心修行，也就是佛教文獻所説的"人所以不得道者，由於心神昏惑。心神所以昏，由於外物擾之。擾之大者其事有三：一則勢利榮名……二則妖妍靡曼……三則甘旨肥濃……甘旨肥濃，爲累甚切"⑨。又宋代吳興郡武康縣平民沈道虔家族，"累世事佛，推父祖舊宅爲寺。至四月八日，每請像。請像之日，輒舉家感慟焉。道虔年老，菜食"⑩。沈道虔家族因崇信佛教而常年素食的傳統世代相傳。

由以上分析可見，南朝世俗佛教徒中食素風氣是非常盛行的。但是，世俗佛教徒所奉行的素食方式有着明顯的不同。部分世俗佛教徒奉行常年食素，完全去除自己的世俗物質欲望，來表示自己對佛教信仰境界的追求。更多的世俗佛教徒，尤其是社會上層，奉行如"六齋"、"八齋"這些定期的素食方式。佛教文獻記載，"佛言，若有男子，心志繫道不能出家者，在於愛欲之中。當受持五戒、月六齋"，"佛言，若有女人不能出家，在於愛欲之中，心樂道者。當持五戒、月六齋"⑪。由此可見，通過奉行"六齋"、"八齋"這些定期的素食方式，即可以顯示自己對佛教信仰的虔誠，又可以使自己的世俗生活不完全受佛教戒律的約束。所以，"六齋"、"八齋"更適合追求享受的社會上層。

---

① 支謙譯：《佛説齋經》，《大正新修大藏經・阿含部上》，第 911 頁。
② 釋僧詳：《法華傳記》卷四《諷誦勝利第八之二》，《大正新修大藏經・史傳部三》，第 66 頁。
③ 《南齊書》卷四一《周顒傳》，中華書局，1972 年，第 731—732 頁。
④ 《梁書》卷三〇《裴子野傳》，中華書局，1973 年，第 444 頁。
⑤ 志磐：《佛祖統紀》卷三七，《大正新修大藏經・史傳部一》，第 350 頁。
⑥ 釋法琳：《辯正論》卷三《十代奉佛上篇第三》，《大正新修大藏經・史傳部四》，第 505 頁。
⑦ 志磐：《佛祖統紀》卷九，《大正新修大藏經・史傳部一》，第 200 頁。
⑧ 《宋書》卷九三《隱逸・周續之傳》，第 2280 頁。
⑨ 釋道宣：《廣弘明集》卷二四《僧行篇第五之二》，《大正新修大藏經・史傳部四》，第 273 頁。
⑩ 《宋書》卷九三《隱逸・沈道虔傳》，第 2292 頁。
⑪ 竺法護譯：《佛説四輩經》，《大正新修大藏經・經集部四》，第 705—706 頁。

三、南朝佛教僧人和世俗佛教
信徒素食風氣盛行的原因

南朝時期,佛教僧人和世俗信徒素食風氣的盛行,主要有以下幾個方面的原因。

首先,國家寬鬆的佛教政策。統治者對佛教素食,不僅自己積極奉行,而且還將其推廣。這給佛教素食的盛行創造了寬鬆的社會環境。如宋孝武帝時期,"孝建元年,世祖率群臣並於中興寺八關齋,中食竟,潯孫別與黃門郎張淹更進魚肉食,尚書令何尚之奉法素謹,密以白世祖,世祖使御史中丞王謙之糾奏,並免官"①。宋孝武帝不僅自己接受"八關齋"這一定期素食方式,而且還在朝廷官員中推行。對違反"八關齋"規定的官員,給予懲罰。這必然會促進佛教中定期素食在上層社會中的盛行。南齊武帝"華林園受八關齋戒"②,還"敕朝臣華林八關齋"③。

統治者不僅在官員中推行佛教素食,對佛教素食風氣在民間的推廣也是非常重視的。如梁武帝在國內積極推廣"六齋"、"八齋","國內普持六齋,兆民皆受八戒"④。由此可見梁武帝推行佛教素食的力度。

統治者憑藉國家政權的力量,在社會上層和社會下層中推行佛教素食,對促進佛教素食在社會中的普及自然要產生重要的影響。其中,梁武帝頒布《斷酒肉文詔》這一舉措是不可忽視的⑤。在《斷酒肉文詔》中,梁武帝不僅把"食肉"與人性的善惡等同起來,還把是否去除酒肉之欲作爲佛教僧人明顯區別於世俗社會、僧人對佛教信仰境界追求的鮮明標誌。自梁武帝頒布《斷酒肉文詔》以後,"素食逐漸成爲中國佛教僧團的一個傳統"⑥。也有學者認爲,由信仰而產生的佛教素食,是南朝梁代形成的"佛教修行和飲食傳統"⑦,"經過梁武帝的提倡,後世的僧尼們對素食習以爲常,這也逐漸影響到佛教界以外"⑧。如梁武帝頒布《斷酒肉文詔》、推廣素食的做法,不僅使佛教素食得以普及,而且把飲食結構與人性的善惡結合的做法,還影響到部分地區人們的飲食結構,如當時荆州地區,"梁有天下,不食葷,荆自此不復食雞子,以從常則"⑨。這反映出梁武帝對推廣佛教素食所作的貢獻。

其次,南朝時期,佛教素食風氣的盛行,佛教徒虔誠的信仰意識是重要的内部因素。因爲,只有在虔誠信仰意識的支配之下,佛教信徒才可以自覺地約束包括物質欲望在内的世俗之欲。如虔誠信佛、在出家之前的世俗之人,宋代竹園寺慧濬尼在出家之前,"且輒燒香運想,

---

① 《宋書》卷八九《袁粲傳》,第 2229 頁。

② 志磬:《佛祖統紀》卷五一,《大正新修大藏經·史傳部一》,第 450 頁。

③ 《南齊書》卷二五《張敬兒傳》,第 474 頁。

④ 釋法琳:《辯正論》卷三《十代奉佛上篇第三》,《大正新修大藏經·史傳部四》,第 503 頁。

⑤ 釋道宣:《廣弘明集》卷二六《慈濟篇第六》,《大正新修大藏經·史傳部四》,第 294—298 頁。

⑥ 康樂:《素食與中國佛教》,林富士主編:《禮俗與宗教》,中國大百科全書出版社,2005 年,第 142 頁。

⑦ 參見夏德美《從南朝士人的素食觀看佛教與中國本土文化的交融》,《青島大學師範學院學報》2006 年第 3 期,第 22 頁。

⑧ 薛克翹:《佛教與中國古代科技》第 3 章《佛教與中國古代健身養生》,中國國際廣播出版社,2011 年,第 103 頁。

⑨ 宗懍撰,宋金龍校注:《荆楚歲時記》,山西人民出版社,1987 年,第 7—9 頁。

禮敬移時。中則菜蔬，一飯鮮肥不食。雖在居家，有如出俗"①。"心志繫道"②但没有出家的
世俗男、女信徒，他們在佛教的"六齋"日、"八關齋"，會自覺"魚肉不飡，迎中而食。既中之後，
甘香美味一不得嘗。洗心念道，歸命三尊"③，以"制六情，禁六賊。止六衰，得六和。起六行，
成六德"④。定期素食的世俗信徒尚且如此虔誠。那麽，追求更高信仰境界的佛教僧侣與世俗
信徒，在飲食方面更是會謹遵佛教戒律，全面奉行素食。

　　第三，佛教飲食戒律中的靈活性規定與衆多世俗信徒的世俗生活相適應，這是促進佛教
素食風氣在南朝盛行的不可忽視的因素。佛教在飲食方面雖然有"以酒肉爲上誡"⑤的規定，
並且當時部分世俗信徒也謹遵這一戒律而常年食素。但是，佛教戒律在飲食方面也有靈活定
的規定。諸如"六齋"、"八關齋"，只是要求世俗信徒在每個月六個固定的時間内食素，以靜心
修行，以示對佛教的虔誠信仰。這自然適合社會上層、社會平民中的富裕者。因爲，"人之大
欲，在乎飲食男女"⑥，能自覺限制世俗欲望，最終去除世俗之欲以靜心修行者，自然是進入佛
教信仰的最高境界。但這並不是所有的世俗信徒都能夠做到的。尤其是社會上層等富裕者，
包括飲食在内的世俗之欲是他們的追求，但他們對佛教又是虔誠的。於是宗教信仰與世俗之
欲之間産生了矛盾。而佛教飲食戒律中的"六齋"、"八關齋"正好解決了這一矛盾。世俗信徒
通過奉行"六齋"、"八關齋"，使自己的虔誠信仰和世俗之欲都不受影響。也就是説，南朝部分
世俗佛教信徒在接受佛教飲食戒律約束方面體現出鮮明的選擇性，正如學者所説南朝世俗上
層佛教徒"接受佛教的内容都是有選擇的"⑦。所以，佛教戒律中具有靈活性的"六齋"、"八關
齋"，促進了素食風氣，進一步説是定期性素食風氣在世俗社會中的盛行。

　　第四，南朝佛教素食風氣的盛行，與當時廣大民衆的社會經濟生活具有密切的聯繫。由
於以農耕爲主要經濟生産方式，這就決定了當時中原、南方地區廣大民衆的日常飲食結構以
蔬菜和糧食作物爲主，占人口大多數的社會下層民衆更是如此。"工商之族，玉食錦衣。農夫
餔糟糠，蠶婦乏短褐"⑧、"短褐未充於細民，糟糠未厭於編户"⑨是對當時社會下層民衆日常生
活的真實寫照，表明由於經濟條件的限制，廣大社會下層民衆的日常飲食結構在大部分時間
中以素食爲主，很少有肉食。所以，由經濟條件有限所産生的素食和佛教所倡導的素食自然
會相互融合。也就是説廣大社會下層民衆在信仰佛教後，對佛教素食表現出接受而非抵制的
態度。

　　總之，南朝時期，佛教素食風氣的盛行，主要是由於佛教僧侣和世俗佛教信徒對佛教信仰
的虔誠意識，進而自身能自覺接受佛教飲食戒律的約束。這是不可忽視的重要内因。而統治

①　釋寶唱：《比丘尼傳》卷二，《大正新修大藏經·史傳部二》，第 940 頁。
②　竺法護譯：《佛説四輩經》，《大正新修大藏經·經集部四》，第 705—706 頁。
③　釋僧祐：《弘明集》卷一三，《大正新修大藏經·史傳部四》，第 86 頁。
④　釋法琳：《辯正論》卷一，《大正新修大藏經·史傳部四》，第 495 頁。
⑤　釋僧祐：《弘明集》卷一，《大正新修大藏經·史傳部四》，第 6 頁。
⑥　《梁書》卷六《敬帝紀》，第 151 頁。
⑦　高文强：《東晉南朝文人接受佛教研究》，中國社會科學出版社，2012 年，第 64 頁。
⑧　《魏書》卷六〇《韓麒麟傳》，中華書局，1972 年，第 1333 頁。
⑨　《周書》卷四七《黎景熙傳》，中華書局，1971 年，第 847 頁。

者推廣佛教素食的舉措,則爲佛教素食風氣的盛行提供了有利的社會環境保障。這是重要的外因。不可忽視的是,佛教飲食戒律中"六齋"、"八齋"所具有的靈活性,有效地調節了佛教信仰與世俗信徒現實生活之間的矛盾,這就使衆多的既虔誠追求佛教信仰,又追求世俗生活之人能夠積極地奉行佛教定期素食戒律,而廣大民衆的日常飲食結構與佛教所倡導的素食又是相互融合的。正是上述因素的影響,促進了佛教素食風氣在南朝的興盛。

遼代黃龍府方位考

姜維公

（長春師範大學歷史文化學院）

  提　要：關於遼代黃龍府的地理方位，近代以來隨着地方史志的修撰，日益引起學界的廣泛關注。學者們提出了開原説、朝陽説、農安説、四平説等諸種學術觀點。本文從文獻記載、考古發現以及黃龍府的衛星城等方面對其方位進行了較為全面而系統的考證，認定遼代黃龍府在今吉林省農安縣。

  關鍵詞：遼代　黃龍府　地理位置

  遼代黃龍府究竟在哪裏，學術界發生過兩次爭論，都是因修撰東北方志而起，是介紹東北地區歷史沿革時出現的。在金毓黻等學者的努力下，確立了遼金黃龍府在吉林農安的觀點。近年來，東北重修各地縣志時也出現過這種爭議，當時曾有許多種觀點，都涉及黃龍府的設置、遷徙問題。本文試圖從文獻記載、考古發現以及黃龍府的衛星城等方面對遼代黃龍府的方位進行考證，以求教於方家學者。

一、從文獻上看遼代黃龍府的方位

  史籍文獻方面的證據有兩方面：一是遼末金初的金、遼決戰發生在黃龍府地區，這些戰爭紀事内容中包含了許多地名和山川名稱，為我們提供了考察黃龍府確址的綫索。一是從金代行程録上看黃龍府的方位。現分述之。

1. 由遼末黃龍府爭奪戰來確認遼黃龍府的方位

  我們知道，遼代中後期的黃龍府實際上是防禦女真的前哨重鎮。遼聖宗時期，生女真已經發展成一支不可小覷的政治力量，也引起了遼朝的注意。遼聖宗太平六年（1026），曾專門由中央派遣軍隊經營這一帶，也就是自此之後，黃龍府始成為軍事重鎮。《遼史》記載：

    太平六年二月己酉，以迷離已同知樞密院，黃翩為兵馬都部署，達骨只副之。赫
  石為都監，引軍城混同江、疏木河之間。黃龍府請建堡障三、烽臺十，詔以農隙築之。
  東京留守八哥奏黃翩領兵入女直界徇地，俘獲人、馬、牛、豕，不可勝計，得降户二百

七十，詔獎論之。①

因此，女真欲挑戰遼朝，必須跨越黄龍府這道軍事障礙。而通過對金克黄龍府戰役的總結，可以弄清黄龍府及周邊城鎮、山川的方位，從而精準確定黄龍府的位置。

遼天慶四年(1114)，女真族首領完顏阿骨打在淶流河(今拉林河)西岸(今扶餘縣徐家店鄉石碑崴子)誓師起義，十月，阿骨打攻占遼設在混同江北的重要軍事據點寧江州。遼遣肖嗣先爲都統，征討女真。十一月，兩軍對峙，由於軍隊數量對比懸殊，阿骨打采取偷襲戰術，率部潛渡混同江，一戰成功。十二月，女真兵乘勝攻占了黄龍府所屬的賓州、祥州二城，從而撕開了黄龍府的周邊，進攻黄龍府。但黄龍府有衆多衛星城擁護，利於堅守，女真未能攻克，旋即撤兵。遼天慶五年(1115)正月，完顏阿骨打即帝位，是爲金太祖，國號金，年號收國元年。遼遣使與女真議和，阿骨打復書提出兩個主要條件，其中一條就是要遼將黄龍府遷往別處，由此可見黄龍府在金人眼中的地位。遼當然不肯放棄其軍事重鎮，兩國和談無果而終。金太祖又率軍攻占益州、威州，再一次進攻黄龍府。在金軍攻打黄龍府時，因遼將耶律訛里朵率軍來援，與黄龍府守軍相呼應，對金軍構成腹背夾擊之勢。阿骨打采取圍點打援的戰術，留下少數兵力牽制黄龍府守軍，主力則迂回達魯古城(今扶餘縣內)，擊潰了耶律訛里朵軍。隨後，金人重圍黄龍府，對黄龍府采取剝竹筍戰術，將黄龍府周邊城鎮一一掃清，斷絕了黄龍府的所有對外聯繫，約攻打了一個月的時間，於八月間，金軍攻下了遼在東北的軍事重鎮黄龍府，並派金將婁室爲萬户守黄龍府。《金史》、《大金國志》分別記録這段戰事如下：

> 九月，太祖進軍寧江州，次寥晦城。婆盧火徵兵後期，杖之，復遣督軍。諸路兵皆會於來流水，得二千五百人。……師次唐括帶斡甲之地，諸軍禳射，介而立，有光如烈火，起於人足及戈矛之上，人以爲兵祥。明日，次札只水，光見如初。……進軍寧江州，諸軍填塹攻城。寧江人自東門出，温蒂痕、阿徒罕邀擊，盡殪之。十月朔，克其城，獲防禦使大藥師奴，陰縱之，使招論遼人。……十一月，遼都統蕭糺里、副都統撻不野將步騎十萬會於鴨子河北。太祖自將擊之。……即鳴鼓舉燧而行。黎時及河，遼兵方壞凌道，選壯士十輩擊走之。大軍繼進，遂登岸。甲士三千七百，至者纔三之一。俄與敵遇於出河店，會大風起，塵埃蔽天，乘風勢擊之，遼兵潰。逐至斡論濼，殺獲首虜及車馬甲兵珍玩不可勝計，遍賜官屬將士，燕犒彌日。……斡魯古敗遼兵，斬其節度使撻不野。僕虺等攻賓州，拔之。兀惹雛鶻室來降。遼將赤狗兒戰於賓州，僕虺、渾黜敗之。鐵驪王回離保以所部降。吾睹補、蒲察復敗赤狗兒、蕭乙薛軍於祥州東。斡忽、急塞兩路降。斡魯古敗遼軍於咸州西，斬統軍實婁於陣。完顏婁室克咸州。……丙子，上自將攻黄龍府，進臨益州。州人走保黄龍，取其餘民以歸。遼遣都統耶律訛里朵、左副統蕭乙薛、右副統耶律張奴、都監蕭謝佛留，騎二十萬、步卒七萬戍邊。留婁室、銀术可守黄龍，上率兵趨達魯古城，次寧江州西。遼使僧家奴來議和，國書斥上名，且使爲屬國。庚子，進師，有火光正圓，自空而墜。上

---

① 《遼史》卷一七《聖宗紀八》太平六年條，中華書局，1974年，第199頁。

曰："此祥徵，殆天助也。"酹白水而拜，將士莫不喜躍。進逼達魯古城。上登高望遼兵若連雲灌木狀，顧謂左右曰："遼兵心貳而情怯，雖多不足畏。"遂趨高阜爲陣。宗雄以右翼先馳遼左軍，左軍却。左翼出陣後，遼右軍皆力戰。婁室、銀术可衝其中堅，凡九陷陣，皆力戰而出。宗翰請以中軍助之。上使宗幹往爲疑兵。宗雄已得利，擊遼右軍，遼兵遂敗。乘勝追躡，至其營，會日已暮，圍之。黎明，遼軍潰圍出，逐北至阿婁岡。……八月戊戌，上親征黃龍府。次混同江，無舟，上使一人道前，乘赭白馬徑涉，曰："視吾鞭所指而行。"諸軍隨之，水及馬腹。後使舟人測其渡處，深不得其底。熙宗天眷二年，以黃龍府爲濟州，軍曰利涉，蓋以太祖涉濟故也。九月，克黃龍府，遣辭剌還，遂班師。至江，徑渡如前。丁丑，至自黃龍府。己卯，黃龍見空中。①

阿骨打之十三年，是春，蘇源奚室蒲古率其部落內附，共七千餘戶。是年，始破遼國寧江州。先是，五國之東接大海，出名鷹來自海東者，謂之"海東青"，小而俊健，能擒鵝鶩，遼人酷愛之，求之女真，女真苦之。又沿邊諸帥，邀求賂遺無虛日。遼主天祚如混同江鈎魚，時疑阿骨打，欲殺之，蕭奉先諫止。阿骨打知其意，始謀叛。於是用粘罕、胡捨等爲謀主，銀术割、移烈、婁宿、闍母爲將帥，侵混同江之東，名寧江州。天祚射鹿慶州秋山，遣海州刺史高仙壽討之，爲女真所敗，失寧江州。天祚再以蕭嗣先帥奚、契丹五千人屯出河店，臨白江，與寧江州女真對壘。女真潛渡混同江，掩擊之，嗣先兵潰，又獲甲馬四千。天祚兩敗後，謂奉先不知兵，召宰相張琳，付兵十萬使討之。計人家戶貫備一軍，富人有出一二百軍者。琳等非經濟才，統御無法，器甲聽從人便，往往以槍刀氊甲充數，弓弩鐵甲百無一二。於是分四路並進，獨淶流河路一軍深入，遇女真，交鋒稍却，走還其壁。都統斡離朵者以爲漢軍遁，即領契丹兵棄營而奔。漢兵尚三萬餘，推武朝彥爲都統，再與女真戰，遂大敗。餘三路聞之，各退保其城，悉爲女真攻克。②

金、遼開戰之初，金兵數量極少，不過二千餘人，因此，構成金軍中堅的開國將領幾乎都參戰了。在《金史》所載金朝開國功臣的傳記中也有這場戰役的記録，可以彌補《金史・太祖紀》的簡略：

胡石改，宗室子也。從太祖攻寧江，敗遼兵於達魯古城，破遼主親兵，皆有功。遼軍來援濟州，胡石改與其兄實古乃以兵迎擊，敗之。還攻濟州，中流矢，戰益力，克其城。軍中稱其勇。從攻春、泰州，降之，並降境內諸部族，其不降者皆攻拔之。③

术魯，宗室子。從鄭王斡賽敗高麗於曷懶，取亞魯城，克寧江州，取黃龍府。出河店之役、達魯古城之役、護步答岡之役皆力戰有功。東京降，爲本路招安副使。敗遼兵，破同刮嘗。蘇州漢民叛走，术魯追復之，以功爲謀克。天輔四年卒，年四

---

① 《金史》卷二《太祖紀》，中華書局，1975 年，第 24—28 頁。
② 《大金國志》卷一《太祖武皇帝紀年》，齊魯書社，2000 年，第 2 頁。
③ 《金史》卷六六《胡石改傳》，第 1565 頁。

十一。①

　　婁室，字斡里衍，完顏部人。年二十一，代父白荅爲七水諸部長。太祖克寧江州，使婁室招輸係遼籍女直，遂降移懶益海路太彎照撒等。敗遼兵於婆剌趕山。復敗遼兵，擒兩將軍。既而益改、捼末懶兩路皆降。進兵咸州，克之。諸部相繼來降，獲遼北女直係籍之户。遼都統耶律訛里朵以二十餘萬衆來戍邊。太祖趨達魯古城，次寧江州西，召婁室。婁室見上於軍中。上見婁室馬多疲乏，以三百給之，使隸右翼宗翰軍，與銀术可縱兵衝其中堅，凡九陷陣，皆力戰而出。復與銀术可戍邊。及九百奚營等部來降，則與銀术可攻黃龍府，上使完顏渾黜、婆盧火、石古乃以兵四千助之，敗遼兵萬餘於白馬濼。宗雄等下金山縣，使婁室分兵二千，招沿山逃散之人。耶律捏里軍蔟藜山，斡魯古、婁室等破之，遂取顯州。太祖取黃龍府，婁室請曰：“黃龍一都會，且僻遠，苟有變，則鄰郡相扇而起。請以所部屯守。”太祖然之，仍合諸路謀克，命婁室爲萬户，守黃龍府。②

　　在這段戰事中所涉及的府、州、縣三級行政設置名，及山川城郭類地名。府級有黃龍府，州級有寧江州、賓州、祥州、益州、春州、泰州、咸州、顯州，縣級有金山縣，城市名有寥晦城、撻魯古城，地名有出河店、阿婁岡、護步荅岡、蔟藜山，河流湖泊有混同江、白江、疏木河、鴨子河、淶流河、白馬濼。

　　欲考證遼後期黃龍府的方位，就必須先瞭解黃龍府周邊諸地的位置，這樣才能精準確定黃龍府的方位。以上諸地名，可以分爲三個系統，均屬於東京道：一是寧江州及其周邊的地名，一是黃龍府周邊的地名，一是咸州周邊的地名。據《契丹國志》記載，這三個地區都是與女真毗鄰，分別負有管理女真之責。軍事上，寧江州地區屬於東北統軍司，黃龍府地區屬於黃龍府都部署司，咸州地區屬於北女真兵馬司③。從行政上看，遼在咸州設置詳穩司，專門處理女真事務。完顏阿骨打此次挑戰遼朝，初意在於整合女真勢力，故戰事蔓延到遼朝三個女真管理區。主力軍由完顏阿骨打率領，首克寧江州，突破遼朝的防禦線。然後分兵兩路，南路由完顏婁室攻咸州地區，收合“遼北女直係籍之户”；北路由完顏阿骨打繼續攻打遼東北統軍司下轄的長春州和泰州。最後合兵與遼軍決戰，並攻克黃龍府。由於兵力有限，每當有大的戰事爆發，完顏阿骨打則從其他戰事稍緩的地區抽調兵力補充，如完顏婁室攻咸州，當金兵與遼兵決戰之際，便星夜趕赴會戰，攻克黃龍府後，仍率兵經略咸州地區。

　　兹以《中國歷史地圖集釋文彙編·東北卷》、《遼史地理志匯釋》等書爲主，綜論如下（爲便於讀者利用，亦略引史獻爲論據）：

　　寧江州系統的地名有寧江州、春州、泰州、金山縣（靜州）、寥晦城、撻魯古城、出河店、混同

---

① 《金史》卷六六《術魯傳》，第 1565 頁。
② 《金史》卷七二《完顏婁室傳》，第 1649、1650 頁。
③ 《契丹國志》卷二六《女真國》條：“後爲契丹所制，擇其酋長世襲。又於長春路置東北統軍司，黃龍府置兵馬都部署司，咸州置詳穩司，分隸之，役屬於契丹。”

江、鴨子河、淶流河等。

寧江州，這是金兵攻占遼東北邊境的首個州，也是遼朝抵禦金兵的前哨。寧江州是在遼道宗清寧四年左右由同知南院宣徽使事李仲禧所建，下轄混同縣，兵事上屬東北統軍司管理①。其後成爲遼控禦女真完顏部及五國部的前哨重地②。據《遼史·耶律儼傳》的記載，寧江州在“鴨子、混同二水間”，鴨子江爲今第一松花江的西段，混同江爲今第二松花江，寧江州及混同縣的治所在今吉林松原市東南大城子③。其地恰當金從黑龍江阿城白城鎮西進的孔道。

寧江州東北有寥晦城。《讀史方輿紀要》曰：“寧江州東北有寥晦城，宋政和四年，女真初取寥晦城，會諸部兵於來流水，乃陷寧江州，進敗遼兵於混同江，即此。”④王禹浪考訂此城爲今黑龍江省雙城縣紅光鄉前對面古城⑤。

春州，即長春州之簡稱，軍號韶陽，兵事上屬東北統軍司。《遼史·地理志》：“長春州，韶陽軍，下，節度。本鴨子河春獵之地，興宗重熙八年置。治長春縣。”又：“長春縣，本混同江地。”長春州治所，在今吉林前郭縣他虎城⑥。

泰州，軍號德昌，治所爲黑龍江泰來縣西北塔子城。兵事上屬東北統軍司⑦。

金山縣爲泰州屬縣，據《遼史·地理志》記載，天祚帝天慶六年（1116）始因邊境形勢的變化升格爲靜州，置觀察使⑧。向南《孟有孚墓誌》按語云：“今内蒙科右前旗烏蘭浩特東北三十里，有一古城址，疑是金山縣所在。又科右前旗西北洮兒河上游北岸索倫附近石崖上發現金山字樣，這裏亦是金山縣境。”⑨

撻魯古城，當在他魯古河畔。而他魯古河，《遼史·地理志》作他魯河，《遼史·遊幸表》作撻魯河，《金史·地理志》作撻魯古河⑩。《遼史·聖宗紀》太平四年，詔改撻魯河爲長春河，即今洮兒河。據《遼史·營衛志》記載，此地戍守的是术哲達魯號部，節度使屬東北路統軍司⑪。其今址，據考證爲吉林扶餘縣小城子，與寧江州相表裏。

① 《遼史》卷三八《地理志二·東京道》：“寧江州，混同軍，觀察。清寧中置。初防禦，後升。兵事屬東北統軍司。統縣一：混同縣。”《遼史》卷九八《耶律儼傳》：“耶律儼，字若思，析津人。本姓李氏。父仲禧，重熙中始仕。清寧初，同知南院宣徽使事。四年，城鴨子、混同二水間，拜北院宣徽使。”

② 《遼史》卷二二《道宗紀二》：“咸雍七年三月己酉，以討五國功，加知黄龍府事蒲延、懷化軍節度使高元紀、易州觀察使高正並千牛衛上將軍，五國節度使蕭陶蘇斡、寧江州防禦使大榮並靜江軍節度使。”

③ 李健才：《遼代寧江州考》，《東北史地考略》，吉林文史出版社，2001年，第79頁。

④ 顧祖禹：《讀史方輿紀要》卷三八“廢寧江州”條。

⑤ 王禹浪：《金代黑龍江述略》，哈爾濱出版社，1993年，第301—305頁。

⑥ 他虎城，或作塔虎城，此説倡自曹廷傑、景方昶。另有一説認爲在洮南縣城四家子古城，倡自《奉天通志》。二説各有支持者，以前説較優。

⑦ 泰州所在，前人多有異説。20世紀50年代曾在黑龍江泰來縣塔子城出土遼大安殘刻，學者如羅繼祖、賈敬顏、孫秀仁、景愛等皆撰文證明塔子城即遼泰州舊址。

⑧ 《遼史》卷三七《地理志一》“邊防城”條下：“靜州，觀察。本泰州之金山。天慶六年升。”

⑨ 《遼代石刻文編·道宗編下》。

⑩ 《金史》卷一四《地理上·上京路》：“長春，遼長春州韶陽軍，天德二年降爲縣，隸肇州，承安三年來屬。有撻魯古河、鴨子河。有別裏不泉。”

⑪ 《遼史》卷三三《營衛志下》：“術哲達魯號部。聖宗以達魯號户置。隸北府，節度使屬東北路統軍司。戍境内，居境外。”

出河店，或以爲今吉林地級市松原市的扶餘縣境，如楊樹森《遼史簡編》謂在"吉林扶餘縣境"①。但通常認爲金朝建立後，爲紀念出河店之役，曾於此地建肇州。所以，李健才以爲即金肇州。張博泉等以爲在松花江北岸肇源附近②。

混同江，又名鴨子河③，指的是東流松花江的西段。賈敬顏《東北古地理古民族叢考》謂："鴨子河所指爲今北流松花江末段及東北松花江起始一段，這是主要的，當然也包括洮兒河。……《遼史·聖宗紀》第七卷太平四年二月己未朔，'詔改鴨子河曰混同江'，這是混同江得名之始……鴨子河改名後的混同江，只能是東流松花江的西段，舍此，即非所指。"

淶流河，即今拉林河。據介紹，"拉林河是松花江幹流上段右岸的大支流，古稱來流水，發源於黑龍江省五常縣東南張廣才嶺的老爺嶺西麓白石砬子山，流經黑龍江省的五常、尚志、雙城和吉林省的舒蘭、榆樹和扶餘等6個縣，在哈爾濱市以上 150 km 處注入松花江，河流全長 448 km"④。

白江，不詳，林榮貴《契丹國志》校勘本謂"白江"或爲"曲江"之訛，理由是金會寧府有曲江縣。但遼軍實際上不能逾越寧江州與金兵作戰，白江只能在出河店與寧江州之間，故其説尚欠堅實證據。

黃龍府系統地名有黃龍府、祥州、益州、賓州、信州、護步答岡等。

祥州，軍號瑞聖，節度使州⑤，兵事上隸屬於黃龍府都部署司。治所在今吉林農安縣東北六十里萬金塔古城。

益州，屬黃龍府，治所在今吉林農安縣東北八十里小城子鄉小城子古城。

賓州，軍號懷化，兵事屬黃龍府都部署司，治所即今吉林農安縣東北廣元店古城，其城在伊通河、松花江合流處。

威州，軍號武寧，兵事屬黃龍府都部署司，治所在今吉林農安西南四十里三寶鄉小城子。

信州，軍號彰聖，兵事屬黃龍府都部署司，治所在今吉林公主嶺市西北秦家屯古城。

護步答岡，不詳確址，大概在今吉林農安西長嶺縣境。楊樹森《遼史簡編》謂在"農安西"，此約略之辭也。

咸州系統地名有咸州、顯州、蒺藜山等。

咸州，屬東京道，軍號安東，軍事屬北女真兵馬司，治所在今遼寧省開原老城鎮。

顯州，屬東京道，軍號奉先，治所在遼寧北鎮滿族自治縣西南北鎮廟。

---

① 楊樹森：《遼史簡編》第七章，遼寧人民出版社，1984 年，第 248 頁。
② 張博泉、蘇金源、董玉英：《東北歷代疆域史》，吉林人民出版社，1981 年，第 179 頁。
③ 賈敬顏《東北古地理古民族叢考》謂："鴨子河並不專指某一條河而言，凡是雁鴨所聚，可供春捺鉢遊幸射獵的地方，均可以鴨子河之名命之。"其言良是。聖宗所改名者爲松花江段鴨子河，而嫩江段鴨子河名仍舊，其改名之由當亦因二水易混淆，故改名以區別之。
④ 松遼水利委員會編：《中國江河防洪叢書·松花江卷》，水利電力出版社，1994 年，第 43 頁。
⑤ 《遼史》卷三〇《天祚紀》："耶律大石者，世號爲西遼。大石字重德，太祖八代孫也。通遼、漢字，善騎射，登天慶五年進士第，擢翰林應奉，尋升承旨。遼以翰林爲林牙，故稱大石林牙。歷泰、祥二州刺史，遼興軍節度使。"疑遼朝末年，金朝未興之前，祥州曾一度由節度使州降爲刺史州。

蒺藜山,《讀史方輿紀要》記載:"蒺藜山在衞北塞外。宋政和七年,遼主延禧以金人取東京,募遼東人爲兵,使報怨,號曰怨軍。命耶律淳將之屯於蒺藜山。既而金將斡魯古等與淳戰,淳走,金人追至河里真陂,遂拔顯州。於是乾、懿諸州皆降於金。"①核其道里,當在今遼寧阜新市北。

從以上三個金兵集中攻擊的地區及攻擊次序來看,黃龍府是金兵撕破遼軍防禦線後進軍的必經之地,是以成爲金軍主力攻擊的對象,也是遼朝傾國來救的重鎮。也只有攻克此地後,金兵始能南取東京(今遼寧遼陽)、北取泰州,從而對遼展開全面攻勢。其地,舍今吉林農安莫屬,因其正在金兵自黑龍江阿城(金上京)、吉林扶餘縣(寧江州)的進軍孔道上,只有攻克此地,才能對遼朝充分展開攻勢。至於今遼寧開原,其時爲遼咸州,是金朝整合本族兵馬的目標,遠離金兵主力進軍路線,不能認爲是黃龍府的所在地。

2. 從金代行程録上看黃龍府的方位

金朝建立後,其首都上京城在今黑龍江阿城市的白城鎮。這個首都一直沿用到金海陵遷都。在此之前,金朝與宋朝建立往來關係,兩國使節穿梭於金上京(今阿城)與宋汴京(今河南開封),而黃龍府(熙宗時改名濟州)正當使節往來之路。我們可以通過宋朝使節的記述道里的《行程録》來確定其方位。這方面的資料有許亢宗《宣和奉使行程録》、洪皓《松漠紀聞》、張棣《金虜圖經》、趙彥衞《御寨行程》等。雖説資料有四種之多,但洪皓、張棣二書中關於使節路線的記述同出一源,在比較時只取洪皓之説。

《宣和奉使行程録》,亦作《宣和乙巳奉使金國行程録》②。宋徽宗宣和七年,宋派出以許亢宗爲首的使團,前往金上京祝賀金太宗即位③,是書即記録此行之作。兹鈔録自遼陽至金上京一段行程④,以考察遼、金黃龍府之方位:

第二十七程,自沈州七十里至興州。契丹阿保機破勃海國,建爲東京路。自此所至,屋宇雖皆茅茨,然居民稍盛,食物充足。

第二十八程,自興州九十里至咸州。離興州五十里,至銀州,中頓。又四十里,至咸州。

第二十九程,自咸州九十里至同州。自咸州四十里至肅州,又五十里至同州。離咸州即北行,州平地壤,居民所在成聚落,新稼殆遍,地宜稷黍。東望大山,金人云,此新羅山。山內深遠,無路可行。其間出人參、白附子。深處與高麗接界,山下至所行路可三十里。

第三十程,自同州三十里至信州。

第三十一程,自信州九十里至蒲里孛堇寨。

① 顧祖禹:《讀史方輿紀要》卷三七《廣寧衞》。
② 世習稱爲《許亢宗奉使行程録》,但行程録的撰者則非許亢宗,而是隨許亢宗出使的鍾邦直。
③ 《金史》卷六〇《交聘表》:"天會三年六月辛丑,宋龍圖閣直學士許亢宗等賀即位。"
④ 所鈔底本係齊魯書社《二十五別史》之李西寧校點本《大金國志》卷四〇《許奉使行程録》(第295—298頁),於考證無關的部分適當刪節。

第三十二程，自蒲里四十里至黃龍府。契丹阿保機初攻渤海，射黃龍於此地，即建爲府……自此東行。

第三十三程，自黃龍府六十里至托撒孛菫寨。府爲契丹東寨。當契丹强盛時，擒獲異國人，則遷徙散處於此。南有渤海，北有鐵離、吐渾，東南有高麗、靺鞨，東有女真、室韋，北有烏舍，西北有契丹、回紇、黨項，西南有奚，故此地雜諸國俗。凡聚會處，諸國人言語不通，則各爲漢語以證，方能辨之。

第三十四程，自托撒九十里至漫七離孛菫寨。道傍有契丹舊益州、賓州，皆空城。

第三十五程，自漫七離二百里至和里閑寨。離漫七離行六十里即古烏舍寨，寨枕混同江湄，其源來自廣漠之北，遠不可究。自此南流五百里，接高麗鴨綠江入海。江面闊可半里許，寨前高岸有柳樹，沿路設行人幕次於下。金人太師李靖居於是。靖累使南朝。此排中頓，由是飲食精細絶佳。時當仲夏，藉樹陰俯瞰長江，涼飆拂面，槃礴少頃，殊忘鞍馬之勞。過江四十里，宿和里閑寨。

第三十六程，自和里閑寨九十里至句孤孛菫寨。自和里閑寨東行五里，即有潰堰斷塹，自北而南，莫知遠近，界隔甚明，乃契丹昔與女真兩國古界也。界八十里直至來流河。行終日，山無寸木，地不產泉，人攜水以行，豈天以此限兩國也？來流河闊三十餘丈，以船渡之。又五里，至句孤寨。自此以東，散處原隰間盡女真人，更無別族。無市井，買賣不用錢，惟以物相貿易。

第三十七程，自句孤寨七十里至達河寨。

第三十八程，自達河寨四十里至蒲撻寨。

第三十九程，自蒲撻寨五十里至館。

《松漠紀聞》是南宋使者洪皓自金國返宋後，回憶自己在金國逗留十餘年的一部札記集，全書分正續二卷。洪皓（1088—1155），饒州鄱陽（今江西波陽）人，字光弼，進士出身，建炎三年（1129）因諫阻高宗遷都而受賞識，旋拜大金通問使，出使金國。洪皓在金國遭到扣押，幾經波折，流放冷山，受到陳王完顏希尹的庇護。1143年，因金大赦始得歸南。歸國後，又因忤秦檜意而遭到排擠。從《松漠紀聞》所載的道里來看，與張棣《金虜圖經》完全一致。考慮到張棣在宋孝宗淳熙中（1174—1188）歸宋，其時相當於金世宗大定十四年至二十八年。而金世宗在大定十三年已經恢復上京[1]，並移民充實。這意味着金海陵遷都燕京多年，上京會寧府在已經廢毀不存的情況下[2]重新得到煥發生命的機會，因而成爲宋人關注的焦點，也是張棣《金虜圖經》載其至宋里程之必要性。亦證明了張棣歸正的時間當在淳熙初，因爲金世宗雖然恢復上京之號，但仍以中都爲政治中心，巡幸不過在位後期之事，且巡幸上京時

---

[1] 《金史》卷二四《地理志上·上京路》："上京路，即海古之地，金之舊土也。國言'金'曰'按出虎'，以按出虎水源於此，故名金源，建國之號蓋取諸此。國初稱爲內地，天眷元年號上京。海陵貞元元年遷都於燕，削上京之號，止稱會寧府，稱爲國中者以違制論。大定十三年七月，復爲上京。"

[2] 據《金史·海陵紀》所載，會寧府宮殿、大族宅第等已在正隆二年十月夷爲耕田。

也阻止外國使者奔赴上京①。故宋並無瞭解上京與宋都之間驛路之必要。當張棣歸宋之時，上京恢復未久，諸事草創，驛路、館舍當重新設置，似皆非張棣可得與聞，故《金虜圖經》所載金至宋之里程驛站完全采納洪皓札記，不過首尾次序顛倒而已。現將《松漠紀聞》中上京至沈京的里程記錄如下：

> 自上京至燕二千七百五十里
>
> 三十里至會寧頭鋪
>
> 四十五里至第二鋪
>
> 三十五里至阿薩鋪
>
> 四十里至來流河
>
> 四十里至報打勃菫鋪
>
> 七十里至賓州
>
> 渡混同江七十里至北易州
>
> 五十里至濟州東鋪
>
> 二十里至濟州
>
> 四十里至勝州鋪
>
> 五十里至小寺鋪
>
> 五十里至威州
>
> 四十里至信州北
>
> 五十里至木阿鋪
>
> 五十里至沒瓦鋪
>
> 五十里至奚營西
>
> 四十五里至楊相店
>
> 四十五里至夾道店
>
> 五十里至安州南鋪
>
> 四十里至宿州北鋪
>
> 四十里至咸州南鋪
>
> 四十里至銅州南鋪
>
> 四十里至銀州南鋪
>
> 五十里至興州
>
> 四十里至蒲河
>
> 四十里至沈州

---

① 《金史》卷八《世宗本紀》："大定二十四年十一月辛卯，還宮。甲午，詔以上京天寒地遠，宋正旦、生日，高麗、夏國生日，並不須遣使，令有司報諭。"

　　張棣《金虜圖經》。張棣①，宋人，是金海陵伐宋失敗後自金投宋的歸正官②，其他事迹不詳，著有《正隆事迹》一卷③、《金亮講和事迹》一卷④、《金虜圖經》二卷⑤，《金虜圖經》所記宋、金之驛站、里程是從洪皓的相關札記中撮録，而非張棣本人見聞記述。蓋張棣這些歸正人在重新成爲宋人後，其見聞往往是宋朝偵探金方情況的來源之一，而張棣的見聞多數與宋朝極爲關注的金海陵事情相關，故受到重視而流傳下來。但張棣雖然以提供情報爲目的進行撰述，但作爲金朝的低階官員，顯然不可能全面掌握金朝的動態，有必要結合其他資料加以總結，故洪皓的札記因而屢入其中，驛站里程不過其中之一耳⑥。又因立場與前迥異，遂將洪皓所述里程顛倒過來，即皓所述爲自北徂南，而張所述爲自南之北。兹爲便利讀者比較研究，也將《金虜圖經》中沈州至上京這一段里程記録如下：

　　　　沈州至蒲河四十里
　　　　蒲河至興州四十里
　　　　興州至銀州南鋪五十里
　　　　銀州南鋪至銅州南鋪四十里
　　　　銅州南鋪至咸州南鋪四十里
　　　　咸州南鋪至宿州北鋪四十里
　　　　宿州北鋪至安州南鋪四十里
　　　　安州南鋪至夾道店五十里
　　　　夾道店至楊柏店四十五里
　　　　楊柏店至奚營西四十五里
　　　　奚營西至没瓦鋪五十里
　　　　没瓦鋪至木阿鋪五十里
　　　　木阿鋪至信州北五十里
　　　　信州北至威州四十里
　　　　威州至小寺鋪五十里
　　　　小寺鋪至勝州鋪五十里
　　　　勝州鋪至濟州四十里
　　　　濟州至濟州東鋪二十里

①　同時期南宋亦有一張棣，爲秦檜之黨。靖康之變時爲中書舍人，高宗即位後仍舊職。紹興十七年爲大理評事，嘗論詮試之制。是年十二月，右承議郎新通判衡州轉知新州。十九年(1149)因彈劾胡詮事得提舉湖北路常平茶鹽公事。
②　《三朝北盟會編》稱之爲“歸正官”，陳振孫《直齋書録解題》稱張棣爲“淳熙中歸正人”。
③　《桯史》卷九。
④　《宋史》卷二〇三《藝文志二》記載：“張棣《金亮講和事迹》一卷。”此書與《正隆事迹》當非一書，蓋完顏亮時無講和之事，而南北講和始成於熙宗時，金海陵南侵破盟，至金世宗大定十年時重新講和。則《金亮講和事迹》當作《金雍講和事迹》或《金褎講和事迹》，或後人以張棣撰《正隆事迹》，遂改此書名中之“雍”爲“亮”。陳振孫《直齋書録解題》稱其爲“淳熙中歸正”當爲此也。
⑤　《三朝北盟會編》卷二四四引，亦稱《金志》、《金人志》、《金國志》、《金國紀》、《金虜志》(均見《建炎以來繫年要録》)。
⑥　予擬別撰文專論此節，兹從略。

濟州東鋪至北易州五十里

北易州至賓州渡混同江七十里

賓州至報打字董鋪七十里

報打字董鋪至來流河四十里

來流河至阿薩鋪四十里

阿薩鋪至會寧第二鋪三十五里

會寧第二鋪至會寧頭鋪四十五里

會寧頭鋪至上京三十里

　　趙彥衛《雲麓漫鈔》有所謂"御寨行程"，也是瞭解自汴京到上京的重要文獻①。《雲麓漫鈔》初名《擁爐閑紀》，共十卷，刊出後受到歡迎。趙彥衛又增五卷，合成十五卷，易名《雲麓漫鈔》，於宋寧宗開禧二年（1206，金章宗泰和六年）刊行。作者趙彥衛，字景安，祖籍浚儀（今河南開封），靖康之難時移居江陰（今江蘇江陰）。生卒年均不詳，據估算，約生於宋高宗紹興十年（1140），卒於宋寧宗嘉定初年（1210 左右），孝宗隆興元年（1163）登進士第。此後曾佐江陰、轄長洲，官臨安，宰烏程，通判徽州、倅天臺、知隨州，最後於開禧元年（1205）再度出知徽州。"御寨行程"所代表的時間段大體有兩種可能，一種是金海陵遷都前東京（宋東京汴梁，此時淪陷爲金地）到《雲麓漫鈔》記載自東京至女真所謂"御寨"；一種是金世宗大定二十四年（1184）取道瀋州巡幸上京，則驛館不能不重新整備，此段驛路行程，當即金世宗大定二十四年左右設置，後得以保留，並傳到南宋。筆者以爲後一種可能較大，且有迹象可循。首先是自廣州到御寨，館驛之名多雅飭有蘊義，與金初徑稱寨（許《錄》多稱寨）、鋪（洪《聞》多稱鋪）者有別；其次，御寨當取於金世宗在上京之住處，而非金初"皇帝寨"。金世宗在上京，雖令外國使節不必至上京，但宋、西夏等必通過各種手段以獲取金世宗在上京的各種信息，以備奔赴。這種驛站信息也自然傳到南方，被趙彥衛錄入《雲麓漫鈔》，茲取御寨行程之瀋州至上京段云②：

廣州廣平館七十里至瀋州樂郊館

八十里至興州興平館

五十里至銀銅館

九十里至咸州咸平館

三十里至宿州宿寧館

八十里至賈道鋪懷方館

四十里至楊八寨通遠館

---

① 之所以下這樣的判斷，主要是從濟州的改名是在金熙宗天眷二年（或三年）開始，説明這段行程至少是熙宗天眷二年以後的事。金海陵遷都燕京後，使節至燕京即止，上京會寧府已經廢棄，當然沒有必要再到烏龍館了。"御寨行程"提到了宋使節不復到烏龍館，只到燕京的事實，説明其時金已經遷都。因此，我們可以將"御寨行程"的寫作上限定在金海陵貞元元年（1153）遷都燕京時。金世宗大定二十九年（1189），又改濟州爲隆州，因而可排除這種記錄是金世宗晚年後的可能性，可以將"御寨行程"的下限定於 1189 年。
② 《雲麓漫鈔》卷八，中華書局，1996 年，第 139—140 頁。

　　　　五十里至合叔孛董鋪同風館

　　　　三十里至義和館

　　　　五十里至如歸館

　　　　四十里至信州彰信館

　　　　七十里至勝州來德館

　　　　五十里至山寺鋪會方館

　　　　五十里至威州威德館

　　　　五十里至龍驤館

　　　　六十里至詳州常平館

　　　　六十里至濱州混同館

　　　　六十里至高平館

　　　　四十里至同流館

　　　　五十里至没搭合孛董來同館

　　　　七十里至烏龍館

　　　　三十里至虜寨，號御寨

　　三種行程頗有抵觸，茲擇諸家研究較勝者，一一標明其地，以便給讀者一清晰印象。

　　第一程，始發站沈州。○趙言館名“樂郊”。○沈州即今遼寧遼陽。遼金沈州下均有“樂郊縣”，是爲沈州樂郊館之由來。

　　第二程，自沈州至興州七十里。○洪、張言八十里，中經蒲河一站，在今蒲河上游某地。○趙亦言八十里，館名作“興平”。○興州，遼節度使州，軍號中興，金廢州，更名垙樓（當爲挹樓）縣，治所即今瀋陽北六十里之懿路村古城。

　　第三程，自興州至銀城五十里。○此據洪、張二書，言“興州五十里至銀州南鋪，又四十里銅州南鋪，又四十里咸州南鋪。計百三十里”。趙言館名“銀銅”，當係“銀城館”之訛。○銀城，今遼寧鐵嶺市老城。銅州，又作同州，今鐵嶺城北四十里之中固城。

　　第四程，自銀城至咸州咸平館九十里。○咸州，遼節度使州，軍號安東，即今遼寧開原市老城鎮。

　　第五程，自咸州至肅州宿寧館三十里。○洪、許皆作四十里，趙作三十里。○肅州，今遼寧昌圖縣昌圖鎮古城。

　　第六程有變數，或取道西北四十里至安州南鋪，再折向東北五十里至夾道店；或東北行八十里徑至夾道店。○安州，今遼寧昌圖縣四面城古城。○夾道店，又名賈道鋪，又名賈道鋪懷方館，即今遼寧昌圖縣此路鎮四合屯古城。

　　第七程，自夾道店至楊柏店四十五里。○楊柏店，或名楊柏寨，又名楊八寨通遠館，爲遼代通州治所，即今吉林四平市西一面城古城。

　　第八程，自楊柏店至奚營西四十五里。○或云五十里。奚營，亦稱合叔孛董寨，或名合叔孛董鋪（“合叔”即“奚”之異譯），或名合叔孛董同風館，即遼之奚營，金之韓州，治所在吉林梨樹縣偏臉城古城。

　　第九程，自奚營西至没瓦鋪，這一段路程前後也有調整，短則三十里，或云五十里，或云八十里。○没瓦鋪，或名義和館，即今吉林梨樹縣小城子古城。

　　第十程，自没瓦鋪至木阿鋪。○木阿鋪，或名如歸館，即今吉林梨樹縣泉眼嶺附近。

　　第十一程，自木阿鋪至信州四十里。○信州，趙言館名"彰信"，即今吉林公主嶺市西南（舊懷德縣）秦家屯古城。

　　第十二程，自信州至勝州四十里。○《松漠紀聞》言"自信州至威州"，《御寨行程》謂"自信州至勝州"，《松漠紀聞》誤。○勝州，《遼史・地理志》作"媵州"，即今吉林省懷德縣黃花城村古城址。

　　第十三程，自勝州五十里至山寺鋪會方館。○山寺鋪，或作"小寺鋪"。《青宮譯語》、《許亢宗行程録》均作"蒲里寨"或"蒲里字菫寨"，當即山寺鋪。○《農安文物志》謂新陽鄉順山村西段段家溝北500處的順山古城即山寺鋪古城。

　　第十四程，自山寺鋪至威州威德館五十里。○威州，刺史州，軍號武寧，即今吉林農安南約43里新劉家附近。

　　第十五程，自威州至濟州龍驤館五十里。○濟州，即今吉林農安縣老城。

　　自濟州至金上京的路程並不一致，兹就許亢宗《奉使行程録》、洪皓《松漠紀聞》、趙彥衛《御寨行程》三書分敍於下。

　　（甲）《奉使行程録》：

　　第十六程，自黃龍府六十里至托撒字菫寨。○《青宮譯語》作"吐撒寨"。○當即祥州所在，即今吉林農安縣萬金塔地方。○曹廷傑謂爲"托色貝勒寨"，此爲清代女真語，即指"托撒字菫寨"。

　　第十七程，自托撒九十里至漫七離字菫寨。道旁有契丹舊益州、賓州，皆空城。○漫七離，《青宮譯語》作"漫漆里"。即今農安靠山鎮靠山古城，在農安縣城東北60公里。○益州，即易州，今農安縣小城子鄉小城子古城舊址。○賓州，或作濱州，或作古烏舍寨，遼代節度使州，軍號懷化，即今吉林農安東北境靠山鄉之廣元店古城。

　　第十八程，自漫七離二百里至和里閑寨。離漫七離行六十里即古烏舍寨。過江四十里，宿和里閑寨。○曹廷傑、賈敬顏謂古烏舍寨在今伊通河入松花江處之紅石砑高橋上地方（現名紅石壘）。

　　第十九程，自和里閑寨九十里至句孤字菫寨。自和里閑寨東行五里，即有潰堰斷塹，自北而南，莫知遠近，界隔甚明，乃契丹昔與女真兩國古界也。界八十里直至來流河。來流河闊三十餘丈，以船渡之。又五里，至句孤寨。○句孤字菫寨，相當於《松漠紀聞》中的阿薩鋪。其在拉林河北岸5里處，即今黑龍江省雙城縣蘭陵鄉石家崴子古城①。○來流河，即今拉林河。

　　第二十程，自句孤寨七十里至達河寨。○《御寨行程》作"没搭合字菫來同館"，在今雙城縣青嶺鄉萬斛古城舊址。

　　第二十一程，自達河寨四十里至蒲撻寨。○《青宮譯語》作"報打字菫寨"。

---

① 一說擺渡到來流河對岸的地點是雙城縣蘭陵鄉石家崴子古城，阿薩鋪則爲雙城縣單城鄉單城子古城。

第二十二程,自蒲撻寨五十里至館。

(乙)《松漠紀聞》:

第十六程,濟州至濟州東鋪二十里。○濟州東鋪,即今農安縣榛柴鄉西好來寶村西的好來寶古城,距農安縣城 10 公里。

第十七程,濟州東鋪至北易州五十里。

第十八程,北易州至賓州渡混同江七十里。

第十九程,賓州至報打孛堇鋪七十里。○賈敬顔謂:《青宮譯語》二十日渡混同江,宿報打孛堇寨。報打孛堇寨即此蒲撻寨也。《松漠紀聞》報打孛堇鋪在賓州後、來流河前,當依《許亢宗行程録》、《青宮譯語》二書改正。

第二十程,報打孛堇鋪至來流河四十里。

第二十一程,來流河至阿薩鋪四十里。○即句孤孛堇寨,今黑龍江省雙城縣蘭陵鄉石家崴子古城。

第二十二程,阿薩鋪至會寧第二鋪三十五里。○《青宮譯語》:二十二日抵會寧頭鋪。上京在望,衆情忻然。

第二十三程,會寧第二鋪至會寧頭鋪四十五里。○今黑龍江省雙城縣青嶺鄉萬斛古城。

第二十四程,會寧頭鋪至上京三十里。○今黑龍江省阿城市楊樹鄉鄉南 6 里之二白屯古城。

(丙)《御寨行程》:

第十六程,自龍驤館六十里至詳州常平館。○祥州,或作詳州,祥州爲遼代節度使州,軍號瑞聖,即今吉林農安萬金塔東北蘇家店古城。

第十七程,六十里至濱州混同館。○賓州,或作濱州,或作古烏舍寨,遼代節度使州,軍號懷化,即今吉林農安東北境靠山鄉之廣元店古城。

第十八程,六十里至高平館。○高平館,當即和里閑寨,在今扶餘縣東部,哈大鐵路線以西附近。

第十九程,四十里至同流館。

第二十程,五十里至没搭合孛堇來同館。○没搭合孛堇來同館,《奉使録》稱爲"達河寨"。○没搭合孛堇來同館在今雙城縣青嶺鄉萬斛古城舊址。

第二十一程,七十里至烏龍館。

第二十二程,三十里至虜寨,號御寨①。

由以上幾種行程録可以看出,由於濟州在遼金時代經過重點經營,成爲遼金東北的重鎮,因而濟州成爲連接遼陽府與會寧府中的重要中轉站。在濟州與遼陽府之間,驛路在不同時期只有微小的調整;在濟州與會寧府之間,當時只需渡過兩混同江(今松花江)、來流河(今拉林河)即完全爲陸路往來,而在今天,兩地交通則主要由長春經德惠而至阿城、哈爾

---

① 以上除《御寨行程》、《松漠紀聞》、《奉使行程録》外,還參考了《中國歷史地圖集釋文彙編·東北卷》、《遼史·地理志彙釋》等書與相關論文。

濱,今人已經完全能夠克服河流帶來的交通障礙,而在古代如取長春經德惠這條道,則需跨越今天的伊通河、飲馬河、松花江、拉林河四條河流。可見,古人已經用足印確認金代黃龍府(濟州)在今吉林農安,無論方位,還是里程,都環環相扣。無法將其置遼寧開原或吉林四平等地。

二、由考古文物確認遼代黃龍府的方位

在金石文物方面,有兩碑一塔可以證明遼代黃龍府的方位。兩碑分別是《大金得勝陀頌碑》和《完顏婁室神道碑》,塔即農安遼塔。

《大金得勝陀頌碑》是國家級重點保護文物,由金世宗於大定二十五年(1185)七月二十八日立於金會寧縣得勝陀,用來追述金太祖完顏阿骨打在立碑處集聚兵馬,傳梃誓師,隨即順利渡江,擊潰遼軍,建立金朝的豐功偉績。由於金太祖此次作戰的軍事目標是遼代重鎮黃龍府東邊的寧江州(吉林省松原市東南大城子古城),他率主力自大本營阿勒楚喀(今黑龍江阿城)出發,渡過淶流水(今拉林河),與諸部會聚於此,舉行了戰前的誓師大會,隨後涉過混同江(今松花江),進攻寧江州。此戰奠定金朝戰勝遼朝的基礎。這個碑在今吉林省扶餘市扶餘縣徐家店鄉石碑崴子村東的河灘崗阜上,此地也就是金會寧府會寧縣下轄的得勝陀,同時也是金太祖伐遼前的誓師之地①。"大金得勝頌碑"在拉林河西七公里處,距金上京公百里之遙,金人記述其祖先之豐功偉績,既出後代之手,復與史書契合,則內容無可質疑;且立碑時間又距開國之時非遠,則立碑地點確係金太祖渡江之處。由此可確認金兵下一步攻擊目標黃龍府距混同江渡河地點不遠,則這個黃龍府不但指認在今四平市太遠,指認在遼寧開原更是遙不可及,何況二地均有其他遼城在。所以,這個黃龍府只能是在吉林農安。

《完顏婁室神道碑》是金朝開國元勳之一完顏婁室的神道碑。公元 1131 年 1 月 9 日(金天會八年十二月初九日),完顏婁室病逝於攻宋途中,歸葬於"濟州東南奧吉里",而其墓地久已發現,即在今長春市淨月潭公園內之山上,則其地爲濟州東南奧吉里無疑。而其方位,正在今吉林農安東南。

《完顏婁室神道碑》記載:

> 疾增劇,以天會八年十二月九日卒於涇州,回□之西原,年五十有三。軍中哭之如親喪焉。訃聞,太宗震悼,詔親衛馳驛護其喪,歸葬於濟州之東南奧吉里……子男七人,長曰活女,官至儀同三司,京兆尹,本路兵馬都總管……孫男仕者,曰斛魯,鎮國上將軍,世襲猛安;曰度剌,世襲謀克。

黃龍府爲完顏婁室的始封地,也是其家族的世居地,其子孫都有世襲黃龍府萬戶(濟州萬戶)及合札猛安、奧吉猛安之世襲權力。其中合札猛安是金太祖親統的猛安,完顏婁室及其子孫不過是代領,而奧吉猛安才是完顏婁室家族固定世襲之地。所以完顏婁室去世後,其長子

---

① 《金史》卷《地理志上・上京道》"會寧府"條下:"有得勝陀,國言忽土皑葛蠻,太祖誓師之地也。"

完顏活女則得襲合札猛安之位,爲濟州萬户,而將親管的奥吉猛安讓給其弟完顏謀衍。也正因如此,故完顏婁室去世時雖在陝西境内,最終還是要葬於黄龍府奥吉猛安之地。完顏婁室墓是在長春市郊的石碑嶺發現的①,正是農安東南。由這兩塊碑文可以確認遼後期黄龍府、金初黄龍府,中期濟州、後期隆州的治所都在今吉林省農安縣城。

一塔即農安遼塔。農安遼塔在農安縣城之内,歷經千年風雨而矗立如故。如是建築,没有龐大的財力和物力基礎是無法建成的,這與黄龍府作爲遼朝東北鎮城的地位相符。而遼塔的位置,也直接標明了黄龍府府治的所在地。

三、從衛星城的分布來看遼代黄龍府的方位

遼代晚期的黄龍府作爲防禦女真的重鎮,擁有衆多的衛星城。這些衛星城方位的確定,顯然也就確認了作爲指揮樞紐的黄龍府的位置。

遼代黄龍府的衛星城可以分爲行政隸屬和軍事管理兩個類型。其方位,只有南、北面方向的城鎮我們可以通過金初戰事及金代交通情況得以瞭解,至於東、西兩面就只能推測。北面有祥州、益州、賓州;南面有威州、信州;東面有清州、雍州;西面有安遠州。

1. 祥州

祥州,軍號瑞聖,節度使州,遼興宗重熙時由秦德昌②以鐵驪户所置,兵事上隸屬於黄龍府都部署司③。治所在今吉林農安縣東北六十里萬金塔古城。遼代祥州作爲交通線的重要據點,成爲黄龍府的周邊屏障。金滅遼,祥州廢爲托撒孛堇寨,仍爲宋金交通線上的一個驛站,並沿用到元代。在内蒙古地區曾出土巴思巴文的"祥州站印"。

《農安文物志》曾詳細介紹其遺址情況,兹略括其文,介紹如下:

祥州舊址位於農安縣城東北 30 公里處的萬金塔鄉政府所在地,座落的視角良好的漫崗上,長白國防公路從古城中心東西穿越,農安、靠山公路在其北城垣 200 處,伊通河在古城東南 2.5 公里處自西南向東北流過。古城布局方整,係夯土板築而成,四隅有角樓,除東、南、西、北四門外,西北還有一小門。東垣長 820 米,西垣長 810 米,北垣長 792 米,南垣長 800 米,總計周長 3 222 米。城外設護城壕。

城内西北隅有一直徑 21 米的高大土臺基,高出地表 0.7—1.2 米許,其上堆積大量建築材料及紅燒土塊、炭渣和白灰等,出土有青磚、筒瓦、花緣板瓦和獸面瓦當等。器開皆碩大寬厚。據推測,此處當爲遼代一代寺廟遺址。在祥州的東北方向的城垣發現遼代塔基,塔基下有地宫,在地宫中出土了與佛教有關的文物。

---

① 此墓最早由曹廷傑著録,後爲日本盗掘,據《寬城隨筆》記載,曾將墓中盗掘的金馬等物運往日本。

② 向南等《遼代石刻文續編》(遼寧人民出版社,2010 年)之《秦德昌墓誌》有:"每考滿而後攀轅卧轍而留,樂送泣别而去者,不可殫記。素於鐵驪國創州祥州以厝新民,□公國板築,其蠲恤力役、存撫疲□,事各有法。功畢將歸,人齋錢二百二十萬以報之,一無所納,唯以銀花紅帶爲贐行之美(以上事在重熙中)。"

③ 《遼史》卷三八《地理志二·東京道》:"祥州,瑞聖軍,節度。興宗以鐵驪户置。兵事隸黄龍府都部署司。統縣一:懷德縣。"

　　在距古城 2 公里的付家屯有與古城同時代的一處古墓群，先後發現 200 餘個骨灰罐和石棺、墓穴。

2. 益州

益州，或作北易州，屬黃龍府，治所在今吉林農安縣東北八十里小城子鄉小城子古城。《遼史・地理志》記載："益州，觀察。屬黃龍府。統縣一：靜遠縣。"①益州作爲黃龍府的周邊屏障，首先面臨金兵的攻擊。1115 年，阿骨打兵臨城下，益州人走保黃龍府。阿骨打將沒有及時逃入黃龍府的州民掠走②。據許亢宗行程錄記載，金初，此地已成爲空城。

3. 賓州

賓州，軍號懷化，兵事屬黃龍府都部署司，治所即今吉林農安縣東北靠山鎮的廣元店古城，其城在伊通河、松花江合流處。遼聖宗統和十七年，遷兀惹戶置州。金代此地仍以兀惹族居多，金初李靖即出此族。《遼史・地理志》記載："賓州，懷化軍，節度。本渤海地。統和十七年，遷兀惹戶，置刺史於鴨子、混同二水之間，後升。兵事隸黃龍府都部署司。"③《松漠紀聞》記載："契丹自賓州混同江北八十餘里建寨以守，予嘗自賓涉過，過其寨，守禦已廢，所存者數十家耳。"又《契丹國志》記載："嗢熱者，國最小，不知其始所居。後爲太祖徙置黃龍府南百餘里，曰賓州，州近混同江，即古之粟末河，黑水也。部落雜處，以其族類之長爲千户，統之契丹。女真貴游子弟及富家兒，月夕被酒，則相率攜樽馳馬，戲飲其地。婦女聞其至，多聚觀之，間令侍坐，與之酒則飲，亦有起舞歌謳以侑觴者。邂逅相契，調謔往反，即載以歸，婦之父母知亦不爲之顧。留數歲有子，始具茶食酒數車歸寧，謂之'拜門'，因執子婿之禮。其俗謂男女自媒，勝於納幣而婚者。飲食皆以木器，好置蠱，他人欲其不驗者，云三彈指於器上則其毒自解，亦間有遇毒而斃者。族多姓李。"④賓州控扼松花江與伊通河匯流處，又處於女真與黃龍府的交通線上，軍事地位非常重要。1115 年，女真族將領完顏僕㐹攻拔賓州，遼派行軍副都統蕭乙薛往援，在祥州東爲女真兵敗，賓州遂失陷。

《農安文物志》曾詳細介紹其遺址情況，茲略括其文，介紹如下⑤：

　　廣元店古城位於靠山鎮新城村廣元店屯東南 50 米，西南距農安縣城 76 公里，雄踞松花江與飲馬河匯流處西南臨江高崖上，地勢險要，風景絕佳。江面最寬處達 5 公里，成爲護衛古城的天然屏障。古城偎依山勢壘土築墻，因地勢蜿蜒起伏，城址不甚規整，呈南北狹東西長的矩形，方位 20 度。古城西、南兩墻均毀，據實測，北墻長 285 米，南墻長 263 米，東墻 633 米，西墻 534 米，加上北墻東段盡端伸向江岸的 95 米附墻，總計全城周長 1810 米，共設四門：東門、東北

---

① 《遼史》卷三八《地理志二・東京道》，第 471 頁。
② 《金史》卷二《太祖紀》："收國元年正月丙子，上自將攻黃龍府，進臨益州。州人走保黃龍，取其餘民以歸。"
③ 《遼史》卷三八《地理志・東京道》，第 470 頁。
④ 《契丹國志》卷二六"嗢熱國"條，齊魯書社，2000 年，第 247 頁。按：此條蓋出《松漠紀聞》，故文中之太祖當解爲"金太祖"。又，《大金國志》卷一六記載，金世宗大定五年(1165 年)"七月，嗢熱國率戶內附，以其地爲資、霖等州"，其事與史實不符，當是金初事竄入。
⑤ 吉林省文物志編委會編：《農安文物志》(內部資料)，1987 年，第 112 頁。

門、西門和東門。

　　北墙東段盡端，即城之東北角，有一陡峭山梁插向東北江岸，這條山梁高出地表40餘米，其上留有頂寬 0.8、高 1.1 米的城垣遺迹，這是北墙延伸到城外江岸的附墙，寬 16 米，深 1.3 米。附墙對面爲一半月形江灣。另在北墙外發現有護城濠遺迹，寬 16 米，深 1.3 米。每當雨季江河水漲，城壕河灣也隨之壕滿灣平，汪洋一片，既可憑水域防護古城，又可出北門乘舟駛往大江。

　　在賓州城内外都發現大量遼金時代特徵的遺物，也有較大的遼金建築遺址。

4. 威州

威州，軍號武寧，兵事屬黃龍府都部署司。治所在今吉林農安西南四十里三寶鄉小城子。《農安文物志》曾詳細介紹其遺址情況，兹略括其文，介紹如下[①]：

　　威州古城在農安西 20 公里外，屬遼代黃龍府的周邊重鎮，西部門户，歷史上具有重要地位，故址位於三寶鄉寶城村小城子屯東南一百米處的耕地中。

　　威州古城近似方形，東垣 240 米，南垣 240 米，西垣 239 米，北垣 292 米，周長1 011 米。威州古城周圍没有丘陵山崗可以利用，但周圍被元寶窪泡子、廣興店泡子、敖寶圖泡子所環繞，在遼代這些泡子比今天更大，成爲威州最佳屏障，外敵只能選擇有限的道路對威州發動進攻，當然也容易爲威州所挫敗。

　　在城内西部中段，曾發現一處陶窯址，附近有大量廢棄陶器的殘片。城西北部發現大量民居生活遺物，表明此處是當時的居民區。

5. 信州

信州，軍號彰聖，兵事屬黃龍府都部署司，治所武昌，在今吉林公主嶺市西北秦家屯古城。遼代曾任信州長官的有耶律庶幾[②]。

　　向南介紹信州情況時引《全遼志》：“開原東北至信州三百十里，今有城周一里，門八，土人猶呼爲信州城。”又引《懷德縣志》：“新集城在秦家屯東，南北長二里，東西寬一里六，址高二丈，甕門四，即古之信州城。”

6. 清州

清州，軍號建寧，兵事屬黃龍府都部署司，治所不詳。在蘇州所藏《地理圖》中的契丹地理部分有“清州”。

7. 雍州

雍州，屬黃龍府，治所不詳。以上兩州，學者多認爲在黃龍府之東，今吉林市境。

8. 安遠州

安遠州，軍號懷義，屬黃龍府，因史料闕略，考史諸家多不定址，以爲在農安之西，長嶺縣之境。

---

①　吉林省文物志編委會編：《農安縣文物志》(内部資料)，第 117—118 頁。

②　向南：《遼代石刻文編·道宗編上》(河北教育出版社，1995 年)之《耶律庶幾墓誌》。

9. 勝州

此州爲馮永謙考證所得，主要依據是《松漠紀聞》、《御寨行程》，如其所考確實，則勝州也是在軍事上隸屬於黄龍府的節度使州。

在黄龍府境内松花江兩岸還有許多遼金時期的古城，但都已失考。這些黄龍府境内的遼代古城的存在，已經將黄龍府的方位牢牢地定在今吉林農安縣城。如果將黄龍府憑空遷到其他地區，就無法安置這些衛星城了。

"秘書監"發展沿革考

趙彦昌

（遼寧大學歷史學院）

提　要：東漢桓帝延熹二年初，始置秘書監，標誌着掌管圖書典籍的專職官員正式誕生，從此圖書管理擺脱了史官兼管的傳統。秘書監興盛始於隋唐，至宋元爲鼎盛時期，並有专志《秘书监志》总其大成，到明洪武十三年併入翰林院典籍，標誌着秘書監作爲獨立的官方藏書機構歷史的正式結束。

關鍵詞：秘書監　機構　職能

秘書監作爲官方藏書機構而存在長達 1 100 餘年，雖然整體上沿襲了其產生之初的用途和作用——作爲官方最爲權威的圖書保存機構而存在，但體制和名稱在各代均有差别。隨着人類認識水平的提高以及對圖書保管方面知識積澱的日益深厚，不同性質的圖書保存機構都有所發展，如私人藏書閣，其中秘書監作爲國家藏書機構在古代整個書籍保管體系中具有十分重要的意義。秘書監從產生之初的僅指專職圖書管理人員到整個圖書保管機構均被稱爲"秘書監"，其名稱和職能經歷的數次變遷體現了中國古代圖書管理機構職能不斷細化以及圖書管理體系不斷完善，秘書監制度歷經產生、發展、興盛以及衰落，從僅作爲圖書典籍管理官員稱謂發展到圖書典籍保管機構，最終形成具有完整體系的秘書監制度。秘書監興衰軌迹見證了中國古代圖書事業的發展歷程，成爲最具代表性的圖書保管機構。

一、"秘書監"的產生

秘書監作爲中國古代官方圖書管理體系的主體，不僅指管理圖書的專門官員或是存放、保管圖書的機構，而是作爲一種制度成爲指導當時政府管理、保存、利用圖書典籍的理論體系而存在。狹義上"秘書監"指圖書管理的官員，是圖書管理機構；廣義上"秘書監"指圖書管理制度，是圖書管理理論——秘書監制。不同時期"秘書監"的具體含義有所不同，這主要是由秘書監本身的發展程度所決定。在其產生之初，人們對圖書管理並未形成完整的理論體系，而是憑藉對重要圖書典籍妥善保管這一朦朧的認識，設置專門的人員進行管理，這時"秘書監"多數成分爲管理圖書典籍的專門人員。隨着人類社會活動的增加，文明水平不斷提高，圖書數量不斷增加,促使了圖書管理不斷向科學化、合理化方向發展。而專門的圖書保管機構正是符合時代應運而生的產物,這時的"秘書監"包含着更多的圖書保管機構設置、管理方法等制度等方面的含義。

1. 秘書監——官方藏書的開端

"秘書監"一詞的産生開啟了中國古代圖書保管專門化、制度化之路,而在秘書監産生前的漫漫歷史過程中,圖書保管大多是統治階級的行爲,其目的在於維護自身統治地位。正是由於這種只涉及少數人員的狹隘目的,導致圖書管理在當時成爲服務於統治階級的"機密活動"。對於大多數被統治的黎民百姓而言,重要的圖書典籍無異於稀世珍寶般不可染指,甚至皇帝以外的政府官員也不能夠隨意閱讀。由於這些重要的圖書典籍多爲極少數人掌握,表現爲私人所有的性質,因此圖書管理並無確定規則,只是依靠管理圖書典籍的史官個人經驗。直到秘書監産生才有了比較明確的圖書管理規定:"建藏書之策,置寫書之官,下及諸子傳説,皆充密府。"①

2. 秘書監——執掌政府藏書的專職官員

秘書監的名稱演變是中國古代圖書管理理論發展的一個縮影。東漢年間秘書監是作爲管理官方藏書的專職官員而被確立的,除秘書監這一官職爲新設並規定其專門管理圖書的職責之外,在秘書監之下分設的秘書郎、校書郎均沿用了漢代之前的官制稱謂,由此可見秘書監産生之初還不十分成熟,並未形成完整的機構體系,而僅僅是作爲單純的職官名稱而存在。

到了三國時期,魏蜀吳的官制均沿用漢制,秘書監的設置不僅被繼承下來並且根據實際需要發展了秘書監的人員設置。在秘書監之下又設置了秘書令、秘書丞等官職。秘書令"典尚書奏事"負責圖書管理工作中機要史籍管理部分,"實際上是一種機要職務,承擔着類似中書令的工作"②。魏文帝即位後,設置了中書令,把原秘書令改爲秘書監,後"乃以何偵爲右丞,其後遂有左右二丞"③。

二、秘書監的發展

1. 秘書監——向專門藏書機構過渡

秘書監由單純的圖書管理官員演變爲整個圖書保管機構並非一蹴而就,而是經歷了一個十分曲折漸進的過程。其機構名稱歷經數次變革,整體上"秘書"之意得以保留,"其秘書著作之局不廢"④。由於秘書監併入中書省遠相統攝,與事不專,不利於政府藏書管理,於是在晉惠帝永平元年(291)重新設置了秘書監。此時的秘書監已經不再像其産生之初僅作爲圖書管理專職官員而存在,而已發展成爲具有相當規模的圖書管理專門機構。雖然這一機構並不稱爲

---

① 　班固:《漢書·藝文志》,中華書局,1962 年,第 154—156 頁。

② 　吳晞:《秘書監和我國古代圖書事業》,《大學圖書館學報》1991 年第 5 期,第 52—56 頁。

③ 　杜佑:《通典》卷二六,中華書局,1984 年,第 153—157 頁。

④ 　袁詠秋、曾季光:《中國歷代國家藏書機構及名家藏讀敘傳選》,北京大學出版社,1997 年,第 1—2 頁。

秘書監而是稱之爲"秘書寺"，但"自是秘書之府，始居於外"①，開啟了秘書監向專門藏書機構過渡的新紀元。

秘書監機構的發展壯大可以從秘書監機構内官員設置細化程度的深入窺得一斑。西晉時期秘書監下設秘書郎四人，"武帝分秘書、圖籍爲甲乙丙丁四部，使秘書郎中四人各掌其一"②。南朝時梁改秘書寺爲秘書省，首次出現了秘書省的名稱。秘書省置監、丞各一人，郎四人，掌國之典籍，圖書著作郎一人，佐八人，掌國史，注起居。到了隋朝，文帝設置的秘書省則由秘書令統領，下設秘書丞一人，秘書郎四人，校書郎十二人，秘書正字四人，另有秘書録字或弟子若干人。唐代秘書省一度改爲蘭臺，麟臺，直到太極元年（712）才改回秘書省，官員設置爲秘書監一人，少監二人，丞一人，秘書郎四人，校書郎八人，正字四人，主事一人，令史四人，書令史九人，典書八人，楷書手八十人，亭長六人，掌固八人，熟紙匠十人，裝潢匠十人，筆匠六人。秘書監機構的官員設置的變化從一個側面反映出了秘書監機構職能的擴大和分工的細化。從産生之初"專門保管圖書"的籠統規定到每一項具體的圖書管理工作都設置專門的人員負責，歷經數代發展。另一方面也説明隨着朝代的推移，官方藏書數量在不斷增加，圖書管理的系統化、理論化也是時代發展的必然趨勢和客觀需要。

2. 其他圖書保管機構的繁榮

秘書監是專門的圖書管理機構，隨着官方藏書數量不斷增多，秘書監機構職能不斷擴大，作爲保存圖書的機構也相應地有所發展。"漢東京圖籍在東觀，故使名儒著作東觀，有其名，尚未有官"③；三國時期蜀吳也建立了東觀；到了唐代保存圖書的有秘閣、乾元殿、麗正殿（後改爲集賢殿）、崇文館、弘文館、史館、司經局等。東漢後的歷朝圖書保管機構均由秘書監或秘書監機構統領，南北朝之前興建的圖書保管處所以機構内設置秘書監官員的方式管理；而後發展成爲由秘書監機構"並統著作局，掌三閣圖書"④。這些藏書機構原本只是單純地對圖書進行保管，而對圖書的編修整理工作則由秘書監統一進行。但是隨着存入各個藏書機構的圖書典籍不斷增多，各機構有了較長足的發展，在各機構内部也設立了一些管理機構内部所藏圖書的人員。甚至到了鼎盛時期，各機構内的圖書管理人員由一些十分著名的史官和名士擔任，一併承擔着圖書編修的職責，致使其機構一度脱離秘書監統一的領導各自獨立發展。

三、秘書監的鼎盛

在漫長的歷史積澱中，秘書監發展到宋元時期已經達到鼎盛，無論從職官設置還是圖書管理制度都有明確的規定。而元代的《秘書監志》更是歷史上第一本系統介紹秘書監職官設置、圖書管理制度、元代秘書監官員以及庫房建設等方面的專門書籍。與從前的歷代職官表

---

① 杜佑：《通典》卷二六，第153—157頁。
② 鄭樵：《通志》卷五四，中華書局，1978年，第664—678頁。
③ 袁詠秋、曾季光：《中國歷代國家藏書機構及名家藏讀敍傳選》，第1—2頁。
④ 鄭樵：《通志》卷五四，第664—678頁。

中對秘書監約略帶過不同,《秘書監志》系統而全面地闡述了秘書監機構職官設置、管理制度以及庫房建設等,從中不難看出元代的圖書管理制度已經相當成熟。研究元代秘書監制度可以《秘書監志》爲依託,或者説《秘書監志》爲系統深入研究元代檔案管理制度提供了第一手資料。從《秘書監志》一書中可以看出,元代秘書監大體繼承了前朝秘書監機構的設置,但同時又有很大發展。元代秘書監不僅設置完整的職官體系,管理圖書典籍分工明確,而且對秘書監機構存放圖書的庫房建設也十分重視,無論是庫房的物理環境維護、圖書保護制度還是安全措施方面都有嚴格的規定。

1. 職官設置

秘書監的設置歷經數載,在實踐與理論探索的基礎上,元代秘書監制度逐步形成完整體系。秘書監職官設置尤爲突出地體現了元代政府對官方藏書的重視程度。元朝初置秘書監時,官員只有四人,其中秘書監兩人,屬從三品級別,秘書少監兩人,屬正五品級別。另外下設吏屬六人包括令史兩人、典書兩人、奏差兩人,但均無官銜。由於秘書監所掌圖書管理工作十分重要,並且考慮到從事其他事務的衙門長官相應的職官級別,元大德九年七月由中書省奏請,將秘書監由從三品職官升爲正三品。次年二月聖旨准中書省奏,升秘書監爲正三品;同時將秘書少監由正五品升爲從四品;秘書監丞由正六品升爲從五品,另設官員典簿從七品以及散官若干。

元十年由大司農孛羅批准將"陰陽禁書都教分付與秘書監者"①,可見秘書監受重視程度非比一般。從此秘書監官員數量不斷增多,大德五年添設秘書監一人,至大四年二月聖旨將"秘書監"改爲"秘書卿",元共設領用俸禄的秘書監三人。另據《秘書監志》記載,除領俸禄的三名秘書監外,還有兩名官員兼任秘書監之職,亦授予秘書卿之稱謂但並不領用秘書監的俸禄,而是領用其他職官俸禄。元十八年在原有秘書少監人員基礎上添設秘書少監兩人,元二十三年再添秘書少監一人。元二十五年,又添秘書監丞兩人。除上述秘書監官員設置之外元秘書監的發展壯大還表現爲設置許多幕府及屬官等編制外的工作人員。其中幕府有元十六年設置的秘書監經歷、首領官提控案牘(後改爲首領官知事)以及元十六年設置的管勾;屬官包括元十五年設置的著作郎(元十九年增至兩人)、著作佐郎(元二十四年增至兩人)、元十四年設置的秘書郎(次年增至兩人),以及元十五年設置的校書郎(至二十二年增至兩人)等;另有令史、通事、知印等屬吏。

《秘書監志》對機構官員具體設置有詳盡的介紹之外,還對各官員的俸禄也有具體的標準。秘書監各人月支俸鈔一百兩,秘書少監各月支鈔七十五兩,令史各月支鈔一十七兩(後先後增月俸至三十兩),典書、奏差各月支鈔十兩(後增加至十五兩),秘書郎月俸三十五兩,著作郎月俸四十五兩,著作佐郎月俸四十兩,校書郎月俸三十五兩,管勾月俸十一兩,公史人月俸五兩(後增至七兩五錢)。除銀錢月俸外,還有各官員禄米的具體標準,如著作郎員每人一石六斗五升,著作佐郎每人禄米一石三斗,秘書郎、校書郎每人禄米一石三斗,知事每人禄米一石二斗等。

---

① 王士點、商企翁:《秘書監志》卷一,浙江古籍出版社,1992年,第21—22頁。

秘書監發展到元代已成爲完全獨立的職能機構,最有力的證明就是元代秘書監擁有獨立使用印信的權利:"秘書監印一,分監印一,監、少監亦各有職印,印如其品。"①獨立使用印章充分證明元代秘書監機構已正式納入了國家官員體系之中,成爲國家機構中必不可少的職官之一。如此龐大的官員體系,爲元代系統管理圖書典籍提供了强有力的保證,同時使圖書管理工作系統化制度化成爲可能。由此對秘書監受重視程度可見一斑。

2. 秘書監的職能

元代秘書監除了負責妥善保管重要的圖書典籍外,還肩負其他職責,如負責移送散落在地方且對中央政府統治具有重要意義的圖書典籍,對已收藏圖書的安全保管,根據古籍資料進行二次文獻編纂等。這些工作與當代的圖書館學理論中的圖書收集、保護、文獻編纂等工作有異曲同工之妙,對元代秘書監職能的研究爲當代圖書管理工作提供經驗和借鑒,是一項具有重要意義的工作。

(1) 移送

據《秘書監志》記載,元代秘書監設立在皇宮南側緊挨東墙的地方,同時建有專門貯藏重要圖書典籍的"庋閣"。秘書監中存放的圖書均是對管理國家政治、經濟、文化具有重大價值的歷代典籍,之所以將秘書監建立在與皇宮僅有一墻之隔的皇宮周邊,其目的也是便於皇帝隨時查閱以輔助其鞏固皇權統治。因此將散落在地方各省重要的圖書方志集中到秘書監保管也是必然行爲,秘書監則自然擔任了押解檔案到秘書監的職責。爲完成這一重大任務,秘書監還特別設立分監負責對押解途中的檔案圖籍的保管及守衛工作。

在元代歷史上共有三次大規模的檔案移送活動,第一次是在大德五年四月,"據知印申居仁呈,奉監官臺旨,繫取下相合用書籍,用戰車載赴京都者"②,這次移送活動共移送重要典籍二百三十五冊,其中《通鑒》六百九十冊、《太平御覽》一百五十冊、《通典》二十冊。第二次移送則是在大德七年三月,"蒙昭文館大學士省會年例分監上都合用書籍,教差定人吏管押站車上來者"③,這次移送主要包括《太平御覽》、《通典》、《事類文集》、《播芳》等。第三次是延佑年四月"照得年例,分監上都以備《御覽》、《通鑒》等書籍及裝載站車"④,這次移送除《通鑒》一部、《播芳》一部、《太平御覽》一部、《春秋》一部、《周禮》一部、《禮記》一部之外,還有打角柳箱、席索等物。

(2) 保護

元代秘書監對圖書的保護主要分爲對檔案保存環境的保護和對檔案本身的保護,無論是哪種保護都是使用物理手段使得檔案不受到人爲或非人爲的破壞,以確保重要圖書長時間的可閱讀性和可利用性。

首先,對圖書保存環境的保護。元代政府對圖書保存環境的安全性十分重視,建立秘書

---

① 王士點、商企翁:《秘書監志》卷三,第 49—52 頁。
② 同上書,第 56—57 頁。
③ 同上書,第 57—58 頁。
④ 同上注。

監之初就設立守軍兩名駐守秘書監檔案庫房,後因圖書的貯藏數量不斷增多,在元十四年又增添一名,共三人一同駐守。隨着秘書監對圖書管理的職能不斷豐富,派駐守衛秘書監的武裝力量不斷增多。大德五年"秘書監裱褙佛像書畫等差,委壞義將引軍一十名著守,供作勾當"①。另外元代秘書監制定官員按月輪流提調制度,以防止秘書監官員隨意自行開啟重要圖書不利於典籍密封保護,對重要圖書典籍開封時,必須有兩個以上官員在場的規定確保了圖書的物理安全和内容保密。其次,對圖書本身的保護。元代對圖書典籍的保護主要依賴於裝褙技術及裝具,不但指定專門的裝褙工匠對圖書古籍進行裝褙保護,並且設有統一規格的圖書裝具,承裝圖書"擬用紅油大豎櫃六個,内置抽匣三層"。此外對所保存圖書進行定期的曝曬也是保護圖書典籍免受霉蟲破壞的重要手段。

(3)編修

元代秘書監對圖書典籍的編撰工作最早開始於元乙酉年編纂的《大元大一統志》。由於中書省原來掌握的郡邑圖志都不完整,並且地方州縣有很大變動,兵部令史上奏要求重新編撰地方志。元二十二年六月,秘書監奉旨收集當朝中達官顯貴家宅圖紙,將其形成文字材料以備編撰《大元大一統志》。爲保證方志編撰的全面準確,當時即會同翰林院、兵部各機構官員共同商討編撰各項事宜。該志歷經九年編撰而成,後又在九年内續編雲南、遼陽等書。

《大元大一統志》是一部記載古今郡縣設置沿革及山川、風俗、里至、宦迹、人物等元代全面情況的巨著。其編撰的主要依據就是當時由秘書監從各地方收集來的方志等原始資料,可以說《大元大一統志》的編撰是典型的圖書編修活動。編撰該書的成就充分體現了元代圖書編修水平,不僅凝聚了眾多優秀的圖書編撰人才的智慧,更有成熟的圖書編撰制度作爲保障,更重要的是收集大量第一手文獻資料爲圖書編撰工作提供了豐富的素材。總之,《大元大一統志》無論對元代政治而言,還是對元代圖書管理工作本身而言,都是具有十分重大意義的歷史著作。

3. 庫房建設

庫房是元代秘書監機構的重要組成部分,元代所有涉及皇權、政治、經濟等重要内容的書籍全部保存在秘書監的庫房内,說秘書監機構的庫房是政治重地一點也不爲過。爲加強對秘書監内重要圖書典籍的保護,無論是從秘書監庫房建築的修造還是庫房日常管理工作方面,在元代秘書監制度都有嚴格的規定。保證庫房内藏書環境的絕對安全是庫房建設的重要環節,防潮、防火、防盜都是必須首要考慮的因素。

(1)防潮、防火

與一般房屋建築不同,秘書監庫房建造得十分講究,除在地勢較高的乾燥處選址之外,庫房建築本身也具有明顯區別於其他建築的特點。比如庫房建造不留明窗,只留有若干通風口。這樣做除了能夠防止圖書典籍處於陽光之下暴曬,更重要的是防止建築外空氣中的水汽侵入庫房,不利於庫房内圖書乾燥保存。不僅如此,庫房建築外牆周邊設有排水通道,保證雨

---

① 王士點、商企翁:《秘書監志》卷三,第66—67頁。

季時所有降水能及時排到庫房之外,而不向地下滲漏導致庫房地面返潮。秘書監制度中明確規定,進入庫房範圍後一律不得攜帶任何明火以及容易引發火患的物品,並且定期檢查修繕庫房建築,消除一切火災隱患。

(2) 防盜

元代秘書監儲藏的都是十分重要的圖書典籍,其內容涉及政治、經濟、文化、歷史等元代政治統治的方方面面。保證圖書典籍內容的絶對保密被視爲與維護政治統治同樣重要,防止圖書典籍失竊成爲庫房日常管理工作的重要內容之一,《秘書監志》中《職官卷》就有專門介紹派駐守兵維持秘書監庫房治安的內容。隨着元代秘書監機構不斷擴大,庫房藏書數量不斷增加,派駐秘書監機構的守兵也從最開始的兩人增至五人,可見元代政府對庫房安全守衛工作十分重視。

除上述提到的防火防潮防盜方面,秘書監制度中還有一些規定日常庫房管理的制度,例如定期暴曬制度、圖書裝櫃保存、官員查閱輪換制等。這些制度的制定不但有效保護了庫房內圖書典籍的物理安全,同時還限制了圖書內容向外流傳。這些規定雖未上升爲科學理論的高度,但是與當代圖書館學理論的核心思想不謀而合,可見元代秘書監制度已經發展得相當完善具有相當程度的科學性。

四、秘書監實存名亡

秘書監在元代的設置最健全完整,到了明清時期,秘書監則不再作爲獨立的官職機構而存在。雖然明初也曾設置秘書監、秘書丞、秘書執掌等官職執掌內府書籍,但是明十三年即併入翰林院,在後來的清朝及民國時期也再未出現過秘書監或與其相近的職官名稱。至此秘書監結束了其管理圖書典籍長達一千一百年的歷史。雖然取消了秘書監機構,但是秘書監的職能却並未停止,而是更好地爲後人所繼承,可以説秘書監是"實存名亡"。

明代洪武二十二年設置的詹事院(二十五年改爲詹事府),在設立之初是以"掌統府、坊、局之政事,以輔太子"①爲目的。爲更準確掌握國家政治狀況,其職責還包括收集古今重要檔案圖籍以充實現有的經史子集檔案圖書體系,以及對檔案圖籍進行校書、正字、繕寫、裝潢等檔案管理和保護工作。除詹事府分擔一部分檔案工作之外,翰林院也是從事檔案工作的機構之一。在翰林院之下設有文淵閣等收藏檔案圖籍的庫房,至洪武十四年還設置了修撰、編修、檢討等檔案編撰方面的專職官員。不僅如此,還制定了一些考核檔案工作的官員的制度以確保檔案編撰工作的品質。到了清朝,翰林院更是將檔案工作進行得如火如荼。乾隆三十八年開始對明朝《永樂大典》的編研校訂,以及其後組織大規模編訂《四庫全書》,都可謂檔案編撰的巔峰之作。可見明清時期雖無秘書監一職,但檔案工作依舊具有良好的發展勢頭,爲現代檔案管理制度提供了有效的實踐經驗。

---

① 袁詠秋、曾季光:《中國歷代國家藏書機構及名家藏讀敘傳選》,第 40—43 頁。

五、結　　語

　　圖書管理工作是一項實踐性非常强的工作,其理論大多是在總結實際工作的經驗中歸納升華而成的,正因爲如此,圖書管理工作長久的實際操作經驗的積澱就顯得尤爲重要。秘書監是中國古代從事圖書管理工作的主體,秘書監從産生、發展、繁榮直至消亡,亦能夠顯現中國古代圖書管理工作發展的軌迹。

　　秘書監産生之初,中國正處於奴隸制發展階段,無論生産力水平還是科學技術水平,都決定了圖書管理工作只能是單純的圖書保管工作。又由於圖書數量和圖書利用許可權的限制,當時社會處在重保存不重利用的狀態,因此圖書管理制度没有明顯的發展。到了隋唐時期,秘書監機構有了一定程度的發展,不僅有了完整的職官設置,還有了簡單的圖書管理制度,至此圖書管理學理論才算是真正意義上的有所發展。這些都爲圖書管理工作帶來了十分重大的影響,政府機構懂得如何更好地利用圖書典籍加强政治統治,同時將歷代歷史盛況假藉史書存留於世供後人識得。元宋時期後秘書監發展達到鼎盛,不論職官設置、圖書保護技術、圖書編撰工作都空前繁榮。在漫漫歷史長卷中,秘書監的存在不過是轉瞬即逝的瞬間,但又是不可忽視的瞬間。秘書監發展過程中留下的諸多寶貴經驗,是今天能夠形成現代圖書管理學理論的物質基礎,更是形成理論的重要的長期實踐。没有秘書監的發展,就不可能有圖書管理工作今天的成就,没有秘書監辛勤勞動編修各朝歷史整理成爲鴻篇巨著,今天的我們對幾千年前的歷史更是無從得知。從這一角度來講,秘書監不僅給予了我們圖書管理理論方面的寶貴經驗,更使得中國五千年文明得以延續,其意義之重大不言而喻。

顧頡剛先生的古史觀和
史學方法的時代性 *

梁韋弦

（福建師範大學社會歷史學院）

　　摘　要：中國近代社會的時代主題決定了以顧先生爲代表的古史辨學派反傳統的治史宗旨。康有爲、胡適將西學理論方法與清代盛行的考據學相結合的治學方法對顧先生的古史觀和史學方法之形成起到了重要的影響作用。歷史上學者們的疑古成果和有關古史傳説演變的認識爲顧先生古史觀的形成提供了思想資料和啓示。顧先生的古史觀和史學方法在當時是進步的，但存在由主觀性導致的對古史認識之片面性的問題。

　　關鍵詞：顧頡剛　古史觀　史學方法

　　有學者稱由顧頡剛先生等前輩學者所編著的《古史辨》是劃時代的史學名著，由此形成了以顧先生爲代表的古史辨學派，稱由《古史辨》體現的古史討論過程爲"古史辨僞運動"。以這場有關中國古史討論之規模和影響而論，這些説法都不爲過。其確實堪稱上個世紀史學領域之大事，顧先生等史學家也將因此而名傳不朽。關於顧先生之古史觀和史學方法在當時的進步性，學者們已有論述。本文主要是想對由中國近代時勢影響而造成的顧先生的古史觀和史學方法中存在的問題略作反思。

1. 中國近代社會的時代主題決定了以顧先生爲代表的古史辨學派反傳統的治史宗旨

　　在近代中國落後挨打，中國人不斷思考原因，尋找出路，中國近代社會的政治變革和學術思潮的發生和演變，實際都是圍繞近代時勢提出的問題而展開的，"古史辨僞運動"的興起也不例外。

　　顧頡剛先生於《古史辨》中曾提出中國傳統文化的"四種偶像"説。他認爲，我們的古史裏藏着許多偶像，其中"帝系所代表的"是"種族的偶像"，"王制爲政治的偶像"，"道統是倫理的偶像"，"經學是學術的偶像"。這四種偶像都建立在不自然的一元論上，使古代帝王莫不傳此道統。有了這樣堅實的一元論，於是我們的歷史一切被攪亂，我們的思想一切要受其統治。

---

　　*　基金項目：福建省社科規劃項目"古史辨學派的古史觀與史學方法研究"（項目編號 20088097）。

無論哪個有本領的人,總被一朵黑雲遮住了頭頂,想不出什麼方法可以逃出這個自古相傳的道,既打不破,惟有順從了它。古代不必說了,就是革命潮流高漲的今日,試看革命的中心人物還是上紹堯舜孔子的道統而建立哲學基礎,就知道這勢力是怎樣的頑強呢。然而,我們的民族所以墮在沉沉的暮氣之中,喪失了創造和自信力,不能反映刺戟,抵抗強權,我敢說,這種思想是其重要的原因之一。大家以爲蓄大德、成大功是聖人,而自己感到渺小,以爲不足以預於此,就甘心把能力暴棄了。大家以爲黃金時代在古人之世,就覺得前途是没有什麼希望的了。下半世的太衰頹,正由於上半世的太繁盛。要是這繁盛是真的,其消極還值得,無奈只是想像呵!所以我們無論爲求真的學術計,或爲求生存的民族計,既已發現了這些主題,就當拆去其偽造的體系和裝點形態回復其多元的真面目,使人能曉然於古代真像不過如此,民族的光榮不在過去而在將來。我們要使古人只成爲古人而不成爲現代的領導者,要古書只成爲古書而不成爲現代的煌煌法典。這固是一個大破壞,但非有此破壞,我們的民族不能得到一條生路[①]。

　　就顧先生的上述說法來看,可以確定地說,顧先生之所以提出要拆去古史裏的四種偶像,破壞自古相傳的道,實際是他在近代時勢之下爲尋求解決中國社會之出路問題所作思考的結果。當然,在顧先生看來爲學術之求真和民族求生存的動機是統一的。不過,站在歷史發展的高度來看,這種反傳統的學術求真主張在中國近代面臨民族生存危機的時刻被提出來,肯定不是偶然的,實際是受到人們改變中國現狀的政治訴求支配的。這一點只要聯繫中國近代改良、革命特別是"五四"運動打倒舊文化之社會思潮的發生來看,是不難確認的。也就是說,以顧先生爲代表的疑古辨偽的反傳統治史思想實際是近代以來要改變社會現狀的反傳統社會思潮的一個組成部分。

　　在談到中國通史的編撰問題時顧先生說,我心中一向有一個歷史問題,渴望借此得一解決,即把這個問題作爲編纂通史的骨幹。這個問題是:中國是否確爲衰老,抑尚在少壯?這是很難解決的。中國民族的衰老,似乎早已成爲公認的事實。戰國時,我國的文化固然爲了許多民族的新結合而非常壯健,但到了漢以後便因君主的專制和儒教的壟斷,把它弄得死氣沉沉了。國民的身體大都是很弱的,知識的淺陋,感情的淡薄,志氣的卑怯,那一些不足以證明民族的衰老。假使没有五胡、契丹、女真、蒙古的侵入,使得漢族人得到一點新的血液,恐怕漢族也不能苟延到今日了。現在世界各強國劇烈地壓迫我們,他們的文化比我們高,他們再不會像以前的鄰族一般給我們同化;經濟侵略又日益加甚,逼得我們人民的生計困苦到了極端;又因他們的經濟侵略誘起我們許多無謂的內爭,人民死於鋒鏑之下的不計其數:眼看一二百年之中我們便將因窮困和殘殺而滅種了!在這方面着眼,我們的民族衰老已甚,滅亡之期迫在目前,我們只有悲觀,只有坐而待亡。而顧先生認爲,現在國勢如此貧弱,實在僅是病的狀態而不是老的狀態。只要各民族能夠得到相當的教育,能夠發生自覺的努力,中國的前途終究是有望的。這是關係到我們的生死存亡的一個最重大的歷史問題。他表示:我生於離亂之際,感觸所及,自然和他人一樣地有志救國,但是我既没有政治的興趣,又没有社會活

① 　羅根澤主編:《古史辨》第四册《顧序》,海南出版社,2003 年,第 3—8 頁。

動的才能,我不能和他人合作,我很想用了這個問題的研究做我唯一的救國事業,盡我國民一份子的責任①。

　　就上述顧先生所説來看,當時人們關於中國民族是否衰老問題的提出以及對這一問題的認識,實際都與中國近代時勢之下人們感受到的民族生存危機有關,而顧先生也是將其歷史研究作爲救國事業來做的,或者説,是受到其政治訴求支配的。

2. 中國近代學術的發展影響到顧先生之古史觀與疑古辨偽方法的形成

　　中國近代學術思潮與社會思潮的發展,大體都是接受西學並試圖將西學與中學結合起來的過程。康有爲將西洋的進化論與晚清今文經之春秋公羊學的變易思想相結合,在清代考據學盛行的背景下,仍采取考據的方法,作《新學偽經考》和《孔子改制考》宣傳變法思想,將《六經》的内容説成是孔子托古改制的産物。胡適將西洋的史學方法與清代的考據方法結合,注意到利用宋代以來學者考據辨偽的成果,並明確提出了"寧疑古而失之,不可信古而失之"②的觀點。這些都對顧先生的古史研究方法和古史觀的形成起到了決定性的影響作用。

　　顧先生最初曾信奉章太炎之説,以爲古文家講的"六經皆史"是極合理的。後來讀了康有爲的《新學偽經考》,"知道它的論辨的基礎全建立於歷史的論據上","從《不忍雜誌》上讀到《孔子改制考》,第一篇論上古事茫昧無稽,説孔子時夏殷的文獻已苦於不足,更何況三皇五帝的史事,此説極愜心厭理。下面集諸子托古改制的事實,很清楚地把戰國時的學風敍述出來,更是一部絶好的學術史。雖則他説的孔子作《六經》的話我永遠都不會信服,但其中參離了許多儒家托古改制的思想是不容否認的。我對長素先生這般的鋭敏觀察力,不禁表示十分的敬意"③。

　　顧先生在回顧輯録前人辨偽文字書的過程時説:"自從讀了《孔子改制考》的第一篇之後,經過了五六年的醖釀,到這時始有推翻古史的明瞭的意識和清楚的計劃。""我的推翻古史的動機,固是受了《孔子改制考》的明白指出上古茫昧無稽的啟發,到這時而更傾心於長素先生的卓識。"④

　　給予顧先生古史觀形成以直接影響的是胡適。顧先生在北大哲學系讀書時,講授"'中國哲學史'一課的第一年是陳伯弢先生(漢章)。他是一個極博洽的學者,供給我們無數材料,使得我們的眼光日益開拓,知道研究一種學問應該參考的書是多至不可計的。他從伏羲講起,講了一年,只到商朝的《洪範》。我雖是早受了《孔子改制考》的暗示,知道這些材料大都是靠不住的,但到底愛敬他的淵博,不忍有所非議。第二年,改請胡適之先生來教。……他不管以前的課業,重編講義,開頭第一章是'中國哲學結胎的時代',用《詩經》作時代的説明,丟開唐虞夏商,徑從周宣王以後講起。這一改把我們一班人充滿着三皇五帝的腦筋驟然作了一個重大的打擊,駭得一堂中舌撟而不能下","我聽了幾堂,聽出了一個道理來了,對同學説,'他雖

---

① 以上顧先生的説法見其編著《古史辨》第一册《自序》,第49—50頁。
② 胡適:《自述古史觀書》,《古史辨》第一册,第29頁。
③ 《古史辨》第一册《自序》,第13—15頁。
④ 同上書,第23—24頁。

沒有伯弢先生讀書多,但在裁斷上是足以自立的'",“從此以後,我們對於適之先生非常信服,我的上古史靠不住的觀念在讀了《改制考》之後又經過這樣地一温”①。顧先生於民國十一年春經胡適介紹爲商務印書館編纂中學本《國史教科書》時,以爲“三皇五帝的系統,當然是推翻了。考古學上的中國上古史,現在剛才動頭,遠不能得到一個簡單的結論。思索了好久,以爲只有把《詩》《書》和《論語》中的上古史傳説整理出來,草成一篇《最早的傳説》爲宜”②。胡適曾將他的古史觀表述爲:“現在先把古史縮短二三千年,從《詩》三百篇做起。將來等到金石學,考古學發達上了科學軌道以後,然後用地下掘出的史料,慢慢地拉長東周以前的古史。至於東周以下的史料,亦須嚴密評判,‘寧疑古而失之,不可信古而失之’。”③可以看出,顧先生説的教科書上古起點的確立,與胡適在北大講授中國哲學史時及其自述古史觀時所講的從《詩》三百篇做起的觀點是一致的。也就是説,顧先生對東周以上古史懷疑的觀點是在胡適古史觀的直接影響之下確立的。

　　作爲顧先生論證其古史觀的考證方法,也受到胡適考證古代小説和歷史的方法的啟示。顧先生説,他在對《詩》《書》和《論語》中的上古史傳説進行整理的過程中發現,尋繹這三部書中有關禹的觀念,原來認爲排在最前面的《尚書·堯典》,實際竟在《論語》之後。於是“我就建立了一個假設:古史是層累地造成的,發生的次序和排列的系統恰是一個反背”,即“越是後起的,越排在前面”④。顧先生對這種古史觀所賴以建立的文獻考證方法解釋説:“我惟一的宗旨,是在依據了各時代的時勢來解釋各時代傳説中的古史。上邊寫的題目,如疆域,信仰,學派,人才,時代的中心問題……等,都是解決那時候的古史觀念的最好的工具。舉一個例罷,譬如伯夷,他的人究竟如何,是否孤竹君的兒子,我們已無從知道。但我們知道春秋時人是喜歡講修養的,人格的陶冶以君子爲標的,所以《論語》中講到他,便説他不念舊惡,不肯降志辱身。我們知道戰國的君相是專講養士的,士人都汲汲皇皇地尋求主人而爲之用,所以《孟子》上説他聽得文王有了勢力,就興起道:‘盍歸乎來,吾聞西伯善養老者!’我們又知道,自秦皇統一之後,君臣之道無所逃於天地之間,忠君的觀念大盛,所以《史記》上也就説他叩馬諫武王,義不食周粟,餓死於首陽山了。漢以後,向來流動的故事因書籍的普及而凝固了,他的人格才没有因時勢的變遷而改變。所以我們對於那時的古史應當和現在的故事同等看待,因爲這些東西都是在口耳之間流傳的。我們在這上,不但可以理出那時人的古史觀念,並且可以用了那時人的古史觀念看出它的背景——那時候的社會制度和思想潮流。⑤顧先生這種思考問題的方法受到胡適對《水滸傳》等小説考證方法的影響,這是可以從顧先生的説法中得到印證的:“那數年中,適之先生發表的論文很多,在這些論文中他時常給我以研究歷史的方法。我都能深摯瞭解而承受”,“九年秋間,亞東圖書館新式標點本《水滸》出版,上面有適之先生的長序,我真想不到一部小説的著作和版本問題會得這樣複雜,它所本的故事的來歷和演變又會

---

① 《古史辨》第一册《自序》,第 20—21 頁。
② 同上書,第 28—29 頁。
③ 胡適:《自述古史觀書》,《古史辨》第一册,第 29 頁。
④ 《古史辨》第一册《自序》,第 36 頁。
⑤ 同上注。

有這許多的層次的”,“若能像適之先生考《水滸》故事一般,把這些層次尋究出來,更加以有條不紊的貫穿,看它們是怎樣的變化的,豈不是一件最有趣的工作。同時又想起本年春間適之先生在《建設》上發表的辨論井田的文字,方法正和《水滸》的考證一樣,可見研究古史也盡可用研究故事的方法”①。從顧先生的説法中可以看出,顧先生把古史當作《水滸》之類的故事看,主要是受胡適的啟發,而胡適也是用考證《水滸傳》的方法來考證井田制的。這種方法也就是胡造所稱的“歷史演進”説②。

顧先生在指出時勢對其學術的影響時説“清末的古文家依然照了舊日的途徑而進行,今文家便因時勢的激蕩而獨標新義,提出了孔子托古改制的問題做自己的托古改制的護符。這兩派衝突時,各各盡力揭破對方的弱點,使得觀戰的人消歇了信從家派的迷夢。同時,西洋的科學傳了進來,中國學者受到它影響,對於治學的方法有了根本的覺悟,要把中國古今的學術整理清楚,認識它們的歷史價值。整理國故的呼聲倡始於太炎先生,而上軌道的進行則發軔於適之先生的具體計劃”。“長素先生受了西洋歷史家考定的上古史的影響,知道中國古史的不可信,就揭出了戰國諸子和新代經師作偽的原因,使人讀了不但不信任古史,而且要看出偽史的背景,就從偽史上去研究,實在比較以前的辨偽者深進了一層。適之先生帶了西洋的史學方法回來,把傳説中的古代制度和小説中的故事舉了幾個演變的例,使人讀了不但要去辨偽,要去研究偽史的背景,而且要去尋找它的漸漸演變的線索,就從演變的線索上去研究,這比長素的方法又深進了一層。我生當其頃,歷歷受到這三層教訓,加上無意中得到的故事暗示,再來看古史時便觸處見出它的經歷的痕迹。我固然説不上有什麼學問,但我敢説我有了新方法了”。顧先生指出,正是因爲有了這種新方法才“成就了兩年前古史討論。這個討論何嘗是我的力量呢,原是在現在的時勢中應有的產物”③。

3. 前人的疑古辨偽成果爲顧先生的古史觀形成提供了重要的思想資料和啟示

民國六年,顧先生曾遵胡適之囑標點姚際恒的《古今偽書考》。顧先生想同時爲該書做注釋,“做了一二個月,注解依然没有做成,但古今來造偽和辨偽的人物事迹倒弄得很清楚了。知道在現代以前,學術界上已經斷斷續續地起了多少次攻擊偽書的運動,只因從前人的信古的觀念太強,不是置之不理,便是用了強力去壓服它,因此若無其事而已。現在我們既知道辨偽的必要,正可接收了他們的遺產,就他們的腳步終止的地方再走下去。因爲這樣,我便想把前人的辨偽的成績算一個總賬。我不願意單單注釋《偽書考》了,我發起編輯《辨偽叢刊》”④。

顧先生在談到崔述時説:“崔述的《東壁遺書》整理古代史實,刊落百家謬妄,這是我以前讀《先正事略》時知道的,但這部書却没見過。十年一月中,適之先生買到了,送給我看。我讀了大痛快。……我弄了幾時辨偽的工作,很有許多是自以爲創獲的,但他的書裏已經辨證得明明白白了,我真想不到有這樣一部規模弘大而議論精鋭的辨偽的大著作已先我而存在! 我

①　《古史辨》第一册《自序》,第22—23頁。
②　《古史辨》第一册,第163—168頁。
③　《古史辨》第一册,第43—44頁。
④　《古史辨》第一册《自序》,第23—24頁。

高興極了,立志把它標點印行。可是我們對於崔述,見了他的偉大,同時也見到他的缺陷。他信仰經書和孔孟的氣味却嫌太重,糅雜了許多先入爲主的成見。這也難怪他,他生長在理學的家庭,他的著書目的在於驅除妨礙聖道的東西,辨僞只是他的手段。但我們現在要比他進一步,推翻他的目的,作徹底的整理,是不很難的;所難的只是在許多制度名物及細碎的事迹的研究上。在這上面,他已經給與我們許多精詳的考證了,我們對於他應該是怎樣的感。謝呢。"①

顧先生曾經指出:"古史古書之僞,自唐以後書籍流通,學者聞見廣博,早已致疑;如唐之劉知幾、柳宗元,宋之司馬光、歐陽修、鄭樵、朱熹、葉適,明之宋濂、梅鷟、胡應麟,清之顧炎武、胡渭、毛奇齡、姚際恒、閻若璩、萬斯大、萬斯同、袁枚、崔述等人都是。"②

從上述説法來看,前人的疑古辨僞成果對顧先生的影響是很重要的,這爲顧先生等古史辨學者提供了一種信念的支持,即古書古史唐宋以來學者既已有所疑,可見其確有可疑。同時,如閻若璩、崔述等人的考據成果,直接涉及古書之成書年代問題,爲僞古書命題的提出提供了幫助。而且,只有將前人這種疑古成果集中起來,才有可能形成所謂"古史辨僞運動",没有這樣豐富的成果,則不能構成疑古内容的規模。

當然,如崔述對顧先生的影響,實際不只是顧先生説到的幫助解決了許多制度名物研究的問題。胡適曾經指出:"顧先生自己説'層累地造成的古史'有三個意思:(1)可以説明時代愈後,傳説的古史期愈長。(2)可以説明時代愈後,傳説中的中心人物愈放愈大。(3)我們在這上,既不能知道某一件事的真確的狀況,也可以知道某一件事在傳説中的最早狀況。這三層意思都是治古史的重要工具。顧先生的這個見解,我想叫他做'剝皮主義'。譬如剝筍,剝進去方才有筍可吃。這個見解起於崔述;崔述曾説:'世益古則其取舍益慎,世益晚則其采擇益雜,故孔子序《書》,斷自唐虞;司馬遷作《史記》乃始於黄帝。……近世以來……乃始於庖犧氏或天皇氏,甚至有始於開闢之初盤古氏者。……嗟夫,嗟夫,彼古人者誠不料後人之學博至如是也(《考信録提要》上,二二)。'"③後來,楊寬曾説:"層累造成之説,劉恕、崔述引其緒,而顧頡剛張其軍。"④也就是説,顧先生的"層累地造成的古史"説,實際是受到了崔述説的直接啓示。

4. 關於顧先生疑古辨僞學術思想之時代性的反思

以顧先生爲代表的古史辨學派反傳統的治學宗旨,在當時是符合時代主題的,是進步的,這已得到了學術界的承認,這個評價是不能改變的。當然,對於因受當時歷史因素影響而造成的這種疑古辨僞學術思想中包含的一些問題,今天加以重新認識,又是客觀地認識一些具體的古史問題,建設更符合實際的科學的古史觀和史學方法的需要。

有學者在回顧上個世紀史學時曾説:"顧頡剛提出層累地造成古史"的觀點,"實際是進化

---

① 《古史辨》第一册《自序》,第 25 頁。

② 同上書,第 43 頁。

③ 胡適:《古史討論的讀後感》,《古史辨》第一册,第 163—168 頁。

④ 楊寬:《中國上古史導論》,《古史辨》第七册,第 45 頁。

史觀走到極端的產物。他提出了疑古辨僞思想,認爲上古時代不僅不是進步的,而且儒家宣揚的那種黃金時代,歷史上根本就不存在。當時懷疑古書,否定古史的風氣非常盛行。這種疑古觀念有它的片面性,但在廓清古史迷霧方面,它是有貢獻的"①。這種看法在肯定顧先生爲代表的古史辨學派之貢獻的同時,也指出了其疑古觀念存在着片面性。不過關於顧先生爲代表的古史辨學派的古史觀和史學方法中是否包含着因受時代影響而造成的認識上的片面性,至今學界仍有認識分歧,所以這個問題有加以深入探討的必要。

我認爲,顧先生疑古辨僞思想的片面性,首先就表現在對於傳統文化的認識上,即由於當時特定歷史因素的影響,顧先生對傳統文化社會歷史意義的估價,只見其害,不見其利。比如說顧先生對古史中的四種偶像的批判,其中包含的反對尊孔讀經、反對封建道德、掃除"各種革新的阻礙"的意義,在當時是進步的。不過,就道統說的真實含義來說,所謂堯舜禹湯文武周公孔子之道,這個道的核心就是仁,由此派生了儒家的仁政思想,"老吾老以及人之老,幼吾幼以及人之幼",要求統治者實行將被統治者同樣作爲人來對待的政治,對於所有人來說,就是要求"親親而仁民","己欲立而立人,己欲達而達人","己所不欲勿施於人",其本質意義是要求把講團結作爲人與人相處之道的根本原則。可以說,這個道是永遠不會過時的,因爲它是人類存在發展的一條正確法則。這個道不是阻礙了我們民族的生路,應該說中國古人在歷史上創造了燦爛的精神文明和物質文明,都直接間接與這個道有關係②。就古代社會政治來說,這個道實際上是作爲暴君暴政的對立面而存在的,正如孟子所說,"規矩,方員之至也。聖人,人倫之至也","不以堯所以治民,賊其民者也。孔子曰:'道二,仁與不仁而已矣。'暴其民甚,則身弑國亡。不甚,則身危國削,名之曰幽厲,雖孝子慈孫,百世不能改也"③。也就是說,儒家是將仁道視爲最高真理,置於現世君權之上的,實際上成了歷史上人們反對黑暗政治的思想武器。西漢時黃生曾與儒生轅固辯論,他攻擊儒生們頌揚湯武革命,這是鼓吹犯上作亂。因爲堯舜禹湯文武周公之道的正義性已得到社會的公認,景帝不敢支持黃生的觀點,也不願肯定轅固的觀點,只能說以後不要再討論這個問題了,知識分子不談湯武革命,不算沒有學問。從"食肉不食馬肝"的說法來看,實際在景帝的内心是認爲儒生的說法是"有毒"的。由此看來,儒家的道統說並不是用來維護現世君權的,實際上是對君主起制約作用的。可以這樣說,在封建社會雖然君主都標榜仁政,讚頌堯舜禹湯文武周公之道,但在中國古代社會歷史發展過程中,問題並不出在道統的影響,反之,什麼時候的政治嚴重背離了仁道,什麼時候的政治就會出問題。這樣看來,在當時的歷史背景下,顧先生看不到儒家道統學說這一方面的社會意義是可以理解的,但今天我們指出問題的另一方面也是完全必要的。

顧先生疑古辨僞思想的片面性還表現於對古文獻内容考證的方法上。顧先生從進化論的觀點出發,反對傳統史學中的崇古觀念,這是正確的。古文獻中關於堯舜禹的記述,有些因包含有意稱頌的成分,故可能有所溢美,如是指出這種問題,是完全必要的。但顧先生因爲要

① 戴逸:《二十世紀中國史學名著·總序》,見周谷城《世界通史》,河北教育出版社,2002 年。
② 參見梁韋弦《儒家學說中的道和道統》,《福建師範大學學報》2009 年第 2 期。
③ 《孟子·離婁上》,《十三經注疏》,上海古籍出版社,1997 年,第 2718 頁。

否定堯舜盛世，就說古文獻所記堯舜禹這些人物都是後人虛構出來的，這種看法就有問題了。對於這種觀點，王國維曾指出："而疑古之過，乃並堯舜禹人物而亦疑之。其於懷疑之態度及批評之精神不無可取，然惜於古史材料未嘗爲充分之處理也。"①王國維所謂"於古史材料未嘗爲充分之處理"，實際指出的正是顧先生由疑古和批評的主觀意圖而造成的片面性的問題。有關堯舜禹的事迹，在古文獻中並不是孤立的，而是由《尚書·堯典》、《皋陶謨》、《禹貢》、《洪範》與諸多《詩》篇等經史子書共同構成的古史文獻體系記載的。禹之事見於《商頌·長發》，顧先生就說《長發》晚出，堯舜禹禪讓事見《堯典》，顧先生就說《堯典》成書在《論語》之後，《論語·堯曰》也講到禪讓，顧先生就說《堯曰》也是晚出，《左傳》中多處提到堯舜禹之事，顧先生就說《左傳》乃西漢劉歆偽造②。顧先生關於一些文獻成書年代的看法雖多與以往學者的說法有關，但不同的是他不只是在談文獻之寫定年代問題，而是意在徹底否定這些文獻内容的真實性。王國維曾舉春秋器秦公簋和齊侯鎛鐘銘文以證禹之存在③，而顧先生則說這兩種春秋的器銘恰好只能證明他所說的春秋人知道有禹的存在，而不知道堯舜的存在④。其實，王國維所舉春秋器銘和上述文獻的記載，正表明了堯舜禹之事自古相傳的軌迹。現在有學者對近年出現的西周中期時器燹公盨銘文考釋時指出，盨銘與傳本《尚書·禹貢》、《詩·商頌·長發》等衆多古文獻所記禹治洪水、别九州、任士作貢之事的文字有確切的聯繫。同時，聯繫諸多古文獻的記載來看，"舜後之遂（燹）國之君稱公，號爲虞遂，正與盨銘相合。遂公作出這篇以論德爲主旨的銘文，恐怕不是偶然的。遂爲虞舜之後，《左傳》昭公八年的說法，可說明有重德的傳統，盨銘應認爲是這一傳統的結晶"⑤。由此看來，盨銘的作者是見過與傳本《禹貢》内容大體一致的《書》篇的，而《尚書》、《論語》等諸多古文獻有關舜的記載，實際也是有迹可尋的。也就是說，顧先生將有關堯舜禹的《書》篇皆指爲戰國秦漢的作品是有問題的。可見顧先生因受反傳統治史思想的影響，在對待古史文獻上確實存在着王國維和現在學者們所指出的"疑古之過"的"片面性"的問題。

結　　語

　　中國近代社會變革的政治訴求決定了以顧先生爲代表的古史辨學派反傳統的治史宗旨；西方進化論思想及史學方法與晚清今文經學的變易思想，以及宋人特别是清人的考據學成果，爲顧先生的古史觀和古史辨偽方法提供了理論支撐和思想資料。古史辨偽思潮的興起在近代社會歷史發展過程的意義是進步的，這一思潮構成了傳統史學向歷史科學發展的重要一環。但是，疑古學者在對中國古史和古史文獻認識的問題上，又確實存在因受時代政治訴求影響而造成的"疑古之過"的主觀性和片面性的問題。現在客觀地認識這種問題，是中國古史研究發展的需要。

---

① 　王國維：《古史新證》，《古史辨》第一册，第 215—216 頁。
② 　關於顧先生這些說法的問題，參見梁韋弦《顧頡剛先生的詩書研究》，《福建師範大學學報》2010 年第 1 期。
③ 　王國維：《古史新證》，《古史辨》第一册，第 215—216 頁。
④ 　《古史新證·附跋》，《古史辨》第一册，第 217 頁。
⑤ 　李學勤：《中國古代文明研究》，華東師範大學出版社，2005 年，第 128—132 頁。

疑信之間：王國維與
"疑古派"的學術論爭

黃海烈

（吉林大學古籍研究所）

　　摘　要：20世紀中國古史學發展的大潮中，各家學派都發出了振聾發聵的聲響。為明見濤濤江河源頭的涓涓細流，聞悉黃鐘大呂序曲的執拗低音，有必要回到歷史現場詳細地作一番勘察。在20世紀前半期的古史論戰中，對"疑古派"影響最為深刻的學者，當屬王國維。王國維與"疑古派"之間學術爭論不僅聚焦在治學態度、具體觀點等方面，更是一場古史學研究取向之爭。

　　關鍵詞：王國維　顧頡剛　疑古派　學術論爭

　　20世紀前半期，自顧頡剛的"層累說"誕生以後很長一段時間裏，中國古史學界的學者們幾乎皆被捲入了有關此學說的曠日持久的學術爭論[①]。這時期，論辯雙方主要是對古史研究過程中合理方法、研究範圍和解答問題標準進行深入而激烈的論辯，儘管參與爭論雙方由於各自出發點、價值觀和學術背景的重合度極為有限，但在革新、完善和發展古史學這一大的共同前提下是可以進行對話和交流的。在這些爭論中，對未來中國古史學最具深遠意義的莫過於"羅、王之學"代表人物王國維與"疑古派"的學者們之間的論戰。周予同就曾觀察到20世紀前半期在古史學領域之內"考古派"對"疑古派"的回應，他說："對於疑古派的研究方法提出修正意見的是'考古派'，這派的代表者，在初期有王國維，在後期有李濟。這派的起源並不後於疑古派，但他們能卓然自成一派，以與疑古派平分中國現代史學界，却在疑古派形成之後。"[②]王汎森在回顧民國的新史學時也說："當時中國史學界的兩件大事，一是古史辨運動進行幾年後，於民國十五年結集第一冊書問世。二是新史料的發現與研究。古史辨運動表現為激烈破壞上古史，而各種文物的發現與整理，則對建立古史有相當的幫助。一破壞，一建立，兩股勢力雖不一定在每一個論題上都有針鋒相對的情形，但總體而言，是一種競爭或緊張的

① 有關學術爭論詳見張越《五四時期中國史壇的學術論辯》，百花洲文藝出版社，2004年，第118—325頁。
② 周予同：《五十年來中國之新史學》，朱維錚編：《周予同經學史論著選集》，上海人民出版社，1983年，第548頁。

狀態。”①

　　王國維對顧頡剛的疑古學説大體是持批評態度的，雖然態度並不激烈，但在“層累説”提出前後，已在私下間曾和羅振玉表示過對清末以來的“疑古”風潮的不滿。如1923年12月6日，王國維所著《觀堂集林》由蔣汝藻以聚珍版印畢行世，羅振玉爲該書作序説：“君（王國維）嘗謂：今之學者於古人之制度文物學説無不疑，獨不肯自疑其立説之根據。”②特別是在“層累説”風行之後，無疑將這種“疑古”風氣推向了高潮，王國維有感於學風驟變，在其清華學校研究院的講義《古史新證》中，針對顧頡剛“層累説”的觀點，指出要慎重對待史料，以免造成處理史實時産生偏頗，並提出切實可行的解決辦法，即“二重證據法”。他説：“研究中國古史爲最糾紛之問題。上古之事，傳説與史實混而不分：史實之中固不免有所緣飾，與傳説無異，而傳説之中亦往往有史實爲之素地，二者不易區別。……至於近世，乃知孔安國本《尚書》之僞，《紀年》之不可信。而疑古之過，乃並堯舜禹之人物而亦疑之。其於懷疑之態度及批評之精神不無可取，然惜於古史材料未嘗爲充分之處理也。吾輩生於今日，幸於紙上之材料外更得地下之新材料。由此種材料，我輩固得據以補正紙上之材料，亦得證明古書之某部分全爲實録，即百家不雅馴之言亦不無表示一面之事實。此二重證據法惟在今日始得爲之。雖古書之未得證明者不能加以否定，而其已得證明者不能不加以肯定，可斷言也。”③王國維還結合秦公敦和齊侯鎛鐘的銘文，舉“禹”的實例，暗示顧頡剛有關“禹”的考證有矯枉過正之處，他説：“夫自《堯典》、《皋陶謨》、《禹貢》皆紀禹事，下至《周書》、《呂刑》亦以禹爲‘三后’之一，《詩》言禹者尤不可勝數，固不待藉他證據。然近人乃復疑之。故舉此二器，知春秋之世東西二大國無不信禹爲古之帝王，且先湯而有天下也。”④此時利用地下出土新材料考證商周古史已經取得相當大成績的王國維，在其具體的古史研究實踐中，已經發現並明確指出“載記”中亦含有可信據的成分。針對“疑古”者樂於抹煞傳統文獻材料的弊端，他説：“《史記》所述商一代世系，以卜辭證之，雖不免小有舛駁而大致不誤。可知《史記》所據之《世本》全是實録。而由殷商世系之確實，因之推想夏后氏世系之確實，却又當然之事也。又雖謬悠緣飾之書如《山海經》、《楚辭・天問》，成於後世之書如《晏子春秋》、《墨子》、《呂氏春秋》，晚出之書如《竹書紀年》，其所言古事亦有一部分之確實性。然則經典所記上古之事，今日雖有未得二重證明者，固未可以完全抹殺也。”⑤

　　顧頡剛面對這位自己早年就十分崇敬的學者，没有采取針鋒相對的論辯，而是運用迂回的方式加以應答。他巧妙地利用了王國維所舉例子中的秦公敦和齊侯鎛鐘的銘文來支持自己的觀點，而對王國維指出的“疑古之過”和“古史材料未嘗爲充分之處理”，則避而不答。他在王國維《古史新證》第一二章的附跋中説：“讀此，知道春秋時秦齊二國的器銘中都説到禹，

①　王汎森：《民國的新史學及其批評者》，羅志田主編：《20世紀的中國：學術與社會・史學卷》（上），山東人民出版社，2001年，第62頁。
②　孫敦恒：《王國維年譜新編》，中國文史出版社，1991年，第126頁。
③　王國維：《古史新證》，《古史辨》第一册，上海古籍出版社，1982年，第264—265頁。
④　王國維：《古史新證》，《古史辨》第一册，第267頁。
⑤　王國維：《古史新證》，清華大學出版社，1994年，第20頁。

而所説的正與宋魯二國的頌詩中所舉的詞意相同。他們都看禹爲最古的人,都看自己所在的地方是禹的地方,都看古代的名人(成湯與后稷)是承接着禹的。他們都不言堯舜,仿佛不知道有堯舜似的。可見春秋時人對於禹的觀念,對於古史的觀念,東自齊,西至秦,中經魯宋,大部分很是一致。我前在《與錢玄同先生論古史書》中説:'那時(春秋)並没有黄帝堯舜,那時最古的人王只有禹。'我很快樂,我這個假設又從王静安先生的著作裏得到了兩個有力的證據!"① 這樣,顧頡剛就將這次有可能發生的學術論辯化解於無形。從此,王國維和顧頡剛就再没有發生過正面争論,但從二人的學術通信中還是可以看出王國維對他治學方法的不以爲然,並向其委婉地表達了在治學上應采取"多聞闕疑"的態度。顧頡剛晚年在《古史雜記》中記録了這一交流情況,他説:"四十年前予曾與王静安先生商討《顧命》篇義,先後得其兩函,久欲索之而不得。頃静秋理予信札付焚,乃始見之,喜而記之於此。" 這其中王國維的一封回函即云:"奉書商略《顧命》'須材'二字,如尊説則上下文義貫通。然宗器係古物,車輅亦成器,不可謂之'材'。照字面説,似謂椁與明器之材。《士喪禮》,筮宅之後有井椁、獻材、獻素、獻成諸事;皆係預備葬具。然《顧命》於喪、葬諸節皆不書,何以獨書'須材'事,誠不可解,自當以闕疑爲是。弟意,讀古書,於不可通者,闕疑自是一法,與釋古文字無異,兄謂何如?"②

王國維與"疑古"學者之間的學術緊張,不僅局限於和顧頡剛之間的非正面交鋒,還有"疑古"學者對其直面的挑戰。1925 年 12 月 13 日,錢玄同在《論説文及壁中古文經書》一文中,針對柳詒徵説顧頡剛不懂《説文》宜例的看法提出反駁,附帶將羅振玉、王國維的古文字學觀點也加以批評,這樣又將王國維捲入這場論爭之中。錢玄同首先肯定羅振玉、王國維等人在古文字學上的成就,他説"甲骨跟鐘鼎上面的文字,現在還未經整理,但據王筠、吳大澂、孫詒讓、羅振玉、王國維、容庚諸人所釋,足以訂正許書之違失的已經不少",接着他認爲《説文》摻雜有"古文"這樣由後人僞造的假文字,他説:"可惜許老爹既没有歷史的眼光,又没有辨僞的識力,竟把不全的《史籀篇》中的大篆,《倉頡篇》等中的小篆,跟劉歆他們'向壁虚造'的僞經中的古文羼在一處,做成一味'雜拌',於是今字跟古字,真字跟假字,混淆雜糅,不可理析,不但不可以道古,就是小篆也給他搞亂了。"③ 這就涉及《説文》所録"古文"的真僞問題,這也是錢玄同批評王國維的核心問題。

錢玄同認爲王國維對《説文》序中的"今敘篆文,合以古籀"解釋最合理,他説:"王氏説《説文》中之古文無出壁中書及《春秋左氏傳》以外者,我從各方面研究,知道這話極對。"但同時他也提出:"要問這種古文是否真古文,要問壁中書等是否真物。"經過此番論述,錢玄同就將"古文"的真僞的文字學問題轉移成爲今古文經學所争論的"古文經"真僞的問題。他接着説:"壁中書一案,經康、崔兩君之發覆,僞證昭昭,無可抵賴,所謂'漢古文經'者,此後應與晉古文《尚書》、《家語》、《列子》等書同等看待,歸入一切僞書之中。"④ 這樣一來,"古文"所存身的載體"古

---

① 顧頡剛:《古史新證第一二章》附跋,《古史辨》第一册,第 267 頁。

② 顧頡剛:《古史雜記》(1973),《顧頡剛讀書筆記》第十卷,臺北聯經出版事業公司,1990 年,第 7627—7628 頁。

③ 錢玄同:《論説文及壁中古文經書》,《古史辨》第一册,第 236 頁。

④ 同上書,第 237 頁。

文經”亦是不可靠的。而從“古文”的文字學本身來説，錢玄同認爲：“我嘗稍稍涉獵吳、孫、羅、王、容諸家之書，覺得《説文》中的小篆近於鐘鼎，鐘鼎近於甲骨；而《説文》中的古文則與鐘鼎甲骨均極相遠，而且有些字顯然是依傍小篆而改變者。”①以此，他認爲“商代的甲骨文能合於秦漢的小篆跟隸書，反不能合於《説文》所録出於壁中書之古文，則壁中古文之爲後人僞造，非真古字，即此已足證明”②。這表明，錢玄同不僅認爲“古文經”是僞造的，連“古文經”中的“古文”字亦是僞造，所以他反對羅、王之説，他説：“羅氏……乃曲爲之説，認壁中書的古文是‘晚周文字’，是‘列國詭更正文之文字’。此説不但無徵，且用舊説而與舊説又不合。……這話我覺得很難相信。”③針對王國維的“戰國時秦用籀文，六國用古文”之説，錢玄同認爲：“六國的文字究竟比秦文差了多少，這個我們固然不能臆斷，但就現存的鐘鼎看來（連秦國的），則可以説這樣幾句籠統話：要説異，似乎各國文字彼此都有些小異，要説同，也可以説是彼此大體都相同；巜乂乀力一ㄆㄠ卩乂乀一句話，大同小異而已。若區爲‘東土’‘西土’兩種文字，則進退失據之論也。而況今所存齊、魯、邾諸國的鐘鼎文字跟壁中古文距離之遠，正與秦文跟壁中古文距離之遠一樣呢！還有，王氏説‘秦書八體中有大篆，無古文’，這是因爲秦時還没有所謂‘孔子書六經以古文’之説。儒者之傳授《六經》，其初僅憑口耳，漸乃著於竹帛，著竹帛之時通用什麼樣的文字，他們就寫什麼樣的文字，傳經之儒對於文字的形式是絶不注重的，所以彼此所傳，異文假借非常之多。講到《史記》中的‘秦撥去古文’一語，那是劉歆們竄入的。凡《史記》中‘古文’二字都是劉歆們竄入的，這個意思，康氏的《僞經考》已啓其端，先師的《史記探源》乃盡發其覆。”④最後，錢玄同總結説：“總而言之羅王兩氏都是精研甲骨鐘鼎文字的，他們看到《説文》中的古文與甲骨鐘鼎文字差得太遠，知道它不古，這是他們的卓識；但總因爲不敢懷疑於壁中書之爲僞物，於是如此這般的曲爲解釋，或目它爲‘列國詭更正文之文字’，或目它爲‘晚周文字’，或目它爲‘東土文字’，其實皆無稽之談也。”⑤這裏錢玄同批評王國維“不敢懷疑於壁中書之爲僞物”，於是才有了如此這般的曲爲解釋。以今天的後見之明來看，難免有些厚誣王國維，並非他不敢疑，而是他依據當時少量的戰國古文字材料，經過系統的考證推論出的觀點，他胸中並未存有强烈的今古文家派意識，也非爲《説文》曲護，倒是反觀錢玄同在立論的基礎上有着康有爲、崔適的影子。王國維立足於古文字學基礎之上而得出“戰國時秦用籀文，六國用古文”的看法，在當時不僅諸如錢玄同這樣的“疑古”學者不曾理解，即便是古文字學者也並不認同，容庚和王國維之間的爭論就是有代表性的一例。而王國維也借與容庚的書信，回答了錢玄同和容庚等學者的詰問與辯難。

　　容庚在《王國維先生考古學上之貢獻》一文中提道：“漢代古文考一卷……所考皆翔實，惟秦用籀文，六國用古文之説有可商者。余去年編文字學講義頗獻所疑，以示先生。先生復余書。”王國維在回復容庚的信中，針對錢、容二人的疑問再次重申“戰國時秦用籀文，六國用古

---

①　錢玄同：《論説文及壁中古文經書》，《古史辨》第一册，第238頁。

②　同上書，第239頁。

③　同上注。

④　錢玄同：《論説文及壁中古文經書》，《古史辨》第一册，第241—242頁。

⑤　同上書，第242頁。

文”的觀點,他首先反駁了錢、容在論據上的偏頗,他説:“此段議論,前見《古史辨》中錢君玄同致顧頡剛書實如此説。然鄙意謂秦用籀文,六國用古文,乃指戰國時説。錢君據春秋時東方諸國文字以駁鄙説,似未合論旨。兄所奉田陳諸器(唯陳逆二器在春秋末)誠爲戰國時器。然最後之陳侯午敦、陳侯因資敦亦作於秦併天下前百二三十年。且此二器係宗廟重器,其製作及文字自格外鄭重。”接着王國維擺出自己的根據,並闡明觀點的立意:“此外加燕齊之陶器,各國兵器,貨幣,鈢印不下數千百品。其文字並訛變草率,不合殷周古文,且難以六書求之。今日傳世古文中,最難識者,即此一類文字也。許書古文,正與此類文字爲一家眷屬。今若以六國兵器與大良造鞅戟呂不韋戈校,子禾子釜與重泉量校,齊國諸節與新郪虎符校,可知東方諸國文字與秦文決非大同。鄙人當日發此議論,實以此種事實爲根據,決非欲辨護許書古文如錢君及兄所云云也。”然後他否定錢玄同所提出的古文造僞説,認爲《説文》中的古文,只涉及對錯的問題,而没有真僞的問題,他説:“許書古文出壁中書,乃六國末文字,自不能與殷周古文合。其誤謬無理,亦如後世隸楷,乃自然演變之結果。而正誤與真僞,自係兩事。”王國維還就疑與信之間的關係加以強調,實對錢、容所持的治學態度有所批評,他説:“今人勇於疑古,與昔人之勇於信古,其不合論理正復相同。此弟所不敢贊同者也。”對二人具體觀點的弊病根源亦有指出,他説:“錢君及兄所言,似未注意於戰國時代多量之事實;且於演變之迹,亦未當注意也。”[①]容庚後又寫有辯文,但並没有寄給王國維,只是在王國維去世後,才刊登在《燕京學報》上以示紀念。文中,容庚列出三點:(一)戰國時東西土文字之異同、文字之變遷,漸而非頓。(二)此時所出戰國器物尚少,不能爲深切之證明。(三)壁中古文,不得而見;而《説文》及《石經》古文,衛恒所謂“因科斗之名,遂效其形”者,之非姬周之舊,固可質言也[②]。究容庚所論,實不出錢玄同之樊籬。

　　王國維針對錢玄同、容庚等學者的質疑,還曾在《桐鄉徐氏印譜序》中對“戰國時秦用籀文,六國用古文”一義,結合當時所能見到的六國古文字材料加以申説辯護。他説:“世人見六國文字,上與殷周古文、中與秦文、下與小篆不合,遂疑近世所出兵器、陶器、璽印、貨幣諸文字並自爲一體,與六國通行文字不同;又疑魏石經、《説文》所出之壁中古文爲漢人僞作。此則惑之甚者也。夫兵器、陶器、璽印、貨幣,當時通行之器也;壁中書者,當時儒家通行之書也。通行之器與通行之書,固當以通行文字書之,且同時所作大梁上官諸鼎字體亦復如是,而此外更不見有他體。舍是數者而別求六國之通行文字,多見其紛紛也。”[③]通過將戰國出土文字與古文的一系列對比後,他説:“以上所舉諸例,類不合於殷周古文及小篆,而與六國遺器文字則血脈相通;漢人傳寫之文,與今日出土之器,斠若剖符之復合。謂非當日通行此種文字,其誰信之?”同時王國維也道出了戰國出土文字與古文不盡相合的原因,他説:“雖陶器、璽印、貨幣文字止紀人地名,兵器文字亦有一定之文例,故不能以盡證壁中之書;而壁中簡策,當時亦不無磨滅斷折，今之所存，亦不無漢人臆造之字，故不能盡合。然其合者固已如斯矣。"①

　　1926 年 9 月 9 日，王國維至馬衡的信中説："希白前以其所撰文字學見示，甚有條貫。弟有數處意見稍異，求其所歸，則希白以六國時之陶器、璽印、貨幣、兵器文字爲另一體文字，不與當時通行文字相同，羅先生前亦有此意見。弟意則以此爲即當時之通行文字，壁中古文亦其一類，後世如北朝盛行僞體，戰國末東方文字亦有此現象，故對六國用古文、秦用籀文之假説仍不能放棄。此事於文字學關係甚大，不知公之意見何如?"②不久，王國維將講稿數篇寄給馬衡，並致函云："……有講稿數篇(内《印譜》一篇)，鄙見如此，然此文尚未能圓滿。此問題甚重要，弟意石經古文或靠不住，而印璽、兵器等並爲當時通行文字，此説當可成立，願與同人共討論之。"③

　　王國維對錢玄同等學者所懷疑的"六國用古文、秦用籀文"之假説，反復申説，不肯罷手，一向與世無爭的他，對學界的反對之聲表現得如此强烈，原因就如他自己所言："此事於文字學關係甚大。"這表明王國維已經意識到這一假説可能開啓古文字學一個新的研究領域，而且，他在此假説基礎上所寫的《漢代古文考》等一系列文章，究其實質，是利用古文字學來超越今古文經學家派意識的關鍵之作。王國維此説一出，標誌着他已擺脱傳統經學的紛擾和糾纏，並將以古文字和古器物材料來參驗傳統經史之學的新途徑推向成熟。所以，王國維對此假説十分看重，在其爲清華學校國學研究院所編的講義中，亦是可以觀察到。1927 年，王國維編撰《清華學校研究院講義》(油印本)，目錄爲：古史新證、中國歷代之尺度、莽量釋文、散氏盤考釋、孟鼎銘考釋、克鼎銘考釋、毛公鼎銘考釋、蜀石經殘拓本跋、釋樂次、小孟鼎釋文、弓甲盤釋文、虢季子白盤釋文、不娶敦釋文、師袤敦釋文、宗周鐘釋文、噩矦馭方鼎釋文、白犀父卣釋文、録卣釋文、齊鎛釋文、王孫遺諸鐘釋文、沇兒鐘釋文、䢵公牼鐘釋文、虢叔旅鐘釋文、克鐘釋文、説文今敘篆文合以古籀説、史籀篇疏證序、戰國時秦用籀文六國用古文説、西吳徐氏印譜序④。這部講義中，除了《古史新證》這一綜論性總則性文章和具體銘文考釋的文章外，餘下的部分就是圍繞"戰國時秦用籀文六國用古文説"的一系列專題研究。

　　這場學術爭論雖然表象上顯得紛繁複雜，難以遽定是非，頗有些自説自話的感覺，但對於他們所爭論的對象——中國古史學來説，這無疑是有着愈辨愈明的好處，並因此開始沿着一條日趨合理的道路前行。隨着 20 世紀後半期以來地下出土戰國文字材料的大量湧現，王國維"古文是六國文字説"逐漸被學者們所接受，質疑聲音漸弱，而這次上世紀的學術爭論的真正意義也得以彰顯⑤。

————————

①　王國維：《觀堂集林》，第 303 頁。

②　袁英光、劉寅生編：《王國維年譜長編(1877～1927)》，天津人民出版社，1996 年，第 481 頁。

③　同上書，第 496 頁。

④　孫敦恒：《王國維年譜新編》，第 167 頁。

⑤　有關王國維此説的研究狀況還可參見林素清《〈説文〉古籀文重探——兼論王國維〈戰國時秦用籀文六國用古文説〉》，《中研院歷史語言研究所集刊》第 58 本，1987 年；張富海：《漢人所謂古文之研究》，綫裝書局，2007 年。

金景芳先生生平與學術述論

——《金景芳全集》總序①

舒大剛

（四川大學國際儒學研究院）

提　要：金景芳先生是 20 世紀著名經學家、史學家，平生撰有著作 16 種、講義 3 種、學術論文 100 餘篇，在先秦史、孔學、《易》學、《書》學、《春秋》學、諸子學等領域都有突出成就。時值金先生 110 周年誕辰之際，金門弟子與上海古籍出版社合作，編纂出版《金景芳全集》(500 餘萬字)，對金先生的各類論著進行全面系統的收集和整理。本文作為《全集》總序，系統總結了金先生與世紀同行的一生，和他絜靜精微、崇尚義理的《易》學成就，平實精深、尊重傳統的經學思想，由經入史、自成體系的先秦史研究，以及他道通天地、學究天人的孔學研究等成就。對全面系統瞭解金景芳先生其人其學作了極好提示。

關鍵詞：金景芳　孔子研究　經學　易學　先秦史

　　金景芳先生(1902—2001)是我國 20 世紀著名的歷史學家、經學家。早年曾入樂山復性書院學習，得馬一浮、謝無量等先生指授。終生遊教上庠，研經習典，著作等身，學開一派。從事中國古代史和儒家經學研究 80 餘年，在先秦史學、孔學、《易》學、《書》學、《春秋》學、諸子學等領域，都有極高造詣。平生出版著作 16 種，編撰講義 3 種，發表文章 100 餘篇，是 20 世紀不可多得的成果豐富、觀點鮮明的學術大師。收集整理金先生的學術論著，不僅是緬懷前輩學人、紹述師門學統的需要，也是重溫歷史，總結上代學術成果，實現學術繼承與創新的需要。

一、與世紀同行：教學科研的一生

　　先生字曉邨，遼寧義縣人。生於清光緒二十八年(1902)，卒於 2001 年，身歷清、民國、共和國三個時代，壽登百祀，幾與 20 世紀相始終。先生一生遊歷，約分三個時期：自幼年至壯年

---

①　《金景芳全集》，全書約 500 萬字，分裝 10 冊，即將由上海古籍出版社出版。

（即 35 歲前），活動於遼寧義縣、通遼、瀋陽等地，足迹未出"東三省"。日本侵華期間（35 歲至45 歲），則輾轉於陝西、安徽、湖北、湖南與重慶、四川等地，奔波於大半個中國。建國之後，主要定居於吉林長春，在大學從事教育與科研工作達半個世紀。

先生本是農家子，幼而聰慧，長而力學，卒成一代名家。先生 7 歲習珠算，穎異非常，被家人視爲早慧。9 歲入小學堂，由於學習勤奮，成績優異，考試成績常位居年級第一；先生酷嗜讀書，於"新學"知識外，還在課外遍習《四書》、《三國志》、《東周列國志》等國學讀物。13 歲初等小學卒業，入讀高等小學半年，由於學校停辦而綴學，在家務農。14、15 歲繼續完成高小學業。17 歲考上奉天第四師範學校（設在義縣）。在學期間，先生對國文、數學、英文三科非常用功，成績優秀。同時還在國文老師張膺韜指導下，於課外大量閱讀《古文觀止》、《古文辭類纂》、《國語》、《楚辭》、《莊子》、《老子》、《周易》、《史記》等書，對《老子》、《周易》尤爲用心，打下堅實的國學基礎。

1929 年，新任遼寧省教育廳長吳家象爲刷新教育，決定通過考試委任各縣教育局局長。先生通過系列考試，以總分第一名的成績被錄取，被委任爲通遼縣教育局局長，時年 29 歲。次年調任遼寧省教育廳股長。在此工作期間，先生頗受著名史學家、時任遼寧省教育廳廳長的金毓黻先生賞識，自後先生在生活、學業、工作等方面得其助力甚多。

1931 年"九一八事變"爆發，先生不願做亡國奴，於 1936 年潛離瀋陽，取道北京，徑赴西安。經金毓黻先生介紹，入東北大學任工學院院長秘書。未幾，"西安事變"爆發，先生復從西安經徐州至南京，投奔金毓黻先生。金毓黻先生旋赴安慶任安徽省政府委員兼秘書長，先生亦隨從至安慶，做省府秘書處秘書。1937 年"七七事變"後，金毓黻離任，先生亦離開安慶至武漢暫住。次年，入東北中學任教，居於河南、湖北之間的鷄公山。同年，徐州戰事吃緊，又隨校遷湖南邵陽縣之桃花坪。旋因長沙大火，又離開桃花坪，經由漵浦、辰溪、晃縣、貴陽、重慶，最後遷入四川威遠縣之靜寧寺。受聘爲東北中學教務主任。先生執掌東北中學教務期間，因整頓內務，招致校內"三青團"忌恨，國民政府教育部電令先生離職。先生遂於 1940 年 9 月離校，赴四川樂山入馬一浮主講之復性書院，問業於馬一浮、謝無量等大儒，時年 39 歲。此一期間，先生主攻《周易》與《春秋》，撰《易通》、《春秋釋要》二稿，《易通》初用馬克思唯物辯證法解《易》，大得謝無量先生好評，繼獲民國政府教育部獎勵；後書采用《史記》資料，斥何休"王魯新周"之陋，蒙馬一浮先生嘉許特多，初展學術才識。

1941 年，先生從復性書院結業，又經金毓黻介紹，赴四川三臺入東北大學，任文書組主任，後升任中文系講師、專任講師。1945 年，先生 44 歲，被東北大學聘爲副教授，《易通》亦由商務印書館出版。8 月日寇投降，翌年，先生從三臺經重慶、南京、上海，乘海船，至塘沽，轉陸路，回到闊別十年的故園。

回瀋後，繼續在東北大學執教。1947 年，升任教授。1948 年又因東北解放戰爭，隨東北大學內遷北京。共和國建立以後，先生回瀋，曾在東北文物管理處工作，後調任東北圖書館研究員兼研究組組長。1954 年，先生 53 歲，調入長春東北人民大學（即今吉林大學）歷史系任教，直至 99 歲辭世，整整於此工作 45 個春秋。先生數十年潛心學術與教育，鞠躬盡瘁，死而後已。先生之系統從事中國上古史、易學、孔子及先秦學術文化的研究和探討，開創"金氏學派"，以及他在政治、學術上經歷的風風雨雨、酸甜苦辣，都主要是定居長春以後的事情。

　　晚歲，日本、韓國和中國臺灣地區等地學術組織和學人每欲邀請先生往訪，終因年事已高而未能成行。

　　先生初則受知於著名史學家金毓黻，金毓黻係當代史學史、東北史、清史大家。蒙金毓黻多方嘉掖提拔，先生卒得其學術經世、實學救國之精髓。繼師從馬一浮、謝無量諸名宿，馬、謝二先生皆當代碩儒，尤善宋明理學，先生受業經年，雖自謙"未嘗得其真道，不足語於升堂入室，還在數仞夫子之牆之外"（《金景芳學術自傳》），但其一生治學，注重理論思辨，注重探究形上之學，特別是畢身維護中華文化，其所取於二先生者多矣。當然，先生師從馬、謝諸師時間較短，所受影響畢竟有限，究其平生得力處，實仰賴發奮自學、勤勉苦思、孜孜不倦，卒成一代學術宗師。

　　先生一生教書育人，民國時期曾任通遼縣教育局局長、東北大學教授等職。共和國時期曾任吉林大學圖書館館長、歷史系主任、名譽主任，主要從事教學、科研工作，是國家首批部聘中國古代史專業博士生導師，兼任國家古籍整理出版工作領導小組顧問、中國孔子基金會顧問、國際儒學聯合會顧問、東方易學研究院顧問、中國先秦史學會顧問、吉林省史學會顧問、吉林省《周易》學會顧問。

　　先生平生潛心治學，成就斐然，出版有《易通》、《學易四種》、《周易講座》、《周易全解》、《〈周易·繫辭傳〉新編詳解》、《中國奴隸社會的幾個問題》、《論井田制度》、《中國奴隸社會史》、《孔子新傳》、《〈尚書·虞夏書〉新解》等學術著作 16 部，發表學術論文 100 餘篇。在中國古史分期、《周易》研究、孔子研究、井田制度、宗法制度、中國古代典章制度研究、中國古代文獻研究、中國古代思想文化研究等學術領域均有精深造詣，並卓有創見，自成特色，學開一派；先生年 20 餘即開始執教，80 年間，弟子遍寰中，形成了史學界氣度不凡的"金氏學派"。活躍於學術界的金門弟子及其豐碩成果，集中展現了金氏學派的學術實力和學術成就。

二、窮神知化：《周易》與《春秋》研究

　　先生治學，大致分爲三個時期：早年窮經，中年治史，晚年側重於形上之學。

　　先生早年愛讀《詩》、《書》、《易》、"三禮"、"三傳"、《國語》、《老子》、《莊子》等經子百家之書，而"尤精於《易》及《春秋》兩經"①。方其抗戰期間於輾轉流徙之中，內憂外患，國難當頭；遇困者數，遭厄者再。原始要終，欲效西伯而演《周易》；內夏外夷，願學孔子以修《春秋》。1939年於遷校途中購得傅子東譯列寧《唯物主義與經驗批判主義》，附錄有《談談辯證法問題》，讀而有悟，時覺辯證法許多原理與《周易》中一些疑難之解，可以彼此契合，互相發明，遂以辯證思想解《易》，頓感煥然冰釋，怡然理順。遂竭一冬之力撰成《易通》一書。這是中國學人運用馬克思主義唯物辯證法指導《周易》研究的早期著作，也是先生早年的成名之作，是書 1942 年獲當時教育部著作發明三等獎，1945 年由商務印書館正式出版。

　　《易通》共分十章：第一章《〈周易〉之命名》；第二章《〈易〉學之起源與發展》；第三章《先哲作〈易〉之目的》；第四章《〈易〉之體系》；第五章《〈易〉之特質》；第六章《論象數義理》；第

① 　羅繼祖：《金曉邨教授九五壽言》，載《金景芳九五誕辰紀念文集》，吉林文史出版社，1996 年。

七章《筮儀考》；第八章《〈周易〉與孔子》；第九章《〈周易〉與老子》；第十章《〈周易〉與唯物辯證法》。本書自立宗旨曰："中國哲學綜爲二大宗派，而以孔、老二大哲人爲開山。二哲之思想結晶，則在《易傳》與《老子》。是二書體大思精，並爲百代所祖。而尤以《易傳》爲最正確，最有體系。洵吾炎黃冑裔所堪自詡之寶典！"又自立戒條："不自欺欺人，不枉己徇人，不立異，不炫博，貴創，貴精，貴平實，貴客觀。"從《易通》之謀篇布局及自立"戒條"已可見其體大思精、立意高遠、自成體系。書中批評漢儒象數、宋儒圖書，而力標孔子《易傳》、王弼《略例》、程子《易傳》，自表撰此一書"目的在求真理"（《自序》）。書中一再説"《易》之用在發明宇宙真理，以爲人生準則"（第一章）；"先哲作《易》其目的在將其已由變動不居之宇宙現象中所發見之自然法則及社會法則，用著卦等符號衍變之方式表出之，以作人生行爲之指針"，"具體以言，則即'天之道'與'民之故'。以今語釋之，則即自然法則與社會法則"（第三章）。在象數與義理關係上，書云"《易》兼象數義理"，"象含於卦，而卦者，《易》之體也；數生於著，而著者，《易》之用也。故象數備而《易》之體用該矣，焉有歧象數而言理尚得謂之《易》乎？"（第六章）易言之，象數都是爲義理服務，同時也是不能脱離義理而獨立存在的。在孔子與《易傳》的關係問題上，本書相信司馬遷"孔子晚而喜《易》，《序》、《彖》、《繫》、《象》、《説卦》、《文言》"。提出"研究孔子學説當以六經爲準，尤當側重《易》與《春秋》"。並從孔子的哲學基礎、人生觀、論仁、論誠等方面列舉數十節目，論證孔子思想與《易傳》内容的一致性（第八章）。用同樣的方法，書中又對老子與《周易》的關係進行了比較，得出"老子哲學與《易》不同：《易》爲唯物的、積極的、進步的、社會的、實證的哲學；老子則爲唯心的、消極的、保守的、個人的、内省的哲學"的結論。兩者不是同一體系（第九章）。該書尤爲特出的是在國統區運用唯物辯證法原理解釋《周易》，感慨曰："中國之《周易》與西土之唯物辯證法，事隔幾千年，地距幾萬里，而其説若合符節，洵屬大奇！"通過互證，書中發現：辯證法三大法則即對立統一、否定之否定、質變與量變，皆與《周易》暗相符合（第十章）。這在風雨如磐的年代，無異石破天驚，驚世駭俗！故謝無量先生題辭贊曰："《易》道廣大，無所不包，善讀者乃能觀其通耳。此編綜孔、老之緒言，並合以當世新學之變，可謂得《易》之時義者。由是而不已，《易》道不難大明於今日也！"

　　1940年秋，先生方入樂山復性書院，馬一浮要他讀《傳燈録》、《法華經》，先生本醉心六經，歸本孔學，對此當然不感興趣；及讀了熊十力《新唯識論》、《佛家名相通釋》等書，遂加譏評，惹得馬先生不高興。於是堅持自學，廣讀書院所藏正續《清經解》，特別是對《春秋》三傳用力特深，撰成《春秋釋要》一篇，收入復性書院論叢《吹萬集》中。此文繼承傳統治經先求義例的方法，立《春秋》"名義"、"宗旨"、"原始"、"筆削"、"大義"、"微言"六目，對其義例、原理、主旨、書法以及孔子與《春秋》之關係等問題，進行了系統考述。其獨特之處，在於因讀《史記》"主魯親周"語，而悟何休"黜周王魯"之説非；謂"三世"、"内外"特以遠近詳略而異辭，不可並爲一談。此外在《春秋》釋名上，以爲得名上古以年爲"春秋"之衡言，非別有深意，立論皆冥思苦想，匠心獨運，平實雅正，能發前人所未發，足釋前賢之宿疑。馬一浮閲後欣然題辭："曉邨以半年之力盡讀'三傳'，約其掌録以爲是書"，"豈所謂箴膏肓、起廢疾者耶！"對先生之説十分欣賞。

三、由經入史：古代社會史研究

　　55 歲以後，先生執教東北人民大學（即今吉林大學）歷史系，從中文改業史學。方其從文學而入於史學，頗覺事事新鮮，樣樣陌生，自覺"必須從頭學起"，"既要學習馬列理論，又要學習歷史知識"。於是發憤忘食，樂以忘憂，憑着堅韌不殆之毅力和原本具有的雄厚經學、文獻學功底，很快便進入角色，不到兩年時間就寫出《易論》（上下）和《論宗法制度》兩篇長文。兩文抓住《易》學和上古制度主要問題，不炫怪，不刻意趨新，立論宏闊，邏輯嚴密，論證系統，滔滔汨汨，博辯無礙，以深厚的學術功力，站在了學術研究的前沿與峰巒之上。寫《易通》之時，先生以辯證法爲指導，於論證中處處見其思想精華；而今結合歷史唯物論，又從《周易》字裏行間見到古代社會面貌及歷史演變之軌迹。故《易論》不僅僅講《周易》蓍卦之結構和應用，而且大講《周易》產生之時代背景和社會結構。把易學、經學、史學融匯爲一，站在馬克思主義理論的高度論述，形成了一系列有關中國上古社會、思想、學術的系統看法。文章開宗明義指出："《周易》是歷史的產物，是人類認識在具體歷史條件下長期發展的結果。論其形式，不可否認是陳舊的、卜筮的形式，而其內容在當時却是新生的、先進的哲學內容。這個具有舊的卜筮形式與新的哲學內容的矛盾統一體，就是《周易》一書的本質特點。"爲了說明"《周易》是歷史的產物"，先生廣徵博引，析微闡幽，從生產水準和認識水平兩個方面研究和論證了殷、周社會足以產生《周易》這部"卜筮形式與新的哲學內容的矛盾統一體"的特殊歷史，回顧了從卜筮到《周易》的演變過程，其中涉及殷周社會性質、婚姻形態、繼承制度、社會思潮、土地制度等，然後論斷"《周易》是人類認識在具體歷史條件下長期發展的結果"。先生對《周易》和上古社會的看法，構成了自己研治先秦史的特色之一，學人稱"金派的史學體系的基礎是在這時奠基"，可謂中的之語。

　　張之洞嘗說："由經學入史學，而史學可信。"驗之先生之學術實踐亦信然。當近世社會西學東漸，全盤西化、歷史虛無等謬論甚囂塵上，一般激進人士視中國經學如土苴屎溺，除了毒素別無可取。先生以歷史唯物眼光視之，則景象迴然。自謂："解決中國原始社會與奴隸社會分期問題不可不研究經學；解決中國奴隸社會內部的階級問題不可不研究經學；解決宗法問題不可不研究經學；解決井田問題不可不研究經學；解決中國哲學史中'天'的問題不可不研究經學；解決中國古代的官制、禮制、兵制、學制等問題不可不研究經學。"[1]幾乎有關古代歷史發展、社會結構、學術思想、名物制度、家庭倫理等所有問題，無一不可從經學中找到材料和答案。先生正是憑着對經學認識的升華，很快實現了從舊式儒者向新型史家的轉變。

　　孟子曰："觀水有術，必於其瀾。"金老治學措意於大者要者，貴成系統。其先秦史研究著書 16 部，撰文 100 餘篇，在古史研究的許多領域皆有創獲，表現在古史分期、階級結構、宗法制度、井田制度、《周易》和孔子等一系列重要問題上。他精於"三禮"，善說制度，早年供職遼寧省教育廳寓居瀋陽之時，當時購得署名"李審用"的《三禮古注》等書，即深入研讀，自謂"以

---

① 　金景芳：《經學與史學》，《歷史研究》1984 年第 1 期。

後對'三禮'感興趣即從此開始"①；又說："生平最喜讀《周易》、《春秋》、'三禮'。"②其於《易》有《易通》、《易論》、《學易四種》、《周易講座》、《周易全解》、《〈周易・繫辭傳〉新編詳解》及論文數十篇；其於《春秋》則有《釋要》及主要依據"三傳"材料撰成之《中國奴隸社會史》；於"三禮"則主要有《論宗法制度》、《論井田制度》及《〈周禮〉淺談》、《〈周禮〉〈王制〉封國之制平議》等宏文。

宗法制度是先秦史中非常重要的問題，它關係到對先秦時期統治集團內部關係如何調整、財產如何分配、權利如何轉移，甚至也影響到禮制、司法如何處理等問題。它正式誕生於周初，盛行於西周而下的先秦時期，其殘餘形式（或修正形式）對秦漢而下整個中國古代社會都有深遠影響。古今學人多有論及，然而許多學者對宗法制度的認識却是不足的。如將君統與宗統混爲一談，說天子是天下之大宗、諸侯是一國之大宗、大夫是自己采邑的大宗云云，建國初期的許多史學大家都如是說。金老《論宗法制度》③力排衆議，運用馬克思主義"兩種再生產理論"，認爲宗法制產生於周代，是統治者應統治秩序的需要，運用政治手段對血緣關係進行的改造、限制和利用，目的是隔斷血緣關係對天子、諸侯之君權的干擾，同時又利用宗族等血緣關係對君權起捍衛作用。這是西周設立宗法制度的實質。所以，天子、諸侯代表的君統是政權系統，強調的是政治關係；卿大夫代表的宗統是家族系統，強調的是血緣關係。兩者雖有共同性，但區別是主要的。在君統系統中，主要講君臣關係、尊卑關係；在宗統系統中，主要講兄弟關係、血緣關係。這個原則叫"門內之治恩揜義，門外之治義斷恩"（《禮記・喪服四制》）。這"恩、義"兩個字就是對君統、宗統兩個不同系統的本質概括。周代是一個以領土財產爲基礎的奴隸制國家，在國家的政體中，宗法血緣關係影響再大，也要讓位於政治關係、君臣關係。天子、諸侯作爲天下共主或一國之君，首先要強調的是自己的政治地位和政治權威，所謂"溥天之下，莫非王土；率土之濱，莫非王臣"（《詩經・小雅・北山》），正是對這一權威的真實寫照，所以君統與宗統不可能是統一的。君統第一，宗統第二，宗統服從君統，這是極爲自然的。說"天子是天下大宗，諸侯是一國大宗"，其所以不對，正在於它混淆了中國奴隸社會的政治關係和血緣關係。雖然周代的天子、諸侯大都是由大家族的族長轉化來的，但是他們一旦成爲天子、成爲國君，就成爲天下之人的王，一國之人的君。天下非一姓之天下，國家非一姓之國家，在"民不祀非族"的時代，王和國君怎能再是他們的大宗子？這一根本問題得到了解決，至於宗法制與分封制、嫡長子繼承制的關係，宗法實施的範圍和起止時代，爲何大宗百世不遷、小宗五世則遷等問題，也一併得到很好的解決。

井田制也是中國古代史研究中的重大課題。井田制涉及中國奴隸社會土地所有制問題，是中國奴隸社會賴以存在和發展的經濟基礎。對井田制缺乏瞭解，就不能正確認識中國奴隸社會，也不能真正瞭解中國上古史。胡適曾撰《井田制有無之研究》（華通書局，1930）認爲"豆腐乾塊"式的井田制是"絕不可能實行"的。後之郭沫若、范文瀾等先生雖承認中國有井田制，但是認爲孟子所說的"井田制"是"烏托邦"（郭著《奴隸制時代》）、"是一種空想"（范著《中國通

① 金景芳：《金景芳學術自傳》，巴蜀書社，1993 年。
② 金景芳：《治學二題：讀書與科研》，《文史哲》1982 年第 6 期。
③ 金景芳：《論宗法制度》，《東北人民大學人文科學學報》1956 年第 2 期。

史簡編》第一編），而他們自己所描繪的“井田制”却没有文獻根據，出自杜撰，無助於問題的解決。先生通過對馬列經典文獻與中國古代典籍的綜合考察，認爲“西方的農業公社或馬爾克，同中國古文獻上記載的井田制是一樣的”，説明在人類社會早期用條塊分割法進行土地分配和管理在許多民族中都曾經實行過。並廣搜《周禮》、《孟子》、《爾雅·釋地》、《詩經·魯頌》毛傳及《小雅·出車》和《豳風·干旄》、《國語·周語》等文獻中記載，撰《井田制的發生和發展》①、《論井田制度》②等系列論文，對井田制度的産生、發展、形制、管理和消亡過程進行了全面探討，指出井田制就是中國古代農村公社的土地制度。先生是最早以馬克思、恩格斯古代公社的理論研究井田制的學者之一，先生的成果對於推動井田制研究的深入開展做出了重要貢獻。

關於古代社會的結構（或稱階級和階級鬥爭）問題，是研究古代歷史不可迴避的問題。建國以來由於受斯大林學説和階級鬥爭理論的影響，史學界幾乎衆口一詞地認爲：奴隸社會的階級鬥爭是奴隸和奴隸主的鬥爭，奴隸反抗奴隸主的階級鬥爭推翻了奴隸制度等。金老通過研究馬克思、恩格斯、列寧的有關論述，結合中國古代的歷史實際，撰文指出③：這種説法不符合事實。馬克思在研究古羅馬史時指出：“古代的羅馬，階級鬥爭只是在享有特權的少數人內部進行，只是在自由富人與自由窮人之間進行，而從事生産的廣大民衆即奴隸，則不過爲這些鬥士充當消極的舞臺臺柱。”（《馬克思恩格斯全集》第 16 卷，第 406 頁）在“我們的時代，資産階級時代，却有一個特點，它使階級對立簡單化了。整個社會日益分裂爲兩大敵對的陣營，分裂爲兩大相互對立的階級：資産階級和無産階級”（《共産黨宣言》）。在奴隸制時代，階級不是簡單化爲兩大直接對立的階級，階級的對立是以等級的形式表現出來的，而不是直接以奴隸與奴隸主之間的矛盾出現。斯大林簡化奴隸社會的階級存在與階級鬥爭的説法是不符合實際的。先生的這一重要論斷在 80 年代初衝破了學術禁區，起到了爲古代史學研究中的階級和階級鬥爭問題正本清源的作用。

先生在中國古史分期問題上更是獨樹一幟，鮮明地提出了“秦統一封建”説，並成爲這一説的代表。中國古代史分期是建國以後史學界討論最爲熱烈的問題，被稱爲中國史研究的“五朵金花”之一。歷史學界曾召開大型會議展開專門討論，《歷史研究》編輯部先後編輯出版專題論集（《中國的奴隸制度與封建制度分期問題論文選集》、《中國古代史分期問題討論集》，三聯書店，1955、1957 年）。後來由於毛澤東正式指示采用郭沫若“戰國封建説”，問題的討論方轉入沉寂。金老雖然没有參加 50 年代的分期大討論，却於 1962 年在中華書局出版的《中國奴隸社會的幾個問題》一書中，基本概述了自己有關古史分期的看法。1978 年在長春再次舉辦中國古代史分期討論會，先生撰《中國古代史分期商榷》上下兩編，首次對“欽定”的郭氏理論提出異議。文章上編專門就郭老分期提出“八點意見”：

一、馬克思主義所説的奴隸制是一種形態還是兩種形態？二、夏代尚有待於地下發掘物

① 金景芳：《井田制的發生和發展》，《歷史研究》1965 年第 4 期。
② 金景芳：《論井田制度》，《吉林大學社會科學學報》1981 年第 1 期至第 4 期。
③ 金景芳：《論中國奴隸社會的階級和階級鬥爭》，《中國社會科學》1980 年第 3 期。

證明,這個觀點是可以商量的;三、人犧人殉能證明殷代是典型的奴隸社會嗎? 四、關於井田制問題;五、"溥天之下,莫非王土;率土之濱,莫非王臣"講的不是土地所有制問題;六、"初稅畝"三個字沒有"極其重大的社會變革的歷史意義";七、《左傳》上的"三分公室"、"四分公室"講的是兵制,同"初稅畝"毫不相干;八、魯三家、齊田氏是完成社會變革的新興的地主階級嗎? 分別從概念上(奴隸制形態)、"戰國説"理論依據和史料依據等方面,展開了系統商榷。

文章的下編則系統闡述了金老自己的分期觀點。金老指出中國奴隸社會與封建社會的區別在於:"中國奴隸社會的經濟基礎主要是井田制,即土地公有制;而中國封建社會的經濟基礎是土地私有制。中國奴隸社會的政治制度是分封制;而中國封建社會的政治制度則爲郡縣制。中國奴隸社會的意識形態主要是禮治;而中國封建社會的意識形態則主要是法治。所以中國奴隸社會向封建社會的轉變,從經濟基礎和上層建築來説,實際上就是從井田制、分封制和禮治向土地私有制、郡縣制和法治的轉變。"特徵既已明確,用來考量中國上古史的歷史實際,就自然會得出正確的結論。這就是史學界所稱"金派"的"秦統一封建説"! 金老認爲,由原始社會進入奴隸社會,應以國家的產生爲標誌。私有制和階級的出現是階級社會產生的原因,而不是標誌。因此,"中國奴隸社會的上限應從夏后啟殺益奪權之日開始,下限終於秦始皇統一中國"。中國奴隸社會共"經歷了夏商西周、春秋和戰國三個階段"。具體地講,"夏還帶有過渡性質,商則已完成了過渡,至西周而達到全盛。至春秋,則是中國奴隸社會的衰落時期,戰國則是中國由奴隸社會向封建社會轉變的時期"。

此外,金老還撰有《馬克思主義關於奴隸制社會的科學論斷與中國古代史分期》[①]、《關於中國原始社會向奴隸社會過渡的討論》[②]等文章,以及後來出版的《中國奴隸社會史》[③]專著,都對古史分期問題討論中的一些不正確觀點提出了商榷,進一步加強了自己的分期學説。

金老的"秦統一封建説",其意義不僅僅在於在其他諸説之外添立新説、創立了自己的學派,而在於基本弄清了中國奴隸社會與封建社會的本質特徵、中國奴隸制("東方的家庭奴隸制")與希臘羅馬奴隸制("古代的勞動奴隸制")的異同,糾正了部分學人在討論分期問題時,誤將兩種奴隸制概念混淆使用而不顧中國實際的不恰當做法;同時也很好地解釋了中國古今學人對本國社會的經典概述,認爲"三王"(夏商西周)、"五霸"(春秋)、"七雄"(戰國)等概念,基本上可以反映出中國奴隸社會發展的不同階段。不僅將馬列理論與中國社會具體實際相結合,而且將當代學術研究與前代經典論説相結合。史論結合,新舊互證,説服力强,越來越多地爲學人所接受。

四、學究天人:孔學與哲學研究

20世紀80年代初,是先生的學術豐産時期。先是齊魯書社出版了先生的論文集——《古史論集》(1981)，繼之上海人民出版社出版了先生的學術專著《中國奴隸社會史》(1983)。前者收文 22 篇，係先生數十年研究上古史論文之精萃；後者 40 餘萬言，係先生研究先秦史的系統學術著作，兩書是先生治史成就的最高代表。其時先生已年登八秩，猶精神矍鑠，筆耕不輟，看到多年心血凝成的碩果，其喜其樂，可想而知！

先生晚年常對弟子們説：我老矣，寫完某本書，送走某批學生，就不打算再寫再招了。還曾自取雅號爲“知止老人”。可是在這一點上，先生常常不能如願。他一生的學養積累，一生的治學經歷，使他進入學究天人、洞達幽微的境界，一個博學而化的學者面對改革開放、民族文化復興的春天，怎能無動於衷、停頓不前，而效夫子“予欲無言”呢！於是先生不顧春秋已高仍繼續從事寫作，並把主要精力轉到對《周易》和以孔子爲代表的儒家學派研究上來。

1979 年《哲學研究》第六期、第十一期接連刊載了先生《西周在哲學上的兩大貢獻》、《關於孔子研究的方法論問題》兩篇論文，自是一發不可止，《戰國四家五子思想論略》(1980)、《孔子思想述略》(1981)、《中國古代思想的淵源》(1981)、《中國奴隸社會上升時期的思想》(1982)、《〈孫子〉十三篇略説》(1982)、《研究中國古代史必須繼承孔子這一份珍貴的遺產》(1985)、《説易》(1985)、《孔子與六經》(1986)、《我對孔子的基本看法》(1986)、《孔子對〈周易〉的偉大貢獻》(1987)、《關於〈周易〉作者問題》(1988)、《關於〈周易〉研究的若干問題》(1988)、《孔子所説的仁義有沒有超時代意義》(1989)、《論孔子思想的兩個核心》(1990)、《孔子的天道觀和人性論》(1990)、《孔子與現代化》(1990)、《孔子的這一份珍貴遺產——六經》(1991)等一大批研究先秦思想學術的論文，先後問世。對易學、儒學與先秦諸子思想的研究提出了一系列精闢的見解。

1985 至 1986 年，先生以 84 歲高齡主辦了全國最早也是當時唯一的“《周易》研討班”，擔負起培養高校中青年《易》學愛好者和中國傳統文化教育者和研究者的重任。耄耋之年的老人，不辭辛勞，每周堅持給學員授課，析微闡幽，妙論珠聯。一年下來，其講稿《周易講座》經助手呂紹綱整理，由吉林大學出版社出版(1987)。同年，匯集先生多年研《易》心得的又一本專著《學易四種》，由吉林文史出版社出版。逾一年，先生又與助手呂紹綱完成 60 餘萬字的《周易全解》，由吉林大學出版社出版(1989)；再逾一年，集中體現先生孔學思想、由助手呂紹綱與學生呂文郁協助完成的《孔子新傳》，在湖南出版社出版(1991)。同年，總結先生八十年代研究上古學術思想的論文集《金景芳古史論集》，亦由吉林大學出版社出版。至是，先生仍未將自己的學術研究工作劃上句號。1996 年先生又以 94 歲高齡指導呂紹綱完成《〈尚書・虞夏書〉新解》，由遼寧古籍出版社出版。越兩年，先生親自編撰《知止老人論學》(東北師範大學出版社，1998)；同年，先生以“生命不息，奮鬥不止”的精神，親自口授，由學生張全民整理完成《〈周易・繫辭傳〉新編詳解》，由遼海出版社出版。

綜觀先生晚年的主要研究成果，要在《周易》與孔學兩大主題。《周易》是中國古代的重要經典，自漢以來被奉爲儒家六經之首、大道之源，對中國思想學術史影響極大，人謂不研究《周易》，即無以認識中國傳統文化，並非誇張之辭。先生弱齡嗜《易》，刻苦鑽研，至老彌篤。先生不囿舊説，博綜漢宋，兼審清儒，群言淆亂折諸己，衆理紛呈衡以用。先生視《周易》爲哲學著作，運用馬列主義觀點，結合經學、史學的方法研究《周易》，多窺古人未至之境，在衆多的《易》

學成果中卓爾不群,自成一家。張岱年先生說:"景芳先生對於《易》學造詣尤深,早年著《易通》,晚年又著《學易四種》、《周易講座》等書,闡明易學的義理,擯斥關於象數的迷信,同時堅信孔子作《易傳》的記載。"①頗能反映金老的易學特點。唐嘉弘先生亦謂金老易學:"方法科學,論證嚴密,破治《易》二蔽,成一家之言。"②

在孔子研究上,先生亦堪稱一代大家。除與弟子合作的《孔子新傳》一書外,還發表了專題論文 20 餘篇。從研究孔子的方法、所依據的史料,到思想內容、歷史貢獻以及孔子思想的現代意義、孔學在歷代的流傳等方面,都進行了系統探究,形成了先生別具特色的孔學研究體系。先生常說:"中國有孔子,毋寧說是中華民族的光榮。"③又說:"孔子是中華民族長期以來精神文明的最突出的代表。在孔子這份遺產裏,蘊藏着很多極爲珍貴的東西,正有待於我們繼承。那種民族虛無主義全盤否定祖國歷史文化遺產的做法,是非常錯誤的。"④

先生認爲孔子留給後人的珍貴遺產大要有二:一是文獻,即六經。二是思想,即仁義、時中。先生堅信自《史記》以來傳統所說孔子刪定六經的說法,認爲:"六經是孔子竭盡畢生之力學習先代歷史文化,經過選擇整理並加進自己的見解而著成的。"⑤因此他對六經與孔子無關的說法持批判態度。先生認爲:"孔子編著六經的方法是不一樣的。他對《詩》、《書》是論次,對《禮》、《樂》是修起,對《春秋》是作,對《易》則是詮釋。"所以,研究孔子的思想必須研究"六經",而不能僅僅局限於《論語》。先生曾在《孔子新傳序》說:"真正的孔子之學,主要是六經和《論語》。七十子後學的記述和《孟子》、《荀子》二書的一部分,也應包括在內。在上述著作中,最能反映孔子思想的,首推《易傳》,其次是《春秋》,再次是《論語》。"在六經中,《周易》與《春秋》對研究孔子之所以重要,因爲先生認爲《易傳》中有孔子對《易》"天之道"與"民之故"的系統闡述,《春秋》是孔子"撥亂反正"的"正名"之作,是孔子政治思想的集中表現。

先生認爲孔子學說有兩個核心:"一個是'時',另一個是'仁義'。'時'是基本的,'仁義'是從屬的。'時'偏重在自然方面,'仁義'偏重在社會方面。孔子特別重視'中',實際上'中'是從'時'派生出來的。孔子還特別重視'禮',實際上'禮'是從'仁義'派生出來的。"⑥金老還特別重視古爲今用,研究和探討孔子思想的精華與糟粕,指出其時代局限性和有超時代的永恒性:"孔子所講仁義,不僅有時代性,也有超時代性。""孔子所講的仁,實際上是當時存在的血族關係;孔子所講的義,實際上是當時存在的階級關係。仁的'親親爲大',義的'尊賢爲大',就是它們在實質上反映當時存在的這種關係的確鑿證據。"因此"孔子所講的仁義有時代性,在它們的上面有階級的烙印,是沒有問題的"。但是,它又具有明顯的超時代性:"孔子所講的仁義,在戰爭年代固然多'見以爲迂遠而闊於事情'。然而從積極意義來說,它不僅有時代性,而且有超時代性。無論到什麼時候,如果真正能夠行仁,使人人親如兄弟,如果真正能

---

① 　張岱年語,見《金景芳九五誕辰紀念文集》,吉林文史出版社,1996 年,第 1 頁。

② 　唐嘉弘:《〈周易〉研究中的傾向性問題》,《金景芳九五誕辰紀念文集》,第 358 頁。

③ 　金景芳:《孔子思想述略》,《中國哲學史》1981 年第 2 期。

④ 　金景芳:《研究中國古代史必須繼承孔子這份珍貴的遺產》,《人文雜誌》1985 年第 1 期。

⑤ 　金景芳:《孔子這一份珍貴遺產——六經》,《吉林大學社會科學學報》1991 年第 1、2 期。

⑥ 　金景芳:《論孔子思想的兩個核心》,《歷史研究》1990 年第 5 期。

夠行義,使社會實現安寧秩序,有什麼不好呢?"①

針對歷代封建統治者都抬出孔子的招牌愚弄民眾,金老研究孔子十分強調區別"孔學"與"儒學",明確反對"今人稱孔學爲儒學,往往把孔學與儒學並爲一談"的做法,説:"因爲今人所謂儒學,實際上包括漢儒和宋儒之學。據我看來,漢儒、宋儒雖然打的都是孔子的旗號,實際上他們所傳承的多半是孔子學説中的糟粕,至於精華部分他們並没有傳承,反而肆意加以歪曲和篡改。因此,今日應把真正孔子之學正名爲孔學,以與漢儒之學、宋儒之學相區別。"(《孔子新傳序》)

此外,金老晚年對《尚書》的研究也成就斐然,頗多獨得之見。與助手吕紹綱合作撰寫的《〈堯典〉新解節選》(1992)、《〈甘誓〉淺説》(1993)、《〈皋陶謨〉新解》(1993)、《甲子鈎沉》(1993)、《〈禹貢〉新解前言》(1994)、《〈湯誓〉新解》(1996)、《〈盤庚〉新解》(1996)等一批學術論文以及《〈尚書·虞夏書〉新解》一書,就是先生新見解的代表之作。因篇幅所限,這裏就不一一敍述了。

先生晚年致力於形上學的研究,除了他對易學、孔學的特殊愛好以外,主要原因還在於關注現實、關注人生的强烈憂患意識。綜觀中國近代史,熱血青年、愛國志士爲了尋求救國救民的真理,許多人漂洋渡海,從事"西學"研究。而西學者又分化出兩大派別,一是主張"全盤西化",認爲中國不徹底西化没有出路;一派是"洋爲中用"(或稱"中體西用"),主張將西方有用的東西借鑒來以爲中用。但無論是"全盤西化"論,或是"洋爲中用"論,都對中國傳統的文化,特別是對傳統的儒家和易學肆意貶低和醜化。對此,一批學人又反其道而行之,自西學而回歸中學,特別是儒學或佛學,對現代新學(或西學)展開抗爭,從而促進了現代新儒學的産生。先生的業師馬一浮、熊十力以及梁漱溟等老一代新儒家經歷先西後中、堅守宋明理學的歷程,就是證明。先生没有重走業師的治學道路,更没有全盤否定中國傳統文化,而是對近代思潮産生的原因和背景進行了深刻反思,運用馬克思主義批判繼承的理論,走自己的學術道路。

他不止一次地指出:"談孔子與現代化,首先要解決的一個問題,這就是'五四'及其以後長時期批孔,而今天却大張旗鼓地紀念孔子,到底誰對誰不對? 我説都對。原因是時代不同了。前此是革命時代,戰爭年代,而今天是和平年代,建設年代。好似冬衣裘,夏衣葛,没有什麼奇怪的。""中國有句老話,叫做'治世尚文,亂世尚武',我看是對的。今日中國正是革命已取得勝利,進入和平建設的時期,作爲中國傳統文化代表的孔子,自然應予以重視了。"②又指出"中國自孔子生時起,一般説,凡是治世都尊孔,凡是亂世都反孔。其道理在於孔子的學説對維護社會安寧秩序有利,對破壞社會安寧秩序不利。而社會當革命時期重在破,不破除舊秩序,不能建立新秩序。社會當建設時期,也就是建立新秩序的時期重在立,不能再破了。再破,舊的新的將同歸於盡,不會有好結果","中國自'五四'至中華人民共和國成立是革命時期。革命時期批孔是正確的。因爲它有利於推倒帝國主義、封建主義、官僚資本主義三座大山。今日不同了,今日中國正在進行社會主義建設,對孔子這樣一個有重大影響的歷史人物,

---

① 金景芳:《孔子所講的仁義有没有超時代意義》,《孔子研究》1989 年第 3 期。
② 金景芳:《孔子與現代化》,《書林》1990 年第 3 期。

就不能不重新加以評價了"，"看來我們今日就行動起來，努力做承繼孔子這一份珍貴的遺産的工作是不會有過錯的"（《孔子新傳序》）。

對於用西學否定孔學、用馬列反對孔子的做法，金老不以爲然，認爲今天研究和宣傳孔子："這不是説：我們不應該向西方學習馬克思列寧主義，不應該向西方學習科學技術。我們不願意落後挨打，怎能不學習這些東西？不過我們有一個取捨標準，就是看它是不是真理，是不是有益於人民，而不是什麼中或西、新或舊。今日我們中國已經站起來了。現正在從事偉大的社會主義建設，乃竟有人喪失民族自信心與自尊心，用民族虛無主義的眼光看待中國傳統文化，這是很不應該的!"（《孔子所講的仁義有没有超時代意義》）又説："孔子是中國兩千多年以前的人物。'五四'以前長期被稱爲聖人，受人崇拜；'五四'以後却截然相反，打倒孔子、批判孔子的呼聲，響徹全國。同是一個孔子，爲什麼前後的看法如此懸殊呢？""'五四'以前，中國社會是封建、半封建的社會，孔子思想能爲這個社會的政治服務；'五四'時期和'五四'以後，中國社會正在或已經發生巨大變化，即正在或已經被新民主主義或社會主義所代替，這時孔子思想不但不能爲這個社會的政治服務，反而是前進道路中的障礙，必須清除"，"過去長時期在搞革命，人們對待孔子大都强調政治方面，這無疑是對的。今天我們黨正在領導全國人民進行建設，重視祖國歷史文化遺産，改從學術方面看待孔子就應當提到日程上來"①。話語雖然平實，但却表達了當代知識分子的共同心聲，飽含了一代學術大師對社會、對民族的高度責任感，也是先生一生究《易》得其"隨時之義"的具體反映。

從方法上講，金老晚年研究思想學術，又與早年純經學的研究大不相同。早年金老研究經學雖然自勵以"貴平實，貴客觀"，其《易通》力求探討真理；作《春秋釋要》，又力黜何休公羊學"非常異義可怪之論"。但是由於所受傳統經學獨尊思想的影響，難免對經典有過信之處，如相信"伏羲畫卦"，對"觀卦制器"一節也信而不疑。金老晚年治形上之學則加了更多的歷史方法，用治史的方法來治經，講究實證地、歷史地、一分爲二地看待問題。金老50年代撰寫《易論》即有成功的嘗試，其上篇專從時代背景方面考察《周易》的産生和形成，指出"《周易》是歷史的産物，是人類認識在具體歷史條件下長期發展的結果"，"《周易》哲學思想的形式，無疑是依賴於社會實踐，它是那個時代的生産水準與認識水平的反映"等，都表明了這一點。晚年更加强調《周易》與時代的關係，正如唐嘉弘先生所云："金老在研究《周易》時，總是把《周易》放在先秦夏、殷、周三代歷史範疇，從一定的時間和空間及其演變過程去分析《周易》。"並對金老關於殷易《歸藏》與《周易》反映了不同的親親、尊尊歷史和傳弟、傳子不同繼承制的探討大加欣賞："金老歷史主義的以社會的發展變化來研究蔔筮的發展變化。由於方法的科學，在解決問題和分析問題時，自然得到合符歷史實際的觀點。"張豈之總結金老的思想史研究方法也説"思想史研究和中國社會史研究的結合，這是金老學術研究中的另一個注意焦點"，"應當指出，金老在中國社會史研究中，是做出了很大成績的。他的《中國奴隸社會的階級結構》、《中國古代史分期商榷》、《論井田制度》、《馬克思主義關於奴隸制的科學概念與中國古代史分期》等論文，實際上構成了金老關於中國古代社會史理論體系的基礎。而金老關於中國古代思想

---

① 金景芳：《研究中國古史必須承繼孔子這份珍貴的遺産》。

史和經學史的若干觀點都與他的社會史觀點密切聯繫着，形成一個整體。金老的研究成果充分顯示他是一位有系統的社會史理論的古史專家、古文獻學家和思想史家"①。都是知人之談。

五、儒林新韻：先生的事業與傳人

李錦全贊先生九五壽辰之詩曰"曾將鐵筆驚風雨，每把金針度與人"，"已隨學府開新運，更向儒林續逸篇"②。先生亦自謂"平生無多嗜好。如果説有嗜好，就是讀書"，"我平生最大的樂事，一是我教出一大批的學生，一是出版了十幾本書"③。一生執教，樂育人才，這就是金景芳師的世紀人生。先生耕耘於三尺講壇，歷時80餘年。尤其執教吉林大學時曾任圖書館長、歷史系主任，桃李滿天下，弟子遍九州。據學人統計，接受先生之教的親傳弟子可達500餘人。

先生自1961年開始招收研究生，1978年又作爲首批博士生導師，招收和培養博士研究生，吉林大學也就成了國內重要的先秦史和古代思想文化研究高級人才的培養重鎮。自此之後，在慎擇人才、嚴格培養的思想下，先生共招收和指導了16名碩士和24名博士。這些碩士俊彥、博士弟子，分布四方，各守師業，北起黑龍江、吉林、遼寧、内蒙、山西、北京，南至江蘇、廣東、湖南、海南，東自山東、上海、安徽，西至陝西、四川，都有先生受業弟子，可謂"自西自東，自南自北，無思不服"！先生弟子中，目前有博士生導師10多人，碩士生導師20多人，是許多院校、科研機構和文化教育部門的中堅力量，在不同領域和崗位繼承和弘揚先生的學術事業。

先生學風純正，治學範圍寬廣，在先秦史、古代思想史、歷史文獻學、經學、易學和先秦諸子等諸多領域都卓有建樹，故其學術觀點被學術界譽爲"金派"。先生又循循善誘，因材施教，引而不發，金針屢授。故所培養之門人弟子專業札實，方法得當，而且不拘一格，研究面廣。如今活躍在學術界的先生弟子，立足於先秦歷史和制度、先秦文獻與古代思想、學術等領域，能向上下旁側縱深開拓，儼然成爲學術界不可小視的學術生力軍。

"儒門道脈傳千古，天地長留草木春"。太上有立德，其次有立功、立言，先生著作等身，學開一派；年高德劭，道德文章，足爲一代師範。立德、立言、立功，兼而有之。先生立己立人、達己達人，培育大批後學，頗具大儒風範。先生之德、言、功三者，皆足以稱不朽於後世！先生所創之學派，弟子門生，薪火相傳，後繼有人，學術事業將長盛不衰。

爲了繼承金老的學術成就，弘揚金老開創的學術事業，我們曾經在金老自編《古史論集》、《金景芳古史論集》、《學易四種》、《知止老人論學》、《金景芳自選集》等基礎上，選編過《金景芳學案》(三册，陳恩林、康學偉、舒大剛主編)、《金景芳儒學論集》(二册，舒大剛、舒星等編)，對金老的學術成果進行了初步整理和傳播。現又在各方贊助和支持下，將金老平生所發表文章

---

① 張豈之：《金老與中國思想史研究》，《金景芳九五誕辰紀念文集》。

② 李錦全詩，見《金景芳九五誕辰紀念文集》。

③ 金景芳著、呂文郁整理：《金景芳學述》，浙江人民出版社，1999年，第1頁。

和出版著作,以及部分未刊手稿和講義,進行全面收集整理,編成《金景芳全集》。《全集》收錄金老著作 16 部、未刊講義 3 部、論文 100 餘篇,共約 500 萬字,分裝十册。末附學人回憶和評論文字及相關資料。金老各個時期的學術成果既匯於此,而有關先生之評論和記錄亦畢聚於茲,其於先生固是一學術紀念之豐碑,而於後學亦無異於問津學術之梯航矣!

金老之家世

呂文郁

（吉林大學古籍研究所）

提　要：先生祖上爲朝鮮人，明萬曆年間先祖金蒲甲率族人從朝鮮新義州遷居中國遼東，先生爲金蒲甲第十三世孫。金氏一族在晚清先後出現五個舉人，三個進士，爲遠近聞名的書香門第。

關鍵詞：金景芳　家世　書香門第

先師金景芳先生祖上爲朝鮮人，世居朝鮮新義州，該地至今有金氏祖塋①。後金氏一支遷居遼東，成爲旗人，隸屬漢軍鑲黃旗。據遼寧《錦縣志》記載："金氏其姓出於高麗，散處復州，清初從征有功，爲內務府鑲黃旗漢軍人。"②"復州"辛亥革命後稱復縣，在遼東半島南部，今屬遼寧省瓦房店市，爲金氏入遼東最早居住地。先生之高祖金朝覲在《家譜序》中説："高麗自清國初內附者有數姓焉，金氏其一也。他姓入旗籍，尚稱高麗，滿洲之金氏則世爲漢軍，初居盛京西南彰義站。國朝定鼎後，金氏分三支：一支隨軍當差，一支仍留東邊外戲子街，一支住錦州。今譜中所載者，皆世居錦邑者也。"③"盛京西南彰義站"當即今瀋陽市西南約40公里之彰驛站，爲金氏遷居遼東後的居住地之一。"東邊外"指清代柳條邊自威遠堡至鳳城南段以東地區。"東邊外戲子街"，即今吉林省公主嶺市秦家屯鎮戲子街村，是金氏遷入遼東後另一支的居住地。金朝鳳《金氏通譜序》亦云金氏曾在"遼東戲子街居住。傳二世金德公遷至沈城西南彰儀暫居"④，"彰儀"亦即今之彰驛站。

金氏始遷遼東的時間，約在明朝萬曆年間。金科點、金科兆、金科慶三兄弟在清嘉慶二十四年（1819）共同撰寫的《金氏族譜序》中説："我金氏自朝鮮內附，迄今已二百餘年。"⑤由清代嘉慶二十四年前推二百餘年，正是明代萬曆時期（1573—1620）。

---

① 據金慶成提供，云先輩世代傳述如此。金慶成，先生之侄，遼寧大學歷史系畢業，阜新市高級中學歷史教師，現已退休。

② 王文藻監修：《錦縣志·人物上》卷十六，民國九年（1920）奉天關東印書館石印本，第三十八頁。

③ 金吉堯：《重修金氏家譜》，1991年油印本，第8頁。

④ 金吉堯：《重修金氏家譜》，第11頁。原文作"九世孫 朝風"，"朝風"當爲"朝鳳"之誤。

⑤ 金吉堯：《重修金氏家譜》，第10頁。

《錦縣志》對遷居遼寧錦縣的金氏家族主要人物有較爲詳細的記載：

> 一世有成，例贈文林郎。五傳至成華，乾隆庚午年舉人，歷任湖南安化、芷江等縣知縣，升任乾州廳同知。六傳朝觀，嘉慶辛未科進士，官至四川崇慶州知州。科正、科臨俱庠生，科豫乾隆癸卯科舉人，官至四川雜穀廳理番同知。七傳玉麟，道光戊戌科進士，歷任陝西澄城、渭南等縣，同治年遭回匪之變殉難，從祀陝西昭忠祠。八傳錫蕃，同治乙丑科進士，歷任福建晉江縣知縣，子寶書文庠生。①

據《金氏族譜》記載：率領族人由朝鮮遷居遼東的第一代人物是金蒲甲，始遷遼東後率族人散居於復州。第二代爲金德，金德生有三子，長曰金財，次曰金柱，三子曰金榮，是爲遷居遼東的金氏第三代。金財之子爲金有成，即清初從征有功，例贈文林郎者，始率本族遷居錦縣，故稱"一世"。金柱有三子，分別是金有忠、金有用、金有明；金榮之子爲金小雪，是爲遷居遼東的金氏第四代。《金氏族譜》注云：一至三代爲朝鮮族，四代金有成清初從征，加入漢軍，始爲滿族鑲黃旗；金有忠隨軍進京當差，金有用加入漢民軍去湖南，即爲漢族。金有明下落不明。金小雪與家族走散，被蒙古殷姓收養，改爲殷姓。改爲滿族鑲黃旗之金有成爲先師金景芳先生八世祖。金有成生子六人，在《金氏族譜》中被分別列爲一至六門：一門金國正，二門金國用，三門金國珍，四門金國寶，五門金國璽，六門金國璧。二門金國用爲先生七世祖。金國用生有七子，分別爲金文炳、金文焆、金文輝、金文標、金文煋、金文焰、金文熜。三子金文輝爲先生六世祖。金文輝生子五人，分別爲金海、金鍠、金鉸、金濰、金滿，第三子金鉸爲先生五世祖。金鉸有三子，分別是金成琢、金成印、金成璞，第三子金成璞爲先生四世祖。

金成璞之族兄金成華（出自六門），乾隆十五年（1750）庚午科舉人，乾隆二十六（1761）年任湖南安化縣知縣，二十九年（1764）任湖南芷江縣知縣，乾隆四十四年（1779）任江蘇高郵（今高郵市）州判，五十二年（1787）任江蘇東台縣（今東台市）知縣，終官湖南乾州廳同知。

金成華之子、先生族高祖金科豫，字先立，號笠庵，肄業於瀋陽書院。乾隆四十八年（1783）癸卯科舉人，官四川清溪縣（後併入貴州鎮遠縣）、射洪縣、高縣、仁壽縣、定遠縣（今屬重慶市），貴州桐梓縣、仁懷縣、湄潭等縣知縣，後升任四川劍州（今劍閣縣）、會理州（今會理縣）和貴州開州（今貴州開陽縣）等州知州。道光二年（1822）升任四川雜穀直隸廳（治所在今四川理縣薛城）理番同知。道光四年（1824），金科豫鎮守維州（今四川松潘一帶），在戰役中陣亡，年七十歲。著有詩集《解脫紀行録》（未定稿），後被收入金毓黻主編的《遼海叢書》中。

金科豫之子、先生族曾祖金玉麟，字石船，號素臣，少年時隨父入蜀。其父陣亡時，金玉麟年僅十六歲。故居遠在千里之外的遼東，年少的金玉麟自此孤苦伶仃，隻身流落到川北

---

① 王文藻監修：《錦縣志·人物上》卷十六，第三十八頁。這裏的"一世"至"八傳"是指金氏遷居錦縣的第一代至第八代。

重鎮閬中。饑寒交迫之時，被閬中錦屏書院山長黎獻（字芹野）發現，收留於家中，視之如子，供其在書院就學，在家也與黎獻的兩個弟弟和子侄們一起勉力攻讀。成年後，被黎獻招贅爲女婿。金玉麟道光十二年（1832）壬辰科舉人，道光十八年（1838）戊戌科進士，與赫赫有名的曾國藩同榜。時年三十歲，授兵部主事，兼上諭處行走。道光二十二年（1842）充陝西鄉試同考官，武會試同考官。繼任陝西定邊、澄城、渭南等縣知縣，升任與四川接界的寧羌州（轄境相當於今陝西省寧强、略陽兩縣）知州。同治二年癸亥（1863），太平天國起義軍攻陷寧羌，金玉麟以身殉職，年五十五①。據《寧羌州志》載，陝西巡撫劉原在給朝廷的奏章中説：

　　　　上年漢中府屬州縣遭滇發諸逆竄擾之害，文武官弁死事者多，而最著者莫如署南鄭縣知縣周蕃壽、西鄉縣知縣巴彥善、寧羌州知州金玉麟。至今子遺士庶猶能稱頌而歌思之。周蕃壽當城困已急，先於署後穿鑿一井，城破之日，盡驅其妻妾子女投入井中，自具衣冠出，堂皇爲賊刳腸決脰以死。巴彥善當逆匪倉卒竄犯之際，慷慨登陴，率吏民死守孤城，歷八晝夜，援絕力竭，城陷被執，大罵不屈而死。金玉麟自牧寧羌，循聲卓著。城破身隕，志節凜然。死後賊（太平軍）將其屍特爲具棺以殮，且張偽徽於櫬上，大書"此係陝西好官，該士民應將其靈柩好爲照護，妥送回籍"。可見秉彝好德之良，雖逆匪亦有未盡泯滅之處。臣以該三員臨難不苟免之心，想其平日修己立身與所以居官行政，亦必有異於俗吏之爲者。曾檄飭漢中道府，采訪該三員生平實迹，期爲撰集而表彰之，迄今逾年，未據詳覆，而臣旦夕卸篆，不忍聽其湮没。竊維軍興以來，地方官攖城罹禍，以歸忠義之林者，何可勝道？然或矢志堅貞，或事由邂近，等爲一死，而道固殊焉。該三員志節皎然，非特予表揚，無以別忠貞而激頑懦，伏乞天恩特賜褒異，敕就漢中府城建修三烈總祠，俾該三員合祠，以表忠藎而勵操節，實於世教有裨。愚昧之見，是否有當，伏乞聖鑒訓示。同治四年十一月初九日。②

　　後經同治帝准奏，在漢中府城修建了昭忠祠，令金玉麟與其他兩位殉職者合祀。該昭忠祠今已不存，不知毀於何時。

　　與金玉麟同時代的昆山籍詩人、畫家孫兆溎（字子香），曾寫詩稱讚金玉麟爲官的情況：

　　　　人間强項令，天上散花仙……
　　　　巨細秋毫察，精明風骨堅。
　　　　甘棠載處處，古樾蔭芊芊。
　　　　律己循封鮓，驅民盡買犍。
　　　　愛才常吐握，校士費尋研。
　　　　大吏欽才幹，需君治巧偄。

---

① 王文藻監修之遼寧《錦縣志》云金玉麟殉職於回民之亂。
② 見清馬毓華修《寧羌州志》卷三《官師志》，清光緒十四年（1888）刊本。

量移來赤水，愛戴頌青天。①

金玉麟無子嗣，殉職後，清廷賜雲騎尉世職，先生之叔祖父金錫榮出繼金玉麟。出繼後金錫榮更名爲金恩蔭，遂赴四川巴中恩陽河新場任職。金玉麟文武兼備，是當時著名的詩人，有《二瓦硯齋詩集》十卷存世，著名學者、經學家洪亮吉曾爲《二瓦硯齋詩集》題跋②。近代徐世昌主編的《晚晴簃詩匯》(後更名《清詩匯》)，楊析綜、劉君惠主編的《近代巴蜀詩抄》，蜀人孫桐生編的《國朝全蜀詩抄》，成都市文聯編印的《歷代詩家吟詠成都》等詩集，都收有金玉麟的詩篇。任陝西澄城知縣時，與澄城進士韓亞熊修纂《澄城縣志》，於咸豐元年(1851)刊行。同時金玉麟又是著名的武林宗師。這一方面是受其父金科豫的影響，金科豫爲官一方，能文能武，在四川雜穀直隸廳任理番同知，又是鎮守維州的武將，最後在戰場上爲國捐軀。另一方面也與金玉麟自身經歷有關。金玉麟中進士後授兵部主事，又曾任武會試同考官，兼上諭處行走。表明他有軍事才能，精通武功。他在陝西任職時，曾爲衆多弟子傳授金氏武功。據傳他在武林中有十二弟子。金玉麟殉職後，他的武林傳人分散各地，其中有六人越海到了臺灣，他們成立了金玉麟武學總館，聚徒傳授金氏之武功，臺灣至今仍有金玉麟武學總館，在武林中頗有影響③。

金成華、金科豫、金玉麟在金氏宗族中的譜系可排列如下：

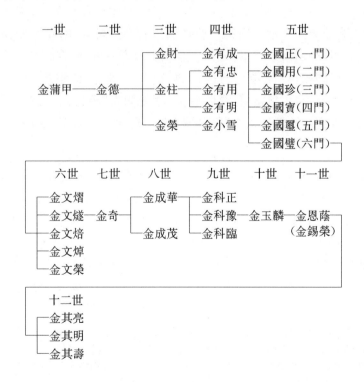

① 轉引自劉先澄《金玉麟和他的詩》。
② 見於先生給孫子金吉光講家史的錄音影像光碟。
③ 劉先澄：《金玉麟和他的詩》。

先生四世祖金成璞有子四人，伯曰朝覲、仲曰朝立、叔曰朝班，季曰朝盈。長子朝覲爲先生之高祖。朝覲字午亭，另字錫侯，號巒坡，早年亦曾肄業於瀋陽書院，是當時瀋陽文壇泰斗繆公恩①和著名的《紅樓夢》功臣程偉元的及門弟子。繆公恩稱金朝覲"天資穎邁，雄視文壇"②。程偉元字小泉，時爲盛京（今瀋陽市）將軍宗室晉昌之幕僚，兼瀋陽書院教席。程工詩畫，尤以指畫最爲有名。又擅書法，與續寫《紅樓夢》後四十回的高鶚爲好友。曾親授朝覲書法。朝覲曾有詩追記，題曰《題程小泉先生畫册》，詩前《小序》云：

> 辛酉壬戌，小泉程夫子居東都留守將軍晉公幕府，余時肄業書院，以及門時親筆墨。暨先生下世後，求其遺紙，如片鱗隻爪不可多得。景堂二兄以舊紙囑題，余喜得見先生手澤。因志數言於巔，時嘉慶庚辰清和月之八日。詩云：
>
> 昔我立程門，雪吹三尺積。
> 揮麈細論文，臨池學作字。
> 亦或試塗鴉，筆墨聊遊戲。
> 吁嗟二十年，風流成往事。
> 片紙寄精神，恍惚聞謦欬。
> 展卷托長言，用以鳴相思。③

金朝覲於嘉慶四年（1799）應童子試，嘉慶十三年（1808）戊辰恩科舉人，嘉慶十六年（1811）辛未科進士，與大名鼎鼎的林則徐同榜。曾任四川省榮經縣知縣，忠州知州、邛州知州，後升任四川崇慶直隸州（今四川崇州市）知州。金朝覲爲官一方，頗有政聲。去職時崇慶籍著名將領楊遇春之子楊國楨（曾先後任河南巡撫、山西巡撫、浙江總督）爲之餞行，稱"治愚弟"。贈對聯有"甘雨隨車，仁風被野；棠陰解阻，萱茝舞衣"等語④。金朝覲著有《三槐書屋詩鈔》四卷，後由先生交金毓黻編入《遼海叢書》中。嘉慶二十四年（1819）劉鼎銘在《〈三槐書屋詩鈔〉序》中稱：

> 公作秀才時，乙丑在留都迎鑾獻賦，與朝鮮奉使諸臣往復最久，酬和亦多。如朴慈庵、南濟卿、李鶴山、金清山者莫不恨相見之晚。至若宏文館學士洪樗庵、尚書司郎高竹軒，臨別贈言，有"觀君之才及君之貌，絕非久留林泉下者，勉之！勉之！"之語。然則人言豈欺我哉！年來東人之朝於京師者凡遇錦人，尚思問公之起居，而公亦以遠不及見，言之常怏怏焉。夫氣類之感不限方隅，而知遇之恩多緣文字。人生患無知己耳，而公之爲東人所器重如此，此豈鄉曲之譽所

---

① 繆公恩（1756—1841），瀋陽人，字立莊，號槑灂，別號蘭皐。曾隨父親宦游江南近20年，飽受江南文化的濡染，喜交文人雅士。北歸盛京後，即以詩畫自娛。後主講瀋陽萃升書院，培養了一批有名的文人。在瀋陽書院留學的朝鮮國學生，學成歸國後多在朝鮮文人中享有威望，仍念念不忘繆公恩的教誨之恩。朝鮮貢使到瀋陽有不識繆蘭皐先生者，則引爲缺憾。繆公恩的詩作編入《夢鶴軒梅灂詩抄》，收詩兩千八百餘首。

② 繆公恩《三槐書屋詩鈔》序。

③ 金朝覲《題程小泉先生畫册》詩與小序，見《三槐書屋詩鈔》卷三，金毓黻《遼海叢書》第二册，遼沈書社1985年影印本，第1380頁。

④ 金景芳：《我與中國二十世紀》，河南人民出版社，1994年，第20頁。

可同日而語耶！①

朝覲生子二人，長子諱尚聲，早亡。次子諱尚裕，後更名慧麟，字海珊，即先生之曾祖。慧麟爲候補知縣，歿於陝西大荔。慧麟有子三人，長子諱錫禄，爲先生伯祖父。次子諱錫綏，字小珊，爲先生祖父，錫綏亦以詩和書法名聞於當地，因患顚癇，不能進考場，終身爲塾師②。季子諱錫榮，爲先生叔祖父。

先生之高祖金朝覲與金玉麟之父金科豫同宗族、同輩分，早年同肄業於瀋陽書院，成年後又同在四川作官，兩家相互照應，來往頻繁，關係非常密切。故金玉麟殉職後，金朝覲之孫、先生之叔祖父金錫榮方能過繼金玉麟，蔭襲金玉麟之雲騎尉世職。

先生之族祖父金錫蕃，字翰卿，原字翰岑，號墨樓。同治四年(1865)乙丑科進士。清同治六年(1867)任福建省永泰縣知縣③。同治十年(1871)至光緒四年(1878)任福建省晉江縣(今晉江市)知縣④。

金氏一族先後出了五位舉人，三位進士(朝覲、玉麟、錫蕃)，爲此名聲大振。自先生高祖金朝覲進士及第之後，金氏所居之村莊丫八石遂被稱爲"進士屯"，這一稱謂遠近聞名，一直沿用至今，即今遼寧錦州淩海市翠岩鎮之進士屯村，那裏至今仍有許多金氏族人居住。

先生之家因其伯祖父諱錫禄揮霍敗壞，家道衰落，自此日益貧困⑤。終因在錦縣縣城無以維持生計，乃遷至奉天義州(今遼寧義縣)項家臺居住。

先生之父諱寶政，字輔臣⑥，幼時家貧，不能外出讀書，只隨其父讀了九個月家塾，因天資聰慧，已能讀懂《三國演義》、《聊齋誌異》等書，書信也能寫得相當通順。其後便學習銀匠手藝，爲手工業工人。性善巧思，所做銀器，人多寶之。母劉氏，賢明慈惠，爲鄰里所稱道。寶政兄弟三人，無姊妹。寶政居長，二弟名寶森，字玉堂，在家務農。三弟名寶興，也曾學銀匠，但手藝未成，亦以務農爲主⑦。兄弟三人同爨共財，協力贍養全家人。生活來源一是靠寶政的銀匠手藝，加工出的成品由寶森在農閑時走街串巷推銷。二是耕種自己的少量土地，另租同村地主的一些土地，長期受地租和高利貸剝削，連温飽都難以維持。

綜上所述，先生爲金氏自朝鮮遷居遼東之始祖金蒲甲第十三世孫。先生在金氏宗族中之譜系可排列如下：

---

① 金毓黻：《遼海叢書》，第 1359 頁。
② 參見《金景芳自傳》，巴蜀書社，1993 年，第 4 頁。
③ 金章、董秉清監修、王紹沂纂修福建《永泰縣誌》卷五《職官志》清知縣欄記載："金錫蕃，漢軍鑲黃旗人，同治乙丑進士，六年任，捐俸鼎建明倫堂考棚。"見民國十一年(1922)《永泰縣志》排印本第十六頁。
④ 清朱壽鵬：《光緒朝東華續録選輯》。
⑤ 《金景芳學術自傳》，第 4 頁。
⑥ 先生 1968 年《自傳》作"號輔臣"，見先生《檔案》第五卷，第 48 頁。
⑦ 先生 1968 年《自傳》，見先生《檔案》第五卷，第 48 頁。

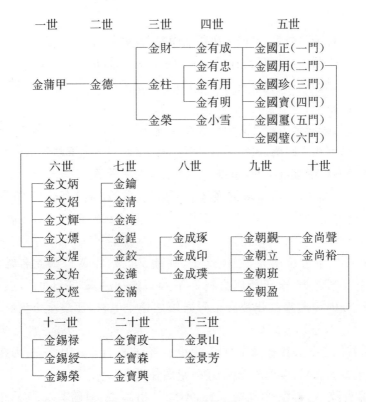

　　先生之家至其父親一代,已跌落爲社會最底層。但先生之父輩始終以書香門第自詡,在家境極其貧困的境況下先生能刻苦學習,其父輩也克服困難,千方百計地爲先生讀書創造條件,這與先生的家世有密切關係。先生後來曾回憶説:"當時全家十餘口人,有三垧田地,估計把田地全部賣出,僅能償還宿債。全家生活主要靠我父親手工業生産收入來維持。因爲不能脱離借貸的剥削,終歲勤勞,常愁入不敷出。我父親因爲在幼小時家已貧窮,只上過九個月學⋯⋯但是還留戀往昔,念念不忘繼承'書香',這就是我終於走上了讀書之路的一個決定性的因素。"①

　　注：此文爲作者編撰的《金景芳教授年譜》之第一部分。《金景芳教授年譜》全文已編入《金景芳全集》附録卷,即將於明年上半年在上海古籍出版社出版。

---

① 　先生 1956 年爲申請加入中國共産黨而寫的《自傳》,見先生的檔案資料第二卷,第 8 頁。

越南阮朝歷代帝王廟祭禮述略*

王柏中

（廣西民族大學民族學與社會學學院）

提　要： 對歷代帝王廟的祭祀,是一種淵源既久的政治文化,在中國歷代王朝國家祭禮中均有體現。但是總括歷代帝王於一廟之中加以祭祀的禮制,則晚至明清時期才出現。越南阮朝的歷代帝王廟祭禮爲借鑒明清兩朝禮制所設,然在奉祭神祇与祭祀禮儀方面均有自身特色。阮朝以歷代帝王禮所建構的王朝承繼體系,意在昭示與中國歷史發展的"同源異流"關係,這種頂層設計的帝王禮制,是"宗藩關係"表象下其政治獨立的重要象征。

關鍵詞： 越南阮朝　歷代帝王廟　國家祭禮　東亞文化圈

歷代帝王廟始創於明初洪武時期,在明清兩代均是國家祀典的重要祭禮之一,其制度範式傳布於外,建築屋宇延傳至今,影響不可謂不遠深。關於此禮的淵源及意義,學界已有諸多富有意義的探討[①],都以中國明清兩朝歷代帝王廟爲對象,至於歷代帝王廟祭禮在域外的流變情况,則尚未見有相關的討論。因此本文擬依越南漢文古籍文獻的相關記載,對阮朝歷代帝王廟祭禮略加考述,以期對相關問題的研究略有裨益。

一、阮朝歷代帝王廟祭禮的政治與文化基礎

越南中圻以北的紅河流域,自秦始皇平嶺南設三郡爲始,便作爲秦漢至隋唐帝國整體的一部

---

* 本文爲國家社會科學基金項目《10—19 世紀越南國家宗教祭祀制度研究》(項目批准號 08BZJ001)課題成果,並獲國家民委人文社會科學重點研究基地"廣西民族大學中國南方与東南亞跨境民族研究基地"、廣西高等學校人文社會科學重點研究基地"廣西民族大學中國南方與東南亞民族研究創新基地"經費資助。

① 如方光華先生簡述了歷代帝王之祀的源流及明清兩代帝王廟的禮儀(見氏著《俎豆馨香——中國祭祀禮俗探索》,陝西人民教育出版社,2000 年,第 167—171 頁);關於明代的歷代帝王廟禮,趙克生先生專門探討了元世祖的入祀和黜祀問題(《元世祖與入祀明歷代帝王廟》,《歷史檔案》2005 年第 1 期,第 131—135 頁;《明朝嘉靖時期國家祭禮改制》,社會科學文獻出版社,2006 年,第 127—142 頁),李媛從帝王統緒與崇德表功的視角敘述了明朝歷代帝王廟的帝王崇祀與功臣配享問題(《明代國家祭祀制度研究》,中國社會科學出版社,2011 年,第 272—280 頁);關於清代的歷代帝王廟禮,常建華先生(《國家認同：清史研究的新視角》,《清史研究》2010 年第 4 期,第 1—17 頁)與黃愛平先生(《清代的帝王廟祭與國家政治文化認同》,《清史研究》2011 年第 1 期,第 13—20 頁)從國家認同與政治文化認同的視角對清朝歷代帝王廟祭祀加以探討。

分，與中原地區形成一體發展的歷史進程；以唐末戰亂爲轉折，原唐安南都護轄地分離勢力逐漸滋長，先有吳權驅逐南漢割據交州，後有丁部領平定十二使君建立大瞿越國（968—980），此後更有前黎（980—1009）、李（1010—1225）、陳（1225—1400）、胡（1400—1407）、後黎（1428—17894）及西山阮（1778—1802）等朝代迭興，至阮朝（1802—1949）建立前，越南已有近千年的獨立發展歷史。

從前黎朝開始，歷代安南政權在軍事方面，不斷向南攻伐占城（占婆）拓展疆土，迄至阮朝建立，已囊括今越南全疆之地；在政治方面，在對內稱帝的同時，又接受同時期宋、元、明、清王朝册封的王爵，形成了一種"內帝外臣"的政治體制①；在文化方面，漢文化容涵地域文化所形成的的制度文明始終居於主導地位，儒家思想從李、陳朝後逐漸成爲主流意識形態。

後黎朝建立前，佛教、道教與地方巫教不僅在社會各階層信仰廣泛，也相當深入地滲透到國家典禮之中。後黎朝建立後，在儒家思想影響下，重視國家典制的建設，在祭禮方面也初步形成了以郊廟社稷爲核心，涵蓋了天神、地祇和人鬼等神靈奉祀種類的國家宗教體系。

阮朝的政治基礎奠定於後黎朝，阮氏本爲清化的世家大族，後黎朝在洪順七年（1515）襄翼帝黎晭被殺後，國家陷入動盪分裂局面，統元六年（1527）權臣莫登庸篡黎自立，時任殿前將軍的阮淦（阮肇祖）率部衆出逃哀牢，後擁黎維寧（莊宗）以西都清化爲中心復辟了黎朝，奠定了阮氏政權日後興起的政治基礎。阮淦死後，其婿鄭檢纔之掌控黎氏國政，正治元年（1558）十月派阮淦次子阮潢（阮太祖）出鎮南方順化，阮潢在此開基立業，子孫世代相承，創立起了割據自主200餘年的廣南政權。恃此祖業，阮福映（阮世祖）於1801年攜援扭轉逆勢平定西山政權，終成一統大局。

與丁部領、黎桓、李公蘊及黎利等行伍出身的開國之君不同，阮朝的開國皇帝阮福映是一個喜讀史書且頗懂治道的人，史載其"臨朝，嘗與群臣論漢唐君臣事迹及歷朝禮樂制度；朝罷，輒命侍書以明史進覽，夜分乃罷"就是明證之一②。在施政理念上也秉承儒家思想，所謂行聖人之道而"以教化爲先務"③。明命帝執政後，在推行儒家教化、完善國家禮典上更是不遺餘力，頗有與清朝一較高下之意④。

阮朝皇帝的漢文化修養如此之深，並非是出自家族或個人偏好，而是華夏制度文化和儒家思想在越南社會長期濡染的結果。歷史上包括阮朝君臣在內的越南主流文化階層有着很强的漢文化認同和文化自豪感，他們認爲從漢代以後，中原經胡人亂華已漢風不再；而他們爲華夏之一支，始終保持着淳樸純正的漢人血脈。如阮末黃高啟《越史要》說："紀元前五千年，支那有一種民族自西而來，循黃河而居，黃河蓋發源自西藏者。此民族性質聰敏而好競爭，其君主爲神農教民樹藝，爲黃帝征蚩尤，爲帝舜竄三苗，爲周宣王伐荆蠻，其勢力日以强大，初居

① （後黎）潘輝注：《歷朝憲章類志》卷四十六"邦交志"。
② （阮）張登桂等：《大南實錄》"正編第一紀·世祖高皇帝實錄"卷四十三，日本慶應義塾大學版第三册，第207頁。
③ 《大南實錄》"正編第一紀·世祖高皇帝實錄"卷四十五，第228頁。
④ 如明命十二年（1831年）二月："庚子，祀天地於南郊，帝親服袞冕行禮，禮成還宮。群臣請上表稱賀，許之。辛丑，設大朝儀於太和殿。帝御殿受賀，謂群臣曰：'袞冕之制肇自軒轅，三代而下鮮有行者。今取法爲之，亦復古之一事，且其制垂旒藻穆、佩玉鏘鏘，朕服之愈覺肅敬雍容、益昭禮度，乃知古人制此良有深意！朕歷觀前史，不惟我國從前所無，而北朝自清人建國以來亦已久廢。我今舉行之，倘清人易世之後典禮既失，亦將取於我大南取正，視之北朝更有光焉。'"
（《大南實錄》"正編第二紀·聖祖仁皇帝實錄"卷七十一，第173頁）

於黃河，繼而揚子江，又繼而西江以及吾國，即所謂漢族者是也。”①這也就是《大南實錄》稱越人（即越南主體民族京族）爲“漢民”、稱其主流社會風尚爲“漢風”的内在原因。

二、阮朝歷代帝王廟的設立

阮朝建立後，嘉隆帝十分注重對神靈的奉祀，據《大南實錄》載，嘉隆九年（1810）八月：“頒神敕於中外。初，帝以天下大定，禮有登秩百神，命禮部議奏。及奏上，有歷代帝王、后妃在祀典者亦議加贈。帝曰：‘歷代帝王昔有功德於民，雖朝代變遷而名位已定，今若復加褒贈不亦瀆乎！其送敕旨令社民奉祀如故，惟上中下等神均如議加贈頒給。’”②這條史料説明阮朝初期國家對神靈奉祀事務有相應的管理制度，對於群祀的上中下等神都加封贈予美字。而對於歷代帝王，嘉隆帝認爲其名分已定，再加封贈則近乎褻瀆，因其保持原稱，但奉祀如故。這也表明，嘉隆帝創立王朝祀典時，尚未建立歷代帝王廟，對於以往的歷代帝王，有專廟的則依禮奉祀。

阮朝的歷代帝王廟祭禮是在明命時期創立的，《大南實錄》載：“癸未明命四年春三月，定歷代帝王廟祀典。”即議創歷代帝王廟祀典的時間，是明命四年（1823）三月。《大南會典事例》也記載道：“明命四年，議准建廟於陽春社分。”③可見兩者各有詳略，前者詳於時間，具體到月份；後者詳於地點，明言在陽春社地界。關於陽春社的方位，《大南一統志》載其“在京城外之南”④。阮朝明命時期，京城所在爲承天府轄域之内，府下轄縣，縣隸總、社，從地理方位推斷，或爲香水縣之陽春社。

關於阮朝設立歷代帝王廟的淵源，《大南實錄》對此有較爲詳細的記述：

　　癸未明命四年春三月，定歷代帝王廟祀典。禮部奏言：“明、清《會典》，京師並有帝王廟，明制則一堂五室，以祀五帝三王及漢唐宋創業之君十有五位，頗爲簡肅；至若清制，除非無道亡弑俱在列祀，甚至遼金以夷亂夏亦得與正統之君並列，失之繁雜。竊思南交之地古曰明都，溯自開闢以迄於今，聲明文物蔚有漢風，莫非五帝三王道統相傳之所自。即今崇祀隆儀所當推其本始，固不專以南國山河而自畫也。考之《越史外紀編年》，涇陽王、貉龍君、雄王實爲我越之始，降自爪機失利、銅柱分疆至於南北分爭，並非是我越正統，間有枚黑帝、布蓋王一初崛起而功業未就，則外紀以前宜就其創始者祀之；自丁而後統紀始明，丁先皇、黎大行、李太祖、陳太尊、黎太祖乘運迭作，皆一代創業之君，其間中興英主如陳仁尊三敗元師兩復社稷，黎聖尊創制立度拓土恢疆，功業顯著、鏗乎在聞，均應列入祀典。他如諸帝各有專廟，似不應一概登祀。”廷臣覆議又以爲：“我國通詩書習禮樂爲文獻之邦自士王始，李聖尊征占城擒制矩始有廣、平全府之地，仁尊北却宋師盡歸廣源六峒，陳英尊南平占寇嗣有順、化二州，黎莊尊爲我肇祖尊立再造黎圖，英尊授我太祖鎮節撫有南國，似應並列廟祀。至如東西兩廡，古有以歷代功臣從祀，其法施於民、有功於國如風后、力牧、皋陶、夔、龍、伯夷、伯益、伊尹、傅説、周公旦、太公望、召公奭、召穆公虎、方叔,與丁李陳黎之功臣功業彪炳如阮匐、洪獻、黎奉曉、李常傑、蘇憲誠、陳國峻、陳日燏、范五老、張漢超、丁列、黎熾、黎魁、黎念、鄭惟悛、黃廷愛、馮克寬等,亦應列從祀典,以昭聖朝仁厚之盛心。"帝從之。①

綜合此段史料的記載,可知其禮制是仿效明清所設。眾所周知,中國古代崇祀聖王、賢臣的傳統由來尚矣,祀於別廟與祭於陵寢者均有之,但是爲歷代帝王專設廟宇總加祭祀的禮儀創自明代,清朝建立後也加以沿襲,遂成兩朝典禮的重要內容。不過,從材料所述之內容看,阮朝歷代帝王廟雖在制度形式上取法明清,但在禮儀內容上卻不乏自身的特色。

三、阮朝歷代帝王廟的建築結構與奉祀格局

阮朝歷代帝王廟的建築布局爲:"廟一堂五室……東上,俱南向;東廡……西廡……每廡五室,俱北上,東西面。"②"廟四圍繚以磚墻,前爲門樓,樓前爲坊門三。中門額內曰'景仰前徽',外曰'帝王統紀';左、右門額內曰'曠儀光往牒,鴻覬奠炎郊',外曰'芳徽今古在,道統北南同'。廟垣北爲宰牲所。成泰十四年重修。"③阮朝歷代帝王廟坐北朝南,正殿"一堂五室",神位次序以東爲上;作爲配殿兩廡各有五室,方位是東西相對,均以靠正殿的北方爲上位。這種正殿五室崇奉帝王,東西兩廡配祀名臣的的廟制,是取法明制而來的。

阮朝歷代帝王廟所奉祀的神祇,在《大南實録》、《大南會典事例》及《大南一統志》中均有內容相同的記載,只是文字略有出入,其中《大南實録》關於兩廡配祀名臣的記載均列有衔爵,略詳於其他記述,故據以製錶如下:

明命四年歷代帝王廟神祇奉祀表④

正殿堂	中一室	正中太昊伏羲氏,左一炎帝神農氏,右一黃帝軒轅氏,左二帝堯陶唐氏,右二帝舜有虞氏,左三夏禹王,右三商湯王,左四周文王,右四周武王
	左一室	涇陽王,貉龍君,雄王,士王,丁先皇帝
	右一室	黎大行皇帝,李太祖皇帝、聖尊皇帝、仁尊皇帝
	左二室	陳太尊皇帝、仁尊皇帝、英尊皇帝
	右二室	黎太祖皇帝、聖尊淳皇帝、莊尊裕皇帝、英尊峻皇帝
東廡	五室	軒轅氏相風后,虞士師皋陶、納言龍、虞官伯益,殷相傳説,周尚父太公望、召穆公虎;丁定國公阮匐,李破虜將軍黎奉曉、太尉蘇憲誠,陳太尉國公陳日燏,少保張漢超,黎太傅岡國公黎熾,少傅靖國公黎念,右相榮國公黃廷愛
右廡	五室	軒轅氏相力牧,虞典樂后夔、典禮伯夷,商阿衡伊尹,周塚宰周公旦、召公奭、元老方叔;黎太師洪獻,李太師越國公李常傑,陳太師上國公陳國峻,上將軍范五老,黎太師丁列,司馬公黎魁,將軍鄭惟悛,太傅馮克寬

①　《大南實録》"正編第二紀·聖祖仁皇帝實録"卷二十,第 264—265 頁。
②　《大南會典事例》卷九十"禮部·中祀·祭歷代帝王廟"。
③　《大南一統志》卷一"京師",第 75—76 頁。
④　據《大南實録》"正編第二紀·聖祖仁皇帝實録"卷二十"本注"制。

從表中所列阮朝歷代帝王廟奉祀的神祇看,歷代帝王神可分爲三類:夏商周三代及以上的華夏古帝王,越南追尊爲王的傳說人物及北屬時期的地方長官,丁至後黎的歷代開國及承業之君。配祀臣神亦分兩種:上古三代賢輔和丁至後黎名臣。這一神祇供奉體系與明清兩朝均不盡相同,意在昭示越南歷代王朝源出於華夏,但秦漢以降與中原諸朝帝統兩途,用以論證其不遜於明清的統治正當性。

歷代帝王廟建立之後,所奉祀的帝王神與配臣神先後都略有調整。如明命十一年(1830)"奏准改祀士王於文廟從祀之列,再省黎英尊峻皇帝一位",十六年(1835)又"奏准遷祀太公望於武廟正案"①。結合相關史料的記述,可知這種調整是各有原因的。首先,明命十一年對士燮和黎英宗兩神遷省的議定,《大南實錄》有比較詳細的記載:

> 九月,更定歷代帝王廟祀典。先是,議定廟祀五帝三王及本國歷代諸帝,間有士王燮及黎英尊亦預焉。至是,禮部奏言:"謹按士王燮在東漢朝爲交州刺史,未嘗正位居尊,非是我越正統明矣!惟我國文教自士王始,南邦學祖鏗乎在聞,就其道學之功,正宜預在文廟從祀之列。請俟文廟祀典議定之後,列入西廡漢儒鄭子玄之次,不應列在正統廟祀。再查《黎史續編》,載英尊與其子四人夜幸於外,至乂安爲鄭松所逼遂遇害。據此,則英尊雖非無道之比,然當此危疑之際,乃棄其社稷以至於不克終。其統紀已紊矣,豈可與正統之君並同享祀者乎!請毋須列入廟祀以正祀典。"帝可其奏。②

從當時禮部官員的意見看,議將士燮神遷出歷代帝王廟,是考慮到他生前僅爲地方治長沒有稱王稱帝,其有開啟南交文明之功,正適合在文廟從祀孔子;黎英宗不甘心做鄭氏的傀儡而出逃,因抗拒而遭戮,自身尚不能保全,功業更有所不及,所以被省祀而出,這都是據史實所做的相應調整。其次,明命十六年將太公望從東廡配位的名臣神祇中移出的原因,是該年九月,明命帝創立武廟,以與文廟之祀形成禮儀相配的格局,用以表彰其國家文武彬彬的盛況。武廟之設是取法唐玄宗設"太公廟"之制,廟中以太公神居中爲主,"列在群祀之首"③。可見上述諸神的遷省,不僅是考慮到歷代帝王廟奉祀系統的合理化,也與國家祭典總體格局的調整和完善密切相關。

四、阮朝歷代帝王廟的祭祀禮儀

祭祀禮儀作爲特定的宗教儀式,既是宗教觀念可資於觀的外在化形態,也是宗教信仰可踐於行的固態化過程,其所有蘊含於内的象徵意義皆可從人、事、物的構成要素去加以解析。因此,我們對阮朝歷代帝王廟的禮儀也可從"祭禮種類及規格"和"禮神物品與樂舞"兩方面進

---

① 《大南會典事例》卷九十"禮部·中祀·祭歷代帝王廟"。
② 《大南實錄》"正編第二紀·聖祖仁皇帝實錄"卷六十九,第134—135頁。
③ 《大南實錄》"正編第二紀·聖祖仁皇帝實錄"卷一百五十九,第248頁。

行闡釋。

1. 祭禮種類及規格

　　阮朝歷代帝王廟的祭禮有春秋常祭和節序特祀兩類。所謂春秋常祭，是"歲以春秋二仲月"即每年於春二月及秋八月舉行的例行祭祀。明命四年（1823）三月，議定的春秋常祭禮儀規格是"歲以春秋二仲月，命皇子致祭"。即二月、八月例行祭祀，最初是由皇帝委派皇子主持。其後，明命七年（1326）明命帝下旨："凡遞年春秋祭，著皇子諸公欽命行禮。著爲令。"①據文獻所見，阮朝的皇子身份上有普通皇子和皇子公兩個等級，所以，由皇子攝祭改爲派皇子諸公行禮，無異於是提高了歷代帝王廟春秋常祭的施禮級別。

　　節序特祀，是於元旦、端陽及聖壽等節慶之日舉行的非常規祭祀。如《大南會典事例》載：明命四年（1823）定"正旦、端陽均用香燭芙酒"；明命六年（1825）旨"歷代帝王廟嗣凡遞年春秋二祭，除某期朕親詣行禮外，餘著部奏請簡派欽命官，其正旦、端陽等禮均由部諮送文班三品以上官一員行禮。著爲令"；明命七年（1826）旨"歷代帝王廟諸禮節，除不辰遇有慶典朕親御行禮外，凡遞年春秋祭，著皇子諸公欽命行禮。著爲令"②。《大南實錄》明命十七年（1836）七月"定歷代帝王廟典禮"條內，亦有"遞年正旦節，行一獻禮用香燈九"的記述③。可見，除春秋二仲月例行祭祀外，在正旦、端陽等節，歷代帝王廟也有相應的祭祀活動。只不過在春秋二仲月，是皇帝欽點皇子或皇子公攝祭；而節序祭祀則規定是由禮部"諮送文班三品以上官一員行禮"，禮儀規格顯然不及春秋常祀。

　　此外，關於歷代帝王廟的皇帝親祭禮，前引《大南會典事例》的明命六年（1825）及七年（1826）的諭旨中均有講到"歷代帝王廟嗣凡遞年春秋二祭，除某期朕親詣行禮外"和"歷代帝王廟諸禮節，除不辰遇有慶典朕親御行禮外"，説明在特定情況下，春秋二仲月或節序的祭祀，皇帝也會偶有親赴行禮的舉措。其實《大南會典事例》關於皇帝親祭的記載還不止這些，如：

　　　　（明命）十一年，旨："本年值朕四旬正壽節，其歷代帝王廟准以仲秋朕親詣行禮。"紹治三年，諭："遞年歷代帝王廟春秋二祭，循例命官致祭。且朕嗣統伊始緬懷至道、景仰前徽，允宜載舉隆儀用申誠敬，所有八月秋祭朕親詣致祭，用合情文。"六年，恭遇四旬大慶節，欽奉憲祖章皇帝駕詣行禮。嗣德四年，諭："遞年歷代帝王廟春秋二祭，循例命官行禮。朕嗣統伊始緬懷至道、景仰前徽，允宜載隆儀用申誠敬。茲據欽天監躅以三月十二日致祭，著依所請，朕親詣致祭，用合情文而昭巨典。"④

這裏記載的是明命、紹治和嗣德期間皇帝親祭歷代帝王廟的情況，從中可見，無論是皇帝四十大壽慶吉還是即位之初申敬，相關親祭活動都是一種不時舉行的殊禮。

---

① 《大南會典事例》卷九十"禮部·中祀·祭歷代帝王廟"。
② 同上注。
③ 《大南實錄》"正編第二紀·聖祖仁皇帝實錄"卷一百七十一，第3頁。
④ 《大南會典事例》卷九十"禮部·中祀·祭歷代帝王廟"。

2. 禮神物品與樂舞

祭祀活動中，祭祀者對神靈的致意和禮敬是要通過物質媒介和儀式程序來表達的，因此，器物的陳設、禮品的敬獻及氛圍的營造都是禮儀活動的重要組成部分。由於祭祀種類不同、對不同神祇對象的宗教情感有異，禮神的物質條件和程序内涵也都是不盡相同的。具體到阮朝歷代帝王廟禮，文獻中重點揭示的有以下幾類。

（1）祀器

如前引資料所示，明命四年（1823）定歷代帝王廟禮時，明命帝就"命制牌位、祀器"，但其形制如何則不得而知。

明命十一年（1830）六月，命"換制歷代帝王廟祀器"，其中列述的換制祀器的種類和數量有"原銅酒器二十五副，每副格一、尊一、盞三，換用白金；原瓷器水碗五，口鑲鍮，換鑲白金；正廟五室原神位案小項蠟燭臺五對，增中項錫蠟臺五對，中項蠟燭十株；原内案中項蠟燭臺五對，增大項木燭檠五對，大項蠟燭十株；又增長席緣紅羽緞五對"[1]。可見，此次換制祀器主要不是增加數量，而是去舊更新，新器或金屬材質更貴重、或規格大小有增益，品質總體上較前有明顯的提升或改善。

明命十七年（1836）七月，明命帝"定歷代帝王廟典禮"，所定典禮内容之首就是祀器：

> 遞年春秋二祭，正廟五案每案太尊一，登一，鉶二，簠、簋各一，籩、豆各十，牲俎三，筐一，其太尊、登、鉶、簠、簋、豆、勺用銅質，籩用竹、裏鍮，筐用竹、裏木，均塗黃色；兩廡從祀十案每案鉶、簠、簋各一，籩、豆各四，俎、筐各一，並依正廟質樣，惟籩、豆塗紅色。正廟每位原設銀尊一、盞三、碟一，增制黃色琺瑯尊一、爵三、碟三，用備三獻禮；兩廡每案從祀名臣三，原分設銅尊一、盞三、碟一，增制每案銅盞六、碟一，與原設盞、碟每案各三副。正案神牌覆巾原紅綢紗改用黃，祝版覆巾原紅布改用紅羽緞；從案神牌覆巾原紅布改紅羽緞。正廟五室雙開帳一，疊眉原藍帛改紅羽緞，帳面原黃帛改黃羽緞。[2]

可見主要内容是按照正廟五案和兩廡從案的神祇地位不同，具體規定了其祭祀使用器物的品種多少、質地材料、各應使用的色彩等。從祀器名稱看，屬於仿古的禮器，正案的帝王神享器用黃色且種類齊備，從案配位的名臣神器色用紅，數量也等而差之。

（2）禮品

這裏所謂的"禮品"即"禮神供品"，也即俗稱之"供品"。明命十七年（1836）七月所定歷代帝王廟典禮規定：

> 正廟五案，每案牛一、羊一、豕一、粢盛一、太羹玄酒各一、鉶羹一、籩豆之實各十、簠簋之實各一，正中案九位每位帛一，左右四案每案帛一，均用一項帛，兩端金書"禮神制帛"等字；兩廡十案，每案豕一、粢盛一、鉶羹一、籩豆之實各四、簠簋之實各

①　《大南實錄》"正編第二紀·聖祖仁皇帝實錄"卷六十八，第 113 頁。

②　《大南實錄》"正編第二紀·聖祖仁皇帝實錄"卷一百七十一，第 3 頁。

一,帛一用二項帛,兩端銀書。①

從供品種類及盛裝器具的數量上看,不僅正廟帝王與兩廡從祀名臣有差異,正廟五案的中案與其他四案之神的禮數也不盡相同,即中案九位(太昊伏羲氏,左一炎帝神農氏,右一黃帝軒轅氏,左二帝堯陶唐氏,右二帝舜有虞氏,左三夏禹王,右三商湯王,左四周文王,右四周武王)每位一帛,而其餘四案每案一帛,可見上古三代帝王在歷代帝王廟中是最受尊崇的。

(3) 樂舞

明命十七年(1836)七月"定歷代帝王廟典禮",規定"樂章用六奏":

> 迎神奏《景徽之章》,奠帛初獻奏《延徽之章》,亞獻奏《崇徽之章》,終獻奏《安徽之章》,撤饌奏《明徽之章》,送神奏《壽徽之章》。②

歷代帝王廟祭祀所用六奏樂均以"徽"爲名,樂舞使用貫穿了從迎神起到祭畢送神的各個主要祭祀環節。

據《大南會典事例》所載,阮朝不同典禮對象各有專屬樂章和特定的用樂制度,歌詩內容和樂章組合均不盡相同,歷代帝王廟是阮朝包括郊、廟、社稷及文廟在內爲數不多的有祭祀樂舞的祭禮③,其在"儀注"中也清楚標明歷代帝王廟祭祀時,各種樂章、登歌及佾舞的使用細節④。

在阮朝的國家祀典中,歷代帝王廟屬於"中祀"諸禮之一,在祭禮等級上僅次於郊、廟、社稷諸大祀。關於阮朝"中祀"所包含的神祀種類,《大南會典事例》"禮部"屬卷有一詳一略兩處記載,一是卷八十五"祭統",僅載"歷代帝王與先師孔子和先農"爲"中祀";二是卷九十"中祀",具列"中祀"諸禮的次序爲"祭歷代帝王廟、黎聖尊廟,文廟、啟聖祠與諸直省文廟、啟聖祠,祀先農壇、諸直省祀先農壇,祀先蠶"。由此可見,"祀統"是舉其要者,而"中祀"則具列其詳。特別值得注意的是,在兩者列述的順序中,阮朝歷代帝王廟均是處於"中祀"諸禮之首,相較而言,明清的歷代帝王廟在祀典位序上均未享有"中祀"首禮的地位。

五、幾 點 認 識

討論至此,筆者關於阮朝歷代帝王廟祭禮的禮制形態及本質屬性,可概括得出以下幾點認識:

1. 越南阮朝設立"歷代帝王廟",既是基於其與明清兩代同質的王朝制度架構和儒家"以禮佐治"的政治理念,也是基於越南歷史上濃厚的漢文化傳統和阮朝統治者對華夏文化的由衷認同。

2. 阮朝歷代帝王廟雖制承明清,但建築格局和奉祀規則都更近於明,與清制有更明顯的

---

① 《大南實錄》"正編第二紀·聖祖仁皇帝實錄"卷一百七十一,第3頁。

② 同上注。

③ 《大南會典事例》卷九十九"禮部·音樂·樂章"。

④ 《大南會典事例》卷九十五"禮部·儀注·歷代帝王廟儀注"。

差異。

3. 阮朝"歷代帝王廟"奉祀的神祇在身份上有主祀的君神和從祀的臣神兩類；君神有三種：夏商周三代及以上的華夏古帝王，越南追尊為王的傳說人物及北屬時期的地方長官，丁至後黎的歷代開國及承業之君；臣神亦分兩種：上古三代賢輔和丁至後黎名臣。這一神祇供奉體系與明清兩朝均不盡相同，意在昭示越南歷代王朝帝統源出於華夏且自有傳承，與秦漢以降中原諸朝兩途同存，用以論證其不遜於明清的統治正當性。

4. 阮朝歷代帝王廟有春秋常祭和節序特祀兩類祭禮。所謂春秋常祭，是"歲以春秋二仲月"即每年於春二月及秋八月舉行的例行祭祀；節序特祀，是於元旦、端陽及聖壽等節慶之日舉行的非常規祭祀。在禮儀規格上，阮朝的歷代帝王廟屬中祀首禮，在其國家祀典地位上尊於明清，春秋常祭是皇帝欽點皇子或皇子公攝祭，節序特祀例由禮部"咨送文班三品以上官一員行禮，皇帝親祭是惟盛節時偶有的殊禮。神主用牌位而不用像設，君神色尚黃、臣神色尚紅，兩者的祀器、貢品多寡有差。阮朝祀典中有饗神樂舞的祭祀有五種：郊、廟九奏，京師社稷七奏，歷代帝王六奏，先師六奏；其差別是唯先師文舞外，餘皆文武舞。

5. 阮朝國家祀典，包括大祀的郊廟社稷及中祀的歷代帝王廟與先師等，均是頂層設計的王朝禮制，與其所宗屬的清王朝並無哪怕是名義上的從屬關係，是其政權獨立性的真實反映。

6. 在東亞"漢文化圈"內——至少是中越朝韓，其古代王朝禮制雖有共同的淵源關係，但均是各自國家、民族長期延傳且有自生特色的傳統文化。

如上所論，僅是筆者運用越南漢喃文獻進行禮制文化研究的初步嘗試，對於其與阮朝其他祭禮的關係及與明清同類禮制的比較尚未作深入思考，若有相關領域的學者對之關注與揭櫫，則更是筆者所期待的。

想象與意象表達：書法創作與審美的泛化對應關係

叢文俊

（吉林大學古籍研究所）

提　要： 在學術研究中，古代文學藝術評論之書面表達的大量語辭經常被視為可以按語言學標準界定的辭彙或理論研究的概念範疇來加以論說，忽略了這些文獻的文體、修辭中的文學想象及其類比誇張、表達中普遍存在的以"意象"說明審美所得等基本功用與性質上的差異，從而得出錯誤或似是而非的結論。換言之，這種看似科學的研究方法從西學借鑒而來，對古代文學藝術文獻的簡單化，乃至於誤讀謬說的情況相當普遍。本文以古代書法文獻和傳統書法審美與批評為切入點，力求復本，並借鑒於當代。

關鍵詞： 想象　文學修辭　意象表達

"象"是古代書法最早借用的哲學概念之一，並且與之相伴始終，成爲傳統書法批評之普遍的思維和表達方式。在兩千年的書論中，無論這一概念出現與否，人們都會自覺地運用其原理，以期實現批評的最佳效果。迄今爲止，雖然書法理論、書法美學的研究時有涉及，但多停留在概念之一般意義的闡釋上，對其原理與涵義的變遷、在審美與批評中的具體運用等方面，尚無必要的關注和理論分析①，也沒有得到應有的繼承或借鑒。對此，本文擬作初步的探索，並就正於同道。

一、"法象"與"意象"

采用"法象"的概念來描述書體和書法作品的美感狀態，始見於漢代崔瑗的《草勢》。該文在概述文字和書體演進之後論及草書書法云："觀其法象，俯仰有儀。"法象，謂自然萬象，這裏指草書的點畫形勢；俯仰，概言草書豐富多變的動態；儀，儀刑、法式，亦即取法。在崔瑗看來，草書字形的生動之美取法有自，證以後文完全采擷物象喻說的做法，可知包含了取法自然的

---

① 多年前，筆者曾有《書法意象批評釋名》一文，刊於《書法》1989 年第 3 期。該文對本課題雖有涉及，但僅停留在以意象喻説的方式解析層面，需要大爲拓展與深入。

思想。張懷瓘《六體書論》“臣聞形見曰象，書者法象也”的思想，即承此而來，後人假託於蔡邕《九勢》“書肇於自然”的著名觀點，亦權輿於此。

“法象”與自然美是早期書論從文字觀到書法觀的轉化產物，或者説是從文字學理論啟蒙而來，有其歷史的必然。文字的符號體系成於象形，其基本形體都是“遠取諸物，近取諸身”，有“畫成其物，隨體詰屈”的特點①。再以基本形體作爲偏旁，輾轉組合而成“會意”、“形聲”的復合字形，所謂“文者，物象之本；字者，言孳乳而寖多也”②，即其產生與發展歷程的生動概括。其後書體式樣多變，漸次陵夷，最終脱去象形，演進而成由各種抽象點畫結構字形的近世諸體。由於古今書體並行同用，書家例能諸體兼善，遂使古體成爲近體書法審美的參照及理論來源。“法象”的適時介入，使自然美成爲書體美的本原與基本屬性③，書法要有“物象生動可奇”④的見解也隨之成爲最普遍的藝術認知和量説標準，孫過庭《書譜》“同自然之妙有，非力運之能成”、傳李陽冰《論篆》“通三才之品匯，備萬物之情狀”等觀點，都很有代表性。但是，樸素的“法象”思想不盡適用於抽象的近體書法的發展和理論思考，在其逐漸深入人心的同時，缺憾也開始顯現。例如，傳蔡邕《筆論》提出“爲書之體，須入其形。……縱橫有可象者，方得謂之書”的觀點，影響到書寫的隨機性和自由發揮，更重要的是在理論和作品之間，很難看到理想的對應。唐太宗《指意》質疑云：

虞安吉云：夫未解書意者，一點一畫皆求象本，乃轉自取拙，豈是書耶？縱放類本，體樣奪真，可圖其字形，未可稱解筆意，此乃類乎效顰未入西施之奧室也。

“象本”，指書寫應該做到造字之初的自然狀態，把象形文字的仿形與近體的抽象審美之兩個頗不相同的發展階段混而爲一，故言“未可稱解筆意”。換言之，隨着草、行、楷諸近體書法的發展，人們已經逐漸地提升了對其抽象美的認知能力，並在書寫中日益强化主體精神，於是泛化的自然美與藝術通感的理論適時而生，突出主體體驗的“意象”出現即其標誌。

張懷瓘最先洞知其中的玄機，並從理論上近乎完美地解決了這一問題。其《六體書論》評張芝草書云：

功鄰乎篆籀，探於萬象，取其元精，至於形似，最爲近也。

首二句以“篆籀”代表字原，意謂張氏草書能像篆籀一樣，去探知萬象，還有“法象”的痕迹；“元精”，義猶西方藝術理論講的“生命形式”⑤，“取其元精”亦即取神；“形似”謂不似而似，以其妙和自然，故曰：“最爲近也。”其《文字論》稱“惟張有道創意物象，近乎自然”，即其證。又，其《書議》云：“何爲取象其勢，仿佛其形？”結論是“猛獸鷙鳥，神彩各異，書道法此”，指明了書法之所以要取象萬物、法效自然的道理。關於取象之道，他的看法是“囊括萬殊，裁成一

---

① 許慎：《説文解字·敘》，中華書局，1963 年，第 314 頁。
② 今本《説文解字·敘》無“文者，物象之本”一句，此依段玉裁注本補入。
③ 關於書法的自然美，拙著《書法史鑒》(上海書畫出版社，2003 年)第二章第一節有詳細的論説，可以參閱。
④ 張懷瓘：《書議》，《歷代書法論文選》，上海書畫出版社，1979 年。
⑤ 蘇珊·朗格：《藝術問題》，中國社會科學出版社中譯本，1983 年。

相”，亦即取法萬象之“勢”及“理”，最終裁成作品的一種面目。張氏在《文字論》中自述寫草書能做到“探彼意象，入此規模”，而《書議》論之云“玄妙之意，出於物類之表；幽深之理，伏於杳冥之間”、“非有獨聞之聽，獨見之明，不可議無聲之音，無形之相”。由此可見，“意象”堪稱有物無形之相，是“形而上”的哲理認知，其深奧完備，已遠非“法象”可比。

　　“意象”之義有二。一是導源於《周易》的“意”與“象”，在作品中表現爲秉承自然之美的書意或筆意與點畫形勢的生動。王弼《周易略例·明象》云：

　　　　夫象者，出意者也。言者，明象者也。盡意莫若象，盡象莫若言。言生於象，故可尋言以觀象；象生於意，故可尋象以觀意。

　　也就是説，象由意生，意藏於象，所以象能達意；言能釋象，只有正確理解論言的涵義，才能準確地説明表象之所以然、再透過表象去尋繹隱含的深意。劉熙載《藝概·書概》云：

　　　　聖人作《易》，立象以盡意。意，先天，書之本也；象，後天，書之用也。

　　“先天”，謂未形之前，書意之自然美的法則即已存在；“後天”，謂既形之後，作品之“象”具有自然之美的變化與生動，故可以體現其相應的功用、意義。二是在前者的基礎上，加入屬於作者主體精神的人意，包括性情、觀念、學養、審美旨趣和寓奇等，使書寫在既定的書體、師承的框架之内，最大限度地進行個性風格的輸入與創造。作品完成，所見現象和經驗可以體味的技術運用即爲象，象爲表現作者主體精神而具有獨到的價值。

二、“意象”與“想象”

　　對書法作品的審美而言，意深隱而象顯著。深隱者難以索求，顯著者易於粗疏，故爾雖勝流名士，也會有“極難下語”、“言不盡意”[1]之歎。有鑒於此，古人在用書面語言表達所見所得的時候，往往要通過遷想妙得，藉助其他事物來加以説明，由此産生審美之另一種與作品對應的“意象”。這裏，良好的感悟能力、想象力和語言文學的修辭能力都是必不可少的。其中感悟能力表現在解讀作品之“象”，再通過象的提示來追微捕虚，尋繹到深藏其後的“意”；想象力表現在解讀作品的“意象”之後，如何進行審美聯想，找到一種生動易知、概括傳神的對應“意象”；語言文學的修辭能力表現在對書面語言的加工、對所得對應“意象”進行提煉、誇張渲染，以期達到喻説的最佳效果。如此，則需要使“想象”在作品“意象”和書面表達“意象”之間構築起良好的同構和對應的邏輯關係。即使僅僅提示一種審美聯想方向的隱喻曲説，或是審美差異所致的歧説殊見，都不能例外。在兩種“意象”之間，或形貌動態的類似，或原理精神的相通，只要把書面語言中的“意象”弄懂了，書寫技術、作品的美感與風格也會隨之了然於心。

　　需要説明的是，古人語簡，行文講究煉字，審美描述或風格評説時往往采用一二字或數字來作“意象”表達，此即黄庭堅《題絳本法帖》所講的“語少而意密”的修辭習慣。如果語簡，提供的

---

① 張懷瓘《文字論》記吏部侍郎蘇晉、兵部員外郎王翰欲作《書賦》而旬月不成的慨歎，見《歷代書法論文選》。

"意象"也隨之趨簡。意猶未盡,則采取增加字詞以多取"意象"進行喻說的表達方式,既可以作爲前者的補充說明,也可以省略前者而單獨使用。簡潔的用語大都是通行無礙的"意象"概括,有"約定俗成"的特點,例如"雄强"、"險勁"之類;或者有歷史性的詞義變遷,或詞義本身即有相對性及經常變易的特點,例如"遒媚"、"雅俗"之類。舉凡要作補充說明,不外乎以下幾個原因。一是作品美感豐富而多變化,一言難盡所得;二是行、草書天然地具有複雜的内涵及風格表現,需要多角度的觀察描述;三是評論者主體感受的微妙難言,簡語不能曲盡其意;四是文體的或文學修辭的需求與習慣使然。例如,傳梁武帝《古今書人優劣評》評王羲之書法云:

> 王羲之書字勢雄逸,如龍跳天門,虎卧鳳闕。故歷代寶之,永以爲訓。

其中"雄逸"是經驗性詞語,從總體上概括王書風格,不别書體。"雄"有動態、靜態二指,此爲前者,言其筆勢的運動狀態及其釋放出來的力感,可以和知識傳習、日常生活體驗中任何"雄"的"意象"作泛化的對應;"逸"言筆速,狀其筆勢飛動,輔助說明其用筆"凌空取勢"、"一拓直下"的特點。意有未足,則以"龍跳天門,虎卧鳳闕"兩種純任想象並極度誇飾的"意象"再爲補充說明,"如"字表明前後引申、譬喻的次第關係。由此可見,審美想象是自由的,它可以任憑經驗所至,務取生動傳神。至於米芾抨擊其"徵引迂遠,比況奇巧"[1]則受其時歷史語言和文風變遷的影響,不爲真知。再如,張懷瓘《書斷·神品》評王獻之書法云:

> 至於行草,興合如孤峰四絶,迥出天外,其峻峭不可量也。爾其雄武神縱,靈姿秀出,臧武仲之智,卞莊子之勇。或大鵬搏風,長鯨噴浪,懸崖墜石,驚電遺光。察其所由,則意逸乎筆,未見其止,蓋欲奪龍蛇之飛動,掩鍾、張之神氣。

這是對小王行草書法的整體把握。"興合"猶言筆勢開闔、放收,"孤峰四絶"形容字形體勢的險峻特出有如高聳的孤峰,復以"迥出天外"作爲補充說明,歸結之"峻峭"則再度明其行草書法的勢險,以作爲美感、風格的總括。"雄武神縱"言其筆勢雄强勇武、有如神明助其縱橫奔逸,以作爲"興合"的延伸;"靈姿秀出"美其點畫字形的變化多姿、靈動挺秀,以彌補"峻峭"的單一。至此,小王行草的審美描述與評說已大體完備,但張氏尚未滿足,繼續鋪陳。"臧武仲之智",以臧武仲的聰明才智和預見性來說明小王書法的意在筆前、智巧兼優;"卞莊子之勇",取卞莊子之勇來喻說小王筆勢的勇武直前、無往不勝。更以"大鵬搏風"來誇張用筆的開闔斬斫,以"長鯨噴浪"來形容其氣象的恢宏壯觀,以"懸崖墜石"通言其筆勢的威猛可畏,以"驚電遺光"喻其筆速的飛動奔逸。最後思索諸般美感的所自由來,是作者的意氣縱橫彌滿,筆雖盡而意尚有餘,再以"奪龍蛇之飛動"神而明之,以"掩鍾、張之神氣"譽而尊之,嘎然作結,餘音繞梁。比較而言,"峻峭"重在形勢,"雄武"偏言氣勢,爲評說小王行草的兩個基本"意象",其餘都是從不同角度所作的渲染、充實。從文章來看,既有漢賦的想象鋪陳,又有六朝的華麗榮滋,真氣鼓蕩,文章與書道已經融合如一了。由此可見,張氏不僅善於運用"意象",也極富於"想象",所取雖不都是真實的存在,而其深闇書道、善解小王,使批評生動、有效,無人

---

① 米芾:《海岳名言》,見《歷代書法論文選》。

能出其右。

　　古人在闡述具體的技術問題時,也經常會采用"意象"以明其理,既便於學者感悟,又利於培養"想象"能力。例如人們所熟悉的《筆陣圖》,論點法要如"高峰墜石,磕磕然實如崩也",意謂作點要像從高峰墜下的石塊那樣迅疾威猛,亦即打筆而入,重擊落筆後旋即彈出,故曰"磕磕然實如崩";論長橫之法要如"千里陣雲,隱隱然其實有形",意謂緊馱戰行、一波三折,開闊大氣,平實中隱含波瀾;論戈法要如"百鈞弩發",意謂曳筆張力强勁,有如强弩之引弓待發;論豎法要如"萬歲枯藤",意謂澀勢行筆,曲而能勁,内含無限生機,等等。該文論説點畫之法重勢輕形,選擇"意象"喻説也重在原理,不言法而法自在,不言意而意自明,"想象"生動傳神。唐太宗《論書》自述"今吾臨古人之書,殊不學其形勢,唯在求其骨力,而形勢自生耳",就是這個道理。又,劉熙載《藝概·書概》云:

　　　　篆取力弇氣長,隸取勢險節短,蓋運筆與奮筆之辨也。

　　篆書的筆力爲何需要掩藏、怎樣掩藏? 如何感知"氣"的存在,以及如何在平穩的"運筆"中保持生機的通貫不息? 隸書的筆勢爲何取"險"、怎樣取"險"? 節奏的提按抑揚、簡潔明快又是如何體現"奮斫"之法的? 如果没有"意象"的提示,篆、隸筆法的差異很難有如此生動的表達。透過"意象",我們還可以知道,"力弇氣長"出自《書譜》"篆尚婉而通"的基本筆法和美感的概括,從玉箸篆法中總結而來;"勢險節短"出自《筆陣圖》的"兇險可畏如八分","奮筆"出自張懷瓘《玉堂禁經》的"奮斫",而書體和作品風格樣式則基於漢魏梁鵠、毛弘一系之整飭方勁的碑刻隸書,包含了元明清人對漢隸的誤解在内,如吾衍《論篆書》稱"挑撥平硬如折刀頭,方是漢隸"、豐坊《童書學程》稱"分書以方勁古拙爲尚"而以師法於曹魏的文徵明隸書爲説、何良俊《四友齋叢説》稱"隸書當以梁鵠爲第一"而以曹魏的《受禪》、《上尊號》等碑當之,均其例①。

　　古人善於在評論中運用"意象",至此已可窺其全豹,那麼,它們是如何通過"想象"而生出的呢? 王僧虔《書賦》云:

　　　　情憑虛而測有,思沿想而圖空。心經於則,目像其容,手以心麾,毫以手從。

　　意謂書法要能於虛無中"想象"其有,以人的性情去比類萬物的性情,使心意順從自然物理、法則,萬物就會成爲真實的存在,手隨心動,毫從手運,則筆下就會備極生動,妙同自然。傳虞世南《筆髓論·契妙》也有類似的見解:

　　　　然則字雖有質,迹本無爲,稟陰陽而動靜,體萬物以成形,達性通變,其常不主。
　　　　故知書道玄妙,必資神遇,不可以力求也。機巧必須心悟,不可以目取也。……字有
　　　　態度,心之輔也;心悟非心,合於妙也。且如鑄銅爲鏡,明非匠者之明;假筆轉心,妙
　　　　非毫端之妙。

　　"無爲"出《老子》,謂書法之迹順乎自然,因於物理,故須稟承陰陽變易之理而或動或靜,

---

① 　關於明清人對隸書的某些誤解,詳拙著《篆隸書基礎教程》(上海書畫出版社,2005 年)九、十兩課的相關内容。

運筆擬效萬物而成點畫形勢，"稟陰陽"、"體萬物"與"心經於則"是同一事物而從不同角度爲說；"神遇"、"心悟"與"測"、"圖"相類，都是"想象"，都是指示書法通於自然與如何取效的道理；字形態度爲"心之輔"，即宋人視書法爲"心畫"①、項穆《書法雅言·心相》視作品爲"既形之心"和"心相"的認知；"心悟非心"謂心悟於至道與自然物理，筆下則如《書議》的"囊括萬殊，裁成一相"；"假筆轉心"和"手以心麾"是一事的不同表達方式，言書法之妙在心而不在筆。又，劉熙載《藝概·書概》亦云：

> 學書者有二觀：曰觀物，曰觀我。觀物以類情，觀我以通德。如是，則書之前後莫非書也，而書之時可知也。

"觀物"的目的在於以人心去"想象"、比類萬物之情，以通達神明之德。如是，則書之前作品已成於"想象"，書之後作品已備具與之同構的"意象"，而作書之時已經天人合一矣。《性理會通·字學》述程子語云："須是思，方有感悟處，若不思，怎生得此！"所言之"思"與"悟"，也是在講書法作品成於"想象"而備具"意象"的道理。又，朱長文《墨池編》録雷簡夫《江聲帖》云：

> 近刺雅州，晝卧郡閣，因聞平羌江暴漲聲。想其波濤番番，迅駃掀搕，高下歷逐奔去之狀，無物可寄其情，遽起作書，則心中之想盡出於筆下矣。

從聽到江水聲，到"想象"波濤翻卷、掀搕奔逐的狀態，心意因同物情，遽起作書，則波瀾壯觀盡出筆下。這是從"想象"、"類情"到作品備具"意象"之最爲典型的例證。其他如張旭、懷素等許多唐宋名家也都有一些膾炙人口的"想象"與感悟，以其爲學書者耳熟能詳，不贅。

依筆者的體驗，"想象"雖不一定盡同於自然物理，而堪與比類的生動乃必不可少。更重要的是，"想象"可以喚起一種對應的心態，靈感也可能適時而至，對創作的益處是不言而喻的。同樣，閱讀古代書論，通解古人所用之種種"意象"，也需要很好的"想象"，以提升我們的復原能力和學術水平。

三、"想象"與書法創作

應該看到，古今書家最大的差異是知識結構和水平，以及由此帶來的思維方式、思維習慣等種種不同。古人能把筆法、點畫都看成有生命的動態形勢，又長於"想象"與文學修辭，所有的技術展示都可以在審美聯想中進行。相形之下，今人大都憑藉經驗來關注筆法、點畫之佳否的自身意義，或是憑藉天資做到生動，而不知如何藉助"想象"來錘煉、精純生動並闡釋生動，帶有靈感與創作張力的"想象"明顯地缺失。風格意識、創作意識的缺失也都與此相關。有一種見解很有意義，《宣和書譜》評李磎書法云：

> 大抵飽學宗儒，下筆無一點俗氣而暗合書法，茲胸次使然也。

唐人李磎博學洽聞，著述頗富，學者宗之。在古人的體驗中，文理與書理相通，李磎雖不

---

① 詳拙著《書法史鑒》(上海書畫出版社，2003年)第二章第四節"書爲心學"的論説。

專攻書法，而以斯文美盛，能夠發其意氣，自然地流溢於筆墨之中，且不染塵俗，是其胸羅萬有，品次高雅的緣故。又評白居易書法云"蓋胸中淵著，流出筆下，便過人數等，觀之者亦想見其風概云"，即此理此證。又評張籍書法稱"觀夫字畫凜然，其典雅斡旋處，當自與文章相表裏"、評杜牧書法稱"作行草，氣格雄健，與其文章相表裏"、評薛道衡書法稱"文章、字畫同出一道，特源同而派異耳"，都是在講長於文章著述的書法何以亦能佳妙的道理。用今天的話來說，古代書家"例能詩文"[1]而詩文內積乃爲學養，外發則離不開審美聯想，是則由學養築基，以"想象"稱奇，而"想象"與文學"意象"的表達和書法原理相通，至爲明確。也可以說，古人對書法美感的"想象"、闡釋評騭和表達中的語言修辭習慣，都是來自文學修養，由藝術通感來銜接詩文與書法。我們指出古代書法批評有較強的可實踐性，即包含了以文學爲中介這一特點。對今人而言，文學能力的或缺不僅有礙於古代書論的解讀與借鑒，也會影響書法創作中的"想象"能力，以及對"想象"之意義的認知體驗。張懷瓘《書斷》自敘評論的原理是："其觸類生變，萬物爲象，庶乎《周易》之體也。"在種種"想象"之後，萬物皆可以取之而爲書法"意象"，即如《周易》的卦畫可以象徵、對應世間一切事物的原理一樣，使作品獲得生動的闡釋與評說。可以說，這是古代書論中觸目皆是的普遍現象，值得關注。更重要的是，怎樣借鑒這些寶貴的經驗，以利於今天的書法創作。

怎樣把"想象"運用到書法實踐中，古人習慣用一個"悟"字，"悟"之到與不到、轉化爲技術、美感風格的途徑和效果如何，則因人而異，難於用語言表達。例如，張旭以見公主擔夫掙路、聞鼓吹、觀公孫大娘舞西河劍器等種種"想象"和感悟而成一代草聖，其原理方法是自秘、還是不自知，他人無從曉得。陸羽《懷素別傳》載其自述"吾觀夏雲多奇峰，輒常師之"，懷素從夏天的雲峰中看到什麼、又悟出什麼、如何轉化到書寫實踐中去，同樣不得而知。到是"其痛快處如飛鳥出林、驚蛇入草，又坼壁之路，一一自然"的話透出點消息：用筆的"痛快處"勁直如"飛鳥出林"、蜿蜒迅疾如同"驚蛇入草"，" 坼壁"的痕迹能啟發用筆貴在應勢隨機、任其自然。其中前者銜上文，應該出自感悟，而非一般的"意象"的表達喻說，後者是從感悟到轉化爲筆法的描述。又沈作喆《論書》云：

李陽冰論書曰："吾於天地山川，得方圓流峙之常；於日月星辰，得經緯昭回之度；於雲霞草木，得沾布滋蔓之容；於衣冠文物，得揖讓周旋之體；於耳目口鼻，得喜怒慘舒之態；於蟲魚鳥獸，得屈伸飛動之理。"陽冰之於書，可謂能遠取物情，所養富矣。

物情，神與物遊，推擴此心，遂能於天地萬象，皆有感悟，或形或理，皆能在書法上有對應的轉化，如果加以"想象"，則其轉化的原理不難想出一二。至於所"養"之富，既有學養，還要有"想象"和轉化的經驗，"字外功"才能在字內發揮作用。張懷瓘《文字論》也講到自己的經驗："或若擒虎豹，有強梁挈攫之形；執蛟螭，見蚴蟉盤旋之勢。探彼意象，入此規模。"意謂用筆之法的感悟和實踐，勁直如擒虎豹的勇武威猛，婉轉如執蛟螭而見其蚪曲盤旋的態勢，又以

---

① 吳寬：《匏翁家藏集》，《歷代書法論文選續編》，上海書畫出版社，1993 年。

"意象"所取，雖不言力，而力盡在其中。按照這個道理探索草書之生動的本原，即能進入其中，再現其美。又，李日華《論屋漏痕》云：

> 又有聞嘉陵江水聲而悟筆法者，悟其起伏激驟也；見舞劍器而知筆意者，得其雄拔頓挫之妙也；見擔夫負重絡繹而行，雖公主驂從呵禁而不能止者，以其聯絡成勢，不可斷也。

李氏的演繹是否合於古人所得，已無從得知，但他能藉助藝術通感而進行再度"想象"並轉化爲具體的筆法，堪稱善於感悟和借鑒了。

對書寫中具體的技術問題，"想象"的作用也占有重要位置。傳王羲之《題衛夫人〈筆陣圖〉》云：

> 夫欲書者，先乾研墨，凝神靜思，預想字形大小、偃仰、平直、振動，令筋脈相連，意在筆前，然後作字。

下筆之前先要"靜思"，思各種點畫形態和筆勢，而點睛傳神處在"筋脈相連"。什麼是"筋脈"？在字裏行間如何體現？這就需要對其可見的、不可見的有一個完整的"想象"，再使之轉化而爲"意"，亦即唐公宗《論書》講的"皆先作意"，而後動筆，"筋脈"才能把點畫字形串聯成一個有機的整體、充溢着生命光彩的作品整體。《書譜》對書寫技術及其相關的理論問題也有精彩的論說：

> 篆尚婉而通，隸欲精而密，草貴流而暢，章務檢而便。然後凜之以風神，溫之以妍潤，鼓之以枯勁，和之以閑雅，故可達其情性，形其哀樂。

"凜"爲取神，"溫"乃妍潤，"鼓"則枯勁，"和"備閑雅，這四種筆意通過"想象"，被高度提純爲"意象"和美感，而不限於頓挫方圓之類，既能原則地把握運用，又具體而微妙。其後對應的四種"意象"與美感，是書法達性抒情的四種基本元素，也是作品能夠生動變化的成功條件。凡此之類，古代書論中所見甚多，不煩枚舉。

今天，如何提高現有的創作水平，是書壇普遍關心的問題。爲此，筆者草成此文，希望能對思考有所助益。

（原載《中國書法》2008 年第 6 期）

《大唐天竺使之銘》研究四題

張金梁

（吉林大學古籍研究所）

提　要：自《大唐天竺使之銘》被發現以來，專家學者們對其進行了各方面的研究，成果衆多。本文主要對出使者王玄策官職、出使目的、刻《銘》時間、銘額篆書等問題進行深入探討研究。並對殘缺嚴重的銘額篆書文字進行了全貌復原，以還其廬山真面目。

關鍵詞：玄策官職　出使目的　刻銘時間　銘額篆書

《大唐天竺使之銘》（下簡稱《使之銘》）是刻在西藏日喀則地區吉隆縣北部海拔 4 130 米山壁上的一通紀念碑，記載的是唐高宗顯慶年間派朝臣王玄策等人出使天竺（即身毒、印度）的事情，距今已有一千三百餘年，具有非常高的文獻價值和歷史意義。其自 1990 年發現公布以來，專家學者們對其進行了諸多探討研究，取得了衆多成果。去年暑假應朋友邀請到西藏觀光，徘徊於《使之銘》摩崖下許久，感慨良多。回吉林大學後，又得到此銘珍貴墨拓及清晰照片時常賞析，在不斷梳理史料及閱讀今人研究成果的過程中發現了幾個問題，故不揣淺陋撰成小文，以求教於諸方家。

一、關於王玄策的官職問題

王玄策是此次出使天竺的負責人，《銘》文記載其官職爲"○○大夫行左驍衛長史"，"大夫"之前字迹殘缺。據《新唐書》記載，貞觀二十二年右衛率府長史王玄策出使中天竺，以平其亂，歸後"擢玄策朝散大夫"[①]。太子左右衛率府長史官職正七品上，對應的散官階爲"朝請郎"。玄策因有出使平亂功，歸來被唐太宗擢升"朝散大夫"，其正常所對應的官職爲從五品下。此階在散官中爲分水嶺，自其上者稱"大夫"，以下者爲"郎"，唐後歷朝皆然，故古時有官職重五品之説。

一般超非授散階官者，待資格條件符合時便及時升遷，以合朝廷制度。王玄策升階之後，

---

① 《新唐書》，中華書局，1963 年，第 6238 頁。

官職也相應地得到了提拔。《資治通鑒》載：貞觀二十二年，王玄策平天竺亂得方士那羅邇娑婆寐以歸，自言有長生之術，太宗頗信之，使合長生藥，竟不就，乃放還。"上（高宗李治）即位，復詣長安，又遣歸。玄策時爲道王友"①。唐王朝爲了使皇子們有所作爲，"唐諸王府置友一人，從五品下，掌陪侍規諷"②。道王李元慶，唐高祖第十六子，武德六年封漢王，八年改封陳王。貞觀九年拜趙州刺史，賜實封八百戶，十年改封道王，授豫州刺史。二十三年加實封滿千戶。太宗去世高宗登基不久，王玄策官已升爲道王友，這樣其所授的官職與散階皆爲從五品下，便符合朝廷吏制規定了。

細讀《使之銘》不難發現，王玄策在顯慶年間出使天竺所書之官爲"（朝散）大夫行左驍衛長史"，"左驍衛長史"官爲從六品上，比玄策貞觀二十二年出使天竺時的"右率府長史"高了兩級，但却比所冠從五品下的"朝散大夫"低了三級。從銘文中我們會發現，所記玄策官職"左驍衛長史"前有一"行"字，其中大有文章。古時授官頗多講究，有假、平、視、錄、領、兼、行等方式，且每個朝代有不同的内涵。在漢代，官職前加"行"字者，是代理行使職責之意。即此官没有合適人選，由他職官代之，可以平級代理，亦可以下代上或以上代下。而"唐宋官制度，官職高而所理職低者稱'行'"③。由此可知，顯慶三年王玄策出使天竺的官職爲朝散大夫，爲實品階，而"左驍衛長史"是其以上代下的官職，所以前面才加一"行"字。那麼爲什麼朝廷在委任王玄策出使天竺這樣的重大任務時，不用其已授予從五品下的"道王友"官職，而降職爲從六品上的"左驍衛長史"呢？ 其中原因大約有二：一是"道王友"屬於王府侍從官，雖然品級較高而影響不大，外域人對此官職更不甚瞭解，且此官文氣太重，缺少威嚴厚度；其二"左驍衛長史"屬於武官，有一定的震攝力。之前王玄策曾經以"右率府長史"官職出使天竺以武力平亂，在當地影響頗大。因此王玄策此次出使朝廷仍將官職中帶有"長史"名稱，是有特殊含義的。也就是說，王玄策"行左驍衛長史"官職是出使之需要，是否真實行使職責就不重要了。

另外，關於王玄策的祖籍没有記載，《銘》文中載王玄策、劉仁楷"選關内良家之子六人"從行，而王玄策之子、侄皆在其中，説明王玄策當爲"關内"人。當時"關内"之地所指有廣義、狹義之分，廣義者唐朝全國分十道，中有"關内道"，轄地相當於當今的陝西終南山以北，甘肅隴山以東及寧夏以北地區，地面特大；狹義者延用古時稱謂，漢時便將函谷關之内稱爲"關内"，且後來也一直延用之。從古時祖籍習慣以府、州、縣及特殊的地理位置爲多而以道稱者少的情況看，《使之銘》中所謂"關内"當指狹義者而言，即王玄策之籍貫當屬此地。

二、關於王玄策出使的目的

可以清楚地看到，自王玄策貞觀二十二年平亂天竺之後，唐朝、天竺之間的交往更加頻繁。但凡朝廷有派使之舉，必將付之使命，那麼王玄策顯慶年間出使天竺的目的是什麼呢？

---

① （宋）司馬光：《資治通鑒》，中華書局，1956 年，第 6303 頁。
② 同上書，第 6303 頁"玄策時爲道王友"胡三省注。
③ 《辭源》，商務印書館，1995 年，第 1521 頁。

《法苑珠林》據《西國行傳》曰:"勅使王玄策等往西國送佛袈裟。"①朝廷派使者專門到天竺送佛袈裟,這對佛教界來説是極爲光彩的事情,爲發揚光大佛法具有非常大的推動作用,《法苑珠林》當然會借題發揮大力宣揚之。但關於此次出使的任務,《新唐書》則記載曰:"摩揭它,一曰摩伽陀,本中天竺屬國。……貞觀二十一年始遣使者,自通於天子,獻波羅樹,樹類白楊。太宗遣使取熬糖法,即詔揚州上諸蔗,柞瀋如其劑,色味愈西域遠甚。高宗又遣王玄策至其國摩訶菩提祠立碑焉。"②在此明確地指出,唐高宗讓王玄策出使天竺的任務是到"摩訶菩提祠立碑",與《法苑珠林》記載有所不同,其實並不奇怪,一次出使要辦數件事情,"立碑"和"送袈裟"可能是此次出使的兩項主要者,特別是"立碑"顯得更爲重要。

出域"立碑"是朝廷一項非常重要的外交形式,起着獨特的標誌性作用,王玄策等第一次出使天竺時,任務中便有立碑之事。《法苑珠林》載:"此漢使奉敕往摩伽陁國摩訶菩提寺立碑,至貞觀十九年二月十一日於菩提樹下塔西建立,使典司門令史魏才書。"③"立碑"目的和作用,全都表現在碑文之中:

> 大唐牢籠六合,道冠百王,文德所加,溥天同附。是故身毒諸國,道俗歸誠,皇帝潛其忠款,退軫聖慮,乃命使人朝散大夫行衛尉寺丞上護軍李義表、副使前融州黃水縣令王玄策等二十二人,巡撫其國,遂至摩訶菩提寺。其寺所菩提樹下,金剛之座賢劫千佛,並於中成道觀,嚴飾相好,具若真容。靈塔淨地,巧窮天外,此乃曠代所未見,史籍所未詳。皇帝遠振鴻風,光華道樹,爰命使人,屆斯瞻仰,此絶代之盛事,不朽之神功。如何寢默詠歌,不傳金石者也?乃爲銘曰:大唐撫運,膺圖壽昌,化行六合,威棱八荒。身毒稽顙,道俗來王,爰發明使,瞻斯道場。金剛之座,千佛代居,尊容相好,彌勒規模。靈塔壯麗,道樹扶踈,歷劫不朽,神力焉如。④

從此碑文不難看到立碑的三個目的:一是宣揚了大唐的强盛和皇帝的偉大;二是表明了大唐敬佛的意願及身毒"道俗歸誠"的雙向影響;三是將兩國交往盛事刻碑以示永遠。其中"潛其忠款"、"巡撫其國"、"身毒稽顙"等詞語,透露出了大唐王朝國富民强居高臨下的姿態。貞觀時去天竺立碑體現了太宗朝之威望,高宗派王玄策等再到"摩訶菩提祠立碑",其宗旨當大同小異,無非是進一步宣傳大唐帝國的强盛,歌頌高宗皇帝的恩德浩蕩罷了。

由此可知,此次出使天竺在選擇隨行人員時,善撰文、能書寫、工刻石者一應俱全是必然的。《使之銘》載"傔人○扶○亨書、賀守一書篆",郭聲波先生從姓氏學的角度考察,認爲書者姓"乞扶",又根據殘留字迹推測"亨"前之字爲"定",還原書者姓名當爲"乞扶定亨",頗有道理。"傔人"即侍從之人,《舊唐書》載:"凡諸軍鎮,大使、副使已下皆有傔人,別奏以從之。"⑤朝廷官員爲了政務方便,可以根據自己的官職及用人需要選擇"傔人",然後按規定奏於朝廷備

---

① (唐)釋道世:《法苑珠林》卷二十四,四庫全書文淵閣本。
② 《新唐書》,第 6239 頁。
③ 《法苑珠林》卷三十八。
④ 同上注。
⑤ 《舊唐書》,中華書局,1963 年,第 1835 頁。

案即可。使用傔人到宋代形成制度,《宋史》云:"任宰相執政者有隨身,任使相至正任刺史以上者有隨身,餘止傔人。"①"中書、樞密、宣徽三司及正刺史已上皆有衣糧,餘止給餐錢"②。就是說官員的級別不同所用傔人數量、待遇亦不同。宋承唐制,相信唐代"傔人"的情況與此不會有大的區別。那麼當時王玄策、劉仁楷"選關內良家之子六人"從行時,一定要根據此次去天竺"立碑"的任務來選擇"傔人",《使之銘》的書丹者"乞扶定亨"和篆額者"賀守一",必然是符合這些條件而被錄用的。但由於他們的身份都比較低,歷史文獻中罕見他們的名字,其生平事迹也難以弄清。可以肯定的是,他們隨從王玄策出使天竺順利完成朝廷使命,在滿懷喜悅心情的歸途中,展現了一下他們的非凡身手,刻下了這方精美的紀念碑。這也使魏霍先生"從碑文書法秀麗,刻工精美這一點推測,王使團中應還帶有石刻工匠等隨員"③的推測,有了準確的答案。

三、《銘》刻石的時間

關於《大唐天竺使之銘》的刻石時間研究者意見很不統一,而斷定其爲出使人員在路途中所爲似無異議。出使者們有任務在身,去時必然急於趕路,再者出使能否順利完成任務還是未知數,不可能有閑情逸致去遊覽刻碑記事。現存《使之銘》雖然殘缺,但從語句中仍然能感受到他們不辱使命的喜悅心情,其當爲歸來時所刻是不可懷疑的。王玄策此次出使的時間一般都認爲是顯慶三年,基本達成了共識,而其歸國的時間文獻中沒有明確記載。在當代研究者中有兩種意見比較主流,一是孫修身先生認爲王玄策是龍朔元年歸國的④;二是魏霍先生則認爲刻石"以龍朔二年之後至咸享元年之前這一時間範圍可供考慮"⑤,仍然爭論紛紜莫衷一是。《法苑珠林》云:"(小王城舍國)古王寺有佛頂骨一片,廣二寸,餘色黃白,髮孔分明。至大唐龍朔元年春初,使人王玄策從西國將來,今現宮內供養。"⑥孫修身先生就是據此確定王玄策歸來時間爲龍朔元年的。《法苑珠林》之記載,只說"龍朔元年春初,使人王玄策從西國將來",並未說已來,所以不能以此斷定王氏等出使者此時歸來,只能證明龍朔元年春王玄策等仍在天竺。仔細分析"使人王玄策從西國將來"之語存在不少疑點,若王玄策等真得很快如期而至,爲什麼《法苑珠林》只記此"將來"消息,而未記其來到的情況? 由此推斷,王玄策似乎推後很長時間才來,或者由於什麼緣故根本未到古王寺。也就是說,依此不能確定王玄策等出使天竺是龍朔元年春同歸的。

在這裏有必要再提及王玄策之官職"行左驍衛長史"的問題,它可以幫助我們爲確定其回歸大唐的時間提供重要依據。《通典》載:"煬帝即位,改左右備身府爲左右驍衛府,所領軍士

---

① 《宋史》,中華書局,1977年,第4122頁。

② 《宋史》,第4123頁。

③ 霍巍:《〈大唐天竺使出銘〉相關問題再探》,《中國藏學》2001年第1期。

④ 孫修身:《唐朝傑出外交家王玄策史迹研究》,《敦煌研究》1994年第3期。

⑤ 同上注。

⑥ 《法苑珠林》卷三十八。

名曰豹騎,其備身府又別置焉;大唐因隋置左右驍衛府,龍朔二年去府字。"①《唐會要》對其時間有更爲準確地記載:"武德元年諸衛因隋舊並爲府,至龍朔二年二月四日並去府字爲衛。"② 也就是説在"龍朔二年二月四日"之前,"左右驍衛府"是不能隨意去"府"字的,這才用詔命的方法加以頒布。陸慶夫先生認爲,"府"字是可以隨便簡省的,並借用錢大昕所説御史臺大夫、翰林院學士、中書舍人皆省臺、院、省而稱,"唐人刻石如太常、光禄卿之省寺,正類如此"③。並以此類推,認爲銘文中"左驍衛府長史"省"府"字稱爲"左驍衛長史",也應完全合乎慣例,這是不科學的。錢大昕所舉者是幾種人們特別熟悉的官職,而省略記載也大都出現在私人墓碑誌等各種非官方正式場合,在皇帝聖旨朝廷公文等正規場合,所書官職皆爲朝廷所授官職的全稱。特別是"長史"官職,其種類繁多非常複雜,不稱全名難以確定其品級高低,如五大都督府長史從三品,親王府長史從四品上,上都護府長史正五品上,下都督府長史從五品上,中郡長史正六品上,下州長史正六品下,諸衛長史從六品上,左右千牛衛長史及左右衛司率府長史正七品上,上府長史正七品下太子左右内率府長史及中府長史從七品上,下府長史從七品下④,從而不難看出,"長史"之職隨着所在機構的不同而決定其官品級的高低,最高者爲從三品,最低者爲從七品下。所以官"長史"者大都書以全稱,避免出現誤會。何況王玄策代表大唐帝國出使天竺,在途中爲了宣傳大唐而刻碑銘,可歸於朝廷行爲之列,此碑又刻於異族邊遠地區,當以特別正規形式進行,爲了避免誤解,所記官職一定非常謹慎地書寫朝廷公布全稱。因此我們認爲,銘文"左驍衛長史"没用"府"字與習俗省稱没有關係,當爲朝廷頒布"驍衛府"去"府"後使然。

孫修身先生曾考證,龍朔三年五月,唐高宗李治集百官於朝堂,再議僧尼致拜之事,王玄策曾上《沙門不應拜俗狀》,"這就證明在龍朔三年五月之時,王玄策是在國内的"⑤。如此可以進一步縮小王玄策回歸刻銘的時間,即應在朝廷龍朔二年二月四日頒布"驍衛府"去"府"後至龍朔三年五月在朝廷上奏章之間。《使之銘》文中有"〇〇〇年夏五月屆於小楊童之西"語句,而龍朔三年五月王玄策已在朝廷,不可能同時還留在遥遠的西藏,而符合這一時間條件者只有"龍朔二年夏五月"了。此年"二月四日"朝廷頒布了"驍衛府"去"府"令,而王玄策等"五月"到西藏時已清楚此事,所以在刻碑時按新稱書官職,這是合情合理的。這樣我們可以確定,王玄策使團於龍朔二年夏在回歸朝廷經過西藏的路途中,刻了這通非常有價值的紀念碑《大唐天竺使之銘》。

四、《使之銘》篆額

《使之銘》之書法,其正文爲精美中楷,穩健整飭遒媚大方,彌足珍貴。而銘額篆書七字,

---

① (唐)杜佑:《通典》,中華書局,1988年,第786頁。
② (宋)王溥:《唐會要》卷七,中華書局,1955年,第1282頁。
③ 陸慶夫:《關於王玄策史迹研究的幾點商榷》,《敦煌研究》1995年第4期。
④ 《舊唐書》,第1792—1799頁。
⑤ 孫修身:《唐朝傑出外交家王玄策史迹研究》,《敦煌研究》1994年第3期。

結體茂密點畫渾厚,更爲書苑奇葩,其中充滿着初唐時期篆書信息,故於此特討論之。

古時書寫以實用爲主,簡單方便成爲書體發展的自然動力。故自隸、楷、行成爲日常所用字體以來,人們對於書寫緩慢的篆書研習大爲減少。朱長文《續書斷》曰:"歷兩漢魏晉至隋唐,逾千載,學書者唯真草是攻,窮英擷華,浮功相尚,而曾不省其根本,由是篆學中廢。"①但中華文化重視傳統,作爲大一統中國重要標誌之一的秦篆,仍然被人們視爲正體書法之典範而難以忘懷,其雍容莊重古氣盎然的正宗意識,成爲後來帝王文飾中的專用文字,重要場合下的碑誌石刻,莊重肅穆的標題亦大都用此體書寫。如漢碑大都以隸字書正文,而署額者爲篆字,後書碑題額稱之爲"篆額"則起因於此。漢碑中的篆額多粗筆陰刻,氣勢恢宏,與大碑隸書相映成趣。魏晉禁碑,故篆書碑額流傳較少。北朝無禁碑之令,時貴葬俗特重碑誌,從較多的墓誌蓋上的篆書可以看出,書手們對篆書的書寫逐漸生疏,不講體勢筆法而重修飾美化,朝着圖案性方向發展,失去不少書寫的生動神氣。隋朝雖然統一了大江南北,但此篆額風氣仍然延續着。唐朝頗重文治,太宗特別重視書法,貞觀二年設書學於國子監,內有博士二人、助教一人、典學二人,開展書學教育。教學內容是"以《石經》、《説文》、《字林》爲顓業,餘字書亦兼習之"②。這些字書大都與篆書有關,爲篆書發展起到了一定的作用。但從唐初流傳下來的碑誌額蓋篆書看,其面貌還保留着不少北朝及隋時的書刻特點,在書寫篆書重視點畫結構古雅的同時,明顯地表現出了描畫裝飾痕迹。這些時代特徵,也自然而然地反映到了《大唐天竺使之銘》篆額書法上。

《使之銘》篆額殘缺頗爲嚴重(圖一),給人們的識讀欣賞帶來了極大的不便。爲了使觀賞者一睹《使之銘》篆額書法的廬山真面目,筆者在深入考察研究的基礎上,對《使之銘》篆額書法進行了全貌還原,採用的方法是:首先根據拓片將銘額篆字殘存點畫勾出,以定其字體的骨架及字形的大概樣式;然後將清晰照片置入電腦進行放大,觀察破殘凹進殘缺石迹,尋找殘存字形狀態點畫筆勢,來彌補拓片只能拓出同一石平面殘留點畫之不足;再以《説文解字》中的標準小篆爲基礎,以唐初碑誌額蓋刻石中的篆字書體樣式爲參照物,獲得唐初篆額字形及點畫的習慣規律,確定殘缺嚴重的銘額篆字結構及點畫的形狀和位置;最後使用電腦的特殊功能,將殘破的"大唐天竺使之銘"七字原貌得以恢復(圖二)。因此,我們有必要對篆額的字體點畫特色,加以審美關照及闡述說明。

"大",小篆爲🖹(以《説文》爲準,下同),篆額之"大"字符合小篆字法,字形如一雄健之人立於天地之間,兩腿粗壯開步站立,腳尖外轉;雙臂開張下伸,有雄糾糾氣昂昂之勢。銘額此字筆畫殘缺較重,然其點畫筆勢較爲明晰,故較容易按勢彌補。

"唐",小篆爲🖹,篆額"唐"字基本符合小篆寫法,唯將字頂端向上彎曲之兩犄角,化爲向左右兩端取向之橫勢,以求結構安穩大方和圖案裝飾。"唐"字下面"口"字上橫,變用"人"形書寫,當爲六朝書寫舊習,或時尚所致。

---

① 《歷代書法論文選》,上海書畫出版社,1981年,第326頁。
② (唐)李林甫:《唐六典》,中華書局,1992年,第562頁。

圖一　大唐天竺使之銘拓片

圖二　碑額復原

　　"天"，小篆爲$\overline{\underline{\Lambda}}$，在"大"字上加一横，是標準的小篆寫法，篆額此字寫得較前面"大"字更加開張大方，顯得氣勢充足。

　　"竺"，小篆爲竺，小篆"竹"字頭的寫法有兩種：一是將"竹"字的筆畫形態不變，這樣竹字頭占的空間較大，一般下面筆畫少的字用該形，如"竺"下面兩横，故《説文》字例便用此法結構；二是將"竹"變爲字頭樣，這樣占的空間較少，可留出較大的空間給下面的結構，筆畫多的字皆如此書寫。篆額"竺"字雖下部只有兩横，但采用的是後者寫法，顯然是爲了加強下面兩横的體積和重量感。另外，一般兩條横的書寫上短下長，以托住上面筆畫而求穩重，篆額"竺"字則上長下短，穩中寓險，別具匠心。

　　"使"，小篆爲使，篆額"使"字破壞嚴重，"吏"部分口框左邊全無，下部亦殘缺不全，仔細觀察原石照片仍然能看出大概。"人"字旁一般以右邊一豎爲主筆，而此則左邊一豎更加粗勁。

從殘留的口框看,其用筆圓轉如環,有別於小篆口字兩豎高出口形,顯得筆勢頗爲流暢。

“之”,小篆爲 𡳳,篆額“之”字,中豎兩邊的豎彎爲了追求整齊美觀的圖案性,形成了完全對稱狀況,下面一橫托之,此爲前代舊法,唐代仍延用之。因篆額“之”上部如隸楷之“山”字,而下橫又有殘缺,再聯繫上面“使”字,導致了最初人們誤釋其爲“出”。實際上篆書“出”與“之”字意象不同,差別較大,容易區分。

“銘”,小篆爲 𨨶,篆額之“銘”字,左“金”旁上部及中部殘損,右邊“名”的上部與右下部亦殘,但從原石照片及拓片上,仍能看出所存“銘”字筆畫輪廓。其與標準小篆有所不同,“金”旁下面相當於楷書對點的兩豎頗長,所占面積很大,使從下向上數第二橫與頂部“人”所留空間較小,只能餘有一條橫的寬度,所以“金”旁的書寫與楷書結構極爲相類。銘字右邊上部的筆畫,還是強調了回環圓轉意趣,下面“口”形的處理如同“唐”字中“口”,采用上橫變爲“人”形的寫法,使圖案性得到了進一步體現。

總之,從《使之銘》篆額書法不難發現,筆畫的質感力度有追求秦篆的用意,結構整飭大方,頗具雍容大度神態。其中裝飾美化筆畫及結構方式亦非常明顯,如橫畫兩端的下覆之態,左右豎下端向外取勢之意,以及口框圓轉如環的處理,“口”部上橫“人”狀寫法,皆使篆書的圖案性大增。但由於其筆畫皆有書寫意蓄,減少了不少雕琢習氣。呈現在人們面前的銘額篆書,在較重的裝飾效果中,仍然能表現出結體雄健、意態大方、點畫渾厚、氣勢開張的特色,在唐初留傳下來的刻石篆書中,其書法水平仍然是佼佼者。

《大唐故韋府君墓紀石》跋

趙生泉
（河北師範大學美術與設計學院）

摘　要：雖然祖、父輩仕途顯赫，自身出仕亦頗順利，但因親喪及李林甫刻意壓制人才，韋鑾不得不閑居20餘年。在此期間，他以繪事自娛，畫名頗盛，並在長安寺廟流下很多壁畫作品。開元後期，李林甫去世後，韋鑾始再度出仕，但未及門庭復振，就因病去世。數年後，嗣子韋宰將其安葬。他最有名的兒子韋應物未能參與安葬事宜，恐怕與其庶子身份有關。

關鍵詞：韋應物　韋鑾　繪畫　衰微　庶出

西安近年新出一合青石墓誌，規格35×35.5×6釐米，有蓋，盝頂，縱橫與誌相仿而略薄，上鐫篆書3行9字："大唐故韋府君墓記石。"誌文頗雅潔，凡16行，總126字，第四行首字、第三行倒數第四字分別係"世"、"民"，以避唐太宗諱而省筆。其文曰：

> 大唐故宣城郡司法參軍韋府君紀石
> 君諱鑾，字和聲，京兆茂陵人也。五代
> 祖周處士逍遥公夐，高祖隋民部尚書
> 世沖，曾祖唐御史大夫挺，祖尚書右僕
> 射扶陽元公待價，父梁州都督扶陽肅
> 公令儀，君即肅公第四子也。起家江州
> 司兵參軍，辭滿艱疚，輟仕累年，親友敦
> 勉，乃從常調補宣城司法參軍。以開元
> 廿八年七月三日寢疾，終於郡之官舍，
> 春秋五十有一。享年不永，命矣夫！喪歸
> 舊里，權殯於萬年義善佛寺，天寶三
> 載歲次甲申二月乙丑朔八日壬申，遷
> 葬於本縣義善鄉少陵原之塋，從先人
> 禮也。嗚呼！元公遺訓無銘，志唯紀年位
> 而已，嗣子宰（膚袞）等，聿遵先旨，不敢加

焉。

全文包含三層内容：一是誌主韋鑾的家世；二是其仕宦經歷及死亡年月；三是喪葬經過。之所以名曰"墓紀石"，殆以曾祖韋待價有"無銘"之遺命，而僅紀事之故也。考諸史傳，韋鑾之名見於《新唐書》卷七四上《宰相世系表四上》，爲韋令儀"次子"，與誌不同，或《表》未計庶子而誌爲總計？《表》又謂其獨子乃中唐著名詩人韋應物。韋應物詩壇翹楚，官至三品，在兩《唐書》却没有傳記，因而四五年前發現的韋應物夫婦、父子等墓誌才引起很大反響①。而今，其父的墓誌又驚現世間，這必將深化我們對唐代文學、歷史乃至文化藝術的認識和理解。

京兆韋氏爲唐代著名士族，所以韋鑾出仕並不困難，不過，《新唐書・宰相世系表》没有記錄其官職，而誌文則稱他"起家"授江州司兵參軍，後遷宣城司法參軍。史載開元、天寶時期的江州是所謂"中"州②；而"宣城（郡）"即宣州，至少爲"上"甚至"緊"③。不過，《唐會要》卷七〇《量户口定州縣等第例》所引開元十八年三月十七日敕又説："其六雄十望州三輔等，及别敕同上州都督，及畿内州並同上州。"可見緊州的職官設置與上州實無差别。又據《舊唐書》卷四四《職官志三》、《新唐書》卷四九下《百官志四下》，唐代上州有司法、司兵參軍各一人，從七品下；中州亦各一人，正八品下；下州無司兵而有司法，從八品下。准此，則江州司兵參軍爲正八品下，"宣城"司法參軍爲從七品下。又，《舊唐書・地理志三》云："宣州，……天寶元年，改爲宣城郡。……乾元元年，復爲宣州。"可知韋鑾去世時的身份是宣州司法參軍，而非"宣城司法參軍"，但下葬時宣州既已改稱宣城郡，稱之爲"宣城司法參軍"亦無不可。

誌文未提韋鑾出身科第，説明他是門蔭出仕。《新唐書》卷四五《選舉志下》稱："凡用蔭，一品子，正七品上；二品子，正七品下；三品子，從七品上；從三品子，從七品下；正四品子，正八品上；從四品子，正八品下；正五品子，從八品上；從五品及國公子，從八品下。"即五品官方可蔭子。韋鑾之父親韋令儀的官位，誌稱"梁州都督"，而《新唐書・宰相世系表四上》載爲宗正少卿，《元和姓纂》卷二記爲司門郎中、梁州都督，與誌皆有同異。以官品言之，司門郎中隸刑部，從五品上；宗正少卿爲宗正寺貳職，從四品上④；銀青光禄大夫，從三品文散官；梁州都督品級不詳，但至少是從三品⑤。至於誌中提到的"扶陽蕭公"，殆即扶陽郡公，係正二品爵⑥，而兼謚號也。既然江州司兵參軍爲正八品下，韋鑾初登仕途之時，韋令儀應當正在從四品宗正少卿任上。

開元廿八年（740）七月三日，韋鑾"終於郡之官舍"即"宣城司法參軍"任上，享年51歲。

① 陳尚君：《韋應物一家墓誌的學術價值》，《文匯報》2007年11月4日第八版。
② 《舊唐書》卷四〇《地理志三》記江州爲中州，《新唐書》卷四一《地理志五》記爲上州，《元和郡縣志》卷二八則稱爲"上"，並謂開元時户約兩萬一千。然《唐會要》卷七〇《量户口定州縣等第例》引開元十八年三月十七日敕謂："太平時久，户口日殷，宜以四萬户已上爲上州，二萬五千户爲中州，不滿二萬户爲下州。"即開元時期内地州郡户口四萬以上爲"上"，兩萬五千以上爲"中"，故當以《舊唐書》爲是。
③ 黃永年：《唐天寶宣城郡丁課銀鋌考釋》，《陝西師大學報》（哲學社會科學版）1978年第4期，第64頁及第67頁注46。
④ 《新唐書》卷四八《百官志三》"宗正寺，卿一人，從三品；少卿二人，從四品上；……"，中華書局，1975年，第1250頁。
⑤ 《舊唐書》卷四四（第1916—1917頁）《職官志三》載唐代都督府分大、中、下，長官皆爲都督，品級分别爲從二品、正三品上、從三品。
⑥ 《舊唐書》卷四二《職官志一》，第1791頁。

這可以提供兩點信息：其一，韋鑾的生年爲武則天天授元年（690）；其二，韋鑾是在開元二十幾年以後才到宣州任職的，當時他已年逾四十。以不惑之年，却只能循資遷轉，提升兩階，實在難稱平順。之所以如此，很可能與時局有關。當時掌控朝政的是李林甫，李林甫精通律例，又專權嫉賢，故《舊唐書》卷一〇六本傳説："林甫性沉密，城府深阻，未嘗以愛憎見於容色。自處臺衡，動循格令，衣冠士子，非常調無仕進之門。所以秉鈞二十年，朝野側目，憚其威權。"史載他於開元二十二年五月拜相，至天寶十一載（752）十月卒於位，凡逾 19 年，故稱"二十年"。韋鑾之復出，恰逢此際，難免不受些影響。

此外，誌中"辭滿艱疚，輟仕累年"、"從常調"諸辭對釐清韋鑾的經歷也很重要。依次言之，"辭滿艱疚"當分讀，"辭滿"指官吏任期届滿，自求解退，如李頎《贈别穆元林》之"貳職久辭滿，藏名三十年。丹墀策頻獻，白首官不遷"。"艱疚"謂喪親之痛，如蘇軾《與馮祖仁書一》所稱"某慰疏言，伏承艱疚，退居久矣，日月逾邁，哀痛理極"。"輟仕"即"不仕"，"累年"指多年，如韓愈《送陳密序》之"密來太學，舉明經，累年不獲選，是弗利於是科也"。而所謂"從常調"，即按常規銓選官吏，如高適《宋中遇劉書記有别》稱"幾載困常調，一朝時運催"，可見"常調"係官員遷轉的最基本標準，也就是資歷。體味文意，韋鑾江州之任届滿時，恰逢親人死亡，不得不居喪"累年"，然後才再次入仕。至於死者究竟是父親還是母親，誌文没有透露，文獻亦無可稽考，姑存疑。但因守孝去官，却是當時官員時常需要面對的情况。《新唐書》卷二〇《禮樂志十》"王公以下三月而葬，葬而虞，三虞而卒哭。十三月小祥，二十五月大祥，二十七月禪祭"之説，明確指出唐代守制最長 27 個月，則韋鑾"輟仕累年"後的復出似乎不需要"親友敦勉"。另一方面，如果江州、宣州之間相隔僅僅 3 年的話，韋鑾出仕很可能要晚到 40 歲以後，而據韋應物《燕李録事》所稱"與君十五侍皇闈，曉拂爐煙上赤墀"[①]，世家子弟不足弱冠即可藉門資獲得出身，可見韋鑾入仕不應如此之晚。但這樣一來，其"輟仕"時間就必然要遠遠超過 27 個月。就此而言，韋鑾仕途之不濟，除李林甫專權嫉賢因素外，很可能還與其閑居太久，缺乏像樣的政績有關。

那麼，他在"輟仕"期間做了些什麼呢？晚唐張彦遠（815—907）《歷代名畫記》、朱景玄《唐朝名畫録》及北宋《宣和畫譜》的記載，或許能爲我們解開這一疑問。《歷代名畫記》卷一〇稱："韋鑒，工龍馬，妙得精氣。"接着又説：

> 鑒弟鑾，工山水松石，雖有其名，未免古拙。

朱景玄《唐朝名畫録·能品上》云：

> 韋鑾，官至少監，善圖花鳥山水，俱得其深旨，可謂邊鸞之亞。韋鑒次之。其畫並居能品。

《宣和畫譜》卷一三"畜獸"門亦於"韋鑒"條内載：

> 弟鑾工山水松石，鑾之子堰亦畫馬松石名於時，鑒實鼻祖。

①　（唐）韋應物著，陶敏、王友勝校注：《韋應物集校注》，上海古籍出版社，1998 年，第 36—37 頁。

韋鑒,即《新唐書·宰相世系表》中韋令儀長子;而韋堰,亦作韋鶠、韋偃,盛唐畫家,與杜甫有交遊[①]。關於韋堰,《歷代名畫記》卷一〇稱:

> 鑒子鶠,工山水、高僧、奇士、老松、異石,筆力勁健,風格高舉。善小馬、牛羊、山原。俗人空知鶠善馬,不知松石更佳也。咫尺千尋,駢柯攢影,煙霞翳薄,風雨颼飀,輪囷盡摳。蓋之形宛轉,極盤龍之狀。

《宣和畫譜》卷一三説:

> 韋偃,父鑾善畫山水松石,時名雖已籍籍,而未免墮於古拙之習。偃雖家學,而筆力遒健,風格高舉,煙霞風雲之變,與夫輪囷離奇之狀,過父遠甚。然世唯知偃善畫馬,蓋杜子美嘗有題堰畫馬歌,所謂"戲拈禿筆掃驊騮,倏見騏驎出東壁"者是也。然不止畫馬,而亦能工山水松石人物,皆極精妙。

無論韋偃的父親是誰,韋家至少有兩代擅長繪畫是毫無問題的。又,《歷代名畫記》卷三《記兩京寺觀畫壁》稱慈恩寺"院内東廊從北第一房間南壁,韋鑾畫松樹"[②],這是韋鑾見於著録的唯一作品,而今亦無由得見。考慈恩寺即唐代著名寺院大慈恩寺,清代徐松《唐兩京城坊考》卷三謂在西京(長安)"晉昌坊"之東半[③],玄奘曾駐錫於此譯經,而且寺内有吴道子的菩薩像以及鄭虔、畢宏、王維等人的白畫。能與這些名家並列共存,足見韋鑾畫名之盛。同時,這也透露出韋鑾的作品多係寺院壁畫,保存不易,到北宋時已喪亡殆盡,徒存畫名於《宣和畫譜》而已。就此而言,所謂宣州盛産文房四寶,韋鑾"在這樣的環境裏成爲一名優秀的畫家,當在情理之中"之説[④],其實並不確切,因爲早在到宣州赴任之前,他就已經享有畫名並在長安大事創作了。至於時間,雖然可以早到出仕之前的青年時期,但應該主要還是在"輟仕"後的閒居期間。

既然葬禮由"嗣子宰膺衮"負責,似乎是在説韋鑾有三個兒子。《韋應物墓誌》稱"君司法之第三子也"[⑤],也可以證明這一點。但是,"嗣子"一般是有繼承權的嫡長子[⑥],可見"宰膺衮"實乃一人,即名"宰"而字"膺衮"。"膺"之本義爲"胸",引申而有"接受,承當"義,"衮"之本義爲"古代君王的禮服",二者相合,寓"爲官做宰"之意,正合"字以表德"之旨。另一方面,"膺"、"應"又可通用,可證"膺衮"、"應物"是一代人。至於韋應物爲何没有參與父親的喪事,年齡或嫡庶差異恐怕是最重要的原因。

書法方面,該誌亦頗有特點。大體説來,約有以下數端:其一,總體風格沖融和雅,既有晉人風度,又存褚體儀態,合乎唐代既尊王又能將其逐漸規範化的書法風氣。其二,個别點畫,特别是折筆豎畫,已趨肥健,却能潛鋒暗過,透露顔書意致,顯示出書壇風氣正在肥、瘦興

---

① 張志烈、張曉蕾:《杜甫與韋偃》,《杜甫研究學刊》1994年第2期,第18頁。

② (唐)張彦遠撰,周曉薇校點:《歷代名畫記》卷三《記兩京外州寺觀畫壁》,遼寧教育出版社,2001年,第32頁。

③ (清)徐松撰,李健超增訂:《增訂唐兩京城坊考》卷三,三秦出版社,1996年,第109—111頁。

④ 馬驥:《新發現的唐韋應物夫婦及子韋慶復夫婦墓誌簡考》,《文匯報》2007年11月4日第八版。

⑤ 《韋應物一家四方墓誌録文》,《文匯報》2007年11月4日第八版。

⑥ (清)王應奎撰,王彬、嚴英俊點校:《柳南隨筆續筆》,中華書局,1983年,第19頁。

替之中。其三,線條鐫刻有巧、拙互見之意,尤以最末兩行富蘊拙趣,與前 14 行似非出一人之手。限於材料,目前尚難以確定書丹人,但以韋氏閥閱之高,文藝之盛,想必不會苟且爲之。若能繼續發掘,當能細化我們對盛唐書法變遷與家族文化之間關係的考察。

唐宋制度變革與書法轉型

李慧斌

（青島農業大學藝術學院）

提　要： 在中國古代書法史上，存在着一個"唐宋書法轉型"的重要問題。本文以唐宋銓選制度、科舉制度及職官制度的變革爲考察對象，從制度轉型的視角，比較客觀地揭示了這三種制度的轉變給宋代書法發展帶來的一系列影響和新變，尤其是宋代科舉謄録制度的全面實行，直接造成了宋代書法的轉型；最後，以制度轉型爲基礎，又對書論載體形式與語言表達方式、書法風尚與風格、書法史觀、書法批評和書法理論等五個方面的書法轉型進行了書法史考察，並就重點問題進行了深入的探討。

關鍵詞： 制度變革　唐宋書法　轉型　書法史

　　當我們研讀唐宋書法史的時候，會有一種很明顯的感覺，就是唐宋兩代的書法發展有着極其鮮明的時代特色，而且形成了强烈的對比，不是簡單的"唐尚法、宋尚意"之概括就能涵蓋得了的。雖然在書史發展的時間序列上，唐宋歷五代而相連，且宋人多取法於唐，但宋代書法却出現了很多新變化、新内容，不僅表現在風格形式上，而且在觀念、批評及理論等諸多方面亦然。這是否可以認爲，唐宋書法史的發展存在着一個歷史性的轉變。如果"唐宋書法轉型"這一命題成立的話，是否有理論上的依據？那麽又是什麽引發了唐宋書法的轉型？當我們以制度的視角去考察的時候，是否發現了由之産生和帶來的書法上的諸多影響和新變？圍繞這一新變，宋代書法又在哪些方面出現了轉型？各有着怎樣的具體表現？宋代書法的這一轉型，又具有怎樣的理論價值和意義？所有這些問題，皆需在廣泛閲讀文獻的基礎上，進行客觀而深入的研究。

一、理 論 依 據

　　"唐宋轉型"理論，又稱"唐宋變革説"，最早是由日本著名漢學家内藤湖南提出的。在《概括的唐宋時代觀》一文中，他提出了著名的"宋代近世説"，構想了以唐宋轉型論爲核心的完整的宋史觀：

　　　　唐宋時代一詞雖然成了一般性的用語，但是，如果從歷史特别是文化史的觀點考察,這個詞其實並沒有什麽意義。因爲唐和宋在文化的性質上有顯著差異:唐代是中世的結束,而宋代是近世的開始,期間包含了唐末至五代一段過渡期。①

後來,他在《近世史的意義》中又明確指出"在唐宋之間,在政治、經濟、文化等方面,都發生了轉變","這一時期在學術文藝的性質上,也都發生了顯著的變化"。這就是唐宋歷史文化研究上著名的"唐宋轉型"理論。

事實上,內藤湖南在進行唐宋轉型理論之文化變遷的歷史考察時,也關注到了書法在宋代新的發展變化:

> 書法藝術也變化了。從這時開始,逐漸形成書法四大家,即蔡襄、蘇軾、黄庭堅、米芾。這幾個人改變了以往的書法風格,實際上脱離了唐代柳公權、五代楊凝式以來的風格,復興王羲之的風格。蘇、黄、米都在致力於這一風格的轉變。②

雖然這一概説比較簡單,但內藤湖南却發現了存在於書法領域的這一轉變。後來,日本書法理論家中田勇次郎對這一轉變進行了理論論述:"到唐代中後期,傳統派的書法理論開始衰退,新的革新派的書法理論逐漸興起。發展到宋代,由於出現了蘇軾、黄庭堅、米芾等人,革新派的理論遂正式確立","不過,對這種革新性質從理論上作了總結的,還是宋代人,特別是活躍在北宋仁宗朝以後的一批士大夫們。在這種意義上,可以説宋代是頗能從理論上總結和發揚書法新傾向的時代"③。這是書法界首次從理論角度對唐宋書法轉型進行的學術考察。

國內關於唐宋書法轉型的理論認識,也有個別學者進行過表述。如叢文俊先生認爲:"歷史地看,漢、唐書法密切聯繫實際,都是'官本位'……北宋時期,從前賢學書於晚年的賦閑消日,到後哲的技道兩進,完成了書法脱離官本位之後的'文人化'轉變和發展,實現了宋代書家追求個體藝術風格的書法史轉型。"④邱振中先生則從宋人强調修養的角度指出:"明確强調修養與書法水平的關係,是在宋代。這就使得書法領域的價值標準發生了轉換,這是書法史上一次重要的轉變。"⑤因此,我們認爲在書法領域,唐宋書法轉型是客觀存在的,更有着重要的研究價值和意義。

二、唐宋制度變革

在中國古代,政治制度對於書法的發展起到了至關重要的作用。叢文俊先生認爲:"在古代,統治意志一直在影響或直接干預書法活動,其表現有三條線索。一是字書、字樣系列,這

---

①　《概括的唐宋時代觀》一文,發表於1922年,後收入《內藤湖南全集》第八卷《東洋文化史研究》。引文轉自錢婉約《內藤湖南研究》,中華書局,2004年,第104頁。

②　內藤湖南:《中國史通論》上册,社會科學文獻出版社,2004年,第398頁。

③　中田勇次郎:《中國書法理論史》,天津古籍出版社,1987年,第5、59頁。

④　叢文俊:《中國書法史·總論》,江蘇教育出版社,2002年,第79頁。

⑤　邱振中:《書法的形態與闡釋》,重慶出版社,1996年,第246頁。

是歷朝制定政策、明確教育和考課措施的基礎……三是應制系列,指書法工美而藝術品位往往不高的類型,如'官楷''館閣體'之類。"①這兩個方面都與統治者制定的一系列政策、制度有關。而唐宋制度的歷史變革正是唐宋書法轉型的直接原因和根本原因。這裏,我們主要選取三種與唐宋書法轉型有直接關係的制度進行考察。

1. 銓選制度的轉變與書法

宋承唐制,亦實行銓選制度②,但有一定的變化。太祖至仁宗時期尚實行銓選以書取士的制度③,但不久就實行了改革,更"銓選"爲"銓試",即文獻所記"景祐元年遂廢書判爲銓試"④。這就是說,銓選"身言書判"及"書判拔萃"科之廢是因爲書判考試完全被新的銓試制度代替所致。按,銓試乃爲吏部流内銓考試選人的新方式,選人赴吏部流内銓應試合格,方能參注文職差遣,試判和策⑤。龔延明則明確指出:"銓試,實爲吏部試,與科舉試不同。仁宗朝已立選人銓試法,其銓試,及格者改京官。至神宗熙寧四年十月,改立銓試之制。其後雖屢有更改,然其文臣初入官人銓試之制,呈日趨嚴密之勢。"⑥當仁宗以後銓選以書取士的制度被廢除、由銓試制度代之的時候,書法就不再與銓選制度有關聯了。

唐宋銓選制度的這種轉變,直接引發了書法上的新變化。宋人朱弁《曲洧舊聞》云:"唐以'身言書判'設科,故一時之士無不習書,猶有晉唐餘風。今間有唐人遺迹,雖非知名之人,亦往往有可觀。本朝此科廢,書遂無用於世,非性好之者不習,故工者益少,亦勢使之然也。"⑦又馬永卿《懶真子》云:"唐人楷法,往往多造精妙,非今人所能及。蓋唐世以此取士,而吏部以此爲選官之法,故世競學之,遂至於妙。"⑧"唐以書(判)取士",這是宋人普遍認爲唐代楷書發達並成就斐然的直接原因,事實也的確如此。然而當宋人由此反觀宋代楷書的發展狀態時,很自然地就會和唐代形成比較,正因爲宋仁宗以後銓選以書取士制度被廢除,直接導致了"書遂無用於世,非性好之者不習,故工者益少"的局面,這就是制度變化的結果,更是必然的。最終,由此造成的是士大夫官僚普遍不善書的事實。正如石介所說:"少時鄉里應舉,禮須見在仕者,未嘗能自寫一刺,必倩能者。及爲吏,歲時當以書記通問大官,亦皆倩於人。有無人可倩時,則廢其禮。或時急要文字,必奔走鄰里,祈請於人。"⑨因不擅書法,竟然雇傭他人代做此事,士大夫"忽書不爲"的後果,良可歎也!

---

① 叢文俊:《中國書法史·總論》,第7頁。

② 銓選一稱,乃唐時官吏制度中之通用語,是唐代的一種選官制度,由吏部主持。唐制:士人獲得禮部貢舉之資格及科舉及第之人都要參加吏部之銓選,是以"身言書判"和德行、才用、勞效等分其優劣,量才授職,中者方授官。其中與書法有直接關係的是銓法之一的"身、言、書、判"中"書"的要求,即"楷法遒美"。另外一個是吏部銓選特殊之法的"書判拔萃"科:"選未滿而試判三條,謂之拔萃,中者即授官。"

③ 據筆者考證,作爲吏部銓選之"身言書判"的制度在宋初的幾十年中是存在的,並與"書判拔萃科"之選試共同成爲官員銓選的兩種重要方式。參見拙文《宋初"書判拔萃"考》,載《東方藝術書法》2006年第12期,第86—91頁。

④ 誠剛點校、王栐著:《燕翼詒謀録》,中華書局,1997年,第2頁。

⑤ 參見《中國歷史大辭典·宋史卷》"銓試"條,上海辭書出版社,1984年,第432頁。

⑥ 龔延明:《宋代官制辭典》,中華書局,2000年,第644頁。

⑦ 華人德主編:《歷代筆記書論彙編》,江蘇教育出版社,2001年,第58—59頁。

⑧ 馬永卿:《懶真子》卷三,中華書局,1985年,第28頁。

⑨ 陳植鍔點校、石介著:《徂徠石先生文集》,中華書局,1984年,第175頁。

2. 科舉制度的轉變與書法

唐代科舉考試，實行的是以書取士的制度。表現在"明書科"的考試上，是專門爲培養選拔通文字學、善書法之人才而存在的一種以書取士制度。然而，這一制度到了宋代却發生了很多新變化。不僅没有延續唐代明書科取士的傳統，而且還對科舉制度本身進行了一系列的改革，尤其是科舉謄録制度的實行[①]，徹底地關閉了試子們借書法直接通達仕途的大門及各種可能。這既是唐宋科舉制度的一次重要轉變，更是唐宋書法轉型的制度基礎。

謄録制度的實行，基本杜絶了科場上的舞弊行爲，也就是宋人吳曾所説的"爾後識認字畫之弊始絶"[②]。這保證了科舉考試的"平等競爭"，有利於人才選拔，推動社會進步，是積極的一面。如此嚴格的制度，雖然大大地增强了科舉考試的公平性，但從書法的角度看，却對宋代書法的發展產生了深遠的影響。因爲試卷被謄録後，卷面書法的好壞對決定試子能否在科考中中舉已經没有直接關係了，其最終結果必然是試子對書法的關注和投入越來越少，以至漠不關心。如此，書法於科舉何用？所以，我們認爲造成宋代書法史發生歷史轉變的根本原因不是"不以書取士"，而是科舉考試中謄録制度的實行，並由之造成了"謄録廢書"的社會局面。謄録一旦廢書，則科舉考試便無法實行以書取士的制度，書法與仕途的關係也就越越來越遠。誠如宋人自己所説的那樣：

> 試卷不謄録，而考官批於界行之上，能記則曰通，不記則曰不，十問之中四通，則合格矣……雖已封彌，而兼采譽望，猶在觀其字畫，可以占其爲人，而士之應舉者，知勉於小學，亦所以誘人爲善也。自謄録之法行，而字畫之繆或假手於人者，肆行不忌，人才日益卑下矣。[③]

試卷没謄録以前，考官尚可通過字畫之工拙及風格特徵占斷其人，從而試子還肯"知勉於小學"，下功夫去學習書法；當謄録法實施以後，則完全相反，應舉者"字畫之繆或假手於人者，肆行不忌"。這造成了士大夫整體文字書寫能力和書法水平的下降，由此導致的直接後果就是書法人才的日益卑下。不僅如此，而且整個宋代楷書一直"不振"，士大夫工楷者亦無法和唐人比肩，而行書却大行於天下，正與謄録制度有着直接的關係。另外，謄録製的實行，還使得士大夫在觀念上產生了對書法鄙薄的心理，邵博所言"近世薄書法"[④]，即爲明證。這正是當時士大夫書法觀的真實寫照。歐陽修説"今士大夫務以遠自高，忽書爲不足學，往往僅能執

---

① "謄録"即把考生考試完的卷子按其所答寫的内容派專人全部抄録一遍，然後送此謄本給考官審閲、評判，以示公平。這一制度最初是從殿試開始的，始於真宗景德二年五月。爾後省試、發解試、國子監及別頭試也逐漸次第推廣實施開來，就連吏部銓試、制舉考試亦實行了謄録法。謄録制度從創立到逐漸實施並不斷地完善，經歷了一個長時間的過程。參見拙文《米芾〈書史〉所論宋初科舉"謄録"制度與"趨時貴書"現象之真實關係的考證》一文的具體論述，載《書法研究》2006 年總第 131 期，第 82—88 頁。

② 吳曾：《能改齋漫録》卷一，中華書局，1960 年，第 14 頁。

③ 誠剛點校、王林著：《燕翼詒謀録》卷二，第 11 頁。

④ 邵博：《邵氏聞見後録》卷二十八，載華人德主編《歷代筆記書論彙編》，第 62 頁。

筆"①,亦可見一斑。既然書法在科考中已無用武之地,世人對書法的重視度自然會下降,更没有必要從識字讀書時就開始在書法上下太多的功夫。這就是爲什麽宋初一百年没有出現書法大家的根本原因,也是唐宋書法轉型的一種直接表現。

3. 職官制度的轉變與書法

唐宋職官制度與書法有直接關係的就是其中的書法職官制度。"書法職官",簡言之就是古代專門以善書法而進入仕途並擔任與書法有關職務的一種特殊官職。整體而言,唐宋在書法職官制度上既有繼承,更有變革。首先看繼承,宋代書法職官的設置延續唐代的有翰林書待詔、翰林侍書、書法博士、楷書吏等。這些也成爲了宋代書法職官的主體。但是,宋代在書法職官制度上又有了新的發展,並呈現出明顯的時代特徵。一方面是書法職官的設置不僅名目多,而且在專門的書法機構翰林御書院和書藝局中亦設有大量的書法官②;另一方面是書法職官的地位相比唐而言比較低,其人其書更是普遍遭到了士大夫的鄙視和批評,無論是作爲翰林侍書的王著,還是身爲國子監書法的周越,抑或是翰林書待詔、館閣楷書等,都在被批評之列。

通過考察我們發現,宋代的這些書法官雖名爲"官",而實際地位卻比較低。如宋人王栐言:"應伎術官不得與士大夫齒,賤之也。至道二年正月,申嚴其禁,雖見任京官,遇慶澤只加勳階,不得擬常參官。"③又如翰林書待詔雖是專以書法侍上者,卻被直指爲"徒以文字居翰林者,是技而已"④。再有周必大認爲,翰林書待詔"與院吏固亦有間,若平居則視之全與吏等"⑤,"與吏等"正説明書待詔不過是胥吏的代名詞,其地位之低下,由此可見一斑。這一點還可以從宋代官員佩魚袋制度中得到證明:"真宗大中祥符六年,詔伎術官未升朝賜緋紫者,不得佩魚……仁宗曰:'先朝不許伎術人輒佩魚,以别士類,不令混淆。'"⑥"以别士類",正説明了宋代作爲伎術官的書法職官與士大夫的級别和社會地位是渭涇分明的,絶不可混淆。這正是唐宋書法職官制度變革所帶來的直接後果。

對書法職官書法的批評主要集中在五點:一是對以翰林書待詔爲代表的"院體"書法的批評⑦;二是對書法官中有一定影響、較有名氣者如王著和周越書法的批評,認爲是媚俗、病韻、少胸次⑧;三是蔡襄以拒絶書《温成皇后碑》爲由,認爲這是書待詔的職責,士大夫以之爲恥,且書碑有利可獲,士大夫更不能與書法官爭利;四是歐陽修、朱長文等皆反對世人以學書爲業,恰恰只有那些專職的書法官吏才是以書法爲職業的;五是沈括對館閣楷書

---

① 《歐陽永叔集·集古録跋尾》卷十六,商務印書館,1938年,第42頁。

② 翰林御書院和書藝局中書法職官設置的具體情况,參見拙文《宋代御書院制度考》一文,載《青島農業大學學報》2008年第3期,第66—70頁。

③ 王栐:《燕翼詒謀録》卷二,中華書局,1997年,第14頁。

④ 秦克誠點校:《日知録集釋》,嶽麓書社,1996年,第445頁。

⑤ 周必大:《玉堂雜記》卷上,中華書局,1991年,第96頁。

⑥ 《宋史》卷一百五十三《輿服五》,中華書局,1985年,第3568頁。

⑦ 宋代士大夫對翰林書待詔及院體書法的批評,參見拙文《從補史到新證:唐宋院體書法研究》,載《全國第八屆書法討論會論文集》,河南美術出版社,2009年,第296—308頁。

⑧ 關於周越和王著的研究,參見拙文《周越書法考評》和《宋代翰林侍書王著生平及其書法諸事考辨》,分載《青島農業大學學報》2010年第3期、2011年第2期。

的批評："三館楷書作字，不可謂不精不麗，求其佳處，到死無一筆，此病最難爲醫也。"①館閣楷書，由於受實用的限制和束縛，只能把書法寫得"精麗"，"求其佳處"，那是士大夫的書法審美追求。士大夫在對書法官吏及其書法進行批評的時候，既明確了自身的地位以標榜清高，又在批評的基礎上以儒家的一系列理論改造書法，使書法成爲符合士大夫身心和精神需求的一種藝術形式。這是宋代書法史的一次重要轉型。

三、唐宋書法轉型的書法史考察

唐宋制度的轉型，不僅造成了唐宋文化藝術的巨大變革，更直接引發了唐宋書法的一系列轉型。這裏主要從四個方面對這一轉型進行書法史考察。

1. 書論載體形式與語言表達方式的轉型

書論是最直觀反映一個時代書法發展狀況的語言形式。叢文俊先生認爲："中國古代書法論著，可以劃分爲漢唐、宋清兩個大的發展時期。前期凡直陳書法者，語多簡質，需再發掘；凡曲美書法者，文辭多藻飾，需作從文學到書法之轉換。後期以筆記題跋爲主，敘論平實而具體。"②這就是説，唐宋之際存在着書法論著的歷史轉型，主要表現在兩點：一是書法題跋的興起並與筆記成爲書論之大宗；二是書論語言表達的重心由"觀物"轉向"觀我"。

書法題跋是宋代新興的一種書論式樣，無論在表述方式上還是内容闡釋上，都與宋以前的書論有着明顯的區別，以其數量之大、内容之豐富、批評之自由、論理之深刻，而成爲宋代書論最具時代特色的表現形式。由書法題跋而引發的一系列諸如批評風氣、審美觀念、理論建構等多方面的歷史轉變，使得傳統書論以書家爲中心的史傳式的評述方式轉變成以題跋進行批評、考證、議論的新形式，這是唐宋書法轉型的又一個重要表現。

宋代興起的這種書法題跋，有一類是以黄伯思、董逌爲代表，重在對書法問題進行考證研究，是由學術而兼及書法。比較而言，漢晉隋唐的書法尚不具有研究的意義，多爲藉助文學的形式闡述書法的原理、理論，進行書法審美批評。但這種情況到宋代却發生了歷史性的轉變，我們認爲宋人開創了中國書法史上的一個新時代，它的光輝不應僅僅局限在蘇、黄、米、蔡的身上，而應該從學術史的角度去看，從宋人對書法藝術的探討和研究上去看。由於金石學的興起，對金石、碑版、刻帖的學術研究，促成了宋代書法發展中的學術轉向，甚至可以這樣認爲：中國書法史上，把學術移入書法，書法真正有了學術，從宋代始，從宋人對金石刻帖的考證題跋開始③，這是宋代書法史的又一次重要轉型。

在書論的語言表達方式上，其實宋人已經認識到了漢唐那種近乎"玄妙"的論書語有礙於

---

① 沈括：《夢溪筆談》卷十四，文物出版社，1975 年，第 7 頁。按，宋初承唐制於秘閣外亦設三館，即昭文館、史館和集賢院。"三館楷書"就是指隸屬於昭文館、史館和集賢院的"楷書"吏，後來三館和秘閣合稱爲"館閣"。

② 叢文俊：《中國書法史·總論》，江蘇教育出版社，2002 年，第 18 頁。

③ 宋代書法史的這種學術化傾向，我們可以通過對宋代書論文獻的解讀，得到一個初步的認識。以黄伯思《法帖刊誤》、董逌《廣川書跋》、桑世昌《蘭亭考》等爲代表，有着明確的書法問題意識，並有意識地要去解決這些問題。在方法上，重點對書法辨僞和書法版本問題進行考證研究。參見拙文《宋代的書法辨僞及其學術意藴》，載《遼寧省博物館館刊》，遼海出版社，2009 年，第 285—293 頁。

書法本質問題的闡發。所以米芾説："歷觀前賢論書，徵引迂遠，比況奇巧，如'龍跳天門，虎卧鳳闕'，是何等語？或遣詞求工，無益學者。故吾所論，要在人人，不爲溢辭。"①宋人論書關注的不是文學上的描寫，而是書法"要在人人"，即書法要直接和人對應，直指人心深處的精神世界。這亦如中田勇次郎所説："宋代不像六朝以來那樣使用文學性的綺麗語言和難於捕捉其意義的表現形式，而一變爲淡泊的、樸實的新形式，注重闡述個人對於書法的見解。"②因此，宋代"名言"、題跋、散句等隨感式的語言表達方式占據了主導地位。

2. 書法風尚、風格的時代轉變

我們對唐宋書法風尚、風格的時代轉變認識最多的，就是清人梁巘所概括的"唐尚法，宋尚意"。而這也幾乎成了我們認識唐宋時代書法特點的準繩。事實上，這只代表唐宋書法時代風尚、風格的一部分。

由於五代的戰亂和社會動蕩，打破了唐人建立起來的書法秩序。入宋，根據歐陽修的記述，當時士大夫志存高遠，於書法輕忽不爲，僅能執筆而已。這再加上科舉謄録廢書、銓選不以書取士，直接造成了"書遂無用於世"的局面。一旦書法之藝術的投入在科舉和選官的現實中失去作用，無用則勢必缺少規範標準的束縛，從而爲天性好書者提供了足資想象與創造的空間和機會。由此帶來的結果是，世人對書法的學習完全是出於自身的喜好，而非科舉實用的需要。這是宋代新出現的書法觀念，具有重要的理論價值和意義。在宋代，學習書法已然真正成爲士大夫們的一種相對自覺、自由的藝術行爲，沒有强制、沒有束縛，更缺少功利的直接誘惑。宋人也正是在這樣一種社會書法環境和書法觀念的影響下學習書法的。因此也才能促成書法風氣的轉變，以至開創出前所未有的新局面。

由於沒有了制度性的國家在科舉銓選方面對書法的統一規定和要求，所以就直接形成了宋代書法風尚多變的特徵：宋初的院體書風、真宗以後的"趣時貴書"、仁宗以後的"顏體書風"、蘇黃米崛起後的跟風現象，還有各種"流行書風"等。這些無不説明唐代因制度保障而形成的書法楷模歸於國家的高度統一的書法風尚，到了宋代則轉移爲個人——權貴及賢哲成了主導書法風尚的人物，故而不能長久。與此相反，宋代帝王在引領書法潮流的過程中却未能起到特別的作用。

另一個方面是唐宋大的書體風格類型的轉變，體現在由"尚法"之楷書到"尚意"之行書的轉變。由於科舉和銓選在制度層面缺少對書法尤其是楷法的要求，所以宋代的讀書人、文人士大夫的楷書水平遠不及唐人。如劉熙載在引歐陽修論書語"唐世人人工書，今士大夫忽書爲不足學，往往僅能執筆"之後，便認爲"此蓋歎宋正書之衰也"。宋人倪思評書亦云："本朝字書推東坡、魯直、元章，然東坡多卧筆，魯直多縱筆，元章多曳筆，若行草尚可，使作小楷則不能矣。"這説明即使是蘇、黃、米這三位書法大家，也是不善寫小楷書的，而小楷書正是唐以後科舉應試的主要書體。那麼，宋人不精楷法，又擅長什麼呢？宋人趙彥衛《雲麓漫抄》云："唐人書皆有楷法，今得唐碑，雖無書人姓氏，往往可觀。説者以爲唐以書判試選人，故人競學書，理

---

① 米芾：《海岳名言》，載《歷代書法論文選》，上海書畫出版社，1979年，第360頁。
② 中田勇次郎：《中國書法理論史》，天津古籍出版社，1987年，第61頁。

或然。國朝……自蘇、黃、米一洗翰墨蹊徑，而行書多矣。"①趙氏一語指明了宋代書法鮮明的時代風格特點，那就是"行書多矣"。這又是唐宋書法轉型的一個重要表現。

3. 書法史觀的歷史轉變

書法史的發展，自東漢末年"翰墨之道生焉"形成以來，便進入到了一個以書家名流主導書法史的時代，這時書法史的著述才成爲可能。其中書法史觀是書法史寫作的核心，它的一個重要表現就是書家的選擇及其評價標準問題。

縱觀唐代書法文獻，書法史的撰述對於書家的選擇尚没有明確的主旨。主要是以品次定高下、決去取，如李嗣真的《書後品》、張懷瓘的《書斷》。至如竇臮《述書賦》所言"今記前後所親見者，並今朝自武德以來迄於乾元之始，翰墨之妙，可入品流者，咸備書之"，方見選擇標準，即"翰墨之妙，可入品流者，咸備書之"。這一標準可以認爲是"以書取人"，關鍵在書法的水平。這基本能夠代表唐代在書家選擇上的一種書法史標準。後來，這一標準發生了轉變，即宋人晁説之所謂"予嘗謂古人因書而得名，後人因名而名其書"②。

到了宋代，由於制度轉型所導致的書法風尚、風格之轉變，也影響到了宋代書法史觀的一系列新變化。表現在三個方面，一是歐陽修在看到宋興百年書法的不興無法與文儒之盛相比的現實後，通過和唐代書法的比較，一直在努力要確立宋朝自己的書法史觀，也就是歐陽修一再強調的"本朝"書法史觀。歐陽修"本朝"書法史觀的提出，是基於他對唐代書法成就的整體認識和對本朝書法現狀的思考，再加上有確立蔡襄爲書壇盟主的強烈意識，就更能説明歐陽修的"宋朝書法史觀"的内涵：那就是在"文儒之盛"的同時，書法也要振興，要能夠和唐代比肩。事實證明，在歐陽修闡述此論之後不久，蘇、黃、米相繼而出，照映書史，宋朝的書法才達到了一個可以和唐代相媲美的新高度、新局面。

二是宋代在繼承唐代確立起來的王書大統地位的同時，樹立起了宋朝人自己的書法楷模——顏真卿。宋代是顏真卿其人其書在中國歷史上、書法史上確立重要地位的關鍵時期。宋代士大夫們不僅發掘了顏真卿的歷史事迹、重新塑造了顏真卿的人格形象，而且確立起了以顏真卿爲表徵的儒家的書法史觀，即顏真卿的一生，正好符合了宋儒們重新建構以儒家文化爲核心的書法價值觀的要求，具有一種"道德與書法合一"的理論與審美模式③。這裏不僅有理論的建構還有具體的書法實踐，二者結合起來，共同形成了宋代建立起來的在"王書體系"之外的"顏書體系"④，從而完成了宋代書法史上的又一次轉型。

三是宋代建立起了一個新的書家評判和選擇的標準，即以文人士大夫書家爲中心，並最終確立了他們在書法史上的地位。唐宋轉型的一個重要結果，就是造就了大批的文化人和士大夫官僚，最終導致士大夫階層的形成，而伴隨着這個階層的形成，他們新的精神追求與審美

---

① 趙彦衛撰、傅根清點校：《雲麓漫抄》卷五，中華書局，1996年，第78頁。
② 晁説之：《景迂生集》卷十八《題周景夏所藏東坡帖》，影印文淵閣四庫全書本。
③ 參見拙文《北宋"顏體"書風考論》，載《晉唐楷書研究》，榮寶齋出版社，2011年，第334頁。
④ 關於"王書體系"與"顏書體系"，叢文俊先生認爲，王書大統有三個特點，其一就是從宋代開始，明確了以顏體爲代表的唐宋人分支線索，與王系並行，而統歸於王。最終，在宋代書法史上，顏真卿被推上了"教化主"的位置，成爲了宋代士大夫心中的書法偶像。參見叢文俊《中國書法史·總論》，第9頁。

理想,也逐漸形成與成熟①。表現在書法領域,就是這一階層不斷地成爲了書法家的主體,並有着强烈的史觀意識。有兩點表現:其一,文人士大夫通過對那些專職的書法伎術官的嚴厲批評,把他們排除在書法史體系之外,最終確立起了自己的書法史地位。《宣和書譜·草書叙論》云:"本朝得錢俶、米芾、蔡襄、杜衍等輩,且不得人人而自舉……自餘如仲翼之流以草書自名,格律凡下,承襲晚唐所謂'院體'者,此其黜之。"②事實證明,作爲載録部分宋代書家史料的《宣和書譜》,正是在這樣一種書法觀和書家取捨標準的影響下編撰而成的,院體書家及其作品也的確没有一人、一件入選,所選者多爲"文臣"士大夫之流。這些無不説明,在一個士大夫掌握着撰述權、話語權和書家取捨、評價標準的時代裏,士大夫的書法審美和價值取向決定了入選書家的身份必然要重視文人士大夫自身,而那些專擅書法的伎術官們是不可能得到客觀評價和應有地位的,更不可能與士大夫同列。

其二,自歐陽修始,明確提出了以"士大夫賢者"爲參照的書家取捨與評價標準,從而把那些專以書法爲事業者排除在這一評價體系之外。歐陽修云:

> 古之人皆能書,獨其人之賢者傳遂遠。然後世不推此,但務於書,不知前日工書者隨紙與墨泯棄者,不可勝數也。使顔公書雖不佳,後世見者未必不寶也……非自古賢哲必能書也,惟賢者能存爾。其餘泯泯不復見爾。③

歐陽修針對"然後世不推此,但務於書"的現實,有意要確立一種新的書家評判標準,而這種標準是向士大夫傾斜的,更是以士大夫自身爲出發點的。這就使得書法和書法家自身聯繫起來、結合起來,凸顯並提升了書法家自身在書法中的地位及存在的價值和意義,而不僅僅是書法水平和作品好壞的直接評價。這是古代書法評價標準的一次重大轉變,即由對書法作品本身的關注轉移到對書法家自身作爲社會人的一種價值追求。最終,文人士大夫的書法史地位得以確立,標示着一種新的宋代書家評判標準和書法史觀的形成。

4. 書法批評、書法理論的轉變

相較唐代而言,宋代書法批評的轉型有兩點值得關注:一是批評方式的轉變,二是批評觀念的新變。漢唐的書法批評,主要以意象批評、形象批評、經驗描述等比較抽象和文學色彩濃厚的方式爲主④;到了宋代,則轉變爲以直接對書家和作品的題跋批評爲主。要而言之,宋代書法題跋的批評特色主要有:一、批評對象的廣泛性;二、形式的多樣性;三、用語自由靈活、隨機而發,具有明顯的通俗性;四、就批評內容而言,主要是針對某一具體問題展開批評議論,多能具體而深刻,客觀性强,批評帶有鮮明的學術性和可實踐性,表現出强烈的批判意識⑤。這與漢晉唐的書法批評相比,宋代已經從那種形而上的高度概括、抽象化的批評轉向形而下的具體客觀的批評,世俗化傾向明顯,較平實、通俗易懂,多樣化、個性化突出。不僅如

---

① 劉方:《唐宋變革與宋代審美文化轉型》,學林出版社,2009年,第59頁。
② 《宣和書譜》,上海書畫出版社,1984年,第100頁。
③ 歐陽修:《筆説》,載《歐陽修全集》下册,中國書店,1998年,第1045頁。
④ 這三種批評方法,可參見叢文俊《書法意象批評釋名》、《傳統書法批評"形象喻知法"例説》、《傳統書法批評"經驗描述法"例説》三篇文章的具體論述,載《叢文俊書法、學術研究論集》,中州古籍出版社,2003年,第355、359、363頁。
⑤ 參見拙文《師道與批評:歐、蘇、黃書法題跋批評特色管窺》,載《北方書法論叢》,中國社會出版社,2006年,第335頁。

此,更爲重要的是宋人以書法題跋形式進行的批評,對宋以後的書法批評產生了廣泛而深遠的影響。

宋代書法批評觀念的新變,主要體現在兩個方面:一是以米芾的"要在人人"觀爲代表,説明宋代書家極其推崇書法中的"人性",書法要能夠表現創作主體"我"的思想、意氣和情感。二是通過對顏真卿書法批評倫理道德的植入,使得宋代書法批評之"書如其人"的觀念氾濫。在宋代,"書如其人"批評觀念最深入人心的表現,就是士大夫們廣泛用之於顏真卿其人其書的批評中,從而形成了宋代書法批評的一種重要方式和觀念,這是後期書法理論史的核心内容,也是影響書法審美與批評品質的一個敏感話題。

宋代的書法理論較之唐代最爲鮮明的時代特點,就是文人士大夫書法理論的成熟完善並最終確立。宋代書法理論的形成必須具有相應的新環境和條件。上述宋代制度的轉型,可謂創造了全新的社會環境。正因爲制度轉型所造成的宋人對書法存在價值的重新認識,才使得宋人可以把眼界投射到書法之外,從而發現前人没有發現的東西。與此同時,宋代士大夫階層作爲一個全新的文化主體,構築起了宋型文化的精神世界與審美理想。這樣一種不同於前代的社會、文化和書法環境,爲宋代新的書法理論的提出創造了條件。"如此,對其别有闡説,曲徑通幽,則勢屬必然。例如,歐陽修《試筆》提出的'學書消日'、'學書爲樂'、'自適',反對書法'成一役之勞'、'人心蔽於好勝',都是前所未有的超然之心,同時也代表了風氣的轉變"①。這一因歐陽修引發的"風氣的轉變"而形成的新觀念、新理論,後經蘇軾、黄庭堅、米芾等人的再發揮,基本上完成了宋人書法理論的主體框架,即學書旨在寓心適意以達"遊藝"之境,並爲士大夫寫志抒情、修身養性之一門徑。中國古代書法理論,從本質上講,自漢魏晉唐以來到宋人這裏再次發生變化,即由對書法本身的内在理論認識,擴展延伸到對書法外在社會文化精神及書法家自身的關注與解讀。在一個崇尚讀書和學問的時代裏,士大夫書家們把對新文化的理解融入書法之中,並賦予其嶄新的内涵,直與時代文化精神相表裏。這是宋人在新的社會文化環境背景下的新發現和新建樹。

綜上,我們認爲唐宋書法的轉型,是一個以制度的變革爲根本,以文人士大夫身份的重新確認和歷史地位的獲得爲前提,以歐陽修的一系列新觀念爲先導和基礎,在宋型文化的大背景下,在書法領域建立起了一個符合並滿足於士大夫審美需求的全新的書法世界。這也正是唐宋書法轉型的最大貢獻和意義。

_____

① 叢文俊:《中國書法史·總論》,第46頁。

所謂"鴻都門學"係中國最早的"文學、書畫藝術大學"考辯

張嘯東

（人民美術出版社大選題項目部）

提　要：曾被教育史或書法史給予極高歷史評價的東漢鴻都門學，其實只是其創立者漢靈帝，繼承前代漢皇喜招集才藝之士的傳統，從自身政權實際出發，巧妙地將所招之士轉化爲應付皇權、政權危機的工具。劉宏立此學，絕非完全出於天性篤愛文學藝術使然，它基本是處於政治漩渦的靈帝，因殘酷的政治傾軋而導致的由"躬秉藝文"到"招會群小，造作賦説"，從"勳蹈規矩"到見寵於"微蔑、斗筲小人"，以至"榜賣官爵"的生存異化的體現。如果鴻都門學對教育史和書法史尚有些推動作用的話，應實非其始作俑者的本意。

從鴻都門學自身存世文獻，以及美術史當時的發展狀態來看，鴻都門學中，不會出現繪畫一項的課試與傳習。

鴻都門學係由國家詔令設置，依古制勉强可以稱學，但它作爲古代"學"之基本的"立學以教"、"師承問道"的設置基本不存在，只有一種選"能"與"工"者的課試過程，與傳統意義與現代意義上的"學"與"大學"似乎大相徑庭。

靈帝置鴻都門，書法一項應確有其事，但它也只是漢代傳統書署制度與書法觀念舊有存在的體現，鴻都門學中，沒有"師承問道"之設，也未見其學對後世書法史的發展真正提出過任何改變歸有觀念的文獻或書法作品，因此，武斷地稱它的設立使書法教育"上升到了獨立藝術教育"，或曰"上升到與太學抗衡的專業藝術大學的教程"，是沒有文獻依據的。

關鍵詞：尺牘辭賦　鳥篆丹青　師承而問道　鴻都門學

中國書法，作爲一門有着同漢字近乎一樣悠遠的文化背景，却在近代才由我們參考西方藝術史體系建構起來的年輕藝術，有關它成爲"自覺藝術"的斷代，以及這門藝術的教育起源，特別是後者，是否與書法藝術的自覺有着不可分割的必然關係，又是哪些必然因素導致它發展成爲"自覺藝術"等等，諸多書法史上的重要命題，在書法已"熱"了近二十年，在所謂書法學科建構也喊了二十年的今天，似仍爲各持己見，莫衷一是的狀態。

近年來，許多書法史學者，開始將研究的視域轉向東漢——那個曾被後來諸多的教育史與書法史家，稱之爲以"辭賦書畫爲教育内容"①的"文藝專科學校"②，或謂"最早的文學藝術

① 華人德：《中國書法史·兩漢卷》，江蘇教育出版社，1999年，第26—31頁。

② 陳東原：《中國教育史》，商務印書館，1945年，第51頁。毛禮銳等人的《中國古代教育史》，亦多類似的觀點。其後程舜英《兩漢教育制度史資料》，李國鈞等人的《中國教育制度通史》，孫培青的《中國教育管理史》亦多沿襲了以上兩説法。

大學"①的鴻都門學。其實，早在北魏江式於《論書表》中即斷言："後開鴻都，書畫奇能，莫不雲集。"②民國以降的諸多"教育史"、"藝術史"，多影從其説，簡單推斷鴻都門學創設的契機是緣於靈帝的"嗜好尺牘和書畫"③，鴻都門生得蒙擢進的才藝包括"文賦、尺牘、小說、書畫"④，其設立將"以辭賦書畫取士制度化、合法化了"⑤。或者更直接論定，它"使書法教育從與識字教育緊密結合在一起的書寫教育，上升爲獨立的藝術教育，從作爲學習律令或《論語》、《孝經》和經學初階的小學教程，上升到與太學抗衡的專業藝術大學的教程"⑥，並把鴻都之學，同當時差不多是同一時期產生的"非實用"今草書體並列在一起，作爲中國書法已從"'經藝之本，王政之始'的文字觀念約束中完全解放出來"⑦的標誌。

　　揆之史實，我們發現，這一被後世附以重大歷史意義的所謂"鴻都門學"，是在東漢光和六年(178)由漢靈帝劉宏所設立，設立之初即遭到當時諸如蔡邕、楊賜、陽球等衆多士家大族、縉紳時賢的激烈反對，至中平六年(189)靈帝崩，或獻帝初平元年(190)三月，因董卓遷都，焚燒洛陽宮廟而没，此後史籍對它再無涉及。像這樣一個存世最多不過十年又二的學術機構，是否能真正如有些理論家所斷言的係文藝、書畫的"始作俑者"，它的設立是緣於怎樣的一種政治、文化緣起，設立之初漢代文學、書畫藝術又是怎樣的一種存在狀態，它的誕生對這些藝術門類是否真的產生了如上引所言的巨大推動力？東漢時代的所謂鴻都之"學"，真的能夠等同於現代意義上的"大學"否？諸多疑問，皆因鴻都門學史料多寄存於正史諸紀、傳中，加之研究者疏於考索，習焉不察，以致真相遂蔽。針對上述諸問題，如果我們從史實出發對其作出進一步的梳理，無疑對中國文化史和書法史都將有重要意義。因之，本文試就上述問題，作一點初步探討，以就正於方家。

一、鴻都門學設立的緣起

　　後漢史籍對鴻都門學的記述，多語焉不詳，除去《後漢書》之《帝紀卷八》曾對其設立有較爲正式的記述而外，其他與其相關的史料多隱匿於當時極力主張儘快廢除它的名賢列傳或奏摺之中。

　　關於鴻都門學設立的時間，《後漢書·孝靈帝紀第八》載曰：

　　　　建寧元年(168)正月庚子，即皇帝位，年十二。改元建寧。……光和元年(178)春二月己未，地震。始置鴻都門學生。⑧

---

① 　華人德：《中國書法史·兩漢卷》，第26—31頁。
② 　《歷代書法論文選》上，(臺灣)華正書局，1998年，第61頁。
③ 　姜維公：《漢代學制研究》，吉林大學博士學位論文，2004年，第35頁。
④ 　藍旭：《鴻都門之爭與漢末文人群體的文學觀念》，《山東師範大學學報(人文社科版)》2002年第3期，第34頁。
⑤ 　王永平：《漢靈帝之置"鴻都門學"及其原因考論》，載《揚州大學學報(人文社會科學版)》1999年第5期，第13頁。
⑥ 　華人德：《中國書法史·兩漢卷》，第26—31頁。
⑦ 　同上注。
⑧ 　《後漢書》，中華書局，1965年，第329—341頁。

《後漢紀》卷二四也説：

> 二月辛亥朔，日月蝕之。己未，京師地震，初置鴻都門生。①

《後漢書》與《後漢紀》所載相同，除《續漢書·五行志》"己未"作"辛未"外，《通鑑》卷五七亦作"己未"，此處我們從多數之説。

《後漢書》章懷李賢注對關於"鴻都門"一詞，曾作了專門的注解，他説：

> 鴻都，門名也，於内置學。時其中諸生，皆勅州、郡、三公舉召能爲尺牘辭賦及工書鳥篆者相課試，至千人焉。②

王先謙之集解也曾爲上文加了一段解説：

> 汪文臺云：御覽二百一引華嶠書，置學下有"畫孔子及七十二弟子像"十字。《文選》任昉讓吏部封侯表注引華書：其諸生皆勅州郡三公舉用辟召。或出爲刺史太守，入爲尚書侍中，乃有封侯賜爵者，士君子皆恥與爲列焉。③

我們知道，西漢自董仲舒舉賢良對策，向武帝提出建立太學的建議以來，漢代射策甲乙之科取士的考試内容皆爲儒家經典，郡察舉亦以"明經"爲條件，此時，經學已經成爲漢王朝治國安邦的工具。而"尺牘辭賦"僅僅是經學之附庸而已，書法亦始由周以來的"掌官書以贊治"、專門"史子"書寫技術教育，被納入漢代的解經爲目的之"小學"，而附麗於文字。

關於鴻都門學誕生的歷史緣起，《後漢書》著者范曄將其歸結爲靈帝個人喜好所致。從靈帝自建寧元年即位，至光和元年，正好是十年光陰，當時是一種怎樣的重要原因，促使 22 歲的劉宏離經叛道、力排衆議，要設立這與漢代經學教育爲核心的傳統軌道判若涇渭的鴻都門學呢。難道真如時人所言，係喜文藝的"天賦使然"？關於靈帝之稟賦，《靈帝紀》語焉不詳。《後漢書·蔡邕列傳》及蔡氏部分奏章倒有幾段涉及此問題。《蔡邕列傳》云：

> 初，帝好學，自造《皇羲篇》五十章，因引諸生能爲文賦者。本頗以經學相招，後諸爲尺牘及工書鳥篆者，皆加引召，遂至數十人。侍中祭酒樂松、賈護，多引無行趣執之徒，並待制鴻都門下，熹陳方俗閭里小事，帝甚悦之，待以不次之位。又市賈小民，爲宣陵孝子者，復數十人，悉除爲郎中、太子舍人。……④

> 陛下即位之初，先涉經術，聽政餘日，觀省篇章，聊以遊意。⑤

《通鑑》將"好學"另作"好文學"，由漢察舉制度——特科之"賢良文學"可知：漢代文學與儒學係同一概念。上引所謂靈帝自造《皇羲篇》五十章者，今已佚。史學界多疑其似《蒼頡

---

① 袁宏撰，周天遊校注：《後漢紀校注》，天津古籍出版社，1987 年，第 674 頁。

② 《後漢書》，第 329—341 頁。

③ （清）王先謙：《後漢書集解》，（臺灣）藝文印書館，1976 年，第 137 頁。

④ 《後漢書》，第 1979—2008 頁。

⑤ （清）王先謙：《後漢書集解》，第 137 頁。

篇》、《訓纂篇》、《滂喜篇》一類的解經、習字類字書①，或謂此篇係辭賦類著作②。結合史傳所載，靈帝早年亦"敦經好學"③、"言稽曲謨，動蹈規矩"④。可知，前一種對《皇羲篇》的解釋似更合情理。時人又有引《後漢書·楊震列傳》中稱引靈帝之"躬秉藝文，聖才雅藻"，來考證劉宏在文學藝術方面有較高造詣，孰不知，其中"藝文"中之"藝"，實乃"經藝"之意。這條材料倒可以反助我們印證以上我們得出的結論。從史載文獻來看，他對漢室所倡導的經學，也是有過系統研習的。那麼即位十年之後，爲何又突然另舉尺牘辭賦及工書鳥篆者，向傳統經學反戈一擊呢？

　　早於鴻都門學設立的三年，即熹平四年(175)，靈帝詔令諸儒"正五經文字，刻石立於太學門外"⑤。靈帝此一動議，對後世文化藝術亦產生了極大影響，令人遺憾的是却没有誰將其理解爲推動經學研究或名家書法流派傳習而設。

　　關於鴻都門建立的深層原因，近代各種觀點紛雜並陳，總而言之，不外以下幾種：1. 范曄漢靈帝個人好惡説，2. 長期官位空缺説⑥，3. 政治腐敗、文學同政治分離的觀念合力説⑦，4. 宗經義的士大夫同尚文辭的閹宦鬥爭説⑧。如果再聯繫靈帝前兩種舉措中間發生的，諸如"省尚書，設侍中"、"防範朋黨，立'三互法'"⑨靈帝執政以來的這一系列，事關經學文藝的或事不關經學文藝的重大變革，這一切，皆與靈帝所處的漢末亂世有直接關係。就在《後漢書》中，關於鴻都門的設立就另外存在兩種説法。其一是《後漢書·崔駰(子瑗、孫寔)列傳》記曰："靈帝時，開鴻都門榜賣官爵，公卿、州郡，下至黃綬有差。其富者先入錢，貧者到官後信輸。"此一説法認爲，開鴻都門最直接的原因其實是爲射利，因係"先輸貨財而後登公位"，其人選自可想象。而《後漢書·五行志》又提到："後靈帝寵用便嬖子弟，永樂賓客，鴻都群小，傳相汲引，公卿牧守，比肩是也。又遣御史於西鄉賣官，……詣闕上書占令長，隨縣好醜，豐約有賈。"

　　後者則認爲靈帝之所以寵用"便嬖子弟"，是爲了令其到外面去賣官爵。作爲一代遭逢亂世的君王，靈帝下詔校刊諸經、立《熹平石經》，起用社會地位極低、没有多少朋黨關係的庶人作官，撇開失控的三公、尚書，不惜以帝王之尊親自把持官吏選任。其主要目的，首先，都是用來應付東漢末年，因"朋黨"風行而導致的選任制度運作失靈，朝廷、州郡失控這一局勢而爲的。看似標新立異、叛道於故常的"鴻都門學"之設，更是這一整體舉措的矯枉之舉。由此，使

---

① 華人德：《中國書法史·兩漢卷》，第26—31頁。

② 徐難於：《漢靈帝與漢末社會》，齊魯書社，2002年，第111—120頁。

③ (清)王先謙：《後漢書集解》，第137頁。

④ (明)張溥輯：《漢魏六朝百三名家集·蔡中郎集》所載蔡邕《上始加元服與群臣上壽表》，江蘇古籍出版社，2002年，第500頁。

⑤ 《後漢書》，第329—341頁。

⑥ 崔瑞德、魯惟一：《劍橋中國秦漢史》，中國社會科學出版社，1992年，第355頁。

⑦ 藍旭：《鴻都門學之爭與漢末文人群體的文學觀念》，《山東師範大學學報(人文社科版)》2002年第3期，第34頁。持此説者尚有毛禮銳等。

⑧ 陳寅恪：《書〈世説新語〉文學類鐘會撰四本論始畢條後》，載《金明館叢稿初編》，上海古籍出版社，1980年；稱襲陳沅者尚有王永平《漢靈帝之置"鴻都門學"及其原因考論》一文，姜維公：《漢代學制研究》，第34—35頁。

⑨ 此兩項變革可參閱《後漢書·盧植傳》與《後漢書·蔡邕傳》。

得在當時被視爲雕蟲小技、點綴升平的文學、書法，走向魏晉的繁榮。這些大約非靈帝遠慮之所能及，抑或後世文藝家因論渲染而成，當與鴻都門學設立之本來面目相去遠甚。

二、兩漢諸帝招集才藝之士的傳統與鴻都之所課業

有漢以來，類似於鴻都門生這樣，由漢皇本人或宮庭招集才藝的傳統，其實"在武帝時期，已蔚然成風氣"[①]。劉徹帝即位不久，即對當時的文賦之士如司馬相如、東方朔、林皋等人加以招攬。宣帝朝更是"修武帝故事，講論六藝群書，博盡奇好。……上頗作歌詩，欲興協律之事"。宣帝自己則坦言，辭賦"大者與古詩同義，小者辯麗可喜"，有"仁義風諭"之功能，"賢於倡優博弈遠矣"[②]。這應當算是漢獨尊儒術以來，較早公開爲辭賦文藝爭地位的宣言。這種言論的出現，要比靈帝朝置鴻都門學早了近百年。

而明、章之世，國家對賦頌之作的鼓勵似更甚，諸如崔駰、傅毅分別因《四巡頌》、《顯宗頌》見賞於章帝而成名，賈逵因作《神雀頌》而拜爲郎，班固、劉蒼、劉京亦因之屢獲陞遷，他們中有些所作賦頌，動輒被下之於史官，命爲訓詁。雖然，此時文化變異的徵象，已出現了廣泛的社會基礎，但是，如果我們一定要以此來論定它是中國文學書畫藝術的自覺期，似乎顯得過於武斷。從文化史的整體意義上講，此一時代之文藝、文人似仍處於"雕蟲篆刻"，"見視如倡"的大氛圍之中。

靈帝這種摹仿前朝，以"尺牘辭賦及工鳥篆者相課試"爲内容的任官制度，倒也有它迥異於前代諸漢皇的地方。那就是雖然是同樣的舉動，靈帝劉宏却因此招致"士君子皆恥與爲列"，從而引發了激烈的政爭。史載"鴻都門學"設置這一年，"時頗雷霆疾風，傷樹拔木，地震、隕雹、蝗蟲之害。又鮮卑犯境，役賦及民"。(熹平)六年七月，皇帝制書引咎，詔群臣各陳政要所當施行，靈帝策問諸臣。這時，曾於熹平四年奏請正定六經文字，並親自參與《熹平石經》書丹的蔡伯喈，借機攻擊"鴻都門學"，《後漢書》中蔡氏列傳，記載了此事：

> 夫書、畫、辭賦，才之小者，匡國理政，未有其能，……當代博弈，非以教化取士之本；而諸生競利，作者鼎沸。其高者，頗引經訓風喻之言；下則連偶俗語，有類俳優；或竊成文，虛冒名氏。臣每受詔於盛化門，差次錄第，其未及者，亦復隨輩皆見拜擢。……光和元年，遂置鴻都門學，書孔子及七十二弟子像。其諸生皆敕州郡三公舉用辟召，或出爲刺史太守，入爲尚書侍中，乃有封侯賜爵者，士君子皆恥與爲列焉。時妖異數見，人相驚擾。其年七月，詔召邕與光禄大夫楊賜，諫議大夫馬日磾，議郎張華，太史令單颺詣金商門引入崇德殿，使中常侍曹節、王甫就問災異及消改變故，所宜施行。[③]

> 以邕經學深奧，故密持稽問，……邕對曰："夫宰相大臣，君之四體，委任責成，優劣已分，不宜聽納小吏，雕琢大臣也。又尚方工技之作，鴻都篇賦之文，可且消息，以

---

① 此説詳見王永平《漢靈帝之置"鴻都門學"及其原因考論》一文，第 15 頁。

② 《漢書》，中華書局，1975 年，第 2821 頁。

③ 《後漢書》，第 1979—2008 頁。

示惟憂。詩云:'畏天之怒,不敢戲豫。'天戒誠不可戲也。宰府孝廉,士之高選。近者以辟召不慎,切責三公,而今並以小文超取選舉,開請託之門,違明王之典……"①

奏罷鴻都門學者中用力最宏者,當推楊賜,楊出身後漢一流儒學世族弘農楊氏,其祖父楊震曾迫於宦臣而服毒身亡,楊氏本人亦曾因黨人案免官,其曾以《尚書》教導過靈帝。楊賜的言行基本代表了當時對靈帝置鴻都門學,"莫之敢言"的大多數士大夫的觀點。其傳載:

　　……《易》曰:"天垂象,見吉凶,聖人則之。"今妾媵婢人閹尹之徒,共專國朝,欺罔日月。又鴻都門下,招會群小,造作賦說,以蟲篆小技見寵於時,如驩兜、共工更相薦說,旬月之間,並各拔擢,樂松處常伯,任芝居納言。郤儉、梁鵠俱以便辟之性,佞辯之心,各受豐爵不次之寵……②

上文"蟲篆小技"之後,《集解》曰:"沈欽韓曰:'《晉書·衛恆傳》云:靈帝好書,時多能者,而師宜官爲最。'李壁王文公詩注則云:'時天下工書者,皆聚於鴻都門。'"

當時,陽球亦爲關於奏罷鴻都門學者中的著名者,他的小傳附列於《後漢書·酷吏列傳第六十七》中,其傳云:

　　陽球字方正,漁陽泉州人也。……時(光和元年)天下大旱,……頃之,拜尚令。奏罷鴻都文學曰:"伏承有詔敕中尚方爲鴻都文學樂松、江覽等三十二人圖象立贊,以勸學者。臣聞傳曰:'君舉必書,書而不法,後嗣何觀!'案松、覽等皆出於微篾、斗筲小人,依憑世戚,附託權豪,倿眉承睫,微進明時。或獻賦一篇,或鳥篆盈簡,而位升郎中,形圖丹青。亦有筆不點牘,辭不辯心,假手請字,妖僞百品,莫不被蒙殊恩,蟬蛻濁穢,是以有識掩口,天下嗟歎。臣聞圖象之設,以昭勸戒,欲令人君動鑒得失;未聞豎子小人,詐作文頌,而可妄竊天官,垂象圖素者也。今太學、東觀足以宣明聖化,願罷鴻都之選,以消天下之謗。"③

文中所謂"鳥篆"者,章懷所注云:"八體書有鳥篆,象形以爲字也。"

以上通過排比載有關鴻都門學的文獻,我們發現,有關鴻都門中所涉藝術之門類,《楊震列傳》所附《孫(楊)賜傳》,是將"賦說"、"蟲篆"並列,《酷吏傳》所載《陽球傳》亦將"辭賦"與"鳥篆"並列,《蔡邕列傳》則只提到"篇賦之文",加上章懷所注,也只是"尺牘"、"辭賦"、"鳥篆"。皆無前引"教育史"與"書法史"所謂"以辭賦書畫爲教育内容"之繪畫一說。仔細核校他們的所引,與上述並無差别。雖然,當代學者中亦有直接將"蟲篆"釋作"即指書畫藝術"者④,但這種解釋似乎太過牽強。那麽,爲什麽同樣的引文却導致如此不同的結論呢? 細察前引文中事涉"畫"的語句,確有三處:

其一,蔡伯喈章奏有"書畫辭賦,才之小者"的說法,但其奏之日期在熹平六年,此時距鴻

---

①　《後漢書》,第1979—2008頁。

②　《後漢書》,第1780頁。

③　《後漢書》,第2498—2499頁。

④　王永平:《漢靈帝之置"鴻都門學"及其原因考論》,第14頁。

都門學設立，尚有一段時間。另外，從辭句間的邏輯關係，亦可證明非指所習課目。以蔡氏此句，證明鴻都門學中有“畫”一項，似難立論。

其二，其他與“畫”有聯繫者，在《陽球傳》中有“圖象”二字。

其三，《蔡邕列傳》與章懷注中之“畫孔子及七十二弟子像”一說。近人鄭午昌《中國畫學全史·漢之畫學》一章曾將此節，與《歷代名畫記》所載“漢帝雅好圖畫，別立畫官，詔博洽之士班固、賈逵輩，取諸經史事命尚方畫工圖畫”一條合併，共證“是皆有關教化者也”①。漢自武帝以降，以儒術爲政教之標準，罷斥百家。而於繪畫一途却設有黃門之署，以畫士備應詔。元帝朝見置尚方畫工之制。《後漢書·百官志》云：“尚方令一人，六百名。”王注解釋爲：掌上手工作御刀劍諸（玩）器。據前述可知，中國史籍記載之明確可查之畫史，實始於漢，但漢代的繪畫之傳習，尚處於“世守其業”的尚方畫工之手，國家設立畫學於士大夫中傳習畫技，或曰畫工進入文人士大夫圈子，靈帝、鴻都門學時代尚嫌太早。《歷代名畫記》卷四載：“劉旦、楊魯並光和中畫手，待詔尚方，畫於鴻都學。”此與《陽球傳》所載“勅中尚方，爲鴻都文學樂松、江覽等……圖象立贊”一說可謂一致。可知“繪畫”一項，而非鴻都門之課業，而如上文引《歷代名畫記》所載，乃上命中尚方爲鴻都門名士繪像，懸之以壁，以宣教化的舉措，與後世辦學以使繪畫技藝得以傳習，並不相涉。

畫者，《説文》曰：“界也，象田四界，聿，所以畫之。”《説文·敍》則有“畫成其物，隨體詰屈”一說，叢師曾將其中“畫”字釋作摹擬②。蔡邕《篆勢》亦有“字畫之始，因於鳥迹”之說，聯繫他《奏罷鴻都門學》一文中之“書畫”一語，此二字於鴻都門學時代或係習語，而非今人對字面義的理解。依據我們對鴻都門學已有文獻的梳通，以及對靈帝時代中國畫發展的實際來看，鴻都門學中當不應有畫學一項，書畫藝術之説實多係後人對前人文獻的誤讀所致。

三、鴻都門、鴻都門學及鴻都門生

鴻都，《後漢書·儒林傳》將其與辟雍、東觀、蘭臺、石室、宣明並稱爲當時東漢（洛陽）六大典藏之地，《東漢會要》將其列爲宮掖二十五門之一，與玄武門、盛化門及象魏闕（《文選·注》云：立兩觀者，欲表明六典舊章之法，垂於象魏）並列。然查《元河南志》所附《後漢東都城圖》以及楊守敬《水涇注圖·洛陽城圖》③，均無鴻都門之位置，可見宋元時代的典籍中，已絕少鴻都門之記載。關於此一地的典藏内容，漢史及後來的《會要》不多見記載，陳徐陵《玉臺新詠·序》云：“往世名篇，當今巧制；分諸麟閣，散在鴻都；不籍篇章，無由披覽。”按《漢書·藝文志》録賦一千又四篇，七十八家；此時，距靈帝時代尚有百餘年。而《後漢書》則無《藝文志》，當時所存賦篇數目已不可考。

鴻都門雖冠以學校之名，實際上却多有與學校不相符的地方，所謂鴻都門生其實並不是

① 鄭午昌：《中國畫學全書》，上海古籍出版社，2001年，第25—40頁。
② 叢文俊：《中國書法理論的基本結構及其藝術精神》，載《揭示古典的真實》，中州古籍出版社，2003年，第413頁。
③ 兩圖均參馬先醒《漢簡與漢代城市》所載《漢代洛陽之城池與城門》之後附，臺北簡牘社，1976年，第297頁後附。

鴻都門學培養的學生,而是"朝庭徵辟的一批官吏"。鴻都門學的教師則被稱爲鴻都文學①。

陽球奏罷鴻都文學云:"太學、東觀足以宣明聖化,願罷鴻都之選。"以此推之,鴻都門所藏,與辟雍、東觀所藏當有不同之處。依引文意推測,前者爲"詩賦",後者當爲"典册"。即靈帝聽政之餘,觀省以遊意的文藝書籍。當然,也有學者懷疑鴻都的藏書也可能是建置鴻都門學後新添置的②,這在東漢新的有關鴻都門文獻發現之前,似乎尚難作出定論。

而古所謂學者,有在於國者,亦有在於鄉者。在國者,有大有小,皆曰學。因此,《漢書·董仲舒對策》曰"古之王者,立大學以教於國,設庠序以化於邑";鴻都門學立於國朝,稱學似無不可。關於學,《禮記·保傅》又曰:"入太學,師承而問道。"③而鴻都門學中制度,似與此大不同。關於鴻都門生,《蔡邕列傳》載:"……皆加召引,遂至數十人,……又市賈小民,爲宣陵孝子者,復數十人。"而章懷李賢注居然説"至千人焉"。目前,兩者皆無其他文獻佐證,其門生人數似不能確,詢之史書,可確考爲"鴻都門生"者,僅江覽、樂松、郄儉、賈護、任芝、師宜宫、梁鵠等7人,另外,劉旦、楊魯、高彪、韓説與毛宏5人與鴻都門學有緊密之聯繫。其中,賈護之名見於《後漢書·蔡邕傳列傳》,師宜官見於《四體書勢》,其他江覽、樂松、郄儉、任芝、梁鵠皆見於《後漢書·楊震(孫賜)列傳》。後世學者又有依《歷代名畫記》劉旦、楊魯"畫於鴻都學",而將他們併入鴻都門下④,依前所論,似不確。我們下面分別以師宜官與梁鵠爲例來加以説明,師氏事迹於《晉書·衛瓘傳(瓘子恒附)》有涉及:

> 至靈帝好書,時多能者,而師宜官爲最。大則一字徑丈,小則方寸千言。甚矜其能。……候其醉而竊其牘。鵠則以書至選部尚書。⑤

而梁鵠小傳見於《書·斷上》:

> 梁鵠,字孟皇,安定烏氏人。少好書,受法於師宜官,以善八分知名,舉孝廉爲郎,靈帝重之,亦在鴻都門下。遷幽州刺史。⑥

上面兩段加上前引給我們揭示了這樣的一則事實:鴻都門學中,諸人入選前,似已"能"而"工",如梁鵠就是在外先師師宜官,"知名"於世後,方被選入門。鴻都門學對成名之後的梁氏入學,似亦未再設"師承而問道"的過程。

鴻都門學諸生當中,亦有異於師、梁兩人知名而被選,是以除敕州郡三公舉用辟召,用考課一種方法入選。如《蔡邕傳》云"今並以小文超取選舉",此處"選舉",應指東漢的州郡舉用辟召。因此,鴻都門學實是以選"能"而"工"者,而非"立學以教"、傳"道"爲主。正由於上述客觀存在,它們其中的有些人,才能有"旬月之間,並各拔擢"之機遇,而沒有限定修業的期限。另外,這一制度也和靈帝執政時所推行的政策有關,劉宏所選,雖以表面的文藝爲名,其實是

① 趙國華:《漢鴻都門學考辯》,《華中師範大學學報》2000年第3期。
② 姜維公:《漢代學制研究》,第67—68頁。
③ 此兩條引文轉引自呂思勉《古學制》,載《呂思勉讀史札記》,上海古籍出版社,1982年,第446—450頁。
④ 姜維公:《漢代學制研究》,第131頁。
⑤ 《晉書》,中華書局,1974年,第1061—1064頁。
⑥ 張懷瓘:《書斷·上·飛白》,載《歷代書法論文選》,上海書畫出版社,1979年,第164—165頁。

用這些人去解決政治實務。以此解釋“旬月之間”一説，就易理解了。

四、鴻都門學中所謂“以書至選”的史實

從現有文獻來看，鴻都門學中曾設有專門選拔善書者一項，似可肯定。所謂“鳥篆”者，皆古篆之名也，始見於班固《漢書·藝文志》和許慎《説文·叙》“六曰鳥蟲書，所以書幡信也”。衛恒《四體書勢》云：“甄豐改定古文，六曰鳥書。”漢靈帝時，正逢王莽居攝，使大司空甄豐等校文書，改定古文定名“六書”之時。他傾心於書，而以鳥篆選人似可信。關於“鳥篆”與“蟲書”，舊説一般認爲凡言蟲書，即已把鳥書包括其内。故秦書八體有蟲書，新莽六體則徑稱鳥蟲書。但庾信《書品》稱漢代“鳥已分蟲”。看來除了新莽時期鳥蟲書一體之外，這兩種字體還是有歧異的。當代幾位學者多將近年來武威和敦煌出土的《武威銘旌》與《張掖都尉棨信》（尤其前者），視作漢代蟲書之基本風格，究竟如何，似尚待日後出土新的文字資料加以補證。

而關於靈帝好書，除前引《晉書·衛恒傳》外，唐張懷瓘《書斷》亦載：

> 案漢靈帝熹平年，詔蔡邕作《聖皇篇》。篇成，詣鴻都門上。時方修飾鴻都門，伯喈待詔門下，見役人以堊帚成字，心有悦焉，歸而爲飛白之書。漢末魏初，並以題署宫闕。[①]

蔡氏所作《聖皇篇》，後世爲其輯的《蔡中郎集》不收，但在張懷瓘《書斷·上》之“隸書”部分，曾引用了此篇其中一句“程邈刪古立隸文”，從所論而觀，大約此篇係一述論字體流變之小學識字書。此時距鴻都門學之没尚有時日，可見靈帝喜書，似有淵源。

鴻都門學有以書相課選一項，但如前述，緣政治目的，門中諸生“旬月之間”，即“受豐禄不次之寵”，“師承而問道”談不上，所謂“獨立的藝術教育”當亦屬臆測。

而以國家的名義對書體寫與書體，立學而傳授者，最早見於文獻記載者，其一爲《大戴禮記·朝事七十七》所載：“天子之所以撫諸侯者，歲徧在，……九歲屬瞽、史，諭書名，聽音聲。”此處的書名即書字也。鄭注曰：“九歲省而召瞽、史，皆聚於天子之宫，教習也。”[②]其二，於1975年12月發掘出土之約爲秦始皇時期的《雲夢睡虎地秦簡·内史雜》就有關於“秦代對史之後代，從小給予寫字教室於學室”的記載[③]。

靈帝所設鴻都之學，對鳥篆、尺牘之考習，雖不能稱之爲所謂獨立的藝術教育，亦談不上首倡，但它對書法史的發展却有着不可低估的作用。其實，這一制度應當是源自周秦“諭書名制度”之“善史書”傳統在漢代的延續。漢代這種關於“通古今文字”政策的種種努力，保證了古今字體的連續性，從而也使書法由書體規範發展到對書法美自身的關注[④]。

所謂鴻都門之書學，實質上仍以靈帝極偏愛的辭賦尺牘爲主，漢代書法有“八體”，新莽改

① 張懷瓘：《書斷·上·飛白》，載《歷代書法論文選》，第164—165頁。

② （清）王聘珍撰：《大戴禮記解詁》，中華書局，1983年，第237—238頁。

③ 以上兩例參張嘯東《“善史書”的“史官”淵源與漢簡書風》，載《中國書法》2004年第10期，第50—53頁。

④ 叢文俊：《論“善史書”及其文化涵義》，載《揭示古典的真實》，第113—122頁。

稱“六體”，而靈帝獨以裝飾意味濃厚的“鳥篆”作爲取人標準，可見當時他所倡導的書法，似仍以書録、題寫等實用爲主，所謂“自覺”，恐是想當然耳。故陽球於章奏中稱其爲“鴻都文學”，蔡伯喈、楊賜更以“篇賦之文”、“造作賦説”來指代它。這與其説類似一座藝術大學，倒不如説更像一個面稍稍寬了一點的現代意義上的社科院之文學研究所。

綜上考證，我們可以確知：曾被教育史或書法史給予極高歷史評價的東漢鴻都門學，其實只是其創立者漢靈帝繼承前代漢皇喜招集才藝之士的傳統，從自身政權實際出發，巧妙地將所招之士轉化爲應付皇權、政權危機的工具。劉宏立此學，絶非完全出於天性篤愛文學藝術使然，而基本是處於政治漩渦的靈帝，因殘酷的政治傾軋而導致的由“躬秉藝文”到“招會群小，造作賦説”，從“動蹈規矩”到見寵於“微蔑、斗筲小人”，以至“榜賣官爵”的生存異化的體現。如果鴻都門學對教育史和書法史尚有些推動作用的話，應實非其始作俑者的本意。

從鴻都門學自身存世文獻，以及美術史當時的發展史實來看，漢代雖有尚方之設，但繪畫仍處於“世守其業”的工匠傳習階段，尚無文獻證明已有國家設官以學的記載。

鴻都門學係由國家詔令設置，依古制勉强可以稱學，但它作爲古代“學”之基本的“立學以教”、“師承問道”的設置基本不存在，只有一種選“能”與“工”者的課試過程，與傳統意義和現代意義上的“學”與“大學”似乎大相徑庭。

靈帝置鴻都門，其中書法一項應確有其事，但它也只是漢代傳統書署制度與書法觀念舊有存在的體現，鴻都門學中，没有“師承問道”之設，也不見其學對後世書法史的發展真正提出過任何改變舊有觀念的文獻或書法作品。因此，武斷地稱它的設立使書法教育“上升到了獨立藝術教育”，或曰“上升到與太學抗衡的專業藝術大學的教程”，是没有文獻依據的。

唐初飛白書考述

叢思飛

（吉林藝術學院美術學院）

提　要：飛白書相傳為漢末蔡邕所做，興盛於南朝，初以八分書為特徵用於題署。唐太宗以飛白書宴賜群臣，刻銘，君臣詩文酬答，飛白書已深入帝王的政治生活之中。高宗及武后朝飛白書仍是貴胄子弟習書的一項重要内容，飛白書並用於紀功、封禪等莊重場合。盛唐之後，飛白書式微。與飛白書相關的偽託書論的產生也集中於唐初至盛唐這一階段。

關鍵詞：唐初　飛白書　唐太宗　風氣

飛白書相傳爲漢末蔡邕所做，"漢靈帝熹平年詔蔡邕作《聖皇篇》，篇成詣鴻都門上。時方修飾鴻都門，伯喈待詔門下，見役人以堊帚成字，心有悦焉，歸而爲飛白之書"[1]。飛白書在創制之初是大字，用於題署或題壁。南齊王僧虔録《宋羊欣采古來能書人名》云："飛白本是宮殿題八分之輕者，全用楷法。"[2]故用於題署宮殿之飛白書多是八分書。又，張懷瓘《書斷》轉引晉王隱、南朝宋王愔語云："飛白變楷制也，本是宮殿題署，勢既徑丈，字宜輕微不滿，名爲飛白。"[3]"八分之輕者"、"字宜輕微不滿"都是指在八分書線條中體現出"飛白"的特點。飛白"全用楷法"、"變楷制也"，此處之"楷"指楷式。説明飛白在題署樣式上全用八分標準式樣或者從其變化而來。東晉王羲之、王獻之父子飛白絕倫。南朝至唐代，有紙書飛白傳世。

八分飛白有兩種變體：其一，晉衛恒據此作散隸；其二，梁蕭子雲變八分飛白爲篆書。此二者並見於唐張懷瓘《書斷》所載：

> 衛恒祖述飛白，而造散隸之書。開張隸體，微露其白，拘束於飛白，蕭灑於隸書，處其季孟之間也。梁武帝謂蕭子雲言："頃見王獻之書，白而不飛。卿書飛而不白，可斟酌爲之，令得其衷。"子雲乃以篆文爲之，雅合帝意。既括鏃而籍羽，則望遠而益

---

① 張懷瓘：《書斷上》，《法書要録》卷七，《中國書畫全書》，上海書畫出版社，1993年。
② 羊欣：《采古來能書人名》，《法書要録》卷一，《中國書畫全書》，上海書畫出版社，1993年。
③ 張懷瓘：《書斷上》，《法書要録》卷七，《中國書畫全書》。

深。雖創法於八分,實窮微於小篆,其後歐陽詢得之。①

衛恒所創散隸今所未見,然以傳世文獻觀之,散隸在唐代爲人熟知。張懷瓘謂衛恒散隸"開張隸體,微露其白",唐人以楷爲隸,那麼散隸的特點可能是具有楷書體勢特徵的方整八分書,且飛白少一些。"子雲乃以篆文爲之,雅合帝意",蕭子雲篆書飛白蓋用飛白手段改造小篆線條。今存唐代少數飛白書石刻中未見此體。唐初飛白書成就最高的書家是歐陽詢。前句引文中張懷瓘謂"(飛白書)創法於八分,實窮微於小篆,其後歐陽詢得之",張懷瓘《書斷》將歐書飛白列爲妙品,評其飛白書曰:"飛白冠絶,峻於古人。有龍蛇戰鬥之象,雲霧輕濃之勢。風旋電激,掀舉若神。"②唐初李嗣真《書後品》亦云歐陽詢"善於鐫勒及飛白諸勢,如武庫矛戟,雄劍森森"③。從張懷瓘所云歐陽詢飛白"有龍蛇戰鬥之象"、"風旋電激,掀舉若神",李嗣真所云歐書特點如"武庫矛戟,雄劍森森",此類喻説與篆書飛白的特點不相吻合,那麼歐陽詢飛白應是行書或行楷書,其特點是與歐陽詢行(楷)書迅疾流利、誇飾棱角的書寫樣式近似。《書後品》又記唐初錢毅善"小篆飛白,寬博敏麗,太宗貴之"。此"小篆飛白"蓋即蕭子雲所創"以篆文爲之,雅合帝意"、"創法於八分,實窮微於小篆"之飛白篆者。

存世唐代飛白書石刻有數通,著名的有唐太宗《晉祠銘》碑額"貞觀廿年(646)正月廿六日"九字飛白書、武周聖曆二年(699)《昇仙太子碑》碑額"昇仙太子之碑"六字、唐高宗顯慶四年(659)《尉遲敬德墓誌蓋》二十五字。從石刻筆勢觀之,太宗《晉祠銘》碑額爲毛筆書寫,具有南朝以來古法飛白的書寫特徵;後兩種書均用飛白筆寫成。《昇仙太子碑》點畫有鳥形物象裝飾,在筆法上有頓筆、抖筆等動作。《尉遲敬德墓誌》在線條上有屈曲抖動,更具裝飾意味。後兩種飛白書是典型的雜體書特性——有物象裝飾、線條圖案化特徵明顯、書寫化減弱。盛唐張懷瓘《書斷》云"輪囷蕭索,則虞頌以嘉氣非雲;離合飄流,則曹風以麻衣似雪",就是述飛白筆所書飛白。古法飛白對書寫技能的要求很高,不易掌握,故自唐初高宗朝後,飛白筆書寫已成爲飛白書實踐的主流。古法飛白由書家創作而轉向追求裝飾性之趨勢,這種轉變是唐代飛白書逐漸失去生命力的原因之一。

唐初以太宗李世民爲核心興起一股飛白書風,除唐太宗本人外,親王、公主、大臣咸參與其中。晚唐張彥遠《法書要録》載唐初太宗身邊善書飛白者有太宗十四子曹王李明、唐高宗李治、晉陽公主、歐陽詢、錢毅等人。李世民經常以飛白賜臣下、以飛白書刻銘,甚至以飛白書答詔,君臣之間飛白詩文唱和,形成了良好的飛白書臨習、賞餘悅風氣。高宗、武后喜做飛白書都與唐太宗不無關係,《尉遲敬德墓誌》、《昇仙太子碑》等石刻都可以看作唐太宗嗜好飛白風氣之餘波。

太宗御賜飛白書有記載者貞觀十八年(644)有兩次,張彥遠《法書要録》卷四《唐朝敘書録》云:

> 至(貞觀)十八年二月十七日,召三品已上賜宴於玄武門。太宗操筆作飛白書,

---

① 張懷瓘:《書斷上》,《法書要録》卷七,人民美術出版社,1984年。
② 張懷瓘:《書斷中》,《法書要録》卷七,人民美術出版社,1984年。
③ 李嗣真:《書後品》,《法書要録》卷三,人民美術出版社,1984年。

衆臣乘酒就太宗手中競取,散騎常侍劉洎登御床引手,然後得之。①

又,宋王溥《唐會要》卷三五《書法》載:

> 貞觀十八年五月,太宗爲飛白書,作鸞鳳蟠龍等字,筆勢驚絶。謂司徒長孫無忌、吏部尚書楊師道曰:"五日舊俗,必用服玩相賀。朕今各賜君飛白扇二枚,庶動清風,以增美德。"②

太宗賜書飛白,今雖不可見,謂其"筆勢驚絶",倒仍可窺見一斑。飛白書由於線條的特殊性,筆勢的變化能非常敏鋭地體現出來。貞觀二十年(646)《晉祠銘》碑額係太宗手書,筆勢堅勁,提按及輕重變化與木質、竹質飛白筆所書絶不相類。觀其飛白書筆勢又與一般書寫不同,如碑額中"觀"字末筆有裝飾意味,説明古法飛白可能需要兼具書寫與裝飾性的雙重特點。貞觀朝岑文本曾有《奉述飛白書勢詩》云:"六文開玉篆,八體曜銀書。飛毫列錦繡,拂素起龍魚。鳳舉崩雲絶,鸞驚遊霧疏。別有臨池草,恩沾垂露餘。"③《奉述飛白書勢詩》之場合或發生在太宗御賜飛白書或討論飛白書勢之時,或有君臣唱和詩文,今僅存岑詩一首。岑詩中物象龍、魚、鳳、鸞與貞觀十八年(644)五月太宗書飛白鸞、鳳、蟠、龍等字非常吻合,應該是類似的場合奉勅所制。文獻中唐太宗賜臣下飛白書事多發生在貞觀十八年前後,岑詩亦應係於這幾年中。據《舊唐書》卷七四《馬周傳》載:

> 十八年,(馬周)遷中書令,依舊兼太子右庶子。周既職兼兩宮,處事精密,甚獲當時之譽。……二十一年加銀青光禄大夫。太宗嘗以神筆賜周飛白書曰:"鸞鳳凌雲,必資羽翼。股肱之寄,誠在忠良(良)。"④

《舊唐書・馬周傳》此段所載,唐太宗賜馬周飛白書事或在貞觀十八年至貞觀末之間,貞觀十八年太宗兩次宴賜飛白書、《晉祠銘》碑額作於貞觀二十年,北宋《文苑英華》卷八一六權德輿《太宗飛白書答詔記》是述貞觀十六年(642)唐太宗答左散常侍劉洎詔,飛白書,十二句,五十五字。以此觀之,至遲在貞觀十六年前後,太宗晚年之時,他的書法興趣已從對王羲之法書鑒藏臨習轉向飛白書。飛白書頻繁用於各種場合:宴賜群臣、做飛白書扇以增美德、御題碑額、詩文唱和,甚至以飛白書答詔,這在飛白書史上都是非常罕見的,飛白書已從大字題署深入到帝王的政治生活之中。

唐太宗這種對飛白書的厚愛直接影響了其周圍的親王、群臣,甚至後來高宗和武則天亦受陶染。唐高宗善飛白書在文獻中多有記載,北宋《淳化閣帖》有唐高宗《與魯王帖》云:

> 叔藝韞多材,慈深善誨。藹夙奉趨庭之訓,早擅臨池之工。聞其比來,復愛飛白,昨故戲操翰墨,聊以示藹。(法帖釋文)⑤

① 《唐朝敘書録》,《法書要録》卷四,人民美術出版社,1984年。
② 王溥:《唐會要》卷三五《書法》,中華書局,1955年。
③ 計有功:《唐詩紀事》卷四,中華書局,1965年。
④ 《舊唐書》卷七四《馬周傳》,中華書局,1975年。
⑤ 《佩文齋書畫譜》卷一九《歷代帝王書》,中國書店,1984年。

魯王靈夔係唐高祖第十九子,范陽王藹係魯王靈夔次子。藹習飛白書,高宗做飛白書示藹,説明飛白書在唐初貴族法書學習中是一項特殊的内容。據《舊唐書》卷七四《戴至德傳》載唐初咸亨中,高宗曾以飛白書賜侍臣戴至德、郝處俊、李敬玄、崔知悌等人,一時以爲榮寵。唐裴漼《嵩岳少林寺碑》記云"高宗咸亨中御飛白書題《金字波若碑》。永淳中,御札又飛白書一'飛'字題寺壁"①。裴漼記高宗曾兩次御題飛白於嵩岳少林寺,永淳年間高宗身體已日薄西山,猶能御書飛白題壁,可見飛白書在其書法觀念中地位超然,確實受太宗影響頗深。北宋趙明誠《金石録》卷四載高宗撰文並行書、飛白書額《唐紀功碑》、《登封紀號碑》等三通,宋朱長文《墨池編》卷末載高宗撰並飛白篆額《唐孝敬皇后獻德記》。由此可見,高宗使用飛白書多如紀功、封禪、贊述等莊重場合,較太宗朝尤爲正式。

至武后朝,武則天對書法臨習不輟,亦善飛白書。除上文聖曆二年手書《昇仙太子碑額》外,《歷代名畫記》卷三又記長安薦福寺額爲天后飛白書。薦福寺,原名獻福寺,"文明元年(684)三月十二日敕爲高宗造,太后立爲岡極寺、獻福寺,至六年十一月賜額改爲薦福寺也"②,此云"六年十一月"誤,武后朝年號更迭頻繁,一般不足六年便已改元。《陝西通志》卷二十八記爲天授元年(690),從之。今陝西薦福寺所存"敕賜薦福寺"楷書五字已非當年武后手書飛白。《新唐書》卷四七《百官志》"掖庭局"有宮教博士二人,從九品下,掌教習宮人書算衆藝。條下注云:

> 初,内文學館隸中書省,以儒學者一人爲學士,掌教宮人。武后如意元年改曰習藝館,又改曰萬林内教坊,尋復舊。有内教博士十八人,經學五人,史、子、集、綴文三人,楷書二人,莊老、太一、篆書、律令、吟詠、飛白書、算、碁各一人。開元末,館廢。③

武后朝習藝館中宮教博士達十八人,掌教重藝。其中設篆書、飛白書各一人,以一技之長供奉於帝王,兼以教習宮人書法。從習藝館設置來看,在武后朝飛白書仍是内庭書法的一項主要内容。

武周之後,中宗、睿宗未見善做飛白書的記載。開元後唐玄宗喜做八分書,飛白書日漸式微。自太宗朝後,飛白書書寫工具及筆法的改變使得書寫性減弱、圖案化增強,加之帝王的喜好變化都使飛白書與其他裝飾性雜體書一樣逐漸淡出了實用場合。

文獻所載盛中唐書家善飛白者寥若晨星。唐代宗大曆間竇臮做《述書賦》載史惟則父史白善飛白書一條。另,顏真卿《錢唐丞殷君夫人顏氏碑》曾記其姑母子嘉紹"尤工小篆,爲寸字飛白,勁利絶倫"④一事。若嘉紹能爲"寸字飛白,勁利絶倫",可能係毛筆以古法飛白書之。雖然如此,盛中唐已降,飛白書只能局限於少數書人清玩,未能重返書法主流。

唐初書論中還有一種飛白書特例。武后垂拱三年孫過庭《書譜》嘗云:"旁通二篆,俯貫八

---

① 《唐嵩岳少林寺碑》,《金薤琳琅》卷一二,文淵閣《四庫全書》。

② 《唐會要》卷四八《書法》。

③ 《新唐書》卷四七《百官志》,中華書局,1979 年。

④ 叢文俊:《顏真卿〈錢唐丞殷君夫人顏氏碑〉拾遺》,《揭示古典的真實——叢文俊書學學術研究論集》,中州古籍出版社,2003 年。

分,包括篇章,涵泳飛白。"①這是唐初書論特有的"數體俱入"理論,飛白書若與大小二篆、八分、章草等書體一樣融合於書寫實踐之中,直觀反映就是渴筆(或枯筆)的運用及調節上,渴筆線條在體現筆力、筆法的敏鋭性均高於普通線條,對馭筆能力要求也高。唐代一些僞託書論中對飛白線條在書寫中的融合亦有涉及,如傳《鍾繇筆法》之"輕重如雲霧",傳蔡邕《筆論》之"若雲霧",傳《李斯筆法》之"舞筆如景山興雲,或卷或舒、乍輕乍重"②,蔡希綜《法書論》中"輕濃似雲霧往來,舒卷如林花間吐"③等,這些篇目中涉及飛白筆勢的内容可能均集中在盛唐前後。盛唐之後,篆書、八分古體依附於字學得以中興、楷書筆法系統的理論日臻完善,飛白書由於書法實踐的弱化,對其筆法理論關注已大不如前。

---

① 孫過庭:《書譜》,《書苑菁華》卷八,《中國書畫全書》。
② 《秦漢魏四朝用筆法》,《書苑菁華》卷八,《中國書畫全書》。
③ 蔡希綜:《法書論》,《書苑菁華》卷一二,《中國書畫全書》。

張彥遠"書畫同體而未分"論中的"同"、"分"疏義

——基於書法與繪畫比較研究的視角

張 炬

（吉林藝術學院美術學院）

提　要：本文以追索張彥遠"書畫同體而未分"的本義爲始點，結合史料疏解"體"之"同"與"分"的内涵和外延。在梳理書法的個性化發展和繪畫的自性存在前提下，"分"中見"同"，"同"則觀"分"，於歷史的本真中挖掘出書法與繪畫"合則兩美，離則兩孤"的已然確論。以張彥遠"故工畫者多善書"的經驗總結爲依據，將"同體"在用筆層面尋求落實，並從其歷史啟喻出發，重新審視大文藝觀下的書法與繪畫比較研究。

關鍵詞：書畫同體　分疏　用筆　大文藝觀

　　張彥遠在《歷代名畫記》卷一的首篇《敘畫之源流》時提出"書畫同體而未分"的觀點，自此，"書畫同源"説就被廣爲確認，成爲論述書法與繪畫關係的不移之論。從文獻上看，張彥遠當時在《歷代名畫記》中並没有"書畫同源"的直接表述，而是後人出於語言簡括和意義的追加，其理或可通。"體"和"源"的旨意雖有交叉，具體所指却分殊很大，尤其是張彥遠强調"書畫同體"，其言：

> 　　顔光禄云：圖載之意有三，一曰圖理，卦像是也。二曰圖識，字學是也。三曰圖形，繪畫是也。又周官教國子以六書，其三曰象形，則畫之意也，是故之書畫異名而同體也。①

在這裏他認爲"書畫是異名而同體"，由此可見，張彥遠確實在敘述繪畫源流時提到了"同"，但不是"同源"，而是"同體"。本文追索張氏本義，移"源"而求"體"，還歷史文獻的本來面目，撇開對"源"的誤讀，重新發現"體"的内涵和精義，並將"體"在"同"與"分"的維度上進行疏義，力求準確把握書法與繪畫的區别和聯繫，爲書法與繪畫的比較研究提供方法論意義，以解泛論之疑。

---

① （唐）張彥遠：《歷代名畫記》卷一，人民美術出版社，1964年，第2頁。

一、書畫"分"疏：書法的個性化發展

按照專業細分的研究方法,中國的書法與繪畫有着各自不同的生成領域,在時間和空間的分布上也呈現出相異的個性特徵。流傳益久的"書畫同源"説,成爲不同歷史階段關注二者關係的或然判斷,慢慢積澱下來形成一種約定俗成的心理期許。根據目前的文獻研究和出土實物,已經能判定二者的離合關係。其原初,在各自生成的過程中,由内驅和外力的交互作用下按照各自發展規律進行不同層面的演進,總體上呈現並行不悖、偶離偶合的不平衡狀態。

書法的原初狀態是附着於文字的,書法活動也受各種因素的影響而呈現不同的差異①,古人關於書法的認識源自文字學理論,許慎《説文解字·叙》云：

> 倉頡之初作書,蓋依類象形,故謂之文；其後形聲相益,即謂之字。文者,物象之本；字者,言孳乳而浸多也。著於竹帛謂之書,書者如也。②

也就是説,文字的構造始於象形,而象形的形體又本於物象,物象的範圍包括了自然萬物和宇宙現象,也包括人自身,這也説明文字的形體構造來源於對自然的模擬。傳蔡邕《九勢》中言："書肇於自然。自然既立,陰陽生焉；陰陽既生,形勢出矣。"在中國古人的觀念中,宇宙間的天地萬物由陰陽二氣構成,書法生成於物象,則其形勢也一定源出於陰陽,書法的形和勢所蘊含的點畫樣態、生命指向都迹化在從模擬到象徵的過程之中。

書法在完成從文字到藝術的提升之後,其書法活動也在書體演進當中沿着不同的發展線索而展開。在學術界,一般把東漢光和間辭賦家趙壹的《非草書》作爲書論的始篇,其中所見的真實狀態反映出當時書法風尚已經在一定範圍内達到癡迷進而競慕彦哲的程度,"專用爲務,鑽堅仰高,忘其疲勞,夕惕不息,仄不暇食"③。書法楷模的引領使這種書寫草書的風氣在社會上漫散開來,趙壹批評的是這種跟風競習的現象,而且認爲："凡人各殊氣血,異筋骨,心有疏密,手有巧拙。書之好醜,在心與手,可强爲哉？"④把草書書寫與人的氣質和天賦進行了主觀上的對應,其所描述的歷史現象已經讓我們看到了當時書法在文字實用屬性之外,與其所使用者和欣賞者的情感世界發生密切聯繫,從文字的實用功能走向藝術的審美功能。而且,當時草書這種書體的發展和盛行,確實爲表達各種性情和情感提供了適合的載體。

目前的研究認爲："從西漢武帝朝開始的'善史書'活動,本出於政治和學術的目的,後來

① 叢文俊先生認爲：在中國古代,因政統的統治意志對書法的干預和影響,使書法活動表現有三條線索：一是字書、字樣系列,是歷朝制定政策、明確教育和考課措施的基礎,如《史籀篇》、《倉頡篇》、《説文解字》、《字林》、《干禄字書》、《九經字樣》等；二是名家楷模系列,其風範往往被全社會尊崇、模仿的標準體式,書法時尚也由此生出；三是應制系列,指書法工美而藝術品位不高的類型,如"官楷"、"館閣體"之類。見叢文俊《書法史鑒——古人眼中的書法和我們的認識》,上海書畫出版社,2003年,第10頁。
② 崔爾平選編點校：《歷代書法論文選續編》,上海書畫出版社,1993年,第3頁。
③ 《歷代書法論文選》,上海書畫出版社,1979年,第2頁。
④ 同上注。

却成爲書法藝術發展的直接動力,並爲欣賞書法之良好的社會風尚的形成起到重要作用。"①這種"善史書"本身就已經帶有書法實踐活動的普遍風氣,當逐漸發展到競相逐慕的程度時,與之相伴隨的評價和賞鑒也繼而興盛,尤其是草書尺牘的流行,爲書法藝術的啟蒙提供了充足的社會條件,也使書法從文字的單一實用層面走向藝術審美境域創造了歷史機遇。"東漢魏晉是士大夫書家創立新體、領導書法潮流的時代,他們徑取日常實用書體來表達其人格魅力,使書法成爲與其社會地位和審美價值取向大體相當的上品清玩,奠定了書法之所以成爲高雅藝術的文化基礎"②。

從上述的研究中我們可以得出如下判斷:

1. 書法從文字的實用屬性躍升爲藝術審美取決於"善史書"的實踐活動,其擴及廣度和持續影響力爲文字從實用走向審美鋪就了現實路徑,從書法發展的本體和藝術生成的角度看,這是其性質變化的直接動力和重要條件。

2. 從社會結構的層面來看主導這一潮流的基本力量,東漢魏晉時期的士大夫③是完成這一歷史使命的社會群體。雖然在中國古代文字不是士大夫層面的專有,然而正是如此普遍應用的社會基礎,爲人人皆可識讀和使用的文字創造了相當寬泛的通行條件和社會氛圍。士大夫是這一衆多參與者中的積極倡導和中堅力量,他們通過"善史書"活動極大地推動了書法趨向藝術審美風氣的形成。

3. 書法進入藝術層面時最大的個性特徵是對人格魅力的彰顯,這是以士大夫爲參與主體並對人性精神風貌的抒揚,也是在審美價值取向方面走向自覺的開始。這一特徵在政治和學術目的之外,使書法從二者的附庸中脫離出來,獨立地按照自己的規律發展。

張彥遠的《法書要録》和《歷代名畫記》本身帶有唐代政治生活中士大夫的價值取向,這不但反映在其選擇的篇章和成書的體例上,也貫穿在他所持的立場和觀點中。張彥遠,字愛賓,"魏國公張延賞之曾孫,祖弘靖,父文規。大中之初(847)由左補闕爲主客員外郎,尋轉祠部員外郎。五年(851)奉詔修《續唐曆》……"④。《法書要録》一書,則是第一部匯輯並選録唐以前書法資料的總集,對自漢至唐的論書文獻輯録非常繁富。其選擇材料也相當審慎,余紹宋在《書畫書録解題》上說:"唐以前論書之文,頗多僞託之作,俱未見於是書,或彥遠已灼知其僞矣。"張彥遠的興致雅好也爲整理和彙集《法書要録》和《歷代名畫記》提供了必要的客觀條件,其在自述中言:"余自弱年,鳩集遺失,鑒玩裝理,晝夜精勤。每獲一卷,遇一幅,必孜孜葺綴,終日寶玩。……唯書與畫,尤爲忘情,既頽然以忘言,又怡然以觀閱。"⑤這是以張彥遠爲代表的唐代文人士大夫在統一政治體制下的自主心態和精神世界。

書法的個性化發展在《法書要録》中體現得非常充分,正如後人評價所言:"宋以前對於書

---

① 叢文俊:《論"善史書"及其文化涵義》,95 北京·國際書法史學術研討會論文,載《書法研究》1998 年第 2 期。

② 叢文俊:《文獻所見魏晉士大夫書法風尚之真實狀態的考證——魏晉書法史與〈蘭亭〉研究之一》,《揭示古典的真實——叢文俊書學、學術研究論集》,中州古籍出版社,2003 年,第 169 頁。

③ 余英時先生認爲"士大夫"作爲一廣泛的社會稱號始於兩漢之際。見余英時《士與中國文化》之《東漢政權之建立與士族大姓之關係》,上海人民出版社,2003 年,第 193 頁。

④ 謝巍:《中國畫學著作考録》,上海書畫出版社,1998 年,第 85 頁。

⑤ (唐)張彥遠:《歷代名畫記》卷二,第 35 頁。

法和文字學往往混在一起,當時圖書分類把論書作品列入經部小學類内。至宋代陳振孫《直齋書録解題》始把這類書改列於子部雜藝術類,後世多從之。此書不録論字學文章(僅卷二載江式《論書表》,恐是刪削未盡)。卷四目録有顔師古注《急就章》,而注明'不録',正如《四庫全書總目提要》認爲'當以無關書法見遺'是也。可見其視書法爲藝術,和字學判别開來。"①從《法書要録》彙集和整理的書學文獻看,其上溯早期書論材料的搜輯廣備、書迹流傳、楷模傳授序列都證明,書法在中國文化"大傳統"的流變中已經形成了自己相對成熟而完備的"小傳統"。

二、書畫"分"疏：繪畫的自性存在

畫論和繪畫實踐活動是否也存在這種對應和互動關係？從一般意義上説,現世存在的出土遺迹和文獻記載,以及被史學界視爲中國早期繪畫的"童年記憶"都可以説是繪畫實踐活動的反映,其特徵之一就是繪畫的媒介與載體的複雜性,特徵之二就是與人類生産和生活方式、思想觀念、宗教信仰、風俗禮制等息息相關,其三就是在時間上發展的差異性和地域分布的多樣化。

繪畫圖像史料的豐富和地域、民族性特點,爲我們繪製了不同時期的中國繪畫分布版圖。在這個地理的空間分布上存在一個相互依賴、相互聯繫的生態系統,畫論和繪畫實踐活動成爲這個系統的基本構成。按邏輯推理,是實踐活動引發了畫論的産生,但又是在哪一次具體的繪畫實踐活動中繼而産生了怎樣的標誌性畫論,學術界的説法各執不一。

繪畫實踐活動起點渺遠所形成的不確定性,以及與之伴隨的早期畫論的難以標誌,使我們的研究基點無法定位在没有足夠史料支撑和文物出土相佐證的年代。美術史學界的學術發展和不斷出土的文物資料,爲中國繪畫歷史版圖的綴合與接續做出了卓越的努力,也使我們不斷廓清繪畫生態系統的内在機理,而且這一趨勢還在流動和發展之中。

中國的繪畫活動最早應該追溯到史前②,通過考古挖掘發現於岩石、玉雕、木雕、陶器和青銅器上的繪畫,將人類早期繪畫表現的載體覆蓋到幾乎所有能適合的材料,其爲特定目的服務的工具性和以線爲繪畫語言的主要手段成爲相異於其他門類的顯著特徵③。同時,大量的圖像遺存和豐富的形式類型成爲中國繪畫審美精神的源頭和發展的濫觴。

從傳説時代進入有史記載之後,繪畫活動與人類生活的關係更爲緊密,《尚書》和《周禮》就詳盡地記載了在儀禮和日用倫常中應用的畫事活動,在諸子百家的言説中也出現了有關繪畫的論述和見解。張彦遠在《歷代名畫記》中引用陸機的話來説明繪畫在古代社會的功用,其言:"丹青之興比雅頌之述作,美大業之馨香。宣物莫大於言,存形莫善於畫。"在早期的典籍

---

① (唐) 張彦遠：《法書要録》之《簡介》,人民美術出版社,1964 年,第 2 頁。
② 李淞《中國繪畫斷代史——遠古至先秦繪畫》(人民美術出版社,2004 年,第 2 頁)認爲:"在中國至少可追溯到舊石器時代晚期至新石器時代早期的一批岩畫,大約屬於早期狩獵時期的岩畫現今分布在甘肅、内蒙古等北方地區,年代距今一萬年或更久,並在少數民族地區延續到青銅器時期甚至更晚。"
③ 馮遠、張曉凌主編：《中國繪畫發展史》(上卷),天津人民美術出版社,2006 年,第 14 頁。

文獻中也有許多關於繪畫實踐活動的詳細記載,《後漢書·趙岐傳》:"先自爲壽藏,圖季札、子產、晏嬰、叔向四像居賓位,又自畫其像居主位,皆爲讚頌。"①在東漢朝的趙岐自少受儒家思想影響,又頗有才藝,一生坎坷沉浮猶志報國家,建安六年(201)卒,先自爲墳壙,用繪畫的手段將自己的畫像與先賢爲列,以表達永恒的精神追求和情感寄託。墓葬中的繪畫技術及其圖像是"中國藝術中最爲漫長和持久的一個藝術傳統"②,也是我們今天從文獻到考古印證古代繪畫活動頻繁的例證之一。

三、書畫同體:合則兩美,離則兩孤

書法與繪畫的歷史存在形態,不是簡單的文字或圖像圖式的零散綴合,而是形成自足自在的生態系統。從系統內部看,前後和彼此間的關係有着流動的血脈聯繫,並不是孤立和靜止的板塊。從系統外部看,兩個系統又相互生發、相互交融地演變成新的整合系統。猶如唐張懷瓘在其《書斷》中所言:"似兩井之通泉,麻蔭相扶,津澤潛應,離而不絶。"③

書法與繪畫的"分"表現在其初始生成和分化發展的過程中,"同"表現在其主體的文化根脈和思想資源上。即使在時間上可能有先後的發生次序和空間上的分布不平衡、不對稱,但不會干擾"同"上的質性互濟和"分"的異彩紛呈。

"同"是内在機理和根脈,是統一於共同的"體"。張彦遠在《敍畫之源流》中就已經明確提出"書畫同體而未分"的觀點,

> 夫畫者,成教化,助人倫,窮神變,測幽微。與六籍同工,四時並運,……造化不能藏其秘,故天雨粟,靈怪不能遁其形,故鬼夜哭。是時也,書畫同體而未分,象制肇創而尤略,無以傳其意,故有書。無以見其形,故有畫,天地聖人之意也。④

"象"和"意"是兩個不同層面的表現形態,"象"傳達"意"。"天地聖人之意"就意味着宇宙間運行不殆的客觀規律和先人聖哲創承的精神傳統。"象"爲了表達天地聖人的"意",才有了書法與繪畫,書法和繪畫是都是出於"象"對"意"的表達需要而存在的介質。而且,書法着重表達的是具有抽象氣質的"意",繪畫是以"形"見長與書法相互配合對"意"的具象表現。張彦遠這一觀念,很明顯是在中國古代受到"象思維"的影響,處於不同層面的"言"、"象"、"意",其旨歸是爲了表達"意"的要求,構成了以"意"爲表述核心的理論模型,從"意"到表"意"的"言"和"象",形成了一個闡釋的循環過程。

"通"是書法與繪畫在文化根脈和精神氣質上的相通,"同"更強調的是二者方式與本體上的同質和同構,並有在實現路徑和表達方法上的趨同性目的。"合"與"離"對舉,書法與繪畫長期分觀説的"離"式思維是本文綜觀説"合"式思維的前提和條件,我們在史實中發現,確實

---

① (宋)范曄撰,(唐)李賢等注:《後漢書》卷六四,中華書局,1965年,第21—24頁。
② [美]巫鴻著,施杰譯:《黃泉下的美術——宏觀中國古代墓葬》,生活·讀書·新知三聯書店,2010年,第11頁。
③ 《歷代書法論文選》,第154頁。
④ (唐)張彦遠:《歷代名畫記》卷一。

存在"離"的彼此個性發展演變,但二者"離而不絶",就是因爲有"通"和"同"的基礎和共有文化載體存在。如此,我們必然會通觀"離"與"合",進行比較分析與綜括整體性研究,因爲"離"的純粹極致勢必走向絶對和孤立、分裂和僵化,這也是西方二元對立方法論的普遍表述,但中國傳統思維方式的整體性和系統性特徵,在統一的大文藝觀下,使書法與繪畫在張彥遠時代從"離"走向"合",也更實證地回答了"合之則兩美,離之則兩孤"的歷史確論。

四、用筆同法:"同"、"分"疏義的落實

在中國文化根脈的孳乳和浸潤中生成的書法和繪畫,天然地附着了中國文化的特質和屬性,其獨有的稟賦條件使二者在基因中就具備了相同的精神氣質。書論與畫論的生息,離不開具體的藝術實踐活動,這既是考察客觀現實行爲向語言表述的轉換過程,也是我們今天認識和還原古代書畫藝術狀態的文獻依據。

從書法與繪畫的關聯性存在與否來判斷,張彥遠進一步闡釋了書法與繪畫在用筆層面的客觀聯繫。在《論顧陸張吳用筆》中,從"一筆書"與"一筆畫"的師承淵源和風格影響開始,在點畫樣態、行筆體勢、疏密體用上,三次得出"書畫用筆同法"①的結論。他在《論畫六法》中則又強調:

> 夫象物必在於形似,形似須全其骨氣,骨氣形似,皆本於立意而歸乎用筆,故工畫者多善書。②

這很明顯是對謝赫"六法"的申說,在謝赫確立繪畫"六法"的標準之後,不論是藝術創作還是品評賞鑒,都是以此爲衡量藝術水平高下的尺度,但張彥遠在此問題的立場和觀點對我們今天的中國畫創作具有重回經典的提示作用。在厚古薄今的傳統習慣思維下,張彥遠認爲:"古之畫或能移其形似,而尚其骨氣,以形似之外求其畫,此難可與俗人道也。"③將"骨氣"置於"形似"之上,二者並不對立,而是先守基本的"形似"後要充分地擴盈其"骨氣"以達"氣韻生動"的效果。

今天看來,"形似"是基本的造型輪廓和物象結構,"立意"是源發於複雜心理活動的藝術創作構思和動機,"骨氣"是藝術作品生命的最高境界。那麼通過"立意"的"形似"實現"骨氣"的路徑和技術性手段是什麼? 張彥遠的結論是"歸乎用筆",進而言"故工畫者多善書"。而書法的用筆又如何解決和貫穿了這一創作過程呢? 他在《論顧陸張吳用筆》中列舉了此四家繪畫作品風格與書法名家用筆同法的諸多證據。其言:

> 顧愷之之迹,緊勁聯綿,循環超乎,調格逸易,風趨電急,意存筆先,畫盡意在,所以全神氣也。

① (唐) 張彥遠:《歷代名畫記》卷二,第 23 頁。
② (唐) 張彥遠:《歷代名畫記》卷一,第 13—14 頁。
③ (唐) 張彥遠:《歷代名畫記》卷一,第 13 頁。

　　　昔張芝學崔瑗、杜度草書之法,因而變之,以成今草,書之體勢,一筆而成,氣脈
通連,隔行不斷,……世上謂之一筆書,其後陸探微亦作一筆畫,連綿不斷,故知書畫
用筆同法,陸探微精利潤媚,新奇妙絶……

　　　張僧繇點曳斫拂,依衛夫人《筆陣圖》,一點一畫,別是一巧,鈎戟利劍森森
然……

　　　國朝吳道玄,古今獨步,前不見顧陸,後無來者,授筆法於張旭……①

這不但在師承淵源上證實了繪畫的筆法來自書法的用筆,而且在具體的風格審美上也標示出
了清晰的流派影響,從而在物質操作層面建立了具體可行的技術系列。依據史料來源和賞鑒
的實際經驗,張彥遠將書法與繪畫名家楷模序列的個性風格和線條特徵進行譜系排列,通過
研究和對比發現其中的"血緣性"聯繫,從而將"書畫同體而未分"的結論在實踐層面進行了
落實。

五、"書畫同體而未分"的歷史啟喻

　　　唐代張彥遠的《歷代名畫記》和《法書要録》,是自漢晉以來書畫藝術發展和演變過程中的
一個標誌性節點,二者的出現不但説明了書法與繪畫學術體系的各自成熟,而且最爲明顯的
特徵是在大文藝觀的比較視域下,作爲藝術的書法與繪畫走向了相通與合作。

　　　張彥遠對《法書要録》和《歷代名畫記》的分類整理和研究,不是他自謙時爲"好事者"所
獻,而是他在歷史的連續性考察中發現書法與繪畫的血脈聯繫。尤其是在其家傳法書名畫和
收藏鑒識中,真實地看到了書法與繪畫在各個層面"相通"的客觀狀態,這是他成書的内在動
因和實踐條件,而自漢至唐發展而來的收藏珍秘和楷模影響,對促進書法與繪畫的匯合構成
了從宮廷到民間的濃厚社會氛圍,形成了書畫實踐的外部條件和傳承序列。

　　　張彥遠在《法書要録序》中説:

　　　……因采掇自古論書凡百篇,勒爲十卷,名曰法書要録。又別撰歷代名畫記十
卷,有好事者得余二書,書畫之事畢矣,豈敢言具哉。

《法書要録》和《歷代名畫記》二書深蘊的學術動機和成書目的,恰恰就是張彥遠在這樣一個大
文藝觀下對書法與繪畫從理論到實踐的總結與歸納,這也爲北宋書論與畫論的比較研究開啟
了歷史序幕,並爲二者的進一步比較研究奠定了合法性基礎。張彥遠所代表的書畫源流觀點
説明:遲至唐末,主流文化視野中的書法與繪畫其實是不分的,即使承認二者有不同的生成
傳説和應用領域,但演進和流變到唐時,在影響力較大的政治社會意識形態中,書法與繪畫是
在同一個文化視域中給予合法化身份的。書法與繪畫的"同體",既是二者肌體血脈相連,又
是同生成於一個母體,其實質在本體認同上是一個始點。這個本體的"體",就是中國古代的
思想文化。

---

① （唐）張彥遠:《歷代名畫記》卷二,第23—24頁。

書法與繪畫共生的文化根源及其大文藝觀的視域,是以源遠流長的中華文明爲背景的思想資源與精神傳統。這其中上紹自三代以來和諸子時期"軸心時代"①所産生的思想和文化,也包括後來儒、道、釋不斷發展和相互融合所匯成的泱泱大流。也就是説,這個大文藝觀,不是一家之言,而是綜括了占主流意識形態的孔孟儒學和老莊之學,以及自漢以來傳入中國的佛學及其本土化的禪學。諸家之言代表着各異的宇宙觀和本體論,對現象界的認識和價值取向有不同的方法與立場,從而爲書法與繪畫的思想資源鋪就了生動而又色彩斑斕的人文背景,各種觀念的交織與交融錯生式發展和爭鳴狀態,也爲書法與繪畫在觀念層面的演進和成熟提供了思考和創造的精神力量。張懷瓘就有如此表述:

> 昔仲尼修《書》,始自堯、舜。堯、舜王天下,焕乎有文章,文章發揮,書道尚矣。②
> 文章之爲用,必假乎書,書之爲徵,期合乎道,故能發乎文者,莫近乎書。若乃思賢哲於千載,覽陳迹於縑簡,謀猷在覿,作事粲然,言察深衷,使百代無隱,斯可尚也。③
> 及乎意與靈通,筆與冥運,神將化合,變出無方……幽思入於毫間,逸氣彌於宇内,鬼出神入,追虛補微,則非言象筌蹄所能存亡也。④

他把書法萌動和隆盛的原因没有追寄於天命神授和玄秘傳説,而是直接指向三代禮制文化和先秦思想啟蒙源頭,充分表達出唐代大文藝觀所透射的人文理性和精神自覺,其成熟自信的現實關懷與追索不已的使命感和技道兩進的超越意識,皆與時代風貌的勃興和傳統經典的回歸相協律。哲學思想、精神傳統、民族氣質成就了大文藝觀的時代品格和胸襟氣度,文學情思、風俗習慣、多元多樣的藝術形態無疑拓展了大文藝觀的實踐空間和歷史維度。

在大文藝觀下,書法與繪畫作爲在一個文化根脈上生長起來的兩種藝術樣態,保持着各自系統的相對獨立性,有着相似的生物性構成特徵。從基本的要素去考察概分,實踐和理論構成了歷史存在的基本框架,也形成了二者同構的分類理則。豐富多彩、活潑生動的藝術實踐交織在不同時期的人類活動中,與人們的思想觀念、宗教信仰、制度禮儀、風俗習慣、社會心理和生産生活密切地聯繫着,沉浮於歷史發展中而呈現不同的風格樣態。伴隨着書法和繪畫實踐活動而産生的書論與畫論,既有個性的獨立,又有吸附的融合,這種獨立性的殊相成爲我們今天比較研究的分類依據,其融合性又成爲我們在歷史展開中所考察到的流通共相。

從張彦遠給我們所呈現的文獻看,自漢至唐,書畫藝術已經形成了一個共生的文化樣態。不但從二者内在的發展中看到了理論與實踐相互激活而形成的内生動力,而且在社會適用範圍内,書法與繪畫也在持續不斷地深化和拓展着各自的空間領域。在張彦遠"書畫異名而同

---

① "軸心時代"的概念是由德國哲學家雅斯貝爾斯在其《歷史的起源與目標》一書中提出來的,其核心觀點認爲在公元 500 年前後,古希臘出現了蘇格拉底、柏拉圖,以色列有猶太教的先知,印度有釋迦牟尼,中國有老子和孔子,古波斯有索羅亞斯特,都是人類在軸心時代産生的思想家,形成了不同的文化傳統。[德] 卡爾・雅斯貝爾斯:《歷史的起源與目標》,魏楚雄、俞新天譯,華夏出版社,1989 年。
② (唐) 張彦遠:《法書要録》卷四《張懷瓘書議》,第 150 頁。
③ (唐) 張彦遠:《法書要録》卷七《張懷瓘書斷序》,第 221 頁。
④ (唐) 張彦遠:《法書要録》卷七《張懷瓘書斷序》,第 223 頁。

體"的立論中,書法與繪畫的關係已經從生成傳説到構成原理都本於一體。從現存的史料來看,二者走向"同體"的前提是各自個性化的發展,而且這種個性化的存在仍於書法與繪畫的共性相通中保持着旺盛的活潑狀態。

　　反觀之,在"體"的共生性前提下,對於書法與繪畫的歷史考察就應該在一個大視野中去認識,也就是大文藝觀下的書法與繪畫比較研究。最有價值的是讓我們能從這一個契合點來提示學界和引發思考,並以新的視角來思考傳統儒、道、釋爲思想資源的精神傳統和思想觀念對書法史與美術史的曲折和展開所産生的影響。

六、結　　語

　　顯然,經過疏義之後,張彦遠"書畫同體而未分"論斷中的"同"與"分",不是繪畫形象中的"似"與"不似",而是歸結爲大文藝觀中的"本根"與"分枝"。"書畫同源"説只是滿足於追溯源頭上的"同",對於書法與繪畫的關聯性没有本質上的認識,也無法釐清二者的"同"與"分"。在《法書要録》和《歷代名畫記》框架下討論"書畫同體而未分",將整體和部分之間的結構關係清晰地展現在世人面前,在追尋"同"時發現了大文藝觀及其文化主體,在辨析"分"時考察到書畫流變中的理論與實踐。在整體的關照中可見,美術史和書法史不會是史料的簡單匯輯和圖像綴合,而是貫穿在時代文藝觀和傳統思想文化觀念的交叉影響下,這也是張彦遠在"書畫同體而未分"中不斷强調的"同"、"分"價值所在。

柯九思卒於至正七年説

王力春

（吉林大學古籍研究所）

提　要：本文通過考證和梳理，對古今學者認爲柯九思卒於至正三年、十三年、十八年（或十九年）、二十五年等幾種説法一一進行了駁議，進而提出柯氏卒於至正七年的説法。

關鍵詞：柯九思　卒年

柯九思是元代著名的文學家、詩人、書畫家，深受元文宗寵倖，其詩文書畫對後代均有較大影響。關於其卒年，原有三説：今人多作至正三年（1343）[①]，另有至正十三年（1353）説、至正二十五年（1365）説。致力於柯九思研究的宗典先生在《柯九思年譜》[②]（下簡稱《宗譜》）中即主三年説，而對後兩説加以辨駁。徐三見先生近年撰寫《柯九思卒年考》[③]一文（下簡稱《徐文》）提出新説，認爲"其卒年當爲至正十八年（1358）。不過，並不排除其卒於至正十九年上半年的可能性"。應該説，諸位學者搜集了大量的第一手資料，給筆者以較大的啟發，但關於柯九思的卒年，筆者尚有不同意見。本文不揣淺陋，以至正七年（1347）説爲論點，不當之處，尚祈方家教正。

一、非至正三年説

柯九思並非卒於至正三年（1343），可從以下幾方面加以説明。

其一，《徐文》已注意到，記載此説來源的元末徐顯《稗史集傳》，其原文已被改作。柯卒於至正三年説，與《稗史集傳》的記載有關，但真正被後代多數人默許的原因，大概有版本上的原因。《稗史集傳》關於柯九思載："至正癸未冬十月壬寅，……卒，年五十四。"而《四庫全書總目》卷六一《史部傳記類存目三》稱："其敘柯九思之卒在至正癸亥。按至正紀年無癸亥，而九

---

① 如俞劍華《中國美術家人名辭典》、宗典《柯九思年譜》、王伯敏《中國繪畫史》、徐邦達《歷代書畫家傳記考辯》、陳高華《元代畫家史料》、譚正璧《中國文學家大辭典》、新版《辭海》、黃惇《中國書法史·元明卷》等。

② 參見宗典《柯九思年譜》，《文物》1962 年第 12 期。

③ 徐三見：《柯九思卒年考》，《東方博物》第一輯，杭州大學出版社，1997 年。

思之卒實在乙巳，蓋此書傳寫誤也。"雖《四庫全書總目》認爲"九思之卒實在乙巳"（至正二十五年，1365）不確，但已透露《稗史集傳》原文述柯卒年並不作"至正癸未"（至正三年，1343），而是"至正癸亥"。故宮博物院所藏柯九思題虞集書《誅蚊賦》卷，鈐有"惟庚寅吾以降"一印，可證柯氏生於至元二十七年（1290），至正三年（癸未）説便是以此和《稗史集傳》記載的"年五十四"推斷出來的。既然原文可能不作"至正癸未"，此説便甚可疑。

其二，從柯九思《漁莊記》的相關記載來看，作者至正七年（1347）尚健在。漁莊是元末玉山雅集領袖顧瑛玉山佳處的景點之一，《漁莊記》是柯所寫的記文，收在《玉山名勝集》卷六中。文稱："玉山隱君顧仲瑛氏，治其第之西偏，稍爲臺池之勝，號玉山佳處。佳處之東……今禮部白野兼善公隸書'漁莊'二字，以榜其顏。"禮部白野兼善公即泰不華，或作達兼善，《徐文》認爲"考泰不華任禮部尚書，當在至正六年至九年間。……以此而言，柯九思於至正六年間尚健在"。關於此點，須加詳考。泰不華曾兩次在禮部任職，首任侍郎（正四品），後任尚書（正三品）。《元史》卷一四三本傳云："擢秘書監，改禮部侍郎。至正元年，除紹興路總管。……召入史館，與修遼宋金三史，書成，授秘書卿。升禮部尚書，兼會同館事。……九年，……尋除江東廉訪使。"又，《僑吳集》卷七《題瑞竹堂記》："秘書郎白野達公兼善父，守越有治，……至正七年春，服闋天子以禮部尚書召公北上。"綜二記載可知，泰不華任禮部侍郎在至正元年（1341）以前，任禮部尚書爲至正七年春到九年（1347—1349），《漁莊記》所稱"禮部"所指爲何？

泰不華久居於越，據朱珪《名迹録》卷五《拜石壇記》載，後至元五年（1339）他曾爲顧瑛宅園題篆書"拜石"、隸書"寒翠"，柯此時亦與顧氏有往來，故泰以禮部侍郎身份再爲顧氏題"漁莊"二字亦有可能。但從《漁莊記》中所提顧氏"玉山佳處"的營造時間來看，又排除此可能，而以後者爲是。朱珪《名迹録》卷四載至正戊戌（1358）顧阿瑛49歲時自製並書的《金粟道人顧君墓誌銘》云："年踰四十，田業悉付子壻，於舊第之西偏，壘石爲小山，築草堂於其址，左右亭館若干，……總名之爲玉山佳處。……至正九年，……"殷奎《強齋集》卷四《故武略將軍錢塘縣男顧府君（瑛）墓誌銘》載："甫逾四十，悉以田業付子若壻，改築園池於舊宅西偏，名曰玉山佳處。"顧瑛生於至大三年（1310），40歲時爲至正九年（1349）。又，楊維楨《東維子集》卷一八有至正八年（1348）正月十八日所作《玉山佳處記》："既與其仲爲東西第，又稍爲園池別墅，治屋廬其中，……合而稱之，則曰玉山佳處也。"同書卷一七載至正八年秋所作《碧梧翠竹堂記》："夫堂瞰金粟，階映桃溪，漁莊、草堂，相爲儐介，蓋予玉山佳處之尤宏而勝者也。"結合玉山雅集諸記載，可知玉山佳處之建當在至正八年前不久，《漁莊記》所言"今禮部"乃泰不華至正七年始任之禮部尚書。則柯既已言及顧氏"治其第之西偏"之"玉山佳處"，其卒年當不晚於至正七年，比《徐文》所言上限又推後一年。

其三，從柯氏相關作品題款亦可知，其至正三年並未去世。證據之一爲存世作品《渭川素影圖》。此畫爲立軸水墨紙本，鈐朱文"柯氏敬仲"印，由上海工美拍賣有限公司於2005春季藝術品拍賣會上拍賣，成交價1705萬元。柯自跋曰："甲申人日，過白雪窗觀雪，坐中可如道人徵畫，遂試繡兒筆爲之。丹丘柯九思。"該作首著録於《珊瑚網》卷四四《勝國十二名家》第十五，注曰"爲丹丘柯九思山水疏林小寺，殊簡曠"，款中"繡兒筆"作"繡兒墨"；又見《式古堂書畫匯考》卷三四《元季十二名家册》第十五幅，署《柯敬仲山水》，款跋因之。從著録可知，此作原爲二十聯册之一幅,皆曾由金文鼎收藏,並連綴成册,經徐同美、黃越石、汪砢玉等遞藏,後有金文鼎(二跋)、沈周、董其昌、汪砢玉等人的總跋。金文鼎,即元末明初書畫家金鉉(1361—1436)。《東里續集》卷三二《封從仕郎中書舍人金君墓表》:"文鼎諱鉉,文鼎其字,尚素其別字也。⋯⋯書畫皆極造詣。⋯⋯文鼎卒正統元年閏六月廿四日也,享年七十有六。"《續書史會要》:"金鉉,字文鼎,號尚素,松江人,書工章草,畫仿王叔明。"柯畫沈周(1411—1509)跋稱:"金文鼎先生,松江人,永樂中以繪事名海内,風流博古,高尚不群,嘗見先生圖畫,大得元人筆意,余亦宗之。此册先生所選十二家二十幅,各各品定,無不臻妙,先生目力高也。"從總跋評介可以看出,柯畫流傳有緒,非鼎贋可比。金文鼎永樂十一年(1413)跋稱"柯敬仲二紙,筆墨超軼,瀟灑天然",又於永樂十二年(1414)跋稱"曩同俞樂泉過武林,獲趙松雪、柯丹丘畫。⋯⋯此册選元季十二名家,自余生平寶愛之"。董其昌對柯作稍有微詞,但未否定其真:"畫册以元季四大家爲難,⋯⋯此册原爲吾鄉金文鼎所藏。文鼎畫入能品,宜其具擇法眼,差覺盛子昭、柯丹丘未能作諸公把臂入林侣耳,然已海内不再得矣。"因金鉉藏畫的時間與柯相去未遠,且又精書畫鑒藏,故柯關於"甲申人日"之題跋内容較可靠。甲申爲至正四年(1344),人日爲正月初七,柯氏此時或健在。

關於作品方面的證據,《徐文》亦引用了幾例:一是柯九思《行旅圖》,款署"至正四年夏五月望";二是柯九思《林亭秋色圖》,上題"至正五年春三月";三是柯九思撰《秀峰寺重興修造記》,内云"至正二年修藏經殿,三年興蓋大佛殿",末署"奎章閣學士院鑒書柯九思記,⋯⋯至正四年二月既望知事比丘道臨、永及立";四是柯九思《古木新篁圖》,虞集題云:"不見丹丘四五年,幽篁古木更蒼然。兼葭霜露風連海,翡翠蘭苔月在川。憶昔畫圖天上作,每題詩句世間傳。前村深雪誰高卧,亦有晴虹貫夜船。至正五年秋九月邵庵虞集題。"前兩者見於宗典《柯九思史料》,作者"疑僞",《徐文》稱"據作品特別是題書來看,面貌風格與其他柯作絶無二致,殊不可以僞作論"。後者見於虞集《道園學古録》卷二九,並見於《大觀録》卷一八,《徐文》稱"通篇無傷悼語,顯見柯九思至正五年九月尚在人世"。以上可作輔證。

綜上可知,至正七年柯氏尚在世,卒於至正三年説不確。

二、非至正十三年説

至正十三年(1353)説見於清光緒二十一年王舟瑶纂修《台州府志》卷一一七,稱柯九思至正癸巳(1353)暴疾卒,年六十四。曹元忠纂《丹丘生集》從之,但泛稱"至正壬辰癸巳間"(1352—1353)。《宗譜》否定二者,文云:

> 王舟瑶作至正癸巳,夾注出自《珊瑚網》,查汪砢玉並無此説。曹元忠作至正壬辰癸巳間,提出論點二:一據《倪雲林詩集》有"三月六日同李征士遊禪悦僧舍,禮上人出柯博士所賦詩以示僕,而博士君歿已二年";又至元(按:當作至正)十三年三月四日同章煉詩(按:當作師,不應句讀),過張先生山齋壁(按:壁字當下屬,後脱間字),見柯敬仲墨竹,因懷其人,斷爲同時之作。一據《拜石壇記》有"又思丹丘不二十年仙去"。應當指出,《倪雲林詩集》爲後人輯録,編次紀年不足爲據;且所見山齋柯敬仲墨竹,

乃懷念之詩。《拜石壇記》原文爲"又思丹丘、白野不二十年皆仙去"，謂柯九思、泰不
華，當顧瑛作記時相繼去世二十年之意。王、曹之説實難成立。

按，曹氏之附會確如上文批駁，但《宗譜》將"不二十年仙去"理解爲"謂柯九思、泰不華，當顧瑛
作記時相繼去世二十年之意"不確（詳見後文）。且該文雖否定至正十三年（或十二年）的二條
證據，但對此説否定並未徹底。有鑑於此，筆者再補充兩條證據。

其一，倪瓚《清閟閣集》卷四云："至正十三年三月四日，同章練師過張先生山齋，壁間見柯
敬仲墨竹，因懷其人。……自許才名今獨步，身後遺名將誰托。"顯然，至正十三年三月四日柯
九思已去世。《稗史集傳》詳載柯九思卒於冬十月，故至正十三年必已去世。《徐文》亦承認：
"這篇東西完全合乎倪瓚的口氣，自然不會是僞作，而倪與柯又是好友，所説應當是可信，據此
則柯前此已經作古。"但其爲堅持該文至正十八年（或十九年）説的觀點，又稱："鄙意文中之
'至正十三年'抑或爲'至正二十三年'之誤，大概是後人傳抄刊刻時脱訛所致。此類情況還
有，乃至今人懷疑有無傳訛柯九思已死而實未亡之可能性的存在。"此處不免給人削足適履
之感。

其二，詳載柯九思卒況的《稗史集傳》，《自序》款署"至正十年秋八月廿日"，其成書當在是
時，則柯必卒於此前。又由該書所載柯氏卒於十月，則至少至正九年（1349）柯已去世，其卒年
下限不當晚於此。

三、非至正十八年（或十九年）説

從理論上講，前文認爲柯九思卒於至正十三年之前，進而認爲卒於至正九年之前，即已否
定《徐文》至正十八年（或十九年）説以及下文張昶至正二十五年説。但爲更充分表達本文觀
點，有必要具體論辨，並提出更多輔證。

《徐文》爲否至正三年説，還提出了兩個證據：一是柯九思所書的《鄔庚墓誌銘》，二是顧
瑛所撰的《拜石壇記》。這也是該文認爲柯卒於至正十八年（或十九年）説的主要證據。筆者
認爲，此非但不是否定至正三年説，且亦不能説明柯卒於至正十八年（或十九年），兹述理由
如下。

《徐文》的重要依據之一是柯九思所書《故處士鄔公墓誌銘》，誌主名鄔庚。該墓誌已佚，
但拓片仍存於臨海市博物館。誌文最初收錄於清黃瑞的《台州金石録》卷一三。墓誌首題：
"宣□□□書博士朝散大夫兼經筵譯文官王沂撰，□□□□□奎章閣鑒書博士柯九思書，
□□□□知制誥宣文閣授經郎儒林郎兼經筵譯文官周伯琦篆。"文中稱："處士諱庚，……至元
重建之五年，處士年八十，十一月初四日，其初度也。……未幾疾卒，實其年十二月廿六日。
其子以至正十七年十二月十三日壬午，葬處士南村風化里紙坊塢之原。"《徐文》也注意到了鄔
庚卒葬並不同時，且相距18年之多，但堅持認爲："從撰寫墓誌的通例來説，卒葬的具體時日
是可以臨時填書的，不過，柯九思是墓誌的書寫者，從所見的墓誌拓片來看，'至正十七年十二
月十三日壬午'諸字與通篇的書體風格完全一致。因此，將柯九思的卒年定在是年之後應該
是可以成立的。"此觀點不確，《徐文》沒有注意到墓誌撰人和篆額者的情況。據筆者考察，墓

誌中王沂職官當爲"宣文閣鑒書博士",任此職時間爲後至元六年到至正三年(1340—1343);而接替王沂任宣文閣鑒書博士的正是周伯琦,他此前的職務即墓誌中所署的"宣文閣授經郎兼經筵譯文官",任此職時間爲至正元年到至正三年(1341—1343)①。綜上可知,《鄔庚墓誌銘》只能書於至正元年到至正三年,距鄔庚去世的後至元五年(1339)時間較近,亦合情理。墓誌中柯的職官乃舊職,奎章閣雖已改爲宣文閣,但柯九思去官之後亦常如此署名。故鄔庚墓誌並不足以否定柯卒於至正三年說,更不能說柯卒於至正十七年十二月之後。

然而,爲何墓誌中書作"至正十七年十二月十三日壬午葬"呢? 筆者認爲,這應該正如《徐文》所解釋的"從撰寫墓誌的通例來說,卒葬的具體時日是可以臨時填書的"。這涉及古代的墓葬制度,填書現象在古代墓誌中亦存在,鄔庚墓誌就應屬於此情況:誌主去世後,有臨時下葬而日後遷葬的情況,墓誌事先書好,而下葬日期留待遷葬時再填寫。因柯九思、王沂、周伯琦三位鑒書博士皆爲當時名流,預爲書撰,以待日後遷葬之用,也是十分可能的。墓誌中所稱的"葬",當指遷葬,在遷葬時按照原誌的書寫風格補寫上遷葬日期,對於善書人來說,並非難事。故書體風格的一致,可理解爲補寫者較好地掌握了書寫風格和文字大小間距的結果。

支持《徐文》觀點的另一證據是顧瑛《玉山選稿》中的《拜石壇記》。此文云:"後至元戊寅(1338)四月下澣,……翌年,柯敬仲下訪,……又思丹邱(柯九思)、白野(泰不華)不二十年皆仙去。……至正丙申正月五日金粟道人顧阿瑛書於玉山草堂。"《徐文》據此認爲:"泰不華卒於至正十二年(1352)方國珍之'難',距1339年爲十三年;若柯九思卒於至正三年(1343),距1339年僅四年,則文中謂'不二十年皆仙去'似乎不是太確,而應作'十餘年皆仙去'才合理。由此反證,柯九思的卒年當在其拜石之後近20年這段時間內。"這種說法稍顯牽强,不足以支持至正十八年(或十九年)的觀點。《拜石壇記》款署之"至正丙申"爲至正十六年(1356)。古人紀年多以虛年而不以周年,以此推算,柯九思下訪的"翌年"(1339)到至正丙申則爲20年,與"不二十年"顯然矛盾,所以,"不二十年"計算的起點是其前所云的"後至元戊寅"(1338),兩者相距19年,正合其宜。若按《徐文》所稱的柯九思卒年"當爲至正十八年(1358)。不過,並不排除其卒於至正十九年上半年的可能性",則時間差是21年或22年,與"不二十年"更爲抵牾,據此亦可知此說之不當。

四、非至正二十五年說

柯九思卒於至正二十五年(1365)說,本於明張昶《吳中人物傳》卷一○,顧嗣立《元詩選》、錢大昕《疑年錄》、嘉慶《松江府志》、吳榮光《歷代名人年譜》、姜亮夫《歷代名人年里碑傳綜表》從之。《徐文》舉出四條反證:一是朱德潤至正二十五年六月十七日所撰《祭柯敬仲博士文》;二是楊瑀《山居新語》載"友人柯敬仲、陳雲嶠、甘允從三人,……一日皆無病而卒",是書成於至正二十年,且楊瑀卒於至正二十一年;三是王逢《梧溪集》卷一《謝睢陽朱澤民提學爲畫〈六和塔前放船圖〉》;四是柯九思詩跋黃公望《縹渺仙居圖》。關於後兩點,須加以說明。

①　參見拙文《元代王沂首任宣文閣鑒書博士考》,《遼寧大學學報(社會科學版)》2004年第4期。

　　王逢詩曰："青城丹邱舊所賢，畫圖曾惹御爐煙。一官歸老天宮裏，爲寫浙江秋放船。"詩後自敘云："右是歌，逢丁亥秋所作也。越一紀，君訪逢吳門，偶見而歎詠久之。……青城、丹邱謂虞（集）、柯（九思）二公，舊推重君者。君名德潤，嘗受知英宗，尋遠引云。"丁亥爲至正七年（1347），越一紀爲至正十九年（1359）。《徐文》認爲："詩、序謂虞、柯二人爲'舊所賢'、'舊推重君者'，可見二人已於其前去世。"按虞集卒於至正八年（1348），卒於丁亥所作詩之後，則"舊所賢"者與生死並無聯繫，而是指同官於朝的舊時。且王逢以詩謝朱德潤作畫，却提及虞、柯二氏，當爲諸君同聚之證，恰能說明柯此時尚在世。

　　《徐文》否定至正二十五年說的最後一條證據，其文如下：

　　　　這裏再引一據，卞永譽《式古堂書畫匯考》卷十八著録元黃公望《縹渺仙居圖》，上有柯九思題詩及跋："玉觀仙臺紫霧高，背騎丹鳳恣遊遨。雙成不喚吹笙侶，（閬）苑春深醉碧桃。至正己亥三月十五日過張外史山居，觀此圖，遂題一絕。"此畫據宗典先生說，仍藏上海博物館，並謂"此詩與倪瓚題黃公望《秋山幽寂圖》二絕之一同，……柯詩僅改'笙'作'簫'，'四月十七日'作'三月十五日'，紀年至正己亥距九思去世已16年，顯係後人抄襲倪詩而僞託者。"這話不大確切，因爲從全詩內容看，絕非"秋山幽寂"的意境，內中"玉觀仙臺"、"丹鳳……吹簫"、"閬苑春深"顯然是題"縹渺仙居"之作，且屬春天的景色，而此詩已收入《元詩選》三集柯九思《丹丘生稿》名下，故似乎只能相反說明倪題《秋山幽寂圖》係後人抄襲柯作罷了。是則柯九思卒於至正十九年（1359）並不是絕對不可能的。

按，前文否定柯氏卒於至正十八年（或十九年）說以及否定至正十三年說的若干證據，已足以說明柯九思詩跋之僞疑①。更何況，《稗史集傳》已詳載柯九思卒於冬十月，此題"至正己亥"（1359），則與《徐文》所稱的"並不排除其卒於至正十九年上半年的可能性"的下限相矛盾。

　　《宗譜》對至正二十五年說的否定，是在相信《稗史集傳》所載柯九思"至正癸未卒"和"年五十四"的基礎上加以辨駁的，此兩條記載尚有一定問題，但並未影響其結論的正確性。故此處略之。

五、柯九思卒於至正七年說

　　綜上考述，可將柯氏卒年界於至正七年到至正九年之間（1347—1349）。至於爲三年中之哪一年，尚需進一步分析。

　　爲便於論證，有必要先對徐顯《稗史集傳》有關記述的可靠性加以說明。《宗譜》認爲《稗

---

① 此詩及跋頗可疑，其作者除柯九思、倪瓚說之外，《元詩選》初集卷四六、《歷代題畫詩類》卷六四等歸於朱德潤，題作《題趙仲穆瀛海圖》，畫者也由黃公望易爲趙雍。另外，跋中所稱山居主人"張外史"乃張雨（1283—1350），至正己亥（1359）早已過世，故此跋不無疑竇。

史集傳》"所記九思得夢、出遊、暴疾甚詳";但《徐文》却持相反的意見,認爲不甚可靠,徵引《四庫全書總目》卷一三一《子部雜家類存目八》所評"中間時代顛倒,漫無端緒,蓋當時書帕之本,以校刊付之吏胥者也",進而認爲"據此,其可靠性恐怕要打些折扣"。筆者認爲,對該書記載要辯證地看,總體可信,但不排除個別誤記的可能。徐顯自序稱:"予生季世之下,不能操觚以選論當代賢人君子之德業,而竊志其所與遊及耳目所聞見者,敘而録之,自比於稗官小説,題曰《稗史集傳》,以俟夫後世歐陽子擇焉。或有位於朝,法當入國史者,此不著。"這裏,"志其所與遊及耳目所聞見者"説明此書性質乃第一手資料。僅從柯九思傳來看,徐、柯有較多交往。徐文稱"公因流寓中吴,予獲從公遊","予嘗讀其《城南詩》",尤其是"請予筮其吉凶",爲柯臨終前解夢,並載此後"公與臨川饒旭及予出遊",其所記日期及人物、事件之詳細,恐非一般傳聞可比。當然,也要注意版本問題和作者誤記的可能(詳見後文)。

以上是本文推斷柯九思卒年的基礎。現將《稗史集傳》相關原文摘録如下:

> 至正癸未(筆者按:或作癸亥)冬十月壬寅夜,夢有炳義(《徐文》按:當作"靈")公招之者,且請予筮其吉凶,發著得履之乾,其謠(筆者按:當作爻)曰:履虎尾,不咥入(筆者按:當作人),凶。謂公曰:"'虎'者,公之生肖也,'履虎尾'者,寅之末運也,夫子無用於時,不能咥人,而爲命所困,殆將有憂乎? 如應之,則申亥之辰也。"公曰:"申寅之衝也,吾畏之;亥寅之合也,無所忌。"乙巳,公與臨川饒旭及予出遊於上方,移舟陸庵,暨臨海陳基、吴人錢逵皆會。丙午,過靈岩,遂次天平,拜文正祠,宿留六日始歸,蓋欲厭(筆者按:疑爲壓字)其夢也。辛亥丙(筆者按:疑爲雨字)夜,暴得風疾。越六日,丁巳,卒,年五十四。

按,上文稱"虎者,公之生肖也",印證了柯氏"惟庚寅吾以降"即生於至元二十七年(1290)的正確性。更重要的是,文中稱"冬十月壬寅"和"丁巳,卒",從行文的情況來看,柯氏卒日"丁巳"也應處於十月,否則應另加"十一月"字樣。上文所述的柯氏卒年至正三年説、至正二十五年説的流傳,或與是年十月有壬寅日有關,徐先生的至正十八或十九年説也能滿足這一條。但若再考慮到十月是否有"丁巳"日,以上幾説就都不成立了。

考之朔閏,至正元年到至正二十五年(1341—1365),十月有壬寅的年份是:至正三、四、六、七、八、十四、十五、十六、十七、十八、十九、二十四、二十五年;而十月兼有丁巳日的僅有至正七、八年,僅以此條,其他年份作爲柯九思卒年的可能性都被排除了。在剩下兩個年份中,我們認爲柯卒於至正七年更近事實,這一點可從《稗史集傳》的解卦中得到有力證據。古人信宿命,徐顯稱"如應之,則申亥之辰也",而柯氏將生年之天干"寅"與申、亥相對言,則"辰"字當作"年"解;又稱"申寅之衝也,吾畏之;亥寅之合也,無所忌"[1],隱約透漏其卒年的天干當爲申、亥之屬。按,此卦出自《周易》六十四卦之第十卦,即履卦。《易·履》:"履虎尾,不咥人,

---

[1]　關於申寅之衝,宋末元初鮑雲龍《天原發微》卷三上稱:"申寅兩相衝破。申來逆寅,寅被逆,故爲飆風;寅來破申,申被逆,故爲暴雨。"關於亥寅之合,《三命通會》卷二《論支元六合》:"夫合者,和也,乃陰陽相和,其氣自合。子寅辰午申戌六者爲陽,丑卯巳未酉亥六者爲陰,是以一陰一陽和,而謂之合。子合丑,寅合亥。"均文淵閣四庫全書本。

亨。"王弼注："履虎尾者,言其危也。"明李贄《史閣敘述》："履虎尾者,必使不至於咥人而後亨,而世實未有履虎尾而不咥者。"至正七年至九年的干支分別爲丁亥、戊子、己丑,惟至正七年乃"申亥之辰",由此可知是年爲柯氏之卒年。

下面再提供幾條旁證,來進一步説明柯九思暴卒於至正七年冬十月。

其一,卒於初冬十月。張雨《句曲外史集》卷中收有《次韻柯敬仲學士見寄》一首,注曰"柯時悼亡",可見是柯氏臨終前的遺作,當爲張雨初聞噩耗所和,詩中云"重簾月落秋燕往",正透露出初冬景象。

其二,暴得風疾而卒。《稗史集傳》稱柯"暴得風疾",與楊瑀《山居新語》所載"友人柯敬仲、陳雲嶠、甘允從三人,……一日皆無病而卒"一致。上文由王逢《梧溪集》卷一《謝睢陽朱澤民提學爲畫〈六和塔前放船圖〉》所稱"右是歌,逢丁亥秋所作也"推測,是時柯氏尚健在,"丁亥秋"即至正七年秋,離"冬十月卒"很近,故乃暴卒。《稗史集傳》所載柯氏去世前尚出遊數日亦其明證。

其三,自至正八年以後,柯氏了無蹤迹。關於這一點,可由柯九思與顧瑛玉山草堂的關係來加以説明。玉山草堂是元代後期影響非常大的雅集場所,柯九思自至順三年(1331)被迫朝廷解職以後,長期流寓吴中,後由友人姚文奐的介紹,結識昆山顧瑛,後至元五年(1339),應顧氏之邀而至玉山。後至元六年(1340)柯九思、顧瑛與倪瓚、張翥、黄公望、于立於玉山雅集,此後或燕聚,或唱答,柯氏寓吴中,近於昆山,加之其聲名顯赫,所以成了玉山的常客。顧嗣立編《柯九思丹丘生稿》序稱："(九思)與玉山諸君燕游玉山,主人愛其詩,類編《草堂雅集》,以敬仲(注：柯氏字)壓卷,稱其宫詞尤爲得體。"此集和顧瑛《草堂雅集》中均存有較多詩文,亦可證二人關係之密切。如前文所述,直到至正七年(1347),柯九思還爲玉山早期景點漁莊撰寫《漁莊記》,其卒年自不晚於此。但是至正八年以後的十餘年,恰是顧氏玉山草堂最爲活躍的時期,文人雅集十分頻繁,而柯氏均不與及,尤其是慶祝玉山草堂正式落成的至正八年(1348)二月的集會,柯氏亦未在列。《玉山名勝集》卷二載楊維楨《雅集志》云："至正戊子二月十有九日之會,爲諸集之最盛。"遍檢其他時人傳記等史料,亦不見反證,種種迹象均表明,此時名揚四海的柯博士已經謝世。所以,至正八年説亦不成立。

由柯九思至元二十七(1290)生、至正七年(1247)卒,可推其陽壽爲 58 歲,而非《稗史集傳》記載的"年五十四"。而且,干支方面也有出入,《稗史集傳》記載卒年爲至正癸未,《四庫全書總目》卷六一《史部傳記類存目三》稱"其敘柯九思之卒在至正癸亥",而至正七年爲丁亥年。如何解釋這種矛盾呢? 我們認爲,從上引文本多處誤訛的情況來看,今本《稗史集傳》當是輾轉抄録之本,不排除被改作的可能。《四庫全書總目》所稱的"至正癸亥",更優於今本所載的"至正癸未",因爲古人以干支紀事時有誤差,本例有生肖解卦之語,對地支的記載要比天干更可靠——文中所暗指卒年的"申亥之辰",並未包含未羊之年,至正間無癸亥紀年,故此處或非"癸未"之改作,而是"丁亥"之誤書。另一方面,徐顯與柯氏同遊,其對日期的詳細記載較爲可信,當時應有記事,而將年齡誤寫,可能爲事後之誤記。古人記錯年齡的事情經常發生,如宋代蔡肇爲友人米芾寫墓誌銘、元代周南老爲好友倪瓚寫墓誌銘時都發生了類似的情況。若再考慮前文所證此後幾年中柯九思尚健在,則"年五十八"誤爲"年五十四"、"至正丁亥"訛爲"至正癸亥”或“至正癸未”，是非常有可能的。

　　以上即爲本文所持柯九思卒於至正七年説。由《稗史集傳》的記載，柯九思至正七年冬十月得夢、出遊、暴疾、卒世之日分別爲壬寅、乙巳、辛亥、丁巳，核諸《二十史朔閏表》，分別對應十月七日、十日、十六日、二十二日。也就是説，柯九思卒於至正七年（1347）十月二十二日。

清金石學對篆刻字法取法之影響

陳國成

（渤海大學藝術與傳媒學院）

提　要：清代金石學大盛，帶動了篆書的發展，使篆書成為清代書壇的主流之一，從而帶動了篆刻的發展，篆刻字法的取法範圍大大擴大，克服了單單取法《說文》的局限，將眼光投向碑版石刻、磚瓦陶文、璽印封泥等領域，印風隨之形成和變化。本文從篆刻字法取法範圍的角度入手，探討清代金石學的意義和價值。

關鍵詞：金石學　字法　取法

金石學自宋代歐陽修《集古錄》始，至清代而大盛。金石價值備受重視，尋訪、考古活動異常活躍，出土器物日益增多，從事金石研究的學者也大幅增加。而金石研究的範圍較之宋代也已全面擴大，從原有的"金"、"石"之外，又增加了磚瓦陶器、璽印、鏡鑒和封泥等，其研究範圍重點在鐘鼎彝器和碑碣墓誌上，金石學的大興帶動了人們學習篆書的熱情，給篆書的發展帶來了勃勃生機，人們在學習篆書之時，已經不再單單局限於《說文》，而開始將眼光投向碑版石刻、磚瓦陶文、璽印封泥等。篆書的發展，使得印章字法的取法範圍進一步擴大，從而導致印風發生變化，篆書對於篆刻的意義進一步顯現，金石學對於篆刻的影響也與日俱增。明卧龍山人在《金石篆刻研究》一書中指出："至於篆刻之治印，則尤不得不具金石學。治印者，而不習金石學，猶治經者，而不通小學也。""金石家不必盡能治印，而以治印名家者，莫不從事金石之探討。""不攻金石，不足以言篆刻。故金石之與篆刻，實爲不可離之事。"①然而，對這一現象的研究却非常薄弱。1992 年暴鴻昌撰文《清代金石學及其史學價值》②，重點論述了清金石學的史料價值，這是最早系統研究清金石學影響和價值的成果；之後，郭名詢《清代金石學與書法文化的繁榮》③，靳永《論清代的金石學及其對書法學之影響》④，刑孟志《文字學、金石學

---

① （明）卧龍山人：《金石篆刻研究》，臺北藝術圖書公司，1984 年。

② 暴鴻昌：《清代金石學及其史學價值》，《中國社會科學》1992 年第 5 期。

③ 郭名詢：《清代金石學與書法文化的繁榮》，《南昌大學學報》2003 年第 1 期。

④ 靳永：《論清代的金石學及其對書法學之影響》，《山東省青年管理幹部學院學報》2005 年第 2 期。

對清代篆隸、碑學的影響》①等，則專門研究了清金石學與書法學的關係，指出清代金石學給書法家提供了豐富的可資借鏡的對象，使篆隸書成爲清代書壇的主流。但這些研究只是宏觀論述，對金石學影響篆刻字法取法範圍的命題均未涉及。本文不揣淺陋，從篆刻取法範圍的角度探討清代金石學的意義和價值。

一、金石學對以《説文》爲篆刻字法根本的否定

清以前，篆書水平普遍不高，人們習篆時亦多以小篆爲根本，元吾衍《三十五舉》四舉曰："凡習篆，《説文》爲根本，能通《説文》，則寫不差。"明何震《續學古編》三舉亦曰："篆以古《説文》爲本。"在傳世的趙孟頫、吾衍等篆書作品中也多以小篆爲主。過於拘泥於《説文》，使得元明兩代篆書水平一直没有大的發展，不但書法上大家以《説文》小篆爲主，印章上所用字法亦大都拘泥於此。張紳在《引文集考跋》中對元代印章字法以小篆爲主的現象曾描述到：

> 國初，制度未定，往往皆循宋金舊法，至大、大德間，館閣諸公名印皆以趙子昂爲法，所用諸印皆陽文，皆以小篆填郭，巧拙相稱，其大小繁簡，儼然自成本朝制度，不與漢唐金宋相同；天曆、至順猶守此法，斯時天下文明，士子皆相仿效，詩文書簡，四方一律，可見同文氣象。②

元代如此，明代亦是如此。楊慎就説："篆籀以《説文》爲宗，《説文》不載之字，用於印章，似爲未安。"③而沈野《印談》批評時人用篆只是一味苟且於《説文》，更可窺當時印章用字之一斑。他説：

> 印章文字，非篆非隸，非不篆隸，別爲一種，謂之摹印篆。其法方平正直，繁則損，少則增，與隸相通，然一筆之增損皆有法度，後世不曉，以許氏《説文》等篆，拘拘膠柱而鼓瑟；至好自用者，則又杜撰成之，去古益遠。故晉、漢以後謂之無印章也可。④

沈野批評時人不曉漢代摹印篆，一味局限於《説文》而不知變通，雖有變化者却又杜撰而成，離古法益遠。沈野此論是復古思潮下"印宗秦漢"思想的一種反映，但是從中我們却可以看見在當時篆書不興情況下印章上用篆的大概。印章字法以《説文》爲本的情況在清代金石考據之學剛剛興起之時亦没有改變，如吳先聲《敦好堂論印》中就説："今作印不原本許氏，是不識字也。"其時，在以《説文》爲印章字法根本之時，也有許多人在理論上對"印從書出"有過論述，甚至施於實踐。如明趙宧光就曾痛心疾呼："今人不會寫篆字，如何有好印？"⑤明萬壽祺在《印説》中更是認爲，印章之所以在漢代繁盛是因爲漢代書法大備，而印章是在書法大備的情況下因之而起的。進而批評當時刻印了無生氣之病是因爲"刻印多講章法、刀法，而不究書法之弊也"，是以導致"書法浸而印法亦亡"⑥。朱簡

① 刑孟志：《文字學、金石學對清代篆隸、碑學的影響》，《美術大觀》2009 年第 3 期。

② （明）朱珪：《名迹録·卷六·張紳印文集考跋》，《石刻史料新編》第三輯，臺灣新文豐出版公司，1986 年，第 74 頁。

③ （清）桂馥：《再續三十五舉》，（清）顧湘：《篆學瑣著》，光緒十四年歲杜戊子夏五月虞山飛鴻延年堂重刊，第 10 頁。

④ （明）沈野：《印談》，（清）吳隱：《印學叢書》，西泠印社，戊午八月，第 1 頁。

⑤ （明）朱簡：《印章要論》，（清）顧湘：《篆學瑣著》，光緒十四年歲杜戊子夏五月虞山飛鴻延年堂重刊，第 5 頁。

⑥ （明）萬壽祺：《印説》，（清）黃賓虹、鄧實：《美術叢書》，江蘇古籍出版社，1986 年，第 701 頁。

也曾論述説："摹印家不精石鼓、款識等字,是作詩人不曾見《詩經》、《楚辭》,求其高古,可得乎哉!"並主張"以商周字法入漢印晉章,如以漢魏詩句入唐律,雖不妨取裁,亦要渾融無迹"①,並在實踐上以趙宧光草篆入印,雖然這被人贊爲"印章之一變"②,却並没有得到後人重視,更没有被發揚推廣開來,甚至還遭到非議。如對於其提倡的摹印家應精石鼓、款識的觀點,姚晏在《再續三十五舉》一文中却反對道："此言非也,鳥頭雲腳,秦時傳爲國璽,若今時作之妄矣!況石鼓款識之不相入乎?"③對"以商周字法入漢印晉章"的觀點則反對説："此言亦非也。摹印無二法,漢、晉之不可入商、周,猶唐、元之不可入漢、晉也,一也。"④孫光祖對他以草篆入印的行爲更是有"入魔"⑤之譏。又如陳澧批評程邃以古文作印時説："程穆倩以古文作印,但取新奇,不必效也。或偶爲之,亦當用玉箸篆法書之。蓋古文本當做尖筆,所謂蝌蚪文也,以之作印,則不相宜。"⑥以《説文》之外的書法入印在理論上之所以受到批評、在實踐上之所以失敗説到底就是因爲當時金石學不發達,人們能看見及取法的對象有限,導致篆書水平普遍不高,"皆不知書法"⑦造成的。

　　清代金石學的迅猛發展,金石價值備受重視,尋訪、考古活動異常活躍,出土器物日益增多,從事金石研究的學者也大幅增加,其中多有聲名炫赫者:如錢大昕、洪亮吉、孫星衍、錢坫、孫承澤、周亮工、陳奕禧、翁方綱、阮元、桂馥、楊沂孫、吳大澂、傅山、王澍、鄧石如、何紹基等。而金石研究的範圍較之宋代也已全面擴大,從原有的"金"、"石"之外,又增加了磚瓦陶器、璽印、鏡鑒和封泥等。有關金石碑版文字的著述更是多達千種以上,其中著名如顧炎武《金石文字記》;朱彝尊《曝書亭金石文字跋尾》;黃宗羲《金石要例》;錢大昕輯録金石二十餘年,撰有《潛研堂金石文字目録》、《潛研堂金石文字跋尾》;孫星衍編有《寰宇訪碑記》;黃易著有《小蓬萊閣金石文字》;畢沅編撰有《關中金石記》及《中州金石記》;王澍編著《金石萃編》(一百六十卷本);翁方綱著有《兩漢金石記》、《粵東金石記》、《漢石經殘字考》、《焦山鼎銘考》;阮元著《山左金石志》、《兩浙金石志》等。金石學已成爲一時顯學。金石學的大興帶動了人們學習篆書的熱情,給篆書的發展帶來了勃勃生機,人們在學習篆書之時,已經不再單單局限於《説文》,而開始將眼光投向碑版石刻、磚瓦陶文、璽印封泥。這其中最有代表的就是鄧石如,他説:"某書修短肥瘦皆有法,一點一畫皆與秦漢碑合。"⑧並在學篆自述中具體言到:

　　　　余初以少温(李陽冰)爲歸,久而審其利病,於是以《國山石刻》、《天發神讖文》、《三公山碑》作其氣,《開母石闕》致其樸,《之罘二十八字》端其神,《石鼓文》以暢其致,彝器款識以盡其變,漢人碑額以博其體,舉秦漢之際零碑斷碣,靡不悉究,閉户數年,不敢是也。⑨

---

① (明)朱簡:《印章要論》,(清)顧湘著:《篆學瑣著》,光緒十四年歲杜戊子夏五月虞山飛鴻延年堂重刊,第6頁。
② (清)秦爨公:《印指》,(清)吳隱:《印學叢書·東裏子别編》,西泠印社,戊午八月,第23頁。
③ (明)姚宴:《再續三十五舉》,(清)黃賓虹、鄧實:《美術叢書》,江蘇古籍出版社,1986年,第401頁。
④ 同上注。
⑤ (清)孫光祖:《古今印製》:"朱修能好奇,乃以寒山法入印,愈工而愈魔矣。"
⑥ (清)陳澧:《摹印述》,(清)吳隱:《印學叢書》,第9頁。
⑦ (明)萬壽祺:《印説》,(清)黃賓虹、鄧實:《美術叢書》,第701頁。
⑧ (清)王灼:《悔生文集·卷六》,《清代詩文集彙編·1883種》,上海古籍出版社影印清刻本。
⑨ (清)吳山子《完白山人篆書雙鈎記》中引山人的自述,轉引自穆孝天、許佳瓊編著《鄧石如研究資料》,人民美術出版社,1988年,第327頁。

鄧石如的學篆情況基本上代表了清代金石學影響下書家學篆的大概,金石學的興起不單單給篆書發展帶來了生機,同時亦使得在字法上以篆書爲主的印章擺脱了純粹"印宗秦漢"、死守《説文》的束縛,而焕發出新的生命。

　　在印章字法的取法上,人們已經開始對拘泥《説文》的現象提出了批評。如桂馥在《續三十五舉》中針對楊慎"但篆籀以《説文》爲宗,《説文》不載之字,用於印章,似爲未安"之説批評道:"若升庵謂《説文》不載之字,用於印章,似爲未安,則不知八體、六體之説矣。"①桂馥是清代著名的金石學家和文字學家,他所説八體、六體指的是秦漢時期應用於不同場合的各種書體。在他看來,人們之所以反對以《説文》之外的文字入印,是出於對金石文字的不瞭解。黄子高更是强調《説文》只是如《康熙字典》一樣的工具,要想真正學習篆書,求得篆書筆法,必須從石刻入手才可以②。黄子高,《清史列傳·文苑傳》説他:"考證金石,藏書甚富,率多異本。尤精小篆,人得片紙,爭藏弄焉。"可以看出,黄子高在當時不但是出色的書法家,更是一位金石學家,他所説的求篆書筆法必從石刻入手的觀點應是其長期實踐的經驗之語。對於摹印家用篆字,他認爲不但要精通許氏《説文》,亦要廣搜金石諸刻,還要關注漢譜中所用字③。

二、《説文》之外進行篆刻字法取法的實踐

　　强調印章字法應於《説文》之外廣搜博覽,已經成爲金石學大興影響下的清代印學界普遍的呼聲。以蔣仁爲例,在他的印款中可以看到他以印外文字求漢印的探索。如:

　　　　菽原世侄求作郡望印,即仿漢布"安陽"、"平陽"爲之,金石文字可變通,况皆以其地耶。(印文:濟陽)

　　　　余既領高曠之致,因仿漢人碑額法歸之。

　　　　……偶閲漢磚,亟仿瓦當文,以貽之明,余之不忘君也。④

將金石文字變通之後用於印章,是當時印人普遍的做法,其中最有成就的莫過於在篆書上被稱爲"李斯真迹"、"千數百年無此書"、"四體書國朝第一"⑤,更被康有爲冠之以"集篆隸之大成"⑥的鄧石如。鄧石如首次將具有自身個性的篆書引入到篆刻中並獲得了成功,實現了人們一直欲以《説文》之外篆書入印的願望。對此,吴熙載稱:"以漢碑入漢印,完白山人開之,所以獨有千古。"⑦楊沂孫《完白山人印譜·序》中更是直白表示:"摹印如其書,開古來未發之藴。"⑧鄧石如

①　(清)桂馥:《再續三十五舉》,(清)顧湘著:《篆學瑣著》,光緒十四年歲杜戊子夏五月虞山飛鴻延年堂重刊,第11頁。
②　(清)黄子高:《續三十五舉》,黄賓虹、鄧實:《美術叢書》,第407頁。
③　同上注。
④　《西泠後四家印譜》,西泠印社,1982年。
⑤　(清)楊沂孫:《完白山人印譜·序》,韓天衡:《歷代印學論文選》,西泠印社,1999年,第558—559頁。
⑥　(清)康有爲:《廣藝舟雙楫·卷一·尊碑第二》,清光緒刻本,第九頁。
⑦　(清)吴讓之:《趙撝叔印譜·序》,韓天衡:《歷代印學論文選》,第607頁。
⑧　楊沂孫:《完白山人印譜·序》,韓天衡:《歷代印學論文選》,第558頁。

之後，吳讓之、趙之謙、黃士陵、吳昌碩、齊白石等人在此道路上進一步探索、實踐、完善，並將自己的書風與篆刻結合起來，取得驕人的成就。在金石學的影響下，印人篆刻字法取法範圍擴大的實例體現在甲骨文、金文、漢金文、古陶封泥磚瓦文、碑文、泉幣文等六個方面①。

（一）取甲骨文字法

簡經綸甲骨文、金文合參共用的印章"海外歸來始讀書"中（圖一：1），"海"字參考吳大澂《説文古籀補》（下文簡稱《説補》）中古璽文 ⚎、⚎ 二字拼合而成，《印典》2299 有"口海"一印 ⚎，可爲注腳；"外"字使用漢印或金文字形，如《伏廬藏印》"中精外誠"印 ⚎ 中 ⚎ 字；"歸"參考《殷墟文字類編》（下文簡稱《類編》）中 ⚎、⚎ 二字拼合；"來"字參考《類編》中 ⚎ 字；"始"字由《金文編》⚎ 和《甲骨文合集》（下文簡稱《合集》）557"由"字形 ⚎ 而來；"讀"由《類編》中 ⚎ 和《殷周金文集成》（下文簡稱《集成》）2838 ⚎ 合成；"書"由《説補》中 ⚎ 字入印。甲骨文中未見"海"、"外"、"始"、"讀"等字，作者皆以古璽文或金文替代轉化。

印章"知者不言"白文方形印（圖一：2），"知"與"智"通用，所取字形是《類編》卷五第 17 頁 ⚎；"者"字取自金文字形 ⚎；"不"字近於《大盂鼎》中 ⚎ 字，見《集成》2837；"言"字見《合集》4519 ⚎ 字，《合集》3685、3847、4521、4523 等亦有相同字形。

印章"用日約少"白文方形印（圖一：3），印文四字均見於《類編》。"用"字見卷一第 10 頁 ⚎；"日"字見卷一第 24 頁 ⚎；"約"字見卷一第 24 頁 ⚎；"少"字見卷四第 55 頁 ⚎。

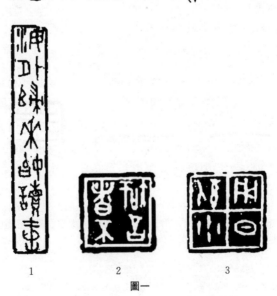

1　　　　　2　　　　　3

圖一

---

① 參見陳信良《印外求印——近現代篆刻創作發展考察研究》，臺灣藝術大學造形藝術研究所碩士學位論文，2005 年，第 27 頁。

（二）取金文字法

徐三庚刻二字方形朱文印"謹諴"（圖二：1）。"謹"字取《說文》小篆形體 ，"言"字旁取金文寫法 ；"諴"字參用《都公諴簠》（《集成》4600）中 字。

董作賓刻方形朱文四字印"旦冏造象"（圖二：2）。"旦"字取《頌鼎》（《集成》02827） 字；"冏"字取《戈父辛鼎》（《集成》2406） 字；"造"字取自東周戈劍兵器，見《金文編》 字；"象"字則取《金文編》中《象且辛鼎》（《集成》1512） 字形態。

來楚生刻朱文方形單字印"來"（圖二：3）。取法西周金文《散氏盤》銘文 字（《集成》10176）。

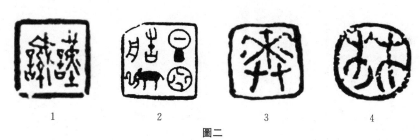

1　　　　　　2　　　　　　3　　　　　　4

圖二

來楚生刻朱文圓形單字印"林"（圖二：4）。取法《金文編》西周金文《湯叔尊》銘文 字（《集成》10155）。

（三）取漢金文字法

趙之謙刻朱文長方形印"子重"（圖三：1）。"子"字取法《秦漢金文彙編》（下文簡稱《漢金》）《永初鐘》（編號177）上 字；"重"字取法《奉山宮行鐙》（編號360）上 字。

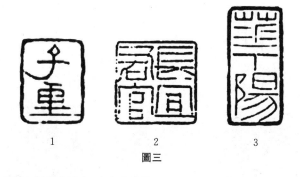

1　　　　　2　　　　　3

圖三

黃牧甫刻朱文方形四字印"長宜君官"（圖三：2）。"長"字取法《木百氏作伍子胥畫像鏡》中 字；"宜"字取法《蜀郡董氏造洗》中 字；"君"字取法《三公洗》中 字；"官"字取法《建武卅二年鐵》中 字。

黃牧甫刻朱文二字長方形印"華陽"（圖三：3）。"華"字取法《清治銅華鏡》中![華]字，"陽"字取法《上林鼎》中![陽]字。

（四）取古陶、封泥、磚瓦文字法

徐三庚刻朱文四字長形印"吉祥長壽"（圖四：1）。四字均於晉朝古磚文字可見，《千甓亭古磚圖釋》（下文簡稱《千甓》）19.9.3有![吉祥]二字，《千甓》19.8.1有![長壽]二字。

吳昌碩刻二字長形朱文印"高密"（圖四：2）。仿封泥之作，"高密"二字直接取自封泥，見《古封泥集成》（下文簡稱《泥集》）中![印]印（《泥集》201）。邊框亦擬仿封泥所作。

圖四

吳昌碩刻二字方形朱文印"倉石"（圖四：3）。邊框仿封泥之作，"倉"字取法《秦代陶文》（下文簡稱《秦陶》）1013![倉]字或《古陶文彙編》（下文簡稱《陶編》）5·77![倉]字；"石"字取法《陶編》5·375![石]字。

吳昌碩刻二字方形朱文印"昌石"（圖四：4）。"昌"字依陶文而來，見《陶編》4·78![昌]字；"石"字見《古陶字彙》（下文簡稱《陶匯》）9·393![石]字。

（五）取碑文字法

吳昌碩刻三字朱文方形印"籀書邿"（圖五：1）。款曰："擬碑額篆。倉石。"此作擬東漢碑額篆意。

圖五

吳昌碩刻單字朱文方形印"穀"（圖五：2）。款曰："擬張遷碑璩額。缶。"該字取自漢張遷碑額中的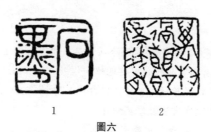字。

來楚生刻四字白文方形印"子木大年"（圖五：3）。款曰："略師三段碑，非葉。"四字皆取法《天發神讖碑》，其中"子"字取自字，"木"字取自字，"大"字取自字，"年"字取自字。

（六）取泉幣文字法

吳昌碩刻朱文二字方形印"石墨"（圖六：1）。款曰："己丑春。擬泉範字。苦鐵。"其中"石"字取《上海博物館藏錢幣・先秦錢幣》（下文簡稱《秦錢》）字；"墨"字取《古幣文編》（下文簡稱《古幣》）字。

圖六

黃牧甫刻朱文八字方形印"萬物過眼即爲我有"（圖六：2）。款曰："福山王氏藏古泉幣，曩在京師時見之，今才記其仿佛。士陵學。"其中，"萬"字取《金文編》字；"物"字移取古幣"陽"字偏旁與"牛"字結合而成；"過"字與《篆隸字典》所刊吳大澂字體相接近；"眼"字類同《金石》所刊；"即"字取法《古幣》字；"爲"字取法《金文編》刊字；"我"字取《古幣》字；"有"字取法《說文古籀補補》刊字。

《雪庵字要》"把筆八法"、
"用筆八法"釋義

蘇顯雙

（長春師範大學美術學院）

提 要：元書家李溥光所著《雪庵字要》是迄今所見第一部專論楷書大字獨特技法和審美的著述，在古代大字書法技法教育中具有不可替代的重要地位和作用，其中關於"把筆"和"用筆"問題的論述尤爲精當。但由於語言過簡，較爲晦澀難懂。本文試圖對其中"把筆八法"、"用筆八法"部分予以闡釋，以探明其本意，並望有益於當代的大字書法教學與創作。

關鍵詞：李溥光 楷書大字 把筆 用筆

　　《雪庵字要》（以下簡稱《字要》）又名《雪庵大字書法》，是迄今所見第一部專論楷書大字書寫技法和鑒賞標準的理論著作，爲元初"善真行草書，尤工大字，與趙孟頫名聲相垺一時"①的昭文館大學士李溥光晚年（1308）所作。全文由二十二條内容組成，不到兩千字，言簡意深，頗益後學。其中關於楷書大字筆法的論述僅有短短的五十六字，却字字珠璣，對我們今天的大字楷書創作具有不可替代的指導借鑒意義。但由於文體爲歌訣，用語簡練，讀來未免讓人如墜五里霧中。其實歌訣這種形式多爲發啓童蒙的"普及讀物"，對於古人而言自是易讀易懂、淺白曉暢，可由於歷史懸隔，文化斷層，"淺易之道"流傳至今却變得諱莫如深、艱澀難懂。

　　今筆者不揣淺陋，徵引相關文獻對《字要》中最重要的"把筆"和"用筆"部分予以深入解析，以期恢復其本意。

一、"把筆八法"釋義

　　我們知道，大字書法又稱榜書、牓書、署書、題署，是指與普通小字書寫方法不同的數寸至徑丈的漢字書法。唐以前碑額題匾多用篆隸，盛唐以後人們對篆隸之法知之漸少，行草題榜

---

① 　見清顧嗣立《元詩選·雪庵集》及明陳繼儒《眉公書畫史》等文獻。李溥光爲元至元、大德間僧人，號雪庵，因善書被趙孟頫薦之朝，後官至昭文館大學士，當時凡宮禁中匾額皆雪庵手筆。關於其生平事迹筆者曾有專文考證，詳見拙著《李溥光〈雪庵字要〉研究》第一章，吉林文史出版社，2010 年。

又有草草不恭之嫌，爲莊嚴肅穆場合所不容，故自顏真卿後凡大字題榜多以楷書爲主。並一直延續下來，廣泛應用於殿樓梵宇、廳堂高齋、名山大川、亭榭畫棟及至商業店鋪等場合，具有體大型巨，端厚結密，氣勢磅礴的特點。李溥光作爲元代"以楷書大字名世"[①]的書家，其楷書大字風格亦不出此類，這從《字要》所附"十六字格圖"中可見一斑，其所論亦專門針對楷書大字而言。關於把筆問題《字要》概括爲四句歌訣：

> 先當身正次手直，肘腕功夫肩臂力。虎口鳳眼大小推，仰陰筆分復陰筆。

李氏於大字執筆法以"把筆八法歌"概之，内容包括身法、指法、手法、肘法、腕法等方面。書寫大字榜書所用之筆必大，筆斗小者如雞蛋，大者如拳頭，特大者如腰鼓，若不掌握正確而獨特的執筆方法，很難擒縱自如，指揮如意。清康有爲在《廣藝舟雙楫》中曾將執筆列爲榜書五難之首，認爲"榜書操筆，亦與小字異"[②]，但却未具體言明有何異處，所以説李氏所言顯得尤爲重要。

"身正"是就身法而言，指爲便於揮運發力，身體與肩、肘、腕、指等動作合理配合而采取的端正姿勢。李氏只簡單以"身正"二字説明，其意似也明瞭，若深究其意，可參見民國張之屏的《書法真詮》：

> 作徑寸以内之字，或蠅頭細楷，則固坐而從事矣；若作三寸以外之字，則以立書
> 尤便，身體活潑，目光開展，臂肘皆盡其用，揮灑自如，極爲愉快。

一般説來，寫徑寸以内小字、中字以端坐爲宜。"端坐正心，則氣自和，血脈自貫，臂自活，腕自靈，指自凝，筆自端"[③]。即身體坐穩，兩足放平，兩臂拉開，左手按紙，右手執筆，保持兩肩放平。而作三寸以外大字必立書，即左右腳前後分開站穩，"拇踵下鈎，如履之有齒，以刻於地者然，此之謂下體之實也"[④]。下體既實而後方能運上體之虚，上體雖稍前傾，但不可傾側。如此方能居高臨下，統籌全域，使筆力盡得發揮出來，以增加作品的氣勢。

"手直"之説僅見於《字要》，乃就"手法"而言，指執大筆作榜書時手之姿式。清王澍《論書剩語》云：

> 若至擘窠大書，則須五指緊撮筆頭，手既低而臂自高，然後腕力沈勁，指揮如意。
> 若執筆一高，則運腕無力，作書不得滑便拖遝。

王澍所言"五指緊撮筆頭"即唐韓方明所説的"撮管"和宋米芾所言的"五指包管"，乃適合書寫大字的理想執筆法，元陳繹曾將其列爲四變法之一。稱："以撥鐙指法撮管頭，大字草書宜用之，書壁尤佳。"[⑤]從清戈守智《漢溪書法通解》附"撮管法"圖來看，"撮管"寫大字時宜取站法，五指共

---

① 見清顧嗣立《元詩選·雪庵集》及明陳繼儒《眉公書畫史》等文獻。李溥光爲元至元、大德間僧人，號雪庵，因善書被趙孟頫薦之朝，後官至昭文館大學士，當時凡宮禁中匾額皆雪庵手筆。關於其生平事迹筆者曾有專文考證，詳見拙著《李溥光〈雪庵字要〉研究》第一章，吉林文史出版社，2010年。

② 《歷代書法論文選》，上海書畫出版社，1996年，第855頁。

③ 《歷代書法論文選》，第729頁。

④ 見清戈守智《漢溪書法通解》卷二。

⑤ 《歷代書法論文選》，第481、286頁。

執,肘臂高懸,掉臂運行,手掌呈自然下垂狀,與前臂基本成一直線。康有爲稱此爲:"伸臂代管,易於揮用。"①若像小字執筆一樣掌豎,筆斗緊貼掌心,狀如握拳,掌心無一點伸縮的空間,手腕亦僵硬拘謹。把筆太緊不利於轉運,且力量都消耗於緊握的筆斗上,不利於將肩臂乃至全身之力貫於筆端,寫出的字則抛筋露骨,僵硬無神。這是榜書執筆與撥鐙法執筆的最大區別。

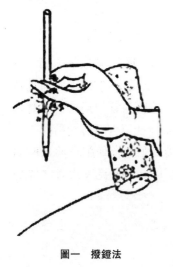

圖一　撥鐙法

　　"肘腕功夫肩臂力" 爲言大字揮運之理。元鄭杓《衍極》云:"指,法之常也;肘腕,法之變也。"元劉有定《衍極並注》中注曰:

　　夫小字及寸,必須實按其腕,而用在掌指,自寸以往,則勢局矣。遂有覆腕、懸腕、運肘、運臂之作。至於俯仰步武之間,隨宜制變,莫不各有當然之理。故有常法焉,有變法焉。

　　按,古以六尺爲步,半步爲武。"俯仰步武之間"即指書寫徑尺以外榜書大字。由以上所述可知,掌指、肘腕、肩臂是隨着字體由小至大而加以變化運用的。李氏主張以"徑寸以往"中字學起,"自小而漸,可至於大"(詳見《字要》)。故特重"肘腕功夫",提倡"肩臂之力",對書小字所用之指掌則隻字未提。作榜書必先能懸肘腕,"懸腕以書大字","懸腕,懸着空中最有力"②,"腕之力由於肘,故肘下不可掣礙"③。懸肘腕,揮運如意,爲肩臂發力打好基礎,作榜書大字才會"骨力兼到,字勢無限"④。同時,肩臂發力時,肘臂宜放鬆,肘法宜靈活,並適當輔以腕指來完成調鋒、提按等較細微的動作。這些是李氏於"肘腕功夫肩臂力"語外提供給我們的暗示。

　　"虎口鳳眼大小推" 指兩種執筆法。虎口在大指次指歧骨之間,爲合穀穴位,屬陰陽經脈,俗稱虎口。以其指執筆之法,未見文獻有載,倒是"鳳眼"之説較爲常見。它多與"龍眼"並提,出現於元以後尤其是清人書論中,清徐謙《筆法探微》對此二法有較爲詳盡的論述:

　　筆之轉動在上三指,而大指之擫有龍眼與鳳眼之殊。龍眼者,圓其大指,以指尖擫管,使虎口成圓形;鳳眼者,平其大指,以節以上至尖擫筆,使虎口成初月形。作大字宜用龍眼,小字宜用鳳眼,未可偏執。

　　龍眼、鳳眼二法不過是五指執筆法(撥鐙法)之變法(圖一),"大字宜龍眼,小字宜鳳眼","用筆時因筆之性情,及其時宜"加以靈活運用,正是李氏"虎口鳳眼大小推"之意。據此可知"虎口"當爲龍眼法,"鳳眼"當爲鳳眼法。

　　又清朱履貞《書學捷要》云:

　　書有擘窠書者,大書也。特來詳擘窠之義,意者,擘,巨擘也。窠,穴也,即大指

①　《歷代書法論文選》,第 857 頁。
②　《歷代書法論文選》,第 480 頁。
③　見清戈守智《漢溪書法通解》卷二。
④　《歷代書法論文選》,第 600 頁。

中之窠穴也,把握大筆,在大指中之窠,即虎口中也。小字,中字,用撥鐙,大筆大書用擘窠。然把握提斗大筆,用擘窠仍須雙鈎,用名指提筆,不可五指齊握。

古來寫碑版或題額者爲求匀整,以橫直界線劃成方格稱擘窠。本不限字之大小,至唐擘窠成爲楷書大字之代稱。朱氏獨將擘窠解爲大字執筆法,稱把握提斗在虎口,仍用五指雙鈎。清戈守智《漢溪書法通解》卷二對此法記述較詳:

> 韓方明曰,提斗运肘作榜署法也。與撮管略同,斗大則後以一指拒之,斗小則後以二指拒之,其法順易而逆難,故不拒不可也。趙宦光曰,提斗書榜書,即撮管法也,撮管不可作小楷,點畫多懶。

結合上述材料,再輔以戈氏該書所附提斗法圖來看(圖二),提斗法作書爲五指橫撐低執,因斗大,虎口貼緊筆斗。"腕低而臂乃高,筆乃實,氣斯壯。若以字大而高執筆,則筆虛指弱,不能勁健矣"[1]。提斗法雖類似撥鐙法,以保證相對的指實掌虛,但此時的掌心已無一般執筆法那樣有多大空間。只求五指不死死貼在筆斗上,而要求五指拱起,環繞筆斗成一空環。李氏所言"虎口"指提斗法殆無疑焉,而"鳳眼"與撥鐙實無二致。只是爲保證鳳眼之形,大指呈伸直狀,如此則運筆必不靈。未免徒求形式,難怪不會流傳了。

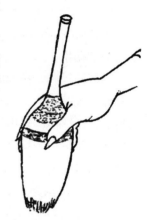

圖二　提斗法

"仰陰筆分復陽筆"是講運筆的疾澀之法,元劉有定爲"疾澀之分,執筆之度,八體變法之玄宧"(鄭杓《衍極》)所作注中有詳盡分析:

> 今世傳蔡氏所授法:曰虛掌實指,腕平筆直,疾碟暗收。遣筆陰陽勢,出"永"字八法。夫仄(按,即側)筆者,左揭腕,簇鋒着紙爲遲澀,回筆覆蹤是峻疾。勒筆者,鱗筆右行爲遲澀,回筆左勒是峻疾。努筆者,搶收鋒逆上頓挫爲遲澀,努鋒下行是峻疾。趯筆者,蹲鋒於努畫中,紐挫取勢爲遲澀;得勢險激,左出是峻疾。策筆者,搶鋒向上爲遲澀,左揭腕而掠是峻疾。一云策筆者,搶鋒向左爲遲澀,回筆仰策是峻疾。掠筆,闕。啄筆者,左卧筆挫鋒向右爲遲澀,右揭腕左辵是峻疾。碟筆者,緊戰行爲遲澀,勢碟挈右出是峻疾。故峻疾爲陽,遲澀爲陰。

劉氏引用蔡邕之説,以永字八種筆畫的運筆之法爲例詳細解釋了"疾澀之分",最後指出峻疾爲陽,遲澀爲陰,李氏"仰陰筆分復陽筆"之意據此昭然若揭。按劉氏的解釋,"陰筆"即遲澀之筆,"陽筆"即峻疾之筆。"仰"本爲抬頭向上看,在這裏引申爲起筆時筆毫上仰的動作。"復",《說文》作:"復,行故道也。"即返回之意,在這裏引申爲回鋒收筆的動作。結合劉氏"簇鋒(即聚鋒)着紙爲遲澀,回筆覆蹤爲峻疾",李氏"仰陰筆分復陽筆"之意通俗地説便是:凡運筆仰起下落後宜遲澀行筆,至回鋒(亦有出鋒者如策、啄等)收筆處動作則峻疾,如此方沉着痛快,筆盡而勢不盡。這是對永字八種筆畫乃至各種筆畫用筆法精義的高度概括和總結,因取

---

① 《明清書法論文選》,上海書畫出版社,1995年,第624頁。

決於把筆分寸的把握,故列在"把筆八法歌"中。後李氏"用筆八法歌"中"落筆便起走還住","回欲藏鋒多妙趣"之語,便是對此説的進一步闡明。

二、"用筆八法"釋義

朱履貞《書學捷要》云:"元李雪庵運筆之法八,曰落、起、走、住、疊、圍、回、藏。施之於側、勒、努則八運筆皆備,此法蓋用之於大字。"[1]可見李氏大字用筆法至清仍有流傳,《字要》中關於"用筆八法"問題這樣概括:

下筆揮揚八個字,落筆便起走還住。折疊重分圍要圓,回欲藏鋒多妙趣。

"落"即按,與提相對而言。《説文》:"按,下也。"《集韻》:"按,捺也。"此指在垂直方向上向下用筆的動作。

"起"即提,與"按"相對而言。此指在垂直方向上向上用筆的動作。康有爲云:"提筆婉而通,頓筆精而密。"[2]提按乃作書之要訣。由《字要》附用筆八法圖(圖三)看,"落筆便起"乃起筆處的按下又提起的瞬間動作。其目的有二,一爲不使筆死。清梁巘《評書帖》云:

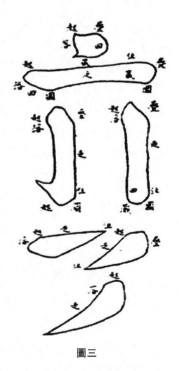

圖三

下筆宜着實,然要跳得起,不得使筆死在紙上。作書不可力弱,然下筆時用力太過,收轉處筆力反松,此謂過猶不及。

作榜書大字對提按的要求更加嚴格,入筆時飽蘸濃墨,若重按不起,必使水墨狂注,筆畫狀如墨豬,重卧紙上,臃腫乏神。故要"落紙便起",按後即提。而按又不宜死,宜按中有提,以按爲提。這樣,運筆下行時,筆畫才會有力度,不至於僵卧紙上。二是調整筆鋒,側勢淩空落筆後,鋒在上,筆肚在下,筆毫已成偏側之勢,此時若匆忙前行,則成偏鋒(即運筆時將鋒尖偏於點畫之一面)。從而導致筆畫一邊光、一邊毛,儘管看上去很粗,却扁平單薄,此乃作書之大忌。正確之法是落筆後要及時調鋒,將偏側之筆調爲中鋒行筆,使筆心常在畫中行。由於筆心吃墨深而濃,兩側副毫相對吃墨淺而淡,線條便圓潤渾勁,富有立體感。調鋒的辦法是將筆鋒微微提起,在筆毫彈性的作用下使偏側的筆鋒慢慢收歸畫中,此動作極微妙,却是用筆中最關鍵、最重要的環節。實際上,提按的動作貫穿於筆畫運行始終。只不過是在起筆和收筆處表現明顯,而於中段行筆處表現不著罷了。

---

① 《歷代書法論文選》,第604頁。
② 《歷代書法論文選》,第843頁。

"走"指中段行筆,又叫中間過筆,是表現筆力和韻律的要緊之處。一般來説,中段行筆宜疾速有力,流暢自如。元陳繹曾《翰林要訣》云:"過貴乎疾,如飛鳥驚蛇,力到自然,不可少凝滯,仍不得重改。"榜書大字筆畫粗大,處理不好行筆,必致筆力怯弱。清包世臣《藝舟雙楫》云:"古人雄厚恣肆,令人斷不可企及者,則在畫之中截。"所以李氏在講到走筆的同時不忘附上一個"住"字。

"住"爲停留之意,"走還住"是説疾過的同時又要輔以澀勢,也就是劉熙載《藝概》中説的"筆方欲行,如有物以拒之,竭力而與之爭,斯不期澀而自澀矣"。包世臣《藝舟雙楫·述書中》對行留之法論之較詳:

> 余見六朝碑拓,留處皆行,凡橫、直平過之處,行處也;古人必逐步頓挫,不使率然經去,是行處皆留也。轉折挑剔之處,留處也;古人必提鋒暗轉,不肯筆,使墨旁出,是留處皆行也。

"走還住"是作用與反作用,主動與被動,行進與阻抗之間的關係,它們相反相成,恰到好處地表現便會産生"澀味",令筆不一滑而過。唯摩擦力大,方顯沉勁堅實。

傳蔡邕《九勢》中云:"澀勢,在於緊駛戰行之法。"[1]澀爲書法筆力美的極高境界,澀不是慢,是"緊而快地戰行"。妙在疾則須安,看上去仍有從容沉着之態;遲則須利,看上去仍有峻利飛動之勢。試觀《字要》所附之捺畫圖例(見圖四),一波三折,輕重徐疾有致。前半部分走筆疾過,筆畫粗細變化不大,至後半部分漸行漸按,畫漸變粗。出捺前住筆蓄勢,頓挫後以峻疾之勢出鋒收筆,筆畫沉勁中有飛動之勢,乃正確運用"落筆便起走還住"運筆法之結果。實

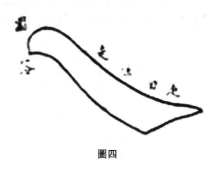

圖四

際上,正因爲"落紙便起",側鋒復歸中鋒,才使筆毫平鋪而有彈性地書寫,由此引出"走還住"的澀勢。

"疊"即重疊,是用筆法之一。傳王羲之《筆勢論十二章·觀形章第八》云:"疊筆者時劣。"[2]疊筆爲書小字所不取,故前人較少言及,但用之於大字却有意想不到的效果。如作點時並不是蜻蜓點水式的一觸即成,而是在落筆後再作二至三次的螺旋型的暗圈,以使筆形豐肥厚大,沉實深刻。

"圍要圓"是説筆畫的周邊輪廓宜圓渾飽滿,有"威嚴端厚之福相",不可抛筋露骨,有"棱角"、"竹節"之病。也正説明大字的運筆是以按爲主,線條厚實有力,如綿裹鐵。

"回欲藏鋒多妙趣"是説收筆處宜將筆鋒收歸畫中,毋使鋒芒外露,也就是米芾所説的"無垂不縮,無往不收"。其妙趣表現在:使筆形含蓄、凝重、圓滿,有老成持重之態;鋒芒內斂,筆力內藏,使筆意有回顧之勢。雖筆斷而意連,氣脈相通,精氣結撰,畫雖盡而勢未盡,畫雖長而

---

① 《歷代書法論文選》,第7頁。

② 《歷代書法論文選》,第34頁。

力有餘，氣完神足。清宋曹《書法約言》云：“藏鋒以包其氣，露鋒以縱其神。藏鋒高於出鋒，亦不得以模糊爲藏鋒，須有用筆，如太阿截鐵之意方妙。”[①]此語與李氏“回欲藏鋒多妙趣”相互發明，由《字要》附“十六字格”圖看，其主筆（橫、豎）藏頭收尾，滅迹隱端，外柔内剛，雄渾厚重，副筆（點、挑）凌空取勢，外耀鋒芒，顧盼有情。從整體來看，端嚴而不板滯，肥厚而不滯濁。

三、結　語

榜書自産生以來，經歷代書寫者的大量實踐和探索，逐漸總結出一套獨特的經驗和方法。其技法不僅具有書法共性的特徵，更別有門户，有其個性的筆法和體勢，並非每個書家都能兼擅其勝場。但長期以來，人們習慣於將榜書同其書法藝術形式混爲一談，忽視了其獨立存在的價值。李溥光的“把筆八法”和“用筆八法”能專門針對大字技法而論，雖寥寥數語，却能切中肯綮，頗益於後學，其獨特價值不言而喻，深入闡發其要旨無疑對我們今天的大字創作多有啓發。

學術研究就是要把複雜的東西簡單化，把糊塗的東西明白化。但願筆者這一努力能達此目的，如有不當，願方家有以教我。

---

① 《歷代書法論文選》，第 564 頁。

清代文狀元書法研究

陳　佳

（吉林大學藝術學院）

　　摘　要：清代狀元善書是殿試重楷法的重要體現。清代狀元書法具有較高審美標準，其程序化特徵明顯。

　　關鍵詞：清代　狀元　書法

　　清代狀元善書是殿試重楷法的重要體現。清代自順治三年開科取士到光緒三十年，共開進士正科、恩科一百一十二次。其中順治九年與順治十二年均增設滿洲榜，取滿、漢狀元各一名。清代共取文狀元一百一十四人①。在書法文獻中有顯赫書名者七十八位，影響頗大，如傅以漸、呂宮、鄒忠倚、史大成、徐元文、馬世俊、嚴我斯、韓菼、彭定求、蔡升元、陸肯堂、王式丹、趙熊詔、汪應銓、鄧鍾岳、于敏中、莊有恭、錢維城、梁國治、畢沅、王傑、張書勳、陳初哲、戴衢亨、王以銜、姚文田、龍汝言、張之萬、翁同龢、梁耀樞、王仁堪、劉福姚等。這些狀元多有作品傳世，是清代狀元群體善書的例證。狀元及第，自豪之情溢於言表，成爲"天子門生"，榮顯至極。歷科狀元都會引來庶士傾羨，其轟動效應不僅是歡動都邑，這種社會效應來源於君主意識的有意宣揚。清代殿試重楷法主要體現在狀元的選拔上，殿試中帝王親擇群才，唯有狀元獨占鰲頭，最能標榜帝王的選才標準。那麼，狀元書法究竟有何標準？

　　殿試一甲的應試經歷證明清代狀元書法存在標準字樣。嘉慶四年狀元姚文田專門臨摹殿試狀元卷書法。如"文僖官內閣中書時，常至閣取歷科狀元殿試卷觀之。日必書卷一本。嘉慶己未科大魁天下。論者謂：'殿試卷字爲本朝狀元之冠。'"②。姚文田身爲內閣中書，是朝廷認可的善書能手，深諳皇權書法審美的重要性，每日研習、臨摹狀元書法字樣，最終奪魁。又如趙翼也是尋此捷徑的代表，身爲內閣中書深知朝廷書法旨要，在殿試時占有優勢。"乾隆二十六年辛巳科探花趙翼，江蘇陽湖人，其時以內閣中書爲軍機章京，朝官多識其字，恐被黜落，是科中式後殿試，乃變易書體，令閱者不識，及進呈仍爲第一，而陝西韓城王傑在第三，高

---

① 王鴻鵬等：《中國歷代文狀元》，解放軍出版社，2004年，第371頁。

② （清）李放：《皇清書史》，金毓黻主編：《遼海叢書》，遼沈書社，1985年，第1491頁。

宗乃改王傑爲第一名,而以趙翼置第三,陝西自是始有狀元"①。姚文田、趙翼所在的中書群體是朝廷認可的善書群體,他們的書法是標準的朝廷書法樣式,因此極易在殿試中名列前茅,如狀元梁國治、金榜、戴衢亨、龍汝言、吳其濬、劉福姚都是中書,此現象説明狀元書法字樣有固定標準。梁國治,年十四即以制義書法見賞於學使崔公,紀籍順天通州入學第一人。十九舉乾隆辛酉鄉試,明年又以精楷法考取内閣中書改歸本籍,戊辰會試中式,廷試卷豐妍圓潤爲通場冠。金榜,字蘂中,號輔之,一號檠齋、歙人,乾隆二十九年南巡召試授中書,乾隆三十七年第一人及第,官修撰。《國朝書品》評金榜書法"真書佳品下"②。戴衢亨,乾隆四十一年巡視天津,以舉人身份應試,召試一等,受内閣中書,乾隆四十三年狀元及第。龍汝言,嘉慶帝大壽,其爲都統代作賀慶詩,特集康乾二帝御制詩百韻成册,帝大悦:"南方士子往往不屑誦先帝詩,入言顧獨能精熟,其人異日必忠愛。"立賞舉人資格,嘉慶十六年召試中書,嘉慶十九年狀元。善書的吳其濬爲嘉慶二十二年狀元,早年以舉人納捐爲内閣中書,帝王欽賜狀元匾。劉福姚,光緒八年中舉,光緒十五年考入内閣中書,光緒十八年會試登榜,殿試中狀元。中書群體善書,這些内閣中書即使不能榮登鼎甲,也會多居一甲。如林枝春由雍正癸卯舉人授中書,出蔡文勤公之門,乾隆丁巳進士以第二人及第授編修③。又如韋謙恒,乾隆二十二年召試,賜内閣中書。二十八年殿試第三人及第,官貴州布政使。書師晉唐,筆致清婉④。朝廷認可的善書群體在殿試中占有優勢,證明狀元書法以朝廷書法審美爲標準,存在標準字樣。

　　清代狀元心目中的朝廷書法標準與現代學者的一般認識不同。最典型的例子是一些狀元認爲自身不工書而得到狀元名頭很意外。但書法文獻中有其書名,説明他們心目中殿試"工書"標準有特殊内涵,需要進一步研究。如康熙十五年殿試十卷進呈御覽,康熙問及會元彭定求的卷子爲何列第三,閲卷大臣的理由是彭定求的書法不及前兩卷,康熙諭:"會元策末數行,有勸勉朕躬之意。往時周(敦頤)、程(頤、顥)、張(載)、朱(熹)豈俱工書者?"欽點彭定求第一。時人傳,彭定求幾乎因書法不好而不與鼎甲。《皇清書史》載:"彭定求,字訪濂,一字勤止,號止庵,康熙十五年第一人及第,官侍講。彭紹升先賢遺墨跋云:'書類虞伯施、顏清臣。'"⑤彭定求在清代書法文獻中有書名,他的楷書與官楷的標準相比有些差異,取法虞世南與顏真卿,剛柔並濟,筆意較濃,不是恭謹嚴整的端楷類型。又如三元錢棨。前述殿試讀卷官例於佳卷中取書寫端楷者,將錢棨列爲第四,乾隆認爲殿試選才不應只憑書法,欽點錢棨爲狀元,並作御制詩强調殿試不應只重"端楷"。從清人筆記中可看出錢棨並非不工書。《池上草堂筆記》載:"錢棨,字振威,長洲人,乾隆四十三年解元,四十四年會元,殿試第一人及第,官侍讀學士,精楷法。"⑥以上事例説明殿試中的"工書"另有標準,不是一般意義上的"工書",其字樣應該是以"端楷"爲特徵的館閣體字樣。此"工書"觀念的差異在當時社會中也存在。昭槤

①　商衍鎏:《清代科舉考試述録》,北京三聯書店,1958年,第338頁。
②　(清)李放:《皇清書史》,金毓黻主編:《遼海叢書》,第1594頁。
③　(清)梁章鉅撰,朱智、何英芳點校:《樞垣記略》,中華書局,1984年,第331頁。
④　(清)李放:《皇清書史》,金毓黻主編:《遼海叢書》,第1420頁。
⑤　(清)李放:《皇清書史》,金毓黻主編:《遼海叢書》,第1566頁。
⑥　(清)李放:《皇清書史》,金毓黻主編:《遼海叢書》,第1485頁。

《嘯亭雜録》記述："余素不善書，人爭嗤之，深以爲恥。然明王鳳洲尚書素不善書，嘗自云：'吾目有神，吾腕有鬼。'近時紀曉嵐尚書、袁簡齋太史皆以不善書著名。"①當時的社會評價中紀昀、袁枚都不善書，而且盡人皆知。其實清代書法文獻中紀昀、袁枚有書名，"紀曉嵐昀博洽掩通，當世之劉原父、鄭漁仲也。獨不善書，即以書求者亦不應。其書齋所設之硯有匣，鐫二詩於其上云：筆札匆匆總似忙，晦翁原自笑鍾王……"②。袁枚，字子才，號簡齋，晚號存齋，自稱隨園老人，乾隆元年薦鴻博未遇中，四年進士改庶起士。張問陶云："其書雅澹如幽花，秀逸如美士，一點著紙，便有風趣。其妙蓋在神骨間。"清代書家包世臣在《藝舟雙楫》中評袁枚書法"行書逸品上"③。紀昀書法"筆札匆匆總似忙"、袁枚書法"有風趣"，他們並非不善書，只是與當時官楷相比，他們的楷書個性十足。下面的例子能夠更明確地反映出"不工書"的含義，所謂"不工書"、"不善書"是不擅長字畫端楷的館閣體字樣。如"甘嘯岩爲旗籍文士之冠，然不甚工書。有某大臣延其書寫奏牘，嘯岩以《靈飛經》法爲之。某公大怒，揮之門外曰：'甘某名望若爾，乃其書法尚不如吾部曹胥吏之端楷也。'"④奏牘是上呈御覽的公文，當然要謹慎書寫，字畫端楷的同時，每一筆都應顯示出恭敬的態度，不能隨意發揮，不需要字勢映帶顧盼與筆法靈動多變。可見清代社會中"工書"標準是朝廷書法標準，是字畫端楷的館閣體，無個性，其嚴謹程度似辦公文的書史字樣。這就是科舉中共識的書法審美標準，是狀元心目中的"工書"標準。以上史料進一步證明朝廷書法審美有深厚的社會基礎。

　　清代狀元書法有趨時貴的特徵。因狀元選拔由帝王首肯，狀元書法字樣與帝王書法好尚緊密聯繫，帝王書法好尚左右狀元書法的時尚風格。清人王士禎《分甘餘話》中"狀元多選書法優者"條載："本朝狀元必選書法之優者。順治中，世祖帝王喜歐陽詢書，而壬辰狀元鄒忠倚，戊戌狀元孫承恩皆法歐書者也。康熙以來，上喜二王書，而己未狀元歸允肅，壬戌狀元蔡升元，庚辰狀元汪繹皆法《黃庭經》、《樂毅論》者也。惟戊辰進士中工二王體者，首推海寧查昇，以其族叔嗣韓兼習《五經》，拔置鼎甲，昇遂抑置二甲。丁未進士工書者，首棄强宋師祁，而不與鼎甲，又不與(庶)起士之選，終於一令，亦可惜也。"⑤狀元書法以皇權書法審美爲標準，若不爲帝王賞識，即使工書，也無濟於事。《皇清書史》載："宣宗正書學柳公權，勁直端凝至有法度，當時翰宛諸臣爭學柳書。"⑥道光喜柳書，道光六年狀元朱昌頤工柳書，《木葉厂法書記》評其書："楷法工秀，如小唐碑，予有所書《曲阜孔孺人傳册》。"⑦道光十六年狀元林鴻年擅長柳書。林鴻年"書法落筆精整瘦勁，有蒼翠欲滴之觀"⑧。"工秀"、"瘦勁"是柳書整體特徵，"蒼翠欲滴"是柳書筆畫特徵。以上事例説明清代狀元書法有趨時貴的特徵。狀元書法的時貴書風

① （清）昭槤：《嘯亭雜録》，中華書局，1997年，第340頁。
② 馬宗霍：《書林藻鑒・書林記事》卷一二，文物出版社，1984年，第327頁。
③ 馬宗霍：《書林藻鑒・書林記事》卷一二，第215頁。
④ 馬宗霍：《書林藻鑒・書林記事》卷一二，第328頁。
⑤ （清）王士禎：《分甘餘話》卷二，中華書局，1997年，第29頁。
⑥ （清）李放：《皇清書史》，金毓黻主編：《遼海叢書》，第1405頁。
⑦ （清）李放：《皇清書史》，金毓黻主編：《遼海叢書》，第1453頁。
⑧ （清）李放：《皇清書史》，金毓黻主編：《遼海叢書》，第1592頁。

是科舉書法趨時貴特徵的集中體現，也是科舉評價體系中朝廷書法意識的集中體現。科舉書法與朝廷書風緊密聯繫，在宋代科舉書風趨附權貴最爲明顯。米芾《書史》記述宋太祖好書："一時公卿以上所好，遂悉學鍾、王；至李宗諤主文既久，士子始皆學其書，肥褊樸拙，是時不膽錄以投其好，用取科第，自此惟趨時貴書矣。宋宣獻公綬作參政，傾野學之，號曰'朝體'。韓忠獻公琦好顏書，士俗皆學顏書。及蔡襄貴，士庶又皆學之；王文公安石作相，士俗亦皆學其體，自此古法不講。"①宋代趨時貴現象較爲嚴重，"第流俗好尚，逐時異趨，則雖自昔皆然，而以宋爲尤甚"②。宋代宰相權傾一時，是朝野書風的風向標，而明清不同，皇權高度集中，明清兩代帝王書法審美是朝野唯一標準。明清亦有不同。明代自永樂帝推崇沈度書法後，皇子王孫皆學沈字，一以貫之，姜立綱、馬紹榮、張電等書家出現後，也基本上是一脈相傳。清代帝王都有獨特的書法好尚，時貴書風變化明顯。這是清代狀元書法書風特徵。

　　狀元書法同樣成爲社會中時貴書風的代表，在社會中影響巨大。清代新進士有自己刊刻試卷互贈親友的風俗。這一風俗中擴大了狀元時貴書風的影響，如"新科舉人進士自刊其闈藝分送親友者……闈藝則選數篇，是事殆始於明，至清代則普通行之。進士朝考殿試卷，則必親書精刊方行送人，只載本人姓名等第用官之類數行，餘皆從略。以重在書法之故也。先登個人信息，本族譜系，受業師，受知師"③。因狀元選拔標準是帝王選官標準的集中體現，狀元書法是帝王書法審美的標籤，是朝廷書法審美的代言人，所以狀元是士子熱衷追慕的對象，其書法成爲士子臨習的範本。追慕者衆多。引領時尚，狀元群體在朝廷書法發展中有重要的推動作用。如康熙四十二年癸未科狀元王式丹，《四朝書錄》評其書法入晉唐之室。王式丹殿試之作備受士子推崇，作爲當世制義之代表作④。又如光緒二年丙子恩科狀元曹鴻勳，字竹銘，光緒二年第一人及第，官陝西巡撫，書法得晉唐三昧，名震一時⑤。光緒三年丁丑科狀元王仁堪，《越縵堂日記》載："王君楷法近日館閣第一。"⑥光緒三十年甲辰恩科狀元劉春霖書名顯赫，社會中盛傳："大楷學顏，小楷學劉（春霖）。"隨着狀元銓選高升，他們的書風對時人書風有很大影響。可以説他們是皇權書法審美的代言人。狀元受朝廷重視，初授翰林院修撰，仕途起點高，"皆望柄用"。成書於道光初年的《嘯亭雜錄》載："本朝閣臣，最利鼇頭。如傅聊城以漸爲順治丙戌狀元，呂常州宮爲順治丁亥狀元，于文襄公敏中爲乾隆丁巳狀元，莊參政有恭爲乾隆己未狀元，梁文定公國治爲乾隆戊辰狀元，王文端公傑爲乾隆辛巳狀元，戴文端公衢亨爲乾隆戊戌狀元。今七卿中有潘芝軒世恩、胡希廬長齡、茹總憲棻、王司空以銜、姚閣學文田凡五人，皆有調羹之望焉。"⑦狀元書法是朝廷書法審美的典型代表，狀元身份名貴，日後身居要職，證明善書者"以書升遷"的優勢，進一步促進朝廷書法的發展。

---

① 《中國書畫全書》（第一冊），上海書畫出版社，2000 年，第 974 頁。

② 馬宗霍：《書林藻鑒·書林記事》，第 116 頁。

③ 商衍鎏：《清代科舉考試述錄》，第 87 頁。

④ （清）梁章鉅：《吉安室書錄》，上海人民美術出版社，2003 年，第 74 頁。

⑤ （清）李放：《皇清書史》，金毓黻主編：《遼海叢書》，第 1496 頁。

⑥ （清）李放：《皇清書史》，金毓黻主編：《遼海叢書》，第 1545 頁。

⑦ （清）昭槤：《嘯亭雜錄》，第 33 頁。

　　清中期狀元書法出現程序化特徵，清末進士商衍鎏在《清代科舉考試述録》中的記述證明這一點："殿試欲得高第者，策文必須充實寫滿，兼重書法，寫時恐防錯漏，則用蓑衣比格起草，寫畢撕去。書寫時間占大半日，限於晷刻，爲文不暇構思，乾隆二十五年復特降明旨，大意言向來讀卷大臣率多偏重書法，敷奏以言，就文與字較，對策自重於書法，倘專以字爲進退，兼恐讀卷官素識貢士筆迹者，轉以藉口滋弊。是當時定制之意，主於盡言敷陳利弊，故卷不限格，俾得依文之長短隨抒胸襟。減筆、帖寫，原不拘忌，字小而匀，四周布白亦無定式，迨後積習難挽，諛頌依然。字取‘黑、大、光、圓’，嗣後苛及於點畫小疵，道光啟其端，咸、同、光緒更成風氣；詞則冠冕，文寶廣泛，偏重書法，忽略文字，實不符於定制之初意。其中亦間有楷法尋常，而破格取重文字以登上第者，蓋亦僅矣。"①"黑、大、光、圓"的程序化特徵是狀元書法發展的必然趨勢。殿試士子答卷要"比格起草"，"書寫時間占大半日"，暗示出殿試書法猶如寫藝術字，這就不難理解會出現程序化風格。"黑、大、光、圓"表明狀元書法趨向書吏字樣。阮元所説"供事筆墨"則道出狀元書法與朝廷辦公文標準字樣的一致性。巡撫阮元曾感歎近來文風學風日薄："只是童生伎倆便可登進士，供事筆墨便可中狀元，奈之何哉？"②這種趨勢的出現與科舉内容、形式的僵化有關，文風以歌功頌德爲主，曲調不高，同樣狀元書法"癡肥板重、黑方光匀"，取法較近，不再取法高遠。《桃華聖解盦日記》載："國朝自乾隆已前，狀元猶或取才名，其策亦多取條對。高宗屢詔申飭，故畢沅及莊有恭皆由特簡。嘉慶以後漸行波靡，自己未姚文僖後，遂無名家。然其時尚未專取楷法。道光以後始專論字，然猶取歐、褚、趙、董，所謂帖意者是。宣宗晚年講求字畫，於是禁止帖體，奉行之吏，乃至並禁説文正體，遂以不誤者爲誤，而《字學舉隅》等書出矣。士子爭以癡肥板重爲工，有黑方光匀之目。非此不得列前十卷，而楷法亦盡亡矣。"③一些指導科舉捷徑的工具書在世通行，反映了士子凡有取巧，無所不用其極的心態。證明士子專營科舉字樣，妄圖迅速中式現象的存在。在這種社會趨勢下，狀元書法標準降低，取法較近，出現程序化，趨於板滯不足爲怪。

　　清代狀元群體善書是清代殿試"以書取士"狀況的集中體現。清代狀元書法字樣有着極高的審美標準，狀元書法趨時貴特徵與程序化特徵是清代朝廷書法發展特徵的體現。

---

① 商衍鎏：《清代科舉考試述録》，第 112 頁。
② 毛禮鋭、沈灌群主編：《中國教育通史》，1987 年，第 485 頁。
③ （清）陳登原：《國史舊聞》（第三册），中華書局，1982 年，第 192 頁。

古代典籍中"麟"之原形考

單育辰

（吉林大學古籍研究所）

提　要：典籍中對動物外貌、習性描寫常不精確，由於字形與字音的演變，先秦兩漢典籍中的很多動物名稱到現在已經難以確指，其中"麟"就是一個突出的例子。後世常常把"麟"描繪為一種非人間所有的神物，但從先秦兩漢典籍中看是不正確的，它應有動物原形的存在。依據典籍描述、考古學研究、古代語音及現代動物學知識，"麟"的動物原形應該是麐，也就是羚。

關鍵詞：古代典籍　麟　動物原形　羚羊

由於我國古代人科學觀念淡薄，對動物的外貌、習性描寫不精確，而幾千年來語音文字不斷演變，致使很多古代動物的原形到現在已變得難於求索。傳統小學雖然花費了很大力氣進行探討，但它走的是訓詁之路，常常限於堆砌材料，而拙於觀察[①]，這對我們認識古代文化是相當不利的。在本文裏，我們準備從"麟"這種動物名下手，對其作一番考辨與研究。

魯哀公十四年西狩獲麟在中國歷史上是一件大事，因爲《春秋》就絕筆於斯年，《春秋》敍此事爲"十有四年春，西狩獲麟"。對《春秋》進行詮解的三部經書對此都有記載，但詳略不同：

《左傳·哀公十四年》：十四年春，西狩於大野，叔孫氏之車子鉏商獲麟，以爲不祥，以賜虞人。仲尼觀之，曰："麟也。"然後取之。

《穀梁傳·哀公十四年》：十有四年春，西狩獲麟。引取之也。狩地不地，不狩也。非狩而曰狩，大獲麟，故大其適也。其不言來，不外麟於中國也。其不言有，不使麟不恒於中國也。

《公羊傳·哀公十四年》：十有四年春，西狩獲麟。何以書？記異也。何異爾？非中國之獸也。然則孰狩之？薪采者也。薪采者則微者也，曷爲以狩言之？大之也。曷爲大之？爲獲麟大之也。曷爲爲獲麟大之？麟者、仁獸也。有王者則至，無王者則不至。有以告者曰："有麕而角者。"孔子曰："孰爲來哉！孰爲來哉！"反袂拭

① "拙於觀察"用周作人"中國人拙於觀察自然"語，見周作人《蜻蛉與螢火》，《周作人文類編》第四冊，湖南文藝出版社，1998年，第236—241頁。

面,涕沾袍。顏淵死,子曰:"噫!天喪予。"子路死,子曰:"噫!天祝予。"西狩獲麟,孔子曰:"吾道窮矣。"

除了《春秋》之外,在《詩經·周南·麟之趾》中,也出現了"麟",其詩云:

麟之趾,振振公子。於嗟麟兮!麟之定,振振公姓。於嗟麟兮!麟之角,振振公族。於嗟麟兮!

我們這裏只想探討一下"麟"是一種什麼動物。我們目前能看到的較早的稱述"麟"的文獻還見於《爾雅·釋獸》:"麐、麕身、牛尾、一角。""麐"即"麟"的異稱(麟,來紐真部;麐,來紐文部,古音甚近)。《爾雅》對"麟"的描述極大地影響了後世對這種動物的認知,以後對"麟"的描述,無非來源於此,並且層層添造,逐漸演變成不倫不類的神物。如《說苑·辨物》中說:"故麒麟麇身牛尾,圓頂一角。含仁懷義,音中律呂。行步中規,折旋中矩。擇土而後踐,位平然後處。不群居,不旅行。紛兮其有質文也。幽閒則循循如也,動則有容儀。"《詩經·周南·麟之趾》正義引京房《易傳》:"麟,麕身、牛尾、馬蹄,有五彩,腹下黃,高丈二。"《公羊傳·哀公十四年》何休注:"狀如麕,一角而戴肉,設武備而不爲害,所以爲仁也。"陸璣《毛詩草木鳥獸蟲魚疏》卷下:"麟,麕身、牛尾、馬足、黃色,圓蹄,一角,角端有肉。音中鍾呂,行中規矩,遊必擇地,詳而後處,不履生蟲,不踐生草,不羣居,不侶行,不入陷阱,不罹羅網,王者至仁則出。"《史記·司馬相如列傳》索隱引張揖曰:"雄曰麒,雌曰麟。其狀麋身、牛尾、狼蹄、一角。"《太平御覽》卷八八九引何法盛《晉中興徵祥說》:"麟,麕身牛尾,狼頭一角,黃色馬足也。"到了宋元後,"麟"(已用復音詞"麒麟"來表達)終於演變成現今所熟知的龍首、鹿身、牛尾、馬蹄,頭戴肉角,身披鱗甲的怪物(圖一)。

圖一　麒麟①

我們要研究"麟"的原形,後世那些添造的材料是不能使用的,羅願《爾雅翼》就說:"《春秋》之書麟,亦曰有麕而角者耳。蓋古之所謂麐者止於此。是以其物可得而有,而其性能避患,不妄食集,故其游於郊藪也,則以爲萬物得其性。……至其後世論麐者始曰、馬足、黃色、圓蹄、五角,角端有肉,有翼能飛,……嗚呼!何取於麐之備也。若是則閱千歲而不得麐,蓋無

① 圖一采自(明)王圻、王思義《三才圖會》,《續修四庫全書》本,上海古籍出版社,1996—2003年,第1235冊第595頁;[日]寺島良安:《和漢三才圖會》卷三八,正德三年(1713年)序刊本。

怪矣。夫麐，野物也。其爲性又善鬥，《釋獸》載之，蓋若麢麋鹿之屬焉，不之異也。……世之儒者欲神夫麟之形狀情性，使千歲必不復得，以是爲麟之靈。而吾則欲直從古説簡易而言之，雖並世而得，不足爲異。"①我們可以使用的材料只有《春秋三傳》、《詩經》、《爾雅》。但《爾雅·釋獸》中説"麐，一角"，從現代動物學知識上看，近五千年來並不存在獨角麢身（或鹿身、馬身）的陸生獸類②，所以，如果承認《春秋》所述實有其物的話，就必須承認《爾雅·釋獸》中的"麐，一角"這條敘述有誤。其實《爾雅》是西漢人對舊訓的彙集，所收集的訓詁材料草率雜亂，且常有訛誤，書中所言不能一概憑信。從另一個角度考慮，《公羊傳》只是説麟爲麢身有角，没有特意説麟只有一角，從現代動物學知識上我們可推測，《公羊傳》及《詩經》所説的麟有角必然是説麟有雙角。

在漢武帝時，也獲過"麟"，《史記》、《漢書》都有記載，《史記》所述歷史即止於武帝獲麟之年。

> 《史記·孝武本紀》：其明年（辰按，元狩元年），郊雍，獲一角獸，若麃然。有司曰："陛下肅祇郊祀，上帝報享，錫一角獸，蓋麟云。"於是以薦五時，時加一牛以燎。賜諸侯白金，以風符應合於天地。（《史記·封禪書》所述基本相同）
>
> 《漢書·武帝紀》：元狩元年冬十月，行幸雍，祠五時。獲白麟，作《白麟之歌》。
>
> 《漢書·武帝紀》：（太始二年）三月，詔曰："有司議曰，往者朕郊見上帝，西登隴首，獲白麟以饋宗廟，渥窪水出天馬，泰山見黄金，宜改故名。今更黄金爲麟趾褭蹏以協瑞焉。"因以班賜諸侯王。
>
> 《漢書·終軍傳》：（終軍）從上幸雍祠五時，獲白麟，一角而五蹄。

這兩部書中也言"麟"爲一角之獸，不過在《論衡》中，對此事是這樣記載的，《異虛篇》："漢孝武皇帝之時，獲白麟，戴兩角而共抵，使謁者終軍議之。軍曰：'夫野獸而共一角，象天下合同爲一也。'"《講瑞篇》："武帝之時，西巡狩，得白麟，一角而五趾。……武帝使謁者終軍議之，終軍曰：'野禽並角，明天下同本也。'"看了這兩條材料之後，才會令我們恍然大悟，原來《史記》、《漢書》所謂的"麟"有一角，仍是兩角，但共由一個基部長出而已。

以往學者對"麟"這種動物的原形有過多種猜測，如認爲"麟"是虛擬的動物③、是大牝鹿（《説文》卷十上）、是麋④、是長頸鹿⑤、是麇⑥、是犀牛⑦。但這些論斷多從晚期文獻推出。如果我們相信"麟"在古代確實存在，就只能以《春秋三傳》作依據，並輔以《史記》、《漢書》、《論衡》中的材料。從以上六部書中我們可以得到有用的信息是：一、"麟"的形狀是"麢而角"，即

---

① （南宋）羅願：《爾雅翼》，黄山書社，1991年，第183—184頁。
② 陸生獸類中犀牛頭部有角，但其身軀與獐相差甚遠。海洋裏有獨角鯨，但其所謂的角，實際上是雄性的左牙生長出來。
③ 如張孟聞《四靈考》，《中國科技史探索》（《中華文史論叢增刊》），上海古籍出版社，1986年，第515—518頁。
④ 如王永波《麒麟探源——兼論大汶口文化的獐崇拜》，《民俗研究》1992年第4期，第79—86頁。
⑤ 如孫機、閻德發《長頸鹿和麒麟》，《化石》1980年第2期，第2—4頁。
⑥ 如尹榮方《麒麟原型爲"四不象"考》，《社會科學戰線》1991年第2期，第330—335頁。
⑦ 如王暉《古文字中"麐"字與麒麟原型考——兼論麒麟聖化爲靈獸的原因》，《北京師範大學學報（社會科學版）》2009年第2期，第64—75頁。

身體像麢，但有角。"麢"，典籍中也作"麇"，即"獐"，現在也稱
"獐子"、"牙獐"，是小型鹿類，頭體長 90—100 釐米、肩高 45—
60 釐米（參看圖二）；二、其角是雙角而非獨角；三、"麟"不是
中原本有的獸類；四、中原人罕見"麟"這種動物，捕獲麟的人
以爲不祥，孔子觀後大家才知道是"麟"。

圖二　麢①

　　由三、四條可知，"麟"不會是中原人常見的鹿類動物，因爲鹿
類動物形狀都差不多，且絕大部分鹿種群的棲息地即在中原一帶，
當時不會不認得。從身體大小看，"麟"更不會是長頸鹿、犀牛（而
且二、三百萬年以前，長頸鹿就已經從亞洲消失）。這樣，我們可以
很容易想到，當時所謂的"麟"，應是羚羊類動物。"羚"，身體大小
與獐相仿，有明顯而挺拔的雙角。漢代又寫作"麢"（羚、麢二字皆來紐耕部），《説文》卷十上："麢，大
羊而細角。从鹿、霝聲。"《爾雅·釋獸》："麢，大羊。"郭璞注："麢羊，似羊而大，角員鋭，好在山崖間。"
《集韻·青韻》："羚，亦作麢。"古人認爲"羚"爲靈物，李時珍《本草綱目》："按王安石《字説》云'……麢
則獨棲，懸角木上以遠害，可謂靈也。'"②又引陶弘景曰："（羚）今出建平、宜都諸蠻山中及西域，多兩
角，一角者爲勝。"③可見舊時亦認爲羚羊有一角者，凡此皆可以與典籍對"麟"的描述類比。

　　在郭郛的《山海經注證》裏已經提到："麢即古代所謂的四靈之一的麒麟、麟 Alcelaphus
buselaphus。"④Alcelaphus buselaphus 是英文 red hartebeest（中文譯爲麇羚）的學名，生活在
非洲。郭先生把麟比爲非洲的麇羚誠不可信，但其説麟爲羚羊類動物則是對的。在中國歷史
時期存在的羚羊類動物中，可以和文獻中的"麟"類比者，有黃羊（又名蒙古瞪羚，參看圖三）、
鵝喉羚（又名羚羊、長尾黃羊）、高鼻羚羊（又名賽加羚羊）、藏原羚（又名小羚羊、西藏黃羊）、藏
羚羊（參看圖四）等，但古書中的"麟"具體相當於哪一種，由於資料太少，已經不能説清了。

圖三　黃羊

圖四　藏羚羊

---

① 圖二、三、四皆采自壽振黃主編《中國經濟動物志·獸類》，科學出版社，1962 年。
② 辰按，《本草綱目》此處所述來自（北宋）陸佃《埤雅》卷五，羚羊掛角木上的傳説應與羚羊類動物常在樹木上蹭角的習性有關。
③ （明）李時珍：《本草綱目》，人民衛生出版社，1982 年，第 2841—2842 頁。按，陶弘景所説"出建平、宜都諸蠻山"的"羚"
　　指牛，又稱扭角羚；而所説的"出西域"的"羚"可能指藏羚羊，又稱一角獸。
④ 郭郛：《山海經注證》，中國社會科學出版社，2004 年，第 109 頁。

　　現今,黃羊多棲息於平原丘陵地形的草原和半沙漠地區;鵝喉羚、高鼻羚羊多棲息於荒漠和半荒漠地區,在丘陵和高山活動;原羚和藏羚羊棲息於高原地帶①。我們可以猜想古時這些動物的活動範圍也差不太多,而魯國(在今曲阜一帶)、雍(在今鳳翔一帶)和羚羊的活動範圍並不一樣,所以極少被中原人發現,《公羊傳》即説麟"非中國之獸也"。在魯國和雍捕獲的這兩隻羚羊大概是偶然迷失遊蕩到了中原地區。還有,從動物形態上看,有些種類的羚羊雙角平行,從側面遠望,很像只有一角,比如藏羚羊的別名即叫一角獸、獨角獸。所以《爾雅·釋獸》所説的"麔,一角"可能也有所本。

　　此外,《漢書》説的麟的"五蹄"即《論衡·講瑞篇》的"五趾",《漢書》中所説漢武帝獲麟後,鑄造的"更黃金爲麟趾褭蹏以協瑞焉"的"麟趾金"現已大量發現②,其形狀要比馬蹄(褭蹏)金要小,這與羚羊蹄的形狀也是相符的,但所謂"五趾"是什麽特徵,在古文獻和"麟趾金"上看不出來③。

　　　　1. 西漢馬蹄金　　　　　　　　2. 西漢麟趾金

圖五

　　不僅如此,"麟"和"羚(麢)"在古音上也有十分密切的聯繫。麟,來紐真部,羚、麢,來紐耕部,"令"和"粦"聲系在典籍中常常相通,如《尚書·多士》"予惟率肆矜爾","矜(同羚)",《論衡·雷虛篇》引作"憐";《詩·齊風·盧令》"盧令令","令令",《説文》卷十上"獜"條引作"獜獜";《楚辭·九歌·湘夫人》"乘龍兮轔轔",洪興祖《考異》:"轔,《釋文》作軨。"《楚辭·七諫·怨思》"憐余身不足以卒意兮",洪興祖《考異》:"憐,一作憐。"④杭州老和山西漢墓陶冥幣上的"令止金一斤"即"麟趾金一斤"⑤。所以,"麟"和"羚"或"麢"的古代語音是非常相近的。

　　陸璣《毛詩草木鳥獸蟲魚疏》卷下又曾説:"今並州界有麟,大小如鹿,非瑞麟也。故司馬相如賦曰'射麋腳麟',謂此麟也。"西晉並州界在今代縣以北,離北方草原很近,這個"麟"就應

① 有關黃羊、鵝喉羚、原羚、藏羚羊的描述可參看壽振黃主編《中國經濟動物志·獸類》,第 487—498 頁;Andrew T. Smith、解焱主編:《中國獸類野外手册》,湖南教育出版社,2009 年,第 482—488 頁。
② 關於麟趾金的探討,可參看安志敏《金版與金餅——楚、漢金幣及其有關問題》,《考古學報》1973 年第 2 期,第 72—78 頁;黃盛璋:《關於馬蹄金、麟趾金的定名、時代與源流》,《中國錢幣》1985 年第 1 期,第 11—17 轉 38 頁。
③ 麟趾金、馬蹄金的實物可見中國錢幣博物館編《中國錢幣博物館藏品選》,文物出版社,2010 年,第 129 頁(參看圖五)。
④ 參看高亨、董治安《古字通假會典》,齊魯書社,1997 年,第 94—98 頁;張儒、劉毓慶:《漢字通用聲素研究》,山西古籍出版社,2002 年,第 552 頁。
⑤ 趙人俊:《漢代隨葬冥幣陶麟趾金的文字》,《文物》1960 年第 7 期,第 52 頁。

該是羚。《論衡・講瑞篇》亦云:"孝宣之時九真貢,獻麟,狀如麕而兩角者。"①其中所言"狀如麕而兩角者",也只能是羚,但這種羚羊是熱帶地區的種類,與北方寒温帶地區的羚羊種不同。但由此可見,當時把羚類動物稱爲"麟"是普遍現象。

我們以前根據甲骨文中"鳥"的字形把文獻中的"鳥"也判定爲羚羊類動物②,這與本文把"麟"判定爲羚羊是不衝突的。在古代,一種動物兩名以至於數名的情況是十分常見的,如"麕"和"獐"古時即指一種動物。尤其對那些非中國所見之物來説,出現異名的概率更大。不過我們如果更深入探討的話,就可以發現,"鳥"、"羚(麕)"、"麟"其實都是一音之轉,"羚(麕)"是來紐耕部,而"鳥"是定紐支部,來、定兩紐皆屬舌頭音,支、耕屬於嚴格的陰陽對轉關係,古音極近③。前面已述,"羚(麕)"和"麟"音可以相同,那麼"鳥"和"麟"在語音上相通也是没有問題的。

---

① 按,此事即《漢書・宣帝紀》中"詔曰'乃元康四年⋯⋯九真獻奇獸'",晉灼曰:"《漢注》'駒形,麟色,牛角,仁而愛人。'"《文選・西都賦》亦云:"神池靈沼,往往而在。其中乃有九真之麟,大宛之馬。"
② 單育辰:《甲骨文所見的動物"麋"和"鳥"》,《甲骨文與殷商史》新二輯,上海古籍出版社,2011年,第166—181頁。
③ 小文最初曾在2011年吉林大學博士研究生討論課上宣讀,並寄與少數師友指正,但一直未發表,後見劉波《説楚文字中的"鳥"與"廌"》(《中國文字研究》第十六輯,上海人民出版社,2012年,第82頁)一文中亦提到"鳥"與"麐(麟)"語音相通的問題,並以楚簡中从"鳥"之字多通假爲"存"、"津"爲證,可謂不謀而合。

《楚辭》"無韻"句考辨 *

徐廣才

（哈爾濱師範大學文學院）

提　要：有學者認爲楚辭中某些句子是"無韻"的。這些句子是否"無韻"，要做具體分析。某些散文句式確實無韻，而其他的一些"無韻"句，根據出土文獻尤其是戰國楚文獻反映出來的語音現象，實際上都是押韻的，並非"無韻"。

關鍵詞：楚辭　無韻　出土文獻

　　《楚辭》"無韻"句是指《楚辭》中不押韻的句子。江有誥、王力、王顯等先生都認爲《楚辭》中有"無韻"的現象①。如王力先生認爲《楚辭》有 13 處無韻，計《離騷》2 處，《天問》1 處，《九章》1 處，《卜居》2 處，《漁父》2 處，《招魂》3 處，《大招》2 處②。對於"無韻"這種現象，王顯先生曾説過："我們並不絕對否定無韻説，只要講得出條件，提得出證據，那是可以承認而且必須承認的。至於在通篇有韻的騷體中碰到了問題，就應認真研究，加以解釋，千萬不能不講條件，不提證據，而就以'無韻'敷衍過去。碰到疑難問題就説是'無韻'，是不利於研究的深入的。"③王顯先生這種解決問題的態度是我們所贊成的。我們認爲《楚辭》中某些句子是否"無韻"，應該具體問題具體分析，如王力先生所説的《卜居》、《漁父》、《招魂》中的五處"無韻"，可能主要因爲是散文句式，而確實"無韻"；至於其餘幾處是否"無韻"，湯炳正先生曾説過："其餘皆不當注爲'無韻'，而只能注爲'存疑'或'待考'。因爲這些詩篇都是全篇用韻，不會某句忽然'無韻'。這些所謂'無韻'之句，皆當爲傳寫之誤或理解有差，並非屈宋行文時本不用韻。"④確如

* 　本文爲教育部人文社會科學規劃基金項目（編號 12YJA751067）及國家社會科學規劃項目（編號 13BZW045）階段性成果。

① 　江有誥：《楚辭韻讀》，《音韻學叢書初編》本；王力：《楚辭韻讀》，上海古籍出版社，1980 年；王顯：《屈賦的篇目和屈賦中可疑的文句》，《古漢語研究》第一輯，中華書局，1996 年，第 501 頁，注 36；王顯：《論〈離騷〉等篇的用韻和韻例，兼論其作者》，《中國語文》1984 年第 1 期，第 42—51 頁。

② 　王力：《楚辭韻讀》，第 5、10、27、36、61、62、72、74、79、83 頁。湯炳正先生在《〈楚辭韻讀〉讀後感》中統計爲十二次，誤。參湯炳正《屈賦新探》，齊魯書社，1984 年，第 407—422 頁。

③ 　王顯：《屈賦的篇目和屈賦中可疑的文句》，第 470 頁。

④ 　湯炳正：《〈楚辭韻讀〉讀後感》，《屈賦新探》，第 407—422 頁。

湯先生所説,既然全篇用韻,那麼這幾處就不能無韻。實際上,對於《楚辭》中的所謂"無韻"句,學者們已從多方面做了研究,取得了一些成果,但是有些有價值的觀點似乎並未引起楚辭學者的注意,因此現在還有必要對這一問題做進一步研究。

我們曾經對《楚辭》中的幾處"無韻"句做過討論①。下面結合出土文獻材料對學者們所認爲的幾處"無韻"句做些説明。在引用出土文獻材料時,如無必要,不作嚴格隸定,用通行字寫出。

一、《離騷》:汝何博謇而好修兮,紛獨有此姱節?薋菉葹以盈室兮,判獨離而不服。

關於此節押韻問題,江有誥②、王力先生認爲無韻③;王念孫、段玉裁認爲"節"與"服"押韻④;朱駿聲認爲"節"爲"飾"字之誤,如此"方合古韻",此説得到了很多學者的贊同⑤;沈祖綿先生認爲後兩句誤倒,原本當作"判獨離而不服兮,薋菉葹以盈室",節、室韻⑥,王顯先生等從之⑦。

今按:《離騷》全篇 372 句⑧,除列出包括此處在内的兩處"無韻"外,王力先生認爲其餘 364 句的偶數句,共 182 句都押韻。既然在 186 句中有 182 句押韻,如果只有 4 句不押韻,顯然與《離騷》整篇韻例不合,因此無韻説不可信。朱駿聲認爲"節"是"飾"字之誤,這種説法的優點是"飾"、"服"皆爲職部,同部相押毫無問題。但是,無論是戰國時期,還是秦漢時期,節和飾的形體都相差較遠⑨,無由致訛,故此説並不可信。沈祖綿先生之説也不可信,因爲從王逸注看,後兩句王逸所見本已如此;學者認爲"誤倒"的詩句還有一些⑩,但這種解釋都面臨同一個問題,即介於兩句中間的"兮"字爲何都不倒?難道這樣的抄寫之誤竟可連犯多次?因此"無韻"説、"字誤"説、"誤倒"説皆不可信。我們認爲王、段的説法是可信的。節,古爲質部,服,古爲職部。之、職部和脂、質部古音關係很近⑪,因此職、質兩個韻部的字押韻應該没有問題。

首先,從諧聲偏旁看,之、職部與脂、質部有諧聲關係。如乙爲質部,而從乙得聲的肍爲職部;匿爲職部,而從匿得聲的暱爲質部。郭店楚墓竹簡《緇衣》簡 17、《窮達以時》簡 14、《性自

---

① 徐廣才:《考古發現與〈楚辭〉校讀》,線裝書局,2009 年,第 189、238、331 頁。

② 江有誥:《楚辭韻讀》(《音韻學叢書初編》本),第 3 頁下。

③ 王力:《楚辭韻讀》,第 5 頁。

④ 王念孫:《古韻譜》(《音韻學叢書初編》本)卷上,第 21 頁;段玉裁:《六書音均表五》,《説文解字注》,上海古籍出版社,1988 年,第 859 頁。

⑤ 參崔富章主編《楚辭集校集釋》,湖北教育出版社,2003 年,第 314 頁所引朱駿聲、王樹枬、劉永濟、聞一多、趙逵夫等人的説法;薛公穆:《〈楚辭〉解詁》,《杭州大學學報》1982 年第 3 期,第 91—96 頁。

⑥ 沈祖綿:《屈原賦證辨》,中華書局,1960 年。

⑦ 王顯:《屈賦的篇目和屈賦中可疑的文句》,第 470 頁。

⑧ "曰黄昏以爲期兮,羌中道而改路",洪興祖疑此二句爲後人所增。洪説是,故我們統計時未將其計算在内。

⑨ 節、飾的古文字字形可參看漢語大字典編輯委員會編《漢語大字典》(縮印本),四川辭書出版社、湖北辭書出版社,1993 年,第 1241、1849 頁。

⑩ 參王顯《屈賦的篇目和屈賦中可疑的文句》,第 464—505 頁。

⑪ 參黄綺《論古韻分部及支、脂、之是否應分爲三》,《河北大學學報》1980 年第 2 期,第 71—93 頁;王志平:《"罷"字的讀音及其相關問題》,《古文字研究》第 27 輯,中華書局,2008 年,第 394—399 頁。

命出》簡 9、《六德》簡 39 和 40 皆有"弌"字①,此字與《説文》"一"字古文字形合,而且簡文也都用爲"一"。王筠《説文釋例》卷六認爲:"弌,蓋从一弋聲也。"王筠對"弌"字的結構分析是可信的。一,質部;弋,職部。

其次,從通假來看,之、職部和脂、質部相通的例子很多。《禮記·玉藻》:"童子之節也。"《儀禮·士冠禮》鄭注引節作飾也。節,質部;飾,職部。此正爲節、飾音近之證。《論語·學而》:"抑與之與?"漢石經"抑"作"意"。抑,質部;意,職部。《禮記·樂記》:"迭相爲經。"《史記·樂書》、《説苑·修文》"迭"作"代"。迭,質部;代,職部。《荀子·義兵》:"《傳》曰:威厲而不試,刑措而不用。"《説苑·政理》"試"作"至"。試,職部;至,質部。《詩經·大雅·文王有聲》:"築城伊淢,作豐伊匹。"《釋文》:"淢,況域反,溝也。字又作洫。"淢,職部;洫,質部。《禮記·投壺》:"壺中實小豆焉。"《大戴禮記·投壺》"實"作"置"。實,質部;置,職部。《周禮·考工記·弓人》:"凡昵之類,不能方。"鄭注:"故書'昵'作'樴',杜子春云:'樴',讀爲'不義不昵'之'昵'。"昵,質部;樴,職部。《呂氏春秋·慎勢》:"陳成果攻宰予於庭,即簡公於廟。"《説苑·正諫》"即"作"賊"。即,質部;賊,職部。

出土簡帛文獻中也有之、職部與脂、質部相通的例子。郭店楚墓竹簡《緇衣》簡 23:"毋以卑(嬖)御息莊后,毋以卑(嬖)士息大夫、卿士。"息,整理者讀爲塞②。簡文中的兩個"息"字,傳世本皆作"疾"。疾,質部;息、塞皆職部。《窮達以時》簡 6:"莞(管)寺(夷)吾拘縲棄縛,釋杕榜而爲諸侯相。"莞寺吾即管夷吾,寺,之部;夷,脂部。杕,整理者讀爲桎③。杕,職部;桎,質部。《六德》簡 18:"能與之齊,終身弗改之也。"此與《禮記·郊特牲》"壹之與齊,終身不改"略同④。《六德》之"能",《郊特牲》作"壹"。能,之部;壹,質部。《五行》簡 16"淑人君子,其儀罷也","罷",今本作"一"。《太一生水》簡 7"罷缺罷盈"及鄂君啟節"歲罷返"中的"罷"也都讀作"一"⑤。罷,從能得聲。能,之部,一,質部。

上博楚竹書《民之父母》簡 7—8:"亡(無)聖(聲)之樂,亡(無)體之禮,亡(無)服之喪,可(何)志(詩)之遲。"《從政》甲簡 13:"君子之相就也,不必在近遲。"遲、遲,原整理者分別隸作迠、遟而讀爲迟、昵⑥。黃德寬先生分別改隸作遲、遲,讀爲昵⑦。黃説可從。遲、遲皆從匿得聲。匿,職部;昵,質部。《容成氏》簡 4:"受於是乎作爲九城之台,視盂炭其下,加圜木於其上,使民蹈之。"⑧視,當讀爲置⑨。視,脂部,置,職部。上博楚竹書《周易》簡 55"非台所思"之"台",傳世本作夷⑩。台,之部;夷,脂部。

① 荊門市博物館:《郭店楚墓竹簡》,文物出版社,1998 年,第 130、145、179、188 頁。
② 荊門市博物館:《郭店楚墓竹簡》,第 130 頁。
③ 荊門市博物館:《郭店楚墓竹簡》,第 146 頁注釋〔七〕、〔八〕。
④ 陳偉:《郭店竹簡別釋》,湖北教育出版社,2003 年,第 120 頁。
⑤ 荊門市博物館:《郭店楚墓竹簡》,第 126 頁注〔一一〕。
⑥ 馬承源主編:《上海博物館藏戰國楚竹書》(二),上海古籍出版社,2002 年,第 165、226 頁。
⑦ 黃德寬:《戰國楚竹書(二)釋文補正》,上海大學古代文明研究中心、清華大學思想文化研究所編:《上博館藏戰國楚竹書研究續編》,上海書店出版社,2004 年,第 434—443 頁。
⑧ 馬承源主編:《上海博物館藏戰國楚竹書》(二),上海古籍出版社,2002 年,第 284 頁。
⑨ 王輝編著:《古文字通假字典》,中華書局,2008 年,第 232 頁。
⑩ 馬承源主編:《上海博物館藏戰國楚竹書》(三),上海古籍出版社,2003 年,第 211 頁。

張家山漢簡《引書》："累足指，上搖之，更上更下三十，曰累童。"指，讀爲趾。指，脂部；趾，之部。馬王堆帛書《五十二病方》治痂方："幹加(痂)：治蛇床實，以牡彘膏膳……""蛇床實"整理者認爲即蛇床子①。實，質部；子，之部。張家山漢簡《算數書·合分》21："七〈子〉亦輒倍。"整理者認爲"七"與"子"爲錯別字，王志平先生認爲"七"與"子"應是通假關係②。七，質部；子，之部。西安杜陵漢牘《日書》："利一播種、出糞。"一，假借爲以③。一，質部；以，之部。《武威漢代醫簡》25："年已過百歲者不可灸刺，氣脈壹絕，灸刺者隨箴灸死矣。""氣脈壹絕"即"氣脈以絕"的文字異寫④。壹，質部；以，之部。

馬王堆帛書《老子》甲本《德經》："〔物壯〕即老，胃(謂)之不道……""即"乙本及通行本皆作"則"。馬王堆帛書《六十四卦·蒙》："初筮吉，再參(三)瀆，瀆即不吉。"又《六十四卦·羅(離)》："日昃之羅(離)，不鼓缶而歌，即大耋之嗟，凶。"又《六十四卦·乖(睽)》上九："往愚(遇)雨即吉。"上引帛書本中的"即"通行本《易》作"則"，《睽》中的"即"上博簡本《易》作"則"⑤。即，質部；則，職部。

第三，從聲訓看，之、職部與脂、質部關係也很近。《釋名·釋形體》："臆猶抑也，抑氣所塞也。"臆，職部；抑，質部。《釋言語》："起，啟也，啟一舉體也。"起，之部；啟，脂部。

第四，從押韻看，之、職部與脂、質部的字可以押韻。上引《詩經·大雅·文王有聲》"築城伊淢，作豐伊匹"，淢、匹韻。淢，職部；匹，質部。《詩經·豳風·鴟鴞》："既取我子，無毀我室。"子、室韻。子，之部；室，質部。上博五《三德》簡2："敬者得之，怠者失之。"得、失韻，得，職部，失，質部。王志平先生整理了馬王堆帛書《黃帝書》的部分韻譜，發現楚語中確實存在之、脂部押韻的現象⑥。有學者曾據先秦兩漢齊語的一些韻語材料證明之、脂部可押韻⑦。

通過上面的論證，我們認爲，之、職部與脂、質部的關係是較爲密切的，因此，節、服押韻沒有任何問題。

二、《離騷》：惟茲佩之可貴兮，委厥美而歷茲。芳菲菲而難虧兮，芬至今猶未沫。

江有誥、王力先生皆以爲無韻。段玉裁認爲"茲"、"沫"合韻⑧。劉永濟先生認爲"茲從絲聲，古音在之咍部，沫從未聲，古音在脂微部，兩部音近通押"⑨。湯炳正先生認爲"其説極是"⑩。陸志韋先生認爲前兩句當校乙作"委厥美而歷茲兮，惟茲佩之可貴"。沈祖綿先生認

---

① 王輝編著：《古文字通假字典》，第25頁。
② 王志平：《"罷"字的讀音及其相關問題》，第399頁，注18。
③ 張銘洽、王育龍：《西安杜陵漢牘〈日書〉"農事篇"考辨》，《陝西歷史博物館館刊》第9輯，三秦出版社，2002年。
④ 張延昌主編：《武威漢代醫簡注解》，中醫古籍出版社，2006年，第57頁。
⑤ 參劉大鈞《今、帛、竹書〈周易〉綜考》，上海古籍出版社，2005年，第173、179、181頁；馬承源主編：《上海博物館藏戰國楚竹書》(三)，第234頁。
⑥ 王志平：《"罷"字的讀音及其相關問題》，第394—399頁。
⑦ 黃綺：《論古韻分部與支、脂、之是否應分爲三》，第71—93頁；王啟明：《先秦兩漢齊語研究》，巴蜀書社，1998年，第110—111、142—144頁。
⑧ 段玉裁：《六書音均表五》，《説文解字注》，第858頁。
⑨ 劉永濟：《屈賦通箋 箋屈餘義》，中華書局，2007年，第41頁。
⑩ 湯炳正：《〈楚辭韻讀〉讀後感》，《屈賦新探》，第407—422頁。

爲：“注出兩‘已’字，疑原文作‘已’。‘已’，止也。《招魂》‘身服義而未沬’，注：‘沬，已也。’此疑原注‘已，沬也’，兩字互訓。‘茲’、‘已’叶。後人以王逸注《招魂》之訓誤列於此，致失韻矣。”①彭澤陶先生認爲茲當作此，此、沬韻②。

今按：根據《離騷》韻例，此處不能無韻，故江、王之説不可信。陸志韋先生之説也不可信，參上條對沈説的評論。沈祖綿先生之説，王顯先生已證明其不確③。彭澤陶先生之説也不可信。首先，改“茲”爲“此”並無版本根據；其次，通過我們的考察，“此”在《楚辭》中（不包括漢人的模擬之作）共出現 45 次，作定語 41 次，占所有用例的 91％；作賓語 2 次，且皆爲介詞“與”的賓語，占所有用例的 4.5％；另 2 次作主語。由此我們可以看出，《楚辭》中“此”的語法作用主要是作定語；即使作賓語，也不作動詞的賓語。“茲”共出現 9 次，作賓語 3 次，其中 2 次作動詞“歷”的賓語。因此，改“茲”爲“此”與《楚辭》文例不合。第三，即使改“茲”爲“此”，“此”爲支部，“沬”爲物部，所遇問題與不改並無性質上的差異。我們認爲此當從段、劉之説，茲、沬合韻。茲，之部；沬，物部，此處是之、物合韻。

文獻中常見之部與物部相通的例子，如《周禮·天官·内饔》：“鳥色而沙鳴狸。”《禮記·内則》“狸”作“鬱”。狸，之部；鬱，物部。《左傳·昭公二十四年》：“杞伯郁釐卒。”《公羊傳》“郁”作“鬱”。郁，之部；鬱，物部。出土文獻中也有兩部相通的例子，如郭店楚墓竹簡《語叢二》51 號簡：“小不忍，伐大𣥺。”此字還見於本篇 50 號簡：“母（毋）失吾𣥺，此𣥺得矣。”𣥺，整理者隸定爲𣥺，裘錫圭先生認爲𣥺是“埶”之簡寫，在簡文中讀爲“勢”④。李家浩先生在廖名春、湯餘惠和吳良寶等先生研究的基礎上，對郭店楚墓竹簡《語叢二》51 號簡文的釋讀進行了討論，認爲“𣥺”是“未”之古文，該簡文應釋讀爲“小不忍，伐大未（謀）”。同時認爲 50 號簡中的兩個“𣥺”也應釋爲未，讀爲“謀”⑤。李先生的釋讀既有字形上的根據，又有相關文例可以比照，當可信。未，物部；謀，之部。《周易·井》卦辭“汔至，亦未繘井”，上博楚竹書《周易》簡 44“未”作“母”⑥。未，物部；母，之部。無論是傳世文獻還是出土文獻中都常見之、文兩部相通的現象。《史記·仲尼弟子列傳》：“榮旗字子祈。”《孔子家語·七十二弟子》“子祈”作“子祺”。祈，文部；祺，之部。甲金文中舊釋爲“尤”及與“尤”相關的諸字，陳劍先生指出皆當改釋爲“𢎜（拇）”或從“𢎜（拇）”，讀爲𣸭或旻⑦。𢎜（拇），之部；旻，文部。陳劍先生在此文中還列舉了許多之、文兩部相通的例子，可參看。之、文兩部相通，説明兩部讀音相近，而物部是文部的入聲，此亦可間接證明之、物兩部相近。

①　沈祖綿：《屈原賦證辨》，中華書局，1960 年。
②　參崔富章主編《楚辭集校集釋》，湖北教育出版社，2003 年，第 638 頁。
③　王顯：《屈賦的篇目和屈賦中可疑的文句》，《古漢語研究》第一輯，第 473—474 頁。
④　荆門市博物館：《郭店楚墓竹簡》，第 206 頁，注〔一二〕、〔一三〕。
⑤　李家浩：《關於郭店楚墓竹簡〈語叢二〉51 號簡文的釋讀》，哈佛大學燕京學社、武漢大學：《新出楚簡國際學術研討會會議論文集》（《楚地簡帛思想研究》第三輯，湖北教育出版社，2007 年。
⑥　馬承源主編：《上海博物館藏戰國楚竹書》（三），第 196 頁。
⑦　陳劍：《甲骨金文舊釋“尤”之字及相關諸字新釋》，北京大學中國古文獻中心編：《北京大學中國古文獻研究中心集刊》，北京大學出版社，2004 年，第 74—94 頁。

從押韻看,古代有之、職部與微部相押的例子,如《詩經・大雅・桑柔》:"國步滅資,天不我將;靡所止疑,云徂何往? 君子實維,秉心無競。誰生厲階? 至今爲梗。"資、疑、維、階押韻。資、階,脂部;疑、之部;維、微部。《左傳・成公四年》引史佚之志曰:"非我族類,其心必異。"類、異押韻。類,微部;異,職部。雖未見之、職部與物部直接相押的例子,但既然之、職部可以與物部的陰聲韻微部相押,那麼和物部相押當無問題。

三、《卜居》:夫尺有所短,寸有所長,物有所不足,智有所不明,數有所不逮,神有所不通。

此段是詹尹對屈原說的話。學者多認爲"長"、"明"、"通"押韻①。王力先生更明確指出是陽東合韻②。王顯先生則認爲此處無韻,他說:"各家對屈賦《卜居》所圈讀的'○長○明○通'和'○意事'兩例,實際上就是無韻而被誤圈了。因爲第一,這幾句是居於《卜居》的篇末,《卜居》是賦體,跟通篇有韻的騷體不同;第二,屈賦中沒有陽東通押的旁例;第三,屈賦中沒有奇句的韻式。"③

王顯先生後來在《論〈離騷〉等篇的用韻和韻例,兼論其作者》一文中再次重申了自己的觀點,儘管措辭略有不同。他舉出的第三條理由是針對"○意事"這個韻式而言的,與我們討論的問題無關。下面我們具體分析一下與我們討論的問題有關的第一、二兩條。

首先,王顯先生認爲《卜居》是賦體,跟騷體不同,意從體裁上證明此處無韻。實際上,只要我們把《卜居》和他同樣認爲是賦體的《漁父》比較一下,就可以看出他的這條證據是靠不住的。《漁父》中的散文句式是不押韻的;賦的主體是屈原與漁父的對話,是押韻的。依此例,我們來看《卜居》。《卜居》中的散文句式也是不押韻的;《卜居》主體是屈原與詹尹的對話,屈原對詹尹所說的話是押韻的④,如果詹尹對屈原說的這些話不押韻,恰恰與王先生所說的賦這種形式不合。因此,對照《漁父》看,詹尹所說的話應該是押韻的。

其次,王顯先生因爲屈賦中沒有陽東通押的旁例而否定此處應該押韻。我們對王力先生《楚辭韻讀》一書中所列的合韻(即王顯先生說的通押)做了統計,一共六十處,其中:東冬,1次;耕真,6次;文質,1次;陽蒸,1次;東幽,1次;微脂,4次;元真,2次;文真,9次;歌支,2次;微歌,2次;之幽,3次;侵東,1次;陽談,1次;元文,7次;陽真,1次;物月,3次;陽元,1次;職覺,2次;幽宵,1次;侯之,1次;錫鐸,1次;支脂,1次;文蒸,1次;陽東,1次;魚歌,1次;耕陽,1次;宵魚,1次;魚元,1次;微歌脂,1次;冬侵東,1次。其中,有20處合韻在《楚辭》中只出現一次。儘管對上引《楚辭》中的某些合韻現象王顯先生並不同意,但他對侵東、陽談、物月、陽元、幽宵、侯之、錫鐸、魚歌、耕陽等合韻現象並未提出異議,而這幾處合韻在《楚辭》中也只出現一次。既然王顯先生承認這些也無旁例的合韻現象,那麼爲什麼就不承認同樣也無旁例的陽東合韻呢? 是不是認爲陽、東兩部古音不近而不能相押呢? 實際上,陽、東兩部古音接近,古書中有兩部通假的例子。《史記・樂書》:"太一貢兮天馬下。"《漢書・禮樂志》"貢"作"況"。

---

① 段玉裁:《六書音均表五》,《說文解字注》,第 864 頁。
② 王力:《楚辭韻讀》,第 61 頁。
③ 王顯:《屈賦的篇目和屈賦中可疑的文句》,第 501 頁,注 36。
④ 王力:《楚辭韻讀》,第 60—63 頁。

貢,東部;況,陽部。《詩·商頌·玄鳥》:"邦畿千里。"《文選·西京賦》李注引"邦"作"封"。
邦,東部;封,陽部。《荀子·勸學》:"南方有鳥焉,名曰蒙鳩。"《大戴禮記·勸學》"蒙鳩"作"蝱
鳩"①。蒙,東部;蝱,陽部。出土材料中也有兩部相通的例子,如三晉銅容器記器之容量時,多
稱膚,如上樂廚鼎、信安君鼎、梁上官鼎;也有少數稱容,如公朱鼎。通過辭例對比,我們知道
膚當讀爲容。膚不見於字書,根據漢字的一般結構,此字當從肉,庚聲。庚,陽部;容,東部。
銀雀山竹簡《占書》:"禹鑿孟門。"羅福頤《臨沂漢簡通假字表》云"孟門"即"龍門"②。孟,陽部;
龍,東部。

　　東陽合韻,古書很常見,如《尚書·堯典》:"百姓既明,協和萬邦,黎民于變時庸。"明、邦、
庸押韻③。明,陽部;邦、庸,東部。《老子》第十六章:"不知常,妄作凶。"常、凶押韻。常,陽部;
凶,東部。《老子》第二十二章:"不自見故明,不自是故彰,不自伐故有功,不自矜故長。"明、
彰、功、長押韻,明、彰、長,陽部;功,東部。《楚辭·惜誓》:"比干忠諫而剖心兮,箕子被髮而佯
狂。水背流而源竭兮,木去根而不長。非重軀以慮難兮,惜傷身之無功。"狂、長、功押韻。狂、
長,陽部;功,東部。《楚辭·七諫·自悲》:"何青雲之流瀾兮,微霜降之濛濛。徐風至而徘徊
兮,疾風過之湯湯。"蒙、湯押韻。蒙,東部;湯,陽部。在《淮南子》中,東陽合韻非常普遍,出現
了 63 次④。出土文獻中也有東陽合韻的例子,如馬王堆漢墓出土的竹書《師癸治神氣之道》,
裘錫圭先生指出,這篇文章除開頭一小段外,基本上每句用韻,其中有一處是行、央(殃)、宗押
韻,行、央,陽部;宗,東部。另有一處是聰、光押韻⑤。聰,東部;光,陽部。從上引材料看,東陽
押韻是很常見的現象,尤其在楚方音中,因此董同龢先生認爲東陽通叶是上古楚方音的特色
之一⑥。

　　總之,無論從韻例上看,從東陽兩部的關係上看,還是從東陽合韻的例證上看,《卜居》中
的這段話都應該是押韻的,而且就應該是東陽合韻。王顯先生的"無韻"説不能成立。

---

①　高亨:《古字通假會典》,齊魯書社,1989 年,第 29 頁。
②　王輝編著:《古文字通假字典》,第 472 頁。
③　董同龢:《與高本漢先生商榷自由押韻説兼論上古楚方音特色》,《中研院歷史語言研究所集刊》第 7 本第 4 分,第 523—
　　543 頁。
④　張雙棣:《〈淮南子〉用韻考》,商務印書館,2010 年,第 28 頁。
⑤　裘錫圭:《談談古文字資料對古漢語研究的重要性》,《古代文史研究新探》,江蘇古籍出版社,1992 年,第 160 頁。
⑥　董同龢:《與高本漢先生商榷自由押韻説兼論上古楚方音特色》,《中研院歷史語言研究所集刊》第 7 本第 4 分,第 523—
　　543 頁。

《論語》"不以其道得之"解 *

張秀華

（哈爾濱師範大學文學院）

摘　要：《論語·里仁》"貧與賤，是人之所惡也，不以其道得之，不去也"一句，較難理解。學者或認爲"得"字是誤字，或認爲"不"是衍文或訛文，或認爲有省略，或對此重新斷句，莫衷一是。我們對各家之説做出評介，指出其存在的問題，在此基礎上，根據出土古文字材料，認爲"得"是"退"字之誤。"退"與"去"意近，並可與福禍貴賤等抽象名詞連用。

關鍵詞：論語　得　古文字

《論語·里仁》中有這樣一段話：

> 子曰："富與貴，是人之所欲也，不以其道得之，不處也。貧與賤，是人之所惡也，不以其道得之，不去也。"

這段話表明了孔子對待富貴貧賤的態度。孔子認爲，富貴是人人都想要的，但如果"不以其道得之"，則不擁有它；貧賤是人人都討厭的，但如果"不以其道得之"，則不想擺脱它。説富貴，人們想得到、擁有，這是很容易理解的，但"人之所惡"的"貧與賤"，人們避之唯恐不及，文中非但説要"得之"而且還要"不以其道得之"，這種表達與我們對内容的理解顯然構成了一種矛盾，這種矛盾，學者們已經意識到並提出了一些解決的辦法。

王充在《論衡·問孔篇》中説："貧賤何故當言'得之'？ 顧當言'貧與賤，是人之所惡也，不以其道去之，則不去也'。當言'去'，不當言'得'。"①王充認爲"得之"當爲"去之"。這種説法得到了張壽康、楊伯峻等學者的肯定②，如楊伯峻先生説："貧與賤，不是人想'得之'的，應該改爲'去之'。這可能是古人的不經意處。"楊伯峻先生不但同意王充的説法，而且還指出了訛誤

---

* 本文爲哈爾濱師範大學人文社會科學青年學術骨幹資助計劃項目（編號 SGB2010－08）階段性成果。

① 黄暉：《論衡校釋》第 2 册，中華書局，1990 年，第 401 頁。

② 張壽康：《談談古代的文章評改》，《殷都學刊》1991 年第 2 期；楊伯峻、楊逢彬注譯：《論語》，嶽麓書社，2007 年，第 28 頁。

的原因。認爲字有訛誤的還有黃懷信等先生。黃先生等懷疑"此'得'字當作'脱'或'免',涉上句誤"①。

王若虛説："貧與賤,當云'以其道得之','不'字非衍則誤也。若夷齊求仁,雖至餓死而不辭,非以道得貧賤而不去乎?"②王若虛認爲"不"字不是衍文就是訛文。

朱熹曰："行不由道而得富貴是僥倖也,其可苟處乎? 行不由道而得貧賤是當然也,其可苟去乎! 然則君子處貧賤富貴之際,視我之所行如何耳。行無愧於道,去貧賤而處富貴可也。故曰:'富與貴,是人之所欲也,不以其道,得之,不處也;貧與賤,是人之所惡也,不以其道,得之,不去也。'當以'不以其道'爲一句,'得之',爲一句。"③朱熹主要通過對句意的分析,從斷句角度提出了解決問題的辦法,其説法對有些學者産生了影響④。

趙宗乙先生在《論語解讀》一書中,訓"得"爲可、能夠,並認爲前文"得之"爲"得處之"之省,即得處富與貴。後一"得之"爲"得去之"之省,即得去貧與賤⑤。

如果從對文意理解這個角度看,王充、楊伯峻等人的説法是較爲合理的,因此這種説法得到很多人的信從。但這種説法是有缺陷的,首先,從字形上看,"得"、"去"從戰國時期到秦漢魏晉時期,其形體分別作:

得:1. 戰國時期:A. ▮ B. ▮ C. ▮ D. ▮ E. ▮ F. ▮

　　2. 秦漢魏晉時期:G. ▮ H. ▮ I. ▮

去:1. 戰國時期:A. ▮ B. ▮ C. ▮

　　2. 秦漢篆隸時期:D. ▮ E. ▮ F. ▮ G. ▮

上引戰國時期字形見《戰國文字編》,秦漢魏晉時期字形見《秦漢魏晉篆隸字形表》(下引字形,如無特殊説明,皆出自這兩本書)⑥。通過上面的字形排比,可以明確看出"得"、"去"二字的字形相距較遠,因此從字形上説,兩個字訛誤的可能性極小。其次,得的古音爲端母職部,去的古音爲溪母魚部,聲韻距離都很遠,因此聲誤或通假的可能性也極小。再次,從這段話的行文風格看,前後兩句相對很是工整,前一句以"得"、"處"相對應,用字不同但意義相近。後一句如果改"得"爲"去",則與"不去之"中的"去"用字相同,這樣不但犯重,而且也破壞了這種對應性。因此我們認爲 改"得"爲"去"這種説法,實際上並不可信。

黃懷信先生等認爲"得"是"脱"或"免"的誤字的説法也不可信。戰國時期"脱"字作:

① 黃懷信主撰,周海生、孔德立參撰:《論語彙校集釋》,上海古籍出版社,2008 年,第 311 頁。
② 王若虛:《滹南遺老集》,《四部叢刊》,商務印書館影印,1922 年。
③ 朱熹:《晦庵先生朱文公集》,《四部叢刊》,商務印書館影印,1922 年。
④ 王廣瑞:《〈論語〉"不以其道得之"辨析》,《新鄉師範高等專科學校學報》2006 年第 3 期;吳肖惠、吳菊芳、吳成達:《〈論語·里仁〉篇"富與貴,是人之所欲也"章淺釋》,《哈爾濱學院學報》2010 年第 10 期。
⑤ 趙宗乙:《論語解讀》,黑龍江人民出版社,2010 年,第 89—91 頁。
⑥ 湯餘惠主編:《戰國文字編》,福建人民出版社,2001 年,第 116、321 頁;徐中舒主編:《秦漢魏晉篆隸字形表》,四川辭書出版社,1985 年,第 124、326 頁。

（古文字形）、（古文字形）；"免"字作：（古文字形）、（古文字形）、（古文字形）、（古文字形）；秦漢魏晉時期"脱"字作：（古文字形）（《説文》）、（古文字形）；"免"字作：（古文字形）、（古文字形）、（古文字形）。皆與"得"字形相距甚遠，因此黃懷信先生等懷疑"得"爲"脱"、"免"之誤的説法也不可信。

王若虚的説法雖然解決了表達與文意之間的矛盾，但是，該説却改變了該章句式整齊、對仗嚴謹的結構，顯然不符合作品的行文風格。

朱熹的説法表面看似乎較爲合理，但仔細考慮仍不可信。按照朱熹的理解，"不以其道"與"得之"之間的語意關係應該是因果關係，但通過下面這些例子，我們認爲朱熹的理解是錯誤的。

> 1. 繼故不言即位，正也。繼故不言即位之爲正，何也？曰：先君不以其道終，則子弟不忍即位也。繼故而言即位，則是與聞乎弑也。繼故而言即位，是爲與聞乎弑，何也？曰：先君不以其道終，己正即位之道而即位，是無恩於先君也。
> 　　　　　　　　　　　　　　　　　　　　《穀梁傳•桓公元年》
>
> 2. 繼弑君不言即位，正也。繼弑君不言即位之爲正，何也？曰：先君不以其道終，則子不忍即位也。　　　　　　　　　　　　《穀梁傳•莊公元年》
>
> 3. 欲見賢人而不以其道，猶欲其入而閉之門也。　　　《孟子•萬張下》
>
> 4. 雖孔子曰："畏天命，畏大人，畏聖人之言。"其祭社稷、宗廟、山川、鬼神，不以其道，無災無害。　　　　　　　　　　《春秋繁露•順命》
>
> 5. 有國之良馬，不以其道服乘之，不可以取道里；雖有博地衆民，不以其道治之，不可以致霸王。　　　　　　　　　　　《孔子家語•王言》
>
> 6. 先期，統與督陳勤會飲酒，勤剛勇任氣，因督祭酒，陵轢一坐，舉罰不以其道。
> 　　　　　　　《三國志卷五十五•吳書十•程黃韓蔣周陳董甘淩徐潘丁傳》
>
> 7. 策之不以其道，食之不能盡其材，鳴之而不能通其意，執策而臨之曰："天下無馬。"
> 　　　　　　　　　　　　　　　　　　　　　　　　韓愈《雜説四》

例1、例2"不以其道"修飾"終"，表示"終"的方式方法，其餘幾例皆可照此分析。通過這些例子，我們可以看出，"不以其道"無論是在動詞前還是在動詞後，其所表示的是動作行爲產生的方式方法，無一例可表示原因。因此，朱熹將"不以其道"和其後的動詞短語"得之"的語意關係理解爲因果關係是不可信的。

趙宗乙先生從省略這個角度去理解，爲問題的解決提供了新思路。但我們認爲"省略説"也是有缺陷的。首先，就古漢語而言，主語、賓語的省略較爲常見，而省略謂語的現象則比較罕見。其次，古書雖有探下而省之例，但探下而省謂語則未見①。再次，我們通過對《左傳》、《國語》、《戰國策》、《韓非子》、《孟子》、《史記》、《漢書》等先秦兩漢時期的近四十部古書的檢索分析，發現當"得"作"可"、"能夠"講時，它後面的動詞幾乎不省略，如：

---

① 俞樾等：《古書疑義舉例五種》，中華書局，2005年，第38頁。

　　1. 既辱且危，死期將至，妻其可得見耶？　　　　　　　　　　《周易·繫辭下》

　　2. 彼其上將薄七德，民將盡其力，又使之往往而不得食，乃可以致天地之殛。

　　　　　　　　　　　　　　　　　　　　　　　　　　　　　　　《國語·越語下》

　　3. 帝乙長子曰微子啟，啟母賤，不得嗣。　　　　　　　　　　《史記·殷本紀》

如果"得"後面的動詞帶有賓語的話，則動詞一概不省，如：

　　1. 史黯何以得爲君子？　　　　　　　　　　　　　　　　　《左傳·哀公二十年》

　　2. 是詩也，非是之謂也，勞於王事而不得養父母也。　　　　　《孟子·萬張上》

　　3. 五十九年，秦取韓陽城負黍，西周恐，倍秦，與諸侯約從，將天下銳師出伊闕攻秦，令秦無得通陽城。　　　　　　　　　　　　　　　　　　　　《史記·周本紀》

這種情況下動詞不能省，如果省去動詞，則句中的"得"字就會變成實意動詞，從而使整個句子的意思發生改變。如例1，原句是問史黯何以能夠成爲君子，如果省略動詞"爲"，則原句就變成了"史黯何以得(到)君子"，句意發生了變化。因此，"得"後省略動詞"處"、"去"的說法並不可信。

　　關於這個問題的討論，還有一些其他觀點，比如有人認爲兩個"不以其道得之"一模一樣，"得"是針對"利"而言，"之"代指富貴。第一句，非正道而得富貴，不處身於這種富貴。第二句，非正道而得富貴，甘於原來的貧賤。我們認爲這種理解很牽強，首先，將後一個"得之"的"之"理解成指代"富貴"，讓人難以理解。其次，按照這樣的理解，前後兩句話表達的含義實際是一樣的，這種現象出現在語言簡潔明瞭的語錄體著作《論語》中同樣讓人難以理解。

　　通過上面的分析可以看出，《里仁》中這句話表達與内容上的矛盾實際上尚未解決，還有進一步探討的必要。在這裏我們提出一個觀點，請方家指正。

　　我們認爲後一個"得"字是"退"字之誤。"得"、"退"字形相近，"退"字作：

　　1. 戰國時期：A. 𢔟　B. 𡎚　C. 𢔟

　　2. 秦漢魏晉時期：D. 得　E. 還

與前引"得"字字形較爲接近，尤其C種寫法的"退"與F種寫法的"得"字形更接近。20世紀90年代中葉，浙江紹興曾出土兩件越王青銅戈，其中一件爲澳門收藏家、珍秦齋主人蕭春源先生收藏，吳振武師曾目視原件。曹錦炎先生、吳振武師皆對此戈銘文做過研究①。戈銘有"𢔟"字，曹先生釋爲"得"，吳振武師改釋爲"退"。吳師說："戈銘'退'字从'辵'，同於《說文》古文；所从'艮'旁的寫法，則與西周金文'退'字作'𨒌'、'𨒌'者略近，惟其下部所從的'夊'旁已訛變成'又'形。類似的情形，亦見於戰國時期的'腹'字。"同一個字形，之所以會有釋"得"釋"退"的不同，其中最重要一個的原因是"得"、"退"兩個字字形接近。

────────────

① 曹錦炎：《越王得居戈考釋》，《古文字研究》第25輯，中華書局，2004年；吳振武：《談珍秦齋藏越國長銘青銅戈》，《古文字研究》第27輯，中華書局，2008年。

　　古書在流傳過程中,常出現涉上文而誤的情況,王念孫在《讀書雜誌》中曾舉過一些例子,如《逸周書·大聚解》"水性歸下,農民歸利",王念孫認爲"農民"當作"民性",今本作"農民"者,涉上文"農民歸之"而誤。《史記·秦本紀》"去就有序,變化有時",王念孫認爲"有時"當作"應時",今作"有時"者,涉上句"有"字而誤也①。《里仁》中的"退"之所以誤爲"得",除字形接近外,還應該受到了上文"得"字影響。定州簡本、敦煌寫本《論語》"退"已寫作"得"或"德"②,説明這種訛誤産生時代應該比較早。

　　"退"、"去"義近。《楚辭·離騷》"退將復修吾初服",王逸注:"退,去也。"《左傳·昭公二十五年》:"公退之。"杜預注:"退,使去。"《禮記·大同》:"如有不由此者,在勢者去,衆以爲殃,是謂小康。"去,鄭玄注:"罪退之。"

　　雖然"退"的常見用法是表示具體的人或物的"退",但有些抽象名詞也可與"退"連用,如:

　　1. 願陛下遠巧佞,退讒言。　　　　　　　　　　　　　　　　《史記·滑稽列傳》

　　2. 故善爲天下者,因禍而爲福,轉敗而爲功,今顧退七福而行博禍,可爲長大息者,此其一也。　　　　　　　　　　　　　　　　　　　　　　　　《新書·銅布》

　　3. 禄命有貧富,知不能豐殺;性命有貴賤,才不能進退。　　　　《論衡·命禄》

尤其是後兩句直接把進退與福禍貴賤聯繫在一起,這明確説明貧賤確實可"退"。

---

① 王念孫:《讀書雜志》,江蘇古籍出版社,2000 年,第 11、78 頁。
② 孔漫春:《〈論語〉出土文獻研究》,河南大學博士學位論文,2010 年,第 187 頁。

孔子編《詩》"去其重"涵義考

王　志

（吉林大學文學院中文系）

提　要：司馬遷説孔子編訂《詩》對三千多首古詩"去其重"。關於"去其重"的涵義，學界歷來達不成確解，從而成爲經學史上最著名的難題之一。如今從出土文獻來看，"去其重"就是去掉篇幅較長的詩不選録。

關鍵詞：孔子　司馬遷　《詩經》　清華簡

關於孔子編詩的具體情況，司馬遷《孔子世家》有載，且説："古者詩三千餘篇，及至孔子，去其重，取可施於禮義。"這幾句話交代的顯然是孔子編撰《詩經》之時，對周代所存詩歌進行選録的標準。其標準主要有二：一是"去"，一是"取"。取是取可施於禮義者，涵義很好理解，問題是什麼叫作"去其重"，學界歷來達不成確解，遂成爲經學史上最著名的難題之一。

"重"在先秦兩漢，語義頗多。有幾種意思，放在此處，字面上都講得通。

一是釋爲"難"。如《史記·司馬相如列傳》"方今田時，重煩百姓"，司馬貞索隱："重猶難也。"據此，"去其重"或可解爲"去其難者"。然孔子編詩似乎不當以難易爲取捨，故此解不足信。

二是釋爲"極度"、"過甚"。如《素問·陰陽應象》"重寒則熱"。又如《吕氏春秋·去私》載："黄帝言曰：聲禁重，色禁重，衣禁重，香禁重，味禁重，室禁重。"所謂"重"即過甚之謂。據此，"去其重"或可解爲"去其過分者"。如此解釋，則"去其重"與後文"取可施於禮義"意思一致，文脈似乎十分清晰。然一者，此解於行文稍顯不夠省淨；二者，如此一來，司馬遷所言孔子編詩的取捨標準就只有是否合乎禮義這一條，而事實上，《詩經》之外尚有不少詩歌爲當時貴族禮樂所使用，采取這一解法，就等於説那些《詩經》之外被貴族君子所用的詩樂都是不合乎禮義的。這顯然是不合適的。

三是"重複"。如東漢王充《論衡·正説篇》："《詩經》舊時亦數千篇，孔子删去復重，正而存三百篇。"①此正將司馬遷"去其重"之"重"解作"復重"，亦即重複。

---

① 黄暉：《論衡校釋》第4册，中華書局，1990年，第1129頁。

　　孔子那一時代,詩歌的重複,應該至少包含了兩種情形:一是個別詞句的重複,一是整首詩的重複。按前一種情形來説,重複是作詩方面的重複,所謂"去其重"指的乃是刪去詩歌間相互重複的詞句。孔子之時,詩歌本多短章,若是重複者盡刪,那麽詩意顯然會受到影響。所以這種理解不甚可取。按後一種情形來説,重複是用詩方面的重複。從周代用詩情況來推度,無論庶人還是君子,在他們用詩來美刺政教的時候,其所用之詩有的可能由自己原創,有的則是借用現成的詩作來作諷諭。如《鄭風·遵大路》,詩云:

> 遵大路兮,摻執子之袪兮。無我惡兮,不寁故也。
> 遵大路兮,摻執子手兮! 無我魗兮,不寁好也!

　　《毛詩序》謂:"《遵大路》,思君子也。莊公失道,君子去之,國人思望焉。"很顯然,《毛詩序》的解釋,尤其序中屬於"後序"的那一部分所講,同詩歌的文本內容是不一致的。從文本上看,《遵大路》就是一首情詩。但我想,也許鄭國有人曾借助這首詩表達對賢士的期盼,其國史聞而記之。後世遂以此詩爲鄭莊公時代思君子之歌。從孔子那時代用詩風氣來看,這種可能性是有的。大概孔子修訂《詩經》時,手頭收集的詩歌有不少屬於用詩之別,也就是説文本內容基本是相同的,但所用之處不同。孔子"去其重,取可施於禮義",大概就是説孔子在諸多詩之用中,選了最能體現"禮義",最能教導人的一處來收錄、來講解。《毛詩序》中,有不少序文內容與詩歌文本內容相矛盾的詩歌,可能都與孔子的這種詩歌采錄原則有關。我們如果這樣解釋孔子編詩的"去其重",那是説得通的。不過,就文獻來説,這種解釋還稍乏證明,所以我們暫不取此説。

　　值得一提的是,今人解"去其重"爲去除重複篇目,還有另外一種意思,就是將孔子編訂《詩經》與劉向校録群書相比較。劉向校書,也有刪去重複的情況,如其在《管子書録》、《晏子書録》、《孫卿書録》中提及:

> 所校讎中《管子》三百八十九篇,大中大夫卜圭書二十七篇,臣富參書四十一篇,射聲校尉立書十一篇,太史書九十六篇,凡中外書五百六十四篇。以校,除復重四百八十四篇,定著八十六篇。
> 所校中書《晏子》十一篇……太史書五篇,臣向書一篇,參書十三篇,凡中外書三十篇,爲八百三十八章。除復重,二十二篇六百三十八章,定著八篇,二百一十五章。
> 所校讎中《孫卿書》,凡三百二十二篇,以相校,除重複二百九十篇,定著三十二篇。[1]

　　有人見劉向校書如此,因而懷疑孔子編訂《詩經》時,所收集到的各種詩歌本子中,詩歌總數爲三千多首,但其中大部分詩篇是重複的,孔子"去其重"就是將這些重複的詩篇刪去了。這種説法比較流行,不過,將孔子刪訂《詩經》與劉向校書之事相等同,這本身就是不合適的。劉向刪去重複,得到的是書的全本;而孔子"去其重"所獲得的能説是周代詩歌的全部嗎? 同

---

① 　(清)嚴可均:《全上古三代秦漢三國六朝文》,中華書局,1958年影印本,第332頁。

時，要説孔子編訂《詩經》時手邊有那麽多内容重複的詩歌選本，目前也没有任何文獻可資證明。所以斯説似是而非，並不足取。

四是釋爲“大”。如《禮記·儒行》“引重鼎不程其力”，注曰：“大鼎也。”

按，《史記·十二諸侯年表序》説孔子修《春秋》，對於“史記舊聞”是“約其辭文，去其煩重”①，余疑“去其重”之“重”似以解爲“煩重”之“重”最爲適宜。“重”與“約”對應，明是文繁辭費言語長大之意。且觀諸文獻，三代詩歌確有歌辭長大者爲孔子編詩所未采。如《周禮·春官·鍾師》云：“凡樂事、以鍾鼓奏九夏。”鄭玄注：“九夏皆詩篇名，頌之族類也。此歌之大者，載在樂章，樂崩亦從而亡，是以頌不能具。”②對於鄭玄的這段注文，一般皆將“名”字歸屬上句，竊謂“名”字當屬下句，爲“名頌”，“名頌”即“大頌”，“此歌之大者”也。“載在樂章”者，明其不載於《詩》。班固《漢書·藝文志》記樂家，有“雅歌詩四篇”，可知周代樂歌確有載於樂章而不載於《詩》中者。雅者，夏也；夏者，大也③。所謂“雅歌詩四篇”，蓋亦孔子編撰《詩經》時“去其重”而所未取者也。至於《九夏》之歌，或以爲孔子之時已然亡佚。其實不然。據《左傳》襄公四年載，是年“穆叔如晉，報知武子之聘也，晉侯享之。金奏《肆夏》之三”④，而彼時去孔子之生未爲遠也。《禮記·郊特牲》亦載：“賓入大門而奏《肆夏》，示易以敬也。卒爵而樂闋，孔子屢歎。”⑤揣其文意，似孔子嘗親聞之矣。故疑《九夏》之歌至孔子編詩之時猶有所存而爲孔子所未取⑥。可見，司馬遷所言“去其重”，目前來看，宜指孔子編《詩經》對於周代所存詩歌中辭文甚長者，有所未采。

“去其重”宜解爲“去其大”，目前還可從出土文獻得到一定的證明。這最有力的出土佐證材料，便是清華簡第三册所包含的詩歌文獻《周公之琴舞》和《芮良夫毖》。

據李學勤先生介紹，《周公之琴舞》“是一組十分珍貴重要的樂詩，由十篇頌詩構成”⑦。其開篇謂：“周公作多士儆毖，琴舞九絉。”“九絉”，學者或讀爲“九遂”，義同文獻中的九成。《尚書·益稷》“簫韶九成”，孔穎達疏：“成猶終也，每曲一終，必變更奏。故《經》言九成，《傳》言九奏，《周禮》謂之九變，其實一也。”據此來看，九絉即九篇樂歌之謂。不過，其後，《周公之琴舞》

---

① （漢）司馬遷：《史記》，中華書局，1982年，第509頁。
② （清）孫詒讓：《周禮正義》，中華書局，1987年，第1886頁。
③ 按，《周頌·時邁》“我求懿德，肆于時夏”，毛傳：“夏，大也。”鄭玄箋：“懿，美。肆，陳也。我武王求有美德之士而任用之，故陳其功，於是夏而歌之。樂歌大者稱夏。”孔穎達疏：“以言陳之於夏，故知夏爲樂名。又解名爲夏之意，以夏者大也，樂歌之大者稱夏也。《思文》箋云：‘夏之屬有九。’與此意相足。言由《周禮》有九夏，知此夏爲樂歌也。《春官·鍾師》‘凡樂事，以鍾鼓奏九夏：《王夏》、《肆夏》、《昭夏》、《納夏》、《章夏》、《齊夏》、《族夏》、《陔夏》、《驁夏》’，注云：‘夏，大也。樂之大歌有九，是九夏之名也。’彼注引吕叔玉云：‘《肆夏》、《繁遏》、《渠》，皆《周頌》也。《肆夏》，《時邁》也；《繁遏》，《執競》也；《渠》，《思文》也。’玄謂以《文王》、《鹿鳴》言之，則《九夏》皆詩篇名，頌之族類也。此歌之大者，載在樂章，樂崩亦從而亡，是以頌不能具。然則鄭以九夏别有樂歌之篇，非頌也，但以歌之大者皆稱夏耳。”
④ 楊伯峻：《春秋左傳注》第3册，中華書局，1990年，第932頁。
⑤ （清）孫希旦：《禮記集解》中册，中華書局，1989年，第674頁。
⑥ 據《禮記·樂記》載，子夏曾提及：“夫古者，天地順而四時當，民有德而五穀昌，疾不作而無妖祥，此之謂大當。然後聖人作爲父子君臣，以爲紀綱，紀綱既正，天下大定。天下大定，然後正六律，和五聲，弦歌詩頌，此之謂德音。德音之謂樂。”這裏“詩”、“頌”並列，余疑其所謂“頌”蓋即《九夏》之歌，至少《九夏》之歌是“頌”，也是子夏所説的“德音”。
⑦ 李學勤：《新整理清華簡六種概述》，《文物》2012年第8期，第66頁。

只列了周公琴舞九篇樂歌中的第一篇,且只有四句,似乎所引也還不是全篇。再後,又謂"成王作儆毖,琴舞九絉",然後依次列出成王琴舞九篇的具體詩句,其中第一首即今本《周頌》的《敬之》。

就《周公之琴舞》所載來看,周公有琴舞之詩九篇,成王也有琴舞之詩九篇,合計十八篇之多。關於周公琴舞之詩與成王琴舞之詩的關係,學界還未來得及展開深入的討論。李學勤先生認爲成王琴舞之詩九篇,有的是王的口氣,有的是臣的口氣,並認爲成王琴舞之詩第四首"實際原在周公所作之中"①,據此來看,成王琴舞之詩與周公琴舞之詩,也許有重複的篇章。但二者合計最少不能少於十篇,這是沒有任何疑問的。

《周公之琴舞》的整理出版,對於研究孔子編詩具有非常重大的意義。首先,司馬遷《孔子世家》說孔子編訂《詩經》之際,"古者詩三千餘篇",這個說法多爲後代學者所質疑和批評,以爲不可能有那麼多的數量。如今在《周公之琴舞》一篇中就載錄周公與成王詩至少十首,而且這些詩還是周朝初年所作,就此來看,孔子編詩之際,古詩有三千多篇,是完全可能的。其次,將孔子編詩"去其重"解爲"去其過分者",確實是不可信的。因爲《周公之琴舞》是"專供嗣王即位一類典禮時演奏的樂章"②,完全合乎禮義,不存在過分的問題。再次,將孔子編詩"去其重"解爲"去其重複",也是不可信的。因爲《周公之琴舞》中,除了成王琴舞第一首被收入《詩經》(即《周頌·敬之》)外,其他九首皆不見於今本《詩經》,因而不存在因重複而未被選錄的問題。最後,唯一可通的,就是將"去其重"解釋爲去其大者,去其長者。因爲《周公之琴舞》所載詩歌,只看單篇的話,雖然都不甚長,但這些詩歌原本是作爲一組詩歌來創作的,其情況就如同《九夏》以及僞《古文尚書》所載《五子之歌》。孔子沒有將其整體選錄進《詩經》,只能說是因爲這些組詩整體的篇幅太長了。

與《周公之琴舞》中的詩歌相比,《芮良夫毖》更能說明"去其重"就是去其長者。據李學勤先生介紹:"《芮良夫毖》也是儆戒性質的'毖'詩,不過它和樂舞無關,乃是刺譏時政的政治詩。……簡文確分作兩篇,冠以'曰'和'二啟曰'。不過仔細讀來,兩篇還是互相聯繫的。如果以之作爲一體來看,全詩便至少有 180 餘句,這要比傳世《詩經》任何《雅》、《頌》都更長些。"③據此來看,《芮良夫毖》無論分作兩篇,還是合作一篇看,篇幅都是非常長的。這首詩也不見於今本《詩經》,因而恰可以證明孔子編詩"去其重",就是放棄篇幅較長的詩篇不加選錄。

總之,就出土文獻來看,孔子編詩之際,可供選錄的詩篇數量應遠在三百首之上。其中有些詩歌如《芮良夫毖》因爲篇幅太長而沒有被選錄;有些詩如《周公之琴舞》九篇、《成王之琴舞》九篇以及《九夏》等,儘管非常重要,但因爲是組詩,整體篇幅太長,也沒有被孔子作爲整體加以選錄,只有個別篇章如《成王之琴舞》第一篇詩被選入《詩經》。相信隨着出土文獻的進一步整理出版,我們對孔子編輯《詩經》的具體情況與思路會取得更豐富的認識。

---

① 李學勤:《新整理清華簡六種概述》,第 66—67 頁。
② 李學勤:《新整理清華簡六種概述》,第 67 頁。
③ 李學勤:《新整理清華簡六種概述》,第 67 頁。

文選學在隋唐興盛的原因探析

吳曉峰

（江蘇大學文法學院）

摘 要：《文選》在隋唐時代即形成了專門之學——文選學。以一書而得爲學，不僅由於當時科舉考試的需要，更主要是由於蕭統的後代們出於對自己祖先業績地追憶而不斷地努力傳播，再加上當時以曹憲、李善爲代表的學者們的認真研究以及當時最高統治者唐玄宗李隆基的推動，從而使《文選》成爲科舉取士的必備教材，也成就了"文選學"這門學科的繁榮。

關鍵詞：《文選》 "文選學" 興盛 原因

前 言

《四庫全書·集部·總集類》保存《文選》60 卷，即李善注《文選》。隋唐時代形成了研究《文選》的專門之學，即"文選學"。李善注爲"文選學"的繁榮作出了巨大貢獻。所以，四庫館臣以李善注本爲傳世之本留存，也是很有深意的。錢鍾書先生在其《管錐編》中論及《文選》時曾説過："詞章中一書而得爲'學'，堪比經之有'《易》學'、'《詩》學'等或《説文解字》之蔚然成'許學'者，惟'《選》學'與'《紅》學'耳。"①可以説，"文選學"的産生不僅在中國乃至在世界文化學術史上都是一件非常奇特的事情。因爲人們總是會好奇，《文選》只是梁代昭明太子蕭統組織身邊文人編撰而成的一部文人作品集，究竟是什麽原因使它在隋唐時代會演變成爲一門專門之學，而且光耀千載？ 這中間究竟有着怎樣的文化背景？ 對此，歷來學者也一直在探討而又始終沒有形成最終結論。

學者普遍認爲"文選學"興盛與科舉考試關係密切。如陶愚川説："文選學在唐代也是一個重要的教學内容。但學校中並不專設，主要是迎合應舉人們的需要。因爲唐代進士科要考詩、賦，因之就産生了文選科一門學科。《文選》是南朝梁昭明太子所輯的一本文集，其中詩歌占大部分。唐代士人即以之作爲課本，加以發揮、注解，講求辭藻、聲律、對偶、用典的藝術形

---

① 錢鍾書：《管錐編》第四册，中華書局，1979 年，第二〇一條，第 1401 頁。

式,是唐代讀書人案頭常備的書。杜甫就曾告誡他的兒子要‘熟精文選理’(杜甫:《宗武生日》)。唐代研究文選最著名的是李善,他講授和注釋文選,流行一時。這門學科,是唐代爲適應科舉特別是進士科的考試而產生的一門學科。"①後來又先後有姜維公《唐代科舉與〈選〉學的興盛》、李金坤《唐代科舉考試與〈文選〉》兩篇文章深入探討了"文選學"興盛與科舉考試之間的關係問題。姜維公説:"進士科作爲唐代科舉中最重要的組成部分,一直受到世人的重視。進士科要考詩賦,而《文選》以其獨特的風格和魅力,成爲應進士科舉子們人手一册的範本。《文選》之所以受人青睞,還因爲它具有舉子們所需要的‘習駢儷’、‘看文體’、‘檢事(即檢索典故——筆者按)’等功用。"②李金坤説:"隋末唐初,曹憲撰《文選音義》十卷,始有‘文選學’之名。曹憲除研究《文選》外,還培養了一些頗有學術建樹的《文選》研究專家。如許淹、李善、公孫羅等。……李善注《文選》堪稱是‘文選學’之重鎮,學林之瑰寶,由此奠定了‘文選學’的基礎。"③李金坤又説:"既然‘進士’科乃有唐一代士子們的欲望所歸,且進士科的考試内容又集中在詩賦及箴銘論表之類的雜文方面,那麽,作爲唐代士子手頭現成的唯一的一部收録詩、賦、文最爲完備的總集,《文選》無疑是唐代士子們不可多得的學習範本。"④

許逸民先生亦有專文論及,許先生明確提出"選學"之名起於曹憲,"選學"之號成於李善;"選學"導源於"《漢書》學";"選學"與"類書學"一脈相承;"選學"興起的直接推動力是科舉⑤。許先生的文章對"選學"產生的過程脈絡論述甚爲詳備,且於史有徵,可謂論據充分,説服力強。同樣,許先生也將唐代科舉考試對"文選學"的推動予以了特別關注。

從諸家所論來看,關於隋唐"文選學"興盛原因的分析,基本上有相同的意見,即認爲由於隋唐兩代實行科舉制,而科舉考試中進士科的考試又主要測試考生對詩賦文等内容的掌握情況。這樣,"作爲唐代士子手頭現成的唯一的一部收録詩、賦、文最爲完備的總集,《文選》無疑是唐代士子們不可多得的學習範本",因此"文選學"就適應了社會上科舉考試的需要而產生了。這樣的判斷表面看也基本符合當時情況,因此,學界對此結論一直没有疑義。但是,撥開表面,深入分析本質,我們會發現這個結論本身其實是有問題的。即,《文選》是否如有的學者所言是"唐代士子手頭現成的唯一的一部收録詩、賦、文最爲完備的總集"? 如果不是,爲什麽當時人們又只鍾情於《文選》? 畢竟,隋唐"文選學"興盛的根本原因就在於人們對蕭統《文選》的接受。

帶着這樣的疑問,我們努力從《隋書》、《大唐新語》、《舊唐書》、《新唐書》等史籍記載中探尋端倪,也終於讓我有了新的發現。史書中的相關記載不僅爲我們重新看待隋唐"文選學"興盛的原因提供了新的線索和依據,也讓我們從中瞭解了蕭統的後代們在隋唐之際的特殊地位與作爲。這無疑就給我們提供了一個新的思路,也找到了一個新的發現視角。因此,我認爲

---

① 陶愚川:《中國教育史比較研究》(古代部分),山東教育出版社,1985年,第251頁。

② 姜維公:《唐代科舉與〈選〉學的興盛》,《長春師範學院學報》1999年第1期,第39頁。

③ 李金坤:《唐代科舉考試與〈文選〉》,《人文雜志》2003年第2期,第124頁。

④ 李金坤:《唐代科舉考試與〈文選〉》,第125頁。

⑤ 許逸民:《論隋唐〈文選〉學興起之原因》,《文學遺產》2006年第2期,第29—33頁。

隋唐"文選學"的興盛有着深刻的文化背景，除了學者已經關注到的科舉考試因素以外，還應該與蕭統的後代在隋唐之際的特殊地位、受到的特殊重視，以及他們自身的不懈努力有直接關係。因爲蕭統《文選》既不是當時唯一的詩文總集，也不是最完備的詩文總集。

一、何以認爲蕭統《文選》不是隋唐時代唯一的總集

我們説蕭統《文選》不是隋唐之際唯一的總集，是有根據的。

《隋書·經籍志》説："總集者，以建安之後，辭賦轉繁，衆家之集，日以滋廣，晉代摯虞，苦覽者之勞倦，於是采摘孔翠，芟剪繁蕪，自詩賦下，各爲條貫，合而編之，謂爲《流別》。是後文集總鈔，作者繼軌，屬辭之士，以爲覃奧，而取則焉。今次其前後，並解釋評論，總於此篇。"①

依《隋志》所言，最早的文章總集是晉代摯虞的《文章流別集》，其後的總集大都受其影響。《隋志》著録的各類總集有一百零七部，"《文選》三十卷，梁昭明太子撰"只是其中之一。駱鴻凱認爲：

> 總集之存於今者，以《文選》爲最古。鴻篇巨制，垂範千秋，然遡其起源，最初選集列代之文以成一書者，當自晉杜預之《善文》始。杜書早亡。……又知其於選文之外，頗涉作者生平。是誠文選之蘫藻矣，其後繼之而作，則有李充《翰林論》，其書至隋僅存三卷，……依上所列，可知充書所選之文，蓋以沈思翰藻爲主，故極推潘、陸，而立名曰《翰林》，且既録文辭，復標選旨體例亦善，可爲《文選》之先河矣。《隋志》列摯虞《文章流別》爲總集之始，雖不免數典忘祖之嫌，然其書分集與志論三種：集者所選之文，志者作家之略曆，而論則自述論文之微意也。歷代選家誠未有似此詳備者，惜其書至隋已殘。②

根據駱鴻凱的觀點，《隋志》稱《文章流別集》爲總集之最早者雖不確，然其對《文選》等書的編纂確實産生過很大的影響，故駱鴻凱明言"摯氏是書，真可爲《文選》之前導"，並引謝混《文章流別本》以下十數種總集書目，説：

> 斯皆承流而作，輝映藝林。雖其書湮没，體例無徵，而晉、宋、齊、梁間總集之盛，要可概見矣。昭明太子生丁其世，沿時代之風尚，踵昔賢之成規，乃集《文選》，以行於代。③

駱氏所論基本符合當時的實情。

《隋志》爲隋代魏徵等人所作，其所收録的 107 部總集當時多數尚存於世。其中著録研究《文選》的著作只有蕭該《文選音》三卷，再無其他，證明至《隋志》成書時止，《文選》尚未引起世人的特殊重視。

---

① 魏徵等：《隋書》，中華書局，1973 年，第 1089—1090 頁。
② 駱鴻凱：《文選學·纂集第一》，中華書局，1989 年，第 1—3 頁。
③ 駱鴻凱：《文選學·纂集第一》，第 7 頁。

我們接着來看比《隋志》産生較晚的兩《唐志》的記載。

《舊唐書·經籍志下》著録：

> 《文選》三十卷(梁昭明太子撰)。《文選》六十卷(李善注)。又六十卷(公孫羅注)。《文選音》十卷(蕭該撰)。又十卷(公孫羅撰)。《文選音義》十卷(釋道淹撰)。①

《新唐書·藝文志二》著録"常寶鼎《文選著作人名目》三卷"②，又《藝文志四》著録：

> 梁昭明太子《文選》三十卷，又《古今詩苑英華》二十卷，蕭該《文選音》十卷，僧道淹《文選音義》十卷，……李善注《文選》六十卷，公孫羅注《文選》六十卷，又《音義》十卷，李善《文選辨惑》十卷，《五臣注文選》三十卷(衢州常山尉呂延濟、都水使者劉承祖男良、處士張銑呂向李周翰注，開元六年，工部侍郎呂延祚上之)，曹憲《文選音義》(卷亡)。康國安注《駁文選異義》二十卷，許淹《文選音》十卷，孟利貞《續文選》十三卷，……卜長福《續文選》二十卷(開元十七年上，授富陽尉)，卜隱之《擬文選》三十卷(開元處士)，徐堅《文府》二十卷(開元中，詔張説括《文選》外文章，乃命堅與賀知章、趙冬曦分討，會詔促之，堅乃先集詩賦二韻爲《文府》上之。餘不能就而罷)。③

《隋志》大約編成於唐太宗時期，兩《唐志》分别産生於後晉和宋。著録的書目反映出"文選學"的興盛景象。這種景象在《隋志》所録的其他106種總集中都没見到。《文選》在唐代受到了特殊的青睞於此可見一斑。

二、何以説蕭統《文選》也不是最完備的總集

我們還説蕭統《文選》也不是最完備的總集，同樣也有根據。據《大唐新語》載：

> 玄宗謂張説曰："兒子等欲學綴文，須檢事及看文體。《御覽》之輩，部帙既大，尋討稍難。卿與諸學士撰集要事並要文，以類相從，務取省便。令兒子等易見成就也。説與徐堅、韋述等編此進上，詔以《初學記》爲名。"④

從這段記載可看出，唐代用於教學生學習寫作的文本，確實如姜維公先生所言需要具備"檢事"及看"文體"的功能。但是，正是由於唐玄宗認爲目前還没有既具備這些功能，又令人滿意的文本，所以才令張説、徐堅等人專門編輯了《初學記》。這説明，至少在玄宗年間《文選》還没有受到重視，起碼不認爲它是最完備的。

另外，我們也可以從歷代學者對《文選》的評價中看出他們對《文選》的態度。我們目前能

---

① 劉昫等：《舊唐書》，中華書局，1975年，第2077頁。

② 歐陽修、宋祁：《新唐書》，中華書局，1975年，第1498頁。

③ 歐陽修、宋祁：《新唐書》，第1618—1619、1621、1622頁。

④ 劉肅：《大唐新語》卷九《著述》，中華書局，1984年，第137頁。

見到的最早議論,是由唐代來到中國的日本僧人空海(唐惠果大師賜其法號爲遍照金剛)發出的。他説:"梁昭明太子蕭統與劉孝綽等撰集《文選》,自謂畢乎天地,懸諸日月。然於取捨,非無舛謬。"①空海對蕭統《文選》的取捨頗有微詞,當不會是他一家之言,一定是來自唐人既有的評價。至宋代,這樣的批評也更多了。如宋代吳子良《荊溪林下偶談》中批評蕭統將屈原賦列名爲"騷"體,"篇題名義且不知,況文乎"②,明顯對蕭統選文持不屑的態度。再有宋代大文豪蘇軾,他對蕭統的批評就更激烈了:"舟中讀《文選》,恨其編次無法,去取失當。齊梁文章衰陋,而蕭統尤其卑弱。"③雖然今人多認爲蘇軾的批評有其自身的偏見在裏邊,但絕不是空穴來風,他也確實是指出了《文選》中多處失當的地方作爲依據。因此,南宋張戒儘管認爲《文選》有特殊的存在價值,不應該全盤否定,但也不得不承認蕭統選文的失誤。他説:

> 近時士大夫以蘇子瞻譏《文選》去取之謬,遂不復留意。殊不知《文選》雖昭明所集,非昭明所作。秦漢魏晉奇麗之文盡在,所失雖多,所得不少。作詩賦四六,此其大法,安可以昭明去取一失而忽之?④

可見,《文選》的價值不容低估,但也必須承認《文選》是有失誤的。又如清初朱彝尊稱:

> 《昭明文選》初成,聞有千卷。既而略其蕪穢,集其清英,存三十卷,擇之可謂精矣。然入選之文,不無偏制。⑤

清代章學誠在《文史通義》中更詳列《文選》選文之病,進而評價説:

> 《文選》者,辭章之圭臬,集部之準繩,而淆亂蕪穢,不可殫詰;則古人流別,作者意指,流覽諸集,孰是深窺而有得者乎?⑥

以上諸説都不同程度地指出了蕭統《文選》之失。駱鴻凱在《文選學·義例第二》中曾經將前人對《文選》失誤的指責進行認真的歸納,並概括出六種説法:

> 入選之文有爲贋品者;入選之文有事與人不足録者;入選之文道理、事理、文理俱無者;入選之文失於滑澤者;未選之文有宜取者;未選之文從而爲之詞者。⑦

但駱鴻凱先生雖然承認這些不足,卻又爲蕭統做出回護性的辯解:"《文選》編次文辭,有增删者,有割裂者,有誤析賦首或摘史辭爲序者,至於標題、敘次之間,亦不無小失,此固無關宏旨,不足爲其書病也。"⑧依駱鴻凱先生的意見,雖然《文選》失誤良多,但畢竟以一書而蔚然成學,早已是不爭的事實,當然這些不足也就無關宏旨了。護惜古人並不能代替問題的解決。

---

① ［日］遍照金剛撰,盧盛江校考:《文鏡秘府論匯校匯考·集論》,中華書局,2006 年,第 1539 頁。
② 吳子良:《荊溪林下偶談》卷二,《文淵閣四庫全書》,上海古籍出版社,1987 年。
③ 蘇軾:《東坡題跋》卷二,王雲五:《叢書集成初編》,商務印書館,1935 年,第 29 頁。
④ 張戒:《歲寒堂詩話》卷上,丁福保:《歷代詩話續編》,中華書局,1983 年,第 456 頁。
⑤ 徐陵編,吳兆宜注,程琰删補:《玉臺新咏箋注·原書序跋》,中華書局,1985 年,第 537 頁。
⑥ 章學誠著,葉瑛校注:《文史通義校注·詩教下》,中華書局,1994 年,第 82 頁。
⑦ 駱鴻凱:《文選學·義例第二》,第 28—31 頁。
⑧ 駱鴻凱:《文選學·義例第二》,第 35 頁。

我們終究還是要回答爲什麽有這麽多毛病的一個選本，會在唐代擁有文學獨尊的地位而成爲專門之學。

三、"文選學"之興盛有諸多因素促成

《文選》既不是隋唐科舉唯一可用的也不是最完備的總集，却最終能夠成爲專門之學，且光耀千載，有着多種原因。除了其他學者已經反復論證過的科舉考試的推動以外，以下即從三個方面分析"文選學"興盛於唐代的原因。

第一，蕭統後代的不懈努力之功。

從上文引述《隋書·經籍志》的記載可知，蕭該作《文選音義》，著録到《隋志》中的有《文選音》三卷（兩《唐志》爲十卷）。據《隋書》卷七十五《儒林·蕭該傳》記載：

> 蘭陵蕭該者，梁鄱陽王恢之孫也。少封攸侯。梁荆州陷，與何妥同至長安。性篤學，《詩》、《書》、《春秋》、《禮記》並通大義，尤精《漢書》，甚爲貴遊所禮。開皇初，賜爵山陰縣公，拜國子博士。奉詔書與妥正定經史，然各執所見，遞相是非，久而不能就，上譴而罷之。該後撰《漢書》及《文選》音義，咸爲當時所貴。①

梁鄱陽王蕭恢是梁武帝蕭衍的同父異母兄弟，所以，蕭該爲蕭統堂侄。他於隋文帝開皇（581—600）初年與何妥等人奉詔正定經史，因與何妥意見不合，經常鬧矛盾，所以被隋文帝楊堅罷了官。後來他自撰了《漢書音義》、《文選音義》。《隋書·經籍志》僅著録其《文選音》三卷，不見有"義"的部分。説明已有散失。而新、舊《唐志》又並作"《文選音》十卷"，因已亡佚，無從詳考；《文選》李善注中偶有引用，觀其內容主要是以反切法爲《文選》中的諸難字注音。

蕭該，隋代人，他當時作《文選音》還完全屬於個人行爲，也許僅是出於對自己先人著述的追憶而已。因爲史無明載，也不能妄下斷語。事實是，由於蕭該的學問不錯，他的著作《漢書音義》、《文選音義》在當時被世人評價很高，並不是蕭統的《文選》已爲當時所貴。但是，蕭該的努力已經見到了成效。

另據《大唐新語》卷九《著述》記載：

> 開元中，中書令蕭嵩以《文選》是先代舊業，欲注釋之。奏請左補闕王智明，金吾衛佐李玄成，進士陳居等注《文選》。先是，東宮衛佐馮光震入院校《文選》，兼復注釋。解"蹲鴟"云："今之芋子，即是着毛蘿蔔。"院中學士向挺之、蕭嵩撫掌大笑。智明等學術非深，素無修撰之藝，其後或遷，功竟不就。②

《新唐書·藝文志》著録"劉肅《大唐新語》十三卷（元和中江都主簿）"③，則《大唐新語》著

---

① 魏徵等：《隋書》，第 1715—1716 頁。

② 劉肅：《大唐新語》，第 134 頁。

③ 歐陽修、宋祁：《新唐書》，第 1467 頁。

者劉肅爲中唐時人,《大唐新語》爲其元和年間任江都主簿時所作。此處記載唐玄宗開元(713—741)年間,中書令蕭嵩因爲《文選》是其先代舊業,欲注釋之。奏請左補闕王智明,金吾衛佐李玄成,進士陳居等注《文選》。但是因爲王智明等學術根底較淺,平素也沒有從事學術著述的能力,而且後來職務又發生了變化,所以,蕭嵩的這個提議最終沒有能夠實行。

另據《舊唐書·蕭嵩傳》[①]記載,蕭嵩是後梁明皇帝蕭巋的玄孫、宋國公蕭瑀的曾侄孫。而蕭巋就是蕭統第三子蕭詧的兒子。所以,作爲蕭統的後代,蕭嵩希望將祖先的著作發揚光大,這也是他們分内的事情。從這件事可以推斷,當時"文選學"還沒有達到興盛階段,最起碼並沒有在朝廷引起重視。否則蕭嵩也不會另外組織人注釋之。

從蕭該作爲學者,用自己的學術影響來傳播《文選》,而至蕭嵩則借助自己的政治地位來努力擴大《文選》的影響。這些工作,對"文選學"的興盛都必然起到推動作用。因爲,他們的努力,都會對當時朝廷的文化學術産生影響。而原因在於,在隋唐兩代,門第觀念影響依然比較強烈,作爲名門望族,蕭統的後代具有很高的社會地位。

《隋書·后妃傳》説:"煬帝蕭皇后,梁明帝巋之女也。"[②]隋煬帝蕭皇后是蕭巋的女兒,也就是蕭統的重孫女。楊廣爲晉王時,楊堅爲他選妃於後梁,楊廣登基以後,册封晉王妃爲皇后,這就是蕭皇后。當時隨蕭皇后入隋的還有她的親弟弟蕭瑀。據《唐書》本傳記載,蕭瑀自幼以孝行聞名天下,且善學能書,骨鯁正直,並深精佛理。由於皇后的關係,深得楊廣器重。後來因爲直諫得罪,被楊廣貶官。歸順大唐後又深得李淵、李世民的信任。唐太宗有詩贈曰:"疾風知勁草,板蕩識誠臣。勇夫安識義,智者必懷仁。"讚譽良多。後與李世民結成兒女親家,始終榮耀顯貴。而蕭瑀以後,他的子侄親友後代們亦有多位在唐朝位高權重者,這些政治力量的影響,加上蕭該、蕭嵩們的努力,對《文選》學術地位的日漸鞏固無疑是重要的支撐。正是這些努力,使得《文選》始終沒有脱離人們的視線。

第二,學者們不斷研究發揮的結果。

據《大唐新語》卷九《著述》記載:

> 江淮間爲《文選》學者,起自江都曹憲。貞觀初,揚州長史李襲譽薦之,徵爲弘文館學士。憲以年老不起,遣使就拜朝散大夫,賜帛三百匹。憲以仕隋爲秘書,學徒數百人,公卿亦多從之學,撰《文選音義》十卷,年百餘歲乃卒。其後句容許淹、江夏李善、公孫羅相繼以《文選》教授。[③]

《舊唐書·儒學上·曹憲傳》云:

> 曹憲,揚州江都人也。仕隋爲秘書學士。每聚徒教授,諸生數百人。當時公卿已下,亦多從之受業……貞觀中,揚州長史李襲譽表薦之,太宗徵爲弘文館學士,以年老不仕,乃遣使就家拜朝散大夫,學者榮之。太宗又嘗讀書有難字,字書所闕者,

① 劉昫等:《舊唐書》,第 3093 頁。
② 魏徵等:《隋書》,第 1111 頁。
③ 劉肅:《大唐新語》,第 133—134 頁。

録以問憲，憲皆爲之音訓及引證明白，太宗甚奇之。年一百五歲卒。所撰《文選音義》，甚爲當時所重。初，江淮間爲《文選》學者，本之於憲，又有許淹、李善、公孫羅復相繼以《文選》教授，由是其學大興於代。①

《舊唐書·文苑中·李邕傳》：

　　父善，嘗受《文選》於同郡人曹憲。後爲左侍極賀蘭敏之所薦引，爲崇賢館學士，轉蘭台郎。敏之敗，善坐配流嶺外。會赦還，因寓居汴、鄭之間，以講《文選》爲業。年老疾卒。所注《文選》六十卷，大行於時。②

《新唐書·文藝中·李邕傳》：

　　李邕字泰和，揚州江都人。父善，有雅行，淹貫古今，不能屬辭，故人號“書簏”。顯慶中，累擢崇賢館直學士兼沛王侍讀。爲《文選注》，敷析淵洽，表上之，賜賚頗渥。除潞王府記室參軍，爲涇城令，坐與賀蘭敏之善，流姚州，遇赦還。居汴、鄭間講授，諸生四遠至，傳其業，號“《文選》學”。③

　　《大唐新語》的記載表明，“文選學”之稱至少在中唐元和年間就已經形成，因除此之外，未見更早記載。

　　曹憲歷經隋唐兩代，他也是繼蕭該以後，有記録表明第一位研究《文選》的學者。他所撰的《文選音義》十卷在《隋志》、《舊唐志》均未著録，《新唐志》則云“曹憲集《文選音義》卷亡”，説明曹憲的“文選學”還没有成爲世所公認的專門之學。而“許淹所著之《文選音》十卷、公孫羅所注之《文選注》六十卷（《日本國見在書目》作《文選鈔》五十九卷）、《文選音義》十卷（《日本國見在書目》作《文選音決》十卷）均已亡佚，僅在唐寫殘本《文選集注》中尚可見公孫羅之少許遺文。這兩位對後來的影響都不算大。此外揚州又有魏模師事曹憲研究《文選》，其子景倩亦世其學，但均無著作問世。真正產生過重大影響的是李善，其《文選注》六十卷不但大行於當時，奠定了文選學的基礎，而且歷代流傳，至今仍有崇高的地位和巨大的影響”④。這中間究竟經歷了怎樣的滄桑變化，也值得我們進一步探究。

　　日本足利學校藏宋刊明州本六臣注《文選》中録有李善的《上文選注表》，文章結尾有“顯慶三年九月十七日，文林郎守太子右内率府録事參軍崇賢館直學士臣李善上表”字樣⑤。顯慶爲唐高宗年號，則李善上表時爲公元 658 年。而上文引述《大唐新語》所言，唐玄宗開元年間中書令蕭嵩因爲《文選》是其先代舊業，曾經稟明天子，想要命人來注釋。雖然，此議未果，但我們却可以據此推斷，李善顯慶三年的《上文選注表》並没有引起朝廷的重視。否則蕭嵩也不會另外組織人再來注釋了。

①　劉昫等：《舊唐書》，第 4945—4946 頁。
②　劉昫等：《舊唐書》，第 5039 頁。
③　歐陽修、宋祁：《新唐書》，第 5754 頁。
④　顧農：《李善與文選學》，《齊魯學刊》1994 年第 6 期，第 20 頁。
⑤　蕭統選編，呂延濟等注：《六臣注文選》（日本足利學校藏宋刊明州本文選），人民文學出版社，2008 年，第 18 頁。

第三,最高統治者直接的參與和推波助瀾。

日本足利學校藏宋刊明州本六臣注《文選》中亦録有吕延祚《進集注文選表》後附有唐玄宗命高力士口宣聖諭:"朕近留心此書,比見注本,唯只引事,不説意義。略看數卷,卿此書甚好,賜絹及彩一百段。即宜領取。"①我們從唐玄宗的批示,也可以看出李善注在當時的確是頗受冷遇的。並不是如現代人所想象的那樣,順應科舉需要,加上李善注的發揚光大,"文選學"就興盛了。事實上,唐玄宗能夠關注李善注本,還是由於五臣注的出現,將它作爲參照物進行比對而已。大概恰恰就是由於唐玄宗的批示,致使五臣注的《文選》正式登上了時代的舞臺,"文選學"也從此真正地進入了人們的視野之中。

四、結　　論

綜上,可以得出如下結論:第一,對《文選》的研究在隋代雖然已經出現,但並没有興盛起來,至唐玄宗時也没有特別受到重視。惟有蕭氏後人不忘先人舊業,還在整理傳播,有蕭該《文選音》爲證,亦有《大唐新語》所記蕭嵩倡議和發動注釋爲證。第二,"文選學"的興盛是在蕭該、蕭嵩等蕭統後代以及李善、五臣的不斷倡導下,中間經過曹憲、許淹、公孫羅等學者的推波助瀾,最後得到最高統治者即唐玄宗的認可以後才實現的。因此,"文選學"在隋代就已經産生,至唐玄宗時期得到興盛,是有着深刻的歷史、文化背景的。如果説科舉考試對它有影響的話,也不是直接的原因。

---

① 顧農:《李善與文選學》,第 19 頁。

《通志·氏族略》勘正十則

張淑一

（華南師範大學歷史文化學院）

摘　要：南宋鄭樵所著《通志·氏族略》是敘述、考辨姓氏源流的專書，歷來爲姓氏研究者所重視。但書中有關上古姓氏來源的錯漏很多，由此造成的對於中國古代姓氏研究的誤導也相當大。文章依據傳世文獻和出土青銅器銘文材料，勘正該書有關向氏、吳氏、雍氏、邢氏、賈氏、申屠氏/申徒氏、閻氏、原氏、潘氏、鍾氏/鍾離氏錯漏共十則，爲中國古代姓氏學研究伐偽補正。

關鍵詞：《通志·氏族略》　勘正　十則

南宋史家鄭樵所著《通志·氏族略》，是敘述、考辨姓氏源流的專書。該書參閱宋代以前的姓氏學著作，收錄姓氏二千多個，將姓氏按起源分類，"先天子而後諸侯，先諸侯而後卿大夫士，先卿大夫士而後百工技藝"[1]，對中國古代姓氏作了較爲系統的考證，歷來爲姓氏研究者所重視。然金無足赤，雖然鄭樵自詡該書"帝王列國世系之次本之《史記》，實建國之始也；諸家世系之次本之《春秋世譜》，實受氏之宗也，……使千餘年湮源斷緒之典燦然在目"[2]，但書中有關上古姓氏起源的錯漏仍然很多，由此造成的對於中國古代姓氏研究的誤導也相當大。本文依據傳世文獻和出土青銅器銘文材料，勘正此類錯漏十則，冀爲中國古代姓氏學研究伐偽補正。

1. 向氏。《通志·氏族略》二"以國爲氏"謂："祁姓，附庸之國。今沂州古向城是也。子孫以國爲氏。又宋桓公之後公子肸，子向父，其後以字爲氏。"[3]按，"宋桓公之後公子肸，子向父，其後以字爲氏"說可謂有據，但鄭樵以"子孫以國爲氏"認爲向氏祁姓，誤。據《左傳·隱公二年》："莒子娶于向，向姜不安莒而歸。夏，莒人入向，以姜氏還。"先秦女子稱姓，"向姜"、"姜氏"都表明向國之女姜姓，女兒姜姓，向國自然亦姜姓，不可能爲祁姓。酈道元《水經注》卷二十三"陰溝水"引《世本》亦明確謂"許、州、向、申，姜姓也，炎帝后"[4]。

---

① 鄭樵：《氏族略》"氏族序"，《通志二十略》，中華書局，1995 年，第 9 頁。

② 鄭樵：《氏族略》"氏族序"，《通志二十略》，第 9—10 頁。

③ 鄭樵：《氏族略》第二"以國爲氏·周異姓國"，《通志二十略》，第 64 頁。

④ 陳橋驛：《水經注校證》，中華書局，2007 年，第 555 頁。

2. 吳氏。《通志·氏族略》二"以國爲氏"謂："今蘇州城是也。太伯與弟仲雍，皆周太王之子，而王季厲之兄也。季厲有聖子昌，太王欲立季厲以及昌，故太伯、仲雍相攜而奔荆蠻。……至武王克商，求太伯、仲雍之後，得仲雍之曾孫周章，已君吳矣，從而封之爲吳子，……（夫差）二十三年，勾踐滅吳，子孫以國爲氏。"①按，鄭樵以吳氏爲吳國滅亡後方始有之，誤。吳王夫差二十三年相當於魯哀公二十二年（前473年），據《左傳》，早在魯定公四年（前506年），楚已有吳句卑；魯哀公十八年（前477年），楚又有吳由於，因此吳氏在吳滅國之前即已出現，"吳氏"來源除了吳國子孫以國爲氏一種，還有其他途徑。先秦列國皆有"虞人"之官，爲山林的管理者，《左傳·昭公二十年》："齊侯田于沛，招虞人以弓，不進。"《國語·周語中》："虞人入材，甸人積薪。"《禮記·王制》："獺祭魚，然後虞人入澤梁。""虞"通"吳"，《管子·小匡》"縣車束馬，踰太行與卑耳之貉，拘秦夏，西服流沙、西虞"，《國語·齊語》即作"西服流沙、西吳"；《公羊傳·定公四年》"晉士鞅、衛孔圉帥師伐鮮虞"，陸德明《經典釋文》謂："虞，本或作吳。"因而以"虞人"之官爲氏者也作"吳氏"，並且此吳氏的出現遠較"（吳國）子孫以國爲氏"的吳氏爲早。青銅器《同簋》銘文有"吳大父"，其銘文曰"王命同佐佑吳大父司場林虞牧自淲東至於河"②，正是以管理山林的虞官爲氏；另一青銅器《吳虎鼎》銘文有"吳虎"，也是以山林管理者虞官爲氏③。

3. 雍氏。《通志·氏族略》二"以國爲氏"謂："文王第十三子雍伯受封之國，其後裔爲雍氏。又宋有雍氏，姞姓也。鄭有雍糾，齊有雍廩、雍巫，楚有雍子。"④按，據《左傳·僖公二十四年》"管、蔡、郕、霍、魯、衛、毛、聃、郜、雍、曹、滕、畢、原、酆、郇，文之昭也"，雍氏確有出於周文王之後者；又據《左傳·桓公十一年》"宋雍氏女于鄭莊公，曰雍姞"，宋之雍氏確爲姞姓，鄭樵對此二雍氏說可謂有據。然對於鄭、齊、楚之雍氏，鄭樵却未作解說，留有遺漏，本文據傳世文獻和青銅器銘文材料補正。《左傳·桓公十五年》鄭有雍糾，族氏來源文獻缺載，但青銅器銘文有鄭雍原父⑤，"雍"作"饔"。饔，據《周禮·天官·冢宰》"内饔掌王及後世子膳羞之割烹煎和之事，……外饔掌外祭祀之割烹"，《左傳·襄公二十八年》"公膳日雙雞，饔人竊更之以鶩"，爲掌管割烹的庖廚之官，"饔"、"雍"相通，因此鄭雍氏屬以官爲氏。《左傳·僖公十七年》齊有雍巫⑥，即易牙，據《左傳》"雍巫有寵于衛共姬，因寺人貂以薦羞于（齊桓）公"，又《韓非子·二柄》"桓公好味，易牙蒸其子首而進之"，"雍巫"亦爲饔人，則齊雍氏亦屬以官爲氏。《左傳·襄公二十六年》楚有雍子，其族氏來源文獻亦缺載，但河南淅川下寺楚墓M7所出《東姬匜》銘文也有雍子，如該墓青銅器銘文研究者所言，二雍子雖未必爲同一人，但"不排除有族系淵源關

①　鄭樵：《氏族略》第二"以國爲氏·周同姓國"，《通志二十略》，第46頁。
②　中國社會科學院考古研究所編著：《殷周金文集成》4271，中華書局，1983—1994年。
③　劉雨、盧岩編著：《近出殷周金文集錄》364－2，中華書局，2002年。
④　鄭樵：《氏族略》第二"以國爲氏·周同姓國"，《通志二十略》，第49頁。
⑤　見鄭雍原父鼎，《殷周金文集成》2493。
⑥　鄭樵謂"齊有雍廩、雍巫"，但"雍廩"並非人名，據《儀禮·少牢饋食禮》"雍人概鼎、匕、俎於雍爨，雍爨在門東南，北上；廩人概甑、甗、匕與敦於廩爨，廩爨在雍爨之北"，《國語·周語中》："膳宰致饔，廩人獻餼"，"雍廩"乃庖廚的別稱，說詳拙文《"雍廩"考》（待刊）。

係”①,因此借助後者可以考證楚雍氏。據《東姬匜》銘文“唯正月初吉丁亥,宣王之孫、雍子之子東姬自作會匜”②,“宣王之孫”説明該雍氏出自某位“宣王”,“雍子之子東姬”説明該雍氏姬姓。先秦稱“宣王”者共四人,其中楚宣王、齊宣王、韓宣惠王皆爲戰國時人,惟周宣王爲西周時人,而《東姬匜》爲春秋器,因此該“宣王”只能是周宣王,這也與該雍氏姬姓相一致。楚雍氏爲周宣王之後,與出自“文之昭也”的雍氏雖同屬周天子家族,但一出自西周初期,一出自西周後期,並非一系。

4. 邢氏。《通志·氏族略》二“以國爲氏”謂:“周公第四子受封於邢。今邢州治龍崗是其故地也。僖二十五年,衛滅之,子孫以國爲氏。”③按先秦邢氏除邢國子孫以國爲氏外,還有其他二族,今爲補正。《左傳·襄公十八年》晉有邢伯,《國語·晉語九》又稱邢侯,韋昭注爲楚申公巫臣之子。據《左傳·襄公二十六年》“子靈(申公巫臣)奔晉,晉人與之邢”,此邢氏屬以邑爲氏;申公巫臣原爲楚屈氏,《左傳·成公二年》稱其爲屈巫,《左傳·襄公三十一年》又有其子屈狐庸,則此邢氏屬楚公族,芈姓。《左傳·昭公五年》晉又有邢帶,杜預注“韓氏族”,此邢氏爲韓氏別族,姬姓。

5. 賈氏。《通志·氏族略》二“以國爲氏”謂:“伯爵,康王封唐叔虞少子公明於此。……爲晉所滅,子孫以國爲氏。又晉既并賈,遂以爲邑,故晉之公族狐偃之子射姑,食邑於賈,謂之賈季,其後則以邑爲氏。”④按晉國賈氏除此二家,還有他族,有關晉國賈氏還需更詳細地考論。《左傳·僖公十年》有晉右行賈華,漢史遊《急就篇》顏師古注謂賈國之後⑤,則此賈氏屬“(賈國)爲晉所滅,子孫以國爲氏”之賈氏;《國語·晉語五》有晉大夫賈季,韋昭注即狐偃之子狐射姑,食邑於賈,則此賈氏屬“晉之公族……其後則以邑爲氏”之賈氏;《左傳·文公六年》又有晉大夫賈佗,因《國語·晉語四》云“賈佗公族也”,韋昭因此認爲賈佗即賈季,誤。按《左傳·昭公十三年》載“(晉文公)生十七年,有士五人。有先大夫子余(趙衰)、子犯(狐偃)以爲腹心,有魏犨、賈佗以爲股肱”,《國語·晉語四》亦載晉文公“父事狐偃,師事趙衰,而長事賈佗”,則賈佗乃是與賈季之父狐偃地位相當的晉文公舊臣,明顯非賈季;而當晉襄公時,趙盾將中軍,賈季佐之;陽處父爲太傅,賈佗爲太師,二賈並列,亦不可能是同一人,因此賈佗之賈氏與賈季之賈氏雖同屬公族,姬姓,但不可混爲一談。

6. 申屠氏/申徒氏。申屠氏,《通志·氏族略》三“以地爲氏”謂:“姜姓。周幽王后兄申侯之後,支子居安定屠原,因以爲氏。一説,申屠狄,夏賢人,後音轉改爲申屠氏。又有作‘勝屠’者。或云,申屠,楚官號。”申徒氏,《氏族略》三“以地爲氏”謂:“《風俗通》云,本申徒氏,隨音改爲申屠氏。申屠狄,夏賢人也,湯以天下授之,恥不以義聞己,自投於河。”⑥按鄭樵對申屠氏/申徒氏的認識不僅含混,而且缺乏憑據。所謂“周幽王后兄申侯”於史無徵,“周幽王后兄申侯

① 趙世綱:《淅川下寺春秋楚墓青銅器銘文考索》,《淅川下寺春秋楚墓》附録一,文物出版社,1991年,第350—378頁。

② 見東姬匜,《近出殷周金文集録》1021。

③ 鄭樵:《氏族略》第二“以國爲氏”,《通志二十略》,第50頁。

④ 同上書,第51頁。

⑤ 史遊:《急就篇》卷一“賈友倉”顏師古注,嶽麓書社,1989年,第64頁。

⑥ 鄭樵:《氏族略》第三“以地爲氏(所居附)”,《通志二十略》,第100頁。

之後,支子居安定屠原,因以爲(申屠)氏"與"衛頃侯之後公子史,食采於葉,因以爲史葉氏",
"鄭公子具,食采開封,因以爲封具氏"①之類如出一轍,屬於明顯的穿鑿附會。而所謂申徒狄
事迹僅見於戰國晚期文獻,且多與許由、務光、伯夷、叔齊等傳説故事同出,如《莊子·外物》:
"堯與許由天下,許由逃之;湯與務光,務光怒之;紀他聞之,帥弟子而踆于窾水,諸侯吊之。三
年,申徒狄因以踣河。"《莊子·盜跖》:"伯夷、叔齊辭孤竹之君,而餓死于首陽之山,骨肉不葬。
鮑焦飾行非世,抱木而死。申徒狄諫而不聽,負石自投於河,爲魚鱉所食。"亦不足爲訓。事實
上"申"當爲"司","申徒"當作"司徒",《史記·韓信列傳》"沛公引兵擊陽城,使張良以韓司徒
降下韓故地",《史記·留侯世家》即作"以良爲韓申徒",因此"申徒氏"乃"司徒氏",屬以司徒
之官爲氏。"司徒"而作"申徒"、"申屠",《史記·韓信列傳》裴駰集解引徐廣曰"申與司聲相
近,字由上雜亂耳",其實不然,"司"爲心母之部字,"申"爲書母真部字,一爲齒音,一爲舌音,
二者音韻並不相近,真正的原因是如《潛夫論·志氏姓》所指出"俗前音不正,曰信都,或曰申
徒,或勝屠,然其本共一司徒耳",即由語音訛轉、字亦隨改所致。

　　7. 閻氏。《通志·氏族略》三"以鄉爲氏"謂:"姬姓。武王封太伯曾孫仲奕於閻鄉,因以
爲氏。又云,昭王少子生而有文在其手曰'閻',康王封於閻城。又云,唐叔虞之後,晉成公子
懿食采於閻,晉滅之,子孫散處河洛。然太伯無後,武王克商,求仲雍之孫叔達之子周章,封於
吳,爲太伯後;周章之弟曰虞仲,封於虞,爲仲雍後,未聞仲奕者也。有文在手之言多爲迂
誕。"②按,有關閻氏起源諸説,鄭樵乃襲自《新唐書·宰相世系表》③,對其中"武王封太伯曾孫
仲奕於閻鄉"、"昭王少子生而有文在其手曰'閻'",鄭氏進行了考辨;然對於"唐叔虞之後,晉
成公子懿食采於閻,晉滅之,子孫散處河洛"之説,鄭氏却未作辨析,似乎予以了采信,事實上
這一説法也同樣不成立。首先,"晉成公子懿"於史無徵,儘管《左傳·昭公九年》載"周甘人與
晉閻嘉爭閻田",顯示閻氏與閻地有某種關聯,但"晉成公子懿食采於閻"並無史籍依據。其
次,雖然閻地地理位置不詳,但通過"周甘人與晉閻嘉爭閻田",可知其與甘地距離較近。甘地
地理位置據酈道元《水經注》卷十六"甘水""甘水東十許里洛城南,有故甘城焉"④,在今洛陽
市西南,則閻地亦應在洛陽附近。並且據《左傳·定公四年》載衛康叔"取於有閻之土以供
王職",亦可知閻毗鄰周東都洛邑。因此閻氏子孫應該早就居於河洛地區,而非"晉滅之,子
孫散處河洛"。再次,史籍中也無晉滅閻氏的記録,儘管《左傳·昭公九年》載在周甘人與晉
閻嘉爭田之後,晉趙宣子奪閻嘉閻田而歸周⑤,但奪田並不等於滅族,閻氏族人依然爲晉大
夫,《左傳·昭公二十八年》晉有閻没勸魏獻子拒賄,此人在魯定公六年周王子朝作亂時,又

---

① 俱見鄭樵《氏族略》第五"以名氏爲氏(國、邑、鄉附)",《通志二十略》,第170頁。同類的還有"呂不韋爲秦相,子孫因爲
　 呂相氏","祁奚舉子祁午自代,父子相續爲政,因爲續祁氏"等,見《氏族略》"氏族序",第8頁;《氏族略》第三"以族爲
　 氏",第146頁。
② 鄭樵:《氏族略》第三"以鄉爲氏",《通志二十略》,第96頁。
③ 見歐陽修等《新唐書》卷七三下《宰相世系表》,中華書局,1975年,第2986頁。
④ 陳橋驛:《水經注校證》,第404頁。
⑤ 《左傳·昭公九年》:"王有姻喪,(宣子)使趙成如周吊,且致閻田與襚。"

"成周,且城胥靡"①,説明閻氏族人在晉國依然活躍,所謂"晉滅之"之説毫無依據。事實上關於"晉滅之",《新唐書·宰相世系表》只作"晉滅",並無"之"字,鄭樵作"晉滅之",一種可能是抄寫錯誤,但也有一種可能是已看出了閻氏子孫早就居於河洛的問題,爲堅持此説且彌補閻氏子孫不至於晚至"晉滅"才"散處河洛"的漏缺,才擅加了"之"字。但向壁虛造,終究不能起到彌縫的作用。

8. 原氏。《通志·氏族略》三"以邑爲氏"謂:"周文王第十六子原伯之後,……周有原莊公,世爲周卿士,故以邑爲氏。魯有原壤,陳有原仲,晉有原軫,往往其族散在他國而以本國爲氏者。"②按,鄭樵以周之原氏出自以邑爲氏,諸國原氏皆周之原氏"散在他國而以本國爲氏者",誤。據《左傳·僖公二十四年》:"昔周公吊二叔之不咸,故封建親戚以蕃屏周。管、蔡、郕、霍、魯、衛、毛、聃、郜、雍、曹、滕、畢、原、酆、郇,文之昭也。"原本是西周封國,雖然原莊公、原伯貫、原伯絞世爲周卿士③,但同時也是周畿内諸侯,因此該原氏屬以國爲氏。而諸國原氏族系複雜,亦非周之原氏"散在他國而以本國爲氏者"可一概而論。《左傳·莊公二十七年》有陳大夫原仲④,族氏來源文獻缺載,但青銅器銘文有陳公子叔原父⑤,楊樹達《積微居金文説·陳公子甗跋》引柯昌濟《韡華閣集古録跋尾乙編》謂此原氏即以陳公子叔原父之字爲氏⑥,如此,則陳原氏屬陳公族,媯姓。《左傳·隱公五年》有鄭大夫原繁,族氏來源文獻亦缺載,但據《史記·鄭世家》,鄭屬公復國,"入而讓其伯父原",則此原氏爲鄭公族,姬姓。晉之原氏不止一家,需逐個考辨。《漢書·地理志》臣瓚曰引《竹書紀年》晉有大夫原黶,其文曰"晉武公滅荀,以賜大夫原氏黶,是爲荀叔"⑦,則此原氏姓、族氏來源雖未詳,但爲晉荀氏鼻祖可以確認。《國語·晉語四》晉有大夫原季,韋昭注即趙衰,據《左傳·僖公二十五年》"晉侯圍原,……遷原伯貫于冀,趙衰爲原大夫",則此原氏爲趙氏別族,嬴姓,以邑爲氏。《左傳·僖公二十八年》晉又有大夫原軫,《國語·晉語四》韋昭注即先軫,據《左傳·宣公十三年》孔穎達疏,先軫與趙衰"分原邑而共食之也"。又《左傳·昭公三年》叔向曰"欒、郤、胥、原、狐、續、慶、伯,降在皂隸",又曰"公室之卑,其何日之有?"又曰"公室將卑,其宗族枝葉先落,則公從之",以包括原氏在内的八族皆爲晉公族,則此原氏爲先氏別族,姬姓,亦屬以邑爲氏。

9. 潘氏。《通志·氏族略》三"以字爲氏"謂:"羋姓,楚之公族,以字爲氏。潘崇之先,未詳其始。或言畢公高之子季孫食采於潘,謬矣。潘岳《家風詩》自可見。"⑧按,"畢公高之子季孫食采於潘"於史無徵,自不可信,但鄭樵所謂潘氏"羋姓,楚之公族,以字爲氏",亦誤。"潘"於文獻中又作"番",爲楚邑名,《左傳·定公六年》"吳太子終累敗楚舟師,獲潘子臣、小惟子及大夫七人。楚國大惕,……于是乎遷郢於都,而改紀其政,以定楚國",《史記·楚世家》即作

① 見《左傳·定公六年》。

② 鄭樵:《氏族略》第三"以邑爲氏·周邑",《通志二十略》,第81頁。

③ 見《左傳》莊公十八年、僖公二十五年、昭公十二年。

④ 春秋前期青銅器《原仲簠》銘文亦有原仲,或即爲同一人。見《近出殷周金文集録》530。

⑤ 見陳公子叔原父甗,《殷周金文集成》00947。

⑥ 楊樹達:《積微居金文説·積微居金文餘説》陳公子甗跋,科學出版社,1959年,第214頁。

⑦ 班固:《漢書》卷二八上,中華書局,1962年,第1548頁。

⑧ 鄭樵:《氏族略》第三"以字爲氏·楚人字",《通志二十略》,第118頁。

"（楚昭王）十二年，吳復伐楚，取番。楚恐，去郢，北徙都鄀"，因此潘氏屬以邑爲氏。青銅器銘文女名中常見"潘（番）妃"，如《上鄀公簠》"唯正月初吉丁亥，上鄀公擇其吉金，鑄叔羋、番妃媵簠"①，又《王作番妃鬲》"王作番妃齊鬲，其萬年永寶用"②，依據先秦女子既可稱父方氏，也可稱夫方氏的原則③，"潘（番）妃"可能爲潘氏之女，也可能是潘氏之婦。而據《番鞫生壺》銘文"番鞫生作媵壺，用媵厥元子孟妃乖"④，"潘（番）妃"正是潘氏之女，因此潘氏妃姓，所謂潘氏"羋姓，楚之公族"純爲杜撰。鄭樵謂潘岳《家風詩》"自可見"，但潘岳《家風詩》並未涉及潘氏起源⑤，鄭樵此處又誤。

　　10. 鍾氏/鍾離氏。鍾氏，《通志·氏族略》三"以邑爲氏"謂："晉伯宗之後。伯宗，晉之賢者也。爲郤氏所譖，被殺。子伯州犁奔楚，邑於鍾離，今濠州也。子孫以邑爲氏，或言鍾離，或言鍾。楚有鍾儀、鍾建、鍾子期，與伯牙爲友。"鍾離氏，《氏族略》三"以邑爲氏"謂："姬姓。即鍾氏。以伯州犁居鍾離，故曰鍾離氏，亦省言鍾氏。"⑥按鄭樵以鍾氏、鍾離氏皆起源於晉伯州犁奔楚、以邑爲氏，誤。據《左傳·成公十五年》"晉三郤害伯宗，譖而殺之，及欒弗忌，伯州犁奔楚"，伯州犁奔楚在魯成公十五年（前576年），然早在魯成公七年（前584年），楚已有郧公鍾儀⑦，因此鍾氏在伯州犁奔楚之前就已出現，和伯州犁奔楚並無關係。據《左傳·成公九年》："晉侯觀于軍府，見鍾儀……，問其族，對曰：'伶人也。'公曰：'能樂乎？'對曰：'先父之職官也，敢有二事？'"則鍾氏世爲楚伶官，而伶人有司鍾之職，《國語·周語下》"鍾成，伶人告和"，因此鍾氏屬以官爲氏。鍾氏著名族人鍾子期，以善聽音著稱⑧，也從一個方面印證了鍾氏的伶官身份。"鍾離"也作"終黎"，二者音近相通。據《史記·秦本紀》："秦之先爲嬴姓。其後分封，以國爲姓，有徐氏、郯氏、莒氏、終黎氏、運奄氏、菟裘氏……"則鍾離爲古國名，鍾離氏屬以國爲氏。鍾離國雖後來爲楚所滅，但史籍中並無伯州犁奔楚邑於鍾離的記錄，並且據《左傳·定公四年》"楚之殺郤宛也，伯氏之族出"，又《史記·吳太伯世家》"楚誅伯州犁，其孫伯嚭亡奔吳"，則直至伯州犁爲楚所殺時（在其奔楚的三十五年後），其家族仍然以"伯氏"稱，而並未稱"鍾離氏"。因此所謂鍾氏、鍾離氏皆出於伯州犁被封於鍾離、以邑爲氏之説根本無據，可能是伯州犁之"州犁"與"鍾離"音近，後人附會所致。

---

① 《近出殷周金文集録》536－2。
② 《殷周金文集成》645。
③ 參見拙文《周代女子的姓氏制度》，《史學集刊》1999年第4期。
④ 番鞫生壺，《殷周金文集成》9705。
⑤ 《家風詩》全文作"縝髮纚纚，髮亦鬢止。日祗日祇，敬亦慎止。靡專靡有，受之父母。鳴鶴匪和，析薪弗荷。隱憂孔疚，我堂靡構。義方既訓，家道穎穎。豈敢荒寧，一日三省"，並未涉及潘氏起源。
⑥ 鄭樵：《氏族略》第三"以邑爲氏·楚邑"，《通志二十略》，第81頁。
⑦ 《左傳·成公七年》："秋，楚子重伐鄭，師于氾。諸侯救鄭，鄭共仲、侯羽軍楚師，囚鄖公鍾儀，獻諸晉。"
⑧ 見《呂氏春秋》《精通》篇、《本味》篇，以及高誘注。

吳曾生平仕履考補

提　要：吳曾爲南宋重要筆記作手，其《能改齋漫録》援據賅洽，辨析精核，向來爲學界所倚重，然於其人之生平仕履，載籍却多語焉不詳，且互有齟齬。本文廣爲搜求，對吳曾其人生卒年作了考證，對其入仕身份、任職地域、詩文留存等方面進行了考補。

關鍵詞：吳曾　生卒年　仕履　簡譜

　　在宋代的筆記中，吳曾的《能改齋漫録》以其"援據極爲賅洽，辨析亦多精核"而著稱於世。其內容之豐富、考證之翔實，歷來爲人所稱述，諸家考證之文多徵引其説，其地位"幾與洪邁《容齋隨筆》相埒"①。然而，吳曾其人，《宋史》無傳，其生平事迹後世亦罕有完整著録。清人陸心源《宋史翼》卷二十九雖爲其立傳，然多抄自《江西通志》，甚陋。余嘉錫《四庫提要辨證》於《四庫全書總目》"《能改齋漫録》提要"的基礎之上，對吳曾仕履略有梳理辨析，然於生卒年等仍多有不明；《全宋詩》録吳曾詩三首，《全宋文》輯其文四篇，然二書於吳曾其人，小傳仍多有闕如。因之，有關吳曾其人，或可考證與補充者仍有數事。今不揣譾陋，聊作銓次，略陳於下。

一、生　卒　年　考

　　吳曾，字虎臣，臨川崇仁（今江西崇仁）人。吳曾生於何時，古今史籍均無載録。其子吳復《能改齋漫録後序》謂："家君年十有五隨伯父入上庠，間關險阻，復歸隱撫之崇仁。"②然則是何"險阻"，今檢康熙十二年刊本《崇仁縣志》載："吳曾，字虎臣，邑人。倜儻有志氣，年十五遊上庠，經史百氏，窮探力索。屬□□（按，原稿缺二字）南牧，歸從孫仲益、汪彥章、韓子蒼、徐師川論文説詩。"③又檢康熙間《撫州府志》"吳曾傳"謂："吳曾，字虎臣，崇仁人。倜儻負志氣，年十五遊上庠，

---

①　永瑢等：《四庫全書總目》，中華書局，1965年，第1019頁。
②　吳曾：《能改齋漫録》，中華書局，1960年，第1頁。
③　謝胤瑑等：《崇仁縣志》，臺北成文出版社，1988年，第698頁。

北兵南牧，曾挾書歸，爲學益力。……呂居仁謂其文宏大奇偉，言高旨遠，當與江西諸名公並稱。"①吳曾年十五入上庠之時，適遇金兵南侵，遂南歸。金人圍汴事在靖康元年十一月，則吳曾年十五入上庠之時間，即在靖康元年(1126)，由此則可知，吳曾當生於宋徽宗政和二年(1112)。

在據吳復的《後序》及清人纂修的《撫州府志》、《崇仁縣志》確定吳曾生年的過程中，有些問題還可進一步考察。

首先，對"間關險阻"係金人南侵事件的再確證。吳復《後序》稱"家君年十五遊上庠"，《禮記・王制》云："有虞氏養國老於上庠，養庶老於下庠。"鄭玄注："上庠，右學，大學也。"上庠即太學之古稱。遭亂之後，南宋太學恢復很遲。宋高宗建炎元年(1127)，帝駕南移，初避揚州，建炎三年(1129)，南京陷於金人，又竄鎮江，臨時駐蹕十數年間，政事尚屬權宜之計，遑論教育。直至紹興八年(1138)，定都臨安，儒臣葉絪始上書請立太學："我宋以儒立國，垂二百年，懿範閎規，非漢晉比也。今中興聖祚，駐蹕東南，百司庶府，經營略備。若起太學，計官吏生徒，姑養五百人，不過費陛下一觀察使之月俸，願謀之大臣，諮之宿學，亟復盛典，以昌文治。"②廷議限於國力宜從緩。延至紹興十三年(1143)："始建太學，置祭酒、司業各一員，博士三員，正、錄各一員，養士七百人：上舍生三十員、内舍生百員、外舍生五百七十員、……是歲秋季始開補，就試者五千人。自後春秋兩補，三舍舊法凡四百十條，紹興重修，視元豐尤密。"③可見南宋紹興十三年才重建太學，在臨安府學基礎上增修而成，而吳曾紹興十一年已經由獻書得官了④。顯然他入太學是在北宋末年，金人南侵以致太學解散，十餘載廢而不置。據《崇仁縣志》載，吳曾歸鄉後曾從孫仲益、汪彥章、韓子蒼、徐師川遊學。孫仲益即孫覿，《建炎以來繫年要錄》(以下簡稱《要錄》)載："紹興元年冬十月甲子朔，龍圖閣待制知臨安府孫覿提舉江州太平觀，以集英殿修撰新知溫州席益代之。"⑤又"(紹興二年閏四月)左朝奉郎提舉江州太平觀孫覿除名，象州羈管"⑥，"(紹興四年八月戊寅)詔象州羈管人孫覿特放令逐便。覿始坐贓貸死，至是上書訴枉事，下刑部。刑部言，覿所犯未嘗置對，止據衆證定罪，於法意人情，委是未盡，故釋之"⑦。又據《撫州府志・僑寓》載，孫覿"嘗謫建道臨川，寓宜黃，從爲縣令鄧庚、丞周執羔作'興造'、'遷學'諸記，文詞雄偉，有古作者風，後以召去"⑧。卷二十九《藝文記》載《宜黃縣遷儒學記》末題"紹興四年冬十二月晉陵孫覿記"⑨，卷三十一載《宜黃縣治興造記》署云"紹興癸丑歲(按，三年)十一月晉陵孫覿記"⑩，卷三十三載《曹山寶積禪院僧堂記》，末記"紹興二年十月

① 劉玉瓚修，饒昌胤纂：《撫州府志(康熙)》，國家圖書館分館編：《清代孤本方志選》，線裝書局，2001年，第1509—1510頁。
② 馬端臨：《文獻通考》，中華書局，1986年，第398頁。
③ 同上書，第398頁。
④ 見李心傳《建炎以來繫年要錄》(以下簡稱《要錄》，中華書局，1956年)卷一百四十。
⑤ 李心傳：《建炎以來繫年要錄》，第855頁。
⑥ 同上書，第941頁。
⑦ 同上書，第1290頁。
⑧ 劉玉瓚修，饒昌胤纂：《撫州府志(康熙)》，第1753頁。
⑨ 同上書，第1828頁。
⑩ 同上書，第1991頁。

晉陵孫覿記”①，同卷又載《疏山白雲禪寺大藏記》，尾識“紹興庚午（按，二十年）十月日晉陵孫覿記”②。由此，據《要録》連年所繫有關孫覿之事及《撫州府志》所載藝文的署名時間，可以斷定，孫覿紹興元年以前在平江府、臨安府等地爲官，没有在撫州徘徊的迹象，而此後他罷爲散官，以至又被除名，因罪貶爲庶民，則曾流寓撫州一帶。

　　汪彦章即汪藻。《嘉泰吳興志》卷十四載：“汪藻，（紹興）四年九月二十二日移知撫州。”③孫覿《鴻慶居士集》卷三十四收《宋故顯謨閣學士左大中大夫汪公墓誌銘》云：“知撫州，歲餘，罷爲提舉江州太平觀。”④又《要録》載“（紹興五年三月）丙申，龍圖閣直學士知撫州汪藻提舉江州太平觀”⑤，“（紹興五年三月丁酉）徽猷閣待制提舉亳州明道宮程瑀知撫州”⑥。汪藻《左朝請郎知建昌軍贈朝請大夫劉君（滂）墓誌銘》謂：“頃之，聞建昌難作，余爲之憂然，明年守臨川。”⑦《要録》載：“（紹興四年秋七月）建昌軍亂，殺知軍事左朝請郎劉滂……右朝議大夫知撫州孔傳聞變，用樞密院計議官李蕘旗榜招之，且乞兵於江西制置使胡世將以討賊。”⑧《續資治通鑒》亦載：“（紹興四年）秋，七月己酉，建昌軍亂，殺知軍事、左朝請郎劉滂。”⑨可見，建昌軍亂發生在紹興四年七月，且此時孔傳仍在撫州任上，汪藻當爲七月以後起知撫州。汪藻爲劉滂所作墓誌銘稱“明年守臨川”者，則謂紹興五年初知撫州；而《吳興志》所記及孫覿爲汪藻所作墓誌銘稱“歲餘”者，則謂紹興四年秋以後知撫州。兩者説不協，有待詳考。細細梳理，則可知紹興四年底，汪藻湖州任期將滿，曾乞宮觀差遣⑩，汪藻知湖州三年整，其後自湖州移撫州⑪。這説明汪藻還是紹興五年初知撫州，三月即罷免。

　　韓子蒼即韓駒。他從紹興元年至卒，寓居於臨川⑫。《要録》載“（紹興五年七月，韓駒）卒於撫州”⑬。徐師川即徐俯，《要録》載：“（紹興四年二月）簽書樞密院事兼權參知政事徐俯以疾告上……欲乞且止治臣本院事……既獲治養賤軀，亦免乖誤大計，詔不許。”⑭卷七十五載：“（紹興四年四月）丙午端明殿學士簽書樞密院事徐俯依舊職提舉臨安府洞霄宮，免謝辭。”卷一百三十五載：“（紹興十年五月甲戌朔）端明殿學士知信州徐俯並提舉臨安府洞霄宮，從所請也。”卷一百四十一載：“（紹興十有一年秋七月）端明殿學士提舉臨安府洞霄宮徐俯薨於饒州。”從《要録》有關徐俯的連年繫事及這幾條記載可以看出，徐俯紹興四年二月以前官事繁

①　劉玉瓚修，饒昌胤纂：《撫州府志（康熙）》，第 2133 頁。

②　同上書，第 2148 頁。

③　談鑰：《嘉泰吳興志》，臺北成文出版社，1983 年，第 6826 頁。

④　孫覿：《鴻慶居士集》，文淵閣《四庫全書》本第 1135 册，上海古籍出版社，1987 年，第 361 頁。

⑤　李心傳：《建炎以來系年要録》，第 1447 頁。

⑥　同上書，第 1448 頁。

⑦　汪藻：《浮溪集》，文淵閣《四庫全書》本第 1128 册，第 267 頁。

⑧　李心傳：《建炎以來繫年要録》，第 1274 頁。

⑨　畢沅：《續資治通鑒》，中華書局，1957 年，第 3014 頁。

⑩　參蔡崇禮《北海集》卷十《賜龍圖閣直學士左朝請大夫知湖州汪藻再乞除在外宮觀差遣不允詔》，文淵閣《四庫全書》本。

⑪　參汪藻《浮溪集》卷五《謝撫州到任表》和吳曾《能改齋漫録》卷十四《汪彦章撫州謝表》。

⑫　參見程宏亮《韓駒寓居臨川交遊考》，《衡陽師範學院學報》2008 年第 2 期；韋海英：《江西詩派諸家考論》中《韓駒行年考》，北京大學出版社，2005 年，第 169 頁。

⑬　李心傳：《建炎以來繫年要録》，第 1520 頁。

⑭　同上書，第 1214 頁。

身，而此後放爲閑職，直至紹興十年，其間曾起知信州，紹興十年五月又免爲散官，第二年七月就在饒州去世了。信州、饒州與撫州均相去不遠，蓋徐俯免去京官之職後，曾在這些地方往來交遊。從孫覿、汪藻、韓駒、徐俯諸輩在撫州的時間而言，吳曾歸鄉與之交遊就在南宋高宗初年，金人南侵之後，吳曾所遇"間關險阻"正是指此禍變。吳復不便明言，蓋因其時南北已議和，權勢階層厭聞侵掠之語，並加之其父著述遭毀版之災①，時局、家難使之然也。

其次，從上文所録吳復《後序》、康熙間《崇仁縣志》、《撫州府志》敘述來看，吳曾十五歲入太學，逢國亂，當年即回鄉。不然按照古人的表達習慣，這幾處文獻不能只言"年十五遊上庠"，"間關險阻，復歸隱撫之崇仁"或"屬□□南牧，歸從孫仲益……論文説詩"，或"北兵南牧，曾挾書歸"，而没有"綦年"、"越二年"、"又三載"等詞語以交待吳曾的太學時間經歷。而"屬"之字的使用，更表明時值北兵南牧，事件發生的當前現時狀態，就是當時、當年發生。

上面這些情況都深刻地反映了吳曾生十五載恰逢靖康之難的事實。從而亦有力地證明了吳曾的生年爲 1112 年。吳復《後序》稱，吳曾歸崇仁後，"耕牧蘆山之陽，且十年矣"，獻書得官。按《要録》所載，吳曾紹興十一年入仕，由此，上溯十年則爲紹興二年(1131)，並無太學可遊，南宋太學紹興十三年才恢復，恐復爲文取整數而已，非與事實相符。

又，清謝胤瑛等纂修康熙十二年刊本《崇仁縣志》謂："吳曾，字虎臣，邑人……年七十有三。"道光元年刊本《崇仁縣志》卷十五《人物志》亦謂："吳曾，字虎臣，……得年七十有三，從弟鎰。"《古今圖書集成》文學典第八十一卷，《文學總部列傳六十九》吳曾傳引《崇仁縣志》亦同此。則由宋徽宗政和二年(1112)下推 73 年，其卒年爲宋孝宗淳熙十一年(1184)。

二、仕履考補

吳曾於紹興十一年(1141)以獻其所著《左氏發揮》而得官。然關於其得官時的身份，不同的史料却有齟齬之處。《江西通志》謂其"由上舍獻書授官"，其子吳復的跋文則謂其"耕牧蘆山之陽，且十年矣。屬以所著被遇上知，獲齒仕版"②。《宋史·選舉志》："太學試上舍生，本慮與科舉相並，試以間歲。今既罷科舉，又諸州歲貢士，其改用歲試。每春季，太學、辟雍生悉公試，同院混取，總五百七十四人。"③可見上舍生是太學生的最高層次，朝廷經過考試就可以直接録用了。上文已經考證吳曾十五歲入太學，當年三月或七月入學，十一月即回鄉，乍入太學，不可能成爲上舍生。而後太學解散，直至紹興十三年恢復，然吳曾已於紹興十一年獻書得官。顯然，《江西通志》所記與事實不符。應如吳復跋文所言，乃躬耕蘆山，隱居著述十餘載，以布衣身份獻所著被恩。《要録》載："(紹興十一年六月)壬午，布衣吳曾特補右迪功郎。曾，臨川人，獻所著《左氏發揮》而有是命。"④亦可爲證。

① 參見《庶齋老學叢談》卷下，文淵閣《四庫全書》本。
② 吳曾：《能改齋漫録》，第 1 頁。
③ 脱脱等：《宋史》，中華書局，1977 年，第 3665 頁。
④ 李心傳：《建炎以來繫年要録》，第 2256 頁。

　　乾道七年，抑或乾道六年，吳曾知全州還是知金州，幾種文獻記載各異，兹爲辨證。《全縣志·秩官》：“吳曾，字虎臣，宜黃人。乾道七年以通直郎任。”①其下有按語曰：“案《吳記》云，乾道辛卯八月來守清湘，則非知全州也，辛卯乃乾道六年。”乾道辛卯實爲乾道七年，《吳記》誤作乾道六年；湘水流經全州，則可以清湘代全州，《吳記》以爲非知全州，亦誤。據此可知吳曾到全州任爲乾道七年八月。宜黃與崇仁同爲撫州屬縣，《全縣志》所記宜黃當爲崇仁之誤。《廣西通志》亦載：“吳曾，字虎臣，宜黃人。乾道七年以通直郎任。”②按，《江西通志》及《崇仁縣志》等均載有吳曾曾知金州，當爲“全州”形近而訛，吳曾有《湘水記》一文，載《粵西文載》③，而湘水恰流經全州，由此可證吳曾曾任全州知州，而金州則隸屬四川。

　　紹興三十年(1160)五月，太常丞吳曾特降一官。降職之事《江西通志》與《要録》異辭，需申之。余嘉錫《四庫提要辨證》指出：“《建炎以來繫年要録》卷一百八十三云：‘紹興二十九年十一月顯仁皇后掩攢宮有士庶邱墓雜錯其間，陰陽家請悉挑去，宗正寺主簿權太常丞吳曾從而和之。’又卷一百八十四云：‘紹興三十年三月丁酉，宗正寺主簿吳曾試太常丞。’卷一百八十五云：‘五月壬辰，太常丞吳曾特降一官，先是曾奉詔與太史局丞楊彦民等按行攢宮地，彦民等妄乞挑去民間塚墓，曾依隨奏聞，故黜之。’”④詔命楊彦民事在紹興三十年正月，《要録》載：“正月九日戊子，乃命權太常丞吳曾偕太史局官楊彦民往視之。”⑤可見吳曾因支持陰陽家和楊彦民等欲乞挑去顯仁皇后掩攢宮所雜埋的民間墳塚的建議而降職，頗有曲媚權貴、不恤生民之嫌。而《江西通志·人物志》則載爲：“太史局欲徙紹興殯宮内士民墳墓，曾謂坤道尚靜，恐傷旺氣，事得止。”⑥完全與事實背道而馳，爲其鄉賢虛美隱惡甚矣。《要録》載“(紹興三十年十一月)己卯太常丞吳曾、秘書丞杜莘老兼權吏部郎官”⑦，“(十二月)戊午殿中侍御史陳俊卿言，太常丞兼權吏部郎官吳曾素乏鄉譽，昨以上書得官，因挾命術，游時相之門，敢爲大言，士流嗤鄙。今處銓曹，憒不曉事。詔曾與在外宮觀”⑧。諫官時議正可與此相發映。原步顏等修《崇仁縣志·人物志》所載與《江西通志》同，亦不可信。

　　吳曾爲官任職，其筆記、地方志記載有詳於《要録》者，宋人文集有不協於《要録》者，或可補之，辨之。《能改齋漫録》載：“予嘗爲鑄錢司屬官凡三年。”⑨原步顏等修《崇仁縣志》載：“高宗朝以獻書售洪州贍軍酒庫，改都大司檢踏官。入爲敕令所刪定官，遷太常司簿，累遷至吏部郎中。”⑩可見紹興二十二年(1152)吳曾任敕令所刪定官以前，不僅有右迪功郎的虛名，還時或任過各種官司的小屬吏。此實可補《要録》之漏闕。

①　黃昆山等：《全縣志》，民國二十四年鉛印本，第279頁。
②　金鉷等監修：《廣西通志》，文淵閣《四庫全書》本第566册，第481頁。
③　參見汪森編《粵西文載》卷十九，文淵閣《四庫全書》本。
④　余嘉錫：《四庫提要辨證》，雲南人民出版社，2004年，第742頁。
⑤　李心傳：《建炎以來繫年要録》，第3094頁。
⑥　謝旻監修，陶成編纂：《江西通志》，文淵閣《四庫全書》本第515册，第745頁。
⑦　李心傳：《建炎以來繫年要録》，第3121頁。
⑧　同上書，第3134頁。
⑨　吳曾：《能改齋漫録》，第396頁。
⑩　原步顏等修，袁章華等纂：《崇仁縣志》卷十五，清道光元年刊本。

宋周必大《文忠集》所載《曾無愧三英南北邊籌序》：“紹興辛巳（1161）完顏亮叛盟，明年孝宗即位，銳意恢復，不但守淮防江。時則有尚書郎臨川吳曾，著《南北征伐編年》二十三卷。”①據《要錄》卷一百八十七可知，紹興三十年吳曾才遷爲太常丞兼權吏部郎官，是年十二月遭黜，“與在外宮觀”，貶爲閑官。以後不曾復此吏部郎之職。周《序》所記有兩誤：一將吏部郎誤爲尚書郎，二將吏部郎任期搞誤。“明年孝宗即位”，即紹興三十二年，吳曾已罷職，仍誤呼其郎官身份，致使仕履之迹不明。此《序》混淆是非，可據《要錄》訂正。

吳曾詩文，《全宋詩》亦有可補錄或提出存疑者。《全宋詩》錄吳曾詩三首，其《羅山》一首，今據《崇仁縣志》，詩題全名應爲《遊羅山東塔遇雨並序》，且其序亦爲《全宋詩》所遺漏，今補之如下：“羅山，崇仁望山也，跨洪、撫、吉三郡之境。余所居別業，去山六里，暇日與二三輩造之，其始上，輦絕陡峻，逮嶺之半，則平坦，有田數頃，泉涓涓注其間，泉之上有數巨石，遊者多順流濯足以往。至其嶺，一峰秀拔，蒼然出於衆峰之上，略不附麗，可極目數百里也。有石殿，殿中有石仙像一，甚重，非一力可舉。而鄉老云，置之水則不没，禱之輒應，遠近不敢褻。殿之前後有桃數株，亦不知植者爲誰。余與同遊者徘徊而返，已晚，不及盡遊其勝。明日將究其景，抵山下則大雨，遂賦詩。”又有《三清山》一詩，《全宋詩》據明楊淵弘治《撫州府志》錄爲吳沆，然清修《撫州府志》卷三十五載錄此詩，題爲吳曾，未詳孰是，俟考。

吳曾受學與授學情況，亦可通過文獻梳理獲知一二。《玉海》載：“（紹興）四年三月乙亥撫州鄧名世以所著《春秋四譜》六卷、《辨論譜説》十篇、《古今姓氏書辨證》四十卷來上②，吏部尚書胡松年看詳，學有淵源，辭亦簡古，考訂明切，多所按據。詔引見殿上。九月六日，賜進士出身，充史館校勘。”③鄧椿年《古今姓氏書辨證序》稱，吳曾爲鄧名世門人。《萬姓統譜》卷一百九載，鄧名世紹興四年因獻書賜出身，除救令所刪修官兼史館校勘。可見吳曾從學於鄧名世應在紹興四年以前。鄧名世“紹興辛酉（1141）冬放歸山樊”④，寓居臨川，吳曾已因獻書得補寄祿官，吳曾這一舉動，亦可見其師之影響。

《江西通志》載：“徐璹字深甫，豐城人，九歲即喜爲詩，教授何蘊奇之，授以經學，象山先生亦稱爲異稟，有《覺溪集》，又從吏部吳曾受曆學，盡得其傳。著《起演算法》及《考異》。”⑤由此亦可見吳曾學識之淵博。

以上在入仕身份、任職地域、降職實情、爲官細節、受授學業、詩文補輯等幾個方面對文獻所載吳曾的事迹進行了考補。

① 周必大：《文忠集》，文淵閣《四庫全書》本第1147冊，第572頁。
② 據鄧椿年《序》，成書於宣政之間者爲五卷，成書於建炎之初者爲十四卷，編於鄧椿年手者爲四十卷，此獻書爲十四卷，王應麟誤爲四十卷。
③ 王應麟：《玉海》，文淵閣《四庫全書》本第944冊，第363頁。
④ 鄧名世：《古今姓氏書辯證》，文淵閣《四庫全書》本第922冊，第25頁。
⑤ 謝旻監修，陶成編纂：《江西通志》，文淵閣《四庫全書》本第515冊，第329頁。

《宋史·文天祥傳》正誤

修曉波

（中央巡視組）

提　要：本文對《宋史·文天祥傳》傳主的籍貫等十二條記事舛錯進行了釐正。

關鍵詞：《宋史·文天祥傳》訛誤　正誤

《宋史·文天祥傳》（中華書局點校本，1977 年）間有訛誤。今就讀書所及，對其中的錯誤訂正如次。

一、廬陵人非吉水人

> 文天祥字宋瑞，又字履善，吉之吉水人也。

按：文天祥在《又家保狀序》中稱"某，吉水人"（《文山先生全集》卷九，明嘉靖三十九年刻本。以下簡稱《全集》），《宋史》的説法蓋源出於此。但文天祥是廬陵人而非吉水人，其作品中有例可援。《與吉守李寺丞芾》"某居廬陵南陬（zōu，角落）"（《全集》卷六），《元夕》詩"孤臣腔血滿，死不愧廬陵"（《指南後録》卷一上，《全集》卷十四），《指南録》"自序"和"後序"的結尾，皆署名廬陵文天祥（《全集》卷十三）。其他材料亦可佐證。《寶祐四年登科録》記載文天祥廷試中狀元時，説他"本貫吉州廬陵縣"。南宋遺民鄭思肖的《心史》，元人劉岳申和明人胡廣撰寫的《文丞相傳》與《丞相傳》，均明載文天祥是吉州廬陵人。南宋龔開的《宋文丞相傳》更具體地稱文天祥是廬陵富田人，富田爲一村寨。清人定祥、劉繹編纂的《吉安府志》記載："富田司在邑南一百里純化鄉，宋紹興間移城西寨鎮此，爲富田寨，後改爲巡檢司，控制嶺背。"文天祥在文章中談及自己家鄉時經常提到"富川"。清人林有席在《文丞相里居考》中認爲"富川"就是"富田"。《吉安府志》卷三《地理志·廬陵·水》："富川在縣南，上游自贛州興國下。"富川流經富田，富田傍依富川，故林有席覺得兩個名稱可以互通。方志中所云"純化鄉"，宋時爲順化鄉。據《廬陵縣志》記載，宋"哲宗元祐七年（1092），以廬陵之同水鄉易吉水之順化鄉"。志中注："《吉水志》云順化鄉即今淳化鄉。順、淳聲近而致訛也。"又云："淳化鄉，同治元年奉文敬避御諱，改爲純化鄉，在縣東南境。"所謂"敬避御諱"，是指避清同治皇帝愛新覺羅·載淳之諱。可知宋代的順化鄉先由音近致訛成爲淳化鄉，繼由避聖上諱，改爲純化鄉。至於吉水説之誤，林有席《文丞相里居考》云："吉水，本廬陵所分，其所居富田故里，又吉水、廬陵壞地相錯之區。富田亦有上下之別，而公（引者按：指文天祥）實籍廬陵而不隸吉水。"考《宋史》卷八八《志第四十一·地理四》"吉水"條下注明："雍熙元年（984），析廬陵地置縣。"結合前面《廬陵縣志》的記載，可知北宋初從廬陵劃出一個吉水縣，順化鄉也被劃了出去；一百多年後即宋哲宗元祐七年（1092），廬陵同水鄉和吉水的順化鄉進行了互換。文天祥出生時（理宗端平三年，即 1236 年），順化鄉已重隸廬陵縣。文天祥自稱"某，吉水人"，是指歷史上的事。如他在《題家保狀序》云其鄉人（孫幼賓）"一日，持其籍以告予曰：'君疇昔籍中人也，其爲我序之。'予不能辭焉"（《全集》卷九）。"疇昔"二字，見於《左傳·宣公二年》："將戰，華元殺羊食士，其御羊斟不與。及戰，曰：'疇昔之羊，子爲政，今日之事，我爲政。'"杜預注："疇昔，猶前日也。""君疇昔籍中人也"，意即君（文天祥）曾是吉水人。宋代鄉試，應試者要鄉里"什五相保，不許有大逆人緦麻以上親，及諸不孝、不悌、隱匿工商異類、僧道歸俗之徒"（《宋史》卷一五五《選舉志一》）。孫幼賓爲吉水人，因要請文天祥作保，故以"君疇昔籍中人也"爲由。文天祥亦因此稱己爲"吉水人"。同樣道理，他在《又家保狀序》中説"某，吉水人，肯爲吾黨哀梓家保狀"。綜上所述，文天祥自稱"吉水人"是爲人作保，以歷史説事。他的故里實爲南宋江南西路吉州廬陵縣順化鄉富田寨，即今江西省吉安市青原區富田鄉文家村。

二、二十一歲時狀元及第

年二十舉進士，對策集英殿……帝親拔爲第一。

按：《宋少保右丞相兼樞密使信國公文山先生紀年録》（以下簡稱《紀年録》）載："寶祐四年（1256）二月朔，禮部開榜，中正奏名，弟璧同登。及大庭試策，有司置予第五，理宗皇帝覽予對，親擢爲第一。"據《紀年録》，文天祥生於理宗端平三年（1236），至寶祐四年時已二十一歲（中國古代計年方法，出生時即爲一歲）。

三、未赴任寧海軍節度判官

開慶初，大元兵伐宋，宦官董宋臣説上遷都，人莫敢議其非者。天祥時入爲寧海軍節度判官，上書"乞斬宋臣，以一人心"。

按：開慶元年（1259）五月二十八日，文天祥由朝廷補授承事郎、簽書寧海軍節度判官廳公事。由於手續繁瑣，直到七月十一日文天祥才接奉復旨，"令朝謝訖之任"。在等待復旨的時候，文天祥回到了廬陵，此時還要從家鄉趕到臨安"造朝門謝"，然後才能上任。九月，文天祥入京。可還没等到他去赴任，時局突變，前方與蒙古軍戰事吃緊，董宋臣提出遷都主張。文天祥上書時尚未赴任，没有任何官銜，所以他在上書中自稱"敕賜進士及第臣文天祥"（《全集》

卷三《己未上皇帝書》)。

四、援錢若水例致仕,時年三十六

天祥既數斥,援錢若水例致仕,時年三十七。

按:《紀年録》辛未咸淳七年(1271)條云:"是年,起宅文山……其天性澹如也,於宦情亦然。自以爲起身白屋,邂逅早達,欲俟四十三歲,即請老致仕(歸還官職,即辭官),如錢若水故事。"錢若水,宋河南新安人,字澹成,一字長卿。雍熙進士,授同州觀察推官,卒年四十四。《宋史》卷二六六《錢若水傳》稱其"精術數,知年壽不永,故懇避權位"。所謂"欲俟四十三歲,即請老致仕",蓋源於此。時文天祥因得罪賈似道,被御史張立志彈劾免職。文天祥因此事心情沮喪,在給友人朱墦的信中云:"七八月以來,此血肉軀如立於砧几之上,齎粉毒手,直立而俟之耳。僕何所得罪於人?乃知剛介正潔,固取危之道,而僕不能變者,天也。"(《全集》卷五《與朱太博墦》)故其想到了"請老致仕"。咸淳七年,文天祥三十六歲。

五、"時以丞相宜中未還朝,不遣"爲飾辭

八月,天祥提兵至臨安,除知平江府。時以丞相宜中未還朝,不遣。十月,宜中至,始遣之。

按:"時以丞相宜中未還朝,不遣"一句,爲飾辭。德祐元年(1275),文天祥起兵勤王至臨安。八月二十六日,朝廷令旨内稱文天祥"除浙西江東制置使、兼江西安撫大使,知平江府事"。文天祥在《集杜詩·蘇州》中云:"予領兵赴闕,時陳宜中歸永嘉,留丞相夢炎當國。夢炎竟不相樂,出予以制閫,守吳門(平江)。"(《全集》卷十六)他不願從命,進行交涉。九月七日,三省勘會的結果是:文天祥出知平江府,"今已日久,秋風浸至,事不可緩,合行催促,須議指揮"。文天祥此時甚至動了回江西老家的念頭。元人劉岳申《文丞相傳》:"至臨安兩月,累奏乞終喪。又奏:'古有墨衰從戎,無墨衰登要津者。乞仍樞密副都承旨、江西安撫使,領兵國門。'皆不許。"十月,陳宜中從永嘉回到臨安。謝太后讓陳宜中再次出任右丞相,留夢炎爲左丞相,兩人共同都督諸路軍馬。陳宜中不積極備戰,卻一味想與元軍談判。文天祥感到失望,不願與其共事,才遵從朝命,去平江赴任。

六、十月,元兵尚未破常州

十月,天祥入平江,大元兵已發金陵入常州矣。

按:《宋史》卷四十七《瀛國公》:德祐元年(1275)十一月甲申,"大元兵至常州,招降不聽,攻二日,破之,屠其城。知州姚訔、通判陳炤、都統王安節皆死,劉師勇潰圍奔平江"。是知十月元軍未入常州。

七、二路分未曾"以兵二十人道之揚"

二路分與天祥語，見其忠義，亦不忍殺，以兵二十人道之揚。

按：文天祥一行被元軍押解北上，在鎮江逃脫後進入宋軍駐守的真州，又因受猜疑被騙出城外。兩位宋軍頭目張路分與徐路分（路分爲宋代路一級地方武官）率領五十名兵丁，聲稱護送文丞相去揚州。文天祥《指南錄·出真州》云："是日，行至暮，二路分先辭，只留二十人送揚州。二十人者，又行十數里，勒取白金，亦辭去，不可挽。揚州有販鬻者，以馬載物，夜竊行於途，曰'馬垛子'。二十人者，但令隨馬垛子即至揚州西門。予一行如盲，悵悵然行。"《紀年錄》注："安撫不忍加害，張路分、徐路分來歸行囊衣物，五十卒弓劍送行……行久之，〔張徐〕云：'安撫令某二人便宜從事，某見相公口口是忠義，如何敢殺。'相公遂與張、徐以賜金百兩，與五十兵以銀百五十兩，乃相繼辭去。明日，至揚州。"知二十名兵丁未曾護送文天祥至揚州。

八、部屬劉洙非劉沐

劉洙、蕭明哲、陳子敬皆自江西起兵來會。……吳文炳、林棟、劉洙皆被執歸隆興……臨刑，洙頗自辯，時賞叱曰："死耳，何必然？"

按：文天祥的部屬爲劉洙，非劉沐。文天祥《集杜詩·劉洙第一百二十》："劉洙，字淵伯，予鄰曲朋友，從勤王，補官。予陷，淵伯領諸軍還。及予歸國，淵伯收部曲赴府，會於汀。專將一軍，爲督帳親衛。"劉洙，是文天祥蒙難時的化名，其《指南錄·過黃岩》云："予至淮，即變性名。及天臺境，哲齋張爲予覓綠漪詩。予既賦，題云清江劉洙書。"詩中云："誰料文山氏，姓劉名是洙。""洙"與"沐"形近易訛。後來，鄧光薦在《文丞相督府忠義傳》中，將劉洙寫成劉沐，把文天祥蒙難途中所改的名字，誤作其友人劉沐之名。中華本《宋史·文天祥傳》沿襲此誤。

九、三月即入梅州

景炎二年"四月，入梅州，都統王福、錢漢英跋扈，斬以徇"。

按：文天祥軍三月間即入梅州。《紀年錄》宋景炎二年（至正十四年，即1277年）條載："三月，至梅州，始與一家相見。"劉岳申《文丞相傳》："明年三月，入梅州，始與母弟妻子相見，進階銀青光祿大夫。四月，斬統制錢漢英、王福。"胡廣《丞相傳》："明年三月，復梅州，始與母弟妻子相見。"

十、吉州八縣復其五

吉八縣復其半，惟贛不下。

按：景炎二年（1277），文天祥率督府軍進入江西。《集杜詩·贛州第六十七》小序："五月，引兵自梅出嶺……吉水、永豐、萬安、永新、龍泉，以次皆復。臨、洪、袁、瑞，莫不回應，詣軍門請約束者相繼。興國、黃州新復，皆來請命。"是知吉水、永豐、萬安、永新、龍泉等縣均被收復。這五縣皆爲吉州所屬。吉州屬縣有八，其餘三縣爲廬陵、安福和泰和（《宋史》卷八八《地理四》）。《紀年錄》注："時贛惟存孤城，吉八縣復其半，半垂下。"《宋史·文天祥傳》之訛源於此。所謂"吉八縣復其半，半垂下"，確切地説是八縣中復其五。

十一、益王殂於四月非六月

> 六月，入船澳。益王殂，衛王繼位。

按：《宋史》卷四七《瀛國公》："四月戊辰，昰殂於碙洲，其臣號之曰端宗。"《紀年錄》注："四月十六日，大行皇帝遺詔曰……"是知益王趙昰殂於四月非六月。

十二、蕭明哲不死於五坡嶺

> 天祥方飯五坡嶺，張弘範兵突至，衆不及戰，皆頓首伏草莽……官屬士卒得脱空坑者，至是劉子俊、陳龍復、蕭明哲、蕭資皆死。

按：蕭明哲不死於五坡嶺。文天祥《集杜詩·蕭架閣第一百二十四》："督幹架閣監軍蕭明哲，字元甫。吉州貢士，性剛毅，遇事有膽氣，明於大節。予至汀梅，來從督府幕。及出江西，監贛縣義兵，收復萬安縣，尋復龍泉。行府敗，元甫入野陂。連結諸寨拒虜，被執，死於洪。"《文丞相督府忠義傳》："行府敗，元甫入野陂。連結諸寨，爲鄉豪所陷，走敗被執，遇害於隆興。臨刑，大罵不絕口，南北壯之。"可知蕭明哲遇害於隆興府（南宋隆興元年，即公元1163年，升洪州置），而非五坡嶺。

補《金文最》缺字 15 例

——以石刻文獻資料爲據

王新英

（吉林省博物院）

摘　要：（清）張金吾《金文最》中部分篇目，以"□"代替缺字，同時還存在脱字現象。筆者在輯校《全金石刻文輯校》的過程中，發現這些缺字、脱字可以用石刻拓本或其他石刻文獻進行補充。

關鍵詞：《金文最》　石刻　補校

　　（清）張金吾編輯的《金文最》是現存最早的金文總集，是研究金史的重要資料。《金文最》中部分篇目以"□"代替缺字。筆者在輯校《全金石刻文輯校》（2012 年度國家古籍整理出版資助項目）的過程中發現以今存原石、石刻拓本或其他石刻文獻可以對《金文最》中缺字進行補充，同時也可對《金文最》中個别篇目中的脱字進行補充。今以 1990 年中華書局校點本《金文最》爲底本，將《金文最》中 15 例缺字、脱字整理如下。

　　一、馮翼《問山堂記》收入《金文最》卷 25 第 348—349 頁，北京圖書館金石組編《北京圖書館藏中國歷代石刻拓本彙編》第 46 册第 182 頁著録有該石拓本。《金文最》第 349 頁第 3 列"大定二十六年撰"，拓本作"大定二十六年五月□□日永安馮翼謹記。鄉貢進士崔虎書"。

　　二、孫九鼎《重修唐太宗廟碑》收入《金文最》卷 65 第 940—942 頁，其部分缺、脱字可據張維編《隴右金石録》（民國三十二年刻本）補。《金文最》第 941 頁第 8 頁"誅□逋穢"，補本作"誅鋤逋穢"。第 941 頁第 12 列"倘非鉅金奄甸南服"，補本作"倘非遇鉅金奄甸南服"。

　　三、劉丙《長子縣令烏公德政碑》收入《金文最》卷 72 第 1064—1065 頁，以（清）豫謙修、（清）楊篤纂《長子縣志》（光緒八年刻本）校，可補部分脱字。《金文最》第 1064 頁第 6 列"傳曰"，校本作"而傳曰"。第 1064 頁第 13 列"致奸獄衰息"，校本作"致使奸獄衰息"。第 1065 頁第 1 列"省民粟約二萬餘石"，校本作"省民粟約二萬餘石。約裁減之數，每爭一歲之税矣"。第 1065 頁第 2 列"不五百千已足其數"，校本作"不至五百千已足其數"。第 1065 頁第 4 列"公懇於靈貺廟"，校本作"公懇禱於靈貺廟"。第 1065 頁第 5 列"視其斧刃痕迹微有缺處"，校本作"視其斧刃痕迹數微有缺處"。第 1065 頁第 8—9 列"此所謂以德義而化民"，校本作"此所謂以德義而化愚民"。

　　四、沙門沖穌《重修彼岸院碑》收入《金文最》卷 85 第 1250—1251 頁，北京圖書館金石組編《北京圖書館藏中國歷代石刻拓本彙編》第 46 册第 71 頁著録該石拓本。《金文最》第 1250 頁 10 列"太平興國寺□大七院賜紫僧□"，拓本作"太平興國寺三大七院賜紫僧福"，可補"三"、"七"2 字。

　　五、雷文儒《太原王氏墓記》收入《金文最》卷 90 第 1315—1317 頁，以（清）仇汝瑚修、（清）馮敏昌纂《孟縣志》（乾隆五十五年刻本）校，可補部分脱字。《金文最》第 1315 頁第 14 列"生子六人，乃本家之祖父也"，校本作"生子六人，其第六子，乃本家之祖父也"。

　　六、劉祖謙《終南山碧虚真人楊先生墓銘》收入《金文最》卷 92 第 1339—1440 頁，以（元）李道謙輯《甘水仙源録》（上海圖書館藏清鈔本）校，可補部分脱字。《金文最》第 1339 頁第 11 列"先生形骸"，校本作"先生素不識書，口占廣酬，略不停，思高大異之。嘗云先生獨傳祖師心要，紙襖草履，土木形骸"，《金文最》脱 32 字。

　　七、鄭子聃《汝州香山觀音禪院慈照禪師塔銘》收入《金文最》卷 110 第 1590—1591 頁，其中部分缺字可據（清）陸蓉修、（清）武億纂《寶豐縣志》（嘉慶二年刻本）補。《金文最》第 1591 頁第 9 列"開堂于南都妙慧禪院"，校本作"開堂于南都妙慧禪院，深明□戒□修著□上召至都，選居禁中慧明禪院"。

　　八、李□□《汝州香山秀公禪師塔銘》收入《金文最》卷 111 第 1600—1601 頁，其中部分缺字可據（清）陸蓉修、（清）武億纂《寶豐縣志》（嘉慶二年刻本）補。《金文最》第 1601 頁 10 列"故略由耳□□□□□□敘始末"，校本作"故略由耳□□□□□首暨敘始末"，可補"首暨"2 字。

俞樾和他的《春在堂全書》

王同策

（吉林大學古籍研究所）

　　提　要：《春在堂全書》是清代著名學者俞樾的論著全集，本文對俞氏身世履歷作了簡要介紹，並對其具有代表性的著述《群經平議》、《諸子平議》和《古書疑義舉例》及其他有關著述進行了評述。此外，對於學界對俞氏的褒貶毀譽，進行了分析和評價。

　　關鍵詞：俞樾　春在堂全書　群經平議　諸子平議　古書疑義舉例

一、身世履歷

　　俞樾(1821—1907)，浙江德清人，字蔭甫，因居吴時建有"曲園"，因以爲號。他在爲其所著《群經平議》寫的序言中説到他的生平簡歷："道光之元，樾始生焉，生六歲而母氏姚太恭人授之《論語》、《孟子》及《禮記・大學、中庸》二篇。"早慧，九歲爲書，即自注其下。"十歲，受業于戴貽仲先生，始習爲時文。十五歲，從先朝議君讀書常州，粗通群經大義，其明年，入縣學，又明年，應鄉試，廁名副榜，於是嫥力爲科舉之文，越七年而舉於鄉，又六年而成進士、入翰林，則年已三十矣"。

　　道光三十年爲進士，改庶起士；咸豐二年散館，授編修；咸豐五年，爲河南學政；七年以御史曹登庸劾試題割裂罷歸。時年 38 歲，遂專心治經，讀高郵王氏父子書，傾服之。曾受學於長洲陳奐，僑居蘇州時，得見精研經學之長洲宋翔鳳，多所請益，學乃大進。遂主講蘇州紫陽、上海求志、德清清溪、歸安龍湖各書院，主杭州詁經精舍三十餘年。聲譽日振，學者輻輳，凡所造就，蔚爲幹才。遊其門者，若戴望、黃以周、朱一新、施補華、王詒壽、馮一梅、吳慶坻、吳承志、袁昶等，並皆一方之秀，有聲於時。曾文正督兩江，李文忠撫吳下，咸禮重之，時以巾服從遊，往來如處士。因戰亂典籍毀損嚴重，總辦浙江書局，刻《子書二十二種》等書，讀者稱善。

　　數十年山野林下教館生活，俞樾的心態並不平靜。

　　自罷豫學使後，淪棄落寞，窮老著述，雖名滿天下，然以書生終老一生，其失落情懷，溢於言表。同治四年，俞在《上曾滌生(國藩)揆帥》信中説："樾自庚戌歲幸出大賢門下，而不才之木有負栽培，故廢棄以來，未嘗敢以一箋瀆陳鈞聽……回憶庚科復試，曾以‘花落春仍在’一句，仰蒙獎借，期望甚殷，迄今思之，蓬山乍到，風引仍回，洵符‘花落’之讖矣。而比年撰述已及八十卷，雖名山壇坫萬不敢望，然窮愁筆墨，倘有一字流傳，或亦可言‘春在’乎？”又於《上曾滌生爵相》書有云：“金陵晉謁，小住節堂，一豫一遊，叨陪末座，窮園林之勝事，敘觴詠之幽情，致足樂也……樾以山野之服，追隨冠蓋之間，頗有昔賢風趣。……至於玄武湖上，麟趾洲邊，屈使相之尊嚴，泛輕舟之容與，紅衣翠蓋，掩映其間，此樂尤爲得未曾有。”又有《與叔毅伯李少荃(鴻章)同年前輩書》中更有再度入仕的直白表露：“頃閱坻抄，知承恩命攝篆兩江……樾僑寓津門，又將三載……因思金陵爲名勝之區，又得閣下主持其間，未識有一席之地可以位置散材否？”從上引信函的字裏行間，都流露出下野後俞樾的失落與寂寞心情。

平日居家，生活簡樸，布衣蔬食，律己極嚴，不近聲色，臥起有節，保真持滿，故老而神志不衰，讀書著作如常。早年因家人衆多，家庭經濟狀況不佳，1863 年不得不投靠同年時任通商大臣節駐天津的崇地山，在天津居留三年，窘困時乃至得以借債度日。在這樣困苦的條件下，俞樾志氣不衰，克服困難，潛心向學，辦理了幾個兒女的婚姻嫁娶，還完成了《群經平議》35 卷的寫作，和《諸子平議》大部分內容的寫作。經數十年的刻苦鑽研，終於學業大成，名傳遐邇。光緒二十八年(1902)，終於詔復編修原官，重赴鹿鳴筵宴。

俞氏在學界士子中享有極高威信。據鄭逸梅《藝林散葉》載：杭州有祝桐山者，專門刻了一方“曲園門下走狗”的印章，以示對俞氏的尊崇。其深得人望程度如此。光緒丙午三十二年十二月二十三日卒於蘇州寓廬，得年八十有六。

俞樾雖然站在地主知識份子立場看待農民及農民起義，稱匪稱盜，但其民族氣節還是可稱道的。他的《題史可法祠墓》一聯説“一死報朝廷，求高帝列皇，鑒亡國孤臣恨事；三忠扶天紀，與蕺山漳浦，爲有明結局完人”。將其與明末節臣劉宗周、黃道周並稱“完人”。其晚年所繪製的上海地圖，無一處標明外國租界地者，於此亦可見其剛正凜然之民族氣節。

在俞樾的晚年，西學東漸激烈地衝擊着中國的半封建半殖民地社會。由於多方面的原因，俞樾不能馬上跟上這個時代的大轉變。感慨甚多，在其長詩《告西士》、《詠古》兩詩及不少著述中均有所流露。他認爲西方的科技只不過是“奇技淫巧”，得以我國傳統的“拙”來制其“巧”。他在《詁經精舍藝文八集序》中説：“此三年中，時局一變，風氣大開，人人爭言西學矣，而余與精舍諸君子猶石焉抱遺經而究終始，此叔孫通所謂鄙儒不通時變者也。”這種思想狀態，使得他對積極學習外國、倡導革新的學生章太炎極爲反感，1901 年，章從日本回國去他家看他的時候，他就大罵章“入異域，背父母”“指斥乘輿”爲“不忠不孝”，並稱“小子鳴鼓而攻之，可也”。章爲此發表了《謝本師》，兩人脱離了師生關係(另：李敖説是章爲了保護老師，使之不受牽連才故意發表文章，所以俞氏還説“吾愛炳麟深，此炳麟之所以報恩歟？”未審孰是)。但是，隨着時代的發展，俞樾的思想也在不斷變化，到他臨終前所寫《遺囑》中就完全扭轉了這一觀念：“至今日，國家既崇尚西學，則我子孫讀書之外，自宜習西人語言文字，苟有能精通聲、光、化、電之學者，亦佳子弟也。”[1]

---

[1]　俞潤民：《德清俞氏》，中國人民大學出版社，1999 年。

　　俞氏《春在堂全書》中所收《曲園自述詩》:"凡七言絶句 199 首,作於 69 歲,附刻全書之後,讀吾書者,庶有以知我之爲人也。"記家事、科試、著述、交遊,特詳於著述,兼涉社會政治時事,對研究俞樾、知人論世頗有價值。

　　對曲園修身行事,論者亦間有非議。錢鍾書《管錐編》、《談藝録》對曲園論著徵引甚夥,恒多肯定。但亦引有關異議謂:"曲園《日記殘稿》光緒壬辰三月十六日:有謂以鄙人比隨園,亦未敢退居其後。"汪康年《汪穰卿遺著》卷四《説名士》一文,痛詆曲園,中謂:"尤可恥者,則一生步趨隨園,而書中多詆隨園。亦見其用心之回邪也云云。"又引胡思敬《退廬文集》卷一《劉幼雲提學關中贈言》:"舍道德而專求文章,不成則爲尤西堂、袁簡齋、俞曲園。"(《談藝録》309 頁)即以曲園對隨園態度而言,錢鍾書《談藝録》即曾就曲園論隨園紀游册否定袁枚狎褻一事説:"曲園之於子才行事,幾若曠世相師,惟左右風懷,則殊無類,似不二色終其身者,此一端即可護彈隨園而勿怍矣。"(197 頁)語云"金無足赤,人無完人",對於師友前人,學習其優點、長處,批評其缺點、錯誤,這正是一種難能可貴的不迷信、不盲從的科學態度,無可厚非。當然,作爲封建社會末期的知識份子,俞樾有這樣那樣的缺點與不足是完全可以理解的,歷史地觀察、客觀地分析、科學地對待就是了。

　　生平專意著述,每年歲尾,將該年所寫之書刊布行世。既博通典籍,旁涉稗官野史,復以筆札見長,時人或以隨園子才擬之。成果卷帙繁富,影響深廣。所著書凡 500 卷,總名《春在堂全書》。"春在堂"得名,如上引俞樾信函所述,緣於保和殿復試時試題爲"淡煙疏雨落花天",俞樾答卷首句爲"花落春仍在",深得考官曾國藩激賞,後俞氏遂"題所居曰'春在堂'"。

　　"晚年足迹不出江浙,聲名溢於海内,遠及日本"(繆荃孫:《俞先生行狀》)。日本文士有來執業門下者。在與日本學子、專家接觸中,俞樾對中日文化交流起了不小作用。《中日文化交流史大系》在《日本漢籍西傳中國的歷程》中闢有《俞樾與中日漢籍交流》專章。

二、《群經平議》述評

　　《春在堂全書》500 卷,内容遍及經史子集,而其中《群經平議》、《諸子平議》、《古書疑義舉例》三書,尤能確守家法,有功經籍,影響也最爲深廣。以下就此三書爲主,兼及其他著作,略作述評。

　　俞樾《群經平議》凡 35 卷,計:周易 2 卷、尚書 4 卷、周書 1 卷、毛詩 4 卷、周禮 2 卷、考工記世室重屋明堂考 1 卷、儀禮 2 卷、大戴禮記 2 卷、小戴禮記 4 卷、春秋公羊傳 1 卷、春秋穀梁傳 1 卷、春秋左傳 3 卷、春秋外傳國語 2 卷、論語 2 卷、孟子 2 卷、爾雅 2 卷。

　　作者在自序中説到治經之要領:"治經之道,大要有三:正句讀,審字義,通古文假借。得此三者以治經,則思過半矣。……三者之中,通假借爲尤要,諸老先生,惟高郵王氏父子發明詁訓,是證文字,至爲精審。所著《經義述聞》,用漢儒'讀爲'、'讀曰'之例者居半焉。或者病其改易經文,所謂'焦明已翔於寥廓,羅者猶視乎藪澤'矣。余之此書,竊附王氏《經義述聞》之後,雖學術淺薄,倘亦有一二言之幸中者乎?"俞氏治經,多有創獲。如據《中庸》中"車同軌,書同文"等材料判定該書絶非子思所作等説均得學界認同。其《俞樓雜纂・喪服私論》中論及獨子兼袥之服的"袥"，也深得當代臺灣著名學者李敖的讚譽（見李著《中國性研究》）。

在曾國藩等俞氏師友輩翰札中對其治經成績，頗多肯定："頃接惠翰並頒到大著六種，偶展經、子《平議》，原本故訓，曲證旁通，誠有類乎高郵王氏之所爲……諷譯再三，欽遲曷已。"（《袖中書・曾滌生國藩師相書》）"寄來大著六種，略一展讀，神駭目迷，精深浩瀚，珠玉淵海。求之昔人，尚少儔匹，何論近時也"（《袖中書・勒少仲方錡觀察書》）。"得讀所著書，具見賢者之用心……近世漢學實有光於前代。高郵王氏父子，尤爲精確。尊著大都淵源王氏，益加縝密，將來師承記中當據一席無疑也"（《袖中書・楊卧雲希閔孝廉書》）。吳平齋（雲）觀察致俞樾函中舉例説：

> 大著《群經平議》……其釋"夕惕若厲"謂當以"夕惕"二字爲句，言君子終日乾乾；終夕惕惕也，語有繁簡耳。"若厲"二字自爲句，猶若濡若號也。此四字先儒論釋頗多，未有如尊説之簡括明暢，足破千古之惑。

上述各端，有理有據，似不能泛以面諛視之。

李慈銘《越縵堂讀書記》評《群經平議》説：閲其"易、書、詩諸條。其書涵泳經文，務抉難詞疑義，而以文從字順求之，蓋本高郵王氏家法，故不主故訓，惟求達詁，亦往往失於武斷。或意過其通，轉涉支離。然多識古義，持論有本，證引疏通，時有創獲，同時學者，未能或之先也"。

俞樾的學生章太炎炳麟，對其解經過程中僅以音同、音近，而無起碼的文獻依據即判定通假，以爲難免失之武斷，評價他"治群經，不如《述聞》諦"，"説經好改字"[①]。與李氏"惟求達詁"、"失於武斷"之議正同。由此看來，學界持此種議論者恐絕非李、章二人。

年未弱冠的王國維曾著文分條批駁《群經平議》，從其父王乃譽的日記中可以窺得若干端倪："見靜駁俞氏《群經平議》，太率直，既自是，又責備人。至論筆墨，若果有確見，宜含蓄謙退以書，否則，所言非是，徒自取妄，即是，亦自尊太過，必至招尤集忌，故需痛戒此習。"據此，該文當非語語中的，但也絕非一無是處。可惜該文今已不傳，我們無從評論是非了。

學術研討，不怕不同意見的爭論，在"兼聽則明"的精神指引下，爭論正可以逐漸趨近真理。

三、《諸子平議》述評

俞樾《諸子平議》凡 35 卷，計：管子 6 卷、晏子春秋 1 卷、老子 1 卷、墨子 3 卷、荀子 4 卷、列子 1 卷、莊子 3 卷、商子 1 卷、韓非子 1 卷、呂氏春秋 3 卷、春秋繁露 2 卷、賈子 2 卷、淮南內篇 4 卷、揚子太玄經 1 卷、揚子法言 2 卷。

作者在自序中説："聖人之道，具在於經，而周秦兩漢諸子之書，亦各有所得。雖以申韓之刻薄、莊列之怪誕，要各本其心之所獨得者而著之書，非如後人勦竊陳言、一倡百和者也。且

[①] 《章太炎全集四・俞先生傳》，上海人民出版社，1985 年。

其書往往可以考證經義,不必稱引其文而古言古義居然可見。……諸子之書,文詞奧衍且多古文假借字,注家不能盡通,而儒者又屏置弗道,傳寫苟且,莫或訂正,顛倒錯亂,讀者難之。樾治經之暇,旁及諸子,不揣鄙陋,用《群經平議》之例,爲《諸子平議》。"

《清史稿》本傳説:"(《諸子平議》)仿王氏《讀書雜誌》而作,校誤文,明古義,所得視《群經》爲多。"其後李天根輯曲園、俞樓《雜纂》及《著書餘料》、《讀書餘録》等有關材料成《諸子平議續録》,共二十卷,更充實了其内容。

《袖中書·吳平齋雲觀察書》:"《群經評議》前已讀過,《諸子平議》尚未卒讀,甫讀《管子》數則,已不勝傾倒,此必傳之書也。"

《袖中書·鍾子勤久烝孝廉書》:

　　辱書以《諸子平議》已刻者九卷見賜,爲之狂喜。《墨子·經篇》"知,材也"、"知,接也"二"知"字異讀。《韓子·難篇》"塞叔處干","干"即"吳","吳"即"虞",此類頗與敝意合……竊念群經、諸子,郢書而燕説者甚衆,必研精小學,多讀古書,明其條貫,得其會通,正其訛奪,然後千餘歲未決之疑,悉歸於文從字順,此詣以高郵王氏父子爲最,至閣下而益光大焉。

上列鍾函所舉"塞叔處干而干亡"句例,王先慎《諸子集成·韓非子集解》於比較損益後,全取俞説,於此亦可見其書旁徵博引、溯源追本、條貫古今、辨章會意之一斑。

　　先慎曰:《拾補》"于"作"盂",盧文弨云:藏本、張本同,或改作"虞"。顧廣圻云:今本"干"作"于",下同。按:此未詳。俞樾云:"干"即"虞"也。《莊子·刻意篇》"夫有干越之劍",《釋文》引司馬云"干,吳也"。《荀子·勸學篇》"干、越、夷、貉之子",楊倞注"干越猶言吳越"。《淮南子·原道篇》"干越生葛絺",高誘注亦云"干,吳也"。是"吳"有"干"名,而"虞"與"吳"古同聲而通用。《(桓十年)左傳正義》云:《譜》云:虞,姬姓也,武王克商,封虞仲之庶孫以爲虞仲之後。處中國爲西吳,後世謂之虞公。"然則虞之始封,本爲西吳,蓋以別於荆、蠻之吳。因春秋經傳皆作"虞",而西吳之名廢矣。《漢書·地理志》:"河東郡大陽,吳山在西,上有吳城,周武王封太伯後於此,是爲虞公。"夫虞之故城謂之吳城,是"虞"即"吳"也。"吳"得稱"干",則"虞"亦得稱"干"也。"虞叔處干",即"處虞"也。先慎按:俞説是。今本作"于",形近而誤,或作"虞"者,不知"干"即"虞"而改爲"虞"也。

《平議》卷帙浩瀚,類此精心考證,窮本追源例證,所在多有,舉此僅爲嘗鼎一臠。

四、《古書疑義舉例》述評

《古書疑義舉例》是作者在繼承宋人彭叔夏《文苑英華辨證》、清人王念孫《讀書雜誌》等著作的基礎上,糾正古籍中各類誤漏之專著。博採群書,條分縷析,爲閱讀古籍不可或缺的參考書。作者自序説,慮及"古書疑義"之"日滋","竊不自揆,刺取九經諸子,爲《古書疑義舉例》七卷,使童蒙之子,習知其例,有所據依,或亦讀書之一助乎?"此書影響巨大,踵繼之作不絶。如劉師培《古書疑義舉例補》、楊樹達《古書疑義舉例續補》、馬敘倫《古書疑義舉例校録》、姚維鋭《古書疑義舉例增補》等皆是。

劉師培在其書小序中説:"幼讀德清俞氏書,至《古書疑義舉例》,歎爲絶作。以爲載籍之中,奥言隱詞,解者紛歧,惟約舉其例,以治群書,庶疑文冰釋,蓋發古今未有之奇也。"馬敘倫在其書小序中説:"德清先生《古書疑義舉例》,發蒙百代,梯梁來學,固懸之日月而不刊者也。"姚維鋭在其書小序中説:"嘗讀德清俞樾所著書,獨喜其《古書疑義舉例》,援引詳明,條理精密,昭然發千古之蒙;老馬識途,所以迢迪來學者,至矣!"清代著名學者李慈銘評《古書疑義舉例》説:"析疑正誤,貫穿洞達,往往足發千載之蒙。此於經籍,深爲有功,不可不讀。"

當代國學大師張舜徽在其《清人文集別録》(中華書局,1963 年)卷 19 中,儘管認爲"群經、諸子《平議》,實附王氏《述聞》、《雜誌》之後,今讀其書,固不逮高郵遠甚",但對其《古書疑義舉例》的肯定則不遺餘力:"至其融貫群籍,發蒙百代,足以梯梁來學,懸之日月而不刊者,則如《古書疑義舉例》一書,實千古之奇作,發凡起例,祛惑釋疑,裨益士林爲最大,其可貴重,自在群經、諸子《平議》之上也。"在張氏另一文獻學巨著《中國古代史籍校讀法》中更具體地分析道:"他一生在校書過程中所抽出來的公例,全部寫入了《古書疑義舉例》……差不多將古書中的衍文、訛體、倒置、脱落、誤改、誤解、誤增、誤删,以及簡册錯亂、篇章顛倒等多種現象,都完全總結出來了。他和高郵王氏一樣,都是在擁有豐富的古文字學、古聲韻學知識的基礎上,努力通過校書的實踐,才能找出這樣多規律性的通例。"

當代知名學者張岱年謂:"清末經學家俞樾著《古書疑義舉例》舉出各種疑難問題詳加疏釋,嘉惠後學,良多裨益。"[①]著名學者郭晉稀謂:"清人俞樾作《古書疑義舉例》七卷,凡九經諸子有因古今文法不同而易啟疑者,有因古今用字不同而易啟疑者,亦有因錯簡誤字而不可通者,皆一一疏釋之。此不獨曲園個人一生著述精華之彙集,亦前人解經釋子心得之薈萃耳。"[②]

於以上引述的諸評論中,可見該書在校勘學上之巨大價值。

學術見解往往見仁見智,即如胡適,儘管在《中國哲學史大綱自序》中説寫作該書對過去的學者"最感激"的人之一就有俞樾,但對其《古書疑義舉例》一書的評價却很低。他在爲陳垣《元典章校補釋例》所寫的序言中説:"俞樾在校勘學上的成績本來不很高明,所以他的誤例頗有些是靠不住的,而他舉的例子也往往是很不可靠的。例如他的第一條'兩字義同而衍例'就不成一條通例,因爲寫者偶收旁注同義之字因而誤衍,或者有之,而無故誤衍同義之字是很少見的。他舉的例子……都毫無底本的根據,硬斷爲兩字義同而衍,都是臆改古書,不足爲校勘學的誤例。王念孫的六十多條誤例,比俞樾的高明多了。"胡適據此推演,對俞氏序言中所説使讀者"習知其例,有所據依"也加以否定:"這正是舊日校勘家的大病,例不是證,不夠用作據依,而淺人校書隨意改字,全無版本的根據,開口即是形似而誤、聲近而誤、涉上文而誤,好像這些通常誤例就可證實他們的臆改似的。中國校勘學所以不上軌道,多由於校勘學者不明例的性質,誤認一個個體的事例爲有普遍必然性的律例,所以他們不肯去搜求版本的真依據,而

---

①　胡漸逵:《古籍整理釋例》序,嶽麓書社,1995 年。
②　同上注。

僅僅會濫用誤例的假依據。"就整體而言,雖胡適所說不乏例在,但就治學領域而言,於此涉獵則遠不可與曲園相比,上引胡氏論列,亦僅備一說可也。

還有人説《古書疑義舉例》一書乃襲江藩《經解入門》一書而成,立意勉强,例證軟弱,門户之見,在此不作辯駁①。

孫欽善氏《中國古文獻學史》第七章《清及近代》闢有專章論及俞樾,説"在古文獻學上的成就主要有以下幾點",即"一、重視文字、音韻、訓詁之學,以小學治書","二、校釋經、子,成果頗富","三、總結規律,歸納條例"。指出其不足處有:拘泥《説文》,對古文字研究不足,忽視文字在使用過程中的約定俗成原則。在校勘上亦間有"臆斷"。這些評斷,還是比較公允的。

五、其他著作述評

俞氏向以著述繁富著稱,與其全部著述相比,上列三書,卷帙不及五分之一。故特就俞氏其他著述略加述評。

綜觀俞氏著述,治經之作占主要地位,他在《茶香室經説序》中説:"生平撰述,究以説經者爲多,《群經平議》外,散見於《第一樓叢書》及曲園、俞樓兩《雜纂》者,蓋又不下數百條矣。…… 自主講浙江詁經精舍,已逾二十載,評閲課卷及與門下士往復講論,每有觸發,隨筆記録,積久遂多。……將所記録諸條,又益以二百餘事,編纂成書,釐爲十六卷……名之曰《茶香室經説》……余説經諸書,王益吾祭酒刻《皇清經解續編》采輯幾及大半,此書則成於《續編》既定之後,不及補入……國朝經術昌明,巨儒輩出,余願以此書爲後來者前馬也。"學界不少人認爲,俞氏學術老而愈成,其《茶香室經説》諸文之議論評説,較之《群經平議》更趨準確而成熟。

李氏《讀書記》評《第一樓叢書》九種説,《易貫》、《玩易篇》、《論語小言》三種"於經學不甚有裨"。《春秋名字解詁補義》"皆正王氏之失,頗多新義,而詁訓名通,足爲高郵補缺。……《兒笘録》皆論《説文》,意匡許氏,而言多中理,不似李陽冰、鄭樵輩之鑿空。"《讀書餘録》皆校正群籍之文,補其《諸子平議》所未及(曰《餘録》者,猶王氏念孫之《讀書》志餘也)。《湖樓筆談》"爲談經、史、小學、詩文、雜事,考辨塙鑿,心得爲多"。

李氏讀《曲園雜纂》謂:"説經解頤,仍是《平議》本色。"其中《梵珠》詞采斐然,《百空曲》亦清雅可誦,即《十二月花神議》事近遊戲,而敷佐典雅,終非《檀幾叢書》等比也"。《春秋論》等"多取證史事爲成敗之鑒,具有深意。《叢説》皆説經史,事爲一篇,多出新義"。其中《改吳》乃改吳虎臣《能改齋漫録》,《説項》乃説項安世《項氏家説》,《正毛》乃正毛居正《六經正誤》,《評袁》乃評袁質甫《甕牖間評》,"考訂多精確"。《通李》乃通李冶《敬齋古今注》,《議郎》乃議郎瑛《七修類稿》,《訂胡》乃訂胡鳴玉《訂訛雜録》(應爲《訂訛類編》)。項、毛、袁、李、郎、胡,學問皆不甚深,毛言小學,尤多疏舛,俞氏辟之,綽有餘力。其於《日知録》謂體大物博,未能涉其藩籬,故自謙曰"小箋",然所訂正 70 餘條,亦多有依據。其《韻雅》,取《廣韻》中不經見之語,以

①　參見《中國語文》1999 年第 1、5 期。

類編纂，略如《爾雅》之例，分釋天、釋地、釋人、釋物四篇。極有裨於小學，惜未載音釋，如有人更加以疏證，尤可傳也。閱《俞樓雜著》中諸經説，"皆由熟釋經文而得，所以有功經學"。

李氏閱《曲園雜纂》稱：《讀韓詩外傳》至《讀論衡》皆篇葉無多，每不過二三十條，而辨誤析疑，多有據證。《外傳》及《潛夫論》亦兼舉趙（懷玉）校、汪（繼培）箋之失，俞氏熟於經子，精於詁訓，固非諸家所及也。其《俞樓雜纂》中論《易》諸作，"取朱子《集傳》中所釋名物，證以舊説之異，不加辯論，而義自見。其論《論》、《孟》之作，辨何解趙注之優於朱注處，多折衷平允"，"持議有本，不墜矯激，亦足爲中流一壺"。其《讀文子》、《讀公孫龍子》、《讀山海經》，於《山海經》誤文奧義，訂正甚多。亦時舉畢校之誤。

李氏於大力肯定俞氏重大成就的同時，對其各方面的不足，也一一指出。如："《兒笘録》及《湖樓筆談》，其可取者固多，而好逞私臆，輕違古義，聰明之過，亦往往落於小慧。又深詆《左傳》，囿於近日浙西江湖經學之習，至喜駁鄭注，亦其一短。"評《賓萌内集》五卷："其議論雋利而頗涉膚淺，又喜輕巧，而偏駁者多，文筆亦太輕滑，故爲時所詬病。然讀書既富，時有特識。"

如上述，王國維早年對俞氏《群經平議》即有所責難，俞樾去世後，他在《教育小言》中説："俞氏之於學問固非有所心得，然其爲學之敏與著書之勤，至耄而不衰，固今日學者之好模範也。"

余嘉錫在其《古書通例》一書中説："俞樾曰：'周秦兩漢至於今遠矣，執今人尋行數墨之文法，而以讀周秦兩漢之書譬猶執山野之夫，而與言甘泉、建章之巨麗也。'斯言信矣，然俞氏之所斤斤者，文字句讀之間耳。余則謂當先明古人著作之體，然後可以讀古書。"余氏爲學有所成的著名學者，對俞氏治學爲文之綱領大要，也表示了自己的不同看法。

六、俞樾詩文述評

俞氏"所作詩，温和典雅，近白居易"（《清史稿》本傳）。俞樾的詩，文壇評價大多均予肯定。如因"英夷犯定海"而寫作的《曉峰嶺》中就表達了愛國主義民族感情："曉峰嶺，高插雲。王將軍，勇冠軍。……至今曉峰嶺下過，餘威猶使夷人悸。"詩作《黄沙歌》中已經注意到環保問題。可看出他非常關心社會、體察民瘼的一面。也有可能正是類似作品，才贏得下列諸多贊許。

楊昌浚《春在堂詩編序》："太史之詩寓新變於法度之中，發神悟於意象之表，天才俊邁，絶去畛畦。驟讀之清奇秀拔，若古幹之疏峭而洪波之激蕩也。徐測所由，則與余所謂觸境而發，稱心而出，曲折奔赴，萬象畢會者乃無不合。"

丘煒菱《五百石洞天揮麈》："駢散文字，君似不及隨園，訓詁小學，隨園又似不及君。至君詩學，瓣香香山，氾濫兩宋，每一語出，恰如人意欲言。"

費行簡《近代名人小傳·俞樾》："爲詩不矜格調，悉由宏博之才與學觸境而發，稱意爲言，非尋章摘句者所可同日語也。"

沈其光《瓶粟齋詩話》："曲園詩格雖不峻，然而詠兒、贈婦、憶舊、懷人，與夫人生死盛衰離合之間,性情篤至,非人所得僞爲。"

　　錢仲聯《浙派詩論》:"曲園嘯傲湖山,清才曼壽,享名之盛不亞於隨園。海外日本,有來問學者。所爲詩不矜格調,悉由宏博之才與學,觸境而發,稱意而言。陳石遺稱其性情文字甚似隨園。而李慈銘乃譏其於詩無所知,亦太過矣。門下徐琪,能傳法乳。"

　　俞樾中年時曾書一自挽聯:"生無補乎時,死無關乎數,辛苦苦著二百五十卷書,流傳人間,是亦足矣;仰不愧於天,俯不怍於地,浩蕩蕩歷半生三十年事,放懷一笑,吾其歸乎。"這是當俞樾在被排斥出仕途之後,面對他雖然因著述等身而内心充實,但畢竟滿腹經綸却終老林下而心有不平處境的自我寫照,也可以看成是他一生著書、爲人的總結。

　　以觀點新穎、内容豐富、體例完善爲追求目標,在學術史上要起到繼往開來作用的史著——張舜徽先生的《中華人民通史》,收人物十九類共 420 人,俞樾作爲"文獻學家(33 人)"之一列入,也算是青史留名,可堪告慰了。

何焯《義門題跋》及其書學思想解讀

鄭吉友

（東北大學文法學院公共管理系）

摘　要：《義門題跋》是清代初期著名學者何焯的書法論著，其内容多爲對古代碑帖及其藝友收藏或過眼之碑帖題跋，上自魏晉下及明清，且對版本鑒定與收藏方面有真知灼見，是書記錄其平生所見法帖而成，多爲名迹。本文試圖從作者的生平事略入手，論述何氏之書法風格與書學源流。本文對其所體現的書學觀點加以重點分析，同時對其書學的歷史地位、學術成就及局限性略作研究説明。

關鍵詞：何焯　義門題跋　書學研究

一、何焯生平事略

清代，整理研究古籍蔚然成風，考據學盛極一時。乾嘉學者廣搜材料，從歷史、地理、典章制度、文學等方面對大量古代書籍進行了深入的考證，嚴格的勘定，使校勘成就達到了前無古人的程度。校勘學達於鼎盛，名家輩出，清代的古籍整理工作，造就了一大批校勘學家，在張之洞的《書目答問》後附的《國朝著述諸家姓名略》列校勘名家者就有三十餘人，而何焯列於校勘學家之首，由此可以看出，何焯在有清一代的校勘學界，是"開風氣之先"的學者，並在校勘方面取得了巨大的成就。何氏亦善書法，精妙尤爲時所傳之，與人尺牘，人皆藏弄以爲榮。於書學，時人以爲可與晉唐書家相媲美，與笪重光、姜宸英、汪士鋐並稱爲"康熙四大家"。

何焯，初字潤千，因哭母更字屺瞻，晚號茶仙，別署無勇、義門、憩閑老人、香案小吏，學者稱義門先生，江蘇長洲人。蘇州自明以來，爲藏書家集中之地，從而促進了校讎事業，湧現出不少專家，何焯便是其中之一。何氏生於順治十八年（1661），卒於康熙六十一年（1722）六月九日，享年六十二歲。由於他的先人曾在元元統年間"以義行旌門"，何焯就以"義門"爲其書塾的名號，因此學者又稱義門先生。何焯學問淵博，敦氣節，善持論，精通經史百家之學，長於考訂，其所著惟《困學紀聞箋》二十卷行世，宋王應麟《困學紀聞》爲清代考據學先導，不僅對歷代正史在材料、年代等方面的失實有所考證，並且對史書的體例、注釋等廣加辨析。故清儒甚重之。閻百詩、何義門、全謝山皆爲作注。

二、何焯書法風格及其書學源流

何焯喜臨摹晉、唐法帖，所作真、行書，並入能品，時人以爲可與晉唐書法家媲美，與笪重光、姜宸英、汪士鋐並稱爲"康熙四大家"。

（一）楷書師法歐、柳、褚、虞："汪文升、何屺瞻小變其體，汪則出入虞，何則別宗《玄秘》……余書與時人相較嚴整不如何屺瞻。"①王文治亦云近時善學歐書者惟何義門先生。但又指出蠅頭書至妙，才過經寸，即未免癡凍蠅。"翁覃溪謂國朝人善學虞書者惟何義門"②,《吳郡名賢圖傳》亦評價何焯"書法出入歐褚"。何焯書法與時人書家風格不同，時人大抵源於董其昌，而何氏書風與文徵明書風接近。

（二）書學文徵明："自明清之際，大抵淵源出於文徵明、董其昌兩家，焯及澍則於文氏爲近。"③何焯書法與時人書家不同，時人大抵源於董其昌，而何氏書風與文徵明書風接近。

（三）學錢謙益書："翁覃溪嘗謂國朝人之善學錢牧齋書者，惟何義門編修焯。"④翁方綱曾謂何氏善學錢謙益書也。

（四）師從"三近"即釋正詣：何焯九歲從三近法師學大字。《唐詩英華選》六卷條下有載。關於何焯之師"三近"，其人其事，知者很少。王欣夫先生根據葉氏《緣督廬日記》載，所藏"南漪散人書册"中有此印章，又據他的好友，《龔自珍全集》的整理者工佩珍所藏韓崇《寶鐵齋書畫記》的稿本中，有"正詣"跋的《毛穎傳》書軸，知"正詣"精於書法。再據《同治蘇州府志》所載《黃子雲傳》："子雲兼精書法，與釋正詣埒，爲世所重。"⑤考得"正詣"爲清初方士，從張霞房《紅蘭逸乘》證明其爲何焯之師，而且喜歡藏書，進而查《義門題跋》，知"正詣"就是何焯之師"就堂"。再從這一角度追尋朱彝尊、黃堯圃等人書跋，考證就堂事迹，知其喜好手抄古書，在"康雍"時，頗負盛名，爲何義門之師，朱彝尊之友。

（五）《清稗類鈔》有："義門少受學於邵僧彌：僧彌出自牧齋，其書法精妙，則得之馮定遠父子。"⑥《雪橋詩話》："蓋公少學於邵僧彌，僧彌出自□□故也。"⑦以上史料記載人云亦云，均認爲何氏少從學於邵僧彌。然而據史料考證邵彌（僧彌）是"畫中九友"之一，工畫山水，亦善詩文書法。徐珂所言有誤，是因邵彌生卒年不詳造成的。邵彌生卒書傳未有記載，吳偉業《梅村集》中所撰墓誌銘，也未道及。徐邦達先生曾見故宮博物院收藏設色山水小卷中後有杜詔先、文從簡、顧夢游、吳杭，楊補、王節、方夏、金俊明諸家題跋，其中文、顧、吳、楊、方五跋均提及有關邵氏逝世之事，根據以上諸人題跋，徐氏推知邵氏卒於明崇禎十五年（1642）壬午。又

①　（清）楊賓：《大瓢偶筆》,《歷代書法論文選》，上海書畫出版社，1979年，第536頁。
②　楊鍾羲：《雪橋詩話三集》，李放：《皇清書史》卷十二，遼海叢書第五集北京古籍出版社，1991年。
③　（清）趙爾巽：《清史稿》卷五〇三列傳209，中華書局，1976年。
④　（清）徐珂：《清稗類鈔·何義門善學錢牧齋書》，中華書局，1984年，第4050頁。
⑤　《同治蘇州府志·黃子雲傳》,《中國地方志集成·江蘇府縣志》（輯7—10），江蘇古籍出版社，1991年。
⑥　（清）徐珂：《清稗類鈔·何義門善學錢牧齋書》，第4050頁。
⑦　楊鍾羲：《雪橋詩話三集》，李放：《皇清書史》卷十二。

有多方考證,均證明邵彌卒於明崇禎十五年,在此不贅述。而何焯生於清世祖順治十八年,可見徐珂《清稗類鈔》與全祖望《鮚埼亭集》之記載有誤。

三、《義門題跋》書學思想釋義

(一) 書宗魏晉

書法至魏晉,書體演進基本結束,中國書法自此進入了一個新的時期。魏晉書法,清新古雅,不激不勵,歷來爲後世學者所推崇。二王書法可謂時代之結晶,羲之靈和,獻之神駿,書法造詣各有千秋。唐太宗即位,獨尊羲之書法,稱其"盡善盡美",合乎儒家"中庸"之道,確立王書大統,帶動了書法審美的整體回歸,既書宗魏晉,漸次沉積而成觀念。唐李嗣真《書後品》亦云:"右軍正體如陰陽四時,寒暑調暢,岩廊宏敞,簪裾肅穆,可謂書之聖也。"①叢先生探其原由有三:首先,王書草行兼善,承前啟後,其地位已史有公論;其次,字得中和之美,兼具實用與藝術的楷模意義,適應廣泛的社會需求;最後,王氏爲江左風流名士,人書俱爲上品②。故而自唐以降,學書之人多以魏晉書法爲源,取之而又自出新意,宋代四家無不如此。現存宋代刻帖《淳化閣帖》十卷,二王法帖居一半,可謂多矣。趙孟頫由宋入元後,力倡復古,書宗魏晉,書法歷來爲世人所推重,何焯之書法取向亦以魏晉爲多,力追晉人之韻趣。《義門題跋》對歷代書家的評騭中,書宗魏晉,崇古尚韻之思想,貫穿始終。何焯在《李白五言詩》末尾寫道:"自恨俗筆,無晉人韻也。"他平日喜臨晉唐法帖就是心慕手追,雖不能至,心嚮往之。何焯書宗魏晉亦表現在對王書《舊本聖教序》之珍重,《舊本聖教序》是"集王"一格中之傑出作品,創於初唐,當時王書存留者尚不在少數,但均在宮廷和貴戚手中,一般人無法見到。雖然此碑評價毀譽參半,但碑字均由真迹勾出,較後來輾轉翻刻之《淳化閣帖》中所傳王字,仍較近於真。此碑一出,極受當時仕林重視,對書體影響極大。

何焯書宗魏晉,顏真卿亦合右軍父子筆法,用筆最與晉近,何跋《舊本顏魯公多寶塔》:"魯公用筆最與晉近,結字別耳。此碑能專精學之,得其神,便足爲二王繼。"對顏魯公用筆合晉法,故人多有持論。宋黃庭堅《山谷題跋》:"魯公書獨得右軍父子超逸絕塵處。""顏魯公書雖自成一家,然曲折求之,皆合右軍父子筆法。"③宋蘇軾《東坡題跋》:"雄秀獨出,一變古法,如杜子美詩,格力天縱,奄有漢、魏、晉、宋以來風流。"④

何焯對顏真卿的推崇不僅表現在魯公筆法、筆勢上所體現的魏晉風度。在書體風格上,主張善於變化出新,和而不同,古化爲我。何跋云:"顏出於褚而仍還勻整,不可謂之不善變也。"顏真卿楷書早期自褚遂良而來,前人已有所論,並無新意。在體制上,顏真卿楷書後期之

① (唐)李嗣真:《書後品》,《歷代書法論文選》,第135頁。
② 叢文俊:《中國書法史·先秦卷·總論》,江蘇教育出版社,2002年,第72頁。
③ (宋)黃庭堅:《山谷題跋》,《歷代書法論文選續編》,上海書畫出版社,1999年,第62頁。
④ (宋)蘇軾:《東坡題跋》,《歷代書法論文選續編》,第55頁。

發展更表現在豐碑巨制粗壯經久。如唐肅宗乾元三年《乞御書天下放生池碑額表》云："緣前書點畫稍細，恐不堪經久，臣今僅據石擘窠大書一本，隨表奉進，庶以竭臣下縷縷之誠，特乞聖恩，俯遂前請，則天下幸焉。"①

可見，顏氏對自身前期書風概括爲"前書點畫稍細"，誠爲確論。何焯云："況豐碑與小字不同，上下左右必如造凌雲臺，然稱平衆木使輕重無錙銖偏負乃成章法耳。……豈容舉此一碑爲顏公早年書。"何焯所跋固然有其道理，認爲顏真卿楷書存在前後期之變化，亦因其眼界有限，未能看到較早之作品。

（二）尊碑卑唐

何焯《予寧堂法書跋》云："然自晉永嘉而後派別遂分南北。"何焯於清初之際，針對漢魏南北朝碑刻資料，對唐以前書法風格的發展演變脈絡重新進行疏理和闡述，提出書法在魏晉南北朝時期開始分南北兩派，爲碑學理論的進一步構建奠定了堅實的基礎。阮元的《南北書派論》和《北碑南帖論》綜理南北書家，提出南北書法皆祖述鍾繇、衛瓘，而南派自二王以下，形成江左風流，其長在帖；北派自崔盧以下，承續中原古法，其長在碑，碑學理論已具雛形。包世臣承阮元之説，認爲北朝書法直接漢魏、導源分篆，將北碑視爲楷行之本，使碑學理論進一步具體和完整。錢泳《書學·書法分南北宗》贊述阮氏觀點。何焯實開阮元"倡碑"、康有爲"卑唐"先河。

何焯《内府本小歐道因碑》："蘭臺書，此碑肩吻太露，橫畫往往當收處反飛，蓋唐碑而參北朝字體者。亦用其父分書《徐州都督房彦謙碑》法也。"觀通書此碑參北碑筆法。何焯："褚公此碑參合南北兼有篆隸，然頗傷於雜，欲趁姿媚反乖自然於鍾王之外，橫鶩別驅。"何焯以褚遂良書法原本出發，認爲褚書參合南北，兼有篆隸："褚書精美溫雅，備具南風，而轉折頓挫，誇飾棱角，則出北派，其波勢磔法，風韻窈窕，號曰'美女書'……開元楷法積成棱角之弊，也以爲始。"②褚遂良志學之年，天下一統，南北書風融和，其早年書法如《伊闕佛龕碑》等楷書，多襲齊、周遺續。北碑往往存有隸書遺意。因此，何焯捕風捉影，把褚遂良由北碑之中繼承下來微存的隸意，硬說成是篆隸筆法。宋朱長文《續書斷》："魏晉而下，始減損筆畫，以就字勢，惟公合篆籀之義理。"③其中評魯公楷書有篆籀筆意，何焯評褚河南此碑兼有篆隸筆法，亦自此而來。其根源則來源於清代中前期在金石學帶動下的有關篆隸書體及篆隸書體與其他書體關係的反思。何焯《崔敬邕墓誌》云："六朝長處在落落自得，不爲法度拘局；歐虞既出，始有一定之繩尺而古韻微矣。"唐人雖有一定之規範，然是以喪失古韻爲代價，未能形成超凡脱俗的個性特徵，而六朝長處在於不爲法度所窘而落落自得。何焯對唐人因尚碑循法以致缺乏古韻，遠離魏晉之書法正統，背離魏晉書法之古韻予以否定，何氏這種卑唐理論的提出實開康有爲"卑唐"之先河，體現了"尊碑"、"卑唐"的思想心理，確立了崇碑貶帖、尊碑卑唐的典型。"論書

---

① 朱關田：《唐代書法家年譜》，江蘇古籍出版社，2001 年，第 369 頁。
② 叢文俊：《中國書法史·總論》，第 73 頁。
③ （宋）朱長文：《續書斷》，《歷代書法論文選》，第 324 頁。

不取唐碑，非獨以其淺薄也，平心而論，歐虞入唐，年已垂暮，此實六朝人也。褚、薛筆法，清虛高簡，若《伊闕佛龕碑》、《石淙序》、《大周封禪壇碑》，亦何所惡！良以世所盛行，歐、虞、顏、柳諸家碑，磨翻已壞，明隨尊堂實則尊翻變之棗木耳"，"唐人解講結構，自賢於宋明，然以古爲師，以魏晉繩之，則卑唐已甚，若從唐入手，則終身淺薄，無復有窺見古人之日"①。何焯言崔敬邕墓誌在唐楷之上，實開康有爲卑唐之先河。

（三）維護大統

何焯之書學欲維護書法正統，厚古而薄今，而於元明書家頗有微詞。何跋《褚河南聖教序》云："要之書家正派必在永興，渤海乃其亞，匹永興如孔門之有顏子，渤海廉鍔太勝近於孟子，河南源遠未分莊周氏之論歟？"

正如《山谷論書》所言，"右軍筆法如孟子道性善，莊周談自然"，"余嘗以右軍父子草書比之文章：右軍似左氏，大令似莊周。由晉以來，難得脫然都無風塵氣似二王者"②。張懷瓘《書斷・中》云"虞則内含剛柔，歐則外露筋骨，君子藏器，以虞爲優"，"真行之書，雖於大令亦別成一體，森森焉若武庫矛戟，潤色寡於虞世南，……傷於清雅之致"③。君子藏器，温潤而不失威嚴，即"德"，爲中國書法增加了思想性，即增加了非藝術標準，應該指出的是中國文化藝術精神中"思想性"是第一位的。何焯喻虞永興爲儒家之顏子，喻李邕爲儒家之孟子，喻褚河南爲道家之莊周，便是爲書法增加了思想性，其書學源流從此而來。儒道思想是中國文化的傳統思想，將書家在書統上的地位與顏子、孟子、莊周在文化傳統上的地位相媲美，可見何焯欲維護正統之書學思想與文化藝術精神。

何氏書宗魏晉維護書法正統，厚古而薄今，於勝國書家均有不足之意。何氏論王履吉云："雅宜書頗學虞世南，然所臨摹者不過翻本廟堂碑，往往失之於鈍，又其參證少也。"④明王世貞《藝苑卮言》言王寵："書始摹永興，大令，晚年稍稍出己意，以拙取巧，婉麗遒逸，爲時所趣，幾奪京兆價。"⑤明莫雲卿《莫廷韓集》云："貢生盤旋虞監，而結體甚疏，雖瀾然天真，而精氣不足；晚年行法，飄飄欲仙。"⑥王寵書向以婉麗遒逸、疏秀有質取勝，其楷書宗虞世南、智永，有虞世南《夫子廟堂碑》法度，結體内緊湊而外駿逸，骨肉勻稱，清爽多姿。又論董玄宰云："董胸次隘結，字欲開展，而分寸大疏，法意俱乖，其用筆亦未始不遒，但嫌照管不到。"⑦對祝京兆、王寵、董其昌之書法頗有不屑之嫌。

這亦可從另一角度説明何焯維護書法正統，書宗魏晉，厚古而薄今、維護大統之書學思想。

---

① （清）康有爲：《廣藝舟雙楫》，《歷代書法論文選》，第813頁。

② （宋）黃庭堅：《山谷論書》，《歷代書法論文選續編》，第61頁。

③ （唐）張懷瓘：《書斷・中》，《歷代書法論文選》，第192頁。

④ （清）王應奎：《柳南續筆》，《歷代筆記書論彙編》，江蘇教育出版社，2001年，第414頁。

⑤ （明）王世貞：《藝苑卮言》，《歷代筆記書論彙編》，第187頁。

⑥ （明）莫雲卿：《莫廷韓集》，《明清書法論文選》，上海書店出版社，1993年，第21頁。

⑦ （清）王應奎：《柳南續筆》，《歷代筆記書論彙編》，第414頁。

四、何焯書學思想之述評

"近時吳中何氏焯汪氏份,以時文倡導學者,而經術亦衰"①。在當時的校勘學家中,何焯是沿襲明人評點古書的習慣來做工夫的。何焯題識在書本上的內容,除記載刊本異同、文字正俗外,還有論人、論事、論經時大略的評語,與乾嘉學派學者們校書的趨向截然不同。

雖然崔高維先生在《義門讀書記》中評價何焯云:"其所考訂,咸有依據。"然何焯考證亦有不足之處:"若據考證之功,十倍於焯,焯所聞見,恐未能望其津涯,未免輕廣立論是即不及若璩之一證,以其拾遺補缺,一知半解亦或可采,故仍並存之,不加□□焉。"②《潛研堂文集》卷三十:"至其援引史傳,掎摭古人,有絕可笑者。"錢氏此跋便譏其考證多疏,弄錯了許多史實。所以王應奎《柳南續筆》卷三曾云:"何義門看書,洵屬具眼,然過於細密,便近時文批評。"焦循亦云:"同一校讎也,何義門(焯)宜屬文苑;盧召公宜屬儒林。"③何焯所做的工夫,畢竟還是文士的路子,不是做學問的功力,更談不到考證的精審了。何義門書固精詣,而評論未免太高,其於勝國諸家均有不足之意。《論王雅宜書》云:"雅宜頗學虞世南,然所臨摹者不過翻本,《廟堂碑》往往失之於鈍,由其參證少也。他所校多半是小節,又並未有用後來校勘家家法,全謝山說他不脫帖括氣,誠然。但清代校勘學,總不能不推他爲創始人。"

何焯所處之清代,已很難得見宋拓本及魏晉唐宋之名家墨迹,在鑒印上,眼界亦不足,何氏對潘氏本《閣帖》的拓本鑒定上存在欠精審之處,沈曾植《海日樓題跋》曾記載關於何焯關於此帖的鑒定,云:"所藏尚有一明舊拓,爲何義門藏本,乾嘉舊題,已屬作宋拓矣。"又在考證《杜貽穀黃庭經》時,僅憑"天水雙龍"、"宣和"二印之存在即定其爲宋拓本,而忽略好事者爲之的因素,況此帖南宋時已頗有爭議,而何焯於此未能詳加考證,足見其眼界因時代所壓不能高古。

總而言之,義門喜臨晉、唐法帖,善讀書,日事點勘,其作書惟用陸燦若一人所製筆。他的書法完全是在廣博、精深的學養中滋養出來的,近代學者馬宗霍曾指出何焯書法與學問的關係,故"小真行書不習而工,校之習而工者爲雅,以其澤古既深而自有韻味也"。《潛研堂文集》卷十云:"楷法極工整,蠅頭朱字,粲然盈秩。好事者得其手校本不惜重價購之。"所作真行書併入能品,劉熙載將其小真書列入佳品上。書法老勁,吳人將其與汪退谷並稱汪何。清梁章鉅論本朝書家自張照外即推何義門,且將何焯與同時之陳香泉、姜西溟、林吉人並舉,亦受其父影響。其父梁資政評何氏云:"當時義門與吾鄉林吉人並以精楷擅名。而義門較有骨氣,至於行草大幅則揮灑自如,動中矩,吉人又當讓其獨步矣。"④認爲何焯與康熙進士林佶齊名,至於行草林佶遠遜義門一籌。

---

① (清)阮葵生:《茶餘客話》卷十七,《歷代筆記書論彙編》,第 414 頁。
② (清)趙爾巽:《清史稿》卷一八八《集部》四一《別集類》,中華書局,1977 年。
③ (清)焦循:《雕菰集》卷十二,民國間蘇州文字山房木活字排印本。
④ (清)梁資政:《四勿齋隨筆》,(清)梁章鉅:《吉安室書錄》,上海人民美術出版社,2008 年。

《義門題跋·跋》(涉本收入):"義門先生各種題跋甚多,此卷專集其評論碑帖者,所論王顏蘇米諸家,王顏以骨力勝,蘇米以氣韻勝,而一歸於映帶飛動,竊謂有骨力而能出之以氣韻,乃得書家三昧矣,壬寅春日吳江沈椶真識。"

然而何焯之書評與其自身之書法風格却相矛盾。何焯書風秀韻不俗,用筆雖古,因其書法多雜以碑氣,雖有二王風骨,然終嫌少一圓字。梁巘《評書貼》云:"義門未得執筆之法,結體雖古而轉折欠圓勁,特秀韻不俗,非時流所及。"①又因個性稍重而乏韻也。如徐壇長云:"近書家惟三人,姜葦間、陳香泉、何義門。何臨仿唐人甚熟,實得古人筆法,只自己面目稍重,塌着筆描字,不是提着筆寫字。"②

---

① (清)梁巘:《評書帖》,《歷代書法論文選》,第 577 頁。
② (清)阮葵生:《茶餘客話》卷十七,《歷代筆記書論彙編》,第 414 頁。

論龔自珍對常州"春秋公羊學"的繼承和發展

申屠爐明

(南京大學中國思想家研究中心)

　　摘　要：龔自珍是清代思想史上著名的思想家,探討其生平和學術思想的論著,多不勝數。然則於其學術立場的轉變,以及於其所師承的常州"春秋公羊學"繼承發展,論者多取資《六經正名》、《五經大義終始論》及其政論文立論,而於龔氏自稱繼承劉逢禄學術的著作《春秋決事比》則多語焉不詳。本文認爲,龔自珍的"春秋公羊"是在劉逢禄的基礎上,從東漢上推到西漢的董仲舒,走的是"治事"一途,經世的色彩更加明顯。另一方面龔自珍講"三世説",更是不限於《公羊傳》一書,而擴大到群經。這樣就爲常州學術開闢了新的途徑。

　　關鍵詞：常州學派　春秋公羊學　春秋決事比

　　往日讀梁啓超《中國近三百年學術史》,印象深刻的是梁啓超説:"光緒間所謂新學家者,大率人人皆經過崇拜龔氏之一時期。初讀《定庵文集》,若然電受。"①梁氏就是光緒年間的新學家,感同身受,聞見親切,可見龔自珍在相當一個時期内對思想界的影響極大。晚近以來,探討其生平和學術思想的論著,多不勝數。然則於其學術立場的轉變,以及對於所師承的常州"春秋公羊學"繼承發展,論者多以《六經正名》、《五經大義終始論》及其政論文立論,而於龔氏自稱繼承劉逢禄學術的著作《春秋決事比》則多語焉不詳。本文試爲探索,發其餘藴,力求人所詳者簡之,略者則詳論之。

一、龔自珍的學術師承與治學立場的轉變

　　龔自珍,字璱人,號定庵,浙江仁和(今浙江杭州市)人。道光九年(1829)進士,授内閣中書,升宗人府主事。十七年,改禮部。尋告歸,遂不復出。道光二十二(1842)年卒,年五十②。龔自珍主要的經學著作有:《尚書序大義》、《泰誓答問》、《尚書馬氏家法》、《左氏春秋服杜補義》、《春秋決事比》,其他還有《六經正名》及《六經正名答問》、《五經大義終始論》及《答問》等,

---

① 　梁啓超:《清代學術概論》,朱維錚校注:《梁啓超論清學史二種》,復旦大學出版社,1985年,第61頁。
② 　《清史列傳》卷七三《文苑傳四》,中華書局,1987年。

有不少已佚失，後人將現存文章分類編輯爲《龔自珍全集》。龔氏現存的經學著作篇幅皆不大，王先謙《清經解續編》僅收入《泰誓答問》一卷、《春秋決事比》一卷，共二種。龔氏著作雖不多，然見解却新穎可喜，有公羊家所謂的"多非常異義可怪之論"。

龔自珍與同時代的魏源齊名，兩人俱出於劉逢禄之門。道光六年（1826），劉逢禄分校禮闈，見鄰房有浙江、湖南二卷，經策奧博，意謂此二卷必是龔、魏二人，極力推薦，未果①。劉氏痛惜之，作《題浙江湖南遺卷詩》云：

> 之江人文甲天下，如山明媚兼嶙峋。盎盎春溪比西子，浣花濯錦裁銀雲。神禹開山鑄九鼎，罔兩類伏歸洪鈞。鋒車昔走十一郡，奇祥異瑞羅繽紛。茲登新堂六十俊（浙卷七百餘，獨分得六十卷），就中五丁神力尤輪囷。紅霞噴薄作星火，元氣蓊鬱煇朝暾。骨驚心折且揮淚，練時良吉齊肅陳。經旬不寐探消息，那知鍛翮投邊塵。文字遼海沙蟲耳，司中司命何歎嗟？②

詩中的"之江"、"西子"指杭州，這是傷龔自珍落第不售。是年浙卷七百餘份，劉逢禄分校六十份，內無龔自珍卷，故有"司中司命"之歎。詩中又有"更有無雙國士長沙子"云云，是傷湖南魏源落第不遇。可見劉氏於龔、魏兩人極爲看重。

龔自珍自然對劉逢禄的知遇之恩念念不忘。《雜詩，己卯自春徂夏，在京師作，得十有四首》之六説：

> 昨日相逢劉禮部，高言大句快無加。從君燒盡蟲魚學，甘作東京賣餅家。③

劉禮部即劉逢禄，其時任禮部侍郎。《爾雅》有"釋蟲"、"釋魚"篇，故詩中謂之蟲魚學，這是泛指乾嘉以來樸學諸儒從事的許、鄭之學。東京賣餅家原是對《公羊傳》的貶稱，龔氏却受之如飴④。這表明龔自珍自遇見劉逢禄後，決心捨棄以前外家所傳的家學。龔氏爲著名樸學大師段玉裁的外孫，自小接受段氏的教導，研究《説文》之學。誠如《己亥雜詩》第五十八首所説的："張杜西京説外家，斯文吾述段金沙。導河積石歸東海，一字源流奠千嘩。"自注："年十有二，外王父金壇段先生授以許氏部目，是平生以經説字，以字説經之始。"⑤此時，在龔氏心目中，劉逢禄的"春秋公羊學"吸引力已遠遠超過傳統的許鄭之學。《己亥雜詩》第五十九首説："端門受命有雲礽，一脈微言我敬承。宿草敢祧劉禮部，東南絶學在毘陵。"自注云："年二十有八，始從武進劉申受受《公羊春秋》。近歲成《春秋決事比》六卷，劉先生卒十年矣。"⑥龔氏詩中

---

① 此事劉逢禄子劉承寬《先府君行述》有記載："丙戌，分校禮闈，鄰房有浙江、湖南二卷，經策奧博，曰：'此必仁和龔君自珍、邵陽魏君源也。'亟勸力薦，不售。於是有傷湖南、浙江二遺卷之詩。"《劉禮部集》卷一一附，上海古籍出版社，1995 年影印續修四庫全書本。又徐珂《清稗類鈔·考試類》"龔定庵、魏默深會試下第"條載："道光丙戌會試，劉申受禮部爲同考官，得龔定庵卷，狂喜，亟薦之。魏默深卷在某侍御房，猶豫不遽薦。劉讀其文，異之，乃促令遽薦。然龔、魏竟下第，劉痛惜之。"

② 劉逢禄《劉禮部集》卷一一。

③ 《龔自珍全集》，上海古籍出版社，1996 年，第 441 頁。

④ 典出《三國志·魏書·裴秀傳》注引《魏略》："（嚴幹）折節學問，特善《春秋公羊》。司隸鍾繇不好《公羊》而好《左氏》，謂《左氏》爲太官，而謂《公羊》爲賣餅家。"説見劉逸生等《龔自珍編年詩注》，浙江古籍出版社，1995 年，第 21 頁。

⑤ 《龔自珍全集》，第 514 頁。

⑥ 《龔自珍全集》，第 514 頁。

的"端門受命",出《春秋公羊傳》哀公十四年,"君子曷爲《春秋》? 撥亂世反諸正,莫近《春秋》"。何氏《解詁》云:"得麟之後,天下血,書魯端門曰:趨作法,孔聖没。周姬亡,彗東出。秦政起,胡破術。書記散,孔不絶。子夏明日往視之,血書飛爲赤鳥,化爲白書,署曰《演孔圖》,中有作圖制法之狀。孔子仰推天命,俯察時變,却觀未來,預解無窮,知漢當繼大亂之後,故作撥亂之法以授之。"這是漢代流傳的緯書《春秋演孔圖》中的話,何休采入《解詁》中。漢儒將孔子描繪成爲漢世制法的聖人,當然是爲了政治上取得統治者的支持,以售其術。同時,也使我們看到學術爲政治服務的一面。龔氏詩中引此典故明確將自己定位成這一派的學術傳人,遠承漢儒,近師劉逢禄。詩外之義則是暗示經學研究應爲改革政治服務,而不應鑽進古紙堆中搞繁瑣的"蟲魚之學"①。常州學派從莊存與以來就有"求微言大義於語言文字之外"的傳統,故龔氏目爲"東南絶學在毘陵",毘陵是常州的古稱。龔氏又有《投宋於庭(翔鳳)》詩:"游山五嶽東道主,擁書百城南面王。萬人叢中一握手,使我衣袖三年香。"有《常州高材篇送丁若士(履恒)》,更是稱"天下名士有部落,東南無與常匹儔"。凡此種種,無不表明龔自珍自從接受了《春秋公羊》學後,决心燒盡"蟲魚之學"——即乾嘉以來樸學家從事的考證之學,要追求"微言大義"。由此可證龔自珍的學術立場已從古文學完全轉變到了今文學方面。

不過龔自珍不欲以此造成門户界限,這從他寫信批評江藩的《國朝漢學師承記》"名目有十妄"可知。江藩的《漢學師承記》嚴格確立漢、宋壁壘,龔自珍認爲"以漢、宋爲對峙,尤非大方之言";又説"瑣碎餖飣不可謂非學,不得爲漢學",因此建議改名爲《國朝經學師承記》。其第七"不妄"更是指出:

　　　近有一類人,以名物訓詁爲盡聖人之道,經師收之,人師擯之,不忍深論,以誣漢人,漢人不受。②

龔氏所説的近有一類人,隱指樸學宗師戴震等人。戴震倡導"經之至者道也,所以明道者其詞也,所以成詞者字也。由字以通其詞,由詞以通其道,必有漸"③。戴氏弟子段玉裁爲《戴東原集》作序時總結説:"聖人之道在六經。……先生之治經,凡故訓、音聲、算術、天文、地理、制度、名物、人事之善惡是非,以及陰陽、氣化、道德、性命,莫不究乎其實,蓋由考核以通乎性與天道。"龔氏雖曾受過段氏教育,但學術上不苟同如此。有意思的是,龔氏爲江藩所著書作的序裏,逕稱《國朝經學師承記》若干卷,是仿司馬遷例;《國朝經師經義目録》若干卷,仿劉向之例云云④。

二、龔自珍"《春秋》明是非,長於治人"的主張

《春秋公羊傳》是常州學派研究的核心經典。龔自珍的《春秋》學著作是《春秋決事比》,也是龔自珍將其視爲繼承劉氏學説的著作。前述龔自珍以敬承漢代的董仲舒、何休及業師劉逢

---

① 説見劉逸生等《龔自珍編年詩注》,第 520 頁。
② 《龔自珍全集》,第 347 頁。
③ 戴震:《與是仲明論學書》,《戴震文集》卷九,中華書局,2006 年。
④ 龔自珍:《江子屏所著書序》,《龔自珍全集》,第 194 頁。

禄"一脈微言"的人自居,也具體體現在這部著作中。《春秋》多微言,漢代《春秋》學大師董仲舒説過:"《春秋》文成數萬,其旨數千。"另一方面,《春秋》不僅是一部思想内涵豐富的經典,還是一部在現實生活中能起到指導作用(治人治事)的著作。司馬遷就曾説過《春秋》者,禮義之大宗也",又説"《春秋》明是非,長於治人"。這方面董仲舒就有《公羊決獄》十六篇。龔氏之前的劉逢禄雖説也重視董仲舒,但其著作《公羊何氏釋例》總結的卻是東漢何休之學。自龔自珍、魏源起開始上推到西漢的董仲舒。有趣的是,魏源《董子春秋發微》所主的"微言";龔自珍的《春秋決事比》所注重的是後者,發揮的是《春秋》"長於治人",即董仲舒《公羊決獄》一路。《自序》云:

> 自珍既治《春秋》,鰓理鏬隙。凡書弒、書篡、書叛……之類,文直義簡,不俟推求而明,不深論。乃獨好刺取微者,稍稍迁回費辭説者,大迁回者,凡建五始、張三世、存三統、異内外、當興王,及别月日時,區名字氏,純用公羊氏。求事實,間采左氏;求雜論斷,間采穀梁氏。下采漢師,總得一百二十事。獨喜效董氏例,張後世事。以設問之,以爲後世之事出《春秋》外萬萬,《春秋》而不得盡知之也。……既成,部爲十一篇,命之曰《春秋決事比》。①

這裏,龔自珍將著書的宗旨及體例交代得很明白。凡《春秋》中書弒、書篡、書叛……之類的"書法"問題,不作深論,以其文直義簡,無須推求可明。另一層原因恐怕是,這些問題何氏《公羊解詁》多已述及;何氏未備者,劉氏《何氏釋例》中也已歸納得井井有條。龔氏覺得没有必要再在此方面花力氣,故另闢蹊徑,在書中深論須"迁回費辭"的問題,即《公羊》中的一些核心命題。如建五始、張三世、存三統、異内外等,純粹用《公羊》説。求歷史史實,則間用《左傳》;求論斷,偶用《穀梁傳》。這也是龔自珍的《春秋》研究與劉逢禄不同的地方,劉逢禄墨守《公羊》家法,極端排斥《左傳》和《穀梁傳》,采取"公羊墨守,穀梁廢疾,左氏膏肓"的態度。龔自珍對《春秋》三傳的態度要比劉逢禄平實得多。據龔氏《春秋決事比》目録,這十一篇的篇目和内容是:

> 《君道篇》第一,引經傳十三事。
> 《君守篇》第二,引經傳十事。
> 《臣守篇》第三,引經傳十事。
> 《不應重律篇》第四,引經傳十四事。
> 《不應輕律篇》第五,引經傳十四事。
> 《不定律篇》第六,引經傳十一事。附《答問》十事。
> 《不屑教律篇》第七,引經傳四事。附《答問》三事。
> 《律目篇》第八,引經傳十一事。附《答問》十事。
> 《律細目篇》第九,引經傳十四事。附《答問》九事。
> 《人倫之變篇》第十,引經傳十九事。附《答問》八事。

---

① 龔自珍:《春秋決事比·自序篇第十一》,《清經解續編》卷九三一,上海書店,1988年。

《自序篇》第十一，引經傳百二十事，原佚。

今所見者惟《不定律篇》以下五篇的《答問》及《自序》部分，全書十一篇引經傳若干事全佚①。雖說亡佚大半，但從中還是能看出其"春秋學"的特色。

第一，《春秋》爲後世立法之本，龔自珍用設詞問答的形式表達自己的見解。如《春秋決事比答問·不定律篇》：

> 甲問："據大著立不定律，有高乎諸家之義，如何？"
> 答甲："夫不定律者，權假立文也。權假何以立文？假之吏也。天下大獄必赴吏。吏也者，守常奉故，直而弗有。……《春秋》當興王，假立是吏而作。今律有部議，有部擬，有閣臣票雙簽、票三簽，有恩旨緩決，皆本《春秋》立文者也。先原奏，後旨意，兩者具，然後獄具。作者曰：是亦吾所爲測《春秋》也。"②

《春秋》僅是一部書，何以興王？公羊家認爲，孔子生當衰亂之世，故於《春秋》中寄託其政治理想，也即爲後世垂法的意思。龔氏指出，《春秋》要用世，必須假之於吏，吏之職責就是行《春秋》之實。他說的"今律"就是"大清律"，立法之意皆本之於《春秋》。這層意思就是其《自序》中說的"以《春秋》之治獄也，趨作法也，罪主人也，南面聽百王也，萬世之刑書也"。現在所能見到的《不定律篇》論述的就是"權假立文"，假之於吏。《不屑教律篇》是"所以尊教也"，都是根據《春秋》經義，確立一些大的是非原則問題。先看《春秋》中假立吏問題。

> 乙問：《春秋》假立吏，許世子獄如何？
> 答乙：書許世子止弒其君買，是擬死；書葬許悼公，是恩原之。《春秋》之吏，聞有父飲子藥而死者，急欲成子之意擬之死。俄而《春秋》聞之，聞其愚孝，無有弒志，乃原之。

按：此事發生在昭公十九年。據《左傳》記載，這年夏天，許悼公患了瘧疾。五月戊辰，許悼公吃了太子止進的藥後死了。按《春秋》筆法，以下謀上叫"弒"，所以要記上"弒其君"。如照《春秋》的原則，這是死罪。但考慮到太子進藥原是一片孝心，本無謀害國君之意，所以就原諒了他，記上"葬許悼公"字樣。此外，如"晉趙盾弒其君"例。按之史實趙盾並未弒君，《春秋》之所以要記上一筆，是因爲趙盾身爲國家大臣，君亡有討賊的義務，却袖手旁觀，故這筆帳要記在他頭上。但《春秋》也知其曾數次向國君進諫，無弒之志，乃原之。又如歷史上著名的"春秋五霸"之一齊桓公，在齊國內亂中殺其兄公子糾，並且在無周天子册命的情況下自立，在《春秋》看來是"逆取"，罪也不小。但齊桓公執政時能"順守"，打出"尊王攘夷"的旗幟，在管仲的輔助下，"一匡天下，九合諸侯"，維護了華夏民族的利益。孔子對此有很高的評價，《論語》上說過，如沒有管仲，我們就要"被髮左衽"了。罪與功，兩相比較，是"順著而逆微"，故《春秋》原之。

---

① 王先謙編刻《皇清經解續編》收錄五篇，內容與通行本《龔自珍全集》中《春秋決事比答問》五篇完全相同，當是南菁書院刊刻《續經解》時已有亡逸。《全集》本書後列有《佚著待訪目》不及此前五篇，當已久佚。《待訪目》中有《兩漢君臣稱春秋之義考》一卷，度其內容，當也係同性質的著作。
② 《龔自珍全集》，第55、56頁。

《不屑教律篇》引經傳所舉三事,也具有重大的現實意義。昭公十六年:"楚子誘戎蠻子殺之。"公羊子曰:"楚何以不名? 夷狄相誘,君子不疾也,若不疾,乃疾之也。"何休曰:"據誘察侯名。"又文公元年冬十月丁未,楚世子商臣弒其君髡。凡此種種,龔氏總結説:

> 《春秋》假立楚爲夷狄,若曰後有王者,四裔之外逆亂,非守土之臣所告,宜勿問,……問之必加兵。中國盛,兵力盛,加兵而服,則必開邊,則是因夷狄之亂以收其土地,仁者弗爲也。中國微,兵力微,加兵而不服,則必削邊,則喪師、糜餉、削邊以取夷狄笑,智者弗爲也。故勿問者,《春秋》之家法,異内外之大科也。①

這是龔自珍從《春秋》中引申出來的義理,有很强的現實性,開以經義論政的先河,對後來的康有爲影響極大。

第二,繼承了董、劉以來學術爲政治服務的傳統。董仲舒向漢武帝獻"天人三策",是漢代學以致用的典型人物,《春秋決獄》就是爲現實服務的著作。劉逢禄在禮部時也以"經義決事"而著稱②。龔自珍繼承了他們關注現實、强調學術爲政治服務的傳統。這在《春秋決事比》中得到了充分體現。如《律目篇》談到父子兄弟的問題。孔子説"父爲子隱,子爲父隱",言父子實則也包含了兄弟在内。《春秋》文公十六年,毀泉臺。《公羊傳》説:"毀泉臺何以書? 譏。"這件事爲何要譏? "父築之,子毀之",所以要譏。從事件的性質來看,子所爲雖正,然不得暴父惡。又,文公十五年"齊人來歸子叔姬",《傳》曰:"父母之于子,雖有罪,猶若不欲服其罪者然。"這是説子雖不正,父也不得暴其惡。此二者是《春秋》中的常律。今律(指大清律)有子弟訐發父兄罪,審訊後雖符合事實,也要先罪訐發者。常中還有變例,如周公誅管、蔡;石碏誅石厚等事例,正如《左傳》所云是"大義滅親"。

《律細目篇》舉出今律與《春秋》相同之處,目的是要讓立法者、執法者知其源流。今律與《春秋》齟齬之處,則要補偏求正。具體説來,今律與《春秋》相比較,有三種情況。

第一種,古今相同。如今律,一人犯數罪,以重者科之。在《春秋》中是有依據的。莊公十年,"公侵宋"。公羊子説:"戰不言伐,圍不言戰,入不言圍,滅不言人,書其重者也。"

第二種,古密今疏。今律,犯罪只分首從,處理也不同。《春秋》則區分更密,隱公元年,"公及邾儀父盟于蔑"。《公羊傳》説:"及,我欲之也;暨,不得已也;及,猶汲汲;暨,猶暨暨也。"

第三種,古今大異。今律,父殺子,輕於平人。《春秋》則規定殺世子、母弟,罪加殺命卿一

---

① 《龔自珍全集》,第 58 頁。

② 劉承寬《先府君行述》記,劉逢禄任禮部主事時,據古禮以定今制,推經義以決疑難。有以下幾事可稱。嘉慶二十二年,安徽巡撫諮稱,某州民兄弟伯仲共一子,各爲娶婦。而仲之婦無出,將繼其伯之次孫爲仲嗣,欲令其服所嗣祖母承重服及母服。州府不能決,諮請部示。部中欲引慈母如母律決之,劉逢禄力言不可,作駁稿,謂"禮無二適",析義至精,此案始定。這是據古禮以定今制的例子。又,道光四年,越南貢使來朝,得旨賞給。上諭中有"外夷貢道"之語,越使臣欲請改"外夷"爲"外藩"。部中以詔書難以更改爲由而拒之,又恐失遠人之心,一時不知如何是好。劉逢禄據經義解決了這個難題,其根據是:"《周官·大司馬》職方氏,王畿之外分九服,夷服去王國七千里,藩服去王國九千里,是藩遠而夷近也。"這裏從藩王國的遠近定關係的親疏,夷比藩更近,關係更親密。又"夷"字也並不就是貶稱,如儒家聖人大舜爲東夷之人;周文王是西夷之人。謂"我朝六合一家,盡去漢唐以來拘忌嫌疑之陋"。使者終於接受而去。這是推經義以決疑難的例子,確有西漢董仲舒之風。

等。龔氏注明,這一條聞之於劉逢禄。

龔自珍在《人倫之變篇答問》指出,周是文家,《春秋》是質家。穀梁子没有受《春秋》改制大義,故習於用周文家爲之説。公羊子受《春秋》改制大義,故説義爲精。

嚴格説來,《春秋決事比》並不是一部研究《春秋公羊傳》文本的著作,而是援引《春秋公羊》義理"決事"的著作。因此,重在"決事",這也充分體現了龔自珍"通經致用"的思想特色。

三、龔自珍的"三世説"

龔自珍在學術上走的是常州學術一途,故《公羊》學説的"三世"説也是其著作中津津樂道的話題。如《乙丙之際箸議第九》篇,開頭就説:

> 吾聞深於《春秋》者,其論史也,曰:書契以降,世有三等。三等之世,皆觀其才;才之差,治世爲一等,亂世爲一等,衰世别爲一等。衰世者,文類治世,名類治世,聲音笑貌類治世。黑白雜而五色可廢也,似治世之太素;宫羽淆而五聲可鑠也,似治世之希聲;道路荒而畔岸隳也,似治世之蕩蕩便便;人心混混而無口過也,似治世之不議。左無才相,右無才史,閫無才將,庠序無才士,隴無才民,廛無才工,衢無才商,抑巷無才偷,市無才馹,藪澤無才盜,則非但戮君子也,抑小人甚戮。①

龔氏對"三世"説闡發,重點在於指出了人材的重要性,以此來衡量社會的盛衰。如僅看外表,衰世與治世没有什麽不同,從社會的各種名分教化看象治世,就是從社會的言談風尚、聲樂笑貌也和治世一樣。但可怕的是,人們都糊糊塗塗地過日子,没有一點過分的言論,無人非議時政,也即其《己亥雜詩》中描述的"萬馬齊喑"局面。這充分説明了國家和社會各個階層缺少傑出人材,也是龔氏所處時代的真實寫照。故他預言"亂亦竟不遠矣",這些反映出他思想中的深刻性。

同時,他的著作中也"多非常異義可怪之論",極爲新奇可喜。在《五經大義終始論》等篇中,將《公羊》三世義與諸經經義相比附,明確指出,三世之義並非只有《春秋公羊》中有,諸經中也有此義。《五經大義終始答問一》説:

> 問,三世之法誰法也?答,三世非徒《春秋》法也。《洪範》八政,配三世,八政又各有三世。願問八政配三世?曰:食貨者,據亂而作。祀也,司徒、司寇、司空也,治升平之事。賓師乃文致太平之事,孔子之法,箕子之法也。

《洪範》是《尚書》中的一篇。龔自珍認爲《洪範》八政各有三世,祀之三世在《禮運》中,首言"土鼓蕢桴",中言宗廟祝嘏之事,卒言太一,此爲祀之三世不同之名。如徵之於《詩》,后稷春揄肇祀,爲據亂。公劉筵几而立宗,爲升平。《周頌》有《般》有《我將》,《般》主封禪,《我將》言宗祀,是爲太平(《答問二》)。又《詩·公劉》篇中也隱含三世中的"據亂"、"升平"之義,《答問四》云:

① 《龔自珍全集》,第6頁。

始國於齒,"乃積乃倉",當《洪範》之食,"俾筵俾几",當洪範之祀。五章、六章,是司徒、司空之事。"其軍三單",是司寇之事。司徒、司寇、司空,皆治升平之事。古人統兵於刑,班固尚知之,固也志刑不志兵。

又《尚書·洛誥》中隱含三世中的"升平"、"太平"之義,《答問五》云:

　　問:《洛誥》屬何世? 答:有升平,有太平。曰"予齊百工,伻從王于周",是八政司徒、司寇、司空之事。曰"肇稱殷禮,咸秩無文",是八政之祀事,皆言升平也。曰"我惟無斁其康事",當是時,周公誕保文、武受命,成太平之業,故求明農去位。若僅致升平,公豈宜去位之年哉?《公劉》之首章曰"匪居匪康",據亂故也。《洛誥》曰"無斁其康事",太平故也。

龔自珍的老師輩如劉逢祿講"三世",僅就何休《公羊解詁》中的命題發揮;宋翔鳳則將《春秋》與《論語》溝通,擴大了研究領域。龔氏則又將之擴大到群經,開拓了《春秋》研究的新途徑,這就是龔自珍對常州學派的重大貢獻。

龔自珍又將《春秋公羊》中的"三世説"與"大一統"命題結合起來,爲"太平大一統",甚爲新奇,發前人之所未發。《答問七》中闡發説:

　　問:太平大一統,何謂也? 答:宋、明山林偏僻士,多言夷、夏之防,比附《春秋》,不知《春秋》者也。《春秋》至所見世,吳、楚進矣。伐我不言鄙,我無外矣。《詩》曰:"無此疆爾界,陳常于時夏。"聖無外,天亦無外者也。然則何以三科之文,内外有異? 答:據亂則然,升平則然,太平則不然。

《春秋公羊傳》成公十五年,談到"内其國而外諸夏,内諸夏而外夷狄"問題,這也是《春秋》中的一條大義。宋朝前期學者胡瑗、孫復講《春秋》主"尊王",嚴夷、夏之防。孫氏著《春秋尊王發微》,尤得兩宋學者的好評①。蓋孫氏生當宋初,有鑒於唐末五代以來割據戰亂之禍,故研治《春秋》用世之意極爲明顯。龔氏批評的宋、明山林偏僻之士,多言夷、夏之防,比附《春秋》,是不知《春秋》。其實,並非宋明山林偏僻之士不知《春秋》,而是時代使然。滿清本也是"夷狄",至此入主中原已歷數代。又歷經清初諸帝殘酷的文字獄鎮壓後,士子們噤若寒蟬,何敢再提? 龔氏自不敢再提什麽夷、夏之防,而是認爲《春秋》至所見世,已無内外,所謂"聖無外,天亦無外"。但仍在三科之文内,據亂有異,升平也有異,而至太平世則不然,則夷狄進於爵,無内外之别了。我們無妨從另一個角度看問題,龔氏發掘了《春秋公羊》中的不以種族劃分夷夏,而以文化論夷夏之義,即夏可退於狄,夷可進於夏。這就使古老的《公羊》學説有了近代的思想氣息。

---

① 《經義考》卷一七九引歐陽修語,謂"先生治《春秋》,不惑傳注,不爲曲説以亂經。其言簡易,明於諸侯、大夫功罪,以考時之盛衰,而推見王道之治亂,得於經之本義爲多"。王辟之曰:"明復《尊王發微》十五篇,爲《春秋》學者未之有過者也。"魏安行《後序》曰:"六經皆先聖筆削,而志在於《春秋》者,賞善罰惡,尊天子而已矣。奈何傳注愈多,而聖人之意愈不明。平陽孫明復先生……《尊王發微》,其辭簡,其義明……"朱熹也説:"近時言《春秋》,皆是計較利害,大義却不曾見。如唐之陸淳,本朝孫明復之徒,他雖未能深於聖經,然觀其推言治道,凜凜然可畏,終是得聖人意思。"

　　龔自珍這方面的論述，在後來的梁啟超看來稍嫌"淺薄"，但他也承認"今文學派之開拓，實自龔氏"。蓋學術一道，後出轉精，本也常事。龔自珍將"三世説"與"大一統"命題結合起來，有"太平大一統"之説。這種研究方法無疑對後世的康有爲有直接的影響，觀康氏的"新三世"説便可知分曉。

　　龔自珍又繼承了常州學術中主微言大義，而通於天道人事的傳統，趨以經義論政，譏切時政一途。時人謂之"上關朝廷，下及冠蓋，口不擇言，動與世迕"，這些"傷時之語"正是其政論的特色。有關這方面的思想探討，前人及時賢著文甚多，文繁不贅述。

　　值得我們注意的是，回顧常州學派的發展歷程便可發現：一、從研究範圍上看，劉逢禄講《公羊》學關注的是何氏一家之學，另有《論語述何》，謂《論語》微言何休得之，本意仍在尊何。《論語述何》原非專書，係阮元編刻《經解》時剌取文集而成。然《述何》開宋翔鳳以《公羊》解《論語》之先河。宋氏有《論語説義》之作，謂《春秋》微言莫備於《論語》；或者説欲求《論語》大義非《春秋》不可。至宋氏弟子戴望《論語注》而發揮極致。龔自珍講"三世説"，更是不限於《公羊傳》一書，而擴大到群經。這樣就爲常州學術開闢了新的途徑。二、從探索的途徑上看，劉逢禄雖説董、何並重，但實際上所重視的是東漢的何休之學，觀其《公羊何氏釋例》可知。宋翔鳳開始專重西京博士之説，認爲西漢今文博士所傳的是"七十子之徒"的口説，得聖人之旨。這樣探索的途徑從東漢上推到了西漢。至龔、魏推波助瀾，專重董仲舒之學。兩者稍不同的是：龔自珍《春秋決事比》走的是董氏"治事"一途，而魏源的《董子春秋發微》側重點則在發董氏學説之"微"，重在學理探討，可謂殊途同歸。龔、魏學説，對後世的康、梁影響甚大，康有爲是集事、學爲一身的集大成者，最終掀起了近代史上轟轟烈烈的維新變法運動。這後來發生的一切，不要説是莊、劉，就是龔、魏，也夢想不到的。但常州學術的發展，必然會導致這一結果，這是可以斷言的。

　　總之，單從學術研究而言，龔自珍的"春秋公羊學"尚不及同時代稍後的陳立等人精深。但從把握常州學術的精神上説，龔氏無疑是深得常州學術之精髓，其倡導之功和影響力也非其他諸家所能比擬。

《黃鐘通韻》的音系特徵淺析

陳　喬

（中華書局文學編輯室）

　　提　要：本文通過對《黃鐘通韻》韻圖的聲母系統進行分析，總結歸納出韻圖的兩個特徵：一是存古現象。不但韻圖中使用的術語皆沿襲古法，而且重要的是一些讀音也保留了古音。二是韻圖反映了東北方音的某些特點。首先，最為明顯的例子就是精組、照組字相混。其次，韻圖中，日、喻合為一母的現象也與今天東北方音相似。

　　關鍵詞：《黃鐘通韻》　聲母　音系　東北方音

　　《黃鐘通韻》是十八世紀清代乾隆年間滿人都四德所作，全名《黃鐘通韻二卷　附琴圖補遺》。本書由樂律和音韻兩部分構成，即如書名所示。“黃鐘”是樂律名稱，爲十二律之首；韻圖部分，隨聲取字，匯通音義，是爲“通韻”。

　　一部韻圖的語音系統是與作者本身長期所處的語言環境分不開的。作者的籍貫、居住地，與韻圖基礎方言的確定有密切的關係。都四德是乾隆年間的滿族人，字乾文，號秋莊，自署長白人，屬滿洲鑲紅旗。文獻中能找到的作者相關資料非常有限，汪銀峰在《滿族學者在近代語音研究的貢獻之一——黃鐘通韻與遼寧語音研究》中，專門考證了“長白”在清代的具體位置和歷史沿革，並推論“長白”應該是遼寧地區，因此得出《黃鐘通韻》反映的是清代的遼寧語音。

　　我們知道，滿族人視“長白”爲祖先的發祥地，後代子孫如此自稱是十分正常的。但是僅僅依據這一點，按圖索驥，推論“長白”的所在地即都四德的籍貫，不能令人十分信服。據王爲民考察，“滿族的都姓來源於都佳氏，世居輝發（今吉林輝南）、索倫（今黑龍江嫩江市以西）等地”①。此條線索，個人認爲相比“長白”，更多幾分可信度。

　　下面我們將通過細緻分析《黃鐘通韻》的語音系統，來全面瞭解韻圖的方音特徵。

一、韻　圖　的　體　例

　　《黃鐘通韻》全書分爲“卷上”、“卷下”兩部分，共十篇。其中，“聲字第九”是講音韻的，並

---

① 　王爲民：《從滿漢對音規則看〈黃鐘通韻〉所表現的尖團音分合狀況》，《漢學研究》第 24 卷第 2 期，2006 年。

有一個韻圖。其餘九篇是研究樂律的。

　　《黃鐘通韻》的韻圖有十二幅，分別是：母音黃鐘律咿聲字、極音蕤賓律嗚聲字、羽音大呂律唉聲字、羽音應鐘律哀聲字、角音太簇律哦聲字、角音無射律阿聲字、宮音夾鐘律喑聲字、宮音南呂律唵聲字、商音姑洗律嚶聲字、商音夷則律映聲字、徵音仲呂律嘔聲字、徵音林鐘律噉聲字。第一幅圖由頭兩個聲字合成，"咿聲字"占輕上、輕下等，"嗚"聲字占重上、重下等。韻圖上出現的字共計 1 427 個，其中 45 字重複出現 55 次，因此，韻圖實收 1 327 字。圖中有音無字的位置以圓圈代之。

　　每個韻圖橫列喉屬、舌屬、齒屬、唇牙（包括上牙、下唇）屬，這五屬指的是聲母的發音部位，相當於現在所說的唇音、舌尖音等。五屬之下統分二十二行，即二十二聲母，與中古的三十六字母不同，且不分清濁。舌屬和唇屬下分別各隸五行字，其餘三屬各隸四行。

　　韻圖縱列輕上、輕下、重上、重下四等，相當於通用的開、齊、合、撮四呼。每呼中再分長平、短平、上、去、入五調。這種分法與傳統等韻圖不同，它把五個聲調納於每一個等呼裏。而像《韻鏡》這樣的韻圖則是先分四聲，四聲之中再分爲一、二、三、四等。另外，不是每個韻圖都具備四等和五聲。只有"咿聲字、嗚聲字、哦聲字、阿聲字"四個圖有入聲字。每圖牙屬下的輕下與重下二等字均同屬下二等字。嘔聲字和噉聲字則無重上、重下二等字，以"凡例"填補空白。

　　關於聲母，都四德説："黃鐘蕤賓二律圖内，方維一等字，即是字母（聲母）。"

二、《黃鐘通韻》的聲母系統

　　本文從古今兩方面對《黃鐘通韻》韻圖的聲母系統進行分析。首先以《廣韻》、《中原音韻》（以下分別簡稱爲《黃》、《廣》、《中》）爲參照音，分析它的聲母系統與後者聲母的對應關係，剖析其特點，構擬音值，觀察它的特徵和屬性。

　　第一幅咿、嗚兩聲字圖與其餘十幅不同，圖中每一等呼的第一行長平字（即陰平調）被作爲聲母代表字，即字母。其中有些字用方框圍起。如咿聲字，其輕上等爲[i]韻母，韻圖中，除照組和精組外，其他聲母均不能與之相拼，所以借用"哥、柯、呵、哦、得、特、搦、勒、（勒）、日、白、拍、默、佛、倭、（日）"十六個字來填補空位，以方框圍之。表示此處是爲了正字正音而借用這些字母，它們不可呼作原音，需隨現在所處的聲韻位置呼之。同樣道理，咿聲字輕下等爲[i]韻母，輕唇音不能與[i]相拼，所以用"非、倭"代替。還有泥、來、幫、明等聲母拼後無讀陰平調的字，只能以陽平字"泥、離、（離）、移、迷"和上聲字"比"取代，也用方框圍之。

　　再以嗚聲字重下等爲例，"端、透、幫、明"等聲母不能與重下等[y]母相拼，所以用"都、圖、母"等字代替。總而言之，在咿、嗚聲字圖中，長平調的位置上不能有空白。這樣，該圖四個韻母[i][i][u][y]都各配有一套聲母代表字。但他們所代表的都是二十二聲母。爲方便起見，本文取圖中輕上等第一行字爲二十二聲母的代表字，分爲喉、舌、齒、唇、牙五屬，它們分別是：

　　喉屬：歌　柯　呵　哦

　　舌屬：得　特　搦　勒　（勒）

齒屬：知　癡　詩　日

唇屬：白　拍　默　佛　倭

牙屬：眥　覥　思　日　（日）

括弧内的"勒、日"二母下無隸字，應看成虛位，實有二十個聲母。下面，本文將分別加以討論。

1. 哥[k]、柯[k']、呵[x]、哦[ø]

喉屬歌、柯、呵三個聲母實際上包括了[tɕ][tɕ'][ɕ]三個聲母。現代北京話[tɕ][tɕ'][ɕ]有兩個來源：第一，來自齊撮呼[k][k'][x]；第二，來自齊撮呼[ts][ts'][s]。舌根音和舌尖音由於受舌面前母音[i][y]的影響而變爲舌面前輔音[tɕ][tɕ'][ɕ]，這是語音學上的所謂同化作用。

（1）歌母來自中古見母和群母仄聲

下面幾個字，《黃》讀爲不送氣的[k]，符合中古音韻地位。今北方音則讀爲送氣的[k']。

	中古音	《中》音	《黃》音	東北方音
昆	見魂合一平臻	[kun]	[kun]	[k'un]
礦	見梗合二上梗	[kuaŋ]	[kuŋ]	[k'uaŋ]
誑	見漾合三去宕	[kuaŋ]	[kyaŋ]	[k'uaŋ]

"礦"字在《廣韻》中擬測的音值爲[kwaŋ]，《中》爲[kuaŋ]，《黃》爲[kuŋ]，今北方音爲[k'uaŋ]，通過這四個不同時期音值的變化，可知它的演變特點是隨着時間的推移，舌位由中央到後高，由央母音變爲後母音。

（2）柯母來自中古溪母和群母平聲

	中古音	《中》音	《黃》音	東北方音
柯	見歌開一平果	[ko]	[k'ə]	[k'ə]
溪	溪止開三平之	[tɕ'i]	[tɕ'i]	[ɕ'i]
喝	曉合開一入咸	未收	[k'a]	[xe]

（3）呵母來自中古曉母和匣母

肴，中古音是"匣肴開二平效"，《黃》爲[ɕiɑu]，與中古音符合，今天的北方話讀爲零聲母。

（4）哦母來自中古曉母和匣母

	中古音	《中》音	東北方音
云	云文合三平臻	[iu ən]	[yn]
王	云陽合三平宕	[uaŋ]	[uaŋ]
由	余尤開三平流	[iəu]	[iəu]
有	云有開三上流	[iəu]	[iəu]

擬、阮來自中古疑母，《黃》與之相同，今北方話裏分別讀爲[ni][ʐuan]。

"妮"的中古聲韻地位與今北方話相同，屬見母，而《黃》把它列在影母。

2. 得[t]、特[t']、搦[n]、勒[l]、（勒）

（1）得母來自中古端母和定母仄聲

例外字:"橙",《廣》宅耕切,澄耕開二平梗,《中》把它排在徹母,今音爲[ʈʂʼəŋ],符合古音,而《黃》排在得母,音[tʼəu]。

(2) 特母來自中古透母以及定母平聲

"嗵"字在《黃》中讀爲送氣上聲,今讀不送氣平聲,《廣》、《中》均無此字。"斜"字今讀爲[təu],《黃》排在特母,變爲送氣音[tʼəu]。

突　　定没合一入臻
特　　定德開一入曾
挺　　定迥開四上梗
挑　　定篠開四上效

(3) 搦母來自中古泥娘母

章太炎的《古音娘日二紐歸泥説》提出中古的兩個聲母在上古時歸泥母,"舌音有舌頭泥紐,其後支别,則舌上有娘紐,半舌半齒有日母,於古皆泥紐也"。在元代,《廣》時的[ŋ](疑)聲母也已消失,大部分字變入零聲母,少數字變讀爲[n]。到了明清時期,泥娘母的關係又發生進一步的變化,明代以實際語音爲依據的《韻法直圖》把娘母合併到泥母中。《黃》的搦母相當於古泥娘母,已經合二爲一。今東北方言中,零聲母"襖"字有的人讀成泥母[nao],是疑母字變成泥母字。

(4) 韻圖中列出兩個"勒"母,趙蔭棠認爲後"勒"爲顫聲[l][1],不知從何而來。聲母[l]是和[n]一樣穩定的聲母,或者可以説更穩定,因爲從上古到現在都没有發生變化。例如"良"字,上古是[lǐɑŋ][lǐaŋ],現代則是[liaŋ]。《黃》的後"勒"聲母讀音應該與著者的方音有關。

3. 知[ts]、癡[ʈʂʼ]、詩[ʂ]、日[j]

(1) 知母開口、合口呼字來自中古知、莊、章三母以及澄、崇母的仄聲字。齊齒、撮口呼字來自中古精母和從母仄聲,以及見母"橘"字。

(2) 癡母開口、合口呼字來自中古徹、初、昌三母和澄、崇母平聲字,以及船、禪母的部分字。齊齒、撮口呼字來自中古清母和從母平聲,以及溪母"屈"字。

例外字:婧,屬《廣韻》更攝,疾郢切。《黃》音[tɕiŋ]°。嬰聲字輕下等的其他三個字"清、晴、請"與婧皆屬"青"旁,在漢字發展過程中,因屬同一諧聲偏旁而讀成同音字的情況很多。如婚,《中》讀爲"細",本屬齊齒呼,今北京、濟南、南昌讀[ɕy],是受諧聲偏旁"胥"[ɕy]的影響。

"詩"母下隸字精照組相混的情況比較複雜,現舉例如下:

① 精組字讀成照組字
雖　心脂合三上遇　《中》[suei]　《黃》[ɕuei]
② 今天北方話讀爲精組字,而《黃》與中古音均讀爲照組字
灑　山卦開二去蟹　《中》[ʃa]　《黃》[ɕa]
所　山語合三上遇　《中》(未收)　《黃》[tɕua]
③ 中古音爲禪母,《中》爲穿母,《黃》爲審母

① 趙蔭棠:《等韻源流》,商務印書館,1957年。

淳　襌淳合三平臻　《中》［tʃ'uan］《黃》［ɕun］

④ 中古與今天北方話讀爲精組字，而《黃》讀爲照組字。

淙　從冬合一平通　《中》（未收）《黃》［tɕ'uaŋ］

據孫維張《吉林方言分區略説》的調查，今天吉林省中西部地區（包括長春）的人常常分不清平卷舌的發音。在普通話裏讀爲平舌的"雛、所"等字，這些地方的人一般會發成卷舌音。因此，從上面對《黃》"詩"母的分析來看，其精、照組字讀音相混的現象與吉林方音平卷舌不分的情況是相吻合的。

關於這個問題，韻圖的安排是在精組字齊齒呼、撮口呼位置上出現空擋，並標明"本等字同齒屬下等"，這一特殊現象引起了多位學者的關注。首先注意到的是陳雪竹："從東北官話看，［ts］［tʂ'］［ʂ］三母的發音部位比北京話略靠前一些，從音色上也更接近［tɕ］［tɕ'］［ɕ］。可能是這個原因，都四德把顎化了的精組字歸了照組。這樣既表現了精組聲母的變化，又基本符合韻圖的編纂原則。"①之後，王松木（2003）、鄒德文、汪銀峰（2006）等人也相繼關注了這個問題。王爲民對這個現象進行了深入、細緻的探究，認爲："《黃鐘通韻》的結構是受盛京南滿語和東北官話的雙重影響而形成的。從滿漢對音的規制的歷史演變和特點來看，《黃鐘通韻》的見精系細音字已經合流爲［tɕ］［tɕ'］［ɕ］了。"②

（3）日母開口、合口呼字來自中古日母齊齒，撮口呼字主要來自中古喻母，還有一些影母字，如：

迂　影虞合三平遇　　　於　影魚開三平遇　　　怨　影願合三去山
嬰　影清開三平梗　　　雍　影鍾合三平通

與明清時的韻書相比，《黃》的"日"母是比較特別的，它不同於其他同時期反映北音系的韻圖中的日母，日、喻合爲一母的特點正與今天東北方音一致。在今天的東北話中，北京話讀［r］聲母的字，東北話一般讀爲零聲母，如：如［iu］、肉［iou］、人［in］、讓［iaŋ］等。日母字讀爲零聲母，而且韻母爲齊齒呼、撮口呼，韻首有［i］介音。亦有學者論及東北方音的這種特點，如張樹錚認爲它是膠遼官話的一個突出特徵，保留了古音三等的痕迹。

4. 白［p］、拍［p'］、默［m］、佛［f］、倭［v］

（1）白母來自中古幫母、並母仄聲

（2）拍母來自中古滂母、並母仄聲

例外字：痞　並旨開三上止　　　判　並換合一去山　　　圯　並旨開三上止

（3）默母來自中古明母

（4）佛母來自中古非、敷、奉三母

（5）倭母來自中古微母，還有幾個零聲母合口呼字也屬此母

威　影微合三上止　　　委　影紙合三上止
外　疑泰合一去蟹　　　灣　影刪合二平山

① 陳雪竹：《〈黃鐘通韻〉聲母簡析》，《內蒙古大學學報》2002 年第 5 期。
② 王爲民：《從滿漢對音規則看〈黃鐘通韻〉所表現的尖團音分合狀況》。

5. 訾[ts]、覰[ts]、思[s]、(日)

(1) 訾母來自中古精母和從母仄聲

皺,莊宥開三去流,《中》音[tʃəu]ʾ,是[ts]-[tʂ]兩組字混讀。

(2) 覰母來自中古精母和從母平聲

例外字:測　　初職開三入曾

還有一些字近代以來在北方官話中,一直讀知照組送氣音,而《黃》讀爲[ts'],是[tʂ']-[ts']的混讀。

例外字:初　　初魚開三平遇　　《中》[tʃ'u]
　　　　鋤　　崇魚開三平遇　　《中》[tʃə'u]
　　　　襯　　初震開三去臻　　《中》[tʃ'ən]ʾ
　　　　愁　　崇尤開三平流　　《中》[tʃ'ə]
　　　　齺　　初厚開一上流　　《中》(未收)

蒼、槍在《黃》中分別讀[ts'aŋ][ts'aŋ]ʾ。《黃》讀爲[sə]ʾ,與《中》古音不同,符合今音。瘦字來自中古山母,《中》音[ʃəu]ʾ,與今音同。《黃》讀[sə]ʾ,是[ʂ]-[s]的混讀。

從前面的分析來看,《黃》的知組與訾組混讀的特點與東北話中精、照兩組混讀的實際情況是一致的。而在今天北京話裏,這兩組字不混讀。

經過前面的梳理,《黃鐘通韻》的聲母表如下:

喉屬:[k][k'][x][ø]

舌屬:[t][t'][n][l]

齒屬:[tʂ]([tɕ])[tʂ']([tɕ'])[s]([ɕ])[j]

唇屬:[p][p'][m][f][v]

牙屬:[ts][ts'][s]

[i][y][u]三類零聲母都是從云[ɣi]、余[i]、疑[ŋ]、影[o]變來的([u]類除此之外還有一個微母[ɱ]作爲它的來源),[ɑ]類零聲母有兩個來源,就是疑母和影母。云、余合流的時期很早,至少在十世紀就完成了。疑母則在十四世紀(《中原音韻》時代)的普通話裏已經消失,和喻母也完全相混了。例如"倚、以"同音,"意、異"同音。

到了《黃》時期,多數韻圖已經把它們合併爲一個聲母。它們三個音值分別爲[ø][j][ŋ],合併後多用[ø]代替。但是,《黃》的情況則比較複雜。在韻圖中,喻母的合口呼字已與影、疑合流,而齊撮兩呼字與日母字、疑母字之間也有混淆。影、疑母混入喻母的有"迂、於、怨、嬰、雍"等字,喻母混入影、疑母的有"云、允、由、有"等字。雖然,《黃》的疑、影、喻三母相混的情況比較複雜,但總的趨勢還是符合當時語音發展狀況的。所以,本文仍將"哦"的音值擬爲[ø]。

"日"母字音值的構擬稍稍麻煩一些。今天東北音爲[ʐ]。然而,韻母中所收的一系列日母字與北京音不完全一樣,帶有東北方音的特色,比如:肉[iou]、日[i]、人[in]等字。《黃》的輕上等字是沒有介音的,所以,都四德很有可能是把日母字韻首的[i]當作聲母。這個日母的摩擦成分極弱,可以同喻母合爲一母。據此,本文把它構擬爲略帶摩擦成分的半母音[i]。

通過以上對《黃》的韻圖的考察,可以清楚地看到,韻圖具有兩個特徵:一是存古現象。

不但韻圖中使用的術語皆沿襲古法，而且重要的是一些讀音也保留了古音。二是韻圖反映了東北方音的某些特點。最爲明顯的例子就是精組、照組字相混。其次，韻圖中，日、喻合爲一母的現象也與今天東北方音相似。

　　可以説，我們今天研究東北地區的語音發展史，尤其是早期形成過程，《黄鐘通韻》的語言文獻價值是不可忽視的。

《印光文鈔》略考

于海波

（吉林大學古籍研究所）

提　要：《印光文鈔》是清末民國時期淨土宗僧人印光的作品，以書信爲主體，兼有序、跋等。印光最早公開發表論文和高鶴年有關，《文鈔初編》的出版則是由徐蔚如、周孟由等人促成的。之後，德森法師和羅鴻濤又收集印光的文稿而成《文鈔續編》和《三編》。《文鈔》在佛學文獻研究和近代佛教史研究上均有重要的價值。

關鍵詞：《印光文鈔》　流通經過　版本　價值

一、《印光文鈔》的成書經過

《印光文鈔》，全稱《印光法師文鈔》或《印光大師文鈔》，簡稱《文鈔》，是淨土宗僧人印光的作品集。印光生於 1861 年，卒於 1940 年，是清入民國時佛教淨土法門的主要弘揚者。

印光雖然佛學、文學造詣都很精深，但一直韜光養晦，1912 年以前並沒有文章公開發表過。其公開發表文章源於與高鶴年的來往。高鶴年生於 1872 年，卒於 1962 年，名恒松，號隱塵，頗好旅遊，著有《名山遊訪記》等。1898 年，高鶴年在普陀山見到印光，兩人一見如故，高鶴年在《印光大師苦行略記》中云：“二十四年，余二次訪道普陀，道經三聖堂，訪真達上人於關房。宏筏房拜潤濤和尚，及茅篷高僧。法雨寺吊化聞長老，與師會晤於化鼎丈室。次早，師略示淨宗信願行修持法。寮房之中，淡薄衣單，外無長物，真是一個清淨僧寶。”其中“二十四年”指的是光緒二十四年，即 1898 年。

後來，兩人交往更加頻繁。1912 年，高鶴年參訪普陀，取走了印光的幾篇文稿，包括《淨土法門普被三根論》、《宗教不宜混濫論》、《佛教以孝爲本論》、《如來隨機利生淺近論》，擬刊入《上海佛學叢報》。《叢報》創辦於 1912 年 10 月，主辦人狄楚青，版式是書本式報紙 16 開本，每冊 180 面。高鶴年曾參與《佛學叢報》的編纂。在《與高鶴年居士書一》中印光記述了高鶴年求稿、自己發稿的經過：

> 光幼失問學，長無所知。只因久居普陀，每有命其代表者，略錄一二以自備覽。去

秋蒙閣下攜至上洋,録出四論,以登叢報。竊思叢報,乃諸大居士吹大法螺,擊大法鼓,其義理洪深,若天高地厚。其文詞妙麗,如玉振金聲。光文列中,何異擲瓦礫於珠林,布荆棘於瓊苑,徒刺雅目,無益賞心,慚愧慚愧。根祺師回,又令作論。但以色力尪羸,眼目昏花,欲不奉命,恐負盛情。因將先所支差舊稿,謄寫五篇,其體裁語句,鄙陋卑劣。閣下閲之,當發一笑。然彼此相知,或不見怪。至於登報,則恐貽笑於大方家矣。①

在這封書信後附有《覺有情》半月刊編者陳法香的題記,云:

按印光大師隱居普陀山,初無人知。高鶴年居士遊山,乞其論文四篇。一淨土法門普被三根論、二宗教不宜混濫論、三佛教以孝爲本論、四如來隨機利生淺近論。皆登於上海狄平子居士創辦之佛學叢報。其第一篇,署名常慚,登於叢報第九期。係民國三年陽曆二月十五日,即民國二年陰曆九月初二日出版。其第二篇,亦署名常慚。第三第四篇,則署名普陀僧。此三篇,則於叢報第十期中登出。此四論文,可謂印光大師初轉法輪。從此龍天推出,大放光明矣。承鶴年居士出示右書,未舉年份。推書中所云,去秋蒙閣下攜至上洋録出四論,以登叢報,則右書確爲民國三年陰曆四月初八日所寫。此書至有佛教歷史價值,未見於正續文鈔,爰付本刊以公諸世。覺有情半月刊編者陳法香識。②

這篇題記有兩個問題,一是説《淨土法門普被三根論》發表於 1914 年(民國三年)陽曆 2 月 15 日,即 1913 年(民國二年)陰曆九月初二日,陰陽二曆日出現了較大的誤差,顯然是作者有筆誤。《上海佛學叢報》創辦於 1912 年,在 1914 年 7 月因經費不足而停刊,共出 12 期。據考察,第 9 期和第 10 期出版的具體時間分別是 1914 年 2 月 15 日(陰曆是 1914 年一月二十一日而非 1913 年九月初二日)和 3 月 15 日(陰曆是二月十九日),其中第 9 期刊登了《淨土法門普被三根論》,第 10 期刊登了其餘三篇。陳永革在《佛教弘化的現代轉型》一書第五章"印光淨土修持及其弘法特色"一節中説 1914 年(民國三年)陽曆 2 月 15 日陰曆爲 1913 年(民國二年)正月初二日③,也有誤。實際上,印光公開發表文章最早的時間當爲 1914 年。二是陳法香認爲"右書確爲民國三年陰曆四月初八日所寫"(右書即《與高鶴年居士書》),實際上也不準確。據《中興淨宗印光大師行業記》、《印法大師苦行略記》等載,印光和高鶴年居士會晤、高鶴年帶走印光論文的時間均爲 1912 年(民國元年),另外印光在《復卓智立》一信中更明確地説"自民國元年,高鶴年居士給(音台,上聲,欺也)其稿去登《佛學叢報》,彼以光不欲令人知,因用一常慚之名"④。據信西居士編寫的《印光法師簡譜》所載,印光撰《與高鶴年居士書》文中有"去秋蒙閣下攜至上洋,録出四論,以登叢報"的字樣,可見該書信的寫作時間當爲 1913 年(民國二年)而非陳法香所認定的 1914 年(民國三年)。

① 釋印光著述,張育英校注:《印光法師文鈔》,宗教文化出版社,2000 年,第 485 頁。
② 同上書,第 485 頁。
③ 陳永革:《佛教弘化的現代轉型》,宗教文化出版社,2003 年,第 149 頁。
④ 釋印光著述,張育英校注:《印光法師文鈔》,第 1090 頁。

　　當時在北京政府任職的徐蔚如讀到印光的四大論後,對法師非常欽佩。1917 年,徐蔚如得到印光與鄧秉鈞、鄧秉權的三封書信,印行五千本送人,題曰《印光法師信稿》。年底,徐蔚如又從周孟由居士那裏得到印光一批文稿,並着手刻印。1918 年仲春二月,徐居士將歷年搜集所得印光的文稿 22 篇,在北京印行出版,書名《印光法師文鈔初編》,排印 500 本。這便是《文鈔》的雛形。

　　1919 年,徐蔚如又收録了印光的另外 38 篇文稿成《文鈔》續編,並和周孟由、朱赤萌等人合初、續兩編,接洽商務印書館,出版了較完善的《文鈔》善本:

　　　　是年(指 1919 年)冬,衡恤南歸。南中緇素索閲是書者尤衆,爰商之商務印書館,重付排印,以廣流通。復經張君雲雷,廣爲徵集。並爵續搜之稿,共增三十四篇。由周孟由、朱赤萌、黄幼希三君,合初、續兩編,按類編次。詳爲校勘,較前兩次所印尤完善矣。書成,謹記其緣起如是。庚申仲冬,浙西徐文霨敬識。[①]

　　此後,在徐蔚如等人的努力下,該版本又多次添加内容,由商務印書館、中華書局等先後增廣刊行。1920 年版的《文鈔》,在 1920 年 3 月 4 日印光致高鶴年的信中有云:“光之文鈔已經散完,蔚如今春又令商務印書館排印,又請黄幼希居士詳加校對,有編輯不合規矩處,另行更訂。又添入十餘篇,尚未出書,一二月後或可即出。此番排印,彼館自行留板,以後源源相繼,可以隨請隨得矣。”1923 年再版增訂,每部 2 册。1925 年重訂增廣,每部 4 册,内有梁任公題“印光大師,文字三昧,真今日群盲之眼也”的字樣。我們通常所説的《印光文鈔》,指的便是這部《增廣文鈔·正編》。

二、《文鈔》續補及版本情況

　　1939 年,印光應妙真的請求,同意將持國寺主持明道偷抄自己的若干文稿付梓,由德森主持出版,此爲《印光文鈔·續編》。《續編》在内容上增添了念觀音益産婦、毒乳殺兒女等知識,是《正編》的續貂之作。在《續編·發刊序》中,印光謙稱自己“幼失問學,長無所知,文極拙樸,不堪寓目”,但隨後又肯定了《續編》的價值:

　　　　然其所説,皆取佛經祖語之意,而隨機簡略説之,不敢妄生意見以誤人。又加五十餘年之閲歷,若肯略其文而取其義,不妨作一直指西歸之木標。宜致力於西歸,勇往直前,勿以木標惡劣,並西歸之路程亦不願視,則豎標歸西,兩無所憾矣。[②]

　　印光去世後,羅鴻濤居士在《弘化月刊》上徵求印光之遺稿,經過七年搜輯,共得到文稿 800 餘篇。此外,羅鴻濤早年還曾在丁福保處見到印光文稿 20 餘篇,都是《文鈔》正、續編所遺漏的,於是羅鴻濤發心將這些文稿結集在一起收藏,待時出版,是爲《印光文鈔·三編》的雛形。在《印光文鈔·三編序》中,羅鴻濤對《三編》收集的經過有較詳細的描述:

①　釋印光著述,張育英校注:《印光法師文鈔》,第 1838 頁。

②　同上書,第 6 頁。

其後偶於丁福保居士處，見師手翰二十餘通，皆文鈔正續兩編未收錄者。因念遺稿乃法乳所寄，何可任其散佚，謹錄存副本，是爲搜輯茲編之嚆矢。師西歸後，弘化月刊徵求遺稿，紛紛應徵，所獲頗豐。尤以靈岩妙眞和尚，杭州修侖法師悉以所存見示。諸方以手迹或副本見貽者，亦不下四五十人。慘澹搜求，計得書牘近七百通，雜文一百三十篇，其篇幅與增廣文鈔不相上下，題曰文鈔第三編。珍惜藏之，以俟勝緣。果獲問世，將大有助淨宗之弘揚，與法門之維護。數載鈔胥，區區微意，願將東土三千界，盡種西方九品蓮，共沾法益，同登覺岸云爾。公元一九五〇年庚寅十一月初四日，老法師圓寂十周年，私淑弟子上虞羅邕鴻濤頂禮恭序。①

《文鈔·三編》於 1950 年農曆十一月初四日正式結集成册，由慧容法師楷書抄寫，並由妙眞、德森、寶我存審閱校勘。1958 年，羅鴻濤將文鈔重新裝訂成 16 册，併目錄 1 册，共 17 册。但因故該文稿未能及時付梓。後來，羅鴻濤將《文鈔·三編》贈送給了妙眞，妙眞將其藏於靈岩山寺藏經樓。"文革"後，頻遭破壞的靈岩山寺得以修復。1980 年，當時靈岩山的主持明學在藏經樓清刻龍藏櫥中發現了羅鴻濤所編的《三編》文稿，經過和圓拙商量後，明學決定正式流通該書。1990 年，靈岩山爲紀念印光去世 50 周年，先後重印了《文鈔·正編》和《續編》，並首次出版《三編》。

除《文鈔》的正、續、三編外，尚有《印光大師文鈔菁華錄》一書頗爲流行。該書是李淨通在1952 年所編，全書分爲十大類：1. 贊淨土超勝；2. 勸信願眞切；3. 示修持方法；4. 論生死事大；5. 勉居心誠敬；6. 告注重因果；7. 分禪淨界限；8. 釋普通疑惑；9. 諭在家善信；10. 標應讀典籍。全書共選錄 333 則內容，爲了方便閱讀，每一則下面都有詳細的圈點。圓瑛曾在1962 年冬天於上海圓明講堂爲該書作序，描述該書意義云：

師之文鈔，雖處處指歸，而人事倥傯，欲求一目全豹，涵泳有得者，則以李淨通居士所編《文鈔菁華錄》尚矣。是書都三百三十三則，理顯眞常，語無重見，至精極粹，世鮮其儔。而居士重道尊師之心，尤所難能。吾知一卷風行，萬流蒙益。正人心而輔郅治，其在斯乎！②

1968 年，印光的弟子趙茂林，偶然得到《文鈔菁華錄》，想重新刊定，找到了印光的弟子李炳南，李炳南非常支持這件事情，並爲其重刊本作序詳述刊行始末云：

有先進淨通開士，摘其簡者之簡，擷其要者之要，匯而刊之，曰《菁華錄》。契機矣，利生矣！而流通之量，又有感乎不足者矣。古吳趙居士茂林者，亦祖之高足也，淨業專一，願切宏揚；偶得是錄善本，喜之，集同好而模刊，以期紹述祖德，而普濟乎末世也。此其願，此其緣，而不繫乎福德，深有助於利生流通矣。原錄有序，備言其旨，仍存之，可窺而詳焉。予與居士，爲同門友，囑爲新序，雖不敢辭，避剿説，不再及

①　釋印光著述，張育英校注：《印光法師文鈔》，第 2 頁。
②　釋印光著述：《印光大師文鈔精華錄》，線裝書局，2012 年，第 4 頁。

前義;謹就重刊因緣而述,聊復隨喜云爾。①

關於《文鈔》的版本,最近出版的主要有兩種:一是張育英校注,由宗教文化出版社 2000 年出版的《印光法師文鈔》。本套書共三冊,共 1 600 千字,1874 頁。該書的體例是把《文鈔》初、續和三編卷一中的書信録集爲上冊,將第三編卷二、三、四中的書信録和初編中的序合爲中冊,把續、三編的序和《文鈔》中的論、記、跋、疏、頌、贊、偈、楹聯、雜著、題詞、法語、附録等合爲下冊。全書爲簡化字加標點横排本,比較方便現代人閱讀。該版本後來又出修訂版,分上、下兩冊,於 2008 年 12 月出版。

另外一個版本是北京大方廣華嚴書局編注的《新編全本印光法師文鈔》,該版本在正、續、三編的基礎上,加上新搜集印光文稿近 100 多篇,與福建莆田廣化寺流通的《印光法師文鈔集後編》,合編爲《印光法師文鈔四編》。其中《印光文鈔三編》由於部分書信與其他體例文章交錯,故順序做了微調,書信全部放到一起,其他文稿按類歸類。《新編全本印光法師文鈔》出版於 2010 年 4 月,共 1 800 千字,書前面有佛教協會會長傳印長老作的序。全書共計 4 函 24 冊。和前一版本比較,該書是大開本、大字形,裝幀古樸莊嚴,較適合收藏。

三、《文鈔》的價值

自明末蓮池、藕益後,淨土宗的研究趨於没落,對淨土宗教理罕有精闢發揮者。印光以平實的文風、務實求真的態度,"稟善導專修之旨,闡永明料簡之微,中正似蓮池,善巧如雲谷。憲章靈峰,步武資福,弘揚淨土,密護諸宗,昌明佛法,潛挽世風",在《文鈔》中,建立起了一套完整的淨土宗理論、方法與經典體系。可以説,《文鈔》是近代淨土宗的一部集大成之作,堪爲當今學術界一部珍貴的歷史、宗教研究資料。

《文鈔》剛剛出版時,便好評如潮。如民國時期的梁啟超在爲《文鈔》題詞時曰"古德弘法,皆覷破時節因緣,應機調伏衆生。印光大師,文字三昧,真今日群盲之眼也"②,弘一則稱《文鈔》"是阿伽陀,以療群疚,契理契機,十方宏覆"③。另外,現代的弘法法師在《印光法師年譜·跋》中喻《文鈔》"誠可作一部小藏經",而佛協主席傳印長老則認爲"《印光文鈔》是當代最爲契理契機的一部書"。總的來看,《文鈔》內涵豐富,主要價值有以下兩點。

第一,淨土宗是我國佛教界主要的宗派,內容豐富,流派衆多,而《印光文鈔》是一部主要闡揚淨土宗的佛學著作。作爲近代的第十三代祖師,印光既承傳了善導專持名號的淨土思想,而且圓融圓攝了永明萬善同歸思想,以及蓮池、藕益等宗門教下出發的淨土闡述,其淨土修學體系博大精深而又圓融中正。總的來看,《文鈔》在判教、自他二力、專雜二修、修學方法、理論辨析等方面都有所建樹。如《文鈔》在淨土宗的判教上首次提出通途法門和特别法門之説,認爲通途教理,如世間的當官者,由資格而爲官,而特别教理,如世之王子,一墜地即爲一

① 釋印光著述:《印光大師文鈔精華録》,第 2 頁。
② 釋印光著述,張育英校注:《印光法師文鈔》,第 10 頁。
③ 同上書,第 9 頁。

切人所恭敬,由是尊聖顯淨,突出了淨土法門的特殊性;有關自力與佛力之難易,《文鈔》多次提到仗自力斷惑證真、了生脱死的艱難性,指出即使是已經證初果的聖人,尚需七升天上,七返人間,而具足惑業的凡夫欲仗自力求解脱更是難如上青天,而仗佛力只要具足真信切願,便可蒙佛力加持往生西方,《文鈔》中以"步行與乘火輪船"、"畫山水與照山水"、"跛足行與乘轉輪聖王"等比喻形象地説明了自力之難與佛力之易;針對當時流行的"口念彌陀心散亂,喉嚨喊破也枉然"的説法,《文鈔》強調了信願的重要性,指出即便是五逆十惡之人,臨終苦逼,如果能夠稱念佛名,十聲一聲,也可蒙佛化身接引往生,這是由於信願持名感佛接引的緣故;在專修與雜修方面,《文鈔》繼承了唐代善導的專修思想,認爲凡夫的特點是渺無定見,故淨土一門尤需注重專精修持,力戒夾雜與間斷,如是才能速得淨土之實益;《文鈔》一大特色是劃清了禪宗與淨土宗的界限,針對當時佛教界禪淨不分的狀況,《文鈔》指出禪與淨土在修學目標、修持方法及修行所依仗的力量上都有很大區別,並力挺淨土宗因爲有"萬修萬人去"的特點,故比禪宗更加易行與可靠;在淨土修習方法上,《文鈔》屢次提到《念佛圓通章》中的憶佛念佛及"都攝六根、淨念相繼"的方法,並首創十念計數念佛法,針對一些學者泛泛悠悠修淨土的毛病,印光還做了《竭誠方獲實益論》一文,反復強調了懇切與恭敬的重要性,完善了持名念佛的方法體系;在《印光文鈔》出現以前,淨土宗理論方面很多概念混淆不清,如清代的玉峰曾提出淨土宗的"第一不貪靜境、第二不參是誰、第三不除妄想、第四不求一心"的"四大要訣説",《文鈔》破斥其"偏執過甚,四大要訣,實爲謬誤",對其錯謬之處一一作了點評。無論是闡述哪類問題,《文鈔》都能做到"言言見諦,字字歸宗,深入顯出,妙契時機",是一部不可多得的佛學文獻。

第二,《印光文鈔》收録有多篇印光爲民國時期流通的淨土宗著述所作的序文。這些序文有着極爲珍貴的史料學價值,是研究清末民國時期淨土宗著述發展與流變情況的重要參考資料。此外,《文鈔》還記録了印光與當時各界名流如周學熙、張謇、王一亭、狄楚青、聶雲臺、關絅之、李叔同等人的交往經過,也記載了當時寺院修建、法務流通、蓮宗組織、慈善事業興辦等的因緣來歷。故《文鈔》對深入研究近代佛教史、近代社會的學術思潮以及對佛教在近代所遭受的衝擊與淨土宗對此的回應等均有價值。

計算型情報研究的進展

孟　忻

（吉林大學古籍研究所）

　　摘　要： 21世紀的前十年，世界圖書館發生了巨大的變革，數字化和全球化是圖書館發展中最重要的外部社會環境。科學研究的範式已經進入資料密集型科學範式的大資料時代，也就是計算型情報，它正在推動着新聞出版業的跨越發展，促進了定量化和智慧化的知識分析工具的普及和應用。

　　關鍵詞： 計算型情報　資料庫　字庫

　　計算型情報研究是情報學研究的新範式之一，是對情報研究要達到的品質境界的揭示和描述，體現了科技情報研究成果的一個重要特質。

　　Science 雜誌在 2011 年《聚焦資料管理》的專輯中提出"科學就是資料，資料就是科學"，"資料是金礦"，"資料推動着科學的發展"。而且，社會經濟、政治、環境和健康等事業的發展，也需要藉助對科學資料的分析。所有這些問題的核心是資料的收集、管理、可理解性和可獲得性。科學由資料推動，科學家們也在努力面對不斷產生的巨大、複雜和種類繁多的資料。情報學的發展隨着時代的變遷而變遷，進入數字時代，情報學日益展現出生機與活力。在當今網絡化、虛擬化的環境下，互聯網、雲計算、移動計算、物聯網、社交網絡等新技術的不斷湧現和發展應用，全球的資料呈指數級巨量增長，資料類型更加複雜多樣，人類現在已經進入可以收集和分析大量資料的"大資料時代"。大資料正在成爲工業經濟向知識經濟轉變的重要特徵，成爲最關鍵的生產要素與產品形態，資料中心正在成爲知識經濟時代的基礎設施。從海量資料中提取有價值的信息的資料分析工作，既具有重大的意義，也面臨着重大挑戰。

一、計算型情報促進新聞出版業跨越式發展

　　從世界範圍看，數字技術的迅猛發展對出版產業的產品生產、加工與傳播方式都產生了深遠的影響，出版產業格局正在發生變革；國內情況看，出版體制改革正在逐步推進，我國出版產業正處在轉型升級、實現跨越式發展的歷史階段。當今時代，科學研究資料、論文和專利等產品不斷增長和積累。全球科技文獻產出的數量不斷增長，SCI 資料庫的記錄 2011 年達到

了 4.94 億條之多①。世界各國每年出版專利文獻數量超過 150 萬件,歐洲專利局的 worldwide 資料庫有專利文獻 6 500 萬件之多。目前,互聯網上中文資料庫很少。2011 年 7 月 26—28 日在北京友誼賓館召開了"中華字庫"研發工作啟動大會。這項工程是由中國出版集團公司牽頭負責的,是列入《國家"十一五"時期文化發展規劃綱要》的具有帶動作用的重大文化建設項目。組織實施"中華字庫"工程,是引領中華文化步入信息化、數字化時代。"中華字庫"工程正是順應時代發展的要求,推動我國出版產業。字庫工程將利用現代技術,在統一的平臺上,按照統一標準的規範,對古今、少數民族文字、計算機編碼字符進行系統的整理並在此基礎上全面解決古今漢字、少數民族文字、計算機編碼字符集的編碼問題,還要重點研發漢字及少數民族文字的主要字體字符庫,同時還要重點研發漢字的編碼體系,輸入輸出,存儲傳輸以及相容等關鍵技術。這一重大工程是中華民族有史以來規模最大的漢字及少數民族文字整理工作。完成後的"中華字庫"預計可編碼字符數達到 50 萬左右,包括漢字古文字約 10 萬、楷書漢字約 30 萬、各少數民族文字 10 萬,並將形成我國多語種文字的數字化處理技術體系②。

二、計算型情報催生了數據密集型科學範式的興起

科學研究已經進入全面數據化、計算化的發展時期,更好地獲取、管理、分析、模型化和可視化科學數據信息的需求,已成爲科學研究的關鍵技術挑戰。可以說,自人類建立近代科學體系以來,科學數據產生和應用的數量和速度,從來沒有像現在一樣巨大和快捷;科學數據長期保存和管理的需求與挑戰,從來沒有像現在一樣急迫與艱巨;科學數據蘊含的知識挖掘和發現的需求與潛力,從來沒有像現在一樣迫切和無盡。

數據化的影響是全方位的,也將越來越深刻。數字信息資源將在信息資源市場上占據主導地位。新西蘭一所大學圖書館所設想的 2020 年的場景是,數量範式將徹底改變組織文化、組織中的人及其工作方式、既定的學術傳統以及支撐它們的系統和服務。長期以來,圖書館適應的是印本資源和物理圖書館,數字範式的影響才剛剛開始。但無論如何,數字範式將導致圖書館的性質、理念、模式、服務產生根本的改變。

科學研究范式向資料密集型範式的轉變和發展,必然有力推動科技情報研究範式的轉變。科技情報研究與服務,已經從資料性、事實性的一般科技情報資料收集、整理、翻譯和提供服務,到綜述性科技情報分析與研究服務,再到計算型的知識挖掘與知識計算與分析服務。因此,數據挖掘、數據分析、數據綜合、數據增值服務已經成爲科技情報研究服務的重要核心內容③。

---

① Real Facts[EB/OL].[2012 - 04 - 01]. http：//wokinfo. com/realfacts/qualityandquantity/.

② 國家新聞出版總署副署長、重大科技工程項目領導小組副組長孫壽山在"中华字库"工程研發工作啟動大會上的講話。

③ 張志強、冷伏海、劉清等:《知識分析及其應用發展趨勢研究》,《情報科學》2010 年第 7 期第 28 卷,第 1100—1107、1116 頁。

三、計算型情報促進定量化和智能化的
知識分析工具普及應用

近年來,一系列定量化和智能化的知識分析工具功能不斷完善並日益普及應用,極大地推動了知識分析的定量計算研究。智能化知識分析的定量工具的不斷發展和應用,正在深刻改變着科技情報分析的工作模式、效率和定量分析的可靠性,成爲科技情報人員開展大量文獻、專利、科學資料分析的不可或缺的關鍵工具。這些工具包括:統計分析工具,科研評估與分析的文獻計量分析工具,專利計量分析工具和平臺系統,以及戰略研究機構、團隊等自主開發的針對特定研究問題的各種專門化工具。

目前,互聯網上的中文數據庫太少,是一個亟待解決的問題,對於數據庫工作者來説,這是一項歷史任務,也是一個嚴峻的挑戰。中文數據庫研究與編制軟件已經出現並取得了初步成效,如上海圖書館研製的《全國報刊索引數據》、廣西大學研製的《古今圖書集成索引》(網絡版)以及北京印刷學院研發的中文索引編制軟件——"索引之星"等。在當今信息社會,數據庫是一種最基本的管理和傳播信息的工具,是互聯網發展的重要支柱之一,是整個社會信息化的一個重要因素。數據庫這種現代化的索引形式,其編制和使用技術的廣泛應用,推動了索引的現代化①。

我國的字庫建設工作開始得很早,電子標準化所很早就開始編碼工作,譬如我們現在用的 GB2312(6 763 個漢字)。漢字編碼經過很多年,提出過好幾個輔助集。從 1984 年開始,國際標準組織統一建立起編碼標準,將全球的各種符號納入一個編碼體系,其中漢字是由中國的大陸和臺灣、日本、韓國四方對已有的編碼文字進行篩選甄別整理後,形成所謂的 CJK 大字符集。現在這個大字符集已經有擴展 A 集,擴展 B 集,共 7 萬個字。電子設備讓中國人更多地用拼音、五筆字型,很少去寫漢字。"寫漢字是一種折磨,需要多年的死記硬背,如果不經常練習和使用,很快又會遺忘",這就是德國《南德意志報》對漢字的評價。近日,該報發表文章,提出今天的教育模式和人們對電子設備的依賴,已經讓越來越多的人不懂漢字如何書寫,甚至成爲"拼音的奴隸"。"《康熙字典》收錄了 4.7 萬個字,但由於現在大部分詞由兩個字組成,掌握 3 000 個漢字就夠了。越多就越容易遺忘",報紙介紹説:"4/5 的中國人經常忘記某個字怎麼寫。這種現象有個名稱,叫'提筆忘字'。"中國教育部提出了警告:書寫遺忘症在學生中也越來越常見了,原因之一是孩子大腦裝滿了英語和數學。更重要的原因是電子設備的過度使用。事實上,現在的中國年經人常用手寫的字只有自己的名字,書寫更多通過電腦或手機來完成。在電子設備上,中國人不直接輸入漢字,而是輸入拼音或五筆,雖然給輸入帶來了方便,但却讓人們很容易遺忘漢字的書寫方法。教育部的官員提醒,現在應該在中小學開展運動:早晨誦讀經典,下午練習寫字,用手寫。繼承也是爲了發揚,後繼有人,才能發揚光大。信息化是當今世界發展的大趨勢,是經濟社會發展和變革的重要推動力。我們正在建設

---

① 中國索引學會理事長、復旦大學副校長桂永浩在 2011 年中國索引學會年會暨成立二十周年慶典大會上的工作報告。

的經濟信息平臺、人口基礎信息庫、自然資源和地理空間基礎信息庫等國家信息化的基礎項目,由於編碼字符的不足,在推進過程中遇到了不同程度的困難;在公安、民政等政府管理領域,通信、郵政、金融、保險、海關、民航等行業領域,由於現有字庫的缺字,也引發了一系列問題,制約着我國信息服務水平和監管能力。"中華字庫"工程建成後,將能夠滿足國家信息化建設和發展的需要,解決各部門、各行業的用字問題,還可以適應兩岸四地間信息互聯互通的需求。在全球信息化的今天,傳承和發揚傳統優秀文化是中華文化全面走向世界的基礎。它們將構建成符合信息化傳播要求的字庫,從而使幾十萬種傳世文獻能夠在無限的網絡空間廣泛傳播。我們現有的字庫只收入了 7 萬多字,古漢字及許多少數民族文字都沒有納入,遠遠滿足不了傳承文獻、傳播中華文化的需要。用"中華字庫"建立的各類文件或數據庫,能方便地檢索、排序,而且能在國際無障礙地傳輸,將會實現歷代中華文獻的電子典藏和網絡傳播,在繼承和發揚中華優秀傳統文化的基礎上實現中華文化的創新,帶動我國文化產業的發展[①]。同時,也是實現圖書館數字化、全球化的需要。

2000 年 8 月在以色列耶路撒冷召開第 66 屆國際圖聯大會,大會的主題爲"情報工作——創造未來的全球圖書館",反映了圖書館的全球化趨勢。2009 年 4 月 21 日世界圖書館項目正式啟動,是由聯合國教科文組織與 32 家合作機構共同啟動,由美國國會圖書館建設。在 2010 年 6 月 22—23 日第一次官方會議上,聯合國教科文組織負責交流和信息的助理總幹事説:"圖書館特別是數字圖書館確定成爲了知識社會的核心。"該項目已擁有來自 55 個國家的 85 個合作夥伴,網站已有 1 000 多萬用户訪問。全球圖書館的概念已經產生,而真正的全球型圖書館在數字化環境下是可望實現的。

---

① 吴娜:《"中华字库"這裏没有你找不到的字》,《光明日報》2011 年 8 月 24 日第 9 版。

高校重點學科的資料室建設

佟紅雨

（吉林大學古籍研究所）

摘　要： 重點學科建設是高校改革和發展的重要組成部分，重點學科建設過程中對文獻信息資源的需求必不可少。分析院系資料室在重點學科建設中的工作職能，服務現狀及存在的問題，充分發揮院系資料室在重點學科建設中的文獻資源保障作用。

關鍵詞： 重點學科　院系資料室　文獻資源

高校重點學科建設在高校工作中處於核心地位，其發展水平是一項提升學校核心競争力的長期戰略任務。重點學科的建設需要高水平的教學、科研隊伍和先進的教學科研儀器設備，同樣需要專業文獻信息資源支撐和保障。資料室的建設是學科建設的一部分，與重點學科的建設和發展是息息相關、密不可分的。

一、構建重點學科文獻資源保障體系

以吉林大學古籍研究所爲例，2010 年 10 月開始申報中華字庫研發項目，2011 年 3 月 15 日被列入《國家"十一五"時期文化發展綱要》重大建設項目的"中華字庫"工程第七包"兩漢、吳、魏晉簡牘文字的搜集與整理"項目簽約儀式在北京舉行，項目負責人、吉林大學副校長吳振武先生代表乙方在合同上簽字。該項目合同經費 1 730 萬元，是吉林大學人文社科領域有史以來唯一資助經費超過千萬元的科研項目。2013 年 1 月 10 日，經過中共吉林大學第十三屆委員會第 64 次會議研究決定，成立吉林大學中國古文字研究中心，爲吉林大學哲學社會科學校級重點研究基地。作爲高等學校學科建設的重要支柱之一的圖書資料建設在學科建設中具有不可替代的重要作用，因而，加強資料室建設，提高資料室的服務水平，對於加強和推動重點學科建設具有極爲重要的意義。

（一）調整采編計劃，向重點學科傾斜

學科文獻保障體系需要針對學科發展的教學和科研的變化及時調整圖書期刊采編計劃，

才能爲學科建設服務。從中華字庫項目申報開始至今兩年多的時間，我們采取多渠道購入圖書：利用教師外出開會、出差的機會，集中采購圖書多次，利用本所日籍教師崎川隆回國的機會，購入大量日文書，並與中圖公司聯繫，購入港臺書。還直接與出版社聯繫，例如線裝書局，是一家以弘揚中華民族優秀文化傳統，以富於民族特色的典雅線裝書形式出版古今典籍爲己任的線裝書專業出版社，以編發古今中外各類典籍、社科學術著作、文化藝術精品爲主的國家級出版機構，已合作多次。同時，延續專業教師選書的做法，邀請重點學科的學術帶頭人、學科專家、骨幹教師，參與圖書的采購。采購優秀的科研成果及有研究價值的專業圖書和文獻，這種做法可以使資料室的建設與學科建設的步伐一致。兩年多的時間，累計購書 3 000 餘册，金額 120 萬元。並且要經常與專業教師保持通暢的定期交流，傾聽他們的需求，始終追逐學科發展的前沿，爲滿足學科科研的需求提供全新的文獻資料，爲教學科研工作的發展提供强有力的支援。

（二）圍繞重點學科調整藏書體系

除了科學合理地采購專業圖書資料，還要多渠道收集專業圖書資料。資料室的文獻資源建設應以本學科、本專業的需求爲中心，根據專業性質、服務對象及學科發展趨勢來決定收藏的重點和範圍。

首先，要突出重點學科文獻館藏特色。高校院系資料室的藏書建設應以本單位的重點學科的重點專業爲中心，着力突出專業特色，最大限度地滿足本院系師生的需求，所收藏的文獻要具有學術性和權威性。"專"、"深"是其最顯著的特點，努力收集没有進入圖書館收集範圍的中外交流專業期刊、書籍、外國學者贈送的圖書資料，教師出訪帶回的圖書資料，各類學術會議的論文資料以及研究生的學位論文和本院系師生撰寫的論著。其中，灰色文獻的收集非常重要。"灰色文獻"是指不通過一般商業出版渠道發行，但又非私密的文獻。如内部刊物、學術論文、會議文獻等。灰色文獻具有高、新、專的特點，同時也存在着尚不成熟的性質，這决定了它的利用價值和科研的繼續性、持續性。此外，開展和專業設置相近的相關院校之間的書刊交流，是一條補充特色藏書的途徑。通過這條途徑，可以獲取許多專業對口，學術價值較高的非正式出版物。

其次，保證文獻資源的系統性、連續性。特色藏書的形成，有一個長期積累的過程。古籍研究所作爲以研究中國傳統歷史、典籍文化爲中心的研究機構，傳統的和已經整理出版的叢書、類書收藏的比較完備。隨着中華字庫工程"兩漢、吳、魏晉簡牘文字的搜集與整理"項目的研發，又陸續購進大批簡牘類圖書，如《清華大學藏戰國竹簡》、《肩水金關漢簡》、《嶽麓書院藏秦簡》、《長沙走馬樓三國吳簡》、《里耶秦簡》等。

隨着信息時代的發展，高校院系資料室在文獻資源建設中應當樹立新的收藏觀念，既要搞好傳統文獻的收集，又要重視網絡資源等虛擬文獻的建設，建立現代化的文獻信息收藏體系。資料室所收藏文獻類型應向多類型、多載體的方向發展，應重視電子文獻的收藏，電子文獻具有密度高、信息量大、檢索快捷、操作方便、易於復製等優點。

二、提高資料員的業務水平，爲重點
學科的建設和發展提供保證

（一）加強資料員的自身定位，明確服務對象

高校院系資料室的服務對象是重點學科領域的教學、科研人員和博士、碩士研究生，它的基本職責是與專家、學者進行溝通，優化館藏文獻，進行學術信息導航。作爲重點學科的諮詢人員，應該清楚瞭解文獻布局，瞭解服務學科的專業内容，掌握電腦網絡信息檢索技術，並具有一定的文字寫作水平。

（二）提高資料室管理人員的專業知識和技能，爲重點學科諮詢服務提供保障

向學科館員發展應該是資料室管理人員今後努力的方向。資料人員應是具備情報專業知識、學科專業知識和網絡知識三位一體的高級專業人才。但在現實條件下，具備這些條件的資料人員寥寥無幾，難以提供深層次的服務，擔負起爲重點學科建設服務的重任。應由圖書館組織對現職管理人員進行多層次培訓，激勵其加强自我培養。長期以來，圖書資料室普遍被人們認爲是清閑之地，工作只是借借還還。要想改變這種錯誤的觀念，院系資料員就要加緊業務學習，努力提高自身素質，在做好基礎服務工作的同時，充分開展利用文獻資料，編寫二、三次文獻，專題資料和諮詢服務、跟蹤服務等高層次的服務工作。

（三）參與學科活動，提高業務水平

院系應鼓勵和支持資料室工作人員積極參與教學、科研活動，在實踐中不斷獲取專業知識，提高專業技能。改變傳統、被動服務模式，進行主動的諮詢服務，最大限度地滿足讀者的需求。這就要求資料人員參與到學科建設中去，瞭解學科特點，不斷積累經驗，摸索總結出一套主動爲重點學科提供深層次服務的有效辦法，以求快速推進諮詢服務工作的開展。

（四）依據學科特點，實現特色服務

首先從讀者角度出發，合理排架，排架方式儘量方便讀者取閱。突出重點學科的地位，就是設立重點學科資料"專架"。古籍研究所資料室目前采用的是按專業設置進行排架，工具書、論文集、連續出版物集中放置，單獨設立港臺書架、日文書架。所内教師著作單獨陳列。如此則能大大方便讀者查找，節約大家的寶貴時間。其次，在日常工作中，資料室工作人員要轉變一成不變的工作作風，開展各種服務形式，滿足不同讀者的多方面需求。借閱方式靈活，針對中華字庫項目工作室用書量大，借閱時間長的特點，專門製作了書證，放寬了讀者權限，采取集中借閱、延長借期的方式，節省了查詢利用文獻數據的時間。定期更新館藏資料，方便讀者查找、利用。

　　總之，高校院系資料室在學科建設中具有重要作用，它作爲院系文獻信息中心，以其豐富的館藏資源爲學科建設服務，爲學科建設提供强有力的保障。因此，院系資料室要不斷開發服務功能，提高服務水平，積極爲學科建設與發展提供優質的文獻信息服務。

參考文獻

1. 司軍梅：《面向重點學科建設的院系專業資料室建設問題初探》，《淮海工學院學報》（社會科學版）2008 年第 2 期。

2. 朱江：《文獻信息資源對重點學科建設的影響》，《内蒙古科技與經濟》2007 年第 7 期。

3. 王春豔：《網絡環境下院系資料室信息資源的建設》，《咸陽師範學院學報》2006 年第 2 期。

4. 葛宏、張慧儒：《基於重點學科的資料建設問題研究》，《内蒙古師範大學學報》（教育科學版）2011 年第 1 期。

高校人文科學研究機構
科研管理漫談

徐榮波

（吉林大學古籍研究所）

　　摘　要: 人文科學是高校學科的重要組成部分。人文科學具有精神性、價值性等學科特徵,這就要求高校科研管理者在管理政策的制定方面考慮其學科的特殊性。人文科學研究的特殊性也決定相應的評價標準不宜照搬自然科學的體系,而應以定性評價爲主,采取定性、定量相結合的方式。在日常科研管理當中,人文科研機構的管理者也需要發揮主觀能動性,積極做好科研管理工作。

　　關鍵詞: 人文科學　高校　科研管理

　　近年來,由於國家及學校等各級部分對人文社會科學研究的重視,並在政策扶持和科研資助方面加大了力度,爲高校人文社會科學研究帶來了繁榮局面。古籍研究所作爲吉林大學人文社會科學研究的重要機構,近幾年來也在科研方面有了突飛猛進的發展。科研人員整體水平不斷提升,科研項目穩步增加,尤其是以吳振武教授爲負責人的國家新聞出版總署"中華字庫"工程項目。這些都標誌着古籍所科研實力的提升。科研活動增加的同時也對相應的科研管理提出了新的要求。通過近幾年來擔任古籍研究所科研秘書的職務,我對本所科研管理有了較爲深入的認識。同時,通過古籍研究所的科研管理工作經歷,我也對高校人文科學的科研管理形成了一些初步的認識。

一、人文科學研究的特點及其評價機制

　　古籍研究所涉及的學科包括古文字學、出土文獻研究、書法文獻研究和中國古代史等方向,這些大體上都屬於人文科學中的歷史學門類。人文科學是人類知識結構的分類組成部分之一。在聯合國教科文組織 1977 年制定發布的《教育分類國際標準》當中,史學、哲學和文學被劃爲"人文科學"一類,我國基本上也是按照這一國際標準制定學科分類。與自然科學和社會科學不同的是,人文科學的研究內容和研究方法具有精神性、

價值性和超現實性等特徵①。這些學科特點也決定了對人文科學研究的管理除了遵循科學研究管理的一般規律之外，更要注意人文學科本身的特殊性，從而使得在制定和形成相關的管理制度和具體的管理實踐當中，既能尊重人文科學的自身特點，發揮人文科學研究人員的積極性，又能有效地完成管理任務。

首先，要認識到人文科學研究的基礎性和長期性特點。科學研究一般分爲基礎研究、應用研究和對策研究三類，人文科學的研究大體上屬於基礎研究。作爲基礎研究學科，其中的科學研究活動往往表現出對現實的超越性和批判性，與現實的關係並不是太直接。更值得注意的是，人文學科大多注重知識的傳承、資料的積累，這些工作並不是一時可成，而是需要耗費大量的精力，並經過較長時間的累積方可成功。比如古籍研究所的古文字、古文獻和中國古代史的研究，都是建立在對古代傳世和出土的歷史文獻的累積、分析和考證的基礎上，他們需要研究者對資料的長期積累和思考，大量讀書，方可形成一定的研究思路。可以説，人文科學的研究者真正具備良好的知識基礎和深厚的分析能力，相應的研究方能有效展開。人文科學的研究也需要研究者具備嚴謹扎實、持之以恒的研究態度，研究一般也需要經過較長時間的積累和沉澱。人文學科的研究特點就決定了相應的管理工作不能完全照搬自然科學的管理模式，更不能急於求成、追求"短平快"的研究效果。

具體説來，人文科學的長期性和基礎性的特點，要求科研管理政策的制定者根據其特殊性建立和完善各項管理規章制度，促成人文科學管理的規範化和科學化。在人文科學的管理、科學的評價指標方面，政策的制定必須考慮到人文科學學術積累和長期探索的特徵，爲其提供一種合理的、寬鬆的和自由的科研環境，確保人文科學研究者的積極性。在資金支持方面，管理政策的制定應該考慮爲人文科學的研究加大資金投入的力度，增加資金支持的形式，並提供較爲穩定的個人研究資助體系，以確保人文科學研究具有一個研究資金來源多樣化、資金支援穩定化的支援機制。有效而多樣化的資金支持機制更符合人文科學研究的特點，對於培養人文科學研究者形成扎實嚴謹的科研態度和持之以恒的科研實踐是具有十分積極的鼓勵作用的。在管理政策的導向方面，人文科學的科研管理政策應注重促成研究者嚴謹、理性的科研態度，糾正浮誇和急於求成的研究心理。總之，人文科學科研政策需要充分注意這一學科的特殊性，爲其科研提供一個健康、理性和穩定的政策環境。

其次，人文科學成果的評價應以定性爲主，制定定性評價與定量評價相結合的評價體系。與自然科學不同，人文科學的研究對象具有特殊性和複雜性的特點，對其規律的尋求並非易事。正因爲此，人文科學的研究往往具有獨立性自由性，研究的周期也較長，自然科學評價體系的一些評價指標如科研經費、引用率、論文數量等就不能有效地反映人文科學的研究成效。人文科學的研究具有開放性、多元性、主觀性，研究對象實際上是以人的精神世界和意義世界，難以形成所謂經世致用的研究成果以便於現實社會的應用。因此，完全采取量化的評價指標體系是違背人文科學的研究規律的。

對於現行的高校科研管理體系的一刀切的評價指標體系，也引起了學術界越來越多的反

---

① 王卓民：《人學科學的特點及其功能》，《運城學院學報》2004 年第 3 期，第 10—13 頁。

對之聲。正因爲此，一些高校也逐漸開始改變既有的科研管理政策，做到文理分開，並更進一步地細化到各個學科的具體評價指標的重新制定。一方面，對於某些量化評價指標，可以適當設定，但必須清楚其使用範圍。此外，科研管理者也必須意識到人文科學研究也應具有職業化、規範化的科學研究的一般特點，因而，一定程度的量化評價也應具備。另一方面，要特別注意建立定性的評價體系，以體現人文科學管理的靈活性①。儘管學術界還没有建立合理和通用的人文科學評價指標體系，但大體上更傾向於采取同行評議、科學共同體的方式展開評價。同行評議已經被認爲是更爲符合科學研究規律的一種定性評價方法，它可以運用於項目申請、成果評定、職稱評定、出版物評議以及研究機構運作評價等諸多方面，也爲國際上廣泛采用。一般認爲，同行評議對於加强科研決策的民主化、合理有效地配置科學資源、保證科學榮譽的正確授予以及對科學共同體進行社會控制等具有積極作用②。近年來，我國一些高校及科研機構的人文科學研究也在某些評價環節開展代表作制度等，即提交 1 至 3 篇代表作，然後根據專家的學術意見對其學術評價進行學術認定。這也是對同行評議制度的運用。總體説來，人文科學研究的評價體系應照顧其學科特殊性，科研管理者應在定性評價方面進行更爲積極的嘗試。

二、高校人文科學研究機構的科研管理

　　基層科研管理者應注意做好科研管理工作，爲人文科學研究者提供良好的支援。高校在人文科學科研政策的制定方面固然重要，但也需要人文科研機構的科研管理者在日常的行政管理方面做好細緻、認真的工作，確保學校的相關政策能及時有效地落實在各人文科研機構。可以説，基層人文科研機構的科研管理者是學校和科研人員之間的橋樑。人文科學基層科研管理者的工作並不是簡單地落實學校的科研管理政策和措施，事實上，基層科研管理者本身的自主性意識也極爲重要。我們認爲基層科研管理者應積極從以下一些方面展開管理工作。

　　第一點，人文學科基層科研管理者應主動、積極地瞭解本機構科研人員的科研訴求，積累相關信息，及時發現科研及其管理過程當中的問題，爲學校制定和改進相關科研管理政策及時提供有效信息。基層科研主管應具有問題意識，及時發現問題，勇於解答問題，及時改善科研工作中存在的問題。

　　第二點，人文學科基層科研主管應注意打造一支高水平的研究團隊。在日常的科研管理當中，基層科研主管要及時瞭解科研人員的研究動態，有意識地創造本機構科研人員之間以及本機構科研人員與校内外關聯機構的相互合作，促進科研人員的合作意識，加强科研人員之間的學術交往。基層單位科研主管還需要具備全域意識，對本機構的科研發展方向、學科内部研究力量的配置等有着清晰的瞭解。此外，科研主管也應盡力爲本機構科研人員提供有效的組織保障，爲本機構科研人員積極爭取學校的政策和資金支援，爲科研人員的研究提供

---

① 孫晶：《人文學科科研管理特點淺析》，《社會科學管理與評論》2005 年第 1 期，第 37—41 頁。
② 郭碧堅、韓宇：《同行評議制》，《科學學研究》1994 年第 3 期，第 63—73 頁。

便利條件。總之,基層科研主管應注意促進本機構科研人員的互動,形成一種積極活躍的研究氣氛和正確的科研態度,進而提升科研人員的整體研究水平。

第三點,人文科學基層科研管理應注意培養科研人員的職業意識和奉獻精神。人文科學研究雖然具有長期性、自由性和主觀性等特點,但這並不意味着研究人員可以以此爲藉口消極怠工。這就要求基層科研管理者加强提升人文科學研究人員的職業化意識,並合理運用定量化的評價指標,使科研人員能夠積極投身於研究工作。同時,人文科學研究的清苦也給科研人員的研究帶來較大的挑戰,這就需要科研管理者在爲研究人員積極創造相關條件的同時,强化其奉獻意識。對科研工作的投入,不僅是一種職業精神的需要,也是爲人類知識構成的擴展和精神世界的昇華的積極貢獻,這也是人文科學研究人員凸顯自身價值的重要體現。

第四點,科研管理者本身也應具有良好的職業意識和奉獻精神。科研管理者是學校和科研人員之間溝通的橋樑,這就需要管理人員注意做好日常管理。人文科學的基層科研管理人員不僅要有意識地主動收集整理本機構科研人員的科研資料,而且也要積極配合上級科研管理部分的各項工作。基層科研管理人員也需要發揮主觀能動性,平時注意對各類科研資料的事先收集和整理,形成良好的職業意識。當然,科研管理者平時要做大量的文字、資料處理工作和組織協調工作,這些工作勞動量大,也十分耗費精力。這個時候,就需要科研人員强化自身的奉獻精神,努力做好本職工作,爲科研人員提供必要的幫助。須知,科研管理人員的工作雖然是默默無聞,他們也無法分享科研人員獲得的榮譽和獎勵,但對本職工作的積極履行就是個人價值的最好體現。事實上,科研管理人員所具有的職業意識和責任意識是科研工作得以良性有序運作的關鍵保障。

三、結　　語

高校人文科學研究首先是以人文科學研究者爲主的。人文科學研究有其基礎性、自由性和主觀性的特點,這是不同於自然科學研究的地方。人文科研的特殊之處就要求高校科研管理需要提供與之相適應的政策支持。顯然,人文科學的管理和評價機制更需要靈活性,定量化的管理和評價是違背其學科規律的。

高校人文科學的研究和管理是相輔相成、互相促進的關係。科學研究本身也需要有效的管理,這就爲高校的人文科學管理政策和日常管理工作提供了存在的必要性。事實上,合理有效的管理政策不僅能對人文學科的發展做出合理的評價,更能爲學科的發展提供外部的促進機制。日常的科研管理也爲人文科研的有序、有效進行提供了强有力的保證。